U0466106

国家古籍整理出版专项经费资助项目

石经研究

（第四辑·《晋祠华严石经录文校注》卷第一至卷四十）

太原市晋祠博物馆
房山石经博物馆 编
房山石经与云居寺文化研究中心

华夏出版社

图书在版编目（CIP）数据

石经研究. 第四辑，《晋祠华严石经录文校注》卷第一至卷四十／太原市晋祠博物馆，房山石经博物馆，房山石经与云居寺文化研究中心编. --北京：华夏出版社有限公司，2022.4

ISBN 978-7-5222-0233-4

Ⅰ.①石… Ⅱ.①太…②房…③房 Ⅲ.①佛教-石经-房山区-文集 Ⅳ.①K877.434-53

中国版本图书馆CIP数据核字（2021）第252350号

石经研究（第四至五辑·《晋祠华严石经录文校注》）

编　　者	太 原 市 晋 祠 博 物 馆
	房 山 石 经 博 物 馆
	房山石经与云居寺文化研究中心
责任编辑	贾洪宝
特约编辑	贺　铭
文字审核	陶小玲
封面设计	殷丽云
出版发行	华夏出版社有限公司
印　　装	三河市少明印务有限公司
版　　次	2022年4月北京第1版　2022年4月北京第1次印刷
开　　本	880×1230　1/16开本
印　　张	42
插　　页	6
字　　数	1080千字
定　　价	756.00元（全二辑）

华夏出版社有限公司　社址：北京市东直门外香河园北里4号　邮编：100028
网址：www.hxph.com.cn　电话：010-64663331（转）
投稿交流：010-64672903；986762145@qq.com

若发现本书存在印装质量问题，请与房山石经与云居寺文化研究中心联系调换（010-61367880）。

房山石经与云居寺文化研究中心地址：北京市房山区大石窝镇水头村南云居寺文物管理处（邮编：102407）

《石经研究》编辑委员会

主 任

罗 炤

副主任

孙英民 谢 飞 赖 非

赵力光 杨海峰 王德军

委 员

Lewis Lancaster　Lothar Ledderose

Robert Harrist　Солонин Кирилл

王 毅　王金华　手岛一真　气贺泽保规

龙达瑞　叶少勇　北岛信一　刘淑芬　尕藏加

孙 华　李良松　李裕群　朱越利　杨亦武

吴元真　吴梦麟　张 总　张天虹　张永强

胡新立　桐谷征一　黄克忠　蔡穗玲　魏广平

编 辑

王 宇　贺 铭

《晋祠华严石经录文校注》编辑委员会

中国社会科学院世界宗教研究所研究员 房山石经与云居寺文化研究中心主任 太原市晋祠博物馆学术委员会研究员 《晋祠华严石经录文校注》学术顾问	罗 炤	主　　任	王新生	
		副 主 任	连颖俊　郝教信　郭保平　王志强 陈　凤　李春凤　阴世国	
北京师范大学文学院院长 民俗典籍文字研究中心主任 中国文字整理与研究中心主任 《晋祠华严石经录文校注》学术总主编	王立军	主　　编	连颖俊　赵桂溟	
		副 主 编 审读统筹	姚　远*	（标*者为印前审读人员）
太原大学文法系原主任、教授 太原市晋祠博物馆学术委员会研究员 《晋祠华严石经录文校注》经义主审	冯巧英	编　　委	牛慧彪　谢　强　韩　革*　刘丽萍 周永丽*　苗军梅　张丽媛　李　娜* 田瑞媛*　高旭珍*　张　静*　狄　瑞*	

《晋祠华严石经录文校注》工作程序与分工

总体基础工作

拓片制作与录校支持　姚　远

拓片摄影　韩宏斌　张　琪　郝芃如

《晋祠华严石经》尺寸测量

　　　　赵桂溟　贺　铭

《晋祠华严石经》尺寸复核补测及面序审核

　　　　姚　远　贺　铭

《晋祠华严石经总目录（2021年）》编制

　　　　姚　远　贾洪宝　贺　铭

《晋祠华严石经序号对照表》编制

　　　　贾洪宝　贺　铭

前期录文校勘

录　　文　姚　远　常佩雨　赵璧君　苗军梅
　　　　　丁迎雪　赵小鲁

校　　勘　赵桂溟　姚　远　连颖俊

中期识读校勘

拓片识读　赵桂溟

录文校改　王　宇

录文、缀文与《大正藏》本对校　王　宇

录文与《大正藏》本复校、CBETA版对校　贺　铭

后期识读校注

拓片识读及统稿　王　宇

录文校改及脚注审订　贺　铭

编辑出版工作

凡例、目录编制　贾洪宝

录文字形处理原则制定
异体字对照表编制　　　王　宇　贺　铭

异体字对照表书写　孙孟杰

异体字制作与审核　贺　铭　陶小玲

终稿审读　贺　铭　王　宇

前 言

《大方廣佛華嚴經》通稱《華嚴經》，是大乘佛教的著名經典，被譽為"萬經之宗""諸經之王"，宣說"法界""三界唯心，三世唯心""一即一切，一切即一"的哲學，傳播菩薩十地、善財五十三參等宗教信仰，闡揚救眾生離苦難的大悲宏願，對中國哲學、特別是宋明理學，對華嚴宗、禪宗等中國佛教主要宗派，以及中國文學藝術與日本、朝鮮、越南等國的佛教和文化，都有重大和深遠的影響。

一、《華嚴經》的漢譯情況

《華嚴經》先後有三種漢譯本。

第一種是東晉末年至南朝宋初（418—421年）以南天竺三藏佛馱跋陀羅為主譯僧，在揚州所譯的六十卷本，略稱"六十華嚴"，或稱晉本。

第二種是二百七十多年後，揚佛抑道的女皇帝武則天認為"六十華嚴"譯意未周，"唯啟半珠，未窺全寶"，特遣專使到西域于闐國（今新疆和田縣一帶）奉迎梵本和高僧實叉難陀，並恭請中外多國大翻譯家和碩學高僧參與，於證聖元年三月至聖曆二年十月（695—699年），在神都洛陽大遍空寺、佛授記寺譯成八十卷《大方廣佛華嚴經》，略稱"八十華嚴"。需要說明的是，"八十華嚴"當時的譯名是《花嚴經》，不是《華嚴經》。

第三種是唐德宗貞元十二年（796年）罽賓國三藏法師般若譯出的四十卷本，略稱"四十華嚴"，是《華嚴經》的節譯本。

此外，還有很多以其他經名出現的《華嚴經》單"品"節譯本。

在"八十華嚴"譯成後第二年，即聖曆三年（700年），便在北都晉陽開始鐫刻《華嚴石經》。鐫刻時間持續近五年，至長安四年（704年）完工。這是現存"八十華嚴"最早的版本，其中保存了敦煌寫經和歷代大藏經中"八十華嚴"版本衍誤的經文，具有重要的學術價值，是極其寶貴的文物。值得特別指出的是，《華嚴石經》附載的譯場職司題記中（見第6—7頁圖版），職司人員共32人，其中，"外籍11人，本國21人。職司名稱有釋梵本、證釋梵本、譯語、釋語、證梵語、綴文、證義、寫梵本、經生、監護共10種"，"這是傳世'八十華嚴'譯場職司分工最翔實的第一手資料"[1]，比敦煌寫經中的《進新譯〈大方廣佛花嚴經〉表》所載15人多出17人。

二、《晉祠華嚴石經》的歷劫與收藏

《華嚴石經》原本首尾完整，在晉陽刻成之後，於城西（位於今太原西山）風峪溝內專設石經藏院保存，遂有《風峪石經》之稱。藏院地上是主體建築風神祠，地下是貯藏經柱的磚甃洞室，經柱圍繞洞室中心塔柱有序排列。藏經洞室洞口常有風吹出，民間俗稱風洞，故又稱《風洞石經》。北漢天會四年（960年）曾"奉敕重修"部分石經（見第6—7頁圖版）。文獻記載，石經藏院元朝尚在；明朝中期地面主體建築塌毀，僅留幾間殘損的亭屋。之後，風神祠曾有修繕。

---

[1] 王鴻賓、胡春英.《風峪石經》初探. 文物季刊〔J〕，1999（2）.

全祖望《陽曲傅先生事略》記載：明末清初，傅山"嘗走平定山中，爲人視疾，失足墮崩崖，僕夫驚哭曰：'死矣！'先生旁皇四顧，見有風峪甚深，中通天光，一百二十六石柱林立，則高齊所書佛經也。摩挲視之，終日而出，欣然忘食"。傅山又指引另一位大學者朱彝尊進入風峪"磚甃"藏經洞考察，朱彝尊撰《風峪石刻佛經記》一文記其事，並希望將石經移存晋祠，特別賦詩："一百二十六，石柱刻作經。會須抉風峪，移匿水邊亭。"此後，他念念不忘，多次叮囑友人關注風峪石經，盼望盡早移至晋祠。遺憾的是，可能受限於當時洞内的照明條件，傅山、朱彝尊都誤以爲風峪《華嚴石經》是北齊之物。

民國初期，風神祠依然香火旺盛，洞内石經尚存。從1928年開始，政府提倡破除迷信，廟産興學，風神祠的泥塑風神像被搗毀一空。

自20世紀20年代末至抗日戰爭前夕，日本奸商勾結當地賣國僧人和北京的古董商，盜竊、販賣、破壞太原周邊文物，《華嚴石經》也是他們的覬覦對象，但因其藏在風洞，有地方民衆監護而得以基本保全。1940年秋天，侵華日軍將大部分經柱盜出洞外，用草袋包裹，準備劫運日本。晋源人馬頤年、王惠、閻佩禮、陳國英等人與附近民衆聽到消息後，聚到日僞山西省教育廳（當時管轄文物古跡）提出強烈抗議，稱石經是鎮壓風暴災害的寶物，一旦運走，太原縣一帶的農田五穀會遭受風雨之災，民衆生活無著就會發生暴亂，要求當局迅速予以制止。日僞政府迫於民衆的反抗，只得作罷，石經得以脫險。1941年冬天，在王惠等人的精心策劃下，大部分經柱運往晋祠内保存。1942年日軍縱火燒毀風神祠，風洞坍塌，遺留其中的部分經柱被埋入廢墟之下。這一時期，有無經柱被販賣、盜運至海外，尚待新的發現。

至此，《華嚴石經》在風洞内保存了1200多年，基本處於穩定狀態。其間，雖有少量損毀，但大體完好，更有信衆曾補刻或復刻部分損毁的經柱。

1947年，風洞内的殘存經柱被閻錫山的軍隊僱人破鑿成小塊石料，用於修築碉堡。

1952年，黨和政府成立山西晋祠古跡保養所（1967年變更爲"山西晋祠文物管理所"，1990年變更爲"太原市晋祠博物館"）。自此，《晋祠藏風峪華嚴石經》成爲通行名稱，簡稱《晋祠華嚴石經》（晋祠石經經題中"華"字均刻爲"花"字），略稱"晋祠石經"。

晋祠古跡保養所成立後的近20年裏，陸續收集到在風洞舊址和晋源閻軍舊碉堡等處發現的《華嚴石經》殘石20餘塊。

1964年，晋源果樹場在風神祠原址修建果窖，發現洞室内尚存數條經柱，由晋祠古跡保養所遷回收藏。

此後，風峪風洞及周邊成爲農場，風神祠及風洞僅存遺址至90年代完全消失。

2016年7月，晋源東街村民發現3塊石經殘石，經考證屬於《華嚴石經》，後由太原市文物考古研究所收藏。

晋祠石經大部分是四面長方石柱，少部分爲五至八面石柱（見第5頁和後勒口圖版）。多數石柱是在柱體各面豎刻文字，現存僅001號、002號兩條經柱頂面有前後水平鐫刻的文字（見第5頁圖版）。因晋祠石經分爲80卷，文前有"兩條成卷"的題記，石經總數一直被推斷爲160條，加上後世復刻2條，應有162條。但是，現存石經存在一卷三柱、一卷一柱的情形：卷三十七刻於三柱之上，卷四十九刻於一柱之上，具體情況參見《晋祠華嚴石經序號對照表》（附錄一）編製說明。

晋祠博物館收藏基本完整的經柱93條（含太原市博物館借展2條）。現存殘石67塊，晋祠博物館收藏64塊（含太原市博物館借展3塊），太原市文物考古研究所收藏3塊。整理發現，67塊殘石來自42條經柱。

完全毀失的《華嚴石經》經柱應有25條，明末清初傅山和朱彝尊所見均爲126條，說明在他們之前已經毀失五分之一以上。

三、《晋祠華嚴石經》的保護和研究

《華嚴石經》自1941年遷入晋祠，先後在勝瀛樓周圍、唐叔虞祠周廊、景清門原址、文昌宫後倉庫等地存放。

新中國成立以後，黨和政府高度重視晋祠石經的保護工作，1952年組建專門管理機構，收藏、修葺、展陳等工作逐漸正規化科學化，近六十年來，主要做了以下工作：

1952年，晋祠古跡保養所劉永德先生邀請山西省佛教協會象離法師，據崇善寺藏"八十華嚴"善本逐條對照排序，安置於唐叔虞祠周廊。

1964年，爲防不測，將石經所有經柱移放至景清門內隱蔽存放。

1981年至1982年，在晋祠十方奉聖禪寺建南北二碑廊，選展經柱64條，餘石存入庫房。

1995年，成立華嚴石經整理組，拓印石經，拍照建檔，編製《晋祠藏風峪華嚴石經目錄（1995年）》。

1996年10月，出版《晋祠華嚴石經石刻選》，第一次向國內外展示和介紹了代表性石經的面貌和書法特徵。

2012年5月，對庫藏經柱、殘石進行基礎數據核對，測量尺寸，調查殘損，續建奉聖寺碑廊，庫藏石經悉數陳列展出。

2016年，製作晋祠石經拓片，拍照建檔，全面啓動保護修復、整理查漏等工作。

在開展保護工作的同時，太原市晋祠博物館文博工作者對石經的研究工作也逐步深入，陸續發表多篇論文，涉及名稱釋義、經文結構與義理、武周新字、書法特點，以及則天女皇在佛教傳承與發展中的作用等內容。

與此同時，一些高校和科研院所的研究人員及佛教文化學者也開展了晋祠石經的研究工作，如王鴻賓、易敏等先生，涉及翻譯、刻經、流傳、保護、經義、字形等方面。

四、《晋祠華嚴石經》的迻錄和校註

1200多年來，《晋祠華嚴石經》歷經戰亂、搬遷、安置、拓片製作等，舊痕新傷叠加累積。晋祠奉聖寺碑廊呈半封閉狀態，石經雖然避免了曝曬、雨雪的侵蝕，但表面積塵、生物、微生物、風化、污染等各種病害還是不能完全避免。準確迻錄經文、編輯出版正式文本成爲日益緊迫的搶救性任務。這不僅是國內學者和佛教信衆多年來的強烈期盼，也爲國外佛教界和學術界高度重視。近四十年來，日、德、加等國學者曾多次表達參與整理晋祠石經的意願。

2017年5月，晋祠博物館組織館內外專業人士，啓動經文迻錄工作，依據現存石經拓片和部分照片，完成了前期錄文校勘工作。

2020年8月，房山石經與雲居寺文化研究中心、華夏出版社有限公司與晋祠博物館簽訂合作協議，由房山石經與雲居寺文化研究中心先後派出王宇和賀銘兩位編輯前往太原，與趙桂溟和晋祠博物館專業人員密切合作，繼續進行錄校，重點是拓片識讀、錄文校改，對前期迻錄校勘的文本先後做了兩遍嚴格細緻的識讀校改。兩位編輯在保證錄文準確的基礎上，還對校了《大正藏》本"八十華嚴"，尤其是爲了辨識和保存原刻字形，付出了難以想象的努力。合作各方經過四年多的艱苦工作，至2021年10月初，錄校文本方告基本完成。

此次錄校範圍，除了晋祠藏《華嚴經》全部經石外，也覆蓋了太原市博物館借展和太原市文物考古研究所收藏的《華嚴經》經石。

"八十華嚴"標點後的經文近70萬字，現存石經近50萬字，約有原本總字數的三分之二。爲便利讀者認知全豹，石經殘缺部分以《大正藏》本相應經文進行連綴，並予標識區分。

《晋祠華嚴石經》的書寫字體以小楷爲主，隸書爲輔，間有篆、草、行書筆意。本次錄文的一個重要原則是盡可能保留石經文字的原貌，但是，把一千多年前幾十萬字的手寫經文轉變成現代印刷體，就像逾越一道不可能逾越的鴻溝。經過不斷探索調整，最終挑選保留了約1000個有代表性的異體字及全部楷書簡體字隨文照錄（錄文字形處理原則詳見附錄二），能夠大致呈現"八十華嚴"初始譯文石刻使用文字的面貌，反映刻經時期漢字使用的實際情況。

同時，將石經中出現的典型異體字編為《晉祠華嚴石經異體字對照表》（見附錄二），為佛經石刻、文字演變、書體書法等領域的研究工作提供一個可靠的標本性資料。

校勘發現的許多異文，給《華嚴經》文本及譯事研究、義理考辨等提供了新的依據，茲舉數例：

《大正藏》本（卷第一·頁5上）："皆住廣大寂靜喜樂無礙法"，"法"，晉祠石經作"法門"。

《大正藏》本（卷第十三·頁63上）："了彼互生起"，"互"（即"亙"），晉祠石經作"互"。

《大正藏》本（卷第十七·頁93中）："專向菩薩永不退"，"薩"，晉祠石經作"提"。

《大正藏》本（卷第十九·頁160下）："得成勇猛大力身"，"勇"，晉祠石經作"雄"。

《大正藏》本（卷第三十九·頁210中）："受生捨俗成正道"，"俗"，晉祠石經作"欲"。

《大正藏》本（卷第六十·頁332下）："貪愛為徽纏"，"徽纏"，晉祠石經作"微縈"。

《大正藏》本（卷第六十五·頁351下）："若有眾生過斯香者"，"過"，晉祠石經作"遇"。

《大正藏》本（卷第八十·頁442上）："或是我放大光明"，"是"，晉祠石經作"見"。

當然，晉祠石經其他方面的價值也有待各相關專業的讀者更全面、深入地發現。

2021年3月底，後期識讀校改開始之前，鑒於此前的經石數據不能滿足錄文校註工作的需要，本書學術顧問羅炤先生指示趙桂溟、賀銘兩位同志全面測量了晉祠博物館現存所有經石的各面尺寸。進入出版編校程序後發現，無論是晉祠博物館1995年編製的《晉祠藏風峪華嚴石經目錄》，還是趙桂溟、賀銘測量記錄的經石序號（主要是經石各面次序），與對照拓片迻錄的經文序號有多處不能對應，糾結紛紜之下，不得不重新進行修訂目錄、覆核經石序號等基礎工作。責編與賀銘負責按經文順序檢查梳理序號的錯亂綫索，姚遠負責現場勘察、覆核糾正經石序號主要是面序的錯誤、查補位序拼接情況、補測太原市博物館借展和太原市文物考古研究所收藏的經石尺寸等，三方密切配合，逐條、逐塊、逐面覆核釐清石經編號、位置、全/殘、粘連、面序等情況，歷經兩月，最終完成了《晉祠華嚴石經總目錄（2021年）》的編製工作；同時，責編同步編製了《晉祠華嚴石經序號對照表》（附錄一），基本釐清了晉祠石經的保存現狀，為晉祠石經的進一步保護與研究工作夯實了資料基礎。

還有兩個情況需要注意：一是王宇和賀銘在迻錄校改過程中感覺到，後10卷的部分字形與前70卷有所不同，趨同於宋、遼及以後的雕版印刷字形。它們是否後世依據印本補刻？如果是，在何時補刻？補刻依據的底本是什麼？這些問題，值得研究者給予高度重視。二是晉祠博物館現存兩套不同人員製作的拓片，二者同一行之首末甚至行中，偶爾會有字數差異，甚至是變形或殘缺，僅據其中一套拓片迻錄，一些行首、行末文字與經石原刻之間應存在字數或殘全差異。

此次錄校整理工作雖然勉力而為，但因時間、條件以及參與人員能力等因素的限制，失誤之處在所難免，敬請方家不吝賜教，以便再版時修正。

晉祠博物館竭誠期盼更多專業人士投入《晉祠華嚴石經》的保護和研究工作，進一步發掘、弘揚三晉文化和佛教文化的豐厚內涵。

《石經研究》編委會竭誠歡迎中外學者參與佛教和儒家、道教石經的研究，惠賜佳作。

太原市晉祠博物館
房山石經與雲居寺文化研究中心
2021年12月

圖 版

太原市晉祠博物館《華嚴石經》碑廊

《晉祠華嚴石經》001號柱頂平面
〔001-0〕題記（刻字部分）

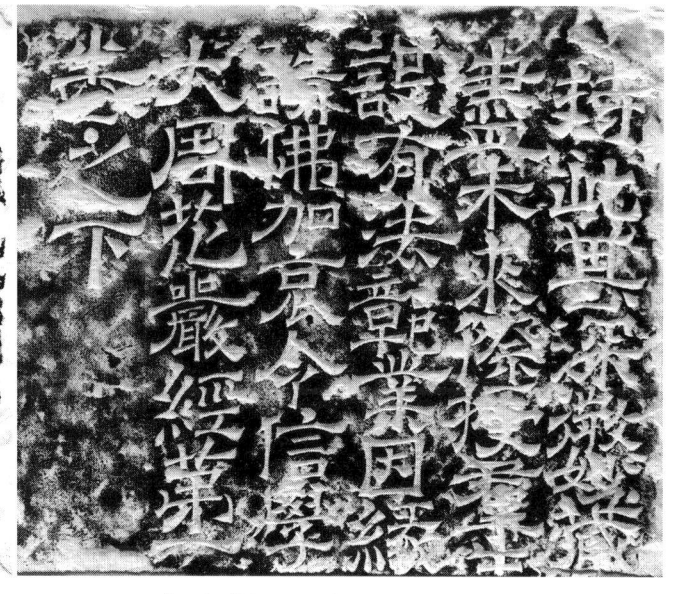

《晉祠華嚴石經》002號柱頂平面
〔002-0〕題記（刻字部分）

《晋祠華嚴石經》卷第一·一之下〔002-4〕附載譯場職司題記（跨下頁）

復刻《晋祠華嚴石經》卷十一·之一〔021復-4〕附載北漢天會四年奉敕重修經記（跨下頁）

圖　版

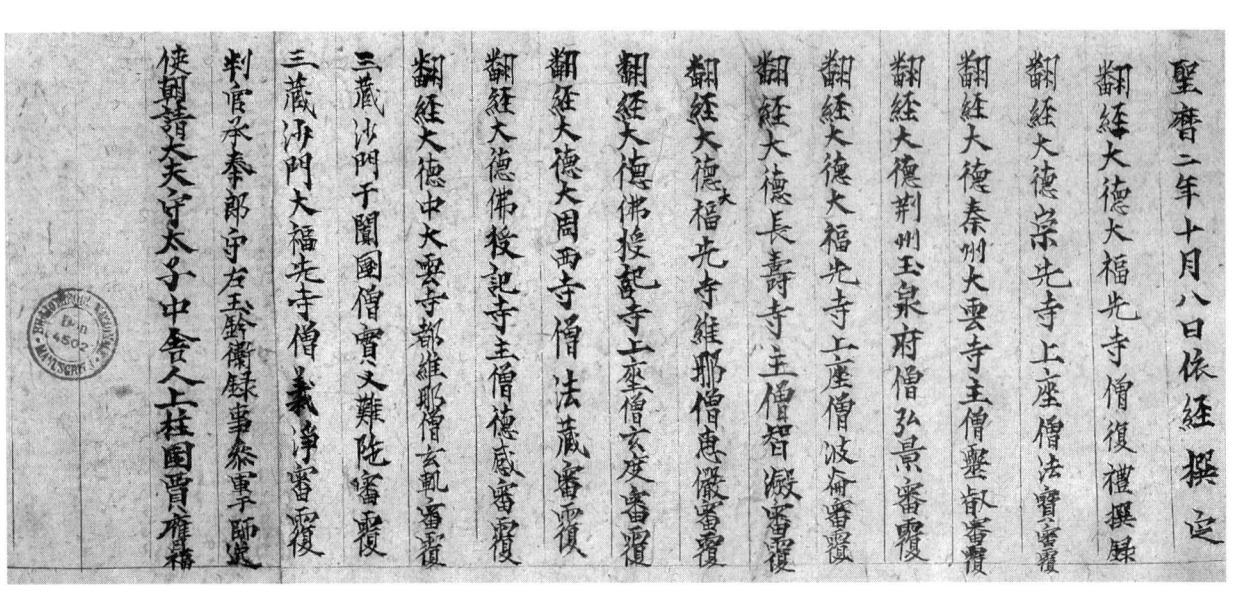

敦煌寫本《大方廣佛花嚴經》譯場職司題記

《大正新修大藏經·大方廣佛華嚴經》卷第十五尾題、卷第十六首題

日本宮內廳書陵部藏奈良後期寫本《大方廣佛花嚴經·昇須彌山頂品第十三》卷十六首題

《晋祠華嚴石經》卷三十七之下拓片〔074上-3〕

《晋祠華嚴石經·普賢三昧品第三》卷第七·七之上（殘石六第一面〔013①-1〕）

錄校凡例

一、經石及單位、經題及用字、校本及版別簡稱

本書敘述說明文字及附錄所稱"經石"，包括基本完整的經柱和形狀不規則的殘石，酌情分稱。

依照《晋祠華嚴石經》開篇題記"兩條成卷"之語，以"條"稱述完整或原刻經柱，以"塊"稱述殘石，不用"方、通、道、座"等。

本書正式書名采用《晋祠華嚴石經》，簡稱"晋祠石經"，不用《晋祠藏風峪唐譯華嚴經》等；經文首尾題、經文中均照錄"花"字；現存經石首尾題均不用"華"字，故擬題亦用"花嚴經"；經文中兩處"華"字照錄。

經文錄文以《大正新修大藏經·大方廣佛華嚴經》爲校本，簡稱"《大正藏》本"。

二、版式及錄文用字

扉頁、版權頁、署名頁、附錄三等用現行簡化字；前言、錄校凡例、目錄、校註、附錄一至二等用規範繁體字；《大正藏》本連綴文字（以下簡稱"綴文"）從中華電子佛典協會（Chinese Buddhist Electronic Text Association）校訂本（簡稱CBETA版，Version 2021.Q3）中截取，部分舊字形予以保留。

晋祠石經錄文用宋體字，題記用楷體字，《大正藏》本綴文用楷體字，讀音提示和文字差異的隨文註解、尾題、脚註等用略小仿宋字。特殊情形用"編者注"說明。

晋祠石經錄文字形盡量反映經石用字原貌，基本原則詳見第五輯卷末附錄二《錄文字形處理原則與〈晋祠華嚴石經異體字對照表〉》。對照表另製獨立折頁，以便讀者隨文對照識讀。

三、標題、目錄及經文的段落劃分和標點符號

1. 經文首題：晋祠石經首題一般是一行貫通，空格後就是經文，格式如下：

大方廣佛花嚴經如來名號品第七　卷十二　十二之上

《大正藏》本首題三行，字號遞減，格式如下：

大方廣佛華嚴經卷第十二
　　于闐國三藏實叉難陀奉　制譯
　　　如來名號品第七

經文首題若有殘損衍脫，則據其格式並參考《大正藏》本首題內容隨文校勘、補擬：衍文用（……）、殘損用〔……〕標識，缺脫文字補擬加下劃線；全題殘損、整石無存，則全題補擬加下劃線，用字及繁簡依照晋祠石經。題末卷次獨立成行，《大正藏》本首題下署名均不校補。首題卷次後另加"（復）"的，表示其下爲復刻石內容。

2. 經文尾題：卷上尾題（各卷第一條經柱經文結束處所標"……之上"）、卷下尾題（整卷經文結束處所標"……之下"）若殘損衍脫，則據晋祠石經格式隨文校勘，標識同首題。卷上尾題若因經石無存、殘損或未刻而全部殘缺，則不予補擬；卷下尾題如全部殘缺，則保留《大正藏》本尾題原貌。

3. 經文品題：若有殘損缺失，則據晋祠石經原有品題格式、參考《大正藏》本對應內容隨文校勘，補擬則加下劃線。

4. 《十地品》標題："第一地"至"第十地"據CBETA版增補的，用"〔……〕^C"標識。

5. 目錄及書眉格式和用字：現代通行格式、

規範字體，校勘、補擬等符號全部刪除。

6. 目錄及正文卷次：僅標於首題之下，卷中品題作爲首題處理的，不標卷次。

7. 經文的段落劃分和標點符號：依據《大正藏》本和CBETA版，並做規範性調整。

8. 題記不加標點，據文義換行、空格。

四、錄文中經石序號的標識

經石及各側面（或含頂面）序號（參見《晉祠華嚴石經序號對照表》）按以下方法標識：

1. 錄文中經石序號置於〔……〕之內並放在各面文字結束之後。

2. 經柱序號，依經文順序用〔001〕至〔160〕表示；同屬一條經柱的多個殘石，用附加①、②、③……的方法標序，如〔071②〕，即指071號經柱的第二塊殘石。

3. 經石各側面依經文順序用在經柱序號之後附加"-1"至"-8"的方法表示，如〔002-1〕、〔003②-1〕；個別經石有刻字頂面，用"-0"表示，如〔001①-0〕，指001號經柱第一塊殘石的頂面。

4. 同屬一條經柱的多個殘石的錄文，爲避免逐字、逐句交錯標識導致錄文斷續混亂，一面錄文僅做一次標識，如〔029①-1+②-1〕："①-1"指029號經柱第一塊殘石的第一面，"②-1"指該經柱第二塊殘石的第一面。

5. 經柱序號之後附加"原"字的，指該號經柱存在復刻石；附加"復"字的，指該號經柱的復刻石，如〔021原〕、〔021復〕。

五、《大正藏》本綴文的標識

因經石遺佚、殘損及字跡損毀等導致經文殘缺，均以《大正藏》本經文連綴，用【……】標識。綴文若跨卷次、段落，則於各卷次、各段起止處標識；若連續跨三個段落，則僅於綴文起止處標識。復刻石錄文的綴文，補齊首字和末字所在段落。

六、隨文校勘

經文錄文與《大正藏》本的不同之處隨文校勘，格式如下：

1. 晉祠石經比《大正藏》本多出來的文字，用（……）標識，如：

① 現不(可)思議種種神變。
② 復有無上大智光明，(名智光明)……

2.《大正藏》本比晉祠石經多出來的文字，用〔……〕標識，如：

① 得如雲廣布〔普〕蔭澤一切衆生。
② 〔得〕普入一切衆生殁生行智。

3.《大正藏》本的等數異文，用〈……〉標識，如：

① 此樹花〈光〉王所入門。
② 遠離塵〈塵離〉垢主海神。

4. 題記類文字若有殘損模糊不能辨識的，用等數"□"代替。

5.《大正藏》本的異文，若晉祠石經與CBETA版一致（不分異體、繁簡），其後用上標"ᶜ"表示；兩個（含）以上的文字，標於末字之後。

6. 同一個字，若屬繁簡、筆畫變化及狹義異體字而易致誤讀誤解的，則校註或標識，並照錄《大正藏》本的相關校註。

七、脚註及其格式和版別符號

1. 隨文校勘異文時照錄《大正藏》本相關校註及其下同略符"＊"。

2.《大正藏》本版別符號：宋元明各本分別爲㊂、㊊、㊓，三本一致時爲㊂，正倉院聖語藏本及副本、宮內省圖書寮本、西福寺本等分別爲㊉、㊊、㊁、㊐；異文衍脫等爲＝、－、＋。

3. 整理者新加校註仿用《大正藏》本脚註格式，《大正藏》本用㊗表示。

4. 解釋說明性脚註用現代漢語通行方式。

5. 責任編輯認爲必要時加"編者註"。

目　錄

大周新譯大方廣佛華嚴經序（前有偈語、題記）·················天冊金輪聖神皇帝制 1

大方廣佛花嚴經
　世主妙嚴品第一之一　卷第一（附載題記）·········· 1

大方廣佛花嚴經
　世主妙嚴品第一之二　卷第二 ·········· 7

大方廣佛花嚴經
　世主妙嚴品第一之三　卷第三 ·········· 14

大方廣佛花嚴經
　世主妙嚴品第一之四　卷第四 ·········· 21

大方廣佛花嚴經
　世主妙嚴品第一之五　卷第五 ·········· 29

大方廣佛花嚴經
　如來現相品第二　卷第六 ·········· 35

大方廣佛花嚴經
　普賢三昧品第三　卷第七 ·········· 44

大方廣佛花嚴經
　世界成就品第四 ·········· 47

大方廣佛花嚴經
　花藏世界品第五之一　卷第八 ·········· 53

大方廣佛花嚴經
　花藏世界品第五之二　卷第九 ·········· 60

大方廣佛花嚴經
　花藏世界品第五之三　卷第十 ·········· 67

大方廣佛花嚴經
　毗盧遮那品第六　卷十一 ·········· 74

大方廣佛花嚴經
　毗盧遮那品第六　卷十一·復（附載題記）·········· 80

大方廣佛花嚴經
　如來名號品第七　卷十二 ·········· 83

大方廣佛花嚴經
　四聖諦品第八 ·········· 87

大方廣佛花嚴經
　光明覺品第九　卷十三 ·········· 90

大方廣佛花嚴經
　菩薩問明品第十 ·········· 95

大方廣佛花嚴經
　淨行品第十一　卷十四 ·········· 99

大方廣佛花嚴經
　賢首品第十二之上 ·········· 104

大方廣佛花嚴經
　賢首品第十二之下　卷十五 ·········· 109

大方廣佛花嚴經
　昇須彌山頂品第十三　卷十六 ·········· 117

大方廣佛花嚴經
　須彌頂上偈讚品第十四 ·········· 118

大方廣佛花嚴經
　十住品第十五 ·········· 122

大方廣佛花嚴經
　梵行品第十六　卷十七 ·········· 128

13

大方廣佛花嚴經	大方廣佛花嚴經
初發心功德品第十七 …… 130	十迴向品第二十五之七　卷二十九 …… 225
大方廣佛花嚴經	大方廣佛花嚴經
明法品第十八　卷十八 …… 138	十迴向品第二十五之八　卷三十 …… 230
大方廣佛花嚴經	大方廣佛花嚴經
昇夜摩天宮品第十九　卷十九 …… 144	十迴向品第二十五之九　卷三十一 …… 236
大方廣佛花嚴經	大方廣佛花嚴經
夜摩宮中偈讚品第二十 …… 146	十迴向品第二十五之十　卷三十二 …… 243
大方廣佛花嚴經	大方廣佛花嚴經
十行品第二十一之上 …… 150	十迴向品第二十五之十一　卷三十三 …… 248
大方廣佛花嚴經	大方廣佛花嚴經
十行品第二十一之下　卷二十 …… 155	十地品第二十六之一　卷三十四 …… 254
大方廣佛花嚴經	大方廣佛花嚴經
十無盡藏品第二十二　卷二十一 …… 162	十地品第二十六之二　卷三十五 …… 262
大方廣佛花嚴經	大方廣佛花嚴經
昇兜率天宮品第二十三　卷二十二 …… 167	十地品第二十六之三　卷三十六 …… 268
大方廣佛花嚴經	大方廣佛花嚴經
兜率宮中偈讚品第二十四　卷二十三 …… 175	十地品第二十六之四　卷三十七 …… 274
大方廣佛花嚴經	大方廣佛花嚴經
十迴向品第二十五之一 …… 180	十地品第二十六之五　卷三十八 …… 281
大方廣佛花嚴經	大方廣佛花嚴經
十迴向品第二十五之二　卷二十四 …… 185	十地品第二十六之六　卷三十九 …… 291
大方廣佛花嚴經	大方廣佛花嚴經
十迴向品第二十五之三　卷二十五 …… 192	十定品第二十七之一　卷四十 …… 300
大方廣佛花嚴經	附錄一：晋祠華嚴石經序號對照表 …… 305
十迴向品第二十五之三　卷二十五·復 …… 199	大方廣佛花嚴經
大方廣佛花嚴經	十定品第二十七之二　卷四十一 …… 313
十迴向品第二十五之四　卷二十六 …… 203	大方廣佛花嚴經
大方廣佛花嚴經	十定品第二十七之三　卷四十二 …… 318
十迴向品第二十五之五　卷二十七 …… 210	大方廣佛花嚴經
大方廣佛花嚴經	十定品第二十七之四　卷四十三 …… 324
十迴向品第二十五之六　卷二十八 …… 217	

大方廣佛花嚴經	大方廣佛花嚴經
十通品第二十八　卷四十四 …… 332	離世間品第三十八之四　卷五十六 …… 417
大方廣佛花嚴經	大方廣佛花嚴經
十忍品第二十九 …………………… 336	離世間品第三十八之五　卷五十七 …… 424
大方廣佛花嚴經	大方廣佛花嚴經
阿僧祇品第三十　卷四十五 ……… 342	離世間品第三十八之六　卷五十八 …… 431
大方廣佛花嚴經	大方廣佛花嚴經
壽量品第三十一 ………………… 347	離世間品第三十八之七　卷五十九 …… 439
大方廣佛花嚴經	大方廣佛花嚴經
諸菩薩住處品第三十二 ………… 348	入法界品第三十九之一　卷六十 …… 450
大方廣佛花嚴經	大方廣佛花嚴經
佛不思議法品第三十三之上　卷四十六 …… 349	入法界品第三十九之二　卷六十一 …… 460
大方廣佛花嚴經	大方廣佛花嚴經
佛不思議法品第三十三之下　卷四十七 …… 355	入法界品第三十九之三　卷六十二 …… 467
大方廣佛花嚴經	大方廣佛花嚴經
如來十身相海品第三十四　卷四十八 …… 362	入法界品第三十九之四　卷六十三 …… 474
大方廣佛花嚴經	大方廣佛花嚴經
如來隨好光明功德品第三十五 …… 367	入法界品第三十九之五　卷六十四 …… 482
大方廣佛花嚴經	大方廣佛花嚴經
普賢行品第三十六　卷四十九 …… 370	入法界品第三十九之六　卷六十五 …… 489
大方廣佛花嚴經	大方廣佛花嚴經
如來出現品第三十七之一　卷五十 …… 376	入法界品第三十九之七　卷六十六 …… 497
大方廣佛花嚴經	大方廣佛花嚴經
如來出現品第三十七之二　卷五十一 …… 384	入法界品第三十九之八　卷六十七 …… 506
大方廣佛花嚴經	大方廣佛花嚴經
如來出現品第三十七之三　卷五十二 …… 391	入法界品第三十九之九　卷六十八 …… 513
大方廣佛花嚴經	大方廣佛花嚴經
離世間品第三十八之一　卷五十三 …… 398	入法界品第三十九之十　卷六十九 …… 522
大方廣佛花嚴經	大方廣佛花嚴經
離世間品第三十八之二　卷五十四 …… 405	入法界品第三十九之十一　卷七十 …… 530
大方廣佛花嚴經	大方廣佛花嚴經
離世間品第三十八之三　卷五十五 …… 411	入法界品第三十九之十二　卷七十一 …… 538

大方廣佛花嚴經	文前圖版
入法界品第三十九之十三 卷七十二 …… 546	太原市晋祠博物館《華嚴石經》碑廊 …… 5
大方廣佛花嚴經	《晋祠華嚴石經》001號柱頂平面〔001-0〕題記 …… 5
入法界品第三十九之十四 卷七十三 …… 554	《晋祠華嚴石經》002號柱頂平面〔002-0〕題記 …… 5
大方廣佛花嚴經	《晋祠華嚴石經》卷第一·一之下〔002-4〕
入法界品第三十九之十五 卷七十四 …… 561	附載譯場職司題記 …… 6—7
大方廣佛花嚴經	復刻《晋祠華嚴石經》卷十一·之一〔021復-4〕
入法界品第三十九之十六 卷七十五 …… 567	附載北漢天會四年奉敕重修經記 …… 6—7
大方廣佛花嚴經	敦煌寫本《大方廣佛花嚴經》譯場職司題記 …… 8
入法界品第三十九之十七 卷七十六 …… 577	《大正新修大藏經·大方廣佛華嚴經》
大方廣佛花嚴經	卷第十五尾題、卷第十六首題 …… 8
入法界品第三十九之十八 卷七十七 …… 586	日本宫内廳書陵部藏奈良後期寫本
大方廣佛花嚴經	《大方廣佛花嚴經·昇須彌山頂品第十三》
入法界品第三十九之十九 卷七十八 …… 597	卷十六首題 …… 8
大方廣佛花嚴經	《晋祠華嚴石經》卷三十七之下〔074上-3〕 …… 9
入法界品第三十九之二十 卷七十九 …… 606	《晋祠華嚴石經·普賢三昧品第三》
大方廣佛花嚴經	卷第七·七之上〔013①-1〕 …… 10
入法界品第三十九之二十一 卷八十 …… 612	文中圖版
附録一：晋祠華嚴石經序號對照表 …… 621	日本常盤大定、關野貞著《中國文化史蹟》
附録二：録文字形處理原則與	（圖版第八輯，1940年印刷）
《晋祠華嚴石經異體字對照表》 …… 628	《大方廣佛花嚴經·十地品第廿六之五》
	卷卅八·卅八之上拓片
	（《晋祠華嚴石經》毁失經柱〔075-1〕） …… 284—285
附録三：《石經研究》投稿要求及撰稿體例 …… 637	卷卅七尾題後題記〔094-7〕 …… 361
	卷第五十一之上尾題〔101①-4〕 …… 387

　　編者註：本目録爲責編按照晋祠石經經義結構和國家出版規定獨立編製，未采用晋祠石經以經柱分上下卷的格式。晋祠石經與《大正藏》本有部分經題標序存在細微差異，在此集中説明，文中不再出註：

　　首題：卷四十六"佛不思議法品第卅三"分"之上""之下"，《大正藏》本作"之一""之二"，宋元官各校本與晋祠石經同。

　　卷中品題：卷十四"賢首品第十二之上"（"之下"殘損），《大正藏》本作"之一""之二"；卷十九"十行品第廿一之上"（"之下"殘損），《大正藏》本作"之一""之二"，宋元官各校本同晋祠石經。

稽首□乘圓□□　歸命十方常□□　我今雕石紀□□　顯劫盡時經不滅。

大周新譯大方廣佛花嚴經第一卷之上　兩條成卷。[001①-0]

【大周新譯大方廣佛華嚴經序】

而【册金輪聖神】皇帝制

【蓋聞：造化權輿之首，天道未】分；龜龍繫【象】之垂，玍文始著。雖萬八【千歲，同臨有截之區；七十二君，詎識無邊之義。由是人迷四忍，輪迴於六趣之中；家纏五蓋，沒溺於三】塗之下。及夫鷲巖西峙，烏駕東駈，慧☒【法王超四大而高視，中天調御越十地以居尊，包括鐵圍，延促沙劫。其爲體也，則不生不滅；其爲相也】，則無去無來。念處舌懃，三十七品爲其【行；慈悲喜捨，四無量法運其心。方便之力難思，圓對之機多緒，混大空而爲量，豈算數之能窮。入纖芥】之微區，匪名言之可述，無得而稱者，其【唯大覺歟】。

【朕曩劫植因，叨承佛記。金仙降旨，大雲之偈先彰；玉扆披祥，寶雨之文後及。加以積善餘慶】，俯集徵躬，遂得埊平而成，河清海晏。殊【禎絕瑞，既日至而月書；貝牒靈文，亦時臻而歲洽。逾海越漢，獻琛之禮備焉；架險航深，重譯之辭罄矣】。

《大方廣佛花嚴經》者，斯乃諸佛之密藏，【如來之性海。視之者，莫識其指歸；挹之者，罕】測其涯際。有學無學，志絕窺覬；二乘三乘，寧希聽受。最勝】種智，莊嚴之跡既隆；普賢文殊，願行之【因斯滿。一句之內，包法界之無邊；一毫之中，置剎土而非隘。摩竭陀國，肇興妙會之緣；普光法堂，爰敷寂】滅之理。緬惟奧義，譯在晉朝，時踰六【代，年將四百。然一部之典，纔獲三萬餘言，唯啓半珠，未窺全寶。朕聞其梵本，先在于闐國中，遣使奉迎，近】方至此。既覩百千之妙頌，乃披十【萬之正文。粵以證聖元年，歲次乙未，月旅沽洗，朔惟戊申，以其十四日辛酉，於大遍空寺，親受筆削，敬譯斯】經。遂得甘露流津，預夢庚申之〔001②-1〕【夕；膏雨灑潤，後覃壬戌之辰。式開實相之門，還符一味之】澤。以聖曆二年，歲次己亥，十月壬午朔，八日己丑，繕寫畢功；添性海之波瀾，廓法界之疆域。大乘頓教，普被於無窮；方廣真筌，遐該於有識。豈謂後五百歲，忽奉金口之言；娑婆境中，俄啓珠函之祕。所冀：闡揚沙界，宣暢塵區；並兩曜而長懸，彌十方而永布。一窺寶偈，慶溢心靈；三復幽宗，喜盈身意。雖則無說無示，理符不二之門；然因言顯言，方闡大千之義。輒申鄙作，爰題序云】。

---

① 編者註：現存晉祠石經除卷三十七刻於三條經柱、卷四十九刻於一條經柱外，其餘各卷均刻於兩條經柱；各卷第一條經柱經文結束處可見的尾題或減省尾題有十二處。一卷之上下並非按經義劃分，僅指一柱刻畢，即使一句未結也須在下條石柱上續刻，"之上""之下"由此而分。"兩條成卷"及以上內容應為卷上尾題，因石碑殘毀難以確定第一條石柱經文結束位置，姑置於卷首。或以為"開經偈"，本應在全經之首。

大方廣佛花嚴經
世主妙嚴品第一之一
卷第一・一之上

【如是我聞】：

【一時，佛在摩竭提國阿蘭若法菩提場中，始成正覺。其地堅固，金剛所成；上妙寶輪，及眾寶華、清淨摩尼，以為嚴飾；諸色相海，無邊顯現；摩尼為幢，常放光明，恒出妙音，眾寶羅網，妙香華纓，周匝垂布；摩尼寶王，變現自在，雨無盡寶及眾妙華分散於地；寶樹行列，枝葉光茂。佛神力故，令此道場一切莊嚴於中影現。其菩提樹高顯殊特：金剛為身，瑠璃為幹；眾雜妙寶以為枝條；寶葉扶疎，垂蔭如雲；寶華雜色，分枝布影，復以摩尼而為其果，含輝發焰，與華間列。其樹周圓咸放光明，於光明中雨摩尼寶，摩尼寶內，有諸菩薩，其眾如雲，俱時出現。又以如來威神力故，其菩提樹恒出妙音，說種種法，無有】盡【極。如來所處宮殿樓閣，廣博嚴麗充遍十方，眾色摩尼之所集成，種種寶華以為莊校；諸莊嚴具流光如雲，從宮殿間萃影成幢】。無邊【菩薩道場眾會咸集其所，以能出現諸佛光明不思議音。摩尼寶王而為其網，如來自在神通之力所有境界皆從中出；一】切眾生居【處屋宅，皆於此中現其影像。又以諸佛神力所加，一念之間，悉包法界。其師子座，高廣妙好：摩尼為臺，蓮華為網，清淨】妙寶以為其輪，眾色雜花【而作瓔珞。堂榭、樓閣、階砌、戶牖，凡諸物像，備體莊嚴；寶樹枝果，周迴間列。摩尼光雲，互相照耀；十方諸佛】，化現珠王〈玉〉①；一切菩薩髻中妙【寶，悉放光明而來瑩燭。復以諸佛威神所持，演說如來廣大境界，妙音遐暢，無處不及】。

介時，世尊處于此座，於一切【法成最正覺，智入三世悉皆平等，其身充滿一切世間，其音普順十方國土。譬如虛空具含眾像，於諸】境界無所分別；又如虛空普遍【一切，於諸國土平等隨入。身恒遍坐一切道場，菩薩眾中威光赫奕，如日輪出，照明世界。三世所行】，眾福大海，悉已清淨，而恒示生諸【佛國土。無邊色相，圓滿光明，遍周法界，等無差別；演一切法，如布大雲。一一毛端，悉能容受一切世】界而無窒礙，各現無量神通之力，教【化調伏一切眾生；身遍十方而無來往，智入諸相，了法空寂。三世諸佛所有神變，於光明中】靡不咸覩；一切佛土不思議劫所有莊嚴，【悉令顯現】。

【有十佛世界微塵數菩薩摩訶薩所共圍遶，其名曰：普賢菩薩摩訶薩、普德最】勝燈光照菩薩摩訶薩、普光師子幢菩薩摩【訶薩、普寶焰妙光菩薩摩訶薩、普音功德海幢菩薩摩訶薩、普智光照如來境菩薩摩】訶薩、普寶髻花幢菩薩摩訶薩、普覺悅意聲菩【薩摩訶薩、普清淨無盡福光菩薩摩訶薩、普光明相菩薩摩訶薩、海月光大明菩】薩摩訶薩、雲音海光無垢藏菩薩摩訶薩、功德【寶髻智生菩薩摩訶薩、功德自在王大光菩薩

---

① 玉，㊅一頁註⑮：玉＝王㊁㊙。

摩訶薩、善勇猛蓮華髻菩薩摩訶薩】、普智雲⊠幢菩薩摩訶薩、大精進金剛齎菩薩【摩訶薩、香焰光幢菩薩摩訶薩、大明德深美音菩薩摩訶薩、大福光智生菩薩摩】訶薩，如是等而爲上首，有十佛世界微塵數。此【諸菩薩，往昔皆與毘盧遮那如來共集善根，修菩薩行；皆從如來善根海生，諸波羅】蜜悉已圓滿；慧眼朗徹，等觀三世；於諸三昧，具【足清淨；辯才如海，廣大無盡；具佛功德，尊嚴可敬；知衆生根，如應化伏；入法界藏，智】無差別；證佛解脫，甚深廣大；能隨方便，入於一【地，而以一切願海所持，恒與智俱盡未來際；了達諸佛希有廣大祕密之境，善知一】切佛平等法，已踐如來普光明地，入於無量三【昧海門；於一切處，皆隨現身；世法所行，悉同其事；總持廣大，集衆法海；辯才善巧，轉】不退輪；一切如來功德大海，咸入其身；一切諸【佛所在國土，皆隨願往；已曾供養一切諸佛，無邊際劫，歡喜無倦；一切如來得菩提】處，常在其中，親近不捨；恒以所得普賢願海，令【一切衆生智身具足。成就如是無量功德】。

【復有佛世界微塵數執金剛神，所謂妙】色那羅延執金剛神、⊠輪速疾幢執金剛神、【須彌華光執金剛神、清淨雲音執金剛神、諸根美妙執金剛神、可愛樂光明執金剛神】、大樹雷音執金剛神、師子王光朗執金剛神〔001①-2〕、【密焰勝目執金剛神、蓮華光摩尼髻執金剛神。如是等而爲上首，有佛世界微塵數，皆於】往昔無量劫中恒【發大】願，願常親近供養諸佛；【隨願所行，已得圓滿，到於彼岸；積集無邊清淨福業，於諸三昧所行之境悉已】明達；獲神通力，隨如來住，入不思議解脫境界；處【於衆會，威光特達，隨諸衆生所應現身而示調伏；一切諸佛化形所在，皆隨】化往；一切如來所住之處，常勤守護。

復有佛世界【微塵數身衆神，所謂華髻莊嚴身衆神、光照十方身衆神、海音調伏身衆神】、淨花嚴髻身衆神、無量威儀身衆神、最上光嚴身【衆神、淨光香雲身衆神、守護攝持身衆神、普現攝取身衆神、不動光明身衆】神。如是等而爲上首，有佛世界微塵數，皆於往昔【成就大願，供養承事一切諸佛】。

【復有佛世界微塵數足行神，所謂寶印手足】行神、蓮花光足行神、清淨花髻足行神、攝諸善見【足行神、妙寶星幢足行神、樂吐妙音足行神、栴檀樹光足行神、蓮華光明足】行神、微妙光明足行神、積集妙花足行神，如是等【而爲上首，有佛世界微塵數，皆於過去無量劫中，親近如來，隨逐不捨】。

復有佛世界微塵數道場神，所謂淨莊嚴幢道場【神、須彌寶光道場神、雷音幢相道場神、雨華妙眼道場神、華纓光髻道場神】、雨寶莊嚴道場神、勇猛香眼道場神、金剛彩雲道【場神、蓮華光明道場神、妙光照耀道場神。如是等而爲上首，有佛世界微塵】數，皆於過去值無量佛，成【就】願力，廣興供養。

復【有佛世界微塵數主城神，所謂寶峯光耀主城神、妙嚴宮殿主城神、清淨喜】寶主城神、離憂清淨主城【神、華燈焰眼主城神、焰幢明現主城神、盛福光明主城神、清淨光明主城神、香髻莊嚴主城神、妙寶光明】主城神。如是等而〔001①-3〕【爲上首，有佛世界微塵數，皆於無量不思議劫，嚴淨如來所居宮殿】。

【復有佛世界微塵數主地神，所謂】普【德】淨花主地神、堅福莊【嚴主】地【神、妙華嚴樹主地神、普散衆寶主地神、淨目觀時主地神、妙色勝眼主地神、香毛發光主】地神、悅意音聲主地神、妙花旋髻主地【神、金剛嚴體主地神。如是等而爲上首，有佛世界微塵數，皆於往昔發深重願，願常親】近諸佛如來，同修福業。

復有無【量】主山【神，所謂寶峯開華主山神、華林妙髻主山神、高幢普照主山神、離塵淨髻主山神、光照】十方主山神、大力尖明主山神、威光普勝【主山神、微密光輪主山神、普眼現見主山神、金剛密眼主山神。如是等而爲上首，其】數無量，皆於諸法得清淨眼。

復有不可【思議數主林神，所謂布華如雲主林神、擢幹舒光主林神、生芽發耀主林神、吉祥淨】葉主林神、垂布燄藏主林神、清淨光明主林【神、可意雷音主林神、光香普遍主林神、妙光迴耀主林神、華果光味主林神。如】是等而爲上首，不思議數，皆有無量可愛光明。

【復有無量主藥神，所謂吉祥主藥神、栴檀林主藥神、清淨光明主藥神、名稱】普聞主藥神、毛孔光明主藥神、普治清淨主藥神、【大發吼聲主藥神、蔽日光幢主藥神、明見十方主藥神、益氣明目主藥神，如】是等而爲上首，其數無量，性皆離垢，仁慈祐物。

【復有無量主稼神，所謂柔軟勝味主稼神、時華淨光主稼神、色力勇健主稼】神、增長精氣主稼神、普生根果主稼神、妙嚴【環髻主稼神、潤澤淨華主稼神、成就妙香主稼神、見者愛樂主稼神、離垢淨光主】稼神。如是等而爲上首，其數無量，莫不皆【得大喜成就】。

【復有無量主河神，所謂普發迅流主河神、普潔泉澗主河神、離塵淨】眼主河神、十方遍吼主河神、救護衆生【主河神、無熱淨光主河神、普生歡喜主河神、廣德勝幢主河神、光照普世主河神、海德】光明主河神。如是等而爲上首，有無【量數，皆勤作意利益衆生】。

【復有無量主海神，所謂出現寶光主海神、成金剛幢主海神】、遠離塵〈塵離〉垢[①]主海神、普水宮殿主海【神、吉祥寶月主海神、妙華龍髻主海神、普持光味主海神、寶焰華光主海神、金剛妙髻主海】神、海潮雷聲主海神。如是等而【爲上首，其數無量，悉以如來功德大海充滿其身】。

【復有無量主水神，所謂普興雲幢主水神】、海潮雲音主水神、妙色輪髻【主水神、善巧漩澓主水神、離垢香積主水神、福橋光音主水神、知足自在主水神、淨喜善音主水】神、普現威光主水神、吼音【遍海主水神。如是等而爲上首，其數無量，常勤救護一切衆生而爲利益】。

【復有無數主火神，所謂普】光燄藏主火神、普集【光幢主火神、大光普照主火神、衆妙宮殿主火神、無盡光髻主火神、種種焰眼主火神、十方宮殿如須彌山】主火神、威光【自在主火神、光明破暗主火】神、雷【音電光主火神。如是等而爲上首，不可稱數，皆能示現種種光明，令諸衆生】熱惱除滅。

復【有無量主風神，所謂無】礙光明主風神、【普現勇業主風神、飄擊雲幢主風神、淨光莊嚴主風神、力能竭水主風神】、大聲遍吼【主風神、樹杪垂髻主】風神、所行無礙主風神、【種種宮殿主風神、大光普照主風神。如是等而爲上首，其數無量，皆勤】散滅我【慢之心】。

【復有無量主】空神，所謂淨光普照主空神、【普遊深廣主空神、生吉祥風主空神、離障安住主空神、廣步妙髻主空神、無礙光焰主空神、無礙】勝力主空神、離垢光明主空神、【深遠妙音主空神、光遍十方主空神。如是等而爲上首，其數無量，心皆離垢，廣大明潔】。

【復有無】量主方神，所謂遍住一切主方【神、普現光明主方神、光行莊嚴主方神、周行不礙主方神、永斷迷惑主方神、普遊淨空主方神、大】雲幢音主方神、髻目無亂主【方神、普觀世業主方神、周遍遊覽主方神。如是等而爲上首，其數無量，能以方便，普放光明，恒照】十方，相續不絶。

復有無量【主夜神，所謂普德淨光主夜神、喜眼觀世主夜神、護世精氣主夜神、寂靜海音主夜神、普現吉祥】主夜神、普發樹花主夜神、平〔001①-4+②-4〕【等護育主夜神、遊戲快樂主夜神、諸根常喜主夜神、出生淨福主夜神】。如是等

---

① 遠塵離垢，[知]三頁註③：遠塵離垢＝遠離塵垢[宋][明][宮]。

而爲上首,其數无量,皆勤侑㖿,以法爲樂。

　　復有無量主畫神,所謂示現宮殿主畫神、發起慧香主畫神、樂勝莊嚴主畫神、香花妙尧主畫神、普集妙藥主畫神、樂作喜目主畫神、普現諸方主畫神、大悲光明主畫神、善根光照主畫神、妙花纓絡〈瓔珞〉主畫神。如是䓁而爲上首,其數無量,皆扵妙法能生信解,恒共精勤嚴飾宮殿。

　　復有無量阿脩羅王,所謂羅睺阿脩羅王、毗摩質多羅阿脩羅王、巧幻術阿脩羅王、大眷属阿脩羅王、大力阿脩羅王、遍照阿脩羅王、堅固行妙莊嚴阿脩羅王、廣大因慧阿脩羅王、出現勝德阿脩羅王、妙好音聲阿脩羅王,如是䓁而爲上首,其數無量,悉已精勤摧伏我慢及諸煩惚。

　　復有不可思議數迦樓羅王,所謂大速疾力迦樓羅王、無能壞寶髻迦樓羅王、清净速疾迦樓羅王、心不退轉迦樓羅王、大海處攝持力迦樓羅王、堅固净光迦樓【羅王】、巧嚴冠髻迦樓羅王、普捷示現迦樓羅王、普觀海迦樓羅王、普音廣目迦樓羅王。如是䓁而爲上首,不思議數,悉已成就大方便力,善能救攝一切衆生。

　　復有無量緊那羅王,所謂善慧光明帀緊那羅王、妙花幢緊那羅王、種種莊嚴緊那羅王、悅意吼聲緊那羅王、寶樹光明緊那羅王、見者欣樂緊那羅王、㝡勝光莊嚴緊那〔羅〕王、微妙花幢緊那羅王、動坴力緊那羅王、攝伏惡衆緊那羅王。如是䓁而爲上首,其數無量,皆勤精進,觀一切法,心恒快樂,自在遊戲。

　　復有無量摩睺羅伽王,所謂善慧摩睺羅伽王、清净威音摩睺羅伽王、勝慧莊嚴髻摩睺羅伽王、妙目主摩睺羅伽王、如燈幢爲衆所歸摩睺羅伽王、㝡勝光明幢摩睺羅伽王、師子臆摩睺羅伽王、衆妙莊嚴音摩睺羅伽王、湏弥堅固摩睺羅伽王、可愛樂光明摩睺羅伽王。如是䓁而爲上首,其數无量,皆勤侑㖿廣大方便,令諸衆生永割癡綱。

　　復有无量夜叉王,所謂毗沙門夜叉王、自在音夜叉王、嚴持器仗夜叉王、大智慧夜叉王、燄眼主夜叉王、金剛眼夜叉王、勇健臂夜叉王、勇敵大軍夜叉王、富資財夜叉〔王〕、力壞高山夜叉王。如是䓁而爲上首,其數无量,皆勤守護一切衆生。

　　復有無量諸大龍王,所謂毗樓愽〈博〉叉龍王、娑竭羅龍王、雲音妙幢龍王、燄口海光龍王、普高雲幢龍王、德叉迦龍王、無邊步龍王、清净色龍王、普運大聲龍王、無熱惚龍王。如是䓁而爲上首,其數無量,莫不勤力興雲布雨,令諸衆生熱惱銷滅。

　　復有無量鳩槃茶王,所謂增長【鳩槃】茶王、龍主鳩槃茶王、善莊嚴幢鳩槃茶王、普饒益行鳩槃茶王、甚可怖畏鳩槃茶王、美目端嚴鳩槃茶王、高【峯】慧鳩槃茶王、【勇健臂】鳩槃【茶王、無邊淨華眼】鳩槃茶王、廣大面阿脩羅眼鳩槃茶王。如是䓁而爲上首,其數无量,皆勤侑學无礙法門,放大光明。[002-1]

　　復有無量乾闥婆王,所謂持囯乾闥婆王、樹光乾闥婆王、净目乾闥婆王、花冠乾闥婆王、普音乾闥婆王、樂搖動妙目乾闥婆王、妙【音】師子幢乾闥婆王、普放寶光明乾闥婆王、金剛樹花幢乾闥婆王、樂普現莊嚴乾闥婆王。如是䓁而爲上首,其數无量,皆扵大法深生信解,歡喜愛重,勤修不倦。

　　復有無量囗帀子,所謂囗帀子:花王髻光明帀子、衆妙净光明帀子、安樂世閒心帀子、樹王眼光明帀子、示現清净光帀子、普遊不動光帀子、○宿王自在帀子、净覺囗帀子、大威德光明帀子。如是䓁而爲上首,其數無量,皆勤顯發衆生心寶。

　　復有無量囗帀子,所謂囗帀子:光燄眼帀子、須弥光可畏敬幢帀子、離垢寶莊嚴帀子、勇猛不退轉而子、妙花纓光明而子、寂勝幢光明而子、寶髻普光明而子、光明眼而子、持勝德而子、普光明而子。如是等而爲上首，其數無量，皆勤修習，利益衆生，增其善根。

復有無量三十三而王，所謂釋迦因陀羅而王、普稱滿音而王、慈目寶髻而王、寶光幢名稱而王、發生喜樂髻而王、可愛樂正念而王、須彌勝音而王、成就念而王、可愛樂淨花光而王、智日眼而王、自在光明能覺悟而王。如是等而爲上首，其數無量，皆勤發起一切世間廣大之業。

復有無量須夜摩而王，所謂善時分而王、可愛樂光明而王、無盡慧功德幢而王、善變化端嚴而王、總持大光【明】而王、不思議智慧而王、【輪】齊〈齋〉而王、光燄而王、光照而王、普觀【察大】名稱而王。如是等而爲上首，其數無量，皆勤修習廣大善根，心常喜足。〔002-2〕

復有不可思議數兜率陀而王，所謂知足而王、喜樂海髻而王、寂勝功德幢而王、寂靜光而王、可愛樂【妙目】而王、寶峰淨匡而王、寂勝勇健力而王、金剛妙光明而王、○宿莊嚴幢而王、可愛樂莊嚴而王。如是等而爲上首，不思議數，皆勤念持一切諸佛所有名号。

復有無量化樂而王，所謂善變化而王、寂靜音光明而王、變化力光明而王、莊嚴主而王、念光而王、寂上雲音而王、衆妙寂勝光而王、妙髻光明而王、成就喜慧而王、花光髻而王、普見十方而王。如是等而爲上首，其數无量，皆勤調伏一切衆生，令得解脫。

復有無數他化自在而王，所謂得自在而王、妙目主而王、妙冠幢而王、勇猛慧而王、妙音句而王、妙光幢而王、寂靜境界門而王、妙輪莊嚴幢而王、花蘂慧自在而王、因陀羅力妙莊嚴光明而王。如是等而爲上首，其數無量，皆勤修習自在方便廣大法門。

復有不可數大梵而王，所謂尸棄而王、慧光

而王、善慧光明而王、普雲音而王、觀世言音自在而王、寂靜光明眼而王、光遍十方而王、變化音而王、光明照曜眼而王、悅意海音而王。如是等而爲上首，不可稱數，皆具大慈，憐愍衆生，舒光普照，令其快樂。

復有無量光音而王，所謂可愛樂光明而王、清淨妙光而王、能自在音而王、寂勝念智而王、可愛樂清淨妙【音】而王、善思惟音而王、普音遍照而王、甚深光音而王、無垢稱光明而王、寂勝淨光而王。如是等而爲上首，其數无量，皆住廣大寂靜喜樂無礙法①（門）ᶜ。

復有無量遍淨而王，所謂清淨名稱而王、寂勝見而王、寂靜德而王、須彌音而王、淨念眼而王、可愛樂寂勝光照而王、世閒自在主而王、光燄自在而王、樂思惟法變化而王、變化幢而王、○宿音妙莊嚴而王。如是等而爲上首，其數無量，悉已安住廣大法門，於諸世間勤作利益。

復有无量廣果而王，所謂愛樂法光明幢而王、清淨莊嚴海而王、寂勝慧光明而王、自在智慧幢而王、樂寂靜而王、普智眼而王、樂旋慧而王、善種慧光明而王、無垢寂靜光而王、廣大清淨光而王。如是等而爲上首，其數无量，莫不皆以寂靜之法而爲宮殿安住其中。

復有无數大自在而王，所謂妙燄海而王、自在名稱光而王、清淨功德眼而王、可愛樂大慧而王、不動光自在而王、妙莊嚴眼而王、善思惟光明而王、可愛樂大智而王、普音莊嚴幢而王、極精進名稱光而王。如是等而爲上首，不可稱數，皆勤觀察無相之法，所行平等。

大方廣佛花嚴経卷第一·二之下
〔002-3〕

---

① 法，㊄五頁註①：法＋（門）㊂㊈。

持此甚深微妙藏，盡未來際授羣生。
設有法氎業因緣，請佛加哀令信學。

　　　　　大周花嚴經第一卷之下
　　　　　　　　　　　〔002-0〕

□①曆二秊九啚一囗譯畢
三蔵沙門于闐囻僧實叉難陁釋梵本
三蔵沙門南而竺囻僧菩提□□□□□
□□□□葉□□囻僧阿弥真那鏨釋梵本
三蔵沙門大福先寺僧義淨鏨釋梵本
烏萇囻沙門達摩戰陁譯語
大慈恩寺寄住沙門波善提婆釋語
翊麾副尉直祠部婆羅門大首領悥李無旱釋語
婆羅門大首領悥李無詔譯語
北而竺囻沙門達摩難陁鏨梵語
北而竺囻沙門尸利末多鏨梵語
佛稢記寺沙門道昌鏨梵語
翻經大德　佛稢記寺上座沙門玄度□□
翻經大德大福先寺沙門復禮綴文
翻經大德荊州玉泉寺沙門弘景鏨義

翻經大德泰州大雲寺主沙門靈㕡鏨義
翻經大德大福先寺上座沙門波崙鏨義
翻經大德長壽寺主沙門智潋鏨義
翻經大德崇仙寺上座沙門法寳鏨義
翻經大德大福先寺都維那沙門恵儼鏨義
翻經大德大周西寺沙門法蔵鏨義
翻經大德佛稢記寺沙門德感鏨義
翻經大德中大雲寺都維那沙門玄軌鏨義
翊麾副尉直祠部婆羅門悥伊舍羅寫梵本
婆羅門悥祝撲羅寫梵本
鴻州慶山縣㘴叱干智蔵寫梵本
麟臺揩書令史張山璽寫梵本
経生呂仙喬寫　用紙一十五張
典劉琭逺
判官承奉郎守左玉鈴衛錄事叅軍于師逸
判官朝議郎行梁王府記室叅軍事王璿
判官通直郎行洛州叅軍事宋之問
撿挍翻譯使朝請大夫守太子中舎㘴上柱囻貫膺福
　　　　　　　　　　　〔002-4〕

---

① 編者註：該篇題記中用□代替的殘毀字數，是根據行中殘損長度及文義推測出來的，誤差難免。題記拓片見本輯第6—7頁圖版。

〔大方廣佛花嚴經〕
〔世主妙〕嚴品第一之二
卷第二·二之上

爾時，如来【道場衆海，悉已雲集；無邊品類，周匝遍滿；形色部從，各各】差別；隨所来方，親近世尊，一心【瞻仰。此諸衆會，已離一切煩惱心垢及】其餘習，摧重鄣山，見佛無礙。如是【皆以毘盧遮那如来往昔之時，於劫海中修菩薩行，以四】攝事而曾攝受；一一佛所種善根時，皆【已善攝種種方便，教化成熟】，令其安立一切智道；種无量善，獲衆【大福，悉已入於方便願海；所行之行，具足清淨；於出離道，已能】善出；常見於佛，分明照了；以勝解力入於如【来功德大海，得於諸佛】解脫之門遊戲神通。所謂：

妙燄海大自【在天王，得法界、虛空界寂靜方便力解脫門；自在名稱光天】王，得普觀一切法悉自在解脫門；清淨功【德眼天王，得知一切法不生】不滅、不来不去、无功用行解脫【門；可愛樂大慧天王，得現見一切法真實相智慧海解脫門】；不動光自在而王，得與衆生无邊安樂大【方便定解脫門；妙莊嚴眼】而王，得令觀寂靜法滅諸癡暗【怖解脫門；善思惟光明天王，得善入无邊境界不起一切諸】有思惟業解脫門；可愛樂大智而王，得【普往十方說法而不動】无所依解脫門；普音莊嚴幢【天王，得入佛寂靜境界普現光明解脫門；名稱光善精進天王】，得住自所悟處而以无邊廣大境界爲【所緣解脫門】。

【爾時，妙】燄海而王，承佛威力，普觀一切【自在天衆而說頌言】：

【佛身普遍諸大會，充滿法界無窮盡，
寂】滅無性不可取，爲救世閒而出現。
【如來法王出世閒，能】然照世妙法燈，
境界无邊亦【無盡，此自在名之所證。
佛不思議離分別，了相十方無所有，
爲】世廣開清淨道，如是淨眼能觀見。
【如來智慧無邊際，一】切世閒莫能測，
永滅衆生癡【暗心，大慧入此深安住。
如來功德不思議，衆生見者煩惱滅】，
普使世閒獲安樂，不動自在而能見。
【衆生癡暗常迷覆，如】来爲說寂靜法，
是則照世智慧【燈，妙眼能知此方便。
如來清淨妙色身，普現十方無有比，
此】身無性無依處，善思惟而所觀察。
【如來】音聲无限【礙】，堪受化者靡不聞，
而佛寂然恒【不動，此樂智天之解脫。
寂靜解脫天人主，十方無處不現前，
光】明照曜滿世間，此无礙法嚴幢見。
【佛】於无邊大劫海，爲衆生故求菩提，
種種神通【化一切，名稱光天悟斯法】。

【復次，可愛樂法光明幢天王，得普觀一切】衆生根爲說法斷疑解脫門；淨莊嚴【海】而王，得隨憶念令見佛解脫門；寂勝慧光明【天王，得

法性平等無所依莊嚴身解脫門；自在智慧幢天王，得了知】一切世間法一念中安立不思議莊嚴海解脫門；樂寂〔靜〕①而王，得於一毛孔現不思議佛刹【無障礙解脫門；普智眼天王，得入普門觀察法界解脫門；樂旋慧天王】，得爲一切衆生種種出現无邊刼常現前解脫門；善種慧光明而王，得觀一切世間【境界入不思議法解脫門；無垢寂靜光天王，得示一切衆生出要法解脫門】；廣大清淨光而王，得觀察一切應化衆生【令】入佛法解脫門。

尒時，可愛【樂法光明幢天王，承佛威力，普觀一切少廣天、無量廣天、廣果天衆而說頌言】：

諸佛境界不思議，一切衆生莫能測，
【普令其心生】信解，廣大意樂无窮【盡。
若有衆生堪受法，佛威神力開導彼，
令其恒覩佛現前，嚴海天王如是見。
一切法性】无所【依，佛現世間亦如是，
普於諸有】無依處，此義勝【智能觀察。
隨諸衆生心所欲，佛神通力皆能現，
各各差別不思議，此智幢王解脫海。
過去所有】諸囯土，一毛孔中皆示現，
此是諸佛大神通，愛樂寂靜【能宣說。
一切法門無盡海，同會一法道場中，
如是法性佛所說，智眼能明此方便。
十方】所有諸囯土，悉在其中而說法，
佛身无去亦無来，愛樂慧旋【之境界。
佛觀世法如光影，入彼甚深幽奧處，
說諸法性常寂然，善種思惟能見此。
佛】善了知諸境界，隨衆生根雨法雨，
爲啓難思出要門，此寂靜而能【悟入。
世尊恒以大慈悲，利益衆生而出現，
等雨法雨充其器，清淨光天能演說】。

復次，清净慧名稱而王，得了逹一切衆【生】解脫道方便解脫門；寂勝見而王，【得隨一切諸天衆所樂如光影普示現解脫門；寂靜德天王，得普嚴淨一切佛境】界大方便解脫門；湏弥音而王，得隨【諸】衆生永流轉生死海解脫門；淨念【眼天王，得憶念如來調伏衆生行解脫門；可愛樂普照天王，得普門陀羅尼海所】流出解脫門；世間自在主而王，得能令衆生值佛生信藏解脫門；光燄自在而王，【得能令一切衆生聞法信喜而出離解脫門；樂思惟法變化天王，得入一切菩薩】調伏行如虛空無邊无盡解脫門；變化幢而【王】，得觀衆生無量煩惱普悲智解【脫門】。

【尒時，清淨慧名稱天王，承佛威力，普觀一切少淨天、無量淨天、遍淨】而衆而說頌言：

了知法性無礙者，普現十方无量【刹】，
說佛境界不思議，令衆同歸解脫【海。
如來處世無所依，譬如光影現衆國，
法性究竟無生起，此勝見】王所入門。
無量刧海修方便，普淨十方諸囯土，
法界如如常不動，寂靜德而之所【悟。
衆生愚癡所覆障，盲暗恒居生死中，
如來示以清淨道，此須彌】音之解脫。
諸佛所行無上道，一切衆生莫能【測】，
示以種種方便門，淨眼諦觀能【悉了。
如來恒以總持門，譬如刹海微塵數，
示教衆生遍一切，普照】而王此能入。
如来出世甚難值，無量刧海時一【遇】，
能令衆生生信解，此自在而之所【得。
佛說法性皆無性，甚深廣大不思議，
普使衆生生淨信，光焰】而王能善了。
三世如來功德満，化衆生界不思【議，於】彼思惟生慶悅，如是樂法能【開演。
衆生沒在煩惱海，愚癡見濁甚可怖，
大師哀愍令永離，此化】幢王所觀境。
如來恒放大光明，一一光中無量【佛】，
各各現化衆生事，此妙音而【所入門】。

【復次，可愛樂光明天王，得恒受寂靜樂而能

---

① 靜，砡六頁註①：〔靜〕－宋。

降現消滅世間苦】解脫【門；清淨妙光】而王，得大悲心相應海一切衆【生】喜樂藏解脫門；自在音而王，得一念中【普現無邊劫一切衆生福德力解脫門；最勝念智天王，得普使成住壞一切】世間皆【悉如虛】空清淨解脫門；可愛樂淨妙音而王，得愛樂信受一切聖生法解脫門；善【思惟音天王，得能經劫住演說一切地義及方便解脫門；演莊嚴音天王，得一切】菩薩從兜率而宮殁下生時大供養方便解脫門；甚深光音而王，得觀察無盡神通智慧【海解脫門；廣大名稱天王，得一切佛功德海滿足出現世間方便力解脫門；最】勝淨光而王，得如來往昔誓頭力發生深信愛樂藏解脫門。

爾時，可愛樂光明而王，承佛【威力，普觀一切少光天、無量光天、極光天衆而說頌言】：

【我念】如來昔【所】行，承事供養无邊佛，
如本信心清淨業，以佛威神令〈今〉叄見。
佛身无相離衆垢，恒住【慈悲哀愍地，
世間憂患悉使除，此是妙光之解脫。
佛】法廣大无【涯】際，一切刹海於中現，
如其成壞各不同，自在音而解脫力。
佛神通力無與等，普現【十方廣大刹，
悉令嚴淨常現前，勝念解脫之方便。
如】諸刹海微塵數，所有如來咸敬奉，
聞法離染不唐捐，此妙音而法門用。
佛於无量大劫海，說空【方便無倫匹，
所說無邊無有窮，善思音天知此義。
如】來神變無量門，一念現於一切處，
降神成道大方便，此莊嚴音之解脫。
威力所持能演說，及現諸【佛神通事，
隨其根欲悉令淨，此光音天解脫門。
如】來智慧無邊際，世中無等無所著，
慈心應物普現前，廣大名而悟斯道。
佛昔修習菩提行，供養十方【一切佛，
一一佛所發誓心，最勝光聞大歡喜】。

【復】次，尸棄梵王，得普住十方道場中說法而所行清淨无染著解脫門；慧光梵王，得使一切衆生入禪三昧住解【脫門；善思慧光明梵王，得普入一切不思議法解脫門】；普雲音梵王，得入諸佛一切音聲海解脫門；觀世言音自在梵王，得能憶念菩薩教化一切衆生方便解脫門；寂靜【光明眼梵王，得現一切世間業報相各差別解脫】門；普光明梵王，得隨一切衆生品類差別皆現前調伏解脫門；變化音梵王，得住一切法清淨相寂滅行境界解脫【門；光耀眼梵王，得於一切有無所著、無邊際、無依止】、常勤出現解脫門；悅意海音梵王，得常思惟觀察无盡法解脫門。

爾時，尸棄大梵王，承佛神力，普觀一切梵身【天、梵輔天、梵衆天、大梵天衆而說頌言】：

【佛】身清淨常寂滅，光明照曜遍世間，
无相无行無影像，譬如空雲如是見。
佛身如是定境界，一切衆生莫能【測，
示彼難思方便門，此慧光王之所悟】。
佛刹微塵法門海，一言演說盡無餘，
如是刹海演不窮，善思慧光之解脫。
諸佛圓音等世間，衆生隨類各得解，
【而於音聲不分別，普音梵天如是悟】。
三世所有諸如來，趣入菩提方便行，
一切皆於佛身現，自在音而之解脫。
一切衆生業差別，隨其囙感種種【殊，
世間如是佛皆現，寂靜光天能悟入】。
无量法門皆自在，調伏衆生遍十方，
亦不於中起分別，此是普光之境界。
佛身如空不可盡，無相無礙遍十方，
【所有應現皆如化，變化音王悟斯道】。
如來身相無有邊，智慧音聲亦如是，
處世現形無所著，【光耀】而王入此門。
法王安處妙法宮，法身光明无不【照，
法性無比無諸相，此海音王之解脫】。

復次，自在而王，得現前成熟无量衆生自在

藏解【脱門；善目】主而王，得觀察一切衆生樂令入睡境【界樂解脱門；妙寶幢冠天王，得隨諸衆生種】種欲解令起行解脱門；勇猛慧而王，得【普攝爲一切衆生】所說義解脱門；妙音句而王，得憶【念如來廣大慈增進自所行解脱門】；妙光幢而王，【得示】現大悲門摧滅一切憍慢幢解脱【門】；寂静境而王，得調伏一切世間瞋恚心解脱門；妙輪【莊嚴幢天王，得十方無邊佛隨憶念】悉来赴解脱門；花光慧而王，得随衆生心念普現成正覺解脱門；因陀羅妙光而王，得普入一切世間大威【力自在法解脱門】。

【爾時，自在天王，承佛威】神，遍觀一切自在而衆而說頌言：

佛身周遍等法界，普應衆生悉現前，
種種教門常化誘，於法自【在能開悟。
世間所有種種樂，聖寂滅】樂爲宠勝，
住於廣大法性中，妙眼而王觀見此。
如來出現遍十方，普應羣心而說法，
一切疑【念皆除斷，此妙幢冠解脱門。
諸佛遍】世演妙音，無量劫中所說法，
能以一言咸說盡，勇猛慧而〈大〉①之解脱。
世間所有廣大慈，不及如【來一毫分，
佛慈如空不可盡，此妙音天】之所得。
一切衆生慢高山，十力摧殄悉无餘，
此是如來大悲用，妙光幢王所行道。
慧光【清净满世間，若有見者除癡暗，
令其遠離】諸惡道，寂静而王悟斯法。
毛孔光明能演說，等衆生數諸佛名，
随其所樂悉得聞，此妙【輪幢之解脱。
如來自在不可量，法界虚空】悉充满，
一切衆會皆明覩，此解脱門花慧【入。
无量无邊大劫海，普現十方而說法，
未曾【見佛有去來，此主光天之所悟】。

【復次，善化天】王，得開示一切業變化力解脱門；寂静音光【明】而王，得捨離一切攀緣解脱門；變化力光明而王，【得普滅一切衆生癡暗心令智慧圓满解脱門；莊】嚴主而王，得示現無邊悅意聲解脱門；【念光天王】，得了知一切佛無盡福德相解脱門；宠【上雲音天王，得普知過去一切劫成壞次第解脱門】；勝光而王，得開悟一切衆生智解脱門；妙髻【天王，得舒光疾】满十方虚【空界解】脱門；喜慧而王，得【一切所作無能壞精進力解脱門；華光髻天王，得知一切】衆生業所受報解脱門；普見十方而王，【得示現不思議衆生】形類【差別】解脱門。

尒時，善化而〔003①＋②〕【王，承佛威力，普觀一切善化天衆而說頌言】：

世間業性不思議，佛爲羣【迷】悉開示，
巧說因緣真實理，一切衆生差別業。
種種觀佛无【所有】，十方求覓不可得，
法身示現無真實，此法宠音之所見。
佛於劫海修諸行，爲滅世間癡暗惑，
是故清净宠照明，此是力光心所悟。
世間所有妙音聲，无有能比如來音，
佛以一音遍十方，入此解脱莊嚴主。
世間所有衆福力，不與如來一相等，
如來福德同虚空，此念光而所觀見。
三世所有無量劫，如其成敗種種相，
佛一毛孔皆能現，宠上雲音所了知。
十方虚空可知量，佛毛孔量不可得，
如是無礙不思議，妙髻而王已能悟。
佛於囊世無量劫，具修廣大波羅蜜，
勤行精進无猒怠，喜慧能知此法門。
業性因緣不可思，佛爲世間皆演說，
法性本净无諸垢，此是花光之入處。
汝應觀佛一毛孔，一切衆生悉在中，
彼亦不來亦不去，此普見王之所了。

復次，知足而王，得一切佛出興世圓满教輪

---

① 大，㊄八頁註①：大＝天㊂㊅。

解脫門；喜樂海髻而王，得盡虛空界清淨光明身解脫門；最勝功德幢而王，得消滅世間苦淨頹海解脫門；寂靜光而〔王〕，得普現身說法解脫門；善目而王，得普淨一切眾生界解脫門；寶峯匝而王，得普化世間常現前无盡藏解脫門；勇健力而王，得開示一切佛舌覺境界解脫門；金剛妙光而王，得堅固一切眾生菩提心令不可壞解脫門；○宿幢而王，得一切佛出興咸親近觀察調伏眾生方便解脫門；妙莊嚴而王，得一念悉知眾生心隨撰應現解脫門。

尒時，知足而王，承佛威力，普觀一切知足而眾而說頌言：

如來廣大遍法界，於諸眾生悉平等，
普應羣情闡妙門，令入難思清淨法。
佛身普現於十方，无著无礙不可取，
種種色像世咸見，此喜髻而之所入。
如來往昔修諸行，清淨大頹深如海，
一切佛法皆令滿，勝德能知此方便。
如來法身不思議，如影分形等法界，
處處闡明一切法，寂靜光而解脫門。
眾生業惑所纏覆，憍慢放逸心馳蕩，
如來爲說寂靜法，善目照知心喜慶。
一切世間真導師，爲救爲歸而出現，
普示眾生安樂處，峯匝於此能深入。
諸佛境界不思議，一切法界皆周遍，
入於諸法到彼岸，勇慧見此生歡喜。
若有眾生堪受化，聞佛功德趣菩提，
令住福海常清淨，妙光於此能觀察。
十方剎海微塵數，一切佛所皆往集，
恭敬供養聽聞法，此莊嚴幢之所見。
眾生心海不思議，無住無動無依處，
佛於一念皆明見，妙莊嚴而斯善了。

復次，時分而王，得發起一切眾生善根令永離憂惱解脫門；妙光而王，得普入一切境界解脫門；無盡慧功德幢而王，得滅除一切患大悲輪解脫門；善化端嚴而王，得了知三世一切眾生心解脫門；摠持大光明而王，得随羅尼門光明憶持一切法無忘失解脫門；不思議慧而王，得善入一切業自性不思議方便解脫門；【輪臍】而王，得轉法輪成就〈熟〉① 眾生方便解脫門；光燄而王，得廣大眼普觀眾生而往調伏解脫門；光照而王，得超出一切業郭不随魔所作解脫門；普觀察大名稱而王，得善誘〔004-1〕誨一切諸而眾令受行心清淨解脫門。

尒時，時分而王，承佛威力，普觀一切時分而眾而說頌言：

佛於無量久遠劫，已竭世間憂惱海，
廣闢離塵清淨道，【永】曜眾生智慧【燈】。
如來法身甚廣大，十方邊際不可得，
一切方便無限量，妙光明而智能入。
生老病死憂悲苦，逼迫世間無暫歇，
大師哀愍誓悉除，無盡慧光能覺了。
佛如幻智无所礙，於三世法悉明達，
普入眾生心行中，此善化而之境界。
摠持邊際不可得，辯才大海亦無盡，
能轉清淨妙法輪，此是大光之解脫。
業性廣大無窮盡，智慧覺了善開示，
一切方便不思議，如是慧而之所入。
轉不思議妙法輪，顯示修習菩提道，
永滅一切眾生苦，此是輪齊〈臍〉方便坒。
如來真身本無二，應物隨形滿世間，
眾生各見在其前，此是燄而之境界。
若有眾生一見佛，必使淨除諸業障，
離諸魔業永无餘，光照而王所行道。
一切眾會廣如海，佛在其中最威曜，
普雨法雨潤眾生，此解脫門名稱入。

復次，釋迦因陁羅而王，得憶念三世佛出興乃至剎成壞皆明見大歡喜解脫門；普稱滿音而王，

---

① 熟，㊃九頁註②：熟＝就㊆。

得能令佛色身宓清净廣大世無能比解脫門；慈目寶髭而王，得慈雲普覆解脫門；寶光幢名稱而王，得恒見佛扵一切世主前現種種形相威德身解脫門；發生喜樂髭而王，得知一切衆生城邑宮敨從何福業生解脫門；端舌念而王，得開示諸佛成熟衆生事解脫門；高勝音而王，得知一切世間成壞刼轉變相解脫門；成就念而王，得憶念當来菩薩調伏衆生行解脫門；净花光而王，得了知一切諸而快樂因解脫門；智囗眼而王，得開示一切諸而子受生善根俾無癡惑解脫門；自在光明而王，得開悟一切諸而衆令永斷種種疑解脫門。

尒時，釋迦因陁羅而王，承佛威力，普觀一切三十三而衆而説頌言：

我念三世一切佛，所有境界恣无等，
如其囯土壞與成，以佛威神皆得見。
佛身廣大遍十方，妙色无比利羣生，
光明照曜靡不及，此道普稱能觀見。
如来方便大慈海，往刼修行極清净，
化導衆生无有邊，寶髭而王斯悟了。
我念法王功德海，世中宓上无與等，
發生廣大歡喜心，此寶光而之解脫。
佛知衆生善業海，種種勝囙生大福，
皆令顯現无有餘，此喜髭而之所見。
諸佛出現扵十方，普遍一切世間中，
觀衆生心示調伏，舌念而王【悟斯】道。
如来智身廣大眼，世界微塵无不見，〔004－2〕
如是普遍扵十方，此雲音而之解脫。
一切佛子菩提行，如来恣現毛孔中，
如其無量皆具足，此念而王所明見。
世間所有安樂事，一切皆由佛出生，
如来功德勝無等，此解脫䖏花王入。
若念如来少功德，乃至一念心專仰，
諸惡道怖恣永除，智眼扵此能深悟。
寂滅法中大神通，普應羣心靡不周，
所有疑惑皆令斷，此光明王之所得。

復次，囗而子，得净光普照十方衆生盡未来刼常爲利益解脫門；光燄眼而子，得以一切随類身開悟衆生令入智慧海解脫門；湏弥光歡喜幢而子，得爲一切衆生主令勤修無邊净功德解脫門；净寶匣而子，得修一切苦行深心歡喜解脫門；勇猛不退轉而子，得無礙光普照令一切衆生益其精爽解脫門；妙花纓光明而子，得净光普照衆生身令生歡喜信解海解脫門；㝡勝幢光明而子，得光明普照一切世間令成辦〈辦〉種種妙功德解脫門；寶髭普光明而子，得大悲海現無邊境界種種色相寶解脫門；光明眼而子，得净治一切衆生眼令見法界藏解脫門；持德而子，得發生清净相續心令不失壞解脫門；普運【行】光明而子，得普運囗宮敨照十方一切衆生令成就所作業解脫門。

尒時，囗而子，承佛威力，遍觀一切囗而子衆而説頌言：

如来廣大智慧光，普照十方諸國土，
一切衆生咸見佛，種種調伏多方便。
如来色相无有邊，随其所樂恣現身，
普爲世間開智海，燄眼如是觀扵佛。
佛身無等无有比，光明照曜遍十方，
起過一切宓无上，如是法門歡喜得。
爲利世間修苦行，往来諸有无量刼，
光明遍净如虛空，寶匣能知此方便。
佛演妙音无鄣礙，普遍十方諸國土，
以法滋味益羣生，勇猛能知此方便。
放光明綱不思議，普净一切諸含識，
恣使發生深信解，此花英〈纓〉而所入門。
世間所有諸光明，不及佛一毛孔光，
佛光如是不思議，此勝幢光之解脫。
一切諸佛法如是，恣坐菩提樹王下，
令非道者住扵道，寶髭光明如是見。
衆生盲闇愚癡苦，佛欲令其生净眼，
是故爲然智慧燈，善目扵此深觀察。
解脫方便自在尊，若有曽見一供養，

悉使修行至於果，此是得〈德〉而方便力。
一法門中無量門，無量【千】劫如是說，
【所演】法門廣大義，普運光而之所了。

復次，匝而子，得淨光普照法界攝化衆生解脫門〔004-3〕；【華】王髻光明而子，得觀察一切衆生界令普入無邊劫〈法〉解脫門；衆妙淨光而子，得了知一切衆生心海【種種攀緣】轉解【脫門；安樂】世間心而子，得與一切衆生不可思議樂令踊躍大歡喜解脫門；樹王眼光明而子，得如田家作業種牙〈芽〉莖等隨時守護令成就解【脫】門；出現淨光而子，得慈悲救護一切衆生令現見受苦受樂事解脫門；普遊不動光而子，得能持清淨匝普現十方解脫門；○宿王自在而子，得開示一切法如幻如虛空無相无自性解脫門；淨覺匝而子，得普爲一切衆生起大業用解脫門；大威德光明而子，得普斷一切疑惑解脫門。

尒時，匝而子，承佛神力，普觀一切匝宮敁中諸而衆會而說頌曰：

佛放光明遍世間，照曜十方諸囙土，
演不思議廣大法，永破衆生癡惑暗。
境界無邊無有盡，於無量劫常開道〈導〉，
種種自在化羣生，花髻如是觀扵佛。
衆生心海念念殊，佛智寬廣悉了知，
普爲說法令歡喜，此妙光明之解脫。
衆生無有睡安樂，沉迷惡道受諸苦，
如來示彼法性門，安樂思惟如是見。
如來希有大慈悲，爲利衆生入諸有，
說法勸善令成就，此目光而所了知。
世尊開闡法光明，分別世間諸業性，
善惡所行無失壞，淨光見此生歡喜。
佛爲一切福所依，譬如大埊持宮室，
巧示離憂安隱道，不動能知此方便。
智火大明周法界，現形無數等衆生，
普爲一切開真實，○宿王而悟斯道。
佛如虛空無自性，爲利衆生現世間，
相好莊嚴如影像，淨覺而王如是見。
佛身毛孔普演音，法雲覆世悉無餘，
聽聞莫不生歡喜，如是解脫光而悟。

大方廣佛花嚴經卷第二・二之下
〔004-4〕

大方廣佛花嚴經

世主妙嚴品第一之〔三〕

〔卷第三〕· 三之上

復次，持圀【乾闥婆王，得自】在方便攝一切衆生解脱門；樹光乹闥婆【王，得】普見一切功德【莊嚴】解脱門；浄目乹闥婆王，得永断一切衆生憂苦出生歡喜蔵解脱門；花冠乹闥【婆王，得永斷一】切衆生耶〈邪〉見惑解脱門；喜步普音乹闥婆王，得如雲廣布〔普〕蔭澤一切衆生解【脱】門；樂搖動美目乹闥婆王，得現廣大妙好身令一切獲安樂解脱門；妙音師子幢乹闥婆王，【得普散十方】一切大名稱寶解脱門；普放寶光明乹闥婆王，得現一切大歡喜光明清浄身解脱門；金剛【樹華】幢乹闥婆王，得普滋榮一切樹令見者歡喜解脱門；普現莊嚴乹闥婆王，得善入一切【佛境界與】衆生安樂解脱門。

尒時，持圀乹闥婆王，承佛威力，普觀一切乹闥婆衆而説頌言：

諸佛境界無量門，一切衆生莫能入，
善誓〈逝〉如空性清浄，普爲世間開正道。
如来一一毛孔中，【功德大海皆】充滿，
一切世間咸利樂，此樹光王所能見。
世間廣大憂苦海，佛能銷〈消〉[1] 竭悉無餘，
如来慈愍多【方便】，浄目於此能深解。
十方剎海无有邊，佛以智光咸照曜〈耀〉[2]，
普使滌除邪惡見，此樹花〈光〉[3] 王所入門。
佛【於往昔無】量刧，修習大慈方便行，
一切世間咸慰安，此道普音能悟入。
佛身清浄皆樂見，能生世間无【盡樂】，
解脱因果次苐成，美目於斯善開示。
衆生迷惑常流轉，愚癡鄣盖極堅密，
如來爲説廣大法，師【子幢王能演】暢。
如來普現妙色身，無量差別等衆生，
種種方便照世間，妙音如是觀於佛。
大智方便无量【門】，佛爲羣生普開闡，
入勝菩提真實行，此金剛幢善觀察。
一剎那中百千刼，佛力能現無所動，
等【以安樂施】羣生，此樂莊嚴之解脱。

復次，增長鳩槃荼王，得滅一切怨害力解脱門；龍主鳩槃荼王，得修習【無邊】行門海解脱門；莊嚴幢鳩槃荼王，得知一切衆生心所樂解脱門；饒益行鳩槃荼王，得普成就清浄大光【明所作業】解脱門；可怖畏鳩槃荼王，得開示一切衆生安隱无畏道解脱門；妙莊嚴鳩槃荼王，得銷竭一切衆【生愛】欲海解脱門；高峯慧鳩槃荼王，得普現諸趣光明雲解脱門；勇健臂鳩槃荼王，得普放光明滅如山重【障解脱門】；无邊浄花眼鳩槃荼王，得開示不退轉大悲蔵解脱門；廣大面鳩槃荼王，得普現諸趣流轉【身解脱】門。

---

① 消，[大正]一〇頁註⑤：消＝銷[宮]，下同。
② 耀，[大正]一〇頁註⑥：耀＝曜[宋]。
③ 光，[大正]一〇頁註⑦：光＝華[三][宮]。

大方廣佛花嚴經世主妙品第一之三

尒時，增長鳩槃荼王，承佛威力，普觀一切鳩槃荼衆而說頌言：

成就忍力世道〈導〉師，爲物修行无【量劫，永離】世間憍慢惑，是故其身寂嚴净。
佛爲普修諸行海，教化十方无量衆，
種種方便【利群生，此】解脱門龍主得。
佛以大智救衆生，莫不明了知其心，
種種自在而調伏，嚴幢見此生歡喜。
神通應現如【光影，法輪真】實同虛空，
如是處世無央刼，此饒益王之所瑩。
衆生癡翳常蒙惑，佛光照現【安隱道，
爲作】救護令【除苦】，可畏能觀此法門。
欲海漂淪具衆苦，智光普照滅【無】餘，
既除苦已爲說法，此妙莊嚴【之所悟。
佛身普】應无不見，種種方便化羣生，
音如雷震雨法雨，如是法門髙慧入。
【清净光明不唐發，若遇】必令【消重障，
演】佛切【德】无有【邊，勇臂】能明此深理。
【爲欲】安樂諸衆生，修習大【悲】无量刼，
種種【方便除衆苦，如是淨華之所見。
神】通自在不思議，其身普現遍十〔005-1〕【方，
而於一切無來去，此廣面王心所了】。

【復次，毗】樓博〈博〉叉龍王，得銷滅一切諸龍趣熾然【苦解】脱【門】；娑竭羅龍王，得一念中轉】自龍形示現【無量衆生身解脱門；雲音幢龍王，得於一切諸有趣中以清淨音說佛無邊名號海解脱門；焰口龍王，得普現無】邊佛世界建立差別解脱門；雲幢龍王，得開示一切【衆】生大喜樂福德海解脱門；德叉迦龍王，【得以清淨救護音減除一切怖畏解脱門；無邊步龍王，得示現一切佛色身及住刼次第解脱門；清淨色速疾】龍王，得出生一切衆生大愛樂歡喜海解脱門；普行大音龍王，得示現一切平【等悅】意無礙音【解脱門；無熱惱龍王，得以大悲普覆雲減一切世間苦解脱門】。

【爾時，毗樓博叉龍王，承佛威力，普觀一切諸龍衆】已，即說頌言：

汝觀如来法常尒，一切衆生咸利益，
能以大慈哀愍力，抜彼畏【塗淪墜】者。
一切衆【生種種別，於一毛端皆示現，
神通變化滿世間，娑竭如是觀於佛。
佛以神通無限力，廣演名號等衆生】，
随其所樂普使聞，如是雲音能悟解。
無量無邊囯土衆，佛能令入一毛孔，
如来【安】坐彼會中，此燄口【龍之所見。
一切衆生瞋恚心，纏蓋愚癡深若海，
如來慈愍皆滅除，燄龍觀此能明見。
一切衆生福德力】，佛毛孔中皆顯現，
現已令歸大福海，此高雲幢之所觀。
佛身毛孔發智光，其光處處演妙音，
衆生【聞者除憂畏，德叉迦龍悟斯道。
三世一切諸如來，國土莊嚴刼次第，
如是皆於佛身現，廣步見此神通力】。
我觀如来往昔行，供養一切諸佛海，
扵彼咸増喜樂心，此速疾龍之所入。
佛以方便随類音，爲衆【說法令歡喜，
其音清雅衆所悅，普行聞此心欣悟。
衆生逼迫諸有中，業惑漂轉無人救，
佛以大悲令解脱】，無熱大龍能【悟此】。

【復次】，毗沙門夜叉王，得以无邊方便救護惡衆生解脱門；自在音夜叉王，得【普觀察衆生方便救護解脱門；嚴持器仗夜叉王，得能資益一切甚羸惡衆生解脱門；大智慧夜叉王，得稱揚】一切聖功德海解脱門；燄眼主夜叉【王，得普觀】察一切衆生大悲智解脱門；金剛眼夜叉王，得種種方便【利益安樂一切衆生解脱門；勇健臂夜叉王，得普入一切諸法義解脱門；勇敢大軍夜叉王，得守護一切衆生令住】扵道无空過者解脱門；【富財夜叉王，得增長一】切衆生福德【聚令】恒受快樂【解】脱門〔005-2〕；【力壞高山

夜叉王，得隨順憶念出生佛力智光明解脫門】。

【爾時，多聞大夜叉王，承佛威力，普觀一切夜叉衆會而說頌言】：

衆生罪惡深可怖，於百千劫不見佛，
漂流生死受衆苦，爲救是等佛興世。
如來救【護諸世間，悉現一切衆生前，
息彼畏塗輪轉苦，如是法門音主入。
衆生惡業爲】重障，【佛示】妙理令開解，
譬以明燈照世間，此法嚴仗能觀見。
佛昔劫海修諸行，稱讚十方一切佛，
故有高遠【大名聞，此智慧王之所了。
智慧如空無】有邊，法身廣大不思議，
是故十方皆出現，餘目於此能觀察。
一切趣中演妙音，說法利益諸羣生，
其聲所暨衆苦滅，入此方便金剛眼。
一切甚深廣大義，如來一句能演說，
【如是教理等世間，勇健慧王之所】悟。
一切衆生住耶〈邪〉道，佛示正道不思議，
普使世間成法器，此勇敵軍能悟解。
世間所有衆福業，一切皆由佛光照，
佛智慧海難測量，如是富財之解脫。
憶念往【劫無央數，佛於是中修十力，
能令諸力皆圓】滿，此高幢王所了知。

復次，善慧摩睺羅伽王，得【以一】切神通方便令衆生集功德解脫門；淨威音（聲）摩睺羅伽王，得使一切衆生除煩惱得清涼悅【樂解脫門；勝慧莊嚴髻摩睺羅伽王】，得普使一切善不善思覺衆生入清淨法解脫門；妙【目】主摩睺羅伽王，得了達一切無所著福德自在平等相解脫門；燈幢摩睺羅伽王，得開示一切衆【生令離黑闇怖畏】道解脫【門；最勝光明】幢摩睺羅伽王，得了知一切佛功德生歡喜解脫門；【師】子臆摩睺羅伽王，得勇猛力爲一切衆生救護主解脫門；衆妙莊嚴音摩睺羅伽王，得令一切衆【生隨憶念生無邊喜】樂解脫【門；須彌臆】摩睺羅伽王，得於一切所緣決定不動到彼岸滿足【解】脫門；可

愛樂光明摩睺羅伽王，得爲一切不平等衆生開示平等道解脫門。

尒時，善慧威光摩睺羅伽王，承【佛威力，普觀一切摩】睺羅伽衆而說【頌言】：

汝觀如來性清淨，普現威光利羣品，
示甘露道使清【涼】，衆苦永滅無所依。
一切衆生居有海，諸惡業惑自纏覆，
示彼所行寂靜法，離塵咸〈威〉音能善了。
【佛智】無等亘【思議，知衆生心無不盡，
爲】彼闡明清淨法，如是嚴髻心能悟。
无量諸佛現世間，普爲衆生作【福田】，
福海廣大深難測，妙目大王能悉見。
一切衆生憂畏苦，佛普現前而救護，
法界虛空靡不周，此是燈幢【所行境。
佛一毛孔】諸功德，世間共度不能了，
無邊无盡同虛空，如是廣大光幢【見】。
如來通達一【切法】，於彼法性皆明照，
如須彌山不傾動，入此法門師子臆。
佛於往昔廣大劫，集歡喜海深无盡，
是故見【者靡不欣，此法嚴】音之所【入。
了】知法界無形相，波羅蜜海悉圓滿，
大光普救諸衆生，山臆能知此【方便】。
汝觀如來自在力，十方降現冈無〈罔不〉均，
一切衆生咸照悟，此妙光明能善入。

復次，善慧光明而緊【那羅王，得普生一切】喜樂業解脫門；妙花幢緊那羅王，得能生無上法喜令一切受安樂【解脫門；種種莊】嚴緊那羅王，得一切功德滿足廣大清淨信解藏解脫門；悅意吼聲緊那羅王，得恒【出一切悅意聲令聞者】離憂怖解脫門；寶樹光明緊那羅王，得大悲安立一切衆生令覺【悟所緣解脫門】；普樂見緊那羅王，得示現一切妙色身解脫門；寂勝光莊嚴緊那羅王，得了知【一切殊勝莊嚴果所從生業解】脫門；微妙花幢緊那羅王，得善觀察一切世間業〔005－3〕【所生】報解脫門；動埊【力】緊那羅

王，得恒起一切利益【衆生事解脫門；威猛主緊那羅王，得善知一切緊那羅心巧攝御解脫門】。

爾時，善慧光明幢緊那羅王，承佛威力，普觀一切緊那羅【衆而】說頌言：

世間所有安樂事，一切皆由見佛興，
導師利益諸衆生，普作救護歸依處。
【出生一切諸喜樂，世間咸得無有】盡，
能令見者不唐捐，此是花幢之所悟。
佛功德海無有盡，求其邊際不可得，
光明普照於十方，此莊嚴王之解脫。
如來大音常演暢，開示離憂真【實法，
衆生聞者咸欣悅，如是吼】聲能信受。
我觀如來自在力，皆由往昔所修行，
大悲救物令清淨，此寶樹王能悟入。
如來難可得見聞，衆生億劫時乃遇，
衆相爲嚴悉〔具〕足，此樂見王【之所觀。
汝觀如來大智慧，普應】羣生心所欲，
一切智道靡不宣，最勝莊嚴此能了。
業海廣大不思議，衆生苦樂皆從起，
如是一切能開示，此花幢王所了知。
諸佛神通無間【歇，十】方大地恒振動，
【一切衆生莫能知，此廣】大力恒明見。
處於衆會現神通，放大光明令覺悟，
顯示一切如來境，此威猛主能觀察。

復次，〔大〕速疾力迦樓羅王，得無著無礙眼普觀察衆【生界】解脫門；【不】可壞寶髻迦樓羅王，得普】安住法界教化衆生解脫門；清淨速疾迦樓羅王，得普成就波羅蜜精進力解脫門；不退心莊嚴迦樓羅王，得勇猛力入如來境界解脫門；堅法淨光迦樓羅王，得【成就無邊衆生差】別智解脫門；妙嚴冠髻迦樓羅王，得莊嚴佛法城解脫門；普捷示現迦樓羅王，得成就不可壞平等力解脫門；普觀海迦樓羅王，得了知一切衆生身而爲現【形解脫門；龍音大】目精迦樓羅王，〔得〕普入一切衆生死生行智解脫門。

爾時，大速疾力迦樓羅王，承佛威力，普觀一切迦樓羅衆而說頌言：

佛眼廣大無邊際，普見十方諸國土，
【其中衆生不可量，現】大神通悉調伏。
佛神通力無所导，遍坐十方覺樹下，
演法如雲悉充滿，寶髻聽聞心不【逆。
佛於】往昔修諸【行，普淨廣大】波羅蜜，
供養一切諸如來，【此速疾王深信解。
如來一一】毛孔中，一念普現無邊行，
如是難思佛境界，不退莊嚴悉明覩。〔005-4〕
佛行【廣大不思議】，一切衆【生】莫能測，
導師功德智慧海，此執持王所行處。
如來無量智慧光，【能滅衆生癡惑網，
一切世間咸救護，此是】堅法所持說。
【法】城廣大不可窮，其門種種無數量，
如來【處】世大開闡，此妙冠髻能明入。
一切諸佛一法身，真如平等無分別，
佛以【此力常安住，普捷現王斯具演。
佛】昔諸有攝衆生，普放光明遍世間，
種種方便示調伏，此【勝】法門觀海悟。
佛觀一切諸國土，悉依業海而安住，
普雨法雨於其中，龍音【解脫能如是】。

【復次，羅睺阿修羅王，得】現爲大會尊勝主解脫門；毗摩質多羅阿修羅王，得示現【無量】劫解脫門；巧幻術阿修羅王，得銷滅一切衆生苦令清淨解【脫門；大眷屬阿修羅王，得修一切苦行】自莊嚴解脫門；婆稚阿修羅王，得【震】動十方無邊境界解脫門；遍【照】阿修羅王，得種種方便安立一切衆生解脫門；堅固行妙莊【嚴阿修羅王，得普集不可壞善根淨】諸染著解脫門；廣大因慧阿【修】羅王，得大悲力無疑惑主解脫門；現勝德〈德〉阿修羅王，得普令見佛承事供養修諸善【根解脫門；善音阿修羅王，得普】入一切趣決定平等行解脫門。

爾時，羅睺阿修羅王，承佛威力，普觀一切阿修羅衆而說頌言：

十方所有廣大衆，佛在其中最殊特，

光明遍【照等虛空，普現一切衆生前】。
百千萬刼諸佛土，一刹那中悉明現，
舒光化物靡不周，如毗摩深讚喜。
如來境界無與等，種種法門常利益，
衆生有苦皆令滅，苦ᶜ〈苦〉末羅王此能見。
【無量劫中修苦行，利益衆】生净世間，
由是牟尼智普成，大眷屬王斯見佛。
无礙无等大神通，【遍】動十方一切刹，
不使衆生有驚怖，大力於此能明了。
佛出於世救衆生，一切智道咸開示，
悉令捨【苦得安樂，此義遍照】所引闡。
世間所有衆福海，佛力能生普令净，
佛能開示解脫處，堅行莊嚴入此門。
佛大悲身无與等，周行无礙悉令見，
猶如影像現世間，因慧能宣此功德。
希有無【等大神通，處處現】身充法界，
各在菩提樹下坐，此義勝德能宣說。
如來徃修三世行，【諸】趣輪迴靡不經，
脫衆生苦無有餘，此妙音王所稱讚。
復次，示現宮殿主晝神，得普入一切世間解【脫門；發起慧香】主晝神，得普觀察一切衆生皆利益令歡喜滿足解脫門；樂勝【莊】嚴主晝神，得能放無邊可愛樂法光明解脫門；花香妙光主晝神，得開發無邊衆生清【净信解心解】脫門；普集妙藥主晝神，得積集莊嚴普〔光〕明力解脫門；樂作喜目主晝神，得普開悟一切苦樂衆生皆令得法樂解脫門；觀方普現主晝神，得十【方法界差別身解脫門；大】悲威力主晝神，得救護一切衆生令安樂解脫門；善根光照主晝【神】，得普生喜足功德力解脫門；妙花纓絡〈瓔珞〉主晝神，得聲稱普聞衆生見者皆【獲益解脫門】。

【爾時，示現宮殿主晝】神，承佛威力，普觀【一切主晝神】衆而說頌言：

佛智如空無有盡，光明照曜遍十方，
衆生心行悉了知，【一切世間】无不入。

知諸衆生心所樂，【如應爲說衆法海，
句義廣大各不同】，具足【慧】神能【悉見。
佛放光明照世間】，見聞歡喜不唐捐，
示其深廣寂滅〔006-1〕【處，此樂莊嚴心悟】解。
佛雨法雨無邊量，能令見者大歡喜，
寂勝【善根從此生，如是妙光心所悟】。
普入【法門】開悟力，【曠劫修治】悉清净，
如是皆爲攝衆生，【此】妙藥神【之所了】。
種種方便化羣生，若見若聞咸受益，
皆令踊躍大歡喜，妙眼晝神【如是見。
十力應現遍世間，十方法界悉無餘】，
體性非无亦非有，此觀方神之所入。
衆生【流轉險難中】，如來哀愍出世間，
悉令除滅一切苦，此解脫門悲力住。
衆生闇覆【淪永夕，佛爲說法】大開曉，
【皆使得樂除衆苦】，大善光神入此門。
如來福【量同】虛空，世間衆福悉【從生，
凡有所】作無空過，如是解脫花纓得。

復次，普德净光主夜神，得【寂靜禪定樂】大勇【健解脫門；喜眼觀世】主夜神，得廣大清【净】可愛【樂功】德相解脫門；護世精氣主夜神，得普現世間調伏衆生解脫門；寂靜海音主夜神，【得積集廣大】歡【喜心解脫門；普現吉祥】主夜神，得甚深自【在悅意言音解】脫門；普發樹花主夜神，得光明滿足廣大歡喜藏解脫門；平等護育主夜神，【得開悟衆生令】成熟【善根解脫門；遊戲快】樂主夜神，得【救護衆生無邊】慈解脫門；諸根常喜主夜神，得普現莊嚴大悲門解脫門；示現净福主夜神，得【普使一切衆生所樂滿足解脫門】。

【爾時，普德净光主】夜神，承佛【威力，遍觀一切主】夜神衆而說頌言：

汝等應觀佛所行，廣大寂靜虛空相，
欲海無涯悉治净，【離垢端嚴照十方】。
一切世間咸樂見，無量劫海】時一遇，

足	足	足	族	族	族	族	族	卒	卒	鑚	鑚	最	冣	冣	冣	冣
冣	冣	冣	最	最	冣	冣	醉	醉	醉	尊	尊	尊	尊	尊	尊	尊
尊	遵	遵	左	左	坐	坐	坐	坐	坐	坐	坐	座	座	座	座	座
作	作	作	祚	作	祚											

國家古籍整理出版專項經費資助項目

石經研究(第四至五輯·《晋祠華嚴石經録文校註》)

ISBN978－7－5222－0233－4　2022.4北京第一版

附録二·圖書插頁,注意保存·版權所有,禁止轉載

厭	猒	鞅	鞅	鞅	陽	陽	揚	揚	楊	楊	楊	養	養	夭	夭	
搖	搖	遥	遥	鑰	鑰	闟	耀	曜	燿	耶	耶	謁	謁	葉	葉	葉
醫	醫	醫	醫	毉	毉	毉	毉	宜	宜	疑	疑	疑	夷	夷	儀	儀
儀	嶷	嶷	倚	倚	猗	猗	蟻	蟻	役	役	異	異	逸	逸	藝	藝
義	義	義	議	議	詣	詣	詣	詣	譯	譯	意	意	翳	翳	翳	翳
翳	陰	陰	蔭	蔭	音	音	因	囙	囙	因	般	般	般	般	淫	婬
婬	隱	隱	隱	逕	逕	纓	纓	纓	纓	瓔	瓔	營	營	瑩	瑩	
影	影	映	暎	勇	勇	勇	踴	踴	憂	憂	猶	猶	猶	猶	猶	
遊	遊	友	友	牖	牖	淤	淤	於	於	於	臾	臾	臾	庾	庾	庾
語	語	與	與	鬱	鬱	鬱	鬱	豫	豫	御	御	御	御	御	御	
喻	喻	域	域	淵	渕	渕	渕	緣	緣	緣	圓	圓	園	園	源	源
源	遠	遠	遠	願	願	怨	怨	怨	苑	苑	苑	越	越	躍	躍	躍
悅	悅	月	匝	雲	雲	殞	殞	蘊	蘊	蘊						
Z	匝	迊	帀	雜	雜	雜	哉	哉	哉	宰	宰	暫	暫	暫	讚	讚
讚	藏	藏	藏	遭	遭	擇	擇	澤	澤	澤	澤	則	則	繒	繒	
增	增	增	憎	憎	瞻	瞻	瞻	瞻	瞻	栴	栴	栴	旃	旃	旃	
戰	戰	障	障	招	招	召	召	照	照	照	遮	遮	遮	哲	哲	
真	真	真	真	珍	珍	珍	震	震	震	振	振	振	諍	諍	正	正
證	證	蟄	蟄	蟄	支	支	枝	枝	胝	胝	知	知	職	職	執	執
執	執	執	直	直	直	直	直	值	值	值	值	植	植	植	植	
指	指	旨	旨	智	智	滯	滯	致	致	緻	緻	置	置	置	置	至
至	終	終	種	種	皺	皺	晝	晝	胄	胄	咒	呪	囑	囑	囑	矚
助	助	竺	竺	專	專	轉	轉	莊	莊	莊	莊	莊	莊	莊	著	著
濯	濯	擢	擢	滋	滋	姊	姊	姊	縱	縱	縱	總	總	總	奏	奏

澍	霔	衰	衷	率	率	率	雙	雙	爽	爽	睡	睡	稅	稅	瞬	瞬
説	說	說	嗣	嗣	肆	肆	聳	聳	藪	藪	蘇	蘇	窣	窣	宿	宿
算	筭	筭	雖	雖	雖	隨	隨	隨	髓	髓	歲	歲	歲	歲	歲	
邃	邃	碎	碎	損	損	鎖	鏁									
T	闥	闥	臺	臺	貪	貪	彈	彈	壇	壇	檀	檀	檀	檀	檀	
袒	袒	坦	坦	歎	歎	歎	嘆	嘆	嘆	湯	湯	謟	謟	謟	濤	濤
藤	藤	天	而	殄	弥	挑	挑	條	條	蓧	鐵	鐵	鐵	聽	聽	聽
聽	聽	聽	聽		投	投	投	圖	圖	塗	塗	塗	涂		土	土
吐	吐	退	退	退	脱	脫	脫	馱	馱	陀	陁					
W	瓦	凡	万	卐	卍	罔	冈	網	網	網	輞	輞	往	往	忘	忘
妄	妄	望	望	望	微	微	微	圍	圍	圍	唯	唯	違	違	謂	謂
僞	為	文	文	蚊	蚊	幄	幄	沃	沃	烏	烏	無	無	蕪	五	五
寤	寤	霧														
X	悉	悉	悉	悉	悉	希	希	希	希	膝	膝	膝	膝	膝	膝	
醯	醯	醯	熙	熙	熙	西	西	昔	昔	習	習	習	喜	喜	喜	喜
喜	喜	喜	喜	喜	喜	喜	喜	徙	徙	璽	璽	戲	戲	戲	戲	戲
卌	卌	卌	遐	遐	轄	轄	鮮	鮮	嫌	嫌	鹹	鹹	險	險	顯	顯
陷	陷	獻	獻	香	香	香	象	象	曉	曉	笑	笑	笑	歇	歇	
脅	脅	寫	寫	寫	械	械	懈	懈	辛	辛	釁	釁	星	○	星	
興	興	性	性	姓	姓	胸	胸	胸	胸	雄	雄	休	休	休	修	修
脩	脩	脩	脩	脩	脩	嗅	齅	齅	宿	宿	虛	虛	虛	虛	噓	噓
須	須	鬚	鬚	學	學	熏	熏	薰	薰	循	循					
Y	牙	牙	牙	嚴	嚴	嚴	巖	巖	巖	巖	巖	巖	閻	閻	閻	閻
閻	閻	延	延	延	延	衍	衍	演	演	演	儼	儼	餤	餤	餤	餤

苦	苦	苦	苦	寬	寬	寬	寬	寬	虧	虧	匱	遺	愧	媿		
L	來	来	欄	欄	蘭	蘭	藍	藍	懶	嬾	嬾	牢	牢	勒	勒	勒
勒	羸	羸	羸	淚	淚	類	類	離	離	麗	麗	麗	歷	歷	歷	
戾	俍	奩	奩	斂	斂	瀲	瀲	練	練	涼	涼	凉	梁	梁	梁	樑
良	良	兩	両	量	量	臨	臨	鄰	隣	隣	吝	恡	悋	陵	陵	
崚	崚	流	流	琉	琉	留	畱	瑠	瑠	璢	龍	龍	龍	籠	籠	籠
聾	聾	聾	樓	樓	樓	樓	樓	樓	漏	漏	漏	盧	盧	蘆	蘆	
爐	爐	戮	戮	漉	漉	鹿	鹿	縷	縷	履	履	慮	慮	亂	亂	亂
輪	輪	淪	淪	倫	倫	論	論	螺	蠡	蠡	裸	倮				
M	鬘	鬘	鬘	鬘	鬘	滿	滿	滿	滿	滿	滿	滿	滿	滿	滿	满
滿	滿	滿	慢	慢	慢	慢	曼	曼	幔	幔	幔	縵	縵	盲	盲	
袤	袤	貌	皃	眉	眉	美	美	美	魅	魅	魅	寐	寐	寐	蒙	蒙
蒙	蒙	蒙	猛	猛	猛	弥	弥	弥	謎	謎	密	密	密	密	密	
蜜	蜜	蜜	秘	祕	覓	覓	眠	眠	眠	免	免	面	面	藐	藐	藐
藐	廟	廟	滅	滅	滅	滅	民	民	民	愍	愍	愍	愍	愍	愍	
明	明	明	明	明	明	冥	冥	冥	冥	冥	冥	謬	謬	謬	魔	魔
膜	膜	莫	莫	墨	墨	默	默	纆	纆	沒	沒	沒	沒	沒	歿	歿
歿	歿	牟	牟	某	某											
N	那	那	那	那	難	難	難	男	男	囊	囊	撓	撓	惱	惱	惱
惱	惱	惱	惱	瑙	瑙	腦	腦	能	能	尼	尼	尼	泥	泥	泥	
擬	擬	逆	逆	逆	年	年	年	念	念	涅	涅	農	農			
耨	耨	耨	褥	褥	褥	褥										
P	攀	攀	潘	潘	槃	槃	槃	槃	槃	槃	盤	盤	盤	槃	槃	槃
轡	轡	霈	霈	蓬	蓬	脾	脾	鞞	鞞	鞞	匹	匹	疋	辟	辟	

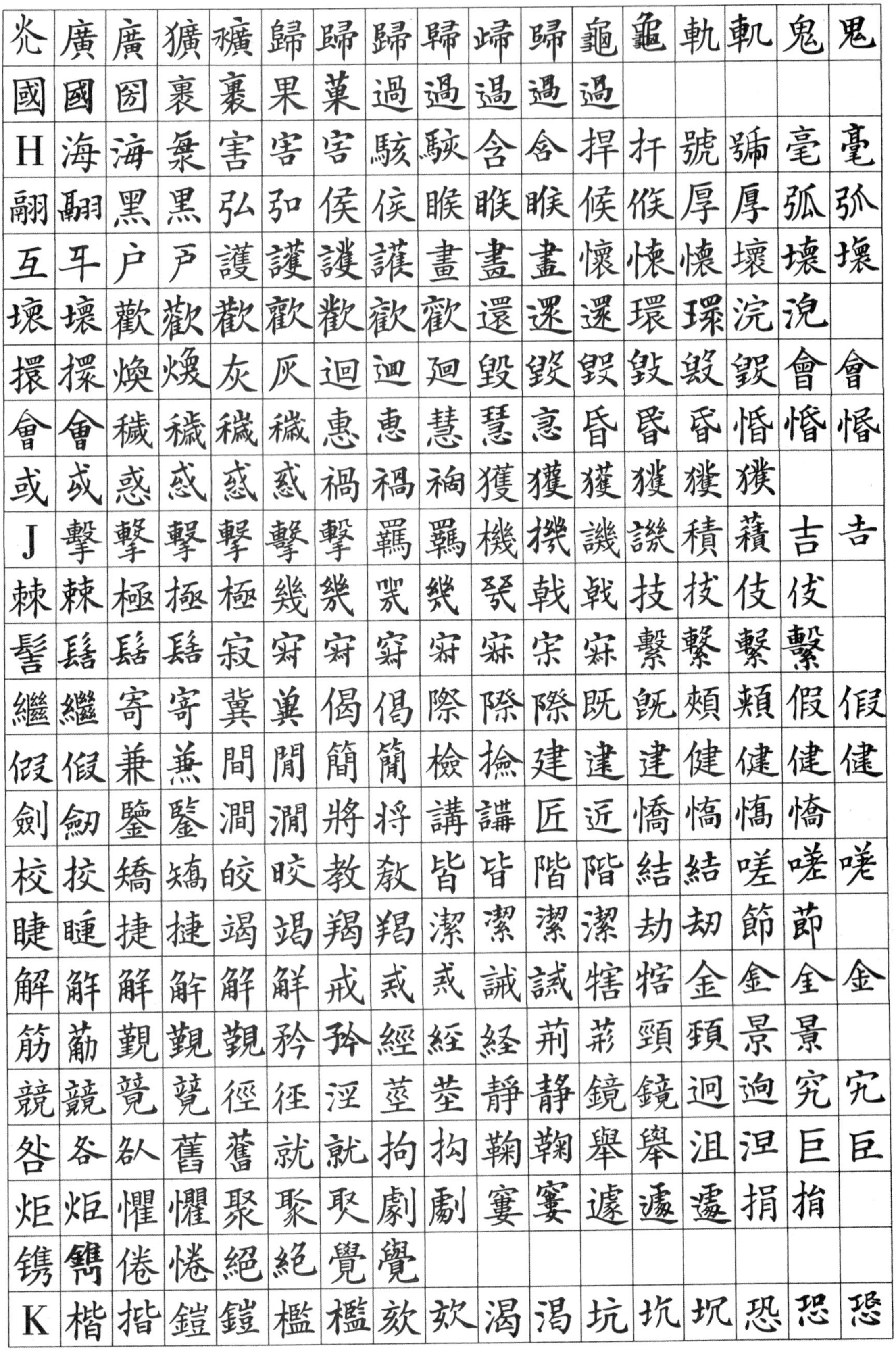

敇	勑	蟲	蟲	蟲	籌	籌	讎	讎	儔	儔	醜	醜	臭	臭		
初	匫	匫	衸	衸	蒭	葚	處	處	處	處	處	船	船	舩	舛	舛
窗	窻	床	牀	牀	牀	幢	幢	垂	垂	捶	捶	搥	脣	脣	脣	
純	紀	慈	慈	慈	辭	辭	辭	辭	辭	辭	辭	刺	刾	聰	聰	聰
聰	聰	聰	聡	聰	叢	藂	從	従	従	麤	麁	麁	麁	麁	錯	錯
D	答	荅	荅	達	達	戴	戴	帶	帶	帶	單	单	耽	躭	躭	
擔	擔	誕	誕	誕	但	但	啖	噉	當	當	黨	黨	蕩	蕩	導	導
導	道	道	稻	稻	德	德	德	悳	德	德	得	淂	燈	燈		
等	苐	等	低	低	敵	敵	敵	敵	敵	敵	滌	滌	滌	底	底	底
遞	逓	第	弟	地	埊	顛	顛	顛	顛	顛	點	點	殿	殿	殿	殿
殿	殿	殿	殿	殿	殿	殿	殿	殿	殿	堞	垛	定	定	㝎	兜	兜
兜	兜	兜	鬥	鬥	都	都	睹	覩	度	度	度	渡	渡	妒	妬	
段	叚	斷	斷	斷	斷	断	断	堆	塠	對	對	對	鈍	鈍	奪	奪
鐸	鐸	鐸	鐸	埵	埵	墮	墮	惰	惰							
E	額	額	惡	悪	惡	恩	恩	恩	尒	尒						
F	發	發	發	發	乏	乏	罰	罸	灋	灋	髮	髮	髮	髮	翻	翻
幡	幡	幡	播	播	凡	凡	飯	飰	房	房	放	放	肺	肺	廢	廢
廢	廢	廢	糞	糞	奮	奮	氛	氲	豐	豊	蜂	蜂	峰	峰	峯	逢
逢	夫	夫	敷	敷	敷	敷	敷	敷	敷	膚	膚	服	服	服	福	福
福	復	復	復	覆	覆	覆	富	富	冨	阜	阜	負	負	縛	縛	
G	該	該	幹	榦	乾	幹	榦	剛	剛	剛	剛	剛	高	髙	槁	槁
割	割	割	隔	隔	更	吏	功	功	亐	溝	溝	垢	垢	孤	孤	
鼓	鼓	鼓	鼓	縠	縠	轂	轂	骨	骨	骨	故	故	固	回	怪	恠
觀	観	觀	觀	觀	觀	觀	觀	關	關	灌	灌	灌	灌	灌	光	光

晉祠華嚴石經異體字對照表

王宇 賀銘　編制　　孫孟傑　書寫

晉祠華嚴石經使用的武周新字																
臣	𢘑	初	𠠃	𠠃	地	埊	國	圀	年	𠡦	𠡦	人	𤯔	日	㘉	㉤
聖	𨲢	授	𥠢	天	𠀑	星	〇	○	月	𠥱	正	𠙺	證	𤢎	𤢎	𤢎
按漢語拼音字母順序排列																
A	哀	㖑	礙	礙	礙	㝵	暗	闇	傲	慠						
B	拔	拔	拔	扷	扷	抜	跋	跋	跋	辦	辦	謗	謗	寶	寶	寶
珤	暴	暴	暴	報	報	報	報	卑	卑	備	備	備	俻	備	俻	
本	夲	逼	逼	鼻	鼻	比	以	俾	俾	畢	畢	鄙	鄙	鄙	閉	閉
閉	婢	婢	臂	辟	辟	壁	壁	辟	薜	薜	蔽	蔽	邊	邊	邊	邊
邊	邊	邊	邉	邉	邉	邉	邉	邉	邉	邊	辯	辯	辯	辯	辯	辯
辨	辨	辨	辨	辨	遍	徧	遍	別	别	別	繽	繽	鬢	鬢	臏	臏
擯	擯	稟	稟	并	竝	病	病	鉢	鉢	鉢	般	般	般	般	般	般
般	博	博	博	愽	愽	薄	薄	薄	搏	搏	步	步	步			
C	財	財	財	才	才	才	纔	纔	參	叅	慚	慙	測	測	曾	曽
曽	層	層	差	差	差	差	差	差	叉	乂	察	察	剎	剎	剎	剎
剎	剎	剎	剎	剎	剎	禪	禪	禅	纏	纏	纏	纏	闡	闡	闡	闡
懺	懺	諂	諂	場	場	場	場	嘗	甞	暢	暢	超	超	超	超	超
徹	徹	徹	澈	澈	撤	撤	臣	𢘑	辰	辰	塵	塵	沉	沈	稱	稱
稱	稱	承	承	承	承	乘	乗	癡	癡	癡	癡	遲	遅	遲	齒	齒

大悲念【物】靡不周，此解脫門觀世覩。
導師救護諸世間，衆生覩見在其前，
能令諸趣皆清【淨，如是護世能觀察。
佛昔修治歡喜海，廣大無邊】不可測，
是故見者咸【欣樂】，此是寂音之所了。
如來境界不可量，寂而能演遍十方，
普使衆〔006-2〕【生意清淨，尸利夜神聞
踊悅。

佛於無福衆生中，大福莊嚴甚威曜，
示彼離塵寂滅法，普發華神】悟【斯道。
十方】普現大神通，一切衆生悉調伏，
種種色相皆令見，【此護育神之所觀。
如來往昔念】念中，悉淨方便慈悲海，
救護世間无不遍，此福樂神之解脫。
衆生愚癡常亂濁，其【心堅】毒甚可畏，
如來慈愍爲出興，此滅怨神能悟喜。
佛昔【修行爲衆生，一切願欲皆令】滿，
由是具成功德相，此現福神之所入。

復次，遍住一切主方神，得普救護力解脫【門】；普現光明主方神，得成辦化一切衆生神通業解脫門；【光行莊嚴主方神，得破一】切闇鄣生喜樂大光明解脫門；周行不礙主方神，得普現一切處不【唐勞】解脫門；永斷迷惑主方神，得示現尋一切衆生數名号發生功德解脫【門；遍遊淨空主方神】，得恒發妙音令聽者皆歡喜解脫門；雲幢大音主方神，得如龍普雨令衆生歡【喜解脫門；髻目】無亂主方神，得示現一切衆生業〔無〕差別自在【力解脫門；普觀世業】主方神，得觀察一切趣生中種種業解脫門；周遍遊覽主方神，得所作事皆究竟【生一切衆】生歡喜解脫門。

尒時，遍住一切主方神，承佛威力，【普觀一切主方神】衆而說頌言：

如來自在出世間，教化一切諸羣生，
普示法門令悟入，【悉使】當成無上智。
神通無量導衆生，隨其所樂示諸【相，
見者皆蒙】出離苦，此現光神解脫力。
佛於闇鄣衆生海，爲現法炬大光明，
其光普照【無不見，此】行莊嚴之解脫。
具足世間種種音，普轉法【輪無不解，
衆生】聽者煩惱滅，此遍往神之所悟。
一切世間所有名，佛名尋彼而出生，
【悉使衆】生【離癡】惑，此斷【迷】神所行處。
若有【衆生至佛前，得】聞如來美妙音，
莫不心生大歡喜，遍遊虛空悟斯法。
佛於一一刹那中，【普雨無邊大法】雨，
悉使衆生【煩惱】滅，此雲幢神所了知。
一切世間諸業【海，佛悉開示等無異】，
普使衆生除業惑，此髻目神之所了。
一切智埊无有邊，一切衆生種種心，
【如來照見悉】明了，此廣大門觀世入。
佛於往昔修諸行，无量諸度悉圓【滿，
大慈哀愍利衆生，此遍遊神之解】脫。

復次，淨光普照主空神，得普知諸趣一切衆生心解脫門；普【遊深廣主空神】，得普入法界解脫門；生吉祥風主空神，得了【達無邊境界身相解脫門；離障安住】主空神，得能除一切衆生業惑障解脫門；廣步妙髻【主空神，得普】觀【察】思惟廣大行海解脫門；无礙光燄主空神，得大悲【光普救護一切衆生厄難解脫門；無礙勝】力主空神，得普入一切无所着福德力解脫門；離垢光明主夜〈空〉神，得能令一切衆生心離諸蓋清淨解脫門；深遠妙音主空【神，得普見十方智光明解脫門；光遍十方主空】神，得不動本處而普現世間解脫門。

尒時，淨光普照主空神，承佛威【力】，普觀一切主空神衆而說頌言：

如來廣大目，清淨【如虛空，
普見諸衆生，一切悉明了。
佛身大光明，普】照於十方，
處處現前住，普遊觀此道。〔006-3〕

佛身如虛空，无生无所取，
无得无自性，吉祥風所見。
如來无量劫，廣說諸瞳道，
普滅衆生郶，【圓光悟此門。
我觀佛往昔，所集菩提行，
悉爲安世間】，妙鬐行斯境。
一切衆生界，流轉生死海，
佛放滅苦炎，无礙神䏻見。
清净功德藏，䏻爲世福田，
随以智開覺，力神於此悟。
衆生癡所覆，【流轉於險道，
佛爲放光明，離垢神能證。
智慧無邊】際，悉現諸囶土，
光明照世間，妙音斯見佛。
佛爲度衆生，修行遍十方，
如是大頋心，普現䏻觀察。

復次，無礙光明主風神，得普入佛【法及一切世間解脫門；普現勇業主風神，得無量】囶土佛出現咸廣大供養解脫門；飄擊雲幢主風神，得以香風普滅一切衆生病解脫門；净光莊嚴主風神，得普生一切衆生善根令摧滅重【障山解脫門；力能竭水主風神，得能破無邊惡】魔衆解脫門；大聲遍吼主風神，得永滅一切衆生怖解脫門；樹杪垂鬐主風神，得入一切諸法實相辯扌海解脫門；普行無礙主風神，得【調伏一切衆生方便藏解脫門；種種宮殿主風神，得】入寂静禪定門滅極重愚癡闇解脫門；大光普照主風神，得随順一切衆生行无礙力解脫門。

尒時，無礙光明主風神，承佛威力，普【觀一切主風神衆而說頌言】：

一切諸佛法甚深，無礙方便普䏻入，
所有世間常出現，無相无形无影像。
汝觀如來扵往昔，一念供【養無邊佛，
如是勇猛菩提行，此普現神能悟】了。
如來救世不思議，所有方便無空過，
【悉使衆行離諸苦，此雲】幢神之解脫。
衆生无福受衆苦，重盖窓郶常迷覆，
一切皆令得解脫，此净光【神所知。
如來廣大神通力，克殄一切魔軍衆】，
所有調伏諸方便，勇健威力䏻觀察。
【佛於毛孔演妙音，其】音普遍扵世間，
一切苦畏皆令息，此遍吼神之所了。
佛扵一切衆刹海，不思【議劫常演說，
此如來地妙辯才，樹杪鬐神能悟解】。
佛扵一切方便門，智入其中悉無礙，
【境界無邊無與等】，此普行神之解脫。
如來境界无有邊，處處方便皆令見，
而身寂静无諸相，種種【宮神解脫門。
如來劫海修諸行，一切諸力皆成滿】，
䏻随世法應衆生，此普照神之所見。

大方廣佛花嚴経卷第三·三之下

〔006－4〕

〔大方〕廣佛花嚴〔經〕
〔世主〕妙嚴品第〔一之〕四

卷第四・四之上

復次，普光燄【藏主火神，得悉除一切】世間闇解脫門；普集光幢主火神，得能【息一切】眾生諸【惑】漂流熱惱苦解脫門；大光遍照主火神，得無動福力大悲藏解脫門；無盡光髻主火【神，得】光明照曜〈耀〉① 無邊虛空界解脫門；種種燄眼主火神，得種種福莊嚴寂靜光解脫門；十方宮殿如須彌山主火神，得能滅一切世間諸趣熾然苦解脫門；威光自在主火神，得自在開悟一切世間解脫門；光照十方主火神，得永破一切愚癡執著見解脫門；雷音電光主火神，得成就一切願力大震吼解脫門。

爾時，普光燄藏主火神，承佛威力，遍觀一切主火神眾而說頌言：

汝觀如來精進力，廣大億劫不思議，
為利眾生現世間，所有暗鄣皆令滅。
眾生愚癡赴〈起〉諸見，煩惱如流及火然，
導師方便悉滅除，普集光幢於此悟。
福得〈德〉如空无有盡，求其邊際不可得，
此佛大悲無動力，光照悟入心生喜。
我觀如來之所行，經於劫海無邊際，
如是示現神通力，眾妙宮神所了知。
億劫修成不可思，求其邊際莫能【知】，
演法實相令歡喜，无盡光神所觀見。
十方所有廣大眾，一切現前瞻仰佛，
寂靜光明照世間，此妙燄神所能了。
牟尼出現諸世間，坐於一切宮殿中，
普雨无邊廣大法，此十方神之境界。
諸佛智慧寂甚深，於法自在現世間，
能悉闡明真實理，威光悟此心欣慶。
諸見愚癡為暗蓋，眾生迷惑常流轉，
佛為開闡妙法門，此照方神能悟入。
願門廣大不思議，力度修治已清淨，
如昔顧心皆出現，此震音神之所了。

復次，普興雲幢主水神，得平等利益一切眾生慈解脫門；海潮雲音主【水神】，得無邊法莊嚴解脫門；妙色輪髻主水神，得觀所應化方便普攝解脫門；善巧旋澓主水神，得普演諸佛甚深境界解脫門；離垢香積主水神，得普現【清淨】大光明解脫門；福橋光音主水神，得清淨法界無相無性解脫門；知足自在主水神，得無盡大悲海解脫門；淨喜善音主水神，得於菩薩眾會道場中為大歡喜藏解脫門；普現威光主水神，得以無礙廣大福德力普出現解脫門；吼聲遍海主水神，得觀察一切眾生發起如虛空調伏方便解脫門。

爾時，普興雲幢主水神，承佛威力，遍觀一切主水神眾而說頌言：

清淨慈門刹塵數，共生如來一妙相，
一一諸相莫不然，是故見者无猒足。
世尊往昔修行時，普詣一切如來所，
種種修治無懈倦，如是方便雲音入。

---

① 耀，囶一六頁註②：耀 = 曜三宮，下同。

佛於一切十方中，寂然不動无来去，
應化衆生悉令見，此是鷂輪之所知。
如来境界无邊量，一切衆生不能了，
妙音演說遍十方，此善旋神所行處。
世尊光明無有盡，充遍法界不思議，
說法教化度衆生，此净香神所觀見。
如来清【净等虚空】，无相无形遍十方，
而令衆會靡不見，此福光神善觀察。
佛昔修習大悲門，其心廣遍等衆生，
是故如雲現扵世，此解脫門【知足】了。
十方所有諸國土〔007-1〕，【悉】見如来坐扵座，
朗然開悟大菩提，如是喜音之所入。
如来所行无罣礙，遍往十方一切刹，
處處【示現大】神通，普現威光已能悟。
修習无邊方便行，等衆生界悉充滿，
神通妙用【靡暫停】，吼聲遍海斯能入。
復次，出現寶光主海神，得以等心施一切衆生福德海衆寶莊嚴身解脫【門；不】可壞金剛幢主海神，得巧方便守護一切衆生善根解脫門；不雜塵【垢】主海神，得能竭一切衆生煩惱海解脫門；恒住波浪主海神，得令一切衆生離惡道解脫門；吉祥寶月主海神，得普滅大癡暗解脫門；妙花龍鷂主海神，得滅一切諸趣【苦】以〈與〉安樂解脫門；普持光味主海神，得净治一切衆生諸見愚癡性解脫門；寶餤花光主海神，得出生一切寶種性菩提心解脫門；金剛妙鷂主海神，得不動心功德海解脫門；海潮雷音主海神，得普入法界三昧門解脫門。

尒時，出現寶光主海神，承佛威力，普觀一切主海神衆而說頌言：
不可思議大劫海，供養一切諸如来，
普以功德施【群生】，是故端嚴㝡无比。
一切世間皆出現，衆生根欲靡不知，
普爲引宣大法海，此是堅憧〈幢〉所欣悟。
一切衆生煩惱覆，流轉諸趣受衆苦，
爲其開示如来境，普水【宫】神入此【門】。
佛【於難思劫海】中，修行諸行无有盡，
永截衆生癡惑網，寶月扵此能明入。
佛見衆生常恐怖，流轉生死大海中，
示彼如来無上道，龍鷂悟解生欣悅。
諸佛境界不思議，法界虛【空平等相，
能净衆生癡惑網】，如是持味能宣說。
佛眼清净不思議，一切境界悉該覽，
普示衆生諸妙道，此是花光心所悟。
魔軍廣大無央數，一刹那中悉摧滅，
心無傾動難【測量】，金剛【妙髻之方便。
普於十方演妙音】，其音法界靡不周，
此是如来三昧境，海潮音神所行處。

復次，普【發】迅流主河神，得普雨无邊法雨解脫門；普潔泉澗主河神，得【普現】一切【衆生前令永離煩惱解脫門】；離塵净眼主河神，得以大悲方便普滌一切【衆生】諸惑【塵垢【解脫門；十方遍】吼主河神，得恒出饒益衆生音解脫門；普救護衆生【主河】神，得【於】一切【含識中恒起無惱害慈解】脫門；無熱净光【主】河神，得普示一切清涼善【根解脫】門；【普生歡喜主河神，得】修行具足施令一切衆生永離慳著解【脫門；廣德勝幢主河神，得作一切歡喜福田解脫門；光】照普世主河神，得能令一切衆生雜染者清净瞋毒【者歡喜解脫門；海德光明主河神，得能】令一切衆生入解脫海恒【受具足樂解脫門】。

【爾時，普發迅流主河神，承佛威力，遍觀一切主】河神衆而說頌言：
如来往昔【爲】衆【生】，修治法海无【邊】行，〔007-2〕
【譬如霈澤清炎暑，普滅衆生煩惱熱。
佛昔難宣無量劫，以願光明净世間，
諸根熟者令悟道，此普潔神心所悟】。
大悲方便等衆生，悉現其前常化誘，
普使净治煩惱垢，净眼見此深歡悅。

佛演妙音普使聞，眾生愛樂心歡喜，
悉使滌除无量苦，此遍吼神之解脫。
佛昔修習菩提【行】，爲利眾生无量劫，
是故光明遍世間，護神憶念生歡喜。
佛昔修行爲眾生，種種方便令成熟，
普净福海除眾苦，无熱見此心欣慶。
施門廣大无窮盡，一切眾生咸利益，
能令見者无慳著，此普喜神之所悟。
佛昔修行實方便，成就无邊功德海，
能令見者靡不欣，此勝幢神心悟悦。
眾生有垢咸净治，一切怨害寻生慈，
故得光照滿虛空，普世河神見歡喜。
佛是福田功德海，能令一切離諸惡，
乃至成就大菩提，此海光神之解脫。

復次，柔輭勝味主稼神，得與一切眾生法滋味令成就佛身解脫門；【時】花净光主稼神，得能令一切眾生受廣大喜樂解脫門；色力勇健主稼神，得以一切圓滿法門净諸境界解脫門；增益精氣主稼神，得見佛大悲無量神【通】變化力解脫門；普生根果主稼神，得普現佛福田令下種無失壞解脫門；妙嚴環髻主稼神，得普發眾生净信花解脫門；潤澤净花主稼神，得大慈愍濟諸眾生令增長福德海解脫門；成就妙香主稼神，得廣開示一切行法解脫門；見者愛樂主稼神，得能令法界一切眾生捨離懈怠憂惱等諸惡普清净解脫門；離垢光明主稼神，得觀察一切眾生善根隨應說法，令眾會歡喜滿足解脫門。

尒時，柔輭勝味主稼神，承佛威力，遍觀一切主稼神眾而說頌言：

如來无上功德海，普現明燈照世間，
一切眾生咸救護，悉與安樂無遺者。
世尊功德无有邊，眾生聞者不唐捐，
悉使離苦常歡喜，此是時花之所入。
善逝諸力皆圓滿，功德莊嚴現世間，
一切眾生悉調伏，此法勇力能明證。
佛昔修治大悲海，其心念念寻世間，

是故神通無有邊，增益精氣能觀見。
佛遍世間常現前，一切方便无空過，
悉净眾生諸惑惱，此普生神之解脫。
佛是世間大智海，放净光明无不遍，
廣大信解悉從生，如是嚴髻能明入。
如來觀世起慈心，爲利眾生而出現，
示彼恬怡寂勝道，此净花神之解脫。
善逝所修清净行，菩提樹下具宣說，
如是教化滿十方，此妙香神能聽受。
佛扵一切諸世間，悉使離憂生大喜，
所有根欲皆治净，可愛樂神斯悟入。
如來出現扵世間，普觀眾生心所樂，
種種方便而成熟，此净光神解脫門。

復次，吉祥主藥神，得普觀一切眾生心而勤攝取解脫門；旃檀林主藥神，得以光明攝眾生俾見者無空過解脫門；離塵光明主藥神，得【能以】净方便滅一切眾生煩惱解脫門；名稱普聞主藥神，得能【以大名】稱增長無邊善根海解脫門；【毛】孔現光主藥神，得大悲幢速赴一切〔007-3〕【病境】界解脫門；破暗清净主藥神，得療治一切盲冥眾生令智眼清净解脫門；普發吼聲主藥神，得〔能〕演佛音說諸法差別義解脫門；蔽日光幢主藥神，得能作一切眾生善知識令見者咸生【善根解】脫門；明見十方主藥神，得清净大悲藏能以方便令生信解解脫門；普發威光主藥神，得方便令念佛滅一切眾生病【解】脫門。

尒時，吉祥主藥神，承佛威力，遍觀一切主藥神眾而說頌言：

如來智慧不思議，悉知一切眾生心，
【能以種種】方便力，滅彼羣迷无量苦。
大雄善巧難測量，凡有所作无空過，
必使眾生諸苦滅，旃檀林神能悟此。
【汝】觀諸佛法如是，往悉勤修无量劫，
而扵諸有無所著，此離塵光所入門。
佛百千劫難可遇，若有得見及聞名，
必令獲益无空過，此普稱神之所了。

如来一一毛孔中，悉放光明滅衆患，
世間煩惱皆令盡，此現光神所入門。
一切衆生癡所盲，惑業衆苦无量別，
佛悉蠲除開智照，如是破暗能觀見。
如来一音无限量，能開一切法門海，
衆生聽者悉了知，此是大音之解脫。
汝觀佛智難思議，普現諸趣救羣生，
能令見者皆從化，此蔽日幢深悟了。
如来大悲方便海，爲利世間而出現，
廣開正道示衆生，此見方神能了達。
如来普放大光明，一切十方无不照，
令随念佛生功德，此發威光解脫門。

復次，布花如雲主林神，得廣大无邊智海藏解脫門；擢幹舒光主林神，得廣大修治普清淨解脫門；生牙〈芽〉發曜主林神，得增長種種淨信牙〈芽〉解脫門；吉祥淨葉主林神，得一切清淨功德莊嚴聚解脫門；垂布燄藏主林神，得普門清淨慧恒周覽法界解脫門；妙莊嚴光主林神，得普知一切衆生行海而興布法雲解脫門；可意雷聲主林神，得忍受一切不可意聲演清淨音解脫門；香光普遍主林神，得十方普現昔所修治廣大行境界解脫門；妙光迴〈迴〉曜主林神，得以一切功德法饒益世間解脫門；花果光味主林神，得能令一切見佛出興常敬念不忘莊嚴功德藏解脫門。

尒時，布花如雲主林神，承佛威力，普觀一切主林神衆而說頌言：

佛昔修集〈習〉① 菩提行，福德智慧悉成滿，
一切諸力皆具足，放大光明出世間。
悲門无量等衆生，如来往昔普淨治，
是故扵世能爲益，此擢幹神之所了。
若有衆生一見佛，必使入扵深信海，
普示一切如来道，此妙牙〈芽〉神之解脫。
一毛所集諸功德，劫海宣揚〈揚〉不可盡，
諸佛方便難思議，淨葉能明此深義。
我念如来扵往昔，供養剎塵无量佛，

一一佛所智漸明，此燄藏神之所了。
一切衆生諸行海，世尊一念悉了知，
如是廣大无礙智，妙莊嚴神能悟入。
恒演如来寂妙音，普生无等大歡喜，
随其解欲皆令悟，此是雷音所行法。
如来示現大神通，十方國土皆周遍，
【佛昔修行悉】令見，此普香光所入門。
衆生譣詖不修德，迷惑沉〈沈〉流生死【中，爲】彼闡明衆【智】道，此妙【光神之所見】。
佛爲衆鄣諸衆生，經扵億劫時乃現，
【其餘念念常令】見，此味光神所觀察。

〔007－4〕

復次，寶峯開花主山神，得入大寂定光明解脫【門；華】林妙髻主山神，得修集慈善根成就〈熟〉不可思議數衆生解脫門；高幢普照主山神，得觀察一切衆生心所樂嚴淨諸根解脫【門】；離塵寶髻主山神，得无邊劫海勤精進无猒怠解脫門；光照十方主山神，得以无邊功德光普覺悟解脫門；大力光明主山神，得能自成熟復令衆生捨離愚迷行解脫門；【威】光普勝主山神，得拔一切苦使無有餘解脫門；微密光輪主山神，得演教法光明顯示一切如来功德解脫門；普眼現見主山神，得令一切衆生乃至扵夢中增長善根解脫門；金剛【堅】固眼主山神，得出現无邊大義海解脫門。

尒時，開花市地主山神，承佛威力，普觀一切主山神衆而說頌言：

往修勝行无有邊，今獲神通亦无量，
法門廣闢如塵數，悉使衆生心〈深〉【悟喜】。
衆相嚴身遍世間，毛孔光明悉清淨，
大慈方便示一切，花林妙髻悟此門。
佛身普現无有邊，十方世界皆充滿，
諸根嚴淨見者喜，此法高幢能悟入。

---

① 習，㊄一八頁註③：習＝集㊕。

歷劫勤修无懈【倦】，不染世法如虛空，
種種方便化羣生，悟此法門名寶髻。
衆生盲暗入險道，佛哀愍彼舒光照，
普使世間從睡覺，威光悟此心生喜。
昔在諸有廣修行，供養刹塵无數佛，
令衆生見發大願，此地大力能明入。
見諸衆生流轉苦，一切業郼恒纏覆，
以智慧光悉滅除，此普勝神之解脫。
一一毛孔出妙音，隨衆生心讚諸佛，
悉遍十方无量劫，此是光輪所入門。
佛遍十方普現前，種種方便說妙法，
廣益衆生諸行海，此現【見】神之所悟。
法門如海无邊量，一音爲說悉令解，
一切劫中演不窮，入此方便金剛目。

復次，普德净花主地神，得以慈悲心念念普觀一切衆生解脫門；堅福莊嚴主地神，得普現一切衆生福德力解脫門；妙花嚴樹主地神，得普入諸法出生一切佛刹莊嚴解脫門；普散衆寶主地神，得修習種種諸三昧令衆生除郼垢解脫門；净目觀時主地神，得令一切衆生常遊戲快樂解脫門；金色妙眼主地神，得示現一切清净身調伏衆生解脫門；香毛發光主地神，得了知一切佛功德海大威力解脫門；寂音悅意主地神，得普攝持一切衆生言音海解脫門；妙花旋髻主地神，得充滿佛刹離垢性解脫門；金剛普持主地神，得一切佛法輪所攝持普出現解脫門。

尒時，普德净花主地神，承佛威力，普觀一切主地神衆而說頌言：

如來往昔念念中，大慈悲門不可說，
如是修行無有已，故得堅牢不壞身。
三世衆生及菩薩，所有一切衆福聚，
悉現如來毛孔中，福嚴見已生歡喜。
廣大寂静三摩地，不生不滅无來去，
嚴净國土示【衆生】，此樹花神之解脫。
佛於往昔修諸行，爲令衆生銷〈消〉①重郼，

普散衆寶主地神，見此解脫生歡喜。
如來境界无邊際，念念普現於世間，
净目觀時主地神，見佛【所行心慶悅】。
妙音无限不思議，普爲衆生滅煩惱，
金色眼神能了悟，見佛无邊勝功德。
一切色形皆化現，十方法界悉充滿，
香毛發光【常】見佛，如是普化諸【衆生。
妙音普遍於十方，無量】劫中爲衆說，
悅意地神心了達，從佛得聞深敬喜。
佛毛孔出香燄雲，隨衆生心遍世間，
一切見者皆成熟，此是花旋所【觀處。
堅固難壞如金剛，不可傾動逾須彌，
佛身如是處世間】，普持得見生歡喜。

復次，寶峯光曜主城神，得方便利益衆生解脫門；妙嚴宮〔008-1〕【殿主城神，得知衆生根教化成熟解脫門；清净喜寶主城神，得常歡喜令一切衆生】受諸福德解脫門；離憂【清净主城神，得救諸怖畏大悲藏解脫門；華燈焰眼主城神，得普明了大智慧解脫門；焰幢明現主城神，得普方便示現解脫門】；盛福威光主城神，得普【觀察一切衆生令修廣大福德海解脫門；净光明身主城神，得開悟一切愚暗衆生解脫門；寶峯光目主城神，得能以大光明破一切衆生障】礙山解脫門。

尒時，寶峯【光耀主城】神，承佛威力，普觀一切主【城神衆而說頌言】：

【導師如是不思議，光明遍照於十方，
衆生現前悉見佛，教化成熟】无央數。
諸衆生根【各差】別，佛【悉】了【知】无有餘，
妙嚴宮殿主城神，入此【法門心慶悅。
如來無量劫修行，護持往昔諸佛法，
意常承奉生歡喜，妙寶】城神悟此門。
如來昔已能除遣，一切衆生諸恐怖，
而恒於彼【起】慈悲，此離【憂】神心

---

① 消，㊅一九頁註①：消＝銷宮。

【悟喜。

　　佛智廣大無有邊，譬如虛空不可量，
　　華目城神斯悟悅，能學如來之妙慧】。
　　如來色相導衆生，隨其樂欲皆令見，
　　鐵幢明現心能悟，習此方便【生】歡喜。
　【如來往修衆福海，清淨廣大無邊際，
　　福德幢光於此門，觀察了悟心欣慶。
　　衆生愚迷諸有中】，如世生盲卒无覩，
　　佛爲利益興於世，清淨光神入此門。
　　如來自在无有邊，如雲普遍於世間，
　　乃至【現】夢【令調伏，此是香幢所觀見。
　　衆生癡暗如盲瞽，種種障蓋所纏覆】，
　　佛光照徹普令開，如是寶峯之所入。

　　復次，淨莊嚴憧〈幢〉道場神，得出現供養佛廣大莊嚴具誓【願力解脫】門；【須彌寶光道場神，得現一切衆生前成就廣大】菩提行解脫門；雷音憧〈幢〉相道場神，得隨一切衆生心所樂令見佛於夢中爲說法解脫門；雨花妙【眼】道場神，【得能雨一切難捨衆寶莊嚴具解脫門；清淨焰形】道場神，得能現妙莊嚴道場廣化衆生令成熟解脫門；花纓垂髻道場神，得隨根說法令生正念解脫門；【雨】寶莊嚴【道場神，得能以辯才普雨無邊歡喜法】解脫門；勇猛香眼道場神，得廣稱讚諸佛功德解脫門；金剛彩雲道場神，得示現無邊色相樹莊嚴道場解脫門〔008-2〕；【蓮華光明道場神，得菩提樹下寂然不】動而充遍十方解脫門；妙光照曜道場神，得顯示如來種種力解脫門。

　　尒時，淨莊嚴幢道場神，承佛威力，普觀一切道【場】神【衆而說頌言】：

　　我念如來往昔時，於无量劫所修行，
　　諸佛出興咸供養，故獲如空大功德。
　　佛昔修行無盡施，無量刹土微塵等，
　　須彌【光】照菩提神，【憶念善逝心欣慶】。
　　如來色相无有窮，變化周流一切刹，
　　乃至夢中常示現，雷幢見此生歡喜。
　　昔行捨行无量劫，能捨難捨眼如海，
　　如是捨行爲衆生，此妙眼神能悟【悅】。
　　无邊色相寶鐵雲，現菩提場遍世間，
　　鐵形清淨道場神，見佛自在生歡喜。
　　衆生行海无有邊，佛普彌綸雨法雨，
　　隨其根解除疑惑，花纓悟此心歡喜。
　　无量法門差別義，辯才大海皆能入，
　　雨寶嚴具道場神，於心念念恒如是。
　　於不可說一切土，盡世言詞〈辭〉① 稱讚佛，
　　故獲名譽大功德，此勇眼神能憶念。
　　種種色相无邊樹，普現菩提樹王下，
　　金剛彩雲悟此門，恒觀道樹生歡喜。
　　十方邊際不可得，佛坐道場智亦然，
　　蓮花步光淨信心，入此解脫深生喜。
　　道場一切出妙音，讚佛難思清淨力，
　　及以成就諸因行，此妙光神能聽受。

　　復次，寶印手足行神，得普雨衆寶生廣大歡喜解脫門；蓮花光足行神，得示現佛身坐一切光色蓮花座令見者歡喜解脫門；最勝花髻足行神，得一一心念中建立一切如來衆會道場解脫門；攝諸善見足行神，得舉足發步悉調伏无邊衆生解脫門；妙寶星幢足行神，得念念中化現種種蓮花網光明普雨衆寶出妙音聲解脫門；樂吐妙音足行神，得出生无邊歡喜海解脫門；旃檀樹光足行神，得以香風普覺一切道場衆會解脫門；蓮花光明足行神，得一切毛孔放光明演微妙法音解脫門；微妙光明足行神，得其身遍出種種光明【網】普照曜解脫門；積集妙花足行神，得開悟一切衆生令生善根海解脫門。

　　尒時，寶印手足行神，承佛神力，遍觀一切足行神衆而說頌言：

　　佛昔修行无量劫，供養一切諸如來，
　　心恒慶悅不疲厭，喜門深大猶如海。
　　念念神通不可量，化現蓮花種種香，

―――――――

① 辭，㊃二〇頁註②：辭＝詞㊅。

佛坐其上普遊往，紅色光神皆覩見。
諸佛如來法如是，廣大衆會遍十方，
　普現神通不可議，最勝花神悉明矚。
十方國土一切處，於中舉足若下足，
　悉能成就諸羣生，此善見神心悟喜。
如衆生數普現身，此一一身充法界，
　悉放淨光雨衆寶，如是解脫華幢入。
如來境界无邊際，普雨法雨皆充滿，
　衆會覩佛生歡喜，此妙音聲之所見。
佛音聲量等虛空，一切音聲悉在中，
　調伏衆生靡不遍，如是栴檀能聽受。
一切毛孔出化音，闡揚三世諸佛名，
　聞此音者皆歡喜，蓮花光神如是見。
佛身變現不思議，步步色相猶如海，
　隨衆生心悉令見，此妙光明之所【得】。
十方普現大神通，一切衆生悉開悟，
　衆妙花神於此法，見已心生大歡喜。

復次，淨喜境界身【衆神，得憶佛往昔】誓願海解脫門；光照十方身衆神，得光明普照无【邊世界】解脫門；海音調伏身衆神，得大音普覺一切衆生令歡喜調伏解脫門；淨花嚴髻身【衆神，得身如虛空】周遍住解脫門；无量威儀身衆神〔008-3〕，【得示一切衆生諸佛境界】解脫門；最勝光嚴身衆神，得令一切飢乏衆【生色力滿足解脫門；淨光香】雲身衆神，得除一切【衆生】煩惱垢解脫門；守護攝持身【衆】神，得轉一【切衆生愚癡魔業解脫門；普現攝】化身衆神，得普於一切世主宮殿中顯示莊【嚴相解脫門；不動光明身】衆神，得普攝一切衆生皆令生清淨善根解脫門。

尒時，淨喜境界身衆神，承佛威力，【普觀一切身衆神衆而說頌言】：

【我憶須彌塵劫】前，有佛妙光出興世，
　世尊於彼如來所，發【心供養一切佛。
如來身】放大光明，其光法界靡不充，
　衆生遇者心調伏，此照方神之所見。
如來聲震十方【國，一切言音悉圓滿，
　普覺群生】无有餘，調伏聞此心歡喜〈慶〉。
佛身清淨恒寂滅，普現衆【色无諸相，
　如是】遍住於世間，此淨花神之所入。
導師如是不思議，隨衆生心悉令見，
　或坐或行或時【住，无量威儀所悟門。
佛百千劫】難逢〈逢〉遇，出興利益能自在，
　令世悉離貧窮苦，冣勝光嚴入斯處。
如來一一齒相間，普放香燈光燄雲，
　滅除一切衆生惑，離垢雲神如是見。
衆生染惑爲重障，【隨逐魔徑常流轉，
　如來】開示解脫道，守護執持能悟入。
我觀如來自在力，光布法界悉充滿，
　處王宮殿化衆生，此普現神之境界。
衆生迷妄具衆苦，佛在其中常救攝，
　皆令滅惑生喜心，不動光【神所觀見】。

復次，妙色那羅延執金剛神，得見如來示現无邊色相身解脫門；日輪速疾幢執金剛神，得佛身一一毛如日輪現種種光明雲解脫門；須弥花光執金剛神，得化現无量身大神變解脫【門；清淨】雲音執金剛神，得无邊隨類音解脫門；妙臂天主執金剛神，得現爲一切世間主開悟衆生解脫門；可愛樂光明執金剛神，得普開示一切佛法差別門咸盡无遺解脫門；大樹雷音執金剛神，得以可愛樂莊嚴具攝一切樹神解脫門；師子王【光明執金】剛神，得如來廣大福莊嚴聚皆具足明了解脫門；密燄吉祥目執金剛神，得普觀察險惡衆生心爲現威儀〈嚴〉身解脫門；蓮花摩尼髻執金剛神，得普雨一切菩薩莊嚴具摩尼髻解脫門。

尒時，妙色那羅延執金剛神，承佛【威力，普】觀一切執金剛神衆而說頌言：

汝應觀法王，法王法如是，
　色相无有邊，普現於世間。
佛身一一毛，光網不思議，
　譬如淨日輪，普照十方國。

如來神通力，法界悉周遍，
一切衆生前，示現无盡身。
如來説法者〈音〉，十方【莫不聞】，
隨諸衆生類，悉令心滿足。
衆見牟尼尊，處世宮殿中，
普爲諸群生，闡揚扵大法。
法海旋復〈漩澓〉處，一切差别義，
種種方便門，演説无窮盡。
无邊大方便，普應十方國，
遇佛净光明，悉見如來身。

供養扵諸佛，億刹微塵數，
刃【德如虛空】，一切所瞻仰。
神通力平䓁，一切【刹】皆現，
安坐妙道場，普現衆生前。
餤雲普照明，種種光圓滿，
法界无不及，示佛所行【處】。

〔大〕方廣佛花嚴經卷第四・四之下
〔008-4〕

〔大〕方廣佛花嚴經
世主妙嚴品第一之五
卷第五·〔五之上〕

　　復次，普賢菩【薩摩訶薩，入不】思議解脫門【方便海，入如來】功德海，所謂：【有解脫】門，名嚴淨一切佛囯土調伏衆【生令究】竟出離；有解脫【門，名普】詣一切如來所修具足功德境界；有解脫門，名安立一切菩薩【地諸大願海】；有解脫門，名普現法【界】微塵數無量身；有解【脫門】，名演說遍一切囯土不可思議數差別名；有解脫門，名一切微塵【中】悉現無邊諸菩薩神通境界；有解脫門，名一念中現三世刼【成壞事；有】解脫門，名示現一切菩薩諸根海各入自境界；有【解脫門】，名能以神通力化現種種身遍無邊法界；有解脫門，名顯示一切菩薩修行法次第門入一切智廣大方便。

　　尒時，普賢菩薩【摩訶薩，以】自功德，復承如來威神之力，普觀一切衆會海【已，即說】頌言：

　　佛所莊嚴廣大剎，悉於一切微塵數，
　　清淨佛子悉滿【中】，雨不思議寂妙法。
　　如於此會見佛坐，一切塵中悉如是，
　　佛身無去亦【無來，所有】囯土皆明現。
　　顯示菩薩所修行，无量趣坐諸方便，
　　【及說難思】真實理，令諸佛【子】入法【界。
　　出】生【化佛如】塵數，【普應群生心所欲】，
　　入深法界方便門，廣大无邊悉開演。
　　如來名号尊世間，十方囯土悉充【遍，
　　一切】方便無空過，調伏衆生皆離垢。
　　佛於一切微塵【中，示現無邊大】神力，
　　悉坐道場能演說，如佛往昔菩提行。
　　三世所有廣【大劫】，佛念念中皆示現，
　　彼諸成壞一切事，不思議智无不了。
　　佛子衆會廣【無限，欲共】測量諸佛坐，
　　諸佛法門無有邊，能悉了知c〈智〉甚【爲難。
　　佛如虛空】无分別，等真法界無所依，
　　化現周行靡不至，悉坐道【場成】正覺。
　　佛以妙音廣宣暢，一切諸坐皆明了，
　　普現一一衆生前，盡與如來【平等法】。

　　【復次】，淨德妙光菩薩摩訶薩，得遍往十方【菩薩衆會莊】嚴道場解脫門；普德寂勝燈光照菩薩摩訶薩，得一念中現无盡成正覺門；教化成熟不思議衆生界解脫門；普光師子【幢菩薩摩】訶薩，得修習菩薩福〔德〕莊嚴出生一切佛【國土解脫門；普寶焰】妙光菩薩摩訶薩，得觀察佛神通境界無迷惑解脫門；普音功德海幢菩薩摩訶薩，得於一衆會道場中示現一切佛土莊嚴【解脫門】；普智光照如來境菩薩摩訶薩，得隨逐【如來觀察甚深廣大法界】藏解脫門；普清淨无盡福威光菩薩摩訶薩，得普入一切世間行出生菩薩无邊【行門】解脫門；普相寂勝光菩薩摩訶【薩，得能於無相法界中】出現一切諸佛境界解脫門。

　　尒【時，淨德妙光菩薩摩訶薩，承】佛威

力，普觀一切菩薩解脫門海已，即說頌言：

十方所〔009①-1+②-1+③-1〕有諸圂土，
一剎那中悉嚴淨，

以妙音聲轉法輪，【普遍世間無與等。
如來】境界无邊際，一念法界悉充滿，
一一塵【中建道場，悉證菩提起】神變。
世尊往昔修諸行，經於百千无量劫，
一切佛剎皆莊嚴，出現无礙如虛空。
佛神通力无限量，充滿无邊一切劫，
假使經於无量【劫，念念】觀察无疲猒。
汝應觀佛神通境，十方【國土皆嚴淨，
一切於此悉】現前，念念不同无量種。
觀佛百千无量劫，不得一毛之分限，
如來无礙方便門，此光普照難思察〈剎〉。
如來往劫在世間，承事无邊諸【佛海，
是】故一切如川鶩〈騖〉，咸來供養世所尊。
如來【出現遍十方，一一塵中無】量土，
其中境界皆无量，悉住无邊无盡劫。
佛於曩劫爲衆生，修習无邊大悲海，
隨諸衆生入生死，普化衆會令清淨。
佛住真如法【界藏，無相】无形離諸垢，
衆生觀見種種身，一切【苦難皆消滅】。

【復次，海月光】大明菩薩摩訶薩，得出生菩薩諸埊諸波羅蜜教化【衆】生及嚴淨一切佛圂土方便解脫門；雲陰〈音〉海光離垢蔵菩【薩摩訶】薩，得念念中普入法界種種差【別處解脫門；智生寶】驕菩【薩】摩訶薩，得不可思議【劫】於一切衆生前【現清淨大】功德解脫門；功德自在王淨光菩薩摩訶薩，得普見十方一切【菩薩初詣】道場時種種莊嚴解脫門；善【勇猛蓮華髻菩薩摩訶薩，得】隨諸衆生根解海普爲顯示一切佛法解脫門；普智雲【日幢菩】薩摩訶薩，得成就如來智永住无量劫解【脫門；大】精進金剛【齋菩薩摩訶薩，得普入一切無邊】法印力【解脫門；香焰光幢菩薩摩訶薩，得顯】示現在一切佛始修菩薩行乃至成就智慧【聚】解脫門；

【大明德深美】音菩薩摩訶薩，得安住毘盧遮那一切大【願海】解脫門；大福【光智生菩薩摩訶薩，得顯示如來遍法界甚深境界解脫門。

爾時，海月光大明菩薩摩訶薩，承佛威力，普觀一切菩薩衆莊嚴海已，即說頌言：

諸波】羅蜜及諸埊，廣大難思悉圓滿，
无量衆生盡調伏，一切佛土皆嚴【淨。
如佛教化衆生界，十方國土皆充滿，
一念心中轉法輪，普應群情無不遍。
佛於無量廣大劫，普現一切衆生前，
如其往昔廣修治，示彼】所行清淨處。
我觀十方无有餘，亦見諸佛現神通，
悉坐道場成〔009①-2+②-2+③-2〕【正覺，
衆會聞法共圍遶。
廣大光明佛法身，能以方便現世間，
普隨衆生心所樂，悉稱其根而雨法。
真如平等無相身，離垢光明淨法身，
智慧寂靜身無】量，普應十方而演法。
法王【諸力】皆清淨，【智慧如空無有邊，
悉爲開示無遺隱，普使衆生同悟入。
如佛往昔所修治，乃至成於一切智，
今放光明遍法界，於中顯現悉明了。
佛以本願現神通，一】切十方無不照，
如佛往昔修治行，光明綱中皆演說。
十方境【界無有盡，無等無邊各差別，
佛無礙力發大光，一切國土皆明顯】。

【爾時，如來師子之座，衆寶、妙華、輪臺、基陛，及諸戶牖，如是一切莊嚴具中，一一】各出佛剎微塵數菩薩摩訶薩，其名曰海慧自在神通王菩【薩摩訶薩、雷音普震菩薩摩訶薩、衆寶光明髻菩薩摩訶薩、大智日勇猛慧菩薩摩訶薩、不思議功德寶智印菩】薩摩訶薩、百目蓮花驕菩薩摩訶薩、金錟圓滿光菩薩摩訶【薩、法界普音菩薩摩訶薩、雲音淨月菩薩摩訶薩、善勇猛光明幢菩薩摩訶薩。如是等而爲上首，有衆多佛剎微塵數同時出】現。此諸菩薩，各興種種供養雲，所謂一切摩尼寶花雲、一切蓮花【妙香雲、一切寶圓滿光雲、無邊境界香焰雲、日藏摩尼輪光明雲、一切悅意樂音雲、無邊色相一切寶燈光焰雲、眾寶樹枝華果雲】、无盡寶清淨光明摩尼王雲、一切莊嚴具摩尼王雲。如是等諸供【養雲，有佛世界微塵數。彼諸菩薩，一一皆興如是供養雲，雨於一切道場眾海，相續不絕。現是雲已，右遶世尊，經無量百千匝，隨其方】面，去佛不遠，化作無量種種寶蓮花師子之座；各於其上，結加〈跏〉趺坐。【是諸菩薩所行清淨廣大如海，得智慧光照普門法，隨順諸佛，所行無礙；能入一切辯才法海，得不思議解脫法門，住於如來普門】之坐；以〈已〉得一切陀羅尼門，悉能容受一切法海，善住三世平等智坐；【已得深信，廣大喜樂，無邊福聚，極善清淨；虛空法界靡不觀察，十方世界一切國土，所有佛興，咸勤供養】。

【爾時，海慧自在神通王菩薩】摩訶薩，承佛威力，普觀一切道場眾已〈海〉，即說頌言：

諸佛所悟悉已【知，如空無礙皆明照，
光遍十方無量土，處於眾會普嚴潔。
如來功德不可量，十方法界悉充滿，
普坐一切樹王下，諸大自在共雲集。
佛有如是神通力】，一念現於无盡相，
如來境界无有邊，各隨解脫能觀見。
如來往昔經劫【海，在於諸有勤修行，
種種方便化眾生，令彼受行諸佛法。
毘盧遮那具嚴好，坐蓮華藏師子座，
一切眾會皆清淨，寂然而住同瞻仰。
摩尼寶藏放光明，普發無】邊香燄雲，
无量花纓共垂布，如是座上如來坐。
種種莊〈嚴〉飾吉祥〔009①-3〕【門，恒放燈光寶焰雲，
廣大熾然無不照，牟尼處上增嚴好。
種種摩尼綺麗窓，妙寶蓮華所垂飾，
恒出妙音聞者悅，佛坐其上特明顯。
寶輪承座半月形，金剛為】臺色燄明，

持鬘菩薩常圍繞〈遶〉，佛在其【中最光耀。
種種變化滿十方，演說如來廣大願，
一切影像於中現，如是座上佛安坐。

爾時，雷音普震菩薩摩訶薩，承佛威力，普觀一切道場眾海，即說頌言：

世】尊往集菩提行，供養十方无量佛，
善【逝威力所加持，如來座中無不覩。
香焰摩尼如意王，填飾妙華師子座，
種種莊嚴皆影現，一切眾會悉明矚。
佛座普現莊嚴相，念念色類各差別，
隨諸眾生解不同，各見佛】坐於其上。
寶枝垂布蓮花網，花開踊現諸【菩薩，
各出微妙悅意聲，稱讚如來坐於座。
佛功德量如虛空，一切莊嚴從此生，
一一地中嚴飾事，一切眾生不能了。
金剛為地無能壞，廣博清淨極夷坦，
摩尼為網垂布空，菩提】樹下皆周遍。
其坐无邊色相殊，真金為末布【其中，
普散名華及眾寶，悉以光瑩】如來座。
坐神歡喜而踊【躍，剎那示現無有盡，
普興一切莊嚴雲，恒在佛前瞻仰住。
寶燈廣大極熾然，香焰流光無斷絕，
隨時示現各差別，地】神以此為供養。
十方一切剎土中，彼坐所有諸莊嚴，
【今此道場無】不現，以佛威神故能尒。

尒時，眾寶光明鬘菩【薩摩訶薩】，承佛威力，【普觀一切道場眾海，即說頌言】：

【世尊往昔修行時，見諸佛土皆圓滿】，
如是所見坐无盡，此道場中皆顯現。
世尊廣大神通力，【舒光普雨摩】尼寶，
如是寶藏散道場，其坐周迴悉嚴麗。
如來【福德神】通力，摩尼妙寶【普】莊嚴，
其坐及以菩提樹，遞發光音而演說。
【寶燈無量從空雨】，寶王間錯為嚴飾，
悉吐微妙演法音，如是坐神之所現。

31

【寶地普現妙】光雲，寶炬燄明如電發，
寶網遝張覆其上，寶【枝雜布爲】嚴好。
汝等普觀於此坐，種種妙寶所莊嚴，
顯示衆生諸業海，【令彼了知真】法性。
普遍十方一切佛，所有圓滿菩提樹，
莫不皆現道場中，【演說如來】清淨法。
隨諸衆生心所樂，其坐普出妙音聲，
如佛【座上所應】演，一一法門咸具說。
其坐恒出妙香光，光中普演清淨音，
【若有衆生】堪受法，悉使得聞煩惚滅。
一一莊嚴悉圓滿，假使億劫无能說，
【如來神力】靡不周，是故其坐皆嚴淨。
尒時，大智囗勇猛慧【菩薩摩】訶薩，承佛
威力，普觀一切道場衆海，而〈即〉₊說頌言：
【世尊凝眸】處法堂，炳然照曜宮殿中，
隨諸衆生心所樂，其身普現十方【土。
如來宮殿】不思【議】，摩尼寶藏爲嚴飾，
【諸莊】嚴具咸光曜，佛坐【其中特明顯。
摩】尼爲柱種種色，真金鈴鐸如雲【布】，
寶階四面【列成】行，

〔009①-4+②-4+③-4〕

【門】闥隨方咸〈咸〉洞啓。
妙花繒綺莊嚴帳〈帳〉，寶樹【枝條】共
嚴飾，
【摩尼瓔珞四面垂，智海於中湛然坐。
摩尼爲網妙香幢，光焰燈明若雲布】，
覆以種種莊嚴具，超世正知於此坐。
十方普現變化雲，其雲演說【遍世間，
一切衆生悉調伏，如是皆從佛宮現。
摩尼爲樹發妙華】，十方所有無能匹，
三世國土莊嚴事，莫不於中現其影。
處處皆【有摩尼聚】，光燄熾然無量【種，
門闥隨方相間開，棟宇莊嚴極殊麗】。
如來宮殿不思議，清淨光明具衆相，
一切宮殿於中現，一一皆有如來坐。
如來【宮殿無有邊，自】然覺者處其中，

十方一【切諸衆會，莫不向佛而來集】。
尒時，不思議功德寶智印菩薩摩訶薩，承佛
威力，普觀一切道場衆【海，即】說頌言：
佛昔修治衆福海，一切【刹土微塵數，
神通願力所出生】，道場嚴淨無諸垢。
如意珠王作樹根，金剛摩尼以爲身，
寶網遝施【覆】其上，妙香氳氳共旋繞。
樹岐〈枝〉嚴飾【備衆寶，摩尼爲幹爭聳
擢】，
枝條密布如重雲，佛扵其下坐道場。
道場廣大不思議，其樹【周迴】盡彌覆，
密葉繁花相庇暎〈映〉，花中悉結【摩尼果。
一切枝間發妙光，其光遍照道場中】，
清淨熾然無有盡，以佛願力如斯現〈覩〉①。
摩尼寶藏以爲花，【布影】騰暉〈輝〉② 若
綺雲，
帀樹垂芳無不遍，【於道場中普嚴飾。
汝觀善逝道場中，蓮華寶網俱清淨】，
光燄成輪從此現，鈴音鐸響雲開發。
十方一切國土中，所有妙色莊【嚴】樹，
菩提樹中無不現，佛扵其下【離衆垢。
道場廣大福所成，樹枝雨寶恒無盡】，
寶中出現諸菩薩，悉往十方供事佛。
諸佛境界不思議，普令其樹【出樂音】，
如昔所集菩提道，【衆】會聞音咸得【見】。
【爾時，百目蓮華髻菩薩摩訶薩，承佛威力，
普觀一切道場衆】海，而〈即〉₊說頌言：
一切摩尼出妙音，稱揚三世諸佛名，
彼佛無量神通【事，此道】場中皆現覩。
衆花競〈競〉發如纓【布，光雲流演遍
十方，
菩提樹神持向佛，一心瞻仰爲供養】。
摩尼光燄悉成憧〈幢〉，憧〈幢〉中熾然發

---

① 覩，㊙二四頁註③：覩＝現㊁㊅。
② 輝，㊙二四頁註④：輝＝暉㊁㊅。

妙香，
　　其香普熏一切衆，【是故其處】皆嚴潔。
　　【蓮華垂】布〔010-1〕【金色光，其光演佛妙聲雲，
　　普蔭十方諸刹土，永息】衆生煩惱熱。
　　菩提樹王自在力，常放光明極清淨，
　　十方衆會无有邊，莫【不影現】道【場中】。
　　寶枝光燄【若明燈，其光演音宣大願，
　　如佛往昔於諸有，本所修行皆具說。
　　樹下諸神刹塵數】，悉共依於此道場，
　　各各如來道樹前，念念宣揚解脫門。
　　世尊往昔修諸【行，供】養一切諸如來，
　　本所修行及名【聞，摩尼寶中皆悉現。
　　道場一切出妙音，其音廣大遍十方，
　　若有衆生堪受法】，莫不調伏令清淨。
　　如來往昔普脩治，一切無量莊嚴事，
　　十方一切菩【提樹】，一一莊嚴無量種。
　　尒時，金燄圓滿光【菩薩摩訶薩，承佛威力，普觀一切道場衆海，即說頌言：
　　【佛昔修習菩提行】，於諸境界解明了，
　　處與非處淨無疑，此是如來初智力。
　　如昔【等觀】諸法性，一切業海皆朗徹，
　　如是今於【光網中，普遍十方能具演。
　　往劫修治大方便，隨衆生根而化誘，
　　普使衆會心清淨】，故佛能成根智力。
　　如諸衆生解不同，欲樂諸行各差別，
　　隨其所應【爲說】法，佛以智力能如是。
　　普盡十方諸刹【海，所有一切衆生界，
　　佛智平等如虛空，悉能顯現毛孔中。
　　一切處行佛盡知】，一念三世畢無餘，
　　十方刹劫衆生時，悉能開示令現了。
　　禪定解【脫力】無邊，三昧方便亦復然，
　　佛爲示現令【歡喜，普使滌除煩惱闇。
　　佛智無礙包三世，刹那悉現毛孔中，
　　佛法國土及衆生】，所現皆由隨念力。
　　佛眼廣大如虛空，普見法界盡无餘，

无礙地中无芛【用，彼眼】无量佛能演。
　　一切衆生具諸結，所【有隨眠與習氣，
　　如來出現遍世間，悉以方便令除滅】。
　　【爾時，法界普音菩薩摩】訶薩，承佛威力，普觀一切〔道場〕衆會海已，即說頌言：
　　佛威神力遍十方，廣大【示現無】分別，
　　大菩提行波羅蜜，昔所滿足【皆令見。
　　昔於衆生起大悲，修行布施波羅蜜，
　　以是其身最殊妙，能令見者生歡喜】。
　　昔在无邊大劫海，修治淨戒波羅蜜，
　　故獲淨身遍十方，普滅世間諸重【苦。
　　往昔】修行忍清【淨，信】解真實无分別，
　　【是故色相皆圓滿，普放光明照十方。
　　往昔勤修多劫海，能轉衆生深重障，
　　故能分身遍十方】，悉現菩提樹王下。
　　佛久修行無量劫，禪定大海普清淨，
　　故令見者深歡喜，煩惱【障垢悉除滅。
　　如來往修諸行】海，具足般若【波羅蜜，
　　是故舒光普照明，克殄一切愚癡暗。
　　種種方便化衆生，令所修治悉成就】，
　　一切十方皆遍住〈往〉，无邊際劫不休息。
　　佛昔修行大劫海，淨治諸願【波羅蜜，
　　是故出現遍世間，盡未來際救衆生。
　　佛】无量劫廣【修治〔010-2〕，一切法力波羅蜜，
　　由是能成自然力，普現十方諸國土。
　　佛昔修治普門智】，一切智性如虛空，
　　是故得成無礙力，舒光普照十方剎。
　　尒時，雲音淨【月菩薩摩訶薩，承佛威】力，普觀一切〔道場〕衆【會海已，即說頌言：
　　【神通境界等虛空，十方衆生靡不見】，
　　如昔修行所成地，摩尼果中咸具說。
　　清淨勤修無量劫，入於初地極歡【喜，
　　出生法界】廣大智，普現〈見〉十方无量佛。
　　【一切法中離垢地，等衆生數持淨戒，

已於多劫廣修行】，供養無邊諸佛海。
積集福德發光地，奢摩他藏堅固忍，
法雲廣【大悉已聞，摩】尼果中如是說。
燄海慧明無等【地，善了境界起慈悲，
一切國土平等身，如佛所治皆演暢】。
普藏寺門難勝地，動寂相順無違反〈返〉①，
佛法境界悉平等，如【佛所淨皆能】說。
廣大修行慧海地，一切法門咸遍【了，
普現國土如虛空，樹中演暢此法音】。
周遍法界虛空身，普照衆生智慧燈，
一切方便皆清淨，昔所遂行令具演。
【一切願行】所莊嚴，無量刹海皆清淨，
所有分別【無能動，此無等地咸宣說。
無量境界神通力】，善入教法光明力，
此是清淨善慧地，刼海所行皆備闡。
法雲【廣大第十】地，含藏一切遍虛空，
諸佛境界聲中演，此【聲是佛威神力】。
【爾時，善勇猛光幢菩薩摩訶】薩，承佛威
神，觀察十方，而〈即〉＊說頌言：
無量衆生處會中，種種信解心清淨，
悉【能悟入如來】智，了達一切莊嚴境。
各起淨願修諸行，【悉曾供養無量佛，
能見如來真實體】，及以一切諸神變。
或有能見佛法身，無等無礙普周遍，
所有無邊諸法性，悉入其身【無不盡】。
或有見佛妙色身，無邊色相光熾然，
随諸【衆生解不同，種種變現十方中。
或見無礙智慧身】，三世平等如虛空，
【普】随衆生心樂轉，種種差別皆令見。
或有能了佛音聲，普遍【十方諸國土】，
随諸衆生所應解，爲出言音無障礙。
或【見如來種種光，種種照耀遍世間，
或有於佛光明中】，復見諸佛現【神通。
或有】見佛海雲光，從毛孔出色熾然，
示現往昔修行道，令生深【信入佛智。
或見佛】相福莊嚴，及見此福所從生，

【往昔修行諸度海，皆佛相中明了見。
如來功德不可量】，充滿法界【無邊際，
及以神】通諸境界，以佛力故能宣說。

尒時，花藏莊嚴世界海，以佛【神力，其地
一切六種十八相】震動，所謂動、遍動、普遍
動，【起、遍起、普遍起，涌、遍涌、普遍涌，
震、遍震、普遍震】，吼、遍吼、普【遍吼】，
擊、遍擊、普遍擊。此諸世主，一一【皆現】不
思議諸供養【雲，雨於如來道場】衆海，所謂一
〔010-3〕切香華莊嚴雲、一切】摩尼【妙飾雲、
一切寶焰華綱雲、無邊種類摩尼寶圓光雲】、一切
衆色寶真珠藏雲、一切寶旆【檀香雲、一切】寶
盖雲、【清淨妙聲摩尼】王雲、日光摩尼纓絡
〈瓔珞〉輪雲、一切寶光明藏雲、【一切各別莊】
嚴具雲。【如是等諸供養雲，其數無量】不可思
議。此諸世主，一一皆現如是供養雲，【雨於如
來道】場衆海，【靡不周遍。如此世界中，一一】
世主，心生歡喜，如是供養；其花藏莊嚴世界
【海中，一切世】界所有世【主，悉亦如是而爲
供養。其】一切世界中，悉有如來坐於道場；一
一世主，【各各信解，各各】所緣，各各【三昧
方便門，各各修習助】道法，各各成就，各各歡
喜，各各趣入，各【各悟解諸法】門，各各【入
如來神通境界，各各】入如來力境界，各各入如
來解脫門。如於此【華藏世界海】，十方【盡法
界、虛空界、一切世界】海中，悉亦如是。

大方廣佛花嚴經卷第〔五·五之下〕
〔010-4〕

---

① 返，囤二五頁註④：返＝反囗囼。

大方廣佛花嚴經
如来現相品第二

卷第六·六之上

【爾時，諸菩薩及一切世間主，作是思惟：云何是諸佛地，云何是諸佛境界，云何是諸佛加持，云】何是諸佛所行，【云何是諸佛力，云何是諸佛無所畏，云何是諸佛三昧，云何是諸佛無能攝取，云何是諸佛眼，云何是諸佛耳，云何是諸佛鼻，云何是諸佛舌，云何是諸佛身，云何】是諸佛意，云何是諸【佛身光，云何是諸佛光明，云何是諸佛聲，云何是諸佛智，唯願世尊，哀愍我等，開示演說。又，十方世界海一切諸佛，皆爲諸菩薩說世界海、衆生海、佛海、佛波羅蜜海、佛解脫海、佛變】化海、佛演說海、佛名号海、佛【壽量海，及一切菩薩誓願海、一切菩薩發趣海、一切菩薩助道海、一切菩薩乘海、一切菩薩行海、一切菩薩出離海、一切菩薩神通海、一切菩薩波羅蜜海、一切菩薩地海、一切菩薩智海。願佛世尊，亦爲我等】，如是而說。

尒時，諸菩薩威神力【故，於一切供養具雲中，自然出音而說頌言】：

【無量劫中修行滿，菩提樹下成正覺，
爲度衆生普現身，如雲充遍盡未來。
衆生有疑皆使斷，廣大信解悉令發，
無邊際苦普使除，諸】佛安樂咸令證。
菩薩无數等刹塵，【俱來此會同瞻仰，
願隨其意所應受，演說妙法除疑惑。
云何了知諸佛地，云何觀察如來境，
佛所加持無有邊，願示此法令清淨。
云何是佛所行處，而以智慧能明入，
佛力】清净廣无邊，爲諸菩薩應開示。
【云何廣大諸三昧，云何淨治無畏法，
神通力用不可量，願隨衆生心樂說。
諸佛法王如世主，所行自在無能制，
及餘一切廣大法，爲利益故當開演。
佛眼云何無有量，耳鼻舌身亦復然，
意】无有量復云何，顯示能知此方便。
【如諸刹海衆生海，法界所有安立海，
及諸佛海亦無邊，願爲佛子咸開暢。
永出思議衆度海，普入解脫方便海，
所有一切法門海，此道場中願宣說】。

【爾時，世尊知諸菩薩心之所念，即於面】門衆齒之間，放佛刹微塵數【光明，所謂衆寶華遍照光明、出種種音莊嚴法界光明、垂布微妙雲光明、十方佛坐道場現神變光明、一切寶焰雲蓋光明、充滿法界無礙光明、遍莊嚴一切佛刹光明、迥建立清】淨金剛寶幢光明、普莊嚴菩【薩衆會道場光明、妙音稱揚一切佛名號光明。如是等佛刹微塵數，一一復有佛刹微塵數光明以爲眷屬，其光悉具衆妙寶色，普照十方各一億佛刹微塵數世界海。彼世】界海諸菩薩衆，於光明中，各得見【此華藏莊嚴世界海。以佛神力，其光於彼一切菩薩衆會之前而說頌言】：

【無量劫中修行海，供養十方諸佛海，
化度一切衆生海，今成妙覺遍照尊。
毛孔之中出化雲，光明普】照於十方，
應受化者咸開覺，【令趣菩提淨無礙。

佛昔往來諸趣中，教化成熟諸群生，
神通自在無邊量，一念皆令得解脫。
摩尼妙寶菩提樹，種種莊嚴悉殊特，
佛於其下成正覺，放大光明普威耀。
大音】震吼遍十方，普爲引宣寂滅法，
【隨諸衆生心所樂，種種方便令開曉。
往修諸度皆圓滿，等於千刹微塵數，
一切諸力悉已成，汝等應往同瞻禮。
十方佛子等刹塵，悉共歡喜而來集，
已雨諸雲爲供養，今在】佛前專覲仰。
如來一音无有量，【能演契經深大海，
普雨妙法應群心，彼兩足尊宜往見。
三世諸佛所有願，菩提樹下皆宣說，
一刹那中悉現前，汝可速詣如來所。
毘盧遮那大智海，面門舒光無不見，
今待】衆集將演音，汝可往觀聞所說。
【爾時，十方世界海一切衆會，蒙佛光明所開
覺已，各共來詣毘盧遮那如來所，親近供養。
所謂：

此華藏莊嚴世界】海東，次有世界海，名清
淨光蓮〔011①-1〕【華莊嚴。彼世界種中，有國土
名摩尼瓔珞金剛藏，佛號法水覺虛空無邊王。於
彼如來大衆海中，有菩薩摩訶薩名觀察勝法蓮華
幢，與世界海微塵數諸菩薩俱，來詣佛所，各現
十種菩薩身相雲，遍滿虛空而不散滅；復現十
種雨一切寶蓮華光明雲，復現十種須彌寶峯雲，復
現十種日輪光雲，復現十種寶華瓔珞雲，復現十
種一切音樂雲，復現十種末香樹雲，復現十種塗
香燒香衆色相雲，復現十種一切香樹雲，如是等
世界海微塵數諸供養雲，悉遍虛空而不散滅。現
是雲已，向佛作禮，以爲供養。即於東方，各化
作種種華光明藏師子之座，於其座上，結跏趺坐。

此華藏世界海南，次有世界海，名一切寶月
光明莊嚴藏。彼世界種中，有國土名無邊光圓滿
莊嚴，佛號普智光明德須彌王。於彼如來大衆海
中，有菩薩摩訶薩，名普照法海慧，與世界海微
塵數諸菩薩俱，來詣佛所，各現十種一切莊嚴光

明藏摩尼王雲，遍滿虛空而不散滅；復現十種雨
一切寶莊嚴具普照耀摩尼王雲，復現十種寶焰熾
然稱揚佛名號摩尼王雲，復現十種說一切佛法摩
尼王雲，復現十種衆妙樹莊嚴道場摩尼王雲，復
現十種寶光普照現衆化佛摩尼王雲，復現十種普
現一切道場莊嚴像摩尼王雲，復現十種密焰燈說
諸佛境界摩尼王雲，復現十種不思議佛刹宮殿像
摩尼王雲，復現十種普現三世佛身像摩尼王雲。
如是等世界海微塵數摩尼王雲，悉遍虛空而不散
滅。現是雲已，向佛作禮，以爲供養。即於南方，
各化作帝青寶閣浮檀金蓮華藏師子之座，於其座
上，結跏趺坐。

此華藏世界海西，次有世界海，名可愛樂寶
光明。彼世界種中，有國土名出生上妙資身具，
佛號香焰功德寶莊嚴。於彼如來大衆海中，有菩
薩摩訶薩，名月光香焰普莊嚴，與世界海微塵數
諸菩薩俱，來詣佛所，各現十種一切寶香衆妙華
樓閣雲，遍滿虛空而不散滅；復現十種無邊色相
衆寶王樓閣雲，復現十種寶燈香焰樓閣雲，復現
十種一切真珠樓閣雲，復現十種一切寶華樓閣雲，
復現十種寶瓔珞莊嚴樓閣雲，復現十種普現十方
一切莊嚴光明藏樓閣雲，復現十種衆寶末間錯莊
嚴樓閣雲，復現十種周遍十方一切莊嚴樓閣雲，
復現十種華門鐸網樓閣雲。如是等世界海微塵數
樓閣雲，悉遍虛空而不散滅。現是雲已，向佛作
禮，以爲供養。即於西方，各化作真金葉大寶藏
師子之座，於其座上，結跏趺坐。

此華藏世界海北，次有世界海，名毘瑠璃蓮
華光圓滿藏。彼世界種中，有國土名優缽羅華莊
嚴，佛號普智幢音王。於彼如來大衆海中，有菩
薩摩訶薩，名師子奮迅光明，與世界海微塵數諸
菩薩俱，來詣佛所，各現十種一切香摩尼衆妙】
樹雲，遍滿虛空而不散滅；復現十種【密葉妙香
莊嚴樹雲，復現十種化現一切無邊色相樹莊嚴樹
雲，復現十種一切華周布莊嚴樹雲，復現十種一
切寶焰圓滿光莊嚴樹雲，復現十種】現一切栴檀
香菩薩身莊嚴樹雲，復現【十種現往昔道場處不

思議莊嚴樹雲，復現十種衆寶衣服藏如日光明樹雲，復現十種普發一切悅意音聲樹雲。如是等世界海微【塵數樹雲，悉遍虛空而不散滅。現是雲已，向佛作禮，以爲供養。即於北方，各化作摩尼燈蓮華藏師子之座，於其座上，結跏趺坐】。

【此華藏世界海東北方，次有世界海】，名閻浮檀金頗梨〈玻瓈〉色幢。彼世界種中，【有國土名衆寶莊嚴，佛號一切法無畏燈。於彼如來大衆海中，有菩薩摩訶薩，名最勝光明燈無盡功德藏，與世界海微塵】數諸菩薩俱，来詣佛所，各現十種無邊【色相寶蓮華藏師子座雲，遍滿虛空而不散滅；復現十種摩尼王光明藏師子座雲，復現十種一切莊嚴具種種校飾師子座雲】，復現十種衆寶鏤燈錽藏師子座雲，復現十種普雨寶瓔珞師子座雲，復現十種一切香華寶瓔珞藏師子座雲，復現十種示現一切佛座莊嚴摩尼王藏師子座雲，復】現十種戶牖階砌及諸纓絡〈瓔珞〉一切莊【嚴師子座雲，復現十種一切摩尼樹寶枝莖藏師子座雲，復現十種寶香間飾日光明藏師子座雲。如是等世界海微塵數師子座雲，悉遍】虛空而不散滅。現是雲已，向佛【作禮，以爲供養。即於東北方，各化作寶蓮華摩尼光幢師子之座，於其座上，結跏趺坐】。

【此華藏世界海東南方，次有世界海，名金莊嚴瑠璃光】普照。彼世界種中，有國土名清凈【香光明，佛號普喜深信王。於彼如來大衆海中，有菩薩摩訶薩，名慧燈普明，與世界海微塵數諸菩薩俱，来詣佛所，各現十種一】切如意王摩尼帳雲，遍滿虛空而【不散滅；復現十種帝青寶一切華莊嚴帳雲，復現十種一切香摩尼帳雲，復現十種寶焰燈帳雲，復現十種示現佛神通說法摩尼王帳雲，復現十種現一切】衣服莊嚴色像摩尼帳雲，復現【十種一切寶華叢光明帳雲，復現十種寶網鈴鐸音帳雲，復現十種摩尼爲臺蓮華爲網帳雲，復現十種現一切不思議莊嚴具色像帳雲。如是等世界海】微塵數衆寶帳雲^c〈曇〉，悉遍虛空而不【散滅。現是雲已，向佛作禮，以爲供養。即於東南方，各化作寶蓮華藏師子之座，於其座上，結跏趺坐】。

【此華藏世界海西南方，次有世界海，名曰光遍照。彼世】界種中，有國土名師子日光明，佛号【普智光明音。於彼如來大衆海中，有菩薩摩訶薩名普華光焰髻，與世界海微塵數諸菩薩俱，来詣佛所，各現十種衆妙莊嚴寶蓋雲，遍】滿虛空而不散滅；復現十種光明【莊嚴華蓋雲，復現十種無邊色真珠藏蓋雲，復現十種出一切菩薩悲愍音摩尼王蓋雲，復現十種衆妙寶焰鬘蓋雲，復現十種妙寶嚴飾】垂綱鐸【蓋】雲，復現十種〔011①-3〕【摩尼樹枝莊嚴蓋雲，復現十種日光普照摩尼王蓋雲，復現十種一切塗香燒香蓋雲，復現十種栴檀藏蓋雲，復現十種廣大佛境界普光明莊嚴蓋雲，如】是等世界海微塵數衆寶【蓋雲，悉遍虛空而不散滅。現是雲已，向佛作禮，以爲供養。即於西南方，各化作帝青寶光焰莊嚴藏師子之座，於其座上，結跏趺坐】。

【此華藏世界海西北方】，次有世界海，名寶光照曜。【彼世界種中，有國土名衆香莊嚴，佛號無量功德海光明，於彼如來大衆海中，有菩薩摩訶薩名無盡光摩尼王，與世界海微塵數諸菩薩俱，来詣佛所，各現】十種一切寶圓滿光雲，遍滿【虛空而不散滅；復現十種一切寶焰圓滿光雲，復現十種一切妙華圓滿光雲，復現十種一切化佛圓滿光雲，復現十種十方佛土圓滿光雲，復現十種佛境界雷聲寶樹圓滿光雲】，復現十種一切琉〈瑠〉璃寶摩尼王【圓滿光雲，復現十種一念中現無邊衆生相圓滿光雲，復現十種演一切如來大願音圓滿光雲，復現十種演化一切衆生音摩尼王圓滿光雲。如是等世界海微塵數圓滿光雲，悉遍】虛空而不散滅。現是雲已，向佛【作禮，以爲供養。即於西北方，各化作無盡光明威德藏師子之座，於其座上，結跏趺坐】。

【此華藏世界海下方，次有世界海，名蓮華香妙德藏。彼世界種中，有國土名寶師子光】明照曜，佛号法界光明。扵彼如【來大衆海中，有菩薩摩訶薩名法界光焰慧，與世界海微塵數諸菩薩俱，來詣佛所，各現十種一切摩尼藏光明雲，遍滿虛空而不散滅；復現十種一切香光明雲，復現十種一】切寳餤光明雲，復現十種【出一切佛説法音光明雲，復現十種現一切佛土莊嚴光明雲，復現十種一切妙華樓閣光明雲，復現十種現一切劫中諸佛教化衆生事光明雲，復現十種一切無盡寶華蘂光明雲，復現十種】一切荘嚴座光明雲，如是【等世界海微塵數光明雲，悉遍虛空而不散滅。現是雲已，向佛作禮，以爲供養。即於下方，各化作寶焰燈蓮華藏師子之座，於其座上，結跏趺座】。

【此華藏世界海上方，次有世界】海，名摩尼寳照曜荘【嚴。彼世界種中，有國土名無相妙光明，佛號無礙功德光明王。於彼如來大衆海中，有菩薩摩訶薩名無礙力精進慧，與世界海微塵數諸菩薩俱，來詣佛所，各現十種無邊色相】寳光餤雲，遍滿虛〔011①－4〕【空】而不散滅；復現十種摩尼寳綱光餤【雲，復】現十種一切廣大佛圡荘嚴光【焰雲，復現十種一切】妙香光餤雲，復現十種一切荘嚴光【焰】雲，復現十種諸佛變化光餤雲，復【現十種衆】妙樹花光餤雲，復現十種一切金剮光餤雲，復現十種説無邊菩薩行摩尼光餤雲，復現十種一切真珠燈光餤雲，如是寺世界海微【塵數光焰】雲，悉遍虗空而不散滅。現是雲已，向佛作礼，以爲供養。即扵上方，各化作演佛音聲光明蓮花藏師子之座，扵其座上，結加〈跏〉① 趺坐。

如是寺十億佛剎微塵數世界海中，有十億佛剎微塵數菩薩摩訶薩，一一各有世界海微塵數【諸菩】薩衆前後圍繞〈遶〉而来集會。是諸菩薩，一一各現世界海微塵數種種荘嚴諸供養雲，悉遍虗空而不散滅。現是雲已，向佛作礼，以爲供養。随所来方，各化作種種寳荘嚴師子之座，扵其座上，結加〈跏〉趺坐。如是坐已，其【諸】菩薩身毛孔中，一一各現十世界海微塵數一切寳種種色光明；一一光中，悉現十世界海微塵數諸菩薩，皆坐蓮花藏師子之座。此諸菩薩，悉能遍入一切法界諸安立海所有微塵；彼一一塵中，皆有十佛世界微塵數諸廣大剎；一一剎【中】，皆有三世諸佛世尊。此諸菩薩，悉能遍往親近供養；扵念念中，以夢自在，示現法門，開悟世界海微塵數衆生；念念中，以示現一切諸天歿〈沒〉生法門，開悟世界海微塵數衆生；念念中，以説一切菩薩行法門，開悟世界海微塵數衆生；【念念】中，以普振〈震〉動一切剎歎佛功德神變法門，開悟世界海微塵數衆生；念念中，以嚴浄一切佛國土顯示一切大頥海法門，開悟世界海微塵數衆生；念念中，以普攝一切衆生言詞〈辭〉② 佛音聲法門，開悟世界海微塵數衆生；念【念中】，以能雨一切佛法雲法門，開悟世界海微塵數衆生；念念中，以光明普照十方國土周遍法界示現神變法門，開悟世界海微塵數衆生；念念中，以普現佛身充遍法界一切如来脫解〈解脫〉力法門，開悟世界海微塵數衆生；念念中，以普【賢】菩薩建立一切衆會道塲海法門，開悟世界海微塵數衆生。如是普遍一切法界，随衆生心，悉令開悟。念念中，一一國土，各令如須弥山微塵數衆生堕悪道者，永離其苦；各令如須弥山微塵數衆生住邪定者，入【正】定聚；各令如須弥山微塵數衆生，随其所樂生扵天上；各令如須弥山微塵數衆生，安住聲聞、辟支佛地；各令如須弥山微塵數衆生，事善知識具衆福行；各令如須弥山微塵數衆生，發扵無上菩提之心；各令如須弥山微【塵】數衆生，趣扵菩薩不退轉地；各令如須弥山微塵數衆生，得浄智眼，見扵如来所見一切諸平寺法；各令如須弥山微塵〔數〕衆生，安住諸力諸頥海中，以無【盡】智而爲方便浄諸

① 跏，[大正]二八頁註①：跏＝加[宋]。
② 辭，[大正]二九頁註①：辭＝詞㊂，下同。

大方廣佛花嚴經如來現相品第二

佛國；各令如須弥山微塵數衆生，皆得安住毗盧遮那【廣大】願海，生如來家。

尔時，諸菩薩光明中同時發聲，說此頌言：
諸光明中出妙音，普遍十方一切國，
演說佛子諸功德，能入菩提之妙道。
劫海修行無猒【倦】，令苦衆生得解脫，
心無下劣及勞疲，佛子善入斯方便。
盡諸劫海修方【便，無】量無邊無有餘，
一切法門無不入，而恒說彼性寂滅。
三世諸佛所有願，一切修治悉令盡，
即以利益諸衆生，而為自行清淨業。
一切諸佛衆會中，普遍十方無不【往】，
皆以甚深智慧海，入彼如來寂滅法。
一一光明無有邊，悉入難思諸國土，
【清淨智】眼普能見，是諸菩薩所行境。
菩薩能住一毛端，遍動十方諸國土，
不令衆生有怖想，是其清淨方便地。
一一塵中无量身，復現種種莊嚴刹，
一念殁〈沒〉生普令見，【獲】無礙意莊嚴者。
三世所有一切劫，一刹那中悉能現，
知身如幻無體相，【證明法性無礙者】。
普賢勝行皆能入，一切衆生悉樂見，
佛子能住此法門，諸光明中大音吼。

尔時，世尊欲令一切菩薩大衆得於如來無邊境界神〔通〕力【故，放眉間】光，此光名一切【菩】薩智光明，普照曜十方藏。其狀猶如寶色【燈雲，遍照十方一切】佛刹，其中國土及以衆生悉令顯現。又普振〈震〉①動諸世界綱，一一塵中現無數佛。隨諸衆生性欲不同，普雨三世一切諸佛妙法輪〔012-1〕【雲，顯】示如來波羅蜜海；又雨無量諸【出】離雲，令諸衆生永度生死；復【雨諸佛大願】之雲，顯示十方諸世界中。普賢菩薩道場衆會，作是事已，右繞〈遶〉於佛，從【足下入】。

尔時，佛前有大蓮花，忽然出現。【其】花具有十種莊嚴，一切蓮花所不能及。所謂衆寶閒錯以為其莖；【摩尼寶王】以為其藏；法界衆寶普作其葉；諸香摩尼而作其鬚；閻浮檀金莊瑩其臺；妙網覆上，光色清淨；於一念中，示現無邊【諸】佛神變；普能發起一切音聲；摩尼寶王影現佛身；於音聲中，普【能演說一】切菩薩所修行願。此花生已，一念之間，於如來白豪〈毫〉相中，有菩薩摩訶薩，名一切法勝音，【與】世界海微塵數諸菩薩衆，俱時【而】出，右繞如來，經無量币，礼佛足已。

時，勝音菩薩坐蓮花臺，諸菩薩衆坐蓮【華鬚】，各於其上，次弟而住。其一切法勝音菩薩，了深【法界】，生大歡喜；入佛所行，智无疑〈凝〉②滯；入不可測佛法身海，往一切刹諸如來所；身諸毛孔悉現神通，念念【普】觀一切法界；十方諸佛，共與其【力】，令普安住一切三昧，盡未來劫，常見諸佛無邊【法界】功德海身，乃至一切三昧解脫、神通變化。即於衆中，承佛威神，觀察十方而說頌曰：

佛身充滿於法界，普現一切衆生前，
随緣赴感靡不【周】，而恒處此菩提座。
如來一一毛孔中，一切刹塵諸佛坐，
菩薩衆會共圍繞，演說普【賢之勝】行。
如來【安】處菩提座，一毛示現多刹海，
一一毛現悉亦然，如是普周於法界。
一一刹中悉安坐〈立〉③，一切刹土皆周遍，
十方菩薩如雲集，莫不咸来【詣道場】。
一切刹土微塵數，功德光明菩薩海，
普在如來衆會中，乃至法界咸充遍。
法界【微塵】諸刹土，一切衆中皆出現，
如是分身智境界，普賢行中能建立。
一切諸佛衆會中，勝智菩薩僉然坐，

① 震，㊉二九頁註④：震＝振㊆。
② 凝，㊉二九頁註⑦：凝＝疑㊁㊆。
③ 立，㊉三〇頁註①：立＝坐㊁㊆。

各各聽法生歡喜，處處修行无量劫。
已入普賢廣大願，各各出生衆佛法，
毗盧遮那法海中，修行克證如來地。
普賢菩【薩所】開覺，一切如來同讚喜，
已獲諸佛大神通，法界周流无不遍。
一切刹土微塵數，常現身雲悉充滿，
普爲衆生放大光，各雨法雨稱其心。

尒時，衆中復有菩薩摩訶薩，名觀察一切勝法蓮花光慧王，承佛威神，觀察【十方】而說頌曰：

如來甚深智，普入扵法界，
能随三世轉，與世爲明道〈導〉。
諸佛同法身，无依无差別，
随諸衆生意，令見佛色形。
具足一切【智】，遍知一切法，
一切國土中，一切无不現。
佛身及光明，色相不思議，
衆生信樂者，随應【悉】令見。
扵一佛身上，化爲无量佛，
雷音遍衆刹，演法深如海。
一一毛孔中，光網遍十方，
演佛妙音聲，調彼難調者。
如來光明中，常出深妙音，
讚佛【功德海】，及菩薩所行。
佛轉正法輪，无量无有邊，
所說法无苐，淺智不能測。
一切世界中，現身成【正覺】，
各各起神變，法界悉充滿。
如來【一一身】，現佛苐衆生，
一切微塵刹，普現神通力。

尒時，衆中復有菩薩摩訶薩，【名法】喜慧【光明，承佛威神，觀察】十方而說頌曰：

佛身常顯現，法界悉充滿，
恒演廣大音，普震十方國。
如來普【現身，遍入扵世間，
随衆】生樂欲，顯【示神通力。
佛】随衆生心，普【現扵其前，
衆生所見】者，皆是佛神力。〔012-2〕
【光明無有邊，說法亦無量，
佛子随其智，能入能觀察】。
佛身無有【生，而】能示出生，
法性如虛空，諸佛扵中住。
無住亦無去，處處皆【見佛，
光明靡不周】，名稱悉遠聞。
無體無住處，亦【無生可得，
無相亦無形，所現皆如影。
佛随衆生心，爲興大法雲，
種種方便門，示悟而調伏。
一切世界中】，見佛坐道場，
大衆所圍繞，照曜十方國。
一切諸佛身，皆有無盡相，
示現雖無【量，色】相終不盡。

尒時，衆中〔復〕有菩薩摩訶薩，名香【焰光普明慧，承佛威神，觀察十方而說頌曰：
【此會諸菩薩，入佛難思地，
一一皆能見，一切佛神力】。
智身能遍入，一切刹微塵，
見身在彼中，普見扵諸佛。
如影現衆刹，一切如來【所】，
扵彼一切中，悉現神通事。
普賢諸行【願，修治已明潔，
能扵一切刹，普見佛神變。
身住一切處，一切】皆平等，
智能【如是行】，入佛【之境界】。
已證如來智，苐照扵法界，
普入佛毛孔，一切諸刹海。
一切佛國土，皆現神【通力】，
示現種種身，及種【種名號。
能扵】一念頃，【普現諸神變，
道場成正覺，及轉妙法輪。
一切廣大刹，億劫不思議，
菩薩三昧中，一念皆能現】。

一切諸佛土，一一諸菩薩，
普入於佛身，無邊亦無盡。

尒時，眾中復有菩薩摩訶薩，名【師】子【奮迅】慧光明，【承佛威神，遍觀十方而說頌曰】：

【毘盧遮那佛，能轉正法輪，
法界諸國土，如雲悉周遍。
十方中所有】，諸大世界海，
佛神通願力，處處轉法輪。
一切諸剎土，廣大眾會中，
名号各不同，随應演【妙法。
如來大威力，普賢願所成，
一切國土中，妙音無不至。
佛身等刹塵，普雨於法雨，
無生無差】別，現【一切世間。
無數諸億劫】，一切塵剎中，
往昔所行事，妙音咸具演。
十方塵國土，光網悉周遍，
光中悉有佛，普化【諸群生】。
佛身【無】差別，【充】滿於【法界，
能令見色身，隨機善調伏。
三世一切刹，所有眾導師，
種種名號殊，爲說皆令見。
過未及現在】，一切諸如來，
所轉妙法輪，此會皆得聞。

尒時，眾中復有菩薩摩訶薩，名【法】海慧功德藏，【承佛威神】，觀【察十方而說頌曰】：

【此會諸佛子，善修眾智慧，
斯人已能入，如是方便門。
一一國土中，普演廣大音，
說佛所行處】，周聞十方刹。
一一心念中，普觀一切法，
安住真如地，了達諸法海。
一一佛【身】中，億劫不【思】議，
【修習波羅蜜，及嚴淨國土。
一一微塵中，能證一切法，
如是無所礙，周行十方國。
一一佛刹中，往詣悉無餘】，
見佛神通力，入佛所行處。
諸佛廣大音，法界靡不聞，
菩薩能了知，善【入】音聲【海】。
劫海演妙音，其音等無別，
智周【三世者】，入【彼音】聲地。
眾【生所有音，及佛自在】聲，
獲得【音聲智，一切皆】能【了。
從地而得地】，住於力地中，
億劫勤修行，所獲法如是。

尒時，眾中復有菩薩摩【訶】薩，名慧燈普明，承佛威神，觀察十方【而說頌曰】：

【一切諸如來，遠離於眾相，
若能知是法】，乃見【世導師。
菩薩三昧中，慧光普明了】，
能知一切佛，自在之體性。
見佛真實體，則悟甚深法，
普觀於法【界】，隨願而受身。
從於福海生，安住於智地，
觀察【一切法，修行最勝道。
一切佛刹中，一切如來所，
如是遍法界，悉】見真實【體。
十】方廣【大刹】，億劫勤修行，
能遊〈游〉① 正遍知，一切諸法海。
唯一堅密身，一切塵中見，
【無生亦】無相，普現於諸國。
隨諸眾生心，普現於【其前，
種種示調伏】，速令【向】佛道。
以佛【威神故，出現諸菩薩，
佛力所加持，普見諸如來。
一切眾導師，無量】威神力，
開悟諸菩薩，法界悉周遍。

尒時，眾中復有菩薩摩【訶】薩，名花錟髻

---

① 游，㝎三一頁註①：游＝遊元明宮。

41

普明【智，承】佛威力，觀【察十方而】說【頌曰】：

【一】切國土中，普演微妙音，
稱揚【佛功德，法界悉充滿。
佛以法爲身，清淨如虛空，
所現衆】色形，令入此法中。
若有深信喜，及爲佛攝受，
當知如是人，能生了【佛智】。
諸有少智者，不能知此法，
慧眼清淨【人，於此乃能見。
以佛威神力】，觀察一切法，〔012-3〕
【入住及出時，所見皆明了。
一切諸法中，法門無有邊】，
成就一切智，入於深法海。
安住佛國土，出興一切處，
無去亦無來，諸佛法如【是。
一切衆生海，佛身】如影現，
【隨其解差別，如是見導師。
一切毛孔】中，【各】各現【神通，
修行普賢願，清淨者能見。
佛以一一身，處處轉法輪】，
法界悉周遍，思〔議〕① 莫能及。

爾時，衆中復有菩薩摩訶薩，名威德慧無【盡】光，承【佛威神】，觀察十方【而說】頌曰：

一一佛【刹中，處處坐】道場，
【衆會共圍遶，魔軍悉摧伏。
佛身放光明，遍滿於十方】，
隨應而示現，色相非一種。
一一微塵內，光明悉充滿，
普見十方土，種種各差【別】。
十方諸刹海，種種無量刹，
悉平坦清淨，帝青寶所成。
或覆或傍住，或【似蓮華合，
或圓或四方，種種衆形相。
法】界【諸刹土】，周行无所礙，

一切衆會中，常轉妙法輪。
佛身不思議，國土悉在中，
於其一切【處】，導世演真法。
所轉妙法輪，法性无差別，
依於一實理，演說諸法相。
佛以圓【滿音，闡明真實理，
隨其解差】別，【現】无盡法【門】。
一切刹土中，見佛坐道場，
佛身如影現，生滅不可得。

爾時，衆中復有【菩】薩摩訶薩，名法界普明慧，承佛威力，觀察十方而說頌言〈曰〉②：

如來微妙身，色相不思【議】，
見者生歡喜，恭敬信樂【法】。
佛身一切相，悉現無量佛，
普入十方界，一一微塵中。
十方國土海，無量無【邊佛，
咸】於念念中，各各現神通。
大智諸菩薩，深入於法海，
佛力所加持，能知此方便。
若有已安住，普賢諸行願，
見彼衆【國土】，一切佛神力。
若人有信解，及以諸大願，
具足深智慧，通達【一切法。
能於諸】佛身，一一而觀察，
色聲無所礙，了達於諸境。
能於諸佛身，安住智所行，
速入如來地，普攝於法界。
佛刹微塵【數】，如是諸國土，
能令一念中，一一塵中現。
一切諸國土，及以神通事，
悉現一刹【中，菩薩力如是】。

爾時，衆中復有菩薩摩訶薩，名精進力無礙

---

① 議，晋祠石經空格無字。

② 日，㊟三二頁註①：日＝言㊟，下同。

慧，承佛威力〈神〉①，觀察十方而說頌言〈曰〉*：

佛演一妙音，周聞十方剎，
衆音悉具足，法雨皆充遍。
一切言詞〈辭〉*海，一切隨類音，
一切【佛剎中，轉於】淨法輪。
一切諸國土，悉見佛神變，
聽佛說法音，聞已趣菩提。
法界諸國土，一一微塵內〈中〉，
如來解脫【力】，於彼普現身。
法身同虛空，無礙無差別，
色形如影像，種種衆相現。
【影像】無方所，如空無體性，
智慧廣大人，了達其平等。
佛身不可取，無生無起作，
應物普現前，平等如虛空。
十方所有佛，盡入一毛孔，
【各各現神】通，智眼能觀見。
毗盧遮那佛，【願力周】法界，
一切國土中，恒轉無上輪。
一毛現神變，一切佛同說，
經於無量劫，不得其邊際。

如此四天下道塲中，以佛神力，十方各有一億世界海【微塵數諸菩】薩衆而來集會；【應知一切世界海、一一四天下】諸道塲中，悉亦如是。

大方廣佛花嚴經卷第六・六之下
〔012-4〕

---

① 威神，㊟三二頁註②：威神＝威力⑧。

大方廣佛花嚴經
普賢三昧品第三

卷第七・七之上

尒時，普賢菩薩摩訶薩扵【如來前，坐蓮華藏師子之座，承佛神力，入于三昧。此三昧名一切諸佛毘盧遮】那如來藏身，普入一切佛平等性，能扵法界示衆影像；廣大無礙，周〈同〉扵虛空；法界海【漩，靡不隨入；出生一切諸三昧法，普能包納十方法界；三世諸佛智光明海皆從此】生，十方所有諸安立海悉能示現；含藏一切佛力解脫諸菩薩智，能令一切國土微塵普能容受無邊【法界；成就一切佛功德海，顯示如來諸大願海；一切諸佛所有法輪，流通護持，使無斷絕。如】此世界中，普賢菩薩扵世尊前，入此三昧；如是，盡法界、虛空界，十方三世，微細无礙，廣大光明，佛眼所見、佛【力能到、佛身所現一切國土，及此國土所有微塵，一一塵中】有世界海微塵數〔佛刹，一一刹中有世界海微塵數〕諸佛，一一佛前有世界海微塵數普賢菩薩，皆亦入此一切諸佛毗盧遮那如來藏【身三昧】。

【爾時，一一普賢菩薩，皆有十方一切諸佛而現其前。彼諸如來同聲讚言：善哉善】哉，善男子，汝能入此一切諸佛毗盧遮那如來藏身菩薩三昧。佛子，此是十方一切諸佛共加於汝，以毗盧遮那如來本願力故，亦【以汝修一切諸佛行願力故。所謂：能轉一切佛法輪故；開顯一切如來智慧海故；普照十方諸安立海，悉無餘故；令】一切衆生净治雜染，得清淨故；普攝一切諸大國土，无所著故；深入一切諸佛境界，无郣礙故；普示一切佛功德故；能入一切諸【法實相，增智慧故；觀察一切諸法門故；了知一切衆生根故；能持一切諸佛如來教文海故】。

【爾時，十方一切諸佛，即】與普賢菩薩摩訶薩能入一切智性力智，與入法界无邊量智，與成就一切佛境界智，與知一切世界海成壞智，與知一切衆【生界廣大智，與住諸佛甚深解脫無差別諸三昧智，與入一切菩薩諸根海智，與知一切衆生語言海轉】法輪詞〈辭〉① 辯智，與普入法界一切世界海身智，與得一切佛音聲智。如此世界中，如來前，普賢菩薩蒙諸佛與如是智；【如是，一切世界海，及彼世界海一一塵中，所有普賢，悉亦如是。何以故，證彼三昧法如是故。是時，十方諸佛，各】舒右手，摩普賢菩薩頂。其手皆以相好莊嚴，妙綱光舒，香流餤發。復出諸佛種種妙音，及以自在神通之事；過現未【來一切菩薩普賢願海，一切如來清淨法輪，及三世佛所有影像，皆於中現。如此世界中，普賢菩薩爲十方】佛所共摩頂；如是，一切世界海及彼世界海，一一塵中，所有普賢，悉亦如是，爲十方佛之所摩頂。

尒時，普賢菩薩即從是【三昧而起。從此

---

① 辭，㊅三三頁註③：辭＝詞㊁。

三昧起時，即從一切世界海微塵數三昧海門起，所謂從知三世念念無差別善巧智三昧門起】，從知三世一切法界所有微塵三昧門起，從現三世一切佛剎三昧門起，從現一切眾生舍宅三昧門起，從知一切眾生心海三【昧門起，從知一切眾生各別名字三昧門起，從知十方法界處所各差別三昧門起，從知一切微塵中各有無邊】廣大佛身雲三昧門起，從演說一切法理趣海三昧門起。普賢菩薩從如是等三昧門起時，其諸菩薩一一各得世界【海微塵數三昧海雲、世界海微塵數陀羅尼海雲、世界海微塵數諸法方便海雲、世界海微塵數】辯才門海雲、世界海微塵數修行海雲、世界海微塵數普照法界一切如來功德藏智光明海雲、世界海微【塵數一切如來諸力智慧無差別方便海雲、世界海微塵數一切如來一一毛孔中各現眾剎海雲、世界】海微塵數一一菩薩示現從兜率天宮殁〈沒〉下生【成】佛轉【正】法輪【般涅】槃等海雲。如此世界中，普賢菩薩從三昧〔013①-1〕【起，諸菩薩眾獲如是益；如是，一切世界海，及彼世界海所有微塵，一一塵中，悉亦如是】。

【爾時，十方一切世界海】以諸佛威神力，及普賢菩薩三昧力故，悉皆微動。【一一世界眾寶莊嚴，及出】妙音演說諸法。復於【一切如來眾會道場海中，普雨十種大摩尼王雲。何等爲十，所謂妙金星幢摩尼王雲、光明】照曜〈耀〉①摩尼王雲、寶輪垂下摩尼王雲、眾寶藏現菩薩像【摩尼王雲、稱揚】佛名摩尼王雲、光明熾盛普【照一切佛剎道場摩尼王雲、光照十方種種變化摩尼王雲、稱讚一切菩薩功德摩尼王雲】、如日光熾盛摩尼王雲、悅意樂音周聞十方摩尼王雲。普雨【如是十種大】摩尼王雲已，一切如來諸毛【孔中咸放光明，於光明中而說頌言】：

【普賢遍住於諸剎，坐寶蓮華眾所觀，一切神通靡不現】，无量三昧皆熊入。
普賢恒以種種身，法界周流悉充滿，三昧神通方便力，圓音廣說皆无礙。
一切剎中諸佛所，【種種三昧現神通，一一神通悉周遍，十方國土無遺者。
如一切剎如來所，彼剎塵中悉亦然】，所現三昧神通事，毗盧遮那之願力。
普賢身相如虛空，依真而住非國土，隨諸眾生心所欲，示現普身等一切。
【普賢安住諸大願，獲此無量神通力，一切佛身所有剎，悉現其形而詣彼。
一切眾海無有邊】，分身住彼亦无量，所現國土皆嚴淨，一剎那中見多劫。
普賢安住一切剎，所現神通勝无比，振動十方靡不周，【令其觀者悉得見。
一切佛智功德力，種種大法皆成滿，以諸三昧方便門，示已往昔菩提行】。
如是自在不思議，十方國土皆示現，爲顯普入諸三昧，佛光雲中讚功德。

尒時，一切菩薩眾皆向普賢合掌【瞻仰，承佛神力，同聲讚言】：

【從諸佛法而出生，亦因如來願力起，真如平等虛空藏，汝已嚴淨此法身】。
一切佛剎眾會中，普賢遍住於其所，功德智海光明者，等照十方无不見。
普賢廣大功德海，遍往十方親近佛，【一切塵中所有剎，悉能詣彼而明現。
佛子我曹常見汝，諸如來所悉親近，住於三昧實境中】，一切國土微塵劫。
佛子能以普遍身，悉詣十方諸國土，眾生大海咸濟度，法界微塵无不入。
入於法界一切塵，【其身無盡無差別，譬如虛空悉周遍，演說如來廣大法。

---

① 耀，㊅三三頁註⑤：耀＝曜㊂㊆。

一切功德光明者，如雲廣大力殊勝】，
衆生海中皆往詣，說佛所行无㝵法。
爲度衆生扵刼海，普賢勝行皆修習，
演一切法如大雲，其音廣大靡不【聞。

國土云何得成立，諸佛云何而出現，
及以一切衆生海，願隨其義如實說。
此中無量大衆海】，悉在尊前恭敬住，
爲轉清净妙法輪，一切諸佛皆随喜。

大方廣佛花嚴經
世界成就品第四

【爾時，普賢菩薩摩訶薩以佛神力，遍觀察一切世界海、一切衆生海、一切諸佛海、一切法界海、一切】衆生業海、一切衆生根欲海、一切諸佛法輪海、一切三世海、一切如來願力海、一切如來神變海；如是觀察已，【普告一切道場衆海諸菩薩言：佛子，諸佛世尊知一切世界海成壞清淨智不可思議，知一切衆】生業海智不可思議，知一切法界安立海智不可思議，說一切无邊佛海智不可思議，入一切欲解根海智不可思議，一念【普知一切三世智不可思議，顯示一切如來無量願海智不可思議，示現一切佛神變海智不可思議】，轉法輪智不可思議，建立演說海不可思議，清淨佛身不可思議，无邊色相海普照明不可思議，相及隨【好皆清淨不可思議，無邊色相光明輪海具足清淨不可思議，種種色相光明雲海不可思議，殊】勝寶燄海不可思議，成就言音海不可思議，示現三種【自在海調伏成熟一切】衆生不可思議，勇猛調伏諸衆生〔013①-2〕【海無空過者不可思議，安住佛地不可思議，入如來境界不可思議，威力護持不可思議，觀察一切佛智】所【行不可】思議，諸力圓滿無能摧伏不可思議，無畏【功德無能過者不可】思議，住无差別三昧不可思議，神通【變化不可思議，清淨自在智不可思議，一切佛法無能毀壞不可思議。如是等一切法，我當承佛神力】，及一切如來威神力故，具足宣說。爲令衆生，入佛智慧海故；爲【令一切菩薩，於】佛功德海中得安住故；爲令一切世界【海，一切佛自在所莊嚴故；爲令一切劫海中，如來種性恒不斷故；爲令於一切世界海中，顯示諸法真實】性故；爲令隨一切衆生无量解海，而演說故；爲令隨一切衆生【諸根海，方】便令生諸佛法故；爲令隨一切衆生樂【欲海，摧破一切障礙山故；爲令隨一切衆生心行海，令淨修治出要道故；爲令一切菩薩，安住普賢】願海中故。

是時，普賢菩薩復欲令無量道場衆海生歡【喜故】，令於一切法增長愛樂故，令生廣大真實信【解海故，令淨治普門法界藏身故，令安立普賢願海故，令淨治入三世平等智眼故，令增長普】照一切世間藏大慧海故，令生陀羅尼力持一切法輪故，令於一切道場中盡佛境界悉開示故，令開闡一切【如來法門故，令增長法界廣大甚深一切智性故，即說頌言】：

【智慧甚深功德海，普現十方無量國】，
隨諸衆生所應見，光明遍照轉法輪。
十方剎海叵思議，佛無量劫皆嚴淨，
爲化衆生使成熟，出興一切諸國【土。
佛境甚深難可思，普示衆生令得入，
其心樂小著諸有，不能通達佛所悟。
若有淨信堅固心】，常得親近善知識，
一心〈切〉諸佛與其力，此乃能入如來智。
離諸諂〈謟〉誑心清淨，常樂慈悲性歡喜，
志欲廣大深【信人，彼聞此法生欣悅。
安住普賢諸願地，修行菩薩清淨道，
觀察法界如虛空，此乃能知佛行處】。

此諸菩薩獲善利，見佛一切神通力，
修餘道者莫能知，普賢行人方得悟。
衆生廣大無有邊，如來一切皆護【念，
轉正法輪靡不至，毘盧遮那境界力。
一切剎土入我身，所住諸佛亦復然，
汝應觀我諸毛孔】，我今示汝佛境界。
普賢行願无邊際，我已修行得具足，
普眼境界廣大身，是佛所行應諦聽。
尒時，普賢【菩薩摩訶薩告諸大衆言：
【諸佛子，世界海有十種事，過去、現在、未來諸佛，已說、現說、當說。何】者爲十，所謂世界海起具因緣，世界海所依住，世界海形狀，世界海體性，世界海莊嚴，世界海清淨，世界海佛出【興，世界海劫住，世界海劫轉變差別，世界海無差別門。諸佛子，略說世界海，有此十事；若廣說者，與】世界海微塵數等，過去、現在、未來諸佛，已說、現說、當說。

諸佛子，略說以十種因緣故，一切世界海已成、現成、當【成。何者爲十，所謂如來神力故，法應如是故，一切衆生行業故，一切菩薩成一切智所得故，一切衆生及諸菩薩同集】善根故，一切菩薩嚴淨國土願力故，一切菩薩成就不退行願故，一切菩薩清淨勝解自在故，一切如來善根所流及【一切諸佛成道時自在勢力故，普賢菩薩自在願力故。諸佛子，是爲略說十種因緣；若廣說者，有世界海】微塵數。

尒時，普賢菩薩欲重宣其義，承佛威力，觀察十方而說頌言：

所說无邊衆剎海，毘盧遮那悉嚴淨，
【世尊境界不思議，智慧神通力如是。
菩薩修行諸願海，普隨衆生心所欲，
衆生心行廣無邊，菩薩國土遍十方】。
菩薩趣扵一切智，勤修種種自在力，
无量願海普【出生，廣大剎土】皆成就。
修諸行海无有邊，入佛境界亦无量，
爲【淨十方諸國土，一一土經無量劫。
衆生煩惱所擾濁，分別欲樂非一相，
隨心造業不思議，一切剎海斯成立】。
佛子剎海莊嚴藏，【離垢光】明寶所成，
斯由廣大信【解心，十方所住咸如】是。
菩薩能修普賢行，遊行法界〔013①-3〕【微塵道，
塵中悉現無量剎，清淨廣大如虛空。
等虛空界現神通，悉詣道場諸佛所，
蓮華座上示衆相，一一身包一切剎。
一】念普【現】扵三世，一切剎海皆成立，
佛【以】方便悉入中，此是毘盧所嚴淨。

尒時，普賢菩薩復告大衆言：諸佛子，一一【世界海有世界海微塵數所依住，所謂或依一切莊嚴住，或依虛空住，或依一切寶光明住，或依一切】佛光明住，或依一切寶色〔光〕① 明住，或依一切佛音聲住，或依如幻業生大力阿脩羅形金剛手住，或依一切世主身住，或依一切菩薩身住，或依普賢菩【薩願所生一切差別莊嚴海住。諸佛子，世界海有如是等世界海微塵數所依住】。

【爾時，普賢菩薩欲重宣】其義，承佛威力〔觀察十方〕，而說頌言：

遍滿十方虛空界，所有一切諸國土，
如來神力之所加，處處現前皆可見。
或有種種【諸國土，無非離垢寶所成，
清淨摩尼最殊妙，熾然普現光明海。
或有清淨光明剎，依止虛空界而住】，
或在摩尼寶海中，復有安住光明藏。
如來處此衆會海，演說法輪皆巧妙，
諸佛境界廣無邊，衆生見者心歡喜。
有【以摩尼作嚴飾，狀如華燈廣分布，
香焰光雲色熾然，覆以妙寶光明網。
或有剎土無邊際，安住蓮華深大海】，
廣博〈博〉清淨與世殊，諸佛妙善莊嚴故。
或有剎海隨輪轉，以佛威神得安住，
諸菩薩衆遍在中，常見無央廣大寶。

---

① 光，晉祠石經空格無字。

或【有住於金剛手，或復有住天主身，
毘盧遮那無上尊，常於此處轉法輪。
或依寶樹平均住，香焰雲中亦復然】，
或有依諸大水中，有住堅固金剛海。
或有依止金剛幢〈幢〉，或有住於花海中，
廣大神變〈通〉① 無不周，毘盧遮那此能現。
或【脩或短無量種，其相旋環亦非一，
妙莊嚴藏與世殊，清淨修治乃能見。
如是種種各差別，一切皆依願海住】，
或有國土常在空，諸佛如雲悉充滿〈遍〉。
或有在空懸覆住，或時而有或無有，
或有國土極清淨，住於菩薩寶冠中。
十方【諸佛大神通，一切皆於此中見，
諸佛音聲咸遍滿，斯由業力之所化。
或有國土周法界，清淨離垢從心起】，
如影如幻廣無邊，如因陀網各差別。
或現種種莊嚴藏，依止虛空而建立，
諸業境界不思議，佛力顯示皆令見。
一一【國土微塵內，念念示現諸佛剎，
數皆無量等眾生，普賢所作恒如是。
為欲成熟眾生故，是中修行經劫海】，
廣大神變靡不興，法界之中悉周遍。
法界國土一一塵，諸大剎海住其中，
佛雲平等悉弥覆，於一切處咸充滿。
如【一塵中自在用，一切塵內亦復然，
諸佛菩薩大神通，毘盧遮那悉能現。
一切廣大諸剎土，如影如幻亦如焰】，
十方不見所從生，亦復無來無去處。
滅壞生成互循復，於虛空中無暫已，
莫不皆由清淨願，廣大業力之所持。

尒【時，普賢菩薩復告大眾言：諸佛子，世界海有種種差別形相，所謂：或圓，或方，或非圓方，無量差別；或如】水旋〈漩〉② 形，或如山燄形，或如樹形，或如花形，或如宮殿形，或如眾生形，或如佛形。如是等，有世界海微塵數。

【爾時，普賢菩薩欲重宣其義，承佛威力，觀察十方而說頌言】：

【諸國土海種種別，種種莊嚴種種住，
殊形共美】遍十方，汝等咸應共觀察。
其狀或圓或有方，或復三維及八隅，
摩尼輪狀蓮花等，一切皆由業令異。
或有清【淨焰莊嚴，真金間錯多殊好，
門闥競開無壅滯，斯由業廣意無雜。
剎海無邊差別藏，譬如雲布在虛空，
寶輪布地妙】莊嚴，諸佛光明照曜中。
一切國土心分別，種種光明而照現，
佛於如是剎海中，各各示現神通力。
或有雜染或清淨，【受苦受樂各差別，
斯由業海不思議，諸流轉法恒如是。
一毛孔內難思剎，等微塵數種種住，
一一皆有遍照尊，在眾會中宣】妙法。
於一塵中大小剎，種種差別如塵【數】，
平坦【高下】各不同，佛悉往詣轉法輪。
一切塵中所現剎，皆是本願神通力，〔013①-4〕
【隨其心樂種種殊，於虛空中悉能作。
一切國土所有塵，一一塵中佛皆入，
普為眾生起神變，毘盧遮那法如是】。

尒時，普賢菩薩復告大眾言：諸佛子，應知世界海有種種體，所謂或以一切寶莊嚴為體，或以一寶種種莊嚴為體，或以一切寶光明為體，或以種種色光明為體，或以一切莊嚴光【明為】體，或以不可壞金剛為體，或以佛力持為體，或以妙寶相為體，或以佛變化為體，或以日摩尼輪為體，或以極微細寶為體，或以一切寶燄為體，或以種種香為體，或以一切寶花冠為體，【或】以一切寶影像為體，或以一切莊嚴所示現為體，或以一念心普示現境界為體，或以菩薩形寶為體，或以寶花蘂為體，或以佛言音為體。

尒時，普賢菩薩欲重宣其義，承佛威力，觀

---

① 通，㊁三五頁註②：通＝變宋明宮。
② 漩，㊁三六頁註①：漩＝旋三宮。

【察十】方而說頌言：

　　或有諸刹海，妙寶所合成，
　　堅固不可壞，安住寶蓮花。
　　或是淨光明，出生不可知，
　　一切光莊嚴，依止虛空住。
　　或淨光爲體，復依光明住，
　　光雲作嚴飾，菩薩共【遊處】。
　　或有諸刹海，從扵願力生，
　　猶如影像住，取說不可得。
　　或以摩尼成，普放日藏光，
　　珠輪以嚴地，菩薩悉充滿。
　　有刹寶錼成，錼雲覆其上，
　　衆寶光殊妙，皆由業【所得】。
　　或從妙相生，衆相莊嚴地，
　　如冠共持戴，斯由佛化起。
　　或從心海生，隨心所解住，
　　如幻無處所，一切是分別。
　　或以佛光明，摩尼光爲體，
　　諸佛扵中現，各起【神通力】。
　　或普賢菩薩，化現諸刹海，
　　願力所莊嚴，一切皆殊妙。

尓時，普賢菩薩復告大衆言：諸佛子，應知世界海有種種莊嚴，所謂或以一切莊嚴具【中出上】妙雲莊嚴，或以說一切菩薩功德莊嚴，或以說一切衆生業報莊嚴，或以示現一切菩薩願海莊嚴，或以表示一切三世佛影像莊嚴，或以一念頃示現【無邊】刼神通境界莊嚴，或以出現一切佛身莊嚴，或以出【現一切寶香雲莊】嚴，或以示現一切道場中諸珎妙物光明照曜莊嚴，或以示現一切普賢行【願莊】嚴。如是寺，有世界海微塵數。

尓時，普賢菩薩欲重【宣其義，承佛威力，觀】察十方而說頌言：

　　廣大刹海無有邊，皆由清净業所成，
　　種種莊嚴種【種住】，一切十方皆遍滿。
　　無邊色相寶錼雲，廣大莊嚴【非一種，
　　十方刹海常出現，普演妙】音而說法。
　　菩薩無邊功德海，種種大願所莊嚴，
　　此土俱時出妙音，普震十方諸刹網。
　　衆生業海廣無量，隨【其感】報【各不同，
　　扵一切處莊嚴中，皆由諸佛能】演說。
　　【三世所有諸如來，神】通普現諸刹海，
　　【一一事中一切佛，如是】嚴净〔014-1〕【汝應觀】。
　　過去未來現在刼，十方一【切諸國土，
　　扵彼所有大莊嚴，一一皆扵刹中見。
　　一切事】中無【量佛，數等衆生遍世】間，
　　爲令調伏起神通，以此莊嚴國土海。
　　一切莊嚴吐妙雲，種種【華雲香焰雲】，
　　摩尼寶雲常出現，刹海以此爲嚴飾。
　　【十方所】有成道處，種種莊嚴皆具足，
　　流光布迴〈逈〉若彩雲，【扵】此刹海咸令見。
　　普賢願行諸佛子，寺衆生刼勤修習，
　　无邊國土悉莊嚴，【一切處中皆顯現】。

尓時，普賢菩薩復告大衆言：諸佛子，應知世界海有世界海微塵數清净方便〔海〕，所謂諸菩薩親近一切善知識同善根故，增長廣【大功德雲遍】法界故，净修廣大諸勝解故，觀察一切菩薩境界而安住故，修治一切諸波羅蜜悉圓滿故，觀察一切菩薩諸地而入住故，出生一切净願海故，修習一切出【要行故，入扵一切】莊嚴海故，成就清净方便力故。如是寺，有世界海微塵數。

尓時，普賢菩薩欲重宣其義，承佛威力，普觀〈觀察〉十方而說頌言：

　　一切刹海諸莊嚴，无數【方便願力生】，
　　一切刹海常光曜，無量清净業力起。
　　久逺親近善知識，同修善業皆清净，
　　慈悲廣大遍衆生，以此莊嚴諸刹海。
　　一切法門三昧寺，禅定解脫方便地，
　　【扵諸佛所悉净治】，以此出生諸刹海。
　　發生无量決定解，能解如來寺无異，
　　忍海方便已修治，故能嚴净無邊刹。

爲利衆生修勝行，福德廣大常增長，
譬如雲布等虛空，一切【刹海皆成就】。
諸度無量等刹塵，悉已修行令具足，
諸波羅蜜无有盡，清淨刹海從此生。
淨修无等一切法，生起無邊出要行，
種種方便化羣生，如是莊嚴國土海。
修習【莊嚴方便地】，入佛功德法門海，
普使衆〔生〕竭苦源，廣大淨刹皆成就。
力海廣大無與等，普使衆生種善根，
供養一切諸如來，國土无邊悉清淨。

尔時，普賢菩【薩復告】大衆言：諸佛子，應知一一世界海有世界〔海〕微塵數佛出現差別，所謂：或現小身，或現大身；或現短壽，或現長壽；或唯嚴淨一佛國土，或有嚴淨无【量佛土，或】唯顯示一乘法輪，【或有】顯示不可思議諸乘法輪，或現調伏少分衆生，或示調伏無邊衆生。如是等，有世界海微塵數。

尔時，普賢菩薩欲重宣【其義，承佛】威力，（普）【觀察十方而】說頌言：
諸佛種種方便【門，出興一切諸】刹海，
皆隨衆生心所樂，【此是】如來善【權】力。
諸佛法身不思議，無色無形無影像，
能爲〔014-2〕【衆生現衆相】，隨其心樂悉令見。
或爲衆【生現短壽】，或現住壽無量劫，
法身十方普現前，隨宜出現於世間。
或有嚴淨不思議，十【方所有諸】刹海，
或唯嚴【淨一國土】，於一示現悉无餘。
或隨衆生心所樂，示現難思種種乘，
或有唯宣一乘法，一中方便現无量。
或有自然成正覺，令少衆生住於道，
或有能於一念中，開悟羣迷无有數。
【或於毛孔出化雲】，示現無量无邊佛，
一切世間皆現覩，種種方便度羣生。
或有言音普周遍，隨其心樂而說法，
不可思議大劫中，調伏无量衆生海。
或有無量莊嚴國，衆會【清淨儼然坐】，

佛如雲布在其中，十方刹海靡不充。
諸佛方便不思議，隨衆生心悉現前，
普住種種莊嚴刹，一切國土皆周遍。

尔時，普賢菩薩復告大衆【言：諸佛子】，應知世界海有世界海微塵數劫住，所謂或有阿僧祇劫住，或有无量劫住，或有無邊劫住，或有無等劫住，或有不可數劫住，或有不可稱劫住，或有【不可思劫住】，或有不可量劫住，或有不可說劫住。如是等，有世界海微塵數。

尔時，普賢菩薩欲重宣其義，【承】佛威力，觀察十方而說頌言：
世界海中種種劫，廣大方【便所莊嚴】，
十方國土咸觀見，數量差別悉明了。
我見十方世界海，劫數無量等衆生，
或長或短或無邊，以佛音聲令〈今〉演說。
我見十方諸刹海，或住國土微【塵劫】，
或有一切或無數，以劫種種各不同。
或有純淨或純染，或復染淨二俱雜，
願海安立種種殊，住於衆生心想中。
往昔修行刹塵劫，獲大清淨世界【海】，
諸佛境界具莊嚴，永住無邊廣大劫。
有名種種寶光明，或名等音餓眼藏，
離塵光明及賢劫，此清淨劫攝一切。
有清淨劫一佛興，或一切中無量現，
無盡方便大願力，入於一切【種種劫】。
或无量劫入一劫，或復一切入多劫，
一切劫海種種門，十方國土皆明現。
或一切劫莊嚴事，於一劫中皆現覩，
或一劫內所莊嚴，普入一切無邊劫。
始從一念終成劫，悉依衆生心想生，
一切刹海劫无【邊】，以一方便皆清淨。

尔時，普賢菩薩復告大衆言：諸佛子，應知世界海有世界〔海〕微塵數劫轉變差別，所謂：法如是故，世界海无量成壞劫轉變；染汙〈污〉衆生住故，【世界】海成染汙劫轉變；修廣大【福衆】生住故，世界海成染淨劫轉變；信解菩薩住故，世界海成染淨劫轉變；无量衆生發菩提心故，世界海純清淨刼轉變；諸菩〔014-3〕【薩各各遊】諸世界故，世界海无【邊莊嚴刼】轉變；十方一切世界【海諸菩薩】雲集故，世界海无量大莊嚴刼轉【變；諸】佛世尊入【涅】槃故，世界海莊嚴【滅刼】轉變；諸佛出現於世【故，一切】世界海廣博〈博〉嚴淨刼轉【變；如來神】通變化故，世界海普清淨刼轉變。如是等，有世界海微塵數。

尒時，普賢菩薩欲重宣其義，承佛威力，觀察十方而說【頌言】：
一切諸國土，皆隨業力生，
汝等【應】觀察，轉變相如是。
染汙諸眾生，業惑纏可怖，
彼心令刹海，一切成染汙。
若有清淨心，修諸福德行，
彼心令刹海，雜染及清淨。
信解諸菩薩，於彼【刼中生】，
隨其心所有，雜染清淨見。
無量諸眾生，悉發菩提心，
彼心令刹海，住刼恒清淨。
無量億菩薩，往詣於十方，
莊嚴無有殊，刼中差別見。
一一微塵內，佛刹如塵數，
菩薩共雲集，國土皆【清淨】。
世尊入涅槃，彼土莊嚴滅，
眾生无法器，世界成雜染。
若有佛興世，一切悉珎好，
隨其心清淨，莊嚴皆具足。
諸佛神通力，示現不思議，
是時諸刹海，一切普清淨。

尒時，普賢菩薩復【告大】眾言：諸佛子，應知世界海有世界海微塵數無差別，所謂：一一世界海中，有世界海微塵數世界無差別；一一世界海中，諸佛出現所有威力無差別；一一世界〔海〕中，一切【道場】遍十方法界無差別；一一世界海中，一切如來道場眾會無差別；一一世界海中，一切佛光明遍法界無差別；〔一一世界海中，一切佛變化名號無差別〕；一一世界海中，一切佛音聲普遍世界海无邊刼住無差別；一一【世界海】中，法輪方便无差別；一一世界海中，一切世界海普入一塵無差別；一一世界海中，一一微塵，一切三世諸佛世尊廣大境界皆於中現无差別。諸佛子，世界海無差別，略說如是；若【廣說】者，有世界海微塵數。

尒時，普賢菩薩欲重宣其義，承佛神〈威〉力①，觀察十方而說頌言：
一微塵中多刹海，處所各別悉嚴淨，
如是无量入一中，一一區分无雜越。
一一塵內難思【佛】，隨眾生心普現前，
一切刹海靡不周，如是方便無差別。
一一塵中諸樹王，種種莊嚴悉垂布，
十方國土皆同現，如是一切無差別。
一一塵內微塵眾，悉共圍繞人中主，
出過一切遍世【間】，亦不迫隘相雜亂。
一一塵中无量光，普遍十方諸國土，
悉現諸佛菩提行，一切刹海无差別。
一一塵中无量身，變化如雲普周遍，
以佛神通導羣品，十方國土亦无別。
一一塵中說【眾法】，其法清淨如輪轉，
種種方便自在門，一切皆演无差別。
一塵普演諸【佛音】，充滿法器諸眾生，
遍住刹海无央刼，如是音聲亦【無異。刹】海无量妙莊嚴，於一塵中无不入，
如是【諸佛神通力，一】切皆由業性起。
一一塵中三世佛，隨【其所樂悉令見】，
體性【無來】亦無去，【以願力故】遍世間。

〔大方廣佛〕花〔嚴經卷第七·七之下〕
〔014-4〕

————
① 威力，㊂三八頁註④：威力＝神力㊅。

〔大〕方廣佛花嚴經
〔花〕藏世界品第五之一
〔卷第八・八之上〕

【爾時，普賢】菩薩復告大衆言：諸佛子，此花藏莊嚴世界海，是毗盧【遮】那如來往昔於世界【海微】塵數劫修菩薩行時，一一劫【中親近世界海微塵數佛，一一佛所淨】修世界海微塵數大願之所嚴淨。諸佛子，此花藏莊嚴世界海，有須弥山微塵數風【輪】所持。其最下風輪，名平等住，能【持其上一切寶焰熾然莊嚴；次上風輪】，名出生種種寶莊嚴，能持其上淨光照曜摩尼王憧〈幢〉；次上風輪，名寶威德，能持其上一切寶鈴；次上風輪，名平等燄，能持【其上日光明相摩尼王輪】；次上風輪，名種種普莊嚴，能持其上光明輪花；次上風輪，名普清淨，能持其上一切花燄師子座；次上風輪，名聲遍十方，能持其上【一切珠王憧；次上風輪】，名一切寶光明，能持其上一切摩尼王樹花；次上風輪，名速疾普持，能持其【上】一切香摩尼須弥雲；次上風輪，名種種宮殿遊行，能持其上一切寶色香【臺雲。諸佛子，彼須】弥山微塵數風輪，最在上者，名殊勝威光藏，能持普光摩尼莊嚴香水海；此香水海有大蓮花，名種種光明蘂【香幢。華藏莊】嚴世界海，住在其中，四方均平，清淨堅固；金剛輪山，周币圍繞；地海衆樹，各有區別。

是時，普賢菩薩欲重宣其義，承佛神力，觀察十方而說頌言：

世尊往昔於諸有，微塵佛所修淨業，
故獲種種寶光明，花藏莊嚴世界海。
廣大悲雲遍一切，捨身無量等刹塵，
以昔劫海修行力，今此世界無諸垢。
放大光明遍住空，風力所持無動搖，
佛藏摩尼普嚴飾，如來願力令清淨。
普散摩尼妙藏花，以昔願力空中住，
種種堅固莊嚴海，光雲垂布滿十方。
諸摩尼中菩薩雲，普詣十方光熾然，
光燄成輪妙花飾，法界周流靡不遍。
一切寶中放淨光，其光普照衆生海，
十方國土皆周遍，咸令出苦向菩提。
寶中佛數等衆生，從其毛孔出化形，
梵主帝釋輪王等，一切衆生及諸佛。
化現光明等法界，光中演說諸佛名，
種種方便示調伏，普應羣心无不盡。
花藏世界所有【塵】，一一塵中見法界，
寶光現佛如雲集，此是如來刹自在。
廣大願雲周法界，於一切劫化羣生，
普賢智地行悉成，所有莊嚴從此出。

尒時，普賢菩薩復告大衆言：諸佛子，此花藏莊嚴世界海大輪圍山，住日珠王蓮花之上，栴檀摩尼以爲其身，威德寶王以爲其峰，妙香摩尼而作其輪，燄藏金剛所共成立，一切香水流注其間；衆寶爲林，妙花開敷，香草布地，明珠間飾，種種香花處處盈滿；摩尼爲網，周币垂覆。如是等，有世界海微塵數衆妙莊嚴。

爾時，普賢菩薩欲重宣其義，承佛神力，觀察十方而說頌言：
世界大海無有邊，寶輪清淨種種色，
所有莊嚴盡奇妙，此由如來神力起。
摩尼寶輪妙香輪，及以真珠燈燄輪，
種種妙寶爲嚴飾，清淨輪圍所安【住。
堅固摩尼】以爲【藏】，閻【浮檀】金作嚴飾，
舒光發【焰遍十】方，內外映徹皆清淨。
金剛摩尼所集成〔015-1〕，復雨摩尼諸妙寶，
其寶精奇非一種，【放淨】光明普嚴麗。
香水分流無量【色，散諸華寶及栴檀，
衆蓮競發如衣布，珍】草羅生悉芬馥。
無量寶樹普莊嚴，開花發蘂【色燦然，
種種名衣在其】內，光雲四照【常圓】滿。
無量無邊大菩薩，【執蓋焚香充法界】，
悉發一切妙音聲，普轉如來正法輪。
諸摩尼樹寶末成，一一寶末現光明，
毗盧遮那清淨身，【悉入其中普令見】。
諸莊嚴【中】現佛身，無邊色相無央【數，
悉往十方無】不遍，所化衆生亦無限。
一切莊嚴出妙音，演說如來本願輪，
十方所有淨剎海，佛自在力咸令遍。
【爾時，普賢菩】薩復告大衆言：諸佛子，此世界海大輪圍山【內所有】大地，一切皆以金剛所成，堅固莊嚴，不可沮壞；清淨平坦，無有高下；摩尼爲輪，衆寶爲藏；一【切衆生，種種形狀；諸摩】尼寶，以爲間【錯；散衆】寶末，布以蓮花；香藏【摩】尼，分置其間；諸莊嚴具，充遍如雲，三世一切諸佛國土所有莊嚴而爲挍〈校〉飾；【摩】尼妙寶【以爲其網】，普現【如來所有境界】，如天【帝網於中布列】。諸佛子，此世界海地，有如是等世界海微塵數莊嚴。
爾時，普賢菩薩欲重宣其義，承佛威〈神〉力①，觀察十方【而】說頌言：

【其地平坦極清淨，安】住【堅】固無能壞，
摩尼處處以爲嚴，衆寶於中相間錯。
金剛爲地甚可悅，寶輪寶網具莊嚴，
蓮花布地〈上〉皆圓滿，【妙衣】彌覆悉周遍。
【菩薩天冠】寶【瓔珞，悉布其地爲】嚴好，
栴檀摩尼普散中，咸舒離垢妙光明。
寶花發燄出妙光，光燄如雲照一切，
散此妙花及衆寶，【普】覆於地爲嚴飾。
密雲【興布滿十方，廣大光明無有盡】，
普至十方一切土，演說如來甘露法。
一切佛願摩尼內，普現無邊廣大劫，
最勝智者昔所行，於此寶中无不見。
【其】地所有摩尼寶，一切佛剎【咸來入，
彼諸佛剎一一】塵，一切國土亦入中。
妙寶莊嚴花藏界，菩薩遊行遍十方，
演說大士諸弘願，此是道場自在力。
摩尼妙寶莊嚴地，放淨光明備【衆】飾，
充滿法界【等虛空，佛力自然如】是現。
諸有修治普賢【願，入佛】境界大智人，
能知於此剎海中，如是一切諸神變。
爾時，普賢菩薩【復】告大衆言：諸佛〔015-2〕子，此世界海大【地中】，有不可說佛剎微塵【數香水】海，一切妙寶莊嚴其【底，妙香】摩尼莊嚴其岸，毗盧遮那摩尼寶王以爲其網；香水映徹，具衆寶色，充【滿其中】；種種寶花，旋布其上；栴檀細末，澄垽其下；演佛【言音】，放寶光明；無邊菩薩，持種種蓋，現神通力。一切世界所有莊嚴，悉於中現。十寶階陛，行列分布；十寶欄楯，周帀圍繞；四天下微塵數一切寶莊嚴芬陀利花，敷榮水中；【不】可說百千億那由他數十寶尸羅幢，恒河沙數一切寶衣鈴網幢，恒河沙數無邊色相寶花樓閣，百千億那由他數十寶蓮花城，四天下微塵數衆寶樹林，

―――――――――
① 神力，㊅四〇頁註①：神力＝威力㊌。

寶𦦨摩尼以爲其綱，恒河沙數栴檀香，諸佛言音光𦦨摩尼，不可說百千億那由他數衆寶垣墻，悉共圍繞，周遍嚴飾。

爾時，普賢菩薩欲重宣其義，承佛神力，觀察十方說此〈而說〉頌言：

此世界中大地上，有香水海摩尼嚴，
清淨妙寶布其底，安住金剛不可壞。
香藏摩尼積成岸，日𦦨珠【輪】布若雲，
蓮花妙寶爲瓔絡〈瓔珞〉，處處莊嚴淨無垢。
香水【澄淳】具衆色，寶花旋布放光明，
普震音聲聞遠近，以佛威神演妙法。
階陛莊嚴具衆寶，復以摩尼爲間飾，
周迴欄楯悉寶成，蓮花珠網如雲布。
摩尼寶樹列成行，花蘂敷榮光赫弈〈奕〉，
種種樂音恒競奏，佛神通力令如是。
種種妙寶芬陀利，敷布莊嚴香水海，
香𦦨光明無暫停，廣大圓滿皆充遍。
明珠寶幢恒熾盛，妙衣垂布爲嚴飾，
摩尼鈴網演法音，令其聞者趣佛智。
【妙寶】蓮花作城郭〈廓〉，衆彩摩尼所嚴瑩，
真珠雲影布四隅，如是莊嚴香水海。
垣牆繚繞皆周帀，樓閣相望布其上，
无量光明恒熾然，種種莊嚴清淨海。
毗盧遮那於往昔，種種刹海皆嚴淨，
如是廣大无有邊，悉是如來自在【力】。

爾時，普賢菩薩復告大衆言：諸佛子，一一香水海，各有四天下微塵數香水河，右旋圍繞，一切皆以金剛爲岸，淨光摩尼以爲【嚴飾，常現】諸佛寶色光雲，及諸【衆生所】有言音；其河所有旋〈漩〉① 澓之處，一切諸佛所修回行種種形相皆從中出；摩尼爲綱，衆寶鈴鐸，諸世界海所有莊嚴悉於中現；摩尼寶雲以覆其上，其【雲普現】花藏世界毗盧遮那【十方化佛，及一切】佛【神】通之事；復出妙音，稱揚三世佛菩薩名；其香水中，常出一切寶𦦨光雲，相續不絕。若廣說者，一一河各有世界海微塵數莊嚴。

爾時，普【賢菩】薩欲重宣其義，承佛【神力，觀察十方】說此〈而說〉② 頌言：

清淨香流滿大河，金剛妙寶爲其岸，
寶末爲輪布其地，種種嚴飾皆珍好。
寶階行列妙莊嚴，欄楯周迴悉殊麗，
真珠爲【藏衆】花飾，種種纓鬠【共垂下。
香水寶光清淨色，恒吐】摩尼寬疾流，
衆花隨浪皆搖動，悉奏樂音宣妙法。
細末栴檀作泥垽，一切妙寶同迴復〈洄澓〉③，
香藏氛氳布在中，發𦦨流芬普周遍。
河中【出生諸妙寶，悉放光明色熾然，
其光布影成臺座，華蓋珠瓔】皆具足。
摩尼王中現佛前〈身〉，光明普照十方刹，
以此爲輪嚴飾地，香水暎徹常盈滿。
摩尼【爲】綱金爲鐸，遍覆香河演佛【音，
克宣一切菩提道，及以普賢之妙行。
寶岸摩尼】極清淨，恒出如來本願音，
一切【諸佛】曩所行，其音普演皆令見。
其河所有旋〈漩〉＊流處，菩薩如雲常踊出，
悉往廣大【刹土中，乃至法界咸充滿。
清淨珠王布若雲，一切香河悉彌覆，
其珠等佛眉間相，炳然顯現】諸佛影。

爾時，普賢菩薩復告大衆言：諸佛子，此諸香水河，兩閒之地，悉以妙寶【種】種莊嚴，【一一各有四天下微塵數衆寶莊嚴；芬陀利華周匝遍滿，各有四天下微塵數；衆寶樹】林次【第行列，一一樹中恒出一切】諸莊嚴雲，摩尼寶王照曜其間，種種花香〔015-3〕處處【盈滿；其樹復出微妙音聲，說諸如來一切劫中所修大願；復散種種摩尼寶王，充遍其地，所謂】蓮花輪摩尼寶【王、香焰光雲摩尼寶王、種】種嚴飾【摩】尼寶

---

① 漩，ⓐ四〇頁註③：漩＝旋㊁㊂，下同。
② 而說，ⓐ四〇頁註⑤：而說＝說此㊂。
③ 洄澓，ⓐ四一頁註①：洄澓＝廻復㊊㊂。

55

王、現不可思議莊【嚴色摩尼寶王、日光明衣藏摩尼寶王、周遍十方普垂布光網雲摩尼寶王、現一切諸】佛神【變摩尼寶王、現一切眾生業報海摩尼寶】王。如是等,有世界海微摩〈塵〉數。其香水河,兩【間之地,一切悉具如是莊嚴】。

【爾時,普賢菩薩欲重宣其義,承佛神力,觀察十方而】說頌言:

其地平坦極清淨,【真】金摩尼共嚴飾,
【諸】樹【行】列蔭其中,聳榦垂條花若雲。
枝條【妙寶】所莊嚴,【華焰成輪光四照,
摩尼】爲果如【雲布,普使】十方常現覩。
摩尼布地皆充滿,眾花寶末共莊嚴,
復以摩尼作宮殿,悉現眾生諸影像。
諸佛影像摩尼王,普散其地靡不周,
如是赫弈〈奕〉遍十方,一一塵中咸見【佛。
妙】寶莊嚴善【分布】,真珠燈網相閒錯,
處處悉有摩尼輪,一一皆現佛神通。
眾寶莊嚴放大光,光中普現諸化佛,
一一【周行靡】不遍,悉以十力廣開演。
摩尼妙寶芬陁利,一切水中咸【遍滿,
其】花種種各不同,悉現光明无盡歇。
三世所有諸莊嚴,摩尼果中皆顯現,
體性无生不可取,此是如來自在力。
此【地一切莊】嚴中,悉現如來廣大身,
彼亦不來亦不去,佛昔願力皆令見。
此地一一微塵中,一切佛子修行道,
各見所記當來刹,隨其意樂悉清淨。

尒時,普賢菩薩復告大眾言:諸佛子,諸佛世尊世界海,莊嚴不可思議。何以故,諸佛子,此花藏莊嚴世界海一切境界,一一皆以世界海微塵數清淨功德之所莊嚴。

尒時,普賢菩薩欲重宣其義,承佛威〈神〉力,觀察十方而說頌言:

此刹海中一切處,悉以眾寶爲嚴飾,
發燄騰空布若雲,【光明洞徹常彌覆。
摩尼吐】雲无有【盡,十方佛】影於中現,

神通【變化靡】暫停,【一切菩薩咸來集】。
一切摩尼演佛音,其音美妙不思議,
毗盧遮那昔所行,於此寶內恒聞見。
清淨【光明遍照尊,莊嚴具中皆現影,
變化分身眾】圍繞,一切刹海咸周遍。
【所】有化佛【皆如幻,求其】来處不可得,
以佛境界威神力,一切刹中如是現。
如来自在神通事,悉遍十方諸國土,
【以此】刹海淨【莊嚴,一切皆於寶中見。
十方所有諸變】化,一切皆如鏡中像,
但由如来昔所行,神通願力而出生。
若有能修普【賢行】,入於菩薩勝智海,
能於一切微塵中,普現其身淨眾刹。
不可思議億大刧〔015-4〕,【親近一切諸如来,
如其一切之所行,一刹那中悉能現。
諸佛國土如虛空,無等無生無有相,
爲利眾生普嚴淨,本願力故住其中。

爾時,普賢菩薩復告大眾言:

諸佛子,此中有何等世界住,我今當說。諸佛子,此不可說佛刹微塵數香水海中,有不可說佛刹微塵數世界種安住;一一世界種,復有不可說佛刹微塵數世界。諸佛子,彼諸世界種,於世界海中,各各依住,各各形狀,各各體性,各各方所,各各趣入,各各莊嚴,各各分齊,各各行列,各各無差別,各各力加持。

諸佛子,此世界種,或有依大蓮華海住,或有依無邊色寶華海住,或有依一切真珠藏寶瓔珞海住,或有依香水海住,或有依一切華海住,或有依摩尼寶網海住,或有依漩流光海住,或有依菩薩寶莊嚴冠海住,或有依種種眾生身海住,或有依一切佛音聲摩尼王海住。如是等,若廣說者,有世界海微塵數。

諸佛子,彼一切世界種,或有作須彌山形,或作江河形,或作迴轉形,或作漩流形,或作輪輞形,或作壇墠形,或作樹林形,或作樓閣形,或作山幢形,或作普方形,或作胎藏形,或作蓮

華形，或作佉勒迦形，或作衆生身形，或作雲形，或作諸佛相好形，或作圓滿光明形，或作種種珠網形，或作一切門闥形，或作諸莊嚴具形】。如是等，若【廣說者，有世界海微塵數】。

諸【佛子，彼一】切世界種，【或有以十方摩尼雲爲體，或有以衆色焰爲體，或有以諸光明爲體，或有以寶香】餤爲體，【或有以一切寶莊嚴多羅華爲體，或有】以菩薩影像爲【體，或有以諸】佛光明爲體，【或】有【以佛色相爲體，或有以一寶光爲體，或有以衆寶光】爲體，或有以【一切衆生福德海音】聲【爲體，或有】以一切衆生諸業海音聲爲體，或【有以一切佛境界清淨音聲爲體，或有以一切菩薩大願海音聲】爲體，或有以一切佛【方便音聲爲體，或有以】一切刹莊嚴具成壞【音聲爲】體，【或有以無邊】佛【音聲爲體，或有以一切佛變化音聲爲體，或有以一切】衆生善音【聲】爲體，或有以一切佛功德海清淨音聲爲體。如是等，若廣說者，有世界海微【塵數】。

【爾時，普賢菩薩欲重宣其義，承佛神力】，觀察十方而說頌言：

剎種堅固妙莊嚴，廣大清淨光明藏，
【依止】蓮花【寶海住，或有】住於香海等。
【須彌城樹壇墠形，一切剎種遍十方，
種種莊嚴】形相別，各各布列而安住。
或有體是淨光明，或是花藏及寶雲，
或有剎種【焰所成】，安住摩尼不壞藏。
【燈雲焰彩光明等，種種無邊清淨色，
或有言音】以爲體，是佛所演不思議。
或是願力所出音，神變音聲爲體性，
一切衆【生大福】業，佛功德音亦如是。
【剎種一一差別門，不可思議無有盡，
如是十方皆遍滿】，廣大莊嚴現神力。
十方所有廣大剎，悉来入此世界種，
雖見【十方普入中，而實】无来無所入。

〔016①-1〕

【以一剎種入一切，一切入一亦無餘，
體相如本無差別，無】等无量悉周遍。
一切國土微塵中，普見如来在其所，
顣海言音若雷震，一切衆生悉調伏。
【佛身周遍一切剎，無數菩薩亦充滿，
如來自在無等】倫，普化一切諸含識。

尒時，普賢菩薩復告大衆言：

諸佛子，此不可說佛刹微塵數【香水海，在華藏莊嚴世界海中，如天帝網分布而住。諸】佛子，此㝡中〔央〕香水海，名无邊妙花光，以現一切〔菩薩形摩尼王幢爲底；出大蓮華，名一切〕香摩尼王莊嚴；有世界種而住其上，名普照【十方熾然寶光明，以一切莊嚴具爲體，有不可說佛刹】微塵數世界於中布列。其㝡下方有世界，名㝡勝光遍照，以一切金剛莊嚴光曜輪爲際，依【衆寶摩尼華而住；其狀猶如摩尼寶形，一切寶】華莊嚴雲弥覆其上，佛刹微塵數世界周帀圍繞，種種安住，種種莊嚴，佛号淨眼離垢燈。【此上過佛刹微塵數世界，有世界，名種種香蓮】花妙莊嚴，以一切莊嚴具爲際，依寶蓮花網而住；其狀猶如師子之座，一切寶色珠帳雲弥覆【其上，二佛刹微塵數世界周匝圍遶，佛號師子光】勝照。此上過佛刹微塵數世界，有世界，名一切寶莊嚴普照光，以香風輪爲際，依種種寶花【瓔珞住；其形八隅，妙光摩尼日輪雲而覆其上】，三佛刹微塵數世界周帀圍繞，佛号淨光智勝幢。此上過佛刹微塵數世界，有世界，名種種【光明華莊嚴，以一切寶王爲際，依衆色金剛尸羅幢海住】；其狀猶如摩尼蓮花，以金剛摩尼寶光雲而覆其上，四佛刹微塵數世界周帀圍繞，純一清淨，【佛號金剛光明無量精進力善出現。此上過佛刹】微塵數世界，有世界，名普放妙花光，以一切寶鈴莊嚴綱爲際，依一切樹林莊嚴寶輪輞〈網〉海【住；其形普方而多有隅角，梵音摩尼王雲以覆其上，五佛】刹微塵數世界[c]〈海〉周帀【圍遶】，佛号香光喜力海。此上過佛刹微塵數世界，有世界，名净〔016①-2〕【妙光明，以寶王莊嚴幢爲際，依金剛宮殿海住；其形】四方，摩尼輪髻帳雲而覆其上，六佛刹微塵數世界周帀圍繞，佛号普光自【在幢。此上過佛刹微塵數世界，有世界，名衆華焰】莊嚴，以種種花莊嚴爲際，依一切寶色㷿海住；其狀猶如樓閣之形，一切寶色衣真珠欄【楯雲而覆其上，七佛刹微塵數世界周匝圍遶，純一】清净，佛号歡喜海功德名稱自在光。此上過佛刹微塵數世界，有世界，名出生威力地，以【出一切聲摩尼王莊嚴爲際，依種種寶色蓮華座】虛空海住；其狀猶如因陀羅網，以無邊色花網雲而覆其上，八佛刹微塵數世界周帀圍【遶，佛號廣大名稱智海幢。此上過佛刹微塵數世】界，有世界，名出妙音聲，以心王摩尼莊嚴輪爲際，依恒出一切妙音聲莊嚴雲摩尼王海住；【其狀猶如梵天身形，無量寶莊嚴師子座雲而】覆其上，九佛刹微塵數世界周帀圍繞，佛号清净月光明相無能摧伏。此上過佛刹微塵數【世界，有世界，名金剛幢，以無邊莊嚴真珠藏寶】纓絡爲際，依一切莊嚴寶師子座摩尼海住；其狀周圓，十湏彌山微塵數一切香摩尼花湏【彌雲彌覆其上，十佛刹微塵數世界周匝圍遶，純一】清净，佛号一切法海寂勝王。此上過佛刹微塵數世界，有世界，名恒出現帝青寶光明，以極【堅牢不可壞金剛莊嚴爲際，依種種殊異華海】住；其狀猶如半月之形，諸天寶帳雲而覆其上，十一佛刹微塵數世界周帀圍繞，佛号无【量功德法。此上過佛刹微塵數世界，有世界，名光明】照曜，以普光莊嚴爲際，依花旋香水海住；狀如花旋，種種衣雲而覆其上，十二佛刹微塵【數世界周匝圍遶，佛號超釋梵。此上過佛刹微塵數】世界，至此世界名娑婆，以金剛莊嚴爲際，依種種色風輪所持蓮花網住；狀如虛空，以普【圓滿天宮殿莊嚴虛空而覆其上，十三佛刹微塵數世】界周帀圍繞，其佛即是毗盧遮那如来世尊。此上過佛刹微塵數世界，有世界，【名寂靜離塵光，以一切寶莊嚴爲際，依

種種寶衣海住；其狀猶如執金】剛形，無邊色金剛【雲】而覆【其上，十】四佛刹微塵數世界周帀圍繞，佛号遍法界勝音。【此上過佛刹微塵數世界，有世界，名衆妙光明燈，以一切莊嚴帳爲】際，依【净華】網【海住；其狀猶如卍】字之形，摩尼樹香水海雲而覆其上，十五佛刹微【塵數世界周匝圍遶，純一清净，佛號不可摧伏力普照幢。此上過】佛刹微塵數世界，【有世界，名】清淨光遍照，以無盡寶雲摩尼王爲際，依種種香㷿【蓮華海住；其狀猶如龜甲之形，圓光摩尼輪栴檀雲而覆其上，十六】佛刹微塵數世界【周匝圍遶，佛號】清淨日功【德】眼。此【上過佛】刹微塵數世界，有世界，名寶〔016①-3〕【莊嚴藏，以一切衆生形摩尼王爲際，依光明藏摩尼王海住；其】形八隅，以一切輪圍山寶【莊嚴】花樹網弥覆其上，十七佛刹微塵數世界周帀圍繞，佛【號無礙智光明遍照十方。此上過佛刹微塵數世界，有世界，名離塵】，以一切殊妙相莊嚴爲際，依衆妙花師子座海住；狀如珠纓，以一切寶香摩尼王圓光雲【而覆其上，十八佛刹微塵數世界周匝圍遶，純一清净，佛號無量方便】寂勝幢。此上過佛刹微塵數世界，有世界，名清淨光普照，以出无盡寶雲摩尼王爲【際，依無量色香焰須彌山海住；其狀猶如寶華旋布，以無邊色光明】摩尼王帝青雲而覆其上，十九佛刹微塵數世界周帀圍繞，佛号普照法界虛空光。【此上過佛刹微塵數世界，有世界，名妙寶焰，以普光明日月寶爲】際，依一切諸天形摩尼王海住；其狀猶如寶莊嚴具，以一切寶衣幢雲及摩尼燈藏網【而覆其上，二十佛刹微塵數世界周匝圍遶，純一清淨，佛號福】德相光明。

諸佛子，此遍照十方熾然寶光明世界種，有如是荨不可說佛刹微【塵數廣大世界，各各所依住，各各形狀，各各體性，各各方面】，各各趣入，【各各】莊嚴，各各分齊，各各行列，各各無差別，各各力加持，周帀圍繞。所【謂十佛刹

微塵數迴轉形世界，十佛刹微塵數江河形】世界，十佛【刹】微塵數旋〈漩〉﹡流形世界，十佛刹微塵數輪輞形世界，十佛刹微塵數壇墠形世界，【十佛刹微塵數樹林形世界，十佛刹微塵數樓觀形世界，十】佛刹微塵【數】尸羅幢形世界，十佛刹微塵數普方形世界，十佛刹微塵數胎藏形世界，【十佛刹微塵數蓮華形世界，十佛刹微塵數佉勒迦形世界】，十佛刹微塵數種種衆生形世界，十佛刹微塵數佛相形世界，十佛刹微塵數圓光【形世界，十佛刹微塵數雲形世界，十佛刹微塵數網形世界，十佛刹微】塵數門【闥】形世界。如是等，有不可說佛刹微塵數。此一一世界，各有十佛刹微塵數廣大世界【周匝圍遶。此諸世界，一一復有如上所說微塵數世界而爲眷屬。如是所】說一切世界，皆在此無邊妙華光香水海及圍遶此香水海〈海香水〉【河中】。

大方廣佛花嚴經〔卷第八・八之下〕

〔016①-4〕

大方廣佛花嚴經

花藏世界品第五之二

卷第九・九之上

【爾時，普賢菩薩復告】大衆言：

諸佛子，此無邊妙花光香水海【東，次有香水海，名】離垢【焰藏；出大蓮】花，名一切【香摩尼】王【妙莊嚴；有世界，種而住其】上，【名遍照刹】旋，以菩薩行吼音爲體。此中㝡下方，有世界，名宫敞莊嚴幢；其【形四方，依】一切寶莊嚴【海住】，蓮花光網雲弥覆【其上】，佛刹微塵數世界圍繞，【純一】清淨，佛号眉閒光遍照。此上過佛刹微塵數世界，有世界，名德花藏；其【形】周圓，依一切寶花【蘂海】住，真珠幢師子座雲弥覆其上，二佛刹微塵數世界圍繞，佛号一切無邊法海慧。此上過佛刹微塵數世界，有世界，名善變化妙香輪；形如金剛，依一切【寶】莊嚴鈴網海住，種種莊嚴圓光雲弥覆其上，三佛刹微塵數世界圍繞，佛号功德相光明普照。此上【過】佛刹微塵【數】世界，有世界，名妙色光明；其状猶如摩尼寶輪，依無邊【色】寶香水海住，普光明真珠樓閣雲弥覆其上，四佛刹微塵數世界圍繞，純一清浄，佛号善【眷】屬出興遍照。此上過佛刹微塵數世界，有世界，名善盖覆；狀如蓮花，依金剛香水海住，離塵光明香水雲弥覆其上，五佛刹微塵數世界圍繞，佛号法喜無盡慧。此上過佛刹微塵數世界，有世界，名尸利【華光輪】；其形三角，依一切堅固寶莊嚴海住，菩薩摩尼冠光明弥覆其上，六佛刹微塵數世界圍繞，佛号清淨普光明〔雲〕①。此上過佛刹微塵數世界，有【世界，名】寶蓮花莊嚴；形如半月，依一切蓮花莊嚴海住，一切寶花雲弥覆其上，七佛刹微塵數世界圍繞，純一清淨，佛号功德花清淨眼。此上過佛刹微塵數世界，有世界，名無垢餤莊嚴；其狀猶如寶燈行列，依寶餤藏海住，常雨香水種種身雲弥覆其上，八佛刹微塵數世界圍繞，佛号慧力無能勝。此上過佛刹微塵數世界，有世界，名妙【梵】音；形如万〈卐〉② 字，依寶衣幢海住，一切花莊嚴帳雲弥覆其上，九佛刹【微】塵數世界圍繞，佛号廣大目如空中淨月。此上過佛刹微塵數世界，有世界，名微塵【數音】聲；其狀猶如因陁羅網，依一切寶水海住，一切樂音寶盖雲弥覆其上，十佛刹微塵數世界圍〔遶〕，純一清浄，佛号金色須弥燈。此上過佛刹微塵數世界，有世界，名寶色莊嚴；形如万〈卐〉* 字，依帝釋【形寶王】海住，日光明花雲弥覆其上，十一佛刹微塵數世界圍繞，佛号迴照法界光明智。此上過佛刹微塵數世界，有世界，名金色妙光；其狀猶如廣大城郭〈廓〉，依一切寶莊嚴海住，道場寶花雲弥覆其上，十二佛刹微塵數世界圍繞，佛号寶燈普照憧〈幢〉。此上過佛刹微塵數世界，有世界，名遍照光明【輪】；狀如花旋，依寶衣旋海住，佛

---

① 雲，[大正]四四頁註③：〔雲〕－[三][宮]。

② 卐，[大正]四四頁註④：卐＝卍[三][宮]，下同。

音聲寶王樓閣雲弥覆其上，十三佛刹微塵數世界圍繞，純一清淨，佛号蓮花燄遍照。此上過佛刹微塵數世界，有世界，名寶【藏莊】嚴；狀如【四洲】，依寶纓絡〈瓔珞〉湏弥住，寶燄摩尼雲弥覆其上，十四佛刹微塵數世界圍繞，佛号無盡福開敷花。此上過佛刹微塵數世界，有世界，名如鏡像普現；其狀猶如阿脩羅身，依金剛蓮花海住，寶【冠光】影雲弥覆其上，十五佛刹微塵數世界圍繞，佛号甘露音。此上過佛刹微塵數世界，有世界，名旃檀月；其形八隅，依金剛旃檀寶海住，【真珠華摩尼】雲弥覆其上，十六佛刹微塵數世界圍繞，純一清〔017-1〕【淨】，佛【號】冣勝法無等智。此上過佛刹微塵數世界，有世界，名離垢光明；其【狀猶】如香水旋〈漩〉①流，依【無邊色】寶光海住，妙香【光明】雲弥覆其上，十七佛刹刹微塵數世界圍繞，佛号遍照虛空光明音。此上過佛〔刹〕微塵數世界，有世界，名妙花莊嚴；其狀猶如【旋遶之形，依】一切花海住，一切【樂音】摩尼雲而〈彌〉②覆其上，十八佛刹微塵數世界圍繞，佛号普現勝光明。此上過佛刹微塵數世界，有世界，名勝音莊嚴；其狀猶如師子之座，依金師子座【海住，眾色】蓮花【藏師子】座【雲彌覆其上，十九】佛刹【微塵】數世界圍繞，佛号無邊【功】德稱普光明。此上過佛刹【微塵】數世界，有世界，名高勝燈；狀如佛掌，依【寶衣服香幢海住，日輪普照】寶王樓【閣雲彌覆其】上，【二十】佛刹微塵數世界圍繞，純一清淨，佛号普照虛空燈。

諸佛子，此離垢【焰】藏香水海南，次有香水海，名【無】盡光明輪；世界【種，名】佛幢莊嚴；【以一切】佛功德【海】音聲爲體。此中【最下】方，有世界，名愛見花；狀如寶輪，依摩尼樹藏寶王海【住】，化現菩薩形寶藏【雲】而〈彌〉＊覆其上，佛刹【微塵數世界】圍繞，純一【清淨，佛號】蓮花光歡喜【面】。此上過佛刹【微塵數】世界，【有世界，名妙音；佛】号湏弥寶燈。此上過佛刹微塵數世界，【名眾】寶莊嚴光；佛号法界音聲幢。此上【過佛】刹微塵【數】世界，有世界，名【香藏金剛；佛號】光明【音。此上過佛刹微塵數】世界，有世界，【名】淨妙音；佛号冣勝精進力。此上過佛刹【微塵數世界，有】世界，名寶蓮花莊嚴；佛【號】法城雲雷音。此【上過】佛【刹微塵數世界，有世界，名與安】樂；佛号大名【稱】智慧燈。此上過佛刹微塵數世界，有世界，名無【垢網】；佛号師子光功德海。此上過佛【刹微塵數】世界，有世界，名花林幢遍【照】；佛【號大智蓮華光。此上過佛刹微】塵數世界，有世界，名無量莊嚴；佛号普眼法界憧〈幢〉。此上過佛刹微塵數【世】界，有世界，名普光寶莊嚴；佛号勝【智大商主。此上過佛刹微塵數世界，有世界，名華王；佛號月光幢。此上過佛刹微塵數世界，有】世界，名離垢藏；佛号清淨覺。此上過佛刹微塵數世〔界〕，有世界，名寶光明；佛号一切智虛空燈。此上過佛刹微塵數世界，有世界，名出生寶纓絡〈瓔珞〉；佛号諸度福海相光明。此上過佛刹【微】塵數世【界，有世界，名妙輪遍覆；佛號調伏一切染著心令歡喜。此】上過佛刹微塵數世界，有世界，名寶花幢；佛号廣博〈博〉功德音大名稱。此上過佛刹微塵數世界，有世界，名无量【莊嚴；佛】号平等智光明功德【海】。此上過佛刹微【塵數世界，有世界，名無盡光】莊嚴幢；狀如蓮花，依一切寶網海住，蓮花光摩尼網而〈彌〉＊覆其上，二十佛刹微塵【數】世界圍繞，純一清净，佛号法【界淨光明】。

【諸佛子，此無】盡光明輪香水海右旋，次

---

① 漩，㊁四四頁註⑤：漩＝旋㊂㊀㊁，下同。
② 彌，㊁四四頁註⑥：彌＝而㊂㊀㊁，下同。

有香水海,【名金剛寶】䤹【光;世界種】名佛光莊嚴【藏,以稱】說一切如来名音聲爲體。此中冣下方,有世界,名寶䤹蓮花;其状猶如摩尼色眉閒【毫相,依一切寶色水】旋〈漩〉*海住,一切莊嚴樓閣【雲】弥覆其上,佛刹微塵數世界圍繞,〔純〕一清净,佛号【無垢寶】光明。此上過佛刹微塵數世界,有世界,名光䤹蔵〔017-2〕;佛号无礙自在智慧光。此上過佛刹微塵數世界,有世界,名寶輪【妙莊嚴】;佛号一切寶光明。此上過佛刹微塵數世界,有世界,名旃檀樹花幢;佛号清净智【光明】。此上過佛刹微塵數世界,有世界,名佛刹妙莊嚴;佛号廣大歡喜音。此上過佛刹微塵數世界,有世界,名妙光莊嚴;佛号法界自在智。此上過佛刹微塵數世界,有世界,名无邊相;佛号无礙智。此上過佛刹微塵數世界,有世界,名䤹雲憧〈幢〉;佛号演說不退輪。此上過佛刹微塵數世界,有世界,名衆寶莊嚴清净輪;佛号離垢花光明。此上過佛刹微塵數世界,名廣〔大〕出離;佛号无礙智日眼。此上過佛刹微塵數世界,有世界,名妙莊嚴金剛座;佛号法界智大光明。此上過佛刹微塵數世界,有世界,名智慧普莊嚴;佛号智炬光明人〈王〉①。此上過佛刹微塵數世界,有世界,名蓮花池深妙音;佛号一切智普照。此上過佛刹微塵數世界,有世界,名種種〔色〕光明;佛号普光花王雲。此上過佛刹微塵數世界,有世界,名妙寶幢;佛号㓛德光。此上過佛刹微塵數世界,有世界,名摩尼【華】毫相光;佛号普音雲。此上過佛刹微塵數世界,有世界,名甚深海;佛号十方衆生主。此上過佛刹微塵數世界,有世界,名須弥光;佛号法界普智音。此上過佛刹微塵數世界,有世界,名金蓮花;佛号福德藏普光明。此上過佛刹微塵數世界,有世界,名寶莊嚴蔵;形如卍字,依一切香摩尼莊嚴樹海住,清净光明雲弥覆其上,二十佛刹微塵數世界圍繞,純一清净,佛号大變化光明網。

諸佛子,此金剛寶䤹香水海右旋,次有香水海,名帝青寶莊嚴;世界種名光照十方,依一切妙莊嚴蓮花香雲住,无邊佛音聲爲體。扵此冣下方,有世界,名十方无盡色蔵輪;其状周迴,有无量角,依无邊色一切寶蔵海住,因陁羅綱而覆其上,佛刹微塵數世界圍繞,純一清净,佛号蓮花眼光明遍照。此上過佛刹微塵數世界,有世界,名净妙莊嚴蔵;佛号无上慧大師子。此上過佛刹微塵數世界,有世界,名出現蓮花座;佛号遍照法界光明王。此上過佛刹微塵數世界,有世界,名寶憧〈幢〉音;佛号大㓛德普名稱。此上過佛刹微塵數世界,有世界,名金剛寶莊嚴蔵;佛号蓮花日光明。此上過佛刹微塵數世界,有世界,名曰陁羅花月;佛号法自在智慧憧〈幢〉。此上過佛刹微塵數世界,有世界,名妙輪蔵;佛号大喜清净音。此上過佛刹微塵數世界,有世界,名妙音蔵;佛号大力善商主。此上過佛刹微塵數世界,有世界,名清净月;佛号湏弥光智慧力。此上過佛刹微塵數世界,有世界,名無邊莊嚴相;佛号方便頠净月光。此上過佛刹微塵數世界,有世界,名妙花音;佛号法海大頠音。此上過佛〔刹〕微塵數世界,有世界,名一切寶莊嚴;佛号㓛德寶光明相。此上過佛刹微塵數世界,有世界,名堅固地;佛号美音冣勝天。此上過佛刹微塵數世界,有世界,名普光善化;佛号大精進宋静慧。此上過佛刹微塵數世界,有世界,名善守護莊嚴行;佛号見者生歡喜。此上過佛刹微塵數世界,有世界,名旃檀寶花蔵;佛号ᶜ〈號佛〉甚深不〔可〕動智慧光遍照。此上過佛刹微塵數世界,有世界,名現種種色相海;佛号ᶜ〈號佛〉普放不思議勝義王光明。此上過佛刹微塵數世界,有世界,名化現十方大光明;佛号勝

---

① 王,㊙四五頁註②:王=人㊅。

功德威光无與等。此上過佛刹微塵數世界，有世界，名湏弥雲幢；佛号極净光明眼。此上過佛刹微塵數世界，有世界，名蓮花遍照；其狀周圓，依无邊色衆妙香摩尼海住，一切乘莊嚴雲而〈彌〉①覆其上，二十佛刹微塵數世界圍繞，純一（切）清净，佛号解脫精進日。

諸佛子，此帝青寶莊嚴香水海右旋，次有香水海，名金剛輪莊嚴底；世界種名妙〔寶〕②開錯曰陁羅網，普賢智所生音聲爲體。此中冣下方，有世界，名蓮花網；其狀猶如湏弥山形，依衆妙花山幢海住，佛境界摩尼王帝綱雲而覆其上，佛刹微塵數世界圍繞，純一清净，佛号法身普【覺】慧。此上過佛刹微塵數世界，有世界，名无盡日光明；佛号冣勝大覺慧。此上過佛刹微塵數世界，有世界，名普放妙光〔017-3〕【明；佛號大福】雲【無盡力。此上】過佛刹微塵數世界，有世界，名樹花幢；佛号无邊智法界音。此上過佛刹微塵數世界，有世界【名真珠蓋；佛號波羅】蜜師子頻申。此上過佛刹微塵數【世界，有世界】，名无邊音；佛号一切智妙覺慧。此上過佛刹微塵數世界，有世界，名普見樹峯；佛号普現衆生前。此上過佛刹微【塵數世界，有】世界，名師子帝綱光；佛号無垢日金【色光焰】雲。此上過佛刹微塵數世界，有世界，名衆寶閒錯；佛号帝幢冣勝慧。此上過佛刹微塵數世界，有世界，名无垢光明地；佛号一切力清淨月。此上過佛刹微塵數世界，有世界【名恆出歎佛功德音】；佛号【如虛空普】覺慧。此上過佛刹微塵數世界，有世界，名【高】鋠藏；佛号化現十方大雲幢。此上過佛刹微塵數世界，有世界，名光嚴道場；佛号无等智遍照。此上過佛【刹微塵數】世界，有【世界，名出】生一切寶莊嚴；佛号廣度衆生神通王。此上過【佛刹微】塵數世界，有世界，名光嚴妙宮殿；佛号一切義成廣大慧。此上過佛刹微塵數世界，有世界，名離塵【寂靜】；佛号不唐現。此上過【佛刹微塵數世界】，有世界，名摩尼花幢；【佛號悅】意吉祥音。此上過佛刹微塵數世界，有世界，名普雲藏；其狀猶如樓閣之形，依種種宮殿香水海住，一【切寶燈雲彌】覆其上，二十佛刹微塵數【世界圍遶，純一】清净，佛号【最勝覺】神通王。

諸佛子，此金剛輪莊嚴底香水海右旋，次有香水海，名蓮花曰陁羅網；世界種名普現十方影，依一切香摩【尼莊】嚴蓮花住，一切佛智光音聲爲體。此中冣下方，有世界，名衆生海寶光明；其【狀猶】如真珠之藏，依一切摩尼纓絡海旋〈漩〉＊住，水光明摩尼雲而覆其上，佛刹微塵數世界圍繞，純一清净，佛号【不】思議【功德】遍照月。此上過佛刹微塵數世界，有世界，名妙香輪；佛号無【量力幢】。此上過佛刹微塵數世界，有世界，名妙光輪；佛号法界光音覺悟慧。此上過佛刹微塵數世界，有世界，名吼聲【摩尼幢】；佛号蓮花光【恒垂】妙臂。此上過佛刹微塵數世界，有世界，名極【堅】固輪；佛号不退轉功德海光明。此上過佛刹微塵【數世】界，有世界，名衆行光莊嚴；佛号一切智普勝尊。此上過佛刹微塵數【世界，有世界，名】師子座遍照；佛号師子光无量力覺慧。此上過佛刹微塵數世界，有世界，名寶鋠莊嚴；佛号一切法清淨智。此上過佛刹微【塵】數世界，有世界，名无量燈；佛号无憂相。此上過佛刹微塵數【世界，有世界，名常聞】佛音；佛号自然勝威光。此上過佛刹微塵數世界，有【世界，名】清淨【變化；佛】号金蓮花光明。此上過佛刹微塵數世界，有世界，名普入十方；佛号觀法界頻申慧。此上過佛刹微【塵數世界，有世界，名】熾然鋠；佛号光鋠樹緊那羅王。此上過佛刹微塵數世界，有世界，名香光遍照；佛号香燈善化王。

---

① 彌，䃅四六頁註①：彌＝而㊂宮，下同。
② 寶，䃅四六頁註②：〔寶〕－㊂宮。

此上過佛剎微塵數世界，有世界，名无量花聚輪；佛号普現佛功德。此上【過佛剎微塵數世界，有世界】，名衆妙普清淨；佛号一切【法】平等神通王。此上過佛剎微塵數世界，有世界，名金光海；佛号十方自在大變化。此上過佛剎微塵數世界，有世界，名真珠〔華〕藏；佛号法界寶〔017-4〕光明不可思議慧。此上過佛剎【微塵數】世界，有世界，名帝釋須弥師子【座；佛號勝力光。此上過佛剎微塵數世界，有世界，名無邊】寶普照；其形四方，依花林海【住，普雨無】邊色摩尼王帝綱而〈彌〉覆其上，二十佛【剎微塵數世界圍遶，純一清淨，佛號遍照世間最勝音】。

【諸佛子，此】蓮花因陁羅綱香水海右旋，次有香【水】海，名積集寶香藏；世界種名一切【威德莊嚴，以一切佛法輪音聲爲體。此中最下方，有世界，名種種出】生；形如金剛，依種種金剛山幢住，金剛寶光雲而覆其上，佛剎微塵數世界【圍遶，純一清淨，佛號蓮華眼。此上過佛剎微塵數世界，有世界，名喜】見音；佛号生喜樂。此上過佛剎微塵數世界，有世界，名寶莊嚴幢；佛号【一切智。此上過佛剎微塵數世界，有世界，名多羅華普照；佛號無】垢寂妙音。此上過佛剎微塵數世界，有世界，名變化光；佛号清淨【空智慧月。此上過佛剎微塵數世界，有世界，名衆妙間錯；佛號開】示福德海窓雲相。此上過佛剎微塵數世界，有世界，名一切莊嚴具【妙音聲；佛號歡喜雲。此上過佛剎微塵數世界，有世界，名蓮】花池；佛号名稱幢。此上過佛剎微塵數世界，有世界，名一切寶【莊嚴；佛號頻申觀察眼。此上過佛剎微塵數世界，有世界，名淨】妙花；佛号无盡金剛智。此上過佛剎微塵數世界，有世界，名蓮花莊【嚴城；佛號日藏眼普光明。此上過佛剎微塵數世界，有世界，名無量】樹峯；佛号一切法雷音。此上過佛剎微塵數世界，有世【界】，名日光明；佛号開示【無量智。

此上過佛剎微塵數世界，有世界，名依止蓮華葉；佛】号一切福德山。此上過佛剎微塵數世界，有世界，名風普【持；佛号日曜根。此上過【佛剎微塵數世界，有世界，名光明顯現；佛號身光普照。此上過佛】剎微塵數世界，有世界，名香雷音金剛寶普照；佛号㝡勝花開敷相。此上過【佛剎微塵數世界，有世界，名帝網莊嚴；形如欄楯，依一切莊嚴海住】，光燄樓閣雲弥覆其上，二十佛剎微塵數世界圍遶，純一清淨，佛号示現無畏【雲】。

【諸佛子，此積集寶香藏香水海右旋，次有香水海，名寶莊嚴；世界】種名普無垢，以一切微塵中佛剎神變聲爲體。此中㝡下方，有世界，名淨妙〔018①-1〕【平坦；形如寶身，依一切寶光輪海住，種種栴檀摩尼真珠雲而覆其上，佛剎】微塵數世界圍遶，純一清淨，佛号難摧伏無等幢。此上過【佛剎微塵數世界，有世界，名熾然妙莊嚴；佛號蓮華慧神通王】。此上過佛剎微塵數世界，有世界，名微妙相輪幢；佛号十方大名稱【無盡光。此上過佛剎微塵數世界，有世界，名焰藏摩尼妙莊】嚴；佛号大智慧見聞皆歡喜。此上過佛剎微塵數世界，有世界，名妙【華莊嚴；佛號無量力最勝智。此上過佛剎微塵數世界，有世】界，名出生淨微塵；佛号超勝梵。此上過佛剎微塵數世界，【名普光明變化香；佛號香象金剛大力勢。此上過佛剎】微塵數世界，有世界，名光明旋；佛号義成善名稱。此上過佛剎微塵【數世界，有世界，名寶瓔珞海；佛號無比光遍照。此上過】佛剎微塵數世界，有世界，名妙花燈幢；佛号究竟功德無礙慧燈。此【上過佛剎微塵數世界，有世界，名善巧莊嚴；佛號慧日波】羅蜜。此上過佛剎微塵數世界，有世界，名旃檀花普光明；佛号無【邊慧法界音。此上過佛剎微塵數世界，有世界，名帝】綱幢；佛号燈光逈照。此上過佛剎微塵數世界，有世界，名淨花輪；佛号法【界日光明。此上過佛剎微塵數世界，有世界，名大咸耀】；佛号無邊功德海法輪音。此上過佛刹微塵數世界，有世界，名同安住寶蓮花池；【佛號開示入不可思議智。此上過佛刹微塵數世界，有世界，名】平坦地；佛号功德寶光明王。此上過佛刹微塵數世界，有世界，名香摩尼聚；佛【號無盡福德海妙莊嚴。此上過佛刹微塵數世界，有世】界，名微妙光明；佛号無等力普遍音。此上過佛刹微塵數世界，有世界，名【十方】普〔018①-2〕【堅固莊嚴照耀；其形八隅，依心王摩尼輪海住，一切寶莊嚴帳雲】弥覆其上，二十佛刹微塵數世界圍繞，純一清净，佛号普眼大明燈。

諸佛子，【此寶莊嚴香水海右旋，次有香水海，名金剛寶聚；世界】種名法界行，〔以〕一切菩薩地方便法音聲爲體。此中宑下方，有世界，名净光照曜；【形如珠貫，依一切寶色珠瓔海住，菩薩珠髻光明摩尼雲而覆】其上，佛刹微塵數世界圍繞，純一清净，佛号宑勝功德光。此上過佛刹微〔塵〕數世界，有【世界，名妙蓋；佛號法自在慧。此上過佛刹微塵數世界】，有世界，名寶莊嚴師子座；佛号大龍淵。此上過佛刹微塵數世界，有世界，名出現金【剛座；佛號昇師子座蓮華臺。此上過佛刹微】塵數世界，名蓮花勝音；佛号智光普開悟。此上過佛刹微塵數世界，有世界，【名善慣習；佛号持地妙光王。此上過佛刹微塵數】世界，有世界，名喜樂音；佛号法燈王。此上過佛刹微塵數世界，有世界，名摩尼藏日【陀羅網；佛號不空見。此上過佛刹微塵數世界，有世界，名衆】妙地藏；佛号燄身幢。此上過佛刹微塵數世界，有世界，名金光輪；佛号净治衆【生行。此上過佛刹微塵數世界，有世界，名須彌山莊嚴；佛號一切】功德雲普照。此上過佛刹微塵數世界，有世界，名衆樹形；佛号寶花相净月【覺。此上過佛刹微塵數世界，有世界，名無怖畏；佛號最勝金】光炬。此上過佛

刹微塵數世界，有世界，名大名稱龍王幢；佛号觀等一切法。此上過【佛刹微塵數世界，有世界，名示現摩尼色；佛號變化日。此上過】佛刹微塵數世界，有世界，名光燄燈莊嚴；佛号寶盖光遍照。此上過佛刹微【塵數世界，有世界，名香光雲；佛號思惟慧。此上過佛刹微】塵數世界，有世界，名無怨讎；佛号精進勝慧海。此上過佛刹微塵數世界，【有世界，名一切莊嚴具光明幢；佛號普現悦意蓮華自】在王。此上過佛刹微塵數世界，有世界，名豪〈毫〉相莊嚴；形如半月，依須【彌山摩尼華海住，一切莊嚴熾盛光摩尼王雲彌覆其上】，二十佛刹微塵數世界圍繞，純一清净，佛号清净眼。

諸佛子，此金剛【寶聚香水海右旋，次有香水海，名天城寶蝶；世界種名】燈燄光明，以普示一切平等法輪音爲體。此中宑下方，有世界，名寶月光【焰輪；形如一切莊嚴具，依一切寶莊嚴華海住，瑠璃色師子】座雲而覆其上。佛【刹】微塵數世界圍繞，純一清净，佛号日月自〔018①-3〕【在光。此上過佛刹微塵數世界，有世界，名須彌寶光；佛號】無盡法寶幢。此上過【佛】刹微塵數世界，有世界，名衆妙【光明】幢；佛号大【華聚。此上過佛刹微塵數世界，有世界，名摩尼光明華；佛號】人中宑自在。此上過佛刹微塵數世界，有世界，名普音；佛号一切智遍【照。此上過佛刹微塵數世界，有世界，名大樹緊那羅音；佛號】無量福德自在龍。此上過佛刹微塵數世界，有世界，名無邊净光明；【佛號功德寶華光。此上過佛刹微塵數世界，有世界，名最勝音】；佛号一切智莊嚴。此上過佛刹微塵數世界，有世界，名衆寶閒飾；佛号【寶焰須彌山。此上過佛刹微塵數世界，有世界，名清净須彌音】；佛号出現一切行光明。此上過佛刹微塵數世界，有世界，名香水盖；佛号【一切波羅蜜無礙海。此上過佛刹微塵數世界，有世界，名師子】花網，佛号寶燄幢。此上過佛刹微塵數世

65

界，有世界，名金剛妙花【燈；佛號一切大願光。此上過佛刹微塵數世界，有世界，名一切法】光明地；佛号一切法廣大真實義。此上過佛刹微塵數世界，有世界，【名真珠末平坦莊嚴；佛號勝慧光明網。此上過佛刹微塵數世】界，有世界，名瑠璃花；佛号寶積幢。此上過佛刹微塵數世界，有世界，名無【量妙光輪；佛號大威力智海藏。此上過佛刹微塵數世界，有】世界，名明見十方；佛号净修一切功德【幢。此】上過佛刹微塵數世界，有世界【名可愛樂梵音；形如佛手，依寶光網海住，菩薩身一切莊嚴雲彌】覆其上，二十佛刹微塵數世界圍【遶，純一清淨，佛】号普照法界無礙〔018①-4〕【光】。

【大方廣佛華嚴經卷第九】

〔大方廣佛〕花嚴經
〔花藏〕世界品第五之三

卷第十·十之上

尒時,普賢菩薩復告大衆言:

諸【佛子,彼】離垢燄藏香水海東,次有香水海,名變【化微妙身】;此海中,有世界種,名善布差別方。次有香水海,名金剛眼幢;世界種,名莊嚴法界橋。次有【香水海,名】種種蓮花妙莊嚴;世界種,名恒出十方變化。次【有香水】海,名無間寶王輪;世界種,名寶蓮花莖密雲。次有香水海,名妙香燄普莊嚴;【世】界種,名毗盧【遮那】變化行。次有香水海,名寶末閻浮幢;世界種,名【諸佛】護念境界。次有香水海,名一切色熾然光;世界種,名宓勝光遍照。次有香水海,名一切莊嚴具境【界;世界】種,名寶燄燈。如是苐不可說〔佛刹〕微塵數香水海,其【最】近輪圍山香水海,名頗梨〈玻瓈〉地;世界種,名常放光明,以世界海清净刼音聲爲體。此中宓下方,有【世界,名可愛】樂净光幢,佛刹微塵數世界圍繞,純一清净,佛号宓勝三昧精進慧。此上過十佛刹微塵數世界,與金剛幢世界齊苐,有世界,名香莊嚴幢,十【佛刹微塵】數世界圍繞,純一清净,佛号無邨礙法界燈。此上過三佛刹微塵數世界,與娑婆世界齊苐,有世界,名放光〔明①〕藏;佛号遍法界無邨礙慧明。此上【過七佛刹微】塵數世界,至此世界種宓上方,有世界,名宓勝身香,二十佛刹微塵數世界圍繞,純一清净,佛号覺分花。

諸佛子,彼無盡光明輪香水海外,【次有香水海】,名具足妙光;世界種,名遍無垢。次有香水海,名光曜盖;世界種,名無邊普莊嚴。次有香水海,名妙寶莊嚴;世界種,名香摩尼軌〈軌〉度形。次有香水【海,名出佛】音聲;世界種,名善建立莊嚴。次有香水海,名香幢湏弥藏;世界種,名光明遍滿。次有香水海,名旃檀妙光明;世界種,名花燄輪。次有香水海,名風力持;【世界種,名】寶燄雲幢。次有香水海,名帝釋身莊嚴;世界種,名真珠藏。次有香水海,名平坦嚴净;世界種,名毗瑠璃末種種莊嚴。如是苐不可說佛刹微塵數【香水海,其】宓近輪圍山香水海,名妙樹花;世界種,名出生諸方廣大刹,以一切佛摧伏魔音爲體。此中宓下方,有世界,名燄炬幢;佛号世間功德海。此上過十佛刹微【塵數世界】,有〈與〉金剛幢世界齊苐,有世界,名出生寶;佛号師子力寶雲。此上與娑婆世界齊【等】,有世界,名衣服幢;佛号一切智海王。於此世界種宓上【方】,有世界,名【寶瓔珞師子】光明;佛号善變化蓮花幢。

諸佛子,彼金剛燄光明〔019-1〕香水海〔外〕,次有香水海,名一切莊嚴具瑩飾幢;世界種,名清净行莊嚴。次有香水海,名一切寶花光曜海;世【界種,名】功德相莊嚴。次有香水

---

① 明,㊁四九頁註①:〔明〕-㊁富。

海,名蓮花開敷;世界種,名菩薩摩尼冠莊嚴。次有香水海,名妙寶衣服;世界種,名净珠輪。次有香水海,名可愛花遍照;世界【種】,名百光雲照曜。次有香水海,名遍虛空大光明;世界種,名寶光普照。次有香水海,名妙花莊嚴幢;世界種,名金月眼纓絡。次有香水海,名真珠香海藏;【世】界種,名佛光明。次有香水海,名寶輪光明;世界種,名善化現佛境界光明。如是等不可說佛刹微塵數香水海,其宬近輪圍山香水海,名無邊輪莊嚴底;【世】界種,名無量方差別,以一切國土種種言說音爲體。此中宬下方,有世界,名金剛花蓋;佛号無盡相光明普門音。此上過十佛刹微塵數世界,有世界與金【剛幢】世界齊等,名出生寶衣幢,佛号福德雲大威勢。此上與娑婆世界齊等,有世界,名衆寶具妙莊嚴;佛号勝慧海。於此世界種宬上方,有世界,名日【光明】衣服幢;佛号智日蓮花雲。

諸佛子,彼帝青寶莊嚴香水海外,次有香水海,名阿脩羅宮殿;世界種,名香水光所持。次有香水海,名寶師子莊嚴;世界【種,名】遍示十方一切寶;次有香水海,名宮殿色光明雲;世界種,名寶輪妙莊嚴。次有香水海,名出大蓮花;世界種,名妙莊嚴遍照法界。次有香水海,名燈餤妙【眼;世】界種,名遍觀察十方變化。次有香水海,名不思議莊嚴輪;世界【種,名十】方光明普名稱。次有香水海,名寶積莊嚴;世界種,名燈光照曜。次有香水海,名【清净】寶光明;世界種,名須弥無能爲礙風。次有香水海,名寶衣【欄楯;世界】種,名如来身光明。如是等不可說佛刹微塵數【香水】海,其宬近輪圍山香水海,【名樹】莊嚴幢;世界種,名安住帝網,以一切菩薩智地音〔019-2〕【聲】爲體。此中宬下方,有世界,名妙金色;佛号香餤勝威光。【此】上過十佛刹微塵【數】世界,與金剛【幢世界齊等,有世界,名摩尼樹華;佛號無礙】普現。此上與娑婆世界齊等,有世界,名毗瑠璃妙莊嚴;佛号法自在堅固慧。於此世界種宬上方,有世界,名梵音妙【莊嚴;佛】号蓮花開敷【光明王】。

【諸佛子,彼】金剛輪莊嚴底香水海外,次有香水海,名化現蓮花處;世界種,名國土平正。次有香水海,名摩尼光;世界種,名遍法界無迷【惑。次有】香水海,名衆妙香日摩【尼;世界】種,名普現十方。次有香水海,名恒納寶流;世界種,名普行佛言音。次有香水海,名無邊深妙音;世界種,名無邊方差別。次有【香】水海,名堅實積聚;世界種,【名無】量處差別。次有香水海,名清净梵音;世界種,名普清净莊嚴。次有香水海,名旃檀欄楯音聲藏;世界種,名逈出幢。次有【香水】海,名妙香寶王光莊嚴;世界種,名普現光明力。

諸佛【子】,彼蓮花曰阤羅網香水海外,次有香水海,名銀蓮花妙莊嚴;世界種,名普遍行。次有香水海,名毗瑠璃竹【密】餤雲;世界種,名普出十方音。次有香水海,名十方光餤【聚;世界種】,名恒出變化分布十方。次有香水海,名出現真金摩尼幢;世界種,名金剛幢相。次有香水海,名平等大【莊】嚴;世界種,名法界勇猛旋。次有香水海,名寶花藂無【盡光;世界】種,名無邊净光明。次有香水海,名妙金幢;世界種,名演說微宻處。次有香水海,名光影遍照;世界種,名普莊嚴。次有香水海,名寂音;世界種,名現前垂布。如【是等不可說佛】刹微塵數香水海,其宬近輪圍山香水海,名密餤雲幢;世界種,名一切光莊嚴,以一切如来道塲【衆】會音爲體。於此宬下方,有世界,名净眼莊嚴;佛号金【剛月遍照十方。此上過】十佛刹微塵數世界,與金剛幢世界齊等,有世界,名蓮花德;佛号大精進善覺慧。【此上】與娑婆世界齊等,有世界,名金剛宻莊嚴;佛号娑【羅王幢。此上過七佛刹微】塵數世界,有世界,名净海莊嚴；佛号威德絕倫無能制伏。

諸佛子，彼積集寶【香】藏香水海外，次有香水海，名一切寶光明遍照；世界種，【名無垢稱莊嚴。次有香水海】，名衆寶花開敷；世界種，名虛空相。次有香水海，名吉祥幄〈幄〉遍照；世界種，名無礙【光普莊】嚴。次有香水海，名栴檀樹花；世界種，名普現十方【旋。次有香水海，名出生妙色寶】；世界種，名勝幢周遍行。次有香水海，名普山〈生〉金剛花；世界種，名現不思議【莊嚴】。次有香水海，名心王摩尼輪嚴飾；世界種，名示現无【礙佛光明。次有香水海，名積集寶】瓔絡〈瓔珞〉；世界種，【名】淨除疑。【次有香】水海，名真珠輪【普莊嚴；世】界種，名諸佛願所流。如是等不可說〔019-3〕【佛刹微塵數香水海，其最近輪圍】山香水海，名閻浮檀寶藏輪；世界種，名普音幢，以入一切【智門音】聲爲體。此【中】最下方，有世界，名花蘂【焰；佛號精進施。此上過十佛刹微塵數】世界，與金剛幢世界齊等，有世界，名蓮花光明幢；佛号一切功德最勝心【王。此上過】三佛刹微塵數世界，與娑婆世界齊等，【有世界，名十力莊嚴；佛號善】出現無量功德王。於此世界種最上方，有世界，名摩尼香山幢；佛号廣大善【眼淨除】疑。

諸佛子，彼寶莊嚴香水海外，次有香【水海，名持須彌光明】藏；世界種，名出生廣大雲。次有香水海，名種種莊嚴大威力境界；世界種，名無礙【淨莊嚴】。次有香水海，名密布寶蓮花；世界種，名最勝燈【莊嚴。次有香水海】，名依止一切寶莊嚴；世界種，名日光明網藏。次有香水海，名衆多嚴淨；世界種，名寶【華依處】。次有香水海，名極聰〈聰〉慧行；世界種，名最勝形【莊嚴。次有香水】海，名持妙摩尼峯；世界種，名普淨虛空藏。次有香水海，名大光遍照；世界種，名帝【青炬光】明。次有香

水海，名可愛摩尼珠充滿遍照；世界【種，名普吼聲】。如是等不可說佛刹微塵數香水海，其最近輪圍山香水海，名出帝青寶；世界種，名【周遍無】差別，以一切菩薩震吼聲爲體。此中最下方，有世【界，名妙勝】藏；佛号最勝功德慧。此上過十佛刹微塵數世界，與金剛幢世界齊等，有世界，名莊嚴【相；佛號】超勝大光明。此上與娑婆世界齊等，有世界，名【瑠璃輪普】莊嚴；佛号須彌燈。於此世界種最上方，有世【界】，名花幢海；佛号無盡變化妙慧雲。

【諸佛子，彼】金剛寶聚香水海外，次有香水海，名崇飾寶【坻；世界】種，名秀出寶幢。【次有】香水海，名寶幢莊嚴；【世界】種，名現一切光明。次有香水海，名妙【寶雲；世界種】，名一切寶莊嚴光明遍照。次有香水海，名寶樹〔019-4〕【華莊嚴；世界種，名妙華間飾。次有香水海，名妙寶衣莊嚴；世界種，名光明海。次有香水海，名寶樹峯；世界種，名寶焰雲。次有香水海，名示現光明；世界種，名入金剛無所礙。次有香水海，名蓮華普莊嚴；世界種，名無邊岸海淵。次有香水海，名妙寶莊嚴；世界種，名普示現國土藏。如是等不可說佛刹微塵數香水海，其最近輪圍山香水海，名不可壞海；世界種，名妙輪間錯蓮華場，以一切佛力所出音爲體。此中最下方，有世界，名最妙香；佛號變化無量塵數光。此上過十佛刹微塵數世界，與金剛幢世界齊等，有世界，名不思議差別莊嚴門；佛號無量智。此上與娑婆世界齊等，有世界，名十方光明妙華藏；佛號師子眼光焰雲。於此最上方，有世界，名海音聲；佛號水天光焰門。

諸佛子，彼天城寶堞香水海外，次有香水海，名焰輪赫奕光；世界種，名不可說種種莊嚴。次有香水海，名寶塵路；世界種，名普入無量旋。次有香水海，名具一切莊嚴；世界種，名寶光遍照。次有香水海，名布衆寶網；世界種，名安布深密。次有香水海，名妙寶莊嚴幢；世界種，名

世界海明了音。次有香水海，名日宮清淨影；世界種，名遍入因陀羅網。次有香水海，名一切鼓樂美妙音；世界種，名圓滿平正。次有香水海，名種種妙莊嚴；世界種，名淨密光焰雲。次有香水海，名周遍寶焰燈；世界種，名隨佛本願種種形。如是等不可說佛刹微塵數香水海，其最近輪圍山香水海，名積集瓔珞衣；世界種，名化現妙衣，以三世一切佛音聲爲體。此中最下方，有香水海，名因陀羅華藏，世界名發生歡喜，佛刹微塵數世界圍遶，純一清淨，佛號堅悟智。此上過十佛刹微塵數世界，與金剛幢世界齊等，有世界，名寶網莊嚴，十佛刹微塵數世界圍遶，純一清淨，佛號無量歡喜光。此上過三佛刹微塵數世界，與娑婆世界齊等，有世界，名寶蓮華師子座，十三佛刹微塵數世界圍遶，佛號最清淨不空聞。此上過七佛刹微塵數世界，至此世界種最上方，有世界，名寶色龍光明，二十佛刹微塵數世界圍遶，純一清淨，佛號遍法界普照明。

諸佛子，如是十不可說佛刹微塵數香水海中，有十不可說佛刹微塵數世界種，皆依現一切菩薩形摩尼王幢莊嚴蓮華住，各各莊嚴際無有間斷，各各放寶色光明，各各光明雲而覆其上，各各莊嚴具，各各劫差別，各各佛出現，各各演法海，各各眾生遍充滿，各各十方普趣入，各各一切佛神力所加持。此一一世界種中，一切世界依種種莊嚴住，遞相接連，成世界網；於華藏莊嚴世界海，種種差別，周遍建立。

爾時，普賢菩薩欲重宣其義，承佛威力而說頌言：

華藏世界海，法界等無別，
莊嚴極清淨，安住於虛空。
此世界海中，刹種難思議，
一一皆自在，各各無雜亂。
華藏世界海，刹種善安布，
殊形異莊嚴，種種相不同。
諸佛變化音，種種爲其體，
隨其業力見，刹種妙嚴飾。
須彌山城網，水旋輪圓形，
廣大蓮華開，彼彼互圍遶。
山幢樓閣形，旋轉金剛形，
如是不思議，廣大諸刹種。
大海真珠焰，光網不思議，
如是諸刹種，悉在蓮華住。
一一諸刹種，光網不可說，
光中現眾刹，普遍十方海。
一切諸刹種，所有莊嚴具，
國土悉入中，普見無有盡。
刹種不思議，世界無邊際，
種種妙嚴好，皆由大仙力。
一切刹種中，世界不思議，
或成或有壞，或有已壞滅。
譬如林中葉，有生亦有落，
如是刹種中，世界有成壞。
譬如依樹林，種種果差別，
如是依刹種，種種眾生住。
譬如種子別，生果各殊異，
業力差別故，眾生刹不同。
譬如心王寶，隨心見眾色，
眾生心淨故，得見清淨刹。
譬如大龍王，興雲遍虛空，
如是佛願力，出生諸國土。
如幻師呪術，能現種種事，
眾生業力故，國土不思議。
譬如眾繢像，畫師之所作，
如是一切刹，心畫師所成。
眾生身各異，隨心分別起，
如是刹種種，莫不皆由業。
譬如見導師，種種色差別，
隨眾生心行，見諸刹亦然。
一切諸刹際，周布蓮華網，
種種相不同，莊嚴悉清淨。
彼諸蓮華網，刹網所安住，

種種莊嚴事，種種眾生居。
或有剎土中，險惡不平坦，
由眾生煩惱，於彼如是見。
雜染及清淨，無量諸剎種，
隨眾生心起，菩薩力所持。
或有剎土中，雜染及清淨，
斯由業力起，菩薩之所化。
有剎放光明，離垢寶所成，
種種妙嚴飾，諸佛令清淨。
一一剎種中，劫燒不思議，
所現雖敗惡，其處常堅固。
由眾生業力，出生多剎土，
依止於風輪，及以水輪住。
世界法如是，種種見不同，
而實無有生，亦復無滅壞。
一一心念中，出生無量剎，
以佛威神力，悉見淨無垢。
有剎泥土成，其體甚堅鞕，
黑闇無光照，惡業者所居。
有剎金剛成，雜染大憂怖，
苦多而樂少，薄福之所處。
或有用鐵成，或以赤銅作，
石山險可畏，罪惡者充滿。
剎中有地獄，眾生苦無救，
常在黑闇中，焰海所燒然。
或復有畜生，種種醜陋形，
由其自惡業，常受諸苦惱。
或見閻羅界，飢渴所煎逼，
登上大火山，受諸極重苦。
或有諸剎土，七寶所合成，
種種諸宮殿，斯由淨業得。
汝應觀世間，其中人與天，
淨業果成就，隨時受快樂。
一一毛孔中，億剎不思議，
種種相莊嚴，未曾有迫隘。
眾生各各業，世界無量種，

於中取著生，受苦樂不同。
有剎眾寶成，常放無邊光，
金剛妙蓮華，莊嚴淨無垢。
有剎光為體，依止光輪住，
金色栴檀香，焰雲普照明。
有剎月輪成，香衣悉周布，
於一蓮華內，菩薩皆充滿。
有剎眾寶成，色相無諸垢，
譬如天帝網，光明恒照耀。
有剎香為體，或是金剛華，
摩尼光影形，觀察甚清淨。
或有難思剎，華旋所成就，
化佛皆充滿，菩薩普光明。
或有清淨剎，悉是眾華樹，
妙枝布道場，蔭以摩尼雲。
有剎淨光照，金剛華所成，
有是佛化音，無邊列成網。
有剎如菩薩，摩尼妙寶冠，
或有如座形，從化光明出。
或是栴檀末，或是眉間光，
或佛光中音，而成斯妙剎。
有見清淨剎，以一光莊嚴，
或見多莊嚴，種種皆奇妙。
或用十國土，妙物作嚴飾，
或以千土中，一切為莊校；
或以億剎物，莊嚴於一土，
種種相不同，皆如影像現。
不可說土物，莊嚴於一剎，
各各放光明，如來願力起。
或有諸國土，願力所淨治，
一切莊嚴中，普見眾剎海。
諸修普賢願，所得清淨土，
三世剎莊嚴，一切於中現。
佛子汝應觀，剎種威神力，
未來諸國土，如夢悉令見。
十方諸世界，過去國土海，

咸於一刹中，現像猶如化。
三世一切佛，及以其國土，
於一刹種中，一切悉觀見。
一切佛神力，塵中現衆土，
種種悉明見，如影無眞實。
或有衆多刹，其形如大海，
或如須彌山，世界不思議。
有刹善安住，其形如帝網，
或如樹林形，諸佛滿其中。
或作寶輪形，或有蓮華狀，
八隅備衆飾，種種悉清淨。
或有如座形，或復有三隅，
或如佉勒迦，城廓梵王身。
或如天主髻，或有如半月，
或如摩尼山，或如日輪形。
或有世界形，譬如香海旋，
或作光明輪，佛昔所嚴淨。
或有輪輞形，或有壇墠形，
或如佛毫相，肉髻廣長眼。
或有如佛手，或如金剛杵，
或如焰山形，菩薩悉周遍。
或如師子形，或如海蚌形，
無量諸色相，體性各差別。
於一刹種中，刹形無有盡，
皆由佛願力，護念得安住。
有刹住一劫，或住於十劫，
乃至過百千，國土微塵數。
或於一劫中，見刹有成壞，
或無量無數，乃至不思議。
或有刹有佛，或有刹無佛，
或有唯一佛，或有無量佛。
國土若無佛，他方世界中，
有佛變化來，爲現諸能事。
沒天與降神，處胎及出生，
降魔成正覺，轉無上法輪。
隨衆生心樂，示現種種相，

爲轉妙法輪，悉應其根欲。
一一佛刹中，一佛出興世，
經於億千歲，演說無上法。
衆生非法器，不能見諸佛，
若有心樂者，一切處皆見。
一一刹土中，各有佛興世，
一切刹中佛，億數不思議。
此中一一佛，現無量神變，
悉遍於法界，調伏衆生海。
有刹無光明，黑闇多恐懼，
苦觸如刀劍，見者自酸毒。
或有諸天光，或有宮殿光，
或日月光明，刹網難思議。
有刹自光明，或樹放淨光，
未曾有苦惱，衆生福力故。
或有山光明，或有摩尼光，
或以燈光照，悉衆生業力。
或有佛光明，菩薩滿其中，
有是蓮華光，焰色甚嚴好。
有刹華光照，有以香水照，
塗香燒香照，皆由淨願力。
有以雲光照，摩尼蚌光照，
佛神力光照，能宣悅意聲。
或以寶光照，或金剛焰照，
淨音能遠震，所至無衆苦。
或有摩尼光，或是嚴具光，
或道場光明，照耀衆會中。
佛放大光明，化佛滿其中，
其光普照觸，法界悉周遍。
有刹甚可畏，嘷叫大苦聲，
其聲極酸楚，聞者生厭怖。
地獄畜生道，及以閻羅處，
是濁惡世界，恒出憂苦聲。
或有國土中，常出可樂音，
悅意順其教，斯由淨業得。
或有國土中，恒聞帝釋音，

或聞梵天音，一切世主音。
或有諸刹土，雲中出妙聲，
寶海摩尼樹，及樂音遍滿。
諸佛圓光內，化聲無有盡，
及菩薩妙音，周聞十方刹。
不可思議國，普轉法輪聲，
願海所出聲，修行妙音聲。
三世一切佛，出生諸世界，
名號皆具足，音聲無有盡。

或有刹中聞，一切佛力音，
地度及無量，如是法皆演。
普賢誓願力，億刹演妙音，
其音若雷震，住劫亦無盡。
佛於清淨國，示現自在音，
十方法界中，一切無不聞】。

【大方廣佛華嚴經卷第十】

〔大方廣〕佛花嚴經

毗廬遮那品第六

〔卷十一・十一之上〕

【爾時，普賢菩薩復告大眾言】：

【諸佛子】，乃往古世，過世界微塵數劫，復倍是數，有世界海，名普門淨光【明。此世】界海中，有世界，名勝音，依摩尼【華網海住，須彌山微塵數世界而爲眷】屬，其形舌圓，其埊具有無量莊嚴，三百重眾寶樹輪圍山所共圍【遶】，一切寶雲而覆其上，清淨無垢，光明照曜，【城邑宮殿如須彌山，衣服飲食隨】念而至，其劫名曰種種莊嚴。

諸佛子，彼勝音世界中，有香水海名【清】淨炗明。其海中，有大花湏弥山出現，名花【焰普莊嚴幢，十寶欄楯周匝圍遶】。於其山上，有一大林，名摩尼花枝輪；無量花樓閣，無量寶臺觀，周迴布列；無量妙香幢，無量寶山幢，迥極莊嚴；【無量寶芬陀利華，處處敷榮；無量】香摩尼蓮花網，周帀垂布；樂音和悅，香雲照曜，數各無量，不可紀【極】；有百萬億那由他城，周帀圍繞；種種眾生，於【中止住】。

【諸佛子，此林東有一大城】，名燄炗朗，玨王所都，百萬億那由他城周帀圍繞；清淨妙寶所共【成】立，從〈縱〉廣各有七千由旬；七寶爲郭〈廓〉，樓櫓却敵，悉【皆崇麗】；七重寶塹，香水盈滿；優鉢羅花、波頭摩花、拘物頭花、芬陁利花，悉是眾寶，處處分布以【爲】嚴飾；寶多羅樹，七重圍繞；宮殿樓閣，悉寶莊嚴；種【種妙網，張施其上；塗香散華，芬】瑩其中；

有百萬億那由他門，悉寶莊嚴；一一門前，各有四十九【寶】尸羅幢，次苐行列。

復有百萬億園林周帀圍繞；其【中皆有種種雜香、摩尼樹香】，周流普熏；眾鳥和鳴，聽者歡悅。此大城中所有居玨，靡不成就【業】報神足，乘空往來，行同諸而；心有所欲，應念皆至。其【城次南，有一天城，名樹華莊嚴】；其次右旋，有大龍城，名曰究竟；次有夜叉城，名金剛勝妙【幢】；次有乹闥婆城，名曰妙宮；次有阿脩羅城，名曰寶輪；【次有迦樓羅城，名妙寶莊嚴】；次有梵而王城，名種種妙莊嚴。如是寺百萬億那由他數。此【一一】城，各有百萬億那由他樓閣所共圍繞，一一皆有無量莊【嚴】。

【諸佛子，此寶華枝輪大林】之中，有一道場，名寶花遍照，以眾大寶分布莊嚴，摩尼花輪【遍】湳開敷，然以香燈，具眾寶色燄雲弥覆，光網普照，諸莊嚴【具常出妙寶，一切樂中恒奏】雅音，摩尼寶王現菩薩身，種種妙花周遍十方。其道場前，【有】一大海，名香摩尼金剛；出大蓮花，名花蘂燄輪，其花廣大百【億由旬，莖葉鬚臺皆是妙】寶，十不可說百千億那由他蓮花所共圍繞，常放光明恒【出】妙音，周遍十方。

諸佛子，彼勝音世界，寂靁劫中，有十湏弥【山微塵數如來出興於世】。其第一佛，号一切功德山湏弥勝雲。諸佛子，應知彼佛將出現【時】，一百秊前，此摩尼花枝輪大林中，一切莊嚴周遍清浄，所謂：出不【思議寶焔雲，發歎佛功德】音，演無數佛音聲；舒光布網，弥覆十方〈万〉①；宫殿樓閣，互相【照耀；寶】花光明，騰聚成雲；復出妙音，說一切衆生前世所行廣【大善根，說三世一切諸佛名】号，說諸菩薩所脩願行究竟之道，說諸如来轉妙法輪【種種言】辞。現如是等荘嚴之相，顯示如來當出於世。其世界中，【一切諸王見此相故，善根】成熟，悉欲見佛而来道場。尒時，一切功德山須弥勝音〈雲〉②【佛，於其】道場大蓮花中忽然出現。其身周普等真法界，一切佛【刹皆示出生，一切道場悉詣】其所；無邊妙色，具足清浄；一切世間，無能映奪；具衆寶【相，一一分】明，一切宫殿悉現其像；一切衆生咸得目見無邊【化佛從其身出，種種色光充滿法界】。如於此清浄光明香水海，花燄荘嚴幢〔021 原－1〕【須彌】頂上，摩尼花技〈枝〉輪大林中，出現【其身，而坐】於座；其【勝音世界，有六十八千億須彌山】頂，悉亦於彼現身而坐。尒時，彼【佛】即於眉間放大光明，其光名發起一切善根音，十佛刹微塵【數光明而爲眷屬，充滿一切十方】國土。若有衆生應可調伏，其光照觸，即自開悟，息諸惑熱，裂諸蓋網，摧諸鄣山，浄諸垢濁，發大信解，生勝【善根，永離一切諸難恐怖，滅除一】切身心苦惱，起見佛心，趣一切智。持〈時〉，一切世間主并其眷属無量百千，蒙佛光明所開覺故，悉詣佛所，頭面【禮足】。

【諸佛子，彼焔光明大城中，有】王，名喜見善慧，統領百萬【億】那由他城，夫人、采女三萬七千人，福吉祥爲上首；王子五百人，别本云【二】万五【千人】。【大威光爲上首；大威光太子有】十千天〈夫〉人，妙見爲上首。尒時，【大】威光太子見佛光明已，以昔所修善根力故，即時證得十種法門。【何謂爲十，所謂證得一切諸佛功德輪】三昧，證得一切佛法普門陁羅【尼】，證得廣大方便藏般若波羅蜜，證得調伏一切衆生大荘嚴大【慈，證得普雲音大悲，證得生無邊功德最】勝心大喜，證得如實覺悟一切法大捨，證得廣大方便平等藏大神通，證得增長信解力大【願，證得普入一切智光明辯才門】。

【爾時，大威光太】子獲得如是法光明已，承佛威力，普觀大衆而說頌言：

世尊坐道場，清浄【大光明，
譬如千日出，普照虛空界。
無量億千】劫，導師時乃現，
佛今出世間，一切所瞻奉。
汝觀佛光明，化佛難思議，
一切【宫殿中，寂然而正受。
汝觀佛神通，毛孔出焰雲】，
照曜於世間，光明〔021 原－2〕【無有盡】。
汝應觀佛身，光網極清浄，
現【形等一切，遍滿於十方。
妙音遍世間，聞者皆欣樂】，
随諸【衆生】等〈語〉，讚歎佛功德。
世尊光所照，衆生悉安樂，
有苦皆滅除，【心生大歡喜。
觀諸菩薩衆，十方來萃止，
悉放】摩尼雲，現前稱讚佛。
道場出妙音，其音極深遠，
能滅衆生苦，此是佛神力。
一切【咸恭敬，心生大歡喜，
共在世尊前】，瞻仰於法王。

諸佛子，彼大威光太子說此【頌】時，以佛神力，其聲普遍勝音世界。

時，喜見善慧王聞【此頌已，心大歡喜，觀諸眷屬而說】頌言：

汝應速召集，一切諸王衆，
王子及大【臣】，城邑宰官等。
普告諸城内，疾應擊大鼓，

---

① 万，[延]五四頁註④：万＝方[三][宫]。
② 雲，[延]五四頁註⑥：雲＝音[聖]。

共集所【有人，俱行往見佛。
一切四衢】道，悉應鳴寶鐸，
妻子眷屬俱，共往觀如【來。
一切諸城郭〈廓〉，宜令悉清净，
普建勝妙幢，摩尼以【嚴飾。
寶帳羅衆網，妓樂】如雲布，
嚴備在虛空，處處令充滿。
道路皆嚴【净】，普雨妙衣服，
巾馭汝寶乘，與我同觀佛。
各各隨【自力，普雨莊嚴具，
一切】如雲布，遍滿虛空中。
香燄蓮花蓋，半匝寶纓【珞】，
及無數妙衣，汝等皆當〈應〉雨。
須彌香水海，上妙摩【尼輪，
及清净栴檀】，悉應雨滿空。
衆寶花纓珞，莊嚴净無垢，
及以摩尼【燈】，皆令在空住。
一切持向佛，心生大歡喜，
妻子【眷屬俱，往見世所尊】。
介時，喜見善慧王與三萬七千夫人、采女俱，福吉祥爲上【首；五百王子俱，大威光爲上首】；六万大臣俱，慧力爲上首。如是等七十七百千億那由【他衆，前後圍遶，從焰光明】大城出。以王力故，一切大衆乘空而往，諸供養具遍滿【虛】空。至於佛所，頂礼佛足，却住〈坐〉一面。復有妙花城善化幢【天王，與十億那由他眷】屬俱；復有究竟大城净【光】龍王，與二十五億眷屬俱；復有金【剛勝】幢城猛健夜叉王，與七十七億眷屬俱；復有無垢【城喜見乾闥婆王，與九】十七億眷屬俱；復有妙輪城净色思惟阿脩羅王，與【五十八億眷屬】俱；復有妙莊嚴城十力行迦樓羅王，與九十九【千眷屬俱；復有遊戲快】樂城金剛德緊那羅王，與十八億眷屬俱；復有金剛幢城寶稱幢摩【睺】羅伽王，與三億百千那由他眷屬俱；復有净【妙莊嚴城最勝梵王，與十】八億眷屬俱。如是等百万億那由他大城中，所有諸王，并其眷屬，【悉共】往詣一切功德須彌勝雲如来所，頂礼佛足，却【坐一面】。

【時，彼如來爲欲調伏】諸衆生故，於衆會道場海中，說普集一切三世佛【自】在法【修】多【羅，世】界微塵數脩多羅而爲眷屬，隨衆生心，【悉令獲益。是時，大威光菩薩】聞是法已，即獲一切功德須彌勝雲佛宿世所集法【海】光明，所謂得一切【法】聚平等三昧智光明、一切法悉入最麞菩提【心中住智光明、十方法界】普光明藏清净眼智光明，觀察一切佛法大顛海智光明，入無邊功德海【清】净行智光明，趣向不退轉大力速疾藏【智光明，法界中無量變化力】出離輪智光明，決定入無量功德圓滿海智光明，了知一切佛決定解【莊嚴】成就海智光明，了知法界無邊佛現一切【衆生前神通海智光明，了知】一切佛力無所畏法智光明。

介時，大威光菩薩得如是無量智光明已，【承佛】威力而說頌言：
我聞【佛】妙法，而【得智光明，
以是見世尊，往】昔所行事。
一切所生處，名號身差別，
及供養於佛，如是我【咸見】。
往昔諸佛所，【一切皆】承事，
无【量劫修行，嚴净諸刹海。
捨施】於自身，【廣大無】涯【際，
修治最勝行，嚴净諸】刹海。
耳【鼻】頭〔021 原 - 3〕【手足】，及以諸宮殿，
捨之無有量，嚴净【諸刹海。
能於一一刹，億劫不思議，
修習菩提行，嚴净諸刹海。
普賢大願力】，一切佛海中，
修行【無量行】，嚴净諸刹海。
如因日光照，還見【於日輪，
我以佛智光，見佛所】行道。
我觀【佛刹海，清净大】光明，

寂静鼙菩提，法界悉周遍。
我【當】如世尊，廣淨諸剎海，
以佛威神力，修習【菩提行】。

【諸佛子，時，大威光菩薩】以見一切功【德山須彌勝雲佛，承事供養故】，於如來所心得悟了，爲一切世間，顯示【如】來往昔行海，顯示往昔菩薩行方便，【顯示一切佛功德海，顯示普入一切法】界清淨智，顯【示一切】道【場中成佛】自在【力】，顯示佛力無畏、無差別智，顯示普示現【如】來身，顯示不可思議佛神變，示現〈顯示〉莊【嚴無量清淨佛土，顯示普賢菩薩】所有行願，【令】如須彌山微塵數衆生發菩提心，佛剎微塵數衆生成就如來清【淨】國土。

尒時，一切功德山須彌勝雲佛，爲【大威光菩薩而說頌言】：

【善哉大威】光，福藏廣名稱，
爲利衆生故，發趣菩提道。
汝獲智光明，法界悉【充遍】，
福慧咸廣大，當得深智海。
一刹【中修行，經於剎塵劫，
如汝見於我】，當獲如是智。
非諸劣行者，能知此方便，
獲大精進力，乃能【淨】剎【海】。
一一微塵中，无量劫修行，
彼生【乃能得，莊嚴諸佛剎。
爲一一衆生】，輪迴經劫海，
其心不疲懈，當成世導師。
供養一一佛，悉盡未來【際，
心無】暫疲猒，當成无上道。
三世【一切佛，當共滿汝願，
一切佛會中】，汝當〈身〉安住彼。
一切諸如來，誓願无有邊，
大智通達者，能知此方便。
【大光供】養我，故獲大威力，
令塵【數衆生，成熟向菩提。
諸修普賢行，大名】稱菩薩，
莊嚴佛剎海，法界普周遍。

諸佛子，汝寺應知彼大〔021原-4〕【莊嚴劫中，有恒河沙數小劫，人壽命二小劫。諸佛子，彼一切功德須彌勝雲佛，壽命五十億歲】。彼佛滅度後，有佛出世，名波羅蜜【善眼莊嚴王，亦於彼摩尼華枝輪大林中而成正覺。爾時，大威光童子見彼如來成等正覺、現神】通力，即得念佛三昧，名無邊海藏【門；即得陀羅尼，名大智力法淵；即得大慈，名普隨衆生調伏度脫；即得大悲，名遍覆一切】境界雲；即得大喜，名一切佛功德海【威力藏；即得大捨，名法性虛空平等清淨；即得般若波羅蜜，名自性離垢法界清淨】身；即得神通，名無礙尒普隨現；即得【辯才，名善入離垢淵；即得智光，名一切佛法清淨藏。如是等十千法門，皆得通達】。

【爾時】，大威尒童子承佛威力，爲諸眷屬而【說頌言】：

【不可思議億劫中，導世明師難一遇，
此土衆生多善利，而今得見第二佛。
佛身】普放大尒明，色相無邊極清淨，
【如雲充滿一切土，處處稱揚佛功德。
光明所照咸歡喜，衆生有苦悉除滅，
各令恭敬起慈心】，此是如來自在用。
出不思議變化雲，【放無量色光明網，
十方國土皆充滿，此佛神通之所現。
一一毛孔現光雲，普遍虛空發大音】，
所有幽冥靡不照，垩獄衆苦咸令滅。
【如來妙音遍十方，一切言音咸具演，
隨諸衆生宿善力，此是大師神變用。
無量無邊大衆海】，佛於其中皆出現，
普轉無盡妙法輪，【調伏一切諸衆生。
佛神通力無有邊，一切剎中皆出現，
善逝如是智無礙，爲利衆生成正覺】。
汝等應生歡喜心，踴躍愛樂極尊重，
【我當與汝同詣彼，若見如來衆苦滅。
發心迴向趣菩提，慈念一切諸衆生，

悉住普賢廣大願】，當如法王得自在。

諸佛子，大威光童子【說此頌時，以佛神力，其聲無礙，一切世界皆悉得聞，無量衆生發菩提心。時，大威光王子與其】父母并諸眷屬，及無量百千億那由他【衆生，前後圍遶，寶蓋如雲遍覆虛空，共詣波羅蜜善眼莊嚴王如來所。其佛爲說法界體性】清淨莊嚴修多羅，世界海微塵等修多〔022①-1〕【羅而爲眷屬。彼諸大衆聞此經已，得清淨智，名入一切淨方便；得於地，名離垢光明；得】波羅蜜輪，名示現一切世間愛樂莊嚴；【得增廣行輪，名普入一切刹土無邊光明清淨見；得趣向行輪，名離垢福德雲光明】幢；得隨入璧輪，名一切法海廣大光明；得【轉深發趣行，名大智莊嚴；得灌頂智慧海，名無功用修極妙見；得顯了大光明，名如來】功德【海】相光影遍照；得出生顥【力清淨智，名無量願力信解藏。

時，彼佛爲大威光菩薩而說頌言：
善哉功德智慧海，發】心趣向大菩提，
汝當得佛不思議，【普爲衆生作依處。
汝已出生大智海，悉能遍了一切法，
當以難思妙方便，入佛無盡所行境。
已見】諸佛功【德】雲，已入無盡智慧地，
【諸波羅蜜方便海，大名稱者當滿足。
已得方便總持門，及以無盡辯才門，
種種行願皆修習，當成】無等大智慧。
汝已出生諸顥海，【汝已入於三昧海，
當具種種大神通，不可思議諸佛法。
究竟法界不思議，廣大深心已清淨，
普見十方】一切佛，離垢莊嚴【衆】刹海。

〔022①-2〕
【汝已入我菩提行，昔時本事方便海，
如我修行所淨治，如是妙行汝皆悟。
我於無量一一刹，種種供養諸佛海，
如彼修行所得果，如是莊嚴汝咸見。
廣大劫海無有盡，一切刹中修淨行，
堅固誓願不可思，當得如來此神力。
諸佛供養盡無餘，國土莊嚴悉清淨，
一切劫中修妙行，汝當成佛大功德】。

【諸佛子，波羅蜜善眼莊嚴王如來入涅槃已，喜見善慧王】尋亦去【世，大威光童子受轉輪王位。彼摩尼華枝輪大林中，第三如來出現於世，名最勝功德海。時，大威光轉輪聖王見】彼如來成佛之【相，與其眷屬，及四兵衆，城邑、聚落一切人民，并持七寶，俱往佛所，以一切香摩尼莊嚴大樓閣奉上於佛】。時，彼如來於其林中，【說菩薩普眼光明行修多羅，世界微塵數修多羅而爲眷屬。爾時，大威光菩薩聞此法已，得三昧】，名大福德普光朗；得【此三昧故，悉能了知一切菩薩、一切衆生，過、現、未來，福、非福海。

時，彼佛爲大威光菩薩而說頌言：
善哉福德大威光，汝等今來至我所，
愍念一切衆生海，發勝菩提大願心。
汝爲一切苦衆生，起大悲心令】解脫，
【當】作羣迷所依怙，【是名菩薩方便行。
若有菩薩能堅固，修諸勝行無厭怠，
最勝最上無礙解，如是妙智彼當得。
福德光】者福幢者，福德處者福海者，
【普賢菩薩所有願，是汝大光能趣入。
汝能以此廣大願，入不思議諸佛海，
諸佛福海無有邊，汝以妙解】皆能見。
汝於十方刹土中，【悉見無量無邊佛，
彼佛往昔諸行海，如是一切汝咸見。
若有住此方便海，必得入於智地中，
此是隨順諸】佛學，決定當成一切智。
【汝於一切刹海中，微塵劫海修諸行，
一切如來諸行海，汝皆學已當成佛。
如汝所見十方中，一切刹海極嚴淨】，
汝刹嚴淨亦如是，【無邊願者所當得。
今此道場衆會海，聞汝願已生欣樂，
皆入普賢廣大乘，發心迴向趣菩提。
無邊國土一一中，悉】入修行經劫海，

【以諸願力能圓滿，普賢菩薩一切行】。

【諸佛子，彼摩尼華枝輪大林中，復有佛出，號名稱普聞蓮華眼幢。是時，大威光】於此命終，生〔022①-3〕【須彌山上寂靜寶宮天城中，爲大天王，名離垢福德幢，共諸天衆俱詣佛所，雨寶華雲以爲供養。時，彼如來爲說廣大方便普門遍照修多羅，世界海微】塵數修多羅【而爲眷屬。時，天王衆聞此經已，得三昧，名普門歡喜藏。以三昧】力，能入一切法寶〔022①-4〕【相海。獲是益已，從道場出，還歸本處】。

【大方廣佛華嚴經卷第十一】

大方廣〔佛花嚴經〕
毗盧遮〔那品〕第六(復)
卷十一·之一

尔時，普賢菩薩【復】告大衆言：

諸佛子，乃【往古世，過世界微塵數】劫，復倍是數，有【世】界【海】，名普門【淨光明】。此世界海中，有世界，名勝音，依【摩尼】花綱海住，須彌山微塵數世界而爲眷屬，其形正圓，其地具有無量莊嚴，三百【重衆寶】樹輪圍山所共圍繞，一切【寶雲而覆其上，清】淨無垢光明照曜〈耀〉①，城邑宮殿如【須彌山】，衣服飲【食隨】念而至，其劫名曰種種莊嚴。

諸佛子，彼勝音世界中，有香水海，名清淨光明。其海中，有大花須弥山【出現，名華】餤普莊嚴幢，十寶欄楯周帀圍繞。於其山上，有一大【林，名】摩尼花枝輪；無量花樓閣，無量寶臺觀，周迴布列；無量妙香幢，無量寶山幢，迥極莊嚴；【無量寶芬陀】利【華，處處】敷榮；無量香摩尼蓮花綱，周帀垂布；樂音【和悅，香雲照耀，數各】無量，不可紀極；有百萬億那由他城，周帀圍繞；種種衆生，於中止住。

【諸】佛子，此林【東有】一大城，名餤光明，人王所都，百萬億那由他城【周匝圍遶；清淨】妙寶所共成立，從〈縱〉廣各有【七千】由旬；七寶爲【廓】，樓櫓【却敵】，悉皆崇麗；【七重寶塹，香水盈滿；優鉢羅華、波】頭摩花、拘物頭花、芬陀利花，悉是衆寶，【處處分布】以爲嚴【飾；寶多】羅樹，七重圍繞；宮殿樓閣，悉寶【莊嚴】；種種妙【綱】，張施其上；沴香【散華，芬瑩其中；有】百【萬億那由】他門，悉寶莊嚴；一一門前，各有四十九寶尸【羅幢次第行列】。

復有百萬【億】園林周帀圍繞；其中【皆有種】種【雜】香、【摩尼樹香，周】流普【熏；衆鳥和鳴，聽者】歡【悅。此大】城中所有居人，靡不成就業報神足，乘空【往來，行同諸天；心有】所【欲，應念皆至。其】城次【南，有一天城，名】樹花【莊嚴；其次右旋，有大龍城，名曰究竟；次有夜叉城，名金剛勝】妙幢；次有乾闥婆城，名曰妙宮；【次有阿脩羅城，名曰寶輪；次有迦】樓羅【城，名妙寶莊嚴】；次有【梵天王城】，名種種妙【莊嚴。如是等百】萬億【那由他數。此一一城，各有百】萬億那由他樓閣所共圍【遶，一一皆有】無量莊嚴。

諸佛子，【此】寶花【枝輪大】林【之中，有一】道【場，名寶華遍照，以衆】大【寶分布莊嚴，摩尼華輪遍滿開敷，然以香燈，具】衆寶色餤雲弥覆，【光網普照，諸莊】嚴【具常】出妙寶，一切樂中恒【奏雅音，摩尼寶王現菩薩身，種種妙華周遍十方。其道場前，有一大海，名香摩尼金剛；出大蓮華，名華藥焰輪，其華廣】大百億【由】旬，莖【葉鬚】臺皆是妙寶，十不

---

① 耀，㊅五三頁註⑦：耀＝曜㊁㊂，下同。

可【說百千億那由他蓮華所共圍遶，常放光明，恒出妙音，周遍十方】。

【諸佛子，彼勝音世界，最初劫】中，有十【須彌山微塵數】如來出興於世。其第一佛，號【一切功德山須彌勝雲。諸佛子，應知彼佛將出現時，一百年前，此摩尼華枝輪大林中，一切莊嚴周遍清淨，所謂：出不思議寶】燄雲，發歡佛〔021復-1〕【功德音，演無數佛音聲；舒光布網，彌覆十万；宮殿樓閣，互相照耀；寶華光明，騰聚成雲；復出妙音，說一切衆生前世所行廣大善根，說】三世一切諸佛【名號，說】諸菩薩所修【願行究竟之道，說諸如來轉妙法輪種種言辭。現如是等莊嚴之相，顯示如來當出於世。其世界中，一切諸王見此相】故【善根成熟，悉欲見佛】而來道場。尒【時，一切功德山須彌勝雲佛，於其道場大蓮華中忽然出現。其身周普等真法界，一切佛刹皆示出生，一切道場悉詣其所；無邊妙色】，具足清淨；一切世閒，【無能映奪】；具衆寶【相，一一分明，一切宮殿悉現其像；一切衆生咸得目見無邊化佛從其身出，種種色光充滿法】界。如【於此】清淨【光明】香【水海】，花【焰】莊嚴【幢須彌頂上，摩尼華枝輪大林中，出現其身，而坐於座；其勝音世界，有六十八千億須彌山頂，悉亦於彼現身而坐】。尒時，彼佛即於眉閒【放大】光明，其【光名】發【起一切善根音，十】佛【刹微塵】數【光明而爲眷屬，充滿一切十方國土。若有衆生應可調伏，其光照觸，即自開悟，息諸】惑熱，裂諸蓋【網，摧】諸障山，淨諸垢濁，【發】大信解，【生勝善】根，【永】離【一切，諸難恐怖，減除一切身心苦惱，起見佛心，趣一切智。時，一切世閒主并其眷】屬無量百千，蒙【佛光明】所開覺故，【悉詣佛】所，頭面礼【足】。

【諸佛子，彼焰光】明【大城中，有王，名喜見善慧，統領百萬億那由他城，夫人、采女三萬七千人】，福【吉祥】爲上首；【王子五百人】，別【本】云二万【五】千人。【大】威【光爲上首】；大威光太子有十【千夫】人，妙【見爲上首。爾時，大威光太子見佛光明已，以昔所修善根力故，即時證得十種法門。何】謂爲【十，所謂證】得一切【諸】佛功【德】輪三昧，【證得一切佛法普】門陁【羅尼，證得廣大方便藏般若波羅蜜，證得調伏一切衆生大莊嚴大慈，證得普雲音大】悲，證【得生無邊功】德取勝心大喜，【證得如實覺悟一切法大捨，證得廣大方便平等藏大神通，證得增長信解力大願，證得普入一切智光明辯才門】。

尒時，大威光太子【獲】得如是法【光】明已，承【佛威力，普觀大衆而說頌言】：

【世尊坐道場，清淨大光明，
譬如千日出，普照虛空界。
無量億千劫，導師時乃現，
佛今出】世間，一切【所】瞻奉。〔021復-2〕
【汝觀佛光明，化佛難思議，
一切宮殿中，寂然而正受。
汝觀佛神通，毛孔出焰雲，
照耀於世間，光明無有盡。
汝應觀佛身，光網極清淨，
現形等一切】，遍滿於十方。
【妙音遍世間，聞者皆欣樂，
隨諸衆生語，讚歎佛功德。
世尊光所照，衆生悉安樂，
有苦皆滅除，心生大歡喜。
觀諸菩薩衆，十方來萃止，
悉放摩尼雲，現前稱讚佛。
道場出妙音，其音極深遠，
能滅衆生苦，此是佛神力。
一切咸恭敬，心生大歡喜，
共在世尊前，瞻仰於法王。

諸佛子，彼大威光太子說此頌時，以佛神力，其聲普遍勝音世界。

時，喜見善慧王聞此頌已，心大歡喜，觀諸

眷屬而說頌言：

　　汝應速召集，一切諸王衆，
　　王子及大臣，城邑宰官等。
　　普告諸城內，疾應擊大鼓，
　　共集所有人，俱行往見佛。
　　一切四衢道，悉應鳴寶鐸，
　　妻子眷屬俱，共往觀如來。
　　一切諸城廓，宜令悉清淨】，
　　普建【勝妙幢，摩】尼【以嚴飾】。
　　寶帳羅綱芓〈羅衆網〉，妓樂如雲布，
　　【嚴備在虛空，處處令充滿。
　　道路皆嚴淨，普雨妙衣服，
　　巾馭汝寶乘，與我同觀佛。
　　各各隨自力，普雨莊嚴具，
　　一切如雲布，遍滿虛】空中。
　　香【焰蓮】花蓋，【半月寶瓔珞，
　　及無數妙衣，汝等皆應雨。
　　須彌香水海，上妙摩尼輪，
　　及清淨栴檀，悉應雨滿空。
　　衆寶華瓔珞，莊嚴淨無垢，
　　及以摩尼燈，皆令在空住】。
　　一切持【向】佛，【心生大】歡【喜，
　　妻子眷屬俱，往見世所尊】。

【爾時，喜見善慧王與三萬七千夫人、采女俱，福吉祥爲上首；五百王子】俱，【大威光】爲上首；六【萬】大臣俱，慧力爲上首。如【是等七十七百千億那由他】衆，前【後圍遶，從焰光明】大城【出。以王力故，一切】大衆【乘空】而【往，諸供養具】遍滿【虛空。至】於佛所，頂礼佛足，却坐一面。復有妙花城【善化幢天王，與十億那由他眷屬俱；復有究竟大】城淨光龍王，與二十五億眷屬【俱；復】有【金剛勝幢城猛健夜叉王，與七十七億眷屬俱；復有無垢城喜見乾闥婆王，與九十七億眷屬俱；復有妙輪城淨色思惟阿脩羅王，與五十八億眷屬俱】；復有妙莊嚴城十力【行】迦【樓羅王，與九十九千眷屬俱；復有遊戲快樂城金剛德緊那羅王，與十八億眷屬俱；復有金剛幢城寶稱幢摩睺羅伽王，與三億百千那由他眷屬】俱；復有〔淨〕妙莊嚴城冣【勝梵王，與十八億眷屬俱。如是等百萬億那由他大城中，所有諸王，并其眷屬，悉共往詣一切功德須彌勝雲如來所，頂禮佛足，却坐一面】。

【時，彼如來爲欲調伏】諸衆生故，於衆會道場【海中，說普集一切三世佛自在法修多羅，世界微塵數修多羅而爲眷屬，隨衆生心，悉令獲益。是時，大威光菩薩聞是法已，即獲一切功德須彌勝雲佛宿】世所集法海光明，【所謂：得一切法聚平等三昧智光明，一切法悉入最初菩提心中住智光明，十方法界普光明藏清淨眼智光明，觀察一切佛法大願海智光明，入無】邊【功】德海清淨【行智光明，趣向不退轉大力速疾藏智光明，法界中無量變化力出離輪智光明，決定入無量功德圓滿海智光明，了知一切佛決定解莊嚴成就海智光明，了知法界無邊佛現一切衆生前神通海智光明，了知一切佛力、無所畏法智光明】。

〔021 復-3〕

宵大漢天會四年歲次庚申二月辛未朔廿六日
奉　勅重修經記
　　工近　郭文　□□□　侯進　武暉□
　　厲士孫貴鵸字　武榮　郭起□□　武榮□□
　　鵸石功德前攝忻州別駕鄭嚴
　　□□東頭　供奉官銀青光禄大夫撿校兵部尚書兼御史大夫周蘊①

〔021 復-4〕

---

① 編者註：該篇題記中用□代替的殘毀字數，是根據行中殘損長度及文義推測出來的，失准難免。題記拓片見本輯第6—7頁圖版，其中，"周蘊"之"周"，錄校所用拓片作"周"；晉祠博物館的高清圖片作"田"，應是依據另一套拓片攝製。覆核原刻石確認為"周"，圖版已作相應修正。

大方廣佛花嚴經
如來名号品第七
卷十二·十二之上

【爾時，世尊在摩竭提國阿蘭若法菩提場中，始成正覺，於普光明殿坐蓮華藏師子】之座，妙【悟皆滿，二行永絕；達無相法，住於佛住；得佛平等，到無障處；不可轉法，所行無礙；立不思議，普見三世。與十佛剎微塵數諸菩薩俱，莫不皆是】一生補處，志從【他方而共來集，普善觀察諸眾生界、法界、世界、涅槃界、諸業果報、心行次第、一切文義，世、出世間，有為、無為，過、現、未來】。

【時，諸菩薩作】是思惟：若世【尊見愍我等，願隨所樂，開示佛剎、佛住、佛剎莊嚴、佛法性、佛剎清淨、佛所說法、佛剎體性、佛威德、佛剎成就、佛大菩提。如十方一切】世界，諸佛世尊，為成就【一切菩薩故，令如來種性不斷故，救護一切眾生故，令諸眾生永離一切煩惱故，了知一切諸行故，演說一切諸法故，淨除一切雜染故，永】斷一切疑網故，拔除一切希望故，【滅壞一切愛著處故，說諸菩薩十住、十行、十迴向、十藏、十地、十願、十定、十通、十頂，及說如來地、如來境界、如來神力、如來所行、如來力】、如來無畏、如來三昧、如來神通、如【來自在、如來無礙、如來眼、如來耳、如來鼻、如來舌、如來身、如來意、如來辯才、如來智慧、如來最勝。願佛世尊，亦為我說】。

尒時，世尊知諸菩薩心之所念，各隨【其類，為現神通。現神通已，東方過十佛剎微塵數世界，有世界名金色，佛號不動智。彼世界中，有菩薩名文殊師利】，與十佛剎微塵數諸菩薩俱，來詣佛所，到已【作禮，即於東方化作蓮華藏師子之座，結跏趺坐。南方過十佛剎微塵數世界，有世界名妙色，佛號無礙智。彼有】菩薩，名曰覺首，與十佛剎微塵數諸菩薩俱，來詣【佛所，到已作禮，即於南方化作蓮華藏師子之座，結跏趺坐。西方過十佛剎微塵數世界，有世界名蓮華色，佛】号滅暗智。彼有菩薩，名曰財首，與十佛剎微塵數諸【菩薩俱，來詣佛所，到已作禮，即於西方化作蓮華藏師子之座，結跏趺坐。北方過十佛剎微塵數世界，有世界】名瞻〈蒼〉① 蔔花色，佛号威儀智。彼有菩薩，名〔曰〕② 寶首，與十佛剎【微塵數諸菩薩俱，來詣佛所，到已作禮，即於北方化作蓮華藏師子之座，結跏趺坐。東北方過十佛剎微塵數】世界，有世界名優鉢羅花色，佛号明相智。彼有菩【薩，名功德首，與十佛剎微塵數諸菩薩俱，來詣佛所，到已作禮，即於東北方化作蓮華藏師子之座，結跏趺坐】。東南方過十佛剎微塵數世界，有世界名金色，佛【號究竟智。彼有菩薩，名目首，與十佛剎微塵數諸菩薩俱，來詣佛所，到已作禮，即於

---

① 蒼，砸五八頁註②：蒼＝瞻宋宮聖，下同。
② 曰，砸五八頁註③：〔曰〕－宋宮，明註曰無南藏曰字。

東南方化作蓮華藏師子之座】，結加〈跏〉趺座〈坐〉。西南方過十佛刹微塵數世界，有世界【名寶色，佛號最勝智。彼有菩薩，名精進首，與十佛刹微塵數諸菩薩俱，來詣佛所，到已作禮，即於西南方化】作蓮花藏師子之座，結加〈跏〉趺坐。西北方過十佛刹微【塵數世界，有世界名金剛色，佛號自在智。彼有菩薩，名法首，與十佛刹微塵數諸菩薩俱，來詣佛所，到已作禮，即於】西北方化作蓮花藏師子之座，結加〈跏〉趺坐〔023①-1〕。【下方過十佛刹微塵數世界，有世界名玻瓈色，佛號梵智。彼有菩薩，名智首，與十佛刹微塵數諸菩薩俱，來詣佛所】，到【已】作礼，即扵下方化作蓮花藏師【子之座，結跏趺坐。上方過十佛刹微塵數世界，有世界名平等色，佛號觀察智。彼有菩薩，名賢首，與十佛刹微塵】數諸菩薩俱，来詣佛所，到已作礼，即扵上方【化作蓮華藏師子之座，結跏趺坐。

爾時，文殊師利菩薩摩訶薩，承佛威力，普觀一切菩薩衆會而作是言。

此】諸菩薩甚爲希有。諸佛子，佛國土不可思議，【佛住、佛刹莊嚴、佛法性、佛刹清淨、佛說法、佛出現、佛刹成就、佛阿耨多羅三藐三菩提皆不可思議。何以故，諸】佛子，十方世界一切諸佛，知諸衆生樂欲不同，随其【所應，說法調伏，如是乃至等法界、虛空界】。

【諸佛子，如來於此娑婆世界諸四天下，種種身、種種名、種種色相、種種】脩短、種種壽量、種種處所、種種諸根、種種生處、【種種語業、種種觀察，令諸衆生各別知見】。

【諸佛子，如來於此四天下中，或名一切義成，或名圓滿月，或名師子吼，或名】釋迦牟尼，或名第七仙，或名毗盧遮那，或名瞿曇【氏，或名大沙門，或名最勝，或名導師。如是等，其數十千，令諸衆生各別知見】。

【諸佛子，此四天下東，次有世界，名爲善護。如來於】彼，或名金剛，或名自在，或名有智【慧】，或名難勝，或【名雲王，或名無諍，或名能爲主，或名心歡喜，或名無與等，或名斷言論。如是等，其數十千，令諸衆生各別知見】。

【諸佛子，此四天下】南，次有世界，名爲難忍。【如來於彼，或名帝】釋，或【名寶稱，或名離垢，或名實語，或名能調伏，或名具足喜，或名大名稱，或名能利益，或名無邊，或名最勝。如是等，其數十千，令】諸衆生各別知見。

諸佛【子，此四天下西，次有世界】，名【爲親慧。如來於彼，或名水天，或名喜見，或名最勝王，或名調伏天，或名真實慧，或名到究竟，或名歡喜，或名法慧，或名所作已辦】，或名善住。如是等，其【數十千，令諸衆生各別知見】。

【諸佛子，此四天下北，次有世界，名有師子。如來於彼，或名大牟尼，或名苦行，或名世所尊，或名最勝田，或名一切智，或名善意，或名清淨】，或名翳〈瑿〉〔023①-2〕【羅跋那，或名最上施，或名苦行得。如是等，其數十千，令諸衆生各別知見。

諸佛子，此四天下東北方，次有世界，名妙觀察。如來於彼，或名調伏魔，或名成就，或名息滅，或名賢天，或名離貪，或名勝慧，或名心平等，或名無能勝，或名智慧音，或名難出現。如是等，其數十千，令諸衆生各別知見。

諸佛子，此四天下東南】方，次有【世界，名爲喜樂。如來於彼，或名極威嚴，或名光焰聚，或名遍知，或名祕密，或名解脫，或名性安住，或名如法行，或名淨眼王，或名】大勇健，或名精進力。如是等，【其數十千，令諸衆生各別知見】。

【諸佛子，此四天下西南方，次有世界，名甚堅牢。如來於彼，或名安住，或名智王，或名】圓滿，或名不動，或名妙眼，或【名頂王，或名自在音，或名一切施，或名持衆仙，或名勝須彌。如是等，其數十千，令諸衆生各別知見】。

【諸佛子，此四天】下西北方，次有世界，

名爲妙地。如【來於彼，或名普遍，或名光焰，或名摩尼髻，或名可憶念，或名無上義，或名常喜樂，或名性清淨，或名圓滿光，或名】惰髀，或名住本。如是寺，其數十千，【令諸衆生各別知見】。

【諸佛子，此四天下次下方，有世界，名爲焰慧。如來於彼，或名集善根，或名師子相，或名猛利慧】，或名金色䭾，或名一切知識，或名【究竟音，或名作利益，或名到究竟，或名眞實天，或名普遍勝。如是等，其數十千，令諸衆生各別知見】。

【諸佛子，此四天下】次上方，有世界，名曰持地。如ᶜ〈名〉來扵彼，【或名有智慧，或名清淨面，或名覺慧，或名上首，或名行莊嚴，或名發歡喜，或名意成滿，或名如盛火，或名持戒，或名一道。如】是寺，其數十千，令諸衆生各別【知見。

諸佛子，此娑婆世界有百億四天下，如來於中，有百億萬種種名號，令諸衆生各別知見。

諸佛子，此娑婆世界東，次有世】界，名爲鋠訓。如來扵彼，或名平【等，或名殊勝，或名安慰，或名開曉意，或名眞實語，或名得自在，或名最勝身，或名大勇猛，或名無等智。如是等百億萬種種名】号，令諸衆生各別知見。

諸佛子，【此娑婆世界南，次有世界，名曰豊溢。如來於彼，或名本性，或名勤意。如是等百億萬種種名號，令諸衆生各別知見】。

【諸佛子，此娑】婆世界西，次有世界，名爲離【垢。如來於彼，或名意成，或名知道，或名安住本，或名能解縛，或名通達義，或名樂分別，或名最勝見，或名調伏行，或名衆苦行】，或名具足力。如是寺百億万【種種名號，令諸衆生各別知見】。

【諸佛子，此娑婆世界北，次有世界，名曰豊樂。如來於彼，或名蘑蔔華色，或名日藏，或名善住，或名】現神通，或名性超邁，或名【慧日，或名無礙，或名如月現，或名迅疾風，或名清淨身。如是等百億萬種種名號，令諸衆生各別知見】。

【諸佛子，此娑婆世界東北方】，次有世界，名爲攝取。如來【於彼，或名永離苦，或名普解脫，或名大伏藏，或名解脫智，或名過去藏，或名寶光明，或名離世間，或名無礙地，或名淨信藏，或名心不】動。如是寺百億萬種【種名號，令諸衆生各別知見】。

【諸佛子，此娑婆世界東南方，次有世界，名爲饒益。如來於彼，或名現光明，或名盡智，或名美音，或名勝根】，或名莊嚴蓋〔023①-3〕，【或名精進根，或名到分別彼岸，或名勝定，或名簡言辭，或名智慧海。如是等百億萬種種名號，令諸衆生各別知見】。

【諸佛子，此】娑婆世界西南方，【次有世界，名爲鮮少。如來於彼，或名牟尼主，或名具衆寶，或名世解脫，或名遍知根，或名勝言辭，或名明了見，或名根自在，或名大仙師，或】名開導業，或名金【剛師子。如是等百億萬種種名號，令諸衆生各別知見】。

【諸佛子，此娑婆世界西北方，次有世界，名爲歡喜。如來於彼，或名妙華聚，或名栴檀蓋】，或名蓮花藏，或名【超越諸法，或名法寶，或名復出生，或名淨妙蓋，或名廣大眼，或名有善法，或名專念法，或名網藏。如是等百億萬種種名號，令諸衆生各別知見】。

諸佛子，此娑婆世【界次下方，有世界，名爲關闥。如來於彼，或名發起焰，或名調伏毒，或名帝釋弓，或名無常所，或名覺悟本，或名斷增長，或名大速疾，或名常樂施】，或名分別道，或名【摧伏幢。如是等百億萬種種名號，令諸衆生各別知見】。

【諸佛子，此娑婆世界次上方，有世界，名曰振音。如來於彼，或名勇猛幢，或名無量寶，或】名樂大施，或名天光，【或名吉興，或名超境界，

85

或名一切主，或名不退輪，或名離衆惡，或名一切智。如是等百億萬種種名號，令諸衆生各別知見】。

【諸佛子，如娑婆世界，如】是東方百千億，無數【無量，無邊無等，不可數、不可稱、不可思、不可量、不可說，盡法界、虛空界、諸世界中，如來名號，種種不同；南西北方，四維上下，亦復如是。如世尊昔】爲菩薩時，以種【種談論、種種語言、種種音聲，種種業、種種報、種種處、種種方便、種種根，種種信解、種種地位而得成熟，亦令衆生如是知見而爲說法】。

〔大方〕廣佛花嚴經
四聖諦品第〔八〕

【爾時，文殊師利菩薩摩訶薩告諸菩薩言】。

【諸佛子，苦聖諦，此娑婆世界中，或名罪，或名逼迫，或名變異，或名攀緣，或名聚，或名刺，或名依根，或】名虛誑，或名癰【瘡處，或名愚夫行。諸佛子，苦集聖諦，此娑婆世界中，或名繫縛，或名滅壞，或名愛著義，或名妄覺念，或名趣入，或名決定，或名網，或名戲論，或名】隨行，或名顛倒【根。諸佛子，苦滅聖諦，此娑婆世界中，或名無諍，或名離塵，或名寂靜，或名無相，或名無沒，或名無自性，或名無障礙，或名滅，或名體真實，或名住自性。諸】佛子，苦滅道〔023①-4〕【聖諦】，此娑婆世界中，或名一乘，或名趣寂，或名導【引】，或名究竟無分別，或名平等，或名捨擔，或名無所趣，或名隨聖意，或名仙人行，或名十藏。【諸】佛子，此娑婆〔世界說四聖諦，有如是等四百億十千名；隨衆生心，悉令調伏〕。

〔諸佛子，此娑婆〕世界所言苦聖諦者，彼密訓世界中，或名營求根，或名不出離，或名繫縛本，或名作所不應作，或名普鬪諍，或名分析悉無力，或名作所依，或名極苦，或名躁動，或名形狀物。諸佛子，所言苦集聖諦者，彼密訓世界中，或名順生死，或名染著，或【名燒】然，或名流轉，或名【敗壞】根，或名續諸有，或名惡行，或名愛著，或名病源，或名分數。諸佛子，所言苦滅聖諦者，彼密訓世界中，或名第一義，或名出離，或【名可讚】歎，【或】名安【隱】，或名善入處，或名調伏，或名一分，或名無罪，或名離貪，或名決定。諸佛子，所言苦滅道聖諦者，彼密訓世界中，或名猛將，或名上行，或名超出，或名有方便，【或名平等眼，或名離邊】，或名了悟，或名攝取，或名冣勝眼，或名觀方。諸佛子，密訓世界說四聖諦，有如是等四百億十千名；隨衆生心，悉令調伏。

諸佛子，此娑婆世界【所言苦】聖諦者，彼冣勝世界中，或名恐怖，或名分段，或名可猒惡，或名須承事，或名變異，或名招引怨，或名能欺奪，或名難共事，或名妄分別，或名有【勢力】。諸佛子，所言苦集聖諦者，彼冣勝世界中，或名敗壞，或名癡根，或名大怨，或名利刃，或名滅味，或名仇對，或名非己物，或名惡導引，或名增黑闇，或名【壞善利】。諸佛子，所言苦滅聖諦者，彼冣勝世界【中】，或名大義，或名饒益，或名義中義，或名無量，或名所應見，或名離分別，或名冣上調伏，或名常平等，或名可同住，或名無爲。諸佛子，所言苦滅道聖諦者，彼冣勝世界中，或名能燒然，或名冣上品，或名決定，或名無能破，或名深方便，或名出離，或名不下劣，或名通達，或名解脫性，或名能度脫。諸佛子，冣勝世界說四聖諦，有如是等四百億十千名；隨衆生心，悉令調伏。

諸佛子，此娑婆世界所言苦聖諦者，彼離垢世界中，或名悔恨，或名資待，或名展轉，或名住城，或名一味，或名非法，或名居宅，或名妄著處，或名虛妄見，或名無有數。諸佛子，所言苦集聖諦者，彼離垢世界中，或名無實物，或名但有語，或名非潔白，或名生地，或名執取，或名鄙賤，或名增長，或名重擔，或名能生，或名麁獷。諸佛子，所言苦滅聖諦者，彼離垢世界中，或名無等等，或名普除盡，或名離垢，或名冣勝根，或名稱會，或名無資待，或名滅惑，或名冣上，或名畢竟，或名破印。諸佛子，所言苦滅道聖諦者，彼離垢世界中，或名堅固物，或名方便分，或名解脫夲，或名本性實，或名【不可】毀，或名冣清淨，或名諸有邊，或名受寄全，或名作究竟，或名淨分別。諸佛子，離垢世界說四聖諦，有如是夸四百億十千名；随衆生【心，悉令調】伏。

諸佛子，此娑婆世界所言苦聖諦者，彼豐溢世界中，或名愛染處，或名險宮根，或名有海分，或名積集成，或名差別根，或名增長，或名生滅〔024-1〕，【或名障】礙，或名刀劍夲，或名數所成。諸佛子，所言苦集聖諦者，彼豐溢世界中，或名可惡，或名名字，或名無盡，或名分數，或名不可愛，或名能獲〈攫〉噬，或名【麁鄙物】，或名愛著，或名罢，或名動。諸佛子，所言苦滅聖諦者，彼豐溢世界中，或名相續斷，或名開顯，或名無文字，或名無所修，或名無所見，或名無所作，或名【寂】威，或名已燒盡，或名捨重擔，或名已除壞。諸佛子，所言苦滅道聖諦者，彼豐溢世界中，或名寂滅行，或名出離行，或名勤修證，或名安隱去，或名无量壽，或名善了知，或名究竟道，或名難修習，或名至彼岸，或名無能勝。諸佛子，豐溢世界說四聖諦，有如是夸四百億十千名；随衆生心，悉令調伏。

諸佛子，此娑婆世界所言苦聖諦者，彼攝取世界中，或名能切奪，或名非善友，或名多恐怖，或名種種戲論，或名地獄性，或名非實義，或名貪欲擔，或名深重根，或名随心轉，或名根本空。諸佛子，所言苦集聖諦者，彼攝取世界中，或名貪著，或名惡成辨，或名過惡，或名速疾，或名能執取，或名想，或名有果，或名無可說，或名無可取，或名流轉。諸佛子，所言苦滅聖諦者，

彼攝取世界中，或名不退轉，或名離言說，或名无相狀，或名可欣樂，或名堅固，或名上妙，或名離癡，或名滅盡，或名遠惡，或名出離。諸佛子，所言苦滅道聖諦者，彼攝取世界中，或名離言，或名無諍，或名教導，或名善迴向，或名大善巧，或名差別方便，或名如虛空，或名寂静行，或【名勝】智，或名能了義。諸佛子，攝取世界說四聖諦，有如是夸四百億十千名；随衆生心，悉令調【伏】。

諸佛子，此娑婆世界所言苦聖諦者，彼饒益世界中，或名重【擔】，或名不堅，或名如賊，或名老死，或名愛所成，【或】名流轉，或名疲勞。或名【惡相】狀，或名生長，或名利刃。諸佛子，所言苦集聖諦者，彼饒益世界中，或名〔024-2〕【敗壞，或名】渾濁，或名退失，或名無力，或名喪失，或名【乖】違，或名不和合，或名所作，或名取，或名意欲。諸佛子，所言苦滅聖諦者，彼饒益世界中，或名出【獄，或】名真實，或名離難，或名覆護，或名離惡，或名随順，【或名】根本，或名捨旦，或名无爲，或名無相續。諸佛子，所言苦滅道聖諦者，彼饒益世界中，【或名】達無所有，或名一切印，或名三昧藏，或名得光明，或名不退【法】，或名能盡有，或名廣大路，或名能調伏，或名有安隱，或名不流轉根。諸佛子，饒益【世界說】四聖諦，【有】如是夸四百億十千名；随衆生心，悉令調伏。

諸佛子，此娑婆世界所言苦聖諦者，彼鮮少世界中，或名險樂欲，或名繫縛處，或名耶〈邪〉行，或名随受，或名無慙恥，或名貪欲根，或名恒河流，或名常破壞，或名炬火性，或名多憂惱。諸佛子，所言苦集聖諦者，彼鮮少世界中，或名廣地，或名【能】趣，或名【遠】慧，或名留難，或名恐怖，或名放逸，或名攝取，或名着處，或名宅主，或名連縛。諸佛子，所言苦滅聖諦者，彼鮮少世界中，或名充滿，或名不死，或名【無】我，或名無自性，或名分別盡，或名安樂住，或名無限量，或名斷流轉，或名絕行處，或名不二。諸佛

子，所言苦滅道聖諦者，彼鮮少世界中，或名大光明，【或名】演說海，或名簡〈揀〉① 擇義，或名和合法，或名離取着，或名断相續，或名廣大路，或名平等㠯，或名淨方便，或名㝡勝見。諸佛子，鮮少世界說四聖【諦，有】如是等四百億十千名；随衆生心，悉令調伏。

諸佛子，此娑婆世界所言苦聖諦者，彼歡喜世界中，或名流轉，或名出生，或名染着，或名重擔，【或名】差別，或名内險，或名集會，或名惡舍宅，或名苦惱性。諸佛子，所言苦集聖諦者，彼歡喜【世界】中，或名地，或名方便，或名非時，或名非實法，或名无【底，或名】攝取，或名離戒，或名煩惱法，或名狭劣見，或名垢聚。諸佛子，所言苦滅聖諦者，彼歡喜【世界】中，或名破依止，或名不放逸，或名真實，或名平等，【或名善】淨，或名无病，或名无曲，或名无相，或名自在，或名無生。諸佛子，所言苦滅道聖諦者，彼歡喜世界中，或名入勝界，或名断集，或名超等類，或名廣【大性】，或名分別盡，或名神力道，或名衆方便，或名正念行，或名常寂路，或名攝解脱。諸佛子，歡喜世界說四聖諦，有如是等四百億十千名；随衆生【心，悉令】調伏。

諸佛子，此娑婆世界所言苦聖諦者，彼闕鬮世界中，或名敗壊相，或名如【壊】器，或名我所成，或名諸趣身，或名數流轉，或名衆惡門，或名性苦，【或名可】棄捨，或名無味，或名来去。諸佛子，所言苦集聖諦者，彼闕鬮世界中，或名行，或名憤毒，或名和合，或名受支，或名我心，或名雑毒，或名虗稱，或名【乖違，或】名热惱，或名驚駭。〔諸佛子〕②，所言苦滅聖諦者，彼闕鬮世界中，或名無積集，或名不可得，或名妙藥，或名不可壊，或名無【著，或】名无【量，或】名廣大，或名覺〔024－3〕【分，或名離】染，或名無鄣礙。諸佛子，所言苦滅道聖諦者，彼闕鬮世界中，或名安隠行，或名離欲，或名究竟實，或名入義，或名性究竟，或名淨見〈現〉，或【名攝】念，或【名趣】解脱，或名救濟，或名勝行。諸佛子，闕鬮世界說四聖諦，有如是等四百億十千名；随衆生心，悉令調伏。

諸佛子，此娑婆世界所言苦聖諦者，彼振音世界中，或名匿疵，或名世閒，或名所依，或名慠惕，或名染着性，或名駃〈駛〉③ 流，或名不可樂，或名〔覆〕藏，或名速滅，或名難調。諸佛子，所言苦集聖諦者，彼振音世界中，或名湏制伏，或名心趣，或名能縛，或名随念起，或名至後邊，或名共和合，或名分別，或名門，或名飄動，或名隠覆。諸佛子，所言苦滅聖諦者，彼振音世界中，或名無依處，或名不可取，或名轉還，或名離諍，或名小，或名大，或名善浄，或名無盡，或名廣愽〈博〉，或名無等價。諸佛子，所言苦滅道聖諦者，彼振音世界中，或名觀察，或名能摧敵，或名了知印，或名能入性，或名難敵對，或名無限義，或名能入智，或名和合道，或名恒不動，或名殊勝義。諸佛子，振音世界說四聖諦，有如是等四百億十千名；随衆生心，悉令調伏。

諸佛子，如此娑婆世界中，說四聖諦，有四百億十千名。如是，東方百千億無數無量、無邊無等、不可【數】、不可稱、不可思、不可量、不可說，盡法界、虗空界、所有世界，彼一一世界中，說四聖諦，亦各有四百億十千名；随衆生心，悉令調伏。如東方，南【西北】方，【四維】上下，亦復如是。諸佛子，如娑婆世界，有如上所說；十方世界，彼一切世界亦各有如是。十方世界，一一世界中，說苦聖諦有百億萬種名，說集聖諦、【滅聖諦】、道聖諦亦各有百億萬種名；皆随衆生心之所樂，令其調伏。

大方廣佛花嚴經卷第十二・十二之下

〔024－4〕

---

① 揀，[和]六一頁註①：揀＝簡[三][宮]。

② 諸佛子，[和]六一頁註③：〔諸佛子〕－[聖]。

③ 駛，[和]六二頁註①：駛＝駃[宮]。

大方廣佛花嚴經
光明覺品第九
卷十三‧十三之上

尒時，世尊從兩足輪下放百億光明，照此三千大千世界百億閻浮提、百億弗婆提、百億瞿耶尼、百億欝單越、百億大海、百億輪圍山、百億菩薩受生、百億菩薩出家、百億如来成正覺、百億如来轉灋輪、百億如来入涅槃、百億湏弥山王、百億四大〈天〉①王衆天、百億三十三天、百億夜摩天、百億兜率天、百億化樂天、百億他化自在天、百億梵衆天、百億光音天、百億遍淨天、百億廣果天、百億色究竟天；其中所有，悉皆明現。如此處，見佛世尊坐蓮花藏師子之座，十佛剎微塵數菩薩所共圍繞；其百億閻浮提中，百億如来亦如是坐。尽以佛神力故，十方各有一大菩薩，一一各與十佛剎微塵數諸菩薩俱，來詣佛所。其名曰：文殊師利菩薩、覺首菩薩、財首菩薩、寶首菩薩、功德首菩薩、目首菩薩、精進首菩薩、法首菩薩、智首菩薩、賢首菩薩。是諸菩薩所從來國，所謂金色世界、妙色世界、蓮花色世界、瞻〈蒼〉②蔔花色世界、優鉢羅花色世界、金色世界、寶色世界、金剛色世界、頗梨〈玻瓈〉③色世界、平寺色世界。此諸菩薩各扵佛所淨修梵行，所謂不動智佛、无礙智佛、解脫智佛、威儀智佛、明相智佛、究竟智佛、㝡勝智佛、自在智佛、梵智佛、觀察智佛。尒時，一切處文殊師利菩薩，各扵佛所，同時發聲，說此頌言：

若有見正覺，解脫離諸漏，
不著一切世，彼非證道眼。
若有知如來，體相無所有，
修習得明了，此人疾作佛。
䏻見此世界，其心不摇動，
扵佛身亦然，當成勝智者。
若扵佛及法，其心了平寺，
二念不現前，當踐難思位。
若見佛及身，平等而安住，
無住無所入，當成難遇者。
色受無有數，想行識亦然，
若䏻如是【知】，當作大牟尼。
世及出世見，一切皆超越，
而䏻善知法，當成大光曜。
若扵一切智，發生迴向心，
見心無所生，當獲大名稱。
衆生無有生，亦復无有壞，
若得如是智，當成无上道。
一中解【無量】，無量中解一，
了彼㸦ᶜ〈互〉生起，當成無所畏。

尒時，光明過此世界，遍照東方十佛國土；南西北方，四維上下，亦復如是。彼一一世界中，皆有百億閻浮提，乃至百億色究竟天；其中所有，

---

① 天，㊚六二頁註②：天＝大㊼。
② 蒼，㊚六二頁註③：蒼＝瞻㊼。
③ 玻瓈，㊚六二頁註④：玻瓈＝頗梨㊼。

悉皆【明現】。如此處，見佛世尊坐蓮花藏師子之座，十佛剎微塵〔數〕菩薩所共圍繞；彼一一世界中，各有百億閻浮提、百億如來，亦如是坐。悉以佛神力故，十方各有一大菩薩，一一各與十佛剎微【塵】數諸菩薩俱，來詣佛所。其大菩薩，謂文殊師利等；所從來國，謂金色世界等；本所事佛，謂不動智如來等。尒時，一切處文殊師利菩薩，各於佛所，同時發聲，說此頌言：

眾生无智慧，愛刺〈刺〉所傷毒，
爲彼求菩提，諸佛法如是。
普見於諸法，二邊皆捨離，
道成永不退，轉此無等輪。
不可思議刧，精進修諸行，
爲度諸眾生，此是大仙力。
導師降眾魔，勇健无能勝，
光中演妙義，慈悲故如是。
以彼智慧心，破諸煩惱䩕，
一念見一切，此是佛神力。
擊于正法鼓，覺寤十方剎，
咸令向菩提，自在力能尒。
不壞無邊境，而遊諸億剎，
於有无所著，彼自在如佛。
諸佛如虛空，究竟常清淨，
憶念生歡喜，彼諸願具足。
一一地獄中，經於無量劫，
爲度眾生故，而能忍是苦。
不惜於身命，常護諸佛法，
無我心調柔，能得如來道。

尒時，光明過十世界，遍照東方百世界；南西北方，四維上下，亦復如是。彼諸世界中，皆有百億閻浮提，乃至百億色究竟天；其中所有，悉皆明現。彼一一閻浮提中，悉見如來坐蓮花藏師子之座，十佛剎微塵數菩薩所共圍繞。悉以佛神力故，十方各有一大菩薩，一一各與十佛剎微塵數諸菩薩俱，來詣佛所。其【大】菩薩，謂文殊師利等；所從來國，謂金色世界等；本所【事】佛，謂不動智如來【等。爾時，一】切處文殊師利菩薩，各於佛所，同時發聲，【說此】頌言：

佛了法如幻，通達無罣礙，
【心淨離眾】著，調伏諸羣生。
或有見【初生】，妙色如金山，
【住是】最後身〔025-1〕，永【作】人中月。
或見經行時，具無量功德，
念慧皆善巧，丈夫師子步。
【或見】紺青目，觀察於【十方，
有時現戲笑】，爲順眾生故〈欲〉。
【或見師子吼，殊】勝無比身，
示現最後生，所說無非實。
或有見出家，解脫一切縛，
修治諸佛行，常樂觀寂滅。
或見坐道場，覺知一切法，
【到功德彼岸】；癡暗煩惱盡。
或見勝丈【夫，具】足大悲心，
轉於妙法輪，度無量眾生。
或見師子吼，威光最殊特，
超一切世間，神通力無等。
或見心寂靜，如世燈永滅，
種種現神通，十力能如是。

尒時，光明過百世界，遍照東方千世界；南西北方，四維上下，亦復如是。彼一一世界中，皆有百億閻浮提，乃至百億色究竟天；其中所有，悉皆明現。彼一一閻浮提中，悉見如來坐蓮花藏師子之座，十佛剎微塵數菩薩所共圍繞。悉以佛神力故，十方各有一大菩薩，一一各與十佛剎微塵數諸菩薩俱，來詣佛所。其大菩薩，謂文殊師利等；所從來國，謂金色世界等；本所事佛，謂不動智如來等。尒時，一切處文殊師利菩薩，各於佛所，同時發聲，說此頌言：

佛於甚深法，通達無與等，
眾生不能了，次第爲開示。
我性未曾有，我所亦空寂，

云何諸如来，而得有其身。
解脫明行者，無數無等輪〈倫〉，
世間諸因量，求過不可得。
佛非世間蘊，界處生死法，
數法不能成，故号人師子。
其性本空寂，内外俱解脫，
離一切妄念，無等法如是。
體性常不動，無我無来去，
而能寤世間，無邊悉調伏。
常樂觀寂滅，一相無有二，
其心不增減，現無量神力。
不作諸衆生，業報因緣行，
而能了無礙，善逝法如是。
種種諸衆生，流轉於十方，
如来不分別，度脫無邊類。
諸佛真金色，非有遍諸有，
隨衆生心樂，爲說寂滅法。

尒時，光明過千世界，遍照東方十千世界；南西北方，四維上下，亦復如是。彼一一世界中，皆有百億閻浮提，乃至百億色究竟天；其中所有，悉皆明現。彼一一閻浮提中，悉見如来坐蓮花藏師子之座，十佛剎微塵數菩薩所共圍繞。悉以佛神力故，十方各有一大菩薩，一一各與十佛剎微塵數諸菩薩俱，來詣佛所。其大菩薩，謂文殊師利等；所從來國，謂金色世界等；本所事佛，謂不動智如来等。尒時，一切處文殊師利菩薩，各於佛所，同時發聲，說此頌言：

發起大悲心，救護諸衆生，
永出人天衆，如是業【應作】。
意常信樂佛，【其心不退轉】，
親近諸如来，如是業應作。
志樂佛功德，其心永不退，
住於清涼慧，如是業應作。〔025-2〕
一切威儀中，常念佛功【德，
晝】夜無暫斷，如是業應作。
觀無邊三世，【學彼】佛功德，
常無猒倦心，如是業應作。
觀身如實相，一切皆寂滅，
離我無我者，如是業應作。
等觀衆生心，不起諸【分別】，
入於真實境，如是業應作。
悉舉無邊界，普飲一切海，
此神通智力，如是業應作。
思惟諸國土，色與非色相，
一切悉能知，如是業應作。
十方國土塵，一塵爲一佛，
悉能知其數，如是業應作。

尒時，光明過十千世界，遍照東方百千世界；南西北方，四維上下，亦復如是。彼一一世界中，皆有百億閻浮提，乃至百億色究竟天；其中所有，悉皆明現。彼一一閻浮提中，悉見如来坐蓮花藏師子之座，十佛剎微塵數菩薩所共圍繞。悉以佛神力故，【十】方各有一大菩薩，一一各與十佛剎微塵數諸菩薩俱，来詣佛所。其大菩薩，謂文殊師利等；所從来國，謂金色世界等；本所事佛，謂不動智如來等。

尒時，一切處文殊師利菩【薩】，各於佛所，同時發聲，說此頌言：

若以威德色種族，而見人中調御師，
是爲病眼顛倒見，彼不能知最勝法。
如来色形諸相等，一切世間莫能測，
億那由劫共思量，色相威德轉無邊。
如来非以相爲體，但是無相寂滅法，
身相威儀悉具足，世間隨樂皆得見。
佛法微妙難可量，一切言說莫能及，
非是和合非不合，體性寂滅無諸相。
佛身無生超戲論，非是蘊聚差別法，
得自在力決定見，所行無畏離言道。
身心悉平等，内外皆解脫，
永劫住正念，無著無所繫。
意淨光明者，所行無染者，
智眼靡不周，廣大利衆生。

一身爲無量，無量復爲一，
了知諸世間，現形遍一切。
此身無所從，亦無所積聚，
衆生分別故，見佛種種身。
心分別世間，是心無所有，
如來知此法，如是見佛身。

尒時，光明過百千世界，遍照東方百萬世界；南西北方，四維上下，亦復如是。彼一一世界中，皆有百億閻浮提，乃至百億色究竟天；其中所有，悉皆明現。彼一一閻浮提中，悉見如來坐蓮花藏師子之座，十佛刹微塵數菩薩所共圍繞。悉以佛神力故，十方各有一大菩薩，一一各與十佛刹微塵數諸菩薩俱，來詣佛所。其大菩薩，謂文殊師利等；所從來國，謂金色世界等；本所事佛，謂不動智如來等。

尒時，一切處文殊師利菩薩，各於佛所，同時發聲，說此頌言：

如來寂自在，超世無所依，
具一切功德，度脫於諸有。
無染無所着，無相〈想〉無依止，
體性不可量，見者咸稱歎。
光明遍清淨，塵累悉蠲滌，
不動離二邊，此是如來智。
若有見如來，身心離分別，
即〈則〉於一切法，永出諸疑滯。
一切世間中，處處轉法輪，
無性無所轉，導師方便說。
於法無疑惑，永絕諸戲論，
不生分別心，是念佛菩提。
了知差別法，不着於言說，
無有一與多，是名隨佛教。
多中無一性，一亦無有多，
如是二俱捨，普入佛功德。
衆生及國土，一切皆寂滅，
無依無分別，能入佛菩提。
衆生及國土，一異不可得，

【如】是善觀察，名知佛法義。

尒時，尭明過百萬世界，遍照東方一億世界；南西北方，四維上下，亦復如是。彼一一世界中，皆有百億閻浮提，乃至百億色究竟天；其中所有，悉皆明現。彼一一閻浮提中，各見如來坐蓮花藏師子之座，十佛刹微塵數菩薩所共圍繞。悉以佛神力故，十方各有一大菩薩，一一各與十佛刹微塵數諸菩薩俱，來詣佛所。有〈其〉大菩薩，謂文殊師【利等】；所從來國，謂金色世界等；夲所事佛，謂不動【智】如來等。

尒時，一切處文殊師利菩薩，各於佛所，同時發聲，說此頌言：

智慧无夛法无邊，超諸有海到彼岸，
壽量【光明悉無比】，此功德者方便力。
所有佛法皆明了，常觀三世無猒倦，
雖緣境界不分別，此難思者方便力。
樂觀衆生無生想，普見【諸趣無】趣想，
恒住禪寂不繫心，此【無礙慧方便力。
善】巧通達一切法，正念勤修涅槃道，
樂於解脫離不平，此寂滅人方便力。
有能勸向佛菩提，趣如法界一切智，
善化衆生入於諦，此住佛【心方便力】。
佛所說法皆随入，廣大智〔025－3〕【慧無所礙，

一切處行】悉已臻，此自在修方便力。
恒住涅槃如虛空，随心化現靡不周，
此依【無相】而爲相，到難到者方便力。
晝夜日【月及年劫】，世界始終成壞相，
如是憶念【悉】了知，此時數智方便力。
一切【衆生有生滅】，色與非色想非想，
所有名字悉了知，此住難思方便力。
過去現在未來世，所有言說皆能了，
而知三世悉平等，此無比解方便力。

尒時，光明過一億世界，遍照東方十億世界；南西北方，四維上下，【亦復如】是。彼一一世界中，皆有百億閻浮提，乃至百億色究竟

天；其中所有，悉皆明現。彼一一閻浮提中，悉見如來坐蓮花藏師子之座，十佛刹微塵數菩薩所共圍繞。悉以佛神力故，十方各有一【大菩薩】，一一各與十佛刹微塵數諸菩薩俱，來詣佛所。其大菩薩，謂文殊師利等；所從來國，謂金色世界等；本所事佛，謂不動智如來等。

尒時，一切處文殊師利菩薩，各於佛所，同時發聲，說此頌【言】：

廣大苦行皆修習，日夜精勤無猒怠，
已度難度師子吼，普化衆生是其行。
衆生流轉愛欲海，無明綱覆大憂迫，
至仁勇猛悉斷除，誓亦當然是其行。
世閒放逸著五欲，不實分別受衆苦，
奉行佛教常【攝心】，誓度於斯是其行。
衆生著我入生死，求其邊際不可得，
普事如來獲妙法，為彼宣說是其行。
衆生無怙病所纏，常淪惡趣起三毒，
大火猛燄恒燒熱，淨心度彼是其行。
衆生迷惑失正道，常行耶〈邪〉徑入闇【宅】，
為彼大然正法燈，永作照明是其行。
衆生漂溺諸有海，憂難無涯不可處，
為彼興造大法舩，皆令得度是其行。
衆生無知不見本，迷惑癡狂險難中，
佛哀愍彼建法橋，正念令昇是其行。
見諸衆生在險道，老病死苦常逼迫，
修諸方便無限量，誓當悉度是其行。
聞法信解無疑惑，了性空寂不驚怖，
隨形六道遍十方，普教羣迷是其行。

尒時，光明過十億世界，遍照東方百億世界、千億世界、百千億世界、那由他億世界、百那由他億世界、千那由他億世界、百千那由他億世界，如是無數無量、無邊無等、不可數、不可稱、不可思、不可量、不可說，盡法界、虛空界、所有世界；南西北方，四維上下，亦復如是。彼一一世界中，皆有百億閻浮提，乃至百億色究竟天；其中所有，悉皆明現。彼一一閻浮提中，悉見如來坐蓮花藏師子之座，十佛刹微塵數菩薩所共圍繞。悉以佛神力故，十方各有一大菩薩，一一各與十佛刹微塵數諸菩薩俱，來詣佛所。其大菩薩，謂文殊師利等；所從來國，謂金色世界等；本所事佛，謂不動智如來等。尒時，一切處文殊師利菩薩，各於佛所，同時發聲，說此頌言：

一念普觀無量劫，無去無來亦無住，
如是了知三世事，超諸方便成十力。
十方無比善名稱，永離諸難常歎〈歡〉喜，
普詣一切國土中，廣為宣揚如是法。
為利衆生供養佛，如其意獲相似果，
於一切法悉順知，遍十方中現神力。
從初供佛意柔忍，入深禪定觀法性，
普勸衆生發道心，以此速成無上果。
十方求法情無異，為修功德令滿足，
有無二相悉滅除，此人於佛為真見。
普往十方諸國土，廣說妙法興義利，
住於實際不動搖，此人功德同於佛。
如來所轉妙法輪，一切皆是菩提分，
若能聞已悟法性，如是之人常見佛。
不見十力空如幻，雖見非見如盲覩，
分別取相不見佛，畢竟離著乃能見。
衆生隨業種種別，十方內外難盡見，
佛身無礙遍十方，不可盡見亦如是。
譬如空中無量刹，无來无去遍十方，
生成滅壞無所依，佛遍虛空亦如是。

〔025-4〕

大方廣佛花嚴經
菩薩問明品第十

【爾時，文殊師利菩薩問覺首菩薩言：佛子，心性是一。云何見有種種差別，所謂往善趣惡趣，諸根滿缺，受生同異，端正醜陋，苦樂不同，業不知心、心不知業，受不知報、報不知受，心不知受、受不知心，因不知緣、緣不知因，智不知境、境不知智。

時，覺首菩薩以頌答曰：
仁今問是義，爲曉悟群蒙，
我如其性答，惟仁應諦聽。
諸法無作用，亦無有體性，
是故彼一切，各各不相知。
譬如河中水，湍流競奔逝，
各各不相知，諸法亦如是。
亦如大火聚，猛焰同時發，
各各不相知，諸法亦如是。
又如長風起，遇物咸鼓扇，
各各不相知，諸法亦如是。
又如衆地界，展轉因依住，
各各不相知，諸法亦如是。
眼耳鼻舌身，心意諸情根，
以此常流轉，而無能轉者。
法性本無生，示現而有生，
是中無能現，亦無所現物。
眼耳鼻舌身，心意諸情根，
一切空無性，妄心分別有。
如理而觀察，一切皆無性，
法眼不思議，此見非顛倒。
若實若不實，若妄若非妄，
世間出世間，但有假言說。

爾時，文殊師利菩薩問財首菩薩言：佛子，一切衆生非衆生。云何如來隨其時、隨其命、隨其身、隨其行、隨其解、隨其言論、隨其心樂、隨其方便、隨其思惟、隨其觀察，於如是諸衆生中，爲現其身，教化調伏。

時，財首菩薩以頌答曰：
此是樂寂滅，多聞者境界，
我爲仁宣說，仁今應聽受。
分別觀內身，此中誰是我，
若能如是解，彼達我有無。
此身假安立，住處無方所，
諦了是身者，於中無所著。
於身善觀察，一切皆明見，
知法皆虛妄，不起心分別。
壽命因誰起，復因誰退滅，
猶如旋火輪，初後不可知。
智者能觀察，一切有無常，
諸法空無我，永離一切相。
衆報隨業生，如夢不真實，
念念常滅壞，如前後亦爾。
世間所見法，但以心爲主，
隨解取衆相，顛倒不如實。
世間所言論，一切是分別，
未曾有一法，得入於法性。
能緣所緣力，種種法出生，
速滅不暫停，念念悉如是。

爾時，文殊師利菩薩問寶首菩薩言：佛子，

一切衆生，等有四大，無我、無我所。云何而有受苦受樂，端正醜陋，內好外好，少受多受，或受現報，或受後報，然法界中，無美無惡。

時，寶首菩薩以頌答曰：
隨其所行業，如是果報生，
作者無所有，諸佛之所說。
譬如淨明鏡，隨其所對質，
現像各不同，業性亦如是。
亦如田種子，各各不相知，
自然能出生，業性亦如是。
又如巧幻師，在彼四衢道，
示現衆色相，業性亦如是。
如機關木人，能出種種聲，
彼無我非我，業性亦如是。
亦如衆鳥類，從㲉而得出，
音聲各不同，業性亦如是。
譬如胎藏中，諸根悉成就，
體相無來處，業性亦如是。
又如在地獄，種種諸苦事，
彼悉無所從，業性亦如是。
譬如轉輪王，成就勝七寶，
來處不可得，業性亦如是。
又如諸世界，大火所燒然，
此火無來處，業性亦如是。

爾時，文殊師利菩薩問德首菩薩言：佛子，如來所悟，唯是一法。云何乃說無量諸法，現無量刹，化無量衆，演無量音，示無量身，知無量心，現無量神通，普能震動無量世界，示現無量殊勝莊嚴，顯示無邊種種境界。而法性中，此差別相，皆不可得。

時，德首菩薩以頌答曰：
佛子所問義，甚深難可了，
智者能知此，常樂佛功德。
譬如地性一，衆生各別住，
地無一異念，諸佛法如是。
亦如火性一，能燒一切物，
火焰無分別，諸佛法如是。
亦如大海一，波濤千萬異，
水無種種殊，諸佛法如是。
亦如風性一，能吹一切物，
風無一異念，諸佛法如是。
亦如大雲雷，普雨一切地，
雨滴無差別，諸佛法如是。
亦如地界一，能生種種芽，
非地有殊異，諸佛法如是。
如日無雲曀，普照於十方，
光明無異性，諸佛法如是。
亦如空中月，世間靡不見，
非月往其處，諸佛法如是。
譬如大梵王，應現滿三千，
其身無別異，諸佛法如是。

爾時，文殊師利菩薩問目首菩薩言：佛子，如來福田，等一無異。云何而見衆生布施果報不同，所謂種種色、種種形、種種家、種種根、種種財、種種主、種種眷屬、種種官位、種種功德、種種智慧；而佛於彼，其心平等，無異思惟。

時，目首菩薩以頌答曰：
譬如大地一，隨種各生芽，
於彼無怨親，佛福田亦然。
又如水一味，因器有差別，
佛福田亦然，衆生心故異。
亦如巧幻師，能令衆歡喜，
佛福田如是，令衆生敬悅。
如有才智王，能令大衆喜，
佛福田如是，令衆生悉樂。
譬如淨明鏡，隨色而現像，
佛福田如是，隨心獲衆報。
如阿揭陀藥，能療一切毒，
佛福田如是，滅諸煩惱患。
亦如日出時，照曜於世間，
佛福田如是，滅除諸黑暗。
亦如淨滿月，普照於大地，
佛福田亦然，一切處平等。
譬如毘藍風，普震於大地，

佛福田如是，動三有眾生。
譬如大火起，能燒一切物，
佛福田如是，燒一切有為。

爾時，文殊師利菩薩問勤首菩薩言：佛子，佛教是一，眾生得見，云何不即悉斷一切諸煩惱縛而得出離，然其色蘊、受蘊、想蘊、行蘊、識蘊、欲界、色界、無色界、無明、貪愛，無有差別，是則佛教。於諸眾生，或有利益，或無利益。

時，勤首菩薩以頌答曰：
佛子善諦聽，我今如實答，
或有速解脫，或有難出離。
若欲求除滅，無量諸過惡，
當於佛法中，勇猛常精進。
譬如微少火，樵濕速令滅，
於佛教法中，懈怠者亦然。
如鑽燧求火，未出而數息，
火勢隨止滅，懈怠者亦然。
如人持日珠，不以物承影，
火終不可得，懈怠者亦然。
譬如赫日照，孩稚閉其目，
怪言何不覩，懈怠者亦然。
如人無手足，欲以芒草箭，
遍射破大地，懈怠者亦然。
如以一毛端，而取大海水，
欲令盡乾竭，懈怠者亦然。
又如劫火起，欲以少水滅，
於佛教法中，懈怠者亦然。
如有見虛空，端居不搖動，
而言普騰驤，懈怠者亦然。

爾時，文殊師利菩薩問法首菩薩言：佛子，如佛所說：若有眾生，受持正法，悉能除斷一切煩惱。何故復有受持正法而不斷者，隨貪瞋癡，隨慢隨覆，隨忿隨恨，隨嫉隨慳，隨誑隨諂，勢力所轉，無有離心。能受持法，何故復於心行之內起諸煩惱。

時，法首菩薩以頌答曰：
佛子善諦聽，所問如實義，

非但以多聞，能入如來法。
如人水所漂，懼溺而渴死，
於法不修行，多聞亦如是。
如人設美饌，自餓而不食，
於法不修行，多聞亦如是。
如人善方藥，自疾不能救，
於法不修行，多聞亦如是。
如人數他寶，自無半錢分，
於法不修行，多聞亦如是。
如有生王宮，而受餒與寒，
於法不修行，多聞亦如是。
如聾奏音樂，悅彼不自聞，
於法不修行，多聞亦如是。
如盲繢眾像，示彼不自見，
於法不修行，多聞亦如是。
譬如海船師，而於海中死，
於法不修行，多聞亦如是。
如在四衢道，廣說眾好事，
內自無實德，不行亦如是。

爾時，文殊師利菩薩問智首菩薩言：佛子，於佛法中，智為上首。如來何故，或為眾生讚歎布施，或讚持戒，或讚堪忍，或讚精進，或讚禪定，或讚智慧，或復讚歎慈悲、喜捨，而終無有唯以一法，而得出離成阿耨多羅三藐三菩提者。

時，智首菩薩以頌答曰：
佛子甚希有，能知眾生心，
如仁所問義，諦聽我今說。
過去未來世，現在諸導師，
無有說一法，而得於道者。
佛知眾生心，性分各不同，
隨其所應度，如是而說法。
慳者為讚施，毀禁者讚戒，
多瞋為讚忍，好懈讚精進。
亂意讚禪定，愚癡讚智慧，
不仁讚慈愍，怒害讚大悲。
憂慼為讚喜，曲心讚歎捨，
如是次第修，漸具諸佛法。

如先立基堵，而後造宮室，
施戒亦復然，菩薩衆行本。
譬如建城郭，爲護諸人衆，
忍進亦如是，防護諸菩薩。
譬如大力王，率土咸戴仰，
定慧亦如是，菩薩所依賴。
亦如轉輪王，能與一切樂，
四等亦如是，與諸菩薩樂。

爾時，文殊師利菩薩問賢首菩薩言：佛子，諸佛世尊，唯以一道，而得出離。云何今見一切佛土，所有衆事，種種不同，所謂世界、衆生界、說法調伏、壽量、光明、神通、衆會、教儀、法住，各有差別。無有不具一切佛法，而成阿耨多羅三藐三菩提者。

時，賢首菩薩以頌答曰：
文殊法常爾，法王唯一法，
一切無礙人，一道出生死。
一切諸佛身，唯是一法身，
一心一智慧，力無畏亦然。
如本趣菩提，所有迴向心，
得如是刹土，衆會及說法。
一切諸佛刹，莊嚴悉圓滿，
隨衆生行異，如是見不同。
佛刹與佛身，衆會及言說，
如是諸佛法，衆生莫能見。
其心已清淨，諸願皆具足，
如是明達人，於此乃能覩。
隨衆生心樂，及以業果力，
如是見差別，此佛威神故。
佛刹無分別，無憎無有愛，
但隨衆生心，如是見有殊。
以是於世界，所見各差別，
非一切如來，大僊之過咎。
一切諸世界，所應受化者，
常見人中雄，諸佛法如是。

爾時，諸菩薩謂文殊師利菩薩言：佛子，我等所解，各自說已。唯願仁者，以妙辯才，演暢如來所有境界，何等是佛境界，何等是佛境界因，何等是佛境界度，何等是佛境界入，何等是佛境界智，何等是佛境界法，何等是佛境界說，何等是佛境界知，何等是佛境界證，何等是佛境界現，何等是佛境界廣。

時，文殊師利菩薩以頌答曰：
如來深境界，其量等虛空，
一切衆生入，而實無所入。
如來深境界，所有勝妙因，
億劫常宣說，亦復不能盡。
隨其心智慧，誘進咸令益，
如是度衆生，諸佛之境界。
世間諸國土，一切皆隨入，
智身無有色，非彼所能見。
諸佛智自在，三世無所礙，
如是慧境界，平等如虛空。
法界衆生界，究竟無差別，
一切悉了知，此是如來境。
一切世間中，所有諸音聲，
佛智皆隨了，亦無有分別。
非識所能識，亦非心境界，
其性本清淨，開示諸群生。
非業非煩惱，無物無住處，
無照無所行，平等行世間。
一切衆生心，普在三世中，
如來於一念，一切悉明達。

爾時，此娑婆世界中，一切衆生所有法差別、業差別、世間差別、身差別、根差別、受生差別、持戒果差別、犯戒果差別、國土果差別，以佛神力，悉皆明現。如是，東方百千億那由他無數無量、無邊無等、不可數、不可稱、不可思、不可量、不可說，盡法界、虛空界、一切世界中，所有衆生法差別，乃至國土果差別，悉以佛神力故，分明顯現；南西北方，四維上下，亦復如是】。

【大方廣佛華嚴經卷第十三】

大方廣佛花嚴經

淨行品第十一

卷（第）十四·十四之上

【爾時】，智首菩薩問文殊師利菩薩言：佛子，菩薩云何【得無過失身語意業，云何得不害身語意業，云何得不可毀身語意業，云】何得不可壞身語意業，云何得不退轉身語意業，云何得不可動身語意業，云何得殊勝身語意業，云【何得清淨身語意業，云何得無染身語意業，云何得智爲先導身語意業，云】何得生處具足、種族具足、家具足、色具足、相具足、念具足、慧具足、行具足、無畏具足、覺悟具足，云何得勝慧、【第一慧、最上慧、最勝慧、無量慧、無數慧、不思議慧、無與等慧、不可量慧、不】可說【慧】，云何得因力、欲力、方便力、緣力、所緣力、根力、觀察力、奢摩他力、毗鉢舍那力、思惟力，云何得蘊【善巧、界善巧、處善巧、緣起善巧、欲界善巧、色界善巧、無色界善巧、過去】善巧、未来善【巧、現在】善巧，云何善修習念覺分、擇法覺分、精進覺分、喜覺分、猗覺分、定覺分、【捨覺分、空、無相、無願，云何得圓滿檀波羅蜜、尸波羅蜜、羼提波羅蜜】、毗離〈梨〉耶波羅【蜜、禪那】波羅蜜、般若波羅蜜，及以圓滿慈悲喜捨，云何得處非處智力、過未現在業【報智力、根勝劣智力、種種界智力、種種解智力、一切至處道智力、禪】解脫三昧染淨智【力】、宿住念智力、無鄣礙天眼智力、斷諸習智力，云何常得天王、龍王、夜叉王、乹闥【婆王、阿脩羅王、迦樓羅王、緊那羅王、摩睺羅伽王、人王、梵王之所守護，恭】敬供養，云何得【與】一切衆生爲依、爲救、爲歸、爲趣、爲炬、爲明、爲照、爲導、爲勝導、爲普導，云何於一【切衆生中，爲第一、爲大、爲勝、爲最勝、爲妙、爲極妙、爲上、爲無上、爲無等、爲】無等等。

尒時，文殊師利菩薩告智首菩薩言：

善犾，佛子，汝今爲欲多所饒益、多所安隱，哀愍世間，利樂天【人，問如是義。佛子，若諸菩薩善用其心，則獲一切勝妙功德；於諸佛法，心無所礙，住】去來今諸佛之道；随衆生住，恒不捨離；如諸法相，悉能通達；斷一切惡，具足衆善；當如普賢，色像苐【一，一切行願皆得具足；於一切法，無不自在，而爲衆生第二導師。佛子，云何用心能】獲一切勝妙功德，佛子。

菩薩在家，當頗衆生：

知家性空，免其逼迫。

孝事父母，當頗衆生：

善事於佛，護【養一切。

妻子集會，當願衆生：

怨親平等，永離貪著。

若得五欲，當願衆生：

拔除欲】箭，究竟安隱。

技〈妓〉① 樂聚會，當頗衆生：

---

① 妓，[徑]七〇頁註②：妓＝伎[宫]，下同。

以法自娛，了技〈妓〉．非實。
若在宮室，當願衆生：
入於聖地，永除穢欲。
著瓔【珞時，當願衆生：
捨諸偽飾，到真實處。
上昇樓閣，當願衆生：
昇正法樓，徹見一切。
若】有所施，當願衆生：
一切能捨，心無受〈愛〉著。
衆會聚集，當願衆生：
捨衆聚法，成一切智。
若在厄難，當願【衆生：
隨意自在，所行無礙。
捨居家時，當願衆生：
出家無礙，心得解脫。
入僧伽藍，當願衆生】：
演【說】種種，無乖【諍法】。
詣大小師，當願衆生：
巧事師長，習行善法。
求請出家，當願衆生：
得不退法〔027①-1〕，【心無障礙。
脫去俗服，當願衆生：
勤修善根，捨諸罪軛。
剃除鬚髮，當願衆生：
永離】煩惱，究竟【寂滅。
著】袈裟衣，當願衆生：
心無所染，具大仙道。
正出家時，當願衆生：
同佛出家，救護【一切。
自歸於佛，當願衆生：
紹隆佛種，發無上意。
自歸於法，當願衆生：
深入經藏】，智慧如海。
自歸於僧，當願衆生：
統理大衆，一切無礙。
受學戒時，當願衆生：

善學於戒，不作衆惡。
【受闍梨教，當願衆生：
具足威儀，所行真實。
受和尚教，當願衆生：
入無生智，到無依處】。
受具足戒，當願衆生：
具諸方便，得最勝法。
若入堂宇，當願衆生：
昇無上堂，安住不動。
若【敷床座，當願衆生：
開敷善法，見真實相。
正身端坐，當願衆生：
坐菩提座，心無】所著。
結【跏】趺坐，當願衆生：
善根堅固，得不動地。
修行於定，當願衆生：
以定伏心，究竟無餘。
若修於觀，【當願衆生：
見如實理，永無乖諍。
捨跏趺坐，當願衆生：
觀諸行法，悉歸散滅。
下】足住時，當願衆生：
心得解脫，安住不動。
若舉於足，當願衆生：
出生死海，具衆善法。
著下裙〈帬〉① 時，當願衆【生：
服諸善根，具足慚愧。
整衣束帶，當願衆生：
檢束善根，不令散失。
若著上衣，當】願衆生：
獲勝善根，至法彼岸。
著僧伽梨，當願衆生：
入第一位，得不動法。
手執楊枝，當願衆生：

---

① 帬，㉞七〇頁註⑤：帬=裙㊁㊀㊂。

皆得妙【法，究竟清淨。
嚼楊枝時，當願衆生：
其心調淨，噬諸煩惱。
大小便時，當願衆生：
棄】貪瞋癡，蠲除罪法。
事訖就水，當願衆生：
出世法中，速疾而往。
洗滌形穢，當願衆生：
清淨調柔，畢竟無垢。
以水【盥掌，當願衆生：
得清淨手，受持佛法。
以水洗面，當願衆生：
得淨法門，永無】垢染。
手執錫杖，當願衆生：
設大施會，示如實道。
執持應器，當願衆生：
成就法器，受天人供。
發趾向道，【當願衆生：
趣佛所行，入無依處。
若在於道，當願衆生：
能行佛道，向無餘法。
涉路】而去，當願衆生：
履淨法界，心無鄣礙。
見昇高路，當願衆生：
永出三界，心無怯弱。
見趣下路，當願衆生：
其【心謙下，長佛善根。
見斜曲路，當願衆生：
捨不正道，永除惡見。
若見直路，當願衆生】：
其心正直，無謟〈諂〉無誑。
見路多塵，當願衆生：
遠離塵坌，獲清淨法。
見路無塵，當願衆生：
常行大悲，其心潤【澤。
若見險道，當願衆生：

住正法界，離諸罪難。
若見衆會，當願衆生：
說甚深】法，一切和合。
若見大柱，當願衆生：
離我諍心，無有忿恨。
若見叢林，當願衆生：
諸天及人，所應敬礼。
若見高山，當【願衆生：
善根超出，無能至頂。
見棘刺樹，當願衆生：
疾得翦除，三毒之刺。
見】樹葉茂，當願衆生：
以定解脫，而爲蔭暎〈映〉。
若見花開，當願衆生：
神通等法，如花開敷。
若見樹花，當願【衆生：
衆相如華，具三十二。
若見果實，當願衆生：
獲最勝法，證菩提道。
若見】大河，當願衆生：
得預法流，入佛智海。
若見【陂澤】，當願衆【生：
疾】悟諸佛，一味之法。
若見池沼，當願衆生：
語業滿足〔027①-2〕，【巧能演說。
若見汲井，當願衆生：
具足辯才，演一切法。
若見涌泉，當願衆生：
方便增】長，善根無盡。
若見橋道，當願衆生：
廣度一切，猶如橋梁。
若見流水，當願衆生：
得善意欲，洗除【惑垢。
見修園圃，當願衆生：
五欲圃中，耘除愛草。
見無憂林，當願】衆生：

永離貪愛，不生憂怖。
若見園苑，當願衆生：
勤修諸行，趣佛菩提。
見嚴飾人，當願衆生：
三十【二相，以爲嚴好。
見無嚴飾，當願衆生：
捨諸飾好，具頭陀行。
見樂著人】，當願衆生：
以法自娛，歡愛不捨。
見無樂著，當願衆生：
有爲事中，心無所樂。
見歡樂人，當願衆生：
常【得安樂，樂供養佛。
見苦惱人，當願衆生：
獲根本智，滅除衆苦。
見】無病人，當願衆生：
入真實慧，永無病惱。
見疾病人，當願衆生：
知身空寂，離乖諍法。
見端正人，當願衆【生：
於佛菩薩，常生淨信。
見醜陋人，當願衆生：
於不善事，不生樂著。
見報】恩人，當願衆生：
於佛菩薩，能知恩德。
見背恩人，當願衆生：
於有惡人，不加其報。
若見沙門，當願衆生：
【調柔寂靜，畢竟第一。
見婆羅門，當願衆生：
永持梵行，離一切惡。
見】苦行人，當願衆生：
依於苦行，至究竟處。
見操行人，當願衆生：
堅持志行，不捨佛道。
見著甲胄，當願衆生：

【常服善鎧，趣無師法。
見無鎧仗，當願衆生：
永離一切，不善之業。
見論議】人，當願衆生：
於諸異論，悉能摧伏。
見舌命人，當願衆生：
得清淨命，不矯威儀。
若見於王，當願衆生：
得爲法【王，恒轉正法。
若見王子，當願衆生：
從法化生，而爲佛子。
若見長者，當願衆】生：
善能明斷，不行惡法。
若見大臣，當願衆生：
恒守正念，習行衆善。
若見城郭〈廓〉，當願衆生：
得堅固身，心【無所屈。
若見王都，當願衆生：
功德共聚，心恒喜樂。
見處林藪，當願衆生：
應】爲天人，之所歎仰。
入里乞食，當願衆生：
入深法界，心無鄣礙。
到人門戶，當願衆生：
入於一切，佛法之門。
入其家已，【當願衆生：
得入佛乘，三世平等。
見不捨人，當願衆生：
常不捨離，勝功德法】。
見能捨人，當願衆生：
永得捨離，三惡道苦。
若見空鉢，當願衆生：
其心清淨，空無煩惱。
若見滿鉢，當願衆【生：
具足成滿，一切善法。
若得恭敬，當願衆生：

恭敬修行，一切佛法。
不得恭敬，當】願衆生：
不行一切，不善之法。
見慚恥人，當願衆生：
具慙恥行，藏護諸根。
見無慚恥，當願衆生：
捨離無【慚，住大慈道。
若得美食，當願衆生：
滿足其願，心無羨欲。
得不美食，當願衆】生：
莫不獲得，諸三昧味。
得柔耎食，當願衆生：
大悲所熏，心意柔耎。
得麁澁食，當願衆生：
心無染著，【絕世貪愛。
若飯食時，當願衆生：
禪悅爲食，法喜充滿。
若受味】時，當願衆生：
得佛上味，甘露滿足。
飯食已訖，當願衆生：
所作皆辦，具諸佛法。
若說法時，當願衆生：
【得無盡辯，廣宣法要。
從舍出時，當願衆生：
深入佛智，永出三界。
若入水時，當願衆生】：
入一切智，知三世苹。
洗浴【身體】，當願衆生：
身心無垢，内外光潔。
盛暑炎毒，當願衆生：〔027①-3〕
【捨離衆惱，一切皆盡。
暑退涼初，當願衆生：

證無上法，究竟清涼。
諷誦】經時，當願衆生：
順佛所說，【總持】無〈不〉忘。
若得見佛，當願衆生：
得無礙眼，見一切佛。
諦觀佛時，【當願衆生：
皆如普賢，端正嚴好。
見佛塔時，當願衆生：
尊重如塔，受天人】供。
敬心觀塔，當願衆生：
諸天及人，所共瞻仰。
頂礼扵塔，當願衆生：
一切天人，無能見頂。
右繞於塔，當願【衆生：
所行無逆，成一切智。
遶塔三匝，當願衆生：
勤求佛道，心無懈歇。
讚佛功】德，當願衆生：
衆德悉具，稱歎無盡。
讚佛相好，當願衆生：
成就佛身，證無相法。
若洗足時，當願衆【生：
具神足力，所行無礙。
以時寢息，當願衆生：
身得安隱，心無動亂。
睡眠】始寤，當願衆生：
一切智覺，周顧十方。
佛子，若諸菩薩如是用心，則獲一切勝妙功德；一切世間諸天、魔、【梵、沙門、婆羅門、乾闥婆、阿脩羅等，及以一切聲聞、緣覺，所不能動】。

大方廣佛花嚴經
賢首品第十二之上

尒時，文殊師利菩薩說無濁亂清淨行大功德已，欲顯示菩提【心功德故，以偈問賢首菩薩曰】：

【我今已爲諸菩薩，說佛往修清淨行】，
仁亦當於此會中，演暢修行勝功德。
尒時，賢首菩薩以偈荅曰：
善㦲仁者應諦聽，彼諸功德不可量，
【我今隨力說少分，猶如大海一滴水。
若有菩薩初發心，誓求當證佛菩提】，
彼之功德無邊際，不可稱量無與等。
何況無量無邊劫，具修地度諸功德，
十方一切諸如來，悉共稱揚【不能盡。
如是無邊大功德，我今於中說少分，
譬如鳥足所履空，亦如大地一微塵】。
菩薩發意求菩提，非是無因無有緣，
於佛法僧生淨信，以是而生廣大心。
不求五欲及王位，富饒自樂【大名稱，
但爲永滅衆生苦，利益世間而發心。
常欲利樂諸衆生，莊嚴國土供養佛】，
受持正法修諸智，證菩提故而發心。
深心信解常清淨，恭敬尊重一切佛，
於法及僧亦如是，至誠供養【而發心。
深信於佛及佛法，亦信佛子所行道，
及信無上大菩提，菩薩以是初發心】。
信爲道元功德母，長養一切諸善法，
斷除疑網出愛流，開示涅槃無上道。
信無垢濁心清淨，滅除憍慢【恭敬本，
亦爲法藏第一財，爲清淨手受衆行。
信能惠施心無恡，信能歡喜入佛法】，
信能增長智功德，信能必到如來地。
信令諸根淨明利，信力堅固無能壞，
信能永滅煩惱本，信能專向佛【功德。
信於境界無所著，遠離諸難得無難，
信能超出衆魔路，示現無上解脫道】。
信爲功德不壞種，信能生長菩提樹，
信能增益㝡勝智，信能示現一切佛。
是故依行說次第，信樂㝡勝甚【難得，
譬如一切世間中，而有隨意妙寶珠。
若常信奉於諸佛，則能持戒修學處】；
若常持戒修學處，則能具足諸功德。
【戒】能開發菩提夲，學是勤修功德地；
於戒及學常順行，一切如來所〔027①-4〕
【稱美。
若常信奉於諸佛，則能興集大供養；
若能興集大供養，彼人信佛不思議】。
若常信奉於尊法，則聞佛法無猒足；
若聞佛法無猒足，彼人信法不思議。
若常信奉清淨僧，則得信心不退轉；
若得信心不退轉，【彼人信力無能動。
若得信力無能動，則得諸根淨明利】；
若得諸根淨明利，則能遠離惡知識；
若能遠離惡知識，則得親近善知識；
若得親近善知識，則能修集廣大善。
若能修集廣【大善，彼人成就大因力；

若人成就大因力】，則得殊勝決定解。
若得殊勝決定解，則爲諸佛所護念；
若爲諸佛所護念，則能發起菩提心。
若能發起菩提心，則能勤修佛【功德；
若能勤修佛功德，則得生在如來家】。
若得生在如來家，則善修行巧方便；
若善修行巧方便，則得信樂心清淨。
若得信樂心清淨，則得增上最勝心；
若得增上最勝【心，則】常修【習波羅蜜。
若常修習波羅蜜】，則能具足摩訶衍；
若能具足摩訶衍，則能如法供養佛。
若能如法供養佛，則能念佛心不動；
若能念佛心不動，則常觀見無量【佛。
若常觀見無量佛，則見如來體常住】；
若見如來體常住，則能知法永不滅。
若能知法永不滅，則得辯才無蔀礙；
若得辯才無蔀礙，則能開演无邊法。
若能開演【無邊法，則能慈愍度衆生；
若能慈愍度衆生】，則得堅固大悲心。
若得堅固大悲心，則能愛樂甚深法；
若能愛樂甚深法，則能捨離有爲過。
若能捨離有爲過，則離憍【慢及放逸；
若離憍慢及放逸，則能兼利一切衆】。
若能兼利一切衆，則處生死無疲猒；
若處生死無疲猒，則能勇健無能勝。
若能勇健無能勝，則能發起大神通；
若【能發起大神通，則知一切衆生行。
若知一切衆生行】，則能成就諸羣生；
若能成就諸羣生，則得善攝衆生智。
若得善攝衆生智，則能成就四攝法；
若能成就四攝法，【則與衆生無限利。
若與衆生無限利，則具最勝智方便；
若具最勝智方便，則住勇猛無上道。
若住勇猛無上道，則能摧殄諸魔力；
若能摧殄諸魔力，則能超出四魔境。
若能超出四【魔境，則得至於不退地；

若得至於不退地】，則得無生深法忍。
若得無生深法忍，則爲諸佛所授記；
若爲諸佛所授記，則一切佛現其前。
若一切佛現其前，則了神通深【密用；
若了神通深密用，則爲諸佛所憶念】。
若爲諸佛所憶念，則以佛德自莊嚴；
若以佛德自莊嚴，則獲妙福端嚴身。
若獲妙福端嚴身，則身晃曜如金山；
若身晃曜【如金山，則相莊嚴三十二。
若相莊嚴三十二】，則具隨好爲嚴飾；
若具隨好爲嚴飾，則身光明无限量。
若身光明無限量，則不思議光莊嚴；
若不思議光莊嚴，其光明〈則〉出諸蓮花。
【其光若出諸蓮華，則無量佛坐華上】；
示現十方靡不遍，悉能調伏諸衆生。
若能如是調衆生，則見〈現〉無量神通力。
若見〈現〉无量神通力，則住不可思議土，
演說不可思議法，令不思議【衆歡喜。
若說不可思議法】，令不思議衆歡喜，
則以智慧辯才力，隨衆生心而化誘。
若以智慧辯才力，隨衆生心而化誘，
則以智慧【爲先】導，身語意業恒无失。
若以智慧【爲先導，身語意業恒無失】，
則其【願力】得自在，普隨諸趣而現身。
若其願力得自在，普隨諸趣而現身，
則能爲衆說法時，音聲【隨類難思議。
若能爲衆】說法時，【音聲】隨類〔028-1〕
【難思議，
則於一切衆生心】，一【念】悉知無有餘。
若於一切衆生心，一念【悉知無有餘】，
則知【煩惱無所起，永不沒】溺於生死。
若【知煩惱無所起，永】不【沒溺於生死，
則獲功德法性】身，以法威力現世間。
若獲功德法性身，以法威力現世間，
則獲【十地十自】在，修行諸度【勝】
解脫。

若【獲十地十自在，修行諸度勝解脫，
則獲灌頂大】神通，住於最勝諸三昧。
若獲灌頂大神通，住於最勝諸三昧，
則於十方諸佛所，應受灌頂【而】昇位。
若於十方諸【佛所】，應【受灌頂而昇位，
則蒙十方】一切佛，手以甘露灌其頂。
若蒙十方一切佛，手以甘露灌其頂，
則身充遍如虛空，安住不動滿十方。
若身充遍如虛空，安住【不動滿十方，
則彼所】行無與等，諸天世人莫能知。
菩薩勤修大悲行，願度一切無不果，
見聞聽受若供養，靡【不】皆令獲安樂。
彼諸大士威神力，法眼常全【無缺減，
十善妙】行等諸道，無上勝寶皆令現。
無上大寶〈譬如大海〉金剛聚，以彼威力生眾寶，
無減無增亦無盡，菩薩【功】德聚亦然。
或有刹【土】無有佛，於彼示現成【正】覺，
或【有國】土不知法，於彼爲說妙法藏。
無有分別無功用，於一念頃遍十方，
如月光影靡不周，無量方便化【群生】。
於彼【十方世】界中，念念示現【成佛】道，
轉正【法】輪ᶜ〈論〉【入】寂【滅】，乃至舍利廣分布。
或現聲聞獨覺道，或現成佛普莊嚴，
如是開闡三乘教，廣度眾生無量【劫。
或現童男】童女形，天龍及以阿脩羅，
乃至摩睺羅伽等，隨其所樂悉令見。
眾生形相各不同，行業音聲亦無量，
如是一切皆能現，海印三昧威【神力。
嚴淨】不可思議刹，供養一切諸如來，
放大光【明】無有邊，【度】脫眾生亦無限。
智慧自在不思議，說法言詞〈辭〉①無有礙，

施戒忍進及禪【定】，智慧【方便神】通等。
如是一切皆自在，以佛花嚴三昧力，
一微塵中入三昧，【成就】一切微塵定，
而彼微塵亦不增，於一普現難思刹。
彼一塵內眾多刹，或有有【佛】或無佛，
或有雜染或清淨，或有廣大或狹小，
或復有成【或】有壞，【或有正】住或傍住，
或如曠野熱時燄，或如天上因陁綱。
如一塵中所示現，一切微塵悉亦然。
此大名稱諸聖人，三昧解脫神通力，
若欲供養【一】切【佛，入于三】昧起神變，
能【以一】手遍三【千】，普供一切諸如來。
十方所有勝妙花，塗香末香无價寶，
如是皆從手中出，供養道樹諸最勝。
【無價】寶衣【雜】妙〔028-2〕【香，寶幢幡蓋】皆嚴好，
真金爲花寶爲帳〈帳〉，莫不皆從掌中雨。
十方【所有】諸妙物，應可奉獻無上尊，
掌中悉雨無不備，菩提樹前【持】供【佛】。
十方一切諸技〈妓〉樂，【鐘鼓琴瑟】非一類，
悉奏和雅妙音聲，靡不從於掌中出。
十方所有諸讚頌，稱歎如來實功德，
如是種種妙言詞，皆從掌內而開演。
菩薩右手放淨光，【光中香水】從空雨，
普灑十方諸佛土，供養一切照世燈。
又放光明妙莊嚴，出生無量寶蓮花，
其花色相皆殊妙，以此供養於【諸】佛。
又放光明花莊嚴，【種種妙花】集爲帳〈帳〉，
普散十方諸國土，供養一切大德尊。
又放光明香莊嚴，種種妙香集爲帳〈帳〉，
普散十方諸國土，供養一切大德尊。
又放光明末香嚴，【種種末香】聚爲帳〈帳〉，

---

① 言辭，㊙七四頁註①：言辭＝言詞㊣，下同。

大方廣佛花嚴經賢首品第十二之上

普散十方諸國土，供養一切大德尊。
又放光明衣莊嚴，種種名衣集爲帳〈帳〉，
普散十方諸國土，供養一切大【德】尊。
又放光明寶莊嚴，【種種妙寶】集爲帳〈帳〉，
普散十方諸國土，供養一切大德尊。
又放光明蓮莊嚴，種種蓮花集爲帳〈帳〉，
普散十方諸國土，供養一切【大德】尊。
又放光明瓔莊嚴，【種種妙瓔】集爲帳〈帳〉，
普散十方諸國土，供養一切大德尊。
又放光明幢〈幢〉莊嚴，其幢〈幢〉絢煥備衆色，
種種無量皆殊好，以此【莊嚴諸佛土】。
種種雜寶莊嚴蓋，【衆妙繒幡】共垂飾，
摩尼寶鐸演佛音，執持供養諸如來。
手出供具難思議，如是供養一導師，
一切佛所皆如是，大士三昧神通力。
菩薩【住在三昧】中，種種自在攝衆生，
【悉以所行】功德法，無量方便而開誘。
或以供養如來門，或以難思布施門，
或以頭陀持戒門，或以不動堪忍門。
或以苦行精進門，或【以寂靜】禪定門，
或以決了智慧門，【或以所行】方便門。
或以梵住神通門，或以四攝利益門，
或以福智莊嚴門，或以因緣解脫門。
或以根力正道門，或以聲聞解脫門，
【或以獨覺】清淨門，或以大乘自在門。
【或以無】常衆苦門，或以無我壽者門，
或以不淨離欲門，或以滅盡三昧門。
隨諸衆生病不同，悉以法藥而對治，
隨諸衆生心所【樂，悉以方】便而滿足。
隨諸衆生行苦別，【悉以善巧】而成就，
如是三昧神通相，一切天人莫能測。
有妙三昧名隨樂，菩薩住此普觀察，
隨宜示現度衆生，悉使歡心從【法化】。
【劫中饑】饉災難時，悉與世間諸樂具，
【隨其所欲】皆令滿，普爲衆生作饒益。

或以飲食上好味，寶衣嚴具衆妙物，
乃至王位皆能捨，令好施者悉從化。
或以相好莊【嚴身，上妙】衣服寶瓔絡，
花鬘爲飾香塗體，【威儀具足度】衆生。
一切世間所好尚，色相顏容及衣服，
隨應普現愜其心，俾樂色者皆從道。
迦陵頻伽美妙音，俱枳〈枳〉羅【等妙音聲，
種種】梵音皆具足，隨其心樂爲說法。
【八萬四千諸法】門，諸佛【以此度衆】生，
彼亦如其差別法，隨世所宜而化度。
衆生苦樂利衰等，一切世間所作【法，
悉能應】現同其事，以此普度諸衆〔028-3〕
【生。
一切世間衆苦】患，深廣無涯如大海，
與彼同事悉能忍，令其【利益得】安樂。
若有不識出離法，不求解脫離諠憒，
【菩薩爲】現捨國財，【常樂出】家心寂【靜。
家是貪愛】繫縛所，欲使衆生悉免離，
故示出家得解脫，於諸欲【樂無】所【受。
菩薩】示行十種行，亦行一切大人法，
諸仙行等悉無餘，爲欲利益衆【生故。
若有衆】生壽無量，煩惱微細樂具足，
菩薩於中得自在，示受老病【死衆患。
或有】貪【欲】瞋【恚】癡，煩惱猛火常熾然，
菩薩爲【現】老病死，令彼衆生悉調伏。
【如來】十力無所畏，及以十八不共法，
所有無量諸功德，悉以示現度衆生。
【記心教誡及神足】，悉【是如來自在用】，
彼諸大士皆示現，能使衆生盡調伏。
菩薩種種方便門，【隨】順世法度衆生，
譬如蓮花不著水，如是在世令深信。
雅思淵才文中【王】，歌【舞談】說衆所【欣，

107

一切世間衆技】術,譬如幻師無不現。
或爲長者邑中主,或爲賈客商人導,
或爲國王及大臣,或作良醫善衆論。
或於曠野作大樹,或爲良藥衆寶藏,
或作寶【珠隨所求,或以正道示】衆生。
若見世界始成【立】,衆生未有資【身】具,
是時菩薩爲工【匠】,爲之示現種種業。
不作逼惱衆生【物】,但說利益世閒事,
呪術藥草等衆論,如是所有皆能說。
【一切仙人殊勝】行,人天等類同信仰,
【如】是難行苦行法,菩薩隨應悉能【作】。
或作外道出家人,或在山林自勤苦,
或露形體無衣服,【而】於彼衆作師長。
【或現】邪命【種種行,習行】非法以爲勝,
或現梵【志】諸威儀,【於彼】衆中爲上首。
或【受】五熱隨日轉,或持牛狗及鹿戒,
或著壞衣奉事火,爲化是等作導師。
或有示謁諸天廟,【或復】示入恒河水,
食根【果】等悉示行,於【彼】常思【己】勝【法】。
或現蹲踞或翹足,或臥草棘及灰上,
或復臥杵求出離,而於彼衆作師首。
如是等類諸外道,觀其意解與同事,
所示【苦】行世靡【堪,令彼見已皆調伏】。
衆生迷惑稟邪教,住於惡見受衆苦,
爲其方便說妙法,悉令得解真實諦。
或邊呪語說四諦,或善密語【說】四【諦,
或人直語說四諦,或天密語說四諦,
分】別文字說四諦,決【定】義理說四諦,
善破於他說四諦,非外所動說四諦,
或八部語說四諦,或一切【語說四諦,
隨彼所解語言音,爲說四諦令解脫。
所有一切諸佛法,皆】如是說無不盡,
知語境界不思議,是名說法三昧力。

大方廣佛〔花嚴經卷第十四·十四之下〕

〔028-4〕

大方廣佛花嚴經
賢首品第十二之下
卷十五・十五之上

有勝三昧名安樂，能普救度諸羣生，
放大光明不思議，令其見者悉調伏。
所放光明名善現，【若有衆生遇此光，
必令獲益不唐捐，因是得成無上智。
彼光示現於諸佛】，示法示僧示正道，
亦示佛塔及形像，是故得成此光明。
又放光明名照曜〈耀〉①，暎〈映〉蔽一切諸天光，
所有闇鄣靡【不除，普爲衆生作饒益。
此光覺悟一切衆，令執燈明供養】佛，
以燈供養諸佛故，得成世中無上燈。
然諸油燈及蘓〈酥〉②燈，亦然種種諸明炬，
衆香妙藥上寶燭，以是供佛獲此光。
【又放光明名濟度，此光能覺一切衆，
令其普發大誓心】，度脫欲海諸羣生。
若能普發大誓心，度脫欲海諸群生，
則能越度四瀑流，示導無憂解脫城。
於諸行路大水處，【造立橋梁及船筏，
毀呰有爲讚寂靜，是故得成此光明。
又】放光明名滅愛，此光能覺一切衆，
令其捨離ᶜ〈難〉於五欲，專思解脫妙法味。
若能捨離於五欲，專思解脫妙法味，
【則能以佛甘露雨，普滅世間諸渴愛。
惠施池井及泉流】，專求無上菩提道，

毀呰五欲讚禪定，是故得成此光明。
又放光明名歡喜，此光能覺一切衆，
【令其愛慕佛菩提，發心願證無師道】。
造立如來大悲像，衆相莊嚴坐花座，
恒歎寂勝諸功德，是故得成此光明。
又放光明名愛樂，此光能覺一切衆，
【令其】心樂於諸佛，及以樂法樂衆僧。
若常心樂【於】諸佛，及以樂法樂衆僧，
則在如來衆會中，逮成無上深法忍。
開悟衆生無有量，普使念佛法僧寶，
及示發心功德行，【是故】得成此光明。
又放光明名福聚，此光能覺一切【衆，
令行種種】無量施，以此願求無上道。
設大施會無遮限，有來求者皆滿足，
不令其心有所乏，是故得成此光明。
【又放光明】名具智，此光能覺一切衆，
令於一法一念中，【悉解無量諸】法門。
爲諸衆生分別法，及以決了真實義，
善說法義無虧減，是故得成此光明。
又放光明名慧燈，【此光】能覺一切衆，
令知衆生性空寂，一切諸法無所有。
【演說諸法空】無主，如幻如燄水中月，

---

① 耀，㊔七五頁註⑥：耀＝曜㊁㊞，下同。
② 酥，㊔七五頁註⑦：酥＝蘓㊞。

109

乃至猶如夢影像，是故得成此光明。
又放光名法自在，此光能覺一切衆，
【令得無盡陀】羅尼，悉持一切諸佛法。
恭敬供養持【法者，給侍守護】諸賢聖，
以種種法施衆生，是故得成此光明。
又放光明名能捨，此光覺悟慳衆生，
令知財寶悉非常，【恒樂惠施心無著】。
慳心難調而能調，解財如夢如【浮雲，
增長惠】施清淨心，是故得成此光明。
又放光明名除熱，此光能覺毀禁者，
普使受持清淨戒，發心願證無師道。
【勸引衆生受持戒，十】善業道悉清淨，
又令發【向菩提心，是故】得成此光明。
又放光明名忍嚴，此光覺悟瞋恚者，
令彼除瞋離我慢，常樂忍辱柔和法。
衆生暴【惡難可忍，爲菩提故心不動，
常】樂稱陽〈揚〉忍功德，是故得成【此
光明。
又放光】明名勇猛，此光覺悟嬾惰
〈墮〉者，
令彼常於三寶中，恭敬供養無疲猒。
若彼常於三寶中，恭敬供養無疲猒，
【則能超出四魔境，速成】無上佛菩提。
勸化衆生令【進策，常勤供】養於三寶，
法欲滅時專守護，是故得成此光明。
又放光明名寂靜，此光能覺亂意者，
令其遠離貪恚癡，【心不動搖而正定。
捨離】一切惡知識，無義談說雜【染行，
讚歎禪定】阿蘭若，是【故得成此光明。
又放】光明名【慧】嚴，此光覺悟愚迷者，
令其證諦解緣【起，

　　　諸根智慧悉通〔029①-1+②-1〕【達。
若能證諦解】緣起，諸根智慧悉通達，
則得【日燈三昧法，智慧光明成佛果。
國財及已皆能捨，爲菩提故】求【正法，

聞已專勤爲衆說，是故得成此光明。
又放光明名佛慧，此光覺悟】諸含識，
令見無量無邊佛，各各坐寶【蓮華上。
讚佛威德及解脫，說佛自在無有量，
顯示佛力及神通，是故得成此光明。
又放光明名無畏，此光照觸恐怖者，
非人所持】諸毒宮〈害〉，一切皆令疾除滅。
能於衆生施【無畏，遇有惱害皆勸止，
拯濟厄難孤窮者，以是得成此光明。
又放光明名安隱】，此光能【照疾病者，
令除一切諸苦痛，悉】得正定三昧樂。
施以良藥救衆患，妙寶延命【香塗體，
酥油乳蜜充飮食，以是得成此光明。
又放光明名見佛，此光覺悟將沒者，
令隨憶念見如來，命終得生其淨國】。
見有臨終勸念佛，又示尊像令瞻敬，
俾於佛所深歸仰，【是故得成此光明。
又放光明名樂法，此光能覺一切衆，
令於正法常欣樂，聽聞演說及書寫。
法欲盡時能演說】，令求法者意充滿，
於法愛樂勤修行，是故得成此光明。
【又放光明名妙音，此光開悟諸菩薩】，
能令三界【所有聲，聞者皆是如來音。
以大音聲稱讚佛，及施鈴鐸諸音樂，
普使】世間聞佛音，是故得成此光明。
又放光名施甘露，此光【開悟一切衆，
令捨一切放逸行】，具足修【習諸功德。
說有爲法非安隱，無量苦惱悉充遍，
恒樂稱揚寂滅樂】，是故得成此光明。
又放光明名最勝，此光開悟一切衆，
【令於佛所普聽聞，戒定智慧增上法】。
常樂稱揚一切佛，勝【戒勝定殊勝慧，
如是爲求無上道，是故得成此光明。
又】放光明名寶嚴，此光能覺一切衆，
令得寶藏無窮【盡，以此供養諸如來。

以諸種種上】妙寶，奉施扵佛及佛塔，
亦以惠施諸【貧乏，是故得成此光明。
又放光明名香嚴，此光】能覺一切衆，
令其聞者悅可意，決定當成佛功【德。
人天妙香以塗地，供】養一切冣勝主，
亦以造塔及佛像，
　　　　　是故得成〔029②－2＋①－2〕【此光明。
又放光名雜莊嚴，寶幢幡蓋無央數】，
焚香散花奏衆樂，城邑内外皆充滿。
夲ᶜ〈木〉以微妙伎〈妓〉樂音，衆香妙花
幢蓋等，
種種莊嚴供養佛，是故得成此光明。
又放光明【名嚴潔，令地平坦猶如掌】，
莊嚴佛塔及其處，是故得成此光明。
又放光明名大雲，【能】起香雲雨香水，
以水灑塔及庭院，是故得成此光明。
又放光明名嚴具，令倮〈裸〉【形】者得
【上服，
嚴身妙物而爲】施，是故得成此光明。
又放光明名上味，能令飢者獲美食，
【種】種珎饌而爲施，是故得成此光明。
又放光明名大財，令貧乏者獲寶藏，
以無盡物施【三寶，是】故得成此光明。
又放光名眼清淨，能令盲者見衆色，
以燈施佛【及佛塔，是】故得成此光明。
又放光名耳清淨，能令聾者悉善聽，
皷樂娛佛及佛塔，是故得成此光明。
【又放光名鼻清淨】，昔未聞香皆得聞，
以香施佛及佛塔，是故得成此【光】明。
【又】施〈放〉光名舌清淨，能以美香
〈音〉稱讚佛，
永除麤惡不善語，是故得成此光【明。
又】放光【名】身【清淨，諸根缺者】令
具足，
以身礼佛及佛塔，是故得成此光明。

又放光名意【清】淨，令失心者得正念，
修行三昧悉自在，是故得成此光明。
又放光名【色清淨，令見】難思諸佛色，
以衆妙色莊嚴塔，是故得成此光明。
又放光名聲【清淨】，令知聲性夲空寂，
觀聲縁起如谷響，是故得成此光明。
又放光名【香】清淨，令諸臭穢悉香潔，
香水洗塔菩提樹，是故得成此光明。
又放光【名味】清淨，能除一切味中毒，
恒供佛僧及父母，是故得成此光明。
又放光名觸【清】淨，能令惡觸皆柔軟，
戈鋋劍㦸從空雨，皆令變作妙花鬘。
以昔曾扵道路中，塗香散花【布衣】服，
迎送如来令蹈上，是故今獲光如是。
又放光名法清淨，能令一切諸【毛孔】，
悉演妙法不思議，衆生聽者咸欣悟。
【因縁所生】無有生，諸佛法身非是身，
法性常住如【虛空】，以說其義光如是。
如是等比光明門，如恒河沙無限數，
悉從大仙毛孔出，一一作業各差別。
【如一毛孔所放光，無量無數如恒沙，
一切毛】孔悉亦然，此是大仙三昧力。
如其夲行所得光，隨彼宿縁同行者，
今放光明故如是，此是大仙智自在。
【往昔同修扵福業，及有愛樂能隨喜】，
見其所作亦復然，彼扵此光咸得見。
若有自修衆福業，供養諸佛无央數，
扵佛功德常願求，是此光明所開覺。
【譬如生盲不見日，非爲無日出世間，
諸有目者悉明見】，各隨所務修其業。
大士光明亦如是，有智慧者皆悉見，
凡夫耶〈邪〉信劣解人，【扵此光明莫能覩。
摩尼宮殿及輦乘，妙寶靈香以】塗瑩，
有福德者自然備，非無德者所能處。
大士光明亦如是，有深智者咸照觸，

耶〈邪〉信劣解【凡愚人，無有能見此光明。

若有聞此光差別，能生清淨深信解，

永】斷一切諸疑綱，速成無上功〈切〉德①幢。

有勝三昧能出現，眷屬莊嚴皆自在，

一切十方諸國土，佛子眾會【無倫匹。

有妙蓮華光莊嚴，量等三千大千界，

其身端坐悉充滿】，是此三昧神通力。

復有十刹微塵數，妙好蓮花所圍繞，

諸佛子眾於中坐，

　　【住此】三昧〔029②-3+①-3〕【威神力。

宿世成就善因緣，具足修行佛功德，

此等】眾生繞菩薩，悉共合掌觀無猒。

譬如明月在星中，菩薩處眾亦復然，

大士所行法如【是，入此三昧威神力。

如於一方所示現，諸佛子眾共圍遶，

一切方中】悉如是，住此三昧威神力。

有勝三昧名方綱，菩薩住此廣開示，

一切方中普現身，【或現入定或從出。

或於東方入正定，而於西方從定出；

或於西方入正定，而於】東方從定出；

或於餘方入正定，而於餘方從定出。

如是入出遍十方，是名菩薩三昧力。

盡於東方【諸國土，所有如來無數量，

悉現其前普親近，住於三昧寂不動】。

而於西方諸世界，一切諸佛如來所，

皆現從於三昧起，廣修無量諸供養。

盡於西方諸國土，所有如來【無數量，

悉現其前普親近，住於三昧寂不動。

而於東方諸世界，一切】諸佛如來所，

皆現從於三昧起，廣修無量諸供養。

如是十方諸世界，菩薩悉入無有餘，

或現三昧寂【不動，或現恭敬供養佛。

於眼根中入正定，於色塵中從定出】，

示現色性不思議，一切天人莫能知。

於色塵中入正定，於眼起定心不亂，

說眼無生無有起，性空寂滅無所【作。

於耳根中入正定，於聲塵中從定出，

分別一切語言音，諸】天世人莫能知。

於聲塵中入正定，於耳起定心不亂，

說耳無生無有起，性空寂滅無所作。

於鼻根中入正【定，於香塵中從定出，

普得一切上妙香，諸天世人莫能知。

於】香塵中入正定，於鼻起定心不亂，

說鼻無生無有起，性空寂滅無所作。

於舌根中入正定，於味塵中從定【出，

普得一切諸上味，諸天世人莫能知。

於味塵中入正定，於舌】起定心不亂，

說舌無生無有起，性空寂滅無所作。

於身根中入正定，於觸塵中從定出，

善能分別一【切觸，諸天世人莫能知。

於觸塵中入正定，於身起定心不亂，

說身】無生無有起，性空寂滅無所作。

於意根中入正定，於【法塵】中從定出，

【分】別一切【諸法相，

　　諸天】世人莫〔029①-4〕【能知。

於法塵中入正定，從意起定心不亂】，

說意無生無【有】起，性空寂滅無所作。

童子身中入正定，壯年身中從定出，

壯年身中入正定，【老】年身中從定出；

老年身中入正定，【善女身中從定出；

善女身中入正定，善】男身中從定出；

善男【身】中入正定，比丘尼身從定出；

比丘尼身入正定，比丘身中從定出；

比丘身中入正定，學無學身從定【出；

學無學身入正定，辟支佛身從定】出；

辟支佛身入【正定】，現如來【身】從

---

① 切德，㊉七七頁註②：切德＝功德㊂㊅。

大方廣佛花嚴經賢首品第十二之下

定出；
　於如來身入正定，諸天身中從定出；
　諸天身中入正定，大龍【身】中從定出；
　大龍身中入正【定，夜叉身中從定出；
　夜叉身中入正】定，鬼神身中從定出；
　鬼【神身】中入正定，一毛孔中從定出；
　一毛孔中入正定，一切毛孔從定出；
　一切毛孔【入正】定，一毛端頭從定出；
　【一毛端頭入正定，一微塵中從定出；
　一微】塵中入正定，一切【塵中從】定出；
　一切塵中入正定，金剛地中從定出；
　金剛地中入正定，摩尼樹上從定出；
　摩尼【樹上】入正定，【佛光明中從定出；
　佛光明中入正定】，於河海中從定【出；
　於河海中入正定】，於【火】大中從定出；
　於火大中入正定，於風起定心不【亂；
　於】風大中入正定，【於地大中從定出；
　於地大中入正定】，於天宮殿【從定出；
　於天宮殿入正定，於空起定心不亂。
　是名無量功德者，三昧自在難思】議，
　十方一切諸如來，於無【量劫】說不盡。
　一切如來咸共說，【眾生業報難思議，
　諸龍變】化佛自在，【菩薩神力亦難思。
　欲以譬諭而顯示，終無有諭能諭此，
　然諸智慧聰達人，因於譬故解其義。
　聲聞】心住八解脫，所有【變現】皆自在，
　【能以一身現多身，復以多身為一】身。
　於【虛空中入火定，行住坐臥悉在空，
　身上出水身下火，身上出火身下水。
　如是皆於一念中，種種】自【在】無邊量。
　彼不具足大慈悲，【不為眾生求佛道，
　尚能現此】難思事，況【大饒益自在力。
　譬如日月遊虛空，影像普遍於十方，
　泉池陂澤器中水，眾寶河海靡不現】。
　菩【薩色像】亦復然，十方普現不思議，

　【此皆三昧自在法，唯有如來】能證了。
　如淨【水】中【四兵像，各各別異無交雜，
　劍戟弧矢類甚多，鎧冑車輿非一種。
　隨其所有相差別】，莫不【皆於】水中現，
　而水本自無分別，【菩薩三昧亦如是。
　海中有】神名善音，【其音普順海眾生，
　所有語言皆辯了，令彼一切悉歡悅。
　彼神具有貪恚癡，猶能善解一切音，
　況復總持自】在【力】，而不能令眾歡喜。
　【有一婦人名辯才，父母求】天而得生，
　若有【離惡樂真實，入彼身中】生妙【辯】。
　彼有【貪欲】瞋恚【癡，猶能隨行與辯才，
　何況菩薩】具智【慧，而不能與】眾生益。
　譬如幻師知幻法，【能現種種無量事，
　須臾】示作日【月歲】，城邑【豐】饒大安樂。
　幻師【具有】貪恚癡，猶【能】幻【力悅】世間，
　【況復禪定解脫力，而不能令眾歡喜。
　天】阿脩羅【鬪】戰時，修羅敗衄而退走，
　【兵仗車輿及徒旅，一時】竄匿莫得見。
　彼有【貪欲瞋】恚癡，尚能變【化不】思議，
　況住神通無畏法，【云何】不【能現自在】。
　釋提桓因有為【王，彼】知天主欲行時，
　自化作頭三十【三，一一六牙皆具足；
　一一牙上七池】水，清淨香潔湛【然滿】；
　一一清淨池水【中，各七】蓮花妙嚴【飾；
　彼諸嚴飾蓮華上】，各各有【七天玉女】，
　悉善技藝奏眾樂，而與帝釋相〔030①－1〕【娛樂。
　彼象或復捨本形，自化】其【身同諸天，
　威儀進】止悉齊等，有此變現神通力。
　彼有貪【欲】瞋恚【癡，尚】能【現此諸神通，

113

何況具足】方便智，而【於諸定不自】在。
如阿修羅變【作身，踊金剛際海中立，
海水至深僅其半，首共】須彌正齊等。
【彼】有貪欲瞋恚癡，尚能現此大神通，
況伏魔怨照世燈，而無自在威神力。
天【阿脩】羅共戰時，【帝】釋神力難思議，
【隨阿脩羅軍衆數，現身等彼而與敵。
諸阿脩羅】發是念，釋提桓因來向我，
必取我身五【種】縛，由是彼衆悉憂悴。
帝釋現身有千眼，手持金剛出火燄，
被甲持杖極威嚴，【脩羅望見咸退伏。
彼以微小福德力，猶能摧】破大【怨】敵，
【何況救】度一切者，具足功【德】不自在。
忉利天中有天【鼓】，從天業【報】而生得，
知諸天【衆放】逸時，【空】中自然出此音。
一切【五欲】悉無常，【如水聚沫性虛偽，
諸有如夢如陽焰，亦如浮雲水中月。
放逸爲怨爲】苦惱，非甘露道生【死徑】，
若有作諸放逸行，入於死【滅】大魚口。
世間【所】有【衆】苦【本】，一切聖【人皆】猒【患，
五欲功德滅壞性，汝應愛樂真實法。
三十三天聞此音，悉共來昇】善法堂，
【帝釋爲說微妙法】，咸令順寂除貪愛。
彼音無形不可見，猶能利【益】諸天衆，
況隨【心】樂現色身，而不濟度諸【群生。
天阿脩羅共鬪時，諸天福德殊勝力，
天鼓出音告其】衆，汝【等】宜應勿憂怖。
諸天聞此所告音，悉除憂畏增益力。
時阿修羅心【震】懼，【所】將兵衆咸退
【走】。
甘露妙定如天【鼓，恒出降魔寂靜音，
大悲哀愍救一切，普使衆生】滅煩惱。
帝釋普應諸天女，九十有二那由他，

令彼各【各】心自謂，天王獨與我娛樂。
如天女【中身】普應，善法堂內【亦】如是，
【能於一念現神通，悉至其前爲說法。
帝釋具有】貪恚【癡】，能令眷屬悉歡喜，
況大方便神通力，而不能令【一切】悅。
他化自在六天王，於欲界中得自在，
【以業】惑苦爲罥【網，繫縛一切諸凡夫。
彼有貪欲瞋恚癡，猶於衆生得】自在，
況具【十種自】在力，而不【能令衆同行。
三千】世界【大梵王】，一切梵天所【住處，

〔030①-2〕

悉能現身於彼坐，演暢微妙梵音聲。
彼住世間梵道中，禪定神通尚】如意，
況出世間無有上，於【禪解脫不】自在。
【摩醯首羅智自在，大海】龍王降雨時，
悉能分別數其滴，於一念中皆辯〈辨〉① 了。
【無量億劫勤修學，得是無上】菩提智，
云何不於一念中，普知一切衆【生】心。
衆【生】業報【不思議，爲】大風【力】起世【間】，
巨海諸山天宮殿，衆寶光明萬物種。
【亦能興雲降大雨，亦能散滅】諸雲氣，
亦能成熟一切穀，亦能【安樂諸群】生。
風【不能學波】羅蜜，亦【不學佛諸功德，
猶成不可】思議事，何況具足諸願者。
【男子女人種種聲，一切鳥獸諸】音聲，
大海川【流雷】震聲，皆【能稱悅衆】生意。
【況復知聲性如】響，【逮得】無【礙妙】辯才，
普應】衆生而說法，而不能令世間喜。
【海有希奇殊特法，能爲一切平】等印，

---

① 辨，㊃七九頁註⑥：辨＝辯㊁㊂㊆㊇㊈。

衆生寶物及【川流】，普【悉】包【容】無所【拒。

無盡禪定】解脫者，【爲平等印亦如是，福德智慧】諸妙行，一切普修無猒足。

【大海龍王遊戲時，普於諸處】得自在，興雲充遍四天下，其雲種種莊嚴色：

第六他化自【在】天，於彼雲色如真【金，化樂天】上赤珠色；兜率陀天霜雪色；

【夜摩天上瑠璃色；三十三天】馬瑙〈碼碯〉① 色；

四王天上頗梨〈玻瓈〉② 色；大海水上金剛色；

緊那羅中妙香色；諸龍住處蓮花色；

夜【叉】住處白鵝色；阿修羅中山石色；

【欝單越處金焰色；閻浮】提中青寶色；

餘二天下雜莊嚴，隨衆所樂而應之。

又復他化自在天，雲中電曜如日光；

化樂【天上】如月光；兜率天上閻浮金；

【夜摩天上珂雪色；三十三天金焰】色；

四王天上衆寶色；大海之中赤珠色；

緊那羅界瑠璃色；龍王住處寶藏色；

夜叉所住頗梨〈玻瓈〉色；阿修羅中馬腦〈碼碯〉色；

【欝單越境火珠色；閻浮提中】帝青色；

餘二天下雜莊嚴，如雲色相電亦然。

他化雷震如梵音；化樂天中大鼓音；

兜率天上歌唱音；夜摩天上天女音；

【於彼三十三天上，如緊那羅種】種音；

護世四王諸天所，如乹闥婆所出音；

海中兩山相擊聲；緊那羅中簫笛聲；

諸龍城中頻伽聲；夜叉住處龍女聲；

【阿脩羅中天鼓聲；於人道中海】潮聲。

他化自在雨妙音〈香〉，種種雜花爲莊嚴；

化樂天雨多羅花，髯陀羅花及澤香；

兜率天上雨摩尼，具足種種寶莊嚴，

【髻中寶珠如月光，上妙衣服眞】金色；

夜摩中雨幢幡蓋，花鬘塗香妙嚴具，

赤ᶜ〈亦〉真珠色上好衣，及以種種衆技〈妓〉樂；

三十三天如意珠，堅黑沉〈沈〉水栴檀香，

【欝金雞羅多摩等，妙華香】水相雜雨；

護世城中雨美饍〈膳〉，色香味具增長力，

亦雨難思衆妙寶，悉是龍王之所作。

又復於彼大海中，【注雨不斷如車軸，復雨無盡大】寶藏，亦雨種種莊嚴寶。

緊那羅界雨纓絡〈瓔珞〉③，衆色蓮花衣及寶，

婆利師迦末利香〔030①-3〕，【種種樂音皆具足；

諸龍城中雨赤珠】；夜叉城內光摩尼；

阿修羅中雨兵仗，摧伏一切諸怨敵；

欝單越中妙〈雨〉纓絡〈瓔珞〉，亦雨無量上妙花；

【弗婆瞿耶二天下，悉雨種種莊嚴具】；

閻浮提雨清淨水，微細悅澤常應時，

長養衆花及果藥，成熟一切諸苗稼。

如是無量妙莊嚴，【種種雲電及雷雨，龍王自在悉能】作，而身不動無分別。

彼於世界海中住，尚能現此難思力，

況入法海具功德，而不能爲大神變。

彼諸菩薩解脫門，【一切譬諭無能顯，我今以此諸譬諭】，略說於其自在力。

第一智慧廣大慧，真實智慧無邊慧，

勝慧及以殊勝慧，如是法門今已說。

此法希有甚奇特，【若人聞已能忍可，

---

① 碼碯，㊀七九頁註⑦：碼碯＝瑪瑙㊆，下同，馬碯㊊。

② 玻瓈，㊀七九頁註⑧：玻瓈＝頗梨㊆，下同。

③ 瓔珞，㊀八〇頁註④：瓔珞＝纓絡㊆。

能信能受能讚說】，如是所作甚爲難。
世間一切諸凡夫，信是法者甚難得，
若有勤修清淨福，以昔因力乃能信。
一切世界諸羣生，少有欲求聲聞乘，
【求獨覺者轉復少，趣大乘者甚難遇。
趣】大乘者猶爲易，能信此法倍更難，
況復持誦爲人說，如法修行真實解。
有以三千大千界，頂戴一劫身不動，
彼之所作未爲難，信是法者乃爲難。
【有以手擎十佛刹，盡於一劫空中住，
彼之所作】未爲難，能信此法乃爲難。

十刹塵數衆生所，悉施樂具經一劫，
彼之福德未爲勝，信此法者爲冣勝。
十刹塵數如來所，悉皆承事盡一劫，
若於此品能誦持，【其福最勝過於彼】。
【時，賢首菩薩說此偈已，十方】世界六返震動，魔宮隱蔽，惡道休息。十方諸佛普現其前，各以右手而摩其頂，同聲讚言：善哉善哉，快說此法，我等一切悉皆隨喜。

<u>大方廣佛花嚴經</u>卷第十五（卷）·<u>十五之下</u>
〔030①-4〕

大方廣佛花嚴經

昇須弥山頂〔品〕第十三

卷十六・十六之上

尒時，如来威神力故，十方一切世界，一一四天下閻浮提中，悉見如来坐扵樹下，各有菩薩承佛神力而演說法，靡不自謂【恒對扵佛】。

尒時，世尊不離一切菩提樹下，而上勝〈昇〉須弥，向帝釋殿。

時，天帝釋在妙勝殿前遥見佛来，即以神力莊嚴此殿，置普光明藏師子之座，其座悉以妙寶所成：十千層級迴極莊嚴，十【千金網】弥覆其上，十千種帳、十千種盖周迴閒列，十千繒綺以爲垂帶，十千珠瓔周遍交絡，十千衣服敷布座上，十千天子、十千梵王前後圍繞，十千光明而爲照曜〈耀〉①。尒時，帝釋奉爲如来敷置座已，曲躬合掌，恭敬向佛而作是言：善来世尊，善来善逝，善来如来應正等覺，唯願哀愍，處此宫殿。

尒時，世尊即受其請，入妙勝殿；十方一切諸世界中，悉亦如是。尒時，帝釋【以佛神力】，諸宫殿中所有樂音自然止息，即自憶念過去佛所種諸善根而說頌言：

迦葉如来具大悲，諸吉祥中㝡無上，
彼佛曽来入此殿，是故此處㝡吉祥。
拘那牟尼見無礙，諸【吉祥中最無上，
彼佛】曽来入此殿，是故此處㝡吉祥。
迦羅鳩馱如金山，諸吉祥中㝡無上，
彼佛曽来入此殿，是故此處㝡吉祥。
毗舍浮佛無三垢，諸吉祥中㝡無上，
彼佛曽来入此殿，是故此處㝡吉祥。
尸棄如【来離分別，諸吉】祥中㝡無上，
彼佛曽来入此殿，是故此處㝡吉祥。
毗婆尸佛如滿月，諸吉祥中㝡無上，
彼佛曽来入此殿，是故此處㝡吉祥。
弗沙明達第一義，諸吉祥中㝡無上，
彼佛曽来入此殿，是【故此處最】吉【祥。
提舍】如来辯無礙，諸吉祥中㝡無上，
彼佛曽来入此殿，是故此處㝡吉祥。
波頭摩佛淨無垢，諸吉祥中㝡無上，
彼佛曽来入此殿，是故此處㝡吉祥。
然燈如来大光明，諸吉祥【中最無上，
彼】佛曽来入此殿，是故此處㝡吉祥。

如此世界中，忉利天王以如来神力故，偈讃十方〈佛〉所有功德；十方世界諸釋天王，悉亦如是讃佛功德。尒時，世尊入妙勝殿，結加〈跏〉趺坐。此【殿】忽【然廣博寬】容，如其天衆諸所住處；十方世界，悉亦如是。

① 耀，[大正]八〇頁註⑥：耀 = 曜[三][宮]，下同。

大方廣佛花嚴經
須弥頂上偈讚品第十四

尒時，佛神力故，十方各有一大菩薩，一一各與【佛刹】微【塵數菩薩俱，從百佛】剎微塵數國土外諸世界中而来集會，其名曰：法慧菩薩、一切慧菩薩、勝慧菩薩、功德慧菩薩、精進慧菩薩、善慧菩薩、智慧菩薩、【真實】慧【菩薩、無上慧】菩薩、【堅】固慧菩薩。所從来土，所謂因陁羅花世界、波頭摩花世界、寶花世界、優鉢羅花世界、金剛花世界、妙香花世界、悅意花世界、阿盧那花世【界】、那羅〔陀〕花世界、【虛空華世界。各於佛】所淨脩梵行，所謂殊特月佛、無盡月佛、不動月佛、風月佛、水月佛、解脫月佛、無上月佛、星宿月佛、清淨月佛、明了月佛。是諸菩薩至佛所已，頂礼佛足；随所来方，各【化作毗盧】遮那藏師子之座，扵其座上結加〈跏〉①趺坐。如此世界中，須弥頂上，菩薩来集；一切世界，恙亦如是，彼諸菩薩所有名字、世界、佛号，恙寺無別。尒時，世尊從兩足指放百千億妙【色光明，普照】十方一切世界須弥頂上帝釋殿〈宮〉中，佛及大衆靡不皆現。

尒時，法慧菩薩承佛威神，普觀十方而說頌曰：

佛放淨光明，普見世導師，
須弥山王頂，妙勝殿中住。
一切釋天主〈王〉②，請【佛入宮殿】，
恙以十妙頌，稱讚諸如来。
彼諸大會中，所有菩薩衆，
皆從十方至，化座而安坐。
彼會諸菩薩，皆同我寺名，
所從諸世界，名字亦如是。
夲國諸世尊，名号恙亦同，
各扵其佛所，淨修無上行。
【佛子汝應觀，如】来自在力，
一切閻浮提，皆言佛在中。
我寺今見佛，住扵須弥頂，
十方恙亦然，如来自在力。
一一世界中，發心求佛道，
依扵如是頋，修習菩提行。
佛以種種身，遊行遍世間，
法界无所【礙，無】䏻測量〔031-1〕【者。
慧光恒普照】，世闇恙除滅，
一切无寺倫，云何可測知。

尒時，一切慧菩薩承佛威力，普觀十方而說頌言：

假使百千刧，常見扵如来，
不依真實義，而觀【救世】者。
是人取諸相，增長癡惑網，
繫縛生死獄，盲冥不見佛。
觀察扵諸【法，自性無所有】，
如其生滅相，但是假名說。

---

① 結跙，㊂八一頁註②：結跙＝結加㊀。
② 天王，㊂八一頁註③：天王＝天主㊀。

一切法无生，一切法无滅，
若能如是解，諸佛常現前。
法性本空寂，无取亦无見，
性空即是佛，不可得思量。
若知一切法，體性皆如是，
斯【人則】不爲，煩惱所染著。
【凡夫見諸】法，但随於相轉，
【不了】法无相，以是【不見佛】。
牟尼離三世，諸相悉具足，
住於无所住，普遍而不動。
我觀一切法，皆悉得明了，
今見於如來，決定无有疑。
法慧先已說，如来真實性，
【我從彼了知】，菩提難思議。
尒時，【勝】慧【菩薩承佛威力，普觀十方而說頌】言：
【如來大】智【慧】，希有无等倫，
一切諸世間，思惟莫能及。
凡夫妄觀察，取相不如理，
佛離一切相，非彼所能見。
迷惑无知者，妄取五蘊相，
不了彼真性，【是人不見】佛。
【了知】一切法，自性无【所】有，
如是解【法性，則見盧舍那】。
因【前五蘊】故，【後】蘊【相】續起，
於此性【了知】，見佛難思議。
譬如闇中寶，无燈不可見，
佛法无人說，雖慧莫能了。
亦如目有翳，不見净妙色，
如是不净心，不見諸佛法。
又如明净日，瞽者莫【能見，
無有】智慧心，【終】不見【諸】佛。
若能除眼【翳】，捨【離於色想，
不見於諸法，則得見如來。
一切慧先說】，諸佛菩提法，

我從於彼聞，得見盧舍那。
尒時，功德慧菩薩承佛威力，普觀十方而說頌言：
諸法无真實，妄取真實相，
是故諸凡夫，【輪迴生死獄。
言辭所】說法，小智妄分別，
【是】故生障礙，【不了於自心。
不能了自心，云何知正道，
彼】由顛倒【慧，增】長一切惡。
不見諸法空，恒受生死苦，
斯人未能有，清净法眼故。
我昔受衆苦，由我不見佛，
故當净法眼，觀其所應見。
若得見於佛，其心无所【取，
此人則】能見，如佛所知法。
若見佛真法，則名大智者，
【斯人有净眼，能觀察世間。
無見即是見，能見一切法】，
於法若有見，此則无所見。
一切諸法性，无生亦无滅，
奇哉大導師，自覺能覺他。
勝慧先已說，如来所悟法，
我等從彼聞，能知佛真性。
尒時，精進慧菩薩【承佛威力，觀察】十【方】而說頌言：
若住於分別，【則壞清净眼，
愚癡邪見增，永不見諸佛】。
若能了耶〈邪〉法，如實不顛倒，
知妄本自真，見佛則清净。
有見則爲垢，此則未爲見，
遠離於諸見，如是乃見佛。
世間言語法，衆生妄分別，
知世皆无生，乃是【見世間。
若見見】世間，見則世間相，
【如】實等【無異，此名真見者。

若見等無異，於物不分別】，
是見離諸惑，无漏得自在。
諸佛所開示，一切分別法，
是悉不可得，彼性清净故。
法【性】本清净，如空无有相，
一切无能說，智者如是觀。
遠離於【法想，不樂一切法，
此亦无】所【修】，能見大牟尼。
如德慧所說，【此名】見佛者，
所【有】一切行，體性【皆】寂滅。
【爾時，善慧菩】薩承佛威力，普觀十方而說頌言：

希有大勇健，无量諸如来，
離垢心解脫，自度能度彼。
我見世間燈，如實不顛倒，
如於无量劫，積智者所見。
【一切凡夫行】，莫【不】速【歸】盡，
其性如虛空，故說无【有盡】。
智者說无盡。此亦无所說，
自性【無盡】故，得有【難思盡】。
所說无盡中，无衆生可得，
知衆生性尔，則見大名稱。
无見說爲見，无生說衆生，
若見若衆生，了知无體性。
能見及【所見】，見者悉【除】遣，
不壞【於真法，此人了知佛。
若人了】知佛，【及佛】所說法，
則【能】照世間，【如佛盧】舍那。
正覺善開示，一法【清净道，
精進】慧大【士】，演說无量法。
若有若无有，彼想皆除滅，
如是能見佛，安住於實際。
尔時，智慧菩薩承佛威力，普觀十方而說頌言：

我聞最勝【教，即生智慧光，
普照】十【方界，悉見一切佛。
此】中无少物，但有假名字，
【若計】有我人，則爲入險道。
諸取著【凡夫】，計身爲【實有】，
如来非所取，彼終不得見。
此人无慧眼，不能得見佛，
於无量劫中，流轉生死海。
有諍說生死，无諍即涅槃，
生死及涅【槃，二】俱不可得。
【若逐假名字，取著此二法，
此人不如實，不知聖妙道。
若生如】是想，【此佛】此最勝，
顛倒非實義，不能見正覺。
【能知】此實體，寂滅真如相，
則見正覺尊，超出語言道。
言語說諸法，不能顯實相，
平等乃能見，如法佛亦然。
正覺過去世，未来【及】現【在】，
永斷分別根，是故說名佛。
尔時，真【實慧菩薩】承佛威力，普觀十方而說頌言：

寧受地獄苦，得聞諸佛名，
不受无量樂，而不聞佛名。
所以於往昔，无數劫受苦，
流轉生死中，不聞佛名故。
於法不顛倒，如實而現證，
離諸和合相，是名无上覺。
現在非和合，去来亦復然，
一切法无相，【是則佛真體】。
若能如【是觀，諸法】甚深【義，
則】見一切佛，法身真實相。
於實見真實，【非實見不實】，
如是究竟解，是故名爲佛。
佛法不可覺，了此名覺法，
諸佛如是修，一法不可得。

知以一故眾，知以眾故一，
諸法无所依，但從和合起。
无能作所作，唯從業想生，
如〈云〉何知如是，【異此無有故】。
一切法无住，【定處】不可【得，
諸佛住於此】，究竟不動搖。
尒時，无〔031-2〕【上慧菩薩承佛】威力，普觀十方而說頌言：
无上摩訶【薩】，遠離眾生相〈想〉，
无有能過者，故号爲无上。
諸佛所得處，无作无分別，
麤者无所有，微細亦復然。
諸佛所行境，於中【無有數】，
正覺遠離數，此是佛真法。
如來光普照，滅除衆暗冥，
是光非有照，亦復非无照。
於法无所著，无念亦无染，
无住无處所，不壞於法性。
此中无有二，亦復无有一，
大智善見者，如理巧安住。
无中无有二，无二亦復无，
三界一切空，是則諸佛見。
凡夫无覺解，佛令住正法，
諸法无所住，悟此見自身。
非身而說身，非起【而現起】，

无身亦无見，是佛无上身。
如是實慧說，諸佛妙法性，
若聞此法者，當得清净眼。
尒時，堅〔固〕慧菩薩承佛威力，普觀十方而說頌言：
偉哉大光明，勇健无上【士】，
爲利羣迷故，而興於世間。
佛以大悲心，普觀諸眾生，
見在三有中，輪迴受眾苦。
唯除正等覺，具得〈德〉尊導師，
一切諸天人，无能【救】護者。
若佛菩薩等，不出於世間，
无有一眾生，而能得安樂。
如來等正覺，及諸賢聖衆，
出現於世間，能與眾生樂。
若見如來者，爲得大善利，
聞佛名生信，則是世間塔。
我等見世尊，爲得大利益，
聞如是妙法，悉當成佛道。
諸菩薩過去，以佛威神力，
得清净慧眼，了諸佛境界。
今見盧舍那，重增清净信，
佛智无邊際，演說不可盡。
勝慧【等菩薩】，及我堅固慧，
无數億劫中，說亦不能盡。

大方廣佛花嚴經
十住品第十五

尒時，法慧菩薩承佛威力，入菩薩无量方便三昧。以三昧力，十方各【千佛刹】微塵數世界之外，有千佛刹微塵數諸佛，皆同一号，名曰法慧，普現其前，告法慧菩薩言：善㢤善㢤，善男子，汝能入是菩薩无量方便三昧。善男子，十方各千佛刹微塵數諸佛，恣以神力共加扵汝。又是毗盧遮那如【來】往昔頲力、威神之力，及汝所修善根力故，入此三昧，令汝說法。爲增長佛智故，深入法界故，善了衆生界故，所入无礙故，所行无障故，得无寻方便故，入一切智性故，覺一切法故，知一切根故，能持說【一切】法故，所謂發起諸菩薩十種住。善男子，汝當承佛威神之力而演此法。

是時，諸佛即與法慧菩薩無礙智、無著智、無断智、無癡智、無異智、【無失智】、無量智、無勝智、無懈智、無奪智。何以故，此三昧力，法如是故。是時，諸佛各申右手，摩法慧菩薩【薩】頂。法慧菩薩即【從定起】，告諸【菩】薩言（佛菩薩言）：

佛子，菩薩【住】處廣大，與法界虛空苇。【佛子，菩】薩住三世諸佛家，彼菩薩住，我今當說。諸佛子，菩薩住有十種，過去、未來、現在諸佛，已說、【當】說、今說。何者爲【十】，所謂初發心住、治地住、修行住、生貴住、具足方便住、正心住、不退住、童真住、王子住、灌頂住。是名菩薩十住，去来現在諸佛所說。

佛子，云何爲菩薩發心住，【此】菩薩見【佛】世尊形貌端嚴，色相圓滿，人所樂見，難可值遇，有大威力。或見神足，或聞記別，或聽教誡，或見衆生受諸劇苦，或聞如來廣大佛【法，發菩】提心，求一切智。此菩薩【緣十種】難得法而發扵心。何者爲十，所謂是處非處智、善惡業報智、諸根勝劣智、種種解差別智、種種界差【別】智、一切至處道智、諸禪解脱三【昧智、宿命】無礙智、天眼無礙智、三〔031-3〕世漏普盡智。是爲十。佛子，此菩薩應勸學十法。何者爲十，所】謂勤供養佛、樂住生死、主導世間令除惡業、以勝妙法常行教誨、歎無上法、學佛功德、生諸佛前恒蒙攝受、方便演說宍靜【三昧、讚歎遠】離生死輪迴、爲苦衆生作歸依處。何以故，欲令菩薩扵佛法中心轉增廣；有所聞法，【即】自開解，不由他教故。

佛子，云何爲菩薩治地住，此菩薩扵諸衆生發十種心。何者爲十，所謂利益心、大悲心、安樂心、安住心、憐愍心、攝受心、守【護】心、同【己心、師心】、導師心。是爲十。佛子，此菩薩應勸學十法。何者爲十，所謂誦習多聞、空〈虛〉閑寂靜、近善知識、發言和悅、語必知時、心無怯怖、了達扵義、如法修行、【遠】離愚【迷、安】住不動。何以故，欲令菩薩扵諸衆生增長大悲；有所聞法，即自開解，不由他教故。

佛子，云何爲菩薩修行住，此菩薩以十種行

觀一切法。何等【爲】十,所謂觀一切法無常、一切法苦、一切法空、一切法無我、一切法無作、一切法無味、一切法不如名、一切法無處所、一切法離分別、一切法無堅實。是爲十。佛子,此菩薩應勸【學】十【法。何】者爲十,所謂觀察衆生界、法界、世界,觀察地界、水界、火界、風界,觀察欲界、色界、無色界。何以故,欲令菩薩智慧明了;有所聞法,即自開解,【不由】他敎故。

佛子,云何爲菩薩生貴住,此菩薩從聖教中生,成就十法。何者爲十,所謂永不退轉於諸佛所,深【生】淨信,善觀察法,了知衆生、國土、世界、業行、果報、【生】死、涅槃。是爲十。佛子,此菩薩應勸學十法。何者爲十,所謂了知過去、未來、現在一切佛法,修習〈集〉①過去、未來、現在一切佛法,圓滿過去、未來、現在一切佛法,了知一切諸佛平等。何以故,欲令增進於三世中,心得平等;有所聞法,即自開解,不由他敎故。

佛子,云何爲菩薩具足方便住,此菩薩所修善根,皆爲救護一切衆生,饒益一切衆生,安樂一切衆生,哀愍一切衆生,度脱一切衆生,令一切衆〔生〕離諸災難,令一切衆生出生死苦,令一切衆生發生淨信,令一切衆生悉令〈得〉調伏,令一切衆生咸證涅槃。佛子,此菩薩應勸學十法。何者爲十,所謂知衆生无邊、知衆生无量、知衆生无數、知衆生不思議、知衆生无量色、知衆生不可量、知衆生空、知衆生无所作、知衆生无所有、知衆生无自性。何以故,欲令其心轉復增勝,无所染著;有所聞法,即自開解,不由他敎故。〔031-4〕

【佛子,云】何爲菩薩正心住,此菩薩聞十種法,心定不動。何者爲十,所謂聞讚佛、毁佛,於佛法中,心定不【動;聞讚法、毁法,於佛法中,心定不動;聞讚菩薩、毁菩薩,於佛法中,心定不動;聞讚菩薩】、毁菩薩所行法,於佛法中,心定不動;聞說衆生有量、無量,於佛法中,心定不動;聞說衆生有【垢、無垢,於佛法中,心定不動;聞說衆生易度、難度,於佛法中,心定不動;聞說法界有量】、無量,於佛法中,心定不動;聞說法界有成、有壞,於佛法中,心定不動;聞說法界若有、若無,於佛法中,【心定不動。是爲十。佛子,此菩薩應勸學十法。何者爲十,所謂一切法無相、一切法無體、一切法不可】修、一切法無所有、一切法無真實、一切法空、一切法無性、一切法如幻、一切法如夢、一切法無分別。何以故,欲令其心轉【復增進,得不退轉無生法忍;有所聞法,即自開解,不由他敎故】。

【佛子,云何爲菩薩不退】往〈住〉,此菩薩聞十種法,堅固不退。何者爲十,所謂聞有佛、無佛,於佛法中,心不退轉;聞有法、無法,於佛【法中,心不退轉;聞有菩薩、無菩薩,於佛法中,心不退轉;聞有菩薩行、無菩薩行,於佛法】中,心不退轉;聞菩薩修行出離、修行不出離,於佛法中,心不退轉;聞過去有佛、過去無佛,於佛法中,心【不退轉;聞未來有佛、未來無佛,於佛法中,心不退轉;聞現在有佛、現在無佛,於佛法中】,心不退轉;聞佛智有盡、佛智無盡,於佛法中,心不退【轉;聞】三世一相、三世非一相,於佛法中,心不退轉。是爲【十。佛子,此菩薩應勸學十種廣大法。何者爲十,所謂:說一即多,說多即一;文隨於義,義隨】於文;非有即有,有即非有;無相即相,相即無相;【無性即性,性】即無性。何以故,欲令增進,於一切法善能【出離;有所聞法,即自開解,不由他敎故】。

【佛子,云何爲菩薩童真住,此菩薩住十種

---

① 集,㊟八四頁註②:集=習㊅㊋。

123

業。何者】爲十，所謂身行無失，語行無失，意行無失，随意受【生，知衆生種種欲】，知衆生種種解，知衆生種種界，知衆【生種種業，知世界成壞，神足自在、所行無礙。是爲十。佛子，此菩薩應勤學十種法】。何者爲十，所謂知一切佛刹、動一切佛刹、持一切佛刹、觀【一切佛刹、詣一切佛刹、遊】行無數世界、領受無數佛法、【現變化自在身、出廣大遍滿音、一刹那中承事供養無數諸佛。何以故，欲令增進，於一切法能得】善巧；有所聞法，即自開解，不由他教故。

佛子，云何爲菩薩【王】子住，此【菩】薩善知十種法。何者爲十，所謂【善知諸衆生受生、善知諸煩惱現起、善知習氣相續、善知所行方便、善知無量法、善解諸】威儀、善知世界差別、善知前際【後】際事、善知演説世諦、善【知演説第一義諦】。是爲十。佛子，此菩薩應【勤學十種法。何者爲十，所謂法王處善巧、法王處軌度、法王處宮殿、法王處趣入、法王處觀察】、法王灌頂、法王力持、法王無畏、法王【宴】寢、法王讚歎。何以故，欲令增進，【心】無鄣礙；有所聞法，即自開解，不【由他教故】。

【佛子，云何爲菩薩灌頂住，此菩薩得成就十種智。何者爲十，所謂震動無數】世界、照曜無數世界、住持無數世界、往詣無數世界、嚴淨無數世界、開示無數衆生、觀察無數衆生、【知無數衆生根、令無數衆生趣入、令無數衆生調伏。是爲十。佛子，此菩薩身及身業，神通】變現，過去智、未来智、現在智成就佛土，心境界、智境界皆不可知，乃至法王子菩薩亦不能知。佛〔032－1〕子，【此菩薩應勤學諸佛十種智。何者爲十，所謂三世智、佛法智、法界無礙智、法界無】邊智、充滿一切世界智、普照一切世界智、住持一切世界智、知一切衆生智、知一切法智、知無邊諸佛【智。何以故，欲令增長一切種智；有所聞法，即自開解，不由他教故】。

尒時，【佛神力故】，十方【各一萬佛刹微塵數世】界，六種震動。所謂動、遍動、䒭遍動，起、遍起、䒭遍起，踊〈涌〉[1]、遍踊、䒭遍踊，震、遍震、䒭遍震，吼、遍吼、䒭【遍吼，擊、遍擊、等遍擊。雨天妙華、天末香、天華鬘、天雜香、天寶衣、天寶雲、天莊嚴具，天諸音樂不鼓自鳴，放】天〈大〉[2]光明及妙音聲。如此四天下須弥山頂帝釋殿上，説十【住法，現】諸神變；十方所有一切世界，悉【亦如是。又以佛神力故，十方各過一萬佛刹微塵數世界，有十佛刹微塵數菩薩，來詣於此，充滿十方，作如是言：善】㦲善㦲，佛子善説此法。我䒭諸人，同名法慧；所【從來】國，同名法雲；彼圡如来，皆名妙【法。我等佛所，亦説十住；衆會眷屬，文句義理，悉亦如是，無有增減。佛子，我等承佛神力，來入此會，爲汝作證】。如於此會，十方所有一切世界，悉亦如是。

尒時，法慧菩薩承佛威力，觀察十方，暨于法【界而説頌曰】：

【見最勝智微妙身，相好端嚴皆具足，
如是尊】重甚難【遇，菩薩勇猛初發心。
見無等比大神通】，聞説記心及教誡，
諸趣衆生无量苦，菩薩以此初發心。
聞諸如来普勝尊，一切功德【皆成就，
譬如虛空不分別，菩薩以此初發心。
三世因果名爲】處，我䒭【自性爲非處，
欲悉了知真實義】，菩薩以此初發心。
過去未来現在世，所有一切善惡業，
欲悉了知无不盡，菩薩【以此初發心。
諸禪解脱及三昧，雜染清淨無量種，
欲】悉了知入住出，菩【薩】以此初發【心。

① 涌，[大正]八五頁註④：涌＝踊㊂[宮]，下同。
② 大，[大正]八五頁註⑤：大＝天㊂[宮]。

隨】諸衆生【根利鈍】，如是種種精進力，
欲悉了達分別知，菩薩以此初發心。
一切衆生種種解，【心所好樂各差別，
如是無量欲悉知，菩薩以此初發心】。
衆生諸界各【差別】，一切世間【無有量】，
欲悉了知【其體性】，菩薩以此初發心。
一切有爲諸行道，一一皆有所至處，
悉欲了知其實性，菩薩以此【初發心。
一切世界諸衆生，隨業漂流無暫息，
欲得天眼皆明】見，菩薩以此初【發】心。
過去世中【曾所】有，如是體【性如是相】，
欲悉了知其宿住，菩薩以此初發心。
一切衆生諸結惑，相續現起及習氣，
欲悉了知【究竟盡，菩薩以此初發心。
隨諸衆生所安立，種種談論語】言道，
如其世諦悉欲知，菩薩以此【初】發心。
一切諸法離言【說】，性空寂滅无所作，
欲悉明達此真義，菩薩以此初發心。
欲悉振動十方國，傾覆一切諸大【海，
具足諸佛大神通，菩薩以此初發心。
欲一毛孔放光明，普照十方】无量土，
一一光中覺一切，菩薩以此初【發心。
欲】以難思諸【佛剎】，悉置掌中而不動，
了知一切如幻化，菩薩以此初發心。
欲以无量剎衆生，【置一毛端不迫隘，
悉知無人無有我，菩薩以此初發心】。
欲以一毛滴海水，一切大海悉令【竭】，
而悉分別知其【數】，菩薩以此初發心。
不可思議諸國土，盡末〈抹〉① 爲塵无遺者，
欲悉分別知其【數，菩薩以此初發心。
過去未來無量劫，一切世間成壞相，
欲悉了達窮】其際，菩薩【以此初發心】。
三世【所】有【諸如來】，一切獨覺及聲聞，
欲知其法盡无餘，菩薩以此初發心。

无量无邊諸世【界，欲以一毛悉稱舉，
如其體相悉了知，菩薩以此初發心。
無量無數輪圍】山，欲令【悉入毛孔中】，
如其大【小】皆【得知】，菩薩以此初發心。
欲以寂靜一妙音，普應十方隨類演，
如其〈是〉皆令淨【明了，菩薩以此初發心。
一切衆生語言法，一言演】說无不【盡，
悉欲了知其自性，菩薩以此初發心。
世間言音靡不作，悉令其】解證寂滅，
欲得如是妙舌根，菩薩【以此】初發心。
欲使十方諸【世界，有成壞相皆得見，
而悉知從分別生，菩薩以】此初發心。
一切【十方諸世界，無量】如來悉充滿，
欲〔032-2〕【悉了知彼佛法，菩薩以此初發心。
種種變化無量身，一切世界微塵等，
欲悉了達從心起，菩薩以此初發心。
過去未來現在世，無量無】數諸如來，
欲扵一念悉了知，菩薩以此初發心。
欲具演說一句法，【阿僧祇劫無有盡，
而令文義各不同】，菩薩【以此初發心。
十方一切諸衆生，隨其流轉生滅相，
欲扵一念皆明達，菩薩以】此初發心。
欲以身語及意業，普詣十方无所礙，
了知三世皆空【寂，菩薩以此初發心。
菩薩如是發心已，應令往詣十方國，
恭敬供養諸如來，以此使其無退轉。
菩薩勇猛求佛道，住扵】生死不【疲】猒，
爲彼稱歎使順行，如是【令其無】退轉。
十方世界无量【剎，悉在其中作尊主，
爲諸菩薩如是說，以此令其無退轉。
最勝最上最第一，甚深微妙清淨法，
勸諸菩薩說與人，如是教】令離【煩惱。

---

① 抹，㊅八六頁註①：抹＝末⑤。

一切世間無與等，不可傾動摧伏處，
爲】彼菩薩常稱【讚，如是教令不退轉。
佛是世間大力主，具足一切諸功德，
令諸菩薩住是中，以此教爲勝丈夫。
無量無邊諸佛所，悉得往詣而親近，
常爲諸佛所攝受，如是教令不退轉。
所】有寂靜諸三昧，【悉皆演暢無有餘，
爲彼菩薩如是說，以此令其不退轉。
摧滅諸有生死輪，轉於清淨妙法輪，
一切世間無所著，爲諸菩薩如是說。
一切衆生墮惡道，無量重苦所纏迫，
與作】救護歸依處，【爲諸菩薩如是說。
此是菩薩發心住，一向志求無上道，
如我所說教誨法，一切諸佛亦如是。
第二治地住菩薩，應當發起如是心，
十方一切諸衆生，願使悉順如來教。
利益】大悲安樂心，【安住憐愍攝受心，
守護衆生同己心，師心及以導師心。
已住如是勝妙心，次令誦習求多聞，
常樂寂靜正思惟，親近一切善知識。
發言和悅離麁獷，言必知時無所畏，
了達於義如法行，遠離愚迷心】不動。
此是初學菩【提行，能行此行真佛子，
我今說彼所應行，如是佛子應勤學。
第三菩薩修行住，當依佛教勤觀察，
諸法無常苦及空，無有我人無動作。
一切諸法不可樂，無如名字無處所，
無】所分別无眞實，【如是觀者名菩薩。
次令觀察衆生界】，及以勸觀【於法界，
世界差別盡無餘，於彼咸應勸觀察。
十方世界及虛空，所有地水與火風，
欲界色界無色界，悉勸觀察咸令盡。
觀察彼界各差別，及其】體性咸究竟，
得【如是教勤修行，此則名爲眞佛子。
第四生貴住菩薩，從諸聖教而出生，
了達諸有無所有，超過彼法生法界。

信佛堅固不可壞，觀法寂滅心安住，
隨諸衆生悉了知，體性虛妄無眞實】。
世間【刹】土業【及】報，生死涅槃【悉如是】，
佛〔032-3〕【子於法如是觀，從佛親生名佛子。
過去未來現在世，其中所有諸佛法，
了知積集及圓滿，如是修學令究竟。
三世一切諸如來，能隨觀察悉平等，
種種差別不可得，如是觀者達三世。
如我稱揚讚歎者，此是四住諸功德，
若能依法勤修行，速成無上佛菩提。
從此第五諸菩薩，說名具足方便住，
深入無量巧方便，發生究竟功德業。
菩薩所修衆福德，皆爲救護諸群生，
專心利益與安樂，一向哀愍令度脫。
爲一切世除衆難，引出諸有令歡喜，
一一調伏無所遺，皆令具德向涅槃。
一切衆生無有邊，無量無數不思議，
及以不可稱量等，聽受如來如是法。
此第五住眞佛子，成就方便度衆生，
一切功德大智尊，以如是法而開示。
第六正心圓滿住，於法自性無迷惑，
正念思惟離分別，一切天人莫能動。
聞讚毀佛與佛法，菩薩及以所行行，
衆生有量若無量，有垢無垢難易度。
法界大小及成壞，若有若無心不動，
過去未來今現在，諦】念思惟恒決定。
一切諸法皆無相，無【體無性空無實】，
如幻如夢離分別，常樂聽【聞如是義。
第七不退轉菩薩，於佛及法菩薩行，
若有若無出不出，雖聞是說無退轉。
過去未來現在世，一】切諸佛有以無，
佛智有盡或無盡，【三世】一相【種種】相。
一即是多多即一，文隨於義【義隨文，
如是一切展轉成，此不退人應爲說。

若法有相及無相，若法有性及無性，
種種差別互相屬】，此人聞已得究竟。
弟八菩薩童真住，身語意行皆具足，
一切清净无諸【失，隨意受生得自在。
知諸衆生心所樂，種種意解各差別，
及其所有一切法，十方國土成壞相】。
速得速疾妙神通，一切處中隨念往，
扵諸佛所聽聞法，讚歎修行无懈倦。
【了知一切諸佛國，震動加持亦觀察，
超過佛土不可量，遊行世界無邊數。
阿僧祇法悉諮問】，所欲受身皆自在，
言音善巧靡不充，諸佛无數咸承事。
弟九菩薩王子住，能見【衆生受生別，
煩惱現習靡不知，所行方便皆善了。
諸法各異威儀別，世界不同前後際】，
如其世俗弟一義，悉善了知无有餘。
法王善巧安立處，隨其處所所有法，
法王宮殿若趣【入，及以扵中所觀見。
法王所有灌頂法，神力加持無怯畏，
宴寢宮室及歎譽】，以此教詔法王子。
如是爲說靡不盡，而令其心无所着，
扵此了知修正念，一切諸佛現其前。
弟【十灌頂真佛子，成滿最上第一法，
十方無數諸世界，悉能震動光普照】。
住持往詣亦无餘，清净莊嚴皆具足，
開示衆生无有數，觀察知根悉能盡。
發心調伏亦无邊，咸【令趣向大菩提，
一切法界咸觀察，十方國土皆往詣。
其中身及身所作】，神通變現難可測，
三世佛玉諸境界，乃至王子无能了。

一切見者三世智，扵諸佛【法】明了智，
法【界無礙無邊智，充滿一切世界智。
照耀世界住持智，了知衆生諸法智】，
及知正覺无邊智，如来爲說咸令盡。
如是十住諸菩薩，皆從如来法化生，
隨其所有功【德行】，一切天【人莫能測。
過去未來現在世，發心求佛無有邊，
十方國土皆充滿】，莫不當成一切智。
一切國土无邊際，世界衆生法亦然，
惑業心樂各差別，依【彼】而發菩【提意。
始求佛道一念心，世間衆生及二乘，
斯等尚亦不能知】，何況所餘功德行。
十方所有諸世界，能以一毛悉稱舉，
彼人能知此佛子，趣向如来智慧行。
【十方所有諸大海，悉以毛端滴令盡，
彼人能知此佛子，一念所修功德行。
一切】世界末〈抹〉① 爲塵，悉能分別【知其數，
如】是之人乃能見，此諸菩薩所行道。
去来現在十方佛，一【切獨覺及聲聞，
悉以種種妙辯才，開示初發菩提心。
發心功德不可量，充滿】一切衆生界，
衆智【共說無能盡，何況】所餘諸妙行。

　　大方〔廣佛〕花嚴經卷第十六・十六之下
　　　　　　　　　　　　　〔032－4〕

---

① 抹，㊀八八頁註①：抹＝末㊁。

大方廣佛花嚴經
梵行品第十六
卷（第）十七・十七之上

【爾】時，正念天子白法慧菩薩言：佛子，一切世界諸菩薩衆，依如來敎，染衣出家。云何而得梵行淸淨，【從菩薩】位逮於无上菩提之道。

法慧菩薩言：

佛子，菩薩摩訶薩【修梵行】時，應以十法而爲所緣，作意觀察。所謂身、身業、語、語業、意、意業、佛、法、僧、戒。應如是觀：爲身是梵行邪，乃至戒是梵行【耶，若身是】梵行者，當知梵行則爲非善、則爲非法、則爲渾濁、則爲臭【惡、則】爲不淨、則爲可猒、則爲違逆、則爲雜染、則爲死屍、則爲蟲聚。若身業是梵行者，梵行則是行住坐卧、左右顧視、屈申〈伸〉【俯仰。若語】是梵行者，梵行則是音聲風息、脣舌喉吻、吐納抑縱、高【低淸】濁。若語業是梵行者，梵行則是起居問訊、略說廣說、喻〈諭〉①說眞〈直〉說、讚說毀說、安立說、随俗說、顯了說。若意是梵行者，梵行【則應】是覺、是觀、是分別、是種種分別、是憶念、是種種憶念、是思【惟】、是種種思惟、是幻術、是眠夢。若意業是梵行者，當知梵行則是思想、寒熱、飢渴、苦樂、憂喜。若佛是梵行者，爲色是佛邪，受是佛邪，【想是佛耶】，行是佛邪，識是佛邪，爲相是佛邪，好是佛邪，神通是佛邪，業行是佛邪，果報是佛邪。若法是梵行者，爲寂滅是法邪，涅槃是法邪，不生是法邪，不起是法邪，不可說是法邪，無分別是法邪，無所行【是法】邪，不合集是法邪。若僧是梵行者，爲預流向是僧邪，預流果是僧邪，一来向是僧邪，一来果是僧邪，不還向是僧邪，不還果是僧邪，阿羅漢向是僧邪，阿羅漢果是僧邪，三明是僧〔耶〕，六通是僧【耶】。若戒是梵行者，爲壇場是戒邪，問淸淨是戒邪，敎【威儀】是戒邪，三說羯磨是戒邪，和上〈尙〉②是戒邪，〔阿〕闍梨是戒邪，剃〈鬀〉③鬚是戒邪，〔著〕袈裟衣是戒邪，乞食是戒邪，正命是戒邪。如是觀已，於【身】无所取，於修无所著，於法无所住；過去已滅，未来未至，現【在空】寂；无作業者，无受報者；此世不移動，彼世不改變。此中何法名爲梵行，梵行從何處来，誰之所有，體爲是誰，由誰而作，爲是有【爲】是无，爲是色爲非色，爲是受爲非受，爲是想【爲】非想，爲是行爲非行，爲是識爲非識。（爲）如是觀察，梵行法不可得故，三世法皆空寂故，意无取著故，心无障礙故，所行无二故，方便自在故，受无相法故，觀无相法故，知佛法平等故，【具一】切佛法故，如是名爲淸淨梵行。

復應修習十種法。何者爲十，所謂處非處

---

① 諭，⑭八八頁註⑤：諭＝喻宮。
② 和尚，⑭八八頁註⑦：和尚＝和上聖。
③ 鬀，⑭八八頁註⑧：鬀＝剃宮。

智、過現未來業報智、諸禪解脫三【昧】智、諸根勝【劣】智、種種解智、種種界智、一切至處道智、天眼无礙智、【宿】命无礙智、永斷習氣智。於如來十力，一一觀察；一一力中，有无量義，悉應諮問。聞已，應起大慈悲心，觀察衆生而不捨離；思惟諸【法】，无有休息；行无上業，不求果報；了知境界如幻如夢，【如】影如響，亦如變化。若諸菩薩能與如是觀行相應，於諸法中不生二解，一切佛法疾得現前，初發心時〔即〕得阿褥多羅三藐三菩【提】，知一切法即心自性，成就慧身，不由他悟。

大方廣佛〔花〕嚴經
初發心功德品第十七

尒時，天帝釋白法慧菩薩言：佛子，菩薩初發菩提之心，所得功德，其量㡬何。

法慧菩薩言：此義【甚】深，難說、難知、難分別、難信解、難證、難行、難通達、難思惟、難度量、難趣入。雖然，我當承佛威神之力而爲汝說。

佛子，假使有人以一切樂具，供養東方【阿】僧祇世界所有衆生，經【於一】劫，然後教令净持五戒；南西北方，四維上下，亦復如【是】。佛子，於汝意云何，此人功德寧爲多不。

天帝言：佛子，此人功德，唯佛能知，其餘一切无能量者。法慧菩薩言：佛子，此人功德【比】菩薩初發心功德，百分不及一，千分不及一，百千分不及一；如是，億分、百億分、千億分、百千億分、那由他億分、百那由他億分、千那由他億分、百千那由他億分、數分、歌羅〔033-1〕【分】、筭分、喻〈諭〉① 分、優波尼沙陁分，亦不及一。

佛子，且置此喻。假使有人以一切樂具，供養十方十阿僧祇世界所有衆生，經於百劫，然後教令修十善道；如是供養，經於千【劫】，教住四禪；經於百千劫，教住四無量心；經於【億】劫，教住四無色定；經於百億劫，教住湏陁洹果；經於千億劫，教住斯陁含果；經於百千億劫，教住阿那含果；經於那由他億劫，教【住】阿羅漢果；經於百千那由他億劫，教住辟支佛道。佛子，於意云何，是人功德寧爲多不。

天帝言：佛子，此人功德，唯佛能知。

法慧菩薩言：佛子，此人功德比菩薩初發心功德百分不及一，千分不及一，百千【分】不及一，乃至優波尼沙陁分亦不及一。何以故，佛子，一切諸佛初發心時，不但爲以一切樂具，供養十方十阿僧祇世界所有衆生，經於百劫，乃至百千那由他億劫故，發菩提心；不俱爲教尒所衆生，令修【五戒】十善業道，教住四禪、四无量心、四无色定，教得湏陁洹果、斯陁含果、阿那含果、阿羅漢果、辟支佛道故，發菩提心；爲令如来種性不斷故，爲充遍一切世界故，爲度脫一切世界衆生故，爲悉知【一切】世界成壞故，爲悉知一切世界中衆生垢净故，爲悉【知】一切世界自性清净故，爲悉知一切衆生心樂煩惱習氣故，爲悉知一切衆生死此生彼故，爲悉知一切衆生諸根方便故，爲悉知一切衆生心行故，【爲悉】知一切衆生三世智故，爲悉知一切佛境界平等故，發於无上菩提之心。

佛子，復置此喻。假使有人，於一念頃，能過東方阿僧祇世界；念念如【是】，盡阿僧祇劫，此諸世界无有能得知其邊【際。又】第二人於一念頃，能過前人阿僧祇劫所過世界；【如】是，亦盡阿僧祇劫。次弟展轉，乃至第十。南西北方，四維上下，亦復如是。佛子，此十方中，凡【有】

---

① 諭，㊄八九頁註②：諭＝喻㊂㊆，下同。

130

大方廣佛花嚴經初發心功德品第十七

百】人，一一如是，過諸世界，是諸世界可知邊【際；菩】薩初發阿耨多羅三藐三菩提心所有善根，无【有】能得知其際者。何以故，佛子，菩薩不齊限，但爲往尒所世界得了知故，發菩提心；爲了知十方世界故，發菩提心。所謂：欲了知【妙世界即】是麤世界，麤世界即是妙世界；仰世界即【是】覆世界，覆世界即是仰世界；小世界即是大世界，大世界即是小世界；廣世界即是狹世界，狹世界即是廣世界；一世界即【是】不【可說世界，不】可說世界即是一世界；不可說世界入一世界，一世【界】入不可說世界；穢世界即是净世界，净世界即是穢世界。欲知一毛端中，一切世界差別性；一切世界中，一毛端一體性。欲知一世界中出生一切世界，【欲知一切】世界无體性。欲以一念心盡知一切廣大世界而无障礙故，發阿耨多羅三藐三菩提心。

佛子，復置此喻。假使有人，扵一念頃，能知東方阿僧祇世界成壞劫數；念念如是，盡阿僧祇劫，此諸劫數〔033－2〕无有【能得知其】邊際。有第二人，扵一念頃，能知前人阿僧祇劫所知劫數。如是廣說，乃至弟十。南西北方，四維上下，亦復如是。佛子，此十方阿僧祇世界成壞劫數，可知邊際；菩薩初發阿【耨】多羅【三藐】三菩提心功德善根，无有能得知其際者。何以故，菩薩不齊限，但爲知尒所世界成壞劫數故，發阿耨多羅三藐三菩提心；爲悉知一切世界成壞劫盡无餘故，發阿耨多羅三藐三菩提心。所謂：知長劫與短劫平等，短劫與長劫平等；一劫與无數劫平等，无數劫與一劫平等；有佛劫與无佛劫平等，无佛劫與有佛劫平等；一佛劫中有不可說佛，不可說佛劫中有一佛；有量劫與无量劫平等，无量劫與有量劫平等；有盡劫與无盡劫平等，无盡劫與有盡劫平等；不可說劫與一念平等，一念（劫）與不可說平等；一切劫入非劫，非劫入一切劫。欲扵一念中盡知前際、後際，及現在一切世界成壞劫故，發阿耨多羅三藐【三】菩提心，是名初發心大誓莊嚴了知一切劫神通智。

佛子，復置此喻。假使有人，扵一念頃，能知東方阿僧祇世界所有衆生種種差別解；念【念如是】，盡阿僧祇劫。有第二人，扵一念頃，能知前人阿僧祇劫【所】知衆生諸解差別；如是，亦盡阿僧祇劫。次第展轉，乃至第十。南西北方，四維上下，亦復如是。佛子，此十方衆生種種【差別】解，【可知】邊際；菩薩初發阿耨多羅三藐三菩提心功德善根，無有能得知其際者。何以故，佛子，菩薩不齊限，但爲知尒所衆生解故，發阿耨多羅三藐三菩提心；爲盡知一切世界所有衆生【種】種差別解故，發阿耨多羅三藐三菩提心。所謂：欲知一切差別【解】无邊故，一衆生解、无數衆生解平等故；欲得不可說差別解方便智光明故；欲悉知衆生海各各差別解，盡无餘故；欲悉知過現未來，善不善種種无量解故；欲悉知相似解、不相似解故；欲悉知一切解即是一解、一解即是一切解故；欲得如來解力故；欲悉知有上解无上解、有餘解无餘解、等解不等解差別故；欲悉知有依解无依解、共解不共解、有邊解无邊解、【差】別解無差別解、善解不善解、世間解出世間解差別故；欲扵一切妙解、大解、无量解、正位解中，得如來解脫无障礙智故；欲以无量方便，悉知十方一切衆生界，一一衆生淨解染解、廣解略解、細解麤解，盡无餘故；欲悉【知】深宻解、方便解、分別解、自然解、隨因所起解、隨緣所起解，一切解【網】悉无餘故，發阿耨多羅三藐三菩提心。

佛子，復置此喻。假使有人，扵一念頃，能知東方无數世界一切衆生諸根差別；念念如是，經阿僧祇劫。【有】第二人，扵一念頃，能知前人阿僧祇劫念念所知諸根差別。如是廣說，乃至弟十。南西北方，四維上下，亦復如是。佛子，此十方世界所有衆生諸根差別，可知邊際；菩薩初發阿耨多羅三藐三菩提心功德善根，无有能得知其際者。何以故，菩薩不齊限，伹爲知尒所世界衆生根故，發阿耨多羅三藐三菩提心；爲盡知一切世界中一切衆生根種種差別，廣說乃至，欲盡知一切諸根綱故，發阿耨多羅三藐三菩提心。

佛【子】，復置此喻。假使有人，扵一念頃，能知東方无數世界所有衆生種種欲樂；念念如是，盡阿僧祇劫。次苐廣說，乃至苐十。南西北方，四維上下，亦復如是。此十方衆生所有欲樂，可知邊際；菩薩初【發】阿耨多羅三藐三菩提心功德善根，无有能得知其際者。何以故，佛子，菩薩不齊限，伹爲知尒所衆生欲樂故，發阿耨多羅三藐三菩提心；爲盡知一切世界所有衆生種種欲樂，廣說乃至，欲盡知【一切】欲樂綱故，發阿耨多羅三藐三菩提心。

佛子，復置此喻。假使有人，扵一【念頃】，能知東方无數世界所有衆生種種方便。如是廣說，乃至苐十。南西北方，四維上下，亦復如是。此十方衆生種種方便，可知邊際；菩薩初發阿耨多羅三藐三菩提心功德善根，无有能得知其際者。何以故，佛子，菩薩不齊限，伹爲知尒所世界衆生種種方便故，發阿耨多羅三藐三菩提心；爲盡知一切世界所有衆生種種方便，廣說乃至，欲【盡】知一切方便綱故，發阿耨多羅三藐三菩提心。

佛子，復置此喻。假使有人，扵一念頃，能知東方无數世界所有衆生種種差別心。廣說乃至，此十方世界所有衆生種種差別心，可知邊際；菩薩初發阿耨多羅三藐三菩【提心功】德善根，无有能得知其際者。何以故，佛子，菩薩不齊限，伹爲知尒【所】衆生心故，發阿耨多羅三藐三菩提心；爲悉知盡法界、虛空界无邊衆生種種心，乃至欲盡知一切心綱故，發阿耨多羅三藐三菩〔033-3〕【提心】。

佛子，復置此喻。假使有人，扵一念頃，能知東方无數世界所有衆生種種差別業。廣說乃至，此十方衆生種種差別業，可知邊際；菩薩初發阿耨多羅三藐三菩提心善根邊際，不可得知。何以故，佛【子】，菩薩不齊限，伹爲知尒所衆生業故，發阿耨多羅三藐三菩提心；欲悉【知】三世一切衆生業，乃至欲悉知一切業綱故，發阿耨多羅三藐三菩提心。

佛子，復置此喻。假使有人，扵一念頃，能知東方无數世界所有【衆生】種種煩惱；念念如是，盡阿僧祇劫，此諸煩惱種種差別，无有能得【知】其邊際。有苐二人，扵一念頃，能知前人阿僧祇劫所知衆生煩惱差別；如是，復盡阿僧祇劫。次苐廣說，乃至苐十。南西北方，四維上下，亦【復】如是。佛子，此十方衆生煩惱差別，可知邊際；菩薩初發阿耨多羅三藐三菩提心善根邊際，不可得知。何以故，佛子，菩薩不齊限，伹爲知尒所世界衆生煩惱故，發阿耨多羅三藐三菩提心；爲盡知一切世界所有衆【生煩】惱差別故，發阿耨多羅三藐三菩提心。所謂欲盡知輕煩惱、重煩【惱】、眠煩惱、起煩惱、一一衆生无量煩惱種種差別、種種覺觀，淨治一切諸雜染故；欲盡知依无明煩惱、愛相應煩惱，斷一切諸有趣煩惱結【故】；欲盡知貪分煩惱、瞋分煩惱、癡分煩惱、等分煩惱，斷一切煩惱根【本故】；欲悉知我煩惱、我所煩惱、我慢煩惱，覺悟一切煩惱盡无餘故；欲悉知從顛倒分別生根本煩惱、隨煩惱，因身見生六十二見，調伏一切煩惱【故】；欲悉知善〈蓋〉煩惱、障煩惱，發大悲救護心，斷一切煩惱綱，令一切智性清【淨】故，發阿耨多羅三藐三菩提心。

佛子，復置此喻。假使有人，扵一念頃，以諸種種上味飲食、香花、衣服、幢幡、傘蓋，及僧伽藍、【上妙】宮殿、寶帳〈帳〉、綱幔，種種莊嚴師子之座及衆妙寶，供養東【方】无數諸佛，及无數世界所有衆生，恭敬尊重，禮拜讚歎，曲躬瞻仰，相續不絶，經无數劫。又勸彼衆生，悉令如是供養於【佛。至】佛滅後，各爲起塔，其塔高廣，无數世界衆寶所成種種【莊】嚴。一一塔中，各有无數如來形像，光明遍照无數世界，經无數刧。南西北方，四維上下，亦復如是。佛子，於汝意云何，此人功德寧爲多【不】。

【天帝言】：是人功德，唯佛乃知，餘无能測。

佛子，此人功德比菩薩初發【心功】德，百分不及一，千分不及一，百千分不及一，乃至優波尼沙陁分亦不及一。

佛子，復置此喻。假使復有第二人，於一念中，能作前人及无數【世界所有衆生】无數刧中供養之事；念念如是，以无量種供養之具，供【養無】量諸佛如來，及无量世界所有衆生，經无量刧。其第三人，乃至第十人，皆亦如是，於一念中，能作前人所有供養；念念如是，以无【邊無等、不可】數、不可稱、不可思、不可量、不可說、不可說不可說供【養之具】，供養无邊乃至不可說不可說諸佛，及尒許世界所有衆生，經无邊乃至不可說不可說刧。至佛滅後，各爲起塔，其塔高廣。乃〔033－4〕【至住劫】，亦〔復〕① 如是（說）②。佛子，此前功德比菩薩初發心功德，百分不及一，千分不及一，百千分不及一，乃至優波尼沙陁分亦不及一。何以故，佛子，菩薩摩訶薩不齊限，但爲供養尒所佛故，發阿耨多羅三藐三菩提心；爲供養盡法界、虛空界，不可說不可說十方无量去來現在所有諸佛故，發阿耨多羅〔三〕藐三菩提心。發是心已，能知前際一切諸佛始成正覺及般涅槃，能信後際一切諸佛所有善根，能知現在一切諸佛所有智慧。彼諸佛所有功德，此菩薩能信能受，能修能得，能知能證，能成就，能與諸佛平等一性。何以故，此菩薩爲不斷一切如來種性故發心，爲充遍一切世界故發心，爲度脫一切世界衆生故發心，爲悉知一切世界成壞故發心，爲悉知一切衆生垢淨故發心，爲悉知一切世界三有清淨故發心，爲悉知一切衆生心樂煩惱習氣故發心，爲悉知一切衆生死此生彼故發心，爲悉知一切衆生諸根方便故發心，爲悉知一切衆生心行故發心，爲悉知一切衆生三世智故發心。以發心故，常爲三世一切諸佛之所憶念，當得三世一切諸佛无上菩提；即爲三世一切諸佛與其妙法，即與三世一切諸佛體性平等；已修三世一切諸佛助道之法，成就三世一切諸佛力、无所畏；莊嚴三世一切諸佛不共佛法，悉得法界一切諸佛說法智慧。何以故，以是發心，當得佛故，應知此人即与三世諸佛同等，即与三世諸佛如來境界平等，即与三世諸佛如來功德平等，得如來一身、无量身究竟平等真實智慧。纔發心時，即爲十方一切諸佛所共稱歎，即能說法教化調伏一切世界所有衆生，即能振〈震〉③ 動一切世界，即能光照一切世界，即能息滅一切世界諸惡道苦，即能嚴淨一切國土，即能於一切世界中示現成佛，即能令一切衆生皆得歡喜，即能入一切法界性，即能持一切佛種性，即能得一切佛智慧光明。此初發心菩薩，不於三世少有所得。所謂：若諸佛，若諸佛法；若菩薩，若菩薩法；若獨覺，若獨覺法；若聲聞，若聲聞法；若世間，若世間法；若出世間，若出世間法；若衆生，若衆生法。唯求一切智；於諸法界，心无所着。

尒時，佛神力故，十方各一万佛刹微塵數世界，六種震動。所謂動、遍動、等遍動，起、遍起、等遍起，踊〈涌〉④、遍踊、等遍踊，震、遍震、等遍震，吼、遍吼、等遍吼，擊、遍擊、等遍擊。雨衆天花、天香、天末香、天花鬘、天衣、天寶、天莊嚴具，作天技〈妓〉⑤ 樂，放天

---

① 復，[大正]九一頁註①：〔復〕－[宋]。
② 是，[大正]九一頁註②：是＋（說）[三]。
③ 震，[大正]九一頁註④：震＝振[聖]。
④ 涌，[大正]九二頁註①：涌＝踊[三]，下同。
⑤ 妓，[大正]九二頁註②：妓＝伎[宮]。

光明及天音聲。

　　是時，十方各過十佛刹微塵數世界外，有万佛刹微塵數佛，同名法慧，各現其身，在法慧菩薩前作如是言：善㦲，善㦲，法慧，汝扵今者，䏻說此法；我荨十方各万佛刹微塵數佛，亦說是法；一切諸佛，心〈悉〉如是說。汝說此法時，有万佛刹微塵數菩薩發菩提心。我荨今者悉授其記，扵當来世過千不可說无邊刼，同一切中而得作佛，出興扵世，皆号清淨心如来，所住世界各各差別。我荨悉當護持此法，令未来世一切菩薩，未曾聞者皆悉得聞。如此娑婆世界四天下須弥頂上說如是【法】，令諸衆生聞已受化；如是十方百千億那由他无數、无量、无邊、无荨、不可數、不可稱、不可思、不可量、不可說，盡法界、虛空界，諸世界中亦說此法教化衆生。其說法者，同名法慧，悉以佛神力故，世尊夲願力故，爲欲顯示佛法故，爲以智光普照故，爲欲開闡實義故，爲令證得法性故，爲令衆會悉歡喜故，爲欲開示佛法因故，爲得一切佛平【等】故，爲了法界无有二故，說如是法。

　　尒時，法慧菩薩普觀盡虛空界十方國土一切衆會，欲悉成就諸衆生故，欲悉淨治諸業果報故，欲悉開顯清淨法界故，欲悉拔除雜染根夲故，欲悉增長廣大信解故，欲悉令知无量衆生根故，欲悉令知三世法平荨故，欲悉令觀察涅槃界故，欲增長自清淨善根故。承佛威力，即說頌言：

　　爲利世間發大心，其心普遍扵十方，
　　衆生國土三世法，佛及菩薩冣勝海。
　　究竟虛空荨法界，所有一切諸世間，
　　如諸佛法皆往詣，如是發心无退轉。
　　慈念衆生无暫〔034-1〕【捨，離諸惱】害普饒益，
　　光明照世爲所歸，十力護念難思議。
　　十方國土悉趣入，一切色形皆示現，
　　如佛福智廣无邊，隨順修因无所着。
　　有刹仰住或【傍】覆，麁妙廣【大】无量種，
　　菩薩一發冣上【心】，悉䏻往詣皆无礙。
　　菩薩勝行不可說，皆勤修習无所住，
　　見一切佛常欣樂，普入扵其深法海。
　　哀愍五趣諸羣【生】，令除垢穢普清淨，
　　紹隆佛種不斷絕，摧滅魔宮无有餘。
　　已住如来平荨【性】，善修微妙方便道，
　　扵佛境界起信心，得佛灌頂心无着。
　　兩足尊所念報恩，心如金剛不可沮，
　　扵佛所行䏻【照】了，自然修習菩提行。
　　諸趣差別想无量，業果及心亦非一，
　　乃至根性種種【殊】，一發大心悉明見。
　　其心廣大荨法界，无依无變如虛空，
　　趣向佛智无所取，諦了實際離分別。
　　知衆生心无【生】想，了達諸法无法想，
　　雖普分別无分別，億那由刹皆往詣。
　　无量諸佛妙法【藏】，隨順觀察悉䏻入，
　　衆生根行靡不知，到如是處如世尊。
　　清淨大願恒相應，樂共〈供〉如来不退轉，
　　人天見者无猒足，常爲諸佛所護念。
　　其心清淨无所依，雖觀深法而不取，
　　如是思惟无量【刼】，扵三世中无所着。
　　其心堅固難制沮，趣佛菩提无障礙，
　　志求妙道除蒙惑，周行法界不㤜〈告〉勞。
　　知語言法皆寂滅，但入真如絕異解，
　　諸佛境界悉順觀，達扵三世心无礙。
　　菩薩始發廣大【心】，即䏻遍往十方刹，
　　法門无量不可說，智光普照皆明了。
　　大悲廣度冣无比，慈心普遍荨虛空，
　　而扵衆生不分別，如是清淨遊扵世。
　　十方衆生【悉慰】安，一切所作皆真實，
　　恒以净心不異【語】，當〈常〉爲諸佛共加護。
　　過去所有皆憶念，未来一切悉分別，
　　十方世界普入中，爲度衆生令出離。
　　菩薩具足妙智光，善了因緣无有疑，

大方廣佛花嚴經初發心功德品第十七

一切迷惑皆除斷，如是而遊扵法界。
魔王宮殿悉摧【破】，眾生翳膜【咸】除滅，
離諸分別心不動，善了如來之境界。
三世疑網悉已除，扵如來所起淨信，
【以】信得成不動智，智清淨故解真實。
爲令眾生得出離，盡扵後際普饒益，
長時勤苦心无猒，乃至地獄亦安受。
福智无量皆具足，眾生根欲悉了知，
及諸業行无不見，如其所樂爲說法。
了知一切空无我，慈念眾生恒不捨，
以一大悲微妙音，普入世間而演說。
放大光明種種【色】，普照眾生除黑闇，
光中菩薩坐蓮花，爲眾闡揚清淨法。
扵一毛端現眾刹，諸大菩薩皆充滿，
眾會智慧各不同，悉能明了眾生心。
十方世界不可說，一念周行无不盡，
利益眾生供養【佛】，扵諸佛所問深義。
扵諸如來作父想，爲離〈利〉眾生修覺行，
智慧善巧通法藏，入深智處无所著。
隨順思惟說法界，經无量劫不可盡，
智雖善入无處所，无有疲猒无所著。
三世諸佛家中【生】，證得如來妙法身，
普爲羣生現眾色，譬如幻師无不作。
或現始修殊勝行，或現初生及出家，
或現樹下成菩提，或爲眾生示涅槃。
菩薩所住希有法，唯佛境界非二乘，
身語意想皆〔034 - 2〕【已除】，種種隨冝悉
能現。
菩薩所得諸佛法，眾生思惟發狂亂，
智入實際心无礙，普現如來自在力。
此扵世間无與等，何況復增殊勝行，
雖未具足一切智，已獲如來自在力。
已住究竟一乘道，深入微妙最上法，
善知眾生時非時，爲利益故現神通。
分身遍滿一切刹，放淨光明除世間〈闇〉，

譬如龍王起大雲，普雨妙雨悉充洽。
觀察眾生如幻夢，以業力故常流轉，
大悲哀愍咸【救拔】，爲說无爲淨法性。
佛力无量此亦然，譬如虛空无有邊，
爲令眾生得解脫，億劫勤修而不倦。
種種思惟妙功德，善修无上第一業，
扵諸勝行恒不捨，專念生成一切智。
一身示現无量【身】，一切世界【悉】周遍，
其心清淨无分別，一念難思力如是。
扵諸世間不分別，扵一切法无妄想，
雖觀諸法而不取，恒救眾生无所度。
一切世間唯是想，扵中種種各差別，
知想境界險且【深】，爲現神通而救脫。
譬如幻師自在力，菩薩神變亦如是，
身遍法界及虛空，隨眾生心靡不見。
能所分別二俱離，雜染清淨无所取，
若縛若解智悉忘，但願普與眾生樂。
一切世間唯想【力】，以智而入心无畏，
思惟諸法亦復然，三世推求不可得。
能入過去畢前際，能入未来畢後際，
能入現在一切處，常勤觀察无所有。
隨順涅槃寂滅法，住扵无諍无所依，
心如實際无与等，專向菩提^c〈薩〉永不退。
修諸勝行无退怯，安住菩提^c〈薩〉不動搖，
佛及菩薩与世間，盡扵法界皆明了。
欲得冣勝第一道，爲一切智解脫王，
應當速發菩提心，永盡諸漏離〈利〉羣生。
趣向菩提心清【淨】，功德廣大不可說，
爲利眾生故稱述，汝等諸賢應善聽。
无量世界盡爲塵，一一塵中无量刹，
其中諸佛皆无量，悉能明見无所取。
善知眾生无生想，善知言語无語想，
扵諸世界心无礙，悉善了知无所著。
其心廣大如虛空，扵三世事悉明達，
一切疑惑皆除滅，正觀佛法无所取。

135

十方无量諸國土，一念往詣心无著，
了達世閒衆苦法，悉住无生真實際。
无量難思諸佛【所】，悉往彼會而覲謁，
常爲上首問如來，菩薩所修諸願行。
心常憶念十方佛，而无所依无所取，
恒勸衆生種善根，莊嚴國土令清净。
一切趣〈衆〉① 生三有處，以无礙眼咸觀察，
所有習性諸根【解】，无量无邊悉明見。
衆生心樂悉了知，如是随宜爲説法，
扵諸染净皆通達，令彼修治入扵道。
无量无數諸三昧，菩薩一念皆能入，
扵中想智及所緣，悉善了知得自在。
菩薩獲此廣大【智】，疾【向】菩提无所礙，
爲欲利益諸羣生，處處宣揚大人法。
善知世閒長短刼，一月半月及晝夜，
國土各別性平等，常勤觀察不放逸。
普詣十方諸世界，而扵方處无所取，
嚴净國土悉无【餘】，亦不曾生净分別。
衆生是處若非處，及以諸業感報別，
随順思惟入佛力，扵此一切悉了知。
一切世閒種種性，種種所行住三有，
利根及与中下根，如是一切咸觀察。
净与不净種種【解】，勝劣及中悉明見，
一切衆生至處行，三有相續皆能説。
禪定解脱諸三昧，染净因起各不同，
及以先世苦樂殊，净修佛力咸能見。
衆生業惑續諸趣，斷此諸趣得寂滅，
種種漏法永不【生】，并其習種悉了知。
如來煩惱皆除盡，大智光明照扵世，
菩薩扵佛十力中，雖未證得亦无疑。
菩薩扵一毛孔中，普現十方无量刹，
或有雜染或清净，種種業作皆能了。
一微塵中无量【刹】，无量諸佛及佛子，
諸刹各別无雜亂，如一一切悉明見。
扵一毛孔見十方，盡虛空界諸世閒，

无有一處空无佛，如是佛刹悉清净。
扵毛孔中見佛刹，復見一切諸衆生，
三世六趣各不【同】，晝夜月時有縛解。
如是大智諸菩薩，專心趣向法王位，
扵佛所住順思惟，而獲无邊大歡喜。
菩薩分身无量億，供養一切諸如來，
神通變現勝无比，佛所行處皆能住。
无量佛所皆鑽仰，所有法藏悉耽味，
見佛聞法勤修行，如飲甘露心歡喜。
已獲如來勝三昧，善入諸法智增長，
信心不動如湏弥，普作羣生功德藏。
慈心廣大遍衆生，悉願疾成一切智，
而恒无著无依處，離諸煩惱得自在。
哀愍衆生廣大智，普攝一切同扵己，
知空无相无真實，而行其心不懈退。
菩薩發心功德量，億刼稱揚不可盡，
以出一切諸如來，獨覺聲聞安樂故。
十方國土諸衆生，皆悉施安无量刼，
勸持五戒及十善，四禪四等諸定處。
復扵多刼施安樂，令斷諸惑成羅漢，
彼諸福聚雖无量，不与發心功德比。
又教億衆成緣覺，獲无諍行微妙道，
以彼而挍〈校〉菩提【心，算】數譬喻无
能及。
一念能過塵數刹，如是經扵无量刼，
此諸刹數尚可量，發心功德不可知。
過去未來及現在，所有刼數无邊量，
此諸刼數猶可知，發心功德无能測。
以菩提心遍十方〔034-3〕，【所】有分別靡
不知，
一念三世悉明達，利益无量衆生故。
十方世界諸衆生，欲解方便意所行，
及以虛空際可測，發心功德難知量。

---

① 衆，㊄九三頁註①：衆＝趣㊂㊆㊇。

菩薩志願等十方，慈心普洽諸群生，
悉使修成佛功德，【是】故其力无邊際。
衆生欲解心所樂，諸根方便得〈行〉各別，
於一念中悉了知，一切智智心同等。
一切衆生諸惑業，三有相續无暫斷，
此諸邊際尚可知，發心功德難思議。
發心能離業煩惱，【供】養一切諸如来，
業惑既離相續斷，普於三世得解脫。
一念供養无邊佛，亦供无數諸衆生，
悉以香花及妙鬘，寶幢幡盖上衣服。
美食珎座經行處，種種宮殿悉嚴好，
毗盧遮那妙寶珠，【如】意摩尼發光曜。
念念如是持供養，經无量劫不可說，
其人福聚雖復多，不及發心功德大。
所說種種衆譬喻，无有能及菩提心，
以諸三世人中尊，皆從發心而得生。
發心无礙无齊限，欲求其量不可【得】，
一切智智誓必成，所有衆生皆永度。
發心廣大等虛空，生諸功德同法界，
所行普遍如无異，永離衆着佛平等。
一切法門无不入，一切國土悉能往，
一切智境咸通達，一切功德皆成就。
一切能捨恒相【續】，浄諸戒品无所着，
具足无上大福〈功〉① 德，常勤精進不退轉。
入深禪定恒思惟，廣大智慧共相應，
此是菩提〈薩〉冣勝地，出生一切普賢道。
三世一切諸如来，靡不護念初發心，
悉以三昧陁羅尼，神通變化共莊【嚴】。
十方衆生无有量，世界虛空亦如是，
發心无量過於彼，是故能生一切佛。
菩提心是十力本，亦爲四辯无畏本，
十八不共亦復然，莫不皆從發心得。
諸佛色相莊嚴身，及以平等妙法身，
智慧无着所應供，悉以發心而得有。
一切獨覺聲聞乘，色界諸禪三昧樂，
及无色界諸三昧，悉以發心作其本。
一切人天自在樂，及以諸趣種種樂，
進定根力等衆樂，靡不皆由初發心。
以因發起廣大【心】，則能修行六種度，
勸諸衆生行正行，於三界中受安樂。
住佛无礙實義智，所有妙業咸開闡，
能令无量諸衆生，悉斷惑業向涅槃。
智慧光明如浄日，衆行具足猶滿月，
功德常盈辟巨海，无垢无礙同虛【空】。
普發无邊功德願，悉与一切衆生樂，
盡未来際依願行，常勤修習度衆生。
无量大願難思議，願令衆生悉清浄，
空无相願无依處，以願力故皆明顯。
了法自性如虛空，一切寂滅悉平等，
法門无數不可【說】，爲衆生說无所着。
十方世界諸如来，悉共讚歎初發心，
此心〈身〉② 无量德所嚴，能到彼岸同於佛。
如衆生數尒許劫，說其功德不可盡，
以住如来廣大家，三界諸法无能喻。
欲知一切諸佛法，宜應速發菩提【心】，
此心功德中冣勝，【必得如来】无礙智。
衆生心行可數知，國土微塵亦復然，
虛空邊際乍可量，發心功德无能測。
出生三世一切佛，成就世閒一切樂，
增長一切勝功德，永斷一切諸疑惑。
開示一切妙境界，盡除一切諸障【礙，
成就一切】清浄剎，出生一切如来智。
欲見十方一切佛，欲施无盡功德藏，
欲滅衆生諸苦惱，宜應速發菩提心。

大方廣佛花嚴經卷第十七・十七之下

〔034－4〕

---

① 功，[知]九四頁註②：功＝福[宋][聖]，明註曰功南藏作福。

② 身，[知]九五頁註①：身＝心[三][宮]。

〔大〕方廣佛花嚴經
明法品第十八
卷十八・十八之上

尒時,精進慧菩薩白法慧菩薩言:佛子,菩薩摩訶薩初發求一切智心,成就如是无量功德,具大莊嚴,昇【一切】智乘,【入菩薩正位】,捨諸世間法,得佛出世法,去來現在諸佛攝受,決定至扵无上菩提究竟之處。彼諸菩薩扵佛教中云何修習,令諸如來皆生歡喜,入諸菩薩所住之【處,一切大行皆得清】淨,所有大願悉使滿足,獲諸菩薩廣大之藏,隨所應化常爲說法,而恒不捨波羅蜜行,所念衆生咸令得度,紹三寶種使不斷絶,善根方便皆悉不虛。佛【子,彼諸菩薩】以何方便,能令此法當得圓滿,頋垂哀愍,爲我宣說;此諸大會,靡不樂聞。

復次,如諸菩薩摩訶薩常勤修習,滅除一切无明黑暗,降伏魔怨,制諸外【道,永滌一切煩惱心垢】;悉能成就一切善根,永出一切惡趣之〈諸〉難,净治一切大智境界;成就一切菩薩之〈諸〉地、諸波羅蜜、摠持三昧、六通、三明、四無所畏清淨功德,莊嚴一切諸佛國土,及諸相好【身語心行】成就滿足,善知一切諸佛如來力、無所畏、不共佛法、一切智智所行境界;爲欲成就〈熟〉一切衆生,隨其心樂而取佛土,隨根隨時如應說法;種種无量廣大佛事,及餘无量【諸功】德法、諸行、諸道及諸境界,皆悉圓滿,疾與如來功德平等;扵諸如來應正等覺百千阿僧祇劫修菩薩行時所集法藏,悉能守護,開示演說,諸魔外道无能沮壞,攝持正法無【有】窮盡;扵一切世界演說法時,天王、夜叉【王】、乹闥婆王、阿脩羅王、迦樓羅王、緊那羅王、摩睺羅伽王、人王、梵王、如來法王,皆悉【守】護;一切世間,恭敬供養;同灌其頂,常爲諸佛【之所護】念,一切菩薩亦皆愛敬;得善根力,增長白法,開演如來甚深法藏,攝持正法以自莊嚴。一切菩薩所行次第,頋皆演說。

尒時,精進慧菩薩欲重宣其義而說頌言:
大名稱者善能演,菩薩所成功德法,
深【入】无邊廣大行,具足清淨无師智。
若有菩薩初發心,成就福德智慧乘,
入離生位超世間,普獲正等菩提法。
彼復云何佛教中,堅固勤修轉增勝,
令諸如來悉歡喜,佛所住地速當入。
所行清淨頋皆滿,及得廣大智慧藏,
常能說法度衆生,而心无依无所着。
菩薩一切波羅蜜,悉善修行无缺【減】,
所念衆生咸救度,常持佛種使不絶。
所作堅固不唐捐,一切功成得出離,
如諸勝者所修行,彼清淨道頋宣說。
永破一切无明暗,降伏衆魔及外道,
所有垢穢悉滌【除,得近】如來大智慧。
永離惡趣諸險難,淨治大智殊勝境,
獲妙道力隣上尊,一切功德皆成就。
證得如來最勝智,住扵无量諸國土,
隨衆生心【而】說法,及作廣大諸佛事。

大方廣佛花嚴經明法品第十八

【云何而】得諸妙道，開演如來正法藏，
【常】能受持諸佛法，无能超勝无與等。
云何无畏如師子，所行清净如滿月，
云何修習佛功德，猶如蓮花不著【水】。

尒時，法慧菩薩〔035-1〕【告】精進慧菩薩言：善哉，佛子，汝今爲欲多所饒益、多所安樂、多所惠利，哀愍世間諸天及人，問扵如是菩薩所修清净【之行】。佛子，汝住實法，發大精進，增長不退，已得解脫；能作是問，同扵如來。諦聽，諦聽，善思念之。我今承佛威神之力，爲汝扵中【說】其少分。

佛子，菩薩摩訶薩已發一切智心，應離癡暗，精勤守護，無令放逸。佛子，菩薩摩訶薩住十種法，名不放逸。何者爲十，【一者】，護持衆戒；二者，遠離愚癡，淨菩提心；三者，心樂質直，離諸諂誑；四者，勤修善根，無有退轉；五者，恒善思惟，自所發心；六者，不樂親近在家、出家一切凡夫；七者，修諸善業而不願求世間果報；八者，永離二乘，行菩薩道；九者，樂修衆善，令不斷絕；十者，恒善觀察自相續力。佛子，若諸菩薩行此十法，是則名爲住不放逸。

佛子，菩薩摩訶薩住不放逸，得十種清淨。何者爲十，一者，如說而行；二者，念智成就；三者，住扵深定不沉不舉；四者，樂求佛法無有懈息；五者，隨所聞法，如理觀察，具足出生巧妙智慧；六者，入深禪定，得佛神通；七者，其心平等，無有高下；八者，扵諸衆生上中下類，心无障礙，猶如大地等作利益；九者，若見衆生乃至一發菩提之心，尊重承事猶如和上〈尚〉①；十者，扵授戒和上〈尚〉*及阿闍梨、一切菩薩、諸善知識、法師【之所，常生】尊重，承事供養。佛子，是名菩薩住不放逸十種清淨。佛子，菩薩摩訶薩住不放逸，發大精進，起扵【正念】，生勝欲樂，所行不息；扵一切法，心无依處；扵甚深法，能勤修習〔035-2〕；【入無】諍門，增廣大心；佛法无邊，能順了知，令諸如來皆悉歡喜。

佛子，菩薩摩訶薩復有十法，能令一切諸佛歡喜。何等【爲】十，一者，精進不退；二者，不惜身命；三者，扵諸利養无所〈有〉②希求；四者，知一切法皆如虛空；五者，善能觀察，普入法界；六者，知【諸】法印，心无倚著；七者，常發大願；八者，成就清净忍智光明；九者，觀自善法，心无增減；十者，依无作門，修諸净行。佛子，是爲菩薩住十種法，能令一切如來歡喜。

佛子，復有十法，能令一切諸佛歡喜。何等〈者〉爲十，所謂安住不放逸、安住无生忍、安住大慈、安住大悲、安住滿足諸波羅蜜、安住（安住）諸行、安住大願、安住巧方便、安住勇猛力、安住智慧，觀一切法皆无所住，猶如虛空。佛子，若諸菩薩住此十法，能令一切諸佛歡喜。

佛子，有十種法，令諸菩薩速入諸地。何等爲十，一者，善巧圓滿福智二行；二者，能大莊嚴波羅蜜道；三者，智慧明達，不隨他語；四者，承事善友，恒不捨離；五者，常行精進，无有懈怠；六者，善能安住如來神力；【七】者，修諸善根，不生疲倦；八者，深心利智，以大乘法而自莊嚴；九者，扵地地法門，心无所住；十者，與三世佛善根方便同一體性。佛子，此十種法，令諸菩薩速入諸地。

復次，佛子，諸菩薩初住地時，應善觀察；隨其所有一切法門，隨其所有甚深智慧，隨所修因，隨所得果，隨其境界，隨其力用，隨其示現，隨其分別，隨其所得，悉善觀察。知一切法，皆是自心，而无所著；如是知已，入菩【薩】地，能善安住。佛子，彼諸菩薩作是思惟：我等宜應速入諸地。何以故，我等若扵地地中

---

① 和尚，㊼九六頁註①：和尚＝和上㊵，下同。
② 有，㊼九六頁註②：有＝所㊂㊵。

139

住，成就如是廣大功德；具功德已，漸入佛地；住【佛地】已，能作无邊廣大佛事。是故宜應常勤修習，无有休息，无有疲猒，以大功德而自莊嚴入菩薩地。

佛子，有十種法，令諸菩薩〔035-3〕所行清淨。何等爲十，一者，悉捨資財，滿衆生意；二者，持戒清淨，無所毀犯；三者，柔和忍辱，无有窮盡；四者，勤修諸行，永不退轉；五者，以正念力，心无迷亂；六者，分別了知无量諸法；七者，修一切行而无所著；八者，其心不動，猶如山王；九者，廣度衆生，猶如橋樑；【十】者，知【一切衆生】与諸如來同一體性。佛子，是爲十法，令諸菩薩所行清淨。

菩薩既得行清淨已，復獲十種增勝法。何等爲十，一者，他方諸佛，【皆】悉護念；【二者】，善根增勝，超諸等列；三者，善能領受佛加持力；四者，常得善人，爲所依怙；五者，安住精進，恒不放逸；六者，知一切法平等无異；七者，心恒安住无上大悲；八者，如實觀法，出生妙慧；九者，能善修行巧妙方便；十者，能知如來方便之力。佛子，是爲菩薩十〔種〕增勝法。

佛子，菩薩有十種清淨願。何等爲十，一願，成熟衆生，无有疲倦；二願，具行衆善，淨諸世界；三願，承事如來，常生尊重；四願，護持正法，不惜軀命；五願，【以智】觀察，【入】諸佛王；六願，与諸菩薩同一體性；七願，入如來門，了一切法；八願，見者生信，無不獲益；九願，神力住世，盡未來劫；十願，具普賢行，淨治一【切】種智【之門】。佛子，是爲菩薩十種清淨願。

佛子，菩薩住十種法，令諸大願皆得圓滿。何等爲十，一者，心无疲猒；二者，具大莊嚴；三者，念諸菩薩殊【勝願】力；四者，聞諸佛王，悉願往生；五者，深心長久，盡未來劫；六者，願悉成就一切衆生；七者，住一切劫，不以爲勞；八者，【受一】切苦，不生猒離；九者，於一切樂，心无貪著；十者，常勤守護无上法門。

佛子，菩薩滿足如是願時，即得十種〔035-4〕【無盡藏。何等爲十，所謂普見諸佛無盡藏、總持不忘無盡藏、決了諸法】无盡藏、大悲救護无盡藏、種種三昧无盡藏、滿衆生心廣大福德无盡藏、演一切【法甚深智慧無盡藏、報得神通無盡藏、住無量劫無盡藏、入無】邊世界无盡藏。佛子，是爲菩薩十无盡藏。

菩薩得是十種藏已，福德具足，智慧清淨；於諸【衆生，隨其所應而爲說法。佛子，菩薩云何於諸衆生，隨其所應而爲說】法。所謂知其所作，知其因緣，知其心行，知其欲樂。貪樂〈欲〉多者，爲說不淨；瞋恚多者，爲【說大慈；愚癡多者，教勤觀察；三毒等者，爲說成就勝智法門；樂】生死者，爲說三苦；若著處所，說〔處〕空寂；心懈怠者，說大精進；懷我慢者，說法平等；多諂誑者，【爲說菩薩，其心質直；樂寂靜者，廣爲說法，令其成就。菩薩如是】隨其所應而爲說法。爲說法時，文相連屬，義無舛謬；觀法先後，以智分別；是非審定，不違【法印；次第建立無邊行門，令諸衆生斷一切疑；善知諸根，入如來】教；證真實際，知法平等；斷諸法愛，除一切執；常念諸佛，心无暫捨；了知音聲，體性平等；【於諸言說，心無所著；巧說譬諭，無相違反，悉令得悟一切諸佛隨應普現】平等智身。

菩薩如是爲諸衆生而宣〈演〉說法，則自修習，增長義利，不捨諸度，具【足莊嚴波羅蜜道。是時，菩薩爲令衆生心滿足故，內外悉捨而無所著，是】則能淨檀波羅蜜。具持衆戒而无所著，永離我慢，是則能淨尸波羅蜜。悉能忍受【一切諸惡，於諸衆生，其心平等，無有動搖，譬如大地能持一切，是則能淨忍波】羅蜜。普發衆業，常修摩〈靡〉懈，諸有所作恒不退轉，勇猛勢力无能制伏，於諸功德不【取不捨，而能滿足一切智門，是則能淨精進波羅蜜。於五欲境無所貪著，諸】次弟定悉能成就，常正思惟不住不出，而能消〈銷〉滅一切煩惱，出生无量諸三昧【門，成就無邊大神通力。逆順次第，入諸三昧，於一三昧門入無邊三昧門，悉知】一切三昧境界，與一切三昧三摩鉢底智印不相違背，能速入於一切智地，是【則能淨禪波羅蜜。於諸佛所聞法受持，近善知識承事不倦；常樂聞法】，心无猒足；隨所聽受，如理思惟；入真三昧，離諸僻【見；善觀諸法】，得實相印，【了知如來無功用道；乘普門慧，入於一切智智之門，永得休息，是則能淨般若波】羅蜜。示現一切世間作業，教化衆生而不猒倦，随其心樂〔036①-1〕【而爲現身；一切所行皆無染著，或現凡夫、或現聖人所行之行，或現生死，或現涅槃；善能觀察一切所】作，示現一切諸莊【嚴事而不】貪著，遍入諸趣度脫衆生，【是則能淨方便波羅蜜。盡成就一切衆生，盡莊嚴一切世界，盡供養一切諸佛】，盡通達无障礙法，盡【修】行遍法界行，身恒住盡未來劫，智盡知一切心念，【盡覺悟流轉還滅，盡示現一切國土，盡證得如來智慧，是則能淨願波羅蜜。具深】心力，无有雜染故；具深信力，无能摧伏故；具大悲力，不生疲猒故；具大慈力，所行【平等故；具總持力，能以方便持一切義故；具辯才力，令一切衆生歡喜滿足故；具】波羅蜜力莊嚴大乘故；具大顗力，永不斷絕故；具神通力，出生無量故；具加持【力，令信解領受故，是則能淨力波羅蜜。知貪欲行者，知瞋恚行者，知愚癡行者，知等分行者，知修】學地行者，一念中知無邊衆生行，知無邊衆生心，知一切法真實，知一切如來力，【普覺悟法界門，是則能淨智波羅蜜】。

【佛子，菩薩如是清淨諸波羅蜜時、圓】滿諸波羅蜜時、不捨諸波羅蜜時，住大莊嚴菩薩乘中。随其所念，一切衆生皆爲【說法，令增淨業而得度脫。墮惡道者，教使發心；在難中者，令勤精進；多貪衆】生，示無貪法；多瞋衆生，令行平等；著見衆生，爲說緣起；欲界衆生，教離欲恚【惡不善法；色界衆生，爲其宣說毘鉢舍那；無色界衆生，爲其宣說微妙智】慧；二乘之人，教寂靜行；樂大乘者，爲說十力廣大莊嚴。如其往昔初發心時，見无【量衆生墮諸惡道，大師子吼作如是言：我當以種種法門，随其所應而度】脫之。菩薩具足如是智慧，廣能度脫一切衆生。

佛子，菩薩具足如是智慧，令【三寶種永不斷絕。所以者何，菩薩摩訶薩教諸衆生發菩提心，是故能】令佛種不斷；常爲衆生開闡法藏，是故能令法種不斷；善持教法，【無所乖違，是故能令僧種不斷。復次，悉能稱讚一切大願，是故能令】佛種不斷；分別演說因緣之門，是故能令法種不斷；常勤修習六和敬【法，是故能令僧種不斷。復次，於衆生田中下佛種子，是故能令佛】種不斷；護持正法，不惜身命，是故能令法種不斷；統理大衆，無有疲倦，【是故能令僧種不斷。復次，於去來今佛，所說之法、所制之戒，皆悉奉持，心不】捨離，【是故】能令佛、法、僧種永不斷絕。菩薩如是紹隆三寶，一切所行〔036①-2〕【無有過失，随有所作，皆以迴向一切智門，是故三業皆無瑕玷。無瑕玷故，所作衆】善，所行諸行，教化衆生，随應說法，乃至一念，無有錯【謬，皆與方便智慧相應，悉以向於一切智智，無空過者】。

【菩薩如是修習善法，念念具足十種莊嚴。何者】爲十，所謂：身莊嚴，随諸衆生所應調伏而爲示現故；語莊嚴，【斷一切疑，皆令歡喜故；心莊嚴，於一念中入諸三昧故；佛剎莊嚴，一切清淨，離諸煩惱故；光明莊嚴，放】無邊光普照衆生故；衆會莊嚴，普攝衆會，皆令歡【喜故；神通莊嚴，随】衆生【心，自在示現故；正教莊嚴，能攝一切聰慧人故；涅槃地莊嚴，於一處】成道，周遍十方悉無餘故；巧說莊嚴，随處、随時、随其根【器】，爲說【法故。菩薩】成就【如是莊

141

嚴，於念念中，身語意業皆無空過，悉以迴向一切智門。若有】衆生見此菩薩，當知亦復無空過者，以必當成阿褥多羅【三藐三菩提故。若聞名，若供養，若同住，若憶念，若隨出家，若聞說法，若隨喜善根，若遙生】欽敬，乃至稱楊〈揚〉讃歎名字，皆當得阿褥多羅三藐三菩提。佛子，辟如有藥，名爲【善見，衆生見者，衆毒悉除；菩薩如是成就此法，衆生若見，諸煩惱毒】皆得除滅，善法增長。

佛子，菩薩摩訶薩住此法中，勤加修習，以智慧【明，滅諸癡闇；以慈悲力，摧伏魔軍；以大智慧及福德力，制諸外道；以金剛定，滅除】一切心垢煩惱；以精進力，集諸善根；以浄佛圡諸善根力，遠離一切悪道諸【難；以無所著力，淨智境界；以方便智慧力，出生一切菩薩諸地、諸波羅蜜，及諸】三昧、六通、三明、四無所畏，悉令清浄；以一切善法力，成滿一切諸佛淨圡、無邊【相好，身、語及心具足莊嚴；以智自在觀察力，知一切如來力、無所畏、不共佛法，悉皆】平等；〔以〕廣大智慧力，了知一切智智境界；以往昔誓願力，隨〔所〕應化，現佛【國土，轉大法輪，度脫無量無邊衆生】。

【佛子，菩薩摩訶薩勤修此法，次第成就諸】菩薩行，乃至得與諸佛平等，扵無邊世界中爲大法師，護持【正法；一切諸佛之所護念，守護受持廣大法藏；獲無礙辯，深入法門；於無邊世界大】衆之中，隨類不同，普現其身，色相具足，最勝無比，以無礙辯巧說深法；【其音圓滿善巧分布故，能令聞者入於無盡智慧之門；知諸衆生心行煩惱而爲】說法，所出言音具足清浄故，一音演暢，能令一切皆生歡喜；其身〔036①－3〕【端正有大威力故，處於衆會，無能過者；善知衆心故，能普現身；善巧說法故，音聲無礙；得心】自在故，巧說大法，无能沮壊；得无所畏故，心无怯弱；扵法自在故，无能過者；扵智【自在故，無能勝者；般若波羅蜜自在故，所說法相，不相違背；辯才自在故，隨樂說】法，相續不斷；陁羅尼自在故，決定開示諸法實相；辯扌【自】在故，随所宣〈演〉說，能開種種辟喻〈諭〉①【之門；大悲自在故，勤誨衆生，心無懈息；大慈自在故，放光明網悅可衆心】。菩薩如是處扵高廣師子之座，宣〈演〉說大法。唯除如来及勝願智諸大菩薩，其餘衆生无能【勝者、無見頂者、無映奪者；欲以難問令其退屈，無有是處】。

【佛子，菩】薩摩訶薩得如是自在力已，假使有不可說世界量廣大道場，滿中衆生，一一衆生威【德色相皆如三千大千世界主。菩薩於此，纔現其身，悉能映蔽如】是大衆，以大慈悲安其怯弱，以深智慧察其欲樂，以無畏辯爲其說法，能令一切皆生【歡喜。何以故，佛子，菩薩摩訶薩成就無量智慧輪故，成就無量巧分別】故，成就廣大正念力故，成就無盡善巧慧故，成就決了諸法實相陁羅尼故，成就無邊【際菩提心故，成就無錯謬妙辯才故，成就得一切佛加持深信解故，成就普入三】世諸佛衆會道場智慧力故，成就知三世諸佛同一體性清浄心故，成就三世一切如来【智、一切菩薩大願智能作大法師開闡諸佛正法藏及護持故】。

【爾時，法慧菩】薩欲重宣其義，承佛神力而說頌言：

心住菩提集衆福，常不放逸植堅慧，
正念其意恒不忘，【十方諸佛皆歡喜。
念欲堅固自勤勵，於世無依無退怯，
以無諍行入深法，十方】諸佛皆歡喜。
佛歡喜已堅精進，修行福智助道法，
入扵諸地浄衆行，滿足如来所說願。
【如是而修獲妙法，既得法已施群生，
隨其心樂及根性，悉順其宜爲開】演。
菩薩爲他演說法，不捨自己諸度行，
波羅【蜜道既】已成，常扵有海濟群生。

---

① 諭，[大正]九八頁註②：諭＝喻[宮]。

畫夜勤修无懈惓,【令三寶種不斷絕,
所行一切白淨法,悉以迴向如來地。
菩薩所修衆善】行,普爲成就諸羣生,
令其破闇滅煩惱,降伏【魔軍成正覺】。
如是修行得佛智,深入如來正法藏,
【爲大法師演妙法,譬如甘露悉霑灑。
慈悲哀愍遍一切,衆生心行靡不知】,
如其所樂爲開闡,無量無邊諸佛法。

進止【安徐如象王,勇】猛無畏猶師子,
不動如山智如海,【亦如大雨除衆熱】。
【時,法慧菩薩說此頌已,如來歡喜,大衆奉行】。

大方廣佛花嚴經卷第十八・十〔八之下〕
〔036①-4〕

大方廣佛花〔嚴〕經
昇夜摩天宮品第十九
卷十九・十九之上

【爾時，如來】威神力故，十方一切【世界，一一四】天下南閻浮提及湏弥頂上，皆見如來處扵衆會。【彼諸】菩薩悉以佛神力故而演說法，莫不自謂恒對扵佛。尒時，世尊不離一切菩提樹下及湏弥山頂，而向扵彼夜摩天宮寶莊嚴殿。

時，夜摩天王遥見佛【來】，即以神力，扵其殿內化作寶蓮花藏師子之座，百萬層級以爲莊嚴，百萬金綱以爲交絡，百萬花帳、百萬鬘帳、百萬香帳、百萬寶帳弥覆其上。花盖、鬘盖、香盖、寶盖各亦百萬周迴布列，百萬光明而【爲】照曜〈耀〉①。百萬夜摩天王恭敬頂礼；百萬梵王踊躍歡喜；百萬菩薩稱揚讚歎；百萬天樂各奏百萬種法音，相續不断；百萬種花雲、百萬種鬘雲、百萬種莊嚴具雲、百萬種衣雲周帀弥覆；百萬種摩尼雲，光明照曜。從百萬種善根所生，百萬諸【佛】之所護【持】，百萬種福德之所增長，百萬種深心、百萬種誓頋之所【嚴】净，百萬種行之所生起，百萬種法之所建立，百萬種神通之所變現，恒出百萬種言【音顯】示諸法。

時，彼天王敷置座已，向佛世尊曲躬合掌，恭敬尊【重而】白佛言：善來世尊，善來善逝，善來如來應正等覺，唯頋哀愍，處此宮殿。

時，佛受請，即昇寶殿；一切十方，悉亦如是。尒時，天王即自憶念【過去佛】所所種善

根，承佛威神〈神力〉② 而說頌言：
　名稱如來聞十方，諸吉祥中冣無上，
　彼曾入此摩尼殿，是故此處冣吉祥。
　寶王如來世間燈，諸吉祥中冣無上，
　彼曾入此清净殿，是故此處冣吉祥。
　喜目如來見無礙，諸吉祥中冣無上，
　彼曾入此莊嚴殿，是故此處冣吉祥。
　然燈如來照世間，諸吉祥中冣無上，
　【彼曾】入此殊勝殿，是故此處冣吉祥。
　饒益如來利世間，諸吉祥中冣無上，
　彼曾入此無垢殿，是故此處冣吉祥。
　善覺如來無有師，諸吉祥中冣無上，
　彼曾入此寶香殿，是故此處冣吉祥。
　勝天如來世中燈，諸吉祥中冣無上，
　彼曾入此妙香殿，是故此處冣吉祥。
　無去如來論中雄，諸吉祥中冣無上，
　彼曾入此普眼殿，是故此處冣吉祥。
　無勝如來具衆德，諸吉祥中冣無上，
　彼曾入此善嚴【殿】，是故此處冣吉祥。
　苦行如來利世間，諸吉祥中冣無上，
　彼曾入此普嚴殿，是故此處冣吉祥。
　如此世界中夜摩天王承佛神力，憶念往昔諸

---

① 耀，㊉九九頁註③：耀＝曜㊂㊌，下同。
② 神力，㊉九九頁註④：神力＝威神㊋㊌，威力㊊㊍。

佛功德，稱【揚】讚歎；十方世界夜摩天王悉亦如是，歎佛功德。尒時，世尊入摩足莊嚴殿，於寶蓮花藏師子座上結加〈跏〉趺坐。此殿忽然廣愽〈博〉寬容，如其天衆諸所住處；十方世【界】，悉亦如是。

大方廣佛花嚴經

夜摩宮中偈讚品第廿

尒時，佛神力故，十方各有一大菩薩，一一各與佛刹微塵數菩薩俱，從十萬佛刹微塵數國土外諸世界中而来集會，其名曰：功德林菩薩、慧林菩薩、勝林菩薩、無畏林菩薩、慙愧林菩薩、精進林菩薩、力林菩薩、行林菩薩、覺林菩薩、智林菩薩。此諸菩薩所從来國，〔所〕謂親慧世界、憧〈幢〉慧世界、〔寶慧世界〕、【勝】慧世界、燈慧世界、金剛慧世界、安樂〔慧〕世界、日慧世界、淨慧世界、梵慧世界。此諸菩薩各於佛所淨修梵行，所謂常住眼佛、無勝眼佛、無住眼佛、不動眼佛、天眼佛、解脫眼佛、審諦眼佛、明相眼佛、最上眼佛、紺青眼佛。是諸菩薩至佛所已，頂礼佛足，随所来方，各化作摩尼藏師子之座，於其座上結加〈跏〉趺坐。如此世界中，夜摩天上菩薩来集；一切世界，恋亦如是，其諸菩薩、世界、如来，所有名号悉等無別。

尒時，世尊從兩足上放百千億妙色光明，普照十方一切世界；夜摩宮中，佛及大衆靡不皆現。

尒時，【功德】林菩薩承佛威力，普觀十方而說頌言：

佛放大光明，普照於十方，
悉見天人尊，通達無障礙。
佛坐夜摩宮，普遍十方界，
此事甚奇特，世間所希有。
須夜摩天【王】，偈讚【十】如来，
如此會所見，一切處咸尒。
彼諸菩薩【衆】，皆同我等名，
十方一切處，演說無上法。
所從諸世界，名号亦無別，
各於其佛所，淨修於梵行。
彼諸如来等，名号悉亦同，
國土皆豐樂，神力悉自在。
十方一切處，皆謂佛在此，
或見在人間，〔或見住天宮〕。
如来普安住，一切諸國土，
我等今見佛，此處〈處此〉天宮殿。
昔發菩提願，普及十方界，
是故佛威力，充遍難思議。
遠離世所貪，具足無邊德，
故獲神通力〔037-1〕，【衆】生靡不見。
遊行十方界，如空無所礙，
一身無量身，其相不可得。
佛功德無邊，云何可測知，
無住亦無去，普入於法界。

尒時，慧林菩薩承佛威力，【普】觀十方而說頌言：

世閒大導師，離垢無上尊，
不可思議刼，難可得值遇。
佛放大光明，世閒靡不見，
爲衆廣開演，饒益諸羣生。
如来出世閒，爲世除癡冥，
如是世閒燈，希有難可見。
已修施戒忍，精進及禪定，

般若波羅蜜，以此照世閒。
如來無與等，求比不可得，
不了法真實，無有能得見。
佛身及神通，自在難思議，
無去亦無來，說法度衆生。
若有得見聞，清淨天人師，
永出諸惡趣，捨離一切苦。
無量無數劫，修習菩提行，
不能知此義，不可得成佛。
不可思議劫，供養無量佛，
若能知此義，功德超於彼。
無量剎珍寶，滿中施於佛，
不能知此義，終不成菩提。

爾時，勝林菩薩承佛威力，普觀十方而說頌言：

譬如孟夏月，空淨無雲曀，
赫日揚光輝〈暉〉①，十方靡不充。
其光無限量，無有能測知，
有目斯尚然，何況盲冥者。
諸佛亦如是，功德無邊際，
不可思議劫，莫能分別知。
諸法無來處，亦無能作者，
無有所從生，不可得分別。
一切法無來，是故無有生，
以生無有故，滅亦不可得。
一切法無生，亦復無有滅，
若能如是解，斯人見如來。
諸法無生故，自性無所有，
如是分別知，此人達深義。
以法無性故，無有能了知，
如是解於法，究竟無所解。
所說有生者，以現諸國土，
能知國土性，其心不迷惑。
世閒國土性，觀察悉如實，
若能於此知，善說一切義。

爾時，無畏林菩薩承佛威力，普觀十方而說頌言：

如來廣大身，究竟於法界，
不離【於此座】，而遍一切處。
若聞如是法，恭敬信樂者，
永離三惡道，一切諸苦難。
設往諸世界，無量不可數，
專心欲聽聞，如來自在力。
如是諸佛法，是無上菩提，
假使欲暫聞，無有能得者。
若有於過去，信如是佛法，
已成兩足【尊】，而作世閒燈。
若有當得聞，如來自在力，
聞已能生信，彼亦當成佛。
若有於現在，能信此佛法，
亦當成正覺，說【法無所】畏。
無量無數劫，此法甚難值，
若有得聞者，【當】知本願力。
若有能受持，如是諸佛法，
持已廣宣【說】，此人當成佛。
況復勤精進，堅固心不捨，
當知如是人，決定成菩提。

爾時，慚愧林菩薩承佛〔037-2〕【威力】，普觀十方而說頌言：

若人得聞是，希有自在法，
能生歡喜【心】，疾除疑惑網。
一切知見人，自說如是言，
如來無【不知】，是故難思議。
無有從無智，而生於智慧，
世閒常暗冥，是故無能生。
如色及非色，此二不爲一，
智無智亦然，其體各殊異。
如相與無相，生死及涅槃，
分別各不同，【智】無智如是。
世界始成立，無有敗壞相，

---

① 暉，㭊一〇〇頁註②：暉＝輝㝷。

智無智亦然，二相非一時。
如菩薩初心，不與後心俱，
智無智亦然，二心不同時。
譬如諸識身，各各無和合，
智無智如是，究竟無和合。
如阿伽陀藥，能滅一切毒，
有智亦如是，能滅於無智。
如來無有上，亦無與等者，
一切無能比，是故難c〈離〉值遇。

尒時，精進林菩薩承佛威力，普觀十方而說頌言：

諸法無差別，無有能知者，
唯佛與佛知，智慧究竟故。
唯〈如〉金與金色，其性無差別，
法非法亦然，體性無有異。
衆生非衆生，二俱無真實，
如是諸法性，實義俱非有。
譬如未來世，無有過去相，
諸法亦如是，無有一切相。
譬如生滅相，種種皆非實，
諸佛〈法〉亦復然，自性無所有。
涅槃不可取，說時有二【種】，
諸法亦復【然】，分別有殊異。
如依所數物，而有於能數，
彼性無所有，如是了知法。
譬如筭數法，增一至無量，
數法無體性，智慧故差別。
譬如諸世閒，刼燒有終【盡，
虛空】無損敗，佛智亦如是。
如c〈是〉十方衆生，各取虛空相，
諸佛亦如是，世閒妄分別。

尒時，力林菩薩承佛威力，普觀十方而說頌言：

一切衆生界，皆【在三】世【中】，
三世諸【衆生，悉】住五薀中。
諸薀業爲本，諸業心爲本，

心法猶如幻，世閒亦如是。
世閒非自作，亦復非他作，
而其得有成，亦復得有壞。
世閒雖有成，世閒雖有【壞，
了達世閒】者，此二不應說。
云何爲世閒，云何非世閒，
世閒非世閒，但是名差別。
三世五薀法，說名爲世閒，
彼滅非世閒，如是但假名。
云何說諸薀，諸薀有何性，
【薀性不可滅】，是故說無生。
分別此諸薀，其性本空寂，
【空】故不可滅，此是無生義。
衆生既如是，諸佛亦復然，
佛及諸佛法，自性無所有。
能知此諸法，如實不顛倒，
【一切知見人，常】現〈見〉在其前。

尒時，行林菩薩承佛威力，普觀十方而說頌言：

譬如十方界，一切諸地種，
自性無所有，無處不周遍。
佛身亦如是，普遍諸世界，
種種【諸色相，無主無】來處。
但以諸業故，說名爲衆生，
亦不離衆生，而有業可得。
業性本空寂，衆生所依止，
普作衆色相，亦復無來處。
如是諸色相，業力難思議，
了達其【根本，於中無所見。
佛身】亦如是，不可得思議，
種種諸色相，普現十方刹。
身亦非是佛，佛亦非是身，
但以法爲身，通達一切法。
若能見佛身，清淨如法性，
此人於佛法，一切無疑惑。
若見一切【法，本性如涅槃，

是則見】如來，究竟無所住。
若修習正念，明了見正覺，
無相無分別，是名法主〈王〉子。
尒時，覺林菩薩承佛神〈威〉力，遍觀十方而說頌言：
譬如工畫師，分布諸彩色，
【虛妄】取【異相，大種無差】別。
大種中無色，色中無大種，
亦不離大種，而有色可得。
心中無彩畫，彩畫中無心，
然不離扵心，有彩畫可得。
彼心恒不住，無量難思議，
示現一切色，【各各】不相【知。
譬如工畫師】，不能知自心，
而由心故畫，諸法性如是。
心如工畫師，䏻畫諸世閒，
五蘊悉從生，無法而不造。
如心佛亦尒，如佛眾生然，
應知佛與心，體性皆無盡。
若【人知心】行，普【造諸世間，
是人則】見佛，了佛真實性。
心不住扵身，身亦不住心，
而䏻作佛事，自在未曾有。
若人欲了知，三世一切佛，
應觀法界性，一切唯心造。
尒時，智林菩薩【承】佛威力，【普觀十方而說】頌言：
所取不可取，所見不可見，
所聞不可聞，一心不思議。
有量及無量，二俱不可取，
若有人欲取，畢竟無所得。
【不】應說而說，是爲自欺【誑】，
己事【不】成就，【不令眾歡喜】。
有欲讚如來，無邊妙色身，
盡扵無數刼，無䏻盡稱述。
譬如随意珠，䏻現一切色，
無色而現色，諸佛亦如是。
又如淨虛【空】，非色不可見，
【雖】現一切色，無䏻見【空】者。
諸佛亦如是，普現無量【色】，
非心所行處，一切莫䏻覩。
雖聞如來聲，音聲非如來，
亦不離扵聲，䏻知正等覺。
菩提無来去，【離】一切【分】別，
云何於是中，自言䏻得見。
諸佛無有法，佛扵何有【說】，
但随其自心，謂說如是法。

大方廣佛花嚴經
十行品第廿一之上

尒時，功德林菩薩承佛神力，入菩薩善【思】惟三昧。入是三昧已，十方各過万佛刹微塵數世界外，有万佛刹微塵數諸佛，皆号功德林，而現其前，告功德林菩薩言：善我，佛子，乃能入此善【思惟】三昧。善【男】子，此是十方各万佛【刹】微塵數同名諸佛共加扵汝，亦是【毘】盧遮那如来往昔頿力、威神之力，及諸菩薩衆善之〈根〉力，令汝入是三昧而【演】說法。爲增【長佛智】故，深入法界〔037-3〕【故，了】知衆生界故，所入無礙故，所行無障故，得無量方便故，攝取一切智性故，覺悟一切諸法故，知一切諸根故，能持【說一切法】故，所謂【發】起諸菩薩【十】種行。善男子，汝當承佛威神之力而演此法。

是時，諸佛即與功德林菩薩無礙智、無着智、無斷智、無師智、無癡智、無異智、無失智、無量智、無勝智、無懈智、無奪智。何以故，此三昧力，法如是故。

尒時，諸佛各申右手，摩功德林菩薩頂。時，功德林菩薩即從定起，告諸菩薩言：佛子，菩薩行不可思議，與法界、虛空界等。何以故，菩薩摩訶薩學三世諸佛而修行故。佛子，何等是菩薩摩訶薩行，佛子，菩薩摩訶薩有十種行，三世諸佛之所宣說。何等爲十，一者歡喜行，二者饒益行，三者無違逆行，四者無屈撓〈橈〉①行，五者無癡亂行，六者善現行，七者無着行，八者難得行，九者善法行，十者真實行。是爲十。

佛子，何等爲菩薩摩訶薩歡喜行，佛子，此菩薩爲大施主，凡所有物悉能惠施；其心平等無有悔悋〈吝〉，不望果報，不求名稱，不貪利養；但爲救護一切衆生，攝受一切衆生，饒益一切衆生；爲學習諸佛本所修行，憶念諸佛本所修行，愛樂諸佛本所修行，清净諸佛本所修行，增長諸佛本所修行，住持諸佛本所修行，顯現諸佛本所修行，演說諸佛本所修行，令諸衆生離苦得樂。佛子，菩薩摩訶薩修此行時，令一切衆生歡喜愛樂；随諸方圡有貧乏處，以頿力故，往生扵彼，豪貴大冨，財寶無盡。假使扵念念中，有無量無數衆生詣菩薩所，白言：仁者，我等貧乏，靡所資瞻〈贍〉，飢羸困苦，命將不全。惟〈唯〉②頿慈哀，施我身肉，令我得食，以活其命。尒時，菩薩即便施之，令其歡喜，心得滿足。如是無量百千衆生而来乞求，菩薩扵彼，曾無退怯，但更增長慈悲之心。以是衆生咸来乞求，菩薩見之，倍復歡喜，作如是念：我得善利。此等衆生是我福田、是我善友，不求不請【而】来教我入佛法中。【我今應當】如是修學，不違一切衆生之心。又作是念：頿我已作、現作、當作所有善根，令我未来扵一切世【界、一】切衆生〔037-4〕【中受廣大身，以是身肉，

---

① 橈，㊉一〇二頁註③：橈＝撓㊅，下同。
② 唯，㊉一〇三頁註①：唯＝惟㊁㊅。

大方廣佛花嚴經十行品第二十一之上

充足一切飢苦衆生。乃至若有一小衆生未得飽足，【願不捨】命，所割身肉，亦無有盡。以此善根，願得阿耨多羅三藐【三菩提，證大涅槃；願諸衆】生食我肉者，亦得阿耨多羅三藐三菩提，獲平等】智，具諸佛法，廣作佛事，乃至入於無餘涅槃。若一衆生【心不滿足，我終不證阿耨多羅三藐三菩提。菩薩如是利益衆生而無我想、衆生想、有想】、命想、種種想、捕〈補〉①伽羅想、【人想】、摩納婆想、作者想、受者想。但觀法【界、衆生界】，無邊【際】法、空【法、無所有法、無相法、無體法、無處法、無依法、無作法。作是觀時，不】見自身，不見【施物】，不見受者，不見福田，不見業，不見報，不見果，【不見】大果，不見小果。尒時，【菩薩觀去來今一切衆生所受之身尋即壞滅，便作是念：奇哉】，衆生愚癡無【智】，於【生死】内受無數身，危脆〈脃〉②不停，速歸壞滅。【若已】壞滅，若今壞滅，若當【壞滅，而不能以不堅固身求堅固身。我當盡學諸佛所學，證】一切智，知一切法，爲諸衆主〈生〉說三世平等、隨順寂静、不壞法【性】，令其永得安隱快樂。佛【子，是名菩薩摩訶薩第一歡喜行】。

【佛子，何等爲菩薩摩訶】薩饒益行，此菩薩護持淨戒，於色、聲、香、味、觸，心無【所著】，亦爲衆生如是宣說；【不求威勢，不求種族，不求富饒，不求色相，不求王位，如是一切皆無】所著，但堅持淨【戒，作】如是念：我持淨戒，必當捨離一切纏縛、貪【求】、熱惱、諸難、逼迫、毀謗、亂【濁，得佛所讚平等正法。佛子，菩薩】如是持【淨戒時，於一日中，假】使無數百千億那【由】他諸大惡魔詣菩薩所，一一各將無量無【數】百千億那由他天女，皆於【五欲善行方便，端正姝麗傾惑人心，執持種種珍玩之具，欲來】惑亂菩薩道意。尒時，菩薩作如是念：此五欲者，是障道法，乃至障【礙無】上菩提。是故不生一念欲想，【心淨如佛。唯除方】便教化衆生，而不捨於一切智心。佛子，菩】薩不以欲因緣故惱一衆生，寧捨身命，而終不作惱衆生事。菩薩【自】得見佛已來，未曾心生一【念欲想；何況從事，若或從事，無有】是處。尒【時，菩薩但作】是念：一切衆生，於長夜中，想念五欲，趣向五欲，貪著五欲；其心決定【耽染】沉溺，隨其流轉，不得【自】在。我【今應當令此諸魔及諸天女，一切】衆ᶜ〈諸〉生【住無上戒；住淨】戒已，於一切智，心無退轉，得阿耨多羅三藐三菩提，乃至入於無【餘涅】槃。何以故，此是我等所應作業，【應隨諸佛如是修學。作是】學已，離【諸惡行、計我、無知】，以智入於一切佛法，爲衆生說，令除顛倒。然知不離衆生有顛倒，【不離顛】倒有衆生；不於顛倒内有【衆生，不於衆生内有顛倒】；亦非顛倒【是衆生，亦非衆生】是顛倒；顛倒非内法，顛倒非外法；衆生非内法，衆生非外法。一【切】諸法虛妄不實，速起速【滅無有堅固，如夢如影，如】幻如化，誑惑愚【夫。如是解者，即】能覺了一切諸行，通達生死及與涅槃，證佛菩提；自得度，令【他】得度；自解脫，令他解脫；自【調伏，令他調伏；自寂静，令】他寂静；【自安隱，令他安隱；自離垢】，令他離垢；自清淨，令他清淨；自涅槃，令他涅槃；自快樂，令【他】快樂。佛子，此菩薩復作【是念：我當隨順一切如來】，離一切世間【行，具一切諸佛法，住無】上平等處，等觀衆生，明達境界，離諸過失，斷諸分別，捨諸【執著】，善巧出離，心恒安住無上、【無說、無依】、無動、【無量、無】邊、无盡、【無色甚深智慧。佛子】，是名菩薩摩訶薩苐二饒益行。

佛子，何等爲菩薩摩訶薩【無違逆行，此】菩薩常修忍法，謙下恭【敬；不自害，不他害，

---

① 補，㊣一〇三頁註②：補＋（特）⑤。
② 脃，㊣一〇三頁註③：脃＝脆㊁⑤。

不兩】宮；不自取，不【他取，不兩取；不自著】，不他著，不兩著；亦不貪求名【聞】利養，但作是念：我當常爲衆【生說法，令離一切】惡，斷貪、瞋、【癡、憍慢、覆藏、慳嫉】、諂誑，令恒安住【忍辱柔和。佛子，菩薩成就】如是忍法。假使有百千【億】那由他何〈阿〉僧祇衆生來至〔038①－1＋②－1〕【其所，一一衆生化作百】千億那【由他】阿僧祇口，一一口出百千【億那由他阿僧祇語，所謂不可喜語、非善】法語、【不悅】意語、不可愛語、非仁【賢語、非聖】智語、非聖相應語、非聖親近語、深可猒惡語、【不堪聽】聞【語，以是言辭毀辱菩】薩。又此衆生一一各有百千億那由他阿僧祇手，一一手各執百〔千〕億【那由他阿】僧祇器【仗】逼害菩薩。如是經於阿僧祇劫，曾無休【息。菩薩遭此極】大楚毒，身毛皆堅〈豎〉命將欲斷，作是念言：我因是峕，心若動亂，【則自不調伏】、自不守護、自不明了、【自】不修習、自不正定、自不寂【靜、自不愛惜、自】生執著，何能令他心得清淨。菩薩尒時復作是念：我從无始劫，【住於】生死，受諸峕惱。如是【思惟】，重自勸勵，令心清淨，而得歡喜。【善自調攝，自】能安住於佛法中，亦令衆生同得此法。復更思惟：此身空寂，无我、我所，无有眞實，性空无二；若峕若樂，皆无所有，諸法空故。我當解了，廣爲人說，令諸【衆生滅除此見】。是故，我今雖遭苦毒，應當忍受；爲慈念衆生故，饒益衆生故，安樂衆生故，憐愍衆生故，攝受衆生故，不捨衆生故，自得覺悟故，令他覺悟故，心不退轉【故，趣向佛道】故，是名菩薩摩訶薩第三無違逆行。

佛子，何寺爲菩薩摩訶薩无屈撓行。此菩薩修諸精進，所謂第一精進、大精進、勝精進、殊勝精【進、最勝精進】、㝡妙精進、上精進、無上精進、无寺精進、普遍精進。性无三毒、性无憍慢、性不覆藏、性不慳嫉、性无諂〈諂〉①

曲〈諂〉、性自慙愧，終不爲惱一衆生故而行精進，但爲【斷一切煩惱】故而行精進，但爲拔一切惑夲故而行精進，但爲除一切習氣故而行【進】，但爲【知一】切衆生界故而行精進，但爲知一切衆生死此生彼故而行精【進，但】爲知一切衆生煩惱故而行精進，但爲知一切衆生【心樂故而行】精進，但【爲】知一【切衆】生境界故而行精進，但爲知一切衆生【諸】根勝劣故而【行精進，但】爲知一切衆生心行故而行精進，但爲【知】一【切】法【界故而】行進，但爲知一【切佛法】根夲性故【而行精】進，【但爲知一切佛法平等性故而行】精進，但爲知三世平寺性故而行【精進，但爲得一切佛法智】光明故而行〔038①－2＋②－2〕【精進，但爲證一切佛法智故而行精進，但爲知一切佛法一實【相故而行精進，但爲知一切佛法無邊際】故而行【精進，但爲得一切佛法】廣【大決】定善【巧】智故而行精進，但爲得分別演說一切佛法句義智故而【行精進。佛子，菩薩摩訶薩成就如是精進行已，設有人言：汝頗能爲無數世界所有】衆生，以一一衆生故，於阿鼻地獄，經無數劫，備受衆苦。令彼衆生一一【得值無數諸佛出興於世，以見佛故，具受衆樂，乃至入於無餘涅槃，汝乃當成阿耨多】羅三㖠三菩提。能尒不耶。菩言：我能。設復有人作如是言：有无量【阿僧祇大海，汝當以一毛端滴之令盡；有無量阿僧祇世界，盡抹爲塵。彼滴及塵】，一一數【之】，悉知其數。爲衆生故，經尒許劫，於念念中受苦不斷。菩薩【不以聞此語故而生一念】悔恨之心，【但更】增上歡【喜踊躍，深自慶幸得大善利：以我力故】，令彼衆生永脫諸峕。菩薩以此所行方便，於一切世界中，令一切【衆生乃至究竟無餘涅槃。是名菩薩摩訶薩第四無屈撓行】。

【佛子，何等爲菩薩摩】訶薩離癡亂行。此菩

---

① 諂，囮一〇四頁註②：諂＝諂㊮。

大方廣佛花嚴經十行品第二十一之上

薩成就正念，心无散亂，堅固不動，最【上清淨，廣大無量，無有迷惑。以是正念故，善解】世【間一】切【語言，能持出世諸法言說。所謂】能持色法、非色法言說，能持建立色自性言說，乃至能【持建立受、想、行、識自性言說，心無癡亂。於世間中，死此生彼，心無癡亂；入胎出胎，心无癡亂】；發菩提意，心无癡亂；事善知識，心无癡亂；勤修佛法，【心無癡亂；覺知魔事，心無癡亂；離諸魔業，心無癡亂；於不可說劫，修菩薩行，心無癡亂。此】菩薩成就如是无量正念，於无量阿僧祇劫中，從【諸佛、菩薩、善知識所，聽聞正法。所謂甚深法、廣大法、莊嚴法、種種莊嚴法、演說種種名】句文身法、菩薩莊嚴法、佛神力光明無上法、正希【望決定解清淨法】、不著【一切世間法、分別】一切【世間法、甚廣大法、離癡翳照了一切】衆生法、一切世閒共法不共法、菩薩智无上法、一切智自在【法。菩薩聽聞如是法已，經阿僧祇劫，不忘不失，心常憶念，無有間斷。何以故】，菩薩摩訶薩於无量劫修諸行時，終不惱亂一衆【生，令失正念；不壞正法，不斷善根，心常增】長廣大智故。復【次，此菩薩】摩訶薩，種種音聲不能惑亂。所謂高大聲、麤濁聲、【極令人恐怖聲、悅意聲、不悅意聲、諠亂耳識聲、沮壞六根】聲。此【菩薩聞如】是等无量无數好惡音聲，假使充滿阿僧祇世界，【未曾一念心有散亂。所謂正念不亂、境界不】亂、三昧【不亂、入】甚【深法不亂、行菩提】行不亂、發菩提心不亂、憶念諸佛不亂、觀真實【法不亂、化衆生智不】亂、淨【衆生智不亂、決了甚深】義【不亂】。不作惡【業故，无惡】業障；不起煩惱故，无煩惱障；不輕慢法故，无有【法】障；不誹謗正法故，無有報障。佛子，如上所說】如是等聲，【一一充滿阿僧祇世】界，於无量无數劫未曾斷絕，悉能壞亂衆生【身心一切諸根，而不能壞此菩薩心。菩薩入】三昧【中，住於聖法，思惟】觀察一切音聲，善知音聲生、住、滅相，善知音聲【生、住、滅性。如是聞已，不生於貪，不起於瞋，不失於念，善取其相而不】染著；知一切聲皆无所有，實不可得，无有作【者，亦無本際，與法界等】，无【有差】別。菩薩【如是成就寂靜】身語意行，至一切智，永不退轉；善入一切諸禪【定門，知諸三昧同一體性，了】一切法无有【邊際，得一切】法真實智慧，得離音聲甚深三昧，得阿僧【祇諸三昧門，增長無量廣大悲心。是時】，菩薩於一念中，得无數百千三昧，聞【如是聲，心不惑亂，令其三昧，漸更增廣。作如是念：我當】令一切【衆生】安住无上清〔038①-3+②-3〕【淨念中，於一切智得不退轉，究竟成就無餘】涅槃。是【名菩薩摩訶薩第五離】癡亂行。

佛子，何等爲菩【薩摩訶薩善現行。此菩薩身業清淨、語】業清淨、意業清淨，住無所【得，示】無所得身語意業，能知三業皆无所有、无虛妄故，无有繫縛；凡所示【現，無性無依；住如實心，知無量心自性，知一】切法自性，无得无相，甚深難入；住於正位真如法性，方【便出生】而无業報；不生不滅，住涅槃界，住寂靜性；住於真實无性之性，言語【道斷，超諸世間，無有所依；入離】分別无縛著法，入寂勝智真實之法，入非諸世閒所能了知出【世】閒法。此是菩薩善巧方便，〔示〕現①生相。佛子，此菩薩作如是念：一切衆生，【無性爲性；一切諸法，無】爲爲性；一切國土，无相爲相。一切三世，唯是〈有〉言說；一切言說，於諸法中，無有依處；一切諸法，於言說中，亦無依處。菩薩如是解一切法皆悉甚深，一切世閒皆【悉寂靜，一切佛法無】所增益。佛法不異世閒〔法〕，世閒法不異佛法；佛法、世閒法，无有雜亂，亦无差別。了知法【界】體性平等，普入三世，永不捨離大菩提心，恒不退轉化衆生心，轉更增長大

---

① 示現，㊣一〇五頁註①：示現＝現示㊣。

153

【慈悲心，與一切眾】生作所依處。菩薩尒時復作是念：我不成熟眾生，誰當成熟；我不調伏眾生，【誰當】調伏；我不教化眾生，誰當教化；我不覺悟眾生，誰當覺悟；我不清淨眾【生，誰當清淨。此】我所宜、我所應作。復作是念：若我自解此甚深法，唯我一人扵阿耨多羅三【藐】三菩提獨得解脫；而諸眾生盲冥無目，入大險道，為諸煩惱之所【纏縛。如重病人恒】受苦痛，處貪愛獄不能自出，不離地獄、餓鬼、畜生、閻羅王界，不能滅苦，【不】捨惡業，常處癡闇，不見真實，輪迴生死，无得出離，住扵八難，眾垢所【著，種種煩惱覆】障其心，邪見所迷，不行正道。菩薩如是觀諸眾生，作是念言：若此眾生【未】成熟、未調伏，捨而取證阿耨【多羅三藐】三菩提，是所不應。我【當先化眾生，扵不】可說不可說刼行菩薩行；未成熟者，先令成熟；未調伏者，先令調伏。是菩薩住此行【時，諸天、魔、梵、沙門、婆】羅門，一切【世間乾闥婆、阿脩羅等】，若有得見，暫同住止，恭敬尊重，承事供養，及暫耳【聞，一經心者；如是所作，悉不唐捐，必定當成阿耨多羅三藐三菩提。是名菩薩摩訶薩第六善】現行。

大方廣佛花嚴經〔卷〕第十九·十九之下
〔038①-4+②-4〕

大方廣佛花嚴經
十行品第廿一之下

卷廿・廿之上

【佛子，何等爲菩薩摩訶薩無】著行。佛子，【此】菩薩以無著心，於念念中，能入阿僧祇世界，嚴淨阿僧【祇世界。於諸世界，心無所著，往詣阿僧祇諸如來所，恭敬禮拜，承事供養。以阿】僧祇花、阿僧祇香、阿僧祇鬘，阿僧祇塗香末香、衣服、珍寶、幢幡、妙【蓋，諸莊嚴具各阿僧祇以用供養；如是供養，爲究竟無作法故，爲住不思議法故。於】念念中，見無數佛；於諸佛所，心無所著；於諸佛刹，亦無所著；【於佛相好，亦無所著；見佛光明，聽佛說法，亦無所著；於十方世界，及佛菩薩所有眾】會，亦無所著；聽佛法已，心生歡喜，志力廣大，能攝、能行諸菩薩【行，然於佛法，亦無所著。此菩薩於不可說劫，見不可說佛出興於世，一一佛所，承事】供養，皆悉盡於不可說劫，心無猒足；見佛聞法，及見菩薩眾會【莊嚴，皆無所著；見不淨世界，亦無憎惡。何以故，此菩薩如諸佛法而觀察故。諸】佛法中，無垢無淨，無闇無明，無異無一，無實無妄，無安隱、無險難，【無正道、無邪道。菩薩如是深入法界，教化眾生，而於眾生不生執著；受持諸】法，而於諸法不生執著；發菩提心，住於佛住，而於佛住不生【執著；雖有言說，而於言說心無所著；入眾生趣，於眾生趣心無所著；了知三昧】，能入能住，而於三昧心無所著；往詣無量諸佛國土，若入若見、【若於中住，而於佛土心無所著，捨去之時亦無顧戀。菩】薩摩訶薩以能如是無所著故，於】佛法中，心無鄣礙，了佛菩提，證法毗尼，住佛正教，修菩薩【行，住菩薩心，思惟菩薩解脫之法，於菩薩住處心無所染，於菩薩所行亦無所著，淨菩薩道】，受菩薩記；得受記已，作如是念：凡夫愚癡，無知無見，無信【無解，無聰敏行，頑嚚貪著，流轉生死；不求見佛，不隨明導，不信調御，迷誤失錯，入於險道；不】敬十力王，不知菩薩恩，戀著住處；聞諸法空，心大驚怖；遠【離正法，住於邪法；捨夷坦道，入險難道；棄背佛意，隨逐魔意；於諸有中，堅執不捨。菩薩如是】觀諸眾生，增長大悲，生諸善根而無所著。菩薩【爾時復作是念：我當爲一眾生，於十方世界一一國土，經不可說不可說劫，教化成熟。如爲一眾生】，爲一切眾生皆亦如是；終不以此而生疲猒，捨而餘【去。又以毛端遍量法界，於一毛端處，盡不可說不可說劫，教化調伏一切眾生；如一毛端處，一一毛端處】皆亦如是。乃至不於一彈指頃，執著於我，起我、我【所想。於一一毛端處，盡未來劫修菩薩行。不著身，不著法，不著念，不著願，不著三昧，不著觀察，不】著寂定，不著境界，不著教化調伏眾生，亦復不【著入於法界。何以故，菩薩作是念：我應觀一切法界如幻，諸佛如影，菩薩行如夢，佛說法如響，一切世間如化】，業報所持故；差別身如幻，行力所起故；一切眾【生如心，種種雜染故；一切法如實際，不可變異故。又作是念：我當盡虛空遍法界，於十方國土中行菩】薩行，念念明達，一切佛法正念現前，無所取著。【菩薩如是觀身無我，見佛無礙，爲化衆生，演說諸法，令於佛法發生無量歡喜淨信，救護一切，心無疲】猒。無疲猒故，扵一切世界，有衆生未成就〈熟〉①、未調伏〔039①-1〕【處，悉詣於彼，方便化度。其中衆生種種音聲、種種諸業、種種取著、種種施設、種種和合、種種流轉、種種所】作、種種境界、種種生、種種殁〈沒〉，以大誓願，安住其中而教化【之，不令其心有動有退，亦不一念生染著想。何以故，得無所著、無所依故，自利、利他，清淨滿足。是名菩薩摩】訶薩第七無著行。

佛子，何等爲菩薩摩訶薩難得【行。此菩薩成就難得善根、難伏善根、最勝善根、不可壞善根、無能過善根、不思議善根、無盡善根、自在力】善根、大威德善根、與一切佛同一性善根。此菩薩修諸行【時，於佛法中得最勝解，於佛菩提得廣大解，於菩薩願未曾休息，盡一切劫心無疲倦，於一切苦不生厭離】，一切衆魔所不能動，一切諸佛之所護念，具行一切菩薩【苦行，修菩薩行精勤匪懈，於大乘願恒不退轉。是菩薩安住此難得行已，於念念中，能轉阿僧祇劫】生死，而不捨菩薩大願。若有衆生，承事供養，乃至【見聞，皆於阿耨多羅三藐三菩提得不退轉。此菩薩雖了衆生非有，而不捨一切衆生界。譬如船師，不住此】岸，不住彼岸，不住中流，而能運度此岸衆生至扵彼【岸，以往返無休息故。菩薩摩訶薩亦復如是，不住生死，不住涅槃，亦復不住生死中流，而能運度此岸衆生】，置扵彼岸安隱無畏、無憂惱處。亦不扵衆生數而有【所著，不捨一衆生著多衆生，不捨多衆生著一衆生；不增衆生界，不減衆生界；不生衆生界，不滅衆生界；不盡】衆生界，不長衆生界；不分別衆生界，不二衆生界。何以【故，菩薩深入衆生界如法界，衆生界、法界無有二。無二法中，無增無減，

無生無滅，無有無無，無取無依，無著無二】。何以故，菩薩了一切法、法界無二故。菩薩如是以善方便入深【法界，住於無相，以清淨相莊嚴其身，了法無性而能分別一切法相，不取衆生而能了知衆生之數，不著世界而現】身佛刹，不分別法而善入佛法，深達義理而廣演言教，了一〔039①-2〕【切法離欲真際而不斷菩薩道、不退菩薩行，常勤修習無盡之行，自在入於清淨法界。譬如鑽木以出】扵火，火事無量而火不滅。菩薩如是化衆生事，無有【窮盡，而在世間常住不滅；非究竟，非不究竟；非取，非不取；非依，非無依；非世法，非佛法；非凡夫，非得果。菩薩成就如】是難得心，修菩薩行時，不說二乘法，不說佛法；不說世間，【不說世間法；不說衆生，不說無衆生；不說垢，不說淨。何以故，菩薩知一切法無染無取、不轉不退故。菩薩於如是寂】滅微妙甚深寂勝法中修行時，亦不生念：我現修此行、已修【此行、當修此行。不著蘊、界、處、內世間、外世間、內外世間，所起大願、諸波羅蜜及一切法皆無所著。何以故，法界】中無有法名向聲聞乘、向獨覺乘，無有法名向菩薩乘、向阿【耨多羅三藐三菩提，無有法名向凡夫界，無有法名向染向淨、向生死、向涅槃。何以故，諸法無二、無不二故。譬】如虛空，扵十方中，若去來今，求不可得，然非無虛空。菩薩如是【觀一切法皆不可得，然非無一切法；如實無異，不失所作，普示修行菩薩諸行；不捨大願，調伏衆生，轉正法】輪；不壞因果，亦不違扵平等妙法，普與三世諸如來等；不斷佛種，【不壞實相；深入於法，辯才無盡；聞法不著，至法淵底；善能開演，心無所畏；不捨佛住，不違世法，普現】世間而不著世間。菩薩如是成就難得智慧心，修習諸行，扵三惡趣拔【出衆生，教化調伏，安置三世諸佛道中，令不動搖。復作是念：世間衆生

---

① 成熟，⑪一〇六頁註②：成熟 = 成就⑤⑥。

不知恩報,更相讎對,邪見執著,迷】惑顛倒,愚癡無智,無有信心,隨逐惡友,起諸惡慧,貪愛無明,種種煩【惱皆悉充滿,是我所修菩薩行處。設有知恩、聰明、慧解,及善知識充滿世間,我不於中修菩薩行。何以】故,我於衆生,無所適莫,無所覬望,乃至不求一縷一毫,及以一字讚美【之言。盡未來劫,修菩薩行,未曾一念自爲於己,但欲度脫一切衆生,令其清淨,永得出離。何以故,於衆】生中爲明導者,法應如是,不耽不求,但爲衆生修菩薩道,令其得至【安隱彼岸,成阿耨多羅三藐三菩提。是名菩薩摩訶薩第八難得行】。

【佛子,何等爲菩薩摩訶薩】善法行。此菩薩爲一切世間天、人、魔、梵、沙門、婆羅門、乾闥婆等,作清涼【法池,攝持正法,不斷佛種;得清淨光明陀羅尼故,說法授記,辯才無盡;得具足義陀羅尼故,義辯】無盡;得覺悟實法陀羅尼故,法辯無盡;得訓釋言詞〈辭〉① 陀羅尼故,詞辯無【盡;得無邊文句無盡義無礙門陀羅尼故,無礙辯無盡;得佛灌頂陀羅尼灌其頂故,歡喜辯無】盡;得不由他悟陀羅尼門故,光明辯無盡;得同辯陀羅尼〔門〕故,同辯無盡;得種種【義身、句身、文身中訓釋陀羅尼門故,訓釋辯無盡;得無邊旋陀羅尼故,無邊辯無盡。此菩薩大】悲堅固,普攝衆生,於三千大千世界變身金色,施作佛事;隨諸衆生根【性欲樂,以廣長舌,於一音中現無量音,應時說法,皆令歡喜。假使有不可說種種業報無數衆】生,共會一處,其會廣大充滿不可說世界,菩薩於彼衆會中坐。是中衆生,一一【皆有不可說阿僧祇口,一一口能出百千億那由他音,同時發聲,各別言辭,各別所問;菩薩於一】念中,悉能領受,皆爲酬對,令除疑惑。如一衆會中,於不可說衆會中,悉亦如是。【復次,假使一毛端處,念念出不可說不可說道場衆會;一切毛端處,皆亦如是。盡未來劫,彼劫可】盡,衆會無盡。是諸衆會於念念中,以各別言辭,各別所問;菩薩於一念中,悉能領受,【無怖無怯,無疑無謬,而作是念:設一切衆生以如是語業俱來問我,我爲說法無斷無盡,皆令】歡喜,住於善道;復令善解一切言辭,能爲衆生說種種法,而於言語無所分別。假使不可說【不可說種種言辭而來問難,一念悉領,一音咸答,普使開悟,無有遺餘。以得一切智灌頂故,以】得無礙藏故,以得一切法圓滿光明故,具足一切智智故。佛子,此菩薩摩【訶薩安住善法行已,能自清淨,亦能以無所著方便而普饒益一切衆生,不見有衆生】得出離者。如於此三千大千世界,如是乃至於不可說三千大千世〔039①-3〕【界,變身金色,妙音具足,於一切法無所障礙而作佛事。佛子,此菩薩摩訶薩成】就十種身。所謂:入無邊法界非趣身,滅一切世間故;入無邊法界諸趣身,【生一切世間故;不生身,住無生平等法故;不滅身,一切滅言說不可得故;不實身】,得如實故;不妄身,隨應現故;不遷身,離死此生彼故;不壞身,法界性無壞故;【一相身,三世語言道斷故;無相身,善能觀察法相故。菩薩成就如是十種身,爲一切衆生舍】,長養一切善根故;爲一切衆生救,令其得大安隱故;爲一切衆生歸,與其作大依處故;爲【一切衆生導,令得無上出離故;爲一切衆生師,令入真實法中故;爲一切衆生燈,令其明見業】報故;爲一切衆生光,令照甚深妙法故;爲一切三世炬,令其曉悟實法故;爲一切世間照,【令入光明地中故;爲一切諸趣明,示現如來自在故。佛子,是名菩薩摩訶薩第九善法行。菩】薩安住此行,爲一切衆生作清涼法池,能盡一切佛法源故。

佛子,何等爲菩薩摩【訶薩真實行。此菩薩成就第一誠諦之語,如說能行,如行能說。此菩薩學三世諸佛】真實語,入三世諸佛種性,與三世諸佛善根同等,得三世諸佛無二語,隨如【來

---

① 辭,㊂一〇七頁註②:辭＝詞㊂㊀,下同。

學智慧成就。此菩薩成就知衆生是處非處智、去來現在業報智、諸根利】鈍智、種種界智、種種解智、一切至處道智、諸禅解脱三昧垢淨起時非時智、【一切世界宿住隨念智、天眼智、漏盡智，而不捨一切菩薩行。何以故，欲教化一切衆生，悉】令清淨故。此菩薩復生如是增上心：若我不令一切衆生住無上解脱道，而我【先成阿耨多羅三藐三菩提者，則違我本願，是所不應。是故，要當先令一切衆生得無上】菩提、無餘涅槃，然後成佛。何以故，非衆生請我發心，我自爲衆生作不請【之友，欲先令一切衆生滿足善根、成一切智。是故，我爲最勝，不著一切世間故；我爲最上，住】無上調御地故；我爲離翳，解衆生無際故；我爲已辨，夲願成就故〔039①-4〕；我爲善變化，菩薩功德莊嚴故；我爲善依怙，三世諸佛攝受故。此菩薩摩訶薩不捨本願故，得入無【上】智慧莊【嚴，利益衆生，悉令滿足】；随夲誓願，皆得究竟；於一切法中智慧自在，令一切衆生普得清淨；念念遍遊十方世界，念念普詣不可説不可説諸佛國圡，【念念悉見不可】説不可説諸佛及佛莊嚴清淨國圡，示現如来自在神力。普遍法界、虚空界，此菩薩現無量身，普入世間而無所依；於其身中，現【一切刹、一切衆生】、一切諸法、一切諸佛。此菩薩知衆生種種想、種種欲、種種解、種種業報、種種善根，随其所應，爲現其身而調伏之；觀諸菩薩如幻、一切【法如化、佛出】世如影、一切世間如夢，得義身、文身無盡蔵；正念自在，决定了知一切諸法；智慧冣勝，入一切三昧真實相，住一性無二地。菩薩摩訶薩以諸【衆生皆】著於二，安住大悲，修行如是寂滅之法，得佛十力，入因陁羅網法界，成就如来無礙解脱人中雄猛大師子吼；得無所畏，能轉無礙清淨法輪；得【智】慧解脱，了知一切世間境界；絶生死迴流，入智慧大海；爲一切衆生護持三世諸佛正法，到一切佛法海實相源底。菩薩住此真實行已，一切世間【天】、人、魔、梵、沙門、婆羅門、乹闥婆、阿修羅等，有親近者，皆令開悟，歡喜清淨。是名菩薩摩訶薩第十真實行。

尒時，佛神力故，十方各有佛刹微塵數世界六種震動，所謂動、遍動、等遍動，起、遍起、等遍起，踊〈涌〉①、遍踊、等遍踊，震、遍震、等遍震，吼、遍吼、等遍吼，擊、遍擊、等遍擊。雨天妙花、天香、天末香、天鬘、天衣、天寶、天莊嚴具，奏天樂音，放天光明，演暢諸天微妙音聲。如此世界夜摩天宫，説十行法所現神變；十方世界，悉亦如是。復以佛神力故，十方各過十萬佛刹微塵數世界外，有十萬佛刹微塵數菩薩俱，来詣此〔土〕，充滿十方，語功德林菩薩言：

佛子，善𢦏，善𢦏，【善能】演説諸菩薩行。我等一切同名功德林，所住世界皆名功德憧〈幢〉，彼圡如来同名普功德。我等佛所，亦説此法；衆會眷属，言詞〈辭〉② 義理，悉亦如是，無有【增減】。佛子，我等皆承佛神力，来入此會，爲汝作證：十方世界，悉亦如是。

尒時，功德林菩薩承佛神力，普觀十方一切衆會暨乎〈于〉法界，欲令佛〔種性不斷故，欲令菩薩種性清淨故，欲令願〕【種性】不退轉故，欲令行種性常相續故，欲令三世種性悉平等故，欲攝三世一切佛種性故，欲開演所種諸善根故，欲觀察一切諸根，欲解煩惱習【氣心】行所作故，欲照了一切佛菩提故，而説頌言[C]〈曰〉③：

一心敬礼十力尊，離垢清淨無礙見，
境界深遠無倫匹，住如虚空【道】中者。
過去人中諸冣勝，功德【無量無所著】，
勇猛第一無等倫，彼離塵者行斯道。
現在十方諸國圡，善能開演第一義，

---

① 涌，[大正]一〇八頁註①：涌＝踊㊂[宮]，下同。
② 辭，[大正]一〇八頁註②：辭＝詞㊂[宮]，下同。
③ 曰，[大正]一〇八頁註④：曰＝言[宮]。

離諸過惡寂清淨，彼無依者行斯道。
【未】来所【有人】師子，周遍遊【行於法界】，
已發諸佛大悲心，彼饒益者行斯道。
三世所有無比尊，自然除滅愚癡暗，
於一切法皆平等，彼大力人行此道。〔040-1〕
【普見無量無邊界，一切諸有及諸趣】，
見已其心不分別，彼無動者行斯道。
法界所有皆明了，於第一義寂清淨，
永破瞋恚及愚癡，彼功德者行斯道。
於諸衆生善分別，悉入法界真實性，
自【然覺悟不由他】，彼等空者行斯道。
盡空所有諸國土，悉往說法廣開喻〈諭〉①，
所說清淨無能壞，彼勝牟尼行此道。
具足堅固不退轉，成就尊重【最】勝法，
顛力無盡到彼岸，彼善修者所行道。
無量無邊一切地，廣大甚深妙境界，
悉能知見靡有遺，彼論師子所行道。
一切句義皆明了，所有異論悉摧伏，
於法決定無有〈所〉疑，彼大牟尼行此道。
遠離世間諸過患，普與衆生安隱樂，
能爲無等大導師，彼勝德者行斯道。
恒以無畏ᶜ〈異〉施衆生，普令一切皆欣慶，
其心清淨離染濁，彼無等者行斯道。
意業清淨極調善，離諸戲論无口過，
威光圓滿衆所欽，彼寂勝者行斯道。
入眞實義到彼岸，住功德處心永寂，
諸佛護念恒不忘，彼滅有者行斯道。
遠離於我無惱害，恒以大音宣正法，
十方國土靡不周，彼絕譬者行斯道。
檀波羅蜜已成滿，百福相好所莊嚴，
衆生見者皆欣悅，彼寂勝慧行斯道。
智地甚深難可入，能以妙慧善安住，
其心究竟不動搖，彼堅固行行斯道。
法界所有悉能入，隨所入處咸究竟，
神通自在靡不該，彼法光明行此道。

諸無等等大牟尼，勤修三昧無二相，
心常在定樂寂靜，彼普見者行斯道。
微細廣大諸國土，更相涉入各差別，
如其境界悉了知，彼智山王行此道。
意常明潔離諸垢，於三界中無所著，
護持衆戒到彼岸，此淨心者行斯道。
智慧無邊不可說，普遍法界虛空界，
善能修學住其中，彼金剛慧行斯道。
三世一切佛境界，智慧善入悉周遍，
未嘗暫起疲猒心，彼冣勝者行斯道。
善能分別十力法，了知一切至處道，
身業無礙得自在，【彼】功德身行此道。
十方無量无邊界，所有一切諸衆生，
我皆救護而不捨，彼無畏者行斯道。
於諸佛法勤修習，心常精【進不懈】倦，
淨治一切諸世間，彼大龍王行此道。
了知衆生根不同，欲解無量各差別，
種種諸界皆明達，此普入者行斯道。
十方世界無量別〈刹〉，悉往受生無有數，
未曾一【念生疲厭，彼歡】喜者行斯道。
普放無量光明網，【照】曜一切諸世間，
其光所照入法性，此善慧者行斯道。
震動十方諸國土，無量億數那由他，
不令衆生有驚怖，此利世者所【行道。
善解一切語言法】，問難酬對悉究竟，
〔040-2〕
【聰】哲辯慧靡不知，此無畏者所行道。
善解覆仰諸國土，分別思惟得究竟，
悉使住於無盡地，此勝慧者所行道。
功德【無】量那由他，爲求佛道皆修習，
於其一切到彼【岸】，此無盡行所行道。
超出世間大論師，辯才第一師子吼，
普使羣生到彼岸，此淨心者所行道。
諸使〈佛〉灌頂第一法，已得此法灌其頂，

---

① 諭，㊅一〇九頁註①：諭＝喻⟨宋⟩⟨宮⟩。

心恒安住正法門，彼廣大心行此道。
一切衆生無量別，了達其心悉周遍，
決定護持佛法藏，彼如須弥行此道。
能扵一一語言中，普爲示現無量音，
令彼衆生随類解，此無礙見行斯道。
一切文字語言法，智皆善入不分別，
住扵真實境界中，此見性者所行道。
安住甚深大法海，善能印定一切法，
了法無相真實門，此見實者所行道。
一一佛土皆往詣，盡扵無量無邊刼，
觀察思惟靡暫停，此匪懈者所行道。
無量無數諸如來，種種名ᶜ〈各〉号各不同，
扵一毛端悉明見，此淨福者所行道。
一毛端處見諸佛，其數無量不可說，
一切法界悉亦然，彼諸佛子行斯道。
無量無邊無數刼，扵一念中悉明見，
知其脩促無定相，此解脫行所行道。
能令見者無空過，皆扵佛法種因緣，
而扵所作心無着，彼諸㝡勝所行道。
那由他刼常遇佛，終不一念生疲猒，
其心歡喜轉更增，此不空見所行道。
盡扵無量無邊刼，觀察一切衆生界，
未曽見有一衆生，此堅固士所行道。
修習無邊福智藏，普作清涼功德地〈池〉，
利益一切諸羣生，彼第一人行此道。
法界所有諸品類，普遍虛空無數量，
了彼皆依言說住，此師子吼所行道。
能扵一一三昧中，普入無數諸三昧，
悉至法門幽奥處，此論月者行斯道。
忍力勤修到彼岸，能忍㝡勝寂滅法，
其心平等不動摇，此無邊智所行道。
扵一世界一坐處，其身不動恒寂然，
而扵一切普現身，彼無邊身行此道。
無量無邊諸國土，悉令共入一塵中，
普得包容無障礙，彼無邊思行此道。
　了達是處及非處，扵諸力處普能入，

成就如來㝡上力，彼第一力所行【道】。
過去未來現在世，無量無邊諸業報，
恒以智慧悉了知，此達解者所行道。
了達世閒時非時，如應調伏諸衆生，
悉順其宜而不失，此善了者所行道。
善守身語及意【業】，恒令依法而修行，
離諸取着降衆魔，此智心者所行道。
扵諸法中得善巧，能入真如平等處，
辯才宣說無有窮，此佛行者所行道。
陁羅尼門已圓滿，善能安住無礙【藏】，
扵諸法界悉通達，此深入者所行道。
三世所有一切佛，悉與等心同智慧，
一性一相無有殊，此無礙種所行道。
已决一切愚癡瞖，深入廣大智慧海，
普施衆生清淨【眼】，此有目者所行道。
已具一切諸導師，平等神通無二行，
獲扵如來自在力，此善修者所行道。
遍遊一切諸世閒，普雨無邊妙法雨，
悉令扵義得决了，此法雲者所行【道】。
能扵佛智及解脫，深生淨信永不退，
以信而生智慧根，此善學者所行道。
能扵一念悉了知，一切衆生無有餘，
了彼衆生心自性，達無性者所行道。
法界一切諸國【土】，悉能化往無有數，
其身㝡妙絶等倫，此無比行所行道。
佛刹無邊無有數，無量諸佛在其中，
菩薩扵彼悉現前，親近供養生尊重。
菩薩能以獨一身，入扵三昧而寂定，
令見其身無有數，一一皆從三昧起。
菩薩所住㝡深妙，所行所作超戲論，
其心清淨常悦樂，能令衆生悉歡喜。
諸根方便各差別，能以智慧悉明見，
而了諸根無所依〔040－3〕，調難調者所行道。

能與〈以〉方便巧分別，扵一切法得自在，
十方世界各不同，悉在其中作佛事。

諸根微妙行亦然，能爲衆生廣說法，
誰其聞者不欣慶，此苄虛空所行道。
智【眼】清净无與苄，扵一切法悉明見，
如是智慧巧分別，此無苄者所行道。
所有無盡廣大福，一切修行使究竟，
令諸衆生悉清净，此无比者所行道。
普勤〈勸〉修成助道法，悉令得住方便地，
度【脫】衆生无有數，未曾暫起衆生想。
一切攀緣悉觀察，先護彼意令无諍，
普示衆生安隱處，此方便者所行道。
成就㝡上苐一智，具足無量無邊智，
扵諸四衆无所畏，此方便者〈智〉所行道。
一切【世】界及諸法，悉能遍入得自在，
亦入一切衆會中，度脫羣生無有數。
十方一切國土中，擊大法鼓悟羣生，
爲ᶜ〈所〉法施主㝡無上，此不滅者所行道。
一身結加〈跏〉而正坐，充滿十方無量刹，
而【令其】身不迫【隘】，此法身者所行道。
能扵一義一文中，演說无量无邊法，
而其邊際不可得，此無邊智所行道。
扵佛【解脫善修】學，得佛智慧无障礙，
成就無畏爲世雄，此方便者所行道。
【了知】十方世界海，亦知一切佛刹海，
智海法海悉了知，衆生見者咸欣慶。
或現入胎及初生，或現道場成正覺，
【如是皆令世間】見，此【無邊者】所行道。
無量億數國土中，示現其身入涅槃，
實【不】捨頭歸寂【滅】，此雄論者所行道。
堅固微㝽一妙身，與佛平苄无差別，
随諸衆生各異見，一實身者所行道。

法界【平等無差】別，具足【無量】无邊義，
樂觀一相心不移，三世智者所行道。
扵諸衆生及佛【法】，建立加持悉究竟，
所有持力同扵佛，最上持者行斯道。
神足无礙猶如佛，天眼无礙最清净，
耳根無礙善聽聞，此無礙意所行道。
所有神通皆具足，随其智慧悉成就，
善知一切靡不〈所〉傳，此賢智者所行道。
其心正定不搖動，其智廣大无邊際，
所有境界皆明達，一切見者所行道。
已到一切功德岸，能随次苐度衆生，
其心畢竟无猒足，此常勤者所行道。
三世所有諸佛法，扵此一切咸知見，
從扵如来種性生，彼諸佛子行斯道。
随順言詞〈辭〉已成就，乖違談論善摧伏，
常能趣向佛菩提，無邊慧者所行道。
一光照觸無涯限，十方國土悉充遍，
普使世間得大明，此破闇者所行道。
随其應見應供養，爲現如来清净身，
教化衆生百千億，莊嚴佛刹亦如是。
爲令衆生出世間，一切妙行皆修習，
【此行廣大無邊際】，云何而有能知者。
【假】使分身不可說，而與法界虛空苄，
悉共稱揚彼功德，百千萬刼无能盡。
菩薩功德無有邊，一切修行皆具足，
假使無量无邊佛，扵無量刼說不盡。
【何況世間天及人】，一切聲聞及緣覺，
能【扵無量無】邊刼，讚歎稱揚得究竟。

大方廣佛花嚴經卷苐卄・卄之下

〔040-4〕

大方廣佛〔花嚴經〕
十無盡藏品第〔廿二〕

卷廿一・廿一之上

尔時,功德林菩薩復告諸菩薩言:佛子,菩薩【摩訶】薩【有】十種藏,過去、未來、現在諸佛,已【說、當說、今】說。何等爲十,所【謂信藏、戒藏、慚藏、愧】藏、聞藏、施藏、慧藏、念藏、持藏、辯藏。是爲十。

佛子,何等爲菩薩摩訶薩信藏。此菩薩【信一切法空】,信一切法無相,【信一切法無願,信一切法無】作,信一切法無分別,信一切法無所依,【信一切】法不可量,信一切法無有上,信一切法難超越,【信一切法無生。若菩薩能如是隨順一切法,生淨信已】,聞諸佛法不可思【議,心不】怯弱;【聞一切佛不可思】議,心不【怯】弱;聞衆生界不可思議,心不【怯弱;聞法界不可思議,心不怯弱;聞虛空界不可思議,心不怯弱;聞涅槃界】不可思議,【心不怯】弱;聞過去世不可思議,心不怯弱;聞未來世不【可思議,心不怯弱;聞現在世不可思議,心不怯弱;聞入一切劫】不可思議,【心不怯弱。何以故,此菩薩於】諸佛所一向堅信,知佛智慧無邊無盡。十方無【量諸世界中,一一各有無量諸佛,於阿】耨多羅三貌〈藐〉三菩提,【已】得、今得、【當得】,已出【世、今出世、當】出世,已入涅槃、今入涅槃、當入涅槃,【彼】諸佛智慧不增【不減、不生不滅、不進不退、不近不遠、無知無捨。此】菩薩入佛智慧,成就無【邊無盡信;得】此信【已,心不退】轉,心不雜亂,不可破壞,【無】所染著,常有根【本,隨順聖人,住如來家,護持一切諸佛種性】,增長一切菩薩信解,随順一切【如】來善根,【出】生一切諸佛方便。是名菩薩摩訶薩信藏。菩薩住此信【藏,則能聞持一切佛法,爲衆生說,皆】令開悟。

佛子,何等爲菩薩摩訶薩戒藏。此菩薩【成就】普饒益戒、不受戒、不住【戒】、無悔恨戒、無違諍戒、【不損惱戒、無雜穢戒、無貪求】戒、無【過失】戒、無毀犯戒。云何爲普饒益戒,此菩薩受持【淨】戒,本爲【利】益一【切】衆生。云何爲不受戒,此菩薩不受行【外道】諸所【有戒】,但【性自精進】,奉【持三世諸佛如】来平等淨戒。云何爲不住戒,此菩薩受持戒時,心不【住欲界】、不住色界、不住無色界。何以故,不求生彼,而持【戒故。云】何爲【無悔恨戒,此】菩薩恒得安住無悔】恨【心】。何以故,不作重罪,不行謟〈諂〉詐,不破淨【戒】故。云【何】爲無違諍戒,此菩薩不非先制,不更造立;心常【隨】順,【向涅槃戒,具足受持,無所毀犯;不以持戒】,惱他衆生,令其生苦,但願一切心常歡喜而持戒。云何爲不惚宮戒,此菩薩不因於戒學諸呪術,造作方藥,惚宮衆生,但爲救【護一切衆】生而持於戒。云何爲不雜戒,此菩薩不著邊見,不持雜戒,但觀緣起持出離戒。云何爲不〈無〉貪求戒,此菩薩不現異相,彰己有德,但爲【滿足】出離法故而持於戒。云何爲無過失戒,此菩薩不自貢高,言我持戒;見破戒人亦不輕毀,令他愧耻;但一其【心】而持【於】戒。云何【爲】無毀犯戒,此菩【薩永】斷殺、盜、耶〈邪〉婬、妄語、兩舌、惡口,及無義語、貪、瞋、耶〈邪〉見,具足受持十種善業。菩薩持此無犯戒時,作是念言:一〔041-1〕切衆生毀犯淨戒,皆由顛倒;唯佛世尊能知衆生以【何因緣】而生顛倒,毀【犯淨戒。我當】成就無上菩提,廣爲衆生說真實法,令離顛倒。是名菩薩摩訶薩第二戒藏。

佛子,【何】等爲菩薩摩訶薩【慚】藏。此菩薩憶【念過去】所作【諸惡】而【生】於慚。爲〈謂〉彼菩薩,心自念言:我無始世来,與諸衆生皆悉亙作父母、兄弟、姊妹、男【女,具貪】、瞋、【癡】、憍慢、諂〈諂〉誑及餘一切諸煩惚故,更相惱害,遞相陵奪,姦婬傷殺,無惡不造;一切衆生,悉亦如是,以諸煩惱備造衆惡,是故各各不相恭敬、不相尊【重、不相】承順、不相謙【下、不】相啓導、不相護惜,更相敦害,互爲怨讎。自惟我身及諸衆生,去来現在,行無慚【法】,三世【諸】佛無不知見。今【若不斷】此無【慚行,三世】諸佛亦【當】見我。我當云何猶行不止,甚爲不可。是故我應專心斷除,證阿耨多【羅】三藐三菩提,【廣爲衆】生說真實法。是【名】菩【薩摩】訶薩【第三慚】藏。

佛子,何等爲菩薩摩訶薩愧藏。此菩薩自愧昔来,於五欲中,種種【貪求,無有厭】足,【因此增長貪恚】癡等一切【煩惱:我今不應復行】是事。又作是念:衆生無智,起諸【煩惱,具行惡法,不相恭敬,不相尊重,乃至展轉互爲怨讎。如是【等】惡,無【不備造,造已歡】喜,【追求稱歎,盲無】慧【眼,無】所知見。於【母人腹中,入胎受生】,成垢穢身,畢竟至於鬆白面皺。有智慧者,觀此【但是從婬欲,生不淨】之法,三世諸佛皆悉知見。若我於今】猶行是事,則【爲欺】誑三世【諸佛。是故我】當修行於愧,速成阿耨多羅三藐三菩提,廣爲衆【生說真實法】。是名菩【薩摩訶薩第四愧藏】。

【佛子,何】等爲菩薩摩訶薩【聞藏。此】菩【薩】知是事有故是事有,是事無故是事無;是事起故是【事起】,是【事滅】故是事滅;【是世間法,是出世間法;是】有【爲法】,是無【爲法】;是【有】記法,是無記法。何等爲是事有故是事有,謂無明有故行有。何等爲是事無故是事無,謂識無故【名色無。何等爲是事起】故是事起,謂愛起故【苦起。何】等爲是事滅故是事滅,謂有滅故生滅。何等爲世間法,所謂色、受〔041-2〕、想、行、識。何等爲出世間法,所謂【戒、定、慧、解脫、解脫知】見。何等爲有爲法,所謂欲界、色界、無色界、衆生界。何等爲無爲法,【所謂】虛空、涅槃、數緣滅、【非數緣滅、緣起法性住。何等爲】有記法,謂四聖諦、四沙門果、四辯、四無所畏、四念處、四正勤、四神足、五根、五力、七覺分、【八聖道分。何】等爲無記法,謂【世間有邊,世間無邊,世】間亦有邊【亦】無邊,世間非有邊非無邊;世間有常,世間無常,世間亦有常亦無常,世間非【有常非】無常;如来滅後有,如【来滅後無,如來滅後亦】有亦無,如來滅後非有非無;我及衆生有,我及衆生無,我及衆生亦有亦無,我及衆生非【有非無】;過去,有幾如來般涅槃,【幾聲聞、辟支】佛般涅槃;未來,有幾如來,幾聲聞、辟支佛,幾衆生;現在,有幾佛住,幾聲聞、辟支佛住,幾衆生【住;何等】如来最先出,何等聲聞、【辟支佛最先】出,何等衆生最先出;何等如来最後出,何等聲聞、辟支佛最後出,何等衆生最後出;何法【最在初】,何法最在後;世間從何處【来,去至何】所;有幾世界成,有幾世界壞;世界從何處来,去至何所;何者爲生死最初際，何者爲生死宛後際。【是名】無記法。菩薩摩訶薩作如是【念：一切衆生於生】死中，無有多聞，不能了知此一切法。我當發意，持多聞藏，證阿耨多羅三藐三菩提，爲諸【衆】生說真實法。是名菩薩摩訶薩【第】五多聞藏。

佛子，何等爲菩薩摩訶薩施藏。此菩薩行十種施，所謂分減施、竭盡施、內施、外施、內外施、一切施、過去施、未來施、現在施、究竟施。佛子，云何爲菩薩分減施。此菩薩稟性仁慈，好行惠施。若得美味，不專自受，要与衆生，然後方食；凡所受【物，悉亦如】是。若自食時，作是念言：我身中有八萬戶蟲依於我住，我身充樂，彼亦充樂；我身飢苦，彼亦飢苦。我今受此所有飲食，願令衆生普得充飽。爲施彼故而自食之，不貪其味。復作是念：我於長夜愛著其身，欲令充飽而受飲食。今以此食惠施衆生，願我於身永斷貪著。是名分減施。云何爲菩薩竭盡施。佛子，此菩薩得種種上味飲食、香花、衣服、資生之具，若自以受用則安樂延年，若輟已施人則窮苦夭命。時，或有人來作是言：汝今所有，悉【當與】我。菩薩自念：我無始已來，以飢餓故喪身無數，未曾得有如毫末許饒益衆生而獲善利。今我亦當同於往昔而捨其命，是故應爲饒益衆生，隨其所有，一切皆捨；乃至盡命，亦無所悋。是名竭盡施。云何爲菩薩內施。佛子，此菩薩年方少盛，端正美好，香花、衣服以嚴其身；始受【灌】頂，轉輪王位，七寶具足，王四天下。時，或有人來白王言：大王當知。我今衰老，身嬰重疾，煢獨羸頓，死將不久；若得王身手足、血肉、頭目、骨髓，我之身【命必冀存活】。唯願大王莫更籌量，有所顧惜；但見慈念，以施於我。尒時，菩薩【作】是【念言：今】我此身，後必當死，無一利【益；宜】時疾捨，以濟衆生。念已施之〔041-3〕，【心無】所悔。是名內施。云何爲菩薩外【施。佛子，此】

菩薩年盛色美，衆相具足，名花、上服而以嚴身；始受灌頂，轉輪王位，七寶具足，王四天下。時，或【有】人來白王言：我今貧窶，衆苦【逼迫。唯】願【仁慈，特垂矜念，捨此王】位以贍【於】我；我當統領，受王福樂。尒時，菩薩作是念言：一切榮盛必當衰歇，於衰歇時，不能復更饒益衆【生。我今宜應隨彼所求，充滿其】意。作是念【已】，即便施之而無所悔。是名外施。云何爲菩薩內外施。佛子，此菩薩如上所說，處輪王位，七寶具【足，王四天下。時，或有人而來白言：此轉】輪位，王處【已久，我未曾得。唯】願大王捨【之與】我，并及王身，爲我臣僕。尒時，菩薩作是念言：我身財寶及以王位，【悉是無常、敗壞之法。我今盛壯】，富有天下；【乞者】現前，【當以不堅而求堅法】。作是念已，即便施之，乃至以身恭勤作【役】，心無所悔。是名內外施。云何爲菩薩一切【施。佛子，此菩薩亦】如上說，處【輪】王位，【七寶具足，王】四天下。時，【有】無量貧窮之人來詣其前，而作是言：大王名稱周聞十方，我等欽風故【來至此。吾曹今者各有所求】，願普垂【慈，令得滿足。時，諸貧人從彼大王】，或乞【國土】，或乞妻子，或乞手足、血肉、心肺、頭【目】、髓腦。菩薩是時，心作是念：一切恩愛【會當別離，而於衆生無所】饒益。【我今爲欲永捨貪愛，以此】一切【必】離散物滿衆生願。作是念已，悉皆施与，【心】無悔恨，亦不於衆生而生猒賤。【是名一切施。云何爲菩薩過去】施。此菩薩聞【過去諸佛菩薩所有功德，聞】已不著，了達非有，不起分別，不貪不【味，亦】不求取，無所依倚；【見】法如夢，無【有堅固；於諸善根，不起有想，亦無所】倚；但爲教化，取著衆生，成熟【佛法，而】爲演說；又復觀察：過去諸法，十方推求【都不可】得。【作是】念【已】，於過去【法，畢竟皆捨。是名過去施。云何爲菩薩未來】施。此菩薩【聞未】

164

大方廣佛花嚴經十無盡藏品第二十二

來】諸佛之所修行，了達非有，不取於相，不別樂往生諸【佛國土，不味不著，亦不生】猒；不以善根【迴向於】彼，亦不於【彼而退】善根，常勤修【行，未曾】廢捨；但【欲因彼】境界【攝取衆】生，爲說真實，令成熟佛法〔041-4〕；然此法【者非有處所、非無處所，非】內、非【外，非近、非遠。復作是念：若法非有，不可不捨。是名未來施。云何爲菩薩現在施。此菩薩聞四天王衆天、三十】三天、【夜】摩【天、兜率陀天、化樂天、他化自在天、梵天、梵身天、梵輔天、梵衆天、大梵天、光天、少光天、無量光天、光音天、淨天、少淨天、無量淨天、遍淨天、廣天】、少廣【天】、無【量廣天、廣果天、無煩天、無熱天、善見天、善現天、色究竟天，乃至聞聲聞、緣覺具足功德。聞已，其心不迷不沒，不聚不散，但觀諸行如夢不實，無有】貪著；爲令【衆生，捨離惡趣，心無分別，修菩薩道，成就佛法，而爲開演。是名現在施。云何爲菩薩究竟施。佛子，此菩薩，假使有無量衆生或有無眼】，或有無耳，【或無鼻舌及以手足，來至其所，告菩薩言：我身薄祜，諸根殘缺。唯願仁慈，以善方便，捨己所有，令我具足。菩薩聞之，即便施與】；假使由此，【經阿僧祇劫，諸根不具，亦不心生一念悔惜。但自觀身，從初入胎，不淨微形，胞段諸根，生老病死；又觀此身，無有真實，無有慚愧，非賢聖物】，臭穢不潔，【骨節相持，血肉所塗，九孔常流，人所惡賤。作是觀已，不生一念愛著之心。復作是念：此身危脆，無有堅固。我今云何而生戀著。應以施彼，充滿其】願。如我【所作，以此開導一切衆生，令於身心不生貪愛，悉得成就清淨智身。是名究竟施。是爲菩薩摩訶薩第六施藏】。

【佛子，何等爲菩薩摩訶薩慧藏】。此菩薩於色【如實知，色集如實知，色滅如實知，色滅道如實知；於受、想、行、識如實知，受、想、行、識集如實知，受、想、行、識滅如實知，受、想、行、識滅道如實知；於無明如】實知，無明集【如實知，無明滅如實知，無明滅道如實知；於愛如實知，愛集如實知，愛滅如實知，愛滅道如實知；於聲聞如實知，聲聞法如實知，聲聞集】如實知，聲【聞涅槃如實知；於獨覺如實知，獨覺法如實知，獨覺集如實知，獨覺涅槃如實知；於菩薩如實知，菩薩法如實知，菩薩集如實知，菩薩】涅槃如實知。云【何知。知從業報諸行因緣之所造作，一切虛假，空無有實，非我非堅固，無有少法可得成立。欲令衆生知其實性，廣爲宣說。爲說何】等，說諸法〔042①-1〕【不可壞。何等法不可壞，色不可壞，受、想、行、識不可壞，無明不可壞，聲聞法、獨覺法、菩薩法不可壞。何以故，一切法無作、無作者、無言說、無處所】、不生不起、不與不取、無動轉、無作用。菩薩成就如是【等無量慧藏，以少方便，了一切法，自然明達，不由他悟。此慧無盡藏有十種不可盡故，說爲無盡】。何等爲十，所謂多聞善巧不可盡故，親近善知識不可【盡故，善分別句義不可盡故，入深法界不可盡故，以一味智莊嚴不可盡故，集一切福德心無疲倦】不可盡故，入一切陁羅尼門不可盡故，能分別一切衆生語【言音聲不可盡故，能斷一切衆生疑惑不可盡故，爲一切衆生現一切佛神力教化調伏令修行】不斷不可盡故。是爲十。是爲菩薩摩訶薩第七慧藏。【住此藏者，得無盡智慧，普能開悟一切衆生】。

【佛子，何等爲菩薩摩訶薩念藏。此菩薩捨】離癡惑，得具足念，憶念過去一生、二生，乃至十生、百生、千【生、百千生、無量百千生，成劫、壞劫、成壞劫、非一成劫、非一壞劫、非一成壞劫，百劫、千劫、百】千億那由他，乃至無數、無量、無邊、無等、不可數、不可稱、不可【思、不可量、不可說、不可說不可說劫；念一佛名號，乃至不可說不可說佛名號；念一佛出世說】授記，乃至不可說不可說佛出世說授記；念一佛出世說修多【羅，乃至不可說不可說佛出

165

世說修多羅；如修多羅，祇夜、授記、伽他、尼陀那、優陀那、本事、本】生、方廣、未曾有、譬喻〈諭〉①、論議，亦（復）如是；念一眾會，乃至不【可說不可說眾會；念演一法，乃至演不可說不可說法；念一根種種性，乃至不可說不可說根種種性；念一】根無量種種性，乃至不可說不可說根無量種種性；念一【煩惱種種性，乃至不可說不可說煩惱種種性；念一三昧種種性，乃至不可說不可說三昧種種性。此念】有十種，所謂寂靜念、清淨念、不【濁】念、明徹念、離〔042①-2〕【塵念、離種種塵念、離垢念、光耀念、可愛樂念、無障礙念。菩薩住是念時，一切世間無能】嬈亂，一【切異論】無能變動，往世善根悉得清淨，【於諸世法無所染著，眾魔外道所不能壞，轉身受生無所忘失；過現未來，說】法無盡；【於一切】世界中，與眾生同住，曾無過咎；入一切【諸佛眾會道場無所障礙，一切佛所悉得親近。是名菩薩摩訶薩第八念藏】。

佛子，何等為菩薩摩訶薩持藏。此菩薩持諸【佛所說修多羅，文句義理，無有忘失；一生持，乃至不可說不可說生持；持一佛名號，乃】至不可說不可說佛名號；持一劫數，乃至不可說【可說劫數；持一佛授記，乃至不可說不可說佛授記；持一修多羅，乃至不可說不可說】修多羅；持一眾會，乃至不可說不可說眾會；持【演一法，乃至演不可說不可說法；持一根無量種種性，乃至不可說不可說根無量種種性】；持一煩惱種種性，乃至不可說不可說煩惱種種【性；持一三昧種種性，乃至不可說不可說三昧種種性。佛子，此持藏無邊難滿，難至其底，難得】親近，無能制伏，無量無盡，具大威力，是佛境【界，唯佛能了。是名菩薩摩訶薩第九持藏】。

【佛子，何等為菩薩摩訶薩辯藏。此菩薩】有深智慧，了知實相，廣為眾生演說諸法，不違一【切諸佛經典；說一品法，乃至不可說不可說品法；說一佛名號，乃至不可說不可說佛名號；如是】，說一世界，說一佛授記，說一修多羅，說一眾會，說【演一法，說一根無量種種性，說一煩惱無量種種性，說一三昧無量種種性，乃至說不可說不】可說三昧無量種種性；或一日說，或半月、一月【說，或百年、千年、百千年說，或一劫、百劫、千劫、百千劫說，或百千億那由他劫說，或無數無量乃至】不可說不可說劫說。胡數可盡，一文【一句，義理難盡。何以故，此菩薩成就十種無盡藏故。成就此藏，得攝一切法陀羅尼門現在前】，百萬【阿】僧祇陀羅尼以為眷屬；得此陀羅〔042①-3〕【尼已，以法光明，廣為眾生演說於法。其說法時，以廣長舌出妙音聲，充滿十方一切世界】；隨其根性，悉令滿足，心得歡喜，滅除一切【煩惱纏垢。善入一切音聲、言語、文字、辯才，令一】切眾生佛種不斷，淨心相續，亦以法光明【而演說法，無有窮盡，不生疲倦。何以故，此菩】薩成就盡虛空遍法界無邊身故。是為菩【薩摩訶薩第十辯藏。此藏無窮盡、無】分段、無間、無斷、無變異、無隔礙、無退轉，甚【深無底，難可得入，普入一切佛法之門】。

佛子，此十種無盡藏有十種無盡，令諸菩【薩究竟成就無上菩提。何等為十，饒益】一切眾生故，以本願善迴向故，一切劫無斷絕【故，盡虛空界悉開悟心無限故，迴向有為】而不著故，一念境界一切法無盡故，大願心【無變異故，善攝取諸陀羅尼故，一切諸】佛所護念故，了一切法皆如幻故。是為十種【無盡法，能令一切世間所作，悉得究竟】無盡大藏。〔042①-4〕

【大方廣佛華嚴經卷第二十一】

---

① 諭，㊃一一四頁註⑤：諭＝喻㊂㊅。

大方廣佛花嚴經
昇兜率天宮品第廿三
卷廿二・廿二之上

【爾時，佛神力故，十方一切世界，一一】四天下閻浮【提】中，皆見如來坐於樹下，各有菩薩承佛神力【而演說法，靡不自謂恒對於佛】。

【爾時，世尊復以神力，不離於此菩提樹下及須彌】頂、夜摩天宮，而往詣於兜率陀天一切妙寶所莊嚴殿。時，兜率天【王遙見佛來，即於殿上敷摩尼藏師子之座。其師子座，天諸妙寶之所集成】，過去修行善根所得，一切如來神力所現，無量百千億那由他阿僧祇【善根所生，一切如來淨法所起，無邊福力之所嚴瑩；清淨業報，不可沮壞；觀者】欣樂，無有〈所〉①猒足；是出世法，非世所染；一切衆生減〈咸〉來觀察，無有能得究其【妙好。有百萬億層級，周匝圍遶；百萬億金網，百萬億華帳，百萬億寶帳，百萬】億鬘帳，百萬億香帳，張施其上；花鬘垂下，香氣普熏；百萬億花蓋，百【萬億鬘蓋，百萬億寶蓋，諸天執持，四面行列；百萬億寶衣，以敷其上；百】萬億樓閣，綺煥莊嚴；百萬億摩尼網，百萬億寶網，彌覆其上；百【萬億寶瓔珞網，四面垂下；百萬億莊嚴具網，百萬億蓋網，百萬億衣網，百】萬億寶帳網，以張其上；百萬億寶蓮花網，開敷光榮；百萬億寶香網，其【香美妙，稱悅衆心；百萬億寶鈴帳，其鈴微動，出和雅音；百萬億栴檀寶】帳，香氣普熏；百萬億寶花帳，其花敷榮；百萬億衆妙色衣帳，世所希【有；百萬億菩薩帳，百萬億雜色帳，百萬億真金帳，百萬億瑠璃帳，百萬】億種種寶帳，悉張其上；百萬億一切寶帳，大摩尼寶以爲莊嚴；百萬【億妙寶華，周匝瑩飾；百萬億頻婆帳，殊妙間錯；百萬億寶鬘，百萬億香鬘，四】面垂下；百萬億天堅固香，其香普熏；百萬億天莊嚴具纓絡〈瓔珞〉，百萬億寶花纓絡〈瓔珞〉，百萬億勝【藏寶瓔珞，百萬億摩尼寶瓔珞，百萬億海摩尼寶瓔珞，莊嚴座身；百萬億】妙寶繒綵，以爲垂帶；百萬億因陁羅金剛寶，百萬億自在摩尼寶，百萬億【妙色真金藏，以爲間飾；百萬億毘盧遮那摩尼寶，百萬億因陀羅摩尼寶】，光明照曜；百萬億天堅固摩尼寶，以爲窓牖；百萬億清淨功德摩尼寶，彰施妙色；【百萬億清淨妙藏寶，以爲門闈；百萬億世中最勝半月寶，百萬億離垢】藏摩尼寶，百萬億師子面摩尼寶，開鎖莊嚴；百萬億心王摩尼寶，所求如意；【百萬億閻浮檀摩尼寶，百萬億清淨藏摩尼寶，百萬億帝幢摩尼寶】，咸放光明，彌覆其上；百萬億白銀藏摩尼寶，百萬億須彌幢摩尼寶，莊【嚴其藏；百萬億真珠瓔珞，百萬億瑠璃瓔珞，百萬億赤色寶瓔珞，百】萬億摩尼纓絡〈瓔珞〉，百萬億寶光明纓絡〈瓔珞〉，百萬億種種藏摩尼纓絡〈瓔珞〉，百萬億【甚可樂見赤真珠瓔珞，百萬億無邊色相藏摩尼寶瓔珞，百萬億】極清淨無比寶纓絡〈瓔珞〉，百萬億勝

---

① 所，㊃一一五頁註①：所＝有㊂。

光明摩尼寶纓絡〈瓔珞〉，周帀垂布，以爲莊嚴；【百萬億摩尼身，殊妙嚴飾；百萬億因陀羅妙色寶，百萬億黑栴檀香】，百萬億不思議境界香，百萬億十方妙香，百萬億冣勝香，百萬億甚可愛【樂香，咸發香氣，普熏十方；百萬億頻婆羅香，普散十方；百萬億淨光香】，普熏衆生；百萬億無邊際種種色香，普熏一切諸佛國土，永不歇〔043①-1〕【滅；百萬億塗香，百萬億熏香，百萬億燒香，香氣發越，普熏一切；百萬億蓮華藏沈水香，出大音聲；百】萬億遊戲香，能轉衆心；百萬億【阿樓那香，香氣普熏，其味甘美；百萬億能開悟香，普遍一切，令其聞者諸根寂靜】。

【復有百】萬億無比香王香，種種莊嚴。雨百萬億天花雲，雨百萬億天香雲，雨百【萬億天末香雲，雨百萬億天拘蘇摩華雲，雨百萬億天波頭摩華雲，雨百】萬億天優鉢羅花雲，雨百萬億天拘物頭花雲，雨百萬億天芬陀利花雲，雨【百萬億天曼陀羅華雲，雨百萬億一切天華雲，雨百萬億天衣雲，雨百萬】億摩尼寶雲，雨百萬億天盖雲，雨百萬億天幡雲，雨百萬億天冠雲，雨百萬【億天莊嚴具雲，雨百萬億天寶鬘雲，雨百萬億天寶瓔珞雲，雨百萬】億天旃檀香雲，雨百萬億天沉水香雲。建百萬〔億〕寶幢，懸百萬〔億〕寶幡，垂百萬億【寶繒帶，然百萬億香爐，布百萬億寶鬘，持百萬億寶扇，執百萬億】寶拂。懸百萬億寶鈴網，微風吹動，出妙音聲；百萬億寶蘭〈欄〉楯，周帀圍繞；百萬【億寶多羅樹，次第行列；百萬億妙寶窗牖，綺麗莊嚴；百萬億寶】樹，周帀垂陰；百萬億寶樓閣，延袤綺飾；百萬億寶門，垂布纓絡〈瓔珞〉；百萬億金鈴，【出妙音聲；百萬億吉祥相瓔珞，嚴淨垂下；百萬億寶悉底迦，能除衆】惡；百萬億金藏，金縷織成；百萬億寶盖，衆寶爲竿，執持行列；百萬億一切寶莊【嚴具網，間錯莊嚴；百萬億光明寶，放種種光；百萬億光明，周遍照耀；百】萬億日藏輪，百萬億月藏輪，並無量色寶之所集成；

百萬億香鋑，光明暎徹；百【萬億蓮華藏，開敷鮮榮；百萬億寶網，百萬億華網，百萬億香網，彌】覆[C]〈復〉其上；百萬億天寶衣，百萬億天青色衣，百萬億天黃色衣，百萬億天赤色衣，【百萬億天奇妙色衣，百萬億天種種寶奇妙衣，百萬億種種香熏衣，百】萬億一切寶所成衣，百萬億鮮白衣，悉善敷布，見者歡喜。百萬億天鈴幢，百萬【億金網幢，出微妙音；百萬億天繒幢，衆彩具足；百萬億香幢，垂布香】網；百萬億花幢，雨一切花；百萬億天衣幢，懸布妙衣；百萬億天摩尼寶幢，衆寶莊【嚴；百萬億天莊嚴具幢，衆具校飾；百萬億天鬘幢，種種華鬘，四面行】布；百萬億天盖幢，寶鈴和鳴，聞皆歡喜。百萬億天蠡，出妙音聲；百萬億天鼓，出【大音聲；百萬億天箜篌，出微妙音；百萬億天牟陀羅，出大妙音；百萬億天】諸雜樂，同時俱奏；百萬億天自在樂，出妙音聲，其聲普遍一切佛刹；百萬億天變〔043①-2〕【化樂，其聲如響，普應一切；百萬億天鼓，因於撫擊，而出妙音；百萬】億天如意樂，自然出聲，【音】節相和；百萬億天諸【雜樂】，出妙音聲，滅諸【煩惱。百萬億悅意音，讚歎供養；百萬億廣大音，讚歎承事；百萬】億甚深音，讚歎修行；百萬億衆妙音，歎佛業果；百萬億微細音，歎如實理；【百萬億無障礙真實音，歎佛本行；百萬億清淨音，讚歎過去供養】諸佛；百萬億法門音，讚歎諸【佛】冣勝無畏；百萬億無量音，歎諸菩薩功德【無盡；百萬億菩薩地音，讚歎開示一切菩薩地相應行；百萬億無】斷絕音，歎佛功德無有斷絕；百萬億隨順音，讚歎稱揚見佛之行；百萬億甚【深法音，讚歎一切法無礙智相應理；百萬億廣大音，其音充滿一切佛刹；百】萬億無【礙】清淨音，隨其心樂，悉令歡喜；百萬億不住三界音，令其聞者深入法性；【百萬億歡喜音，令其聞者心無障礙，深信恭敬；百萬億佛境界音，隨所出】聲，悉能開示一切法義；百萬億隨羅尼音，善宣一切法句差

大方廣佛花嚴經昇兜率天宮品第二十三

別,決了如来秘密【之藏;百萬億一切法音,其音和暢,克諧衆樂】。

【有百萬億初發心菩薩,纔見】此座,倍更增長一切智心;百萬億治地菩薩,心淨歡喜;百萬億修行菩薩,悟解清淨;【百萬億生貴菩薩,住勝志樂;百萬億方便具足菩薩,起大乘行;百萬億正】心住菩薩,勤修一切菩薩道;百萬億不退菩薩,淨修一切菩薩地;百萬億童真菩薩,【得一切菩薩三昧光明;百萬億法王子菩薩,入不思議諸佛境界;百萬億灌】頂菩薩,能現無量如来十力;百萬億菩薩,得自在神通;百萬億菩薩,生清淨解;百【萬億菩薩,心生愛樂;百萬億菩薩,深信不壞;百萬億菩薩,勢力廣大;百萬億】菩薩,名稱增長;百萬億菩薩,演說法義,令智決定;百萬億菩薩,正念不【亂】;百【萬億菩薩,生決定智;百萬億菩薩,得聞持力,持一切佛法;百萬億菩薩,出生無量】廣大覺解;百萬億菩薩,安住信根;百萬億菩薩,得檀波羅蜜,能一【切施;百萬億菩薩,得尸波羅蜜,具持衆戒;百萬億菩薩,得忍波羅蜜,心不妄】動,悉能忍受一切佛法;百萬億菩薩,得精進波羅蜜,能行無量出離【精進;百萬億菩薩,得禪波羅蜜,具足無量禪定光明;百萬億菩薩,得般若波羅蜜】,智慧光明能普照曜;百萬億菩薩,成就大願,悉皆清淨;百萬億菩薩,【得智慧燈,明照法門;百萬億菩薩,為十方諸佛法光所照;百萬億菩薩,周遍十方,演離】癡法;百萬億菩薩,普入一切諸佛刹土;百萬億菩薩,法身隨到一切佛國;【百萬億菩薩,得佛音聲,能廣開悟;百萬億菩薩,得出生一切智方便;百萬億菩薩,得】成就一切法門;百萬億菩薩,成就法智,猶如寶幢,能普顯示一切佛法;百【萬億菩薩,能悉示現如来境界。百萬億諸天王,恭敬禮拜;百萬億龍王,諦觀無厭;百】萬億夜叉王,頂上合掌;百萬億乾闥婆王,起淨信心;百萬億阿修羅【王,斷憍慢意;百萬億迦樓羅王,口銜繒帶;百萬億緊那羅王,歡喜踊躍;百萬億摩睺羅伽王,歡喜】瞻仰;百萬億世主,稽首作礼;百萬億忉利天王,瞻仰不【瞬;百萬億夜摩天王,歡喜讚歎;百萬億兜率天王,布身作禮;百萬億化樂天王,頭頂禮敬;百萬億他化天王】,恭敬合掌;百萬億梵天王,一【心】觀察;百萬億摩醯首〔043①-3〕【羅天王,恭敬供養;百萬億菩薩,發聲讚歎;百萬億天女,專心供養;百萬億同願天,踊躍歡喜;百萬億往】昔同住天,妙聲稱讚;百萬億梵身天,布身敬礼;百萬億梵輔天,合掌【於頂;百萬億梵衆天,圍遶侍衛;百萬億大梵天,讚歎稱揚無量功德;百萬億光天,五體投地;百萬億少光天,宣】揚讚歎佛世難值;百萬億无量光天,遙向佛礼;百萬億光音天,讚歎如来【甚難得見;百萬億淨天,與宮殿俱,而来詣此;百萬億少淨天,以清淨心,稽首作禮;百萬億無量淨天,願欲見佛,投】身而下;百萬億遍淨天,恭敬尊重,親近供養;百萬億廣天,念昔善根;【百萬億少廣天,於如来所,生希有想;百萬億無量廣天,決定尊重,生諸善業;百萬億廣果天,曲躬恭敬;百萬億無煩】天,信【根堅】固,恭敬礼拜;百萬億无熱天,合掌念佛,情無猒足;百萬億善見【天,頭面作禮;百萬億善現天,念供養佛,心無懈歇;百萬億阿迦尼吒天,恭敬頂禮;百萬億種種天,皆大歡喜,發聲讚歎;百】萬億諸天,各善思惟,而為莊嚴;百萬億菩薩天,護持佛座,莊嚴【不絕。百萬億華手菩薩,雨一切華;百萬億香手菩薩,雨一切香;百萬億鬘手菩薩,雨一切鬘;百萬億末香手菩薩,雨】一切末香;百萬億塗香手菩薩,雨一切塗香;百萬億衣手菩薩,【雨一切衣;百萬億蓋手菩薩,雨一切蓋;百萬億幢手菩薩,雨一切幢;百萬億幡手菩薩,雨一切幡;百萬億寶手菩】薩,雨一切寶;百萬億莊嚴手菩薩,雨一切莊嚴具。百萬億諸【天子,從天宮出,至於座所;百萬億諸天子,以淨信心,并宮殿俱;百萬億生貴天子,以身持座;百萬億灌頂天子，舉身】持座。百萬億思惟菩薩，恭敬思惟；百萬億生貴菩薩，發清【淨心；百萬億菩薩，諸根悅樂；百萬億菩薩，深心清淨；百萬億菩薩，信解清淨；百萬億菩薩，諸業清淨；百萬】億菩薩，受生自在；百萬億菩薩，法光照曜；百萬億菩薩，成就於地；百萬億【菩薩，善能教化一切衆生。百萬億善根所生，百萬億諸佛護持，百萬億福德所圓滿，百萬億殊勝心所清】淨，百萬億大願所嚴潔，百萬億善行所生起，百萬億善法所堅固，百萬億神【力所示現，百萬億功德所成就，百萬億讚歎法而以讚歎】。

【如此世界兜率天王，奉爲如來，敷置高座；一切】世界兜率天王，悉爲於佛，如是敷座，如是莊嚴，如是儀則，如是信樂，如是心【淨，如是欣樂，如是喜悅，如是尊重，如是而生希有之想，如是踊躍，如是渴仰，悉皆同等】。

【爾時，兜率天王】爲如來敷置座已，心生尊重，與十萬億阿僧祇兜率天子奉迎如來；以清淨【心，雨阿僧祇色華雲，雨不思議色香雲，雨種色鬘雲，雨廣大清淨栴檀雲，雨無量種種蓋雲，雨】細妙天衣雲，雨无邊衆妙寶雲，雨天莊嚴具雲，雨無量種種燒香雲，雨一【切栴檀沈水堅固末香雲。諸天子衆各從其身出此諸雲時，百千億阿僧祇兜率天子及餘在會諸天】子衆，心大歡喜，恭敬頂禮；阿僧祇天女踊躍欣慕，諦觀如來。兜率宮中不可【說諸菩薩衆，住虛空中，精勤一心，以出過諸天諸供養具，供養於佛，恭敬作禮。阿僧祇音樂一時同奏】。

尒時，如來威神力故，往昔善根之所流故，不可思議自在力故，兜率〔043①-4〕【宮中一切】諸天及諸天女，皆遙見佛，【如】對目前，同興念言：如來出世難可值遇，我今得見具一切智於法【無礙】正等覺者。【如是】思【惟】，如是觀察，與諸衆會悉共同時奉迎如來；各以天衣，盛一切花，盛一切香，盛一切寶，盛一切莊嚴【具，盛】一切【天】旃檀末香，盛一切天沉水末香，盛一切天妙寶末〔香〕①，盛一切天香花，盛一切天曼陁羅【華】，悉以奉【散，供】養於佛。

百千億那由他阿僧祇兜率陁天子，住虛空中，咸於佛所起智慧境界心，燒一切香，【香氣成雲】莊嚴虛空；【又於】佛所起歡喜【心】，雨一切天花雲莊嚴虛空；又【於】佛所起【尊重心】，雨一切天盖【雲莊】嚴虛空；又於佛所起供養心，散一切天鬘雲莊嚴虛空；又於佛所生信【解】心，【布】阿僧祇【金網彌覆虛空】，一切寶【鈴常】出妙音；【又】於【佛】所【生】取勝福田心，以阿僧祇帳莊嚴虛空，雨一切纓絡〈瓔珞〉雲，【無有斷絕；又於】佛所生深信心，以阿僧祇諸天宮殿莊嚴虛空，一切天樂出微妙音；又於佛所生取勝【難遇心，以阿僧祇種種色天衣雲】莊嚴虛空，雨於無比種種妙衣；又於佛所【生】無【量歡喜】踊躍【心】，以【阿僧祇諸天寶冠莊嚴】虛空，雨無量天冠，廣大成雲；又於佛所起歡喜心，以阿僧祇種種色寶莊嚴【虛空，雨一切瓔珞雲，無有斷絕。百】千億那由他阿僧祇天【子】，咸於佛所生淨【信心，散無】數種種色天花，【然無數種種】色天香，供養如來；又於佛所起大莊嚴變化心，持無【數】種種色天旃檀末香，奉散如來；又於【佛所】起【歡喜】踊躍心，持无數種種色盖，随逐如來；又於佛所起增長〈上〉心，持无數種種色天寶【衣】，敷【布道路，供養如】來；又於佛所起清淨心，持无數種種色天寶幢，【奉】迎如來；又於佛所起增長〈上〉歡喜心，持无數種種色天莊嚴具，供養如來；又於佛所生不壞【信心】，持无數天寶鬘，供養如來；又於佛所【生】无比歡喜心，持无數種種【色】天寶幡，供養如來。百千億那由他阿僧祇諸天子，以調順寂靜无放逸心，持无數種種色天樂，出妙音聲，供養如來。

————————
① 香，㊄一一七頁註①：〔香〕-宮。

百千億那由他不可說先住【兜】率宮諸菩薩衆，以從超過三界法【所生，離諸煩】惱行所生，周【遍無礙心】所生，甚深方便法所生，无量廣大智所生，堅固清淨信所增長不思議善根所生，起阿僧祇善巧變【化】所成就，供養佛心之所現，无作法【門】之【所印，出過】諸天【諸供養】具，供養扵佛；以從波羅蜜【所生一切寶蓋，於】一切佛境界清淨解所生一切【華】帳，无生法忍所生一切衣，入【金】剛法无礙心所生一切鈴網，解一切法如幻心所生一切堅固【香，周遍】一切佛境界【如來座心】所【生】一切佛衆寶妙座，供養佛不懈心所生一切寶【幢，解】諸法如夢歡喜心所生佛所住一切寶宮殿，无著善根无生善根所生一切寶蓮花【雲】、一切堅固香【雲、一切】无邊色花【雲】、一切【種】種色妙衣雲、一切【無邊】清【淨栴檀】香雲、一切妙莊【嚴】寶盖雲、一切燒香雲、一切妙鬘雲、一切清淨莊嚴具雲，皆遍法界，出過諸天供養之具，供養扵佛。其諸菩薩一一身各出【不可】說百千億那由【他】菩薩，皆充滿法界、【虛空】界，其心【等於三】世諸佛，以【從無】顛倒法所起，无量如来力所【加】，開示衆生安【隱】之道，具足不可說名、【味】、句，普入无量法，一切陁羅尼種中【生】不可窮盡【辯】才之藏，心无所畏，【生】大歡喜，以不可說无量无盡【如】實讚歎法，讚歎如来，无有猒足。

尒時，一切諸天及諸【菩薩衆，見】扵如来應正等覺不可【思議人中之雄】。其身无量，不可稱數；現不（可）思議種種神變，令无數衆生心大歡喜；普遍一切【虛】空界、一切法界，以佛莊嚴而爲莊嚴；令一切【衆生】安住善根，示現无【量諸佛】神力，超過一切諸語言道，諸【大菩薩所共】欽敬；隨所應【化】，皆令歡喜；住扵諸佛廣大之身，功德善根悉以〈已〉清淨；色相第一，无【能映奪】；智慧境界，【不可窮盡】，无比三昧之所出生。【其身】无際，遍住一切衆生身【中，令】无〔044-1〕【量】衆生皆大歡喜，令一切智種性不【斷】；住扵諸佛究竟所住，生扵三世諸佛之家；令不可數衆生信解清淨，令一切【菩薩智慧成就、諸根悅豫；法雲普】覆虛空【法】界，教化調伏无有遺餘；隨衆生【心】，悉令滿足，令其安住无分別智；出過一切衆生之上，獲一切智，放大光明，宿世善根皆令顯現；普使一切發廣大心，令一切【衆生安住普賢】不可壞【智】；遍住一切衆生國土，從扵不退正法中生，住扵一切平等【法】界，明了衆生心之所宜，現不可說不可說種種差別如来之身，非世言詞〈辭〉① 而歎可盡；能令一切常思念佛，充滿法界廣度羣生；隨初發心所欲【利】益，以法惠施，【令其】調伏，信解清淨；示現色身不可思議，等觀衆生，心无所著；住无礙住，得佛十力，无所障礙；心常寂定，未曾散亂；住一切智，善能開演種種文句真實之義，能悉深入无邊智海，出生无量功德慧藏；恒以佛日普照法界，隨本願力常現不沒；恒住【法】界，住佛所住，无有變異；扵我、我所俱无所著，住出世法，世法无染；扵一切世間建智慧幢，【其】智廣大，超過世間，无所染著；拔諸衆生令出淤泥，置扵最上智慧之地，所有福德饒益衆【生】而无有盡；了知一切菩薩智慧，信向決定，當成【正】覺；以大慈悲，現不可說无量佛身【種種】莊嚴；以妙音聲，演无量法，隨衆生意，悉令滿足；扵去来今，心常清淨，令諸衆生不著境界；恒与一切諸菩薩記，令其皆入佛之種性，生在佛家，得佛灌頂；常遊十方，未曾【休息】，而扵一切【無所】樂著；法界佛刹悉能遍往，諸衆生心靡不了知；所有福德，離【世清淨】；不住生死，而扵世間如影普現；以智慧月普照法界，了達一切悉无所得；恒以智慧，知諸世間如

---

① 辭，[大正]一一八頁註④：辭＝詞[三][宮]，下同。

幻如影，如【夢】如化，一切皆以心爲自性，如是而住；随諸衆生業報不同、心樂差别、諸【根】各異，而現佛身；如来恒以无數衆生而爲【所緣，爲】說世間皆從緣起，知【諸】法相皆悉无相，【唯】是【一相】智慧【之本】；欲令衆生離諸相着，示現一切世間性相而行於世，爲其開示無上菩提；爲欲救護一切衆生，出現【世】間開示佛道，【令】其得見如来身相，攀緣憶念，勤加修【習；除】滅世間【煩惱之相，修】菩提行，心不散動，於大乘門皆得圓滿，成就一切諸佛義利，悉能觀察【衆生】善根而不壞滅；清淨業報，智慧明了，【普】入三世，永離一切世間分别；放光明網普照【十】方，一切世【界無不充滿】；色身妙好，見者無猒；以大功德智慧神通，出生種種菩薩諸【行】；諸根境界，自在圓滿；作諸佛事，作已便沒；善能開示過現未来一切智道，爲諸菩薩普雨無量陁【羅尼雨，令其發】起廣大欲樂，受持修習，成就一切諸佛功德；圓滿熾盛無邊妙【色】莊嚴其身，一切世間靡不現覩；永離一切障礙之法，於一切法真實之義已得清淨，於功德法【而】得自【在；爲】大法【王】，如【日普】照；爲世福田，具大威德；於一切世間普現化【身】，放智慧光，悉令開悟；欲令衆生知佛具足無邊功德，以無礙繒繫頂受【位】，隨順世間方便開導；以智慧手安慰衆【生】，爲大醫王善療衆〔044-2〕【病】，一切世間无量國土悉能遍往，未曾休息；清净慧眼離諸障翳，悉能明見；於作不善惡業衆生，種種調伏，令其入道；善取時宜，無有休息；若諸衆生起平等心，即爲化現平等業報，隨其心樂，隨【其】業果，爲現佛身種種神變，而爲說法，令其悟解，得法智慧，心大歡喜，諸根踊躍，見無量佛，起深重信，生諸善根，永不退轉；一切衆生隨業所繫長眠生死，如来出世能覺悟之，安慰【其心】，使无憂怖；若得見者，悉令證入无依義智，智慧善巧，了達境界莊嚴妙好，无能暎

奪；智山法牙〈芽〉①，悉已清净；或現菩薩，或現佛身，令諸衆生至无患地；无數功德之所莊嚴，業行所成現於世間；一切諸佛莊嚴【清】淨，莫不皆以一切智業之所成就；常守本頹，不捨世間，作諸衆生堅固善友；清净第一，離垢光明，令一切衆生皆得現見；六趣衆生无量无邊，佛以神（通）力常隨不捨；若有往昔同種善根，皆令清净；而於六趣一切衆生不捨本頹，無所【欺誑】，悉以善法方便攝取，令其修習清淨之業，摧破一切諸魔鬪諍，從无礙際出廣大力，敢勝日藏无有障礙；於净心界而現影像，一切世間无不覩見，以種種法廣施衆生；佛是无邊光明之藏，諸力智慧皆悉圓【滿】；恒以大光普照衆生，隨其所願，皆令滿足，離諸怨敵，爲上福田，一切衆生共所依怙；凡有所施，悉令清淨；修少善行，受无量福，悉令得入无盡智地；爲一切衆生種植善根净心之主，爲一切【衆生】發生福德最上良田；智慧甚深，方便善巧，能救一切三惡道苦。如是信解，如是觀察，如是入於智慧之淵，如是遊於功德之海，如是普至虚空智慧，如是而知衆生福田，如是正念現前觀【察，如是觀佛】諸業相好，如是觀佛普現世間，如是觀佛神通自在。

時，彼大衆見如来身，一一毛孔出百千億那由他阿僧祇光明，一一光明有阿僧祇色、阿僧祇清淨、阿僧祇照【明，令】阿僧祇衆【觀察、阿僧祇】衆歡喜、阿僧祇衆快樂、阿僧祇衆深信增長、阿僧祇〔衆〕志樂清净、阿僧祇衆諸根清涼、阿僧祇衆恭敬尊重。尒時，大衆咸見佛身，放百千億那由他不思議大【光明】，一一光明皆有不思議色、不思議光，照不思議无邊法界。以佛神力，出大妙音；其音演暢百千億那由他不思議讚頌，超諸世間所有言詞，出【世】善根之所成就。復現百千億那由他不思議微妙莊【嚴】，

---

① 芽，㊄一一九頁註①：芽＝牙㊗。

大方廣佛花嚴經昇兜率天宮品第二十三

於百千億那由他不思議刼歎不可盡，皆是如來无盡自在之所出生。又現不可說諸佛如來出興于世，令諸衆生入智慧門，解甚深義。又現不可說諸佛如來所有變化，盡法界、虛空界，令一切世閒平等清净。如是，皆從如来所住无障礙一切智生，亦從如来所修行不思議勝德生。復現百千億那由他不思議妙寶光燄，從昔大願善根所起，以曾供養无量如來，修清净行无放逸故，【薩婆若】心无有障礙生善根故，爲顯如來力廣遍故，爲斷一切衆生疑故，爲令咸得見如來故，令无量衆生住善根故，顯示如來神通之力无暎奪故，欲令衆生普得入扵究竟海故，爲令一切諸佛國土菩薩大【衆】皆來集故，爲欲開示不可思議佛法門故。

尒時，如【來】大悲普覆，示一切智所有莊嚴，欲令不可說百千億那由他阿僧祇世界中衆生，未信者信，已信者增長，已增長者令其清净，已清净者令其成熟，已成熟者令心調伏；觀甚深法，具足无量智恵〈慧〉光明，發生无量廣大之心，薩婆若心无有退轉；不違法性，不怖實際，證真實理，滿足一切波羅蜜行，出世善根皆悉清净；猶如普賢，得佛自在，離魔境界，入諸佛【境，了知深法】，獲難思智，大乘誓願永不退轉；常見諸佛，未曾捨離；成就證智，證无量法，具足无邊福德藏力，發歡喜心入无疑地；離惡清净，依一切智，見法不動，得入一切菩薩衆會，常生三世諸【如來家】。

【世尊所現如是】莊嚴，皆是過去【先所積】集善根所成，爲欲調伏諸衆生故，開示如來大威德故，照明无礙智慧藏故，示現如來无邊勝德極熾然故，顯示如來不可思議大神變故，以神通力扵一切趣〔044-3〕【現】佛身故，【示現】如來神通變化（神通）无邊【際故，本所志】願悉成滿故，顯示如來勇猛智慧【能遍往故，扵法自在成】法王故，出生一切智慧門故，【示現】如來身清【净】故，又現其身最殊妙【故】，顯

【示】證得三世諸佛平等法故，開示善根清净藏故，顯示世閒无能爲【諭上妙】色故，顯示具足【十力之相令其見者無厭足故，爲世間】日照三世故。自在法王，一切功德，【皆從往】昔善【根所】現。一切菩薩，【扵】一切刼，稱揚讚說，不可【窮】盡。

尒時，兜率陁天王奉爲如來嚴辨如是諸供【具已，與百千】億那由【他阿】僧【祇兜率天子向佛合掌，白佛言：善來世尊，善來善逝】，善来如來【應正等】覺，唯見哀愍，處此宮殿。

尒時，世尊以佛莊嚴【而自】莊嚴，具大威德；爲令一切衆生生大歡喜故，一切菩薩發深悟解故，【一切兜】率陁【天子】增益【欲樂故，兜率陀天王供養】承事【無厭足故，無量衆生緣念於佛而】發心故，無量衆【生】種見【佛】善根福德無盡故，常能發【起清】净信故，見佛供養無所求故，所有志願皆清净故，【勤】集【善根無】懈【息故，發大】誓願【求一切智故，受天王請，入一切】寶【莊】嚴【殿。如此世界，十方所有一切世界】，悉亦如是。

尒時，一切【寶莊】嚴殿，自然而有妙好荘嚴，出過諸天荘嚴之上，一切寶綱周帀彌覆，普雨一切上妙寶【雲，普】雨一切莊嚴具雲，普雨一切寶衣雲，【普雨一切栴檀香雲，普雨一切堅固香雲，普雨一切寶】莊嚴蓋【雲】，普【雨】不可【思議】花聚雲，普出不【可思】議技〈妓〉樂【音】聲，讚揚如來一切種智，悉與妙法【而】共相應。如是一切諸供養具，悉過諸天供養【之上】。時，兜率【宮中，妓】樂歌讚，【熾】然不息；【以佛神力，令兜】率【王】心無動【亂，往】昔善根【皆得】圓滿，無量善法益【加】堅固，【增】長净信，起大精進，生大歡喜，淨【深】志樂，發菩提心，念法無斷，摠〈總〉持不忘。

尒時，兜率陁天【王承】佛威力，即自憶【念過去】佛所【所】種善根而【說頌】言：

【昔有】如来【無】礙【月】，諸吉祥中冣殊勝，

　　　彼【曾入】此莊【嚴殿】，是故此處冣吉祥。

　　　昔有如来名廣智，諸吉祥中冣殊勝，

　　　彼曾入此金色殿，【是故】此處冣吉祥。

　　　昔有如来【名普眼】，諸吉祥中冣殊勝，

　　　彼曾入此【蓮華殿】，是故此處冣【吉祥。

　　　昔有】如来号珊瑚，諸吉祥中冣殊勝，

　　　彼曾入此【寶藏】殿，是故此處冣吉祥。

　　　昔有如来論師子，諸吉祥中冣殊勝，

　　　彼曾入此山王殿，是故此處冣吉祥。

　　　昔【有如來】名【日照】，諸【吉祥中最】殊勝，

　　　【彼曾入此衆華】殿，是故此處冣吉祥。

　　　昔有佛号無邊光，諸吉祥中冣殊勝，

　　　彼曾入此【樹】嚴殿，是故此處冣吉祥。

　　　昔有如来名法幢，諸吉祥中冣殊勝，

　　　彼曾入此寶宮殿，是故此處冣吉祥。

　　　昔有如来名智燈，諸吉祥中冣殊勝，

　　　彼曾入此香山殿，是故此處冣吉祥。

　　　【昔】有佛号功德光，諸吉祥【中】冣殊勝，

　　　彼曾入此摩【尼殿】，是故此處冣吉祥。

　　如此世界【兜率】天王，承佛神力以頌讚歎過去諸佛；十方一切諸【世界中】兜率天王，悉亦如是歎佛功德。

　　尒時，世尊扵一切寶莊嚴䑓摩【尼】寶藏師子座上，結加〈跏〉① 趺坐，法身清净，妙用自在，【與】三世佛同一境界；住一切智，與一切【佛同入一】性；佛【眼明】了，見一切法皆無障礙；有大威力，普遊法【界未嘗休息；具】大神通，隨【有可】化衆生之處，悉餝遍往；以一切諸佛無礙莊嚴而嚴其身，【善知其】時，爲衆說法；不可說諸菩薩【衆，各從他】方種種國土而共來集；衆會清净，法身無二，【無所依止，而能自在，起佛身行。坐此座已，扵其】殿中自然而有無量無數殊特妙好出過諸天供養之具，所謂花鬘、衣服、塗香、末香、寶盖、幢幡、技〈妓〉樂、歌讚。如是𦬒事，一一皆悉不可稱數。以廣大心恭敬【尊重，供養扵佛；十方一切兜率陀天，悉亦】如是。

　　　　　　　大方廣佛花嚴経卷第廿二·廿二之下

　　　　　　　　　　　　　　　〔044-4〕

---

① 跏，㐫一二〇頁註③：跏＝加㋵㋋。

大方廣佛花嚴經
兜率宮中偈讚品〔第廿四〕

〔卷廿三・廿三之上〕

【爾時，佛神力故】，十方各【有】一大菩薩，一一各與萬佛剎微【塵數】諸菩薩俱，從萬佛剎微塵數國【土外諸世界中來詣】佛所。其名曰：金剛幢菩薩、堅固幢菩薩、【勇猛幢菩薩、光明幢菩薩、智幢菩薩、寶幢】菩薩、精進幢菩薩、離垢幢【菩薩、星宿】幢菩薩、法幢菩薩。所【從來國，謂妙寶世界、妙樂世界、妙銀】世界、妙金世界、妙摩尼世界、妙金剛世界、【妙波頭摩世界、妙優鉢羅世界、妙栴檀世界、妙香世界。各】於佛【所】，淨【修梵行，所謂無盡幢】佛、【風幢】佛、解脫【幢佛、威儀幢佛、明相幢佛、常幢佛、最勝幢】佛、自在幢佛、梵幢佛、觀察幢佛。其諸菩【薩，至佛所已，頂禮佛足；以佛神力，即化】作妙【寶藏師子之座，寶網彌覆，周匝遍滿；諸菩薩眾，隨所】來方，各【於其上結跏趺坐。其身悉放百千億那由他阿僧祇】清淨光明，此無量光皆從菩薩清淨心寶【離眾過惡大願所起，顯示一切諸佛自】在清淨之法；【以諸菩薩平】等【眼力，能普救護一切眾生，一切世間之所樂見，見者不虛，悉得調伏。其菩薩眾，悉已成就無量功】德。所謂：遍遊一切諸佛國土，無所障礙，見無依【止清淨法身；以智慧身，現無量身，遍】往十方承事諸佛；入於諸佛無量無邊不可思【議自在之法，住於無量一切智門，以智光明善了諸法；於諸法中得無所畏】，隨所演說，窮未來際；辯才無盡，以大智慧【開總持門，慧眼清淨入深法】界，智慧境界無有邊際，究竟【清淨】猶若虛空。如此世界【兜率天宮，諸菩薩眾如是來集；十方一切兜率天宮，悉有如是】名号菩薩而來集會，所從來國、諸佛名【號，亦皆同等，無有差別】。

【爾時，世】尊【從兩膝】輪，放百【千】億那由【他光明，普】照【十方】盡法界、【虛空界、一切世界。彼諸菩薩，皆見於此佛神變相；此諸菩薩，亦】見於彼一切如來神變之相。如是菩薩皆【與毘盧遮那如來，於往昔時】，同〔種〕善【根】，修菩薩行；【悉已悟】入諸【佛自在】甚深【解脫，得無差別法界之身，入一切土而無所住；見無量佛，悉往承事；於一念中】，同〈周〉行法界，自在無礙；心意清淨，如無價寶；【無量無數諸佛如來，常】加護念，共與其力，到【於】究竟第一【彼岸；恒以淨念住無上覺，念念恒入一切智處；以小入大，以大入小，皆得自在，通達】無礙；已得佛【身】，與佛同住；獲一切智，從一切智【而生其身；一切如來所行之】處，悉能隨入；開闡無量智慧【法】門，【到金剛幢大智彼岸，獲金剛定，斷諸疑惑；已得諸佛自在神通，普於一切十方國土】，教化調伏百千萬億無數眾生；於一切數，雖無【所著，善能修學，成就究竟方便】，安【立一切諸】法。如是等百【千億】那由他不【可說無盡清淨三世一切無量功德藏諸菩薩眾，皆來集會，在於佛所；

因光所見，一】切佛所，悉亦如是。

尒時，金剛幢^C〈憧〉菩薩【承佛神力，普觀十方而說頌言】：

【如來不出世】，亦無有涅槃，
以本大願力，【示現自在法】。
是法【難思議，非心所行處，
智慧到彼岸，乃見諸佛境。
色身非是佛，音聲亦復】然，
亦不離色聲，見佛神通力。
【少智不能知，諸佛實境界，
久修清淨業，於此乃能了。
正覺無來處】，去亦無所從，〔045-1〕
【清淨妙色身，神力故顯現。
無量世界中，示現如來身，
廣說微妙法，其心無】所著。
智慧無邊際，了達一切法，
【普入於法界，示現自】在力。
衆生【及諸法，了】達皆無礙，
普現衆色像，遍於一切剎。
欲【求一切智，速成無上覺，
應以淨妙心，修習菩提行。
若有見如來】，如是威【神】力，
當於最勝尊，供養勿生疑。

尒時，【堅固幢菩薩承】佛神力，【普】觀【十方而說頌】言：

【如來】勝【無比，甚】深不可說，
【出過言語道，清淨如虛空。
汝觀人師子，自在神通力，
已】離於分別，而令分別【見。
導師】爲【開】演，甚深微妙法，
以是因緣故，現此無比身。
【此是大智慧，諸】佛【所】行處，
【若】欲【了】知者，常應親近佛。
意業常清淨，供養【諸】如來，
終無【疲厭心，能入於佛道。
具無盡功德，堅住菩提心】，

以是疑綱【除，觀佛無】猒足。
通達一切法，是乃眞佛子，
此人能了知，諸【佛自在力。
廣大】智所說，欲爲諸法【本，
應起勝希望】，志【求無】上覺。
若有尊【敬】佛，【念報於佛恩，
彼人終不離】，一切諸佛住。
何有智慧【人，於佛得見聞】，
不修清淨願，履佛所行道。

尒時，勇猛幢菩【薩承佛神力】，普觀十方而說頌言：

譬如明淨眼，因日覩【衆】色，
淨心亦復然，佛力見如來。
【如以精進力，能盡海源底，
智力亦】如是，得見無量佛。
【譬如良沃田，所種必滋長】，
如是淨心地，出生諸佛法。
【如人獲寶藏，永離貧窮】苦，
菩薩得佛法，離垢心清淨。
譬如伽【陀】藥，能消一切【毒，
佛】法亦如是，滅諸【煩惱】患。
眞實善知識，如來所稱讚，
以彼威神故，【得聞諸佛法。
設於無數劫，財寶施於佛，
不知佛實相，此亦不名施。
無量衆色相】，莊嚴於佛身，
非於色相中，而能見於佛。
如來等正覺，寂然恒不動，
而能普現身，遍滿十方界。
譬如虛空界，不生亦不滅，
【諸佛法如是，畢竟無生滅】。

【爾時，光明幢菩薩承佛神力，普觀十方而說頌言】：

人間及天上，一切諸世界，
普見於如來，清淨妙色身。
譬如一心力，能生種種心，

大方廣佛花嚴經兜率宮中偈讚品第二十四

如是一佛身，普現一切佛。
菩提無二法，【亦復無諸相，
而於二法中，現相莊嚴身。
了法性空寂，如幻而生起，
所行無有盡，導】師如是觀〈現〉。
三世一切佛，法身悉清淨，
隨其所應化，普現妙色身。
如來不念言，我作如是身，
自然而示現，未嘗起分別。
【法界無差別，亦無所依止，
而於世間中，示現無量身。
佛身非變化，亦復非非化，
於無化】法中，示有變化形。
正覺不可量，法界虛空等，
深廣無涯底，言語道悉絕。
如來善通達，一切處行道，
法界眾【國土，所往皆無礙。

爾時，智幢菩薩承佛神力，普觀十方而說頌言：

若人能信受，一切智】無礙，
修習菩提行，其心不可量。
一切國土中，普現無量身，
而身不在【處】，亦不住於法。
一一諸如來，神力示現【身，
不可思議劫，算數莫能盡。
三世諸眾生，悉可知其數，
如來所示現，其數不可得。
或時示】一二，乃至無量身，
普現十方刹，其實無二種。
譬如淨滿月，普現一切水，
影像雖無量，本月未曾二。
如是無礙【智，成就等正覺，
普現一切刹，佛體亦無二。
非一亦非二，亦復非無量，
隨其所應化，示現無量身】。
佛身非過去，亦復非未來，
一念現出生，成道及涅槃。
如幻所作色，無生亦無起，
佛身亦如是，示現無有生。〔045－2〕

【爾時，寶幢菩薩承佛神力，普觀十方而說頌言】：

【佛身無有量，能示有量身，
隨其所應】現〈觀〉，【導師】如是現。
佛身無處所，充滿一切處，
如空无邊際，如【是】難思議。
非心所行【處，心不】於中起，
【諸佛境界中，畢竟無生滅。
如翳眼所觀，非內亦非外，
世間見諸佛，應知亦如是。
饒益眾生故，如來出世】間，
眾生見有出，而實無興世。
不可以國土，晝夜而見佛，
歲月一刹那，當知悉如是。
眾生如是說，某日佛【成道，
如來得菩提，實不繫於日。
如來離分別，非世超諸數，
三世諸導師，出現皆如是。
譬如淨日】輪，不與昏夜合，
而說某日夜，諸佛法如是。
三世一切劫，不與如來合，
而說三世佛，導師法如是。

尒時，精【進幢菩薩承佛神力，普觀十方而說頌言】：

【一切諸導師，身同義亦然，
普於十】方刹，隨應種種現。
汝觀牟尼尊，所作甚奇特，
充滿於法界，一切悉無餘。
佛身不在內，亦復不在外，
【神力故顯現，導師法如是。
隨諸眾生類，先世所集業，
如是種種身，示現各不同】。
諸佛身如是，無量不可數，

唯除大覺尊，無有能思議。
如以我難思，心業莫能取，
佛難思亦尒，【非心業所現。
如刹不可思，而見淨莊嚴，
佛難思亦爾，妙相無不現。
譬如一切法，衆】緣故生起，
見佛亦復然，必假衆善業。
譬如隨意珠，能滿衆生心，
諸佛法如是，悉滿一切願。
无量國土中，【導師興於世，
隨其願力故，普應於十方】。
【爾時，離垢幢菩薩承佛神力，普】觀十方而
說【頌】言：
如來大智光，普淨諸世閒，
世閒既淨已，開示諸佛法。
設有人欲見，衆生數等佛，
【靡不應其心，而實無來處。
以佛爲境界，專念而不息，
此人得見佛，其數與心】等。
成就白淨法，具足諸功德，
彼【於】一切智，專念心不捨。
導師爲衆生，如應演說法，
隨扵可化處，【普現最勝身。
佛身及世間，一切皆無我，
悟此成正覺，復爲衆生說。
一切人】師子，無量自在力，
示現念等身，其身各不同。
世閒如是身，諸佛身亦然，
了知其自性，是則說佛名〈名佛〉。
【如來普知見，明了一切法，
佛法及菩提，二俱不可得。
導師無來去，亦復無】所住，
遠離諸顛倒，是名等正覺。
尒時，星宿幢菩薩承佛神力，普觀十方而說
頌言：
如來無所住，【普住一切刹，

一切土皆往，一切處咸見。
佛隨衆生心，普現一切身，
成道】轉法輪，及以般涅槃。
諸佛不思議，誰能思議佛，
誰能見正覺，誰能現最勝。
一切法皆如，諸佛境亦然，
【乃至無一法，如中有生滅。
衆生妄分別，是佛是世界；
了達法性者，無佛】無世界。
如來普現前，令衆生信喜，
佛體不可得，彼亦無所見。
若能於世閒，遠離一【切】着，
無礙心歡喜，【於法得開悟。
神力之所現，即此說名佛，
三世一切時，求悉無所】有。
若能如是知，心意及諸法，
一切悉知見，疾得成如來。
言語中顯示，一【切】佛自在，
正覺超語言，【假以語言說。
爾時，法幢菩薩承佛神力，普觀十方而說
頌言：
寧】可恒具受，一切【世】閒苦，
終不遠如來，不覩自在力。
若有諸衆生，未發菩提心，
【一】得聞佛名〔045-3〕，【決定成菩提。
若有智慧人，一念發道心，
必成無上尊，慎莫生疑惑。
如來自在力，無量】劫難遇，
若生一念信，速發〈登〉① 無上道。
設扵念念中，供養無量佛，
【未】知真實法，不名爲供養。
若聞如是法，諸佛從此生，
【雖經無量苦，不捨菩提行。
一聞大智慧，諸佛所入法，

———————

① 登，砸一二四頁註①：登＝證明聖。

普於法界中，成三世導師】。
雖盡未來際，遍遊諸佛刹，
不求此妙法，終不成菩提。
衆生無始來，生死久流轉，

不了真實法，諸佛故興世。
諸法【不】可壞，【亦無能壞者，
自在大光明，普示於世間】。

大方廣佛花嚴經
十迴向品第廿五之一

【爾】時,金剛幢菩薩承佛神力,入菩薩智光三昧。入是三昧已,十方各過十萬佛剎微塵數世界外,有十萬佛剎【微塵數諸佛,皆同一號,號金剛幢,而現其前,咸稱讚言:善哉善哉,善男子,乃能】入此菩薩智光三昧。善男子,此是十方各十萬佛剎微塵數諸佛神力共加於汝,亦是毗盧遮那如來往【昔願力、威神之力,及由汝智慧清淨故,諸菩薩善根增勝故,令汝入是三昧】而演說法;為令諸菩薩得清淨無畏故,具無礙辯才故,入無礙智地故,住一切智大心故,成就無盡善根【故】,滿足無【礙白法故,入於普門法界故,現一切佛神力故,前際念智不斷故,得一切】佛護持諸根故,以無量門廣說衆法故,聞悉解了受持不忘故,攝諸菩薩一切善根故,成辦出世助道故,不斷一切智【智故,開發大願故,解釋實義故,了知法界故,令諸菩薩皆悉】歡喜故,修一切佛平等善根故,護持一切如來種性故,所謂演說諸菩薩十迴向。佛子,汝當【承佛】威神之法〈力〉而【演此法,得佛護念故,安住佛家故,增益出世功德故,得陀羅尼】光明故,入無障礙佛法故,大光普照世〈法〉界故,集無過失淨法故,住廣大智境界故,得無障礙法【光故】。

【爾時,諸佛即與金】剛幢【菩薩無量智慧,與無留礙辯,與分別句義善方便,與】無礙法光明,與如來平等身,與無量差別淨音聲,與菩薩不思議善觀察三昧,與不可沮壞一切【善根迴向智,與觀察】一切法成就巧方便,與一切處說一切法無斷【辯。何以故,入此三昧善根】力故。

爾時,諸佛各以右手摩金剛幢菩薩頂。金剛幢〈幢〉菩薩得摩頂已,即從定起,告諸菩薩言:佛子,菩薩【摩訶薩有不可】思議大願充滿法界,普能救護一切衆生,所謂修學【去來現在一切佛迴向】。佛子,菩薩摩訶薩迴向有幾種,佛子,菩薩摩訶薩迴向有十種,三世諸佛咸共演說。何等為十,一者救護一切【衆生】離【衆生】相迴向,二者不壞迴向,三者等一切諸佛迴向,四者至一切【處迴向,五者無盡功德】藏迴向,六者入一切平等善根迴向,七者等隨順一切衆生迴向,八者真如相迴向,九者無縛無著解脫迴向,【十者入法】界无量【迴向】。佛子,【是為菩】薩摩訶薩十種迴【向,過去、未來、現在諸佛,已】說、當說、今說。

佛子,云何為菩薩摩訶薩救護一切衆生離衆生相迴向。

佛子,此菩薩摩訶薩【行】檀波羅〔045-4〕【蜜,淨尸波羅蜜,修羼提波羅蜜,起精進波羅蜜,入禪波羅蜜,住般若波羅蜜,大慈大悲,大喜大捨,修如是等無量善根。修善根時,作是念言:願此善根普能饒益一切衆生,皆使清淨,至於究竟,永離地獄、餓鬼、畜生、閻羅王等無量苦】惱。菩薩摩【訶薩種善根時,以己善根如是迴向:我當為一切衆生作舍,令免一切】諸【苦事故;為一切衆生作護,悉令解脫諸煩惱故;為一切眾生作歸，皆令得離諸怖畏故；爲一切眾生作趣，令得至於一切智故；爲一切眾生作安，令得究竟安隱處故；爲一切眾生作明，令得智光滅癡暗故；爲一切眾生作炬，破彼一切無明闇故；爲一切眾生作燈，令住究竟清淨處故；爲一切眾生作導師，引其令入真實法故；爲一切眾生作大導師，與其無礙大智慧故。佛子，菩薩摩訶薩以諸善根如是迴向，平等饒益一切眾生，究竟皆令得一切智。

佛子，菩薩摩訶薩於非親友守護迴向，與其親友等無差別。何以故，菩薩摩訶薩入一切法平等性故，不於眾生而起一念非親友想。設有眾生於菩薩所起怨害心，菩薩亦以慈眼視之，終無恚怒。普爲眾生作善知識，演說正法，令其修習。譬如大海，一切眾毒不能變壞。菩薩亦爾，一切愚蒙、無有智慧、不知恩德、瞋恨頑毒、憍慢自大、其心盲瞽、不識善法，如是等類諸惡眾生，種種逼惱，無能動亂。譬如日天子出現世間，不以生盲不見故，隱而不現；又復不以乾闥婆城、阿脩羅手、閻浮提樹、崇巖邃谷、塵霧煙雲，如是等物之所覆障故，隱而不現；亦復不以時節變改故，隱而不現。菩薩摩訶薩亦復如是，有大福德，其心深廣，正念觀察，無有退屈；爲欲究竟功德智慧，於上勝法心生志欲；法光普照，見一切義；於諸法門，智慧自在；常爲利益一切眾生而修善法，曾不誤起捨眾生心；不以眾生其性弊惡、邪見、瞋濁、難可調伏，便即棄捨，不修迴向；但以菩薩大願甲冑而自莊嚴，救護眾生，恒無退轉；不以眾生不知報恩，退菩薩行，捨菩提道；不以凡愚共同一處，捨離一切如實善根；不以眾生數起過惡，難可忍受，而於彼所生疲厭心。何以故，譬如日天子，不但爲一事故出現世間。菩薩摩訶薩亦復如是，不但爲一眾生故，修諸善根，迴向阿耨多羅三藐三菩提；普爲救護一切眾生故而修善根，迴向阿耨多羅三藐三菩提。如是，不但爲淨一佛刹故，不但爲信一佛故，不但爲見一佛故，不但爲了一法故，起大智頭，迴向阿耨多羅三藐三菩提；爲普淨一切佛刹故，普信一切諸佛故，普承事供養一切諸佛故，普解一切佛法故，發起大願，修諸善根，迴向阿耨多羅三藐三菩提。

佛子，菩薩摩訶薩以諸佛法而爲所緣，起廣大心、不退轉心，無量劫中修集希有難得心寶，與一切諸佛悉皆平等。菩薩如是觀諸善根，信心清淨，大悲堅固，以甚深心、歡喜心、清淨心，最勝心、柔軟心、慈悲心、憐愍心、攝護心、利益心、安樂心，普爲眾生真實迴向，非但口言。佛子，菩薩摩訶薩以諸善根迴向之時，作是念言：以我善根，願一切趣生、一切眾生，皆得清淨；功德圓滿，不可沮壞，無有窮盡；常得尊重，正念不忘；獲決定慧，具無量智；身口意業，一切功德，圓滿莊嚴。又作是念：以此善根，令一切眾生承事供養一切諸佛，無空過者；於諸佛所，淨信不壞；聽聞正法，斷諸疑惑，憶持不忘，如說修行；於如來所，起恭敬心，身業清淨，安住無量廣大善根；永離貧窮，七財滿足；於諸佛所，常隨修學，成就無量勝妙善根，平等悟解，住一切智，以無礙眼等視眾生；眾相嚴身，無有玷缺；言音淨妙，功德圓滿，諸根調伏，十力成就，善心滿足，無所依住。令一切眾生普得佛樂，得無量住，住佛所住。

佛子，菩薩摩訶薩見諸眾生，造作惡業，受諸重苦；以是障故，不見佛，不聞法，不識僧。便作是念：我當於彼諸惡道中，代諸眾生受種種苦，令其解脫。菩薩如是受苦毒時，轉更精勤，不捨不避，不驚不怖，不退不怯，無有疲厭。何以故，如其所願，決欲荷負一切眾生，令解脫故。菩薩爾時作是念言：一切眾生在生老病死諸苦難處，隨業流轉，邪見無智，喪諸善法，我應救之，令得出離】。又諸眾生愛網所纏，癡蓋所覆，染著諸有，【隨逐】不捨，入苦籠【檻，作魔業行，福】智【都】盡，常懷疑惑，不見安隱處，不知出離道，【在】於【生】死輪轉【不】息，諸【苦淤泥】恒【所沒溺。菩薩見已，起】大悲心、大饒益心，欲令眾生悉【得】解脫，以一切善根【迴向，以廣大】心迴向，如【三世菩】薩所修迴向，如大迴向經所說迴向，願【諸】眾生普【得】清淨，究竟成就一切種智。復作是念：我所修行，欲令眾生【皆】悉得【成無上智王，不為自身而求解脫】，但為救濟一切眾生，令其咸得一切智心，度【生死流，解脫】眾苦。復作是【念：我當】普為一切眾生備受眾苦，令其得出【無量生死】眾苦【大壑。我當普為一切】眾生，於一切世界一切惡趣中，盡未來劫，受一切苦，【然常】為眾【生】勤修善根。何以故，我寧獨受如是眾苦，不令眾生【墮於】地【獄。我當於彼地獄、畜生、閻羅王等險難之】處，以身為質，救贖一切惡道眾生，令【得解脫。復作】是【念：我願保護】一切眾生終不棄捨，所言誠實，無有虛妄。何以故，【我為救度一切眾】生發【菩提心，不為自身求】無上道，亦不為求五欲境界及【三有】中種種【樂故修菩提行。何】以故，世間之樂無非是苦。眾魔境界，愚人所貪，諸佛所【訶，一】切苦患【因之而起；地】獄、餓【鬼】及以畜生、閻羅王處，忿恚鬪誦〈訟〉，更相毀辱。如【是】諸惡，皆【因】貪著五欲所致。躭著五欲，遠離諸佛，障礙生天，何況得於阿耨【多】羅三藐【三菩提。菩薩】如是觀諸世間貪少欲味受無量苦，終〔046-2〕不為彼五欲樂故，【求】無上菩提，修菩【薩】行；但為安樂一切眾生，【發心】修習，成滿【大願，斷截眾生諸苦羂】索，令得解脫。

佛子，菩薩摩訶薩復作是【念】：我當以善根如是迴向，令一切眾生得究竟樂、利益〔樂〕不受樂、寂靜樂、無依樂、無【動樂、無量樂、不捨不】退樂、不滅樂、一切智樂。復作是念：我〔當〕與一切眾生作調御師，作主兵臣，執大智炬，示安隱道，令離險難，以善方便俾知實義；又【於生死海，作一】切智善巧舩師，度諸眾生，使到彼岸。佛子，菩薩摩訶薩以諸善根如是迴向，所謂隨宜救護一切眾生，令出生死，承事供養一切【諸佛，得】無障礙一切智智，捨離眾魔，遠惡知識，親近一切菩薩善友，滅諸過罪，成就淨業，具足菩薩廣大行願、無量善根。

佛子，菩薩摩訶薩以【諸善】根正迴向已ᶜ〈己〉①，作〔如〕是念：不以四天下眾生多故，多日出現；但一日出，悉能普照一切眾生。又，諸眾生不以自身光明故，知有晝夜，遊行觀察，興造諸業；皆由日天子【出，成】辦斯事，然彼日輪但一無二。菩薩摩訶薩亦復如是，修集善根迴向之時，作是念言：彼諸眾生不能自救，何能救他。唯我一人，志獨無侶，修集善根如是迴向。所謂為欲廣度一切眾生故，普照一切眾生故，【示】導一切眾生故，開悟一切眾生故，顧復一切眾生故，攝受一切眾生故，成就一切眾生故，令一切眾【生歡】喜故，令一切眾生悅樂故，令一切眾生斷疑故。佛子，菩薩摩訶薩【復】作是念：我應如日，普照一切，不求恩報。眾生有惡，悉能容受，終不以此而捨誓願；不以一眾【生惡故】，捨一切眾生。但勤修習善根迴向，普令眾生皆得安樂；善根雖少，普攝眾生，以歡喜心廣【大迴】向。【若有】善根，不欲【饒】益一切眾生，不名迴向；隨一善根，普以眾生而為所【緣，乃名迴向】。安置眾生於無所著法性迴向，見眾生自性不動不轉迴向，於迴向無所依、無所取迴向，不取善根【相迴向，不分】別業報體性迴向，不著五蘊相迴向，不壞五蘊相迴向，不取業迴向，【不求報迴向】，不染著因緣迴向，不分別因緣所起迴向，不著名稱迴向，

---

① 己，㊼一二六頁註①：己 = 已㊽。

不著處所迴向，不著虛【妄】法迴向，不著衆生相、世界相、【心意】相迴向，不起心顛倒、想顛倒、見顛倒迴向，不著語言道迴向，觀一切【法真】實性迴向，觀一切衆生平等相迴向，以法界印印諸善根迴向，觀諸法離貪欲迴向。解【一】切法無，種植善根亦如【是】；觀【諸法】無二、無生、無滅，迴向亦如是。以如是等善根迴向，修行【清淨對治之法】，所有善根皆悉随順出世間法。不作二相，非即業修習一切智，非離業迴向一切智，一切智非即是業，然不離業得【一切智】。以業如光影清淨故，報亦如光影清淨；報如光影清【淨故，一切智智亦如】光影清淨。離我、我所一切動亂思惟分別，如是了知，以諸善根方便迴向。

菩薩如是迴向【之】時，度脫衆生，常無休息，不住法相；雖【知】諸法無業無報，善能出生一切業報【而】無【違諍，如是方便善修迴】向。菩薩摩訶薩如是迴向時，離一切過，諸佛所讚。佛子，是爲菩薩摩訶薩【第一】救護一切衆生離衆生【相迴】向。

尒【時】，金【剛】幢菩薩觀察十方一切衆會暨【于法界，入深句義，以無量心修習勝行】，大悲普【覆】一切衆生，不斷三世諸如來種，入〔046-3〕【一切】佛功德法藏，出生一切【諸】佛【法身】，善能分【別】諸衆生心，知其所種善【根成熟，住於法身而爲示】現清淨色身；承佛神力，即說頌言：

不思議劫修行道，精進堅固心無礙，
爲欲饒益羣生類，常求諸佛功德法。
調御世間無等人，修治其【意甚明】潔，
發【心普救諸】含識，彼能善入迴向藏。
勇猛精進力具足，智慧聰達意清淨，
普救一切諸羣【生】，其心勘〈堪〉忍不傾動。
心善安住無與等，意常清淨大歡悅，
如是爲物勤修行，譬如大地普容【受。
不爲自身】求快樂，但欲救護諸衆生，
如是發起大悲心，疾得入扵無礙地。
十方一切諸世【界】，所有衆生皆攝受，
爲救彼故善【住心，如是修】學諸迴向。
修行布施大欣悅，護持淨戒無所【犯，
勇猛精】進心不動，迴向如來一切智。
其心廣大無邊際，忍力安住不傾動，
禪定甚深恒照【了】，智慧微妙難思議。
十方一切世界中，具【足】修治清淨行，
如是功德皆迴向，爲欲安樂諸含識。
【大士勤修諸】善業，无量无邊不可數，
如是悉以益衆生，令住難思无上智。
普爲一切衆【生故】，不思議劫處地獄，
如是曾無猒【退心】，勇猛決定常迴向。
不求色聲香與味，亦不希求諸妙觸，
但爲【救度諸群生】，常求無上冣勝智。
智慧清淨如虛空，脩習無邊大士行，
如佛所行諸行法，彼人如是常修【學。
大士遊行諸世界】，悉能安隱諸羣生，
普使一切皆歡喜，修菩【薩行無厭足】。
除滅一切諸心毒，思惟修習冣上智，
不爲自己求安樂，但願衆【生得離苦】。
此人迴向得究竟，心常清淨離衆毒，
三【世如來所】付囑，住扵無上大法城。
未曾深〈染〉著扵諸色，【受想行識亦如是】，
其心永出【於三有，所有功德盡】迴向。
佛所知【見諸】衆【生，盡皆攝取】無有餘，
【誓願皆令得解脫】，爲彼修行大歡喜。
其心念念恒安住，【智慧廣大無】與等，
離癡正念常寂然，一切諸業皆清淨。
【彼諸菩薩處於世，不著內外一切法，
如風無礙行於空，大士用心亦復然。
所有身業皆清淨，一切語言無過失】，
心常歸向扵如來，能令諸佛悉歡喜。
十方【無量諸】國【土】，所有佛處皆往詣，

於中觀見大悲尊,【靡不恭敬而瞻奉。
心常清淨離諸失,普入世間無所畏,
已住如來無上道,復爲三有大法池。
精勤觀察一切法】,隨順思惟有非有,
如是趣於真實理,得入甚深無諍處。
以此修成堅固道,一切衆生莫能壞,
【善能了達諸法性,普於三世無所著。
如是迴向到彼岸,普使群生離衆垢,
永離一切諸所依,得入究竟無依處。

一切】衆生語言道,隨其種類各差【別,
菩薩悉】能【分別】說,而【心無著】無所礙。
菩薩如是修迴向〔046－4〕,【功德方便不可說,
能令十方世界中,一切諸佛皆稱歎】。

【大方廣佛華嚴經卷第二十三】

大方廣佛花嚴經
十迴向品第廿五之二
卷廿四・廿四之上

【佛子,云何爲菩薩摩訶薩不壞迴向。佛子,此菩薩摩訶薩於去來今諸如來所得不壞信,悉能承事一切佛故;於諸菩薩,乃至初發一念之心求一切智,得不壞信,誓修一切菩薩善根無疲厭故;於一切佛法得不壞信,發深志樂故;於一切佛教得不壞信,守護住持故;於一切眾生得不壞信,慈眼等觀,善根迴向,普利益故;於一切白淨法得不壞信,普集無邊諸善根故;於一切菩薩迴向道得不壞信,滿足殊勝諸欲解故;於一切菩薩法師得不壞信,於諸菩薩起佛想故;於一切佛自在神通得不壞信,深信諸佛難思議故;於一切菩薩善巧方便行得不壞信,攝取種種無量無數行境界故。

佛子,菩薩摩訶薩如是安住不壞信時,於佛、菩薩、聲聞、獨覺,若諸佛教,若諸眾生,如是等種種境界中,種諸善根無量無邊,令菩提心轉更增長;慈悲廣大,平等觀察,隨順修學諸佛所作,攝取一切清淨善根;入真實義,集福德行,行大惠施,修諸功德,等觀三世。菩薩摩訶薩以如是等善根功德,迴向一切智:願常見諸佛,親近善友,與諸菩薩同共止住;念一切智,心無暫捨;受持佛教,勤加守護;教化成熟一切眾生,心常迴向出世之道,供養瞻待一切法師;解了諸法,憶持不忘;修行大願,悉使滿足。菩薩如是積集善根,成就善根,增長善根,思惟善根,繫念善根,分別善根,愛樂善根,修習善根,安住善根。菩薩摩訶薩如是積集諸善根已,以此善根所得依果修菩薩行,於念念中見無量佛,如其所應,承事供養。以阿僧祇寶、阿僧祇華、阿僧祇鬘、阿僧祇衣、阿僧祇蓋、阿僧祇幢、阿僧祇幡、阿僧祇莊嚴具、阿僧祇給侍、阿僧祇塗飾地、阿僧祇塗香、阿僧祇末香、阿僧祇和香、阿僧祇燒香、阿僧祇深信、阿僧祇愛樂、阿僧祇淨心、阿僧祇尊重、阿僧祇讚歎、阿僧祇禮敬、阿僧祇寶座、阿僧祇華座、阿僧祇香座、阿僧祇鬘座、阿僧祇栴檀座、阿僧祇衣座、阿僧祇金剛座、阿僧祇摩尼座、阿僧祇寶繒座、阿僧祇寶色座、阿僧祇寶經行處、阿僧祇華經行處、阿僧祇香經行處、阿僧祇鬘經行處、阿僧祇衣經行處、阿僧祇寶間錯經行處、阿僧祇一切寶繒綵經行處、阿僧祇一切寶多羅樹經行處、阿僧祇一切寶欄楯經行處、阿僧祇一切寶鈴網彌覆經行處、阿僧祇一切寶宮殿、阿僧祇一切華宮殿、阿僧祇一切香宮殿、阿僧祇一切鬘宮殿、阿僧祇一切栴檀宮殿、阿僧祇一切堅固妙香藏宮殿、阿僧祇一切金剛宮殿、阿僧祇一切摩尼宮殿,皆悉殊妙出過諸天;阿僧祇諸雜寶樹、阿僧祇種種香樹、阿僧祇諸寶衣樹、阿僧祇諸音樂樹、阿僧祇寶莊嚴具樹、阿僧祇妙音聲樹、阿僧祇無厭寶樹、阿僧祇寶繒綵樹、阿僧祇寶瓔樹,阿僧祇一切華香、幢幡、鬘蓋所嚴飾樹。如是等樹,扶踈蔭映,莊嚴宮殿。其諸宮殿復有阿僧祇軒檻莊嚴、阿僧祇窗牖莊嚴、阿僧祇門闥莊嚴、阿僧祇樓閣莊嚴、阿僧祇半月莊嚴、阿僧祇帳莊嚴、阿僧祇金網彌覆其上、阿僧祇香周匝普熏，阿僧祇衣敷布其地。

佛子，菩薩摩訶薩以如是等諸供養具，於無量無數不可說不可說劫，淨心尊重、恭敬供養一切諸佛，恒不退轉，無有休息；一一如來滅度之後所有舍利，悉亦如是恭敬供養。爲令一切衆生生淨信故，一切衆生攝善根故，一切衆生離諸苦故，一切衆生廣大解故，一切衆生以大莊嚴而莊嚴故，無量莊嚴而莊嚴故，諸有所作得究竟故，知諸佛興難可值故，滿足如來無量力故，莊嚴供養佛塔廟故，住持一切諸佛法故，如是供養現在諸佛，及滅度後所有舍利。其諸供養，於阿僧祇劫說不可盡。如是修集無量功德，皆爲成熟一切衆生，無有退轉，無有休息，無有疲厭；無有執著，離諸心想；無有依止，永絕所依；遠離於我，及以我所；如實法印，印諸業門；得法無生，住佛所住；觀無生性，印諸境界。諸佛護念發心迴向，與諸法性相應迴向，入無作法成就所作方便迴向，捨離一切諸事想著方便迴向，住於無量善巧迴向，永出一切諸有迴向，修行諸行不住於相善巧迴向，普攝一切善根迴向，普淨一切菩薩諸行廣大迴向，發無上菩提心迴向，與一切善根同住迴向，滿足最上信解心迴向。

佛子，菩薩摩訶薩以諸善根如是迴向時，雖隨生死而不改變，求一切智未曾退轉，在於諸有心無動亂，悉能度脫一切衆生，不染有爲法，不失無礙智。菩薩行位，因緣無盡；世間諸法，無能變動；具足清淨諸波羅蜜，悉能成就一切智力。菩薩如是離諸癡暗，成菩提心，開示光明，增長淨法，迴向勝道，具足衆行；以清淨意，善能分別；了一切法，悉隨心現；知業如幻，業報如像，諸行如化；因緣生法，悉皆如響；菩薩諸行，一切如影；出生無著清淨法眼，見於無作廣大境界；證寂滅性，了法無二；得法實相，具菩薩行；於一切相，皆無所著；善能修行同事諸業，於白淨法恒無廢捨；離一切著，住無著行。菩薩如是善巧思惟，無有迷惑，不違諸法，不壞業因，明見真實，善巧迴向；知法自性，以方便力，成就業報，到於彼岸；智慧觀察一切諸法，獲神通智諸業善根；無作而行，隨心自在。菩薩摩訶薩以諸善根如是迴向，爲欲度脫一切衆生，不斷佛種，永離魔業，見一切智無有邊際，信樂不捨離世境界，斷諸雜染；亦願衆生得清淨智，入深方便，出生死法，獲佛善根，永斷一切諸魔事業，以平等印普印諸業，發心趣入一切種智，成就一切出世間法。

佛子，是爲菩薩摩訶薩第二不壞迴向。菩薩摩訶薩住此迴向時，得見一切無數諸佛，成就無量清淨妙法，普於衆生得平等心，於一切法無有疑惑；一切諸佛神力所加，降伏衆魔，永離其業；成就生貴，滿菩提心；得無礙智不由他解，善能開闡一切法義；能隨想力入一切刹，普照衆生，悉使清淨。菩薩摩訶薩以此不壞迴向之力，攝諸善根，如是迴向。

爾時，金剛幢菩薩觀察十方，承佛神力，即說頌言：

菩薩已得不壞意，修行一切諸善業，
是故能令佛歡喜，智者以此而迴向。
供養無量無邊佛，布施持戒伏諸根，
爲欲利益諸衆生，普使一切皆清淨。
一切上妙諸香華，無量差別勝衣服，
寶蓋及以莊嚴具，供養一切諸如來。
如是供養於諸佛，無量無數難思劫，
恭敬尊重常歡喜，未曾一念生疲厭。
專心想念於諸佛，一切世間大明燈，
十方所有諸如來，靡不現前如目觀。
不可思議無量劫，種種布施心無厭，
百千萬億衆劫中，修諸善法悉如是。
彼諸如來滅度已，供養舍利無厭足，
悉以種種妙莊嚴，建立難思衆塔廟。
造立無等最勝形，寶藏淨金爲莊嚴，
巍巍高大如山王，其數無量百千億。
淨心尊重供養已，復生歡喜利益意，
不思議劫處世間，救護衆生令解脫。
了知衆生皆妄想，於彼一切無分別，

而能善別眾生根，普為群生作饒益。
菩薩修集諸功德，廣大最勝無與比，
了達體性悉非有，如是決定皆迴向。
以最勝智觀諸法，其中無有一法生，
如是方便修迴向，功德無量不可盡。
以是方便令心淨，悉與一切如來等，
此方便力不可盡，是故福報無盡極。
發起無上菩提心，一切世間無所依，
普至十方諸世界，而於一切無所礙。
一切如來出世間，為欲啟導眾生心，
如其心性而觀察，畢竟推求不可得。
一切諸法無有餘，悉入於如無體性，
以是淨眼而迴向，開彼世間生死獄。
雖令諸有悉清淨，亦不分別於諸有，
知諸有性無所有，而令歡喜意清淨。
於一佛土無所依，一切佛土悉如是，
亦不染著有為法，知彼法性無依處。
以是修成一切智，以是無上智莊嚴，
以是諸佛皆歡喜，是為菩薩迴向業。
菩薩專心念諸佛，無上智慧巧方便，
如佛一切無所依，願我修成此功德。
專心救護於一切，令其遠離眾惡業，
如是饒益諸群生，繫念思惟未曾捨。
住於智地守護法，不以餘乘取涅槃，
唯願得佛無上道，菩薩如是善迴向。
不取眾生所言說，一切有為虛妄事，
雖復不依言語道，亦復不著無言說。
十方所有諸如來，了達諸法無有餘，
雖知一切皆空寂，而不於空起心念。
以一莊嚴嚴一切，亦不於法生分別，
如是開悟諸群生，一切無性無所觀。

佛子，云何為菩薩摩訶薩等一切佛迴向。佛子，此菩薩摩訶薩隨順修學去來現在諸佛世尊迴向之道。如是修學迴向道時，見一切色乃至觸法若美若惡，不生愛憎，心得自在；無諸過失，廣大清淨；歡喜悅樂，離諸憂惱；心意柔軟，諸根清涼。佛子，菩薩摩訶薩獲得如是安樂之時，復更發心迴向諸佛，作如是念：願以我今所種善根，令諸佛樂轉更增勝，所謂不可思議佛所住樂、無有等比佛三昧樂、不可限量大慈悲樂、一切諸佛解脫之樂、無有邊際大神通樂、最極尊重大自在樂、廣大究竟無量力樂、離諸知覺寂靜之樂、住無礙住恒正定樂、行無二行不變異樂。

佛子，菩薩摩訶薩以諸善根迴向佛已，復以此善迴向菩薩，所謂願未滿者令得圓滿，心未淨者令得清淨，諸波羅蜜未滿足者令得滿足。安住金剛菩提之心，於一切智得不退轉，不捨大精進，守護菩提門一切善根；能令眾生捨離我慢，發菩提心，所願成滿；安住一切菩薩所住，獲得菩薩明利諸根，修習善根，證薩婆若。

佛子，菩薩摩訶薩以諸善根如是迴向菩薩已，復以迴向一切眾生：願一切眾生所有善根，乃至極少一彈指頃，見佛聞法，恭敬聖僧。彼諸善根皆離障礙，念佛圓滿，念法方便，念僧尊重，不離見佛，心得清淨，獲諸佛法，集無量德，淨諸神通，捨法疑念，依教而住。如為眾生如是迴向，為聲聞、辟支佛迴向亦復如是。又願一切眾生永離地獄、餓鬼、畜生、閻羅王等一切惡處，增長無上菩提之心，專意勤求一切種智，永不毀謗諸佛正法，得佛安樂，身心清淨，證一切智。

佛子，菩薩摩訶薩所有善根，皆以大願，發起、正發起，積集、正積集，增長、正增長，悉令廣大具足充滿。

佛子，菩薩摩訶薩在家宅中與妻子俱，未曾暫捨菩提之心，正念思惟薩婆若境，自度度彼，令得究竟；以善方便化己眷屬，令入菩薩智，令成熟解脫；雖與同止，心無所著，以本大悲處於居家，以慈心故隨順妻子，於菩薩清淨道無所障礙】。菩薩摩訶薩雖在居【家作諸事業，未曾暫捨一切智心。所謂若著衣裳、若噉滋味、若服湯藥、澡漱塗摩、迴旋顧視、行住坐臥、身語意業、若睡若寤。如是一切諸】有所作，心常迴向薩【婆若道，繫念思惟，無時捨離。為欲饒益一切眾生，安住菩提無量大願，攝取無數廣大善根；勤修諸善，普救一切，永離一切憍慢放逸，決定趣於】一切智地，終不發意向於餘【道；常觀一切諸佛菩提，永捨一切諸雜染法，修行一切菩薩所學，於一切智道無所障礙；住於智地愛樂誦習，以無量智集諸善根，心不戀樂一切世間】，亦不染著所行之行，專心受【持諸佛教法。菩薩如是處在居家，普攝善根，令其增長，迴向諸佛無上菩提】。

【佛子，菩薩爾時，乃至施與畜生之食一摶一粒，咸作是願：當令此等捨】畜生道，利益安樂，究竟解脫，永度【苦海，永滅苦受，永除苦蘊，永斷苦覺、苦聚、苦行、苦因、苦本及諸苦處；願彼眾生皆得捨離。菩薩如是專心繫念一切眾生，以彼善根而爲上首，爲其迴】向一切種智。菩薩初發菩提之心普攝【眾生，修諸善根悉以迴向，欲令永離生死曠野，得諸如來無礙快樂，出煩惱海，修佛法道；慈心遍滿，悲力廣大，普使一切得清淨樂；守護善根，親近佛法】；出魔境界，入佛境界；斷世間種，植如【來種，住於三世平等法中。菩薩摩訶薩如是所有已集、當集、現集善根，悉以迴向。復作是念：如過去諸佛菩薩所行，恭敬供養一切諸佛，度諸眾生】令永出離，勤加修習一切善根，悉以迴【向而無所著。所謂：不依色，不著受，無倒想，不作行，不取識，捨離六處；不住世法，樂出世間；知一切法皆如虛空，無所從來，不生不滅，無有真】實，無所染著；遠離一切諸分別見，不動【不轉，不失不壞；住於實際，無相離相，唯是一相；如是深入一切法性，常樂習行普門善根，悉見一切諸佛眾會。如彼過去一切如來善根迴向，我亦】如是而爲迴向；解如是法，證如是法，依如是法，【發心修習，不違法相；知所修行，如幻如影，如水中月，如鏡中像，因緣和合之所顯現，乃至如來究竟之地】。

【佛子，菩薩摩訶薩復作是念：如】過去諸佛修菩薩行時，以諸善根如是迴【向；未來現在，悉亦如是。我今亦應如彼諸佛，如是發心，以諸

善根而爲迴向：第一迴向、勝迴向、最勝迴向、上迴向、無上迴向、無等迴向、無等等迴向】、無比【迴向、無對】迴向、尊迴向、妙迴向、平等迴向、正【直迴向、大功德迴向、廣大迴向、善迴向、清淨迴向、離惡迴向、不隨惡迴向。菩薩如是以諸善根正迴向已，成就清淨身語意業，住菩薩住，無諸過失；修習善業】，離身語惡，心無瑕穢；修一切智，住【廣大心，知一切法無有所作；住出世法，世法不染；分別了知無量諸業，成就迴向善巧方便，永拔一切取著根本】。

【佛子，是爲菩薩摩訶薩第三】等【一切佛迴向】。菩薩摩訶薩住此迴向，深入一【切諸如來業，趣向如來勝妙功德；入深清淨智慧境界，不離一切諸菩薩業，善能分別巧妙方便；入深法界，善知菩薩修行次第；入佛種性，以巧方便分別】了知無量無邊一切諸法；雖復現身【於世中生，而於世法心無所著。

爾時，金剛幢菩薩承佛神力，普觀十方，即說頌言：

彼諸菩薩摩訶薩，修過去佛迴向法】，
亦學【未來現】在世，一切導師之所行。
於諸境界得安【樂，諸佛如來所稱讚，
廣大光明清淨眼，悉以迴向大聰哲。
菩薩身根種種樂，眼耳鼻舌亦復然，
如是無量上妙樂】，悉【以迴向】諸最勝。
一切世間眾善法，及諸如來所成就，
【於彼悉攝無有餘，盡以隨喜益眾生。
世間隨喜無量種，今此迴向爲眾生，
人中師子所有樂，願使群萌悉圓滿】。
一切國土諸如來，凡所知見種種樂，
願令眾生皆【悉得，而爲照世大明燈。
菩薩所得勝妙樂，悉以迴向諸群生，
雖爲群生故迴向，而於迴向無所著。
菩薩修行此迴向】，興起無量大悲心，
如佛所修迴向德，願我修行悉【成滿。
如諸最勝所成就，一切智乘微妙樂，

及我在世之所行，諸菩薩行無量樂，
示入衆趣安隱樂，恒守諸根寂靜樂】，
悉以迴向諸羣生，普使修成无上智。
非身語意【即是業，亦不離此而別有，
但以方便滅癡冥，如是修成無上智。
菩薩所修諸行業，積集無量勝功德，
隨順如來生佛家】，寂然不亂正迴向。
十方一切諸世界，所有衆生咸攝受，
【悉以善根迴向彼，願令具足安隱樂。
不爲自身求利益，欲令一切悉安樂，
未曾暫起戲論心，但觀諸法空無我。
十方無量諸最勝】，所見一切眞佛子，
悉以善根迴向彼，顏使速成无上覺。
【一切世間含識類，等心攝取無有餘，
以我所行諸善業，令彼衆生速成佛。
無量無邊諸大願，無上導師所演說，
願諸佛子皆清淨】，隨其心樂悉成【滿】。
普觀十方諸世界，悉以功德施於【彼，
願令皆具妙莊嚴，菩薩如是學迴向。
心不稱量諸二法，但恒了達法無二，
諸法若二若不二，於中畢竟無所著。
十方】一切諸世間，悉是衆生想分別，
於想非想無所得〔048-1〕，【如是了達於
諸想。

彼諸菩薩身淨已，則意清淨無瑕穢，
語業已淨無諸過，當知意淨無所著。
一心正念過去佛】，亦憶未來諸導師，
及以現在天人尊，悉學於其所說【法。
三世一切諸如來，智慧明達心無礙，
爲欲利益衆生故，迴向菩提集衆業。
彼第一慧廣大慧，不虛妄慧無倒慧】，
平等實慧清淨慧，最勝慧者如是說。
佛子，云何【爲菩薩摩訶薩至一切處迴向】。
【佛子，此菩薩摩訶薩修習一切諸善根時，作
是念言：願此善根功德之力至一切】處。譬如實
際，無處不至，至一切物，至一切世間，至一

【切衆生，至一切國土，至一切法，至一切虛空，
至一切三世，至一切有爲無爲，至一切語言音聲。
願此善根亦復如是，遍至一】切諸如來所，供養
三【世一】切諸佛；過去諸佛所【願悉滿，未來
諸佛具足莊嚴，現在諸佛及其國土、道場，衆會
遍滿一切虛空法界。願以信解大威力故，廣大】
智慧無障礙故，一切【善】根悉迴向故，以如諸
【天諸供養具而爲供養，充滿無量無邊世界。佛
子，菩薩摩訶薩復作是念：諸佛世尊普遍一切虛
空法界。種】種業所起，十方不可說一切世界
種世界、不【可說佛國土佛境界種種世界、無量世
界、無分齊世界、轉世界、側世界、仰世界、覆
世界，如是一切諸世界中，現住於】壽，示現種
種神通變化。彼有菩薩以勝解力，【爲諸衆生堪
受化者，於彼一切諸世界中，現爲如來出興於世，
以至一切處智；普遍開示如來無量自在神力，法
身遍往無】有差別，平等普入一切法界；如來藏
身不生【不滅，善巧方便普現世間，證法實性超
一切故，得不退轉無礙力故，生於如來無障礙見、
廣大威德種性中故】。

【佛子，菩薩摩】訶薩以其所種一切善根顧，
於如是諸如來所，以衆【妙華，及衆妙香、鬘
蓋、幢幡、衣服、燈燭，及餘一切諸莊嚴具以爲
供養；若佛形像，若佛塔廟，悉亦如是。以此善
根如是迴向，所謂】不亂迴向、一心迴向、自意
迴向、尊敬迴向、不動迴向、【無住迴向、無依
迴向、無衆生心迴向、無躁競心迴向、寂靜心迴
向。復作是念：盡法界、虛空界，去來現在一切
劫中，諸佛世尊得一切】智、成菩提道，無量名
字各各差別，於種種【時現成正覺，悉皆住壽盡
未來際，一一各以法界莊嚴而嚴其身，道場衆會
周遍法界，一切國土隨時出興而作佛事】。如是一
切諸佛如來，我【以善根】普皆迴向〔048-2〕，
【願以無數香蓋、無數香幢、無數香幡、無數香
帳、無數香網、無數香像、無數香光、無數香焰、
無數香雲、無】數香座、无數香經行地、無【數

香所住處、無數香世界、無數香山、無數香海、無數香河、無數香樹、無數香衣服、無數】香蓮花、无數香宮殿、無量花蓋、廣說乃至無【量華宮殿；無邊鬘蓋，廣說乃至無邊鬘宮殿；無等塗香蓋，廣說乃至無等塗香宮殿；不可數】末香蓋，廣說乃至不可數末香宮殿；不可稱【衣蓋，廣說乃至不可稱衣宮殿；不可思寶蓋，廣說乃至不可思寶宮殿；不可量燈光明蓋，廣說乃至不可量】燈光明宮殿；不可說莊嚴具蓋，廣說乃至不可說莊【嚴具宮殿；不可說不可說摩尼寶蓋、不可說不可說摩尼寶幢，如是摩尼寶幡、摩尼寶帳、摩尼寶網、摩尼寶像】、摩尼寶光、摩尼寶鈴、摩尼寶雲、摩尼寶座、摩【尼寶經行地、摩尼寶所住處、摩尼寶刹、摩尼寶山、摩尼寶海、摩尼寶河、摩尼寶樹、摩尼寶衣服、摩尼寶蓮華】、摩尼寶宮殿，皆不可說不可說。如是一一諸境界中，各【有無數欄楯、無數宮殿、無數樓閣、無數門闥、無數半月、無數却敵、無數窗牖、無數清淨寶、無數莊嚴具，以如是等諸供養物】，恭敬供養如上所說諸佛世尊。願令一切世間皆得清【淨，一切眾生咸得出離，住十力地，於一切法中得無礙法明。令一切眾生具足善根，悉得調伏，其心無量，等虛空界，往一切刹而無所】至，入一切土施諸善法，常得見佛，植諸善根，成【就大乘，不著諸法，具足眾善，立無量行，普入無邊一切法界，成就諸佛神通之力，得於如來一切智智。譬如無我，普攝諸法。我】諸善根亦復如是，普攝一切諸佛如來，咸悉供養【無有餘故；普攝一切無量諸法，悉能悟入無障礙故；普攝一切諸菩薩眾，究竟皆與同善根故；普攝一切諸菩薩行，以本願力皆】圓滿故；普攝一切菩薩法明，了達諸法皆无【礙故；普攝諸佛大神通力，成就無量諸善根故；普攝諸佛力、無所畏，發無量心滿一切故；普攝菩薩三昧辯才陀羅尼門，善】能照了无二法故；普攝諸佛善巧方便，示現如來大【神力故；普攝三世一切諸佛降生成道、轉正法輪、調伏眾

生、入般涅槃，恭敬供養悉周遍故；普攝十方一切世界，嚴淨佛刹咸究竟故】；普攝一切諸廣大劫，於中出現修菩薩行无斷絕故】；普攝一切所有趣生，悉於其中現受生故；普攝一切諸眾生界，具足普賢菩薩行故；普攝一切諸惑習氣，悉以方便令清淨故】；普攝一切眾生諸根，无量差別咸了知故；普攝【一切眾生解欲，令離雜染得清淨故；普攝一切化眾生行，隨其所應爲現身故；普攝一切應眾生道，悉入一切眾生界故；普攝一切如來】智性，護持一切諸佛教故。

佛子，菩薩摩訶薩【以諸善根如是迴向時，用無所得而爲方便，不於業中分別報，不於報中分別業；雖無分別而普入法界，雖無所作而恒住善根，雖無所起】而勤修勝法；不信諸法而能深入，不有於【法而悉知見，若作、不作皆不可得；知諸法性恒不自在，雖悉見諸法而無所見，普知一切而無所知。菩薩如是了達境界，知一切法因緣爲】本，見於一切諸佛法身，至一切法離染實際，解了【世間皆如變化，明達眾生唯是一法、無有二性，不捨業境善巧方便；於有爲界示無爲法，而不滅壞有爲之相；於無爲界示有】爲法，而不分別无爲之相。菩薩如是觀一切法【畢】竟【寂滅，成就一切清淨善根，而起救護眾生之心，智慧明達一切法海，常樂修行離愚癡法，已具成就出世功德，不更修學世間】之法，得清淨〈淨智〉眼離諸癡翳，以善方便修迴向道。

佛子，菩【薩摩訶薩以諸善根如是迴向，稱可一切諸佛之心，嚴淨一切諸佛國土，教化成熟一切眾生，具足受持一切佛法；作一】切眾生㝡上福田，爲一切商【人】智慧導師，作一切【世間清淨日輪；一一善根充遍法界，悉能救護一切眾生，皆令清淨具足功德】。

【佛子，菩薩摩訶薩如是迴向時】，能護持一切佛種，能成就〈熟〉一切眾生，能嚴淨一切【國土，能不壞一切諸業，能了知一切諸法，能等觀諸法無二，能遍往十方世界，能了達離欲實際，

能成就清淨信解，能】具足明利諸根。

佛子，是爲菩薩摩訶薩第【四至一切處迴向。菩薩摩訶薩住此迴向時，得至一切處身業，普能應現一切世界故；得至一切處語業，於】一切世界中演說法故；得至一切處意業，受【持一切佛所說法故；得至一切處神足通，隨衆生心悉往應故；得至一切處隨證智，普能了達一切法故；得至】一切【處總持】辯才，隨衆生心令〔048－3〕【歡喜故；得至一切處入法界，於一毛孔中普入一切世界故；得至一切處遍入身，於一衆生身普入一切】衆生身故；得至一切處普見【劫，一一劫中常見一切諸如來故；得至一切處普見念，一一念中一切諸佛悉現前故。佛子，菩薩摩訶薩得至一切處迴向】，能以善根如是迴向。

尒時，金【剛幢菩薩承佛威力，普觀十方而說頌言】：

【內外一切諸世間，菩薩悉皆無所著，
不捨饒益衆生業】，大士修行如是智。
十方【所有諸國土，一切無依無所住，
不取活命等衆法，亦不妄起諸分別。
普攝十方世界中】，一切衆生無有【餘，
觀其體性無所有，至一切處善迴向。
普攝有爲無爲法，不於其中起妄念，
如於世間法亦然】，照世燈明如是【覺。
菩薩所修諸業行，上中下品各差別，
悉以善根迴向彼，十方一切諸如來。
菩薩迴向到彼岸】，隨如來學【悉成就，
恒以妙智善思惟，具足人中最勝法。
清淨善根普迴向，利益群迷恒不捨，
悉令一切諸衆生】，得成无上【照世燈。
未曾分別取衆生，亦不妄想念諸法，
雖於世間無染著，亦復不捨諸含識。
菩薩常樂寂滅法】，隨順得至【涅槃境，
亦不捨離衆生道，獲如是等微妙智。
菩薩未曾分別業，亦不取著諸果報，
一切世間從緣生】，不離因〔048－4〕【緣見諸法。
深入如是諸境界，不於其中起分別，
一切衆生調御師，於此明了善迴向】。

【大方廣佛華嚴經卷第二十四】

大方廣佛花嚴經
十迴向品第廿五之三
卷廿五・廿五之上

【佛子，云何爲菩薩摩訶薩無盡功德藏迴向。佛子，此菩薩摩訶薩以懺除一切諸業重障所起善根；禮敬三世一切諸佛所起善根；勸請一切諸佛說法所起善根；聞佛說法精勤修習，悟不思議廣大境界所起善根；於去來今，一切諸佛、一切衆生所有善根，皆生隨喜所起善根；去來今世一切諸佛善根無盡，諸菩薩衆精勤修習所得善根；三世諸佛成等正覺、轉正法輪、調伏衆生，菩薩悉知，發隨喜心所生善根；三世諸佛從初發心、修菩薩行、成最正覺乃至示現入般涅槃，般涅槃已正法住世乃至滅盡，於如是等皆生隨喜所有善根。菩薩如是念不可說諸佛境界及自境界，乃至菩提無障礙境，如是廣大無量差別一切善根，凡所積集，凡所信解，凡所隨喜，凡所圓滿，凡所成就，凡所修行，凡所獲得，凡所知覺，凡所攝持，凡所增長，悉以迴向莊嚴一切諸佛國土，如過去世無邊際劫，一切世界、一切如來所行之處。所謂：無量無數佛世界種，佛智所知，菩薩所識，大心所受；莊嚴佛刹，清淨業行，所流所引，應衆生起；如來神力之所示現，諸佛出世淨業所成，普賢菩薩妙行所興；一切諸佛於中成道，示現種種自在神力。盡未來際，所有如來應正等覺，遍法界住，當成佛道，當得一切清淨莊嚴功德佛土。盡法界、虛空界，無邊無際，無斷無盡，皆從如來智慧所生，無量妙寶之所莊嚴。所謂一切香莊嚴、一切華莊嚴、一切衣莊嚴、一切功德藏莊嚴、一切諸佛力莊嚴、一切佛國土莊嚴。如來所都，不可思議，同行宿緣諸清淨衆於中止住，未來世中當成正覺。一切諸佛之所成就，非世所覩，菩薩淨眼乃能照見。此諸菩薩具大威德，宿植善根，知一切法如幻如化，普行菩薩諸清淨業，入不思議自在三昧，善巧方便能作佛事，放佛光明普照世間，無有限極。現在一切諸佛世尊，悉亦如是。莊嚴世界無量形相、無量光色，悉是功德之所成就：無量香、無量寶、無量樹、無數莊嚴、無數宮殿、無數音聲。隨順宿緣諸善知識，示現一切功德莊嚴，無有窮盡。所謂一切香莊嚴、一切鬘莊嚴、一切末香莊嚴、一切寶莊嚴、一切幡莊嚴、一切寶繒綵莊嚴、一切寶欄楯莊嚴、阿僧祇金網莊嚴、阿僧祇河莊嚴、阿僧祇雲雨莊嚴、阿僧祇音樂奏微妙音。如是等無量無數莊嚴之具，莊嚴一切：盡法界、虛空界，十方無量種種業起，佛所了知、佛所宣說一切世界。其中所有一切佛土，所謂莊嚴佛土、清淨佛土、平等佛土、妙好佛土、威德佛土、廣大佛土、安樂佛土、不可壞佛土、無盡佛土、無量佛土、無動佛土、無畏佛土、光明佛土、無違逆佛土、可愛樂佛土、普照明佛土、嚴好佛土、精麗佛土、妙巧佛土、第一佛土、勝佛土、殊勝佛土、最勝佛土、極勝佛土、上佛土、無上佛土、無等佛土、無比佛土、無譬諭佛土。如是過去、未來、現在一切佛土所有莊嚴，菩薩摩訶薩以己善根發心迴向：願以如是去來現在一切諸佛所有國土清淨莊嚴，悉以莊嚴於一世界，如彼一切諸佛國土所有莊嚴，皆悉成就，皆悉清淨,皆悉聚集,皆悉顯現,皆悉嚴好,皆悉住持。如一世界;如是,盡法界、虛空界,一切世界悉亦如是,三世一切諸佛國土種種莊嚴皆悉具足。

佛子,菩薩摩訶薩復以善根如是迴向:願我所修一切佛刹,諸大菩薩皆悉充滿。其諸菩薩,體性真實,智慧通達,善能分別一切世界及眾生界,深入法界及虛空界,捨離愚癡;成就念佛,念法真實不可思議,念僧無量普皆周遍,亦念於捨;法日圓滿,智光普照,見無所礙;從無得生生諸佛法,為眾勝上善根之主,發生無上菩提之心;住如來力,趣薩婆若,破諸魔業,淨眾生界,深入法性,永離顛倒,善根大願皆悉不空。如是菩薩充滿其土,生如是處,有如是德,常作佛事,得佛菩提清淨光明;具法界智,現神通力,一身充滿一切法界;得大智慧,入一切智所行之境,善能分別無量無邊法界句義;於一切刹皆無所著,而能普現一切佛土;心如虛空,無有所依,而能分別一切法界,善能入出不可思議甚深三昧;趣薩婆若,住諸佛刹,得諸佛力,開示演說阿僧祇法而無所畏;隨順三世諸佛善根,普照一切如來法界,悉能受持一切佛法;知阿僧祇諸語言法,善能演出不可思議差別音聲;入於無上佛自在地,普遊十方一切世界而無障礙;行於無諍、無所依法,無所分別,修習增廣菩提之心;得善巧智,善知句義,能隨次第開示演說。願令如是諸大菩薩莊嚴其國,充滿分布,隨順安住,熏修、極熏修,純淨、極純淨,恬然宴寂。於一佛刹,隨一方所,皆有如是無數無量、無邊無等、不可數、不可稱、不可思、不可量、不可說、不可說不可說諸大菩薩周遍充滿。如一方所,一切方所亦復如是;如一佛刹,盡虛空遍法界一切佛刹悉亦如是。

佛子,菩薩摩訶薩以諸善根,方便迴向一切佛刹,方便迴向一切菩薩,方便迴向一切如來,方便迴向一切佛菩提,方便迴向一切廣大願,方便迴向一切出要道,方便迴向淨一切眾生界,方便迴向於一切世界常見諸佛出興於世,方便迴向常見如來壽命無量,方便迴向常見諸佛遍周法界轉無障礙不退法輪。佛子,菩薩摩訶薩以諸善根如是迴向時,普入一切佛國土故,一切佛刹皆悉清淨;普至一切眾生界故,一切菩薩皆悉清淨;普願一切諸佛國土佛出興故,一切法界、一切佛土諸如來身超然出現。佛子,菩薩摩訶薩以如是等無比迴向趣薩婆若,其心廣大,猶如虛空,無有限量,入不思議,知一切業及以果報皆悉寂滅;心常平等,無有邊際,普能遍入一切法界。佛子,菩薩摩訶薩如是迴向時,不分別我及以我所,不分別佛及以佛法,不分別刹及以嚴淨,不分別眾生及以調伏,不分別業及業果報,不著於思及思所起;不壞因,不壞果,不取事,不取法;不謂生死有分別,不謂涅槃恒寂靜,不謂如來證佛境界;無有少法,與法同止。佛子,菩薩摩訶薩如是迴向時,以諸善根普施眾生,決定成熟,平等教化;無相、無緣、無稱量、無虛妄,遠離一切分別取著。菩薩摩訶薩如是迴向已,得無盡善根。所謂:念三世一切諸佛故,得無盡善根;念一切菩薩故,得無盡善根;淨諸佛刹故,得無盡善根;淨一切眾生界故,得無盡善根;深入法界故,得無盡善根;修無量心等虛空界故,得無盡善根;深解一切佛境界故,得無盡善根;於菩薩業勤修習故,得無盡善根;了達三世故,得無盡善根。佛子,菩薩摩訶薩以一切善根如是迴向時,了一切眾生界無有眾生,解一切法無有壽命,知一切法無有作者,悟一切法無補伽羅,了一切法無有慾淨,觀一切法皆從緣起、無有住處,知一切物皆無所依,了一切刹悉無所住,觀一切菩薩行亦無處所,見一切境界悉無所有。佛子,菩薩摩訶薩如是迴向時,眼終不見不淨佛刹,亦復不見異相眾生,無有少法為智所入,亦無少智而入於法,解如來身非如虛空;一切功德無量妙法所圓滿故,於一切處令諸眾生積集善根悉充足故。

佛子,此菩薩摩訶薩於念念中得不可說不可說十力地,具足一切福德,成就清淨善根,為一切眾生福田。此菩薩摩訶薩成就如意摩尼功德藏,隨有所須，一切樂具悉皆得故；隨所遊方悉能嚴淨一切國土，隨所行處令不可說不可說眾生皆悉清淨，攝取福德修治諸行故。佛子，菩薩摩訶薩如是迴向時，修一切菩薩行，福德殊勝，色相無比；威力光明超諸世間，魔及魔民莫能瞻對；善根具足，大願成就；其心彌廣，等一切智；於一念中，悉能周遍無量佛剎；智力無量，了達一切諸佛境界，於一切佛得深信解；住無邊智菩提心力，廣大如法界，究竟如虛空。

佛子，是名菩薩摩訶薩第五無盡功德藏迴向。菩薩摩訶薩住此迴向，得十種無盡藏。何等為十，所謂：得見佛無盡藏，於一毛孔見阿僧祇諸佛出興世故；得入法無盡藏，以佛智力觀一切法悉入一法故；得憶持無盡藏，受持一切佛所說法無忘失故；得決定慧無盡藏，善知一切佛所說法秘密方便故；得解義趣無盡藏，善知諸法理趣分齊故；得無邊悟解無盡藏，以如虛空智通達三世一切法故；得福德無盡藏，充滿一切諸眾生意不可盡故；得勇猛智覺無盡藏，悉能除滅一切眾生愚癡翳故；得決定辯才無盡藏，演說一切佛平等法令諸眾生悉解了故；得十力無畏無盡藏，具足一切菩薩所行，以離垢繒而繫其頂，至無障礙一切智故。是為十。佛子，菩薩摩訶薩以一切善根迴向時，得此十種無盡藏。

爾時，金剛幢菩薩普觀十方而說頌言：
菩薩成就深心力，普於諸法得自在，
以其勸請隨喜福，無礙方便善迴向。
三世所有諸如來，嚴淨佛剎遍世間，
所有功德靡不具，迴向淨剎亦如是。
三世所有諸佛法，菩薩皆悉諦思惟，
以心攝取無有餘，如是莊嚴諸佛剎。
盡於三世所有劫，讚一佛剎諸功德，
三世諸劫猶可盡，佛剎功德無窮盡。
如是一切諸佛剎，菩薩悉見無有餘，
總以莊嚴一佛土，一切佛土悉如是。
有諸佛子心清淨，悉從如來法化生，
一切功德莊嚴心，一切佛剎皆充滿。

彼諸菩薩悉具足，無量相好莊嚴身，
辯才演說遍世間，譬如大海無窮盡。
菩薩安住諸三昧，一切所行皆具足，
其心清淨無與等，光明普照十方界。
如是無餘諸佛剎，此諸菩薩皆充滿，
未曾憶念聲聞乘，亦復不求緣覺道。
菩薩如是心清淨，善根迴向諸群生，
普欲令其成正道，具足了知諸佛法。
十方所有眾魔怨，菩薩威力悉摧破，
勇猛智慧無能勝，決定修行究竟法。
菩薩以此大願力，所有迴向無留礙，
入於無盡功德藏，去來現在常無盡。
菩薩善觀諸行法，了達其性不自在，
既知諸法性如是，不妄取業及果報。
無有色法無色法，亦無有想無無想，
有法無法皆悉無，了知一切無所得。
一切諸法因緣生，體性非有亦非無，
而於因緣及所起，畢竟於中無取著。
一切眾生語言處，於中畢竟無所得，
了知名相皆分別，明解諸法悉無我。
如眾生性本寂滅，如是了知一切法，
三世所攝無有餘，剎及諸業皆平等。
以如是智而迴向，隨其悟解福業生，
此諸福相亦如解，豈復於中有可得。
如是迴向心無垢，永不稱量諸法性，
了達其性皆非性，不住世間亦不出。
一切所行眾善業，悉以迴向諸群生，
莫不了達其真性，所有分別皆除遣。
所有一切虛妄見，悉皆棄捨無有餘，
離諸熱惱恒清涼，住於解脫無礙地。
菩薩不壞一切法，亦不滅壞諸法性，
解了諸法猶如響，悉於一切無所著。
了知三世諸眾生，悉從因緣和合起，
亦知心樂及習氣，未曾滅壞一切法。
了達業性非是業，而亦不違諸法相，
又亦不壞業果報，說諸法性從緣起。
了知眾生無有生，亦無眾生可流轉，

無實眾生而可說，但依世俗假宣示。

佛子，云何爲菩薩摩訶薩隨順堅固一切善根迴向。佛子，此菩薩摩訶薩或爲帝王臨御大國，威德廣被，名震天下，凡諸怨敵靡不歸順，發號施令悉依正法，執持一蓋溥蔭萬方，周行率土所向無礙，以離垢繒而繫其頂，於法自在，見者咸伏，不刑不罰，感德從化；以四攝法攝諸眾生，爲轉輪王，一切周給。菩薩摩訶薩安住如是自在功德，有大眷屬，不可沮壞，離眾過失，見者無厭，福德莊嚴，相好圓滿，形體肢分均調具足；獲那羅延堅固之身，大力成就，無能屈伏；得清淨業，離諸業障；具足修行一切布施，或施飲食及諸上味，或施車乘，或施衣服，或施華鬘、雜香、塗香、床座、房舍及所住處、上妙燈燭、病緣湯藥、寶器、寶車、調良象馬，悉皆嚴飾，歡喜布施。或有來乞王所處座，若蓋若傘，幢幡寶物諸莊嚴具，頂上寶冠、髻中明珠，乃至王位，皆無所吝。若見眾生在牢獄中，捨諸財寶、妻子眷屬，乃至以身救彼令脫。若見獄囚將欲被戮，即捨其身以代彼命。或見來乞連膚頂髮，歡喜施與亦無所吝。眼耳鼻舌，及以牙齒、頭頂手足、血肉骨髓、心腎肝肺、大腸小腸、厚皮薄皮、手足諸指、連肉爪甲，以歡喜心盡皆施與。或爲求請未曾有法，投身而下深大火坑；或爲護持如來正法，以身忍受一切苦毒；或爲求法乃至一字，悉能遍捨四海之內一切所有。恒以正法化導群生，令修善行、捨離諸惡。若見眾生損敗他形，慈心救之，令捨罪業。若見如來成最正覺，稱揚讚歎，普使聞知。或施於地，造立僧坊、房舍、殿堂，以爲住處；及施僮僕，供承作役。或以自身施來乞者，或施於佛。爲求法故，歡喜踊躍；爲眾生故，承事供養。或捨王位、城邑聚落、宮殿園林、妻子眷屬，隨所乞求，悉滿其願。或捨一切資生之物，普設無遮大施之會；其中眾生種種福田，或從遠來，或從近來，或賢或愚，或好或醜，若男若女、人與非人，心行不同，所求各異，等皆施與，悉令滿足。佛子，菩薩摩訶薩如是施時，發善攝心，悉以迴向。所謂：善攝色，隨順堅固一切善根；善攝受、想、行、識，隨順堅固一切善根；善攝王位，隨順堅固一切善根；善攝眷屬，隨順堅固一切善根；善攝資具，隨順堅固一切善根；善【攝】惠施，隨順堅固一切善根。

佛【子，菩薩摩訶薩隨所施物無量無邊，以彼善根如是迴向，所謂：以上妙食施眾生時，其心清淨，於所施物無貪、無著、無所】顧悋，具足行施；願一切眾生得智慧食，【心無障礙，了知食性，無所貪著，但樂法喜出離之食；智慧充滿，以法堅住，攝取善根，法身、智身清淨遊行；哀愍眾】生，爲作福田，現受揣〈搏〉食。是爲菩薩摩訶薩布施【食時善根迴向】。

【佛子，菩薩摩訶薩若施飲時，以此善根如是迴向，所謂：願一切眾生飲法味水，精勤修習，具菩薩道】；斷世渴愛，常求佛智；離欲境界，得法喜樂；從清淨【法而生其身，常以三昧調攝其心；入智慧海，興大法雲，霔大法雨。是爲菩薩摩訶薩布施飲時善根】迴向。

佛子，菩薩摩訶薩布施種種清淨上味，所謂辛【酸鹹淡，及以甘苦。種種諸味潤澤具足，能令四大安隱調和，肌體盈滿，氣力強壯，其心清淨常得】歡喜；咽〈嚥〉① 咀之時，不欸不逆；諸根明利，內蔵充實；毒不能侵，病【不能傷；始終無患，永得安樂。以此善根如是迴向，所謂：願一切眾生得最上味，甘露充滿；願】一切眾生得法智味，了知一切諸味業因〈用〉；願一切眾生得無量法味，了達法界，安【住實際大法城中；願一切眾生作大法雲，周遍法界普雨法雨，教化調伏一切眾生；願一切眾】生得勝智味，無上法喜充滿身心；願一切眾生得無貪著一切上味，不染世間一切諸味，常【勤修習一切佛法；願一切眾生得一法味，了諸佛法悉無差別；願一切眾生得最勝味】，乘一切智終無退轉；願一切眾生

---

① 嚥，㽃一三六頁註②：嚥＝咽㘝宮聖。

得入諸佛无異法味，悉能分別一切諸根；願一切衆生法味【增益，常得滿足無礙佛法。是爲菩薩摩訶薩布施味時善根迴向；爲令一切衆生】勤修福德，皆悉具足无礙智身故。

佛子，菩薩摩訶薩施車乘時，以諸善根如是迴向，所謂願【一切衆生皆得具足一切智乘，乘於大乘、不可壞乘、最勝乘、最上乘、速疾】乘、大力乘、福德具足乘、出世間乘、出生无量諸菩薩乘。是爲菩薩摩訶薩施車乘時善【根迴向】。

【佛子，菩薩摩訶薩布施衣時，以諸善根如是迴向，所謂願一切衆生】得慙愧衣以覆其身，捨離邪道露形惡法，顏色潤澤，皮膚細耎，成就諸佛第一之樂，得最清淨【一切種智。是爲菩薩摩訶薩布施衣時善根迴向】。

【佛子，菩薩摩訶】薩常以種種名花布施，所謂微妙香花、種種色花、无量奇妙花、善見花、可喜樂花、一切時花、天【華、人華、世所珍愛華、甚芬馥悅意華。以如是等無量妙華，供養一切現在諸佛】，及佛滅後所有塔廟，或以【供】養說法之人，或以供養比丘僧寶、一切菩薩、諸善知識、聲聞獨【覺、父母宗親，下至自身及餘一切貧窮孤露。布施之時，以諸善根如是迴向，所謂：願一切衆生】皆得諸佛三昧之花，【悉能】開敷一切諸法；願一切衆生皆得如佛，見者歡喜，心无猒【足；願一切衆生所見順愜，心無動亂；願一切衆生具行廣大清淨之業；願一切衆生常念善友，心無】變異；願一切【衆生如阿伽】陁藥，能除一切煩惱衆毒；願一切衆生成滿【大願，皆悉得爲無上智王；願一切衆生智慧日光破愚癡暗；願一切衆生菩提淨月增長滿足；願一切衆生入大寶洲見善知識，具足成就】一切善根。是爲菩薩摩訶薩布施花時〔050原①-1〕【善根迴向，爲令衆生皆得清淨無礙智故】。

佛子，菩薩摩訶薩布施鬘時，以諸善根如是迴向，所謂願一切衆生人所樂見，見者欽歎，見者親善，見者愛樂，見者渴仰，見者除憂，見者生喜，見者離惡，見者常得親近於佛，見者清淨獲一切智。是爲菩薩摩訶薩布施鬘時善根迴向。

佛子，菩薩摩訶薩布施香時，以諸善】根如是【迴向：願一切衆生具足戒香，得不缺戒、不雜戒、不污戒、無悔戒、離纏戒、無熱戒、無犯戒、無邊戒、出世戒、菩薩波羅】蜜【戒】；願【一切衆生以是戒】故，皆得【成就諸】佛戒【身。是爲菩薩摩訶薩布施香時善根迴向，爲令衆生悉得圓滿無礙戒蘊故】。

【佛子，菩薩摩訶薩施塗香時】，以諸善根如是迴向，所謂：願一切衆生【施】香普熏，【悉能惠捨一切所有；願一切衆生戒香普熏，得於如來究竟淨戒；願一切衆生忍香普熏，離於一切險害之心；願一切衆生精】進香普熏，常服大乘精進甲冑；願一切衆生定【香普熏，安住諸佛現前三昧；願一切衆生慧香普熏，一念得成無上智王；願一切衆生法香普熏，於無上法得無所畏】；願一切衆生得〈德〉香普熏，成就一切大功德智；願一切【衆生菩提香普熏，得佛十力到於彼岸；願一切衆生清淨白法妙香普熏，永滅一切不善之法。是爲菩薩摩】訶薩施塗香時善根迴向。

佛子，菩薩摩【訶薩施床座時，以諸善根如是迴向，所謂：願一切衆生得諸天床座，證大智慧；願一切衆生得賢聖床座，捨凡夫意，住菩提心；願】一切衆生得安樂牀座，永離一切生死【苦惱；願一切衆生得究竟床座，得見諸佛自在神通；願一切衆生得平等床座，恒普熏修一切善法；願一切衆生得最勝床】座，具清淨業，世無与等；願一切衆生〔050原①-2〕【得安隱床座，證真實法，具足究竟；願一切衆生得清淨床座，修習如來淨智境界；願一切衆生得安住床座，得善知識常】随覆護；願一切衆生得師子牀座，常如如来【右脇而臥。是爲菩薩摩訶薩施床座時善根迴向，爲令衆生修習正念、善護諸根故】。

【佛子，菩薩摩訶薩施房舍時，以】諸善根如是迴向，所謂：願一切衆生皆得安住清淨【佛利，精勤修習一切功德；安住甚深三昧境界，捨離一切住處執著；了諸住處皆無所有，離諸世間住一切智；攝】取一切諸佛所住，住究竟道安樂住處；恒住第一清淨【善根，終不捨離佛無上住。是爲菩薩摩訶薩施房舍時善根迴向；爲欲利益一切衆生，隨其所應，思惟救護】故。

佛子，菩薩摩訶薩施住處時，以諸善根如是迴向，所謂：【願一切衆生常獲善利，其心安樂；願一切衆生依如來住，依大智住，依善智識住，依尊勝住，依善行】住，依大慈住，依大悲住，依六波羅蜜住，依大菩提心住，依一切菩薩【道住。是爲菩薩摩訶薩施住處時善根迴向，爲令一切福德清淨故，究竟清淨故，智清淨故，道】清淨故，法清淨故，戒清淨故，志樂清淨故，信解清淨故，願清淨故，一切神【通功德清淨故】。

【佛子，菩薩摩訶薩施諸燈明，所謂酥燈、油燈、寶燈、摩尼燈、漆燈、火燈】、沉水燈、栴檀燈、一切香燈、无量色光燈。〔施〕如是等无量燈時，爲欲利益一切衆【生，爲欲攝受一切衆生，以此善根如是迴向，所謂：願一切衆生得無量光，普照一切諸佛正】法；願一切衆生得清淨光，照見世間極微細色；願一切衆生得【離】翳【光】，了衆【生界空無所有；願一切衆生得無邊光，身出妙光普照一切；願一切衆生得普照光，於諸佛法】心无退轉；願一切衆生得佛淨光，一切刹中悉皆顯現；願一切衆生得無礙光，【一光遍照一切法界；願一切衆生得無斷光，照諸佛刹光明不斷；願一切衆生得智幢光，普】照世間；願一切衆生得无量色光，照一切刹【示】現神力。菩薩如是施【燈明時，爲欲利益一切衆生，安樂一切衆生故，以此善根隨逐衆生，以此善根攝受衆生，以此善根分】布衆生，以此善根慈愍衆生，以此善根覆育衆生，以此善根【救護衆生，以此善根充滿衆生，以此善根緣念衆生，以此善根等益衆生，以此善根觀察衆生。是爲菩】薩摩訶薩施燈明時善根迴向，如是迴【向無有障礙，普令衆生住善根中】。

【佛子，菩薩摩訶薩施湯藥時，以諸善根如是迴向，所謂：願一切衆生於諸蓋纏，究竟得出】；願一切衆生永離病身，得如來身；願一切衆生【作大良藥，滅除一切不善之病；願一切衆生成阿伽陀藥，安住菩薩不退轉地；願一切衆生成如來藥，能拔一切】（衆生）煩惱毒箭；願一切衆生親近賢聖，滅諸煩【惱，修清淨行；願一切衆生作大藥王，永除衆病，不令重發；願一切衆生作不壞藥樹，悉能救療一切衆生；願一切衆生得一切】智光，出衆病箭；願一切衆生善解（一切）世間【方藥之法，所有疾病爲其救療。菩薩摩訶薩施湯藥時，爲令一切衆生永離衆病故，究竟安隱故，究竟清淨故，如佛無病】故，拔除一切病箭故，得无盡堅固【身故，得金剛圍山所不壞身故，得堅固滿足力故，得圓滿不可奪佛樂故，得一切佛自在堅固身故，以諸善根如是迴向】。

【佛子，菩】薩摩訶薩悉能惠施一切器物。所謂：【黃金器盛滿雜寶，白銀器盛衆妙寶，瑠璃器盛種種寶，玻瓈器盛滿無量寶莊嚴具，硨磲器盛赤真珠，碼瑙器盛滿珊瑚摩尼】珠寶，白玉器盛衆美食〔050原①-3〕，【栴檀器盛天衣服，金剛器盛衆妙香。無量無數種種寶器，盛無量無數種種衆寶，或施諸佛，信佛福田不思議故；或施菩薩，知善】知識難值遇故；或施聖僧，爲【令佛法久住世故；或施聲聞及辟支佛，於諸聖人生淨信故；或施父母，爲尊重故；或施師長，爲恒誘誨，令依聖教修功德故；或施下劣】貧窮孤露，大慈大悲愛眼【等視諸衆生故；專意滿足去來今世一切菩薩檀波羅蜜故；以一切物普施一切，終不厭捨諸衆生故。如是施時，於其施物及以受者，皆無所】著。菩薩摩訶薩以如是等種【種寶器盛無量寶而布施時，以諸善根如是迴向，所謂：願一切衆生成等虛空無邊藏器，念力廣大，悉能受持世、出世間一切經書，無有忘失；願】一切衆生成清淨器，能悟諸佛【甚深正法；願一切衆生成無上寶器，悉能受持三世佛法；願一切衆生成就如來廣大法器，以不壞信攝受三世佛菩提法；願一切衆生成】就取勝寶莊嚴器，住大威德菩【提之心；願一切衆生成就功德所依處器，於諸如來無量智慧生淨信解；願一切衆生成就趣入一切智器，究竟如來無礙解脫；願一切衆生得盡未】來刼菩薩行器，能令衆生普【皆安住一切智力；願一切衆生成就三世諸佛種性勝功德器，一切諸佛妙音所說悉能受持；願一切衆生成就容納盡法界、虛空界、一切世界一切如來衆會】道場器，爲大丈夫讚說之首，勸請【諸佛轉正法輪。是爲菩薩摩訶薩布施器時善根迴向，爲欲普令一切衆生皆得圓滿普賢菩薩行願器故】。

〔大方廣佛花嚴經卷〕第卄〔五〕·〔廿五〕之下

〔050原①-4〕

大方廣佛花嚴經
十迴向品第廿五之三（復）
卷廿五・廿五之下

【佛子，菩薩摩訶薩如是施時，發善攝心，悉以迴向。所謂：善攝色，隨順堅固一切善根；善攝受、想、行、識，隨順堅固一切善根；善攝王位，隨順堅固一切善根；善攝眷屬，隨順堅固一切善根；善攝資具，隨順堅固】一切善根；【善攝惠施，隨】順堅固一切善根。

【佛子，菩薩摩訶薩隨所施物無量無邊，以彼善根如是迴向，所謂以上妙食施眾】生時，其心清淨，於所施物無貪、無著、無所顧悋，具足行施；願一切【眾生得】智慧【食，心無障礙，了知食性，無】所貪著，但樂【法喜出離之食】；智【慧充滿，以法堅住，攝】取善【根】，法身、智身清淨遊行；哀愍眾生，爲作福田，現受揣〈搏〉食。是爲菩薩摩【訶薩布施食時善】根【迴向】。

佛子，菩薩摩訶薩若施【飲】時，以此善根如是迴向，所謂：願一切眾生【飲】法味水，精勤修習，具菩薩道；斷世渴愛，常求佛智；離欲境界，得法喜【樂；從清淨法而生其】身，常以三昧調攝其心；入智慧海，興大法雲，霍大法雨。是爲菩薩摩訶薩布【施】飲時善根迴向。

佛子，菩薩摩訶薩布施種種清淨上味，所謂辛酸鹹【淡，及以甘苦。種種】諸味潤澤具足，能令四大安隱調和，肌體【盈】滿，氣力強壯，其心清淨常得歡喜；咽〈嚥〉① 咀之時，不欬不逆；諸根明利，內藏充實；毒不能侵，病不能傷；始終無【患，永得安】樂。以此善根如是迴向，所謂：願一切眾生得最上味，甘露充滿；願一切眾生得法智味，了知一切諸味業用；願一切眾生得無量法味，了達法界，安住實際大法城中；願一切眾生作大法雲，周遍法界普雨法雨，教化調伏一切眾生；願一切眾生得勝智味，無上法喜充滿身心；願一切眾生得無貪著一切上味，不染世間一切諸味，常勤修習一切佛法；願一切眾生得一法味，了諸佛【法】悉無差別；願一切眾生得最勝味，乘一切智終無退轉；願一切眾生得入諸佛無異法味，悉能分別一切諸根；願一切眾生法味增益，常得滿足無礙佛法。是爲菩薩摩訶薩布施味時善根迴向；爲令一切眾生勤修福德，皆悉具足無礙智身故。

佛子，菩薩摩訶薩施車乘時，以諸善根如是迴向，所謂願一切眾生皆得具足一切【智乘】，乘於大乘、不可壞乘、最【勝乘、最】上乘、速疾乘、大力乘、福德具足乘、出世間乘、出生無量諸菩薩乘。是爲菩薩【摩】訶薩施車乘時善根迴向。

佛子，菩薩摩訶薩布施衣時，以諸善根如是迴向，所謂願一切眾生得慚愧衣以覆其身，捨〈捨〉離耶〈邪〉道露形惡法，顏色潤澤，皮

---

① 嚥，㊟一三六頁註②：嚥＝咽㊁宮聖。

【膚細】䩹，成就諸佛第一之樂，得最清淨一切種智。是爲菩薩摩訶薩布施衣時善根迴向。

佛子，菩薩摩訶薩常以種種名花布施，所謂微妙香花、種種色花、無量奇妙【華】、善見花、可喜樂花、〔一切〕時花、天花、人花、世所珍愛花、甚芬馥悅意花。以如是等無量妙花，供養一切見〈現〉在諸佛，及佛滅後所有塔廟，或以供養說法之人，或【以】供養比丘僧寶、一切菩薩、諸善知識、聲聞獨覺、父母宗親，下至自身及餘一切貧窮孤露。布施之時，以諸【善根】如是迴向，所謂：願一切眾生皆得諸佛〔050復-1〕【三昧之華，悉】能開敷一切諸法；願一切眾生皆【得如】佛，見者歡喜，心無猒足；願一切眾生所見順愜，心無動亂；願一切眾生具行廣大清淨之業；願一切眾生常念善友，【心無變異；願】一切眾生如阿伽陀藥，能除一切煩惱眾毒；願一切眾生成滿大願，皆悉得爲無上智王；願一切眾生智慧日光破愚癡暗；願一切眾生菩提淨月增長【滿足；願一切】眾生入大寶洲見善知識，具足成就一切善根。是爲菩薩摩訶薩布施花時善根迴向，爲令眾生皆得清淨無礙智故。

佛子，菩薩摩訶薩布施鬘時，【以諸善根如】是迴向，所謂願一切眾生人所樂見，見者欽歎，見者親善，見者愛樂，見者渴仰，見者除憂，見者生喜，見者離惡，見者常得親近於佛，見者清淨獲一切智。【是爲菩薩】摩訶【薩】布施鬘時善根迴向。

佛子，菩薩摩訶薩布施香時，以諸善根如是迴向：願一切眾生具足戒香，得不缺戒、不雜戒、不汙戒、無悔戒、離纏戒、無熱【戒、無犯】戒、無邊戒、出世戒、菩薩波羅蜜戒；願一切眾生以是戒故，皆得成就諸佛戒身。是爲菩薩摩訶薩布施香時善根迴向，爲令眾生悉得圓滿無礙戒蘊【故】。

【佛子】，菩薩摩訶薩施塗香時，以諸善根如是迴向，所謂：願一切眾生施香普熏，悉能惠捨一切所有；願一切眾生戒香普熏，得於如來究竟淨戒；願一切眾生忍香普【熏，離於】一切險穢之心；願一切眾生精進香普熏，〔常服大乘精進甲冑；願一切眾生定香普熏〕安住諸佛現前三昧；願一切眾生慧香普熏，一念得成無上智王；願一切眾生法香普熏，於無上法得無所畏；願一切【眾生德香】普熏，成就一切大功德智；願【一】切眾生菩提香普熏，得佛【十】力到於彼岸；願一切眾生清淨白法妙香普熏，永滅一切不善之法。是爲菩薩摩訶薩施塗【香時善根迴向】。

【佛】子，菩薩摩訶薩施【床座時】，以諸善根如是迴向，所謂：願一切眾生得諸天牀座，【證大智】慧；願一切眾生得賢聖牀座，捨【凡夫意，住】菩提心；願一切〔050復-2〕【眾生得安樂牀座，永】離一切生死苦惱；【願】一切眾生得究竟牀座，【得見】諸佛自在神通；願一切眾生得平等牀座，恆普熏脩【一切善法】；願一切眾生得最勝【床】座，具清淨業，【世無與等；願一切】眾生得安隱牀座，證真實法，具足究竟；願一切眾生得清淨牀座，脩習如來淨智境界；願一切眾生得安住牀座，得善知識常隨覆護；願一切眾生得師子牀座，【常如如】來右脅而卧。是爲菩薩摩訶薩施牀座時善根迴向，爲令眾生修習正念、善護諸根故。

佛子，菩薩摩訶薩施房舍時，以諸善根如是迴向，所謂：願一切眾生皆得安住清【淨佛刹，精】勤修習一切功德；安住甚深三昧境界，捨離一切住處執著；了諸住處皆無所有，離諸世間住一切智；攝取一切諸佛所住，住究竟道安樂住處；恆住第一清【淨】善根，終不捨離佛無【上住。是爲菩】薩摩訶薩施房舍時善根迴向；爲欲利益一切眾生，隨其所應，思惟救護故。

佛子，菩薩摩訶薩施住處時，以諸善根如是迴向，所謂：願一切眾生常獲善利，其心安樂；願一切眾生依如來住，依大智【住】，依善知〈智〉識住，依尊勝住，依善行住，依大慈住，依大悲住，依六波羅蜜住，依大菩提心住，依一切菩薩道住。是爲菩薩摩訶薩施住處時善根迴向，爲令一切福德清净故，究竟清净故，智清净故，道清净故，【法】清净故，戒清净故，志樂清净故，信解清净故，願清净故，一切神通功德清净故。

佛子，菩薩摩訶薩施諸燈明，所謂蘇〈酥〉①燈、油燈、寶燈、摩尼燈、漆燈、大〈火〉燈、沉水燈、旃檀燈、一切香燈、無量色光燈。施如是等無量【燈】時，爲欲利益一切衆生，爲欲攝受一切衆生，以此善根如是迴向，所謂：願一切衆生得無量光，普照一切諸佛正法；願一切衆生得清净光，照見世間極微細色；願一切衆生得離翳光，了衆生界空無所【有】；願一切衆生得無邊光，身出妙光普照一切；願一切衆生得普照光，於諸佛法心無退轉；願一切衆生得佛净光，一切刹中悉皆顯現；願一切衆生得無礙光，一光遍照一切法界；願一切衆生得無斷光，照諸佛刹光明不斷；願一切衆生得智幢光，普照世間；願一切衆生得無量色光，照一切刹示現神力。菩薩如是施燈明時，爲欲利益一切衆生，安樂一切衆生故，以此善根隨逐衆生，以此善根攝受衆生，以此善根分布衆生，以此善根慈愍衆生，以此善根覆育衆生，以此善根救護衆生，以此善根充滿衆生，以此善根緣念衆生，以此善根等益衆生，以此善根觀察衆生。是爲菩薩摩訶薩施燈明時善根迴向，如是迴向無有障礙，普令衆生住善根中。

佛子，菩薩摩訶薩施湯藥時，以諸善根如是迴向，所謂：願一切衆生於諸蓋纏，究竟得出；願一切衆生永離病身，得如來身；願一切衆生作大良藥，滅除一切不善之病；願一切衆生成阿伽陁藥，安住菩薩不【退轉地】；願一切衆生成如來藥，能拔一切煩惱毒箭；願一切衆生親近賢聖，滅諸煩惱，修清净行；願一切衆生作大藥王，永除衆病，不令重發；願一切衆生作不壞藥樹，悉能【救療一切衆】生；【願】一切衆生得一切智光，出衆病箭；願一切衆生善解【世】間

方藥之法，所有疾病爲其救療。菩薩摩訶薩施湯藥時，爲令一切衆生永離衆病故，究竟安【隱故，究竟清净故，如佛無病故】，拔除一切病箭故，【得】無盡堅固身故，得【金】剛圍山所不壞身故，得堅固滿足【力故】，得圓滿不可奪佛樂故，得一切佛自在堅固身故，以諸善根【如是迴向】。

【佛子，菩薩摩訶薩悉】能惠施【一切器物】。所謂〔050復-3〕【黃金器盛滿雜寶】，白銀器盛衆妙寶，琉璃器盛種種寶，頗梨〈玻瓈〉器盛滿無量寶莊嚴具，車𤦲〈硨磲〉器盛赤真珠，馬瑙〈碼瑙〉器盛滿珊瑚【摩尼】珠寶，白玉器盛【衆】美食，旃檀器盛【天衣服，金剛器盛衆妙】香。无量無數種種【寶】器，盛無量無【數】種種【衆】寶，或施諸佛，信佛福【田】不思議故；或施菩薩，知善知識難值遇故；或施聖僧，爲令佛法久住世故；或施【聲聞及辟支佛，於諸聖】人生净信故；或施父母，【爲】尊重故；或施師長，【爲】恒誘誨，令依聖教【修功】德故；或【施】下劣貧窮孤露，大慈大悲愛眼等視諸衆【生】故；專意滿足去来今世一切菩薩檀波羅蜜故；【以一切物普】施一切，終不猒捨諸衆生故。如是施時，於其施物及以受者，〔皆〕無所著。菩薩摩訶薩以如是等種種寶器盛無量寶而布施時，以諸善根如是迴向，所謂：願一切衆生成等虛空無邊藏【器】，念力廣大，悉能受持世、出世間一切經書，無有忘失；願一切衆生成清净器，能悟諸佛甚深正法；願一切衆生成無上寶器，悉能受持三世佛法；願一切衆生成就如來廣大【法】器，以不壞信攝受三世佛菩提法；願一切衆生成就最勝寶莊嚴器，住大威德菩提之心；願一切衆生成就功德所依處器，於諸如來無量智慧生净信【解】；願一切衆生成就趣【入】一切智器，究竟如來無礙解脫；願一切衆生得盡未来

---

① 酥，㽵一三七頁註②：酥＝蘇⑧㊂。

劫菩薩行器，能令衆生普皆安住一切智力；願一切衆生成就三世諸佛種【性勝功德】器，一切諸佛妙音所說【悉】能受【持；願一切衆生成就容納盡法界】、虛空界、一切世界一切如來衆會道場器，爲大丈夫讚說之首，勸請諸佛【轉正法輪。是爲菩薩摩訶薩布施器時善根迴向，爲欲普令一切衆生皆】得圓滿普賢菩薩行願器故。

〔大方廣〕佛花嚴〔經〕卷第廿五·廿五之下

〔050復-4〕

大方廣佛花嚴經
十迴向品第廿五之四
卷廿六・廿六之上

【佛子，菩薩摩訶薩以種種車，衆寶嚴飾，奉施諸佛及諸菩薩、師長、善友、聲聞、緣覺，如是無量種種福田，乃至貧窮孤露之者。此諸人衆，或從遠來，或從近來，或承菩薩名聞故來，或是菩薩因緣故來，或聞菩薩往昔所發施願故來，或是菩薩心願請來。菩薩是時，或施寶車，或施金車，悉妙莊嚴，鈴網覆上，寶帶垂下；或施上妙瑠璃之車，無量珍奇以爲嚴飾；或復施與白銀之車，覆以金網，駕以駿馬；或復施與無量雜寶所莊嚴車，覆以寶網，駕以香象；或復施與栴檀之車，妙寶爲輪，雜寶爲蓋，寶師子座敷置嚴好，百千采女列坐其上，十萬丈夫牽御而行；或復施與玻瓈寶車，衆雜妙寶以爲嚴飾，端正女人充滿其中，寶帳覆上，幢幡侍側；或復施與碼碯藏車，飾以衆寶，熏諸雜香，種種妙華散布莊嚴，百千采女持寶瓔珞，駕馭均調，涉險能安；或復施與堅固香車，衆寶爲輪，莊嚴巨麗，寶帳覆上，寶網垂下，種種寶衣敷布其中，清淨好香流芬外徹，其香美妙稱悅人心，無量諸天翼從而行，載以衆寶隨時給施；或復施與光明寶車，種種諸寶妙色映徹，衆妙寶網羅覆其上，雜寶瓔珞周匝垂下，散以末香內外芬潔，所愛男女悉載其上。

佛子，菩薩摩訶薩以如是等衆妙寶車奉施佛時，以此善根如是迴向，所謂：願一切衆生悉解供養最上福田，深信施佛，得無量報；願一切衆生一心向佛，常遇無量清淨福田；願一切衆生於諸如來無所吝惜，具足成就大捨之心；願一切衆生於諸佛所修行施行，離二乘願，逮得如來無礙解脫一切智智；願一切衆生於諸佛所行無盡施，入佛無量功德智慧；願一切衆生入佛勝智，得成清淨無上智王；願一切衆生得佛遍至無礙神通，隨所欲往，靡不自在；願一切衆生深入大乘，獲無量智，安住不動；願一切衆生皆能出生一切智法，爲諸天人最上福田；願一切衆生於諸佛所無嫌恨心，勤種善根，樂求佛智；願一切衆生任運能往一切佛剎，一剎那中普周法界而無懈倦；願一切衆生逮得菩薩自在神通，分身遍滿等虛空界一切佛所親近供養；願一切衆生得無比身，遍往十方而無厭倦；願一切衆生得廣大身，飛行迅疾，隨意所往，終無懈退；願一切衆生得佛究竟自在威力，一剎那中盡虛空界，悉現諸佛神通變化；願一切衆生修安樂行，隨順一切諸菩薩道；願一切衆生得速疾行，究竟十力智慧神通；願一切衆生普入法界十方國土，悉盡邊際等無差別；願一切衆生行普賢行無有退轉，到於彼岸成一切智；願一切衆生昇於無比智慧之乘，隨順法性見如實理。是爲菩薩摩訶薩以衆寶車奉施現在一切諸佛及佛滅後所有塔廟善根迴向，爲令衆生得於如來究竟出離無礙乘故。

佛子，菩薩摩訶薩以衆寶車施菩薩等善知識時，以諸善根如是迴向，所謂：願一切衆生心常憶持善知識教，專勤守護，令不忘失；願一切衆生與善知識同一義利，普攝一切與共善根；願一切衆生近善知識，尊重供養，悉捨所有，順可其心；願一切眾生得善志欲，隨逐善友，未嘗捨離；願一切眾生常得值遇諸善知識，專意承奉，不違其教；願一切眾生樂善知識，常不捨離，無間無離，亦無誤失；願一切眾生能以其身施善知識，隨其教命靡有違逆；願一切眾生為善知識之所攝受，修習大慈，遠離諸惡；願一切眾生隨善知識聽聞諸佛所說正法；願一切眾生與善知識同一善根清淨業果，與諸菩薩同一行願究竟十力；願一切眾生悉能受持善知識法，速得一切三昧境界智慧神通；願一切眾生悉能受持一切正法，修習諸行到於彼岸；願一切眾生乘於大乘無所障礙，究竟成就一切智道；願一切眾生悉得上於一切智乘，至安隱處無有退轉；願一切眾生知如實行，隨其所聞一切佛法，皆得究竟，永無忘失；願一切眾生普為諸佛之所攝受，得無礙智，究竟諸法；願一切眾生得無退失自在神通，所欲往詣，一念皆到；願一切眾生往來自在，廣行化導，令住大乘；願一切眾生所行不空，載以智乘到究竟位；願一切眾生得無礙乘，以無礙智至一切處。是為菩薩摩訶薩施善知識種種車時善根迴向，為令眾生功德具足與佛菩薩等無異故。

佛子，菩薩摩訶薩以眾寶車布施僧時，起學一切施心、智善了心、淨功德心、隨順捨心、僧寶難遇心、深信僧寶心、攝持正教心，住勝志樂，得未曾有，為大施會，出生無量廣大功德，深信佛教不可沮壞；以諸善根如是迴向，所謂：願一切眾生普入佛法，憶持不忘；願一切眾生離凡愚法，入賢聖處；願一切眾生速入聖位，能以佛法次第開誘；願一切眾生舉世宗重，言必信用；願一切眾生善入一切諸法平等，了知法界自性無二；願一切眾生從於如來智境而生，諸調順人所共圍遶；願一切眾生住離染法，滅除一切煩惱塵垢；願一切眾生皆得成就無上僧寶，離凡夫地，入賢聖眾；願一切眾生勤修善法，得無礙智，具聖功德；願一切眾生得智慧心，不著三世，於諸眾中自在如王；願一切眾生乘智慧乘，轉正法輪；願一切眾生具足神通，一念能往不可說不可說世界；

願一切眾生乘虛空身，於諸世間智慧無礙；願一切眾生普入一切虛空法界諸佛眾會，成就第一波羅蜜行；願一切眾生得輕舉身殊勝智慧，悉能遍入一切佛剎；願一切眾生獲無邊際善巧神足，於一切剎普現其身；願一切眾生得於一切無所依身，以神通力如影普現；願一切眾生得不思議自在神力，隨應可化，即現其前，教化調伏；願一切眾生得入法界無礙方便，一念遍遊十方國土。是為菩薩摩訶薩施僧寶車善根迴向；為令眾生普乘清淨無上智乘，於一切世間轉無礙法智慧輪故。

佛子，菩薩摩訶薩以眾寶車布施聲聞、獨覺之時，起如是心，所謂福田心、尊敬心、功德海心、能出生功德智慧心、從如來功德勢力所生心、百千億那由他劫修習心、能於不可說劫修菩薩行心、解脫一切魔繫縛心、摧滅一切魔軍眾心、慧光照了無上法心；以此施車所有善根如是迴向，所謂：願一切眾生為世所信第一福田，具足無上檀波羅蜜；願一切眾生離無益語，常樂獨處，心無二念；願一切眾生成最第一清淨福田，攝諸眾生令修福業；願一切眾生成智慧淵，能與眾生無量無數善根果報；願一切眾生住無礙行，滿足清淨第一福田；願一切眾生住無諍法，了一切法皆無所作、無性為性；願一切眾生常得親近最上福田，具足修成無量福德；願一切眾生能現無量自在神通，以淨福田攝諸含識；願一切眾生具足無盡功德福田，能與眾生如來十力第一乘果；願一切眾生為能辨果真實福田，成一切智，無盡福聚；願一切眾生得滅罪法，悉能受持所未曾聞佛法句義；願一切眾生常勤聽受一切佛法，聞悉解悟，無空過者；願一切眾生聽聞佛法通達究竟，如其所聞，隨順演說；願一切眾生於如來教信解修行，捨離一切九十六種外道邪見；願一切眾生常見賢聖，增長一切最勝善根；願一切眾生心常信樂智行之士，與諸聖哲同止共歡；願一切眾生聽聞佛名悉不唐捐，隨其所聞，咸得目見；願一切眾生善分別知諸佛正教，悉能守護持佛法者；願一切眾生常樂聽聞一切佛法，受持讀誦，開示照了；

願一切眾生信解佛教如實功德，悉捨所有，恭敬供養。是為菩薩摩訶薩施聲聞、獨覺種種車時善根迴向；為令眾生皆得成就清淨第一智慧神通，精進修行無有懈怠，獲一切智力無畏故。

佛子，菩薩摩訶薩以眾寶車施諸福田乃至貧窮孤獨者時，隨其所求，一切悉捨，心生歡喜，無有厭倦，仍向彼人自悔責言：我應往就供養供給，不應勞汝遠來疲頓。言已拜跪，問訊起居，凡有所須，一切施與；或時施彼摩尼寶車，以閻浮提第一女寶充滿其上；或復施與金莊嚴車，人間女寶充滿其上；或復施與妙瑠璃車，內宮妓女充滿其上；或施種種奇妙寶車，童女充滿，如天采女；或施無數寶莊嚴車，寶女滿中，柔明辯慧；或施所乘妙栴檀車，或復施與玻瓈寶車，悉載寶女，充滿其上，顏容端正，色相無比，祛服莊嚴，見者欣悅；或復施與碼碯寶車，灌頂王子身載其上；或時施與堅固香車，所有男女悉載其中；或施一切寶莊嚴車，載以難捨親善眷屬。

佛子，菩薩摩訶薩以如是等無量寶車，隨其所求，恭敬施與，皆令遂願，歡喜滿足；以此善根如是迴向，所謂：願一切眾生乘不退轉無障礙輪廣大之乘，詣不可議菩提樹下；願一切眾生乘清淨因大法智乘，盡未來劫，修菩薩行永不退轉；願一切眾生乘一切法無所有乘，永離一切分別執著，而常修習一切智道；願一切眾生乘無諂誑正直之乘，往諸佛剎，自在無礙；願一切眾生隨順安住一切智乘，以諸佛法共相娛樂；願一切眾生皆乘菩薩清淨行乘，具足菩薩十出離道及三昧樂；願一切眾生乘四輪乘，所謂：住好國土、依止善人、集勝福德、發大誓願，以此成滿一切菩薩清淨梵行；願一切眾生得普照十方法光明乘，修學一切如來智力；願一切眾生乘佛法乘，到一切法究竟彼岸；願一切眾生載眾福善難思法乘，普示十方安隱正道；願一切眾生乘大施乘，捨慳吝垢；願一切眾生乘淨戒乘，持等法界無邊淨戒；願一切眾生乘忍辱乘，常於眾生離瞋濁心；願一切眾生乘大精進不退轉乘，堅修勝行，趣菩提道；願一切眾生乘禪定乘，速至道場，證菩提智；願一

切眾生乘於智慧巧方便乘，化身充滿一切法界、諸佛境界；願一切眾生乘法王乘，成就無畏，恒普惠施一切智法；願一切眾生乘無所著智慧之乘，悉能遍入一切十方，於真法性而無所動；願一切眾生乘於一切諸佛法乘，示現受生遍十方剎，而不失壞大乘之道；願一切眾生乘一切智最上寶乘，滿足普賢菩薩行願而無厭倦。是為菩薩摩訶薩以眾寶車施諸福田乃至貧窮孤露之人善根迴向；為令眾生具無量智，歡喜踴躍，究竟皆得一切智乘故。

佛子，菩薩摩訶薩布施象寶，其性調順，七支具足，年齒盛壯，六牙清淨，口色紅赤猶如蓮華，形體鮮白譬如雪山，金幢為飾，寶網羅覆，種種妙寶莊嚴其鼻，見者欣玩無有厭足，超步萬里曾不疲倦；或復施與調良馬寶，諸相具足猶如天馬，妙寶月輪以為光飾，真金鈴網羅覆其上，行步平正，乘者安隱，隨意所往迅疾如風，遊歷四洲自在無礙。菩薩以此象寶、馬寶，或奉養父母及善知識，或給施貧乏、苦惱眾生，其心曠然，不生悔吝，但倍增欣慶，益加悲愍，修菩薩德，淨菩薩心；以此善根如是迴向，所謂：願一切眾生住調順乘，增長一切菩薩功德；願一切眾生得善巧乘，能隨出生一切佛法；願一切眾生得信解乘，普照如來無礙智力；願一切眾生得發趣乘，能普發興一切大願；願一切眾生具足平等波羅蜜乘，成滿一切平等善根；願一切眾生成就寶乘，生諸佛法無上智寶；願一切眾生成就菩薩行莊嚴乘，開敷菩薩諸三昧華；願一切眾生得無邊速疾乘，於無數劫淨菩薩心，精勤思惟，了達諸法；願一切眾生成就最勝調順大乘，以善方便具菩薩地；願一切眾生成最高廣堅固大乘，普能運載一切眾生，皆得至於一切智位。是為菩薩摩訶薩施象、馬時善根迴向；為令眾生皆得乘於無礙智乘，圓滿究竟至佛乘故。

佛子】，菩薩摩訶薩布施座時，或施所處師子之座。【其座】高廣殊特【妙好】，瑠璃為【足，金縷】所成，柔耎衣服以敷【其】上；【建以寶幢，熏諸妙香，無量雜寶莊嚴之具以為莊】挍；

金綱覆上，寶鐸【風】搖，出妙音聲；奇珍萬計周帀填飾，【一】切臣【民】所共【瞻仰。灌頂】大王獨居其上，宣布】法【化】，萬【邦遵奉。其王復以妙寶嚴身，所謂：普光明寶、帝青寶】、大帝青寶、勝【藏摩尼】寶，明淨如日，清涼猶月，周帀繁【布譬如衆星，上妙莊嚴第一無比；海殊妙寶、海堅固】幢寶，【奇文異表】，種種莊【嚴，於大衆中最尊最勝。閻浮檀金】離垢寶繒【以冠其】首，【享】灌頂位，王閻浮提，具足无【量大威德力；以慈爲主，伏諸怨敵】，教【令所行，靡】不【承順】。時，轉【輪】王【以】如是等百【千萬億無量無數寶莊嚴座，施於】如來弟一福田，及諸菩薩、【真善知】識、賢聖僧寶、說【法之師、父母宗親、聲聞獨覺，及以發趣菩】薩【乘者，或】如來塔，乃至一切貧窮【孤露；隨其所須，悉】皆【施與。以此善根如】是迴向，所謂：願一切衆生坐菩提座，悉【能】覺悟諸【佛正】法；願一【切衆生處自在座，得法自在】，諸【金】剛山所【不能壞】，能悉摧【伏一切】魔軍；【願一切】衆生【得佛自在師】子之【座】，一切衆生【之】所瞻【仰】；願一切衆【生】得不可說【不可】說種種【殊妙】寶莊【嚴座，於法自在，化】導衆生；願一切衆生【得三種】世【間最殊勝座，廣大善根之所嚴】飾；願一切衆生【得】周遍不【可說】不可說世界座，阿僧【祇劫】歎之無盡；願【一】切衆【生得大深密福德之座，其身充滿一】切法界；【願】一切衆【生得不思議種種寶座，隨其】李願所念衆生，廣開法施；願一切衆生得善妙座，現【不】可說諸佛【神通】；願一切【衆生得一切寶座、一切香座、一切華座、一切衣座、一切鬘座、一切摩尼座、一切瑠璃等】不思議種【種寶座】、无量不可說世界座、一切世間莊嚴清淨座】、一切金剛座，示現【如來威德】自在，【成最正覺。是爲菩薩摩訶薩施寶座時善根迴向；爲令】衆生獲離世間大菩提座，自然覺悟一切

【佛法】故。

佛子，菩薩摩訶薩施諸寶蓋。此【蓋殊特】，尊貴【所用，種種大寶而爲莊嚴，百千】億【那】由他上妙蓋【中最爲】弟一；衆寶爲竿，妙綱覆【上】，寶繩金【鈴】周【帀】垂【下，摩】足纓絡〈瓔珞〉次苐懸布，微風吹動，妙音【克諧】；珠玉寶【藏種種充滿，無量奇珍悉以】嚴飾，旃檀、沉水妙音〈香〉普【熏】，閻浮檀金光明清淨。【如是】無量【百千億那由他阿僧】祇衆【妙】寶【物】具足【莊】嚴，以清淨心【奉施】於佛，及佛滅【後所有】塔【廟，或爲】法故【施諸菩薩】及善知識、名聞法師，或【施父】母，或【施】僧寶，或復【奉】施一切佛法，或【施】種【種衆生福田】，或【施師僧及】諸尊宿，或施【初】發菩提之心【乃至一切】貧窮孤露；隨【有求者，悉皆施】與。以此善根如是迴向，所謂：【願】一切衆生勤修善【根以】覆其身，常爲【諸佛之所庇廕】；願一切【衆】生功德智慧【以】爲其【蓋】，永離世間【一切煩】惱；【願一切衆生】覆以善法，【除滅】世間塵垢熱惱；願一切衆【生】得智慧藏，令衆樂見，心無猒足；願一切衆【生】以寂【靜白法而自】覆蔭，皆【得】究竟不壞佛法；願一切衆生【善覆其身】，究竟如來清淨法身；願一切衆生作【周】遍蓋，十力智慧遍覆世間；【願一切衆】生【得妙智】慧，出【過三世無】所深〈染〉【著；願一切衆】生得應供【蓋】，成【勝福田，受一切供；願一切】衆生得冣上蓋，獲无上智，自然覺悟。是爲菩薩摩訶薩【布施蓋時善根迴向；爲令一切衆生】得【自】在【蓋，能持】一切諸善【法】故；爲令【一切衆生能以】一蓋，普覆一切虛空法界一切刹土，示現諸佛自在神通無退轉【故；爲令一切衆生能】以一蓋，莊【嚴】十方一切世界，供【養佛故；爲】令一切衆生以妙幢〈幢〉憣〈幡〉及【諸寶蓋】，供【養】一切諸如來故；爲令一切衆生

【得】普莊嚴蓋，遍覆一切諸佛國土【盡無餘故】；爲令一切衆【生】得廣大蓋，普蓋衆生，皆令【於】佛生【信】解故；【爲令一切衆】生【以不可】說衆妙寶蓋〔052-1〕，供養一佛，於不可說一一佛所皆【如是故；爲令一切】衆生得【佛菩提高廣之】蓋，普【覆一切諸如】來故；爲令一切衆生得一切摩尼【寶莊嚴】蓋、【一切】寶纓絡〈瓔珞〉莊嚴蓋、一切堅固香莊嚴蓋、種種【寶清淨莊嚴蓋、無量寶】清淨【莊嚴蓋、廣大寶清淨莊嚴蓋，寶網彌覆，寶鈴垂下，隨風搖動，出微】妙音，普覆法界、虛空界、一切世界諸佛身故；爲令一切衆【生得無障無礙智莊嚴蓋，普覆一切諸如來故；又欲令】一切【衆生得第一智慧】故；又欲令一切【衆生得佛】功德莊嚴故；又欲令一切衆生於佛功德生清淨欲顧心故；又【欲令一切衆生得無量無邊自在心寶故；又欲令一切衆生滿】足諸法【自在智】故；又欲令一切衆生以【諸善根】普覆一切故；又欲令一切衆生成就最勝智慧蓋故；又欲令一切衆生成就【十力普遍蓋故；又欲令一切衆生能以一蓋】彌覆【法界諸】佛剎故；又欲令一切衆生【於法自】在爲法王故；又欲令一切衆生得大威德自在心故；又欲令一切衆生得廣大智恒無【絕故；又欲令一切衆生】得无【量】功德普覆一【切皆】究竟故；又欲令一切衆生【以諸】功德盖其心故；又欲令一切衆生以平等【心】覆衆故；又欲令一切【衆生得大智慧平等蓋故；又欲令一切衆生】具【大迴向巧方便故；又欲令】一切衆生獲勝欲樂清【淨心】故；又欲令一切衆生得善欲樂清淨意【故】；又欲令一切衆生得大迴向普覆一切諸【衆生】故。

佛【子，菩薩摩】訶薩或【施種種上妙憧幡。衆】寶爲竿，寶繒爲幡，【種種雜】綵以爲其幢；寶網垂覆，光色遍滿；寶鐸【微搖，音節相和】；奇特妙寶形如半月，閻浮檀金光踰〈逾〉曒日，悉置幢上；隨諸【世界業果】所現，種種妙物以爲嚴飾。如是無數千萬億那由他諸妙憧〈幢〉憣〈幡〉，接影連〔052-2〕【輝遞相】間發，【光明】嚴潔周遍大地，充滿十方【虛空法界】一切佛剎。菩薩摩訶薩淨心信解，以如是等無量憧〈幢〉幡〈幡〉，或施見〈現〉在一切諸佛及佛滅後所有塔廟，或施法寶，或施僧寶，或【施】菩薩、諸【善知識，或施聲】聞及辟支佛，【或施大衆】，或施別人；諸來求者，普皆施與。以此善根如是迴向，所謂：願一切衆生皆能建立一切善根福德憧〈幢〉憣〈幡〉，不可毀壞；願一切衆生建一切法自在憧〈幢〉【幡，尊重愛】樂，勤加守護；願一切衆生常以【寶繒】書寫正法，護持諸佛菩薩法藏；願一切衆生建高顯憧〈幢〉，然智慧燈普照世間；願一切衆生立堅固【憧】，悉能摧殄一切魔【業】；願【一切衆生建】智力幢，一切諸魔所不能壞；願一切【衆】生得大智慧那羅延憧〈幢〉，摧滅一切世間憧〈幢〉憣〈幡〉；願一切衆生得智慧日大光明憧〈幢〉，以智日光普照法界；【願】一切衆生具足无量寶【莊嚴】憧〈幢〉，充【滿十方一切】世界供養諸佛；願一切衆生【得如】來幢，摧滅一切九十六種外道邪見。是爲菩薩摩訶薩施憧〈幢〉憣〈幡〉時善根迴向，爲令一切衆生得甚【深】高廣菩薩行憧〈幢〉及諸菩【薩】神通行憧〈幢〉【清淨道】故。

佛子，菩薩摩【訶】薩【開衆寶藏，以】百千億那由他諸妙珍寶，給施无數一切衆生，隨意與之，心无悋惜；以諸善根如是迴向，所謂願一切衆生常見佛寶，捨【離愚癡，修行正念；願】一切衆生皆得具【足法寶光明】，護持一切諸佛法藏；願一切衆生能悉攝受一切僧寶，周給供養，恒無猒足；願一切衆生得一切智無上心寶，淨菩提心，无有退轉；願【一切衆生得智慧】寶，普入【諸法，心無疑惑】；願一【切衆】生具足菩薩諸功德寶，開示演說無量智慧；願一切衆生得於無量妙功德寶，修成正覺十力智慧；願一【切】衆【生得妙三昧十六】智寶，究竟成満廣大智慧；顧一切【衆】生成就第一福田之寶，悟入如来無上智慧；顧一切衆生得成第一无上寶主，以无盡辯開演諸法。是爲菩薩【摩訶薩施衆寶】時善根迴向，爲令一切衆生皆得成満第一智寶、如来无礙净眼寶故。

佛子，菩薩摩訶薩或以種種妙莊嚴具而爲布施。所謂一切身莊嚴具，令身【净妙，靡不稱可】。菩薩摩訶薩苹觀一切世閒衆生，猶如一子，欲令皆得身净莊嚴，成就世閒冣上安樂、佛智慧樂，安住佛法，利益衆生。以如是苹百千億那【由他】種種【殊妙寶】莊嚴具，勤行布施。行布施時，以諸善根如是迴【向】，所謂：顧一切衆生成就無上妙莊嚴具，以諸清净功德智慧莊嚴人天；顧一切衆生得清净莊嚴【相，以】净福德莊嚴其身；顧一切衆生得上妙莊嚴相，以百福相莊嚴其身；顧一切衆生得不雜亂莊嚴相，以一切相莊嚴其身；顧一切衆生得善净語言莊嚴相，具足種種無盡【辯才；願一】切衆生得一切功德聲莊嚴相，其音清净，聞者喜悅；顧一切衆生得可愛樂語〈諸〉佛諸〈語〉言莊嚴相，令諸衆生聞法歡喜修清净行；顧一切衆生得心莊嚴相，入深禪定，普見【諸佛；願一】切衆生得揔〈總〉持莊嚴相，照明一切諸佛正法；顧一切衆生皆〈得〉智【慧】莊嚴相，以佛智慧莊嚴其心。是爲菩薩摩訶薩惠施一切莊嚴具時善根迴向；爲令衆生具足一切【無量佛法，功】德智慧圓満莊嚴，永離一切憍慢放逸故。

佛子，菩薩摩訶薩以受灌頂自在王位摩尼寶冠及髻中珠，普【施衆生，心無吝惜，常】勤修習，爲大施主，修學施慧，增【長捨根，智慧善】巧，其心廣大，給施一切，以彼善根如是迴向，所謂：顧一切衆【生得諸佛法之】所灌頂，成一切智；顧一切衆生具足【頂髻，得第一智，到】於彼岸；顧一切衆生以妙智寶【普攝衆生，皆令究竟功德】之頂；顧一切衆生皆得成就智慧寶頂，堪受世閒【之所禮敬】；顧一切衆生【以智】慧冠莊嚴【其首，爲一切法自在之】王；顧一切衆生智慧明珠【繋其頂上，一切世閒無能見者】；顧一切衆生皆悉堪受世閒頂礼，成就慧【頂，照明佛法】；顧一切衆生【首冠十力】莊嚴之【冠，智慧寶海清净具】足；顧一切衆生至大地頂，得【一切智，究竟十力，破欲界頂諸魔眷】属；顧諸衆生得成第一【無上】頂王，獲一切【智光明】之頂，無䏻暎奪。是爲【菩】薩摩訶薩施【寶冠時】善根迴向，爲令衆生得第一【智最清净處智慧摩尼妙寶冠故】。

【佛】子，菩薩【摩訶薩見有】衆生處在【牢】獄黑闇〈暗〉之處，杻械、枷鏁〈鎖〉【檢繫其身，起坐不安，衆苦競集】，無有親識，无歸無救，裸露【飢羸，酸劇難忍。菩薩見已，捨其所有一切財】寶、妻子眷属及以自身，於牢獄中救彼衆生，如大悲菩薩、【妙眼王菩薩】；既【救度已，隨其所須，普】皆給施，除其訾〔052-3〕【患，令得安隱；然後施以無上法寶，令捨放逸，安住】善根，於佛【教中，心無退轉。佛子，菩薩摩訶】薩於【牢獄】中救衆生時，以諸善根如是迴向，所【謂願一切】衆生【究竟解脫貪愛纏縛；願】一切衆生所生死流，昇【智慧岸；願一切衆生除滅愚癡，生長智慧，解脫一切】煩惱纒縛；顧一切衆生【滅三界縛，得】一切智，究竟出離；顧一切【衆生永】斷一切煩【惱結縛，到無煩惱、無障礙】地智慧彼岸；【願一切衆生離諸動念】、思惟、分別，入於平苹【不動智地；願一切衆生脫諸欲縛，永離世閒一切貪】欲，於三界中【無所染著；願一切衆生得勝志樂，常蒙諸佛爲說法門；願一切】衆生得无著无縛解脫心，廣大如法【界，究竟如虛空；願】一切衆生得【菩薩】神通，一切世【界調伏衆生，令離世閒，住於大乘。是爲菩薩】摩訶薩救度牢獄苦衆生【時善根迴向，爲令衆生普入如來智慧地故】。

【佛】子，菩薩摩訶薩見有獄囚【五】處被

縛,【受諸苦毒;防衛驅逼,將之死地】,欲斷其命,捨閻【浮提一切樂具,親戚朋友悉將永訣】,置高砧〈磶〉上以力〈刀〉屠割,或用木鏘〈槍〉①【竪貫其體,衣纏油沃以火焚燒,如是等苦,種種逼】迫。菩薩見已,自捨其身而【代受之;如阿逸多菩薩、殊勝行王菩薩】及餘无量諸大【菩薩,爲眾生故,自捨身命,受諸】苦毒。菩薩尒時語主者言:我顉【捨身以代彼命,如此等苦可以與我。如治彼人】,隨意皆作;設過彼【苦】阿僧【祇倍,我亦當受,令其解脫。我若見彼將被殺害,不捨身命救贖其苦,則不名爲住菩薩心】。何以故,我爲救護一切眾生,發一切智菩【提心故。佛子,菩薩摩訶薩自捨身命救】眾生時,以諸善根如是迴向,所謂ᶜ〈爲〉:願一切眾生得无所盡究【竟身命,永離一切災橫逼惱】;

顉一切眾【生依諸佛住,受一切智,具足十力】,菩提記別;顉一切眾生普救含識,令无怖畏,永出惡道;顉一切【眾生得一切命,入於不死】智【慧】境界;顉【一切】眾生【永】離惌【敵,無】諸厄【難,常爲諸佛、善友所攝;願一切眾生捨離一切刀劍兵仗諸惡苦具,修行】種種清淨善業;顉一切眾生離諸怖畏,菩提樹下摧伏魔【軍;願】一切眾生離大眾【怖,於】无上【法心淨】无畏,能爲最上大師〔子〕吼;【願】一切眾【生得無障礙】師子智慧,【於諸世間修行正業】;顉一切眾生到无畏處,常念救護諸苦眾生。是爲菩薩摩訶薩【自】捨身命救彼臨刑【諸】獄囚時善根迴向;爲令眾生【離】生死苦,得【於如來】上妙【樂故】。

大方廣佛花〔052-4〕
〔嚴經卷第廿六·廿六之下〕

---

① 槍,㊅一四三頁註②:槍＝鏘㊀㊁。

〔大方廣佛〕花嚴經
十迴向品第廿五之五
卷廿七・廿七之上

【佛子，菩薩】摩訶【薩布施乞】者連膚頂髻，如寶髻王菩薩、【勝妙身菩薩】，及餘無量諸菩薩等。菩【薩是】時見乞者來，心生歡喜而語之言：汝今若湏連膚頂髻，可就我取。〔我〕此頂髻，閻【浮提】中寂爲第一。作是語時，心無【動亂，不念餘業】，捨離世間，志求寂靜，究竟清淨，精勤質直，向一切智；便執利刀割其頭上連膚頂髻，右膝著地，合十指【掌，一心】施與；正念三世一切諸佛菩薩【所行，發大】歡喜，增上志樂；扵諸法中意善開解，不取扵苦，了知啔受無相無生，諸受平起，无有常住：是故【我應】同去來今一切菩薩修行大捨，【發深信】樂，求一切智無有退轉，不由他教善知識力。菩薩摩訶薩作是施時，以諸善根如是迴向，所謂：頋一切【衆生】得无見頂，成就菩薩如塔【之髻；頋】一切衆生得紺青髮、金剛髮、細㮈髮，㤪滅衆生一切煩惱；頋一切衆生得潤澤髮、密稚〈緻〉髮、不侵蠃額髮；頋一【切衆生】得柔㮈髮、盡扵蠃額而生髮；【願一切】衆〔生〕得如卐字髮、螺文【右】旋髮；頋一切衆生得佛相髮，永離一切煩惱結習；頋一切衆生得光明髮，其【光普照】十方世界；頋一切衆生得無【亂髮】、如如來髮，淨妙無雜；頋一切衆生得成應供頂塔之髮，令其見者如見佛頂〈髮〉；頋一切衆生皆得如來無【染著】髮，永離一切闇翳塵垢。是爲【菩薩】摩訶薩施連膚髻時善根迴向；爲令衆生其心寂靜，皆得圓滿諸陁羅尼，究竟如來一切種【智、十種力】故。

佛子，菩薩摩訶薩以眼布施【諸來】乞者，如歡喜行菩薩、月光王菩薩，及餘無量諸菩薩等所行惠施。菩薩摩訶薩布施眼時，起【清淨施眼】心，起清淨智眼心，起依止法光明心，【起現】觀无上佛道心，發【迴向廣】大智慧心，發與三世菩薩平等捨施心，發扵無礙眼起不壞淨信心，扵其乞者【起歡喜攝】受心；爲究竟一切神通故，爲生佛眼故，爲【增】廣大菩【提心故，爲修習】大慈悲故，爲制伏六根故，扵如是法而生其心。佛子，菩薩摩訶薩布施眼時，扵【其乞者心生愛】樂，爲設施會，增長法力；捨離世間愛見【放逸，除斷欲縛，修習菩】提；隨彼所求，心安不動，不違其意，皆令滿足，而常隨順無二捨行。以此善【根如是迴向，所謂】頋一切衆生得寂勝眼，示導一切；頋一切衆【生得無礙眼，開廣智藏】；頋一切衆生得淨肉眼，光明鑒徹，無㤪蔽者；頋一切衆生得淨天眼，悉【見衆生生死業果】；頋一切衆生得淨法眼，㤪隨順入如來境【界；願一切衆生得智】慧眼，捨離一切分別取著；頋一切衆生具足佛眼，悉㤪覺悟一切【諸法；願一切衆生成就】普眼，盡諸境界無所障礙；頋一切衆生成【就清淨離癡翳眼，了】衆生界空無所有；頋一切衆生具足清淨無障㝵眼，皆得【究竟如來十方。是爲菩】薩摩訶薩布施眼時善根迴向〔053①-1+②-1〕,【爲令衆生得一切智】清淨眼故。

佛子,菩薩摩訶薩能以耳鼻施諸乞者,如勝行王菩【薩、無怨勝菩薩,及餘】无量諸【菩】薩等。布【施之】時,親附乞者,專心【修習諸菩薩行】;具佛種性,生如来家,念諸菩薩所修施行,常勤發起諸佛菩提,【清淨諸根功德智】慧;觀察三有,無一堅固;願常得見諸佛菩【薩、隨順憶念一切】佛法;知身虛妄空無所有,無所貪惜。菩薩如是施耳鼻時,心常寂靜,【調伏諸根;免濟】衆生險惡諸難,生長一切智慧功德;入大施海,了達【法義,具修諸道;依】智慧行,得法自在,以不堅身易堅固身。佛子,菩薩摩訶薩布施【耳時,以諸善根如】是迴向,所謂:願一切衆生得无礙耳,普聞一切說【法之音;願一切衆生】得無障耳,悉能解了一切音聲;願一切衆生得如来耳,一切聰達無【所壅滯;願一切衆生】得清淨耳,不因耳處生分別心;願一切衆生得【無聾聵耳,令蒙】昧識畢竟不生;願一切衆生得遍法界耳,悉知一切諸佛法音;願【一切衆生得無礙耳】,開悟一切無障导法;願一切衆生得無壞耳,【善知諸論,無能壞者】;願一切衆生得普門〈聞〉耳,廣大清淨,爲諸耳王;願一切衆生具足【天耳及以佛耳。是】爲菩薩摩訶薩布施耳時善根迴向,爲令【衆生皆悉獲得清】淨耳故。佛子,菩薩摩訶薩布施鼻時,如是迴向,所謂:願一切衆生得【隆直鼻,得隨好鼻,得】善相鼻,得可愛樂鼻,得淨妙鼻,得隨順鼻,【得高顯鼻,得伏怨鼻,得善】見鼻,得如来鼻;願一切衆生得離恚怒面,得一切法面,得【無障礙面,得善見面,得】隨順面,得清淨面,得離過失面,得如来圓滿面,【得遍一切處面,得無量美好面。是爲菩】薩摩訶薩布施鼻時善根迴向,爲令衆生究【竟得入諸佛法故,爲令衆生】究竟攝受諸佛法故,爲令衆生究【竟了知諸佛法故,爲令衆生究竟住持諸佛法故】,爲令

【衆生】究竟常見諸如来故,【爲】令衆生皆【悉證得佛法門故,爲令衆生】究竟成就無能壞心故,爲令〔053①-2〕【衆生皆能照了諸佛正法故,爲令衆生普悉嚴淨】諸佛國土故,爲令衆生皆得如来大威力身故。是【爲菩薩摩訶薩施耳、鼻時善】根迴向。

佛子,菩薩摩訶薩安住【堅固自在地中,能以牙齒施諸衆生,猶如往昔】花齒王菩薩、六牙象王菩薩,及餘无量諸菩薩等。菩【薩摩訶薩施牙齒時】,其心清淨,希有難得如優曇花。【所謂無盡心施、大信心施、步步成就無量】捨心施、調伏諸根心施、一切悉捨心施、一切智願心施、安【樂衆生心施、大施、極施、勝】施、最勝施、輭身要用無所嫌恨【心施。菩薩爾時,以諸善根如是迴向,所謂:願】一切衆生得銛白牙齒,成最勝塔,受天人供;願一切衆【生得齊平牙齒,如佛】相好,無有疎政;願一切衆生得【調伏心,善趣菩薩波羅蜜行;願一切衆生口】善清淨,牙齒鮮白,分明顯現;願一切衆生得可憶念莊嚴【牙齒,其口清淨,無可】惡相;願一切衆生牙齒成【就具滿四十,常出種種希有妙香;願一切衆】生意善調伏,牙齒鮮潔如白蓮花,文理迴旋卐字成就;願一切衆【生口脣鮮淨,牙齒】潔白,放无量光周遍照曜〈耀〉①;【願一切衆生牙齒堅利,食無完粒,無所味】著,爲上福田;願一切衆生於牙齒閒常放光明,授諸菩薩第一記【別。是爲菩薩摩訶】薩施牙齒時善根迴向;爲【令衆生具一切智,於諸法中智慧清淨故】。

佛子,菩薩摩訶薩若有人来從乞舌時,扵乞者所,以慈悲心【軟語、愛語,猶如往昔端】正面王菩薩、不退轉菩薩,及【餘無量諸菩薩等。佛子,菩薩摩訶薩】扵諸趣中而受生時,有无量百千億那由他衆生而来乞舌。菩薩尒【時,安置其人在師子】座,以无恚心、无害心、无恨心、

---

① 耀,㊈一四五頁註⑤:耀=曜㊇。

大【威德心、從佛種性所生心、住於菩薩所住】心、常〔不〕濁亂心、住大勢力心、扵身無著心、扵語无著心、兩膝著地，【開口出舌，以示乞者；慈心】軟語而告之言：我今此身，【普皆屬汝。可取我舌，隨意所用；令汝】所願，皆得滿足。菩薩尒時，以諸善根如是迴向，所謂：願一切【衆生得周普舌，悉能宣】示諸語言法；願一切衆生得覆【面舌，所言無二，皆悉真實；願一切衆】生得普覆一切佛國土舌，示現諸佛自在神通；願一【切衆生得軟薄舌，恒受美】妙清淨上味；願一切衆生得【辯才舌，能斷一切世間疑網；願一切衆生】得光明舌，䏻放无數萬億光明；願一切衆生得決定舌，【辯說諸法無有窮盡；願一切衆】生得普調伏舌，善䏻開示【一切秘要，所有言說皆令信受；願一切衆生】得普通達舌，善入一切語言大海；願一切衆生得善【說一切諸法門舌，於言語智】悉到彼岸。是爲菩薩摩【訶薩布施舌時善根迴向，爲令衆生皆得】圓滿无导智故。

佛子，菩薩摩訶薩以頭布施諸【來乞者，如最勝智菩薩，及大丈】夫迦尸國王等諸大菩薩【所行布施；爲欲成就入一切法最勝智首，爲欲】成就證大菩【提敕衆生首，爲欲具足見一切法最第一首，爲得正見清淨】智首，爲欲成就无〔053①-3〕【障礙首，爲欲證得第一地首，爲求世間最勝】智首，欲成三界無䏻見頂淨智慧【首，爲得示現普到十方智慧王首，爲欲滿足一切諸法】無䏻破壞自在之首。佛【子，菩薩摩訶薩安住是法，精勤修習，則爲已】入諸佛種性，學佛行施；扵諸佛所，生清【淨信，增長善根；令諸乞】者，皆得喜足；其心清【淨，慶悅無量；心淨信解，照】明佛法；發菩提意，安住捨心；諸根悅豫，功】德增長；生善樂欲，常好修行廣大施行。菩薩【尒時，以諸善根如是迴向，所謂：願一切衆】生得如來頭，得无見頂；扵【一切處無能映蔽，於諸佛刹最爲上首；其髮】右旋，光淨潤澤，卐字嚴飾，世所希有；具足佛首，成就智首，一切世間【最第一首，爲具】足首，爲清淨首，爲坐道場【圓滿智首。是爲菩薩摩訶薩布施頭時善】根迴向；爲令衆生得最勝法，成扵无上大智慧故。

佛子，菩薩摩訶薩以其手足【施諸衆生】，如常精進菩薩、無憂王菩【薩，及餘無量諸菩】薩等。扵諸趣【中】種種【生】處布施手足，以信爲手，起饒益行；往反〈返〉①周旋，勤修正法，願得寶手以手爲施；所行不【空，具菩】薩道，常舒其手擬將廣惠；【安步遊行，勇】猛無怯，以淨信力具【精進】行，除【滅】惡道，成就菩提。佛子，菩薩摩訶薩如是施時，以无量無邊廣大之心，開淨法門，【入諸佛海】；成就施手，周給十方；願力【任持一切智道】，住扵究竟離垢之心；法身、智身【無】斷無壞，一切魔業不䏻傾動；依善知識堅固其心，同諸菩薩修行施度。佛子，菩薩摩【訶薩】爲諸衆生求一切智，施手足【時，以諸善根如】是迴向，所謂：願一切衆生具神【通力】，皆得寶手；得寶手已，各相尊敬，生福田想，以種種寶更相供養；又以衆寶供養諸佛，【興妙寶】雲遍諸佛土，令諸衆生耳【起慈心，不相】惱害；遊諸佛刹，安住無畏，自然【具】足究竟神通。又令皆得寶手、花手、香手、衣手、盖手、花鬘手、末香手、莊嚴具手、無【邊手】、无量手、普手；得是手已，以神【通力常勤往詣】一切佛土，䏻以一手遍摩一切諸【佛世】界，【以自在手持】諸衆生，得【妙】相【手】放无量光，䏻以一手普覆衆生，成扵如來手【指網縵赤】銅爪相。菩薩尒時，以大願手【普覆衆生：願】一切衆生志常樂求无上菩〔053①-4+②-4〕【提，出生一切功德大海，見來乞者歡喜無厭，入佛法海同佛善根。是爲菩薩】摩訶薩施手足時善根迴向。

————————

① 返，㊄一四六頁註①：返＝反㊂㊅。

佛子，菩薩摩訶薩壞身出血布施眾生，如法業菩薩、善意王菩薩，及餘無量諸菩薩等。於諸趣中施身血時，起成就一切智心，起欣仰大菩提心，起樂修菩薩行心，起不取苦受心，起樂見乞者心，起不嫌來乞心，起趣向一切菩薩道心，起守護一切菩薩捨心，起增廣菩薩善施心，起不退轉心、不休息心、無戀己心；以諸善根如是迴向，所謂：願一切眾生皆得成就法身、智身；願一切眾生得無勞倦身，猶如金剛；願一切眾生得不可壞身，無能傷害；願一切眾生得如變化身，普現世間無有盡極；願一切眾生得可愛樂身，淨妙堅固；願一切眾生得法界生身，同於如來無所依止；願一切眾生得如妙寶光明之身，一切世人無能映蔽；願一切眾生得智藏身，於不死界而得自在；願一切眾生得寶海身，見皆獲益，無空過者；願一切眾生得虛空身，世間惱患無能染著。是為菩薩摩訶薩施身血時，以大乘心、清淨心、廣大心、欣悅心、慶幸心、歡喜心、增上心、安樂心、無濁心善根迴向。

佛子，菩薩摩訶薩見有乞求其身髓肉，歡喜軟語，謂乞者言：我身髓肉，隨意取用。如饒益菩薩、一切施王菩薩，及餘無量諸菩薩等。於諸趣中種種生處，以其髓肉施乞者時，歡喜廣大，施心增長；同諸菩薩修習善根，離世塵垢，得深志樂；以身普施，心無有盡；具足無量廣大善根，攝受一切妙功德寶，如菩薩法受行無厭；心常愛樂布施功德，一切周給，心無有悔；審觀諸法從緣無體，不貪施業及業果報；隨所會遇，平等施與。佛子，菩薩摩訶薩如是施時，一切諸佛皆悉現前，想之如父得護念故；一切眾生皆悉現前，普令安住清淨法故；一切世界皆悉現前，嚴淨一行佛國土故；一切眾生皆悉現前，以大悲心普救護故；一切佛道皆悉現前，樂觀如來十種力故；去來現在一切菩薩皆悉現前，同共圓滿諸善根故；一切無畏皆悉現前，能作最上師子吼故；一切三世皆悉現前，得平等智，普觀察故；一切世間皆悉現前，發廣大願，盡未來劫修菩提故；一切菩薩無疲厭行皆悉現前，發無數量廣大心故。佛子，菩薩摩訶薩施髓肉時，以此善根如是迴向，所謂：願一切眾生得金剛身，不可沮壞；願一切眾生得堅密身，恒無缺減；願一切眾生得意生身，猶如佛身，莊嚴清淨；願一切眾生得百福相身，三十二相而自莊嚴；願一切眾生得八十種好妙莊嚴身，具足十力，不可斷壞；願一切眾生得如來身，究竟清淨，不可限量；願一切眾生得堅固身，一切魔怨所不能壞；願一切眾生得一相身，與三世佛同一身相；願一切眾生得無礙身，以淨法身遍虛空界；願一切眾生得菩提藏身，普能容納一切世間。是為菩薩摩訶薩求一切智施髓肉時善根迴向，為令眾生皆得如來究竟清淨無量身故。

佛子，菩薩摩訶薩以心布施諸來乞者，如無悔厭菩薩、無礙王菩薩，及餘無量諸大菩薩。以其自心施乞者時，學自在施心，修一切施心，習行檀波羅蜜心，成就檀波羅蜜心，學一切菩薩布施心、一切悉捨無盡心、一切悉施慣習心、荷負一切菩薩施行心、正念一切諸佛現前心、供養一切諸來乞者無斷絕心。菩薩摩訶薩如是施時，其心清淨，為度一切諸眾生故，為得十力菩提處故，為依大願而修行故，為欲安住菩薩道故，為欲成就一切智故，為不捨離本誓願故，以諸善根如是迴向，所謂：願一切眾生得金剛藏心，一切金剛圍山等所不能壞；願一切眾生得卐相莊嚴金剛界心，得無能動搖心，得不可恐怖心，得利益世間常無盡心，得大勇猛幢智慧藏心，得如那羅延堅固幢心，得如眾生海不可盡心，得那羅延藏無能壞心，得滅諸魔業、魔軍眾心，得無所畏心，得大威德心，得常精進心，得大勇猛心，得不驚懼心，得被金剛甲冑心，得諸菩薩最上心，得成就佛法菩提光明心，得菩提樹下坐安住一切諸佛正法離諸迷惑成一切智心，得成就十力心。是為菩薩摩訶薩布施心時善根迴向；為令眾生不染世間，具足如來十力心故。

佛子，菩薩摩訶薩若有乞求腸腎肝肺，悉皆施與，如善施菩薩、降魔自在王菩薩，及餘無量諸大菩薩。行此施時，見乞者來，其心歡喜，以愛眼觀；爲求菩提，隨其所須，悉皆施與，心不中悔。觀察此身無有堅固：我應施彼，取堅固身。復念此身尋即敗壞，見者生厭，狐狼餓狗之所噉食；此身無常，會當棄捨，爲他所食，無所覺知。佛子，菩薩摩訶薩作是觀時，知身無常、穢污之極，於法解悟生大歡喜，敬心諦視彼來乞者，如善知識而來護想，隨所乞求無不惠施，以不堅身易堅固身。佛子，菩薩摩訶薩如是施時，所有善根悉以迴向：願一切衆生得智藏身，內外清淨；願一切衆生得福藏身，能普任持一切智願；願一切衆生得上妙身，內蘊妙香，外發光明；願一切衆生得腹不現身，上下端直，肢節相稱；願一切衆生得智慧身，以佛法味充悅滋長；願一切衆生得無盡身，修習安住甚深法性；願一切衆生得陀羅尼清淨藏身，以妙辯才顯示諸法；願一切衆生得清淨身，若身若心內外俱淨；願一切衆生得如來智深觀行身，智慧充滿，雨大法雨；願一切衆生得內寂身，外爲衆生作智幢王，放大光明普照一切。是爲菩薩摩訶薩施腸腎肝肺善根迴向；爲令衆生內外清淨，皆得安住無礙智故。

佛子，菩薩摩訶薩布施乞者肢節諸骨，如法藏菩薩、光明王菩薩，及餘無量諸大菩薩。施其身分肢節骨時，見乞者來，生愛樂心、歡喜心、淨信心、安樂心、勇猛心、慈心、無礙心、清淨心、隨所乞求皆施與心。菩薩摩訶薩施身骨時，以諸善根如是迴向，所謂：願一切衆生得如化身，不復更受骨肉血身；願一切衆生得金剛身，不可破壞，無能勝者；願一切衆生得一切智圓滿法身，於無縛、無著、無繫界生；願一切衆生得智力身，諸根圓滿，不斷不壞；願一切衆生得法力身，智力自在，到於彼岸；願一切衆生得堅固身，其身貞實，常無散壞；願一切衆生得隨應身，教化調伏一切衆生；願一切衆生得智熏身，具那羅延肢節大力；願一切衆生得堅固相續不斷絕身，永離一切疲極勞倦；願一切衆生得大力安住身，悉能具足精進大力；願一切衆生得遍世間平等法身，住於無量最上智處；願一切衆生得福德力身，見者蒙益，遠離衆惡；願一切衆生得無依處身，皆得具足無依著智；願一切衆生得佛攝受身，常爲一切諸佛加護；願一切衆生得普饒益諸衆生身，悉能遍入一切諸道；願一切衆生得普現身，普能照現一切佛法；願一切衆生得具足精進身，專念勤修大乘智行；願一切衆生得離我慢貢高清淨身，智常安住，無所動亂；願一切衆生得堅固行身，成就大乘一切智業；願一切衆生得佛家身，永離世間一切生死。是爲菩薩摩訶薩施身骨時善根迴向，爲令衆生得一切智永清淨故。

佛子，菩薩摩訶薩見有人來，手執利刀，乞其身皮；心生歡喜，諸根悅豫，譬如有人惠以重恩，逢迎引納，敷座令坐，曲躬恭敬而作是念：此來乞者甚爲難遇，斯欲滿我一切智願，故來求索饒益於我。歡喜和顏而語之言：我今此身一切皆捨，所須皮者，隨意取用。猶如往昔清淨藏菩薩、金脇鹿王菩薩，及餘無量諸大菩薩，等無有異。菩薩爾時，以諸善根如是迴向，所謂：願一切衆生得微細皮，猶如如來色相清淨，見者無厭；願一切衆生得不壞皮，猶如金剛，無能壞者；願一切衆生得金色皮，如閻浮檀上妙真金，清淨明潔；願一切衆生得無量色皮，隨其心樂，現清淨色；願一切衆生得淨妙色皮，具足沙門善軟清淨如來色相；願一切衆生得第一色皮，自性清淨，色相無比；願一切衆生成就如來清淨色皮，以諸相好而自莊嚴；願一切衆生得妙色皮，放大光明普照一切；願一切衆生得明網皮，如世高幢，放不可說圓滿光明；願一切衆生得潤澤色皮，一切色相悉皆清淨。是爲菩薩摩訶薩施身皮時善根迴向；爲令衆生皆得一切嚴淨佛刹，具足如來大功德故。

佛子，菩薩摩訶薩以手足指施諸乞者，如堅精進菩薩、閻浮提自在王菩薩，及餘無量諸大菩薩。菩薩爾時，顏貌和悅，其心安善，無有顛倒，乘於大乘，不求美欲，不尚名聞，但發菩薩廣大之意，遠離慳嫉一切諸垢，專向如來無上妙法。

佛子，菩薩摩訶薩如是施時，攝諸善根，悉以迴向：願一切眾生得纖長指，與佛無異；願一切眾生得䏰圓指，上下相稱；願一切眾生得赤銅甲指，其甲隆起，清淨鑒徹；願一切眾生得一切智勝丈夫指，悉能攝持一切諸法；願一切眾生得隨好指，具足十力；願一切眾生得大人指，纖䏰齊等；願一切眾生得輪相指，指節圓滿，文相右旋；願一切眾生得如蓮華卐字旋指，十力業報相好莊嚴；願一切眾生得光藏指，放大光明照不可說諸佛世界；願一切眾生得善安布指，善巧分布網縵具足。是為菩薩摩訶薩布施指時善根迴向，為令眾生一切皆得心清淨故。

佛子，菩薩摩訶薩請求法時，若有人言：汝能施我連肉爪甲，當與汝法。菩薩答言：但與我法。連肉爪甲，隨意取用。如求法自在王菩薩、無盡菩薩，及餘無量諸大菩薩，為求法故，欲以正法，開示演說，饒益眾生，一切皆令得滿足故，捨連肉爪甲與諸乞者。菩薩爾時，以此善根如是迴向，所謂：願一切眾生皆得諸佛赤銅相爪；願一切眾生得潤澤爪，隨好莊嚴；願一切眾生得光淨爪，鑒徹第一；願一切眾生得一切智爪，具大人相；願一切眾生得無比爪，於諸世間無所染著；願一切眾生得妙莊嚴爪，光明普照一切世間；願一切眾生得不壞爪，清淨無缺；願一切眾生得入一切佛法方便相爪，廣大智慧皆悉清淨；願一切眾生得善生爪，菩薩業果無不淨妙；願一切眾生得一切智大導師爪，放無量色妙光明藏。是為菩薩摩訶薩為求法故施連肉爪甲時善根迴向，為令眾生具足諸佛一切智爪無礙力故。

佛子，菩薩摩訶薩求佛法藏，恭敬尊重，生難得想。有能說者來語之言：若能投身七仞火阬，當施汝法。菩薩聞已，歡喜踊躍，作是思惟：我為法故，尚應久住阿鼻獄等一切惡趣受無量苦，何況纔入人間火阬即得聞法。奇哉，正法甚為易得，不受地獄無量楚毒，但入火阬即便得聞。但為我說，我入火阬。如求善法王菩薩、金剛思惟菩薩，為求法故，入火阬中。菩薩爾時，以此善根如是迴向，所謂：願一切眾生住佛所住一切智法，永不退轉無上菩提；願一切眾生離諸險難，受佛安樂；願一切眾生得無畏心，離諸恐怖；願一切眾生常樂求法，具足喜樂，眾法莊嚴；願一切眾生離諸惡趣，滅除一切三毒熾火；願一切眾生常得安樂，具足如來勝妙樂事；願一切眾生得菩薩心，永離一切貪恚癡火；願一切眾生悉得菩薩諸三昧樂，普見諸佛，心大歡喜；願一切眾生善說正法，於法究竟，常無忘失；願一切眾生具足菩薩神通妙樂，究竟安住一切種智。是為菩薩摩訶薩為求正法投火阬時善根迴向；為令眾生離障礙業，皆得具足智慧火故。

佛子，菩薩摩訶薩為求正法，分別演說，開菩薩道，示菩提路，趣無上智，勤修十力，廣一切智心，獲無礙智法，令眾生清淨住菩薩境界。勤修大智護佛菩提時，以身具受無量苦惱，如求善法菩薩、勇猛王菩薩，及餘無量諸大菩薩。為求法故，受無量苦，乃至攝取誹謗正法、惡業所覆、魔業所持極大惡人；彼所應受一切苦惱，以求法故，悉皆為受。以此善根如是迴向，所謂：願一切眾生永離一切苦惱逼迫，成就安樂自在神通；願一切眾生永離諸苦，得一切樂；願一切眾生永滅苦蘊，得照現身，恒受安樂；願一切眾生超出苦獄，成就智行；願一切眾生見安隱道，離諸惡趣；願一切眾生得法喜樂，永斷眾苦；願一切眾生永拔眾苦，互相慈愛，無損害心；願一切眾生得諸佛樂，離生死苦；願一切眾生成就清淨無比安樂，一切苦惱無能損害；願一切眾生得一切勝樂，究竟具足佛無礙樂。是為菩薩摩訶薩為求法故受眾苦時善根迴向；為欲救護一切眾生，令離險難，住一切智無所障礙解脫處故。

佛子，菩薩摩訶薩處於王位求正法時，乃至但為一文、一字、一句、一義生難得想，能悉罄捨海內所有若近若遠國土、城邑、人民、庫藏、園池、屋宅、樹林、華果，乃至一切珍奇妙物、宮殿樓閣、妻子眷屬，及以王位，悉能捨之。於不堅中求堅固法，為欲利益一切眾生，勤求諸佛無礙解脫究竟清淨一切智道，如大勢德菩薩、勝德王菩薩，及餘無量諸大菩薩。勤求正法，乃至極少，爲於一字，五體投地；正念三世一切佛法，愛樂修習；永不貪著名聞利養，捨諸世間自在王位，求佛自在法王之位；於世間樂心無所著，以出世法長養其心；永離世間一切戲論，住於諸佛無戲論法。菩薩爾時，以諸善根如是迴向，所謂：願一切衆生常樂惠施，一切悉捨；願一切衆生能捨所有，心無中悔；願一切衆生常求正法，不惜身命、資生之具；願一切衆生悉得法利，能斷一切衆生疑惑；願一切衆生得善法欲，心常喜樂諸佛正法；願一切衆生爲求佛法，能捨身命及以王位，大心修習無上菩提；願一切衆生尊重正法，常深愛樂，不惜身命；願一切衆生護持諸佛甚難得法，常勤修習；願一切衆生皆得諸佛菩提光明，成菩提行，不由他悟；願一切衆生常能觀察一切佛法，拔除疑箭，心得安隱。是爲菩薩摩訶薩爲求正法捨國城時善根迴向；爲令衆生知見圓滿，常得住於安隱道故。

佛子，菩薩摩訶薩作大國王，於法自在，普行教命，令除殺業；閻浮提內城邑聚落一切屠殺，皆令禁斷；無足、二足、四足、多足，種種生類，普施無畏無欺奪心，廣修一切菩薩諸行，仁慈蒞物，不行侵惱，發妙寶心，安隱衆生；於諸佛所立深志樂，常自安住三種淨戒，亦令衆生如是安住。菩薩摩訶薩令諸衆生住於五戒，永斷殺業；以此善根如是迴向，所謂：願一切衆生發菩薩心，具足智慧，永保壽命，無有終盡；願一切衆生住無量劫，供一切佛，恭敬勤修，更增壽命；願一切衆生具足修行，離老死法，一切災毒不害其命；願一切衆生具足成就無病惱身，壽命自在，能隨意住；願一切衆生得無盡命，窮未來劫住菩薩行，教化調伏一切衆生；願一切衆生爲壽命門，十力善根於中增長；願一切衆生善根具足，得無盡命，成滿大願；願一切衆生悉見諸佛供養承事，住無盡壽，修集善根；願一切衆生於如來處善學所學，得聖法喜無盡壽命；願一切衆生得不老不病，常住命根，勇猛精進，入佛智慧。是爲菩薩摩訶薩住三聚淨戒永斷殺業善根迴向，爲令衆生得佛十力圓滿智故。

佛子，菩薩摩訶薩見有衆生心懷殘忍，損諸人畜所有男形，令身缺減，受諸楚毒；見是事已，起大慈悲而哀救之，令閻浮提一切人民皆捨此業。菩薩爾時，語其人言：汝何所爲作是惡業，我有庫藏百千萬億，一切樂具悉皆充滿，隨汝所須盡當相給。汝之所作，衆罪由生，我今勸汝莫作是事。汝所作業不如道理，設有所獲，於何可用。損他益己，終無是處。如此惡行、諸不善法，一切如來所不稱歎。作是語已，即以所有一切樂具盡皆施與。復以善語爲說妙法，令其歡悅。所謂示寂靜法，令其信受，滅除不善，修行淨業，互起慈心，不相損害。彼人聞已，永捨罪惡。菩薩爾時，以此善根如是迴向，所謂：願一切衆生具丈夫形，成就如來馬陰藏相；願一切衆生具男子形，發勇猛心修諸梵行；願一切衆生具勇猛力，恒爲主導，住無礙智，永不退轉；願一切衆生皆得具足大丈夫身，永離欲心，無所染著；願一切衆生悉得成就善男子法，智慧增長，諸佛所歎；願一切衆生普得具於大人之力，常能修習十力善根；願一切衆生永不失壞男子之形，常修福智未曾有法；願一切衆生於五欲中無著無縛，心得解脫，厭離三有，住菩薩行；願一切衆生成就第一智慧丈夫，一切宗信，伏從其化；願一切衆生具足菩薩丈夫智慧，不久當成無上大雄。是爲菩薩摩訶薩禁絕一切毀敗男形善根迴向；爲令衆生具丈夫形，皆能守護諸善丈夫，生賢聖家，智慧具足，常勤修習丈夫勝行，有丈夫用，巧能顯示七丈夫道，具足諸佛善丈夫種、丈夫正教、丈夫勇猛、丈夫精進、丈夫智慧、丈夫清淨，普令衆生究竟皆得】。

【大方廣佛華嚴經卷第二十七】

大方廣佛花嚴經
十迴向品第廿五之六

卷廿八・廿八之上

佛子，菩薩摩訶薩若【見如來】出興於世開演正法，以大音聲普告一切：如來出世，如來出世。令諸衆生得聞佛名，捨離一切我慢、戲論；復更勸導，令速見佛，令憶念佛，令歸向佛，令攀緣佛，令觀察佛，令讚歎佛；復爲廣說佛難値遇，千万憶〈億〉刼時乃一出。衆生由此得見於佛，生清淨信，踴〈踊〉躍歡喜，尊重供養；復於佛所聞諸佛名，轉更値遇无數諸佛，植諸善本，修習增長。尒時，无數百千万憶〈億〉那由他衆生，因見佛故，皆得清淨究竟調伏。彼諸衆生於菩薩所，皆生㝡上善知識想；因菩薩故，成就佛法，以无數刼所種善根，普於世間施作佛事。佛子，菩薩摩訶薩開示衆生令見佛時，以諸善根如是迴向，所謂：願一切衆生不待勸誘，自往見佛，承事供養，皆令歡喜；願一切衆生常樂見佛，心无廢捨；願一切衆生常勤修習廣大智恵〈慧〉，受持一切諸佛法藏；願一切衆生隨所聞聲皆悟佛法，於无量刼修菩薩行；願一切衆生安住正念，恒以智眼見佛出興；願一切衆生不念異業，常憶見佛，勤修十力；願一切衆生於一切處常見諸佛，了達如來遍虛空界；願一切衆生皆得具足佛自在身，普於十方成道說法；願一切衆生遇善知識，常聞佛法，於諸如來得不壞信；願一切衆生悉能稱歎諸佛出興，令其見者普得清淨。是爲菩薩摩訶薩歎佛出世善根迴向；爲令衆生見一切佛供養承事，於无上法救〈究〉竟清淨故。

佛子，菩薩摩訶薩捨於大地，或施諸佛，造立精舍；或施菩薩及善知識，随意所用；或施衆僧，以爲住處；或施父母，或施別人、聲聞、獨覺種種福田，乃至一切貧窮孤露及餘四衆，随意悉與，令无所乏；或施造立如來塔廟。於如是寺諸處之中，悉爲辦具資生什物，令随意用，无所恐懼。菩薩摩訶薩随何方所布施地時，以諸善根如是迴向，所謂：願一切衆生具足清淨一切智地，悉到普賢衆行彼岸；願一切衆生得揔持地，正念受持一切佛法；願一切衆生得住持力，常䏻守護一切佛教；願一切衆生得如地心，於諸衆生，意常清淨，无有惡念；願一切衆生持諸佛種，成就菩薩諸地次苐，无有斷絕；願一切衆生普爲一切作安隱處，悉令調伏，住清淨道；願一切衆生同諸如來利益世間，普使勤修安住佛力；願一切衆生普爲世間之所愛樂，悉令安住无上佛樂；願一切衆生獲善方便，住佛諸力无畏法中；願一切衆生得如地智，自在修行一切佛法。是爲菩薩摩訶薩施大地時善根迴向，爲令衆生皆得究竟一切如來清淨地故。

佛子，菩薩摩訶薩布施僮僕，供養一切諸佛、菩薩、真善知識，或施僧寶，或奉父母尊勝福田；或復給施病苦衆生，令无闕乏，以存其命；或復施與貧窮孤露，及餘一切无瞻侍者；或爲守護如來塔廟，或爲書持諸佛正法，以百千億那由他僕使，隨時給施。其諸僕使皆聰慧善巧，性自調順，常勤精進，无有懈惰，具質直心、安樂心、利益心、仁慈心、恭恪心、无怨恨心、无讎敵心，能隨受者方俗所宜，於彼彼中作諸利益；又皆從菩薩净業所感，才能、技藝、工巧、筹数靡不通達，善能供侍悦可其心。菩薩尒時，以諸善根如是迴向，所謂：願一切衆生得調順心，一切佛所修習善根；願一切衆〔生〕随順供養一切諸佛，〔於佛〕所說悉能聽受；願一切衆生得佛攝受，常觀如來，更无餘念；願一切衆生不壞佛種，勤修一切順佛善根；願一切衆生常勤供養一切諸佛，无空過時；願一切衆生攝持一切諸佛妙義，言辞清净，遊行无畏；願一切衆生常樂見佛，心无猒足，於諸佛所不惜身命；願一切衆生得見諸佛，心无染著，離世所依；願一切衆生但歸於佛，永離一切邪歸依處；願一切衆生隨順佛道，心常樂觀无上佛法。是爲菩薩摩訶薩施僕使時善根迴向；爲令衆生遠離塵垢，净治佛地，能現如來自在身故。

【佛子，菩】薩摩訶薩以身布施諸來乞者，布施之時，生謙下心，生如地心，生忍受衆苦无變動心，生給侍衆〔生不疲厭〕心，生於諸衆生猶如〔055-1〕慈【母所有衆善】悉迴與心，生於諸愚險極惡衆生種種侵陵皆寬宥心，安住善根，精勤給【事】。菩薩尒時，悉以善根如是迴向，所謂：願一切衆生隨其所須常无【闕乏，修菩】薩行恒不閒斷，不捨一切菩薩義利，善住菩薩所行之道，了達菩薩平等法性，得在如來種族之數，住真實語，持菩薩行，令諸世閒得净佛法，深心信【解】，證法究竟；令諸衆生出生清净增上善根，住大功德，具一切智。又以此善根，令一切衆生常得供養一切諸佛，解一切法，受持讀誦不忘不失、不壞【不】散，心善調伏，不調令調，以寂静法而調習之。令彼衆生於諸佛所住如是事。又以此善根，令一切衆生作第一塔，應受世閒種種供養；令一切【衆】生成最上福田，得佛智恵〈慧〉，開【悟一】切；令一切衆生作最上受者，普能饒益一切衆生；令一切衆生成最上福利，能使具足一切善根；令一切衆生成第一好施處，能使獲得无量福報；令一切衆生於三界【中皆】得出離；令一切衆生作第一導師，〔能〕爲世閒示如實道；令一切衆生得妙摠持，具持一切諸佛正法；令一切衆生證得无量第一法界，具足虚空无导正道。是爲菩薩摩【訶】薩施自己身善根迴向，爲令衆生皆得應供无量智身故。

佛子，菩薩摩訶薩聞法喜悦，生净信心，能以其身供養【諸佛】，欣樂信解无上法寶，於諸佛所生【父母想】；讀誦受持无礙道法，普入无數那由他法、大智慧寶、諸善根門；心常憶念无量諸佛，入佛境界，深達義理；能以如來微玅梵【音】，興佛法雲，雨佛法雨，勇猛自在；能【分別說】一切智人弟〈第〉一之地，具足成就薩婆若乘，以无量百千億那由他大法成滿諸根。佛子，菩薩摩訶薩於諸佛所聞如是法，歡喜无量，安住正法；自斷疑惑，亦令他斷；心恒怡暢，【功德】成滿；善根具足，意恒相續；利益衆生，心常不匱；獲寂勝智，成金剛藏；親近諸佛，净諸佛刹，常勤供養一切如來。菩薩尒時，以諸善根如是迴向，所謂：願一切衆生皆得圓【滿】最勝之身，一切諸佛之所攝受；願一切衆生常近諸佛，依諸佛住，恒得親仰，未曾遠離；願一切衆生皆得清净不壞之身，具足一切功德智慧；願一切衆生常〔055-2〕【勤】供養一切諸佛，行无所得究竟梵行；願一切衆生得无我身，離我、我所；願一切衆生悉能分身遍十方刹，猶如影現而无來往；願一切衆生得自在身，普往十方无我无受；願一切衆生從佛身生，處在如來无上身家；願一切衆生得法力身，忍辱大力无能壞者；願一切衆生得无比身，成就如來清净法身；願一切衆生成就出世功德之身，生无所得清净法界。是爲菩薩摩訶薩以身供佛善根迴向，爲令衆生永住三世諸佛家故。

佛子，菩薩摩訶薩以身布施一切眾生，為欲普令成就善根，憶念善根，菩薩摩訶薩自願其身為大明燈，普〔能〕照曜〈耀〉①一切眾生；為眾樂具，普能攝受一切眾生；為妙法藏，普〔能〕任持一切眾生；為淨光明，普能開曉一切眾生；為世光影，普令眾生常得覩見；為善根因緣，普令眾生常得值遇；為真善知識，令一切眾生悉蒙教誘；為平坦道，令一切眾生皆得履踐；為无有上具足安樂，令一切眾生離苦清淨；為明淨日，普作世間平等利益。菩薩尒時，以諸善根如是迴向，所謂願一切眾生常親近佛，入佛智地；願一切眾生得隨順智，住无上覺；願一切眾生常處佛會，意善調伏；願一切眾生所行有則，具佛威儀；願一切眾生悉得涅槃，深解法義；願一切眾生具知足行，生如來家；願一切眾生捨无明欲，住佛志樂；願一切眾生生勝善根，坐菩提樹；願一切眾生煞〈殺〉煩惱賊，離怨害心；願一切眾生具足護持一切佛法。是為菩薩摩訶薩以身布施一切眾生善根迴向；為欲利益一切眾生，令得无上安隱處故。

佛子，菩薩摩訶薩自以其身給侍諸佛，扵諸佛所念報重恩如父母想，扵諸如來起深信樂；以清淨心，護佛菩提，住諸佛法；離世間想，生如來家；隨順諸佛，離魔境界；了達一切諸佛所行，成就一切諸佛法器。菩薩尒時，以此善根如是迴向，所謂：願一切眾生得清淨心，一切智寶而自莊嚴；願一切眾生住善調伏，遠離一切諸不善業；願一切眾生得不可壞堅【固】眷屬，善〈普〉能攝受諸佛正法；願一切眾生為佛弟子，到扵菩薩灌頂之地；願一切眾生常為諸佛之所攝受，永離一切不善之法；願一切眾生隨順諸佛，修行菩薩最勝之法；願一切眾生入佛境界，悉皆能〈得〉授一切智記；願一切眾生與諸如來皆悉平等，一切佛法无不自在；願一切眾生悉為諸佛之〔所〕攝受，常能修行无取著業；願一切眾生常為諸佛第一侍者，一切佛所修智慧行。是為菩薩摩訶薩給侍諸佛善根迴向；為欲證得諸佛菩提，為欲救護一切眾生，為欲出離〔一切〕三界，為欲成就无損惱心，為（欲）得无量廣大菩提，為欲成就照佛法智，為欲常蒙諸佛攝受，為得諸佛之所護持，為欲信解一切佛法，為欲成就與三世（諸）佛平等善根，為欲圓滿无悔恨心，證得一切諸佛法故。

佛子，菩薩摩訶薩布施國土一切諸物，乃至王位悉亦能捨；扵諸世事，心得自在，无繫、无縛、无所戀著；遠離惡業，饒益眾生；不著業果，不樂世法，不復貪染諸有生處；雖住世間，非此處生；心不執著蘊、界、處法，扵內外法心无依住；常不忘失諸菩薩行，【未曾】遠離諸善知識；持諸菩薩廣大行願，常樂承事一切善友。菩薩尒時，以此善根如是迴向，所謂：願一切眾生為大法王，扵法自在，到扵彼岸；願一切【眾生成】佛法王，摧滅一切煩惱怨賊；願一切眾生住佛王位，得如來智，開演佛法；願一切眾生住佛境界，能轉无上自在法轉〈輪〉；願一切眾生生如來家，扵法自在，護持佛種，永使不絕；願一切眾生開示无量法王正法，成就无邊諸大菩薩；願一切眾生住淨法界，為大法王，現佛出興，相繼不斷；願一切眾生扵〔055-3〕【諸】世界【作智慧】王，化導群生无時暫捨；願一切眾生普為法界、虛空界等諸世界中一切眾生作法施主，使其咸得住扵大乘；願一切眾生得成具【足眾】善之王，與三世【佛善】根【齊等。是】為菩薩摩訶薩布施王位善根迴向；為欲令彼一切眾生，究竟住扵安隱處故。

佛子，菩薩摩訶薩見有人來乞王京都、嚴麗大城及【以關防所有】輸稅，盡皆施與，心无悋惜；專向菩提發大誓願，住扵大慈，行扵大悲，志意歡悅，利益眾生；以廣大智解了深法，安住諸佛平等法【性；發心為】求一切智故，扵自在

---
① 耀，㊅一五一頁註②：耀＝曜㊊。

法起深樂故，於自在智求證得故，淨修一切諸功德故，住於堅固廣大智故，廣集一切諸善根故，修行一切佛法頭故，自然覺悟【大智】法故，安住菩提心无退故，修習一切菩薩行頭、一切種智盡究竟故，而行布施。以此善根如是迴向，所謂：願一切衆生悉能嚴淨无量刹土，奉施諸佛以爲住處；【願】一切衆生常樂居止阿蘭若處，寂靜不動；願一切衆生永不依止王都聚落，心樂寂靜，永得究竟；願一切衆生永不樂著一切世間，於世語言常樂遠離；願一切【衆】生得離貪心，施諸所有，心无中悔；願一切衆生得出離心，捨諸家業；願一切衆生得无悋心，常行慧施；願一切衆生得不著心，離居家法；願一切衆生得離衆苦，除【滅】一切【裁橫】怖畏；願一切衆生嚴淨十方一切世界，奉施諸佛。是爲菩薩摩訶薩布施王都善根迴向，爲令衆生悉能嚴淨諸佛刹故。

佛子，菩薩摩訶薩所有一切內宮眷屬、技〈妓〉侍【衆女】，皆顏貌端正、材〈才〉①能具足，談笑歌舞皆悉〈悉皆〉巧妙，種種衣服、種種花香而以嚴身，見者歡〔喜〕，情无猒足。如是寶女百千萬億那由他數，皆由菩薩善業所生，隨意自在，敬【順】无失；盡以布施諸來乞者，而於其中无愛樂心、无顧戀心、无躭著心、无繫縛心、无執取心、无著〈貪〉染心、无分別心、无隨逐心、无取相心、无樂欲心。菩薩尒時，觀諸善根，【爲欲令一切】衆生咸得出離故迴【向，得佛】法喜故迴向，於不堅固中而得堅固故迴向，得金剛智不可壞心故迴向，入佛道場故迴向，到於彼岸故迴〔055-4〕【向，能以智慧了達諸法故迴向，出生一切善根故迴向，入三世諸佛家故迴向。

佛子，菩薩摩訶薩住如是法，生如來家；增長諸佛清淨勝因，出生最勝一切智道；深入菩薩廣大智業，滅除一切世間垢惱，常能供施功德福田；爲諸衆生宣說妙法，善巧安立，令其修習諸清淨行，常勤攝取一切善根。菩薩爾時，以諸善根如是迴向，所謂願一切衆生常得无量三昧眷屬，菩薩勝定相續不斷；願一切衆生常樂見佛，悉入諸佛莊嚴三昧；願一切衆生成就菩薩不思議定，自在遊戲无量神通；願一切衆生入如實定，得不壞心；願一切衆生盡獲菩薩甚深三昧，於諸禪定而得自在；願一切衆生得解脫心，成就一切三昧眷屬；願一切衆生種種三昧皆得善巧，悉能攝取諸三昧相；願一切衆生得勝智三昧，普能學習諸三昧門；願一切衆生得无礙三昧，入深禪定終不退失；願一切衆生得无著三昧，心恒正受，不取二法。是爲菩薩摩訶薩布施一切內宮眷屬時善根迴向，爲欲令一切衆生皆得不壞清淨眷屬故；爲欲令一切衆生皆得菩薩眷屬故；爲欲令一切衆生悉得滿足佛法故；爲欲令一切衆生滿足一切智力故；爲欲令一切衆生證於无上智慧故；爲欲令一切衆生得於隨順眷屬故；爲欲令一切衆生得同志行人共居故；爲欲令一切衆生具足一切福智故；爲欲令一切衆生成就清淨善根故；爲欲令一切衆生得善和眷屬故；爲欲令一切衆生成就如來清淨法身故；爲欲令一切衆生成就次第如理辯才，善說諸佛无盡法藏故；爲欲令一切衆生永捨一切世俗善根，同修出世清淨善根故；爲欲令一切衆生淨業圓滿，成就一切清淨法故；爲欲令一切衆生一切佛法皆悉現前，以法光明普嚴淨故。

佛子，菩薩摩訶薩能以所愛妻子布施，猶如往昔須達拏太子、現莊嚴王菩薩，及餘无量諸菩薩等。菩薩爾時，乘薩婆若心，行一切施，淨修菩薩布施之道。其心清淨，無有中悔，罄捨所珍，求一切智；令諸衆生淨深志樂，成菩提行，觀菩薩道，念佛菩提，住佛種性。菩薩摩訶薩成辦如是布施心已，決定志求如來之身；自觀己身，繼屬一切，不得自在；又以其身普攝衆生，猶如寶洲給施一切，未滿足者令其滿足。菩薩如是護念衆生，欲令自身作第一塔，普使一切皆生歡喜；欲於世間生平等心；欲爲衆生作清涼池；欲與衆

---

① 才，㊄一五二頁註③：才＝材㊅。

生一切安樂；欲爲衆生作大施主；智慧自在，了知菩薩所行之行，而能如是大誓莊嚴；趣一切智，願成無上智慧福田；普念衆生，常隨守護，而能成辦自身利益；智慧光明普照於世，常勤憶念菩薩施心，恒樂觀察如來境界。佛子，菩薩摩訶薩以無縛無著解脫心布施妻子所集善根，如是迴向，所謂願一切衆生住佛菩提，起變化身，周遍法界轉不退輪；願一切衆生得無著身，願力周行一切佛刹；願一切衆生捨愛憎心，斷貪恚結；願一切衆生爲諸佛子，隨佛所行；願一切衆生於諸佛所，生自己心，不可沮壞；願一切衆生常爲佛子，從法化生；願一切衆生得究竟處，成就如來自在智慧；願一切衆生證佛菩提，永離煩惱；願一切衆生能具演說佛菩提道，常樂修行無上法施；願一切衆生得正定心，不爲一切諸緣所壞；願一切衆生坐菩提樹，成最正覺，開示無量從法化生諸善男女。是爲菩薩摩訶薩布施妻子善根迴向，爲令衆生皆悉證得無礙解脫無著智故。

佛子，菩薩摩訶薩莊嚴舍宅及諸資具，隨有乞求，一切施與，行布施法；於家無著，遠離一切居家覺觀，厭惡家業、資生之具，不貪不味，心無繫著；知家易壞，心恒厭捨，都於其中無所愛樂；但欲出家修菩薩行，以諸佛法而自莊嚴；一切悉捨，心無中悔，常爲諸佛之所讚歎；舍宅財物，隨處所有，悉以惠施，心無戀著；見有乞求，心生喜慶。菩薩爾時，以此善根如是迴向，所謂：願一切衆生捨離妻子，成就出家第一之樂；願一切衆生解脫家縛，入於非家，諸佛法中修行梵行；願一切衆生捨離慳垢，樂一切施，心無退轉；願一切衆生永離家法，少欲知足，無所藏積；願一切衆生出世俗家，住如來家；願一切衆生得無礙法，滅除一切障礙之道；願一切衆生離家屬愛，雖現居家，心無所著；願一切衆生善能化誘，不離家法，說佛智慧；願一切衆生身現在家，心常隨順佛智而住；願一切衆生在居家地，住於佛地，普令無量無邊衆生發歡喜心。是爲菩薩摩訶薩布施舍宅時善根迴向，爲令衆生成就菩薩種種行願神通智故。

佛子，菩薩摩訶薩布施種種園林臺榭、遊戲快樂莊嚴之處，作是念言：我當爲一切衆生作好園林，我當爲一切衆生示現法樂，我當施一切衆生歡喜之意，我當示一切衆生無邊喜樂，我當爲一切衆生開淨法門，我當令一切衆生發歡喜心，我當令一切衆生得佛菩提，我當令一切衆生成滿大願，我當於一切衆生猶如慈父，我當令一切衆生智慧觀察，我當施一切衆生資生之具，我當於一切衆生猶如慈母，生長一切善根大願。佛子，菩薩摩訶薩如是修行諸善根時，於惡衆生不生疲厭，亦不誤起棄捨之心。設滿世間一切衆生悉不知恩，菩薩於彼，初無嫌恨，不生一念求反報心，但欲滅其無量苦惱；於諸世間，心如虛空，無所染著，普觀諸法真實之相；發大誓願，滅衆生苦，永不厭捨大乘志願；滅一切見，修諸菩薩平等行願。佛子，菩薩摩訶薩如是觀察已，攝諸善根，悉以迴向，所謂：願一切衆生念念滋生無量善法，成就無上園林之心；願一切衆生得不動法，見一切佛皆令歡喜；願一切衆生樂法園苑，得諸佛刹園苑妙樂；願一切衆生得淨妙心，常見如來神足園林；願一切衆生得佛戲樂，常善遊戲智慧境界；願一切衆生得遊戲樂，普詣佛刹道場衆會；願一切衆生成就菩薩解脫遊戲，盡未來劫，行菩薩行，心無疲倦；願一切衆生見一切佛充滿法界，發廣大心，住佛園林；願一切衆生悉能遍往一切佛刹，一一刹中供養諸佛；願一切衆生得善欲心，清淨莊嚴一切佛刹。是爲菩薩摩訶薩布施一切園林、臺榭善根迴向；爲令衆生見一切佛，遊戲一切佛園林故。

佛子，菩薩摩訶薩作百千億那由他無量無數廣大施會，一切清淨，諸佛印可，終不損惱於一衆生；普令衆生遠離衆惡，淨三業道，成就智慧；開置無量百千億那由他阿僧祇清淨境界，積集無量百千億那由他阿僧祇資生妙物，發甚難得菩提之心，行無限施，令諸衆生住清淨道，初、中、後善，生淨信解；隨百千億無量衆生心之所樂，悉令歡喜，以大慈悲救護一切，承事供養三世諸佛；爲欲成就一切佛種，修行布施，心無中悔，增長信根，成滿勝行，念念增進檀波羅蜜。菩薩爾時，以諸善根如是迴向，所謂：願一切衆生發大乘心，悉得成就摩訶衍施；願一切衆生皆悉能行大會施、盡施、善施、最勝施、無上施、最無上施、無等等施、超諸世間施、一切諸佛所稱歎施；願一切衆生作第一施主，於諸惡趣免濟衆生，皆令得入無礙智道，修平等願如實善根，得無差別證自境智；願一切衆生安住寂靜諸禪定智，入不死道，究竟一切神通智慧，勇猛精進，具足諸地，莊嚴佛法，到於彼岸，永不退轉；願一切衆生設大施會，終不疲厭，給濟衆生，無有休息，究竟無上一切種智；願一切衆生恒勤種植一切善根，到於無量功德彼岸；願一切衆生常蒙諸佛之所稱歎，普爲世間作大施主，功德具足，充滿法界，遍照十方，施無上樂；願一切衆生設大施會，廣集善根，等攝衆生，到於彼岸；願一切衆生成最勝施，普令衆生住第一乘；願一切衆生爲應時施，永離非時，大施究竟；願一切衆生成就善施，到佛丈夫大施彼岸；願一切衆生究竟常行大莊嚴施，盡以一切諸佛爲師，悉皆親近，興大供養；願一切衆生住清淨施，集等法界無量福德，到於彼岸；願一切衆生於諸世間爲大施主，誓度群品，住如來地。是爲菩薩摩訶薩設大施會善根迴向，爲令衆生行無上施、究竟佛施、成就善施、不可壞施、供諸佛施、無恚恨施、救衆生施、成一切智施、常見諸佛施、善精進施、成就一切菩薩功德諸佛智慧廣大施故。

佛子，菩薩摩訶薩布施一切資生之物，心無貪惜，不求果報；於世富樂無所希望，離妄想心，善思惟法；爲欲利益一切衆生，審觀一切諸法實性；隨諸衆生種種不同，所用所求各各差別，成辦無量資生之具，所有嚴飾悉皆妙好；行無邊施，行一切施，盡內外施；行此施時，增志樂力，獲大功德，成就心寶；常能守護一切衆生，皆令發生殊勝志願，初未曾有求反報心；所有善根等三世佛，悉以圓滿一切種智。佛子，菩薩摩訶薩以此布施所有善根迴向衆生：願一切衆生清淨調伏；願一切衆生滅除煩惱，嚴淨一切諸佛刹土；願一切衆生以清淨心，於一念中周遍法界；願一切衆生智慧充滿虛空法界；願一切衆生得一切智，普入三世調伏衆生，於一切時常轉清淨不退法輪；願一切衆生具一切智，善能示現神通方便，饒益衆生；願一切衆生悉能悟入諸佛菩提，盡未來劫，於十方界，常說正法，曾無休息，令諸衆生普得聞知；願一切衆生於無量劫修菩薩行，悉得圓滿；願一切衆生於一切世界若染若淨、若小若大、若麁若細、若覆若仰，或一莊嚴，或種種莊嚴所可演說，在世界數諸世界中，修菩薩行靡不周遍；願一切衆生於念念中常作三世一切佛事，教化衆生向一切智。

佛子，菩薩摩訶薩隨諸衆生一切所須，以如是等阿僧祇物而爲給施；爲令佛法相續不斷，大悲普救一切衆生；安住大慈，修菩薩行；於佛教誨終無違犯，以巧方便修行衆善，不斷一切諸佛種性；隨求悉與而無患厭，一切悉捨未曾中悔，常勤迴向一切智道。時，十方國土種種形類、種種趣生、種種福田，皆來集會，至菩薩所，種種求索。菩薩見已，普皆攝受；心生歡喜，如見善友；大悲哀愍，思滿其願；捨心增長，無有休息，亦不疲厭；隨其所求，悉令滿足，離貧窮苦。時，諸乞者心大欣慶，轉更稱傳，讚揚其德，美聲遐布，悉來歸往。菩薩見已，歡喜無量；假使百千億那由他劫受帝釋樂，無數劫受夜摩天樂，無量劫受兜率陀天樂，無邊劫受善變化天樂，無等劫受他化自在天樂，不可數劫受梵王樂，不可稱劫受轉輪王王三千樂，不可思劫受遍淨天樂，不可說劫受淨居天樂，悉不能及。菩薩摩訶薩見乞者來，歡喜愛樂，欣慶踊躍，信心增長，志樂清淨，諸根調順，信解成滿，乃至增進諸佛菩提。佛子，菩薩摩訶薩以此善根，爲欲利益一切衆生故迴向，爲欲安樂一切衆生故迴向，爲令一切衆生得大義利故迴向，爲令一切衆生悉得清淨故迴向，爲令一切眾生悉求菩提故迴向，為令一切眾生悉得平等故迴向，為令一切眾生悉得賢善心故迴向，為令一切眾生悉入摩訶衍故迴向，為令一切眾生悉得賢善智慧故迴向，為令一切眾生悉具普賢菩薩行願滿十力乘現成正覺故迴向。

佛子，菩薩摩訶薩以諸善根如是迴向時，身口意業皆悉解脫，無著無繫，無眾生想，無命者想，無補伽羅想，無人想，無童子想，無生者想，無作者想，無受者想，無有想，無無想，無今世後世想，無死此生彼想，無常想，無無常想，無三有想，無無三有想，非想非非想。如是，非縛迴向，非縛解迴向；非業迴向，非業報迴向；非分別迴向，非無分別迴向；非思迴向，非思已迴向；非心迴向，非無心迴向。佛子，菩薩摩訶薩如是迴向時，不著內，不著外；不著能緣，不著所緣；不著因，不著果；不著法，不著非法；不著思，不著非思；不著色，不著色生，不著色滅；不著受、想、行、識，不著受、想、行、識生，不著受、想、行、識滅。佛子，菩薩摩訶薩若能於此諸法不著，則不縛色，不縛色生，不縛色滅；不縛受、想、行、識，不縛受、想、行、識生，不縛受、想、行、識滅。若能於此諸法不縛，則亦於諸法不解。何以故，無有少法，若現生、若已生、若當生；無法可取，無法可著。一切諸法自相如是，無有自性，自性相離，非一非二，非多非無量，非小非大，非狹非廣，非深非淺，非寂靜非戲論，非處非非處，非法非非法，非體非非體，非有非非有。菩薩如是觀察諸法，則為非法；於言語中隨世建立，非法為法；不斷諸業道，不捨菩薩行，求一切智終無退轉；了知一切業緣如夢，音聲如響，眾生如影，諸法如幻，而亦不壞因緣業力；了知諸業其用廣大，解一切法皆無所作，行無作道未嘗暫癈。

佛子，此菩薩摩訶薩住一切智，若處非處，普皆迴向一切智性；於一切處皆悉迴向，無有退轉。以何義故說名迴向，永度世間至於彼岸，故名迴向；永出諸蘊至於彼岸，故名迴向；度言語道至於彼岸，故名迴向；離種種想至於彼岸，故名迴向；永斷身見至於彼岸，故名迴向；永離依處至於彼岸，故名迴向；永絕所作至於彼岸，故名迴向；永出諸有至於彼岸，故名迴向；永捨諸取至於彼岸，故名迴向；永出世法至於彼岸，故名迴向。佛子，菩薩摩訶薩如是迴向時，則為隨順佛住，隨順法住，隨順智住，隨順菩提住，隨順義住，隨順迴向住，隨順境界住，隨順行住，隨順真實住，隨順清淨住。佛子，菩薩摩訶薩如是迴向，則為了達一切諸法，則為承事一切諸佛；無有一佛而不承事，無有一法而不供養；無有一法而可滅壞，無有一法而可乖違；無有一物而可貪著，無有一法而可厭離；不見內外一切諸法，有少減壞，違因緣道；法力具足，無有休息。

佛子，是為菩薩摩訶薩第六隨順堅固一切善根迴向。菩薩摩訶薩住此迴向時，常為諸佛之所護念，堅固不退，入深法性，修一切智；隨順法義，隨順法性，隨順一切堅固善根，隨順一切圓滿大願；具足隨順堅固之法，一切金剛所不能壞，於諸法中而得自在。

爾時，金剛幢菩薩觀察十方、觀察眾會、觀察法界已，入於字句甚深之義，修習無量廣大之心，以大悲心普覆世間，長去來今佛種性心，入於一切諸佛功德，成就諸佛自在力身，觀諸眾生心之所樂，隨其善根所可成熟，依法性身為現色身，承佛神力而說頌言：

菩薩現身作國王，於世位中最無等，
福德威光勝一切，普為群萌興利益。
其心清淨無染著，於世自在咸遵敬，
弘宣正法以訓人，普使眾生獲安隱。
現生貴族昇王位，常依正教轉法輪，
稟性仁慈無毒虐，十方敬仰皆從化。
智慧分別常明了，色相才能皆具足，
臨馭率土靡不從，摧伏魔軍悉令盡。
堅持淨戒無違犯，決志堪忍不動搖，
永願蠲除忿恚心，常樂修行諸佛法。
飲食香鬘及衣服，車騎床褥座與燈，

菩薩悉以給濟人，并及所餘無量種。
爲利益故而行施，令其開發廣大心，
於尊勝處及所餘，意皆清淨生歡喜。
菩薩一切皆周給，內外所有悉能捨，
必使其心永清淨，不令暫爾生狹劣。
或施於頭或施眼，或施於手或施足，
皮肉骨髓及餘物，一切皆捨心無客。
菩薩身居大王位，種族豪貴人中尊，
開口出舌施群生，其心歡喜無憂戀。
以彼施舌諸功德，迴向一切諸衆生，
普願藉此勝因緣，悉得如來廣長舌。
或施妻子及王位，或施其身作僮僕，
其心清淨常歡喜，如是一切無憂悔。
隨所樂求咸施與，應時給濟無疲厭，
一切所有皆能散，諸來求者普滿足。
爲聞法故施其身，修諸苦行求菩提，
復爲衆生捨一切，求無上智不退轉。
以於佛所聞正法，自捨其身充給侍，
爲欲普救諸群生，發生無量歡喜心。
彼見世尊大導師，能以慈心廣饒益，
是時踊躍生歡喜，聽受如來深法味。
菩薩所有諸善根，悉以迴向諸衆生，
普皆救護無有餘，永使解脫常安樂。
菩薩所有諸眷屬，色相端嚴能辯慧，
華鬘衣服及塗香，種種莊嚴皆具足。
此諸眷屬甚希有，菩薩一切皆能施，
專求正覺度群生，如是之心無暫捨。
菩薩如是諦思惟，備行種種廣大業，
悉以迴向諸含識，而不生於取著心。
菩薩捨彼大王位，及以國土諸城邑，
宮殿樓閣與園林，僮僕侍衛皆無客。
彼於無量百千劫，處處周行而施與，
因以教導諸群生，悉使超昇無上岸。
無量品類各差別，十方世界來萃止，
菩薩見已心欣慶，隨其所乏令滿足。
如三世佛所迴向，菩薩亦修如是業，
調御人尊之所行，悉皆隨學到彼岸。

菩薩觀察一切法，誰爲能入此法者，
云何爲入何所入，如是布施心無住。
菩薩迴向善巧智，菩薩迴向方便法，
菩薩迴向真實義，於其法中無所著。
心不分別一切業，亦不染著於業果，
如菩提性從緣起，入深法界無違逆。
不於身中而有業，亦不依止於心住，
智慧了知無業性，以因緣故業不失。
心不妄取過去法，亦不貪著未來事，
不於現在有所住，了達三世悉空寂。
菩薩已到色彼岸，受想行識亦如是，
超出世間生死流，其心謙下常清淨。
諦觀五蘊十八界，十二種處及己身，
於此一一求菩提，體性畢竟不可得。
不取諸法常住相，於斷滅相亦不著，
法性非有亦非無，業理次第終無盡。
不於諸法有所住，不見衆生及菩提，
十方國土三世中，畢竟求之無可得。
若能如是觀諸法，則如諸佛之所解，
雖求其性不可得，菩薩所行亦不虛。
菩薩了法從緣有，不違一切所行道，
開示解說諸業迹，欲使衆生悉清淨。
是爲智者所行道，一切如來之所說，
隨順思惟入正義，自然覺悟成菩提。
諸法無生亦無滅，亦復無來無有去，
不於此死而生彼，是人解悟諸佛法。
了達諸法真實性，而於法性無分別，
知法無性無分別，此人善入諸佛智。
法性遍在一切處，一切衆生及國土，
三世悉在無有餘，亦無形相而可得。
一切諸佛所覺了，悉皆攝取無有餘，
雖說三世一切法，如是等法悉非有。
如諸法性遍一切，菩薩迴向亦復然，
如是迴向諸衆生，常於世間無退轉】。

【大方廣佛華嚴經卷第二十八】

大方廣佛花嚴經
十迴向品第廿五之七
卷廿九・廿九之上

【佛子，云何爲菩薩摩訶薩等隨順一切衆生迴向】。

【佛子，此菩薩摩訶薩隨所積集一切善根，所謂小善根、大善根、廣善根、多善根、無量善根、種種善根、微塵數善根、阿僧祇善根、無邊際善根、不可思善根、不可量善根、佛境界善根、法境界善根、僧境界善根、善知識境界善根、一切衆生境界善根、方便善巧境界善根、修諸善心境界善根、內境界善根、外境界善根、無邊助道法境界善根、勤修一切捨善根、立勝志究竟持淨戒善根、一切捨無不受堪忍善根、常精進心無退善根、以大方便入無量三昧善根、以智慧善觀察善根、知一切衆生心行差別】善根、集無邊功德【善根、勤修習菩薩業行善根、普覆育一切世間善根。佛子，菩薩摩訶薩於此善根修行安住，趣入】攝受，積集辦具，【悟解心淨；開示發起時，得堪忍心，閉惡趣門；善攝諸根，威儀具足，遠離顛倒，正行圓滿；堪爲一切】諸佛法器，能作衆【生福德良田；爲佛所念，長佛善根，住諸佛願，行諸佛業，心得自在，等三世佛；趣佛道場，入如來力，具佛】色相，超【諸世間；不樂生天，不貪富樂，不著諸行；一切善根悉以迴向，爲諸衆生功德之藏；住究竟道，普覆一切，於虛妄】道中〔057①-1+②-1〕【拔出衆生，令其安住一切善法，遍諸境界無斷無盡；開一切智菩提之門，建立智幢，嚴淨大道；普能示現一切世間，令除垢染，心善調伏，生如來家，淨佛種性；功德具足，作大福田，爲世所依；安立衆生咸令清淨，常勤修習一切善根。

佛子，菩薩摩訶薩以淨志願菩提心力修諸善根時，作是念言：此諸善根是菩提心之所積集，是菩提心之所思惟，是菩提心之所發起，是菩提心之所志樂，是菩提心之所增益；皆爲憐愍一切衆生，皆爲趣求一切種智，皆爲成就如來十力。作是念時，善根增進，永不退轉。

佛子，菩薩摩訶薩復作是念：願我以此善根果報，盡未來劫，修菩薩行，悉以惠施一切衆生，悉以迴向一切衆生，普遍無餘。願令阿僧祇世界珍寶充滿，阿僧祇世界衣服充滿，阿僧祇世界妙香充滿，阿僧祇世界莊嚴具充滿，阿僧祇世界無量摩尼寶充滿，阿僧祇世界妙華充滿，阿僧祇世界上味充滿，阿僧祇世界財貨充滿，阿僧祇世界床座充滿，蓋以寶帳、敷以妙衣，阿僧祇世界種種莊嚴寶冠充滿。假使一人，盡未來劫，常來求索，以此等物而惠施之，未曾厭倦而有休息。如於一人，於一切衆生悉亦如是。佛子，菩薩摩訶薩如是施時，無虛僞心，無希望心，無名譽心，無中悔心，無熱惱心，但發專求一切智道心、一切悉捨心、哀愍衆生心、教化成熟心、皆令安住一切智智心。佛子，菩薩摩訶薩以諸善根如是迴向，盡未來劫，常行惠施。

佛子，菩薩摩訶薩復作是念：我爲一衆生故，

225

欲令阿僧祇世界寶象充滿，七支具足，性極調順，上立金幢，金網彌覆，種種妙寶而爲莊嚴，以用布施；願令阿僧祇世界寶馬充滿，如龍馬王，種種衆寶莊嚴之具而嚴飾之，持用布施；願令阿僧祇世界妓女充滿，悉能敷奏種種妙音，持用布施；願令阿僧祇世界男女充滿，持用布施；願令阿僧祇世界己身充滿，發菩提心而用布施；願令阿僧祇世界己頭充滿，起不放逸心而用布施；願令阿僧祇世界己眼充滿，而用布施；願令阿僧祇世界己身血肉及以骨髓充滿其中，心無顧戀，持用布施；願令阿僧祇世界自在王位充滿其中，持用布施；願令阿僧祇世界奴僕作使充滿其中，持用布施。菩薩摩訶薩以如是等種種諸物，盡未來劫，安住廣大一切施心，施一衆生；如一衆生，盡衆生界一切衆生皆如是施。

佛子，菩薩摩訶薩於一世界，盡未來劫，修菩薩行，以是等物施一衆生，如是給施一切衆生，皆令滿足；如於一世界，於盡虛空遍法界一切世界中悉亦如是，大悲普覆，終無間息，普加哀愍，隨其所須供給供養，不令施行過緣而息，乃至不於一彈指頃生疲倦心。佛子，菩薩摩訶薩如是施時，生於此心，所謂無著心、無縛心、解脫心、大力心、甚深心、善攝心、無執心、無壽者心、善】調伏心、不散亂心、不妄計【心、具種種寶性心、不求果報心、了達一切法心、住大迴向心、善決諸義心、令一切衆生住無上智】心、生大法光明心、入一切智【智心】。

【佛子，菩薩摩訶薩以所集善根，於念念中如是迴向，所謂：願一切衆生財寶豐足】，無所乏少；願一切衆生【成就無盡大功德藏；願一切衆生具足一切安隱快樂；願一切衆生增長菩薩摩訶薩業；願一】切衆生成消無【量第一勝法；願一切衆生得不退轉一切智乘；願一切衆生普見十方一切諸佛；願一切衆生】永離世間【諸惑塵垢；願一切衆生皆得清淨平等之心；願一切衆生離諸難處，得一切智】。

【佛子，菩薩摩】訶薩如〔057③-3〕【是迴向時，發歡喜心；爲令一切衆生得利益安樂故；爲令一切衆生得平等心故；爲令一切衆生住能捨心故；爲令一切衆生住一切施心故；爲令一切衆生住歡喜施心故；爲令一切衆生住永離貧窮施心故；爲令一切衆生住一切財寶施心故；爲令一切衆生住無數財寶施心故；爲令一切衆生住普施、無量施、一切施心故；爲令一切衆生住盡未來劫無斷施心故；爲令一切衆生住一切悉捨無悔無惱施心故；爲令一切衆生住悉捨一切資生之物施心故；爲令一切衆生住隨順施心故；爲令一切衆生住攝取施心故；爲令一切衆生住廣大施心故；爲令一切衆生住捨無量莊嚴具供養施心故；爲令一切衆生住無著施心故；爲令一切衆生住平等施心故；爲令一切衆生住如金剛極大力施心故；爲令一切衆生住如日光明施心故；爲令一切衆生住攝如來智施心故；爲令一切衆生善根】眷屬具足故；爲【令一切衆生善根智慧常現在前故；爲令一切衆生得不可壞淨心圓滿故；爲令一切衆】生成就最勝清淨善根〔057④-3〕【故；爲令一切衆生於煩惱睡眠中得覺悟故；爲令一切衆生滅除一切諸疑惑故；爲】令一切衆生得平等智慧淨功德【故；爲令一切衆生功德圓滿無能壞者故；爲令一切衆生具足清淨】不動三昧故；爲令一切衆生住不可壞【一切智智故；爲令一切衆生成滿菩薩無量清淨神通行故；爲令一切衆】生修集無著善根故；爲令一切衆生【念去來今一切諸佛心清淨故；爲令一切衆生出生清淨勝善根故】；爲令一切衆生滅除一切魔所〔057④-4〕【作業障道法故；爲令一切衆生具足無礙清淨平等功德法故；爲令一切衆生以廣大心常念諸佛無懈廢故；爲令一切衆生常近諸佛勤供養故；爲令一切衆生廣開一切諸善根門，普能圓滿白淨法故；爲令一切衆生無量心、廣大心、最勝心悉清淨故；爲令】一切衆生成就清淨等施心故；爲令一切衆生奉持諸佛尸波羅蜜等清淨故；爲令一切衆生得大堪忍波羅蜜故；爲令一切衆生住精進波羅蜜常無懈故；爲令一切衆生住無量定，能起種種神通智故；爲令一切衆生得知一切法無體性般若波羅蜜故；爲令一切衆生圓滿無邊淨法界故；爲令一切衆生成滿一切神通清淨善根故；爲令一切衆生住平等行，積集善法悉圓滿故；爲令一切衆生善入一切諸佛境界悉周遍故；爲令一切衆生身口意業〔普〕清淨故；爲令一切衆生善業果報普清淨故；爲令一切衆生了達諸法普清淨故；爲令一切衆生了達實義普清淨故；爲令一切衆生修諸勝行普清淨故；爲令一切衆生成就一切菩薩大願普清淨故；爲令一切衆生證得一切功德智慧普清淨故；爲令一切衆生成就一切同體善根，迴向出生一切智乘普圓滿故；爲令一切衆生嚴淨一切諸佛國土普圓滿故；爲令一切衆生見一切佛而無所著普圓滿故；爲令一切衆生具諸相好，功德莊嚴普圓【滿】故；爲令一切衆生得六十種音聲，發言誠諦，皆可信受，百千種法而以莊嚴，如來無礙功德妙音悉圓滿故；爲令一切衆生成就十力莊嚴無礙平等心故；爲令一切衆生得一切佛無盡法明，一切辯才普圓滿故；爲令一切衆生得無上無畏人中之雄師子吼故；爲令一切衆生得一切智，轉不退轉無盡法輪故；爲令一切衆生了一切法，開示演説普圓滿故；爲令一切衆生以時脩習清淨善法普圓滿故；爲令一切衆生成就導師無上法寶等清淨故；爲令一切衆生於一莊嚴、無量莊嚴、大莊嚴、諸佛莊嚴普【圓滿】故；爲令一切衆生等入三世所有境界悉周遍故；爲令一切衆生悉能往詣一切佛剎，聽受正法無不遍故；爲令一切衆生智慧利益爲世所宗與佛等故；爲令一切衆生以一切智知一切法普圓滿故；爲令一切衆生行不動業，得無礙果普圓滿故；爲令一切衆生所有諸根咸得神通，能知一切衆生根故；爲令一切衆生得無差別平等智慧，於一相法普清淨故；爲令一切衆生與理無違，一切善根悉具足故；爲令一切衆生於一切菩薩自在神通悉明達故；爲令一切衆生得一佛無盡功德，若福若智悉平等故；爲令一切衆生發菩提心，一切法平等一相無遺跡故；爲令一切衆生了達正法，爲世最上福德【田】故；爲令一切衆生成就平等清淨大悲，爲諸施者大力田故；爲令一切衆生堅固第一無能沮壞故；爲令一切衆生見【必】蒙益無能【摧伏故】；爲令一切衆【生】成滿最勝平等心故；爲令一切衆生善能了達一切諸法得大無畏故；爲令一切衆生放一光明【普照】十方〔一切〕世界故；爲【令一】切衆生普【修】一切【菩薩精進】行無【懈】退故；爲令一切衆生以一行願普滿一切諸行願故；爲令一切衆生【以】一妙音普【使】聞者皆【得】解故；爲令一切衆生悉能具足一【切菩】薩清【淨心故】；爲令一切衆生普得值遇諸善知識咸承事故；爲令一切衆生【修】菩薩行，調伏衆【生不休】息故；爲令一切衆生【以妙辯才】具一切音，隨談廣演〔058-1〕無斷盡故；爲令一切衆生能以一心知一切心，以一切【善根等】迴向故；爲令一切衆生常樂積集一切善根，【安立衆生於淨智故】；爲令一切衆生得一切智、福德智慧、清淨身故；爲令一【切衆生善知一切衆生】善根，觀察迴向普成就故；爲令一切【衆生得】一切【智，成等正】覺普圓滿故；爲令一切衆生得具足神通智，於一【處】出興，【一切諸處皆出興故；爲】令一切衆生得普莊嚴智，嚴淨【一衆會，一切衆會皆嚴淨故】；爲令一切衆生於一佛國土普見一切佛國土故；爲令一切【衆生以一切莊嚴具、不可説莊嚴具、無量莊】嚴具、無盡莊嚴【具】，莊【嚴一切諸佛國土】普周遍故；爲令一切衆生於一切法悉能決了甚深〈深〉【義】故；爲【令一切衆生得諸如來最上第一自在神通故】；爲令一切衆生得非一非異一切功德自在神通故；爲令】一切衆生具足一切平等善根，普爲諸佛灌其頂【故；爲令一切衆生悉得成滿清淨智身，於諸有中最尊勝故】。

【佛子，菩薩摩】訶薩如【是】悲愍利益安樂一切衆生，咸令清淨，遠離慳嫉，【受勝妙生，具大威德，生大】信解，永離瞋【恚】及【諸翳】

濁。其心清淨】，質直柔輭，無有諂〈諂〉曲、迷或〈惑〉、愚癡，行出離行，堅固不壞平䒭【之心永無退轉，白淨法力具足成就，無惱無失，善巧】迴【向；常修正行調伏衆生】，滅除一切諸不善業，修行苦行一切善根；又勸衆生令其修習ᶜ〈集〉①，普【爲含識具受衆苦，以大智眼觀】諸善根，知其悉以智【慧爲性，方便迴向】一切衆生。爲令一切衆生悉得安住一切清淨功德處故；爲令一切衆生悉能攝受一切【善根，知諸功德性及義故；爲令】一切衆生普淨一切【諸善根故；爲令一切】衆生【於】福田境界中種諸善法心無悔故；爲令一切【衆生普能】攝受一切衆生，一一皆令趣一切智故；爲令一切衆生普攝一切所有善根，一一皆與平等迴向而相應故。又以諸善根如是迴向，所謂：願一切衆生究竟安【隱，願】一切衆生究竟【清淨，願一切衆生究竟安樂】，願一切衆生究竟解脫，願一切衆生【究竟平等，願一切衆生】究竟了【達，願一切衆生究竟安住諸白淨法，願一切衆生得無礙眼，【願一切衆生】善調其【心，願一切衆生具足十力調伏衆生】。

佛子，【菩】薩摩訶薩如是迴向【時，不著業，不著報，不著身，不】著物，不著剎，不著方，不著衆生，不著【無衆生，不著一切法，不著無一切法。佛子，菩薩摩訶薩】如是迴【向】時，以此善根【普施世間：願一切衆生成滿佛智，得清】淨心，智慧明了，內心【寂】靜，外【緣不動，增長成就三世佛種】。

【佛子，菩薩摩訶薩修行】如是迴向之時，超出一切，無能【過者，一切世間所有言辭悉共稱】讚亦不〔058-2〕【可】盡；普修一切菩【薩諸行，悉能往詣一切佛土，普見諸佛無所障礙；又能普見一切世界菩薩】所行，以善方便，爲【諸衆生分別諸法甚深句義，得陀】羅尼演說妙法，【盡】未來劫無【有斷絕；爲衆生故，念念於不可說不可說世界，猶如影像，普現其】身，

供養諸佛；念【念嚴淨不可說不可說諸佛國土，悉令】周遍，修行嚴淨佛剎【智慧而無厭足；念念令不可說不可說百千億那由他衆】生，清【淨成就】，平【等】滿足；【於彼一切】諸【國土中，勤修一切諸波羅蜜，攝】取【衆生，成就淨業；得無礙耳，於不可說不可說諸佛世界，一一】如【來所轉法輪，聽】聞受持，精勤修習，不生一念【捨離之心；住無】所得、無依【止、無作、無著菩薩神通，於一剎那一彈指頃，分身普詣不可說諸佛世界，與諸菩薩】等同一見。

佛子，菩薩摩訶薩如是修習菩【薩行】時，尚能成滿【無量不可】說不可說【清淨功德，憶念稱讚所不能】盡，【況復得成無上菩提】，一切佛剎平䒭清淨，一切衆生平䒭清淨，一切身平䒭清淨，一切根平【等清淨，一切業果平】䒭【清淨】，一切衆會道【場平等清淨，一切圓滿行平等】清淨，一切法方便智平䒭清淨，一切如來諸願迴向平䒭清【淨，一】切諸佛神通境界【平等清淨】。

【佛子，菩】薩摩訶【薩】如【是迴】向時，得一切功德【清】淨歡喜法門，无量功德圓滿【莊】嚴。【如是迴向時】，衆生不違一切剎，剎不違一切衆生；【剎衆生不違業，業不違剎衆】生；【思】不違心，心【不違】思；思、心不違境界，境界不違思、【心；業不違報，報不違業；業不】違業道，【業道】不【違】業；【法性不違相，法相不違性；法生不】違性，法性不違生；剎【平】䒭不違衆生平䒭，衆生平䒭不【違剎平等；一切衆生平等不違一切法平等，一切法平等不違一切衆生平等；離欲際平等不違一切】衆生安住平䒭，一切【衆生】安住平䒭不違離欲【際平等；過去不違未來，未來不違過去；過去、未來不】違現在，【現在不違過去、未來；世平等】不違佛平䒭，佛平䒭不違【世平】䒭；菩薩

---

① 集，㊅一五九頁註②：集＝習㊀。

【行】不【違一切智，一切智不違菩薩行】。

【佛子，菩薩摩訶薩如是】迴向時，得業【平等，得報平等，得身平】等，得方便平等，得願平等，得一【切衆】生平【等，得一切刹平等，得一切】行平【等，得一】切【智平等，得三世諸佛平等】；得承事【一切諸佛，得供養一切菩薩，得種一切善】根，得滿一切大願，得教化一切【衆生，得了知一切業，得承事供養一切善知識，得入一切清淨衆會道】場，得通【達一切正教，得成滿一切白法】。

佛子，是爲菩薩摩訶薩第七等隨順一切【衆生】迴【向。菩薩摩訶薩成就此迴】向，【則能摧滅一切】魔卻，【拔諸欲刺，得出】離樂，住無二性，【具大威德，救護衆】生，爲功德王；【神足】無礙，往一切刹，入寂滅處；具一切身，成【菩薩行，於諸行願心得自在，分別了知一切諸】法，悉【能遍生一】切佛刹；得無礙耳，聞一切【刹所有音】聲；【得】淨慧眼，見一切佛未嘗暫捨；於一切境界，成就【善根，心無高】下；於【一切法，得無所得。菩薩摩訶薩以一切】善根，等隨順一切【衆生】，如是【迴向】。

尒【時，金剛幢菩】薩承佛神力，普觀十方而說【頌言】：

【菩薩所作諸功德】，微妙廣大甚深〔058-3〕【遠】，
乃至一念而修行，悉能迴向【無邊際。
菩薩所有資生具，種種豐盈無限億，
香象寶馬以駕車，衣服珍財悉殊妙】。
或以頭目幷手足，或持【身肉及骨髓，
悉遍十方無】量刹，普施一【切令充遍。
無量劫中所修習，一切功德盡迴向】，
爲欲救度諸群生，其心畢【竟】不退轉。
菩薩爲度衆生故，常修寂勝【迴向業，
普令三】界得安樂，悉使當成無上果。
菩薩普興平等願，隨其所【集】清淨業，
【悉以】迴【施】諸群生，如是大【誓終無捨】。
菩薩願力【無限礙，一切世間咸】攝受，
如是迴向諸群生，未曾暫起分別心。
普願衆生智明【了，布施】持戒悉清淨，
【精進修行不懈】廢，如是大誓無【休息。
菩薩迴向】到彼岸，【普】開清淨妙法門，
智慧同於兩足尊，分別實義得究竟。
菩薩言【辭已通達，種種智慧亦如是】，
說法如理無障礙，而【於其中】心不著。
常於諸法不作二，亦復不作於不二，
於二不二並皆離，知其悉【是語言道。
知諸世間悉平等】，莫非心語一切業，
衆生幻化無有實，所有果報從【玆】起。
一切世間之所有，種種果報各不同，
莫不皆【由業力成，若滅於業彼皆盡】。
菩薩觀察諸世間，身口意業悉平等，
亦令【衆】生住平等，猶如無等大聖尊。
菩薩【善業悉】迴向，普令衆生【色清淨】，
福德方便【皆】具【足，同於】無【上】調【御】士。
菩薩利益諸群生，功德大海盡迴向，
願使威光特超世，得成雄c〈勇〉猛大力身。
凡所修習諸功德，願使世間普清【淨】，
諸佛清淨無倫迻，衆生清淨亦如是。
菩薩於義得善巧，能知諸法〈佛〉寂勝法，
以衆善業等迴向，願令庶品同如來。
菩薩了知諸法空，一切世間無所有，
無有造作及作者，衆生業報亦不失。
諸法寂滅非寂滅，遠離此二分別心，
知諸分別是世見，入於正位分別盡。
如是真實諸佛子，從於如來法化生，
【彼能如】是善迴向，世間疑惑悉除滅。

大方廣佛花嚴經卷第廿九·廿九之下
〔058-4〕

大方廣佛花嚴經
十迴向品第廿五之八
卷卅‧卅之〔上〕

佛子，何者是菩薩摩【訶】薩真【如】相迴向。

佛子，此菩薩摩訶薩正念明了，其心堅住，遠離迷惑；專意修行，深心不動；【成】不【壞】業，趣一切智，終不退轉；志求大乘，勇猛無畏；植諸德本，普安世間；生勝善根，修白淨法；大悲增長，心寶成就；【常念】諸佛，護持正法；【於】菩薩道信樂堅固，成就無量淨妙善根，勤修一切功德智慧；爲調御師，生衆善法，以智【方便而爲迴】向。菩薩爾時，慧眼普觀，所有善根無量無邊。其諸善根修集之時，若【求】緣、若辦ᶜ〈辨〉① 具、若治淨、若趣入、若專勵、【若起行】、若明達、若精審、若開示，如是一切有種種門、種種境、種種相、種種事、種種【分】、種種行、種種名【字、種】種分別、種種【出】生、【種】種修習，其中所有一切善根，悉是趣向十力乘心之所建立，皆悉迴向一切種智，【唯一】無二。以【諸善根如】是迴向，所謂：願得圓滿無礙身業，修菩薩行；願得清淨無【礙】口業，修菩薩行；願行〈得〉成就無礙意業，【安住大乘；願得圓滿無障礙】心，淨修【一切諸菩】薩行；【願起無】量廣大施心，周給無邊一切衆生；願於諸法心得自在，演【大法】明，無能障蔽；願得【明達一切智處，發】菩提【心，普照世】間；願【常】正念三世諸佛，諦想如來常現在前；願住圓滿增上志樂，遠離一切諸魔怨敵；願得【安住佛十力】智，【普攝衆生無有休息；願得】三昧【遊】諸世界，而於世間無所染者；願住諸世界無有疲猒，教化衆【生恒不】休息；願【起無量思慧方便，成就菩薩不思議道】；願【得諸方不迷】惑智，悉能分別一切世間；願得自在神通智力，於一念中悉【能嚴】淨一切國土；願得【普入諸法自性，見一】切世間【悉】皆【清淨；願得生起無差】別智，於一刹中【入】一切刹；願以一切刹莊嚴之事顯示【一】切，教【化】無量無邊衆生；願於一佛刹中示無邊法界，【一切佛刹悉亦如是；願得】自在大神通智，普能往詣一切佛土。

佛子，菩薩摩【訶】薩以諸善根，【願】得莊嚴一切佛國，願得周遍一切世界，願【得成就智慧觀】察。【如】爲己身如是迴向，如是而爲一切【衆】生，所謂：願一切衆是〈生〉【永離一】切地獄、畜生、閻羅王趣；願一切衆生除滅一切障【礙之業；願】一切衆生得周普心平等智慧；願一切衆生於怨於親等心攝受，皆令安樂，智慧清淨；願一切衆生智慧【圓滿，淨光】普照；願一切衆生思惠〈慧〉成滿，了真實義；願一切衆生以淨志樂，趣求菩提，獲無量智；願一切衆生普能顯示安【隱】住處。【佛子】，菩【薩】摩訶薩恒以善心如是迴向，爲令一切衆生

---

① 辨，㊟一六一頁註②：辨＝辦㊁㊂。

大方廣佛花嚴經十迴向品第二十五之八

遇清涼雲，霪法雨故；爲令一切衆生常值福田，勝境【界】故；爲令一切【衆生皆能善入】菩提心藏，自護持故；爲令一切衆生【離】諸盖纒，善安住故；爲令一切衆生皆獲無礙神【通】智故；爲令【一切】衆生得〔059-1〕【自在身】，普示現故；爲令一切衆生成就最勝一切種智，普興利益无空過故；爲令一切衆生普攝【群】品，令清【淨】故；爲令一切衆生皆【能究】竟一切智故；爲令一切衆生心不動【搖】，無障礙故。

佛子，菩薩摩訶薩見可愛樂國土【園林、草】木花果、名香上服、珎寶財物諸莊嚴具，或見可樂村邑【聚落，或】見帝王威德自在，或見住處離諸【諠】雜。見是事已，以方便智精勤修習，出生無量勝妙功德，爲諸衆生【勤】求善法，心無放逸，廣集衆善；猶如大海，以無盡善普覆一切，爲衆善法所依之處，以諸善根方便迴向而無分別；【開示無】量種種善根，智常觀察一切衆生，心恒憶念善根境界，以等【真如】平等善【根】迴向衆生，無有休息。菩薩尒時，以諸【善根如是】迴向，所謂：願一切衆生得諸如來可愛樂見，見法真性平等平等，無所取着，圓滿清淨；願一切衆生見諸【如來】甚可愛樂，圓【滿】供養；願一切衆生往生一切無諸煩惱、甚可愛樂清淨佛刹；願一切〔059-2〕衆生得見諸佛可愛樂【法】；願一切衆生常樂護持一切菩薩可愛樂行；願一切衆生得善知識可愛樂眼，見無所礙；願一切衆生常見一切可【愛】樂物，無有違逆；願一切衆生證得一切可愛樂法而勤【護】持；願一切衆生於一切佛可樂法中得淨光明；願一切衆生修諸菩薩一切【能捨】可愛樂心；願【一切衆生得無所畏能】說一切可愛樂法；願一切衆生得諸菩薩極可愛樂甚【深】三昧；願一切衆生得【諸】菩薩〔059-3〕【甚可愛樂陀羅尼】門；願一切衆生得【諸菩薩】甚可愛樂善觀察智；願一切衆生能現菩薩甚可愛樂自【在神】通；願一切衆生能於諸佛【大】衆會中說可愛樂甚深妙法；願一切衆生能以方便開示演說【甚】可【愛】樂又〈差〉別之句；願一切衆【生常能發】起甚可愛樂平等大悲；願一切衆生念念發起甚可愛樂大菩提心，常令諸【根】歡喜【悅豫】；願一切衆生能入一切甚可愛樂諸如來家；願一切衆生得可愛【樂能】調【伏】行，調伏衆生無【有】休息；願一切衆生得諸菩薩甚可愛樂【無盡】辯才【演說】諸法；願一切衆生【於不】可說【不可說】刼，住於一切【可】樂世界，教化衆生，心無猒倦；願一切衆生以無量方便，普能悟入甚可愛樂諸【佛法】門；【願一切衆】生得可【愛】樂無礙方便，知一切法無有根本；願一切衆生得可愛樂離貪欲際，知一切法畢【竟】無【二、斷一】切障；願一切衆【生】得可愛樂離貪欲際，知一切法平等真實；願一切衆生具足成滿一切菩薩甚可愛【樂無】戲論法；願一切衆生得金剛藏精進之心，成可愛樂一切智道；願一切衆生具可愛樂無礙善根，摧【伏】一切【煩惱怨】敵；願一切衆生得可愛樂一切智門，普於世間現成正覺。

佛子，菩薩摩訶薩修習【如】是諸善根時，得智慧【明，爲】善知識之所攝受，【如來】慧日明照其心，永滅癡冥；勤修正【法】，入諸智業，善學智地，【流布】善根，充滿法界，以智【迴向】；盡諸菩【薩】善根源底，以智深入大方便海，成就無量廣大善根。

【佛】子，菩薩摩訶薩以此善根如是迴向，所謂：不著【世】間，【不】取衆生；其心清淨，無所依止；正念諸法，離分別見；不捨一切佛自在慧，不違三世一切諸佛正迴向門；隨順一切平【等正法，不壞】如來真實之相，等觀三世無衆生相；善順佛道，善說於法，深了其義，入寂【勝地，悟真實】法，智慧圓滿，信樂堅固；雖善修正業而知業性空，了一切法皆如幻化，知一切法無有自性；觀一切義及種【種】行，隨世言【說】而無所著；【除】滅一切【執著】曰

231

緣，知如實理，觀諸法性皆悉寂滅，了一切法同一實相，知諸法相不相違背；與諸【菩薩】而共同止，修行其【道】，善攝衆生，入【去】来今一切菩【薩】迴向之門；扵諸佛法心無驚怖，以无量心令諸衆生普得清净；扵十方世界不起執取我、我所心，扵諸世間无所分別；扵一【切境】界不生染着，勤修一切出世間法；扵諸世間無取無依，扵深妙道正見牢固，離諸妄見，了真實法。【譬】如真【如】，遍一切處，无有邊際；善根迴向亦復如是，遍一【切處】，无有【邊際。譬】如真如，真實爲性；善根迴向亦復如是〔059-4〕，了一切法真實爲性。譬如真如，恒守本性，無有改變；善根迴向亦復如是，守其本性，始終不改。譬如真如，以一切法【無性爲】性；善根迴向亦復如是，了一切法無性爲性。譬如真如，無相爲相；善根迴向亦復如是，了一切法無相爲相。譬【如】真如，若有得者，終無退轉；善根迴向亦復如是，若有得者，扵諸佛法，永不退轉。譬如真如，一切諸佛【之所】行處；善根迴向亦復如是，一切如来所行之處。譬如真如，離境界相而爲境界；善根迴向亦復如是，離【境】界相而爲三世一切諸佛圓滿境界。譬如真如，能有安立；善根迴向亦復【如】是，悉能安立一切衆生。譬如真如，性常【隨】順；善根迴向亦復如是，盡未来刼，随順不斷。譬如真如，無能測量；善根迴向亦復如是，等虛空界，盡衆〔生〕心，無能測量。

卅之上

苐子潘欽　妻許六娘

〔059-5〕

譬如真如，充滿一切；善根迴向亦復如是，一刹那中普周法界。譬如真如，常住無盡；善根迴向亦復如是，究竟無盡。譬如真如，無有比對；善根迴向亦復如是，普能圓滿一切佛法，無有比對。譬如真如，體性堅固；善根迴向亦復如是，體性堅固，非諸惑惱之所能沮。譬如真如，不可破壞；善根迴向亦復如是，一切衆生不能損壞。譬如真如，照明爲體；善根迴向亦復如是，以普照〔明〕而爲其性。譬如真如，無所不在；善根迴向亦復如是，扵一切處悉無不在。譬如真如，遍一切時；善根迴向亦復如是，遍一切時。譬如真如，性常清淨；善根迴向亦復如是，住於世間而體清淨。譬如真如，於法無礙；善根迴向亦復如是，周行一切而無所礙。譬如真如，爲衆法眼；善根迴向亦復如是，能爲一切衆生作眼。譬如真如，性無勞惓；善根迴向亦復如是，修行一切菩薩諸行恒無勞惓。譬如真如，體性甚深；善根迴向亦復如是，其性甚深。譬如真如，無有一物；善根迴向亦復如是，了知其性無有一物。譬如真如，性非出現；善根迴向亦復如是，其體微妙，難可得見。譬如真如，離衆垢翳；善根迴向亦復如是，慧眼清淨，離諸癡翳。譬如真如，性無與等；善根迴向亦復如是，成就一切諸菩薩行最上無等。譬如真如，體性寂靜；善根迴向亦復如是，善能隨順寂靜之法。譬如真如，無有根本；善根迴向亦復如是，能入一切無根本法。譬如真如，體性無邊；善根迴向亦復如是，淨諸衆生，其數無邊。譬如真如，體性無著；善根迴向亦復如是，畢竟遠離一切諸著。譬如真如，無有障礙；善根迴向亦復如是，除滅一切世間障礙。譬如真〔如〕，非世所行；善根迴向亦復如是，非諸世間之所能行。譬如真如，體性無住；善根迴向亦復如是，一切生死皆非所住。譬如真如，性無所作；善根迴向亦復如是，一切所作悉皆捨離。譬如真如，體性安住；善根迴向亦復如是，安住真實。譬如真如，與一切法而共相應；善根迴向亦復如是，與諸菩薩聽聞修習而共相應。譬如真如，一切法中，性常平等；善根迴向亦復如是，於諸世間修平等行。譬如真如，不離諸法；善根迴向亦復如是，盡未来際不捨世間。譬如真如，一切法中，畢竟無盡；善根迴向亦復如是，於諸衆生迴向無盡。譬如真如，與一切法無有相違；善根迴向亦復如是，不違三世一切佛法。譬如真如，普攝諸法；善根迴向亦復如是，盡攝一切衆生善根。譬如真如，與一切法同其體性；善根迴向亦復如是，與三世佛同一體性。譬如真如，與一切法不相捨離；善根迴向亦復如是，攝持一切世、出世法。譬如真如，無能暎蔽；善根迴向亦復如是，一切世間無能暎蔽。譬如真如，不可動搖；善根迴向亦復如是，一切魔業無能動搖。譬如真如，性無垢濁；善根迴向亦復如是，修菩薩行無有垢濁。譬如真如，無有變易；善根迴向亦復如是，愍念衆生，心無變易。譬如真如，不可窮盡；善根迴向亦復如是，非諸世法所能窮盡。譬如真如，性常覺悟；善根迴向亦復如是，普能覺悟一切諸法。譬如真如，不可失壞；善根迴向亦復如是，於諸衆生起勝志願，永不失壞。譬如真如，能大照明；善根迴向亦復如是，以大智光照諸世間。譬如真如，不可言說；善根迴向亦復如是，一切言語所不可說。譬如真如，持諸世間；善根迴向亦復如是，能持一切菩薩諸行。譬如真如，隨世言說；善根迴向亦復如是，隨順一切智慧言說。譬如真如，遍一切法；善根迴向亦復如是，遍於十方一切佛刹，現大神通，成等正覺。譬如真如，無有分別；善根迴向【亦】復如是，於諸世間，無所分別。譬如真如，遍一切身；善根迴向亦復如是，〔遍〕十方刹無量身中。譬如真如，體性無生；善根迴向亦復如是，方便示生而無所生。譬如真如，無所不在；善根迴向亦復如是，十方三世諸佛土中，普現神通而無【不】在。譬如真如，遍在於夜；善根迴向亦復【如】是，於一切夜，放大光明，施作佛事。譬如真如，遍在於晝；善根迴向亦復如是〔060-1〕，【悉令】一切在晝衆生，見佛神變，演不退輪，離垢清淨，無空過者。譬如真如，遍在半月及以一月；善根迴向亦復如是，於諸世間次第時節，得善方便，於一念中知一切時。譬如真如，遍在年歲；善根迴向亦復如是，住無量劫明

了成熟，一切諸根皆令圓滿。譬如真如，遍成壞劫；善根迴向亦復如是，住一切劫清淨無染，教化衆生咸令清淨。譬如真如，盡未來際；善根迴向亦復如是，盡未來際，修諸菩薩清淨妙行，成滿大願無有退轉。譬如真如，遍住三世；善根迴向亦復如是，令諸衆生於一刹那見三世佛，未曾一念而有捨離。譬如真如，遍一切處；善根迴向亦復如是，超出三界，周行一切，悉得自在。譬如真如，住有無法；善根迴向亦復如是，了達一切有無之法畢竟清淨。譬如真如，體性清淨；善根迴向亦復如是，能以方便集助道法，淨治一切諸菩薩行。譬如真如，體性明潔；善根迴向亦復如是，令諸菩薩悉得三昧明潔之心。譬如真如，體性無垢；善根迴向亦復如是，遠離諸垢，滿足一切諸清淨意。譬如真如，无我、我所；善根迴向亦復如是，以無我、我所清淨之心，充滿十方諸佛國土。譬如真如，體性平等；善根迴向亦復如是，獲得平等一切智智，照了諸法，離諸癡翳。譬如真如，超諸數量；善根迴向亦復如是，與超數量一切智乘大力法藏而同止住，興遍十方一切世界廣大法雲。譬如真如，平等安住；善根迴向亦復如是，發生一切諸菩薩行，平等住於一切智道。譬如真如，遍住一切諸衆生界；善根迴向亦復如是，滿足無礙一切種智，於衆生界悉現在前。譬如真如，無有分別，普住一切音聲智中；善根迴向亦復如是，具足一切諸言音智，能普示現種種言音，開示衆生。譬如真如，永離世間；善根迴向亦復如是，普使衆生永出世間。譬如真如，體性廣大；善根迴向亦復如是，悉能受持去來今世廣大佛法，恒不忘失，勤修一切菩薩諸行。譬如真如，無有間息；善根迴向亦復如是，爲欲安處一切衆生於大智地，於一切劫修菩薩行，無有間息。譬如〔060-2〕真如，體性寬廣，遍一切法；善根迴向亦復如是，淨念無礙，普攝一切寬廣法門。譬如真如，遍攝羣品；善根迴向亦復如是，證得無量品類之智，修諸菩薩真

實妙行。譬如真如，無所取著；善根迴向亦復如是，於一切法皆無所取，除滅一切世間取著，普令清淨。譬如真如，體性不動；善根迴向亦復如是，安住普賢圓滿行願，畢竟不動。譬如真如，是佛境界；善根迴向亦復如是，令諸衆生滿足一切大智境界，滅煩惱境悉令清淨。譬如真如，無能制伏；善根迴向亦復如是，不爲一切衆魔事業、外道邪論之所制伏。譬如真如，非是可修，非不可修；善根迴向亦復如是，捨離一切妄相〈想〉取著，於修、不修無所分別。譬如真如，無有退捨；善根迴向亦復如是，常見諸佛，發菩提心，大誓莊嚴，永無退捨。譬如真如，普攝一切世間言音；善根迴向亦復如是，能得一切差別言音神通智慧，普發一切種種言辭。譬如真如，於一切法無所希求；善根迴向亦復如是，令諸衆生乘普賢乘而得出離，於一切法無所貪求。譬如真如，住一切地；善根迴向亦復如是，令一切衆生捨世間地，住智慧地，以普賢行而自莊嚴。譬如真如，無有斷絕；善根迴向亦復如是，於一切法得無所畏，隨其類音，處處演說，無有斷絕。譬如真如，捨離諸漏；善根迴向亦復如是，令一切衆生成就法智，了達於法，圓滿菩提無漏功德。譬如真如，無有少法而能壞亂，令其少分非是覺悟；善根迴向亦復如是，普令開悟一切諸法，其心無量遍周法界。譬如真如，過去非始，未來非未〈末〉，現在非異；善根迴向亦復如是，爲一切衆生新新恒起菩提心願，普使清淨，永離生死。譬如真如，於三世中無所分別；善根迴向亦復如是，現在念念心常覺悟，過去、未來皆悉清淨。譬如真如，成就一切諸【佛菩】薩；善根迴向〔060-3〕亦復如是，發起一切大願方便，成就諸佛廣大智慧。譬如真如，究竟清淨，不與一切諸煩惱俱；善根迴向亦復如是，能滅一切衆生煩惱，圓滿【一切】清淨智惠〈慧〉。

佛子，菩薩摩訶薩如是迴向時，得一切佛刹平等，普嚴淨一切世界故；得一切衆生平等，普爲轉無礙法輪故；得一切菩薩平等，普出生一切智願故；得一切諸佛平等，觀察諸佛體無二故；得一切法平等，普知諸法性無易故；得一切世間平等，以方便智善解一切語言道故；得一切菩薩行平等，隨種善根盡迴向故；得一切時平等，勤修佛事，於一切時無斷絕故；得一切【業】果平等，於世、出世所有善根皆無染著，咸究竟故；得一切佛自在神通平等，隨順世間現佛事故。

佛子，是爲菩薩摩訶薩第八真如相迴向。菩薩摩訶薩住此迴向，證得無量清淨【法】門，能爲如來大師子吼，自在無畏；以善方便，教化成就無量菩薩，於一切時未曾休息；得佛無量圓滿之身，一身充遍一切世界；得佛無量圓滿音聲，一音開悟一切衆【生】；得佛無量圓滿之力，一毛孔中普能容納一切國土；得佛無量圓滿神通，置諸衆生於一塵中；得佛無量圓滿解脫，於一衆生身示現一切諸佛境界，成等正覺；得佛無量圓滿三昧，一三昧中普能示現一切三昧；得佛無量圓滿辯才，說一句法，窮未來際而不可盡，悉除一切衆生疑惑；得佛無量圓滿衆生，具佛十力，盡衆生界示成正覺。佛子，是爲菩薩摩訶薩以一切善根順真如相迴向。

尒時，金剛幢菩薩承佛威力，普觀十方而說頌言：

菩薩志樂常安住，正念堅固離癡惑，
其心善軟恒清涼，積集無邊功德行。
菩薩謙順無違逆，所有志願悉清淨，
已得智慧大光明，善能照了一切業。
菩薩思惟業廣大，種種差別甚希有，
決意修行無退轉，以此饒益諸羣生。
諸業差別無量種，菩薩一切勤修習，
隨順衆生不違意，普令心淨生歡喜。
已昇調御人尊地，離諸熱惱心無礙，
於法於義悉善知，爲利羣生轉勤習。
菩薩所修衆善行，無量無數種種別，
於彼一切分別知，爲利羣生故迴向。

以妙智慧恒觀察，究竟廣大真實理，
斷諸有處悉無餘〔060-4〕，如彼真如善
【迴向。
譬如】真如遍一切，如是普攝諸世間，
菩薩以此心迴向，悉令眾生無所著。
菩薩顏力遍一切，譬如真如無不在，
若見不見念悉周，悉以功德而迴向。
【夜】中隨住晝亦住，半月一月亦隨住，
若年若劫悉住中，真如如是行亦然。
所有三世及剎土，一切眾生與諸法，
悉住其中無所住，以如是行而迴向。
譬如真如本自性，菩薩如是發大心，
真如所在無不在，以如是行而迴向。
譬如真如本自性，其中未曾有一法，
不得自性是真性，以如是業而迴向。
如真如相業亦尒，如真如性業亦尒，
如真如性本真實，業亦如是同真如。
譬如真如無邊際，業亦如是無有邊，
而於其中無縛者，是故此業得清淨。
如是聰慧真佛子，志願堅固不動搖，
以其智力善通達，入於諸佛方便藏。
覺悟法王真實法，於中無著亦無縛，
如是自在心無礙，未曾見有一法起。
如來法身所作業，一切世間如彼相，
說諸法相皆無相，知如是相是知法。

菩薩住是不思議，於中思議不可盡，
入此不可思議處，思與非思皆寂滅。
如是思惟諸法性，了達一切業差別，
所有我執皆除滅，住於功德無能動。
菩薩一切業果報，悉為無盡智所印，
如是無盡自性盡，是故無盡方便滅。
菩薩觀心不在外，亦復不得在於內，
知其心性無所有，我法皆離永寂滅。
彼諸佛子如是知，一切法性常空寂，
無有一法能造作，同於諸佛悟無我。
了知一切諸世間，悉與真如性相等，
見是不可思議相，是則能知無相法。
若能住是甚深法，常樂修行菩薩行，
為欲利益諸群生，大誓莊嚴無退轉。
是則超過於世間，不起生死妄分別，
了達其心如幻化，勤修眾行度群生。
菩薩正念觀世間，一切皆從業緣得，
為欲救度修諸行，普攝三界無遺者。
了知眾生種種異，悉是想行所分別，
於此觀察悉明了，而不壞於諸法性。
智者了知諸佛法，以如是行而迴向，
哀愍一切諸眾生，令於實法正思惟。

大方廣佛花嚴經卷第三十・三十之下（一十之下）
〔060-5〕

大方〔廣〕佛花嚴經
十迴向品第卅五之九
卷卅一・卅一之上

佛子，云何爲菩薩摩訶薩無著無縛解脫迴向。

佛子，是菩薩摩訶薩扵一切善根，心生尊重。【所謂：扵出】生死，心生尊重；扵攝取一切善根，心生尊重；扵希求一切善根，心生尊重；扵海〈悔〉諸過業，心生尊重；扵随喜善根，心生尊重；扵礼敬諸佛，心生尊重；扵合掌恭敬，心生尊重；扵頂礼塔廟，心生尊重；扵勸佛説法，心生尊重。扵如是等種種善根，皆生尊重，随順忍可。

佛子，菩薩摩訶薩扵彼善根，皆生尊重，随順忍可時，究竟欣樂，堅固信解；自得安住，令他安住，勤修無著，自在積集；成勝志樂，住如來境；勢力增長，悉得知見。以諸善根如是迴向，所謂：以無著無縛解脫心，成就普賢身業。以無著無縛解脫心，清净普賢語業。以無著無縛解脫心，圓滿普賢意業。以無著無縛解脫心，發起普賢廣大精進。以無著無縛解脫心，具足普賢无旱音聲陁羅尼門，其聲廣大，普遍十方。以无著無縛解脫心，具足普賢見一切佛陁羅尼門，恒見十方一切諸佛。以無著無縛解脫心，成就解了一切音聲陁羅尼門，同一切音，説无量法。以无著无縛解脫心，成就普賢一切刼住陁羅尼門，普扵十方修菩薩行。以无著无縛解脫心，成就普賢自在力，扵一衆生身中，示修一切菩薩行，盡未來刼常無閒断；如一衆生身，一切衆生身悉如是。以无著无縛解脫心，成就普賢自在力，普入一切衆道場，普現一切諸佛前，修菩薩行。以无著無縛解脫心，成就普賢佛自在力，扵一門中示現，經不可説不可説刼，無有窮盡，令一切衆生皆得悟入。以无著无縛解脫心，成就普賢佛自在力，扵種種門中示現，經不可説不可説刼，無有窮盡，令一切衆生皆得悟入，其身普現一切佛前。以无著无縛解脫心，成就普賢自在力，念念中令不可説不可説衆生住十力智，心無疲倦。以无著无縛解脫心，成就普賢自在力，扵一切衆生身中，現一切佛自在神通，令一切衆生住普賢行。以无著无縛解脫心，成就普賢自在力，扵一一衆生語言中，作一切衆生語言，令一切衆生一一皆住一切智地。以无著无縛解脫心，成就普賢自在力，扵一一衆生身中，普容納一切衆生身，令皆自謂成就佛身。以无著无縛解脫心，成就普賢自在力，能以一花荘嚴一切十方世界。以无著无縛解脫心，成就普賢自在力，出大音聲，普遍法界，周聞一切諸佛國土，攝受調伏一切衆生。以无著无縛解脫心，成就普賢自在力，盡未來際不可説不可説刼，扵念念中悉能遍入一切世界，以佛神力，随念荘嚴。以无著无縛解脫心，成就普賢自在力，盡未來際所住之刼，常能遍入一切世界，示現成佛出興扵世。以无著无縛解脫心，成普賢行，一光普照盡虛空界一切世界。以无著无縛解脫心，成普賢行，得无量智慧，具【一切】神通，説種種法。以无著无縛解脫心，成普賢行，入扵如来盡一切刼不可測量神通智慧。以无著无縛解脱心，成普賢行，住盡法界諸如来所，以佛神力修習〔061－1〕一切諸菩薩行；身口【意業，曾】無懈倦。以无著无縛解脱心，成普賢行，不違扵義，不壊扵法，言詞〈辭〉[1]清浄，樂説無盡；教化調伏一切衆生，令其當得一切諸佛无上菩提。以無着无縛解脱心，【修普】賢行，入一法門時，放无量光，照不思議一切法門；如一法門，【一切】法門皆亦如是通達无㝵，究竟當得一切智地。以无著无縛解脱心，住菩薩行，扵法自在，【到】扵普賢荘嚴彼岸；扵一一境界，皆以一切智觀察悟入，而一切智亦不窮盡。以无著无縛解脱心，始從此生盡未来際住普賢行，常不休息，得一切智，悟不可説不可説真實法，扵法究竟，無有迷惑。以无著无縛解脱心，修普賢業，方便自在，得法光明，扵諸菩薩所行之行照了无㝵。以无著无縛解脱心，修普賢行，得一切方便智，知一切方便，所謂无量方便、不思議方便、菩薩方便、一切智方便、一切菩薩調伏方便、轉无量法輪方便、不可説時方便、説種種法方便、无邊際无畏蔵方便、説一切法无餘方便。以无著无縛解脱心，住普賢行，成就身業，令一切衆生見者歡喜，不生誹謗；發菩提心，永不退轉，究竟清浄。以无著无縛解脱心，修普賢行，得了一切衆生語言清浄智，一切言詞〈辭〉具足荘嚴，普應衆生，皆令歡喜。以无著无縛解脱心，住普賢行，立殊勝志，具清浄心，得廣大神通、廣大智慧，普詣一切廣大世間、廣大國土、廣大衆生所，説一切如来不可説廣大法、廣大荘嚴圎滿蔵。以无著无縛解脱心，成滿普賢迴向行願，得一切佛清浄身、清浄心、清浄解，攝佛功徳，住佛境界，智印普照，示現菩薩清浄之業，善入一切差別句義，示諸佛菩薩廣大自在，為一切衆生現成正覺。以无著无縛解脱心，勤修普賢諸根行願，得聰利根、調順根、一切法自在根、无盡根、勤修一切善根根、一切佛境界平等根、授一切菩薩不退轉記大精進根、了知一切佛法金剛界根、一切如来智慧光明〈照〉金剛燄根、分別一切諸根自在根、安立无量衆生扵一切智根、无邊廣大根、一切圎滿根、清浄无㝵根。以无著无縛解脱心，修普賢行，得一切菩薩神力，所謂无量廣大力神力、无量自在智神力、不動其身普現一切佛刹神力、无㝵不断自在神力、普攝一切佛刹置扵一處神力、一身遍滿一切佛刹神力、無礙解脱遊戯神力、无所作一念自在神力、住无性无依神力、一毛孔中次苐安立不可説世界遍遊法界諸佛道場示諸衆生皆令得入大智慧門神力。以无著无縛解脱心，入普賢門，生菩薩行，以自在智，扵一念頃普入无量諸佛國土，一身容受无量佛刹，獲能嚴浄佛國土智，恒以智慧觀見无邊諸佛國土，永不發起二乗之心。以无著无縛解脱心，修普賢方便行，入智慧境界，生如来家，住菩【薩道，具】足不可説不可説无量不思議殊勝心，行无量願未曽休息，了知三世一切法界。以无著无縛解脱心〔061－2〕，成就普賢清浄法門，扵一毛端量處悉包容盡虚空遍法界不可説不可説一切國土，皆使明見；如一毛端量處，遍法界、虚空界一一毛端量處悉亦如是。以无著無縛解脱心，成就普賢深心方便，扵一念心中現一衆生不可説不可説刼念心，如是乃至現一切衆生尒許刼念心。以无著无縛解脱心，入普賢迴向，行方便地，扵一身中悉能包納盡法界不可説不可説身，而衆生界無所增減；如一【身】，乃至周遍法界一切身悉亦如是。以无著无縛解脱心，成就普賢大願方便，捨離一切想倒、心倒、見倒，普入一切諸佛境界；常見諸佛虚空界等清浄法身，相好荘嚴，神力自在；常以妙音開示演説无礙无断，令其聞者如説受持，扵如来身了无所得。以无著无縛【解脱】心，修普賢行，住菩薩地，扵一念中入一切世界，所謂入仰

① 辭，[大正]一六六頁註①：辭＝詞[三][宮]，下同。

世界、覆世界、不可說不可說十方綱一切處廣大世界，以曰陁羅綱分別方便普分別一切法界，以種種世界入一世界，以不可說不可說无量世界入一世界，以一切法界所安立无量世界入一世界，以一切虛空界所安立无量世界入一世界，而亦不壞安立之相，悉令明見。以无著无縛解脫心，修習普賢菩【薩行願，得佛灌】頂，於一念中入方便地，成满安住衆行智寶；悉能了知一切諸想，所謂衆生想、法想、刹想、方想、佛想、世想、業想、行想、界想、解想、根想、時想、持想、煩惱想、清【淨】想、【成熟】想、見【佛想】、轉法輪想、聞法解了想、調伏想、無量想、出離想、種種地想、無量地想、菩薩了知想、菩薩修習想、菩薩三昧想、菩薩三昧起想、菩薩成想、菩薩壞想、菩薩殁〈沒〉想、菩薩生想、【菩薩】解脫想、菩薩自在想、菩薩住持想、菩薩境界想、劫成壞想、明想闇想、晝想夜想、半月一月一時一歲變異想、去想来想、住想坐想、睡想覺想，如是芋想，於一念中悉能了知，而離一切想無所分別；斷一切鄣，無所執著；一切佛智充满其心，一切佛法長其善根，與諸如来芋【同】一身，一切諸佛之所攝取，離垢清淨，一切佛法皆隨修學【到】於彼岸。以無著無【縛】解脫心，爲一切衆生修普賢行，生大智寶，於一一心中知無量心，隨其依止，隨其分別，隨其種性，隨其所作，隨其業用，隨其相狀，隨其思覺，種種不同靡不明見。以无著无縛【解脫】心，成就普賢大願智寶，於一處中知於無量不可說處；如於一處，於一切處悉亦如是。以无著无縛解脫心，修習普賢行業智地，於一業中能知無量不可說不可說業，其業各【以種】種緣造，明了知見；如於一業，於一切業悉亦如是。以无著无縛解脫心，修習普賢知諸法智，於一法中知不可說不可說法，於一切法中而知一法；如是諸法，各各差別，无有鄣礙，無【違】無著。以无著无縛解脫心，住菩薩行，得具普賢无礙耳根，於一言

音中知不可說不可說言音無量無邊種種差別而不〈無〉所著；如於一言音，於一切言音悉亦如是。以无著無【縛】解脫心，修普賢智，起普賢行，住普賢地，於一一法中演說不可說不可說法；其法廣大，種種差別教化攝受，不可思議方便相應；於无量時，於一切時，隨諸衆生所有欲【解，隨】根隨時，以佛音聲而爲說法；以一妙音，令不可說道場衆會无量衆生悉亦〈皆悉〉歡喜，一如来所無量菩薩充满法界；立殊勝志，生廣大見，究竟了知一切諸行，住【普賢地，隨】所說法，於念念中悉能證入，一刹那頃增長無量不可說不可說大智慧聚；盡未来劫如是演說，於一切刹修習廣大虛空芋行，成就圓满。以無著无縛【解脫心，修習普】賢諸根行門，成大行王，於一一根中【悉能了】知无量諸根、無量心樂、不思議境界所生【妙行】。以无著無縛解脫心，住普賢行大迴向心，得色甚微細智〔061-3〕、【身甚微細智、刹】甚微細智、劫甚微細智、世甚微細智、方甚微細智、時甚微細智、數甚微細智、業報甚微細智、清淨甚微細智，如是芋一切甚微細，於一念中悉能了知，而心不怖【怖，心不】迷惑、不亂、不散、不濁、不劣；其心一緣，心善寂定，心善分別，心善安住。以无著无縛解脫心，住菩薩智，修普賢行，無有懈倦，能知一切衆生趣甚微細、衆生死甚微細、衆生生甚微細、衆生住甚微細、衆生處甚微細、衆生品類甚微細、衆生境界甚微細、衆生行甚微細、衆生取甚微細、衆生攀緣甚微細，如是芋一切甚微細，於一念中悉能了知。【以】无著無縛解脫心，立深志樂，修普賢行，能知一切菩薩從初發心爲一【切衆生修】菩薩行甚微細、菩薩住處甚微細、菩薩神通甚微細、菩薩遊行无量佛刹甚微細、菩薩法光明甚微細、菩薩清淨眼甚微細、菩薩成就【殊】勝心甚微【細、菩薩】往詣一切如来道場【衆會】甚微細、菩薩陁羅足門智甚微細、菩薩無量无畏地一切辯才藏演說甚微細、菩薩無量三昧

大方廣佛花嚴經十迴向品第二十五之九

相甚微細、菩薩見一切佛三昧智甚【微細】、菩薩【甚】深【三昧】智甚【微細、菩】薩大莊嚴三昧智甚微細、菩薩法界三昧智甚微細、菩薩大自在神通三昧智甚微細、菩薩盡未來際廣大行住持三昧智甚微細、菩薩出生無【量】差別三昧智甚微【細、菩薩出】生一切諸佛前【勤】修供養恒不捨離三昧智甚微細、菩薩修行一切甚深廣博〈博〉无鄣無礙三昧智甚微細、菩薩究竟一切智【地】住持行智地大神通地決【定】義地離翳三昧【智甚】微細，如是㝵一切甚微【細，悉】能了【知。以】无著無縛解脫心，修普賢行，悉知一切菩薩安立智甚微細、菩薩地甚微細、菩薩无量行甚微細、菩薩【出生】迴向甚微細、【菩】薩得一切佛藏甚微細、菩薩觀察智甚微細、菩薩神通頭【力】甚微細、菩薩演說三昧甚微細、菩薩自在方便甚微細、菩薩印甚微細、菩薩一生【補】處甚【微細、菩薩生兜】率天甚微細、菩薩住止天宮甚微細、菩薩嚴淨【佛】國【甚微】細、菩薩觀察人中甚微細、菩薩放大光明甚微細、菩薩種族殊勝甚微細、菩薩道場衆會甚微【細、菩薩遍一切世界】受生甚微細、菩薩扵一身示現一切身命終甚微細、菩薩入母胎甚微細、菩薩住母胎甚微細、菩薩在母胎中自在示現一切法界道場衆會甚微細、菩薩在母胎中示現【一切】佛神力甚微細、菩薩示現誕生事甚微細、菩薩師子遊行七步智【甚】微細、菩薩示處王宮巧方便智微細、菩薩出家修調伏【行】甚微細、【菩薩菩】提樹下坐道場甚微【細】、菩薩破魔軍衆成阿耨多羅三藐三菩提甚微細、如來坐菩提座放【大光】明照十方界甚微細、如來示現無量神變甚微細、如來【師子吼大涅槃甚微細、如來】調伏一切衆生而無所礙甚微細、如來不思議自在力如金剛菩提心甚微細、如來普護念一切世間境界甚微細、如來普扵一切世界〔061-4〕【施作佛事盡未來劫而無休息甚微細、如來無礙神力周遍法界甚微細、如來扵盡虛空界一切世界普現成佛調伏衆

生甚微細、如來扵一佛身現無量佛身甚微細、如來扵去來今三世中皆處道場自在智甚微細，如是等一切微細悉能了知；成就清淨，普能示現一切世間；扵念念中增長智慧，圓滿不退；善巧方便修菩薩行，無有休息；成就普賢迴向之地，具足一切如來功德，永不厭捨菩薩所行，出生菩薩現前境界；無量方便皆悉清淨，普欲安隱一切衆生；修菩薩行，成就菩薩大威德地，得諸菩薩心之樂欲，獲金剛幢迴向之門，出生法界諸功德藏，常爲諸佛之所護念；入諸菩薩深妙法門，演說一切真實之義，扵法善巧無所違失，起大誓願不捨衆生；扵一念中盡知一切心、非心地境界之藏，扵非心處示生扵心；遠離語言，安住智慧，同諸菩薩所行之行，以自在力示成佛道，盡未來際常無休息；一切世間衆生劫數，忘想言說之所建立，神通願力悉能示現。以無著無縛解脫心，修普賢行，得一切衆生界甚微細智，所謂衆生界分別甚微細智、衆生界言說甚微細智、衆生界執著甚微細智、衆生界異類甚微細智、衆生界同類甚微細智、衆生界無量趣甚微細智、衆生界不思議種種分別所作甚微細智、衆生界無量雜染甚微細智、衆生界無量清淨甚微細智，如是等一切衆生界境界甚微細，扵一念中能以智慧皆如實知；廣攝衆生而爲說法，開示種種清淨法門，令修菩薩廣大智慧；化身無量，見者歡喜，以智日光照菩薩心，令其開悟智慧自在。以無著無縛解脫心，爲一切衆生扵一切世界修普賢行，得盡虛空界、法界、一切世界甚微細智，所謂小世界甚微細智、大世界甚微細智、雜染世界甚微細智、清淨世界甚微細智、無比世界甚微細智、種種世界甚微細智、廣世界甚微細智、狹世界甚微細智、無礙莊嚴世界甚微細智、遍一切世界佛出現甚微細智、遍一切世界說正法甚微細智、遍一切世界普現身甚微細智、遍一切世界放大光明甚微細智、盡一切世界示現諸佛自在神通甚微細智、盡一切世界以一音聲示一切音甚微細智、入一切世界一切佛刹道場衆會甚微細智、以一切法界佛刹作一佛刹甚微

細智、以一佛剎作一切法界佛剎甚微細智、知一切世界如夢甚微細智、知一切世界如像甚微細智、知一切世界如幻甚微細智；如是了知出生一切菩薩之道，入普賢行智慧神通，具普賢觀，修菩薩行，常無休息；得一切佛自在神變，具無礙身，住無依智，於諸善法無所取著，心之所行悉無所得；於一切處起遠離想，於菩薩行起淨修想，於一切智無取著想，以諸三昧而自莊嚴，智慧隨順一切法界。以無著無縛解脫心，入普賢菩薩行門，得無量法界甚微細智、演說一切法界甚微細智、入廣大法界甚微細智、分別不思議法界甚微細智、分別一切法界甚微細智、一念遍一切法界甚微細智、普入一切法界甚微細智、知一切法界無所得甚微細智、觀一切法界無所礙甚微細智、知一切法界無有生甚微細智、於一切法界現神變甚微細智，如是等一切法界甚微細，以廣大智皆如實知；於法自在，示普賢行，令諸眾生皆悉滿足；不捨於義，不著於法，出生平等無礙之智；知無礙本，不住一切法，不壞諸法性，如實無染，猶若虛空，隨順世間起於言說；開真實義，示寂滅性，於一切境無依、無住、無有分別；明見法界，廣大安立，了諸世間及一切法平等無二，離一切著。以無著無縛解脫心，修普賢行，生諸劫甚微細智，所謂以不可說劫為一念甚微細智、以一念為不可說劫甚微細智、以阿僧祇劫入一劫甚微細智、以一劫入阿僧祇劫甚微細智、以長劫入短劫甚微細智、以短劫入長劫甚微細智、入有佛劫無佛劫甚微細智、知一切劫數甚微細智、知一切劫非劫甚微細智、一念中見三世一切劫甚微細智，如是等一切諸劫甚微細，以如來智，於一念中皆如實知；得諸菩薩圓滿行王心、入普賢行心、離一切分別異道戲論心、發大願無懈息心、普見無量世界網無量諸佛充滿心、於諸佛善根諸菩薩行能聞持心、於安慰一切眾生廣大行聞已不忘心、能於一切劫現佛出世心、於一一世界盡未來際行不動行無休息心、於一切世界中以如來身業充滿菩薩身心。以無著無縛解脫心，修普賢行，成不退轉，得一切法甚微細智，所謂甚深法甚微細智、廣大法甚微細智、種種法甚微細智、莊嚴法甚微細智、一切法無有量甚微細智、一切法入一法甚微細智、一法入一切法甚微細智、一切法入非法甚微細智、無法中安立一切法而不相違甚微細智、入一切佛法方便無有餘甚微細智，如是等一切世界一切言說所安立法諸微細智，與彼同等，其智無礙，皆如實知；得入無邊法界心，於一一法界深心堅住，成無礙行；以一切智充滿諸根，入諸佛智，正念方便，成就諸佛廣大功德；遍滿法界，普入一切諸如來身，現諸菩薩所有身業，隨順一切世界言辭，演說於法；得一切佛神力所加智慧意業，出生無量善巧方便分別諸法薩婆若智。以無著無縛解脫心，修普賢行，出生一切甚微細智，所謂知一切剎甚微細智、知一切眾生甚微細智、知一切法果報甚微細智、知一切眾生心甚微細智、知一切說法時甚微細智、知一切法界甚微細智、知一切盡虛空界三世甚微細智、知一切語言道甚微細智、知一切世間行甚微細智、知一切出世行甚微細智，乃至知一切如來道、一切菩薩道、一切眾生道甚微細智；修菩薩行，住普賢道，若文若義皆如實知；生如影智，生如夢智，生如幻智，生如響智，生如化智，生如空智，生寂滅智，生一切法界智，生無所依智，生一切佛法智。

佛子，菩薩摩訶薩以無著無縛解脫心迴向，不分別若世間、若世間法，不分別若菩提、若菩提薩埵，不分別若菩薩行、若出離道，不分別若佛、若一切佛法，不分別若調伏眾生、若不調伏眾生，不分別若善根、若迴向，不分別若自、若他，不分別若施物、若受施者，不分別若菩薩行、若等正覺，不分別若法、若智。

佛子，菩薩摩訶薩以彼善根如是迴向，所謂：心無著無縛解脫，身無著無縛解脫，口無著無縛解脫，業無著無縛解脫，報無著無縛解脫，世間無著無縛解脫，佛剎無著無縛解脫，眾生無著無縛解脫，法無著無縛解脫，智無著無縛解脫。菩薩摩訶薩如是迴向時，如三世諸佛為菩薩時所修迴向而行迴向；學過去諸佛迴向，成未來諸佛迴向，住現在諸佛迴向；安住過去諸佛迴向道，不捨未來諸佛迴向道，隨順現在諸佛迴向道；勤修過去諸佛教，成就未來諸佛教，了知現在諸佛教；滿足過去諸佛平等，成就未來諸佛平等，安住現在諸佛平等；行過去諸佛境界，住未來諸佛境界，等現在諸佛境界；得三世一切諸佛善根，具三世一切諸佛種性，住三世一切諸佛所行，順三世一切諸佛境界。

佛子，是爲菩薩摩訶薩第九無著無縛解脫心迴向。菩薩摩訶薩住此迴向時，一切金剛輪圍山所不能壞，於一切衆生中色相第一無能及者，悉能摧破諸魔邪業，普現十方一切世界；修菩薩行，爲欲開悟一切衆生，以善方便說諸佛法；得大智慧，於諸佛法心無迷惑，在在生處若行若住，常得值遇不壞眷屬；三世諸佛所說正法，以清淨念悉能受持，盡未來劫修菩薩行，常不休息，無所依著；普賢行願增長具足，得一切智施作佛事，成就菩薩自在神通。

爾時，金剛幢菩薩承佛神力，普觀十方而說頌言：

普於十方無等尊，未曾一起輕慢心，
隨其所修功德業，亦復恭敬生尊重。
所修一切諸功德，不爲自己及他人，
恒以最上信解心，利益衆生故迴向。
未嘗暫起高慢心，亦復不生下劣意，
如來所有身等業，彼悉請問勤修習。
所修種種諸善根，悉爲利益諸含識，
安住深心廣大解，迴向人尊功德位。
世間所有無量別，種種善巧奇特事，
麁細廣大及甚深，靡不修行皆了達。
世間所有種種身，以身平等入其中，
於此修行得了悟，慧門成就無退轉。
世間國土無量種，微細廣大仰覆別，
菩薩能以智慧門，一毛孔中無不見。
衆生心行無有量，能令平等入一心，
以智慧門悉開悟，於所修行不退轉。
衆生諸根及欲樂，上中下品各不同，
一切甚深難可知，隨其本性悉能了。
衆生所有種種業，上中下品各差別，
菩薩深入如來力，以智慧門普明見。
不可思議無量劫，能令平等入一念，
如是見已遍十方，修行一切清淨業。
過去未來及現在，了知其相各不同，
而亦不違平等理，是則大心明達行。
世間衆生行不同，或顯或隱無量種，
菩薩悉知差別相，亦知其相皆無相。
十方世界一切佛，所現自在神通力，
廣大難可得思議，菩薩悉能分別知。
一切世界兜率中，自然覺悟人師子，
功德廣大淨無等，如其體相悉能見。
或現降神處母胎，無量自在大神變，
成佛說法示滅度，普遍世間無暫已。
人中師子初生時，一切勝智悉承奉，
諸天帝釋梵王等，靡不恭敬而瞻侍。
十方一切無有餘，無量無邊法界中，
無始無末無退遍，示現如來自在力。
人中尊導現生已，遊行諸方各七步，
欲以妙法悟群生，是故如來普觀察。
見諸衆生沈欲海，盲暗愚癡之所覆，
人中自在現微笑，念當救彼三有苦。
大師子吼出妙音，我爲世間第一尊，
應然明淨智慧燈，滅彼生死愚癡闇。
人師子王出世時，普放無量大光明，
令諸惡道皆休息，永滅世間衆苦難。
或時示現處王宮，或現捨家修學道，
爲欲饒益衆生故，示其如是自在力。
如來始坐道場時，一切大地皆動搖，
十方世界悉蒙光，六趣衆生咸離苦。
震動一切魔宮殿，開悟十方衆生心，
昔曾受化及修行，皆使了知真實義。
十方所有諸國土，悉入毛孔無有餘，
一切毛孔剎無邊，於彼普現神通力。
一切諸佛所開演，無量方便皆隨悟，

設諸如來所不說，亦能解了勤修習。
遍滿三千大千界，一切魔軍興鬪諍，
所作無量種種惡，無礙智門能悉滅。
如來或在諸佛剎，或復現處諸天宮，
或在梵宮而現身，菩薩悉見無障礙。
佛現無量種種身，轉於清淨妙法輪，
乃至三世一切劫，求其邊際不可得。
寶座高廣最無等，遍滿十方無量界，
種種妙相而莊嚴，佛處其上難思議。
諸佛子眾共圍遶，盡於法界悉周遍，
開示菩提無量行，一切最勝所由道。
諸佛隨宜所作業，無量無邊等法界，
智者能以一方便，一切了知無不盡。
諸佛自在神通力，示現一切種種身，
或現諸趣無量生，或現采女眾圍遶。
或於無量諸世界，示現出家成佛道，
乃至最後般涅槃，分布其身起塔廟。
如是種種無邊行，導師演說佛所住，
世尊所有大功德，誓願修行悉令盡。
以彼善根迴向時，住於如是方便法，
如是修習菩提行，其心畢竟無厭怠。
如來所有大神通，及以無邊勝功德，
乃至世間諸智行，一切悉知無不盡。
如是一切人中主，隨其所有諸境界，
於一念中皆了悟，而亦不捨菩提行。
諸佛所有微細行，及一切剎種種法，

於彼悉能隨順知，究竟迴向到彼岸。
有數無數一切劫，菩薩了知即一念，
於此善入菩提行，常勤修習不退轉。
十方所有無量剎，或有雜染或清淨，
及彼一切諸如來，菩薩悉能分別知。
於念念中悉明見，不可思議無量劫，
如是三世無有餘，具足修治菩薩行。
於一切心平等入，入一切法亦平等，
盡空佛剎斯亦然，彼最勝行悉了知。
出生眾生及諸法，所有種種諸智慧，
菩薩神力亦復然，如是一切無窮盡。
諸微細智各差別，菩薩盡攝無有餘，
同知異相悉善知，如是修行廣大行。
十方無量諸佛剎，其中眾生各無量，
趣生族類種種殊，住行力已悉能知。
過去未來現在世，所有一切諸導師，
若人知此而迴向，則與彼佛行平等。
若人能修此迴向，則為學佛所行道，
當得一切佛功德，及以一切佛智慧。
一切世間莫能壞，一切所學皆成就，
常能憶念一切佛，常見一切世間燈。
菩薩勝行不可量，諸功德法亦如是，
已住如來無上行，悉知諸佛自在力】。

【大方廣佛華嚴經卷第三十一】

大方廣佛花嚴經
十迴向品第廿五之十

卷卅二・卅二之上

佛子，云何爲菩薩摩訶薩等法界無量迴向。

佛子，此菩薩摩訶薩以離垢繒而繫其頂，住法師位，廣行法施，起大慈悲安立衆生，於菩提心常行饒益無有休息；以菩提心長養善根，爲諸衆生作調御師，示諸衆生一切智道；爲諸衆生作法藏日，善根光明普照一切；於諸衆生其心平等，修諸善行無有休息；心淨無染，智慧自在，不捨一切善根道業；作諸衆生大智商主，普令得入安隱正道；爲諸衆生而作導首，令修一切善根法行；爲諸衆生作不可壞堅固善友，令其善根增長成就。

佛子，此菩薩摩訶薩以法施爲首，發生一切清淨白法，攝受趣向一切智心，殊勝願力究竟堅固；成就增益，具大威德，依善知識，心無謟〈諂〉誑，思惟觀察一切智門無邊境界。以此善根如是迴向：願得修習、成就、增長廣大無礙一切境界；願得於佛正教之中，乃至聽聞一句一偈受持演說；願得憶念與法界等無量無邊一切世界去來現在一切諸佛，既憶念已，修菩薩行。又願以此念佛善根，爲一衆生於一世界盡未來劫修菩薩行；如於一世界，盡法界、虛空界、一切世界皆亦如是；如爲一衆生，爲一切衆生亦復如是。以善方便，一一皆爲盡未來劫大誓莊嚴，終c〈修〉無離佛善知識想，常見諸佛現在其前，無有一佛出興於世不得親近。一切諸佛及諸菩薩所讚所說清淨梵行，誓願修行，悉令圓滿，所謂不破梵行、不缺梵行、不雜梵行、無點梵行、無失梵行、無能蔽梵行、佛所讚梵行、無所依梵行、無所得梵行、增益菩薩清淨梵行、三世諸佛所行梵行、無礙梵行、無著梵行、無諍梵行、無滅梵行、安住梵行、無比梵行、無動梵行、無亂梵行、無恚梵行。

佛子，菩薩摩訶薩若能爲己修行如是清淨梵行，則能普爲一切衆生，令一切衆生皆得安住；令一切衆生皆得開曉；令一切衆生皆得成就；令一切衆生皆得清淨；令一切衆生皆得無垢；令一切衆生皆得照明；令一切衆生離諸塵染；令一切衆生無諸翳瞖；令一切衆生離諸熱惱；令一切衆生離諸纏縛；令一切衆生永離諸惡；令一切衆生無諸惱害，畢竟清淨。何以故，菩薩摩訶薩自於梵行不能清淨，不能令他而得清淨；自於梵行而有退轉，不能令他無有退轉；自於梵行而有失壞，不能令他無有失壞；自於梵行而有遠離，不能令他常不遠離；自於梵行而有懈怠，不能令他不生懈怠；自於梵行不生信解，不能令他心生信解；自於梵行而不安住，不能令他【而】得安住；自於梵行而不證入，不能令他心得證入；自於梵行而有放捨，不能令他恆不放捨；自於梵行而有散動，不能令他心不散動。何以故，菩薩摩【訶薩】住無倒行，說無倒法，所言誠實，如說修行，淨身口意，離諸雜染，住無礙行，滅一切障。菩薩摩訶薩自得淨心，爲他演說清淨心法；

243

自修和忍，以諸【善根】調伏其心，令他和忍，以諸善根調伏其心；自離疑悔，亦令他人永離疑悔；自得淨信，亦令他得不壞淨信；自住正法，亦令衆生安住正法。

佛子，菩薩摩【訶薩】復以法施所生善根如是迴向，所謂：願我獲得一切諸佛无盡法門，普爲衆生分別解說，皆令歡喜，心得滿足，摧滅一切外道異論。願我能爲一切衆生【演說】三世諸佛法海，於一一法生起、一一法義理、一一法名言、一一法安立、一一法解說、一一法顯示、一一法門户、一一法悟入、一一法觀察、一一法分位，悉得无邊〔063-1〕無盡法藏，獲無所畏，具四辯才，廣爲衆生分別解說，窮未來際而無有盡。爲欲令一切衆生立勝志願，出生無礙、無謬失辯；爲欲令一切衆生皆生歡喜，爲欲令一切衆生成就一切淨法光明，隨其類音，演說無斷；爲欲令一切衆生深信歡喜，住一切智，辯〈辨〉①了諸法，俾无迷惑，作是念言：我當普於一切世界，爲諸衆生精勤修習，得遍法界無量自在身，得遍法界無量廣大心，具等法界無量清淨音聲，現等法界无量衆會道場，修等法界無量菩薩業，得等法界無量菩薩住，證等法界無量菩薩平等，學等法界無量菩薩法，住等法界無量菩薩行，入等法界無量菩薩迴向。是爲菩薩摩訶薩以諸善根而爲迴向，爲令衆生悉得成就一切智故。

佛子，菩薩摩訶薩復以善根如是迴向，所謂：爲欲見等法界無量諸佛，調伏等法界无量衆生，住持等法界無量佛刹，證等法界無量菩薩智，獲等法界無量无所畏，成等法界無量諸菩薩陀羅尼，得等法界無量諸菩薩不思議住，具等法界無量功德，滿等法界無量利益衆生善根；又願以此善根故，令我得福德平等、智慧平等、力平等、無畏平等、清淨平等、自在平等、正覺平等、說法平等、義平等、決定平等、一切神通平等，如是等法皆悉圓滿。如我所得，願一切衆生亦如是得，如我無異。

佛子，菩薩摩訶薩復以善根如是迴向，所謂：如法界無量，善根迴向亦復如是，所得智慧終无有量；如法界无邊，善根迴向亦復如是，見一切佛，无有其邊；如法界無限，善根迴向亦復如是，詣諸佛刹無有齊限；如法界無際，善根迴向亦復如是，於一切世界修菩薩行無有涯際；如法界无斷，善根迴向亦復如是，住【一切】智永不【斷絕；如法界一性】，善根迴向亦復如是，與一切衆生同一智性；如〔法〕界自性清淨，善〔063-2〕根迴向亦復如是，令一切衆生究竟清淨；如法界隨順，善根迴向【亦】復如是，令一切衆生悉皆隨順普賢行願；如法界莊嚴，善根迴向亦復如是，令一切衆生以普賢行而爲莊嚴；如法界不可失壞，善根迴向亦復如是，令諸菩薩永不失壞諸清淨行。

佛子，菩薩摩訶薩復以此善根如是迴向，所謂：願以此善根，承事一切諸佛菩薩皆令歡喜；願以【此善】根，速得趣入【一切】智性；願【以】此善根，遍一切處，修一切智；願以此善根，令一切衆生常得往覲一切諸佛；願以此善根，令一切衆生常見諸佛，能作佛事；願【以】此善根，令一切衆生恒得見佛，不於佛事生怠慢心；願以此善根，令一切衆生常得見佛，心喜清淨，無有退轉；願以此善根，令一切衆生常得見佛，心善解了；願以此善根，令一切衆生常得見佛，不生執著；願以此善根，令一切衆生常得見佛，了達無礙；願以此善根，令一切衆生常得見佛，成普賢行；願以【此】善根，令一切衆生常見諸佛，現在其前，無時暫捨；願以此（此）善根，令一切衆生常見諸佛，出生菩薩无量諸力；願以此善根，令一切衆【生常見諸佛，於一切法】永不忘失。

佛子，菩薩摩訶薩又以諸善根如是迴向，所謂如法界无起性迴向、如法界根本性迴【向】、

---

① 辨，㊙一七一頁註①：辨＝辯㊙。

如法界自體性迴向、如法界无依性迴向、如法界无忘失性【迴】向、如法界空无性迴向、如法界寂靜性迴向、如法界无處所性迴向、如法界无遷動性迴向、如法界無差別性迴向。

佛子，菩薩摩訶薩復以法施所有宣示、所有開悟及回此起一切善根如是迴向，所謂：願一切衆生成菩薩法師，常爲諸佛之所護念；願一切衆生作无上法師，方便安立一切衆生扵一切智；願一切衆生作无屈法師，一切問難莫能窮盡；願一切衆生【作】无礙法師，得一切法无礙光明；願一切衆生作智藏法師，能善巧說一切佛法；願一切衆生成諸如來自在法師，善能分別如來智慧；願一切衆生作如眼法師，說如實法，不由他教；願一切衆生作憶持一切佛法瀘師，如理演說，不違句義；願一切衆生作修行无相道法師，以諸妙相而自莊嚴，放无量光，善入諸法；願一切衆生作大身法師，其身普遍一切國土，興大法雲，雨諸佛法；願一切衆生作護法藏法師，建无勝幢〈幢〉，護諸佛法，令正法海无所虧減；願一切衆生作一切法日法師，得佛辯才，巧說諸法；願一切衆生作妙音方便法師，善說无邊法界之藏；願一切衆生作到法【彼】岸法師，以智神通開正法藏；願一切衆生作安住正法法師，演說如来究竟智慧；願一切衆生作了達諸法法師，能說無量無盡功【德】；願一切【衆】生作不諳世閒法師，能以方便令入實際；願一切衆生作破諸魔衆法師，善能覺知一切魔業；願一切衆生作諸佛所攝受法師，離我、我【所攝】受之心；願一切衆生作安隱一切世閒法師，成就菩薩說法願力。

佛子，菩薩摩訶薩復以諸善根如是迴向，所謂：不以取著業故迴向，不【以取】著報故迴向，不以取著心故迴向，不以取著法故迴向，不以取著事故迴向，不以取著因故迴向，不以取著語言音聲故迴向，不以取著名句文身故迴向，【不以取】著迴向故迴向，不以取著利益衆生故迴向。

佛子，菩薩摩訶薩復以善根如是迴向，所謂：不爲耽著色境界【故】迴向，不爲【耽著聲】香味觸法境界故迴向，不爲求生天故迴向，不爲求欲樂故迴向，不爲著欲境界故迴向，不爲求眷屬故迴向，不爲求自在故迴向，不爲求生死樂故迴向，不爲著生死故迴向，不爲樂諸有故迴向，不爲求和合樂故迴向，不爲求可樂著處故迴向，不爲懷毒害心故迴向，不壞善根故迴向，不依三界故迴向，不著諸禪解脫三昧故迴向，不住聲聞、辟支佛乘故迴向。但爲教化調伏一切衆生故迴向；但爲成滿一切智智故迴向；但爲得無礙智故迴向；但爲得无障礙清淨善根故迴向；但爲令一切衆生超出生死證大智慧故迴向；但爲令大菩提心如金剛不可壞故迴向；但爲成就究竟不死法故迴向；但爲以无量莊嚴莊嚴佛種性，示現一切智自在故迴向；但爲求菩薩一切法明大神通智故迴向；但爲扵盡法界、虛空界一切佛刹，行普賢行圓滿不退，被堅固大願鎧，令一切衆生住普賢地故迴向；但爲盡未來刼度脫衆生常無休息，示現一切智地無礙光明恒不【斷】故迴向。

佛子，菩薩摩【訶】薩以彼善根迴向時，以如是心迴向，所謂：以本性平等心迴向，以法性平等心迴向，以一切衆生無量平等【心】迴向，【以】無諍平等心迴向，以自性無所起平等心迴向，以知諸法無亂心迴向，以入三世平等心迴向，以出生三世【諸佛】種性心迴向，以得不退失神通心迴向，以生成一切智行心迴向。又爲令一切衆生永離一切地獄故迴向；爲令一切【衆】生不入畜生趣故迴向；爲令一切衆生不住閻羅王處故迴向；爲令一切衆生除滅一切障道法故迴向；爲令【一切】衆生滿足一切善根故迴向；爲令一切衆生能應時轉法輪，令一切歡喜故迴向；爲令一切衆生入十力輪【故迴】向；爲令一切衆生滿足菩薩無邊清淨法願故迴向；爲令一切衆生隨順一切善知識教，菩提心器得滿足

【故迴向】；爲令一切衆生受持修行甚深佛法，得一切佛智光明故迴向；爲令一切衆生修諸菩薩無障礙行常現前【故】迴向；爲令一切衆生常見諸佛現其前故迴向；爲令一切衆生清淨法光明常現前故迴向；爲令一切衆生【無畏】大菩提心常現前故迴向；爲令一切衆生菩薩不思議智常現前故迴向；爲令一切衆生普救護【衆生】，令清淨大悲心常現前故迴向；爲令一切衆生以不可說不可〔說〕勝妙莊嚴具，莊嚴一切諸佛刹故迴向；【爲令一】切衆生摧滅一切衆魔鬪諍羅網業故迴向；爲令一切衆生於一切佛刹皆無所依修菩薩行故迴向；爲令【一切衆生】發一切種智心，入一切佛法廣大門【故】迴向。

佛子，菩薩摩訶薩又以此善根，正念清淨迴向；智慧決【定迴向，盡知】一切佛法方便迴向；爲成就無【量無】导智故迴向；欲滿足清淨殊勝心故迴向；爲（令）一切衆生住【大慈】故迴向；爲（令）一切衆〔生〕住大悲故迴向；爲一切衆生住大喜故迴向；爲一切衆生住大捨迴向；【爲永離二著】住勝善根故迴向；爲思惟觀〔064-1〕察分別演說一切緣起法故迴向；爲立【大勇猛幢】心故迴向；【爲立無能勝幢藏故迴向】；爲破諸魔衆故迴向；爲得一切法清淨無导心故迴向；爲修一切菩【薩行】不退轉故迴向；爲【得樂求第一勝法心故】迴向；爲得樂求諸功德法自在清淨一切智智心故迴向；爲滿一切願，除一切諍，得佛自在無【礙清淨法，爲一切衆】生轉不退法輪故迴向；爲得如來取上殊勝法智慧日，百千光明之所莊嚴，普照一切法【界衆生故迴向；爲欲】調伏一切衆生，隨其所樂常令滿足，不捨本願，盡未來際，聽聞正法，修習大行，【得淨智慧離垢光明，斷】除一切憍慢，消【滅】一切煩惱，裂愛欲網，破愚癡闇，具足無垢無障礙法故迴向；爲一切【衆生，於阿僧祇劫常勤】修習一切智行無有退轉，一一令得無礙妙慧，示現諸佛自在【神通無】有【休息故迴向】。

【佛子，菩薩摩訶薩】以諸善根如是迴向時，不應貪著三有、五欲境界。何以故，菩薩摩訶薩】應【以無貪善根迴向，應以無瞋善根】迴向，應以無癡善根迴向，應以不害善根迴向，【應以離慢善根迴向，應以不諂善根迴向，應以質直善】根迴【向，應】以精勤善根迴向，應以修習善根迴向。佛子〔064-2〕，【菩薩摩訶薩如是迴向時得淨信心，於菩薩行歡喜忍受，修習清淨大菩薩道；具佛種性，得佛智慧；捨一切惡，離衆魔業；親近善友，成己大願；請諸衆生，設大施會】。

【佛子，菩薩摩訶薩復以】此法施所生善【根如是迴向，所謂】令一切衆生，【得淨妙音，得柔軟音，得天鼓音，得無量無數不思議音，得可愛樂音】，得清淨音，得【周遍一切佛刹音，得】百千那由他不【可說功德莊嚴音，得高遠音，得廣大音，得滅一切散亂音，得充滿】法界音，得【攝取一切衆生語言音；得】一切衆生無【邊音聲智，得一切清淨語言音聲智，得無量語言音聲智，得最】自在音入一切【音聲智；得一切清淨莊嚴】音，得一切世【間無厭足音，得究竟不繫屬一切世間音，得歡喜音，得佛清】淨語言音，得說一切佛法遠離癡【翳名稱普聞音，得令一切衆生得一切法陀羅尼莊嚴音，得說一切無量】種【法音】，得普至法界無量衆會【道場音，得普攝持不可思議法金剛句音，得開示一切法音，得能說不可說字】句差【別智】藏【音，得演說一切法無所著不斷音】，得【一切法光】明【照耀音，得能令一切世間清淨究竟至於一切智】音，【得】普【攝一切法句義音，得神力護持自在無礙音，得到一切世間彼岸智音。又以此善根，令一切衆生，得不下劣】音，得無怖畏音，得無【染著音，得一切衆會道場歡喜音，得隨順美妙音，得善說一切佛法音，得斷一切衆生】疑念皆令覺悟音，得【具足辯才音，得普覺悟一切衆生長夜睡眠音】。

【佛子，菩薩摩訶薩復以諸善根如是迴向，

所】謂願一切眾生得【離眾過惡清淨法身，願一切眾生】得【離眾過惡淨妙功德，願一切眾生得離眾過惡清淨妙相，願一切眾生得離眾過惡清淨業果，願一切眾生得離眾過惡清淨一切智心，願一切眾生得離眾過惡無量清淨菩提心，願一切眾生得離眾過惡了知諸根清淨方便，願】一切眾生得離〔064-3〕【眾過惡清淨信解，願一切眾生得離眾過惡清淨勤修無礙行願，願一切眾生得離眾過惡清淨正念、智慧辯才】。

【佛子】，菩薩摩訶薩復以諸善【根，為一切眾生如】是迴向：顗【得種種清淨妙身】，所謂【光明身、離濁身】、無染身、清淨身、【極清】淨身、離塵身、極離塵身、離垢身、【可愛樂身、無障礙身。於一切世界現諸業像，於一切世間】現言【說像，於】一切【宮殿現安立】像。如淨明鏡，種種【色像】自然顯現，示諸眾生大菩提行，示諸眾生甚深【妙法，示諸眾生種種功德，示諸眾生修行之道，示諸眾生成就之】行，示諸眾生菩薩行【願】，示諸眾生於一世界、一切世界佛興於世，示諸眾生一切諸【佛】神通變化，示諸眾生一切菩【薩不可思】議解【脫威力】，示諸眾生成滿普賢菩薩行顗一切智性。菩薩摩訶薩以如是等微妙淨身，方便攝取一切眾生，悉令成就清淨功德一【切智身】。

佛子，菩【薩摩】訶薩復以法施所生善根如是迴向：顗身隨住一切世界修菩薩行，眾生見者皆悉不虛，發菩提心永無退轉，【順真實義不可傾動；於一切世界，盡未】來劫，住菩薩道而無疲猒；大悲均普，量同法界；知眾生根，應時說法，常不休息；於善知識，心常正念，乃至不捨一剎那【頃；一切諸佛常現在前，心】常正念未曾暫懈，修諸善根無有虛偽；量諸眾生於一切智，令不退轉；具足一切佛法光明，持大法雲，受大法雨，修菩薩行；入一切眾【生，入一切】佛剎，入一切諸法，入一切三世，入一切眾生業報智，入一切菩薩善巧方便智，入一切菩薩出生智，入一切菩薩清淨境界智，入一切佛自在神通，入一切【無邊法界，於此安】住，修菩薩行。

大方廣佛花嚴經卷第卅二・卅二之下
〔064-4〕

大方廣佛花嚴經
十迴向品第廿五之十一

卷卅三・卅三之上

【佛子，菩薩摩訶薩復以法施所修善根如是迴向：願一切佛剎皆悉清】淨，以不可【說不可說莊嚴具而莊嚴之。一一佛剎，其量廣大，同於法界，純善無礙，清淨光明，諸佛於中現】成正覺。一〔065①-1〕【佛剎中清淨境界，悉能顯現一切佛剎；如一佛剎，一切佛剎亦復如是。其一一剎，悉以等法界無量無邊清淨妙寶莊嚴之具而為嚴飾。所謂：阿僧祇清淨寶座，敷眾寶衣；阿僧祇寶帳，寶網垂布；阿僧祇寶蓋，一切妙寶互相映徹；阿僧祇寶雲，普雨眾寶；阿僧祇寶華，周遍清淨；阿僧祇眾寶所成欄】楯軒檻，清淨莊【嚴；阿僧祇寶鈴，常演諸佛微妙音聲，周流法界；阿僧祇寶蓮華，種種寶色】開敷榮曜〈耀〉；阿僧祇寶樹，周【匝行列，無量妙寶以為華果；阿僧祇寶宮殿，無量菩薩止住其中，阿僧祇】寶樓閣，廣博〈博〉崇麗，延袤遠【近；阿僧祇寶却敵，大寶所成，莊嚴妙好；阿僧祇寶門闥，妙寶瓔珞周匝垂】布；阿僧祇寶窗牖，不思議寶【清淨莊嚴；阿僧祇寶多羅，形如半月，眾寶集成。如是一切，悉以眾寶而】為嚴飾，離垢清淨，不可思議，無【非如來善根所起，具足無數寶藏莊嚴。復有阿僧祇寶河，流出】一切清淨善法；阿僧祇寶海，法水【盈滿；阿僧祇寶芬陀利華，常出妙法芬陀利聲；阿僧祇寶須彌】山，智慧山王秀出清淨；阿僧祇八楞【妙寶，寶線貫穿，嚴淨無比；阿僧祇淨光寶，常放無礙大】智光明，普照法界；阿僧祇寶鈴鐸，更【相扣擊，出妙音聲；阿僧祇清淨寶，諸菩薩寶具足】充滿；阿僧祇寶繒綵，處處垂下，色相光潔；【阿僧祇妙寶幢，以寶半月而為嚴飾；阿僧祇寶幡，悉能普雨】無量寶幡；阿僧祇寶帶，垂布空中〔065②-1〕，【莊嚴殊妙；阿僧祇寶敷具，能生種種微細樂觸；阿僧祇妙寶】旋，示現菩【薩一切】智眼；阿僧祇寶【瓔珞，一一瓔珞百千菩薩上妙莊嚴；阿僧祇寶宮殿，超過一切妙絕無比；阿】僧祇寶莊嚴具，金剛摩尼以為嚴飾；阿僧【祇種種妙寶莊嚴具，常現一切清淨妙色；阿僧祇清淨寶】，殊形異彩，光鑒映徹；阿僧祇寶山，以為垣【牆，周匝圍遶，清淨無礙；阿僧祇寶香，其香普熏一切世界；阿】僧祇寶化事，一一化事周遍法界；阿僧祇寶【光明，一一光明現一切光。復有阿僧祇寶光明，清淨智光照了諸法。復】有阿僧祇无礙寶光明，一一光明周遍法界。有阿【僧祇寶處，一切諸寶皆悉具足。阿僧祇寶藏，開示一切正法藏】寶。阿僧祇寶幢，如來幢〈幢〉相迥然高出。阿【僧祇寶賢，大智賢像，具足清淨。阿僧祇寶園，生諸菩薩】三昧快樂。阿僧祇寶音，如來妙音，普【示世間。阿僧祇寶形，其一一形皆放無量妙法光明。阿僧祇寶】相，其一一相悉超眾相。阿僧祇寶威儀，【見者皆生菩薩喜樂。阿僧祇寶聚，見者皆生】智慧寶聚。阿僧祇寶安住，見者皆生〔065②-2〕【善住寶心。阿僧祇寶衣服，其有著者，生諸菩薩無比三昧。阿僧】祇寶袈裟，其有著者，纔始發心則得善見陁【羅尼門。阿僧祇寶修習，其有見者，知一切寶皆是業果，決定】清浄。阿僧祇寶無礙知見，其有見者，得了一切【清淨法眼。阿僧祇寶光藏，其有見者，則得成就大】智慧藏。阿僧祇寶座，佛坐其上大師子吼。阿【僧祇寶燈，常放清淨智慧光明。阿僧祇寶多羅樹】，次第行列，繚以寶繩，荘嚴清浄。其樹復【有阿僧祇寶幹，從身聳擢，端直圓潔；阿僧祇寶枝】，種種衆寶荘嚴稠客，不思議鳥翔集其中，【常吐妙音宣揚正法；阿僧祇寶葉，放大智光，遍一切處；阿僧】祇寶花，一一花上，无量菩薩結加〈跏〉① 趺坐【遍遊法界；阿僧祇寶果，見者當得一切智智不退轉果】。阿僧祇寶聚落，見者捨離世聚落法。【阿僧祇寶都邑，無礙衆生於中盈滿。阿僧祇寶宮殿】，王處其中，具足菩薩那羅延身，勇猛【堅固，被法甲胄，心無退轉。阿僧祇寶舍，入者能除戀舍宅心。阿僧】祇寶衣，着者能令解了无著。【阿僧祇寶宮殿，出家菩薩充滿其中。阿僧祇寶珍玩，見者咸生無量歡喜。阿僧】祇寶輪，放不思議〔065②－3〕【智慧光明轉不退輪。阿僧祇寶跋陀樹，因陀羅網莊嚴清淨。阿僧祇寶地，不思議寶間錯莊嚴。阿僧祇寶吹，其音清亮充滿法界。阿僧祇寶鼓，妙音克諧，窮劫不絕。阿僧祇寶衆生，盡能攝持無上法寶。阿僧祇寶身，具足無量功德妙寶。阿僧祇寶口，常演一切妙法寶音。阿僧祇寶心，具清淨意大智願寶。阿僧祇寶念，斷諸愚惑，究竟堅固一切智寶。阿僧祇寶明，誦持一切諸佛法寶。阿僧祇寶慧，決了一切諸佛法藏。阿僧祇寶智，得大圓滿一切智寶。阿僧祇寶眼，鑒十力寶，無所障礙。阿僧祇寶耳，聽聞無量，盡法界聲，清淨無礙。阿僧祇寶鼻，常嗅隨順清淨寶香。阿僧祇寶舌，能說無量】諸語言法。阿僧祇寶【身，遍遊十方而無罣礙。阿僧祇寶意，常勤修習普賢行願。阿僧祇寶音，淨妙音聲遍十方界。阿僧祇寶】身業，一切所作以智爲【首。阿僧祇寶語業，常說修行無礙智寶。阿僧祇寶意業，得無障礙廣大智寶，究竟圓滿】。

【佛子】，菩薩摩訶薩扵彼【一切諸佛刹中，於一佛刹、一方、一處、一毛端量，有無量無邊不可說數諸大菩薩，皆悉成就清淨智】慧，充滿而住。如一佛刹、【一方、一處、一毛端量，如是盡虛空遍法界一一佛剎、一一方、一一處、一一毛端量，悉亦如是。是爲菩薩摩】訶薩以諸善根而爲迴【向，普願一切諸佛國土悉具種種妙寶莊嚴。如寶莊嚴，如是廣說；如是香莊嚴、華莊嚴、鬘莊嚴】、塗香荘嚴、燒【香莊嚴、末香莊嚴、衣莊嚴、蓋莊嚴、幢莊嚴、幡莊嚴、摩尼寶莊嚴，次第乃至過此百倍皆】如寶荘嚴，【如是廣說】。

【佛子，菩薩摩訶薩以法施等所集善根，爲長養一切善根故迴向；爲嚴淨一切佛剎故迴】向；爲成就一切衆生故【迴向；爲令一切衆生皆心淨不動故迴向；爲令一切衆生皆入甚深佛法故迴向；爲令一切衆生皆得無能過清】浄功德故迴向；爲【令一切衆生皆得不可壞清淨福力故迴向】；

卅三之〔上〕

〔065①－4〕

【爲令】一切衆生皆得無盡智力，度諸衆生令入佛法故迴向；爲令一切衆生【皆得】平等無量清淨言音故迴向；爲令一切【衆生皆得平】等無礙眼，成就盡虛空遍法【界等】智【慧】故迴向；爲令一切衆生皆得清淨念，知前【際】刼一切世【界】故迴向；爲令一切【衆生】皆得【無礙】大智慧，悉能【決了一切法藏故迴向；爲令】一切衆生皆得無限量大【菩】提，周【遍】法界無【所障礙故迴】向；爲令一切衆生皆【得平等】無分別同體【善根故迴向；爲令一切衆生皆得一切功德具足莊】嚴清淨身語意業故【迴向；爲令】一切衆生皆得【同於普賢行】故迴向；爲令一切衆【生】皆得〔入〕一切同【體清淨佛刹

---

① 跏，[梵]一七五頁註③：跏＝加[宋][元][宮]，下同。

故迴向;爲令一切衆生悉觀】察一切智,皆趣【入圓滿】故迴向;爲【令一切衆生】皆得【遠離不平】芋【善】根故迴向;【爲令】一切衆生皆得【平等無異相,深心次第圓滿一切智故迴向;爲【令一】切衆生皆得安住一切白【法】故【迴向;爲令一切衆生皆】於一念【中】證一切智得究竟故迴向;爲令【一切衆生皆成滿清淨一切智道】故迴向。

佛子,菩薩【摩】訶薩以諸善根【普爲一切衆生如是】迴向已,【復以此】善根,欲普【圓滿】演說【一切清淨行法力故迴向;欲成就】清淨行威力,得不可說〔不可說〕法【海故迴向;欲於一一法海,具足】無量芋法界清淨智光明故迴【向;欲開【示演說一切法差別句義故迴向】;欲成就無邊廣大一切法光明【三昧故迴向;欲隨】順三世諸佛辯才故迴向;欲成就【去】來現在一切佛【自在身故迴向;爲尊重一切佛可】愛樂無罣礙法故迴向;爲滿足大悲心,【救護】一切衆生常無退轉故迴向;欲成就不思議差別法、無障礙智【心、無垢染諸根清淨,普入一】切衆會道塲故迴向;欲於一切若覆若仰、若麤若細、若廣若狹、小大染淨,如是芋【諸】佛國土,常轉平芋不【退法輪故迴向;欲於念】念中得無所畏、無有窮盡種種辯才妙法光明開示演說故迴向;爲樂求衆善,發心修習,諸根轉勝,獲一切法【大神通智,盡能】了知一切諸法故迴向;欲於一切衆會道塲親近供養,爲一切衆生演一切法咸令歡喜故迴向。

佛子,菩薩摩訶薩又【以此善根如是】迴向,所謂:以住法界無量住迴向,以住法界無量身業迴向,以住法界無量語業迴向,以住法界無量意業迴向,以住【法界無量色平】芋迴向,以住法界無量受、想、行、識平芋迴向,以住法界無量蘊平芋迴向,以住法界無量界平芋迴【向】,以住法【界】無量處【平等迴向,以】住法界無量內平芋迴向,以住法界無量外平芋迴向,以住法界無量發起平芋迴向,以住法界無量【深】心平芋迴【向,以住】法界無量方便平芋迴向,以【住法界】無量信解平芋迴向,以住法界无量諸根平芋迴向,以住法界無量初、中、後【際平等】迴向〔066-1〕,以住法界無量業報平芋迴向,以住法界無量淨淨平芋迴向,以住法界无量衆生平芋迴向,以住法〔界〕无量佛剎平芋迴向,以住法界无量法【平】芋迴【向,以住界無】量世間光明平芋迴向,以住法界无量諸佛菩薩平芋迴向,以住法界無量菩薩行願平芋迴向,以【住】法界無量菩薩【出】離平芋迴向,以住法界無量菩薩教化調伏平芋迴向,以住法界无量法界无二平芋迴向,以住法界无量如【來衆會道場平等迴向】。

佛【子】,菩薩摩訶薩如是迴向時,安住法【界】無量平芋清淨身,【安住法界無量】平芋清淨語,安住【法】界無量平芋【清淨心,安住法界無量平等】諸菩薩清淨行願,安住法界無量平芋清淨衆會道場,安住法【界】無量平芋爲一切菩薩廣說諸法清淨【智,安住法界無量平等能入盡】法界一切世界身,安住法界無量平芋一切法光明清淨無畏;能【以一】音盡【斷】一切衆生疑網,隨其根欲皆令歡喜,【住於無上一切】種智、力、無所畏、自在神通、廣大功德、出離法中。

佛子,是爲菩薩摩訶薩第十住【等法界無量】迴向。菩薩摩訶薩以法施【等】一切善【根如是迴向時,成滿】普賢無量無邊菩薩行願,悉能嚴淨盡虛空芋法界一切佛剎,令一切衆生亦得如是,具足成就無邊智慧,了一切法,於念念中見一切佛【出興於世】,於念念中見一切佛無量無邊自在力,所謂廣大自在力、無著自在力、無礙自在力、不思議自在力、淨一切衆生自在力、立一切世界自在力、【現不可】說語言自在力、隨時應【現】自在力、住不退轉神通智自在力、演說一切無邊法界俾無有餘自在力、出生普賢菩薩無邊際眼自在力、【以無礙耳識】聞持【無】量諸佛正法【自在力、一】身結加〈跏〉趺坐周遍十方無量法界扵諸衆生無所迫隘自在力、以圓滿智普入三世【無量法自在力。又得無量清淨】，所謂一切衆生清浄、一切佛刹清浄、一切法清浄、一切處遍知智【清淨】、遍虚空界無邊智清淨、得一切【差別言音智以種種言音普應衆生清淨】、放无量圓滿光普照一切無邊世〔066－2〕界清淨、出生一切三世菩薩行智清淨、一念中【普入三世一切諸佛衆會道場】智清淨、入無邊一切世間令一切衆生皆作所應作清淨。如是等皆得具足，皆得成就，皆已【修治，皆得平】等，皆悉現前，皆悉知見，皆悉悟入，皆已觀察，皆得【清】淨，到扵彼岸。

尒時，佛神力故，十方各百萬佛刹微塵數世界六【種震動】，所謂動、遍動、等遍動，起、遍【起、等】遍起，踊〈涌〉①、遍踊〈涌〉*、等遍踊〈涌〉*，震、遍震、等遍震，吼、遍吼、等遍吼，擊、遍擊、等遍擊。佛神力故，法如是故，雨【衆】天花、天鬘、天末香、天諸雜香、天衣服、天珎寳、天荘【嚴】具、天【摩尼寳】、天沉水香、天旃檀香、天上妙盖、天種種憧〈幢〉、天雜色憣〈幡〉、阿僧祇諸天身；【無量百千億】不可說天妙法音、不可思【議】天讚佛音、阿僧【祇】天【歎】喜音，【咸】稱善牫；無量阿僧祇百千那由他諸天恭敬礼拜；無【數天子常念諸】佛，希【求如】来無量功德，心不捨離；無【數】天子作衆技〈妓〉②【樂，歌】詠讚【歎】供養如来；百千阿僧祇諸天放大光明，普照盡虚空遍法界【一切佛刹，現】無量阿僧祇諸佛境界；如来化身出過諸天，如扵此世界兜【率陀】天宮說如是法，周遍十方一切世界兜率天宮悉亦如是。

尒時，復以佛神力【故，十方各過百萬佛刹】微塵數世界外，各有百萬佛【刹微】塵【數諸】菩薩而【來集會，周】遍十方，咸作【是】言：

善牫善牫，佛子，乃能說此諸大迴向。佛子，我等皆同一号，【名】金剛幢，悉【從金剛】光世界金剛幢佛所来詣此【土。彼諸世界】悉以佛神【力故】而說是法，衆會眷【屬】、文辞句義，皆亦如是，不增不減。我等皆承佛神力，【從彼土來爲汝作證。如我】来此衆會爲汝作證，十方所【有一切世界兜率】天宮寳荘嚴殿諸菩薩【衆來爲】作證，亦復如是。

尒時，金剛憧〈幢〉菩薩承佛神力，觀察【十方一切衆會暨于法界已，善】知文義，【增】廣大心，【大悲普覆一切衆生】，繫心安住【三世】佛種，【善入一切佛】功德法，成就諸佛自在之身，觀諸衆生【心之所樂，及其所種一切善根悉】分別【知，隨順法】身，爲現清【淨妙色之身，即於】是時而說頌【曰】：

菩薩成就法智慧，悟解無邊正法門，
爲法光【明調御師，了知無礙真實】法。
菩【薩爲法大導師，開示甚深難得法】，
引導十方【無量衆】，悉令安住正【法中】。
菩薩已飲佛法海，法雲普【雨十方】界，
法日出現【於世間，闡揚妙法利群生。
常爲難遇法施主，了】知入法巧方便，
法光【清淨照其心】，扵世說法恒無畏。
善修扵法自在心，悉能悟入【諸】法門，
【成】就甚【深妙法海】，普【爲衆生擊法鼓。
宣說甚深希有法，以法】長養諸功德，
具足【清】淨法【喜心】，示現世間佛法藏。
諸佛法王所灌頂，成就法性智藏身，
【悉能解了法實相】，安住一切【衆善法。
菩薩修行第一施】，一切如来所【讚】喜，
所作皆【蒙佛忍可】，以此成就人中尊。

---

① 涌，[大正]一七七頁註①：涌＝踊[三][宮][聖]，下同。
② 妓，[大正]一七七頁註②：妓＝伎[宋][宮]。

菩薩成就妙法身，親從諸【佛法化生，
爲利衆生作法燈，演說無量最勝法。
隨所修行妙法施】，則亦觀察彼善根，
所【作衆】善爲衆【生】，悉以智慧而迴向。
所有成佛【功德法，悉以迴施】諸【群生，
願令一切皆清淨，到佛莊嚴之彼岸。
十方佛刹無有量，悉】具无量大莊嚴，
如是莊嚴【不可思】，盡以莊嚴一國土。
如来所有【清淨智，願令】衆生皆具足，
【猶如普賢真佛子】，一切功【德自莊嚴。
成就廣大神通力】，往詣世界悉周遍，
一切衆【生無】有餘，皆使修行菩薩道。
諸佛如来【所開悟，十方】無量諸衆生，
一【切皆令】如【普賢，具足修行最上行。
諸佛菩薩所成】就，種種差別諸功德，
如是【功德】無有邊，願使【衆】生悉
圓滿。
【菩薩具足自在力，所】應學處皆【往學，
示現】一切大神【通，普詣十方無量土。
菩薩能於一念頃】，覩寺衆生無數佛，
又【復於】一毛端中，【盡】攝【諸法皆】
明【見。
世間】衆生無有量，菩薩【悉能分別知，
諸佛無量等衆生，大心供養咸令盡】。
種種名香上妙花，【衆寶衣】裳及憦〈幡〉蓋，
【分】布法界咸充滿，發心普供十方佛。
【一毛孔中】悉明【見】，不思議【數無】
量佛，
一切毛孔皆如是，【普】礼一切世間燈。
舉身次苐恭敬礼，如是无邊諸㝡勝，
亦以言辤普【稱讚】，窮盡【未来】一切劫。
一如来所供養具，其數无量【等衆】生，
【如是供養一如来】，一切如来亦復然。

〔066-3〕

【供養】讚【歎】諸如来，【盡】彼世間一
切劫，
世間劫數可【終】盡，菩薩供養无伏懈。
一切世【間種】種劫，扵【爾】所劫修
諸行，
恭敬供養一如来，【盡一切劫無】猒足。
如无量劫供一佛，供一切佛皆如是，
亦不分別是劫數，扵所供養生【疲】猒。
法界【廣大】无邊際，菩薩【觀察悉明了，
以大蓮華】遍布中，【施等衆生無量佛】。
寶花香色皆圓滿，清淨莊嚴甚微妙，
一切世間无可喻〈諭〉①，持以供養人中尊。
衆生數等无量刹，【諸妙寶】盖【滿其中，
悉以】供養一如来，【供一切佛皆】如是。
塗香無比【最】殊勝，一切世間未曾有，
以此供養天人師，窮盡衆生數等劫。
末香燒香上妙花，衆【寶衣服莊嚴具，
如是】供養諸最勝，歡喜奉事无猒足。
等衆【生數照】世燈，念念成就大菩提，
亦以無邊偈稱述，供養人中調御者。
如衆生數佛世尊，皆修【無上妙供養】，
如衆生數無量劫，【如是讚歎】无窮盡。
如是供養諸佛時，以佛神力皆周遍，
悉【見十方】無量佛，安住普賢菩薩行。
過去未来及現在，所有一切諸【善根，
令】我常修普賢行，【速得安住】普賢地。
一切【如】来所知見，世間无量諸衆生，
【悉願具足】如普【賢】，爲聰慧者所稱讚。
此是十方諸大士，共所【修治】迴向【行】，
諸佛如来爲我說，【此】迴【向行】㝡无上。
【十方】世界无有餘，其中一切諸衆生，
【莫不咸令得開覺】，悉使常如普賢行。
如其迴向行布施，亦復【堅持於禁戒】，
精進長時無退怯，忍辱【柔和心】不動，
禪【定持心常】一緣，智慧了境【同三昧，
去来現在皆通達，世】間無有得其邊。

----

① 諭，㊿一七八頁註①：諭＝喻三宫。

菩薩身心及語業，如是所作皆清淨，

一切【修】行無有餘，悉與普【賢菩薩】等。

譬如法【界】無分別，戲論染著皆【永盡，亦如涅槃無障礙，心常】如是離諸趣〈取〉。

智者【所】有迴向法，諸佛如來已開示，

種【種】善根【悉迴向】，是故【能成】菩薩道。

【佛子】善學此迴向，无量行願【悉成滿，攝取法界盡無餘】，是故能成善逝力。

【若】欲【成】就佛【所說】，菩薩【廣】大殊勝行，

【宜應善住此】迴向，是諸佛子号普賢。

一切衆【生猶可】數，三世心量亦可【知，如是普賢】諸佛子，功德邊際無能測。

一毛度空可得遍〈邊〉，衆【剎】爲【塵】可知數，

【如是】大仙諸佛子，【所住行願無】能量。

大方廣佛花嚴〔經〕卷第卅三・卅三之下
〔066-4〕

大方廣佛花嚴經
十地品第卅六之一

卷(第)卅四·卅四之上

尒時,世尊在他化自在天王宮摩尼寶藏殿,與大菩薩衆俱。其諸菩薩皆於阿耨多羅三藐三菩提不退轉,悉從他方世界來集;住一切菩薩智所住境,入一切如來智所入處;勤行不息,善能示現種種神通;諸所作事,教化調伏一切衆生而不失時;爲成菩薩一切大願,於一切世、一切劫、一切刹,勤修諸行,無暫懈息;具足菩薩福智助道,普益衆生而恒不匱;到一切菩薩智慧方便究竟彼岸,示入生死及以涅槃而不廢捨;修菩薩行,善入一切菩薩禪定、解脫三昧、三摩鉢底、神通明智,諸所施爲皆得自在;獲一切菩薩自在神力,於一念頃無所動作,悉能往詣一切如來道場衆會,爲衆上首,請佛說法,護持諸佛正法之輪;以廣大心供養承事一切諸佛,常勤修習一切菩薩所行事業;其身普現一切世間,其音普及十方法界,心智無礙,普見三世;一切菩薩所有功德悉已修行而得圓滿,於不可說劫說不能盡。其名曰金剛藏菩薩、寶藏菩薩、蓮花藏菩薩、德藏菩薩、蓮花德藏菩薩、日藏菩薩、蘇利耶藏菩薩、無垢月藏菩薩、於一切國土普現莊嚴藏菩薩、毗盧遮那智藏菩薩、妙德藏菩薩、旃檀德藏菩薩、花德藏菩薩、俱蘇摩德藏菩薩、優鉢羅德藏菩薩、天德藏菩薩、福德藏菩薩、無礙清淨智德藏菩薩、功德藏菩薩、那羅延德藏菩薩、無垢藏菩薩、離垢藏菩薩、種種辯才莊嚴藏菩薩、大光明網藏菩薩、淨威德光明王藏菩薩、金莊嚴大功德光明王藏菩薩、一切相莊嚴淨德藏菩薩、金剛燄德相莊嚴藏菩薩、光明燄藏菩薩、星宿王光照藏菩薩、虛空無礙智藏菩薩、妙音無礙藏菩薩、陁羅尼功德持一切衆生願藏菩薩、海莊嚴藏菩薩、湏弥德藏菩薩、淨一切功德藏菩薩、如來藏菩薩、佛德藏菩薩、解脫月菩薩,如是等無數無量無邊〔無等〕不可數、不可稱、不可思、不可量、不可說諸菩薩摩訶薩衆,金剛藏菩薩而爲上首。

尒時,金剛藏菩薩承佛神力,入菩薩大智慧光明三昧。入是三昧已,即時十方各過十億佛刹微塵數世界外,各有十億佛刹微塵數諸佛,同名金剛藏,而現其前,作如是言:

善哉善哉,金剛藏,乃能入是菩薩大智慧光明三昧。善男子,此是十方各十億佛刹微塵數諸佛共加於汝,以毗盧遮那如來應正等覺本願力故,〔威神力故,亦是汝勝智力故〕,欲令汝爲一切菩薩說不思議諸佛法光明故。所謂令入智地故,攝一切善根故,善簡〈揀〉① 擇一切佛法故,廣知諸法故,善能說法故,無分別智清淨故,一切世法不染故,出世善根清淨故,得不思議智境界故,〔得一切智人智境界故〕;又令得菩薩十地始終故,如實說菩薩十地差別相故,緣念一切佛法〔故〕,修習分別無漏法故,善選擇觀察大智光明巧莊嚴故,善入決定智門故,隨所住處次弟

---

① 揀,㘴一七九頁註①:揀 = 簡㊂富聖。

顯說無所畏故，得無礙辯才光明故，住大辯才地善決定故，憶念菩薩心不忘失故，成熟一切衆生界故，能遍至一切處決定開悟故。善男子，汝當辯說此法門差別善巧法。所謂：承佛神力如來智明所加故，淨自善根故，普淨法界故，普攝【衆】生故，深入法身、智身故，受一切佛灌頂故，得一切世間最高大身故，超一切世間道故，清淨出世善根故，滿足一切智智故。

尒時，十方諸佛與金剛【藏菩】薩無能暎奪身，與無礙樂說辯，與善分別清淨智，与善憶念不忘力，與善決定明了慧，與至一切處開悟智，與成道自在力，與如來無所畏，【與一切智】人觀察分別諸法門辯才智，與一切如來上妙身語意具足莊嚴。何以故，得此三昧法如是故，本願所起故，善淨深心故，善淨智輪故，善【積集助道】故，善修治所作故，念其無量法器故，知其清淨信解故，得無錯謬捴持故，法界智印善印故。

尒時，十方諸佛各申〈伸〉右手磨〈摩〉金剛藏〔067-1〕【菩薩頂】。磨〈摩〉頂已，金剛藏菩薩從三昧起，普告一切菩薩衆言：〔諸佛子〕，諸菩薩願善決定，無雜不可見，廣大如法界，究竟如虛空，盡未來際遍一切佛刹，救護【一切】衆生，爲一切諸佛所護，入過去、未來、現在諸佛智地。佛子，何等爲菩薩摩訶薩智地，佛子，菩薩摩訶薩智地有十種，過去、未來、現在諸佛，已說、當說、今說；我亦如是說。何等爲十，一者歡喜地，二者離垢地，三者發光地，四者燄慧地，五者難勝地，六者現前地，七者遠行地，八者不動地，九者善慧地，十者法雲地。佛子，此菩薩十地，三世諸佛已說、今〈當〉說、當〈今〉說。佛子，我不見有諸佛國土，其中如來不說此十地者。何以故，此是菩薩〔摩訶薩〕向菩提最上道，亦是清淨法光明門，所謂分別演說菩薩諸地。佛子，此處不可思議，所謂諸菩薩隨證智。

尒時，金剛藏菩薩說此菩薩十地名已，默然而住，不復分別。是時，一切菩薩【衆】聞菩薩十地名，不聞解釋，咸生渴仰，作如是念：何因何緣，金剛藏菩薩唯說菩薩十地名而不解釋。

解脫月菩薩知諸大衆心之所念，以頌問金剛藏菩薩【曰】：

何故淨覺人，念智功德具，
說諸上妙地，有力不解釋。
一切咸決定，勇猛無怯弱，
何故說地名，而不爲開演。
諸地妙義趣，此衆皆欲聞，
其心無怯弱，願爲分別說。
衆會悉清淨，離懈怠嚴潔，
能堅固不動，具功德智慧。
相視咸恭敬，一切悉專仰，
如蜂念好蜜，如渴思甘露。

尒時，大智無所畏金剛藏菩薩聞說是已，欲令衆會心歡喜故，爲諸佛子而說頌言：

菩薩行地事，最上諸佛本，
顯示分別說，第一希有難。
微細難可見，離念超心地，
出生佛境界，聞者悉迷惑。
持心如金剛，深信佛勝智，
知心地無我，能聞此勝法。
如空中彩畫，如空中風相，
牟尼智如是，分別甚難見。
我念佛智慧，最勝難思議，
世間無能受，默然而不說。〔067-2〕

尒時，解脫月菩薩聞是說已，白金剛藏菩薩言：佛子，今此衆會皆悉已集，善淨深心，善潔思念，善修諸行，善集助道，善能親近百千億佛，成就無量功德善根，捨離癡惑，無有垢染，深心信解，於佛法中不隨他教。善哉佛子，當承佛神力而爲演說，此諸菩薩於如是等甚深之處皆能證知。

尒時，解脫月菩薩欲重宣其義而說頌曰：

願說最安隱，菩薩無上行，

分別扵諸地，智淨成正覺。
此衆無諸垢，志解悉明潔，
承事无量佛，能知此地義。
尒時，金剅藏菩薩言：佛子，雖此衆集善淨思念，捨離愚癡及以疑惑，扵甚深法不随他教；然有其餘劣解衆生，聞此甚深難思議事，多生疑惑，扵長夜中受諸衰惱。我愍此等，是故默然。
尒時，金剅藏菩薩欲重宣其義而說頌曰：
雖此衆淨廣智慧，甚深明利能決擇，
其心不動如山王，不可傾覆猶大海。
有行未久解未得，随識而行不随智，
聞此生疑堕惡道，我愍是等故不說。
尒時，解脫月菩薩重白金剛藏菩薩言：佛子，顚承佛神力分別說此不思議法，此人當得如來護念而生信受。何以故，說十地時，一切菩薩法應如是，得佛護念。得護念故，於此智地能生勇猛。何以故，此是菩薩取初所行，成就一切諸佛法故。譬如書字、數說，一切皆以字母爲夲、字母究竟，無有少分離字母者。佛子，一切佛法皆以十地爲本，十地究竟修行成就，得一切智。是故，佛子，顚爲演說。此人必爲如來所護，令其信受。
尒時，解脫月菩薩欲重宣其義而說頌曰：
善哉佛子顚演說，趣入菩提諸地行，
十地〈方〉一切自在尊，莫不護念智根本。
此安住智亦究竟，一切佛法所從生，
譬如書數字母攝，如是佛法依扵地。
尒時，諸大菩薩衆一時同聲向金剅藏菩薩而說頌言：
上妙無垢智，無邊分別辯，
宣暢深美言，苐一義相應。
念持清淨行，十力集功德，
辯才分別義，說此冣勝地。
定戒集正心，離我慢邪見，
此衆無疑念，唯〈惟〉顚聞善說。
如渴思冷水，如飢念美食，

如病憶良藥，如蜂貪好蜜。
我等亦如是，顚聞甘露法。
善哉廣大智，顚說入諸地，
成十力無【礙】，善逝一切行。
尒時，世尊從眉閒出清浄光明，名菩薩力㷿明，百千阿僧祇光明以爲眷屬，普照十方一切世界靡不周遍，三惡道苦皆得休息；又照一切如來衆會，顯現諸佛不思議力；又照十方一切世界，一切諸佛所加說法菩薩之身；作是事已，扵上虛空中成大光明雲綱臺而住。時，十方諸佛悉亦如是，從眉閒出清浄光明，其光名号、眷屬、作業悉同扵此，又亦照此娑婆世界佛及大衆，并金剅藏菩薩身、師子座已，扵上虛空中成大光明雲綱臺。時，光臺中，以諸佛威神力故而說頌言：
佛無等等如虛空，十力無量勝功德，
人閒冣勝世中上，釋師子法加扵彼。
佛子當承諸佛力，聞〈開〉此法王冣勝藏，
諸地廣智勝妙行，以佛威神分別說。
若爲善逝力所加，當得法寶入其心，
諸地無垢次苐滿，亦具如來十種力。
雖住海水刼火中，堪受此法必得聞，
其有生疑不信者，永不得聞如是義。
應說諸地勝智道，入住展轉次修習，
從行境界法智生，利益一切衆生故。
尒時，金剅藏菩薩觀察十方，欲令大衆增淨信故而說頌曰：
如來大仙道，微妙難可知，
非念離諸念，求見不可得。
無生亦無滅，性淨恒寂然，
離垢聰慧人，彼智所行處。
自性夲空寂，無二亦無盡，
解脫扵諸趣，涅槃平等住。
非初非中後，非言辞所說，
出過扵三世，其相如虛空。
寂滅佛所行，言說莫能及；
地行亦如是，難說難可受。

256

智起佛境〔界〕，非念離心道，
非蘊界處門，智如〈知〉意不及。
如空中鳥迹，難說難可示；
如是十地義，心意不能了。
慈悲及願力，出生入地行，
次第圓滿心，智行非慮境。
是境界難見，可知不可說，
佛力故開演，汝等應敬受。
如是智入行，億劫說不盡，
我今但略說，真實義無餘。
一心恭敬待，我承佛力說，
勝法微妙音，譬喻〈諭〉①字相應。
無量佛神力，咸來入我身，
此處難宣示，我今說少分。

〔第一地〕^c

佛子，若有衆生深種善根，修行〈善修〉諸行，善集助道，善供養諸佛，善集白淨法，為善知識，善攝善清淨深心，立廣大志，生廣大解，慈悲現前，為求〔067-3〕佛智故，為得十力故，為得大無畏故，為得佛平等法故，為救一切世間故，為淨大慈悲故，為得十力〈方〉②無餘智故，為淨一切佛刹無罣礙故，為一念知一切三世故，【為】轉大法輪無所畏故。佛子，菩薩起如是心，已〈以〉大悲為首，智慧增上，善巧方便所攝，最上深心所持，如來力無量，善觀察分別勇猛力、智力，無礙智現前、隨順自然智，能受一切佛法，以智慧教化，廣大如法界，究竟如虛空，盡未來際。佛子，菩薩始發如是心，即得超凡夫地，入菩薩位，生如來家，無能說其種族過失，離世間趣，入出世道，得菩薩法，住菩薩處，入三世平等，於如來種中決定當得無上菩提。菩薩住如是法，名住菩薩歡喜地，以不動相應故。

佛子，菩薩住歡喜地，成就多歡喜、多淨信、多受〈愛〉樂、多適悅、多欣慶、多踊躍、多勇猛、多無鬪諍、多無惱害、多無瞋恨。佛子，菩薩住此歡喜地，念諸佛故生歡喜，念諸佛法故生歡喜，念諸菩薩故生歡喜，念諸菩薩行故生歡喜，念清淨諸波羅蜜故生歡喜，念諸菩薩地殊勝故生歡喜，念菩薩不可壞故生歡喜，念如來教化衆生故生歡喜，念能令衆生得利益故生歡喜，念入一切如來智方便故生歡喜；復作是念：我轉離一切世間境界故生歡喜，親近一切佛故生歡喜，遠離凡夫地故生歡喜，近智慧地故生歡喜，永斷一切惡趣故生歡喜，與一切衆生作依止處故生歡喜，見一切如來故生歡喜，生佛境界中故生歡喜，入一切菩薩平等性中故生歡喜，〔遠〕離一切怖畏毛豎等事故生歡喜。何以故，此菩薩得歡喜地已，所有怖畏悉得遠離，所謂不活畏、惡名畏、死畏、惡道畏、大衆威德畏，如是怖畏皆得永離。何以故，此菩薩離我想故，尚不愛自身，何況資財，是故無有不活畏；不扵他所希求供養，唯專給施一切衆生，是故無有惡名畏；遠離我見，無有我相〈想〉，是故無有死畏；自知死已，決定不離諸佛菩薩，是故無有惡道畏；我所志樂，一切世間無與等者，何況有勝。是故無有大衆威德畏。菩薩如是遠離驚怖毛豎等事。

佛子，此菩薩以大悲為首，廣大志樂無能沮壞，轉更勤修一切善根而得成就，所謂〔信〕增上故，多淨信故，解清淨故，信決定故，發生悲愍故，成就大慈故，心無疲懈故，

卅四之上
〔067-4〕

【慚愧莊嚴故，成就柔和故，敬順尊重諸佛教法故，日夜修集善根無厭足故，親近善知識故，常愛樂法故，求多聞無厭足故，如所聞法正觀察故，心無依著故，不耽著利養、名聞、恭敬故，不求一切資生之物故，生如寶心無厭足故，求一切智

---

① 諭，㊅一八一頁註①：諭＝喻㊂㊈。
② 方，㊅一八一頁註②：方＝力㊂㊈。

地故,求如來力、無畏、不共佛法故,求諸波羅蜜助道法故,離諸諂誑故,如說能行故,常護實語故,不污如來家故,不捨菩薩戒故,生一切智心如山王不動故,不捨一切世間事成就出世間道故,集助菩提分法無厭足故,常求上上殊勝道故。佛子,菩薩成就如是淨治地法,名爲安住菩薩歡喜地。

佛子,菩薩住此歡喜地,能成就如是大誓願、如是大勇猛、如是大作用,所謂生廣大清淨決定解,以一切供養之具,恭敬供養一切諸佛,令無有餘;廣大如法界,究竟如虛空,盡未來際一切劫數無有休息。又發大願:願受一切佛法輪,願攝一切佛菩提,願護一切諸佛教,願持一切諸佛法;廣大如法界,究竟如虛空,盡未來際一切劫數無有休息。又發大願:願一切世界佛興于世,從兜率天宮沒、入胎、住胎、初生、出家、成道說法、示現涅槃,皆悉往詣,親近供養,爲衆上首,受行正法,於一切處一時而轉;廣大如法界,究竟如虛空,盡未來際一切劫數無有休息。又發大願:願一切菩薩行廣大無量,不壞不雜,攝諸波羅蜜,淨治諸地,總相別相、同相異相、成相壞相,所有菩薩行皆如實說,教化一切,令其受行,心得增長;廣大如法界,究竟如虛空,盡未來際一切劫數無有休息。又發大願:願一切衆生界有色無色、有想無想、非有想非無想、卵生胎生、濕生化生,三界所繫,入於六趣一切生處,名色所攝,如是等類我皆教化,令入佛法,令永斷一切世間趣,令安住一切智智道;廣大如法界,究竟如虛空,盡未來際一切劫數無有休息。又發大願:願一切世界廣大無量,麁細亂住、倒住、正住,若入、若行、若去,如帝網差別,十方無量種種不同,智皆明了,現前知見;廣大如法界,究竟如虛空,盡未來際一切劫數無有休息。又發大願:願一切國土入一國土,一國土入一切國土,無量佛土普皆清淨,光明衆具以爲莊嚴,離一切煩惱,成就清淨道,無量智慧衆生充滿其中,普入廣大諸佛境界,隨衆生心而爲示現,皆令歡喜;

廣大如法界,究竟如虛空,盡未來際一切劫數無有休息。又發大願:願與一切菩薩同一志行,無有怨嫉,集諸善根,一切菩薩平等一緣,常共集會,不相捨離,隨意能現種種佛身,任其自心能知一切如來境界威力智慧,得不退如意神通,遊行一切世界,現形一切衆會,普入一切生處,成就不思議大乘,修菩薩行;廣大如法界,究竟如虛空,盡未來際一切劫數無有休息。又發大願:願乘不退輪行菩薩行,身語意業悉不唐捐,若暫見者則必定佛法,暫聞音聲則得實智慧,纔生淨信則永斷煩惱,得如大藥王樹身,得如如意寶身,修行一切菩薩行;廣大如法界,究竟如虛空,盡未來際一切劫數無有休息。又發大願:願於一切世界成阿耨多羅三藐三菩提不離一毛端處,於一切毛端處皆悉示現初生、出家、詣道場、成正覺、轉法輪、入涅槃,得佛境界大智慧力,於念念中隨一切衆生心示現成佛令得寂滅,以一三菩提知一切法界即涅槃相,以一音說法令一切衆生心皆歡喜,示入大涅槃而不斷菩薩行,示大智慧地安立一切法,以法智通、神足通、幻通自在變化充滿一切法界;廣大如法界,究竟如虛空,盡未來際一切劫數無有休息。

佛子,菩薩住歡喜地,發如是大誓願、如是大勇猛、如是大作用,以此十願門爲首,滿足百萬阿僧祇大願。佛子,此大願以十盡句而得成就。何等爲十,所謂衆生界盡、世界盡、虛空界盡、法界盡、涅槃界盡、佛出現界盡、如來智界盡、心所緣界盡、佛智所入境界界盡、世間轉法轉智轉界盡。若衆生界盡,我願乃盡;若世界乃至世間轉法轉智轉界盡,我願乃盡。而衆生界不可盡,乃至世間轉法轉智轉界不可盡故,我此大願善根無有窮盡。

佛子,菩薩發如是大願已,則得利益心、柔軟心、隨順心、寂靜心、調伏心、寂滅心、謙下心、潤澤心、不動心、不濁心。成淨信者,有信功用:能信如來本行所入,信成就諸波羅蜜,信入諸勝地,信成就力,信具足無所畏,信生長不可壞不共佛法，信不思議佛法，信出生無中邊佛境界，信隨入如來無量境界，信成就果。舉要言之，信一切菩薩行，乃至如來智地說力故。

佛子，此菩薩復作是念：諸佛正法，如是甚深，如是寂靜，如是寂滅，如是空，如是無相，如是無願，如是無染，如是無量，如是廣大。而諸凡夫心墮邪見，無明覆翳，立憍慢高幢，入渴愛網中，行諂誑稠林不能自出，心與慳嫉相應不捨，恒造諸趣受生因緣，貪恚愚癡積集諸業日夜增長，以忿恨風吹心識火熾然不息，凡所作業皆顛倒相應，欲流、有流、無明流、見流，相續起心意識種子，於三界田中復生苦芽。所謂名色共生不離，此名色增長，生六處聚落，於中相對生觸，觸故生受，因受生愛，愛增長故生取，取增長故生有，有生故有生老死憂悲苦惱。如是眾生生長苦聚，是中皆空，離我、我所，無知、無覺，無作、無受，如草木石壁，亦如影像；然諸眾生不覺不知。菩薩見諸眾生於如是苦聚不得出離，是故即生大悲智慧。復作是念：此諸眾生我應救拔，置於究竟安樂之處。是故即生大慈光明智。

佛子，菩薩摩訶薩隨順如是大悲大慈，以深重心住初地時，於一切物無所吝惜，求佛大智，修行大捨，凡是所有一切能施。所謂財穀、倉庫、金銀、摩尼、真珠、瑠璃、珂貝、璧玉、珊瑚等物，珍寶、瓔珞、嚴身之具，象馬車乘、奴婢人民、城邑聚落、園林臺觀、妻妾男女、內外眷屬及餘所有珍玩之具，頭目手足、血肉骨髓、一切身分皆無所惜，為求諸佛廣大智慧。是名菩薩住於初地大捨成就。

佛子，菩薩以此慈悲大施心，為欲救護一切眾生，轉更推求世、出世間諸利益事無疲厭故，即得成就無疲厭心。得無疲厭心已，於一切經論心無怯弱；無怯弱故，即得成就一切經論智。獲是智已，善能籌量應作、不應作，於上中下一切眾生，隨應、隨力、隨其所習，如是而行，是故菩薩得成世智。成世智已，知時知量，以慚愧莊嚴勤修自利、利他之道，是故成就慚愧莊嚴，於

此行中勤修出離，不退不轉，成堅固力。得堅固力已，勤供諸佛，於佛教法能如說行。

佛子，菩薩如是成就十種淨諸地法，所謂信、悲、慈、捨、無有疲厭、知諸經論、善解世法、慚愧堅固力、供養諸佛、依教修行。

佛子，菩薩住此歡喜地已，以大願力得見多佛。所謂見多百佛、多千佛、多百千佛、多億佛、多百億佛、多千億佛、多百千億佛、多億那由他佛、多百億那由他佛、多千億那由他佛、多百千億那由他佛。悉以大心、深心，恭敬尊重，承事供養，衣服、飲食、臥具、醫藥，一切資生悉以奉施，亦以供養一切眾僧，以此善根皆悉迴向無上菩提。佛子，此菩薩因供養諸佛故，得成就眾生法，以前二攝攝取眾生，謂布施、愛語；後二攝法，但以信解力故，行未善通達。是菩薩，十波羅蜜中，檀波羅蜜增上；餘波羅蜜非不修行，但隨力隨分。是菩薩隨所勤修，供養諸佛，教化眾生，皆以修行清淨地法，所有善根悉以迴向一切智地，轉轉明淨，調柔成就，隨意堪用。佛子，譬如金師善巧鍊金，數數入火，轉轉明淨，調柔成就，隨意堪用。菩薩亦復如是，供養諸佛，教化眾生，皆為修行清淨地法，所有善根悉以迴向一切智地，轉轉明淨，調柔成就，隨意堪用。

佛子，菩薩摩訶薩住於初地，應從諸佛菩薩善知識所推求請問，於此地中相及得果，無有厭足，為欲成就此地法故；亦應從諸佛菩薩善知識所推求請問，第二地中相及得果，無有厭足，為欲成就彼地法故；亦應如是推求請問，第三、第四、第五、第六、第七、第八、第九、第十地中相及得果，無有厭足，為欲成就彼地法故。是菩薩善知諸地障對治，善知地成壞，善知地相果，善知地得修，善知地法清淨，善知地地轉行，善知地地處、非處，善知地地殊勝智，善知地地不退轉，善知淨治一切菩薩地乃至轉入如來地。佛子，菩薩如是善知地相，始於初地起行不斷，如是乃至入第十地無有斷絕；由此諸地智光明故，成於如來智慧光明。佛子，譬如商主善知方便，

欲將諸商人往詣大城，未發之時，先問道中功德過失，及住止之處安危可不，然後具道資糧，作所應作。佛子，彼大商主雖未發足，能知道中所有一切安危之事，善以智慧籌量觀察，備其所須令無乏少，將諸商衆乃至安隱到彼大城，身及衆人悉免憂患。佛子，菩薩商主亦復如是，住於初地，善知諸地障對治，乃至善知一切菩薩地清淨，轉入如來地，然後乃具福智資糧，將一切衆生經生死曠野險難之處，安隱得至薩婆若城，身及衆生不經患難。是故，菩薩常應匪懈勤修諸地殊勝淨業，乃至趣入如來智地。

　　佛子，是名略說菩薩摩訶薩入菩薩初地門，廣說則有無量無邊百千阿僧祇差別事。

　　佛子，菩薩摩訶薩住此初地，多作閻浮提王，豪貴自在，常護正法，能以大施攝取衆生，善除衆生慳貪之垢，常行大施無有窮盡。布施、愛語、利益、同事如是一切諸所作業，皆不離念佛，不離念法，不離念僧，不離念同行菩薩，不離念菩薩行，不離念諸波羅蜜，不離念諸地，不離念力，不離念無畏，不離念不共佛法，乃至不離念具足一切種、一切智智。復作是念：我當於一切衆生中爲首、爲勝、爲殊勝、爲妙、爲微妙、爲上、爲無上、爲導、爲將、爲帥，乃至爲一切智智依止者。是菩薩若欲捨家於佛法中勤行精進，便能捨家、妻子、五欲，依如來教出家學道。既出家已，勤行精進，於一念頃，得百三昧，得見百佛，知百佛神力，能動百佛世界，能過百佛世界，能照百佛世界，能教化百世界衆生，能住壽百劫，能知前後際各百劫事，能入百法門，能示現百身，於一一身能示百菩薩以爲眷屬；若以菩薩殊勝願力自在示現，過於是數，百劫、千劫、百千劫，乃至百千億那由他劫不能數知。

　　爾時，金剛藏菩薩欲重宣其義而說頌曰：
　　若人集衆善，具足白淨法，
　　供養天人尊，隨順慈悲道，
　　信解極廣大，志樂亦清淨，
　　爲求佛智慧，發此無上心。

淨一切智力，及以無所畏，
成就諸佛法，救攝群生衆，
爲得大慈悲，及轉勝法輪，
嚴淨佛國土，發此最勝心。
一念知三世，而無有分別，
種種時不同，以示於世間。
略說求諸佛，一切勝功德，
發生廣大心，量等虛空界。
悲先慧爲主，方便共相應，
信解清淨心，如來無量力，
無礙智現前，自悟不由他，
具足同如來，發此最勝心。
佛子始發生，如是妙寶心，
則超凡夫位，入佛所行處，
生在如來家，種族無瑕玷，
與佛共平等，決成無上覺。
纔生如是心，即得入初地，
志樂不可動，譬如大山王，
多喜多愛樂，亦復多淨信，
極大勇猛心，及以慶躍心，
遠離於鬬諍，惱害及瞋恚，
慚敬而質直，善守護諸根，
救世無等者，所有衆智慧，
此處我當得，憶念生歡喜。
始得入初地，即超五怖畏，
不活死惡名，惡趣衆威德。
以不貪著我，及以於我所，
是諸佛子等，遠離諸怖畏。
常行大慈愍，恆有信恭敬，
慚愧功德備，日夜增善法。
樂法真實利，不愛受諸欲，
思惟所聞法，遠離取著行。
不貪於利養，唯樂佛菩提，
一心求佛智，專精無異念。
修行波羅蜜，遠離諂虛詐，
如說而修行，安住實語中。
不污諸佛家，不捨菩薩戒，

不樂於世事，常利益世間。
修善無厭足，轉求增勝道，
如是好樂法，功德義相應。
恒起大願心，願見於諸佛，
護持諸佛法，攝取大仙道。
常生如是願，修行最勝行，
成熟諸群生，嚴淨佛國土。
一切諸佛剎，佛子悉充滿，
平等共一心，所作皆不空；
一切毛端處，一時成正覺。
如是等大願，無量無邊際。
虛空與眾生，法界及涅槃，
世間佛出興，佛智心境界。
如來智所入，及以三轉盡，
彼諸若有盡，我願方始盡；
如彼無盡期，我願亦復然。
如是發大願，心柔軟調順。
能信佛功德，觀察於眾生，
知從因緣起，則興慈念心：
如是苦眾生，我今應救脫。
為是眾生故，而行種種施，
王位及珍寶，乃至象馬車，
頭目與手足，乃至身血肉，
一切皆能捨，心得無憂悔。
求種種經書，其心無厭倦，
善解其義趣，能隨世所行，
慚愧自莊嚴，修行轉堅固，

供養無量佛，恭敬而尊重。
如是常修習，日夜無懈倦，
善根轉明淨，如火鍊真金。
菩薩住於此，淨修於十地，
所作無障礙，具足不斷絕。
譬如大商主，為利諸商眾。
問知道險易，安隱至大城。
菩薩住初地，應知亦如是，
勇猛無障礙，到於第十地。
住此初地中，作大功德王，
以法化眾生，慈心無損害。
統領閻浮地，化行靡不及，
皆令住大捨，成就佛智慧。
欲求最勝道，捨己國王位，
能於佛教中，勇猛勤修習，
則得百三昧，及見百諸佛，
震動百世界，光照行亦爾，
化百土眾生，入於百法門，
能知百劫事，示現於百身，
及現百菩薩，以為其眷屬；
若自在願力，過是數無量。
我於地義中，略述其少分，
若欲廣分別，億劫不能盡。
菩薩最勝道，利益諸群生，
如是初地法，我今已說竟】。

【大方廣佛華嚴經卷第三十四】

大方廣佛花嚴經
十地品第二十六之二

卷卅五・卅五之上

[第二地]^c

諸菩薩聞此，最勝微妙地，
其心盡清淨，一切皆歡喜。
皆從於座起，踊住虛空中，
普散上妙花，同時共稱讚：
善㦲金剛藏，大智無畏者，
善說於此地，菩薩所行法。
解脫月菩薩，知衆心清淨，
樂聞第二地，所有諸行相，
即請金剛藏：大慧頋演說，
佛子皆樂聞，所住第二地。

尒時，金剛藏菩薩告解脫月菩薩言：

佛子，菩薩摩訶薩已修初地，欲入第二地，當起十種深心。何等爲十，所謂正直心、柔輭心、堪能心、調伏心、寂靜心、純善心、不雜心、無顧戀心、廣心、大心。菩薩以此十心，得入第二離垢地。

佛子，菩薩住離垢地，性自遠離一切殺生，不畜刀杖，不懷怨恨，有慚有愧，仁恕具足，於一切衆生有命之者，常生利益慈念之心；是菩薩尚不惡心惱諸衆生，何況於他起衆生想，故以重意而行殺害。〔性〕不偷盜，菩薩於自資財，常知止足，於他慈恕，不欲侵損；若物屬他，起他物想，終不於此而生盜心，乃至草葉不與不取，何況其餘資生之具。性不邪婬，菩薩於自妻【知】足，不求他妻，於他妻妾、他所護女、親族媒定及爲法所護，尚不生於貪染之心，何況從事，況於非道。性不妄語，菩薩常作實語、真語、時語，乃至夢中亦不忍作覆藏之語，无心欲作，何況故犯。性不兩舌，菩薩於諸衆生無離閒心、無惱害心，不將此語爲破彼故而向彼說，不將彼語爲破此故而向此說，未破者不令破，已破者不增長，不憙〈喜〉離閒，不樂離閒，不作離閒語，不說離閒語，若實若不實。性不惡口，所謂毒害語、麁獷語、苦他語、令他嗔〈瞋〉恨語、〔現前語〕、不現前語、鄙惡語、庸賤語、不可樂聞語、聞者不悅語、瞋忿語、如火燒心語、怨結語、熱惱語、不可愛語、不可樂語、能壞自身他身語，如是等語皆悉捨離，常作潤澤語、柔輭語、悅意語、可樂聞語、聞者憙悅語、善入人心語、風雅典則語、多人愛樂語、多人悅樂語、身心勇〈踊〉悅語。性不綺語，菩薩常作〈樂〉思審語、時語、實語、義語、法語、順【道】理語、巧調伏語、隨時籌量決定語，是菩薩乃至戲笑尚恒思審，何況故出散亂之言。性不貪欲，菩薩於他財物、他所資用，不生貪心，不願不求。性離瞋恚，菩薩於一切衆生恒起慈心、利益心、哀愍心、歡喜心、和潤心、攝受心，永捨瞋恨、怨害、熱【惱，常】思順行，仁[069-1]慈祐益。又離邪見，菩【薩住於正】道，不行

【占卜】，不取惡戒，心見正直，無【誑】無謟〈諂〉，於佛、法、僧起決定信。

佛子，菩薩摩訶薩【如是護】持十善【業道】，常無閒斷，復作是念：一切衆生墮惡趣者，【莫】不皆以十不善業；是故我當自修正行，亦勸於他，令修正行。何以故，若自不能修行正行，令他修者，無有是處。

佛子，此菩薩摩訶薩復作是念：十不善業道，是地獄、畜生、餓鬼受生因；十善業道，是人、天乃至有頂處受生因。又此上品十善業道，以智慧修習，心狹劣故，怖三界故，闕大悲故，從他聞聲而解了故，成聲聞乘。又此上品十善業道，修治〈治〉清淨，不從他教，自覺悟故，大悲方便不具足故，悟解甚深因緣法故，成獨覺乘。又此上品十善業道，修治〈治〉清淨，心廣無量故，具足悲愍故，方便所攝故，發生大願故，不捨衆生故，希求諸佛大智故，淨治菩薩諸地故，淨修一切諸度故，成菩薩廣大行。又此上上十善業道，一切種清淨故，乃至證十力、四無畏故，一切佛法皆得成就。是故我今等行十善，應令一切具足清淨；如是方便，菩薩當學。

佛子，此菩薩摩訶薩又作是念：十不善業道，上者地獄因，中者畜生因，下者餓鬼因。於中，殺生之罪能令衆生墮於地獄、畜生、餓鬼；若生人中，得二種果報，一者短命，二者多病。偷盜之罪亦令衆生墮三惡道；若生人中，得二種果報，一者貧窮，二者共財不得自在。邪婬之罪亦令衆生墮三惡道；若生人中，得二種果報，一者妻不貞良，二者不得隨意眷屬。妄語之罪亦令衆生墮三惡道；若生人中，得二種果報，一者多被誹謗，二者為他所誑。兩舌之罪亦令衆生墮三惡道；若生人中，得二種【果】報，一者眷屬乖離，二者親族弊ᶜ〈獘〉①惡。惡口之罪亦令衆生墮三惡道；若生人中，得二種果報，一者常聞惡聲，二者言多諍訟。綺語之罪【亦】令衆生墮三惡道；若生人中，得二種果報，一者言無人

受，二者語不明了。貪欲之罪亦令衆生墮三惡道；若生人中，得二種果報，一者心不知足，二者多欲无猒。瞋恚之罪亦令衆生墮三惡道；若生人中，得二種果報，一者常被他人求其長短，二者恒被於他之所惱害。邪〔069-2〕見之罪亦令衆生墮三惡道；若生人中，得二種果報，一者生邪見家，二者其心謟〈諂〉曲。佛子，十不善業道能生此等無量無邊衆大苦聚，是故菩薩作如是念：我當遠離十不善道，以十善道為法園苑，愛樂安住，自住其中，亦勸他人令住其中。

佛子，此菩薩摩訶薩復於一切衆生生利益心、安樂心、慈心、悲心、憐愍心、攝受心、守護心、自己心、師心、大師心，作是念言：衆生可愍，墮於邪見、惡慧、惡欲、惡道稠林。我應令彼住於正見，行眞實道。又作是念：一切衆生分別彼我，互相破壞，鬪諍瞋恨，熾然不息。我當令彼住於无上大慈之中。又作是念：一切衆生貪取無猒，唯求財利，邪命自活。我當令彼住於清淨身語意業正命法中。又作是念：一切衆生常隨三毒，種種煩惱因之熾然，不解志求出要方便。我當令彼除滅一切煩惱大火，安置清涼涅槃之處。又作是念：一切衆生為愚癡重闇，妄見厚膜之所覆故，入陰翳稠林，失智慧光明，行曠野險道，起諸惡見。我當令彼得無鄣礙清淨智眼，知一切法如實相，不隨他教。又作是念：一切衆生在於生死險道之中，將墮地獄、畜生、餓鬼，入惡見網中，為愚癡稠林所迷，隨逐邪道，行顛倒行。譬如盲人無有導師，非出要道謂為出要，入魔境界，惡賊所攝，隨順魔心，遠離佛意。我當拔出如是險難，令住無畏一切智城。又作是念：一切衆生為大瀑水波浪所沒，入欲流、有流、無明流、見流，生死迴復〈洄澓〉②，愛河漂轉，湍馳奔激，不暇觀察；為欲覺、恚覺、

---

① 獘，囷一八五頁註②：獘＝弊宮。
② 洄澓，囷一八六頁註①：洄澓＝迴復宮聖。

宕覺随逐不捨，身見羅剎扵中執取，将其永入愛欲稠林；扵所貪愛深生染著，住我慢原阜，安六處聚落；無善救者，無能度者。我當扵彼起大悲心，以諸善根而爲救濟，令無災患，離染寂靜，住扵一切智慧寶洲。又作是念：一切衆生處世牢獄，多諸苦惱，常懷愛憎，自生憂怖，貪欲重械之所繫縛，無明稠林以爲覆蔀，扵三界內莫能自出。我當令彼永離三有，住無罣礙大涅槃中。又作是念：一切衆生執著扵我，扵諸蘊窟宅不求出離，依六處空聚，起四顛倒行，爲四大【毒】虵之所侵惱，五蘊怨賊之所殺害，受無量苦。我當令彼住扵最勝无所著處，所謂滅一切障礙无上涅槃。又作是念：一切衆生其心狹劣，不【行】取上一切智道，雖欲出離，但樂聲聞、辟支佛乘。我當令住廣大佛法、廣大智慧。佛子，菩薩如是護持扵戒，善能增長慈悲之心。

佛子，菩薩住此離垢地，以願力故，得見多佛。所謂見多百佛、多千佛、多百千佛、多億佛、多百億佛、多千億佛、多百千億佛，如是乃至見多〔069-3〕【百千億】那由他佛。【扵】諸佛所，以廣大心、深心，恭敬尊重，承事供養，衣服、飲食、卧具、醫藥，一切資生悉以奉施，亦以供養一切衆僧，以此【善根】迴向阿耨多羅三藐三菩提。扵諸佛所，以尊重心，復更受行十善道法，隨其所受，乃至菩提，終不忘失。是菩薩扵无量百千億那由【他劫】，遠離慳嫉破戒垢故，布施、持戒清淨湍足。譬如真金置礬石中，如法練〈鍊〉已，離一切垢，轉復明淨。菩薩住此離垢地，亦復如是，扵無量百【千億】那由他劫，遠離慳嫉破戒垢故，布施、持戒清淨湍足。佛子，此菩薩，四攝法中，愛語偏多；十波羅蜜中，持戒偏多；餘非不行，但隨力隨【分】。

【佛】子，是名略說菩薩摩訶薩苐二離垢地。菩薩住此地，多作轉輪聖王，爲大法主，具足七寶，有自在力，能除一切衆生慳貪破戒垢，以【善】方便令其安住十善道中；爲大施主，周給

無盡。布施、愛語、利益〈行〉①、同事，如是一切諸所作業，皆不離念佛，不離念法，不離念僧，乃至【不】離念具足一切種、一切智智。又作是念：我當扵一切衆生中爲首、爲勝、爲殊勝、爲妙、爲微妙、爲上、爲無上，乃至爲一切智智依止者。是菩薩若欲捨家扵佛法中勤行精進，便能捨家、妻子、五欲。既出家已，勤行精進，扵一念頃，得千三昧，得見千佛，知千佛神力，能動千世界，乃至能示現千身，扵一一身能示現千菩薩以爲眷屬；若以菩薩殊勝願力自在示現，過扵是數，百劫、千劫乃至百千億那由他劫不【能】數知。

尒時，金剛藏菩薩欲重宣其義而說頌曰：
質直柔輭及堪能，調伏寂靜與純善，
速出生死廣大意，以此十心入二地。
住此成就戒功德，遠離殺生不惱害，
亦離偷盜及【邪】婬，妄惡乖離無義語。
不貪財物常慈愍，正道直心無諂〈諂〉偽，
離險捨慢極調柔，依教而行不放逸。
地獄畜生受衆苦，餓鬼燒然出猛燄，
一切皆由罪所致，我當離彼住實法。
人中随意得受生，乃至頂天禪定樂，
獨覺聲聞佛乘道，皆曰十善而成就。
如是思惟不放逸，自持淨戒教【他】護，
復見羣生受衆苦，轉更增益大悲心。
凡愚邪智不正解，常懷忿恨多諍訟，
貪求境界無足期，我應令彼【除三毒】。
愚癡大暗所纏覆，入大險道邪見網，
生死籠檻怨所拘，我應令彼摧魔賊。
四流漂蕩心沒溺，三界焚如苦无量，〔069-4〕
【計蘊爲宅我在中，爲欲度彼勤行道。
設求出離心下劣，捨扵最上佛智慧，
我欲令彼住大乘，發勤精進無厭足。
菩薩住此集功德，見無量佛咸供養，

---

① 利行，㊷一八六頁註②：利行＝利益宋宮。

億劫修治善更明，如以好藥鍊真金。
佛子住此作輪王，普化衆生行十善，
所有善法皆修習，爲成十力救於世。
欲捨王位及財寶，即棄居家依佛教，
勇猛精勤一念中，獲千三昧見千佛。
所有種種神通力，此地菩薩皆能現，
願力所作復過此，無量自在度群生。
一切世間利益者，所修菩薩最勝行，
如是第二地功德，爲諸佛子已開演】。

〔第三地〕[①]

【佛子得聞此地行，菩薩境界難思議，
靡不恭敬心歡喜，散華空中爲供養，
讚言善哉大山王，慈心愍念諸衆生，
善說智者律儀法，第二地中之行相。
是諸菩薩微妙行，真實無異無差別，
爲欲利益諸群生，如是演說最清淨。
一切人天供養者，願爲演說第三地，
與法相應諸智業，如其境界希具聞。
大仙所有施戒法，忍辱精進禪智慧，
及以方便慈悲道，佛清淨行願皆說。
時解脫月復請言：無畏大士金剛藏，
願說趣入第三地，柔和心者諸功德。

爾時，金剛藏菩薩告解脫月菩薩言：

佛子，菩薩摩訶薩已淨第二地，欲入第三地，當起十種深心。何等爲十，所謂清淨心、安住心、厭捨心、離貪心、不退心、堅固心、明盛心、勇猛心、廣心、大心。菩薩以是十心，得入第三地。

佛子，菩薩摩訶薩住第三地已，觀一切有爲法如實相。所謂：無常、苦、不淨、不安隱、敗壞、不久住，刹那生滅，非從前際生，非向後際去，非於現在住。又觀此法無救、無依、與憂、與悲，苦惱同住，愛憎所繫，愁感轉多，無有停積，貪恚癡火熾然不息，衆患所纏，日夜增長，如幻不實。見如是已，於一切有爲倍增厭離，趣佛智慧，見佛智慧不可思議、無等無量、難得無雜、無惱無憂，至無畏城，不復退還，能救無量苦難衆生。菩薩如是見如來智慧無量利益，見一切有爲無量過患，則於一切衆生生十種哀愍心。何等爲十，所謂：見諸衆生孤獨無依，生哀愍心；見諸衆生貧窮困乏，生哀愍心；見諸衆生三毒火然，生哀愍心；見諸衆生諸有牢獄之所禁閉，生哀愍心；見諸衆生煩惱稠林恒所覆障，生哀愍心；見諸衆生不善觀察，生哀愍心；見諸衆生無善法欲，生哀愍心；見諸衆生失諸佛法，生哀愍心；見諸衆生隨生死流，生哀愍心；見諸衆生失解脫方便，生哀愍心。是爲十。菩薩如是見衆生界無量苦惱，發大精進，作是念言：此等衆生，我應救，我應脫，我應淨，我應度；應著善處，應令安住，應令歡喜，應令知見，應令調伏，應令涅槃。菩薩如是厭離一切有爲，如是愍念一切衆生，知一切智智有勝利益，欲依如來智慧救度衆生，作是思惟：此諸衆生墮在煩惱大苦之中，以何方便而能拔濟，令住究竟涅槃之樂。便作是念：欲度衆生令住涅槃，不離無障礙解脫智；無障礙解脫智，不離一切法如實覺；一切法如實覺，不離無行無生行慧光；無行無生行慧光，不離禪善巧決定觀察智；禪善巧決定觀察智，不離善巧多聞。菩薩如是觀察了知已，倍於正法勤求修習，日夜唯願聞法、喜法、樂法、依法、隨法、解法、順法、到法、住法、行法。菩薩如是勤求佛法，所有珍財皆無吝惜，不見有物難得可重，但於能說佛法之人生難遭想。是故，菩薩於內外財，爲求佛法悉能捨施。無有恭敬而不能行，無有憍慢而不能捨，無有承事而不能作，無有勤苦而不能受。若聞一句未曾聞法，生大歡喜，勝得三千大千世界滿中珍寶；若聞一偈未聞正法，生大歡喜，勝得轉輪聖王位；若得一偈未曾聞法，能淨菩薩行，勝得帝釋梵王位住無量百千劫。若有人言：我有一句佛所說法，能淨菩薩行。汝今若能入大火阬，受極大苦，當以相與。菩薩爾時作如是念：我以

---

① 第三地，㊅一八七頁註②：〔第三地〕－三宮聖。

一句佛所說法，淨菩薩行故，假使三千大千世界大火滿中，尚欲從於梵天之上投身而下，親自受取，況小火阬而不能入。然我今者爲求佛法，應受一切地獄衆苦，何況人中諸小苦惱。菩薩如是發勤精進求於佛法，如其所聞觀察修行。此菩薩得聞法已，攝心安住，於空閑處作是思惟：如說修行乃得佛法，非但口言而可清淨。

　　佛子，是菩薩住此發光地時，即離欲惡不善法，有覺有觀，離生喜樂，住初禪；滅覺觀，內淨一心，無覺無觀，定生喜樂，住第二禪；離喜住捨，有念正知，身受樂，諸聖所說能捨有念受樂，住第三禪；斷樂，先除苦喜憂滅，不苦不樂，捨念清淨，住第四禪；超一切色想，滅有對想，不念種種想，入無邊虛空，住虛空無邊處；超一切虛空無邊處，入無邊識，住識無邊處；超一切識無邊處，入無少所有，住無所有處；超一切無所有處，住非有想非無想處。但隨順法故，行而無所樂著。

　　佛子，此菩薩心隨於慈，廣大無量不二，無怨無對，無障無惱，遍至一切處，盡法界、虛空界，遍一切世間；住悲、喜、捨亦復如是。

　　佛子，此菩薩得無量神通力，能動大地；以一身爲多身，多身爲一身，或隱或顯；石壁山障，所往無礙，猶如虛空；於虛空中跏趺而去，同於飛鳥；入地如水，履水如地；身出煙焰，如大火聚；復雨於水，猶如大雲；日月在空，有大威力，而能以手捫摸摩觸；其身自在，乃至梵世。此菩薩天耳清淨過於人耳，悉聞人、天若近若遠所有音聲，乃至蚊蚋、虻蠅等聲亦悉能聞。此菩薩以他心智，如實而知他衆生心。所謂：有貪心，如實知有貪心；離貪心，如實知離貪心；有瞋心、離瞋心，有癡心、離癡心，有煩惱心、無煩惱心，小心、廣心，大心、無量心，略心、非略心，散心、非散心，定心、非定心，解脫心、非解脫心，有上心、無上心，雜染心、非雜染心，廣心、非廣心，皆如實知。菩薩如是以他心智知衆生心。此菩薩念知無量宿命差別，所謂：念知一生，念知二生、三生、四生，乃至十生、二十、三十，乃至百生、無量百生、無量千生、無量百千生，成劫、壞劫、成壞劫、無量成壞劫，我曾在某處，如是名，如是姓，如是種族，如是飲食，如是壽命，如是久住，如是苦樂。我於彼死，生於某處，從某處死，生於此處，如是形狀，如是相貌，如是言音。如是過去無量差別，皆能憶念。此菩薩天眼清淨過於人眼，見諸衆生生時死時、好色惡色、善趣惡趣，隨業而去。若彼衆生成就身惡行，成就語惡行，成就意惡行，誹謗賢聖；具足邪見及邪見業因緣，身壞命終，必墮惡趣，生地獄中。若彼衆生成就身善行，成就語善行，成就意善行，不謗賢聖，具足正見；正見業因緣，身壞命終，必生善趣諸天之中。菩薩天眼皆如實知。此菩薩於諸禪三昧、三摩鉢底能入能出，然不隨其力受生，但隨能滿菩提分處，以意願力而生其中。

　　佛子，是菩薩住此發光地，以願力故，得見多佛，所謂：見多百佛，見多千佛，見多百千佛，乃至見多百千億那由他佛。悉以廣大心、深心，恭敬尊重，承事供養，衣服、飲食、臥具、湯藥，一切資生悉以奉施，亦以供養一切衆僧，以此善根迴向阿耨多羅三藐三菩提。於其佛所，恭敬聽法，聞已受持，隨力修行。此菩薩觀一切法，不生不滅，因緣而有；見縛先滅，一切欲縛、色縛、有縛、無明縛皆轉微薄；於無量百千億那由他劫不積集故，邪貪、邪瞋及以邪癡，悉得除斷，所有善根轉更明淨。佛子，譬如真金善巧鍊治，稱兩不減，轉更明淨。菩薩亦復如是，住此發光地，不積集故，邪貪、邪瞋及以邪癡，皆得除斷，所有善根轉更明淨。此菩薩忍辱心、柔和心、諧順心、悅美心、不瞋心、不動心、不濁心、無高下心、不望報心、報恩心、不諂心、不誑心、無諂詖心皆轉清淨。此菩薩於四攝中，利行偏多；十波羅蜜中，忍波羅蜜偏多；餘非不修，但隨力隨分。

　　佛子，是名菩薩第三發光地。菩薩住此地，多作三十三天王，能以方便，令諸衆生捨離貪欲。

布施、愛語、利行、同事，如是一切諸所作業，皆不離念佛，不離念法，不離念僧，乃至不離念具足一切種、一切智智。復作是念：我當於一切眾生中為首、為勝、為殊勝、為妙、為微妙、為上、為無上，乃至為一切智智依止者。若勤行精進，於一念頃，得百千三昧，得見百千佛，知百千佛神力，能動百千佛世界，乃至示現百千身，一一身百千菩薩以為眷屬；若以菩薩殊勝願力自在示現，過於此數，百劫、千劫乃至百千億那由他劫不能數知。

爾時，金剛藏菩薩欲重宣其義而說頌曰：
清淨安住明盛心，厭離無貪無害心，
堅固勇猛廣大心，智者以此入三地。
菩薩住此發光地，觀諸行法苦無常，
不淨敗壞速歸滅，無堅無住無來往。
觀諸有為如重病，憂悲苦惱惑所纏，
三毒猛火恒熾然，無始時來不休息。
厭離三有不貪著，專求佛智無異念，
難測難思無等倫，無量無邊無逼惱。
見佛智已愍眾生，孤獨無依無救護，
三毒熾然常困乏，住諸有獄恒受苦，
煩惱纏覆盲無目，志樂下劣喪法寶，
隨順生死怖涅槃，我應救彼勤精進。
將求智慧益眾生，思何方便令解脫，
不離如來無礙智，彼復無生慧所起。
心念此慧從聞得，如是思惟自勤勵，
日夜聽習無間然，唯以正法為尊重。
國城財貝諸珍寶，妻子眷屬及王位，
菩薩為法起敬心，如是一切皆能捨。
頭目耳鼻舌牙齒，手足骨髓心血肉，
此等皆捨未為難，但以聞法為最難。
設有人來語菩薩：孰能投身大火聚，
我當與汝佛法寶，聞已投之無怯懼。
假使火滿三千界，身從梵世而投入，
為求法故不為難，況復人間諸小苦。
從初發意至得佛，其間所有阿鼻苦，
為聞法故皆能受，何況人中諸苦事。
聞已如理正思惟，獲得四禪無色定，
四等五通次第起，不隨其力而受生。
菩薩住此見多佛，供養聽聞心決定，
斷諸邪惑轉清淨，如鍊真金體無減。
住此多作忉利王，化導無量諸天眾，
令捨貪心住善道，一向專求佛功德。
佛子住此勤精進，百千三昧皆具足，
見百千佛相嚴身，若以願力復過是。
一切眾生普利益，彼諸菩薩最上行，
如是所有第三地，我依其義已解釋】。

【大方廣佛華嚴經卷第三十五】

〔大方〕廣佛花嚴經
十地品第廿〔六之三〕

〔卷卅六〕·卅六之上

〔第四地〕^c

佛子聞此【廣大行，可樂深妙殊勝地，
心皆踊悅大歡喜，普散衆華供養佛。
演說如是妙法時，大地海水皆】震動，
一切天女咸歡【喜，悉吐妙】音同讚嘆。
自在天王大欣慶，雨【摩尼寶供養佛，
讚言佛爲我出興，演說第一功德行。
如是智者諸地義，於百千劫】甚難得，
我今忽然【而得聞】，菩薩勝行妙法音。
頤更演說聰【慧者，後地決定無餘道，
利益一切諸天人，此諸佛子皆樂聞。
勇猛】大心解脫月，請金剛【藏言】佛子，
從此轉入弟四地，所有行相頤宣【說。
爾時，金剛藏菩薩告解脫月菩薩言：
佛子，菩薩摩訶薩第三地善】清淨已，欲入弟四燄慧【地，當】修行十法明門。何等爲十，所謂觀察衆生【界、觀察法界、觀察世界、觀察虛空界、觀察識界、觀察欲界、觀察色】界、觀察無色界、觀察【廣心信】解界、觀察大心信解界。菩薩以此十法【明門，得入第四焰慧地】。

【佛子，菩薩住此焰慧地，則能以十種智成熟】法故，得彼内法，生如來家。何【等爲十】，所謂：深心不退故；於三寶中生淨信，畢【竟不壞故；觀諸行生滅故；觀諸法自性無生故；觀世間成壞故；觀因】業有生故；觀生死涅槃故；【觀衆】生國土業故；觀前際後際故；觀无所有盡【故。是爲十。佛子，菩薩住此第四地，觀內身循身觀，勤勇念知，除世間】貪憂；觀外身循身觀，勤勇念【知，除世間】貪憂；觀內外身循身觀，勤勇念知，除【世間貪憂；如是，觀內受、外受、内外受循受觀，觀内心、外心、内外心循心觀，觀内法、外法、内外法循法【觀，勤勇】念知，除世閒貪憂。復次，此菩薩未生諸【惡不善法爲不生故，欲生勤精進發心正斷；已生諸惡不善法爲斷】故，欲生勤精進發【心正】所；未【生諸善法】爲生故，欲生勤精進發心正行；已生諸【善法爲住不失故，修令增廣故，欲生勤精進發心正行。復次，此】菩薩修行欲定所行，成就神足，【依止厭，依止】離，依止滅，迴向於捨；修行精進定、心【定、觀定斷行，成就神足，依止厭，依止離，依止滅，迴向於捨。復次，此】菩薩修行信根，依止猒，依止【離，依止滅，迴向於】捨；修行精進根、念根、定根、慧根，【依止厭，依止離，依止滅，迴向於捨。復次，此菩薩修行信力，依止厭】，依止離，依止滅，迴向於捨；修行精【進力、念力、定力】、慧力，依止猒，依止離，依止滅，迴向【於捨。復次，此菩薩修行念覺分，依止厭，依止離，依止滅，迴向於捨；修】行擇法覺分、精進覺【分、喜覺分、猗覺分】、定覺分、捨覺分，依止猒，依止離，【依止滅，迴向於捨。復次，此菩薩修行正見，依止厭，依止離，依止滅】，迴向於捨；修行正思惟，正【語、正業、正命、正精進、正】念、正定，依止猒，依止離，依【止滅，迴向於捨。菩薩修行如是功德，爲不捨一切衆生故】，本願所持故，大【悲爲首故，大慈成就故】，思念一切智智故，成就莊〔071①-1+②-1〕【嚴佛土故，成就如來力、無所畏、不共佛法、相好音聲】悉具足故，求於上上殊【勝道故，隨順所聞甚深】佛解脫故，思惟大智善巧方【便故】。

【佛子，菩薩住此焰慧】地，所有身見爲首，我、人、衆生、【壽命、蘊、界、處所起執】著，出沒思惟；觀察治故，我【所故，財物故，著處故，於如是等一切皆離。此菩薩】若見業是如來所訶、煩惱所【染，皆悉捨離；若見業】是順菩薩道、如來所讚，皆【悉修行】。

【佛子，此菩薩隨所起方便慧，修習於】道及助道分，如是而得潤澤心、【柔軟心、調順心、利益】安樂心、無雜染心、求上上勝【法心、求殊勝智慧心、救一切世間心、恭敬尊德無】違教命心、隨所聞法皆〔善〕修行【心。此菩薩知恩、知報恩】，心極和善，同住安樂，質直【柔軟，無稠林行，無有我慢，善受教誨，得】說者意。此菩薩如是忍成【就，如是調柔成就，如是寂】滅成就，如是忍、調柔、寂【滅成就；淨治後地業，作意修行時，得不】休息精進、不雜染精進、不退【轉精進、廣大精進、無】邊精進、熾然精進、【無等等精進、無能壞精進、成熟一】切衆生精進、善分別道非道【精進。是菩薩心界清淨】，深心不失，悟解明利，善【根增長，離世垢濁，斷諸疑惑，明斷】具足，善〈喜〉樂充滿，佛親護【念，無量志樂皆悉成就】。

佛子，菩薩住此〔071①-2+②-2〕【焰慧地，以願力故，得見多佛。所謂】見多百佛，見多千佛，見多百千佛，【乃至見多百千億那由他】佛。皆恭敬尊重，承事供養，【衣服、臥具、飲食、湯藥，一切資生悉以奉施，亦】以供養一切衆僧，以此善根【皆悉迴向阿耨多羅三】藐三菩提。於彼佛所，恭敬【聽法，聞已受持，具足修行。復於彼諸佛法中出家】修道，又更修治深心信解，【經無量百千億那由】他劫，令諸善根轉復明淨。佛子，譬【如金師鍊治眞金作莊嚴具，餘所有金皆不能】及；菩薩摩訶薩亦復如是，住於【此地所有善根】，下地善根所不能及。如摩尼寶清淨光輪【能放光明，非諸餘寶之所能及，風雨等緣】悉不能壞；菩薩摩訶薩亦復如是，【住於此地，下】地菩薩所不能及，衆魔煩惱悉不能壞。此菩薩於【四攝中，同事偏多；十波羅蜜中，精進偏多；餘非不修，但】隨力隨分。

佛子，是名略說菩薩摩訶【薩第四】焰慧地。菩薩住此地，多作湏夜摩天王，以善方便【能除衆生身見等惑，令住正見。布施、愛語、利行、同事】，如是一切諸所作業，皆不離念佛，不離【念法，不】離念僧，乃至不離念具足一切種、一切智智。復作是【念：我當於一切衆生中爲首、爲勝、爲殊勝、爲妙、爲微妙、爲上】、爲无上，乃至爲一切智智依止者。是菩薩【若發】勤精進，於一念頃，得入億數三昧，得見億數佛，【得知億數佛神力，能動億數世界，乃至能示現億數身，一一】身億數菩薩以爲眷屬；若以菩薩殊【勝願】力自在示現，過於此數，百劫、千劫乃至百千億那【由他劫不能數知】。

【爾時，金剛藏菩薩欲重宣其義而說頌言】：
菩薩已淨第三地，次觀衆生世法界，
【空界】識界及三界，心解悉了能趣入。
始登焰地增【勢力，生如來家永不退，
於佛法僧信不壞，觀法無常無有起】。
觀世成壞業有生，生死涅槃刹等業，
【觀前】後際亦觀盡，如是修行生佛家。
得是法已增【慈愍，轉更勤修四念處，
身受心法內外觀，世間貪愛皆除遣】。
菩薩修治四勤行，惡法除滅善增長，

269

【神足】根力悉善修，七覺八道亦如是。
爲度衆生【修彼行，本願所護慈悲首，
求一切智及佛土，亦念如來十種力】，
四無所畏不共法，殊特相好深美音；
【亦求】妙道解脱處，及大方便修行彼。
身見爲【首六十二，我及我所無量種，
蘊界處等諸取著，此四地中一切離】。
如来所訶煩惱行，以無義利皆除斷；
【智】者修行清浄業，爲度衆生无不作。
菩薩【勤修不懈怠，即得十心皆具足，
專求佛道無厭倦，志期受職度衆生】。
恭敬尊德修行法，知恩易誨無愠暴，
【捨慢】離諂〈諂〉心調柔，轉更精勤不退轉。
菩薩【住此焰慧地，其心清浄永不失，
悟解決定善增長，疑網垢濁悉皆離】。
此地菩薩人中勝，供那由他無量佛，
【聽聞】正法亦出家，不可沮壞如真金。
菩【薩住此具功德，以智方便修行道，
不爲衆魔心退轉，譬如妙寶無能壞】。
住此多【作焰】天王，扵法自在衆所尊，
【普】化羣生除惡見，專求佛智修善業。
菩〔071①-3+②-3〕【薩勤加精進力，獲三昧等皆億數；
若以願智力所爲，過於此數無能知】。
如是菩薩第四地，所行清浄微妙【道，
功】德義智共相應，我爲佛子已宣説。

〔第五地〕①

菩【薩聞此勝地行，於法解悟心歡喜，
空中雨華讚歎言：善哉大士金剛藏】。
自在天王與天衆，聞法踊躍住【虚空】，
普放種種妙光雲，供養如来喜充遍。
天諸【采女奏天樂，亦以言辭歌讚佛，
悉以菩薩威神故，於彼聲中發是言】：
佛願久遠今乃滿，佛道久遠今【乃得】，
釋迦文佛至天宮，利天人者久乃見。
大海【久遠今始動，佛光久遠今乃放，
衆生久遠始安樂，大悲音聲久乃聞】。
功德彼岸皆已到，憍慢黒闇皆【已滅】，
最極清浄如虚空，不染世法猶蓮花。
大牟【尼尊現於世，譬如須彌出巨海，
供養能盡一切苦，供養必得諸佛智】；
此應供處供無等，是故歡心【供養佛。
如】是無量諸天女，發此言辞稱讚已，
一切恭【敬喜充滿，瞻仰如來默然住。
是時大士解脱月，復請無畏金剛藏】：
第五地中諸行相，唯願佛子爲【宣説】。
尒時，金剛藏菩薩告解脱月菩薩言：

【佛子，菩薩摩訶薩第四地所行道善圓滿已，欲入第五難勝地，當】以十種平等清浄心趣入。何等【爲十，所】謂扵過去佛法平等清浄心、未来佛【法平等清淨心、現在佛法平等清淨心、戒平等清淨心、心平等清淨】心、除見疑悔平等清淨心、道【非道智平等】清浄心、修行智見平等清浄心〔071①-4+②-4〕、【於一切菩提分法上上觀察平等清淨心、教化一切衆生平等清淨心】。菩薩摩訶薩以此十種平【等】清浄【心，得入菩薩】第五地。

佛【子，菩薩摩訶薩住】此第五地已，以善脩菩提【分】法故，善淨深心故，復轉求上勝【道故】，随順真如故，願【力所持】故，扵一【切衆生慈】愍不捨故，積集【福智助道】故，精勤脩習不【息故】，出生善巧方便【故】，觀察【照】明上上地故，受如来護念故，念智力所持故，得不退轉【心】。

佛子，此菩薩摩訶薩如實知此是苦聖諦、此是苦集聖諦、此是苦滅聖諦、此是苦滅道聖

---

① 第五地，[知]一九一頁註①：〔第五地〕－[三][宫][聖][福]。

諦，善知俗諦，善知弟一義諦，善知相諦，善知差別諦，善知成立諦，善知事諦，善知生諦，善知盡無生諦，善知入道智諦，善知一切菩薩地次弟成就諦，乃至善知如來智成就【諦】。此菩薩随衆生心樂令歡喜故，知俗諦；通達一實相故，知弟一義諦；覺法自相、共相故，知相諦；了諸法分位差別故，知差別諦；善分別薀、界、處故，知成立諦；覺身心苦惱【故，知】事諦；覺諸趣生相續故，知【生】諦；一切熱惱畢竟滅故，知盡無生智諦；出生无二故，知入道智諦；正覺一切行相故，善知一切菩薩地次弟相續成就，乃至如來智成就諦。以信解智力知，非以究竟智力知。

佛子，此菩薩摩訶薩得如是諸諦智已，如實知一切有爲法虛妄、詐僞、【誑惑】愚夫。菩薩尒時，於諸衆生轉增大悲，生大慈光明。佛子，此菩【薩】摩訶薩得如是【智】力，不捨一切衆生，常求佛智，如實觀一【切有】爲【行】前際、後際。知從前際無明、有愛，故生生死流轉，於諸薀宅不能動出，增長苦聚；【無我】、無【壽】者、无養育者、無更數【取】後趣身者，離我、我所。如前際，後際亦如是，皆無所有。虛妄、貪著，所盡出離；若有若無，皆如實知。【佛】子，此菩薩摩訶薩復作是念：此諸凡夫愚癡無智，甚爲可愍。有無數身已滅、今【滅】、當滅，如是盡滅，不能於身而生猒想，轉更增長攙闢苦事，随生死流不能還返，於諸薀【宅】不求出離，不知憂畏四大毒虵，不能抜出諸慢見箭，不能息滅貪恚癡火，不能破壞無明黑暗，不能乾【竭】愛欲大海，不求十力大聖導師；入魔意稠林，於生死海中，爲覺觀波濤之所漂溺。佛子，此菩薩摩訶薩復作是念：此諸衆生受如是苦，孤窮困迫，無救無依，無洲無舍，無導無目，無明覆翳，黑闇〈暗〉纏裹。我今爲彼一切衆生，俯行福智助道之法，獨一發心，不求伴侶；以是功德，令諸衆生畢竟清淨，乃至獲得如來十力、無礙智慧。佛子，此菩薩摩訶薩以如是智慧觀察所俯善根，皆爲救護一切衆生，利益一切衆生，安樂一切衆生，哀愍一切衆生，成就一切衆生，解脱一切衆生，攝受一切衆生；令一切衆生離諸苦惱，令一切〔衆生〕普得清淨，令一切衆生悉皆調伏，令一切衆生入般涅槃。

佛子，【菩】薩摩訶薩住此弟五難勝地，名爲念者，不忘諸法故；名爲智者，能善決了故；名爲有趣者，知經意趣，次弟〔072-1〕連合故；名爲慙愧者，自護、護他故；名爲堅固者，不捨戒行故；名爲覺者，能觀是處、非處故；名爲随智者，不随於他故；名爲随慧者，善知義、非義句差別故；名爲神通者，善修禪定故；名爲方便善巧【者，能随】世【行】故；名爲无猒足者，善集福德故；名爲不休息者，常求智慧故；名爲不疲倦者，集大慈悲故；名爲爲他【勤修】者，欲令一切衆生入涅槃故；名爲勤求不懈者，求如來力、無畏、不共法故；名爲發意能行者，成就莊嚴佛土故；名爲勤修種種善【業者，能】具足相好故；名爲常勤修習者，求莊嚴佛身語意故；名爲大尊重恭敬法者，於一切菩薩法師處如教而行故；名爲心无罣礙者，【以大方】便常行世間【故】；名爲日夜遠離餘心者，常樂教化一切衆生故。

佛子，菩薩摩訶薩如是勤修行時，以布施教化衆生，【以愛語、利】行、同事教化衆生，示現色身教化衆生，演說諸法教化衆生，開示菩薩行教化衆生，顯示如來大威力教化衆生，示生死過患教【化衆生，稱】讃如來智慧利益教化衆生，現大【神通力教化】衆生，以種種方便行教化衆生。佛子，此菩薩摩訶薩能如是勤方便教化衆生，【心恒相續】，趣佛智慧；【所】作善根，无有退轉，【常】勤修學殊【勝行】法。

【佛子，此菩薩摩訶】薩爲利益【衆生】故，世間技藝靡不【該習。所謂文字】、筭數、圖

〔072-2〕【書、印璽；地、水、火、風，種種諸論，咸所通達】；又善方藥，療治諸【病，顛狂、乾】消、鬼魅、【蠱毒，悉能除斷】；攵【筆、讚】詠、歌舞、技〈妓〉①【樂、戲笑、談說，悉善其事；國城村邑、宮宅園苑、泉流】陂池、草樹花藥，凡所布列，咸得其宜；金銀、摩尼、真珠、瑠【璃、螺貝、璧玉、珊】瑚等【藏，悉知其處，出】以示人；日月星宿、鳥鳴地震、夜【夢吉凶，身相休咎，咸善】觀察，一無錯【謬；持戒入禪，神通無量，四】无色等及餘一切【世間之】事，但於【眾生】不爲【損惱，爲利益故咸悉開示，漸令安住無上佛法】。

【佛子，菩】薩住是難勝地，【以願力故】，得見多佛。【所謂】見多百佛，見【多千佛】，見多百千【佛，乃至見多百千億那由他佛。悉恭】敬尊重，承事供養，衣服、飲食、臥具、湯【藥，一切】資生悉【以奉施，亦以供養一切眾】僧，以此【善根迴向阿耨多】羅三藐【三】菩提。於【諸佛所，恭敬聽法，聞已受持，隨力修行。復於彼諸佛法】中【而】得【出家】；既出【家已，又更聞法，得陀羅尼，爲聞持法師。住】此地中，經於百劫，經【於千劫，乃至無量百千億那由他劫，所有善根轉更】明【淨】。佛子，【譬如真金，以硨磲磨瑩，轉更明淨；此地菩薩】所有【善根】亦復如是，【以】方便慧思惟【觀察，轉更明淨】。佛子，菩薩【住此難勝地，以方便智成就功德，下地善根所不能及。佛子，如日】月星宿、宮殿光明，風力所持，不可【沮壞，亦非餘風】所能【傾動；此地菩薩所有】善根亦復【如是，以方便智隨逐觀察，不可沮壞，亦非一切聲聞、獨覺世間善】根所能傾動。此菩【薩，十】波羅蜜中，【禪波羅蜜偏多；餘】非【不修，但隨】力【隨分】。

佛子，【是名略說菩薩摩訶薩第五難勝地。菩】薩住此地，多作兜率陀天王，於】諸【眾生所作自在，摧伏一切外道邪見，能令眾】生【住實諦中。布施】、愛語、【利行、同事，如是一切諸所作業，皆不離念佛，不離念法，不離念僧，乃至不離念具足一切種、一切智智。復作是念：我當於眾】生中爲【首】、爲勝、爲殊勝、【爲妙、爲微妙、爲上、爲無上，乃至爲一切智智依止者。此菩薩若發勤精進，於一念頃，得千億三昧，見千億佛，知千億】佛神力，能動【千】億【佛世】界，乃至示現【千億身，一一身示千億菩薩以爲眷屬；若以菩薩殊勝願力自】在示現，【過於此數，百劫、千劫乃至百千億那由他】劫不能數知。

尔時，金剛藏菩薩【欲重宣其義而說頌曰】：
【菩薩四地已清淨，思惟三世佛平等，
戒】心除疑道非道，如是觀【察入五地。
念處爲】弓根利【箭，正【勤】爲馬神足【車，
五力堅鎧破怨敵，勇健不退入五地。
慚愧爲衣覺分鬘，淨戒爲香禪塗香，
智慧方便妙莊嚴，入總持林三昧苑。
如】意爲足正【念頸】，慈悲爲眼智慧【牙，
人中師子無我吼，破煩惱怨入五地。
菩薩住此第五地，轉修勝上清淨道，
志】求【佛法】不退轉，【思念慈悲無】猒倦。
【積集】福【智勝功德，精】勤方便觀上地，
〔072-3〕
【佛力所加具念慧，了知四諦皆如實。
善知世諦勝義諦，相諦差別成立諦，
事諦生盡及道諦，乃至如來無礙諦。
如是觀諦雖微妙】，未得無礙勝解脫，
以此【能】生大功德，是故【超】過【世智慧。
既觀諦已知有爲，體性虛僞無】堅【實】，
得佛慈愍【光】明【分，爲利眾】生求佛智。

―――――――
① 妓，㊁一九二頁註②：妓＝技㊄，伎㊅。

大方廣佛花嚴經十地品第二十六之三

【觀】諸有爲先後【際】，無明黑闇愛繼縛，
流轉迟迴唫聚中，無【我無人無壽命。
愛取爲】因【受】来呰，欲求邊際不可得，
迷妄漂流無返期，此寺可愍我應度。
薀宅界䶌諸見箭，心火猛熾癡闇重，
愛河漂【轉不暇觀，苦海淪胥】闕明導。
如是知已勤精進，所作皆爲度衆生，
名爲有念有慧者，乃至覺解方便者。
習行福智無猒足，恭敬多【聞不疲倦】，
國土相好皆在嚴，如是一切爲衆生。
爲欲教化諸世間，善知書數印寺法，
亦復善解諸方藥，療治衆病悉令愈。
攵詞歌舞皆巧妙，宮宅【園池悉】安隱，
【寶】藏非一咸示【人】，利益无量衆生故。
日月星宿地震動，乃至身相亦觀察，
四禪无色及神通，爲益世間皆顯示。
智者住此難勝地，【供那由佛亦聽】法，
如【以妙寶磨真金，所有善】根轉明淨。
譬如星宿在虛空，風力所持無損動，
亦如蓮花不著水，如是大士行於世。
住此多作兜率王，能摧異道諸邪【見，
所修】諸善【爲】佛智，願得十力救衆生。
彼復修行大精進，即時供養千億佛，
得定動刹亦復然，願力所作過於是。
如是苐五難勝地，人中宷上真【實道，
我以種種方便力，爲諸佛子宣說竟】。

大方廣佛花嚴經卷苐卅六・卅六之下
〔072-4〕

〔大方廣佛〕花嚴經
十地品第廿六之四

卷卅七・卅七之上

〔第六地〕^c

菩薩既聞諸勝行，其心歡喜雨妙花，
放浄光明散寶珠，供養如来稱善説。
百千天衆皆欣慶，共在空中散【衆寶，花鬘】纓絡〈瓔珞〉① 及憧〈幢〉幡〈幡〉，寶盖塗香咸供佛。
自在天王并眷属，心生歡喜住空中，
散寶成雲持供養，讃言佛子快宣説。
無量天女空中住，共以樂音歌讃佛，
音中悉作如是言：佛語能除煩惱病。
法性本寂无諸相，猶如虛空不分別，
超諸取着絶言道，真實平等常清浄。
若能通達諸法性，於有於无心不動。
爲欲救世勤修行，此佛口生真佛子。
不取衆相而行施，本絶諸惡堅持戒，
解法無害常堪忍，知法性離具精進，
已盡煩惱入諸禪，善達性空分別法，
具足智力能博濟，滅除衆惡稱大士。
如是妙音千萬種，讃已默然瞻仰佛。
解脱月語金剛藏：以何行相入後地。
尓時，金剛藏菩薩告解脱月菩薩言：
佛子，菩薩摩訶薩已具足弟五地，欲入第六現前地，當觀察十平等法。何等爲十，所謂一切法無相故平等，无體故平等，无生故平等，无成故平等，本来清浄故平等，無戲論故平等，无取捨故平等，寂静故平等，如幻如夢、如影如響、如水中月、如鏡中像、如燄如化故平等，有無不二故平等。菩薩如是觀一切法自性清浄，随順無違，得入第六現前地，得明利随順忍，未得無生法忍。

佛子，此菩薩摩訶薩如是觀已，復以大悲爲首、大悲增上、大悲滿足，觀世間生滅，作是念：世間受生皆由着我，若離此者〈著〉，則無生處。復作是念：凡夫无智，執着於我，常求有无，不正思惟，起於妄行，行於邪道；罪行、福行、不動行，積集增長，於諸行中植心種子，有漏有取，復起復〈後〉有生及老死。所謂業爲由〈田〉，識爲種，無明闇覆，愛水爲潤，我慢溉灌，見網增長，生名色牙〈芽〉，名色增長生五根，諸根相對生觸，觸對生受，受後希求生愛，〔愛〕增長生取，取增長生有；有生已，於諸趣中起五蘊身，名生；生已衰變爲老，終歿爲死。於老死時，生諸熱惱；因熱惱故，憂愁悲歎，衆苦皆集。此因緣故，集無有集者，任運而滅亦無滅者。菩薩如是随順觀察緣起之相。佛子，此菩薩摩訶薩復作是念：於第一義諦不了故名無明，所作業果是行，行依止初心是識，與識共生四取蘊爲名色，名色增長爲六處，根、

---

① 瓔珞，㊄一九三頁註③：瓔珞＝纓絡宋元。

境、識三事和合是觸，觸共生有受，於受染著是愛，愛增長是取，取所起有漏業爲有，從業起蘊爲生，蘊熟爲老，蘊壞爲死；死時離別，愚迷貪戀，心肓煩悶爲愁，涕泗咨〈諸〉嗟爲歎，在五根爲苦，在意地爲憂，憂苦轉多爲惱。如是【但】有苦樹增長，無我、無我所、無作、無受者。復作是念：若有作者，則有作事；若無作者，亦無作事，弟一義中俱不可得。佛子，此菩薩摩訶薩復作是念：三〔073 -1〕界所有，唯是一心。如來於此分別演說十二有支，皆依一心，如是而立。何以故，隨事貪欲與心共生，心是識，事是行，於行迷惑是無【明】，與无明及心共生是名【色】，名色增長是六處，六處三分合爲觸，觸共生是受，受无猒足是愛，愛攝不捨是取，彼諸有支生是有，有所起名【生，生熟】爲老，老壞爲死。

佛子，此中無明【有】二種業，一令衆生迷於所緣，二與行作生起因。行亦有二種業，一能生未來報，二與識作生起因。識亦有二種業，一【令諸有】相續，二與名色作生起因。名色亦有【二】種業，一乎相助成，二與六處作生起因。六處亦有二種業，一各取自境界，二與觸作生起因。觸亦有二種業，一能觸【所緣，二與受作生】起因。受亦有二種業，一能領【受】愛增〈憎〉等事，二與愛作生起因。愛亦有二種業，一染著可愛事，二與取作生起因。取亦有二種業，一令諸煩惱【相續，二與有作】生起【因】。有亦有二種業，一能令於餘【趣】中生，二與生作生起因。生亦有二種業，一能起諸蘊，二與老作生起因。老亦有二種業，一令諸根變異，二與死作生起因。死亦【有】二【種業，一能】壞諸【行，二】不覺知故相續不絕。

佛子，【此】中無明緣行，乃至生緣老死者，由無明乃至生爲緣，令行乃至老死不斷，助成故。無明滅則行滅，乃至生滅則老死滅者，由【無明乃至生不爲緣，令】諸行乃至老死斷滅，不助成故。佛子，此中無明、愛、取不斷是煩惱道，行、有不斷是業道，餘分不斷是苦道；前後際分別滅三道斷，如是三【道離我】、我所，但有【生滅】，猶如束蘆。復次，無明緣行者，是觀過去；識乃至受，是觀現在；愛乃至有，是觀未來。於是以後，展轉相續。無明滅行滅者，是觀待斷。復次，十二【有支】名【爲三苦，此中】無明、行乃至六處是行苦，觸、受〔是〕苦苦，餘是壞苦；無明滅行滅者，是三苦斷。復次，無明緣行者，無明因緣能生諸行；無明滅行滅者，以無無明，諸行亦無，餘亦如是。又無【明緣】行者，是生繫縛；無明滅行滅者，是滅繫縛。餘亦如是。又無明緣行者，是隨順無所有觀；無明滅行滅者，是隨順盡滅觀。餘亦如是。

佛子，菩薩摩訶薩如是十種送【順觀】諸緣起。所謂有支相續故，一心所攝故，自業差別故，不相捨離故，三道不斷故，觀過去、現在、未來故，三苦聚集故，因緣生滅故，生滅繫【縛】故，無所【有、盡】觀故：

佛子，菩薩摩訶薩以如是十種相【觀】諸緣起，知无我、無人、無壽命、自性空、無作者、無受者，即得空解脫門現在前。觀諸有支皆自性滅，畢竟【解脫】，無有少法相生，即時得無相解脫門現在前。【如是】入空、無相已，無有顧求，唯除大悲爲首，教化衆生，即時得无顠解脫門現在前。菩薩如是修三解脫門，【離】彼、我想，離【作者、受者】想，離有、无想。

佛子，此菩薩摩訶薩大悲轉增，【精勤修習，爲】未滿菩提分法令圓滿故，作是念：一切有爲，有和合則轉，無和合則不轉；【緣集則轉，緣不集則】不轉。我如是知有爲法多諸〔073 -2〕【過】患，當斷【此和合因】緣；然爲成就衆生故，亦不畢竟滅於諸行。佛子，菩薩如是觀察有爲多諸過【患】，無有自性，不生不【滅，而】恒起大悲，【不捨衆生，即得般】若波羅【蜜】現前，名無障【礙智】光明。成就如是智光明

275

已，雖修習菩提分因緣而不住有爲中，雖觀有【爲】法自性寂滅亦不【住】寂滅中，以菩提分法未圓滿故。

【佛子】，菩薩住【此】現前地，得入空三昧、自性空三昧、第一義空三昧、第一空三昧、大空三昧、合空三昧、起空三昧、如實不分別空三昧、不捨離空三昧、離不離空三昧。此菩薩得【如】是十空三昧門爲首，百千空三昧皆悉現前；如是十無相、十無顚三昧門爲首，百千無相、無顚三昧門皆悉現前。

佛子，菩薩住此現前地，復更修習滿足【不】可壞心、決定心、純善心、甚深心、不退轉心、不休息心、廣大心、無邊心、求智心、方便慧相應心，皆悉圓滿。

佛子，菩薩以此心順佛菩提，不懼異論，入諸智地，離二乘道，趣於佛智，諸煩惱魔無能沮壞，住於菩薩智慧光明，於空、無相、無顚法中皆善修習，方便智慧恒共相應，菩提【分法】常行不捨。佛子，菩薩住此現前地中，得般若波羅蜜行增上，得第三明利順忍，以於諸法如實相隨順无違故。

佛子，菩薩住此現前地已，以願力故，得見多佛。所謂見多百佛，乃至見多百千億那由他佛。悉以廣大心、深心，供養恭敬，尊重讚嘆，衣服、飲食、臥具、湯藥，一切資生悉以奉施，亦以供養一切衆僧，以此善根迴向阿耨多羅三藐三菩提。於諸佛所，恭敬聽法，聞已受持，得如實三昧智慧光明，隨順修行，憶持不捨。又得諸佛甚深法藏，經於百劫，經於千劫，乃至无量百千億那由他劫，所有善根轉更明净。譬如真金，以毗瑠璃寶數數磨瑩，轉更明净；此地菩薩所有善根亦復如是，以方便慧，隨逐觀察，轉更明净，轉復寂滅，無能暎蔽。譬如月光，照衆生身，令得清涼，四種風輪所不能壞；此地菩薩所有善根亦復如是，能滅无量百千億那由他衆生煩惱熾火，四種魔道所不能壞。此菩薩，十波羅蜜中，般若波羅蜜偏多；餘非不修，但随力随分。

佛子，是名略說菩薩摩訶薩第六現前地。菩薩住此地，多作善化天王，所作自在，一切聲聞所有問難无能退屈，能令衆生除滅我慢、深入緣起。布施、愛語、利行、同事，如是一切諸所作業，皆不離念佛，乃至不離念具足一切種、一切智智。復作是念：我當於一切衆生中爲首、爲勝，乃至爲一切智智依止者。此菩薩若勤行精進，於一念頃，〔得〕百千億三昧，乃至示現百千億菩薩以爲眷屬；若以願力自在示現，過於此數，乃至百千億那由他刼不能數知。

尒時，金剛藏菩薩欲重宣其義而說頌曰：
菩薩圓滿五地已，觀法无相亦無性，
無生無成本清净，无有戲論無取捨，
體相寂滅如幻等，有無不二離分別，
随順法性如是觀〔073-3〕，此智得成入六地。

明利順忍智具足，觀察世間生滅相，
以癡闇力世間生，若滅癡闇世無有。
觀諸因緣實義空，不壞假名和合用，
【無】作無受無思用〈念〉，諸行如雲遍興起。

不知真諦名无明，所作思業愚癡果，
識起共生是名色，如是乃至衆苦聚。
了達三界依心有，十二因緣亦復然，
生死皆由心所作，心若滅者生死盡。
无明所作有二種，緣中不了爲行因，
如是乃至老終殁，從此苦生無有盡。
無明爲緣不可斷，彼緣若盡悉皆滅，
愚癡愛取煩惱支，行有是業餘皆苦。
癡至六處是行苦，觸受增長是苦苦，
所餘有支是壞苦，若見無我三苦滅。
無明與行爲過去，識至於受現在轉，
愛取有生未來苦，觀待若斷邊際盡。
无明爲緣是生縛，於緣得離縛乃盡，
從因生果離則斷，觀察於此知性空。

随順无明起諸有，若不随順諸有斷，
此有彼有无亦然，十種思惟心離著。
有支相續一心攝，自業不離及三道，
三際三苦因緣生，繫縛起滅順無盡。
如是普觀緣起行，無作無受無真實，
如幻如夢如光影，亦如愚夫逐陽焰。
如是觀察入扵空，知緣性離得無相，
了其虚妄無所願，唯除慈敏〈愍〉爲衆生。
大士脩行解脱門，轉益大悲求佛法，
知諸有爲利〈和〉合作，至〈志〉樂决定勤行道。
空三昧門具百千，無相無願亦復然，
般若順忍皆增上，觧脱智恵〈慧〉得成滿。
復以深心多供佛，扵佛教中修習道，
得佛法藏增善根，如金琉璃所磨瑩。
如月清涼被衆物，四風来觸無能壞；
此地菩薩超魔道，亦息羣生煩惱熱。
此地多作善化王，化導衆生除我慢，
【所作】皆求一切智，悉已超勝聲聞道。
此地菩薩勤精進，獲諸三昧百千億，
亦見若干无量佛，辟如盛夏空中日。
甚深微妙難見知，聲聞獨覺无能了，
如是菩薩弟六地，【我爲】佛子已宣說。

〔第七地〕[①]

是時天衆心歡喜，散寶成雲在空住，
普發種種妙音聲，告扵㝡勝清淨者：
了達勝義智自在，成就功德百千億，
人中蓮花无所着，爲利羣生演深行。
【自在天王】在空中，放大光明照佛身，
亦散㝡上妙香雲，普供除憂煩惱者。
尒時天衆皆歡喜，悉發美音同讃述：
我𭘾聞斯地功德，則爲已獲大善利。
天女是時心慶悦，【競奏樂音】千萬種，
悉以如来神力故，音中共作如是言：
威儀寂静㝡無比，能調難調世應供，
已超一切諸世間，而行扵世闡妙道。
雖現種種无量身，知身一一無所有，
【巧以言辭說】諸法，不取文字音聲相。
往詣百千諸國土，以諸上供供養佛，
智慧自在無所着，不生扵我佛國想。
雖勤教化諸衆生，而无彼己一切心；
雖已修成廣大善，【而於善法不】生着。
以見一切諸世間，貪恚癡火常熾然，
扵諸想念悉皆離，發起大悲精進力。
一切諸天及天女，種種供養稱讃已，
悉共同時默然住，瞻仰人尊願聞法。
【時解脱月復】請言：此諸大衆心清淨，
第七地中諸行相，唯願佛子爲宣說。
尒時，金剛藏菩薩告解脱月菩薩言：

佛子，菩薩摩訶薩具足弟六地行已，欲入弟七逺行地〔073－4〕，【當修十種方便慧起殊勝道。何等】爲十，所謂：雖善修空、無【相、無願三昧，而慈】悲不捨衆生，雖得諸佛平𭘾法，而樂常供【養佛；雖入觀】空智門，而勤集福德；雖逺離三界，而莊嚴三界；雖畢竟寂滅諸煩惱焰，而能爲一切衆生起滅貪嗔〈瞋〉癡煩惱焰；雖知諸法如幻如夢、如影如響、如焰如化、如水中月、如鏡中像、自性無二，而随心作業无量差別；雖知一切國土猶如虚空，而能以清淨妙行莊嚴佛土；雖知諸佛法身〔本性無身〕，而以相好莊嚴其身；雖知諸佛音聲性空寂滅不可言說，而能随一切衆生出種種差別清淨音聲；雖随諸佛了知三世唯是一念，而随衆生意解分別，以種種相、種種時、種種刧數而修諸行。菩薩以如是十種方便慧起殊勝行，從弟六地入弟七地；入已，此行常現在前，名爲住弟【七】逺行地。

佛子，菩薩摩訶薩住此弟七地已，入无量衆生界，入无量【諸佛】教化衆生業，入无量世

---

① 第七地，[石]一九五頁註③：〔第七地〕－[三][宮][聖]。

界綱，入無量諸佛清淨國土，入无量種【種差別】法，入無量諸佛現覺智，入无量劫數，入无量諸佛覺了三【世智，入無量衆生】差別信解，入无量諸佛示現種種名色身，入無〔074上-1〕【量衆生欲樂諸】根差別，入无量諸佛語言音聲令衆生歡喜，入无量衆生種種心【行，入】无量諸佛了知廣大智，入无量聲聞乘信解，入无量諸佛說智道令信解，入无量辟支佛所成就，入无量諸佛說甚深智慧門令趣入，入无量諸菩薩方便行，入无量諸佛所說大乘集成事令菩薩得入。此菩薩作是念：如是無量如来境界，乃至於百千億那由他劫不能得知，我悉應以無功用無分別心成就圓滿。

佛子，此菩薩以深智慧如是觀察，常勤修習方便慧起殊勝道，安住不動，無有一念休息廢捨；行住坐臥乃至睡夢，未曾暫與蓋鄣相應，常不捨於如是想念。此菩薩於念念中，常能具足十波羅蜜。何以故，念念皆以大悲爲首，修行佛法，向佛智故。所有善根，爲求佛智，施與衆生，是名檀那波羅蜜；能滅一切諸煩惱熱，是名尸〔羅〕波羅蜜；慈悲爲首，不損衆生，是名羼提波羅蜜；求勝善法，無有猒足，是名毗梨耶波羅蜜；一切智道常現在前，未嘗散亂，是名禪那波羅蜜；能忍諸法無生無滅，是名般若波羅蜜；能出生无量智，是名方便波羅蜜；能求上上勝智，是名願波羅蜜；一切異論及諸魔衆無能沮壞，是名力波羅蜜；如實了〔074上-2〕知一切法，是名智波羅蜜。佛子，此十波羅蜜，菩薩於念念【中皆得具足】；如是，四攝、四持、三十七品、三解脫門，略說乃至一切菩提分法，於【念念中皆】悉圓滿。

尒時，解脫月菩薩問金剛藏菩薩言：佛子，菩薩但於此弟七地中滿足一切菩提分法，爲諸地中亦能滿足。

金剛藏菩薩言：佛子，菩薩於十地中皆能滿足菩提分法，然弟七地最爲殊勝。何以故，此弟七地功用行滿，得入智慧自在行故。佛子，菩薩於初地中，緣一切佛法願求故，滿足菩提分法；第二地離心垢故，第三地願轉增長得法光明故，第四地入道故，第五地順世所作故，第六地入甚深法門故，第七地起一切佛法故，皆亦滿足菩提分法。何以故，菩薩從初地乃至第七地，成就智功用分。以此力故，從弟八地乃至弟十〔地〕①，無功用行皆悉成就。佛子，譬如有二世界，一處雜染，一處純淨，是二中間難可得過，唯除菩薩有大方便神通願力。佛子，菩薩諸地亦復如是，有雜染行，有清淨行，是二中間難可得過，唯除菩薩有大願力方便智慧【乃】能得過。

解脫月菩薩言：佛子，此七地菩薩，爲是染行，爲是〔074上-3〕【淨行】。

金剛藏菩薩言：佛子，從初地至七地，所【行】諸行【皆捨】離煩惱業，以迴向無上菩提故，分得【平等】道故，然未名爲超煩惱行。佛子，譬如轉輪聖王乘天【象寶】遊四天下，知有貧窮困苦之人，而不爲彼【衆】患所染，然【未名爲超過人】位；【若捨】王身，生於梵世，乘天宮殿，【見】千【世界，遊】千世界，【示現梵】天光明威德，介乃名爲超過人位。佛子，菩【薩亦】復【如】是，始【從初地至】於七地，乘波羅蜜乘遊行世間，知諸【世間煩】惱過患，【以】乘正道故，不爲煩惱過失所染，然未名爲超煩惱【行；若捨一切】有功用【行，從】弟七地入弟八地，乘菩薩【清淨乘遊行】世間，知煩惱過失【不】爲所染，介乃名爲超煩惱行，以得一切盡超【過】故。佛子，【此第七地菩】薩盡超過多貪等諸煩惱衆【住此地，不名有煩惱者，不名】無煩惱者。何以故，一切煩惱不現行故，不名有【者；求如來智心未】滿故，不名无者。

佛子，菩薩住【此第七地，以深淨心，成就身業，成】就語業，成就意業。所有一切不善

---

① 地，㊃一九六頁註③：〔地〕－㊂㊅。

〔074上-4〕【業道，如來所訶，皆已捨離；一切善業，如來】所讚，常【善】修行。世【間所有】經書、技術，如五【地中】說，皆【自然而行，不】假功用。此菩薩於三千大千世界而〈中〉為大明師，唯除如來及八地【已上】其餘菩薩，深心妙行無與等者，諸禪三昧、三摩鉢底、神通解脫皆得現前。然是修成，非如八地報得成就。此地菩薩於念念中具足修【習】方便智力及一切菩提分法，轉勝圓滿。

佛子，菩薩住此地，入菩薩善觀擇三昧、善擇義三昧、最勝慧三昧、分別義藏三昧、如實分別義三昧、善住堅固根三昧、智慧神通門三昧、法界業三昧、如來勝利三昧、種種義藏生死涅槃門三昧，入如是等具足大智神【通】門百萬三昧，淨治此地。是菩薩得此三昧，善治淨方便慧故，大悲力故，超過二乘地，得觀察智慧地。

佛子，【菩】薩住此地，善淨無量身業無相行，善淨無量語業無相行，善淨無量意業無相行故，得無生法忍光明。

解脫月菩薩言：佛子，菩薩從初地來所有無量身語意業，豈不超過二乘邪〈耶〉。

金剛藏菩薩言：佛子，彼悉超過，【然】但以願求諸佛法故，非是自智觀察之力；今【第七】地自智力故，一切二乘所不能【及。譬】如王【子】，生在王家，王后所生，具足【王相】，生已即勝一切【臣】眾，但以王力，非是自力；若身【長】大，藝業悉成，【乃】以自〔074下-1〕【力超】過一切。菩薩摩訶薩亦復如是，初發心時，以志求大法故，超過一切聲聞、獨覺；【今住】此地，以自所行智慧力故，出過一切二乘之上。佛子，菩薩住此第七地，得甚深遠離無行、常行身語意業，勤求上道而不捨離，是故菩薩雖行實際而不作證。

解脫月菩薩言：佛子，菩薩從何地來，能入滅定。

金剛藏菩薩言：

佛子，菩薩從第六地來，能入滅定。今住此地，能念念入，亦念念起，而不作證。故此菩薩名為成就不可思議身語意業，行於實際而不作證。譬如有人乘舡入海，以善巧力不遭水難；此地菩薩亦復如是，乘波羅蜜舡行實際海，以願力故而不【證】滅。

佛子，此菩薩得如是三昧智力，以大方便，雖示現生死，而恒住涅槃；雖眷屬圍繞，而常樂遠離；雖以願力三界受生，而不為世法所染；雖常寂滅，以方便力而還熾然，雖然不燒；雖隨順佛智，而示入聲聞、辟支佛地；雖得佛境界藏，而示住魔境界；雖超魔道，而現行魔法；雖示同外道行，而不捨佛法；雖示隨順一切世間，而常行一切出世間法；所有一切莊嚴之事，出過一切天、龍、夜叉、乾闥婆、阿修羅、迦樓羅、緊那羅、摩睺羅伽、人及非人、帝釋、梵王、四天王等之所有者，而不捨離樂法之心。

佛子，菩薩成就如是智慧，住遠行地，以願力故，得見多佛。所謂見多百佛，乃至見多百千億那由他佛。於彼佛所，以廣大心、增勝【心】，供養恭敬，尊重讚歎，衣服、飲食、臥具〔074下-2〕、【醫藥，一切】資生悉以奉施，亦以供養一切眾僧，以此善根迴向阿耨多羅三藐三菩提。復於佛所恭敬聽【法，聞已】受持，獲如實三昧智慧光明，隨順修行。於諸佛所護持正法，常為如來之所讚善，一切二乘所有【問】難無能退屈，利益眾生，法忍清淨。如是經無量百千億那由他劫，所有善根轉更增勝。譬如真金，以眾妙寶間錯莊嚴，轉更增勝，倍益光明，餘莊嚴具所不能及；菩薩住此第七地所有善根亦復如是，以方便慧力轉更明淨，非是二乘之所能及。佛子，譬如日光，星月等光無能及者，閻浮提地所有泥潦悉能乾竭；此遠行地菩薩亦復如是，一切二乘無有能及，悉能乾竭一切眾生諸惑泥潦。此菩薩，十波羅蜜中，方便波羅蜜偏多；餘非不行，但隨力隨分。

佛子，是名略說菩薩摩訶薩第七遠行地。菩薩住此地，多作自在天王，善爲衆生說證智法，令其證入。布施、愛語、利行、同事，如是一切諸所作業，皆不離念佛，乃至不離念具足一切種、一切智智。復作是念：我當扵一切衆生中爲首、爲勝，乃至爲一切智智依止者。此菩薩若發勤精進，扵一念頃，得百千億那由他三昧，乃至示現百千億那由他菩薩以爲眷屬；若以菩薩殊勝頋力自在示現，過扵此數，乃至百千億那由他劫不能數知。

尒時，金剛藏菩薩欲重宣其〈此〉① 義而說頌曰：

第一義智三昧道，六地修行心滿足，
即時成就方便慧，菩薩以此入七地。
雖明三脫起慈悲，雖尋如来勤供佛，
雖觀扵空集福德，菩薩以此昇七地。
遠離三界而莊嚴，滅除惑火而起㷿，
知法無二勤作業，了剎皆空樂嚴土，
解身不動具諸相，達聲性離善開演，
入扵一念事各別，智者以此昇七地。
觀察此法得明了，廣爲羣生〈迷〉興利益，
入衆生界無有邊，佛教化業亦无量。

〔074下-3〕

【國】土諸法與刦數，解【欲】心行【悉】能【入】，
說三乘法亦無限，如是教化諸羣生。
菩薩勤求【最勝道】，動息不捨方便慧，
一一迴向佛菩提，念念成就波羅蜜。
發心迴向是布施，滅惑爲戒不害【忍】，
求善無猒斯進【策】，扵道【不動即】修禪，
忍受无生名般若，迴向方便希求頋，
無猒推力善了智，如是一切皆成滿。
【初】地攀【緣功】德滿，【二地離】垢三【諍】息，
四地入【道】五順行，第六無生智光照，
七住菩提功德【滿】，種種大頋皆具足，

【以是能】令八地中，一切所作咸清淨。
此地難過智乃超，譬如世界二中間，
【亦如】聖【王無染】著，【然未名爲總超度】。
若住第八智地中，尒乃踰〈逾〉② 扵心境界，
如梵觀世超人位，【如蓮處水無染著。
此地雖超諸惑】衆，不名有惑非无惑，
以無煩惱扵中行，而求佛智心未足。
世間【所有衆技藝，經書詞論】普明了，
禪定三昧及神通，如是修行悉【成就】。
菩薩修成七住道，超【過一切二乘】行，
【初地願故】此由智，譬如王子力具足。
成就甚渁〈深〉仍進道，心心寂滅不取證；
譬如乘舡入海【中】，在水不爲水所溺。
方便慧行功德具，一切世間無猒了，
【供】養多佛心益明，如以妙寶【莊嚴金】。
此地菩薩智寂明，如日舒光竭愛水，
又作自在天中主，【化】導羣生修正智。
若以勇猛精勤力，獲多三昧見多佛，
百千億數那由他，頋力自在復過是。
【此是】菩薩遠行地，方便智慧清淨道，
一切世間天及人，聲聞獨覺無猒知。

〔大〕方廣佛花嚴經卷苐卅七・卅七之下

〔074下-4〕

---

① 此，㊃一九八頁註③：此＝其㊁。
② 逾，㊃一九八頁註④：逾＝踰㊁㊂。

大方廣佛花嚴經
十地品第廿六之五

卷卅八・卅八之上

[第八地]^c

【是時天王及天衆，聞此勝行皆歡喜，
爲欲供養於如來，及以無央大菩薩，
雨妙華幡及幢蓋，香鬘瓔珞與寶衣，
無量無邊千萬種，悉以摩尼作嚴飾。
天女同時奏天樂，普發種種妙音聲，
供養於佛并佛子，共作是言而讚歎：
一切見者兩足尊，哀愍衆生現神力，
令此種種諸天樂，普發妙音咸得聞。
於一毛端百千億，那由他國微塵數，
如是無量諸如來，於中安住說妙法。
一毛孔內無量刹，各有四洲及大海，
須彌鐵圍亦復然，悉見在中無迫隘。
一毛端處有六趣，三種惡道及人天，
諸龍神衆阿脩羅，各隨自業受果報。
於彼一切刹土中，悉有如來演妙音，
隨順一切衆生心，爲轉最上淨法輪。
刹中種種衆生身，身中復有種種刹，
人天諸趣各各異，佛悉知已爲說法。
大刹隨念變爲小，小刹隨念亦變大，
如是神通無有量，世間共說不能盡。
普發此等妙音聲，稱讚如來功德已，
衆會歡喜默然住，一心瞻仰欲聽說。
時解脫月復請言：今此衆會皆寂靜，
願說隨次之所入，第八地中諸行相。

爾時，金剛藏菩薩告解脫月菩薩言：

佛子，菩薩摩訶薩於七地中，善修習方便慧，善清淨諸道，善集助道法。大願力所攝，如來力所加，自善力所持，常念如來力、無所畏、不共佛法，善清淨深心思覺，能成就福德智慧，大慈大悲不捨衆生，入無量智道，入一切法，本來無生、無起、無相、無成、無壞、無盡、無轉、無性爲性，初、中、後際皆悉平等，無分別如如智之所入處，離一切心、意、識分別想，無所取著猶如虛空，入一切法如虛空性，是名得無生法忍。

佛子，菩薩成就此忍，即時得入第八不動地，爲深行菩薩難可知無差別，離一切相、一切想、一切執著，無量無邊，一切聲聞、辟支佛所不能及，離諸諠諍，寂滅現前。譬如比丘，具足神通，得心自在，次第乃至入滅盡定，一切動心、憶想分別悉皆止息。此菩薩摩訶薩亦復如是，住不動地，即捨一切功用行，得無功用法，身口意業念務皆息，住於報行。譬如有人，夢中見身墮在大河，爲欲渡故，發大勇猛，施大方便；以大勇猛、施方便故，即便覺寤，既覺寤已，所作皆息。菩薩亦爾，見衆生身在四流中，爲救度故，發大勇猛，起大精進；以勇猛、精進故，至不動地；既至此已，一切功用靡不皆息，二行、相行悉不現前。佛子，如生梵世，欲界煩惱皆不現前；住不動地亦復如是，一切心、意、識行皆不現前。此菩薩摩訶薩，菩薩心、佛心、菩提心、涅槃心尚不現起，況復起於世間之心。

佛子，此地菩薩本願力故，諸佛世尊親現其前與如來智，令其得入法流門中，作如是言：善哉善哉，善男子，此忍第一，順諸佛法。然善男子，我等所有十力、無畏、十八不共諸佛之法，汝今未得，汝應爲欲成就此法勤加精進，勿復放捨於此忍門。又善男子，汝雖得是寂滅解脫，然諸凡夫未能證得，種種煩惱皆悉現前，種種覺觀常相侵害，汝當愍念如是衆生。又善男子，汝當憶念本所誓願，普大饒益一切衆生，皆令得入不可思議智慧之門。又善男子，此諸法法性，若佛出世，若不出世，常住不異，諸佛不以得此法故名爲如來，一切二乘亦能得此無分別法。又善男子，汝觀我等身相，無量智慧，無量國土，無量方便，無量光明，無量清淨，音聲亦無有量；汝今宜應成就此事。又善男子，汝今適得此一法明，所謂一切法無生、無分別。善男子，如來法明，無量入，無量作，無量轉，乃至百千億那由他劫不可得知；汝應修行，成就此法。又善男子，汝觀十方無量國土、無量衆生、無量法、種種差別，悉應如實通達其事。

佛子，諸佛世尊與此菩薩如是等無量起智門，令其能起無量無邊差別智業。佛子，若諸佛不與此菩薩起智門者，彼時即入究竟涅槃，棄捨一切利衆生業。以諸佛與如是等無量無邊起智門故，於一念頃所生智業，從初發心乃至七地所修諸行，百分不及一，乃至百千億那由他分亦不及一；如是，阿僧祇分，歌羅分，算數分，譬諭分，優波尼沙陀分，亦不及一。何以故，佛子，是菩薩先以一身起行，今住此地，得無量身、無量音聲、無量智慧、無量受生、無量淨國，教化無量衆生，供養無量諸佛，入無量法門，具無量神通，有無量衆會道場差別，住無量身語意業集一切菩薩行，以不動法故。佛子，譬如乘船欲入大海，未至於海，多用功力；若至海已，但隨風去，不假人力以至大海，一日所行比於未至，其未至時設經百歲亦不能及。佛子，菩薩摩訶薩亦復如是，積集廣大善根資糧，乘大乘船到菩薩行海，於一念頃以無功用智入一切智智境界，本有功用行經於無量百千億那由他劫所不能及。

佛子，菩薩住此第八地，以大方便善巧智所起無功用覺慧，觀一切智智所行境。所謂觀世間成，觀世間壞；由此業集故成，由此業盡故壞。幾時成，幾時壞，幾時成住，幾時壞住，皆如實知。又知地界小相、大相、無量相、差別相，知水、火、風界小相、大相、無量相、差別相，知微塵細相、差別相、無量差別相。隨何世界中所有微塵聚及微塵差別相，皆如實知；隨何世界中所有地、水、火、風界各若干微塵，所有寶物若干微塵，衆生身若干微塵，國土身若干微塵，皆如實知。知衆生大身、小身各若干微塵成，知地獄身、畜生身、餓鬼身、阿脩羅身、天身、人身各若干微塵成，得如是知微塵差別智。又知欲界、色界、無色界成，知欲界、色界、無色界壞，知欲界、色界、無色界小相、大相、無量相、差別相，得如是觀三界差別智。

佛子，此菩薩復起智明，教化衆生。所謂善知衆生身差別，善分別衆生身，善觀察所生處；隨其所應而爲現身，教化成熟。此菩薩於一三千大千世界，隨衆生身信解差別，以智光明普現受生；如是，若二、若三，乃至百千，乃至不可說三千大千世界，隨衆生身信解差別，普於其中示現受生。此菩薩成就如是智慧故，於一佛刹其身不動，乃至不可說佛刹衆會中悉現其身。佛子，此菩薩隨諸衆生身心信解種種差別，於彼佛國衆會之中而現其身。所謂於沙門衆中示沙門形，婆羅門衆中示婆羅門形，刹利衆中示刹利形；如是，毘舍衆、首陀衆、居士衆、四天王衆、三十三天衆、夜摩天衆、兜率陀天衆、化樂天衆、他化自在天衆、魔衆、梵衆，乃至阿迦尼吒天衆中，各隨其類而爲現形。又應以聲聞身得度者，現聲聞形；應以辟支佛身得度者，現辟支佛形；應以菩薩身得度者，現菩薩形；應以如來身得度者，現如來形。佛子，菩薩如是於一切不可說佛國土中，隨諸衆生信樂差別，如是如是而爲現身。

佛子，此菩薩遠離一切身想分別，住於平等。此菩薩知眾生身、國土身、業報身、聲聞身、獨覺身、菩薩身、如來身、智身、法身、虛空身。此菩薩知諸眾生心之所樂，能以眾生身作自身，亦作國土身、業報身，乃至虛空身。又知眾生心之所樂，能以國土身作自身，亦作眾生身、業報身，乃至虛空身。又知諸眾生心之所樂，能以業報身作自身，亦作眾生身、國土身，乃至虛空身。又知眾生心之所樂，能以自身作眾生身、國土身，乃至虛空身。隨諸眾生所樂不同，則於此身現如是形。此菩薩知眾生集業身、報身、煩惱身、色身、無色身，又知國土身小相、大相、無量相、染相、淨相、廣相、倒住相、正住相、普入相、方網差別相，知業報身假名差別，知聲聞身、獨覺身、菩薩身假名差別，知如來身有菩提身、願身、化身、力持身、相好莊嚴身、威勢身、意生身、福德身、法身、智身，知智身善思量相、如實決擇相、果行所攝相、世間出世間差別相、三乘差別相、共相、不共相、出離相、非出離相、學相、無學相，知法身平等相、不壞相、隨時隨俗假名差別相、眾生非眾生法差別相、佛法聖僧法差別相，知虛空身無量相、周遍相、無形相、無異相、無邊相、顯現色身相。佛子，菩薩成就如是身智已，得命自在、心自在、財自在、業自在、生自在、願自在、解自在、如意自在、智自在、法自在。得此十自在故，則為不思議智者、無量智者、廣大智者、無能壞智者。

此菩薩如是入已，如是成就已，得畢竟無過失身業、無過失語業、無過失意業。身語意業隨智慧行，般若波羅蜜增上，大悲為首，方便善巧，善能分別，善起大願，佛力所護，常勤修習利眾生智，普住無邊差別世界。佛子，舉要言之：菩薩住此不動地，身語意業諸有所作，皆能積集一切佛法。佛子，菩薩住此地，得善住深心力，一切煩惱不行故；得善住勝心力，不離於道故；得善住大悲力，不捨利益眾生故；得善住大慈力，救護一切世間故；得善住陀羅尼力，不忘於法故；得善住辯才力，善觀察分別一切法故；得善住神通力，普往無邊世界故；得善住大願力，不捨一切菩薩所作故；得善住波羅蜜力，成就一切佛法故；得如來護念力，一切種、一切智智現前故。此菩薩得如是智力，能現一切諸所作事，於諸事中無有過咎。

佛子，此菩薩智地名為不動地，無能沮壞故；名為不轉地，智慧無退故；名為難得地，一切世間無能測故；名為童真地，離一切過失故；名為生地，隨樂自在故；名為成地，更無所作故；名為究竟地，智慧決定故；名為變化地，隨願成就故；名為力持地，他不能動故；名為無功用地，先已成就故。佛子，菩薩成就如是智慧，入佛境界，佛功德照，順佛威儀，佛境現前，常為如來之所護念，梵、釋、四王、金剛力士常隨侍衛，恒不捨離諸大三昧，能現無量諸身差別，於一一身有大勢力，報得神通三昧自在，隨有可化眾生之處示成正覺。佛子，菩薩如是入大乘會，獲大神通，放大光明，入無礙法界，知世界差別，示現一切諸大功德，隨意自在，善能通達前際、後際，普伏一切魔邪之道，深入如來所行境界，於無量國土修菩薩行，以能獲得不退轉法，是故說名住不動地。

佛子，菩薩住此不動地已，以三昧力，常得現見無量諸佛，恒不捨離承事供養。此菩薩於一一劫、一一世界，見無量百佛、無量千佛，乃至無量百千億那由他佛，恭敬尊重，承事供養，一切資生悉以奉施。於諸佛所得於如來甚深法藏，受世界差別等無量法明；若有問難世界差別如是等事，無能屈者。如是經於無量百劫、無量千劫，乃至無量百千億那由他劫，所有善根轉增明淨。譬如真金治作寶冠，置閻浮提主聖王頂上，一切臣民諸莊嚴具無與等者；此地菩薩所有善根亦復如是，一切二乘乃至第七地菩薩所有善根無能及者，以住此地大智光明，普滅眾生煩惱黑闇，善能開闡智慧門故。佛子，譬如千世界主大梵天王，能普運慈心，普放光明，滿千世界；此地菩薩亦復

日本常盤大定、關野貞著《中國文化史蹟》（圖版第八輯，1940年印刷）《大方廣佛花嚴經·十地品第廿六之五》→

→ 卷卅八・卅八之上拓片（《晋祠華嚴石經》經柱〔075-1〕毀失）

如是，能放光明，照百萬佛剎微塵數世界，令諸衆生滅煩惱火而得清涼。此菩薩，十波羅蜜中，願波羅蜜增上；餘波羅蜜非不修行，但隨力隨分。是名略說諸菩薩摩訶薩第八不動地；若廣說者，經無量劫不可窮盡。

　　佛子，菩薩摩訶薩住此地，多作大梵天王，主千世界，最勝自在，善說諸義，能與聲聞、辟支佛、諸菩薩波羅蜜道；若有問難世界差別，無能退屈。布施、愛語、利行、同事，如是一切諸所作業，皆不離念佛，乃至不離念一切種、一切智智。復作是念：我當於一切衆生中爲首、爲勝，乃至爲一切智智依止者。此菩薩若以發起大精進力，於一念頃，得百萬三千大千世界微塵數三昧，乃至示現百萬三千大千世界微塵數菩薩以爲眷屬；若以菩薩殊勝願力自在示現，過於是數，乃至百千億那由他劫不能數知。

　　爾時，金剛藏菩薩欲重宣其義而說頌曰：
七地修治方便慧，善集助道大願力，
復得人尊所攝持，爲求勝智登八住。
功德成就恒慈愍，智慧廣大等虛空，
聞法能生決定力，是則寂滅無生忍。
知法無生無起相，無成無壞無盡轉，
離有平等絕分別，超諸心行如空住。
成就是忍超戲論，甚深不動恒寂滅，
一切世間無能知，心相取著悉皆離。
住於此地不分別，譬如比丘入滅定，
如夢渡河覺則無，如生梵天絕下欲。
以本願力蒙勸導，歎其忍勝與灌頂，
語言我等衆佛法，汝今未獲當勤進。
汝雖已滅煩惱火，世間惑焰猶熾然，
當念本願度衆生，悉使修因趣解脫。
法性真常離心念，二乘於此亦能得，
不以此故爲世尊，但以甚深無礙智。
如是人天所應供，與此智慧令觀察，
無邊佛法悉得成，一念超過曩衆行。
菩薩住玆妙智地，則獲廣大神通力，
一念分身遍十方，如船入海因風濟。
心無功用任智力，悉知國土成壞住，
諸界種種各殊異，小大無量皆能了。
三千世界四大種，六趣衆生身各別，
及以衆寶微塵數，以智觀察悉無餘。
菩薩能知一切身，爲化衆生同彼形，
國土無量種種別，悉爲現形無不遍。
譬如日月住虛空，一切水中皆現影；
住於法界無所動，隨心現影亦復然。
隨其心樂各不同，一切衆中皆現身，
聲聞獨覺與菩薩，及以佛身靡不現。
衆生國土業報身，種種聖人智法身，
虛空身相皆平等，普爲衆生而示作。
十種聖智普觀察，復順慈悲作衆業，
所有佛法皆成就，持戒不動如須彌。
十力成就不動搖，一切魔衆無能轉，
諸佛護念天王禮，密跡金剛恒侍衛。
此地功德無邊際，千萬億劫說不盡，
復以供佛善益明，如王頂上莊嚴具。
菩薩住此第八地，多作梵王千界主，
演說三乘無有窮，慈光普照除衆惑。
一念所獲諸三昧，百萬世界微塵等，
諸所作事悉亦然，願力示現復過是。
菩薩第八不動地，我爲汝等已略說，
若欲次第廣分別，經於億劫不能盡】。

〔第九地〕①

【說此菩薩八地時，如來現大神通力，
震動十方諸國土，無量億數難思議。
一切知見無上尊，其身普放大光明，
照耀彼諸無量土，悉使衆生獲安樂。
菩薩無量百千億，俱時踊在虛空住，
以過諸天上妙供，供養說中最勝者。
大自在王自在天，悉共同心喜無量，

---

① 第九地，㊙二〇一頁註⑥：〔第九地〕－㊁㊂㊕㊖㊗。

各以種種衆供具，供養甚深功德海。
復有天女千萬億，身心歡喜悉充遍，
各奏樂音無量種，供養人中大導師。
是時衆樂同時奏，百千萬億無量別，
悉以善逝威神力，演出妙音而讚歎：
寂靜調柔無垢害，隨所入地善修習，
心如虛空詣十方，廣說佛道悟群生。
天上人間一切處，悉現無等妙莊嚴，
以從如來功德生，令其見者樂佛智。
不離一刹詣衆土，如月普現照世間，
音聲心念悉皆滅，譬猶谷響無不應。
若有衆生心下劣，爲彼演說聲聞行；
若心明利樂辟支，則爲彼說中乘道。
若有慈悲樂饒益，爲說菩薩所行事；
若有最勝智慧心，則示如來無上法。
譬如幻師作衆事，種種形相皆非實，
菩薩智幻亦如是，雖現一切離有無。
如是美音千萬種，歌讚佛已默然住。
解脫月言今衆淨，願說九地所行道】。

【爾時，金剛藏菩薩告解脫】月【菩薩言】：

【佛子，菩薩摩訶薩以如是無量智思量觀察，欲更求轉勝寂滅解脫，復修習如來智慧，入如來祕密法，觀察不思議大】智性，淨諸陀羅尼三昧門，具廣大神【通，入差別世界，修力、無畏、不共法，隨諸佛轉法輪，不捨大悲本願力，得入菩薩第九善慧地】。

【佛子，菩薩摩訶薩住此善慧地】，如實知善不善無記法行、有漏無漏【法行、世間出世間法行、思議不思議法行、定不定法行、聲聞獨覺法行、菩薩行法行、如來地法行、有爲法行、無爲法行。此】菩薩以如是智惠〈慧〉，如實知衆生心稠林、【煩惱稠林、業稠林、根稠林、解稠林、性稠林、樂欲稠林、隨眠稠林、受生稠林、習氣相續稠林、三聚差別稠林。此菩薩如實】知衆生心種種相，所謂雜起相、速轉相、【壞不壞相、無形質相、無邊際相、清淨相、垢無垢相、縛不縛相、幻所作相、隨諸趣生相；如是百千萬】億

乃至无量，皆如實知。又知諸煩惚【種種相，所謂久遠隨行相、無邊引起相、俱生不捨相、眠起一義相、與心相應不相應相、隨趣受生而住相】、三界差別相、愛見癡憍如箭【深】入過【患相、三業因緣不絕相；略說乃至八萬四千，皆如實知。又知諸業種種相，所謂善不善無記相、有表示無表】示相、與心同生不離相、因自性剎那【壞而次第集果不失相、有報無報相、受黑黑等衆報相、如田無量相、凡聖差別相、現受生受後受相、乘非乘定不定相；略說】乃至八万四千，皆如實知〔076①-1〕。【又知諸根軟中勝相、先際後際差別無差別相、上中下相、煩惱俱生不相離相、乘非乘定不定相、淳熟調柔相、隨根網輕轉壞相、增】上无【能壞相、退不退差別相、遠隨共生不同相；略說乃至八萬四千，皆如實知。又知諸解軟中上、諸性軟中上、樂欲軟中上；皆略說乃至八萬四千】。又知諸隨眠種【種相，所謂與深心共生相、與心共生相、心相應不相應差別相、久遠隨行相、無始不拔相、與一切禪定解脫三昧三摩鉢】底神通相違相、三界相續受生繫【縛相、令無邊心相續現起相、開諸處門相、堅實難治相、地處成就不成就相、唯以聖道拔出相。又知受生種】種相，所謂隨業受生相、六趣差別【相、有色無色差別相、有想無想差別相、業爲田愛水潤無明暗覆識爲種子生後有芽相、名色俱生不相離相、癡】愛希求續有相、欲受欲【生無始樂著相、妄謂出三界貪求相。又知習氣種種相，所謂行不行差別相、隨趣熏習相、隨衆生行熏習相、隨業煩】惱熏習相、善不善无記熏習相、【隨入後有熏習相、次第熏習相、不斷煩惱遠行不捨熏習相、實非實熏習相、見聞親近聲聞獨覺菩薩如來熏】習相。又知【衆生正定邪定】不定相，【所謂正見正定相、邪見邪定相、二俱不定相、五逆邪定相、五根正定相、二俱不定相、八邪邪定相、正性正定相、更不作二俱離不定相、深著邪法邪定相、習行聖道正定相、二俱捨不定相。佛子，菩薩隨順如是智慧，名住善慧地；住此地已，了知衆生諸行差別，

教化調伏，令得解脫】。

【佛子，此菩薩善能演說聲聞乘法、獨覺乘法、菩薩乘法、如來地法；一切行處，智隨行故，能隨衆生根、性、欲、解、所行有異、諸聚差別，亦隨】受生、煩惱、眠、縛、諸業【習氣而爲說法，令生】信解，增益智惠〈慧〉，【各】扵其【乘而得解脫】。

【佛子，菩薩住此善慧地，作大法師，具法師行】，善能守護如來法藏，以无量【善巧智，起四無礙】辯，用菩薩言辭而演說法。此菩【薩常隨四無礙智轉，無暫捨離。何等爲四，所謂法無礙】智、義无导智、詞〈辭〉① 無礙智、樂說无【礙智。此菩薩以法】无导智，知諸法自相；義无导智，【知諸法別相；辭無礙智，無錯謬說；樂說無礙智，無】斷盡說。復次，以法无【礙智，知諸法自性；義無礙】智，知諸法生滅；詞无导智，安立一切【法不斷說；樂說無礙智，隨所安立，不可壞無邊說。復次】，以法无导智，知現在【法差別；義無礙智，知過去】、未來法差別；詞无导智，扵去、来、【今法無錯謬說；樂說無礙智，於一一世無邊法明了】說。復次，以法无导【智，知法差別；義無礙智，知義】差別；詞无导智，随其言音說；樂【說無礙智，隨其心樂說。復次，法無礙智，以法智知】差別不【異】；義無【礙智，以比智知差別如實；辭】无导智，以世智差別說；樂【說無礙智，以第一義智善巧說。復次，法無礙智，知諸法一相不壞；義無礙智，知蘊、界、處、諦、緣起善】巧；詞无导智，以一切〔076①-2+②-2〕【世間易解了美妙音聲、文字說；樂說無礙智，以轉勝無邊法】朙說。復次，法无导智，知【一乘平等性；義無礙智，知諸乘差別性】；詞无导智，說【一切乘無差別；樂說無礙智，說一一乘無邊法。復次，法無礙智，知一切菩】薩行、智行、法行智随證；義无导智，【知十地分位義差別；辭無礙智】，說地道无差【別相；樂說無礙智，說一一地無邊行相。復次，

法無礙智，知一切如來一】念成正覺；義无导智，知種種時、種種處等各【差別；辭無礙智，說成正覺】差別；樂說【無礙智，於一一句法無量劫說不盡。復次，法無礙智，知一切如來語、力】、無所畏、不共佛法，大慈大悲，辯才方便，轉法輪，一切【智智隨證；義無礙智，知如來隨】八万四千衆生心、【行、根、解、差別音聲；辭無礙智，隨一切衆生行，以如來音聲差別說；樂】說无导智，随衆生信解，以如來智清净行圓滿說。

【佛子，菩薩住第九地，得如是善巧無】导智，得如來【妙法藏，作大法師，得義陀羅尼、法陀羅尼、智陀羅尼、光照陀羅尼】、善惠〈慧〉陁羅尼、衆才〈財〉陁羅尼、威德陁羅尼、无导門【陀羅尼、無邊際陀羅尼、種種義陀羅】尼，如【是等百萬阿僧祇陀羅尼門皆得圓滿，以百萬阿僧祇善巧音聲辯才門而演】說法。此菩薩得如是百万阿僧祇陁羅尼門【已，於無量佛所一一佛前，悉以如是百萬阿僧祇陀羅尼門聽聞正法，聞已不忘，以無量差別門爲他演說。此菩薩初見於佛，頭頂禮敬，即於佛所得】无量法門；此所得法門〔076①-3+②-3〕，【非彼聞持諸大聲聞，於百千劫所能領受。此菩薩得如是陀羅尼、如是無】礙智，坐於法座而說於法；大千世界滿中衆生，随其心樂差別爲說；唯除諸佛及受職菩薩，其餘衆會威德光明無能與比。此菩薩處於法座，欲以一音，令諸大衆皆得解了，即得解了；或時欲以種種音聲，令諸大衆皆得開悟；或時心欲放大光明，演說法門；或時心欲於其身上一一毛孔，皆演法音；或時心欲乃至三千大千世界所有一切形、無形物，皆悉演出妙法言音；或時心欲發一言音，周遍法界，悉令解了；或時心欲一切言音，皆作法音，恒住不滅；或時心欲一切世界簫笛鐘鼓及以歌詠，一切樂聲皆演法音；或時心欲於一字中，一切法句言音差別，皆悉具足；或時心欲令不可

---

① 辭，砸二〇二頁註④：辭＝詞宫聖福，下同。

說無量世界地、水、火、風四大聚中所有微塵，一一塵中皆悉演出不可說法門。如是所念，一切隨心，無不得者。

佛子，此菩薩，假使三千大千世界所有衆生咸至其前，一一皆以無量言音而興問難，一一問難各各不同；菩薩於一念頃悉能領受，仍以一音普爲解釋，令隨心樂，各得歡喜。如是乃至不可說世界所有衆生，一刹那間，一一皆以無量言音而興問難，一一問難各各不同；菩薩於一念頃悉能領受，亦以一音普爲解釋，各隨心樂，令得歡喜。乃至不可說不可說世界滿中衆生，菩薩皆能隨其心樂、隨根、隨解而爲說法，承佛神力廣作佛事，普爲一切作所依怙。佛子，此菩薩復更精進，成就智明。假使一毛端處有不可說世界微塵數諸佛衆會，一一衆會有不可說世界微塵數衆生，一一衆生有不可說世界微塵數性、欲，彼諸佛隨其性、欲各與法門；如一毛端處，一切法界處悉亦如是。如是所說無量法門，菩薩於一念中悉能領受，無有忘失。

佛子，菩薩住此第九地，晝夜專勤更無餘念，唯入佛境界親近如來，入諸菩薩甚深解脫，常在三昧，恒見諸佛，未曾捨離。一一劫中見無量佛、無量百佛、無量千佛，乃至無量百千億那由他佛，恭敬尊重，承事供養，於諸佛所種種問難，得說法陀羅尼，所有善根轉更明淨。譬如真金，善巧金師用作寶冠，轉輪聖王以嚴其首，四天下內一切小王及諸臣民諸莊嚴具無與等者；此第九地菩薩善根亦復如是，一切聲聞、辟支佛及下地菩薩所有善根無能與等。佛子，譬如二千世界主大梵天王，身出光明，二千界中幽遠之處悉能照耀，除其黑闇；此地菩薩所有善根亦復如是，能出光明照衆生心，煩惱黑闇皆令息滅。此菩薩，十波羅蜜中，力波羅蜜最勝；餘波羅蜜非不修行，但隨力隨分。

佛子，是名略說菩薩摩訶薩第九善慧地；若廣說者，於無量劫亦不能盡。佛子，菩薩摩訶薩住此地，多作二千世界主大梵天王，善能統理，自在饒益，能爲一切聲聞、緣覺及諸菩薩分別演說波羅蜜行；隨衆生心，所有問難無能屈者。布施、愛語、利行、同事，如是一切諸所作業，皆不離念佛，乃至不離念一切種、一切智智。復作是念：我當於一切衆生中爲首、爲勝，乃至爲一切智智依止者。此菩薩若發勤精進，於一念頃，得百萬阿僧祇國土微塵數三昧，乃至示現百萬阿僧祇國土微塵數菩薩以爲眷屬；若以菩薩殊勝願力自在示現，過於此數，乃至百千億那由他劫不能數知。

爾時，金剛藏菩薩欲重宣其義而說頌曰：
無量智力善觀察，最上微妙世難知，
普入如來祕密處，利益衆生入九地。
總持三昧皆自在，獲大神通入衆刹，
力智無畏不共法，願力悲心入九地。
住於此地持法藏，了善不善及無記，
有漏無漏世出世，思不思議悉善知。
若法決定不決定，三乘所作悉觀察，
有爲無爲行差別，如是而知入世間。
若欲知諸衆生心，則能以智如實知，
種種速轉壞非壞，無質無邊等衆相。
煩惱無邊恒共伴，眠起一義續諸趣，
業性種種各差別，因壞果集皆能了。
諸根種種下中上，先後際等無量別，
解性樂欲亦復然，八萬四千靡不知。
衆生惑見恒隨縛，無始稠林未除翦，
與志共俱心並生，常相羈繫不斷絕。
但唯妄想非實物，不離於心無處所，
禪定境排仍退轉，金剛道滅方畢竟。
六趣受生各差別，業田愛潤無明覆，
識爲種子名色芽，三界無始恒相續。
惑業心習生諸趣，若離於此不復生；
衆生悉在三聚中，或溺於見或行道。
住於此地善觀察，隨其心樂及根解，
悉以無礙妙辯才，如其所應差別說。
處於法座如師子，亦如牛王寶山王，
又如龍王布密雲，霪甘露雨充大海。

善知法性及奧義，隨順言辭能辯說，
總持百萬阿僧祇，譬如大海受眾雨。
總持三昧皆清淨，能於一念見多佛，
一一佛所皆聞法，復以妙音而演暢。
若欲三千大千界，教化一切諸群生，
如雲廣布無不及，隨其根欲悉令喜。
毛端佛眾無有數，眾生心樂亦無極，
悉應其心與法門，一切法界皆如是。
菩薩勤加精進力，復獲功德轉增勝，
聞持爾所諸法門，如地能持一切種。
十方無量諸眾生，咸來親近會中坐，
一念隨心各問難，一音普對悉充足。

住於此地爲法王，隨機誨誘無厭倦，
日夜見佛未曾捨，入深寂滅智解脫。
供養諸佛善益明，如王頂上妙寶冠，
復使眾生煩惱滅，譬如梵王光普照。
住此多作大梵王，以三乘法化眾生，
所行善業普饒益，乃至當成一切智。
一念所入諸三昧，阿僧祇剎微塵數，
見佛說法亦復然，願力所作復過此。
此是第九善慧地，大智菩薩所行處，
甚深微妙難可見，我爲佛子已宣說】。

【大方廣佛華嚴經卷第三十八】

〔大方廣佛花〕嚴經
十地品第廿六之六
卷卅九·卅九之上

〔第十地〕^C

淨居天衆那【由他，聞此】地中諸【勝行，空中踊躍】心歡喜，悉共虔誠供養佛。

不可思議菩薩衆，【亦在空】中大歡喜，
俱然寂上悅意香，普熏衆會令清淨。
自在天王與天衆，【無量億數在】虛空，
普散天衣【供養佛】，百千萬種繽紛下。
天諸采女無有量，靡不歡欣供養佛，
【各】奏種種妙樂音，悉以此言而讚歎：
佛身安坐一國土，一切世界悉現身，
身【相端嚴無量】億，法界廣大悉充滿。
於一毛孔放光明，普滅世間煩惱暗，
國土微塵可知數，【此光】明數不可測。
或見如來具衆相，轉於無上正法輪，
或現〈見〉遊行諸佛剎，或現〈見〉【寂然安】不動。
或現住於兜率宮，或現下生入母胎，
或示住胎或出胎，悉令無量國中見。
【或現】出家修世道，或現道場成正覺，
或現說法或涅槃，普使十方無不覩。
譬如【幻師知】幻事〈術〉，在於大衆多所作；
如來智慧亦復然，於世間中普現身。
佛住甚深真法性，寂滅無相同虛空，
而於第一實義中，示現種種所行事。
所作利益衆生事，皆依【法性而】得有，
相與無相無差別，入於究竟皆無相。
若有欲得如來智，應離一切妄分別，
有無通達皆平等，疾作人天大導師。
無量無邊天女衆，種種言音稱讚已，
身【心寂靜共】安樂，瞻仰如來默然住。
即時菩薩解脫月，知諸衆會咸寂靜，
向金剛藏而請言：大無畏者真佛子，
從第九地入十地，所有功德諸行相，
及以神通變化事，願聰【慧者爲】宣說。

爾時，金剛藏菩薩摩訶薩告解脫月菩薩言：

佛子，菩薩摩訶薩從初地乃至第九地，以如是無量智慧觀察覺了已，善思惟修習，善滿足白【法，集無】邊助道法，增長大福德智慧，廣行大悲，知世界差別，入衆生界稠林，入如來所行處，隨順如來寂滅行，常觀察如來力、無所畏、不〔共〕佛法，名爲得一切種、一切智智受職【位】。

【佛子】，菩薩摩訶薩以如是智慧入受職地已，即得菩薩離垢三昧、入法界差別三昧、莊嚴道場三昧、一切種花光三昧、海藏三昧、海印三昧、虛空界廣大三昧、觀一切法自【性三昧、知】一切衆生心行三昧、一切佛皆現前三昧，如是等百萬阿僧祇三昧皆現在前。菩薩於此一切三昧，若入若起，皆得善巧，亦善了知一切三昧所作差別。其最後【三昧，名受】一切智勝職位。此三昧現在前時，有大寶蓮花忽然出生。其花廣大，量等百萬三千大千世界，以衆妙寶間錯莊嚴，超過一切世間境界；出世善根之所生起，知諸【法如幻】性衆行所成，恒放光明普照法界，非諸天處之所能有；毗瑠璃摩尼寶爲莖，【栴檀】王爲臺，馬腦〈碼磻〉爲鬚，閻浮檀金爲葉，其花常有无量光明，衆寶爲藏，寶【網彌覆】，十三千大千世界微塵數蓮花以爲眷屬。尒時，菩薩坐此花座，身相大小正【相稱可】；无量菩薩以爲眷屬，各坐其餘蓮花之上，周帀違〈圍〉繞，一一各得百萬三昧，【向大菩】薩一心瞻仰。

佛子，此大菩薩并其眷屬坐花座時，所有光明及以言音普皆充【滿十方法界】，一切世界咸悉震動，惡趣休息，國土嚴淨，同行菩薩靡不來集，〔人〕天【音樂】同時發聲，所有衆生悉得安樂，以不思議供養【之具】供一切佛，諸佛衆【會悉皆】顯現。

佛子，此菩薩坐彼大蓮花座時，扵兩足下放【百萬阿】僧祇光明，普【照十】方諸大地獄，滅衆生苦；扵兩【膝輪放百】萬阿僧【祇光明，普照十】方諸畜生趣，滅衆〔077-1〕【生苦】；扵【齋】輪中放百萬阿僧祇光明，普照十方閻羅王界，滅衆生苦；從左右脇【放百萬】阿僧祇光明，普照十方一切人趣，【滅衆】生苦；【從兩手】中放百萬阿僧祇光明，普【照】十方一切諸天及阿脩羅所有宮殿；從兩肩上放百萬阿僧祇光明，普照【十方一切聲】聞；從其項背放百萬阿僧祇光明，普照十方辟支佛身；從其面門放百【萬】阿僧祇光明，普照十方初始發心乃至九地諸菩薩身；從兩眉間放百萬【阿僧祇】光明，普照十方受職菩薩，令魔宮殿悉皆不現；從其頂上放百萬阿僧祇【三】千大千世界微塵數光明，普照十方一切世界諸佛如來道場衆會，【右遶十匝】，住虛空中，成光明網，名熾然光明，發起種種諸供養事供養扵佛，餘【諸】菩薩從初發心乃至九地所有供養而比扵此，百分不及一，乃至筭數【譬諭所】不能及。其光明網普扵十方一一如來衆會之前，雨衆妙香、花鬘、衣【服、幢】幡〈幡〉、寶蓋、諸摩尼等莊嚴之具以爲供養，皆從出世善根所生，超過【一切世間】境界。若有衆生見知此者，皆扵阿耨多羅三貌三菩提得不退轉。

【佛子】，此大光明作扵如是供養事畢，復繞十方一切世界一一諸佛道場衆會，經【十匝已，從】諸如來足下而入。尒時，諸佛及諸菩薩，知某世界中，某菩薩摩訶薩【能】行如是廣大之行到受職位。佛子，是時，十方無量無邊乃至九地諸【菩薩】衆皆來圍繞，恭敬供養，一心觀察。正觀察時，其諸菩薩即各獲得【十】千三昧。當尒之時，十方所有受職菩薩，皆扵金剛莊嚴臆德相中【出大光明】，名能壞魔怨，百萬阿僧祇光明以爲眷屬，普照十方，現扵無量神通變化；作是事已，而來入此菩薩摩訶薩金剛莊嚴臆德相中；其光【入已，令此菩】薩所有智慧、勢力增長過百千倍。

尒時，十方一切諸佛從眉間出清淨光明，名增益一切智神通，無數光明以爲眷屬，普照十方一切【世界，右遶】十帀，示現如來廣大自在，開悟無量百千億那由他諸菩薩衆，周【遍】振〈震〉① 動一切佛【刹，滅除一切】諸惡道苦，隱蔽一切諸魔宮殿，示一切佛得菩【提處道場】衆會莊嚴威德；如是普照盡虛空遍法界一切世界已，而來至此〔077-2〕【菩薩】會【上】周帀右繞，示現種種莊嚴之事；現是事已，從大菩薩頂上而入，其【眷屬光明亦各入彼諸】菩薩【頂。當爾之時，此菩薩得先所未得百萬三昧，各爲已得】受職之位，入佛境界，具足十力，墮在佛數。佛子，如轉輪聖王所生太子（如轉輪聖王所生），【母是正后】，身相具足。其【轉輪王】令

① 震，㈣二〇六頁註①：震＝振㊣。

大方廣佛花嚴經十地品第二十六之六

此太子【坐】白烏寶妙金之座，張〈帳〉大綱暢，建大憧〈幢〉憣〈幡〉，然香散花，奏諸音樂，取四大海水置金瓶內，王執此瓶灌太子頂，是時即名【受王職位，墮】在灌頂剎利王數，即能具足行十善道，亦得名為轉輪聖王。菩薩受職亦復如是，諸佛智水灌其頂故，名為受職；具足如來十種力故，墮在佛數。佛【子，是名菩】薩受大智職。菩薩以此大智職故，能行无量百千萬億那由他難行之行，增長無量智慧功德，名為安住法雲地。

佛子，菩薩摩訶薩住此法雲地，如【實知欲】界集、色界集、無色【界集】、世界集、法界集、有為界集、無為界集、眾生界集、識界集、虛空界集、涅槃界集。此菩薩如實知諸見煩惱行集，知【世界成壞】集，知聲聞行集、辟【支佛】行集、菩薩行集、如來力無所畏色身法身集、一切種一切智智集、示得菩提轉法輪集、入一切法分別決定智集。舉【要言之，以一切智】，知一切集。佛子，此菩薩摩訶薩以如是上上覺慧，如實知眾生業化、煩惱化、諸見化、世界化、法界化、聲聞化、辟支佛化、菩薩化、如來化、一切分別無【分別化，如是】等皆如實知。又如實【知佛】持、法持、僧持、業持、煩惱持、時〔持〕願持、供養持、行持、劫持、智持，如是等皆如實知。又如實知諸佛如來入微細智，所謂修【行微細智、命終】微細智、受生微細智、出家微細智、現神通微細智、成正覺微細智、轉法輪微細智、住壽命微細智、般涅槃微細智、教法住微細智，如是等皆【如實知。又入如】來祕密處，所謂身祕密、語祕密、心祕密、時非時思量祕密、授菩薩記祕密、攝眾生祕密、種種乘祕密、一切眾生根行差別祕密、業所作祕密、【得菩提行祕】密，如是等皆如實知。又知諸佛所有入劫知〈智〉，所謂一切入阿僧祇劫、〔阿僧祇劫〕入一劫、有數劫入無數劫、無數劫入有數劫、一念入劫、劫入一念、劫入非劫、非

劫入劫、有佛劫入無【佛劫、無佛劫】入有佛劫、過去未來劫入現在劫、現在劫入過去未來劫、過去劫入未來劫、未來【劫】入過去劫、長劫入短劫、短劫入長劫，如是等皆如實知。又知如來諸所入智，所【謂入毛道智】、入微塵智、入國土身正覺智、入眾生身正覺智、入眾生心正覺智、入眾【生】行正覺智、入隨順一切處正覺智、入示現遍行智、入示現順行智、入示現逆行【智、入示現思】議不思議世間了知不了知行智、入示現聲聞智辟支佛智菩薩行如來【行智】。佛子，一切諸佛所有智慧廣大無量，此地菩薩皆能得入。

佛子，菩薩【摩訶薩住此】地，即得菩薩不思議解脫、無罣礙解脫、淨觀察解脫、普照明【解】脫、如來藏解脫、隨順無礙輪解脫、通達三世解脫、法界藏解脫、解脫光【明輪解脫、無】餘境界解脫；此十為首，有無量百千阿僧祇解脫門，皆於此第十〔077-3〕【地】中得。如是乃至無量百千阿僧祇三昧門、無量百千阿僧祇陀羅【尼門、無量百千阿】僧祇神通門，皆悉成就。

佛子，此菩薩摩訶薩通達如【是智】慧，隨順無量菩提，成就善巧念力，十方無量諸佛所有無量大法【明、大法照、大法雨，於】一念頃皆能安、能受、能攝、能持。譬如婆〈娑〉伽羅龍王所霆大【雨】，唯除大海，餘一切處皆不能安、不能受、不能攝、不能持。如來祕密【藏大法明、大法照、大】法雨亦復如是，唯除第十地菩薩，餘一切眾生、聲聞、獨【覺】乃至第九地菩薩，皆不能安、不能受、不能攝、不能持。佛子，譬如大海，【能安、能受、能攝】、能持一大龍王所【霆】大雨；若二、若三乃至無量諸龍王雨，於【一】念間一時霆下，皆能安、能受、能攝、能持。何以故，以是無量廣大器【故。住法雲地】菩薩亦復如是，能安、能【受】、能攝、能持一佛法明、法照、法雨；【若】二、【若三】乃至無量，於一念頃一時演說，悉亦如是。是故此地名

爲法雲。

解脫【月菩薩言】：佛子，此地菩薩扵一【念】閒，【能】扵諸如來所安受攝持大法明、大法【照、大】法雨。

金剛蔵菩薩言：佛子，不可以筭數能知，我當爲汝說其譬喻〈諭〉。佛子，【譬】如十方各有十不可【說】百千億那【由】他佛剎微塵數世界，【其世】界中一一衆生皆得聞持陁羅尼，爲佛侍者，聲聞衆中多聞第一，【如金剛蓮華】上佛所大【勝比】丘；然一衆【生】所【受之】法，餘不重受。佛子，扵汝意云何。【此諸】衆生所受之法爲有量耶，爲无量耶。

解脫月菩薩言：其數甚【多，無量無邊】。

【金剛】蔵菩薩言：

佛【子，我】爲汝說，令汝得解。佛子，此法雲【地菩】薩，扵一佛所一念之頃，所安、所受、所攝、所持大法明、大法照、大法雨、【三世法藏，前】尒所世界一【切衆生】所【聞】持法，扵此百分不及一，乃至譬喻【亦】不能及。如一佛所，如是十方如前所說，尒所世界微塵數佛復過此數，【無量無邊】，扵彼一一諸如來所【所有】法明、法照、法雨、三世法藏，皆能安、能【受、能】攝、能持，是故此地名爲法雲。佛子，此地菩薩以自願力，起大悲【雲，震大】法雷，通、明、無畏以爲【電】光，【福】德、智慧而爲宻雲，【現】種種【身，周旋往返】，扵一念頃，普遍十方〔百〕千億那由他世界微塵數國土，【演說大法，摧】伏魔怨；復退〈過〉此數，【扵】無量百千億那由他世界微塵數【國土，隨諸衆生心之所】樂，霔甘【露雨】，滅除一切衆惑【塵】燄。是故此地名爲【法雲。佛子】，此地菩薩扵【一】世界從兜率天下乃至涅槃，隨所應度衆生〔077-4〕【心而現佛】事；若二、若三，乃至如上微塵數國土，復過扵此，乃至無量百千億那由他世界微塵數國土，皆亦如是。是故此地名爲法雲。

佛子，此地菩薩智慧明達，神通自在。随其心念，能以狹世界作廣世界，廣世界作狹世界；垢世界作净世界，净世界作垢世界；乱住、次住、倒住、正住，如是無量一切世界皆能干作。或随心念，扵一塵中置一世界須弥盧寺一切山川，塵相如【故】，世界不滅〈減〉；或復扵一微塵之中置二、置三，乃至不可說世界須弥盧寺一切山川，而彼微塵體相如本，扵中世界悉得明現。或随心念，扵一世界中示現二世界莊嚴，乃至不可說世界莊嚴；或扵一世界莊嚴中示現二世界，乃至不可說世界。或随心念，以不可說世界中衆生置一世界；或随心念，以一世界中衆生置不可說世界，而扵衆生無所嬈害。或随心念，扵一毛孔【示】現一切佛境界莊嚴之事。或随心念，扵一念中示現不可說世界微塵數身，一一身示現如是微塵數手，一一手各執恒河沙數花盧、香篋、騶盖、憧〈幢〉憪〈幡〉，周遍十方，供養扵佛；一一身【復示】現尒許微塵數頭，一一頭復現尒許微塵數舌，扵念念中，周遍十方，歎佛功德。或随心念，扵一念閒普遍十方，示成正覺乃至涅槃，及以國土莊嚴之事；或現其身普遍三世，而扵身中有無量諸佛及佛國土莊嚴之事，世界成壤靡不皆現；或扵自身一毛孔中出一切風，而扵衆生無所惚害。或随心念，以無邊世界爲一大海，此海水中現大蓮花，光明嚴好，遍覆無量無邊世界，扵中示現大菩提樹莊嚴之事，乃至示成一切種智；或扵其身現十方世界一切光明，摩尼寳珠、日月星宿、雲電䓁光靡不皆現；或以口噓氣，能動十方無量世界，而不令衆生有驚怖想；或現十方風災、火災及以水災；或随衆生心之所樂，示現色身，莊嚴具足；或扵自身示現佛身，或扵佛身而現自身；或扵佛身現已^c〈己〉國土，或扵己國土而現佛身。佛子，此法雲地菩薩能現如是及餘無量百千億那由他自在神力。

尒時，會中諸菩薩及天、龍、夜叉、乹闥婆、阿脩羅、護世四王、釋提桓曰、梵天、净居、摩醯首羅諸天子等，咸作是念：若菩薩神通智力能如是者，佛復云何。

尒時，解脫月菩薩知諸衆會心之所念，白金剛藏菩薩言：佛子，今此大衆聞其菩薩神通【智】力，墮在疑網。善哉仁者。為斷彼疑，當少示現菩薩神力莊嚴之事。

時，金剛藏菩薩即入一切佛國土體性三昧。入此三昧時，諸菩薩及一切大衆，皆自見〔身〕在金【剛】藏菩薩身内，於中悉見三千大千世界，所有種種莊嚴之事，經於億劫說不能盡。又於其中見菩提樹，其身周圍十萬三千大千世界，高百萬三千大千世界，枝葉所蔭亦復如是。稱樹形量，有師子座，座上有佛，号一切智通【王】。一切大衆悉見其佛坐菩提樹下師子座上，種種諸相以爲莊嚴，假使億劫說不能盡。金剛藏菩薩【示現如】是大神力已，還令衆會各在本處。時，諸大衆得未曾有，生奇特想，默然而住，向金剛藏一心瞻仰。

尒時，解脫月菩薩白金〔剛〕藏菩薩言：佛子，今此三昧，甚爲希有，有大勢力，其名何等。

金剛藏言：此三昧名一切佛國土體性。

又問：此三昧境界云何。

答言：

佛子，若菩薩修此三昧，隨心所念，能於身中現恒河沙世界微塵數佛刹，復過此數，無量無邊。

佛子，菩薩住法雲地，得如是等無量百千諸大三昧，故此菩薩身、身業不可測知，語、語業，意、意業，神通自在，觀察三世三昧境界、智慧境界，由〈遊〉戲一切諸解脫門；變化所作、神力所作、光明所作，略說乃至舉足、下足，如是一切諸有所作，乃至法王子、住善慧地菩薩皆不能知。佛子，此法雲地菩薩所有境界，略說如是；若廣說者，假使無量百千阿僧祇劫亦不能盡。

解脫月菩薩言：佛子，若菩薩神通境界如是，佛神通力其復云何。

金剛藏言：

佛子，譬如有人，於四天下取一塊土，而作是言：爲無邊世界大地土多，爲此土多。我觀汝問亦復如是，如来智慧無邊無等，云何而與菩薩比量。復次，佛子，如四天下取少許土，餘者無量；此法雲地神通智慧，【於】無量劫但說少分，況【如】来地。佛子，我今爲汝引事爲證，【令】汝得知如来境界。佛子，假使十方，一一方各有無邊世界微塵數諸佛國土，一一國土得如是地菩薩充滿，如甘蔗、竹、葦、稻、麻、叢林，彼諸菩薩於百千億那由他劫修菩薩行所生智慧，比一如来智慧境界，百分不及一，乃至憂〈優〉波尼沙陁分亦不能及。

佛子，此菩薩住如是智慧，不異如来身語意業，不捨菩薩諸三昧〔078-1〕力，於無數劫承事供養一切諸佛，一一劫中以一切種供養之具而爲供養。一切諸佛神力所加，智慧光明轉更增勝，於法界中所有問難善爲解釋，百千億劫無能屈者。佛子，譬如金師以上妙真金作嚴身具，大摩尼寶鈿廁其間，自在天王身自服戴，其餘天人莊嚴之具所不能及；此地菩薩亦復如是，始從初地乃至九地，一切菩薩所有智行皆不能及。此地菩薩智慧光明，能令衆生乃至入於一切智智，餘智光明無能如是。佛子，譬如摩醯首羅天王光明，能令【衆生身】心清涼，一切光明所不能及；此地菩薩智慧光明亦復如是，能令衆生皆得清涼，乃至住於一切智智，一切聲聞、辟支佛乃至第九地菩薩智慧光明悉【不能及。佛子】，此菩薩摩訶薩已能安住如是智慧，諸佛世尊復更爲說三世智、法界差別智、遍一切世界智、照一切世界智、慈念一切衆生智，【舉要】言之，乃至爲【說得】一切【智智】。此菩薩，十波羅蜜中，智波羅蜜最爲增上；餘彼〈波〉羅蜜非不修行。

佛子，是名略說菩薩摩訶薩第十法雲地；若

廣說者，假使無【量阿】僧祇劫亦【不】能盡。佛【子】，菩薩住此【地】，多【作】摩醯首羅天王，於法自在，能受〈授〉衆生、聲聞、獨覺、一切菩薩彼〈波〉羅蜜行，於法界中所有問難無能屈者。布施、愛語、利行、同事【如】是一切諸【所】作業，【皆不離念佛】，乃【至】不【離念】具【足】一切種、一切智智。復作是念：我當於一切衆生爲首、爲勝，乃至爲一切智智依止者。若勤加精進，於一念頃，得十不可說百千【億那】由他佛刹微塵數【三昧】，乃至【示現】尒所【微】塵【數】菩薩以爲眷屬；若以菩【薩】殊勝願力自在示現，過於此數，所謂若修行、若莊嚴、若信解、若所作、若身、【若語、若光】明、若諸根、若神變、若音聲、若行【處，乃至百】千【億】那由【他劫不能】數知。

佛子，【此菩薩摩】訶薩十地行相次第現前，則能趣入一切智智。譬如阿耨達池出四大河，其【河流】注遍閻浮提，既無盡竭，復更增長，乃至入海，令【其】充滿。【佛子，菩薩亦爾，從】菩提心流出【善】根大【願】之水，以四攝法充滿衆生，無有窮盡，復更增長，乃至入於一切智海，令其充滿。

佛子，菩薩十地，因佛智故而有差別，如因大地有十【山】王。【何等爲十，所謂雪山】王、香山王、【鞞】陀梨山王、神【仙山】王、由乾陀山王、馬耳山王、尼民陀羅山王、斫羯羅山王、計都末底山王、湏【彌】盧山【王】。佛子，如【雪山】王，一切藥草咸在其【中】，取不可盡；菩薩【所住】歡喜地【亦復】如【是，一】切世間經書、技藝、文頌、【呪】術咸在其中，說不可盡。佛子，如香山王，一切諸香咸集其中，取不可盡；菩薩所住離垢地亦復如是，一切菩薩戒行、威儀咸在其中，說不可盡。佛子，如鞞陀梨山王，純寶所成，一【切】衆寶【咸】在其中，取不可盡；菩薩【所住發光地亦復】如是，一切世間禪定神通、解脫三昧、三摩鉢底咸在其中，說不可盡。佛子，如神仙山王，純寶所成，【五】通神仙咸住其中，無有〔078-2〕【窮盡；菩】薩所住【焰】慧【地亦復如是】，一切【道中殊勝智慧咸在其中】，說不可盡。佛子，如由乾陀羅山王，純寶所【成】，夜叉【大】神【咸】住其中，無有窮盡；菩薩所住難【勝】地【亦復如是】，一切自在如意神通咸在其中，說不可盡。佛子，如馬【耳】山【王，純寶】所【成，一切諸果咸】在其中，取不可盡；菩薩所住現前地亦復如是，【入緣】起理聲聞果證咸在其中，說不可盡。【如尼民】陀羅山王，【純寶所】成，【大力龍神咸住其中，無有窮盡；菩薩所住遠行地亦復如】是，方【便智慧】獨覺【果證咸在】其中，說不可盡。如斫羯羅山王，純寶【所】成，諸自在衆咸住其中，無有窮盡；菩薩所住不動地亦復如是，【一切菩薩自】在【行差別世界咸在其中，說不可盡。如計】都山王，【純】寶所成，【大威德阿】脩【羅】王咸住其中，無有窮盡；菩薩所住善慧地亦復如是，一切世間生滅智行咸在其中，說不可盡。如湏弥盧【山王，純寶】所成，【大威德諸天咸住其中】，無【有】窮盡；菩薩所住法雲地亦復如是，如【來】力、無畏、不共法、一切佛事咸在其中，問答宣說不可窮盡。

佛子，此十寶山王，同在大海，差別得名；菩【薩十地】亦復如是，同在【一切】智中，【差別得名】。佛子，【譬】如大海，以十種相，得【大】海名，【不可移奪。何等】爲十，【一、次】第漸深；二、不受死屍；三、餘水入中皆失本名；四、普同一味；五、無量珍寶；六、無能至【底；七】、廣大無量；八、大身所【居；九、潮不過限；十、普受】大【雨】，無有盈溢。菩薩行亦復如是，以十【相故，名菩薩】行，不可移奪。何【等】爲十，所謂：歡喜地，出生大願漸次深故；離垢地，不受一切破戒屍故；【發光】地，捨離世間假名字【故】；餤【慧地】，與佛【功】德同【一味故；難】勝地，出生無量方便神通、【世間所作衆珍寶故】；現前【地，觀察】緣生甚深理故；遠行地，【廣大覺慧】善觀察故；不動地，示現廣大【莊嚴事故；善】慧地，得深【解脱行於世間，如實而知不過限故；法】雲地，䏻受一切諸佛如来【大】法明【雨】無【厭】足故。佛子，辟如【大摩尼珠】有十種性出過【衆寶。何等爲】十，【一者從大海出】；二者【巧匠治理；三者圓滿】無【缺；四】者清淨【離垢；五者內外明徹；六者善巧】鑽【穿】；七者貫【以寶】縷；八者置在琉璃【高幢之上；九者普放一切種】種光明；十【者能隨王意雨衆寶物，如衆生心充滿其願。佛子，當如】菩薩亦復如是，【有十種事出過衆聖。何等爲十，一者發】一切【智心】；二者持戒頭【陀】，正行【明淨；三者諸禪三昧，圓滿無缺；四者道行清白，離諸垢穢；五者方便神通，內外明徹；六者緣起智慧，善能鑽】穿；七者貫【以種種方】便智【縷；八者置】扵【自在高幢之上；九者觀衆生行，放】聞持【光；十者】受佛【智職，墮在佛數，能爲衆生廣作佛事】。

佛子，此集一切種、一切【智】功【德菩薩行法門品，若諸衆生不種善根不】可得聞。

【解脱月】菩薩言：聞【此法門，得幾所福】。

【金剛】藏【菩薩言：如一切智】所集【福德，聞此】法門【福德如是。何以故，非不聞此功德法門而能】信解、受持、讀誦，【何况精進、如説】修行。【是故當知，要得聞此集一切智】功德法門，【乃能】信【解、受持、修習】，然後【至於一切智地】。

尒時，佛神力故，【法如是故，十方各有十億佛剎微塵數世界六種十八】相動。所謂動、遍動、【等遍動，起、遍起、等遍起，涌、遍涌、等遍涌】，震、遍震、等遍【震，吼】、遍【吼、等遍吼，擊、遍擊、等遍擊。雨衆天花、天鬘、天衣，及諸天寶莊嚴之具、幢】幡、【繒蓋。奏】天技〈妓〉① 樂，其音和雅，【同時發聲，讚一切智地所】有功【德。如此世界他】化【自在天】王【宮演説此法，十方】所有一切【世界悉亦如是。尒時，復以佛神力】故，十【方各十億佛剎微】塵數【世界外】，有十億佛剎微塵數【菩薩而來此會，作如是言：善哉善哉，金剛】藏，【快説此法】。我【等悉亦同名金剛藏，所住世界各各差別，悉名】金【剛德，佛號】金【剛】幢。【我】等住【在本】世界中，皆承如来威神之力而説此法，【衆會悉等，文字句義與此所説無有增】減；悉以佛【神】力而【來此會，爲汝作證。如我等今者入此世界，如是】十方一切世界悉亦【如是而往作】證。

尒時，金剛藏菩薩觀察十方一切衆會，普【周法界，欲讚歎發一切智智心，欲示現】菩薩境界，【欲】浄治【菩薩行力，欲説攝取一切種智道，欲除滅一切】世間垢，欲施與一【切智，欲示現不思議】智莊嚴，欲顯示一切菩薩諸功德，【欲】令如是地義轉【更開顯，承佛神力而説頌言】：

其心寂滅恒調順，【平等無礙如虛空，

離諸垢濁住於道，此】殊勝【行】汝【應聽】。

百千億刧【修諸善】，供養無量無邊佛，

聲聞獨【覺亦復然】，爲利衆生發〔078－3〕【大心。

精勤持戒常柔忍，慚愧福智皆具足】，

志求佛智修廣慧，頗得十力發大心。

【三】世諸佛咸供養，【一切】國【土悉嚴淨，

了知諸法皆平等，爲利衆生發】大心。

住扵初地生是心，永離衆惡【常歡】喜，

【願力廣】修諸【善法，以】悲愍故【入後

① 妓，[知]二〇九頁註③：妓＝技[宋]，伎[明][宮]。

位】。
　　戒聞具足念衆生，滌除垢穢心【明潔，
觀察世間】三毒火，【廣大】解者【趣三地。
　　三有一切皆無常，如箭入身】苦熾然，
　　猒離有爲求佛法，廣大智人趣錟地。
　　念慧具【足】得道【智，供養百】千【無量佛】，
　　常觀最勝諸功德，斯人趣入難【勝地。
　　智】慧方便善觀察，【種種示現救衆生，
　　復供十力無上尊，趣入】無【生】現【前地】。
　　世所難知而能知，不受於我離有無，
　　法性本【寂】隨緣轉，【得此微妙向七地】。
　　智慧方便心廣大，難行難【伏難了知】，
　　雖【證寂滅勤修習，能趣如空不動】地。
　　【佛勸令】從【寂滅起】，廣修種種諸智業，
　　具十自在觀世間，以此而昇善慧地。
　　以微妙智觀衆生，心行業【惑】等稠林，
　　爲欲化其令趣道，演說諸【佛勝】義藏。
　　【次第修行具衆善，乃至九地集福慧，
　　常】求【諸】佛【最】上法，得佛智水【灌】其頂。
　　獲得無數諸三昧，亦善了知其作業，
　　最後三昧名受職，住廣大境恒不動。
　　【菩】薩得此三昧時，大寶蓮【華忽】然見〈現〉，
　　身【量稱彼於中坐，佛子圍遶同觀察。
　　放】大光【明】百千億，滅除一切衆生苦，
　　復【於】頂【上】放光明，普入十方諸佛會，
　　悉住空中作光網，供養佛已從足入；
　　【即】時諸佛悉了知，今此佛子登職位。
　　十方菩薩來【觀察，受職】大【士舒】光照；
　　諸佛眉間亦放光，普照而來從頂入。
　　十方世界咸震動，一切地獄苦消滅；

　　是時諸佛與其職，如轉輪王第【一子。
　　若蒙】諸佛與灌頂，是則名登法雲地，
　　智慧增長無有邊，【開悟一切諸】世間。
　　欲界色界無色界，法界世界衆生界，
　　有數無數及虛空，如是一切咸通達。
　　一切化用大威力，諸佛加持【微細智】，
　　秘密劫數毛道等，皆能如實而觀察。
　　受生捨欲〈俗〉成【正道，轉妙法輪入涅槃】，
　　乃至寂滅解脫法，及所未說皆能了。
　　菩薩住此法雲地，具足念力持佛法，
　　譬如大海受龍雨，此地受法亦復然。
　　十方無量諸衆生，悉得聞持持佛法，
　　於一佛所所聞法，【過於彼數無有量】。
　　以昔智穎威神力，一念普遍十方土，
　　霪甘露雨滅煩惱，是故佛說名法雲。
　　神通示現遍十方，超出人天世【間】境，
　　復過是數無量億，世智思惟必迷悶。
　　一舉足量智功德，乃至九地不能知，
　　何況一切諸衆生，及以聲聞辟支佛。
　　此地菩薩供養佛，十方國土悉周遍，
　　亦供現前諸聖衆，具足莊嚴佛【功德】。
　　住於此地復爲說，三世法界無礙智，
　　衆生國土悉亦然，乃至一切佛功德。
　　此地菩薩智光明，能示衆生正法路，
　　自在天光除世暗，此光滅暗亦如是。
　　住此多作三界王，善能演說三乘【法】，
　　無量三昧一念得，所見諸佛亦如是。
　　此地我今已略說，若欲廣說不可盡。
　　如是諸地佛智中，如十山王巍然住。
　　初地藝業不可盡，譬如雪山集衆藥；
　　二地戒聞如香山；三如毗〈韓〉陀發妙花；
　　錟慧道寶無有盡，譬如仙山仁善住。
　　五地神通如由乾；六如馬耳具衆果；
　　七地大慧如尼民；八地自在如輪圍；
　　九如計都集無礙；十如須彌具衆德。

初地顒首二持戒；三地功德四專一；
五地【微】妙六甚深；七廣大慧八莊嚴；
九地思量微妙義，出過一切世間道；
十地受持諸佛法，如是行海無盡竭。
十行超世發心初，持戒第二禪第三，
行淨第四成就五，緣生第六貫穿【七，

第八置在】金剛憧〈幢〉，第九觀察衆稠林，
第十灌頂隨王意，如是德寶漸清淨。
十方國土【碎】爲塵，可於一念知其數，
毫末度空可知【量】，億劫說此不可盡。

大方廣佛花嚴經卷第卅九·卅〔078-4〕〔九之下〕

大方廣佛花嚴經
十定品第廿七之一

卷卌・卌之上

尒時，世尊在摩竭提國阿蘭若法菩提塲中始成正覺，扵普光明【殿】入剎那際諸佛三昧，以一切智自神通力現如來身，清净无礙，無所依止，无有攀緣，住奢摩他寂極寂静，具大威德無所染著，能令見者悉得開悟，随宜出興不失扵時，恒住一相所謂无相。與十佛剎微塵數菩薩摩訶薩俱，靡不皆入灌頂之位，具菩薩行，㝱于法界無量無邊，獲諸菩薩普見三昧，大悲安隱一切衆生，神通自在，同扵如來智慧深入，演真實義，具一切智，降伏衆魔，雖入世閒心恒寂静，住扵菩薩無住解脫。其名曰：金剛慧菩薩、无㝱慧菩薩、義語慧菩薩、寂勝慧菩薩、常捨慧菩薩、那伽慧菩薩、成就慧菩薩、調順慧菩薩、大力慧菩薩、難思慧菩薩、无礙慧菩薩、增上慧菩薩、普供慧菩薩、如理慧菩薩、善巧慧菩薩、法自在慧菩薩、法慧菩薩、寂静慧菩薩、虛空慧菩薩、一相慧菩薩、善慧菩薩、如幻慧菩薩、廣大慧菩薩、勢力慧菩薩、世閒慧菩薩、佛地慧菩薩、真實慧菩薩、尊勝慧菩薩、智光慧菩薩、無邊慧菩薩、念莊嚴菩薩、達空際菩薩、性莊嚴菩薩、甚深境菩薩、善解處非處菩薩、大光明菩薩、常光明菩薩、了佛種菩薩、心王菩薩、一行菩薩、常現神通菩薩、智慧牙〈芽〉*菩薩、㓛德處菩薩、法燈菩薩、照世菩薩、持世菩薩、寂安隱菩薩、寂上菩薩、無上菩薩、无比菩薩、超倫菩薩、无礙行菩薩、光明餤菩薩、月光菩薩、一塵菩薩、堅固行菩薩、

霪法雨菩薩、寂勝幢〈幢〉菩薩、普莊嚴菩薩、智眼菩薩、法眼菩薩、慧雲菩薩、揔持王菩薩、无住頢菩薩、智蔵菩薩、心王菩薩、內覺慧菩薩、住佛智菩薩、陁羅尼勇健力菩薩、持地力菩薩、妙月菩薩、湏弥頂菩薩、寶頂菩薩、普光照菩薩、威德王菩薩、智慧輪菩薩、大威德菩薩、大龍相菩薩、質直行菩薩、不退轉菩薩、持法幢〈幢〉菩薩、無忘失菩薩、攝諸趣菩薩、不思議決定慧菩薩、遊戲無邊智菩薩、無盡妙法蔵菩薩、智日菩薩、法日菩薩、智蔵菩薩、智澤菩薩、普見菩薩、不空見菩薩、金剛通菩薩、金剛智菩薩、金剛餤菩薩、金剛慧菩薩、普眼菩薩、佛日菩薩、持佛金剛秘密義菩薩、普眼境界智莊嚴菩薩。如是㝱菩薩摩訶菩〈薩〉十佛剎微塵數，往昔皆與毗盧遮那如來同修菩薩諸善根行。

尒時，普眼菩薩摩訶薩承佛神力【從】座而起，偏袒右肩，右膝著地，合掌白佛言〔079-1〕：

【世】尊，我扵如來應正㝱覺，欲有所問，頧垂哀許。佛言：普眼，恣汝所問，當爲汝說，令汝心喜。普眼菩薩言：世尊，普賢菩薩及住普賢所有行頧諸菩薩衆，成就㡬何三昧解脫，而扵菩薩諸大三昧或入或出、或時安住。以扵菩薩不可思議廣大三昧善入出故，能扵一切三昧自在神通【變】化無有休息。佛言：善㦲普眼，汝爲利益去來現在諸菩薩衆而問斯義。普眼，普賢菩薩今現在此，已能成就不可思議自在神通，出過一

切【諸】菩薩上,難可值遇;從於無量菩薩行生,菩薩大願悉已清淨,所行之行皆无退轉,無量波羅蜜門、無礙陁羅尼門、無盡【辯】才門皆悉已得,清淨无【礙】,大悲利益一切衆生,以本願力盡未來際而無猒倦。汝應請彼,彼當爲汝說其三昧自在解脫。

尒時,會中諸菩薩衆聞普賢名,即時獲得不可思議無量三昧,其心無礙寂然不動,智慧廣大難可測量,境界甚深無能與等;現前悉見無數諸佛,得如來力,同如來性,去來現在靡不明照,所有福德不可窮盡,一切神通皆已具足。其諸菩薩於普賢所,心生尊重,渴仰欲見,悉於衆會周遍觀察而竟不覩,亦不見其所坐之座。此由如來威力所持,亦是普賢神通自在使其然耳。

尒時,普眼菩薩白佛言:世尊,普賢菩薩今何所在。佛言:普眼,普賢菩薩今現在此道塲衆會,親近我住,初无動移。是時,普眼及諸菩薩復更觀察道塲衆會,周遍求覔,白佛言:世尊,我等今者猶未得見普賢菩薩其身及座。佛言:如是,善男子,汝等何故而不得見,善男子,普賢菩薩住處甚深不可說故。普賢菩薩獲无邊智慧門,入師子奮迅定,得无上自在周〈用〉,入清淨無礙際,生如來十種力,以法界藏爲身,一切如來共所護念,於一念頃悉能證入三世諸佛无差別智,是故汝等不能見耳。

尒時,普眼菩薩聞如來說普賢菩薩清淨功德,得十千阿僧祇三昧;以三昧力【復】遍觀察,渴仰欲見普賢菩薩,亦不能覩。其餘一切諸菩薩衆俱亦不見。時,普眼菩薩從三昧起,白佛言:世尊,我已入十千阿僧祇三昧,求見普賢而竟不得,不見其身及身業、語及語業、意及意業、座及住處,悉皆不見。佛言:如是如是,善男子,當知皆以普賢菩薩住不思議解脫之力。普眼,於汝意云何,頗有人能說幻【術】文字中種種幻相所住處不。答言:不也。佛言:普眼,幻中幻相尚不可說,何況普賢菩薩秘宻身境界、秘宻語境界、秘宻意境界,而於其中能入能見。何以故,普賢菩薩境界甚深,不可思議,无有(無)量、已過量。舉要言之,普賢菩薩以金剛【慧普入】法【界,於】一切世界無所行、無所住,知一切衆生身【皆】即非身,無去无來,得无斷盡〔079-2〕、【無差】別自在神通,無依無作,無有動轉,至於法界究竟邊際。善男子,若有得見普賢菩薩,若得承事,若得聞名,若有思惟,若有憶【念】,若生信解,若覲〈勤〉觀察,若始趣向,若正求覔,若興誓願,相續不絕,皆獲利益,無空過者。

尒時,普眼及一切菩薩衆於普賢菩薩心生渴仰,願得瞻覲,作如是言:南无一切諸佛,南无普賢菩薩。如是三稱,頭頂礼敬。尒時,佛告普眼菩薩及諸衆會言:諸佛子,汝等冝更礼敬普賢,慇勤求請,又應專至觀察十方,想普賢身現在其前。如是思惟,周遍法界,深心信解,猒離一切,誓與普賢同一行願:入於不二眞實之法,其身普現一切世閒,【悉】知衆生諸根差別,遍一切處集普賢道。若能發起如是大願,則當得見普賢菩薩。是時,普眼聞佛此語,與諸菩薩俱時頂礼,求請得見普賢大士。

尒時,普賢菩薩即以解脫神通之力,如其所應爲現色身,令彼一切諸菩薩衆皆見普賢親近如來,於此一切菩薩衆中坐蓮花座;亦見於餘一切世界一切佛所,從彼次苐相續而來;亦見在彼一切佛所,演說一切諸菩薩行,開示一切智〔智〕之道,闡明一切菩薩神通,分別一切菩薩威德,示現一切三世諸佛。是時,普眼菩薩及一切菩薩衆見此神變,其心踊躍,生大歡喜,莫不頂礼普賢菩薩,心生尊重,如見十方一切諸佛。

是時,以佛大威神力及諸菩薩信解之力、普賢菩薩本願力故,自然而雨十千種雲。所謂種種花雲、種種驛雲、種種香雲、種種末香雲、種種蓋雲、種種衣雲、種種嚴具雲、種種琢寶雲、種種燒香雲、種種繒綵雲。不可說世界六種震動;

奏天音樂，其聲遠聞不可説世界；放大光明，其光普照不可説世界，令三惡趣悉得除滅，嚴浄不可説世界，令不可説菩薩入普賢行、不可説菩薩成普賢行，不可説菩薩於普賢行願悉得圓滿成阿耨多羅三藐三菩提。

尒時，普眼菩薩白佛言：世尊，普賢菩薩是住大威德者、住無等者、住無過者、住不退者、住平等者、住不壞者、住一切差別法者、住一切無差別法者、住一切衆者〈生〉善巧心所住者、住一切法自在解脱三昧者。佛言：如是如是，普眼，如汝所説，普賢菩薩有阿僧袛清浄功德，所謂无等莊嚴功德、無量寶功德、不思議海功德、無量相功德、無邊雲功德、無邊際〔不〕[1] 可稱讃功德、無盡法功德、不可説功德、一切佛功德、稱揚讃歎〈歎〉不可盡功德。

尒時，如来告普賢菩薩言：普賢，汝應爲普眼及此會中諸菩薩衆説十三昧，令得善入，成滿普賢所有行願。諸菩薩摩訶薩説此十大三昧故，令過去菩薩已得出離，現在菩薩今得出離，未来菩薩當得出離。何者爲十，一者普光大三昧，二者妙光大三昧，〔三〕者次第遍往諸佛國圡大三昧，四者清浄深心行大三昧，五者知過去莊嚴藏大三昧，六者智光明藏大〔079－3〕三昧，七者了知一切世界佛莊嚴大三昧，八者衆生差【別】身大三昧，九者法界自在大三昧，十者無导輪大三昧。此十大三昧，諸大菩薩乃能善入，去来現在一切諸佛已説、當説、現説。若諸菩薩愛樂尊重，修習不懈，則得成就如是之人，則名爲佛，則名如来，亦則名爲得十力人，〔亦名導師〕，亦名大導師，亦名一切智，亦名一切見，亦名住無礙，亦名達諸境，亦名一切法自在。此菩薩普入一切世界，而於世界無所着；普入一切衆生界，【而】於衆生無所取；普入一切身，而於身無所导；普入一切法界，〔而知法界〕無有邊。親近三世一切佛，明見一切諸佛法，巧説一切文字，了達一切假名，成就一切菩薩清浄道，安【住】一切菩薩差別行。於一念中，普得一切三世智，普知一切三世法，普説一切諸佛教，普轉一切不退轉〈輪〉，於去来現在一一世，普證一切菩提道；於此一一菩提中，普了一切佛所説。此是諸菩薩法〔相〕門，是諸菩薩智覺門，是一切種智無勝憧〈幢〉[2] 門，是普賢菩薩諸行願門，是猛利神通誓願門，是一切揔持辯才門，是三世諸法差別門，是一切諸佛示現門，是以薩婆若安立一切衆生門，是以佛神力嚴浄一切世界門。若菩薩入此三昧，得法界力無有窮盡，得虚空行無有鄣导；得法王位無量自在，譬如世間灌頂受職。得無邊智，一切通達；得廣大力，十種圓滿；成無諍心，入寂滅際；大悲無畏，猶如師子；爲智慧丈夫，然正法明燈；一切功德歎不可盡，聲聞、獨覺莫能思議；得法界智，住無動際，而能随俗種種開演；住於無相，善入法相；得自性清浄藏，生如来清浄家；善開種種差別法門，而以智慧了無所有；善知於時，常行法施開悟一切，名爲智者；普攝衆生，悉令清浄；以方便智示成佛道，而常修行菩薩之行無有斷盡；入一切智方便境界，示現種種廣大神通。是故，普賢，汝今應當分別廣説一切菩薩十大三昧，今此衆會咸皆願聞。

尒時，普賢菩薩承如来旨，觀普眼等諸菩薩衆而告之言：

佛子，云何爲菩薩摩訶薩普光明三昧。佛子，此菩薩摩訶薩有十種無盡法。何者爲十，所謂諸佛出現智無盡、衆生變化智无盡、世界如影智無盡、深入法界智無盡、善攝菩薩智無盡、菩薩不退智無盡、善觀一切法義智無盡、善持心力智無盡、住廣大菩提心智無盡、住一切佛法一切智願力智無盡。佛子，是名菩薩摩訶薩十種無盡法。佛子，此菩薩摩訶薩發十種無邊心。何

---

① 不，[大正]二一二頁註②：〔不〕－[聖]，下同。
② 幢，[大正]二一三頁註①：幢＝憧[聖]。

等爲十，所謂發度脫一切衆生無邊心；發承事一切諸佛無邊心；發供養一切諸佛無邊心；發普見一切諸佛無邊心；發受持一切佛法不忘失無邊心；發示現一切佛無量神變無邊心；發爲得佛力故，不【捨】一切菩提行無邊心；發普入一切智微細境界，說一切【佛法】無邊心；發普入佛不思議廣大境界無邊心；發〔079-4〕於佛辯才起深志【樂，領受諸佛法無邊心；發示現種種自在身，入一切如來道場衆會無邊心。是爲十。佛子，此菩薩摩訶】薩有十種入三昧【差別智。何者爲十，所謂東方入定西方起，西方入定東方起，南方入定北方起，北方入定南方起】，東北方入定西【南方起，西南方入定東北方起，西北方入定東南方起，東南方入定西北方】起，下方【入定上方起，上方入定下方起。是爲十】。

【佛子，此菩薩摩訶薩有十種入大三昧善巧智。何者爲十，佛子，菩薩摩訶薩以三千大千世界爲一蓮華，現身遍此蓮華之上結跏趺坐，身中復現三千大千世界，其中有百億四天下，一一四天下現百億身，一一身入百億百億三千大千世界，於彼世界一一四天下現百億百億菩薩修行，一一菩薩修行生百億百億決定解，一一決定解令百億百億根性圓滿，一一根性成百億百億菩薩法不退業。然所現身非一非多，入定、出定無所錯亂。佛子，如羅睺阿脩羅王，本身長七百由旬，化形長十六萬八千由旬，於大海中出其半身，與須彌山而正齊等。佛子，彼阿脩羅王雖化其身長十六萬八千由旬，然亦不壞本身之相，諸蘊】、界、處【悉皆如本，心不錯亂，不於變化身而作他想，於其本身生非己想，本受生身恒受諸樂，化身常現】種種【自在神通威力。佛子，阿脩羅王有貪恚癡，具足憍慢，尚能如是變現其身；何況菩薩摩訶薩能深了】達心法如【幻，一切世間皆悉如夢，一切諸佛出興於世皆如影像，一切世界猶如變化，言語】音【聲】悉皆【如響，見】如實法，【以如實法而爲其身，知一切法本性清淨，了知身心無有實體，其身普住無量】境界，以佛智慧廣

【大光明淨修一切菩提之行】。

【佛子，菩薩摩訶薩】住【此】三昧，超過【世間，遠離世間，無】能惑亂，無能暎【奪。佛子，譬如比丘觀察內身，住不淨觀，審見其身】皆是不【淨。菩薩摩訶薩】亦復如是，住此三昧，【觀察法身，見諸世間普入其身，於】中明【見一切世間】及世間法，【於諸世間及世間】法皆無所著。佛【子，是名菩薩摩訶薩第一普】光明大三昧【善】巧【智】。

佛子，云何【爲菩薩摩訶薩】妙光明【三昧。佛子，此菩薩摩訶薩能入三】千大千世界【微塵數三】千大千世界，【於一一世界現三千】大千世界〔080-1〕【微塵數】身，一一身放三千大【千世】界微塵數光，一一光【現三千】大千世界微塵數色，一一色照三千大千世界微塵數世界，一一世界中調伏三千大千世界【微塵】數衆生。【是】諸世界種種不同，菩【薩悉知，所】謂世界雜深〈染〉、世界清淨、世界所因、世界建【立、世界】同住、世界光色、世界來往；如是一切，菩薩悉知，菩薩悉入。是諸世界亦悉來入菩薩之身，【然諸世】界無有雜亂，種種諸法亦不壞滅。佛子，譬如日出繞須彌山、照七寶山，其七寶山及寶山間【皆有】光影分明顯現，其寶山上所有日影莫不顯現山間影中，其七山間所有日影亦悉顯現山上影中；如是【展】轉，更相影現，或說日影出七寶山，或說日影出七山間，或說日影入七寶山，或說日影入七山間；但此日影【更相】照現，無有邊際，體性非有，亦復非無，不住於山，不離於山，不住於水，亦不離水。佛子，【菩薩摩訶薩亦】復如是，住此妙光廣大三昧，不壞世界安立之〔080-2〕相，不滅世間諸法自性；不住世【界內，不住世】界外；於諸世界無所分別，亦不壞於世界之相；觀一切法一相無相，亦不壞於諸法自性；住【真如性，恒不捨】離。佛子，譬如幻師善知幻術，住四衢道作諸幻事，於一日中一須臾頃，或現一

日，或現一夜，或【復現作七日七】夜、半月一月、一年百年，隨其所欲皆能示現城邑聚落、泉流河海、日月雲雨、宮殿【屋宅，如是一切】靡不具足；不以示現經年歲故，壞其根本一日一時；不以本時極短促故，壞其所【現日月年歲】；幻相明現，本日不滅。菩薩摩訶薩亦復如是，入此妙光廣大三昧，現阿僧祇世界入一世界。其【阿僧祇世】界一一皆有地、水、火、風、大海、諸山、城【邑】、聚落、園林、屋宅、天宮、〔龍宮〕①、夜叉宮、乾闥婆宮、阿修羅宮、迦樓羅宮、【緊那羅】宮、摩睺羅伽宮，種種莊嚴皆悉具足。欲界、色界、無色界、小千世界、大千世界，業行果報，死此生彼。【一切世間】所有時節、須申、晝夜、半月、一月、一歲、百歲、成劫、壞劫，雜染【國】土、清淨國土、廣大國土、狹小國土，【於中】諸佛出興于世，佛刹清淨，菩薩衆會周帀圍繞，神通自在，教化衆生。其諸國土在〈所〉在方處，無量人衆【悉皆充滿】，殊形異趣種種衆生無量無邊不可思議，去來現在清淨業力出生無量上妙珍寶。如是等事，咸悉【示現，入】一世界。菩薩於此普皆明見，普入普觀，普思普了，以無盡智皆如實知，不以彼世界多故壞此一世界，不以【此世界一故壞】彼多世界。何以故，菩薩知一切法皆無我故，是名入無命法、無作法者；菩薩於一切世間勤修行無諍法故，【是名住無】我法者；菩薩如實見一切身皆從緣起故，是名住無衆生法者；菩薩知一切生滅法皆從因生故，是名住無【補伽羅】法者；菩薩知諸法本性平等故，是名住無意生、無摩納婆法者；菩薩知一切法本性寂靜故，是名【住寂靜法】者；菩薩知一切法一相故，是名住無分別法者；菩薩知法界無有種種差別法故，是名住不（可）【思議法者】；菩薩勤修一切方便，善調伏衆生故，是名住大悲法者。

佛子，菩薩如是【能以】阿僧祇世界入一世界，【知無數衆生種】種差別，見無數菩薩各各發

起〈趣〉，觀無數諸佛處處出【興；彼】諸如來所演說【法，其諸菩】薩悉能【領受，亦見自身於中】修行；然不捨此處而見在彼，亦不捨彼處而〔080-3〕【見在此】，彼【身、此身無有差】別。入法界故，常勤觀【察無有休息，不捨智】慧無退轉故。如有幻師隨於一處作諸幻術，【不以幻】地故壞於本地，【不】以幻日故壞於【本】日。菩薩摩訶薩亦復如是，於【無國土現有】國土，於有國土現無國土；於有衆生現無衆生，於無衆生〔現有衆生〕；無色現色，色現無色；初不亂後，後不亂初。菩薩了知一切世【法悉亦】如是，同於幻化。知法幻故，知智幻；知智幻故，知業幻；知智幻、業幻已，【起於】幻智，觀一切業如世幻者，不於處外而現其幻，亦不於【幻外】而有【其處。菩薩】摩訶薩亦【復】如是，不於虛空外入世間，亦不於世間【外】入虛空。何以故，虛空、世間無差別故，住於世間亦住虛【空。菩】薩摩【訶薩於】虛空中能見、能修一切世間種種差別妙莊嚴業，於一念【頃】悉能了知無數世界若成〔若〕壞，亦知諸劫相續次第；能於一念現無數劫，亦不令其一念廣大。菩薩摩訶薩得不思議【解脫】幻智，到於彼岸；住於幻際，入世幻數，思惟諸法悉皆【如幻；不違幻世，盡於幻】智，了【知】三世與幻無別，決定通達，心無邊際。如諸如來住【如】幻智，其心平等；菩薩摩訶薩亦復如是，知諸世間皆【悉如幻，於一切處皆】無所著、無有我所。如彼幻師作諸幻事，雖不與彼幻事同【住】，而於幻事亦無悉〈迷〉惑；菩薩摩訶薩亦復如是，知一切【法到於】彼岸，心不計我能入於法，亦不【於】法而有錯亂。是爲菩薩摩訶薩第二妙光明大三昧善巧智。

大方廣佛花〔嚴經卷第冊〕·冊之下
〔080-4〕

---

① 龍宮，㊣二一四頁註③：〔龍宮〕－㊗。

附錄一

晋祠華嚴石經序號對照表

賈洪寶　賀銘　編製

爲敘述方便，本書統稱經柱（不再使用原稱"石碑"）和殘石爲"經石"，專指時分別指稱。所謂經柱，是指主體基本完整的石柱，也存在殘缺、裂隙、剥蝕等導致文字少量殘缺的情形；所謂殘石，是指經柱斷裂形成的殘餘塊片，體量一般不大，大部分文字殘缺。經石序號包括經柱序號、殘石序號，以及給每條經柱、每塊殘石各側面（或含頂面）按經文順序編製的序號（簡稱"面序"）。

一、編製依據與目的

本書錄文及校改工作主要依據晋祠博物館2016年製作的拓片和十多張拓片照片複印件。經石各面文字結束處標識晋祠博物館編定的經柱序號，整理者爲便於覆核，在經柱序號之後增加了面序。

後期識讀校註工作開始前，本書學術顧問羅炤先生要求隨文標註經石各面尺寸，趙桂溟、賀銘等同志測量了晋祠博物館現存《華嚴經》經石的各面尺寸並簡要備註殘損異形情況（未刻文字的頂面不測）。

責任編輯將錄文中的經石序號與1995年晋祠博物館《晋祠藏風峪華嚴石經》整理組編製的《晋祠藏風峪華嚴石經目録》（以下簡稱"1995年目録"）和此次測量記錄進行核對時，發現經石序號、面序等存在許多錯亂之處，遂決定與姚遠、賀銘兩同志重新編製《晋祠華嚴石經總目録（2021年）》（以下簡稱"新編總目録"）。責編與賀銘負責對照録文中的經石序號與拓片照片，理順對應關係，將矛盾、錯亂、遺漏等線索傳達給姚遠，由其負責現場覆核糾正、釐清疑惑，並重新登記續建碑廊中的經石位序，補測太原市文物考古研究所收藏、太原市博物館借展的經石。考慮到1995年目録的經石序號已被政府文件、學術文獻尤其是晋祠博物館檔案等廣泛使用，新編總目録沿用了1995年目録的經石序號。

爲方便讀者快速、準確檢索對照經文的刻載信息，根據編輯出版要求，責編與賀銘在1995年目録的基礎上，參與編製新編總目録的同時，同步編製了《晋祠華嚴石經序號對照表》（以下簡稱"對照表"），經石"全""殘"及位置、卷次、尺寸等信息及備註說明也載入其中，以助讀者能夠更加深入地瞭解現存經石狀況。

二、經石形製與總數

晋祠石經多數是四面長方石柱，少部分是五至八面石柱（見本輯第5頁及第四輯後勒口圖版）。多數石柱是在柱體各面竪刻文字，現存僅001號、002號兩條經柱頂面有前後水平鐫刻的文字（見本輯第5頁圖版）。

《晋祠華嚴石經》經文分爲80卷。長期以來，因經文之前有"兩條成卷"一句題記，經柱總數被推斷爲160條，如1995年目録的"遺佚目録"，就據此推測曾存在"141（卷七十一之上）、142（卷七十一之下）"兩條經石。

此次整理發現，卷四十九全卷經文僅刻於一條經柱（097號），1995年目録以爲097號經柱所刻爲"卷四十九之上"經文，將未曾存在的098號經柱列於遺佚目録，並對應"卷四十九之下"。

1995年目録中，073號、074號兩條經柱分別對應卷三十七之上、卷三十七之下。識讀時發現，並經現場核實確認，卷三十七是《晋祠華嚴石經》現存唯一用3條經柱刻載的經卷。① 073號經柱與其他完整經柱的高度基本相同，應無殘缺。② 現存074號經柱是晋祠博物館2012年安放時將兩條經柱作爲殘石用水泥上下粘連而成，粘連痕跡明確。③ 074號上下兩條經柱所刻經文各自起訖，與其他經柱文字自頂至底整行貫通的形製或慣例不一致（見本輯第9頁〔074上-3〕拓片圖版）。④ 074號上下兩條經柱粘連時，將上石的第1面與下石的第2面連在一個平面上，上石的1—4面是連續經文，下石的第1面接續上石的第4面在一個平面上，其1—4面也是連續經文。這就是說，要閱讀上下經柱全部經文，需要繞行兩圈。可以肯定，卷三十七之下原本就刻載於兩條經柱之上。

可見，"兩條成卷"指的是多數情況或開工之初的規劃，石料有大小，經文有長短，"兩條成卷"不能作爲數學公式。假設卷七十一遺佚經柱確有兩條（141號、142號），綜合卷四十九（097號）、卷三十七（073號、074號上下）等情況，《晋祠華嚴石經》原刻石總數確實應爲160條，但已非1995年目錄中的"160塊"了。

1995年目錄記載"後世續有復刻、補刻"。整理發現，復刻石確有兩條，但未見補刻石。除021號復刻石外，原095"050號補刻石"與050號原刻經柱所載經文均爲卷二十五之下，確認爲復刻石並改標識。

根據新編總目錄和對照表統計，晋祠石經原刻經柱加上2條復刻經柱，總數應有162條。晋祠博物館收藏基本完整的經柱共93條（含太原市博物館借展2條）；現存殘石總數爲67塊（來自42條經柱），晋祠博物館收藏64塊（含太原市博物館借展3塊），太原市文物考古研究所收藏3塊。

遺佚石經應有25條，未編入對照表。

三、經石序號

經石序號

第一，1995年目錄以001—160的形式給每條經柱進行了編號，"奇數號碑（經柱）爲卷之上經文，偶數號碑（經柱）爲卷之下經文"，對照表沿用不變。

第二，074一號兩石以附加"上、下"表示，以區別于殘石編號，且保持075號以下經柱序號不變。

第三，經柱序號之後附加"原""復"的，指該號原刻經柱和復刻經柱；如"021原"、"021復"。

殘石序號

第一，僅存單塊殘石的經石序號，以經柱序號之後附加①的方式表示；同屬一條經柱的多塊殘石，在經柱序號之後按經文順序附加①、②等表示，如"071②"指071號經柱的第二塊殘石。

第二，1995年目錄未載"殘石四十"，也未見其實物、拓片或圖片，按無效編號處理。晋祠博物館提供編號爲"161殘石四十一"的6張拓片照片複印件，經核校經文，按照殘石文字所在卷次、經文順序分爲兩部分：一是屬於076號經柱的5張拓片，現場覆核確認來自兩塊殘石：076①，076②；二是屬於147號經柱的3張拓片，現場核實確認來自一塊殘石：147①。新編總目錄及對照表均廢止"161殘石四十一"編號。

第三，在整理過程中鑒別出來的殘石，若已有同屬一條經柱的殘石編號，以在原編號之後按經文順序追加"之一"、"之二"的方法續編，以保持經石序號的歷史延續性。如測量時發現"114殘石二十七"實爲兩塊殘石，即分別編爲"114①殘石二十七之一"、"114②殘石二十七之二"。

第四，此次新編總目錄及對照表，在沿用已有殘石序號（一至三十九）的基礎上，給此次整理出來的無序號殘石按照經石序號及經文順序續編序號（四十至四十七）。

第五，位於"續南甲五"的038號經柱一直被當作基本完整的經柱予以編號登記。後期識讀時發現，該經柱實爲兩塊殘石（上下兩截），安放時被粘連成一體。而且，粘連時不但上下次序被顛倒，面序也旋轉錯位（180度），對照表按殘石處理。

面序

錄文校改時是依據、對照拓片或拓片照片、按照《大正藏》本經文順序進行，在經柱序號或殘石序號之後附加"-1"至"-8"表示面序，如"002-1"、"003②-1"；個別經柱有刻字頂面，用"-0"表示，如"001①-0"，指001號經柱第一塊殘石的頂面。

晋祠博物館安放經石時未統一第一面朝向，測量時又未辨識經石經文從哪面開始，習慣將經石的朝外一面當作第一面，導致多個經石面序記錄錯亂，與錄文中的序號不能對接。進入出版程序後，經多方努力覆核，終於釐清無誤。

三、對照表中的說明文字

爲避免《晋祠華嚴石經》相關機構和人員誤解和引用混亂，新編總目錄、對照表在稱謂和編號方面基本沿用1995年目錄，盡可能保證歷史連續性。

第一，經柱序號、殘石序號、面序等的含義界定同前。

第二，位置：主要是指經石在晋祠博物館中的收藏位置。南前、南後、北前、北後，分別指南北華嚴碑廊的前後排序；續南甲、續北丁等，分別指續建的南北華嚴碑廊及經石排序；再其後爲經石、殘石在整排中的順序號。其中，1995年目錄將排列在"北前十三、北前十四"位置的經柱按經文順序編爲041號（卷二十一之上）、040號（卷二十之下），本書按正序排列，對應關係不變。收藏在其他單位的經石，按同樣格式註明，太原市文物考古研究所簡稱"太原市考古所"。

第三，殘石序號：殘石均有漢字序號，並在經柱序號之後附加順序碼；基本完整的經柱序號之後沒有順序碼。

第四，經文卷次：指該號經柱刻載經文在《華嚴經》中的卷序，記錄格式依照經文首題後卷序標註方式。

第五，無鎸刻文字的側面或雖有刻字但全部不能辨識的側面，其序號不會出現在《大正藏》本綴文中，對照表保留其編號，並記錄其尺寸。

附錄一：晉祠華嚴石經序號對照表

經石序號	位置及殘石序號	經文卷次	各面尺寸及備註 面序：縱×橫，取最大值；單位：cm
001 ①	北前一 殘石一	卷第一之上	0：27.5×52.7；1：斷面。 2：47×52.4； 3：41×27 4：47.7×52.6； 0面為柱頂平面。
001 ②	續南丁一 殘石二	卷第一之上	1：31.5×21； 2：斷面。 3：斷面； 4：29×20
002	北前二	卷第一之下	1：105×42.5； 2：105.8×24.7 3：105×42.3； 0：23.7×41.8 4：105×24.6； 0面為柱頂平面。
003 ①	續南丙一 殘石三	卷第二之上	殘石粘連顛倒，上②下①，錄文未分殘石序號及面序。尺寸按粘接後形狀測量： 1：78.1×37.5； 2：73.2×25.5 3：78×37.8； 4：78.4×26
003 ②	續南丙一 殘石四	卷第二之上	
004	北前三	卷第二之下	1：106.7×32.6； 2：106.7×27.5 3：106.5×31.4； 4：106.5×26.6
005	續南乙一	卷第三之上	1：121.2×30； 2：121.2×20.5 3：122×29.5； 4：120.8×21
006	續南乙二	卷第三之下	1：121.5×35.3； 2：121.8×22.8 3：121.6×35； 4：121.5×22.5
007	北前四	卷第四之上	1：106.4×31.9； 2：106.5×29.6 3：107.5×31.4； 4：107×29.6
008	續南乙三	卷第四之下	1：92.5×34.8； 2：91.5×23 3：92.5×34.5； 4：92.5×23.6
009 ①	續南乙四 殘石四十之一	卷第五之上	整理發現，009號現應是三塊殘石。上中截兩塊殘石粘連而成 1995 年目錄所載 009 號"庫全四"，且面序錯亂。根據拓片文字，①+②作為整體測量尺寸如下： ①−1+②−3：76×23 ①−2+②−4：75×21 ①−3+②−1：76.5×23.2 ①−4+②−2：77×21 ②−3 斷面，無字。
009 ②	續南乙四 殘石四十之二	卷第五之上	
009 ③	太原市考古所 殘石四十之三	卷第五之上	屬於 009 號經石最下截兒的第三塊殘石。 1：36.9×23； 2：36.5×14.8 3：文字不能辨識。 4：37.7×13
010	續南乙五	卷第五之下	1：82.3×25； 2：82.5×22.5 3：82×25.5； 4：81.5×21.6
011 ①	續南丁二 殘石五	卷第六之上	1：23×29.6； 2：文字不能辨識。 3：24×30； 4：21×19.2
012	續南乙六	卷第六之下	1：115.4×26.7； 2：115.6×22.3 3：116×26.5； 4：116×22
013 ①	續南丙二 殘石六	卷第七之上	1：66.7×31.2； 2：66×27.8 3：66.5×31.5； 4：66.5×27
014	續南乙七	卷第七之下	1：99×25； 2：99.5×23.5 3：99.5×24.5； 4：97.8×23

經石序號	位置及殘石序號	經文卷次	各面尺寸及備註 面序：縱×橫，取最大值；單位：cm
015	北前五	卷第八之上	1：103.7×34； 2：103×20.8 3：104.5×34.2；4：104.4×20.6
016 ①	續南丙三 殘石七	卷第八之下	1：61.5×31.3； 2：56.7×23 3：61.5×31.5； 4：61×22.5
017	北前六	卷第九之上	1：106.8×34.3； 2：106.8×26.2 3：105.5×32.5； 4：105.5×27
018 ①	續南丁三 殘石八	卷第九之下	1：55.5×29.8； 2：54.8×22.5 3：55.5×30； 4：54.6×22.6
019	續南乙八	卷第十之上	1：105.5×27； 2：105.2×20 3：105.5×27； 4：97.2×20 4 左上角殘損。
021 原	續南乙九	卷十一之上	1：101.5×44； 2：92.8×21.5 3：101×44.5； 4：101×20.5
021 復	續南甲一	卷十一之上	1：111×30.5； 2：112×27.7 3：110.5×30； 4：110.5×26.7
022 ①	續南丁四	卷十一之下	1：38.2×32.3； 2：36.5×18.5 3：22.5×32.5； 4：34×22
023 ①	續南丁五 殘石十	卷十二之上	1：39.2×35.5； 2：36.5×27 3：27×34.5； 4：18.5×25
024	北前七	卷十二之下	1：112×35.8； 2：114.4×21.4 3：103.5×36.5；4：112.3×21.3 3 上部有無字斜切面 11×36.5.
025	北前八	卷十三之上	1：113×35.8； 2：113×27 3：113.2×35.5；4：112.5×27.8
027 ①	續南丙四 殘石十一	卷十四之上	1：72.8×27.5； 2：73×26 3：73×27； 4：72.5×26.5
028	續南甲二	卷十四之下	1：116.8×31.5； 2：115.6×25.3 3：107.8×31.6； 4：117×26.1
029 ①	續南丙五 殘石十二之一	卷十五之上	1：74.3×39； 2：73×24 3：76.3×38.5；4：74×23.3
029 ②	太原市考古所 殘石十二之二	卷十五之上	1：37×24.2； 2：40.4×24.2 4：39.5×24.2
030 ①	續南丙六 殘石十三	卷十五之下	1：101×40； 2：101.5×22 3：92.5×39； 4：88.6×22
031	北前九	卷十六之上	1：129.5×37.2； 2：129.5×33 3：129.3×38.6； 4：128.7×33
032	北前十	卷十六之下	1：123.5×33； 2：123.8×32.4 3：123.9×33 4：123.5 上部縱 69.2cm 有字×32.5
033	續南甲三	卷十七之上	1：119.5×35.5； 2：120×25.5 3：119.5×35.5； 4：119×25.5
034	北前十一	卷十七之下	1：116.5×39.8； 2：117.7×25.3 3：116.5×39.7； 4：116.2×25.6

經石序號	位置及殘石序號	經文卷次	各面尺寸及備註 面序：縱×橫，取最大值；單位：cm	經石序號	位置及殘石序號	經文卷次	各面尺寸及備註 面序：縱×橫，取最大值；單位：cm
035	續南甲四	卷十八之上	1：114.8×32.2； 2：115×26 3：114.3×32.3； 4：114.3×25.2	055	太原市博物館	卷二十八之上	1：116×39； 2：115×23 3：116×40； 4：113×23
036	續南丙七殘石十四	卷十八之下	1：63.5×30； 2：61×29.5 3：62×30； 4：63×29	057①	文物庫殘石四十二之一	卷二十九之上	1：16×11
037	北前十二	卷十九之上	1：99.5×45.9； 2：97×23.3 3：100×45.4； 4：97×23.7 1、3上部弧形。	057②	文物庫殘石四十二之二	卷二十九之上	1：10.5×9.5
038①	續南甲五殘石四十一之一	卷十九之下	1：54.5×43.8； 2：45×22 3：45.5×42.5； 4：53×22.3	057③	文物庫殘石四十二之三	卷二十九之上	3：25×17
038②	續南甲五殘石四十一之二	卷十九之下	1：35.5×42.5； 2：55.3×23.5 3：46.2×41； 4：43×22.5	057④	文物庫殘石四十二之四	卷二十九之上	3：23.2×7.5； 4：29.5×11
039①	續南丁六殘石十五	卷二十之上	1：54.5×40； 2：41.5×20.3 3：58.5×40.5； 4：59×19.5	058	北前十六	卷二十九之下	1：116.4×43.6； 2：116.2×32 3：116.2×43.4； 4：116.2×31.5
040	北前十四	卷二十之下	1：107×37.2； 2：108.4×27.3 3：108×38； 4：107×27 各側面寬度均含3cm左右的棱角切面。	059	續北乙七	卷三十之上	1：91.5×43； 2：86×17.5 3：89×8； 4：92×43 5：90×21； 6：90×7.5 無字。
041	北前十三	卷二十一之上	1：118.5×43.7； 2：118×28.6 3：118.5×44； 4：119.2×29.5	060	北後二	卷三十之下	1：118.2×41.5； 2：117×22.2 3：116.3×19； 4：117.7×23.7 5：118.6×31.5
042①	續南丁七殘石十六	卷二十一之下	1：50.3×33； 2：50.2×24.5 3：50.2×32.5；4：49.8×25	061	北後一	卷三十一之上	1：112×34.6； 2：111.6×26.7 3：111.3×34.5；4：110.7×26.6
043①	續南丙八殘石十七	卷二十二之上	1：59.5×39； 2：60.5×30 3：60.5×38.2；4：50×29.5	063	北後三	卷三十二之上	1：114.5×42.7； 2：114.5×24.7 3：115.4×42.2； 4：114.5×24.5
044	北前十五	卷二十二之下	1：121.8×33； 2：121.5×28 3：121.6×33.4； 4：121.6×28.4 寬度均含1.5—2cm的棱角切面。	064	續北乙六	卷三十二之下	1：101×31.7； 2：102×21 3：101.2×32； 4：101×21
045	續南甲六	卷二十三之上	1：116.5×27.8； 2：116.8×25 3：116.5×27.2； 4：116.3×25.6 3 上部損毀無字，下部縱70cm有字。	065①	文物庫殘石二十一之一	卷三十三之上	1：7.5×8； 4：10.5×3.5
046	續南甲七	卷二十三之下	1：106×34； 2：107×24 3：117.2×32.8； 4：106×23.7	065②	續南丁九殘石二十一之二	卷三十三之上	1：38×23.2； 2：38.5×21.5 3：34.3×23.7
048	續南丁八殘石十八	卷二十四之下	1：44.8×44.5 上部弧形。 2：36.3×24.7； 3：44.8×44.5 4：33.7×23	066	北後四	卷三十三之下	1：106.3×51； 2：106×25.2 3：106.5×51.5；4：107×25 2、4上部向内傾斜，取縱面曲線最大長度。
050原①	續南丙十殘石十九	卷二十五之下	1：69×34； 2：40.5×20 3：57.6×34.4； 4：23.8×19.5	067	北後五	卷三十四之上	1：112.3×50.7； 2：112.6×25.2 3：113×50.8； 4：113×30 3 上部含縱6cm的斜切面。
050復	續南甲八	卷二十五之下	1：109.5×30.8； 2：98.5×21 3：109.5×30.5； 4：108.8×22.5	069	北後六	卷三十五之上	1：106.5×38.7； 2：105×32.4 3：106×38.6； 4：106×32.8
052	續南甲九	卷二十六之下	1：107×41.5； 2：106.5×19.3 3：107.3×41.2； 4：107×19.8	071①	續北丁一殘石二十二	卷三十六之上	1：29×36.5； 2：26×19 3：30.5×36.5；4：30×19
053①	續南丙九殘石二十之一	卷二十七之上	1：95.8×32； 2：95.8×23 3：96×32； 4：95×22.5				
053②	續南丙九殘石二十之二	卷二十七之上	1：24×24.5； 4：25×16				

附錄一：晉祠華嚴石經序號對照表

經石序號	位置及殘石序號	經文卷次	各面尺寸及備註 面序：縱×橫，取最大值；單位：cm
071 ②	續北丁一殘石二十三	卷三十六之上	1：43×36.8； 2：28×17 3：41×36.8； 4：46×19.5
072	北後七	卷三十六之下	1：115.7×45.3； 2：116×21.7 3：115.3×45.5； 4：115×20
073	北後八	卷三十七之上	卷三十七是晉祠石經現存唯一用3條經石刻載的經卷，"之上"1條： 1：110.3×31； 2：110.3×31.8 3：111.6×31； 4：111.2×31.5 1、2寬度含2cm左右的棱角切面。
074上	續北乙五	卷三十七之下	"之下"2條，經文各自起訖。 1：54.4×35.2； 2：54.6×36.7 3：55.8×34.5； 4：54×36.3
074下			1：69.2×35； 2：66×35 3：65.3×37； 4：67.5×35
074			2012年安放時將上下經柱作為殘石粘連成一體，尺寸如下： 上-1+下-2：122×35 上-2+下-3：123×36.7 上-3+下-4：122.5×34.5 上-4+下-1：123×36.3 為保持075號以下經柱編號不變，074一號兩柱用"上、下"標識。
076 ①	續北丁十一殘石四十三之一	卷三十八之下	1：30.5×20.5； 2：28.3×41.8 3：36.6×16.6
076 ②	續北丁十二殘石四十三之二	卷三十八之下	2：29.2×17.5 3：14.5×14.3
077	續北乙四	卷三十九之上	1：108×35.5； 2：108×28.7 3：109×34.2； 4：108.3×29.2
078	北後九	卷三十九之下	1：111.5×40.5； 2：110.7×28 3：110×40； 4：111.2×28
079	北後十	卷四十之上	1：112×37.5； 2：111.8×35 3：112×38； 4：111.1×34.2
080	續北乙三	卷四十之下	1：114.5×47.5； 2：106.2×22 3：116×46.3； 4：107×22 1、3上部為縱8cm的弧形。
081	北後十一	卷四十一之上	1：104×39； 2：103×33.5 3：103×37； 4：104×35
082	續北乙二	卷四十一之下	1：107.5×39.4； 2：107.5×27 3：58斜面+51.5×38 4：107.5×25.5

經石序號	位置及殘石序號	經文卷次	各面尺寸及備註 面序：縱×橫，取最大值；單位：cm
084	北後十二	卷四十二之下	1：118.5×37.8； 2：117.5×19 3：117.5×12.7； 4：118.5×29.2 5：117.5×28.5 2含上部縱向斜切面，橫向取曲線最大值。
085	續北乙一	卷四十三之上	1：116.2×35； 2：117.3×34.8 3：117.5×34.5； 4：117.5×34.5
086	北後十三	卷四十三之下	1：111.2×46.9； 2：111.5×33.5 3：112.5×47.9； 4：112.1×32.5
087	北後十四	卷四十四之上	1：97.3×42.8； 2：97.6緩弧×28 3：97.9×43.2； 4：98×28.1
089	北後十五	卷四十五之上	1：89.8×37.5； 2：89.3×31.4 3：89.8×33.4； 4：88.6×30.5
090	北後十六	卷四十五之下	1：120.8×42.7； 2：120.4×30.3 3：120.4×33.2； 4：120.5×7.8 5：120.6×20.9
091	太原市博物館	卷四十六之上	1：108×33； 2：108×26 3：110×33； 4：108×26 2文字不能辨識；3上部含縱6cm的斜切面。
093	續北甲七	卷四十七之上	1：106×43.5； 2：107×29.3 3：107×44.3； 4：106.3×28.8 2上部含有縱13cm的無字斜切面。
094	南前一	卷四十七之下	1：117.9×31.6； 2：118.2×3.5 3：118.5×27.3； 4：116.7×6.4 5：116.9×27.7； 6：116.6×7.7 7：117.3×25.6； 8：117.3×3.2 8無字。
095	南前二	卷四十八之上	1：96.5×35； 2：97×5 3：96.5×23.3； 4：96×5.6 5：95.5×31.5； 6：95×8.7 7：96.5×21； 8：96.5×4.7
097	續北甲六	卷四十九	1：148×53； 2：149×19.5 3：148.5×52； 4：147×19
099	南前三	卷五十之上	1：92.5×36； 2：92.5×29 3：93×36； 4：92×30
101 ①	續南丁十殘石二十四	卷五十一之上	1：55.7×40.6； 2：52.7×19.5 3：文字不能辨識； 4：49.5×21.8
102 ①	續北丙一殘石二十五	卷五十一之下	1：116×39； 2：116.5×39 3：116×39； 4：116.5×35.6 全石剝損嚴重，3存"一切"2字，4存9字。
103	續北甲三	卷五十二之上	1：105×48.5； 2：107.5×32 3：108×39； 4：106.2×35 3上部微弧斜面有字26，下部垂直82。

經石序號	位置及殘石序號	經文卷次	各面尺寸及備註 面序：縱×橫，取最大值；單位：cm	經石序號	位置及殘石序號	經文卷次	各面尺寸及備註 面序：縱×橫，取最大值；單位：cm
104	南前四	卷五十二之下	1：100.5×56.3； 2：98.5×36.3 3：98×57.6； 4：99×35	118①	續北丙三殘石二十八	卷五十九之下	1：97.2×77.6； 2：98×34 3：97.5×58.5； 4：79.5×16.5
105	南前五	卷五十三之上	1：110.5×33.2； 2：111×26 3：110×32.7； 4：110.4×25.4 2文字不能辨識。	119①	續北丁四殘石二十九之一	卷六十之上	晋祠博物館提供"前、右、後、附後、左、附左"等6張拓片圖片，經覆核，確認來自兩塊殘石。 1：52×42.6； 2：58×32 3：58×43.8； 4：34×31.7
106①	續北丁二殘石二十六	卷五十三之下	1：51×24； 2：47×10.5 3：46.5×29.5；4：55×32.5 5：55.2×28	119②	續北丁四殘石二十九之二	卷六十之上	3：24.5×39.4； 4：26.7×20
107	南前六	卷五十四之上	1：103×37.2； 2：101×28.1 3：101×37.5； 4：102×28.2	120①	續北丙四殘石三十	卷六十之下	1：68.5×68.9； 2：65.8×23.6 3：69.8×68.8； 4：69.6×31.2 2文字不能辨識。
108①	文物庫殘石四十四	卷五十四之下	4：13.5×6	121	南前十二	卷六十一之上	1：89.5×50； 2：88.5×27 3：88×13； 4：89×30.5 5：90×14； 6：82×25 6上部另有縱13cm的無字斜面。
109	南前七	卷五十五之上	1：91×31.9； 2：92.5×38.1 3：稍有弧度36下58下×31.5 4：93.5×23上39.2中39下
110	續北甲四	卷五十五之下	1：105×70； 2：100×24.5 3：100×48.5；4：99×24 5：98×18.5	122	南前十三	卷六十一之下	1：103×35； 2：103×32 3：103×40.6；4：103×33.2
112	南前八	卷五十六之下	1：98×53.7； 2：96.5×16 3：95.5×31.5； 4：96.8×27 5：98×32	123	南前十四	卷六十二之上	1：93×43； 2：93.5×18 3：93×14.6； 4：94×34 5：94×24
113①	續北甲三殘石四十五之一	卷五十七之上	1：119×47.5； 2：118上下均有損毀×28 3：118上下均有損毀×11 4：118.5×39； 5：118×35.5	125	續北甲六	卷六十三之上	1：86×43； 2：83.5×30.5 3：85×43； 4：84.4×30.5 1、3頂部略有弧度。
113②	文物庫殘石四十五之二	卷五十七之上	2：19×13； 3：16×9.5	126	南前十五	卷六十三之下	1：106.5×55.8； 2：98×25.6 3：102×57； 4：106×27
114①	續北丁三殘石二十七之一	卷五十七之下	1995年目錄所載114-殘石二十七備註"附殘片一塊"，測量時發現有殘石，故分為114①殘石二十七之一、114②殘石二十七之二。 1：22.5×19.5； 2：文字不能辨識。 3：22.8×25； 4：14×11.4	127①	續北丙五殘石三十一之一	卷六十四之上	1：86.2×41.5； 2：85.2×19.8 3：86.3×41.4； 4：86.5×19.2
				127②	太原市博物館殘石三十一之二	卷六十四之上	1：15×19； 3：26×20 4：26×19
114②	續北丁三殘石二十七之二	卷五十七之下	1：48.5×35.5； 2：20.5×23.2 3：49.5×35.8	128①	續北丁五殘石三十二	卷六十四之下	此石為八角經幢形柱體，8面尺寸基本相同：60.5×14，面序編為1-8.
115	南前九	卷五十八之上	1：100×39； 2：99.5×36.5 3：89×39上部有15×39.5的無字切面 4：98×37	129	南前十六	卷六十五之上	1：108×38.5； 2：104×20.2 3：106.5×37.5 4：101×21.9 1、3上部弧形，縱5cm.
116	南前十	卷五十八之下	1：99×44.6； 2：98.5×27.3 3：90×23.6； 4：95×24.5 5：98×32.5	130①	南後一殘石四十六之一	卷六十五之下	1：112.5×58.5； 2：110×25.8 3：112×17.5； 4：112.5×48 5：113×35
117	南前十一	卷五十九之上	1：92.5×36； 2：81.5×31.2 3：91×37.2； 4：83×32.4 1、3上部弧形，縱10.5cm.	130②	文物庫殘石四十六之二	卷六十五之下	4：17×30； 5：16×9.5

附錄一：晉祠華嚴石經序號對照表

經石序號	位置及殘石序號	經文卷次	各面尺寸及備註 面序：縱×橫，取最大值；單位：cm
131	南後二	卷六十六之上	1：101.5×32； 2：100.5×16.5 3：100×15； 4：97×14 5：102×17.5； 6：102×15 7：102.5×21
132	續北甲一	卷六十六之下	1：114×52； 2：115×36 3：113×48.5； 4：112×36 2略有弧度。
135①	太原市博物館殘石三十三之一	卷六十八之上	1：69×62； 2：70×25 3：56×62； 4：51×27
135②	文物庫殘石三十三之二	卷六十八之上	1：37.5×8.5
135③	太原市博物館殘石三十三之三	卷六十八之上	1：40×44； 2：35×25 3：45×37
137①	續北丁六殘石三十四	卷六十九之上	1：25.5×33.5； 2：10.5×10 3：25.5×43； 4：27×19
138	南後三	卷六十九之下	1：108×41； 2：106.5×38 3：108×35.5； 4：108.2×36.6
140	南後四	卷七十之下	1：97.5×43； 2：93.5×34 3：96×42； 4：94×7.5 5：95×25
143	南後五	卷七十二之上	1：101×43； 2：101.5×28.4 3：100×36.5；4：100.5×7 5：101×21
144	南後六	卷七十二之下	1：104×41.5； 2：104×21.5 3：104.2×40.5；4：105.2×23
145①	太原市考古所殘石三十五之一	卷七十三之上	1：42.4×25.5； 3：33.2×23.6 4：36.2×27.4
145②	續北丁七殘石三十五之二	卷七十三之上	1：64.5×36.3； 2：64.5×27 3：64.5×28.6； 4：63.5×27.5
146①	續北丙二殘石三十六之一	卷七十三之下	1：67.4×49.1； 2：74.5×24.5 3：74.5×49.1； 4：63.7×22.3
146②	續北丙二殘石三十六之二	卷七十三之下	2：16×20； 3：16×8.8

經石序號	位置及殘石序號	經文卷次	各面尺寸及備註 面序：縱×橫，取最大值；單位：cm
147①	續北丁十殘石四十七	卷七十四之上	晉祠博物館提供"161殘石四十一③前、③右、③後"等來自一塊殘石的3張拓片，殘石面序及尺寸覆核如下： 1：32.5×16.5； 3：32.2×40.8 4：36.9×30.5
148	南後七	卷七十四之下	1：104.5×39； 2：103×30.2 3：103.5×35.2；4：103.5×4 5：104×30.4
149	南後八	卷七十五之上	1：105×46.3； 2：107×34.3 3：108×37.7； 4：95×13.5 5：104.5×28
150①	續北丙六殘石三十七	卷七十五之下	1：70.4×54.9； 2：59.2×27.5 3：26×32 有字部分 4：文字殘損，無法辨識。
151	南後九	卷七十六之上	1：124.5×39.4； 2：127.5×25.5 3：123.2×39； 4：123.2×25
152①	續北丁八殘石三十八之一	卷七十六之下	1：38.5×24.5； 2：39×25 文字無法辨識。 3：38.5×26.5； 4：38.5×25.5
152②	南後十殘石三十八之二	卷七十六之下	1：83×44； 2：81.5×25.2 3：83×44.5；4：84.5×24.5 4左上角有殘損。
153	南後十一	卷七十七之上	1：99×57.2； 2：100.5×27.2 3：101×55； 4：98.5×27
154	南後十二	卷七十七之下	1：122.5×45； 2：118×36.6 3：122×37； 4：107×26.5 5：121.5×30.3 4上有一斜切面，左刻有5行字，右上部無刻字下部對應8行字。
155	南後十三	卷七十八之上	1：83.3×37.7； 2：82.5×30 3：83×25.5； 4：81.5×16.2 5：81.7×19.5
157	南後十四	卷七十九之上	1：83×42； 2：82.5×25.5 3：84×39.8； 4：83.5×26.2
158	南後十五	卷七十九之下	1：104×34.5； 2：109×36.5 3：109×38.5； 4：110.5×37
159①	續北丁九殘石三十九	卷八十之上	1：57×39.5； 2：57×20.5 3：57×38.8； 4：56×25
160	南後十六	卷八十之下	1：94.5×45.5； 2：95×40.8 3：96×27.5； 4：94×22 5：94.2×29.4

311

国家古籍整理出版专项经费资助项目

石经研究

（第五辑·《晋祠华严石经录文校注》卷四十一至卷八十）

太原市晋祠博物馆
房山石经博物馆 编
房山石经与云居寺文化研究中心

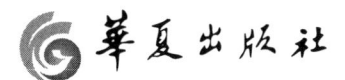

华夏出版社

图书在版编目（CIP）数据

石经研究 . 第五辑，《晋祠华严石经录文校注》卷四十一至卷八十 / 太原市晋祠博物馆，房山石经博物馆，房山石经与云居寺文化研究中心编. －－北京：华夏出版社有限公司，2022.4

ISBN 978－7－5222－0233－4

Ⅰ.①石… Ⅱ.①太…②房…③房 Ⅲ.①佛教－石经－房山区－文集 Ⅳ.①K877.434－53

中国版本图书馆 CIP 数据核字（2021）第 252352 号

《石经研究》编辑委员会

主 任

罗 炤

副主任

孙英民 谢 飞 赖 非
赵力光 杨海峰 王德军

委 员

Lewis Lancaster　Lothar Ledderose
Robert Harrist　Солонин Кирилл
王 毅　王金华　手岛一真　气贺泽保规
龙达瑞　叶少勇　北岛信一　刘淑芬　尕藏加
孙 华　李良松　李裕群　朱越利　杨亦武
吴元真　吴梦麟　张 总　张天虹　张永强
胡新立　桐谷征一　黄克忠　蔡穗玲　魏广平

编 辑

王 宇 贺 铭

《晋祠华严石经录文校注》编辑委员会

中国社会科学院世界宗教研究所研究员 房山石经与云居寺文化研究中心主任 太原市晋祠博物馆学术委员会研究员 《晋祠华严石经录文校注》学术顾问	罗 炤	主 任	王新生
		副 主 任	连颖俊　郝教信　郭保平　王志强 陈　凤　李春凤　阴世国
北京师范大学文学院院长 民俗典籍文字研究中心主任 中国文字整理与研究中心主任 《晋祠华严石经录文校注》学术总主编	王立军	主 编	连颖俊　赵桂溟
		副 主 编 审读统筹	姚　远*　　　　　　（标*者为印前审读人员）
太原大学文法系原主任、教授 太原市晋祠博物馆学术委员会研究员 《晋祠华严石经录文校注》经义主审	冯巧英	编　委	牛慧彪　谢　强　韩　革*　刘丽萍 周永丽*　苗军梅　张丽媛　李　娜* 田瑞媛*　高旭珍*　张　静*　狄　瑞*

《晋祠华严石经录文校注》工作程序与分工

总体基础工作

拓片制作与录校支持　姚　远

拓片摄影　韩宏斌　张　琪　郝芃如

《晋祠华严石经》尺寸测量
　　　赵桂溟　贺　铭

《晋祠华严石经》尺寸复核补测及面序审核
　　　姚　远　贺　铭

《晋祠华严石经总目录（2021年）》编制
　　　姚　远　贾洪宝　贺　铭

《晋祠华严石经序号对照表》编制
　　　贾洪宝　贺　铭

前期录文校勘

录　　文　姚　远　常佩雨　赵璧君　苗军梅
　　　　　丁迎雪　赵小鲁

校　　勘　赵桂溟　姚　远　连颖俊

中期识读校勘

拓片识读　赵桂溟

录文校改　王　宇

录文、缀文与《大正藏》本对校　王　宇

录文与《大正藏》本复校、CBETA版对校　贺　铭

后期识读校注

拓片识读及统稿　王　宇

录文校改及脚注审订　贺　铭

编辑出版工作

凡例、目录编制　贾洪宝

录文字形处理原则制定
异体字对照表编制　　　王　宇　贺　铭

异体字对照表书写　孙孟杰

异体字制作与审核　贺　铭　陶小玲

终稿审读　贺　铭　王　宇

録校凡例

一、經石及單位、經題及用字、校本及版別簡稱

本書敘述說明文字及附錄所稱"經石"，包括基本完整的經柱和形狀不規則的殘石，酌情分稱。

依照《晋祠華嚴石經》開篇題記"兩條成卷"之語，以"條"稱述完整或原刻經柱，以"塊"稱述殘石，不用"方、通、道、座"等。

本書正式書名采用《晋祠華嚴石經》，簡稱"晋祠石經"，不用《晋祠藏風峪唐譯華嚴經》等；經文首尾題、經文中均照録"花"字；現存經石首尾題均不用"華"字，故擬題亦用"花嚴經"；經文中兩處"華"字照録。

經文録文以《大正新修大藏經·大方廣佛華嚴經》爲校本，簡稱"《大正藏》本"。

二、版式及録文用字

扉頁、版權頁、署名頁、附録三等用現行簡化字；前言、録校凡例、目録、校註、附録一至二等用規範繁體字；《大正藏》本連綴文字（以下簡稱"綴文"）從中華電子佛典協會（Chinese Buddhist Electronic Text Association）校訂本（簡稱CBETA版，Version 2021.Q3）中截取，部分舊字形予以保留。

晋祠石經録文用宋體字，題記用楷體字，《大正藏》本綴文用楷體字，讀音提示和文字差異的隨文註解、尾題、脚註等用略小仿宋字。特殊情形用"編者注"說明。

晋祠石經録文字形盡量反映經石用字原貌，基本原則詳見第五輯卷末附録二《録文字形處理原則與〈晋祠華嚴石經異體字對照表〉》。對照表另製獨立折頁，以便讀者隨文對照識讀。

三、標題、目録及經文的段落劃分和標點符號

1. 經文首題：晋祠石經首題一般是一行貫通，空格後就是經文，格式如下：

大方廣佛花嚴經如來名號品第七 卷十二 十二之上

《大正藏》本首題三行，字號遞减，格式如下：

大方廣佛華嚴經卷第十二
于闐國三藏實叉難陀奉 制譯
如來名號品第七

經文首題若有殘損衍脱，則據其格式並參考《大正藏》本首題内容隨文校勘、補擬：衍文用（……）、殘損用〔……〕標識，缺脱文字補擬加下劃線；全題殘損、整石無存，則全題補擬加下劃線，用字及繁簡依照晋祠石經。題末卷次獨立成行，《大正藏》本首題下署名均不校補。首題卷次後另加"（復）"的，表示其下爲復刻石内容。

2. 經文尾題：卷上尾題（各卷第一條經柱經文結束處所標"……之上"）、卷下尾題（整卷經文結束處所標"……之下"）若殘損衍脱，則據晋祠石經格式隨文校勘，標識同首題。卷上尾題若因經石無存、殘損或未刻而全部殘缺，則不予補擬；卷下尾題如全部殘缺，則保留《大正藏》本尾題原貌。

3. 經文品題：若有殘損缺失，則據晋祠石經原有品題格式、參考《大正藏》本對應内容隨文校勘，補擬則加下劃線。

4. 《十地品》標題："第一地"至"第十地"據CBETA版增補的，用"〔……〕[C]"標識。

5. 目録及書眉格式和用字：現代通行格式、

規範字體，校勘、補擬等符號全部刪除。

6. 目錄及正文卷次：僅標於首題之下，卷中品題作爲首題處理的，不標卷次。

7. 經文的段落劃分和標點符號：依據《大正藏》本和 CBETA 版，並做規範性調整。

8. 題記不加標點，據文義換行、空格。

四、錄文中經石序號的標識

經石及各側面（或含頂面）序號（參見《晉祠華嚴石經序號對照表》）按以下方法標識：

1. 錄文中經石序號置於〔……〕之內並放在各面文字結束之後。

2. 經柱序號，依經文順序用〔001〕至〔160〕表示；同屬一條經柱的多個殘石，用附加①、②、③……的方法標序，如〔071②〕，即指 071 號經柱的第二塊殘石。

3. 經石各側面依經文順序用在經柱序號之後附加"-1"至"-8"的方法表示，如〔002-1〕、〔003②-1〕；個別經石有刻字頂面，用"-0"表示，如〔001①-0〕，指 001 號經柱第一塊殘石的頂面。

4. 同屬一條經柱的多個殘石的錄文，爲避免逐字、逐句交錯標識導致錄文斷續混亂，一面錄文僅做一次標識，如〔029①-1+②-1〕："①-1"指 029 號經柱第一塊殘石的第一面，"②-1"指該經柱第二塊殘石的第一面。

5. 經柱序號之後附加"原"字的，指該號經柱存在復刻石；附加"復"字的，指該號經柱的復刻石，如〔021原〕、〔021復〕。

五、《大正藏》本綴文的標識

因經石遺佚、殘損及字跡損毀等導致經文殘缺，均以《大正藏》本經文連綴，用【……】標識。綴文若跨卷次、段落，則於各卷次、各段起止處標識；若連續跨三個段落，則僅於綴文起止處標識。復刻石錄文的綴文，補齊首字和末字所在段落。

六、隨文校勘

經文錄文與《大正藏》本的不同之處隨文校勘，格式如下：

1. 晉祠石經比《大正藏》本多出來的文字，用（……）標識，如：

① 現不(可)思議種種神變。

② 復有無上大智光明，(名智光明)……

2. 《大正藏》本比晉祠石經多出來的文字，用〔……〕標識，如：

① 得如雲廣布〔普〕蔭澤一切衆生。

② 〔得〕普入一切衆生殁生行智。

3. 《大正藏》本的等數異文，用〈……〉標識，如：

① 此樹花〈光〉王所入門。

② 遠離塵〈塵離〉垢主海神。

4. 題記類文字若有殘損模糊不能辨識的，用等數"□"代替。

5. 《大正藏》本的異文，若晉祠石經與 CBETA 版一致（不分異體、繁簡），其後用上標"ᶜ"表示；兩個（含）以上的文字，標於末字之後。

6. 同一個字，若屬繁簡、筆畫變化及狹義異體字而易致誤讀誤解的，則校註或標識，並照錄《大正藏》本的相關校註。

七、脚註及其格式和版別符號

1. 隨文校勘異文時照錄《大正藏》本相關校註及其下同略符"．"。

2. 《大正藏》本版別符號：宋元明各本分別爲㊋、㊊、㊍，三本一致時爲㊂，正倉院聖語藏本及副本、宮內省圖書寮本、西福寺本等分別爲㊟、㊠、㊞、㊙；異文衍脫等爲＝、－、＋。

3. 整理者新加校註仿用《大正藏》本脚註格式，《大正藏》本用㊣表示。

4. 解釋說明性脚註用現代漢語通行方式。

5. 責任編輯認爲必要時加"編者註"。

目　録

大方廣佛花嚴經
　十定品第二十七之二　卷四十一 ……… 313

大方廣佛花嚴經
　十定品第二十七之三　卷四十二 ……… 318

大方廣佛花嚴經
　十定品第二十七之四　卷四十三 ……… 324

大方廣佛花嚴經
　十通品第二十八　卷四十四 ……… 332

大方廣佛花嚴經
　十忍品第二十九 ……… 336

大方廣佛花嚴經
　阿僧祇品第三十　卷四十五 ……… 342

大方廣佛花嚴經
　壽量品第三十一 ……… 347

大方廣佛花嚴經
　諸菩薩住處品第三十二 ……… 348

大方廣佛花嚴經
　佛不思議法品第三十三之上　卷四十六 ……… 349

大方廣佛花嚴經
　佛不思議法品第三十三之下　卷四十七 ……… 355

大方廣佛花嚴經
　如來十身相海品第三十四　卷四十八 ……… 362

大方廣佛花嚴經
　如來隨好光明功德品第三十五 ……… 367

大方廣佛花嚴經
　普賢行品第三十六　卷四十九 ……… 370

大方廣佛花嚴經
　如來出現品第三十七之一　卷五十 ……… 376

大方廣佛花嚴經
　如來出現品第三十七之二　卷五十一 ……… 384

大方廣佛花嚴經
　如來出現品第三十七之三　卷五十二 ……… 391

大方廣佛花嚴經
　離世間品第三十八之一　卷五十三 ……… 398

大方廣佛花嚴經
　離世間品第三十八之二　卷五十四 ……… 405

大方廣佛花嚴經
　離世間品第三十八之三　卷五十五 ……… 411

大方廣佛花嚴經
　離世間品第三十八之四　卷五十六 ……… 417

大方廣佛花嚴經
　離世間品第三十八之五　卷五十七 ……… 424

大方廣佛花嚴經
　離世間品第三十八之六　卷五十八 ……… 431

大方廣佛花嚴經
　離世間品第三十八之七　卷五十九 ……… 439

大方廣佛花嚴經
　入法界品第三十九之一　卷六十 ……… 450

大方廣佛花嚴經
　入法界品第三十九之二　卷六十一 ……… 460

大方廣佛花嚴經
　入法界品第三十九之三　卷六十二 ……… 467

大方廣佛花嚴經
  入法界品第三十九之四　卷六十三……474
大方廣佛花嚴經
  入法界品第三十九之五　卷六十四……482
大方廣佛花嚴經
  入法界品第三十九之六　卷六十五……489
大方廣佛花嚴經
  入法界品第三十九之七　卷六十六……497
大方廣佛花嚴經
  入法界品第三十九之八　卷六十七……506
大方廣佛花嚴經
  入法界品第三十九之九　卷六十八……513
大方廣佛花嚴經
  入法界品第三十九之十　卷六十九……522
大方廣佛花嚴經
  入法界品第三十九之十一　卷七十……530
大方廣佛花嚴經
  入法界品第三十九之十二　卷七十一……538
大方廣佛花嚴經
  入法界品第三十九之十三　卷七十二……546

大方廣佛花嚴經
  入法界品第三十九之十四　卷七十三……554
大方廣佛花嚴經
  入法界品第三十九之十五　卷七十四……561
大方廣佛花嚴經
  入法界品第三十九之十六　卷七十五……567
大方廣佛花嚴經
  入法界品第三十九之十七　卷七十六……577
大方廣佛花嚴經
  入法界品第三十九之十八　卷七十七……586
大方廣佛花嚴經
  入法界品第三十九之十九　卷七十八……597
大方廣佛花嚴經
  入法界品第三十九之二十　卷七十九……606
大方廣佛花嚴經
  入法界品第三十九之二十一　卷八十……612

附錄一：晉祠華嚴石經序號對照表 ……621
附錄二：錄文字形處理原則與
  《晉祠華嚴石經異體字對照表》……628
附錄三：《石经研究》投稿要求及撰稿体例 ……637

編者註：本目錄為責編按照晉祠石經經義結構和國家出版規定獨立編製，未採用晉祠石經以經柱分上下卷的格式。晉祠石經與《大正藏》本有部分經題的標序存在細微差異，在此集中說明，文中不再出註：

首題：卷四十六"佛不思議法品第卅三"分"之上""之下"，《大正藏》本作"之一""之二"，宋元官各校本與晉祠石經同。

卷中品題：卷十四"賢首品第十二之上"（"之下"殘損），《大正藏》本作"之一""之二"；卷十九"十行品第廿一之上"（"之下"殘損），《大正藏》本作"之一""之二"，宋元官各校本同晉祠石經。

大方廣佛花嚴經
十定品第廿七之二
卷卅一·卅一之上

佛子，云何爲菩薩摩訶薩次弟遍往諸佛國土神通三昧。佛子，此菩薩摩訶薩過扵東方无數世界，復過尓所世界微塵數世界，扵彼諸世界中入此三昧，或刹那入，或湏申入，或相續入，或日初分時入，或日中分時入，或日後分時入，或夜初分時入，或夜中分時入，或夜後分時入，或一日入，或五日入，或半月入，或一月入，或一年入，或百年入，或千年入，或百千年入，或憶〈億〉年入，或百千憶〈億〉年入，或百千那由他憶〈億〉年入，或一刧入，或百刧入，或百千刧入，或百千那由他憶〈億〉刧入，或无數刧入，或无量刧入，或无邊刧入，或无䓁刧入，或不可數刧入，或不可稱刧入，或不可思刧入，或不可量刧入，或不可說刧入，或不可說不可說刧入，若久、若近、若法、若時，種種不同。菩薩扵彼不生分別，心无染着，不作二、不作不二，不作普、不作別，雖離此分別而【以】神通方便從三昧起，扵一切法不忘不失至扵究竟。譬如日天子周行照曜，晝夜不住；日出名晝，日沒名夜，晝亦不生，夜【亦不】滅。菩薩摩訶薩扵无數世界入神通三昧，入三昧已，明見尓所无數世界亦復如是。佛子，是〔爲〕菩薩摩訶薩弟三次弟遍往諸【佛國土】神通大三昧善巧智。

佛子，云何爲菩薩摩訶薩清净深心行三昧。佛子，此菩薩摩訶薩知諸佛身數䓁衆生，見无量佛過阿僧祇世界微塵數。扵彼一一諸如來所，以一切種種妙香而作供養，以一切種種妙花而作供養，以一切種種盖大如阿僧祇佛刹而作供養，以起過一切世界一切上妙莊嚴具而作供養，散一切種種寶而作供養，以一切種種庄嚴具庄嚴經行處而作供養，以一切无數上妙摩尼寶蔵而作供養，以佛神力所流出過諸天上味飲食而作供養，一切佛刹種種上〔妙〕諸供養具，䏻以神力普皆攝取而作供養。扵彼一一諸如來所，恭敬尊重，頭頂礼敬，舉身布地，請問佛法，讚佛平䓁，稱楊諸佛廣大功德，入扵諸佛所入大悲，得佛平䓁无礙之力；扵一念頃，一切佛所勤求妙法，然扵諸佛出興扵世、入般涅槃，如是之相皆无所得。如散動心，了別所緣，心起不知何所緣起，心滅不知何所緣滅；此菩薩摩訶薩亦復如是，終不分別如來出世及涅槃相。佛子，如日中陽燄，不從雲生，不從地〈池〉生，不處扵陸，不住扵水，非有非无，非善非惡，非清非濁，不堪飲潄，不可穢汙，非有體非无體，非有味非无味，以囙緣故而現水相，爲識所了，遠望似水而興水相〈想〉，近之則无，水想自滅；此菩薩摩〔訶〕薩亦復如是，不得如來出興扵世及涅槃相。諸佛有相及以无相，皆是想心之所分別。佛子，此三昧名爲清净深心行。菩薩摩訶薩扵此三昧，入已而起，起已不失。譬如有人從睡得寤，意〈憶〉[081-1]【所夢事】，覺時雖无夢中境界，而䏻憶念、心不忘失。菩薩摩〔訶〕薩亦復如是，入扵

313

三昧，見佛聞法，從定而起，憶持不忘，而以此法開曉一切道塲衆會，荘嚴一切諸佛國土，无量義趣悉得明達，一切法門皆亦清净，然大智炬，長諸佛種，无畏具足，辯才不竭，開示演說甚深法藏。是爲菩薩摩訶薩第四清净深心行大三昧善巧智。

佛子，云何爲菩〔薩〕摩訶薩知過去荘嚴藏三昧。佛子，此菩薩摩訶薩能知過去諸佛出現，所謂刼次弟中諸刹次弟，刹次弟中諸刼次弟，刼次弟中諸佛出現次弟，佛出現次弟中說法次弟，說法次弟中諸心樂次弟，心樂次弟中諸根次弟，根次弟中調伏次弟，調伏次弟中諸佛壽命次弟，壽命次弟中知億那由他年歲數量次弟。佛子，此菩薩摩訶薩得如是无邊次弟智故，則知過去諸佛，則知過去諸刹，則知過去法門，則知過去諸刼，則知過去諸法，則知過去諸心，則知過去諸解，則知過去諸衆生，則知過去諸煩惱，則知過去諸儀式，則知過去諸清净。佛子，此三昧名過去清净藏，於一念中，能入百刼，能入千刼，能入百千刼，能入百千憶〈億〉那由他刼，能入无數刼，能入无量刼，能入无邊刼，能入无寺刼，能入不可數刼，能入不可稱刼，能入不可思刼，能入不可量刼，能入不可說刼，能入不可說不可說刼。佛子，彼菩薩摩訶薩入此三昧，不滅現在，不緣過去。佛子，彼菩薩摩訶薩從此三昧起，於如來所受十種不可思議灌頂法，亦得、亦清净、亦成就、亦入、亦證、亦滿、亦持，平寺了知三輪清净。何寺爲十，一者辯不違義，二者說法無盡，三者訓詞〈辭〉① 無失，四者樂說不斷，五者心無恐畏，六者語必誠實，七者衆生所依，八者救脫三界，九者善根寂勝，十者調御妙法。佛子，此是十種灌頂法。若菩薩入此三昧，從三昧起，無閒則得。如歌羅邏入胎藏時，於一念閒識則託生；菩薩摩訶薩亦復如是，從此定起，於如來所，一念則得此十種法。佛子，是名菩薩摩訶薩第五知過去荘嚴藏大三昧〔081-2〕善巧智。

佛子，云何爲菩薩摩訶薩智光明藏三昧。佛子，彼菩薩摩訶薩住此三昧，能知未來一切世界一切刼中所有諸佛；若已說、若未說，若已授記、若未授記，種種名号各各不同，所謂无數名、无量名、無邊名、无寺名、不可數名、不可稱名、不可思名、不可量名、不可說名；當出現於世，當利益衆生，當作法王，當興佛事，當說福利，當讚善義，當說白分義，當净治諸惡，當安住功德，當開示第一義諦，當入灌頂位，當成一切智。彼諸如來修圓滿行，發圓滿願，入圓滿智，有圓滿衆，備圓滿荘嚴，集圓滿功德，悟圓滿法，得圓滿果，具圓滿相，成圓滿覺。彼諸如來名姓種族、方便善巧、神通變化、成熟衆生、入般涅槃，如是一切皆悉了知。此菩薩於一念中，能入一刼、百刼、千刼、百千刼、百千億那由他刼，入閻浮提微塵數刼，入四天下微塵數刼，入小千世界微塵數刼，入中千世界微塵數刼，入大千世界微塵數刼，入佛刹微塵數刼，入百千佛刹微塵數刼，入百千億那由他佛刹微塵數刼，入无數佛刹微塵數刼，入无量佛刹微塵數刼，入无邊佛刹微塵數刼，入无寺佛刹微塵數刼，入不可數佛刹微塵數刼，入不可稱佛刹微塵數刼，入不可思佛刹微塵數刼，入不可量佛刹微塵數刼，入不可說佛刹微塵數刼，入不可說不可說佛刹微塵數刼。如是未來一切世界所有刼數，能以智恵〈慧〉皆悉了知。以了知故，其心復入十種持門。何者爲十，所謂：入佛持故，得不可說佛刹微塵數諸佛護念；入法持故，得十種陁羅尼光明无盡辯才；入行持故，出生圓滿殊勝諸願；入力持故，无能暎蔽，无能摧伏；入智持故，所行佛法无有鄣礙；入大悲持故，轉於不退清净法輪；入差別善巧句持故，轉一切文字輪，净一切法門地；入師子受生法持故，開法關鑰，出欲淤泥；

---

① 辭，𦊆二一六頁註①：辭＝詞㊁㊂。

入智力持故，侑菩薩行常不伏息；入善友力持故，令无邊眾生普得清淨；入無住力持故，入不可說不可說廣大劫；入法力〔081-3〕持故，以無礙方便智，知一切法自性清淨。

佛子，菩薩摩訶薩住此三昧已，善巧住不可說不可說劫，善巧住不可說不可說刹，善巧知不可說不可說種種眾生，善巧知不可說不可說眾生異相，善巧知不可說不可說同異業報，善巧知不可說不可說精進、諸根習氣、相續差別諸行，善巧知不可說不可說无量染淨種種思惟，善巧知不可說不可說〔法〕種種義、无量文字、演說言詞〈辭〉，善巧知不可說不可說種種佛出現、種族、時節〈節〉、現相、說法、施爲佛事、入般涅槃，善巧知不可說不可說无邊智慧門，善巧知不可說不可說一切神通无量變現。佛子，譬如日出，世間所有村營、城邑、宮殿、室〈屋〉宅、山澤、鳥獸、樹林、花菓〈果〉，如是一切種種諸物，有目之人悉得明見。佛子，日光平等，無有分別，而能令〔目〕見種種相；此大三昧亦復如是，體性平等，無有分別，能令菩薩知不可說不可說百千億那由他差別之相。佛子，此菩薩摩訶薩如是了知時，令諸眾生得十種不空。何等爲十，一者見不空，令諸眾生生善根故；二者聞不空，令諸眾生得成熟故；三者同住不空，令諸眾生心調伏故；四者發起不空，令諸眾生如言而作，通達一切諸法義故；五者行不空，令无邊世界皆清淨故；六者親近不空，於不可說不可說佛刹諸如來所，斷不可說不可說眾生疑故；七者願不空，隨所念眾生，令作勝供養，成就諸願故；八者善巧法不空，皆令得住无礙解脫清淨智故；九者雨法雨不空，於不可說不可說諸根眾生中，方便開示一切智行令住佛道故；十者出現不空，現無邊相，令一切眾生皆蒙照故。佛子，菩薩摩訶薩住此三昧，得十種不空時，諸天王眾皆來頂礼，諸龍王眾興大香雲，諸夜叉王頂礼其足，阿侑羅王恭敬供養，迦樓羅王前後圍繞，諸梵天王

悉來勸請，緊那羅王、摩睺羅伽王咸共稱讚，乾闥婆王常來親近，諸人王眾承事供養。佛子，是爲菩薩摩【訶】薩第六智光明藏大三昧善巧智。

〔081-4〕

【佛子】，云何爲菩薩摩訶薩了知一切世界佛莊嚴三昧，佛子，此三昧何故名了知一切世界佛莊嚴。佛子，菩薩摩訶薩住此三昧，能【次第】入東方世界，【能】次第入南方世界，西方北方、四維上下，所有世界悉亦如是，能次第入。皆見諸佛出興於世，亦見彼佛一切神力，【亦】見諸佛所有遊【戲，亦】見諸佛廣大威德，亦見諸佛寂滅自在，亦見諸佛大師子吼，亦見諸佛所修諸行，亦見諸佛種種莊嚴，亦見諸佛神足變化，亦見【諸】佛眾會雲集、眾會清淨、眾會廣大、眾會一相、眾會多相、眾會處所、眾會居止、眾會成熟、眾會調伏、眾會威德，如是一切【悉皆明見。亦】見眾會其量大小等閻浮提，亦見眾會等四天下，亦見眾會等小千界，亦見眾會等中【千】界，亦【見】眾會量等三【千大千世界。亦】見眾【會】充滿百【千】億那由他佛刹，亦見眾會充滿阿僧祇佛刹，亦見眾會充滿百佛刹微【塵數】佛【刹】，亦見眾會【充】滿【千】佛【刹微塵】數佛刹，亦見眾會充滿百千億那由他佛刹微塵數佛刹，亦見眾會充滿無數佛刹微塵數【佛】刹，亦見眾會充滿無量佛【刹】微塵【數佛刹】，亦見眾會【充】滿無邊佛刹微塵數佛刹，亦見眾會充滿無等佛刹微塵數佛刹，亦見眾會充滿不可數佛【刹】微塵數佛刹，亦見眾會充滿不【可稱佛刹微塵數佛刹，亦】見眾會充滿不可思佛刹微塵數佛刹，亦見眾會充滿不可量佛刹微塵數佛刹，亦見眾會充【滿】不可說佛刹微塵數佛【刹，亦見眾會】充【滿】不可說不可說佛刹微塵數佛刹。亦見諸佛於彼眾會道場【中】，示現種種相、種種時、種種國土、【種種】變化、種【種神通、種種莊嚴、種種】自在、種種形量、種種事業。菩薩摩訶薩亦見自身往彼眾會，

亦自見身在彼說法，亦自見身【受】持佛語，亦【自見】身善【知緣起，亦自見】身住在【虛】空，亦自【見】身【住於】法身，亦自見身不生染著，亦自見身不住分別，亦自見身無有疲倦，【亦自】見身普入諸【智，亦自見身普知】諸義，亦【自】見身普入諸地，【亦自】見身普入諸趣，亦自見身普知方便，亦自見身普住佛前，亦自見身【普】入諸力，亦自【見身】普【入真】如，【亦】自見身普【入】無諍，亦自見身普入諸法。如是見時，不分別國土，不分別衆生，不分別佛，【不】分〔別〕法，不【執著】身，不執著身業，不執著心，不【執著】意。譬如諸法，【不】分別自性，不分別音聲，而自性不捨、名字不滅；菩薩摩訶薩【亦復如】是，不【捨於】行，隨世所作，而於此二無所執著。

佛子，菩薩摩〔訶〕薩見佛無量光色、無量形相，圓滿成就，平等清淨；一一現前，分【明證了。或】見佛身種種光明，或見佛【身】圓光【一】尋，或見佛身如盛日色，或見佛身微妙光色，或見佛身作清淨色，或見佛【身作】黃【金】色，或見佛身作金【剛】色，【或】見佛身作紺青色，或見佛【身作】無邊色，或見佛身作大青摩尼寶【色】。或見佛身其量七肘，或見佛身【其量八肘】，或見佛身其量九肘，或【見】佛【身其量】十肘，或【見佛身二十】肘量，或【見佛】身三十肘量，如是乃至一百肘量、一千肘量。或見佛身【一俱盧舍量，或見佛身】半由旬量，【或】見佛身【一】由旬【量】，或【見佛】身十由旬量，或見佛身百由旬量，或見佛【身千由旬量，或】見佛身百千由旬量，或見【佛】身閻浮提量，【或見佛】身四天下量，或見佛身小千界量，或見佛【身中千界量，或見佛】身大千界量，或見佛〔082-1〕【身百大】千世界量，或見佛身千大千世界量，或見佛身百千大千世界量，或見佛身百千億那由他大千世界量，

或見佛身無數大千世界量，或見佛身無量大千世界量，或見佛身無邊大千世界量，或見佛身無等大千世界量，或見佛身不可數大千世界量，或見佛身不可稱大千世界量，或見佛身不可思大千世界量，或見佛身不可量大千世界量，或見佛身不可說大千世界量，或見佛身不可說不可說大千世界量。佛子，菩薩如是見諸如來無量色相、無量形狀、無量示現、無量光明、無量光明網，其光分量等于法界，於法界中無所不照，普令發起無上智慧；又見佛身，無有染著，無有障礙，上妙清淨。佛子，菩薩如是見於佛身，而如來身不增不減。譬如虛空，於蠱所食芥子孔中亦不減小，於無數世界中亦不增廣；其諸佛身亦復如是，見大之時亦無所增，見小之時亦無所減。佛子，譬如月輪，閻浮提人見其形小而亦不減，月中住者見其形大而亦不增；菩薩摩訶薩亦復如是，住此三昧，隨其心樂，見諸佛身種種化相，言詞〈辭〉演法，受持不忘，而如來身不增不減。佛子，譬如衆生命終之後，將受生時，不離於心，所見清淨；菩薩摩訶薩亦復如是，不離於此甚深三昧，所見清淨。

佛子，菩薩摩訶薩住此三昧，成就十種速疾法。何者爲十，所謂速增諸行圓滿大願，速以法光照曜〈耀〉①世間，速以方便轉於法輪度脫衆生，速隨衆生業示現諸佛清淨國土，速以平等智趣入十力，速與一切如來同住，速以大慈力摧破魔軍，〔速〕斷衆生疑令生歡喜〔082-2〕，速隨勝解示現神變，速以種種妙法言詞〈辭〉淨諸世間。佛子，此菩薩摩訶薩復得十種【法印，印】一切法。何等爲十，一者【同去來】今一切諸佛平等善根，二者同諸如來得無邊際智慧法身，三者同諸如來住不二法，四者同諸如來觀察三世無量境界皆悉平等，五者同諸如來得了達法界無礙境界，六者同諸如來成就十力所行無礙，

————————————————
① 耀，㊁二一八頁註①：耀＝曜㊂。

七者同諸如來永絕二行住無諍法，八者同諸如來教化衆生恒不止息，九者同諸如來扵智善巧、義善巧中能善觀察，十者同諸如來與一切佛平等無二。

佛子，若菩薩【摩】訶薩成就此了知一切世界佛莊嚴大三昧善巧方便門，是無師者，不由他教，自入一切佛法故；是丈夫者，〔能〕開悟一切衆生故；是清净者，知心性本淨故；是第一者，能度脫一切世間故；是安慰者，能開曉一切衆生故；是安住者，未住佛種性者令得住故；是真實知者，入一切智門故；是無異想者，所言無二故；是住法藏者，誓願了知一切佛法故；是能雨法雨者，随衆生心樂恣令充足故。佛子，譬如帝釋，扵頂䯻中置摩尼寶，以寶力故，威光轉盛。其釋天王初獲此寶則得十法，出過一切三十三天。何等爲十，一者色相，二者形體，三者示現，四者眷属，五者資具，六者音聲，七者神通，八者自在，九者慧解，十者智用。如是十種，恣過一切三十三天。菩薩摩訶薩亦復如是，初始獲得此三昧時，則得十種廣大智藏。何等爲十，一者照曜一切佛刹智，二者知一切衆生受生智，三者普作三世變化智，四者普入一切佛身智，五者通達一切佛法智，六者普攝一切淨法智，七者普令一切衆生入法身智，八者現見一切法普眼清淨智，九者一切自在到扵彼岸智，十者安住一切廣大法普盡無餘智。

佛子，菩薩摩訶薩住此三昧，復得十種最清淨威德身。何等爲十，一者爲照曜不可說不可說世界故，放不可說不可說光明輪；二者爲令世界咸清淨故，放不可說不可說无量色相光明輪；三者爲調伏衆生故，放不可說不可說光明輪；四者爲親近一切諸佛故，化作不可說【不】可說身；五者爲承事供養一切諸佛故，雨不可說不可說種種殊妙香花雲；六者爲承事供養〔082-3〕【一切】佛，及調伏【一切】衆生故，扵一一毛孔中化作不可說不可說種種音樂；七者爲成熟衆生故，現不可說不可說種種無量自在神變；八者爲扵十方種種名号一切佛所請問法故，一步超過【不】可說不可說世界；九者爲令一切衆生見聞之者皆不空故，現不可說不可說種種無量清淨色相身，無能見頂；十者爲与衆生開示無量秘密法故，發不可說不可說音聲語言。佛子，菩薩摩訶薩得此十種最清淨威德身已，能令衆生得十種圓滿。何等爲十，一者能令衆生得見扵佛，二者能令衆生深信扵佛，三者能令衆生聽聞扵法，四者能令衆生知有佛世界，五者能令衆生見佛神變，六者能令衆生念所集業，七者能令衆生定心圓滿，八者能令衆生入佛清淨，九者能令衆【生】發菩提心，十者能令衆生圓滿佛智。佛子，菩薩摩訶薩令衆生得十種圓滿已，復爲衆生作十種佛事。何等爲十，所謂：以音聲作佛事，爲成熟衆生故；【以】色形作佛事，爲調伏衆生故；以憶念作佛事，爲清淨衆生故；以振〈震〉動世界作佛事，爲令衆生離惡趣故；以方便覺悟作佛事，爲令衆生不失念故；以夢中現相作佛事，爲令衆生恒正念故；以放大光明作佛事，爲普攝取諸衆【生】故；以脩菩薩行作佛事，爲令衆生住勝願故；以成等正〈正等〉覺作佛事，爲令衆生知幻法故；以轉妙法輪作佛事，爲衆說法不失時【故】；以現住壽命作佛事，爲調伏一切衆生故；以示般涅槃作佛事，知諸衆生起疲猒故。佛子，是爲菩薩摩訶薩弟七了知一切世界佛【莊】嚴大三昧善巧智。

大方廣佛花嚴經卷第四十一・四十一之下
〔082-4〕

大方廣佛花嚴經
十定品第二十七之三

卷四十二·四十二之上

【佛子，云何爲菩薩摩訶薩一切衆生差別身三昧。佛子，菩薩摩訶薩住此三昧，得十種無所著。何者爲十，所謂於一切刹無所著，於一切方無所著，於一切劫無所著，於一切衆無所著，於一切法無所著，於一切菩薩無所著，於一切菩薩願無所著，於一切三昧無所著，於一切佛無所著，於一切地無所著。是爲十。

佛子，菩薩摩訶薩於此三昧云何入，云何起。佛子，菩薩摩訶薩於此三昧，內身入，外身起；外身入，內身起；同身入，異身起；異身入，同身起；人身入，夜叉身起；夜叉身入，龍身起；龍身入，阿脩羅身起；阿脩羅身入，天身起；天身入，梵王身起；梵王身入，欲界身起；天中入，地獄起；地獄入，人間起；人間入，餘趣起；千身入，一身起；一身入，千身起；那由他身入，一身起；一身入，那由他身起；閻浮提衆生衆中入，西瞿陀尼衆生衆中起；西瞿陀尼衆生衆中入，北拘盧衆生衆中起；北拘盧衆生衆中入，東毘提訶衆生衆中起；東毘提訶衆生衆中入，三天下衆生衆中起；三天下衆生衆中入，四天下衆生衆中起；四天下衆生衆中入，一切海差別衆生衆中起；一切海差別衆生衆中入，一切海神衆中起；一切海神衆中入，一切海水大中起；一切海水大中入，一切海地大中起；一切海地大中入，一切海火大中起；一切海火大中入，一切海風大中起；一切海風大中入，一切四大種中起；一切四大種中入，無生法中起；無生法中入，妙高山中起；妙高山中入，七寶山中起；七寶山中入，一切地種種稼穡樹林黑山中起；一切地種種稼穡樹林黑山中入，一切妙香華寶莊嚴中起；一切妙香華寶莊嚴中入，一切四天下下方、上方一切衆生受生中起；一切四天下下方、上方一切衆生受生中入，小千世界衆生衆中起；小千世界衆生衆中入，中千世界衆生衆中起；中千世界衆生衆中入，大千世界衆生衆中起；大千世界衆生衆中入，百千億那由他三千大千世界衆生衆中起；百千億那由他三千大千世界衆生衆中入，無數世界衆生衆中起；無數世界衆生衆中入，無量世界衆生衆中起；無量世界衆生衆中入，無邊佛刹衆生衆中起；無邊佛刹衆生衆中入，無等佛刹衆生衆中起；無等佛刹衆生衆中入，不可數世界衆生衆中起；不可數世界衆生衆中入，不可稱世界衆生衆中起；不可稱世界衆生衆中入，不可思世界衆生衆中起；不可思世界衆生衆中入，不可量世界衆生衆中起；不可量世界衆生衆中入，不可說世界衆生衆中起；不可說世界衆生衆中入，不可說不可說世界衆生衆中起；不可說不可說世界衆生衆中入，雜染衆生衆中起；雜染衆生衆中入，清淨衆生衆中起；清淨衆生衆中入，雜染衆生衆中起；眼處入，耳處起；耳處入，眼處起；鼻處入，舌處起；舌處入，鼻處起；身處入，意處起；意處入，身處起；自處入，他處起；他處入，自處起；一微塵中入，無數世界微塵中起；無數世界微塵中入，一微塵中起；聲聞入，獨覺起；獨覺入，聲聞起；自身入，佛身起；佛身入，自身起；一念入，億劫起；億劫入，一念起；同念入，別時起；別時入，同念起；前際入，後際起；後際入，前際起；前際入，中際起；中際入，前際起；三世入，剎那起；剎那入，三世起；真如入，言說起；言說入，真如起。

佛子，譬如有人爲鬼所持，其身戰動不能自安，鬼不現身令他身然；菩薩摩訶薩住此三昧亦復如是，自身入定他身起，他身入定自身起。佛子，譬如死屍以呪力故而能起行，隨所作事皆得成就，屍之與呪雖各差別，而能和合成就彼事；菩薩摩訶薩住此三昧亦復如是，同境入定異境起，異境入定同境起。佛子，譬如比丘得心自在，或以一身作多身，或以多身作一身，非一身沒多身生，非多身沒一身生；菩薩摩訶薩住此三昧亦復如是，一身入定多身起，多身入定一身起。佛子，譬如大地其味一種，所生苗稼種種味別，地雖無差別，然味有殊異；菩薩摩訶薩住此三昧亦復如是，無所分別，然有一種入定多種起，多種入定一種起。

佛子，菩薩摩訶薩住此三昧，得十種稱讚法之所稱讚。何者爲十，所謂入真如故，名爲如來；覺一切法故，名之爲佛；爲一切世間所稱讚故，名爲法師；知一切法故，名一切智；爲一切世間所歸依故，名所依處；了達一切法方便故，名爲導師；引一切衆生入薩婆若道故，名大導師；爲一切世間燈故，名爲光明；心志圓滿，義利成就，所作皆辨，住無礙智，分別了知一切諸法故，名爲十力自在；通達一切法輪故，名一切見者。是爲十。佛子，菩薩摩訶薩住此三昧，復得十種光明照耀。何者爲十，所謂：得一切諸佛光明，與彼平等故；得一切世界光明，普能嚴淨故；得一切衆生光明，悉往調伏故；得無量無畏光明，法界爲場演說故；得無差別光明，知一切法無種種性故；得方便光明，於一切法離欲際而證入故；得真實光明，於一切法離欲際心平等故；得遍一切世間神變光明，蒙佛所加恒不息故；得善思惟

光明，到一切佛自在岸故；得一切法真如光明，於一毛孔中善說一切故。是爲十。佛子，菩薩摩訶薩住此三昧，復得十種無所作。何者爲十，所謂身業無所作，語業無所作，意業無所作，神通無所作，了法無性無所作，知業不壞無所作，無差別智無所作，無生起智無所作，知法無滅無所作，隨順於文不壞於義無所作。是爲十。

佛子，菩薩摩訶薩住此三昧，無量境界種種差別，所謂：一入多起，多入一起；同入異起，異入同起；細入麁起，麁入細起；大入小起，小入大起；順入逆起，逆入順起；無身入有身起，有身入無身起；無相入有相起，有相入無相起；起中入，入中起。如是皆是此之三昧自在境界。佛子，譬如幻師，持呪得成，能現種種差別形相；呪與幻別而能作幻，呪唯是聲而能幻作眼識所知種種諸色、耳識所知種種諸聲、鼻識所知種種諸香、舌識所知種種諸味、身識所知種種諸觸、意識所知種種境界。菩薩摩訶薩住此三昧亦復如是，同中入定異中起，異中入定同中起。佛子，譬如三十三天共阿脩羅鬪戰之時，諸天得勝，脩羅退衄；阿脩羅王其身長大七百由旬，四兵圍遶無數千萬，以幻術力將諸軍衆，同時走入藕絲孔中。菩薩摩訶薩亦復如是，已善成就諸幻智地，幻智即是菩薩，菩薩即是幻智，是故能於無差別法中入定、差別法中起，差別法中入定、無差別法中起。佛子，譬如農夫田中下種，種子在下，果生於上。菩薩摩訶薩住此三昧亦復如是，一中入定多中起，多中入定一中起。佛子，譬如男女赤白和合，或有衆生於中受生，爾時名爲歌羅邏位，從此次第，住母胎中，滿足十月；善業力故，一切肢分皆得成就，諸根不缺，心意明了；其歌羅邏與彼六根體狀各別，以業力故，而能令彼次第成就，受同異類種種果報。菩薩摩訶薩亦復如是，從一切智歌羅邏位，信解願力漸次增長；其心廣大，任運自在，無中入定有中起，有中入定無中起。佛子，譬如龍宮依地而立，不依虛空，龍依宮住，亦不在空，而能興雲遍滿空中；有人仰視

所見宮殿，當知皆是乾闥婆城，非是龍宮。佛子，龍雖處下而雲布上。菩薩摩訶薩住此三昧亦復如是，於無相入有相起，於有相入無相起。佛子，譬如妙光大梵天王所住之宮，名一切世間最勝清淨藏；此大宮中，普見三千大千世界諸四天下天宮、龍宮、夜叉宮、乾闥婆宮、阿脩羅宮、迦樓羅宮、緊那羅宮、摩睺羅伽宮；人間住處及三惡道、須彌山等，種種諸山、大海、江河、陂澤、泉源、城邑、聚落、樹林、衆寶，如是一切種種莊嚴，盡大輪圍所有邊際，乃至空中微細遊塵，莫不皆於梵宮顯現，如於明鏡見其面像。菩薩摩訶薩住此一切衆生差別身大三昧，知種種刹，見種種佛，度種種衆，證種種法，成種種行，滿種種解，入種種三昧，起種種神通，得種種智慧，住種種刹那際。佛子，此菩薩摩訶薩到十種神通彼岸。何者爲十，所謂到諸佛盡虛空遍法界神通彼岸，到菩薩究竟無差別自在神通彼岸，到能發起菩薩廣大行願入如來門佛事神通彼岸，到能震動一切世界一切境界悉令清淨神通彼岸，到能自在知一切衆生不思議業果皆如幻化神通彼岸，到能自在知諸三昧麁細入出差別相神通彼岸，到能勇猛入如來境界而於其中發生大願神通彼岸，到能化作佛化轉法輪調伏衆生令生佛種令入佛乘速得成就神通彼岸，到能了知不可說一切祕密文句而轉法輪令百千億那由他不可說不可說法門皆得清淨神通彼岸，到不假晝夜年月劫數一念悉能三世示現神通彼岸。是爲十。佛子，是名菩薩摩訶薩第八一切衆生差別身大三昧善巧智。

佛子，云何爲菩薩摩訶薩法界自在三昧。佛子，此菩薩摩訶薩於自眼處乃至意處入三昧，名法界自在。菩薩於自身一一毛孔中入此三昧，自然能知諸世間，知諸世間法，知諸世界，知億那由他世界，知阿僧祇世界，知不可說佛刹微塵數世界；見一切世界中有佛出興，菩薩衆會悉皆充滿，光明清淨，淳善無雜，廣大莊嚴，種種衆寶以爲嚴飾。菩薩於彼，或一劫、百劫、千劫、億劫、百千億那由他劫、無數劫、無量劫、無邊劫、

無等劫、不可數劫、不可稱劫、不可思劫、不可量劫、不可說劫、不可說不可說劫、不可說不可說佛刹微塵數劫，修菩薩行常不休息；又於如是無量劫中住此三昧，亦入亦起，亦成就世界，亦調伏衆生，亦遍了法界，亦普知三世，亦演說諸法，亦現大神通，種種方便無著無礙；以於法界得自在故，善分別眼，善分別耳，善分別鼻，善分別舌，善分別身，善分別意，如是種種差別不同，悉善分別盡其邊際。菩薩如是善知見已，能生起十千億陀羅尼法光明，成就十千億清淨行，獲得十千億諸根，圓滿十千億神通，能入十千億三昧，成就十千億神力，長養十千億諸力，圓滿十千億深心，運動十千億力持，示現十千億神變，具足十千億菩薩無礙，圓滿十千億菩薩助道，積集十千億菩薩藏，照明十千億菩薩方便，演說十千億諸義，成就十千億諸願，出生十千億迴向，淨治十千億菩薩正位，明了十千億法門，開示十千億演說，修治十千億菩薩清淨。

佛子，菩薩摩訶薩復有無數功德、無量功德、無邊功德、無等功德、不可數功德、不可稱功德、不可思功德、不可量功德、不可說功德、無盡功德。佛子，此菩薩於如是功德，皆已辦具，皆已積集，皆已莊嚴，皆已清淨，皆已瑩徹，皆已攝受，皆能出生，皆可稱歎，皆得堅固，皆已成就。

佛子，菩薩摩訶薩住此三昧，爲東方十千阿僧祇佛刹微塵數名號諸佛之所攝受，一一名號復有十千阿僧祇佛刹微塵數佛，各各差別；如東方、南西北方，四維上下，亦復如是。彼諸佛悉現其】前，爲現諸佛清淨刹，爲說諸佛無量身，爲說諸佛難思眼，爲〔說〕諸佛無量耳，爲說諸佛清淨【鼻，爲說諸佛清淨舌，爲說諸佛無住心，爲】說如來無上神通，令修如來無上菩提，令得如來清淨音聲，開示如來不退法輪，【顯示如】來無邊衆會，【令入如來無邊祕密，讚歎如來一切善根，令入】如來平等之法，宣說如來三世種性，示現如來無量色相，闡揚如來護念之法，演【暢如來微妙法音，辯明一切諸佛世界，宣揚一切諸佛三

昧，示現諸】佛眾會次第，護持諸佛不思議法，說一切法猶如幻化，明諸法性無有動轉，開示【一切無上法輪，讚美如來無量功德，令入一切諸三昧雲，令知其心如幻】如化、無邊無盡。

佛子，菩薩摩訶薩【住此法界自在】三昧時，【彼十方各十千阿僧祇佛剎微塵數名號如來，一一名中各有十千阿僧祇佛剎微塵】數佛同時護念，令此菩薩得無邊身；令此【菩薩得】無礙心；令此菩薩於【一切法得無忘念；令此菩薩於一切法得決定慧；令此菩薩轉更聰敏，於一切法】皆能領受；令此菩薩於一【切法】悉能明【了；令此菩】薩諸根【猛利，於神通法悉得善巧；令此菩薩境界無礙，周行法界恒不休息；令此菩薩】得無礙智，畢竟清淨；令【此菩薩以神通力，一切】世界示現成佛。

佛子，【菩薩摩訶薩住此三昧，得十種海。何者為十，所謂：得諸佛海，咸覲見故】；得眾生海，悉調伏故；得諸【法海，能以】智【慧悉了知故；得諸】剎【海】，以【無性無作神通皆往詣故】；得功德海，一切修行悉圓滿故；得神通海，能廣示現令】開悟故；得諸根海，種種不【同悉】善【知故；得】諸【心海，知】一切眾生種【種差別無量心故；得諸行海，能以願力悉圓滿故；得諸願海，悉使成就，永清淨】故。佛子，菩薩摩訶薩【得如是十】種海已，復得十種【殊勝。何】等為【十，一者於一切眾生中最為第一，二者於一切諸天中最為殊特，三者於一切梵王】中最極自在，四者於諸世間【無所染著】，五【者一切世間無能映】蔽，【六者一】切諸【魔】不能【惑亂，七者普入諸趣無所罣礙，八者處處受生知不堅固，九者一切】佛法皆得自在，十者一切【神通】悉能【示現。佛子，菩薩摩訶薩得】如是十種【殊勝已】，復得十【種力，於眾生界修習諸行。何等為十，一謂勇健】力，調伏世間故；二謂精【進力，恒不】退【轉故；三謂無】著力，離諸垢【染】故；四謂寂靜力〔084-1〕，

【於一切法無諍論故；五謂逆順力，於一切法心自在故；六謂法】性力，於諸義中得自在故；七謂無礙力，智慧廣大故；八謂無畏力，能說諸法故；九謂【辯才力，能持諸法故】；十謂【開】示力，智慧【無邊故。佛子，此十種力是廣大力、最勝】力、無能摧伏力、無量力、善集力、不動力、堅固力、智慧力、成就力、勝定力、清淨力、極清淨力、法【身力、法光明力、法燈力、法門力、無能壞力、極勇猛力、大丈夫力、善丈夫修】習力、成正覺力、過去積集善根力、安住無量善根力、住如來力力、心思惟力、增長菩薩【歡喜力、出生菩薩淨信力、增長菩薩勇猛力、菩提心所生力、菩薩清淨深】心力、菩薩殊勝深心力、菩薩善根熏習力、究竟諸法力、無罣礙身力、入方便善巧法門力、【清淨妙法力、安住大勢一切世間不能傾動力、一切眾生無能映蔽力。佛】子，此菩薩摩訶薩於如是無量功德法，能生，能成就，能圓滿，能照明，能具足，能【遍具足，能廣大，能堅固，能增長，能淨治，能遍淨治。此菩薩功德邊際、智慧邊】際、修行邊際、法門邊〔際〕、自在邊際、苦行邊際、成就邊際、清淨邊際、出離邊際、法【自在邊際、無能說者。此菩薩所獲得、所成就、所趣入、所現前、所有境界、所有觀察、所有證】入、所有清淨、所有了知、所有建立一切法門，於不可說劫無能說盡。

佛子，菩薩摩訶【薩住此三昧，能了知無數無量、無邊無等、不可數、不可稱、不可思】、不可【量、不可說】、不可說不可說一切三昧。彼一一三昧，所有境界無量廣大，於境界中〔084-2〕【若入、若起、若住，所有相狀，所有示現，所有行處，所有等流，所有自性，所有除滅，所有出】離，如是一切靡不朗見。佛子，譬如無熱惱大龍王宮流出四河，無濁無雜，無有垢【穢，光色清淨猶如虛空。其池四面各有一口，一一】口中流【出一河，於象口中出恒伽河，師】子口中出私

陁河，於牛口中出信度河，於馬口中出縛蒭〈芻〉河。其四大河流出【之時，恒伽河口流出銀沙，私陀河口出金剛】沙，信度河【口流出金沙，縛芻河口出】琉璃沙；恒伽河口作白銀色，私陁河口祚〈作〉金剛色，信度河口作黄金色，縛蒭河口祚〈作〉琉璃【色，一一河口廣一由旬。其四大河】既流出已，【各共圍遶大池七匝，隨其方面四向】分流，漸涌奔馳入於大海。其河旋繞，一一之間有天寶所成優鉢羅花、波頭摩【華、拘物頭華、芬陀利華，奇香】發越，妙色清【淨；種種華葉，種種臺藥，悉】是衆寶，自然暎徹，咸放炎明，乎相照現。其癵〈無〉熱池周圍廣大五十由旬，衆〔084-3〕【寶妙沙遍布其底，種種摩尼以爲嚴飾，無量妙寶莊嚴其岸，栴檀妙香】普散其中，優鉢羅花、波頭摩花、拘物頭花、芬陁利花及餘寶花皆【悉遍滿，微風吹動，香氣遠徹，華林寶樹周匝圍遶】。日光出【時，普皆照明池】河内【外一切衆物，接影】連輝成光明網。如是衆物，若遠若近，若高若下，若廣若狹，【若麁若細，乃至極小一沙一塵，悉是妙寶，光明鑒徹，靡不於中日輪影現，亦復展轉更】相現【影】；如【是】衆【影不增】不減、非合非散，皆如本質而得明見。佛子，如無熱【大】池，於【四口中流出四河入於大海；菩薩摩訶薩亦復如是，從四辯才，流出諸行，究竟】入於【一切智海】。如【恒伽大】河，從銀色烏口流出銀沙；菩薩摩訶薩【亦復如是，以義辯才，說一切如來所說一切義門，出生一切清淨白法，究竟入於無礙智海。如私陀大河】，從【金剛色師子口流出】金剛沙；菩薩摩訶薩【亦】復如是，【以法辯才，爲一切衆生說佛金剛句，引出金剛智，究竟入於無礙智海。如信度大河，從金色牛口流出金沙；菩薩摩訶薩亦復】如是，【以訓辭辯，說隨順世間緣起】方便，開悟衆生，令皆歡喜，【調伏成熟，究竟】於緣起方便海。如縛芻大河，於瑠璃色馬口流出瑠璃沙；菩薩摩訶薩亦復如是，以無盡辯，雨百千億那由他不可說法，令其聞】者皆【得潤洽，究竟入】於諸佛法海。如四大【河，隨順圍遶無熱池已四方入海，菩薩摩訶薩亦復如是，成就隨順身業、隨順語業、隨順意業，成就智爲前導身業、智爲前導語業、智爲前導】意業，四方流【注，究竟】入於一切智海。佛子，何【者名爲菩薩四方。佛子，所謂見】一切【佛而得開悟，聞一切法受持不忘，圓滿一切波羅蜜行，大悲說法滿足衆生。如四大河圍遶大池，於其中間，優鉢羅】花、波頭摩花、拘物頭花、芬陁利花皆【悉遍滿；菩薩摩訶薩亦復如是，於菩提心中間，不捨衆生，說法調伏，悉令圓滿無量三昧，見佛國土莊嚴清淨。如無熱大池，寶樹圍遶；菩】薩【摩】訶薩亦復如是，現佛國土莊嚴圍【遶，令諸衆生趣向菩提。如無熱大池，其中縱廣五十由旬，清淨無濁；菩薩摩訶薩亦復如是，菩提之心其量無邊，善根充滿，清淨無濁。如無熱】大池，以無量寶莊嚴其岸，散旃檀香遍【滿其中；菩薩摩訶薩亦復如是，以百千億十種智寶嚴菩提心大願之岸，普散一切衆善妙香。如無熱大池，底布金】沙，種種摩尼【間錯莊嚴；菩薩摩訶】薩亦復如是，微妙智慧周遍觀【察，不可思議菩薩解脫種種法寶間錯莊嚴，得一切法無礙光明，住於一切諸佛所住，入於一切甚深方便】。如【阿那婆達】多【龍】王，永離龍中所有熱惱；菩薩摩訶薩【亦復如是，永離一切世間憂惱，雖現受生而無染著。如四大河，潤澤一切閻浮提地，既潤澤已入於大海；菩薩摩訶薩亦復如是，以】四智河【潤澤天】、人、沙門、婆羅門，令其普入【阿】耨多羅【三藐】三菩提智慧【大海，以十種力而爲莊嚴。何者爲四，一者願】智【河，救護調伏一切衆生常】不休息；二者波【羅蜜智河】，修菩提行饒益衆生，去來今世〔084-4〕相【續無盡，究竟入於諸佛智海；三者菩薩三昧智河，無數三昧以爲莊嚴，見一切】佛，入【諸佛海；四】者大悲智河，大慈自在普救

【衆】生，方【便攝】趣〈取〉無有休息，修行秘密功德之門，究竟入於【十力大海。如四大河，從】無熱池【既流出已，究竟無盡，入於大海；菩薩摩訶薩亦復如是，以大願力修菩薩行，自在知】見無有窮盡，【究竟】入於一切智海。如四大河，入於大海，無能爲礙令不入者；菩薩【摩】訶【薩亦復如是，常勤修】習普賢行願，【成就一切智慧光明，住於一切佛菩提法，入如來智無有障礙。如四大河】，奔流入【海，經於累劫亦無】疲猒；菩薩摩訶薩亦【復】如是，以普賢行願，盡【未來劫修】菩薩【行】，入如【來海不生疲厭。佛子，如日光出時，無熱池中金沙、銀沙、金剛沙、瑠璃沙及餘一切種種寶物，皆有日影於中顯現；其金沙等】一切寶物，【亦】各展轉而現其影，乎相鑒徹，【無所妨礙。菩】薩摩訶【薩亦復如是，住此三昧，於自身一一毛孔中，悉見不可說不可說佛剎微塵數諸佛如來，亦見彼佛所有】國土道場衆會一一佛所聽法、受持、信解、供【養】，各【經不可說不可說億那由他】劫而【不想念時節長短，其諸衆會亦無迫隘。何以故，以微妙心，入無邊法界故，入無等差別業果故，入】不思議三昧境界故，入不思議思惟境界故，入一切佛自【在境界故，得一切佛所護念故，得一切佛大神變故，得諸如來】難【得難知十種力故，入普賢】菩薩行圓滿【境界】故，得一切佛無勞倦神通力故。

【佛子】，菩薩摩訶薩雖能於定一念入出，而【亦不廢長時在定，亦無所著】；雖【於境界無所依住，而亦不捨一切所緣；雖善入】剎那際，而爲利益一切衆生，現佛神通無有猒足；雖䓴入法界，而不【得其邊】；雖無所住、無有【處】所，【而恒趣入一切智道，以變化力普入無】量衆【生衆中，具足莊嚴一切世界；雖】離世【間顚】倒分別，超過一切分別之地，亦不捨【於種種諸相；雖】能具足方便善巧，而究竟清淨；【雖不】分別菩薩【諸地，而皆已善入。佛子，譬如虛空，雖能容受一切諸物，而】離有無。菩薩摩訶薩亦復如是，【雖】普入一切世間，而離世間想；〔雖〕勤度一切衆生，【而離衆生】想；雖深知一切【法，而離諸法想；雖樂見一切佛，而離諸佛想；雖善】入種種三昧，而知一切法自性皆如，無所染著；【雖以】無邊辯【才演無】盡法句，而心恒住【離文字法；雖樂觀察無言說法，而恒示現清淨音聲；雖住一切離言法際，而恒示現種種色相；雖】教化衆生，而知一切法畢竟性空；雖勤修大悲【度】脫衆生，【而】知衆生界【無盡】無斂；雖了達【法】界常住不變，【而以】三輪調伏衆生恒不休【息；雖常安住如來所住，而智慧清淨，心無怖畏，分別演】說種種說〈諸〉法，轉於法輪常不休息。佛子，是爲菩薩摩訶薩第九法界自在大三昧善巧智。

大方廣佛花嚴經卷第四十二

〔084-5〕·〔四十二之下〕

大方廣佛花嚴經
十定品第廿七之四
卷卅三·卅三之上

佛子，【云】何爲菩薩摩訶薩無礙輪三昧。佛子，菩薩摩訶薩入此三昧時，住無礙身業、無礙語業、無礙意業，住無礙佛國土，得無礙成就衆生智，獲無礙調伏衆【生】智，放無礙光明，現無礙光明網，示無礙廣大變化，轉無礙清淨法輪，得菩薩無礙自在，普入諸佛力，普住諸佛智，作佛所作，淨佛所淨，現佛神通，令佛【歡】喜，行如來行，住如來道，常得親近無量諸佛，作諸佛事紹諸佛種。

佛子，【菩】薩摩訶薩住此三昧已，觀一切智，摠觀一切智，別觀一切智，隨順一切智，顯示一切智，攀【緣】一切智，見一切智，摠見一切智，別見一切智，於普賢菩薩廣大願、廣大心、【廣大行】、廣大所趣、廣大所入、廣大光明、廣大出現、廣大護念、廣大變化、廣大道，不斷不退，無休無【替】，無倦無捨，無散無亂，常增進，恒相續。何以故，此菩薩摩訶薩於諸法中，成【就大】願，發行大乘，入於佛法大方便海；以勝願力，於諸菩薩所行之行，智慧明照皆得善巧，【具】足菩薩神通（神通）變化，善能護念一切衆生；如去來今一切諸佛之所護【念，於諸】衆生恒起大悲，成就如來不變異法。佛子，譬如有人以摩尼寶置色衣中，其摩尼寶【雖】同衣色，不捨自性。菩薩摩訶薩亦復如是，成就智慧以爲心寶，觀一切【智普】皆明現，然不捨於菩薩諸行。何以故，菩薩摩訶薩發大誓願，利益一切衆生，度脫一切衆生，承事一切諸佛，嚴淨一切世界，安慰衆生，深入法海；爲淨衆生界，現大自在，給施衆生，普照世間，入於無邊幻化法閞〈門〉，不退不轉，無疲無猒。佛子，譬如虛空持衆世界，若【成】若住，無猒無倦，無羸無朽，無散無壞，無變無異，無有差別，不捨自在〈性〉。何以故，虛空自性，法應尒故。菩薩摩訶薩亦復如是，立無量大願，度一切衆生，心無猒倦。佛子，譬如涅槃，去來現在無量衆生於中滅度，終無猒倦。何以故，一切諸法本性清淨，是謂涅槃，云何於中而有猒倦，菩薩摩訶薩亦復如是，爲欲度脫一切衆生皆令出離而現於世，云何而起疲猒之心。佛子，如薩婆若，能令過去、未來、現在一切菩薩，於諸佛家已、現、當生，乃至令成無上菩提，終不疲猒。何以故，一切智與法界無二故，於一切法無所著故。菩薩摩訶薩亦復如是，其心平等住一切智，云何而有疲猒之心。

佛子，此菩薩摩訶薩有一蓮花，其花廣大盡十方際，以不可說葉、不可說寶、不可說香而爲莊嚴；其【不】可說寶，復各示現種種衆寶，清淨妙好，極善安住。其花常放衆色光明，普照十方一切世界無所鄣礙；真金爲網，彌覆其上；寶鐸徐摇，出微妙音，其音演暢一切【智】法。此大蓮花具足如來清淨莊嚴，一切善根之所生起，吉祥爲表，神力所現，有十千阿僧祇清淨功德，菩薩妙道之所成就，一切智心之所流出，十方佛影於中顯現，世【間瞻仰】猶如佛塔，衆生見者無不禮敬，從能了幻正法所生，一切世間不可爲【諭】。菩薩摩訶薩於此花上結加〈跏〉趺坐，其身大小與花相稱。一切諸佛神力所加，令菩薩身【一一毛孔】各出百萬億那由他不可說佛刹微塵數光明，一一光明現百萬億那由[085-1]他不可說佛刹微塵數摩尼寶，其寶皆名普光明藏，種種色相以爲莊嚴，【無量】功德之所成就，衆寶及花以爲羅網弥覆其上，散百千億那由他殊勝妙香，無量色相種種莊嚴，復現不思議寶莊嚴蓋以覆其上。一一摩尼寶悉現百萬億【那由】他不可說佛刹微塵數樓閣；一一樓閣c〈閤〉現百萬億那由他不可說佛刹微塵數蓮花藏師子之座；一一師子座現百萬億那由他不可說佛刹微塵數光明；一一【光】明現百萬億那由他不可說佛刹微塵數色相；一一色相現百萬億那由他不可說佛刹微塵數光明輪；一一光明輪現百萬億那由他不可說佛刹微塵數毗盧遮那摩尼寶花；一一花現百萬億那由他不可說佛刹微塵數臺；一一臺現百萬億那由他不可說佛刹微塵數佛；一一佛現百萬億那由他不可說佛刹微塵數神變；一一神變淨百萬億那由他不可說佛刹微塵數衆生衆；一一衆生衆中現百萬億那由他不可說佛刹微塵數諸佛自在；一一自在雨百萬億那由他不可說佛刹微塵數佛法；一一佛法【有】百萬億那由他不可說佛刹微塵數脩多羅；一一脩多羅說百萬億那由他不可說佛刹微塵數法門；一一法門有百萬億那由他不可說佛刹微塵數金剛智所入法【輪】，差別言辞各別演說；一一法輪成熟百萬億那由他不可說佛刹微塵數衆生界；一一衆生界有百萬億那由他不可說佛刹微塵數衆生，於佛法中而得調伏。

佛子，菩薩摩訶薩住此三昧，示現如是神通境界無量變化，悉知如幻而不染著，安住無邊不可說法。自性清淨、法界實相、如來種性，無礙際中，無去無來，非先非後，甚深無底，現量所得，以智自入，不由他悟。心不迷亂亦無分別，爲去来今一切諸佛之所稱讚，從諸佛力之所流出，入於一切諸佛境界。體性如實，淨眼現證，慧眼普見，成就佛眼爲世明燈，行於智眼所知境界，廣能開示微妙法門。成菩提心，趣勝丈夫，於諸境界無有障礙，入智種性出生諸智，離世生法而現受生，神通變化，方便調伏。如是一切無非善巧，功德解欲悉皆清淨，最極微妙具足圓満，智慧廣大猶如虛空，善能觀察衆聖境界，信行願力堅固不動，功德無盡【世】所稱歎。於一切佛所觀之藏，大菩提處一切智海，集衆妙寶，爲大智者，猶如蓮花自性清淨，衆生見者皆生歡喜、咸得利益。智光普照，見無量佛，淨一切法，【所】行寂静c〈靜〉，於諸佛法究竟無礙。恒以方便住佛菩提功德行中而得出生，具菩薩智，爲菩薩首，一切諸佛共所護念。得佛威神，威〈成〉佛法身，念力難思，於【境一緣】而無所緣，其行廣大無相無礙，等于法界無量無邊。所證菩提猶如虛空，無有邊際，無所縛著，於諸世間普作饒益，一切智海善根所流，悉【能通達】無量境界。已善成就清淨施法，住菩薩心，淨菩薩種，能随順生諸佛菩提，於諸佛法皆得善巧，具微妙行，成堅固力。一切諸佛自在威神，衆生難【聞，菩薩】悉知入不二門住無相法；雖復永捨一切諸相，而能廣說種種諸法，隨諸衆生心樂欲解，悉使調伏，咸令歡喜。法界爲身無有分別，智慧境界【不可】窮盡，志常勇猛，心恒平等。見一切佛功德邊際，了一切劫差別[085-2]【次】第，開示一切法，安住一切刹，嚴淨一切諸佛國土，顯現一切正法光【明，演去】来今一切佛法，示諸菩薩所住之處。爲世明燈，生諸善根，永離世間，常生佛所，得佛智慧明了弟一。一切諸佛皆共攝受，已入未來諸【佛之】數，從諸善友而得出生，所有志求皆无不果。具大威德，住增上意，隨所聽聞咸能善說，亦爲開示聞法善根。住實際輪，於一切法心無邊礙；不捨【諸行】，離【諸】分別，於一切法心無動念。得【智】慧明【滅諸癡】闇，【悉能明】照一切佛法，不壞諸有而生其中，了知一切諸有境界。從本已來無有動作，身語意業皆悉無邊，雖隨世俗演說種種無量【文字，而恒】不壞離文字法。深入佛海，知一切法但有假名，於諸境界無繫無著；了一切法空無所有，所修諸行從法界生，猶如虛空無相無形。深入法界隨順演說，於一境門生一切智，觀十力地以智脩學，智為橋梁至薩婆若，以智慧眼見法無礙，善入諸地知種種義，一一法門悉得明了，所有大巔廢不成就。

佛子，菩薩摩訶薩以此開示一切如來無差別性，此是無礙方便之門，此能出生菩薩衆會，【此法唯】是三昧境界，此能勇進入薩婆若，此能開顯諸三昧門，此能無礙普入諸剎，此能調伏一切衆生，此能住於無衆生際，此能開示一切佛法，此於境界皆無所得。雖一切時演說開示，而恒遠離妄c〈忘〉想分別；雖知諸法皆無所作，而能示現一切作業；雖知諸佛無有二相，而能顯示一切諸佛；雖知無色，而演說諸色；雖知無受，而演說諸受；雖知無想，而演說諸想；雖知無行，而演說諸行；雖知無識，而演說諸識，恒以法輪開示一切；雖知法無生，而常轉法輪；雖知法無差別，而說諸差別門；雖知諸法無有生滅，而說一切生滅之相；雖知諸法無麤無細，而說諸法麤細之相；雖知諸法無上中下，而能宣說最上之法；雖知諸法不可言說，而能演說清淨言辭；雖知諸法無內無外，而說一切內外諸法；雖知諸法不可了知，而說種種智慧觀察；雖知諸法無有真實，而說出離真實之道；雖知諸法畢【竟】無盡，而能演說盡諸有漏；雖知諸法無違無諍，然亦不無自他差別；雖知諸法畢竟無師，而常尊敬一切師長；雖知諸法不由他悟，而常【尊敬】諸善知識；雖知【法】無轉，而轉法輪；雖知法無起，而示諸因緣；雖知諸法無有前際，而廣說過去；雖知諸法無有後際，而廣說未來；雖知諸法

無【有中際】，而廣說現在；雖知諸法無有作者，【而】說諸作業；雖知諸法無有因緣，而說諸集因；雖知諸法無有等比，而說平等、不平等道；雖知諸法無有言【說，而決】定說三世之法；雖知諸法無有所依，而說依善法而得出離；雖知法無身，而廣說法身；雖知三世諸佛無邊，而能演說唯有一佛；雖知法【無色，而現】種種色；雖知法無見，而廣說諸見；雖知法無相，而說種種相；雖知諸〔085-3〕法無有境界，而廣宣說智慧境界；雖知諸法【無有差別】，而說行果種種差別；雖知諸去〈法〉無有出離，而說清淨諸出離行；雖知諸法本來常住，而說一切諸流轉法；雖知諸法無有照明，而恒廣【說照】明之法。

佛子，菩薩摩訶薩入如是大威德三昧智輪，則能證得一切佛法，則能趣入一切佛法，則能成就，則能圓滿，則能積集，則能清淨，則能安住，則能【了】達，與一切法自性相應，而此菩薩摩訶薩不作是念：有若干諸菩薩、若干菩薩法、若干菩薩究竟、若干幻究竟、若干化究竟、若干神通成就、若干智成就、【若干】思惟、若干證入、若干趣向、若干境界。何以故，菩薩三昧，如是體性，如是無邊，如是殊勝故。此三昧種種境界、種種威力、種種深入，所謂入不可說智門、入離分【別諸】莊嚴、入無邊殊勝波羅蜜、入無數禪定、入百千億那由他不可說廣大智、入見無邊佛勝妙藏、入於境界不休息、入清淨信解助道法、入諸根猛利大神通、入於境界心无礙、入見一切佛平等眼、入積集普賢勝志行、入住那羅延妙智身、入說如來智慧海、入起無量種自在神變、入生一切佛無盡智門、入住一切佛現前境界、入淨普賢菩薩自在智、入開示無比普門智、入普知法界一切微細境界、入普現法界一切微細境界、入一切殊勝智光明、入一切自在邊際、入一切辯才法門際、【入遍】法界智慧身、入成就一切處遍行道、入善住一切差別三昧、入

知一切諸佛心。

佛子，此菩薩摩訶薩住普賢行，念念入百億不可說三昧，然不見普賢菩薩三昧及佛境界莊嚴前際。何以故，知一切法究竟無盡故，知一切佛剎無邊故，知一切衆生界不思議故，知前際無始故，知未來無窮故，知現在盡虛空遍法界無邊【故】，知一切諸佛境界不可思議故，知一切菩薩行無數故，知一切諸佛辯才所說境界不可說無邊故，知一切幻心所緣法無量故。佛子，如如意珠，隨有所求一切皆得，求者【無】盡，意皆滿足，而珠勢力終不匱止。菩薩摩訶薩亦復如是，入此三昧，知心如幻，出生一切諸法境界，周遍無盡，不匱不息。何以故，菩薩摩訶薩成就普賢無礙行智，觀【察】無量廣大幻境，猶如影像無增減故。佛子，譬如凡夫，各別生心，已生、現生及以當生，無有邊際，無斷無盡；其心流轉，相續不絕，不可思議。菩薩摩訶薩亦復如【是】，入此普幻門三昧，無有邊際，不可測量。何以故，了達普賢菩薩普幻門無量法故。佛子，譬如難陀跋難陀、摩那斯龍王及餘大龍降雨之時，滴如車【軸】，無有邊際；雖如是雨，雲終不盡，此是諸龍無作境界。菩薩摩訶薩亦復如是，【住此】三昧，入普賢菩薩諸三昧門、智門、法門、見諸佛門、往諸方【門、心】自在門、加持門、神變門、神通門、幻化門、諸法如幻門、不可說不可說諸【菩薩充】滿門，親近不可說不可說佛剎微塵數如來正覺門，入不可說不【可】說廣大幻網門，知不可說不可說差別廣大佛剎門，知不可說不可說有體〔085-4〕性、無體性世界門，知不可說不可說衆生想門，知不可說不可說時差別門，知不可【說不】可【說世界成壞門，知】不可說不可說覆住、仰住諸佛剎門，於一念中皆如實知。如是入時，無有邊際，無有窮盡，不疲不厭，不斷不息，無退無失；於諸法中不住非處，【恒正思惟，不沈不舉】；求一切智常無退捨，爲一切佛剎照世明燈，轉不可說【不】可說

法輪；以妙辯才諮問如來無窮盡時，示成佛道無有邊際，調伏衆生恒無【廢捨，常勤修習普賢】行願未曾休息，示現無量不可說不可說色相身無有斷絕。何以故，譬如然火，隨所有緣，於尒所時火趂不息。菩薩摩訶薩亦復如是，觀察衆生【界、法界、世界，猶】如虛空無有邊際，乃至能於一念之頃，往不可說不可說【佛】剎微塵數佛所。一一佛所入不可說不可說一切智種種差別法；令不可說不可說衆生界【出家爲道】，勤修善根，究竟清淨；令不可說不可說菩薩於普賢【行】願未決定者而得決定，安住普賢智慧之門；以無量方便，入不可說不可說三世成、住、壞廣【大差別劫】，於不可說不可說成、住、壞世間差別境界，起於尒所大悲大願，調伏無量一切衆生悉使無餘。何以故，此菩薩摩訶薩爲欲度脫一切衆生，修普賢行，【生普賢智，滿足】普賢所有行願。是故，諸菩薩應於如是種類、如是境界、如【是盛】德、如是廣大、如是無量、如是不思議、如是普照明、如是一切諸佛現前住、如是一切如來所護【念】、如是成就往昔善根、【如是其】心無礙不動三昧之中，勤加修習，離【諸】熱惱，無有疲厭，心不退轉，立深志樂，勇猛無怯，順三昧境【界】，入難思智地。不【依】文字，不【著世間，不取諸法】，不起分別，【不染著世事】，不分別境界，於諸法智但應【安住】，不應【稱】量。所謂親近一切智，悟解佛菩提，成就【法】光明，施與一切衆生善根。於魔界中拔【出衆生，令其】得入佛法境界，令不捨大願，勤觀出道，增廣淨境，成就諸度，於一切佛深生信解。常應觀察一切法性，無時【暫捨】；應知自身與諸法性普皆平等；【應當明解】世【間所】作，示其如法智慧方便；應常精進，無有休息；應觀自身【善】根鮮少；應勤增長他諸善根；應【自】修行一切智道；【應】勤增長菩薩境界；應樂親近諸善【知識；應】與同【行而】共止住；應不分別佛；應不捨離念；應常安住平等法界；

327

應知一切心識如幻；應知世間諸行如夢；應知【諸】佛【願】力【出】現猶如【影像】；應【知】一切諸廣大業【猶如變化；應知】言語悉皆如響；應觀諸法一切如幻；應知一切生滅之法皆如【音聲】；應【知】所【往一切佛刹皆】無體性；應爲請問如【來】佛法不生疲倦；應【爲開】悟一切世【間，勤加教誨而不捨離；應】爲調伏一切衆生，知時說法而不休息。佛子，菩薩摩【訶】薩如是修【行普賢之】行，如是圓満菩薩境界，如【是】通達出離之道，【如是受持三世佛】法，如【是】觀察一切智門，【如】是思惟不變異法，如是明潔增上志樂，如【是】信解一切【如】来，【如】是【了知佛廣】大力，如是決定無所礙心，如是攝【受】一切衆生。

佛子，菩薩【摩訶薩入】普賢菩薩所【住如是大】智慧三昧時，十方各有不可說不可說國土，【一一國土】各【有】不可說不可說佛刹微塵數如来名【號，一一名號各】有不可說不可【說佛刹】微塵數諸佛而現【其前，與如来念力，令】不忘失如来境界；與一切法究竟【慧，令入一切】智；【與】知一切法種種義決定慧，令受持一切佛法趣入無礙；與無上佛【菩提，令入一】切智開【悟】法界；【與】菩【薩究竟慧，令得】一切法光明，無諸黑闇；與菩薩不退智，令【知】時、非時，善巧方便調伏衆生；與無郶礙菩薩辯才，令【悟解】無邊法演【說爲盡】；與神通變化力，【令現】不【可】說【不可】說差別身無邊色相種種不同開悟衆生；與圓満言音，令現不可說不可說差別音聲種種【言辭】開悟衆生；【與】不唐捐【力】，令【一切】衆生若【得見形、若得】聞法皆悉【成】就，無空過者。佛子，菩薩摩訶薩如是満足【普】賢行故，得如来力，淨出離【道】，満一切【智，以無礙】辯才神通變化，究竟調伏一切衆生；具佛威德，淨普賢行，住】普賢道，盡未來際，爲欲調【伏】一切衆生，轉一切佛【微妙法輪。何以

故，佛子，此】菩【薩摩訶薩成就如是殊勝大願諸菩】薩【行，則爲一切世間法師，則爲一切世間法日，則爲一切世】間智月；則爲一切世間須【彌】山王，嶷【然】高【出，堅固不動；則爲一切世間無涯智海；則爲一切世間正法明燈，普照無邊，相續不斷；爲一切衆生開示無邊清淨功德，皆令】安住功德善根；順【一切】智，大顚【平】苹，修〔086-1〕【習普】賢廣大之【行，常能勸發】無量衆生，住不可說不可說廣大行三昧，現大自【在】。

【佛子，此菩薩摩訶薩】，獲如是智，證如是法，於如是法審住明見；得如是神力，住如是境界，現如是神變，起【如是神通】；常安住大悲，常利【益】衆生，開示衆生【安隱正道，建立福智大光明幢；證不思】議解脫，住一切智解脫，到諸佛解脫彼岸，學不思議解脫方便門已得成就，入【法界差】別【門】無有錯乱，於普賢不可說【不可說】三昧遊【戲自在】，住師【子奮迅】智心意無【礙。其】心恒住十大法藏。何者爲十，所謂：住憶念一切諸佛，住憶念一切佛法，住調伏一切衆生大悲，住示現不【思】議清淨國土智，住深入諸佛境【界決】定解，【住去】来現在一切佛【平】苹相菩提，住無礙無著際，住一切法無相性，住去来現在一切佛平苹善根，住去来現在一切如来法界無差別【身語】意業先導智，住觀察三世一切【諸】佛受生、出家、【詣道】場、成【正】覺、轉法輪、般涅槃悉入刹那際。佛子，此十大法藏廣大無量，不可數、不可稱、不可思、不可說、無【窮盡】、難忍受，【一切】世【智】無能【稱】述。

佛子，此菩薩【摩訶薩已】到普賢諸行彼岸，證清淨法，志力廣大，開示衆生無量善根，增長菩薩一切勢力，於念念頃満足菩薩一切功【德】，成就菩【薩一切諸】行，得一切佛陁羅足法，受持一切諸佛【所說】；雖常安住真如實際，而随【一切世俗】言說，示現調伏一切衆

生。何以故，菩薩摩訶薩住此三昧，法如是【故】。佛子，菩薩摩訶薩【以此三昧，得一切】佛廣大智，得巧說一切廣大法自在辯才，得一切世中寂爲殊勝清淨無畏法，得入一切三昧智，得一切菩薩善巧方便，得一切法【光】明門，到安【慰】一切世間法彼岸，知一切眾生時、非時，照十方世界一切處，令一切眾生得勝智，作一切世間無上師，安住一切諸功德，門〈開〉示一切眾生清淨三昧，令入寂上智。何以故，菩薩摩訶薩如是修行，則利【益眾】生，則增長大悲，則親近善知識，則見一切佛，則了一切法，則詣一切剎，則入一切方，則入一切世，則悟一切法平等性，則知一切佛平等性，則住一切智平等性。於此法中，作如是業，不作餘業；住未足【心】，住不散亂心，住專一心，住勤修心，住決定心，住不變異心；如是思惟，如是作業，如是究【竟】。

【佛】子，菩薩摩訶薩無異語、異作，有如語、如作。何以故，譬如金剛，以不可壞而得其【名，終】無有時離於不壞；菩薩摩訶薩亦復如是，以諸行法而得其名，終無有時離諸【行】法。【譬】如真金，以有妙色【而】得其名，終無有時離於妙色；菩薩摩訶薩亦復如是，以【諸】善業【而】得其名，終無有時離諸善業。譬如日天子，以光明輪而得其名，終無有【時離光明】輪；菩薩摩訶薩亦復如是，以智慧光而得其名，終無有時【離】智慧光。譬如須彌山〔王〕①，以四寶峯處於大海，迥然高出而得其名，終無有時捨離四峯；菩薩摩訶薩亦復如是，以諸善根處在於世，迥然高出而得其名，終無有時捨離善根。譬如大地，以持一切而得其名，終無有時捨離能持；菩薩摩訶薩亦復如是，以度一切而得其名，終無有時捨離大悲。譬如大海，以含眾水而得其名，終無有時捨離於水；菩薩摩訶薩亦復如是，以諸大願而得其名，終不暫捨度眾生願。譬如軍將，以能慣習戰【鬪】之法而得其

名，終無有時捨離此能；菩薩摩訶薩亦復如是，以能慣習如是三昧而得其名，乃至成就一切智智，終無有時捨離此行。如轉輪王，馭四天下，常勤守護一切眾生，令無橫死，恒受快樂；菩薩摩訶薩亦〔086-2〕【復】如是，入如是等諸大三昧，常勤化度一切眾生，乃至令其究竟清淨。譬如種子，植之於地，乃至能令莖葉增長；菩薩摩訶薩亦復如是，修普賢行，乃至能令一切眾生善法增長。譬如大雲，於夏暑月降霔大雨，乃至增長一切種子；菩薩摩訶薩亦復如是，入如是等諸大三昧，修菩薩行，雨大法雨，乃至能令一切眾生究竟清淨、究竟涅槃、究竟安隱、究竟彼岸、究竟歡喜、究竟斷疑，爲諸眾生究竟福田，令其施業皆得清淨，令其皆住不退轉道，令其同得一切智智，令其皆得出離三界，令其皆得究竟之智，令其皆得諸佛如來究竟之法，量諸眾生一切智處。何以故，菩薩摩訶薩成就此法，智慧明了，入法界門，能淨菩薩不可思議無量諸行。所謂能淨諸智，求一切智故；能淨眾生，使調伏故；能淨剎土，常迴向故；能淨諸法，普了知故；能淨無畏，無怯弱故；能淨無礙辯，巧演說故；能淨陀羅尼，於一切法得自在故；能淨親近行，常見一切佛興世故。佛子，菩薩摩訶薩住此三昧，得如是等百千億那由他不可說不可說清淨功德，於如是等三昧境界得自在故，一切諸佛所加被故，自善根力之所流故，入智慧地大威力故，諸善知識引導力故，摧伏一切諸魔力故，同分善根淳淨力故，廣大誓願欲樂力故，所種善根成就力故，超諸世間無盡之福、無對力故。

佛子，菩薩摩訶薩住此三昧，得十種法，同去來今一切諸佛。何者爲十，所謂得諸相好，種種莊嚴，同於諸佛；能放清淨大光明網，同於諸佛；神通變化，調伏眾生，同於諸佛；無邊色身，清淨圓音，同於諸佛；隨眾生業現淨佛

---

① 王，㊞二二七頁註①：〔王〕－㊝。

國，同扵諸佛；一切衆生所有語言皆能攝持、不忘不失，同扵諸佛；無盡辯才随衆生心而轉法輪令生智慧，同扵諸佛；大師子吼無所怯畏，以無量法開悟羣生，同扵諸佛；扵一念頃，以大神通普入三世，同扵諸佛；普能顯示一切衆生諸佛莊嚴、諸佛威力、諸佛境界，同扵諸佛。

尒時，普眼菩薩白普賢菩薩言：佛子，此菩薩摩訶薩得如是法，同扵〈諸〉如來，何故不名佛，何故不名十力，何故不名一切智，何故不名一切法中得菩提者，何故不得名爲普眼，何故不名一切境中無礙見者，何故不名覺一切法，何故不名與三世佛無二住者，何故不名住實際者，何故修行普賢行願猶未休息，何故不能究竟法界捨菩薩道。

〔爾〕時，普賢菩薩告普眼菩薩言：

【善】哉佛子，如汝所言，若此菩薩摩訶薩同一切佛，以何義故不名爲佛，乃至不能捨菩薩道。佛子，此菩薩摩訶薩已能修習去来今世一切菩薩種種行願，入智境【界，則名】爲佛；扵如來所脩菩薩行無有休息，說名菩薩。如来諸力皆恣已入，則名十力；雖成十力，行普賢行而無休息，說名菩薩。知一切法而能演說，名一切智；雖【能演說一切諸】法，扵一一法善巧思惟未曾〈嘗〉止息，說名菩薩。知一切法無有二相，是則說名悟一切【法；扵】二、不二一切諸法差别之道善巧觀察，展轉增勝無有休息，說【名菩薩】。已能明見普眼境界，說名普眼；雖能證得普眼境界，念念增長未曾休息，說名菩薩。【扵】一切法悉能明照，離諸闇翳，名無礙見；常勤憶念無礙見者，說【名】菩薩。已得諸佛智慧之眼，是則說名覺一切法；觀諸如來正覺智眼而不放逸，說名菩薩。住佛所住，與佛無二，說名與佛無二住者；爲佛攝受，脩諸智慧，說名菩薩。常觀一切世間實際，是則說名住實際者；雖常觀察諸法實際，而不證入亦不捨離，說名菩薩。不来不去，無同無異，此等分別悉皆永息，是則說名伏息願者；廣大脩習，圓滿不退，則名未息普賢願者。了知法界無有邊際，一切諸法一相無相，是則說名究竟法界捨菩薩道；雖知法界無有邊際，而知一切種種異相，起大悲心度諸衆生，盡未來際無有疲猒，是則說名普賢菩薩。

佛子，譬如伊羅鉢那象王，住金脅山七寶窟中，其窟周圍悉以七寶而爲欄楯，寶多羅樹次苐行列，真金羅綱弥覆其上；象身潔白猶如珂雪，上立金幢，金爲纓絡〈瓔珞〉，寶綱覆鼻，寶鈴垂下，七支〈肢〉① 成就，六牙具足，端正充滿，見者欣樂，調良善順，心無所逆。若天帝釋將欲遊行，尒時象王即知其意，便扵寶窟而沒其形，至忉利天釋主之前，以神通力種種變現，令其身有三十三頭，扵一一頭化作七牙，扵一一牙化作七池，一一池中有七蓮花，一一花中有七采女，一時俱奏百千天樂。是時，帝釋乘玆寶象，從難勝殿往詣花園，芬陁利花遍滿其中。是時，帝釋至花園已，從象而下，入扵一切寶莊嚴殿，無量采女以爲侍從，歌詠技〈妓〉樂受諸快樂。尒時，象王復以神通隱其象形現作天身，與三十三天及諸采女，扵芬陁利花園之内歡娛戲樂，所現身相、光明衣服、往来進止、語笑觀瞻，皆如彼天，等無有異，無能分別；此象、此天，象之與天，更互相似。佛子，彼伊羅鉢那象王，扵金〔086-3〕脅山七寶窟中無所變化，至扵三十三天之上，爲欲供養釋提桓因，化作種種諸可樂物，受天快樂，與天無異。佛子，菩薩摩訶薩亦復如是，修習普賢菩薩行願及諸三昧以爲衆寶莊嚴之具，七菩提分爲菩薩身，所放光明以之爲綱，建大法幢，鳴大法鍾，大悲爲窟，堅固大願以爲其牙，智慧無畏猶如師子，法繒繫頂，開示祕密，到諸菩薩行願彼岸。爲欲安處菩提之座，成一切智，得最正覺，增長普賢廣大行願，不退不息，不斷不捨，大悲精進，盡未來際度脫

---

① 肢，㊣二二九頁註①：肢＝支㊁㊂。

一切眢惱衆生。不捨普賢道，現成寂正覺，〔現〕不可說不可說成正覺門，現不可說不可說轉法輪門，現不可說不可說住深心門；扵不可說不可說廣大國土，現涅槃變化門；扵不可說不可說差別世界，而現受生修普賢行，現不可說不可說如來；扵不可說不可說廣大國土菩提樹下成最正覺，不可說不可說菩薩衆親近圍繞。或扵一念頃，修普賢行而成正覺，或湏申頃，或扵一時，或扵一日，或扵半月，或扵一月，或扵一年，或無數年，或扵一刧，如是乃至不可說不可說刧，修普賢行而成正覺。復扵一切諸佛刹中而爲上首，親近扵佛，頂礼供養，請問觀察如幻境界，淨脩菩薩無量諸行、無量諸智、種種神變、種種威德、種種智慧、種種境界、種種【神】通、種種自在、種種解脫、種種法明、種種教化調伏之法。

佛子，菩薩摩訶薩夲身不滅，以行頾力扵一切處如〔是〕變現。何以故，欲以普賢自在神力調伏一切諸衆生故，令不可說不可說衆生得清淨故，令其永所生死輪故，嚴淨廣大諸世界故，常見一切諸如來故，深入一切佛法流故，憶念三世諸佛種故，憶念十方一切佛法及法身故，普脩一切菩薩諸行使圓淌故，入普賢流自在能證一切智故。佛子，汝應觀此菩薩摩訶薩，不捨普賢行，不斷菩薩道，見一切佛，證一切智，自在受用一切智法。如伊羅鈝那烏王不捨烏身，往三十三天，爲天所乘，受天快樂，作天遊戲，承事天【主】，與天采女而作歡娛，同扵諸天無有差別。佛子，菩薩摩訶薩亦復如是，不捨普賢大乘諸行，不退諸頾，得佛自在，具一切智，證佛解脫，無䣙【無】礙，成就清淨，扵諸國土無所淬着，扵佛法中無所分別；雖知諸法普皆平夆無有二相，而恒明見一切佛圡；雖已夆同三世諸佛，而修【菩薩】行相續不斷。佛子，菩薩摩訶薩安住如是普賢行頾廣大之法，當知是人心得清淨。【佛子】，此是菩薩摩訶薩苐十無礙輪大三昧殊勝心廣大智。

佛子，此是菩薩摩訶薩所住普賢行十大三昧輪。

大方廣佛花嚴經卷〔第〕卅三・卅三之下
〔086-4〕

大方廣佛花嚴經
十通品第二十八

卷卅四・卅四之上

尒時，普賢菩薩摩訶薩告諸菩薩言：

佛子，菩薩摩訶薩有十種通。何者爲十。

佛子，菩薩摩訶薩以他心智通，知一三千大千世界衆生心差別，所謂善心、不善心、廣心、狹心、大心、小心、順生死心、背生死心、聲聞心、獨覺心、菩薩心、聲聞行心、獨覺行心、菩薩行心、天心、龍心、夜叉心、乾闥婆心、阿脩羅心、迦樓羅心、緊那羅心、摩睺羅伽心、人心、非人心、地獄心、畜生心、閻魔王處心、餓鬼心、諸難處衆生心，如是寺無量差別種種衆生心悉分別知。如一世界，如是百世界、千世界、百千世界、百千億那由他世界，乃至不可說不可說佛刹微塵數世界中所有衆生心悉分別知。是名菩薩摩訶薩苐一善知他心智神通。

佛子，菩薩摩訶薩以無礙清淨天眼智通，見無量不可說不可說佛刹微塵數世界中衆生，死此生彼，善趣、惡趣、福相、罪相、或好或醜、或垢或淨。如是品類無量衆生，所謂天衆、龍衆、夜叉衆、乾闥婆衆、阿脩羅衆、迦樓羅衆、緊那羅衆、摩睺羅伽衆、人衆、非人衆、微細身衆生衆、廣大身衆生衆、小衆、大衆，如是種種衆生衆中，以無礙眼悉皆明見；隨所積集業、隨所受苦樂、隨心、隨分別、隨見、隨言說、隨因、隨業、隨所緣、隨所起，悉皆見之，無有錯謬。是名菩薩摩訶薩苐二無礙天眼智神通。

佛子，菩薩【摩】訶薩以宿住隨念智通，能知自身及不可說不可說佛刹微塵數世界中一切衆生，過去不可說不可說佛刹微塵數刼宿住之事，所謂其〈某〉處生，如是名，如是性〈姓〉，如是種族，如是飲食，如是苦樂。從無始來，扵諸有中，以因以緣，展轉滋長，次苐相續，輪迴不絕，種種品類、種種因〈國〉土、種種趣生、種種形相、種種業行、【種】種結使、種種心念、種種因緣、受生差別，如是寺事皆悉了知。又憶過去尒所佛刹微塵數刼，尒所佛刹微塵數世界中，有尒所佛刹微塵數諸佛，一一佛如是名號，如是出興，如是衆會，如是父母，如是侍者，如是聲聞，如是㝡勝二大弟子，扵如是城邑，如是出家，復扵如是菩提樹下成㝡正覺，扵如是處，坐如是座，演說如是若干經典，如是利益尒所衆生，扵尒所時住扵壽命，施作如【是】若干佛事，依無餘依般涅槃界而般涅槃，般涅槃後法住久近，如是一切悉能憶念。又憶念不可說不可說佛刹微塵數諸佛名号，一一名号有不可說不可說佛刹微塵數佛，從初發心，赵頭脩行，供養諸佛，調伏衆生，衆會說法，壽命多少，神通【變】化，乃至入扵無餘涅槃，般涅槃後法住久近，造立塔廟種種莊嚴，令諸衆生種植善根，皆悉能知。是名菩薩摩訶薩苐三知過去際刼宿住智神通。

佛子，菩薩摩訶薩以知盡未來際刼智通，知不可說不可說佛刹微塵數世界中所有刼，一一刼中所有衆生，命終受生，諸有相續，業行果報，若善，若不善，若出離，若不出離，若決定，若不決定，若邪定，若正定，若善根與使俱，若善根不與使俱，若具足善根，若不具足善根，若攝取善根，若不攝取善根，若積集善根，若不積集善根，若積集罪法，若不積集罪法，如是一切皆能了知。又知不可說不可說佛刹微塵數世界，盡未來際有不可說不可說佛刹微塵數劫，一一劫有不可說【不】可說佛刹微塵數諸佛名号，一一名号有不可說不可說佛刹微塵數諸佛如来，一一如来，從初發心，起願立行，供養諸佛，教化衆生，衆會說【法，壽】命多少，神通變化，乃至入於無餘涅槃，般涅槃後法住久近，造立塔廟種種荘嚴，令諸衆生種植善根，如是寺事悉能了知。是名菩薩摩訶薩弟四【知】盡未来際劫智神通。

佛子，菩薩摩訶薩成就無礙清净天耳，圓滿廣大，聰徹離鄣，了達無礙，具足成就，於諸一切所有音聲，欲聞不聞，随意自在。佛子，東方有不可說不可說佛刹微塵數佛，是諸佛所說、所示、所開、所演、所安立、所教〔087-1〕化、所調伏、所憶念、所分別，甚深廣大、種種差別、無量方便、無量善巧清净之法，於彼一切皆能受持。又於其中若義、若文、若一人、若衆會，如其音辞，如其智慧，如所了達，如所示現，如所調伏，如其境界，如其所依，如其出道，於彼一切悉能記持，不忘不失，不斷不退，不〈無〉迷不〈無〉惑；爲他演說，令得悟解，終不忘失ᶜ〈天〉一文一句。如東方、南西北方，四維上下，亦復如是。是名菩薩摩訶薩弟五無礙清净天耳智神通。

佛子，菩薩摩訶薩住無體性神通、無作通、平等神通、廣大神通、無量神通、無依神通、随念神通、起願神通、不起神通、不退神通、不斷神通、不壞神通、增長神通、随詣神通。此菩薩聞極遠一切世界中諸佛名，所謂無數世界、無量世界乃至不可說不可說佛刹微塵數世界中諸佛名。聞其名已，即自見身在彼佛所。彼諸世界或仰或覆，各各形狀，各各方所，各各差別，無邊無礙；種種國土，種種時劫，無量功德各別荘嚴。彼彼如来於中出現，示現神變，稱揚名号，無量無數，各各不同。此菩薩一得聞彼諸如来名，不動本處，而見其身在彼佛所，禮拜尊重，承事供養，問菩薩法，入佛智慧，悉能了達諸佛國土道場衆會及所說法，至於究竟無所取著。如是，經不可說不可說佛刹微塵數劫，普至十方而無所往，然詣〔佛〕① 刹觀佛聽法請道，無有斷絶，無有癈捨，無有休息，無有疲猒；修菩薩行，成就大願，悉令具足，曾無退轉，爲令如来廣大種性不斷絶故。是名菩薩摩訶薩弟六住無體性無動作往一切佛刹智神通。

佛子，菩薩摩訶薩以善分別一切衆生言音智通，知不【可】說不可說佛刹微塵數世界中衆生種種言辞。所謂聖言辞、非聖言辞、天言辞、龍言辞、夜叉言辞、乾闥婆、阿脩羅、迦樓羅、緊那羅、摩睺羅伽、人及非人乃至不可說不可說衆生所有言辞，各各表示，種種差別，如是一切皆能了知。此菩薩随所入世界，能知其中一切衆生所有性欲，如其性欲爲出言辞，悉令解了無有疑惑。如日光出現，普照衆色，令有目者悉得明見。菩薩摩訶薩亦復如是，以善分別一切言辞智，深入一切言辞雲，所有言辞令諸世間聰慧之者悉得解了。是名菩薩摩訶薩弟七善分別一切言辞智神通。

佛子，菩薩摩訶薩以出生無量阿僧祇色身荘嚴智通，知一切法遠離色相，無差別相，無種種相，無無量相，無分別相，無青黄赤白相。菩薩如是入於法界，能現其身，作種種色。所謂無邊色、〔無量色〕、清净色、荘嚴色、普遍色、無比色、普照色、增上色〔087-2〕、無違逆色、具

---

① 佛，㊙二三一頁註①：〔佛〕—三宮聖。

諸相色、離衆惡色、大威力色、可尊重色、無窮盡色、衆雜妙色、極端嚴色、不可量色、善守護色、能成熟色、随化者色、無鄣礙色、甚明徹色、無垢濁色、極澄净色、大勇健色、不思議方便色、不〔可〕壞色、離瑕翳色、無鄣闇色、善安住色、妙莊嚴色、諸相端嚴色、種種随好色、大尊貴色、妙境界色、善磨瑩色、清净深心色、熾然明盛色、寂勝廣大色、無間斷色、無所依色、無等比色、充满不可說佛刹色、增長色、堅固攝受色、寂勝功德色、随諸心樂色、清净解了色、積集衆妙色、善巧决定色、無有鄣礙色、虚空明净色、清净可樂色、離諸塵垢色、不可稱量色、妙見色、普見色、随時示現色、寂静色、離貪色、真實福田色、能作安隱色、離諸怖畏色、離愚癡行色、智慧勇猛色、身相無礙色、遊行普遍色、心無所依色、大慈所起色、大悲所現色、平等出離色、具足福德色、随心憶念色、無邊妙寶色、寶藏光明色、衆生信樂色、一切智現前色、歡喜眼色、衆寶莊嚴第一色、無有處所色、自在示現色、種種神通色、生如来家色、過諸譬喻〈諭〉① 色、周遍法界色、衆皆往詣色、種種成就色、出離色、随所化者威儀色、見無猒足色、種種明净色、能放無數光綱色、不可說光明種種差別色、不可思香光明超過三界色、不可量日輪光明照曜〈耀〉② 色、示現無比月身色、無量可愛樂花雲色、出生種種蓮花驕雲莊嚴色、超過一切世間香燄普熏色、出生一切如來藏色、不可說音聲開示演暢一切法色、具足一切普賢行色。佛子，菩薩摩訶薩深入如是無色法界，能現此等種種色身，令所化者見，令所化者念，為所化者轉法輪；随所化者時，随所化者相，令所化者親近，令所化者開悟，為所化者起種種神通，為所化者現種種自在，為所化者施種種能事。是名菩薩摩訶薩為度一切衆生故勤修成就第八無數色身智神通。

佛子，菩薩摩訶薩以一切法智通，知一切法無有名字、無有種性，無来無去，非異、非不異，非種種、非不種種，非二、非不二，無我無比，不生不滅，不動不壞，無實無虛，一相無相，非無非有，非法、非非法，不随扵俗、非不随俗，非業、非非業，非報、非非報，非有為、非無為，非苐一義、非不苐一義、非道、非非道，非出離、非不出離，非量、非無量，非世間、非出世間，非從因生、非不從因生，非决定、非不决定，非成就、非不成就，非出、非不出，非分別、非不分別，非如理、非不如理。此菩薩不取世俗諦，不住苐一義，不分別諸法，不建立文字，随順寂滅性，不捨一切願，見義知法，興布法雲，降霆法雨。雖知實相不可言說，而以方便無盡辯才，随法、随義次苐開演；以扵諸法言辞辯說皆得善巧，大慈大悲悉已清净，能扵一切離文字法中出生文字，與法、與義随順無違，為說諸法悉從緣起，雖有言說而無所著。演一切法辯才無盡，分別安立，開發示導，令諸法性具足明顯，所衆疑綱悉得清净。雖攝衆生不捨真實，扵不二法而無退轉，常能演說無礙法門，以衆妙音，随衆生心，普雨法雨而不失時。是名菩薩摩訶薩苐九一切法智神通。

佛子，菩薩摩訶薩以一切法滅盡三昧智通，扵念念中入一切法滅盡三昧，亦不退菩薩道，不捨菩薩事，不捨大慈大悲心，修習波羅蜜未嘗休息，觀察一切佛國土無有猒倦，不捨度衆生願，不斷轉法輪事，不癈教化衆生業，不捨供養諸佛行，不捨一切法自在門，不捨常見一切佛，不捨常聞一切法；知一切法平等無礙，自在成就一切佛法，所有勝願皆得圓滿，了知一切國土差別，入佛種性到扵彼岸；能扵彼彼諸世界中，學一切法，了法無相，知一切法皆從緣起，無有體性，然随世俗方便演說；雖扵諸法心無所住，然順衆

---

① 諭，㓞二三一頁註③：諭＝喻宫。
② 耀，㓞二三一頁註④：耀＝曜宫。

生諸根欲樂，方便爲說種種諸法。此菩薩住三昧時，隨其心樂，或住一切，或住百切，或住千切，或住億切，或住百億切，或住千億切，或住百千億切，或住【那由他億劫，或】住百那由他億切，或住千那由他億切，或住百千那【由】他億切，或住無數切，或住無量切，乃至或住不可說不可說切。菩薩入此一切法滅盡三昧，雖復經【於爾所劫住，而身】不離散、不羸瘦、不變異，非見非不見，不滅不〔087–3〕壞，不疲不懈，不可盡竭。雖於有於無悉無所作，而能成辯〈辨〉①諸菩【薩事。所謂恆不捨離一】切衆生，教化調伏未曾失時，令其增長一切佛法，於菩薩行悉得圓滿；爲欲利益一切衆生，神通變化無有休息，譬如光影普現一切，而於三昧【寂然不動。是爲菩】薩摩訶薩入一切法滅盡三昧智神通。

佛子，菩薩摩訶薩住於如是十種神通，一切天人不能思議，一切衆生不能思議；一切聲聞、一切獨覺，及餘一切諸【菩薩衆，如是皆】悉不能思議。此菩薩，身業不可思議，語業不可思議，意業不可思議，三昧自在不可思議，智慧境界不可思議，唯除諸佛及有得此神通菩薩，餘無能說此人功德稱楊讚歎。佛子，是爲菩薩摩訶薩十種神通。若菩薩摩訶薩住此神通，悉得一切三世無礙智神通。

---

① 辨，㊅二三二頁註①：辨＝辦⦅明⦆⦅宮⦆，下同。

大方廣佛花嚴經
十忍品第廿九

尒時，普賢菩薩告諸菩薩言：

佛子，菩薩摩訶薩有十種忍，若得此忍，則得到於一切菩薩無礙忍地，一切佛法無礙無盡。何者為十，所謂音聲忍、順忍、無生法忍、如幻忍、如餤忍、如夢忍、如響忍、如影忍、如化忍、如空忍。此十種忍，三世諸佛已說、今說、當說。

佛子，云何為菩薩摩訶薩音聲忍，謂聞諸佛所說之法不驚、不怖、不畏，深信悟解，愛樂趣向，專心憶念，修習安住。是名菩薩摩訶薩第一音聲忍。

佛子，云何為菩薩摩訶薩順忍，謂於諸法，思惟觀察，平等無違，隨順了知，令心清净，正住修習，趣入成就。是名菩薩摩訶薩第二順忍。

佛子，云何為菩薩摩訶薩無生法忍，佛子，此菩薩摩訶薩不見有少法生，亦不見有少法滅。何以故，若無生則無滅，若無滅則無盡，若無盡則離垢，若離垢則無差別，若無差別則無處所，若無處所則寂靜，若寂靜則離欲，若離欲則無作，若無作則無願，若無願則無住，若無住則無去無來。是名菩薩摩訶薩第三無生法忍。

佛子，云何為菩薩摩訶薩如幻忍，佛子，此菩薩摩訶薩知一切法，皆悉如幻，從因緣起，於一法中解多法，於多法中解一法。此菩薩知諸法如幻已，了達國土，了達衆生，了達法界，了達世間平等，了達佛出現平等，了達三世平等，成就種種神通變化。譬如幻，非烏非馬，非車非步，非男非女，非童男非童女，非樹非葉，非花非果，非地非水，非火非風，非晝非夜，非日非月，非半月非一月，非一年非百年，非一切非多劫，非定非亂，非純非雜，非一非異，非廣非狹，非多非少，非量非無量，非麁非細，非是一切種種衆物；種種非幻，幻非種種，然由幻故，示現種種差別之事。菩薩摩訶薩亦復如是，觀一切世間如幻，所謂業世間、煩惱世間、國土世間、法世間、時世間、趣世間、成世間、壞世間、運動世間、造作世間。菩薩摩【訶】薩【觀】一切世間如幻時，不見衆生生，不見衆生滅；不見國土生〔087-4〕，【不見國土滅；不見諸法生，不見諸法滅；不見過去可分別，不見未來有起作，不見現在一念住；不觀察菩提，不分別菩提；不見佛出現，不見佛涅槃；不見住大願，不見入正住，不出平等性。是菩薩雖成就佛國土，知國土無差別；雖成就衆生界，知衆生無差別；雖普觀法界，而安住法性寂然不動；雖達三世平等，而不違分別三世法；雖成就蘊、處，而永斷所依；雖度脫衆生，而了知法界平等無種種差別；雖知一切法遠離文字不可言說，而常說法辯才無盡；雖不取著化衆生事，而不捨大悲，為度一切轉於法輪；雖為開示過去因緣，而知因緣性無有動轉。是名菩薩摩訶薩第四如幻忍。

佛子，云何為菩薩摩訶薩如焰忍，佛子，此菩薩摩訶薩知一切世間同於陽焰。譬如陽焰，無有方所，非內非外，非有非無，非斷非常，非一色非種種色亦非無色，但隨世間言說顯示。菩薩如是如實觀察，了知諸法，現證一切，令得圓滿。是名菩薩摩訶薩第五如焰忍。

佛子，云何爲菩薩摩訶薩如夢忍，佛子，此菩薩摩訶薩知一切世間如夢。譬如夢，非世間、非離世間，非欲界、非色界、非無色界，非生非沒，非染非淨，而有示現。菩薩摩訶薩亦復如是，知一切世間悉同於夢，無有變異故，如夢自性故，如夢執著故，如夢性離故，如夢本性故，如夢所現故，如夢無差別故，如夢想分別故，如夢覺時故。是名菩薩摩訶薩第六如夢忍。

佛子，云何爲菩薩摩訶薩如響忍，佛子，此菩薩摩訶薩聞佛說法，觀諸法性，修學成就，到於彼岸；知一切音聲，悉同於響，無來無去，如是示現。佛子，此菩薩摩訶薩觀如來聲，不從內出，不從外出，亦不從於內外而出；雖了此聲非內、非外、非內外出，而能示現善巧名句，成就演說。譬如谷響，從緣所起，而與法性無有相違，令諸衆生隨類各解而得修學。如帝釋夫人阿脩羅女，名曰舍支，於一音中出千種音，亦不心念令如是出。菩薩摩訶薩亦復如是，入無分別界，成就善巧隨類之音，於無邊世界中恒轉法輪。此菩薩善能觀察一切衆生，以廣長舌相而爲演說，其聲無礙，遍十方土，令隨所宜，聞法各異；雖知聲無起而普現音聲，雖知無所說而廣說諸法；妙音平等，隨類各解，悉以智慧而能了達。是名菩薩摩訶薩第七如響忍。

佛子，云何爲菩薩摩訶薩如影忍，佛子，此菩薩摩訶薩，非於世間生，非於世間沒；非在世間內，非在世外；非行於世間，非不行世間；非同於世間，非異於世間；非往於世間，非不往世間；非住於世間，非不住世間；非是世間，非出世間；非修菩薩行，非捨於大願；非實，非不實。雖常行一切佛法，而能辦一切世間事，不隨世間流，亦不住法流。譬如日月、男子、女人、舍宅、山林、河泉等物，於油、於水、於身、於寶、於明鏡等清淨物中而現其影。影與油等，非一非異，非離非合，於川流中亦不漂度，於池井內亦不沈沒，雖現其中，無所染著。然諸衆生，知於此處有是影現，亦知彼處無如是影；遠物近物雖皆影現，影不隨物而有近遠。菩薩摩訶薩亦復如是，能知自身及以他身，一切皆是智之境界，不作二解，謂自、他別，而於自國土、於他國土，各各差別，一時普現。如種子中，無有根芽、莖節、枝葉，而能生起如是等事。菩薩摩訶薩亦復如是，於無二法中分別二相，善巧方便，通達無礙。是名菩薩摩訶薩第八如影忍。菩薩摩訶薩成就此忍，雖不往詣十方國土，而能普現一切佛刹；亦不離此，亦不到彼，如影普現，所行無礙；令諸衆生見差別身，同於世間堅實之相，然此差別即非差別，別與不別無所障礙。此菩薩從於如來種性而生，身語及意清淨無礙，故能獲得無邊色相清淨之身。

佛子，云何爲菩薩摩訶薩如化忍，佛子，此菩薩摩訶薩知一切世間皆悉如化，所謂：一切衆生意業化，覺想所起故；一切世間諸行化，分別所起故；一切苦樂顛倒化，妄取所起故；一切世間不實法化，言說所現故；一切煩惱分別化，想念所起故；復有清淨調伏化，無分別所現故；於三世不轉化，無生平等故；菩薩願力化，廣大修行故；如來大悲化，方便示現故；轉法輪方便化，智慧無畏辯才所說故。菩薩如是了知世間、出世間化，現證知，廣大知，無邊知，如事知，自在知，真實知，非虛妄見所能傾動，隨世所行亦不失壞。譬如化，不從心起、不從心法起，不從業起、不受果報，非世間生、非世間滅，不可隨逐、不可攬觸，非久住、非須臾住，非行世間、非離世間，不專繫一方、不普屬諸方，非有量、非無量，不厭不息、非不厭息，非凡非聖，非染非淨，非生非死，非智非愚，非見、非不見，非依世間、非入法界，非黠慧、非遲鈍，非取、非不取，非生死、非涅槃，非有、非無有。菩薩如是善巧方便，行於世間修菩薩道，了知世法，分身化往；不著世間，不取自身，於世、於身無所分別；不住世間，不離世間；不住於法，不離於法；以本願故，不棄捨一衆生界，不調伏少衆生界。不分別法；非不分別，知諸法性無來無去，雖無所有而滿足佛法，了法如化非有非無。佛子，菩薩摩訶薩如是安住如化忍時，悉能滿足一切諸佛菩提之道，利益衆生。是名菩薩摩訶薩第九如化忍。菩薩摩訶薩成就此忍，凡有所作悉同於化，譬如化士，於一切佛刹無所依住，於一切世間無所取著，於一切佛法不生分別，而趣佛菩提無有懈倦，修菩薩行離諸顛倒，雖無有身而現一切身，雖無所住而住衆國土，雖無有色而普現衆色，雖不著實際而明照法性平等圓滿。佛子，此菩薩摩訶薩於一切法無所依止，名解脫者；一切過失悉皆捨離，名調伏者；不動不轉，普入一切如來衆會，名神通者；於無生法已得善巧，名無退者；具一切力，須彌、鐵圍不能爲障，名無礙者。

佛子，云何爲菩薩摩訶薩如空忍，佛子，此菩薩摩訶薩了一切法界猶如虛空，以無相故；一切世界猶如虛空，以無起故；一切法猶如虛空，以無二故；一切衆生行猶如虛空，無所行故；一切佛猶如虛空，無分別故；一切佛力猶如虛空，無差別故；一切禪定猶如虛空，三際平等故；所說一切法猶如虛空，不可言說故；一切佛身猶如虛空，無著無礙故。菩薩如是，以如虛空方便，了一切法皆無所有。佛子，菩薩摩訶薩以如虛空忍智了一切法時，得如虛空身、身業，得如虛空語、語業，得如虛空意、意業。譬如虛空，一切法依不生不歿；菩薩摩訶薩亦復如是，一切法身不生不歿。譬如虛空，不可破壞；菩薩摩訶薩亦復如是，智慧諸力不可破壞。譬如虛空，一切世間之所依止而無所依；菩薩摩訶薩亦復如是，一切諸法之所依止而無所依。譬如虛空，無生無滅，能持一切世間生滅；菩薩摩訶薩亦復如是，無向無得，能示向得，普使世間修行清淨。譬如虛空，無方無隅，而能顯現無邊方隅；菩薩摩訶薩亦復如是，無業無報，而能顯示種種業報。譬如虛空，非行非住，而能示現種種威儀；菩薩摩訶薩亦復如是，非行非住，而能分別一切諸行。譬如虛空，非色非非色，而能示現種種諸色；菩薩摩訶薩亦復如是，非世間色、非出世間色，而能示現一切諸色。譬如虛空，非久非近，而能久住，現一切物；菩薩摩訶薩亦復如是，非久非近，而能久住，顯示菩薩所行諸行。譬如虛空，非淨非穢，不離淨穢；菩薩摩訶薩亦復如是，非障非無障，不離障無障。譬如虛空，一切世間皆現其前，非現一切世間之前；菩薩摩訶薩亦復如是，一切諸法皆現其前，非現一切諸法之前。譬如虛空，普入一切，而無邊際；菩薩摩訶薩亦復如是，普入諸法，而菩薩心無有邊際。何以故，菩薩所作如虛空故。謂所有修習、所有嚴淨、所有成就皆悉平等，一體、一味、一種，分量如虛空，清淨遍一切處。如是證知一切諸法，於一切法無有分別，嚴淨一切諸佛國土，圓滿一切無所依身，了一切方無有迷惑，具一切力不可摧壞，滿足一切無邊功德，已到一切甚深法處，通達一切波羅蜜道，普坐一切金剛之座，普發一切隨類之音，爲一切世間轉於法輪未曾失時。是名菩薩摩訶薩第十如空忍。菩薩摩訶薩成就此忍，得無來身，以無去故；得無生身，以無滅故；得無動身，以無壞故；得不實身，離虛妄故；得一相身，以無相故；得無量身，佛力無量故；得平等身，同如相故；得無差別身，等觀三世故；得至一切處身，淨眼等照無障礙故；得離欲際身，知一切法無合散故；得虛空無邊際身，福德藏無盡如虛空故；得無斷無盡法性平等辯才身，知一切法相唯是一相，無性爲性如虛空故；得無量無礙音聲身，無所障礙如虛空故；得具足一切善巧清淨菩薩行身，於一切處皆無障礙如虛空故；得一切佛法海次第相續身，不可斷絕如虛空故；得一切佛刹中現無量佛刹身，離諸貪著如虛空無邊故；得示現一切自在法無休息身，如虛空大海無邊際故；得一切不可壞堅固勢力身，如虛空任持一切世間故；得諸根明利如金剛堅固不可壞身，如虛空一切劫火不能燒故；得持一切世間力身，智慧力如虛空故。

佛子，是名菩薩摩訶薩十種忍。

爾時，普賢菩薩摩訶薩欲重宣其義而說頌言：
譬如世有人，聞有寶藏處，
以其可得故，心生大歡喜。
如是大智慧，菩薩真佛子，
聽聞諸佛法，甚深寂滅相。
聞此深法時，其心得安隱，
不驚亦不怖，亦不生恐畏。
大士求菩提，聞斯廣大音，
心淨能堪忍，於此無疑惑。
自念以聞此，甚深微妙法，
當成一切智，人天大導師。
菩薩聞此音，其心大歡喜，
發生堅固意，願求諸佛法。
以樂菩提故，其心漸調伏，
令信益增長，於法無違謗。
是故聞此音，其心得堪忍，
安住而不動，修行菩薩行。
為求菩提故，專行向彼道，
精進無退轉，不捨眾善軛。
以求菩提故，其心無恐畏，
聞法增勇猛，供佛令歡喜。
如有大福人，獲得真金藏，
隨身所應服，造作莊嚴具。
菩薩亦如是，聞此甚深義，
思惟增智海，以修隨順法。
法有亦順知，法無亦順知，
隨彼法如是，如是知諸法。
成就清淨心，明徹大歡喜，
知法從緣起，勇猛勤修習。
平等觀諸法，了知其自性，
不違佛法藏，普覺一切法。
志樂常堅固，嚴淨佛菩提，
不動如須彌，一心求正覺。
以發精進意，復修三昧道，
無量劫勤行，未曾有退失。
菩薩所入法，是佛所行處，
於此能了知，其心無厭怠。

如無等所說，平等觀諸法，
非不平等忍，能成平等智。
隨順佛所說，成就此忍門，
如法而了知，亦不分別法。
三十三天中，所有諸天子，
共同一器食，所食各不同。
所食種種食，不從十方來，
如其所修業，自然咸在器。
菩薩亦如是，觀察一切法，
悉從因緣起，無生故無滅，
無滅故無盡，無盡故無染，
於世變異法，了知無變異，
無異則無處，無處則寂滅，
其心無染著，願度諸群生。
專念於佛法，未嘗有散動，
而以悲願心，方便行於世。
勤求於十力，處世而不住，
無去亦無來，方便善說法。
此忍最為上，了法無有盡，
入於真法界，實亦無所入。
菩薩住此忍，普見諸如來，
同時與授記，斯名受佛職。
了達三世法，寂滅清淨相，
而能化眾生，置於善道中。
世間種種法，一切皆如幻，
若能如是知，其心無所動。
諸業從心生，故說心如幻，
若離此分別，普滅諸有趣。
譬如工幻師，普現諸色像，
徒令眾貪樂，畢竟無所得。
世間亦如是，一切皆如幻，
無性亦無生，示現有種種。
度脫諸眾生，令知法如幻，
眾生不異幻，了幻無眾生。
眾生及國土，三世所有法，
如是悉無餘，一切皆如幻。
幻作男女形，及象馬牛羊，

屋宅池泉類，園林華果等。
幻物無知覺，亦無有住處，
畢竟寂滅相，但隨分別現。
菩薩能如是，普見諸世間，
有無一切法，了達悉如幻。
眾生及國土，種種業所造，
入於如幻際，於彼無依著。
如是得善巧，寂滅無戲論，
住於無礙地，普現大威力。
勇猛諸佛子，隨順入妙法，
善觀一切想，纏網於世間。
眾想如陽焰，令眾生倒解，
菩薩善知想，捨離一切倒。
眾生各別異，形類非一種，
了達皆是想，一切無真實。
十方諸眾生，皆為想所覆，
若捨顛倒見，則滅世間想。
世間如陽焰，以想有差別，
知世住於想，遠離三顛倒。
譬如熱時焰，世見謂為水，
水實無所有，智者不應求。
眾生亦復然，世趣皆無有，
如焰住於想，無礙心境界。
若離於諸想，亦離諸戲論，
愚癡著想者，悉令得解脫。
遠離憍慢心，除滅世間想，
住盡無盡處，是菩薩方便。
菩薩了世法，一切皆如夢，
非處非無處，體性恒寂滅。
諸法無分別，如夢不異心，
三世諸世間，一切悉如是。
夢體無生滅，亦無有方所，
三界悉如是，見者心解脫。
夢不在世間，不在非世間，
此二不分別，得入於忍地。
譬如夢中見，種種諸異相，
世間亦如是，與夢無差別。

住於夢定者，了世皆如夢，
非同非是異，非一非種種。
眾生諸剎業，雜染及清淨，
如是悉了知，與夢皆平等。
菩薩所行行，及以諸大願，
明了皆如夢，與世亦無別。
了世皆空寂，不壞於世法，
譬如夢所見，長短等諸色。
是名如夢忍，因此了世法，
疾成無礙智，廣度諸群生。
修行如是行，出生廣大解，
巧知諸法性，於法心無著。
一切諸世間，種種諸音聲，
非內亦非外，了之悉如響。
如聞種種響，心不生分別；
菩薩聞音聲，其心亦如是。
瞻仰諸如來，及聽說法音，
演契經無量，雖聞無所著。
如響無來處，所聞聲亦然，
而能分別法，與法無乖謬。
善了諸音聲，於聲不分別，
知聲悉空寂，普出清淨音。
了法不在言，善入無言際，
而能示言說，如響遍世間。
了知言語道，具足音聲分，
知聲性空寂，以世言音說。
如世所有音，示同分別法，
其音悉周遍，開悟諸群生。
菩薩獲此忍，淨音化世間，
善巧說三世，於世無所著。
為欲利世間，專意求菩提，
而常入法性，於彼無分別。
普觀諸世間，寂滅無體性，
而恒為饒益，修行意不動。
不住於世間，不離於世間，
於世無所依，依處不可得。
了知世間性，於性無染著，

340

雖不依世間，化世令超度。
世間所有法，悉知其自性，
了法無有二，無二亦無著。
心不離世間，亦不住世間，
非於世間外，修行一切智。
譬如水中影，非內亦非外，
菩薩求菩提，了世非世間。
不於世住出，以世不可說，
亦不在內外，如影現世間。
入此甚深義，離垢悉明徹，
不捨本誓心，普照智慧燈。
世間無邊際，智入悉齊等，
普化諸群生，令其捨眾著。
觀察甚深法，利益群生眾，
從此入於智，修行一切道。
菩薩觀諸法，諦了悉如化，
而行如化行，畢竟永不捨。
隨順化自性，修習菩提道，
一切法如化，菩薩行亦然。
一切諸世間，及以無量業，
平等悉如化，畢竟住寂滅。
三世所有佛，一切亦如化，
本願修諸行，變化成如來。
佛以大慈悲，度脫化眾生，
度脫亦如化，化力為說法。
知世皆如化，不分別世間，
化事種種殊，皆由業差別。
修習菩提行，莊嚴於化藏，
無量善莊嚴，如業作世間。
化法離分別，亦不分別法，
此二俱寂滅，菩薩行如是。
化海了於智，化性印世間，
化非生滅法，智慧亦如是。
第十忍明觀，眾生及諸法，
體性皆寂滅，如空無處所。

獲此如空智，永離諸取著，
如空無種種，於世無所礙。
成就空忍力，如空無有盡，
境界如虛空，不作空分別。
虛空無體性，亦復非斷滅，
亦無種種別，智力亦如是。
虛空無初際，亦復無中後，
其量不可得，菩薩智亦然。
如是觀法性，一切如虛空，
無生亦無滅，菩薩之所得。
自住如空法，復為眾生說，
降伏一切魔，皆斯忍方便。
世間相差別，皆空無有相，
入於無相處，諸相悉平等。
唯以一方便，普入眾世間，
謂知三世法，悉等虛空性。
智慧與音聲，及以菩薩身，
其性如虛空，一切皆寂滅。
如是十種忍，佛子所修行，
其心善安住，廣為眾生說。
於此善修學，成就廣大力，
法力及智力，為菩提方便。
通達此忍門，成就無礙智，
超過一切眾，轉於無上輪。
所修廣大行，其量不可得，
調御師智海，乃能分別知。
捨我而修行，入於深法性，
心常住淨法，以是施群生。
眾生及剎塵，尚可知其數，
菩薩諸功德，無能度其限。
菩薩能成就，如是十種忍，
智慧及所行，眾生莫能測】。

【大方廣佛華嚴經卷第四十四】

大方廣佛花嚴經
阿僧祇品第卅

卷卅五・卅五之上

尒時，心王菩薩白佛言：世尊，諸佛如來演說阿僧祇無量、無邊、無等、不可數、不可稱、不可思、不可量、不可說、不可說不可說。世尊，云何阿僧祇乃至不可說不可說耶。佛告心王菩薩言：善𢦕善𢦕，善男子，汝今爲欲令諸世間入佛所知數量之義，而問如來應正等覺。善男子，諦聽諦聽，善思念之，當爲汝說。時，心王菩薩唯然受教。

佛言：善男子，一百洛叉爲一俱胝，俱胝俱胝爲一阿庾多，阿庾多阿庾多爲一那由他，那由他那由他爲一頻婆[C]〈波〉羅，頻婆[C]〈波〉羅頻婆[C]〈波〉羅爲一矜羯羅，矜羯羅矜羯羅爲一阿伽羅，阿伽羅阿伽羅爲一最勝，最勝㝡勝爲一摩婆上聲呼羅，摩婆羅摩婆羅爲一阿婆上羅，阿婆羅阿婆羅爲一多婆上羅，多婆羅多婆羅爲一界分，界分界分爲一普摩，普摩普摩爲一祢摩，祢摩祢摩爲一阿婆上鈐，阿婆鈐阿婆鈐爲一弥伽上婆，弥伽婆弥伽婆爲一毗攞伽，毗攞伽毗攞伽爲一毗伽上婆，毗伽婆毗伽婆爲一僧羯邏摩，僧羯邏摩僧羯邏摩爲一毗薩羅，毗薩羅毗薩羅爲一毗贍婆，毗贍婆毗贍婆爲一毗盛上伽，毗盛伽毗盛伽爲一毗素陁，毗素陁毗素陁爲一毗婆訶，毗婆訶毗婆訶爲一毗薄底，毗薄底毗薄底爲一毗佉擔，毗佉擔毗佉擔爲一稱量，稱量稱量爲一一持，一持一持爲一異路，異路異路爲一顛倒，顛倒顛倒爲一三末耶，三末耶三末耶爲一毗覩羅，毗都〈覩〉羅毗都〈覩〉羅爲一奚婆上羅，奚婆羅奚婆羅爲一伺察，伺察伺察爲一周廣，周廣周廣爲一高出，高出高出爲一最妙，最妙最妙爲一泥羅婆，泥羅婆泥羅婆爲一阿〈訶〉理婆，阿〈訶〉理婆阿〈訶〉理婆爲一一動，一動一動爲一訶理蒲，訶理蒲訶理蒲爲一訶理三，訶理三訶理三爲一奚魯伽，奚魯伽奚魯伽爲一達攞步陁，達攞步陁達攞步陁爲一訶魯那，訶魯那訶魯那爲一摩魯陁，摩魯陁摩魯陁爲一懺慕陁，懺慕陁懺慕陁爲〔089-1〕一瑿攞陁，瑿攞陁瑿攞陁爲一摩魯摩，摩魯摩摩魯摩爲一調伏，調伏調伏爲一離憍慢，離憍慢離憍慢爲一不動，不動（不動）爲一極量，極量極量爲一阿麽怛羅，阿麽怛羅阿麽怛羅爲一勃麽怛羅，勃麽怛羅勃麽怛羅爲一伽麽怛羅，伽麽怛羅伽麽怛羅爲一那麽怛羅，那麽怛羅那麽怛羅爲一奚麽怛羅，奚麽怛羅奚麽怛羅爲一鞞麽怛羅，鞞麽怛羅鞞麽怛羅爲一鉢羅麽怛羅，鉢羅麽怛羅鉢羅麽怛羅爲一尸婆麽怛羅，尸婆麽怛羅尸婆麽怛羅爲一翳羅，翳羅翳羅爲一薜羅，薜羅薜羅爲一諦羅，諦羅諦羅爲一偈羅，偈羅偈羅爲一窣步羅，窣步羅窣步羅爲一泥羅，泥羅泥羅爲一計羅，計羅計羅爲一細羅，細羅細羅爲一脾〈睥〉羅，脾〈睥〉羅脾〈睥〉羅爲一謎羅，謎羅謎羅爲一娑攞茶，娑攞茶娑攞茶爲一謎魯陁，謎魯陁謎魯陁爲一契魯陁，契魯陁契魯陁爲一摩覩羅，摩覩羅摩覩羅爲一娑母羅，娑母羅娑母羅爲一阿野娑，阿野娑阿野娑爲一迦麼羅，迦麼羅迦麼羅爲一摩伽婆，摩伽婆摩伽婆爲一阿怛羅，阿怛羅阿怛羅爲一醯魯耶，醯魯耶醯魯耶爲一薜魯婆，薜魯婆薜魯婆爲一羯羅波，羯羅波羯羅波爲一訶婆婆，訶婆婆訶婆婆爲一毗婆上。羅，毗婆羅毗婆羅爲一那婆上。【羅】，那婆羅那婆羅爲一摩攞羅，摩攞羅摩攞羅爲一婆〈娑〉婆上。羅，婆〈娑〉婆羅婆〈娑〉婆羅爲一迷攞普，迷攞普迷攞普爲一者麼羅，者麼羅者麼羅爲一馱麼羅，馱麼羅馱麼羅爲一鉢攞麼陁，鉢攞麼陁鉢攞麼陁爲一毗伽〈迦〉摩，毗伽〈迦〉摩毗伽〈迦〉摩爲一烏波跋多，烏波跋多烏波跋多爲一演說，演說演說爲一無盡，無盡無盡爲一出生，出生出生爲一無我，無我無我爲一阿畔多，阿畔多阿畔多爲一青蓮花，青蓮花青蓮花爲一鉢頭摩，鉢頭摩鉢頭摩爲一僧祇，僧祇僧祇爲一趣，趣〔089-2〕趣爲一至，至至爲一阿僧祇，阿僧祇阿僧祇爲一阿僧祇轉，阿僧祇轉阿僧祇轉爲一無量，無量無量爲一無量轉，無量轉無量轉爲一無邊，無邊無邊爲一無邊轉，無邊轉無邊轉爲一無等，無等無等爲一無等轉，無等轉無等轉爲一不可數，不可數不可數爲一不可數轉，不可數轉不可數轉爲一不可稱，不可稱不可稱爲一不可稱轉，不可稱轉不可稱轉爲一不可思，不可思不可思爲一不可思轉，不可思轉不可思轉爲一不可量，不可量不可量爲一不可量轉，不可量轉不可量轉爲一不可說，不可說不可說爲一不可說轉，不可說轉〔不可說轉〕爲一不可說不可說，此又不可說不可說爲一不可說不可說轉。

爾時，世尊爲心王菩薩而說頌曰：
不可言說不可說，充滿一切不可說，
不可言說諸劫【中】，說不可說不可盡。
不可言說諸佛刹，皆悉碎末爲微塵，
一塵中刹不可說，如一一切皆如是。
此不可說諸佛刹，一念碎塵不可說，
念念所碎悉亦然，盡不可說劫恒尒。
此塵有刹不可說，此刹爲塵說更難，
以不可說筭數法，不可說劫如是數。
以此說〈諸〉塵數諸劫，一塵十萬不可說，
尒劫稱讚一普賢，無能盡其功德量。
於一微細毛端處，有不可說諸普賢，
一切毛端悉亦尒，如是乃至遍法界。
一毛端處所有刹，其數無量不可說，
盡虛空量諸毛端，一一處刹悉如是。
彼毛端處諸國土，無量種類差別住，
有不可說異類刹，有不可說同類刹。
不可言說毛端處，皆有淨刹不可說，
種種莊嚴不可說，種種奇妙不可說。
於彼一一毛端處，演不可說諸佛名，
一一名有諸如來，皆不可說不可說。
一一諸佛於身上〔089-3〕，現不可說諸毛孔，
於彼一一毛孔中，現衆色相不可說。
不可言說諸毛孔，咸放光明不可說，
於彼一一光明中，悉現蓮花不可說。
於彼一一蓮花內，悉有衆葉不可說，
不可說花衆葉中，各現色相不可說。
彼不可說諸【色】內，【復】現衆葉不可說，
葉中光明不可說，光中色相不可說。
此不可說色相中，一一現光不可說，
光中現月不可說，月復【現月】不可說。
於不可說諸月中，一一現光不可說，
於彼一一光明內，復現於日不可說。
於不可說諸日中，一一現色不可說，
於彼一一諸色內，又現光明不可說。
於彼一一光明內，現不可說師子座，
一一嚴具不可說，一一光具〈明〉不可說。
光中妙色不可說，色中淨光不可說，
於彼一一淨光內，復現種種妙光明。
此光復現種種光，不可言說不可說，
如是種種光明，各現妙寶如須彌。
一一光中所現寶，不可言說不可說，

彼如【須彌】一妙寶，現衆刹土不可說。
盡湏弥寶無有餘，示現刹土皆如是，
以一刹土末爲塵，一塵色相不可說。
衆刹爲塵塵【有相】，不可言說不可說，
如是種種諸塵相，皆出光明不可說。
光中現佛不可說，佛所說法不可說，
法中妙偈不可說，聞偈得解不可說。
不可說解念念中，顯了真諦不可說，
示現未来一切佛，常演說法无窮盡。
一一佛法不可說，種種清淨不可說，

　　　大方廣佛花嚴〔經〕〔卷〕第卅五・卅五之上
　　　　　　　　　　　　　　　　〔089-4〕

出妙音聲不可說，轉正法輪不可說。
於彼一一法輪中，演俻多羅不可說；
於彼一一俻多羅，分別法門不可說；
於【彼一一】法門中，又說諸法不可說；
於【彼一一諸法中】，調伏衆生不可說。
或復於一毛端處，不可說刧常安住，
如一毛端餘悉然，所住刧數皆如是。
其心無礙不可說，變化諸【佛】不可說，
一一【變化】諸【如】來，復【現於】化不可說。
彼佛法身不可說，彼佛分身不可說，
莊嚴無量不可說，往詣十方不可說，
周行國土不可說，觀察衆生不可說，
清淨衆生不可說，調【伏】衆生不可說。
【彼諸莊嚴不可說】，彼諸神力不可說，
彼諸自在不可說，彼諸神變不可說。
所有神通不可說，所有境界不可說，
所有加持不可說，所住世間不可說。
【清淨實相不可說，說】俻多【羅不可說】，
於彼一一俻多羅，演說法門不可說；
於彼一一法門中，又說諸法不可說；
於彼一一諸法中，【所】有【決定不】可說；
於彼一一決定中，【調伏】衆【生不】可【說。
不可言說同類法】，不可言說同類心，

不可言說異類法，不可言說異類心，
不可言說異類根，不可言說異類語，
念念於諸所行處，調伏衆生不可說。
【所有神變不可說，所有示現不可說】，
於中時刧不可說，於中差別不可說，
菩薩悉能分別說，【諸】明筭者莫能辯〈辨〉①。
一毛端處大小刹，雜染清淨麁細【刹】，
如是一切不可說，【一一明了】可【分別。
以一國】土碎爲塵，其塵無量不可說，
如是塵數無邊刹，俱來共集一毛端。
【此】諸國土不可說，共集毛端無迫隘，
不使毛端有增大，而彼國土俱來集。
【於中所有諸國】土，形【相如本】無雜【亂】，
如一國土不亂餘，一切國土皆如是。
虛空境界無邊際，悉布毛端使充滿，
如是毛端諸國土，菩薩一念皆能說。
於一微細毛【孔中，不可說刹次第入，
毛孔能受彼諸】刹，諸刹不能遍毛孔。
入時刧數不可說，受時刧數不可說，
於此行列安住時，一切諸刧無能說。
如是攝受安住已，所有境界不可說，
【入時方便不可說，入已所作】不可【說】，
意根明了不可說，遊歷諸方不可說，
勇猛精進不可說，自在神變不可說，
所有思惟不可說，所有大願不可說，
所有境界不可說，【一切通達不可說，
身】業【清淨】不可【說】，語業清淨不可說，
意業清淨不可說，信解清淨不可說，
妙智清淨不可說，妙慧清淨不可說，
了諸實相不可說，斷諸疑惑不可說，
【出離生死不】可【說，超昇正】位不可

---

① 辨，㊅二三九頁註①：辨＝辯㊆。

大方廣佛花嚴經阿僧祇品第三十

【說】，
　　甚深三昧不可說，了達一切不可說，
　　一切眾生不可說，一切佛剎不可說，
　　知眾生身不可說，知其心樂不可說，
　　知其業果不可說，知其【意解不可說，
　　知其品】類【不可說】，知其種性不可說，
　　知其受身不可說，知其生處不可說，
　　知其正生不可說，知其生已不可說，
　　知其解了不可說，知其趣向不可說，
　　知其言語不可說，知其作業【不可說】。
　　菩【薩】如是大慈悲，利益一切諸世間，
　　普現其身不可說，入諸佛剎不可說，
　　見諸菩薩不可說，發生智慧不可說，
　　請問正法不可說，敷揚佛教不可說，
　　現種種【身不可說】，詣諸國土不可說，
　　示現神通不可說，普遍十方不可說，
　　處處分身不可說，親近諸佛不可說，
　　作諸供具不可說，種種無量不可說，
　　清淨眾寶不可說，上妙蓮花不可說，
　　最勝香鬘不可說，供養如來不可說，
　　清淨信心不可說，最勝悟解不可說，
　　增上志樂不可說，恭敬諸佛不可說，
　　修行於施不可說，其心過去不可說，
　　有求皆施不可說〔090-1〕，一切悉施不可說，
　　持戒清淨不可說，心意清淨不可說，
　　【讚】歎諸佛不可說，愛樂正法不可說，
　　成就諸忍不可說，無生法忍不可說，
　　具足寂靜不可說，住寂靜地不可說，
　　起大精進不可說，其心過去不可說，
　　不退轉心不可說，不傾動心不可說，
　　一切定藏不可說，觀察諸法不可說，
　　寂然在定不可說，了達諸禪不可說，
　　智慧通達不可【說】，三昧自在不可說，
　　了達諸法不可說，明見諸佛不可說，
　　修無量行不可說，發廣大願不可說，
　　甚深境界不可說，清淨法門不可說，
　　菩薩法力不可說，菩薩法住不可說，
　　彼諸正念不可說，彼諸法界不可說，
　　修方便智不可說，學甚深智不可說，
　　無量智慧不可說，究竟智慧不可說，
　　彼諸法智不可說，彼淨法輪不可說，
　　彼大【法雲不可說】，彼大法雨不可說，
　　彼諸神力不可說，彼諸方便不可說，
　　入空寂智不可說，念念相續不可說，
　　無量行門不可說，念念恒住不可說，
　　諸【佛剎】海不可說，悉能往詣【不可說】，
　　諸剎差別不可說，種種清淨不可說，
　　差別莊嚴不可說，無邊色相不可說，
　　種種間錯不可說，種種妙好不可說，
　　清淨佛土不可說，雜染世界不可說，
　　了知眾生不可說，知其種性不可說，
　　知其業報不可說，知其心行不可說，
　　知其根性不可說，知其解欲不可說，
　　雜染清淨不可說，觀察調伏不可說，
　　變化自在不可說，現種種身不可說，
　　修行精進不可說，度脫眾生不可說，
　　示現神變不可說，放大光明不可說，
　　種種色相不可說，令眾生淨不可說，
　　一一毛孔不可說，放光明網不可說，
　　光網現色不可說，普照佛剎不可說，
　　勇猛無畏不可說，方便善巧不可說，
　　調伏眾生不可說，令出生死不可說，
　　清淨身業不可說，清淨語業不可說，
　　無邊意業不可說，殊勝妙行不可說，
　　成就智寶不可說，深入法界不可說，
　　菩薩摠持不可說，善能修學不可說，
　　智者音聲不可說，音聲清淨不可說，
　　正念真實不可說，開悟眾生不可說，
　　具足威儀不可說，清淨修行不可說，
　　成就無畏不可說，調伏世間不可說，
　　諸佛子眾不可說，清淨勝行不可說，
　　稱歎諸佛不可說，讚揚無盡不可說，

345

世間導師不可說，演說讚歎不可說，
彼諸菩薩不可說，清淨功德不可說，
彼諸邊際不可說，能【住】其中不可說，
住中智慧不可說，盡諸劫住無能說，
欣樂諸佛不可說，智慧平等不可說，
善入諸法不可說〔090-2〕，於法無礙不可說，
三世如空不可說，三世智慧不可說，
了達【三世】不可說，住於智慧不可說，
殊勝妙行不可說，無量大願不可說，
清淨大願不可說，成就菩提不可說，
諸佛菩提不可說，發生智慧不可說，
分別義理不可說，知一切法不可說，
嚴淨佛剎不可說，修行諸力不可說，
長時修習不可說，一【念】悟解不可說，
諸佛自在不可說，廣演正法不可說，
種種神力不可說，示現世間不可說，
清淨法輪不可說，【勇】猛能【轉】不可說，
種種開演不可說，哀愍世間不可說。
不可言說一切劫，讚不可說諸功德，
不可說劫猶可盡，不可說德不可盡。
不可言說諸如來，不可言說諸舌根，
歎佛不可言說德，不可說劫無能盡。
十方所有諸眾生，一切同時成正覺，
於中一佛普能現，不可言說一切身。
此不可說中一身，示現於頭不可說；
此不可說中一頭，示現於舌不可說；
此不可說中一舌，示現於聲不可說；
此不可說中一聲，經於劫住不可說。
如一如是一切佛，如一如是一切身，
如一如是一切頭，如一如是一切舌，
如一如是一切【聲】，不可說劫恒讚佛，
不可說劫猶可【盡】，歎佛功德無能盡。
一微塵中能悉有，不可言說蓮花界，

一一蓮花世界中，賢首如來不可說。
乃至法界悉周遍，其中所有諸微塵，
世界【若】成若住壞，其數無量【不可說】。
一【微】塵處無【邊】際，無量諸剎普來入，
十方差別不可說，剎海分布不可說。
一一剎中有如來，壽命劫數不可說，
諸佛所行不【可說】，甚深妙法不可說，
神通大力不【可說】，無障【礙】智不可說，
入【於毛孔不】可說，毛孔因緣不可說，
成就十力不可說，覺悟菩提不可說，
入淨法界不可說，獲【深】智藏【不可說。
種種數】量不可說，如其一切【悉了知；
種】種形量不可說，於此靡不皆【通】達。
種種三昧不可說，悉能經劫於中住，
於不可說諸佛所，所行清淨不可說。
得不可說無礙心，往【詣十】方不可說，
【神力示現】不可說，所行無際不可說，
往詣眾剎不可說，了達諸佛不可說，
精進勇猛不可說，智慧通達不可說。
於法非行非不行，入諸境界不【可說】，
不【可稱】說諸大【劫】，恒遊【十方】不可說。
方便智慧不可說，真實智【慧】不可說，
神通智慧不可說，念念示現不可說。
於不可說諸佛法，一一了知不可說，
能於一時【證菩提】，或【種種時】而證入。
毛端【佛】剎不可說，塵中佛剎不可說，
如是佛剎皆往詣，見諸如來不可說。
通達一實不可說，善入佛種不可說，
諸佛國土不可說，悉能往詣成菩提。
國【土眾生及】諸佛，體【性】差別不可說，
如是三世無有邊，菩薩一切皆明見。

大方廣佛花嚴經
壽量品第三十一

尒時，心王菩薩摩訶薩於衆會中告諸菩薩言：佛子，此【娑婆】世界釋迦牟尼佛刹一刧，於極樂世界阿弥陁佛刹爲一日一夜；極樂世界一刧，於袈裟幢世界金剛堅佛刹爲一日一夜；袈裟幢世界一刧，於不退轉音聲輪世界善勝光明【蓮華】開敷佛刹爲一日一夜；不退轉音聲輪世界一刧，於離垢世界法幢佛刹爲一日一夜；離垢世界一刧，於善【燈】世界師子佛刹爲一日一夜；善燈世界一刧，於妙光明世界光明藏佛刹爲一日一夜；妙光明世界一刧，於難超過世界法光明蓮花開敷佛〔090-3〕刹爲一日一夜；難超過世界一刧，於莊嚴慧世界一切神通光明佛刹爲一日一夜；莊嚴慧世界一刧，於鏡光明世界月智佛刹爲一日一夜。佛子，如是次第，乃【至過百萬阿僧祇世界】，最後世界一刧，於勝蓮花世界賢勝佛刹爲一日一夜，普賢菩薩及諸同行大菩薩等充滿其中。

大方廣佛花嚴經
諸菩薩住處品第三十二

尒時，心王菩薩摩訶薩於衆【會】中【告】諸菩薩言：

佛子，東方有處，名仙人（仙）山，從昔已來，諸菩薩衆於中止住；現有菩薩，名金剛勝，與其眷属、諸菩薩衆【三百】人俱，常在其【中而】演說法〔090-4〕。【南方】有處，〔名〕勝峯山，從昔已來，諸菩薩衆於中止住；現有菩薩，名曰法慧，與其眷属、諸菩薩衆【五百】人俱，常在【其】中而【演】說法。西方有處，名金剛燄山，從昔已來，諸菩薩衆於中【止住】；現有菩薩，名精進無畏行，與其眷属、諸菩薩衆三百人俱，常在其中而演說法。北方有處，名香積山，從昔【已來】，諸菩薩衆於中止住；現有菩薩，名曰香烏，與其眷属、諸菩薩衆三千人俱，常在其中而演說法。東北方有處，名清涼山，從昔已來，諸菩薩衆於中止住；現有菩薩，名文殊師【利】，與【其眷】属、【諸】菩薩【衆】一萬人俱，常在其中而演說法。海中有處，名金剛山，從昔已來，諸菩薩衆於中止住；現有菩薩，名曰法起，與其眷属、諸菩薩衆千二百人俱，常在其中而演說法。東南方有處，名支提【山】，從昔已來，諸菩薩衆於中止住；現有菩薩，名曰天冠，與其眷属、諸菩薩衆一千人俱，常在其中而演說法。西南方有處，名光明山，從昔已來，諸菩薩衆於中止住；現有菩薩，名曰賢勝，與【其眷】属、【諸】菩薩衆三千人俱，常在其中而【演】說法。西北方有處，名香風山，從昔已來，諸菩薩衆於中止住；現有菩薩，名曰香光，與其眷属、諸菩薩衆五千人俱，常在其中而演說法。

大海之中復有住處，名莊嚴窟，從昔已來，諸菩薩衆於中止住。毗【舍】離南有一住處，名善住根，從昔已來，諸菩薩衆於中止住。摩度羅城有一住處，名滿足窟，從昔已來，諸菩薩衆於中止住。俱珍那城有一住處，名曰法座，從昔已來，諸菩薩衆於中止【住】。清淨彼岸城有一住處，名目真隣陁窟，從昔已來，諸菩薩衆於中止住。摩蘭陁國有一住處，名無礙龍王建立，從昔已來，諸菩薩衆於中止住。甘菩遮國有一住處，名出生慈，【從昔】已來，諸菩薩衆於中止住。震旦國有一住處，名那羅延窟，從昔已來，諸菩薩衆於中止住。疏勒國有一住處，名牛頭山，從昔已來，諸菩薩衆於中止住。迦葉弥【羅】國有一住處，名曰次第，從昔已來，諸菩薩〔衆〕於中止住。增長歡喜城有一住處，名尊者窟，從昔已來，諸菩薩衆於中止住。菴浮梨摩國有一住處，名見【億】藏【光】明，從昔已來，諸菩【薩】衆於中止住。【乾】陁羅國有一住處，名苦婆羅窟，從昔已來，諸菩薩衆於中止住。

大方廣佛花嚴經卷第四十五・四十五之下
〔090-5〕

大方〔廣佛花嚴經〕
佛不思議法品第卅三之上

卷卅六・冊六之上

尔時，大會中有諸菩薩【作】是念：諸佛國土云何不【思】議，諸佛李顗云何【不思議，諸佛種性】云何不思【議，諸佛出】現云何不思議，諸佛身云何不思議，諸佛音聲云何不思議，諸佛智慧云何不思議，諸佛自在云何不思議，諸佛【無礙云】何【不思議，諸佛解脫云何不思議】。

尔時，世尊知諸菩薩心之所念，則以神力加持，智慧攝受，光明照曜，【威】勢充滿，令青蓮花【藏】菩薩住佛無【畏】，入佛法【界，獲佛威德，神通自在，得佛無礙廣】大觀察，知一切佛種性【次第】，住不可說佛【法】方便。

尔時，青【蓮華】藏菩薩則能通達無礙法界，則能安住【離障深行，則能成滿普賢大願，則】能知見一切佛法，【以大悲】心觀察眾生，欲令清淨精【勤修習】無有猒息，受行一切諸菩薩法，於一念中出生佛智，【解了一切無盡智門，總持、辯才皆悉】具足；【承佛】神力，【告】蓮華藏菩薩言：

佛子，諸佛世尊有無量住，所謂常住、大悲住、種種身作諸佛事【住、平等意轉淨法輪住、四辯才說無量法住、不思議】一切佛法住、清淨音遍無量土住、不可說【甚深法界住、現】一切【最】勝神通住，能開【示】無有【障】礙究竟【之法】。

【佛子，諸佛世尊有十種法，普遍無量無邊法界。何等為十，所謂】：一切〔諸〕佛有無邊際身，色【相清淨，普入諸趣而】無染著；一切諸佛有無邊際無鄣礙眼，【於一切法悉能明見；一切諸佛有無邊際無障礙耳，悉能解了一切音聲；一】切諸佛有【無】邊際【鼻，能到諸】佛【自在】彼岸；一切諸佛有廣長舌，出妙【音聲周遍法界；一切諸佛有無邊際身，應眾生心，咸令得見；一切諸佛有無邊際意，住】於無礙【平】等法【身；一切】諸【佛有無邊際】無【礙解脫，示】現無盡【大】神通力；【一切諸佛有無邊際清淨世界，隨眾生樂現眾佛土，具足無量種種莊嚴，而於其中不生染著；一切諸佛有無邊際菩薩】行顧，得圓【滿】智，【遊戲自】在，【悉】能通【達一切佛法。佛子，是為如來應正等覺普遍法界無邊際十種佛法】。

【佛子，諸佛世尊有十種念念出生智。何等】為十，所謂：【一切】諸佛於一念中，悉能示現【無量世界從天來下；一切諸佛於一念中，悉能示現無量世界菩薩受生；一切諸佛於一念中，悉能示現無量世界出家學道；一切諸】佛於一念中，悉【能示現無量世界菩提樹下成等正覺；一切諸佛於一念中，悉能示現無量世界轉妙法輪；一切諸佛於一念中，悉能示現無量世界教化眾生供養】諸佛〔091-1〕；【一切諸佛於一念中，悉能示現無量世界不可言說種種佛身；一切諸佛於一念中，悉能示現無量世界種種莊嚴、無數莊嚴、如來自

349

在一切智藏；一切諸佛於一念中，悉能示現無量世界無量無數清淨眾生；一切諸佛於一念中，悉能示現無量世界三世諸佛種種根性、種種精進、種種行解，於三世中成等正覺。是爲十。

佛子，諸佛世尊有十種不失時。何等爲十，所謂一切諸佛成等正覺不失時，一切諸佛成熟有緣不失時，一切諸佛授菩薩記不失時，一切諸佛隨眾生心示現神力不失時，一切諸佛隨眾生解示現佛身不失時，一切諸佛住於大捨不失時，一切諸佛入諸聚落不失時，一切諸佛攝諸淨信不失時，一切諸佛調惡眾生不失時，一切諸佛現不思議諸佛神通不失時。是爲十。

佛子，諸佛世尊有十種無比不思議境界。何等爲十，所謂：一切諸佛一跏趺坐，遍滿十方無量世界；一切諸佛說一義句，悉能開示一切佛法；一切諸佛放一光明，悉能遍照一切世界；一切諸佛於一身中，悉能示現一切諸身；一切諸佛於一處中，悉能示現一切世界；一切諸佛於一智中，悉能決了一切諸法無所罣礙；一切諸佛於一念中，悉能遍往十方世界；一切諸佛於一念中，悉現如來無量威德；一切諸佛於一念中，普緣三世佛及眾生，心無雜亂；一切諸佛於一念中，與去來今一切諸佛體同無二。是爲十。

佛子，諸佛世尊能出生十種智。何者爲十，所謂一切諸佛知一切法無所趣向，而能出生迴向願智；一切諸佛知一切法皆無有身，而能出生清淨身智；一切諸佛知一切法本來無二，而能出生能覺悟智；一切諸佛知一切法無我無眾生，而能出生調眾生智；一切諸佛知一切法本來無相，而能出生了諸相智；一切諸佛知一切世界無有成壞，而能出生了成壞智；一切諸佛知一切法無有造作，而能出生知業果智；一切諸佛知一切法無有言說，而】能出生了言說智；一切諸佛【知一切法無有】染淨，【而能出生知染淨智】；一切【諸佛知一切法無有生滅，而能出】生了生【滅智。是爲十】。

【佛子，諸佛世】尊有十種普入法。何【等爲十，所謂：一切】諸【佛有淨妙身，普入】三世；一切諸佛皆悉具足三種自【在】，普化眾生；一切諸【佛皆】悉具足【諸陀羅】足，普能受持一切佛【法；一切諸佛皆悉具足】四種辯【才，普轉一切】清淨法輪；一切諸佛皆悉具足平等大悲，恒不捨離一切眾生；一切【諸佛】皆悉具足甚深禪定，【恒】普【觀察】一切【眾生】；一切諸佛皆悉【具足利他】善根，調伏眾生無有休息；一切諸佛皆悉具足無所礙心，普能【安住】一切法界；一切諸佛皆悉【具足無】礙神力，【一念】普現三世諸【佛】；一切【諸佛】皆悉具足無礙智慧，一念普立三世劫數。是爲十。

佛子，諸佛世尊【有】十種難信受廣大法。何等爲十，所【謂一切諸佛悉】能摧滅一【切諸魔；一切諸】佛悉能降伏一切外道；一切諸佛悉能【調伏一切】眾生咸令歡悅；一切諸佛悉能往詣一切世界化【導】羣品；【一切諸佛悉能智證甚深法】界；【一切諸】佛悉皆能以無二之身現種種身【充滿世界；一切諸】佛悉皆能以清淨音聲起四辯才說法無斷，凡有信受功不【唐捐】；一切諸佛皆悉【能於一毛孔】中出現諸佛，與一切世界微塵【數等，無有】斷絕；一切諸佛皆悉能於一微塵中示現眾刹，與一切【世界】微塵數等，【具足種】種上妙【莊】嚴，【恒於其中轉】妙法輪教化眾生，而【微塵不大、世界不小，常以證】智安住法界；一切諸佛皆悉了達清淨法界，【以】智光明【破世癡闇，令】於佛【法悉得開曉】，隨逐如來住十力中。是爲十。

佛子，諸佛世【尊有】十種大功德，離過清淨。何等爲十，所謂：一切諸佛具大威德，【離過清淨；一切諸佛悉於三】世如來家生，種族調善，離過清淨；一切諸佛盡未來際心無所住，離過清淨；一切諸佛於三世法皆無所著，離過清淨；一切諸佛【知種種性皆】是一性，無所從來，離過清淨；一切諸佛前際、後際福德無盡，等於法界，離過清淨；一切諸佛無邊身相遍十方

大方廣佛花嚴經佛不思議法品第三十三之上

剎，隨時調伏一切衆生，離【過】清淨；一切諸佛獲四無畏，離諸恐怖，於衆會中大師子吼，明了分別一切諸法，離過清淨；一切諸佛於不可說不可說劫入般涅槃，衆生聞【名】獲無量福，如佛現在功德無異，離過清淨；一切諸佛遠在不可說不可說〔091-3〕【世界】中，若有衆生一心正念則皆得見，離過清淨。是爲十。

佛子，諸佛世尊有十種究竟清淨。何等爲十，所謂：一切諸佛往昔大願究竟清淨；【一切諸佛】所持梵行究竟清淨；一切諸佛離世衆惑究竟清淨；一切諸佛莊嚴國土究竟清淨；一切諸佛所有眷屬究竟清淨；一切諸佛所有種族究竟清淨；一切諸佛色身相好究竟清淨；一切諸佛法身無染究竟清淨；一切諸佛一切智智無有罣礙究竟清淨；一切諸佛解脫自在，所作已辦，到於彼岸，究竟清淨。是爲十。

佛子，諸佛世尊於一切世界、一切時，有十種佛事。何等爲十，一者，若有衆生專心憶念，則現其前；二者，若有衆生心不調順，則爲說法；三者，若有衆生能生淨信，必令獲得無量善根；四者，若有衆生能入法位，悉皆現證，無不了知；五者，教化衆生無有疲猒；六者，遊諸佛剎，往來無礙；七者，大悲不捨一切衆生；八者，現變化身，恒不斷絕；九者，神通自在，未曾〈嘗〉休息；十者，安住法界，能遍觀察。是爲十。

佛子，諸佛世尊有十種無盡智海法。何等爲十，所謂一切諸佛無邊法身無盡智海法，一切諸佛無量佛事無盡智海法，一【切】諸佛佛眼境界無盡智海法，一切諸佛無量無數難思善根無盡智海法，一切諸佛普雨一切甘露妙法無盡智海法，一切諸佛讚佛功德無盡智海法，一切諸佛往昔所修種種願行無盡智海法，一切諸佛盡未來際恒作佛事無盡智海法，一切諸佛了知一切衆生心行無盡智海法，一切諸佛福智莊嚴無能過者無盡智海法。是爲十。

佛子，諸佛世尊有十種常法。何等爲十，所謂一切諸佛常行一切諸波羅蜜；一切諸佛於一切法常離迷惑，一切諸佛常具大悲，一切諸佛常有十力，一切諸佛常轉法輪，一切諸佛常【爲】衆生示成正【覺】，一切諸佛常樂調伏一切衆生，

冊六之上
〔091-4〕

【一切諸佛心常正念不二之法，一切諸佛化衆生已、常示入於無餘涅槃，諸佛境界無邊際故。是爲十。

佛子，諸佛世尊有十種演說無量諸佛法門。何等爲十，所謂一切諸佛演說無量衆生界門，一切諸佛演說無量衆生行門，一切諸佛演說無量衆生業果門，一切諸佛演說無量化衆生門，一切諸佛演說無量淨衆生門，一切諸佛演說無量菩薩行門，一切諸佛演說無量菩薩願門，一切諸佛演說無量一切世界成壞劫門，一切諸佛演說無量菩薩深心淨佛剎門，一切諸佛演說無量一切世界三世諸佛於彼彼劫次第出現門。一切諸佛演說一切諸佛智門，是爲十。

佛子，諸佛世尊有十種爲衆生作佛事。何等爲十，所謂一切諸佛示現色身爲衆生作佛事；一切諸佛出妙音聲爲衆生作佛事；一切諸佛有所受爲衆生作佛事；一切諸佛無所受爲衆生作佛事；一切諸佛以地、水、火、風爲衆生作佛事；一切諸佛神力自在示現一切所緣境界爲衆生作佛事；一切諸佛種種名號爲衆生作佛事；一切諸佛以佛剎境界爲衆生作佛事；一切諸佛嚴淨佛剎爲衆生作佛事；一切諸佛寂寞無言爲衆生作佛事。是爲十。

佛子，諸佛世尊有十種最勝法。何等爲十，所謂：一切諸佛大願堅固不可沮壞，所言必作，言無有二；一切諸佛爲欲圓滿一切功德，盡未來劫修菩薩行不生懈倦；一切諸佛爲欲調伏一衆生故，往不可說不可說世界，如是而爲一切衆生而無斷絕；一切諸佛於信、於毀二種衆生，大悲普

351

觀，平等無異；一切諸佛從初發心乃至成佛，終不退失菩提之心；一切諸佛積集無量諸善功德，皆以迴向一切智性，於諸世間終無染著；一切諸佛於諸佛所修學三業，唯行佛行，非二乘行，皆爲迴向一切智性，成於無上正等菩提；一切諸佛放大光明，其光平等照一切處，及照一切諸佛之法，令諸菩薩心得清淨，滿一切智；一切諸佛捨離世樂，不貪不染，而普願世間離苦得樂，無諸戲論；一切諸佛愍諸眾生受種種苦，守護佛種，行佛境界，出離生死，逮十力地。是爲十。

佛子，諸佛世尊有十種無障礙住。何等爲十，所謂一切諸佛皆能往一切世界無障礙住，一切諸佛皆能住一切世界無障礙住，一切諸佛皆能於一切世界行住坐臥無障礙住，一切諸佛皆能於一切世界演說正法無障礙住，一切諸佛皆能於一切世界住兜率天宮無障礙住，一切諸佛皆能入法界一切三世無障礙住，一切諸佛皆能坐法界一切道場無障礙住，一切諸佛皆能念念觀一切眾生心行以三種自在教化調伏無障礙住，一切諸佛皆能以一身住無量不思議佛所及一切處利益眾生無障礙住，一切諸佛皆能開示無量諸佛所說正法無障礙住。是爲十。

佛子，諸佛世尊有十種最勝無上莊嚴。何等爲十，一切諸佛皆悉具足諸相隨好，是爲諸佛第一最勝無上身莊嚴。一切諸佛皆悉具足六十種音，一一音有五百分，一一分無量百千清淨之音以爲嚴好，能於法界一切眾中無諸恐怖，大師子吼演說如來甚深法義，眾生聞者靡不歡喜，隨其根欲悉得調伏，是爲諸佛第二最勝無上語莊嚴。一切諸佛皆具十力、諸大三昧、十八不共莊嚴意業，所行境界通達無礙，一切佛法咸得無餘，法界莊嚴而爲莊嚴，法界眾生心之所行，去來現在各各差別，於一念中悉能明見，是爲諸佛第三最勝無上意莊嚴。一切諸佛皆悉能放無數光明，一一光明有不可說光明網以爲眷屬，普照一切諸佛國土，滅除一切世間黑闇，示現無量諸佛出興，其身平等悉皆清淨，所作佛事咸不唐捐，能令眾生至不

退轉，是爲諸佛第四最勝無上光明莊嚴。一切諸佛現微笑時，皆於口中放百千億那由他阿僧祇光明，一一光明各有無量不思議種種色，遍照十方一切世界，於大眾中發誠實語，授無量無數不思議眾生阿耨多羅三藐三菩提記，是爲諸佛第五離世癡惑最勝無上現微笑莊嚴。一切諸佛皆有法身清淨無礙，於一切法究竟通達，住於法界無有邊際，雖在世間不與世雜，了世實性，行出世法，言語道斷，超蘊、界、處，是爲諸佛第六最勝無上法身莊嚴。一切諸佛皆有無量常妙光明，不可說不可說種種色相以爲嚴好爲光明藏，出生無量圓滿光明，普照十方無有障礙，是爲諸佛第七最勝無上常妙光明莊嚴。一切諸佛皆有無邊妙色、可愛妙色、清淨妙色、隨心所現妙色、映蔽一切三界妙色、到於彼岸無上妙色，是爲諸佛第八最勝無上妙色莊嚴。一切諸佛皆於三世佛種中生，積眾善寶，究竟清淨，無諸過失，離世譏謗，一切法中最爲殊勝清淨妙行之所莊嚴，具足成就一切智智，種族清淨無能譏毀，是爲諸佛第九最勝無上種族莊嚴。一切諸佛以大慈力莊嚴其身，究竟清淨無諸渴愛，身行永息，心善解脫，見者無厭，大悲救護一切世間；第一福田、無上受者，哀愍利益一切眾生，悉令增長無量福德、智慧之聚，是爲諸佛第十最勝無上大慈大悲功德莊嚴。是爲十。

佛子，諸佛世尊有十種自在法。何等爲十，所謂：一切諸佛於一切法悉得自在，明達種種句身、味身，演說諸法辯才無礙，是爲諸佛第一自在法。一切諸佛教化眾生未曾失時，隨其願樂爲說正法，咸令調伏無有斷絕，是爲諸佛第二自在法。一切諸佛能令盡虛空界無量無數種種莊嚴，一切世界六種震動，令彼世界或舉或下、或大或小、或合或散，未曾惱害於一眾生，其中眾生不覺不知、無疑無怪，是爲諸佛第三自在法。一切諸佛以神通力悉能嚴淨一切世界，於一念頃普現一切世界莊嚴，此諸莊嚴經無數劫說不能盡，悉皆離染，清淨無比，一切佛剎嚴淨之事，皆令平

等入一刹中，是爲諸佛第四自在法。一切諸佛見一衆生應受化者，爲其住壽，經不可說不可說劫，乃至盡未來際，結跏趺坐，身心無倦，專心憶念，未曾廢忘，方便調伏而不失時；如爲一衆生，爲一切衆生悉亦如是，是爲諸佛第五自在法。一切諸佛悉能遍往一切世界一切如來所行之處，而不暫捨一切法界；十方各別，一一方有無量世界海，一一世界海有無量世界種，佛以神力一念咸到，轉於無礙清淨法輪，是爲諸佛第六自在法。一切諸佛爲欲調伏一切衆生，念念中成阿耨多羅三藐三菩提，而於一切佛法非已現覺，亦非當覺，亦不住於有學之地，而悉知見，通達無礙，無量智慧，無量自在，教化調伏一切衆生，是爲諸佛第七自在法。一切諸佛能以眼處作耳處佛事，能以耳處作鼻處佛事，能以鼻處作舌處佛事，能以舌處作身處佛事，能以身處作意處佛事，能以意處於一切世界中住世、出世間種種境界，一一境界中能作無量廣大佛事，是爲諸佛第八自在法。一切諸佛，其身毛孔一一能容一切衆生，一一衆生其身悉與不可說諸佛刹等而無迫隘，一一衆生步步能過無數世界，如是展轉盡無數劫，悉見諸佛出現於世，教化衆生，轉淨法輪，開示過去、未來、現在不可說法；盡虛空界一切衆生諸趣受身，威儀、往來及其所受種種樂具皆悉具足，而於其中無所障礙，是爲諸佛第九自在法。一切諸佛於一念頃現一切世界微塵數佛，一一佛皆於一切法界衆妙蓮華廣大莊嚴世界蓮華藏師子座上成等正覺，示現諸佛自在神力；如於衆妙蓮華廣大莊嚴世界，如是於一切法界中不可說不可說種種莊嚴、種種境界、種種形相、種種示現、種種劫數清淨世界；如於一念，如是於無量無邊阿僧祇劫一切念中，一念一切現，一念無量住，而未曾用少方便力，是爲諸佛第十自在法。

佛子，諸佛世尊有十種無量不思議圓滿佛法。何等爲十，所謂：一切諸佛一一淨相皆具百福；一切諸佛皆悉成就一切佛法；一切諸佛皆悉成就一切善根；一切諸佛皆悉成就一切功德；一切諸佛皆能教化一切衆生；一切諸佛皆悉能爲衆生作主；一切諸佛皆悉成就清淨佛刹；一切諸佛皆悉成就一切智智；一切諸佛皆悉成就色身相好，見者獲益，功不唐捐；一切諸佛皆具諸佛平等正法；一切諸佛作佛事已，莫不示現入於涅槃。是爲十。

佛子，諸佛世尊有十種善巧方便。何等爲十，一切諸佛了知諸法皆離戲論，而能開示諸佛善根，是爲第一善巧方便。一切諸佛知一切法悉無所見、各不相知、無縛無解、無受無集、無成就，自在究竟到於彼岸，然於諸法真實而知不異不別，而得自在、無我無受、不壞實際，已得至於大自在地，常能觀察一切法界，是爲第二善巧方便。一切諸佛永離諸相，心無所住，而能悉知不亂不錯，雖知一切相皆無自性，而如其體性悉能善入，而亦示現無量色身，及以一切清淨佛土種種莊嚴無盡之相，集智慧燈滅衆生惑，是爲第三善巧方便。一切諸佛住於法界，不住過去、未來、現在，如如性中無去來今三世相故，而能演說去來今世無量諸佛出現世間，令其聞者普見一切諸佛境界，是爲第四善巧方便。一切諸佛身語意業，無所造作，無來無去，亦無有住，離諸數法，到於一切諸法彼岸，而爲衆法藏，具無量智，了達種種世、出世法，智慧無礙，示現無量自在神力，調伏一切法界衆生，是爲第五善巧方便。一切諸佛知一切法不可見，非一非異，非量非無量，非來非去，皆無自性，亦不違於世間諸法；一切智者，無自性中見一切法，於法自在，廣說諸法，而常安住真如實性，是爲第六善巧方便。一切諸佛於一時中知一切時，具淨善根，入於正位而無所著，於其日月、年劫、成壞，如是等時不住不捨，而能示現若晝若夜、初中後時、一日、七日、半月、一月、一年、百年、一劫、多劫、不可思劫、不可說劫，乃至盡於未來際劫，恒爲衆生轉妙法輪，不斷不退，無有休息，是爲第七善巧方便。一切諸佛恒住法界，成就諸佛無量無畏及不可數辯、不可量辯、無盡辯、無斷辯、無邊辯、不共辯、無窮辯、真實辯、方便開示一切句辯、一切法辯，隨其根性及以欲解，以種種法門說不可說不可說百千億那由他修多羅，初、中、後善，皆悉究竟，是爲第八善巧方便。一切諸佛住淨法界，知一切法本無名字，無過去名，無現在名，無未來名；無衆生名，無非衆生名；無國土名，無非國土名；無法名，無非法名；無功德名，無非功德名；無菩薩名，無佛名；無數名，無非數名；無生名，無滅名；無有名，無無名；無一名，無種種名。何以故，諸法體性不可說故。一切諸法無方無處，不可集說，不可散說，不可一說，不可多說，音聲莫逮，言語悉斷，雖隨世俗種種言說，無所攀緣，無所造作，遠離一切虛妄想著，如是究竟到於彼岸。是爲第九善巧方便。一切諸佛知一切法本性寂靜，無生故非色，無戲論故非受，無名數故非想，無造作故非行，無執取故非識，無入處故非處，無所得故非界，然亦不壞一切諸法，本性無起如虛空故。一切諸法皆悉空寂，無業果，無修習，無成就，無出生，非數非不數，非有非無，非生非滅，非垢非淨，非入非出，非住非不住，非調伏非不調伏，非衆生非無衆生，非壽命非無壽命，非因緣非無因緣，而能了知正定、邪定及不定聚一切衆生，爲說妙法令到彼岸，成就十力、四無所畏，能師子吼，具一切智，住佛境界，是爲第十善巧方便。佛子，是爲諸佛成就十種善巧方便】。

【大方廣佛華嚴經卷第四十六】

〔大方廣佛花嚴〕經
佛不思議法品第〔三十〕三之下
卷四十〔七〕‧四十〔七〕之上

佛子，諸【佛世尊】有十種廣大佛事，無量無邊，不可思【議，一切世間諸天】及人皆不【能】知，去來現在所有一切聲聞、獨覺亦不能知，唯除如來威神之力。何【等】為十，所謂：

一切諸佛於盡虛空遍法界一切世【界兜率陀天，皆】現受生，修菩薩行，作大佛事，無【量】色相，無量威【德】，無量光明，無量音聲，無量言辭，【無量三】昧，無量智慧，所行境界攝取一切人、天、魔、梵、【沙門】、婆羅門、阿脩羅等，大慈無【礙，大悲】究竟，平等饒益一切【眾生】，或令生天，或令生人，或淨其根，或【調其心，或】時為說差別三乘，或時為說圓滿一乘，普皆濟度，令【出生】死，是為弟一廣大佛【事】。

佛【子，一切諸佛從兜率天降神母胎】，以究竟三昧觀受生法【如幻如】化、如影如雲〈空〉、如熱時燄，隨樂而受，無量無礙，入無諍【法，起無著】智，【離欲】清淨，【成就】廣大妙【莊嚴藏】，受最【後】身，【住大】寶莊嚴樓閣而作佛事，【或以】神力而作佛事，或以正念而作佛事，或現神通而作【佛事，或現】智【日而】作佛事，【或】現諸【佛廣大境界而作佛事，或】現諸佛無量光明而作〔佛〕事，或入無數廣大三昧而作佛事，或現從彼諸三昧起而作佛事。【佛子，如來】尒時在母胎【中，為欲利】益一切【世間種種示現而作】佛事。所謂或現初生，或現童子，或現在宮，或現出家，或復示現成苓正覺，或復示現轉【妙法輪，或示現於入般涅槃，如是皆以種】種方便，【於一切方】、一切綱、一切旋、一切種、一切世界中而作佛事。【是】為第二【廣】大佛事。

佛子，一切諸佛一切善業皆已清淨，【一切生智皆已】明【潔】，而以【生】法【誘導群】迷，【令其開悟，具】行眾善。為眾【生】故，示【誕】王宮，一切諸佛於【諸】色【欲】宮【殿妓樂】皆已捨離，無所貪染，常觀諸有【空無體性，一切樂】具悉不真【實，持佛淨戒究竟圓】滿；觀諸內宮妻妾、侍從生大悲愍，觀諸眾生【虛妄不實起】大慈心，觀諸世間無一可樂而生大喜，【於一切法心得】自在而起大捨；【具佛功德，現生法界，身相】圓【滿】，眷屬清淨，【而】於一切皆無所著；【以隨類音為眾演說，令於世】法深生猒離，如其所行示所【得果】，復【以方便隨應教化】；未成【熟者令其成熟，已】成熟【者】令得【解脫】，為作【佛事】令【不退轉；復以廣大慈悲之心，恒為眾生說種種法】，又為示現三種自在，令其開悟，心得清【淨。雖處內宮】，眾所咸【覩，而於一切諸世界中施】作佛事；以大智【慧】，以大精【進，示現種】種諸佛神【通，無礙無盡。恒住三種巧】方【便】業，所謂身業究竟清淨、語業常隨【智慧而行】、意業【甚深無有障礙，以是方便】利益

355

衆生。是爲第三【廣】大佛【事】。

　　佛子，一切諸佛示處種種莊嚴宮殿，觀察猒離，捨而出家，欲使衆生了知世法皆是【妄想、無】常、敗壞，深趄猒離，不生染者，永斷世閒貪愛煩惱，【修清淨行】，利益衆生。當出家時，捨俗威儀，住無諍法，滿足本願無量功德，以大智光滅世癡闇，【爲】諸世閒無上福田，常爲衆生讚佛功德，令於佛所植諸【善本，以】智慧眼見真實義；復爲衆生讚說出家，清淨无過，永得出離，長爲世閒智慧高幢。是爲第四廣大佛事。

　　佛子，一切諸佛具【一切智】，於無量法悉已知見，菩提樹下成最正覺，降伏衆魔，威德特尊。其身充滿一切世界，神力所作無邊無盡，於一切智【所行之】義皆得自在，修諸功德悉已圓滿。其菩提座具【足】莊嚴，周遍十方一切世界，佛【處其上轉】妙法輪，【說諸菩】薩所有行願，開示無量諸佛境界，令〔093-1〕【諸菩薩】皆得悟入，修行種種【清淨妙行。復能】示導一切衆【生令種善】根，生於如【來平等地中】，住諸菩薩無邊妙行，成就一切功德勝法，一切世界、一切衆生、一切佛【刹、一切諸法】、一切菩薩、一切教化、【一切三世】、一切調伏、一切【神變】、一切衆生心之樂欲，悉善了知而作佛事。是爲第五廣大佛事。

　　佛子，一切諸佛轉不【退】法輪，令諸菩薩不退轉故；【轉】無量法輪，令一切世閒咸了知故；轉開悟一切法輪，能大無畏師子吼故；轉一切法智【藏】法輪，開法藏門，除闇障故；轉無礙法輪，芛虛空故；轉無著法輪，觀一切法非有無故；轉照世法輪，令一切衆生淨法眼故；轉開【示】一切智法輪，【悉】遍一切三世法故；轉一切佛同【一法】輪，一切佛法不【相】違故。一切諸佛以【如是等】無量无數百千億那由他法輪，隨諸衆生【心】行差別而作佛事不可思議。是爲【第六】廣大佛事。

　　佛【子】，一切【諸】佛入於一切王都城邑，爲諸衆生而作佛事，所謂人王都邑、天王都邑，龍王、夜叉王、乾闥【婆】王、阿脩羅王、【迦】樓羅【王】、緊那羅王、摩睺羅伽王、羅刹王、毗舍闍王，如是等王一切都邑。入城門時，大地震動，光明普照，盲者得眼，聾者得耳，【狂】者得心，裸者得【衣】，諸憂苦者悉得安樂；一切樂器不鼓自鳴〈鳴〉，諸莊嚴具若著、不著咸出妙音，衆生聞者無不欣樂。一切諸佛色身清淨，【相】好具足，見者無猒，能爲衆生作於佛事。所謂若顧視若觀察，若動轉若屈申〈伸〉，若行若住，若坐若臥，若默若語，若現神通，若爲說法，若【有教】勅〈勑〉，如是一切，皆爲衆生而作佛事。一切諸佛昔於一切無數世界種種衆生心樂海中，勸令念佛，常勤觀察，種諸善根，【修】菩【薩行】；歎佛色相【微】妙第【一】，一切衆生難可值遇，若有得見而興信心，則生一切無量善法，集佛功德普皆清淨。如是稱讚佛功【德已】，分身普往十方世界，令諸衆生，悉得瞻奉，思惟觀察，承事供養，種諸善根，得佛歡【喜】，增長佛種，悉當成佛。【以】如是【行而作佛事，或爲】衆生示現色身〔093-2〕，或出妙音，或但微笑，令其信樂，頭頂禮敬，曲躬合掌，【稱】揚讚歎，問訊起居【而作】佛事。一切諸佛【以如是等無】量【無數】不可言說不可思議種種佛事，於一切世界中，隨諸衆生心之所樂，以本願力、大慈悲力、一切智【力】，方便教化，悉【令】調【伏。是爲】第七【廣】大佛事。

　　佛子，一切諸佛或住阿蘭若處而作佛事；或住寂靜處而作佛事；或住空閑處而作佛事；或住佛住處【而作】佛事；或【住三】昧而作佛【事；或】獨處園林而作佛事；或隱身不現而作佛事；或住甚深智而作佛事；或住諸佛無比境【界】而作佛事；【或】住不【可】見種種身行，隨諸【衆生】心樂欲解，方便教化無有休息，而作佛事；或以天身，求一切智而作佛事；或以龍身、夜叉身、【乾】闥婆【身、阿脩羅身】、迦樓羅身、緊【那羅】身、摩睺羅伽、人、非人等身，求一【切】智而作佛事；或以聲聞身、獨覺身、菩薩身，求一切智而【作佛事；或時】說【法，或時】寂默，而作佛【事；或說一】佛，或說多佛，而作佛事；【或】說諸菩薩一切行、一切願，爲【一】行願而作佛事；或說諸菩薩一行、【一願，爲無量行願而作】佛事；【或說佛境界即世間】境界而作佛【事；或】說世間【境界】即佛境界而作佛事；或說佛境界【即】非境界而作佛事；【或住】一【日】，或住一夜，【或住半月，或】住【一月，或住一年，乃至住不】可說劫，爲諸【衆生而】作佛事。是爲第八廣大佛事。

佛子，一切諸佛是生清淨善【根之藏，令諸衆生於佛法中生】淨信【解，諸根調伏，永離世間；令諸菩薩於】菩【提】道，具智慧明，【不由他】悟。或現涅槃而作佛事；或現世間皆【悉無常】而作佛事；或【說佛身而作】佛【事；或說所作皆悉已辨而作佛事；或說】功德圓滿無缺而作佛【事；或說】永斷諸有根本而作佛事；【或令衆生，厭】離世間，【隨】順佛【心，而作】佛事；或說壽命終歸於盡而作佛事；或說】世間無一可樂而作佛事；或爲宣說盡未來際供養諸【佛】而作佛事；或【說】諸佛轉淨【法輪，令其得聞生大歡喜，而作佛事；或爲宣說諸佛境】界，令其發心而修諸行，而作佛事；或爲宣說【念】佛三昧，令其發【心】常【樂】見佛，【而作佛事；或爲宣說諸根清淨，勤求佛道，心無懈退，而作佛】事；或詣一切諸佛國土，觀諸境界種種【因緣】而作【佛事；或攝一切諸衆生身【皆爲佛身，令諸懈怠放逸衆生悉住如來清淨禁戒，而】作佛事。是爲第九廣大佛事。

佛子，一切諸佛入涅槃時，無量【衆生】悲【號涕泣，生大憂惱，遞相瞻顧而作是言：如來世尊有大】慈悲，哀愍饒益一切世間，與諸衆生爲救爲歸。如來出現難可【值】遇，【無上福田於今永滅。即以如是，令諸衆生悲號戀慕，而作佛】事。復爲化度一切【天】人、龍神、夜叉、乾闥婆、阿脩羅、迦樓【羅、緊那羅、摩睺羅伽、人、非人等故，隨其樂欲，自碎其身以爲舍利，無量】無數不可思議，令諸衆生起淨信心，恭敬尊重，歡喜供養，【修諸功德，具足圓滿。復起於塔，種種嚴飾，於諸天宮、龍宮、夜叉】宮，乾闥婆、阿脩羅、迦樓羅、緊那羅、摩睺羅伽、人、非人【等諸宮殿中，以爲供養。牙齒、爪髮咸以起塔，令其見者皆】悉念佛、念法、念僧，信【樂不迴】，誠敬尊重，在在處處布施供養、【修諸功】德〔093-3〕；【以是福故，或生天上，或處人間，種族尊榮，財產備】足，所有眷屬悉皆清【淨，不入惡】趣，常生善道，恒得【見佛，具衆白法，於三】有【中速得出離，各隨所願獲自乘果，於如】來所知思〈恩〉報恩，永與世間作所歸依。佛子，諸佛世尊雖般涅槃，仍【與衆生作不】思議【清淨福田、無盡功德最上福田，令諸】衆生善根具足、福德圓滿。是爲第十廣大佛事。

佛子，此諸佛【事無量廣大、不可思議，一切世】間【諸天及人及去來今聲聞、獨覺皆不】能知，唯除如來威神所加。

佛子，諸佛世尊有十種無二行自在法。【何等爲】十，所謂：【一切諸佛悉能】善【說，授記言辭，決定無二；一切諸佛悉】能隨順衆生心念，令其意滿，決定無二；一切諸佛悉能現覺一切諸法，演【說】其義，【決定無二；一切諸佛悉】能具足【去來今世諸佛智慧，決定無二；一切諸佛悉知三世一切刹那即一刹那，決定無二；一切諸佛悉知三世【一切】佛刹【入一佛】刹，決定【無】二ᶜ〈一〉①；【一切諸】佛悉知【三世一切佛語即一佛語，決定無二；一切諸佛悉知三世一切諸佛，與其所化一切衆生，體性平等，決定無【二；一切】諸佛悉知【世法及諸佛法】性無【差別，決定無二；一切諸佛悉知】三世一

① 一，㊞二四八頁註③：一＝二㊂㊀㊇㊉。

切諸佛所有善根同一善根，決定無二。是爲十。

佛子，諸佛世尊有十種住，【住一切】法。【何等爲十】，所【謂一切諸佛住覺悟一切法】界，一切諸佛住大悲語，一切諸佛住本大願，一切諸佛住不【捨】調伏衆生，【一切諸佛住無自性法，一切諸佛住平等】利益，一切諸佛住無忘失法，一切諸佛住無障礙心，一切諸佛住【恒正定心，一切諸佛住等入一切法，不】違實際相。是爲十。

四十七之上
〔093-4〕

佛子，諸佛世尊有十種知一切法盡無有餘。何等爲十，所謂知過去一切法盡無有餘，知未來一切法盡無有餘，知現在一切法盡無有餘，知一切言語法盡無有餘，知一切世間道盡無有餘，知一切衆生心盡無有餘，知一切菩薩善根上中下種種分位盡無有餘，知一切佛圓滿智及諸善根不增不減盡無有餘，知一切法皆從緣起盡無有餘，知一切世界種盡無有餘，知一切法界中如因陀羅網諸差別事盡無有餘。是爲十。

佛子，諸佛世尊有十種廣大力、最上力、無量力、大威德力、難獲力、不退力、堅固力、不可壞力、一切世間不思議力、一切衆生無能動力。大那羅延幢勇健法。何者爲十，所謂：

一切諸佛，身不可壞，命不可斷，世間毒藥所不能中，一切世界水、火、風災皆於佛身不能爲害。一切諸魔、天、龍、夜叉、乾闥婆、阿修羅、迦樓羅、緊那羅、摩睺羅伽、人、非人、毗舍闍、羅刹等，盡其勢力，雨大金剛如須弥山及鐵圍山，遍於三千大千世界，一時俱下，不能令佛心有驚怖，乃至一毛亦不搖動，行住坐卧初無變易。佛所住處四方遠近，不令其下則不能雨；假使不制而從雨之，終不爲損。若有衆生爲佛所持及佛所使，尚不可害，況如來身。是爲諸佛第一大那羅延幢勇健法。

佛子，一切諸佛以一切法界諸世界中須弥山王，及鐵圍山、大鐵圍山、大海山林、宮殿屋宅，置一毛孔，盡未來劫，而諸衆生不覺不知，唯除如来神力所被。佛子，尒時，諸佛於一毛孔持於尒所一切世界，盡未來劫，或行或住，或坐或卧，不生一念勞倦之心。佛子，譬如虛空普持一切遍法界中所有世界而無勞倦，一切諸佛於一毛孔持諸世界亦復如是。是爲諸佛第二大那羅延幢〈幢〉勇健法。

佛子，一切諸佛能於一念起不可說不可說世界微塵數步，一一步過不可說不可說佛刹微塵數國土，如是而行，經一切世界微塵數劫。佛子，假使有一大金剛山，與上所經一切佛刹其量正等。如是量等大金剛山，有不可說不可說佛刹微塵數，諸佛能以如是諸山置一毛孔。佛身毛孔與法界中一切衆生毛孔數等，一一毛孔悉置尒許大金剛山，持尒許山遊行十方，入盡虛空一切世界，從於前際盡未來際，一切諸劫無有休息，佛身無損亦不勞倦，心常在定無有散亂。是爲諸佛第三大那羅延幢勇健法。

佛子，一切諸佛一座〈坐〉食已，結加〈跏〉跌坐①，經前後際不可說劫，入佛所受不思儀〈議〉樂，其身安住，寂然不動，亦不癈捨化衆生事。佛子，假使有人於遍虛空一一世界悉以毛端次苐度量，諸佛能於一毛端處結加〈跏〉跌坐，盡未來劫；如一毛端處，一切毛端處悉亦如是。佛子，假使十方一切世界所有衆生，一一衆生其身大小悉與不可說佛刹微塵數世界量等，輕重亦尒，諸佛能以尒所衆生置一指端，盡於後際所有諸劫；一切指端皆亦如是，盡持尒許一切衆生入遍虛空一一世界，盡於法界悉使無餘，而佛身心曾無勞倦。是爲諸佛第四大那羅延幢〈幢〉勇健法。

佛子〔094-1〕，【一切諸】佛能於一身化現不可說不可說佛刹微塵數頭，一一頭化現不可說

---

① 跌，㊣二四九頁註①：跌＝加㊧㊨㊩，下同。

大方廣佛花嚴經佛不思議法品第三十三之下

不可說佛刹微塵數舌，一一舌化出不可說不可說佛刹微塵數差別音聲，法〔094-2〕【界衆生靡不皆】聞，一一音聲演不可說不可說佛刹微塵數脩多羅藏，一一脩多羅藏演不可說不可說佛刹微塵數法，一一法有不可說不可說佛刹微塵數文字句義；如是演說，盡不可說不可說佛刹【微塵數劫】；盡是劫已，復更演說，盡不可說不可說佛刹微塵數劫；如是次弟，乃至盡於一切世界微塵數，盡一切衆生心念數。未來際劫猶可窮盡，如來化身所轉法【輪無有窮】盡。所說〈謂〉智慧演說法輪、斷諸疑惑法輪、照一切法法輪、開無礙藏法輪、令無量衆生歡喜調伏法輪、開示一切諸菩薩行法輪、高昇圓滿大智慧日法輪、普然照世智【慧明燈】法輪、辯才無畏種種莊嚴法輪。如一佛身以神通力轉如是等差別法輪，一切世法無能爲喻〈諭〉①。如是，盡虛空界一一毛端分量之處，有不可說不可說佛刹微塵數世界，一一世【界中】念念現不可說不可說佛刹微塵數化身，一一化身皆亦如是，所說音聲文字句義，一一充滿一切法界，其中衆生皆得解了，而佛言音無變、無斷、無有窮盡。是爲諸佛弟五大那羅延憧〈幢〉勇健法。

佛子，一切諸佛皆以德相莊嚴智臆，猶若金剛不可損壞，菩提樹下結加〈跏〉趺坐。魔王軍衆其數無邊，種種異形甚可怖畏，衆生見者靡不驚懼，悉發狂亂或時致死。如是魔衆遍滿虛空。如來見之，心無恐怖，容色不變，一毛不竪〈豎〉②，不動不亂，無所分別，離諸喜怒，寂然清淨，住佛所住，具慈悲力，諸根調伏，心無所畏，非諸魔衆所能傾動，而能摧伏一切魔軍，皆使迴心、稽首歸依，然後復以三輪教化，令ᶜ〈今〉其悉發阿耨多羅三藐三菩提意永不退轉。是爲諸佛弟六大那羅延幢勇健法。

佛子，一切諸佛有無礙音，〔其音〕普遍十方世界，衆生聞者自然調伏。彼諸如來所出音聲，須彌盧等一切諸山不能爲鄣，天宮、龍宮、夜叉宮、乾闥婆、阿脩羅、迦樓羅、緊那羅、摩睺羅伽、人、非人等一切諸宮所不能鄣，一切世界高大音聲亦不能鄣。隨所應化，一切衆生靡不皆聞，文字句義悉得解了。是爲諸佛弟七大那羅延憧〈幢〉勇健法。

佛子，一切諸佛心無鄣礙，於百千億那由他不可說不可說劫，恒善清淨。去來現在一切諸佛同一體性，無濁無翳，無我無我所，非內非外，了境空寂，不生妄想；無所依，無所作，不住諸相，永斷分別；本性清淨，捨離一切攀緣憶念，於一切法常無違諍；住於實際，離欲清淨，入真法界，演說無違〈盡〉；離量、非量所有妄想，絕爲、無爲一切言說，於不可說無邊境界悉已通達；無礙無盡智慧方便，成就十方〈力〉一切功德莊嚴清淨，演說種種無量諸法，皆與實相不相違背；於諸法界三世【諸】法，悉等無異，究竟自在；入一切法寂勝之藏，一切法門正念不或〈惑〉，安住十方一切佛刹而無動轉；得不斷智，知一切法究竟無餘，盡諸有漏，心善解脫，慧善解脫，住於實際，通達無礙，心常〔094-3〕正定；於三世法及以一切衆生心行，一念了達，皆無鄣礙。是爲諸佛弟八大那羅延憧〈幢〉勇健法。

佛子，一切諸佛同一法身、境界無量身、功德無邊身、世間無盡身、三界不染身、遂〈隨〉念示現〔身〕、非實非虛平等清淨身、無來無去無爲不壞身、一相無相法自性身、無處無方邊〈遍〉一切身、神變自在無邊色相身、種種示現普入一切身、妙法方便身、智藏普照身、示法〔094-4〕【平】等身、普遍法界身、無動無分別非有非無常清淨身、非方便非不方便非滅非不滅隨所應化一切衆生種種信解而示現身、從一切功德寶所生身、具一切諸佛法眞如身、本性寂靜無鄣礙身、成就一切無礙法身、遍住一切清淨

---

① 諭，⑪二四九頁註③：諭＝喻⑤宮。
② 竪，⑪二四九頁註④：竪＝豎宮。

法界身、分形普遍一切世間身、無攀縁無退轉永解脱具一切智普了逹身，是爲諸佛弟九大邢羅延幢勇健法。

佛子，一切諸佛等悟一切諸如来法，等修一切諸菩薩行；若顅若智，清净平等，猶如大海，悉得滿足；行力尊勝，未曾退法〈怯〉，住諸三昧無量境界，示一切道，勸善誡惡；智力弟一演法無畏，随有所問悉熊善荅，智慧説法平等清净，身語意行悉皆無雜，住佛所住諸佛種性，以佛智慧而作佛事；住一切智，演無量法，無有根本，無有邊際，神通智慧不可思議，一切世間無能解了；智慧深入，見一切法深〈微〉妙廣大無量無邊，三世法門咸善通達，一切世界悉能開曉；以出世智，扵諸世間作不可説種種佛事，成不退智，入諸佛數；雖已證得不可言說離文字法，而能開示種種言辞；以普賢智集諸善行，成就一念相應妙慧，扵一切法悉能覺了，如先所念一切衆生，皆依自乘而施其法；一切諸法、一切世界、一切衆生、一切三世，扵法界内，如是境界其量無邊，以無礙智悉能知見。佛子，一切諸佛扵一念頃，随所應化出興扵世，住清净土，成等正覺，現神通力，開悟三世一切衆生心、意及識不失扵時。佛子，衆生無邊，世界無邊，法界無邊，三世無邊，諸佛冣勝亦無有邊，悉現扵中成等正覺，以佛智慧方便開悟無有休息。佛子，一切諸佛以神通力，現冣妙身，住無〔邊〕處，大悲方便，心無鄣礙，扵一切時常爲衆生演説妙法。是爲諸佛弟十大邢羅延幢勇健法。

佛子，此一切諸佛大邢羅延幢勇健法無量無邊、不可思儀〈議〉，去来現在一切衆生及以二乘不能解了，唯除如来神力〔所〕加。

佛子，諸佛世【尊】有十種決定法。何等爲十，所謂：一切諸佛定從兜率壽盡下生；一切諸佛定示受生，處胎十月；一切諸佛定猒世俗，樂求出家；一切諸佛決定坐扵菩提樹下成等正覺，悟諸佛法；一切諸佛定扵一念悟一切法，一切世界示現神力；一切諸佛定熊應時轉妙法輪；一切諸佛定熊随彼所種善根，應時説法而爲授記；一切諸佛定熊應時爲作佛事；一切諸佛定熊爲諸成就菩薩而授記別；一切諸佛定熊一念普荅一切衆生所問。是爲十。

佛子，諸佛世尊有十種速疾法。何等爲十，所謂：一切諸佛若有見者，速得遠離一切惡趣；一切諸佛若有見者，速得圓滿殊勝功德；一切諸佛若有見者，速熊成就廣大善根；一切諸佛若有見者，速得往生净妙天上；一切諸佛若有見者，速熊除斷一切疑惑；一切諸佛若已發菩提心而得見者，速得成就廣大信解永不退轉，熊随所應教化衆生，若未發心即熊速發阿耨多羅三藐三菩提心；一切諸佛若未入正位而得見者，速入正位；一切諸佛若有見者，速熊清净世、出世間一切諸根；一切諸佛若有見者，速得除滅一切鄣礙；一切諸佛若有見者，速熊獲得無畏辯才。是爲十。

佛子，諸佛世尊有十種應〔常〕① 憶念清净法。何等爲十，所謂：一切諸佛過去囙緣，一切菩薩應常〔094-5〕憶念；一切諸佛清净勝行，一切菩薩應常憶念；一切諸佛滿足諸度，一切菩薩應常憶念；一切諸佛成就大顅，一切菩薩應常憶念；一切諸佛積集善根，一切菩薩應常憶念；一切諸佛已具梵行，一切菩薩應常憶念；一切諸佛現成正覺，一切菩薩應常憶念；一切諸佛色身無量，一切菩薩應常憶念；一切諸佛神通無量，一切菩薩應常憶念；一切諸佛十力無畏，一切菩薩應常憶念。是爲十。

佛子，諸佛世尊有十種一切智住。何等〔094-6〕爲十，所謂：一切諸佛扵一念中，悉知三世一切衆生心、心所行；一切諸佛扵一念中，悉知三世一切衆生所集諸業及業果報；一切諸佛扵一念中，悉知一切衆生所宜，以三種輪教化調伏；一切諸佛扵一念中，盡知法界一切衆生所有

---

① 常，㊃二五〇頁註②：〔常〕－㊐。

心相，扵一切處普現佛興，令其得見，方便攝受；一切諸佛扵一念中，普随法界一切衆生心樂欲解，示現說法，令其調伏；一切諸佛扵一念中，悉知法界一切衆生心之所樂，爲現神力；一切諸佛扵一念中，遍一切處，随所應化一切衆生示現出興，爲說佛身不可取着；一切諸佛扵一念中，普至法界一切處一切衆生彼彼諸道；一切諸佛扵一念中，随諸衆生有憶念者，在在處處無不往應；一切諸佛扵一念中，悉知一切衆生解欲，爲其示現無量色相。是爲十。

佛子，諸佛世尊有十種無量不可思議佛三昧。何等爲十，所謂：一切諸佛恒在正定，扵一念中遍一切處，普爲衆生廣說妙法；一切諸佛恒在正定，扵一念中遍一切處，普爲衆生說無我際；一切諸佛恒住正定，扵一念中遍一切處，普入三世；一切諸佛恒在正定，扵一念中遍一切處，普入十方廣大佛刹；一切諸佛恒在正定，扵一念中遍一切處，普現無量種種佛身；一切諸佛恒在正定，扵一念中遍一切處，随諸衆生種種心解現身語意；一切諸佛恒在正定，扵一念中遍一切處，說一切法離欲真際；一切諸佛恒住正定，扵一念中遍一切處，演說一切緣起自性；一切諸佛恒住正定，扵一念中遍一切處，示現無量世、出世閒廣大莊嚴，令諸衆生常得見佛；一切諸佛恒住正定，扵一念中遍一切處，令諸衆生悉得通達一切佛法、無量解脫，究竟到扵無上彼岸。是爲十。

佛子，諸佛世尊有十種無礙解脫。何等爲十，所謂一切諸佛能扵一塵現不可說不可說諸佛出興扵世，一切諸佛能扵一塵現不可說不可說諸佛轉淨法輪，一切諸佛能扵一塵現不可說不可說衆生受化調伏，一切諸佛能扵一塵現不可說不可說諸佛國土，一切諸佛能扵一塵現不可說不可說菩薩受〈授〉①記，一切諸佛能扵一塵現去来今一切諸佛，一切諸佛能扵一塵現去来今諸世界種，一切諸佛能扵一塵【現】去来今一切神通，一切諸佛能扵一塵現去来今一切衆生，一切諸佛能扵一塵現去来今一切佛事。是爲十。

大方廣佛花嚴經卷第卅七・卅七之下
佛弟子許智通　妻宋十娘　許五娘　女許三娘②
〔094－7〕

① 授，㊄二五一頁註②：授＝受㊀㊂。

② 編者註：題記署名原刻文字因版面局限而豎排一行，且缺漏兩個换行空格（見右圖），故致文義錯亂。署名底稿"女"字下應是誤將"許三娘"、"許五娘"從左至右排列，而刻工從右至左刻録，"女"字前有空格表示换行，且僅佔字格的右半位置（或以爲刻工爲規避石材裂隙、坑凹而偏移位置）。底稿豎排格式推測如下：

```
          佛
      妻  弟
  女      子
許 許 宋 許
三 五 十 智
娘 娘 娘 通
```

大方廣佛花嚴經
如来十身相〔海〕品第卅四
卷卅八・卅八之上

尒時，普賢菩薩摩訶薩告諸菩薩言：

佛子，今當爲汝演說如来所有相海。

佛子，如来頂上有三十二寶荘嚴大人相。其中有大人相，名光照一切方普放無量大光明綱，一切妙寶以爲荘嚴，寶髭周遍，柔耎宻緻，一一咸放摩尼寶光，充滿一切無邊世界，悉現佛身色相圓滿，是爲一。次有大人相，名佛眼光明雲，以摩尼王種種荘嚴出金色光，如眉閒豪〈毫〉相所放光明，其光普照一切世界，是爲二。次有大人相，名充滿法界雲，上妙寶輪以爲荘嚴，放於如来福智燈明，普照十方一切法界諸世界海，於中普現一切諸佛及諸菩薩，是爲三。次有大人相，名示現普照雲，真金摩尼種種荘嚴，其諸妙寶咸放光明，照不思議諸佛國土，一切諸佛於中出現，是爲四。次有大人相，名放寶光明雲，摩尼寶王清净荘嚴，毗琉璃寶以爲花蘂，光照十方一切法界，於中普現種種神變，讚歎如来往昔所行智慧功德，是爲五。次有大人相，名示現如来遍法界大自在雲，菩薩神變寶燄摩尼以爲其冠，具如来力覺悟一切寶燄光輪以爲其鬚，其光普照十方世界，於中示現一切如来坐於道場，一切智雲充滿虛空無量法界，是爲六。次有大人相，名如来普燈雲，以能震動法界國土大自在寶海而爲荘嚴，放净光明充滿法界，於中普現十方諸菩薩功德海、過現未来佛智慧憧〈幢〉海，是爲七。次有大人相，名普照諸佛廣大雲，因陁羅寶、如意王寶、摩尼王寶以爲荘嚴，常放菩薩燄燈光明，普照十方一切世界，於中顯現一切諸佛衆色相海、大音聲海、清净力海，是爲八。次有大人相，名圓滿光明雲，上妙琉璃摩尼王種種寶花以爲荘嚴，一切衆寶舒大燄綱充滿十方，一切世界一切衆生悉見如来現坐其前，讚歎諸佛及諸菩薩法身功德，令入如来清净境界，是爲九。次有大人相，名普照一切菩薩行藏光明雲，衆寶妙花以爲荘嚴，寶光普照無量世界，寶燄普覆一切國土，十方法界通逹無礙，震動佛音宣暢法海，是爲十。次有大人相，名普光照耀雲，毗琉璃（雲）、因陁羅、金剛摩尼寶以爲【荘】嚴，琉璃寶光色相明徹，普照一切諸世界海，出妙音聲充滿法界，如是皆從諸佛智慧大功德海之所化現，是爲十一。次有大人相，名正覺雲，以雜寶花而爲荘嚴，其【諸】寶花悉放光明，皆有如来坐於道場，充滿一切無邊世界，令諸世界普得清净，永斷一切妄想分別，是爲十二。次有大人相，名光明照曜雲，以寶燄藏海心王摩尼而爲荘嚴，放大光明，光中顯現無量菩薩及諸菩薩所行之行，一切如来智身、法身、諸色相海充滿法界，是爲十三。次有大人相，名荘嚴普照雲，以金剛花、毗琉璃寶而爲荘嚴，放大光明，光中有大寶蓮花座，具足荘嚴，弥覆法界，自然演說四菩薩行，其音菩〈普〉遍諸法界海，是爲十四。次有大人相，名現佛三昧海行雲，於一念中示現如來無量莊嚴，普遍莊嚴一切法界不思議世界海，是爲十五。次有大人相，名變化海普照雲，妙寶蓮花如須彌山以爲莊嚴，衆寶光明從佛頂生，現諸變化無有窮盡，是爲十六。次有大人相，名一切如來解脫雲，清淨妙寶以爲莊嚴，放大光明莊嚴一切佛師子座，示現一切諸佛〔095-1〕【色】像及無量佛法諸佛刹海，是爲十七。次有大人相，名自在方便普照雲，毗琉璃花、真金蓮花、摩尼王燈、妙法鈴雲以爲莊嚴，放一切諸佛寶鈴密雲，清【淨】光明充滿法界，於中普現一切妙好莊嚴之具，是爲十八。次有大人相，名覺佛種性雲，無量寶光以爲莊嚴，具足千輪，內外清淨，從於〔095-2〕【往】昔善根所生，其光遍照十方世界，發明智日，宣布法海，是爲十九。次有大人相，名現一切如來相自在雲，衆寶纓絡、琉璃寶花以爲莊嚴，舒大寶鈴充滿法界，於中普現芽一切佛刹微塵數去來現在無量諸佛，如師子王勇猛無畏，色相、智慧皆悉具足，是爲二十。次有大人相，名遍照一切法界雲，如來寶相清淨莊嚴，放大光明普照法界，顯現一切無量無邊諸佛菩薩智慧妙藏，是爲二十一。次有大人相，名毗盧遮那如來相雲，上妙寶花及毗琉璃清淨妙月以爲莊嚴，悉放無量百千萬億摩尼寶光，充滿一切虛空法界，於中示現無量佛刹，皆有如來結加〈跏〉①趺坐，是爲二十二。次有大人相，名普照一切佛光明雲，衆寶妙燈以爲莊嚴，放淨光明遍照十方一切世界，悉現諸佛轉於法輪，是爲二十三。次有大人相，名普現一切莊嚴雲，種種寶鈴以爲莊嚴，放淨光明充滿法界，念念常現不可說不可說一切諸佛與諸菩薩坐於道場，是爲二十四。次有大人相，名出一切法界音聲雲，摩尼寶海、上妙旃檀以爲莊嚴，舒大鈴網充滿法界，其中普演微妙音聲，示諸衆生一切業海，是爲二十五。次有大人相，名普照諸佛變化輪雲，如來淨眼以爲莊嚴，光照十方一切世界，於中普現去來今佛所有一切莊嚴之具，復出妙音演不思議廣大法海，

是爲二十六。次有大人相，名光照佛海雲，其光普照一切世界，盡于法界無所罣礙，悉有如來結加〈跏〉趺坐，是爲二十七。次有大人相，名寶燈雲，放於如來廣大光明，普照十方一切法界，於中普現一切諸佛及諸菩薩不可思議諸衆生海，是爲二十八。次有大人相，名法界無差別雲，放於如來大智光明，普照十方諸佛國〔095-3〕土、一切菩薩道場衆會無量法海，於中普現種種神通，復出妙音，隨諸衆生心之所樂演說普賢菩薩行願，令其迴向，是爲二十九。次有大人相，名安住一切世界海普照雲，放寶光明充滿一切虛空法界，於中普現淨妙道場及佛菩薩莊嚴身相，令其見者得無所見，是爲三十。次有大人相，名一切寶清淨光鈴雲，放於無量諸佛菩薩摩尼妙寶清淨光明，普照十方一切法界，於中普現諸菩薩〔095-4〕【海，莫】不具足如來神力，常遊十方盡虛空界一切刹網，是爲三十一。次有大人相，名普照一切法界莊嚴雲，最處於中，漸次隆起，閻浮檀金、因陀羅網【以爲】莊嚴，放淨光雲充滿法界，念念常現一切世界諸佛菩薩道場衆會，是爲三十二。佛子，如來頂上有如是三十二種大人相以爲嚴好。

佛子，如來眉間有大人相，名遍法界光明雲，摩尼寶花以爲莊嚴，放大光明，具衆寶色，猶如日月洞徹清淨，其光普照十方國土，於中顯現一切佛身，復出妙音宣暢法海，是爲三十三。如來眼有大人相，名自在普見雲，以衆妙寶而爲莊嚴，摩尼寶光清淨暎徹，普見一切皆無罣礙，是爲三十四。如來鼻有大人相，名一切神通智慧雲，清淨妙寶以爲莊嚴，衆寶色光彌覆其上，於中出現無量化佛坐寶蓮花，往諸世界爲一切菩薩、一切衆生演不思議諸佛法海，是爲三十五。如來舌有大人相，名示現音聲影像雲，衆色妙寶以爲莊嚴，宿世善根之所成就，其舌廣長遍覆一切諸世界海，如來若或熙怡微笑，必放一切摩尼

---

① 跏，㊣二五二頁註②：跏＝加㊻㊐㊗，下同。

寶光，其光普照十方法界，能令一切心得清涼，去來現在所有諸佛皆於光中炳然顯現，悉演廣大微妙之音，遍一切刹，住無量劫，是爲三十六。如來舌復有大人相，名法界雲，其掌安平，衆寶爲嚴，放妙寶光色相圓滿，猶如眉間所放光明，其光普照一切佛刹，唯塵所成，無有自性，光中復現無量諸佛，咸發妙音說一切法，是爲三十七。如來舌端有大人相，名照法界光明雲，如意寶王以爲莊嚴，自然恒出金色寶㷡，於中影現一切佛海，復震妙音充滿一切無邊世界，一一音中具一切音，悉演妙法，聽者心悅，經無量劫玩味不忘，是爲三十八。如來舌端復有大人相，名照曜〈耀〉① 法界雲，摩尼寶王以爲嚴飾，演衆色相微妙光明，充滿十方無量國土，盡于法界靡不清淨，於中悉有無量諸佛及諸菩薩各吐妙音種種開示，一切菩薩現前聽受，是爲三十九。如來口上号〈咢〉有大人相，名示現不思議法界雲，因陁羅寶、毗琉璃寶以爲莊嚴，放香燈㷡清淨光雲，充滿十方一切法界，示現種種神通方便，普〔於〕一切諸世界海開演甚深不思議法，是爲四十。如來口右輔下牙有大人相，名佛牙雲，衆寶摩尼卐字相輪以爲莊嚴，放大光明普照法界，於中普現一切佛身，周流十方開悟羣生，是爲四十一。如來口右輔上牙有大人相，名寶㷡弥盧藏雲，摩尼寶藏以爲莊嚴，放金剛香㷡清淨光明，一一光明充滿法界，示現一切諸佛神力，復現一切十方世界淨妙道場，是爲四十二。如來口左輔下牙有大人相，名寶燈普照雲，一切妙寶舒【華】發香以爲莊嚴，放燈㷡雲清淨光明，充滿一切諸世界海，於中顯現一切諸佛坐蓮花藏師子之座，諸菩薩衆所共圍繞，是爲四十〔095-5〕【三】。如來口左輔上牙有大人相，名照現如來雲，清淨光明、閻浮檀金、寶綱、寶花以爲莊嚴，放大㷡輪充滿法界，於中普現一切諸佛，以神通力於虛空中流布法乳、法燈、法寶，教化一切諸菩薩衆，是爲四十四。如來齒有大人相，名普現光明雲，一一齒間相海莊嚴，若【微】笑時悉放光明，具衆寶色摩尼寶㷡右旋宛轉，流布法界靡不充滿，演佛言音說普賢行，是爲四十五。如來脣有大人相，名影現一切寶光雲，放閻浮檀〔真〕金色、蓮花色、一切寶色廣大光明，照于法界悉令清淨，是爲四十六。

如來頸有大人相，名普照一切世界雲，摩尼寶〔095-6〕王以爲莊嚴，紺蒲成就柔輭細滑，放毗盧遮那清淨光朗，充滿十方一切世界，於中普現一切諸佛，是爲四十七。如來右肩有大人相，名佛廣大一切寶雲，放一切寶色、真金色、蓮〔華〕色光明，成寶㷡綱普照法界，於中普現一切菩薩，是爲四十八。如來右肩復有大人相，名冣勝寶普照雲，其色清淨如閻浮金，放摩尼光充滿法界，於中普現一切菩薩，是爲四十九。如來左肩有大人相，名冣勝光照法界雲，猶如頂上及以肩間種種莊嚴，放閻浮檀金及蓮花色衆寶光明，成大㷡【綱】充滿法界，於中示現一切神力，是爲五十。如來左肩復有大人相，名光明遍照雲，其相右旋，閻浮檀金色摩尼寶王〔以〕爲莊嚴，放衆寶花，香㷡光【明充】遍法界，於中普現一切諸佛及以一切嚴淨國土，是爲五十一。如來左肩復有大人相，名普照耀雲，其相右旋，微密莊嚴，放佛燈㷡雲，清淨光朗充遍法界，於【中顯】現一切菩薩種種莊嚴悉皆妙好，是爲五十二。如來智臆有大人相，形如卐字，名吉祥海雲，摩尼寶花以爲莊嚴，放一切寶色種種光㷡輪，充滿法界普令清淨，復出妙音宣暢法海，是爲五十三。吉祥相右邊有大人相，名示現光照雲，因陁羅綱以爲莊嚴，放大光輪充滿法界，於中普現無量諸佛，是爲五十四。吉祥相右邊復有大人相，名普現如來雲，以諸菩薩摩尼寶冠而爲莊嚴，放大光朗普照十方一切世界悉令清淨，於中示現去來今佛坐於道場，普現神力廣宣法海，是

---

① 耀，㊉二五三頁註②：耀＝曜㊀，下同。

爲六十五。吉祥相右邊復有大人相，名開敷花雲，摩尼寶花以爲莊嚴，放寶香燄燈清淨光明，狀如蓮花，充滿世界，是爲六十六。吉祥相右邊復有大人相，名可悅樂金色雲，以一切寶心王藏摩尼【王而】爲莊嚴，放淨光明照于法界，於中普現猶如佛眼廣大光明摩尼寶藏，是爲六十七。吉祥相右邊復有大人相，名佛海雲，毗琉璃寶、香燈、花鬘以爲莊嚴，放滿虛空摩【尼寶王香燈大焰】清淨光明，充遍十方一切國土，於中普現道場衆會，是爲六十八。吉祥相左邊有大人相，名示現光朗雲，無數菩薩坐寶蓮花以爲莊嚴，〔放〕摩尼王種〔095-7〕【種間錯寶焰光】朗，普淨一切諸法界海，於中示現無量諸佛，及佛妙音演說諸法，是爲六十九。吉祥相左邊復有大人相，名示現遍法界炎明雲，摩尼寶海以爲莊嚴，放大炎明遍一切刹，於中普現諸菩薩衆，是爲六十。吉祥相左邊復有大人相，名普勝雲，日炎朗摩尼王寶輪鬘而爲莊嚴，放大炎燄充滿法界諸【世】界海，於中示〔095-8〕【現一切世界、一切如來、一切衆生，是爲六十一。吉祥相左邊復有大人相，名轉法輪妙音雲，一切法燈清淨香藥以爲莊嚴，放大光明充滿法界，於中普現一切諸佛所有相海及以心海，是爲六十二。吉祥相左邊復有大人相，名莊嚴雲，以去來今一切佛海而爲莊嚴，放淨光明嚴淨一切諸佛國土，於中普現十方一切諸佛菩薩及佛菩薩所行之行，是爲六十三。

如來右手有大人相，名海照雲，衆寶莊嚴，恒放月焰清淨光明，充滿虛空一切世界，發大音聲歎美一切諸菩薩行，是爲六十四。如來右手復有大人相，名影現照耀雲，以毗琉璃、帝青、摩尼寶華而爲莊嚴，放大光明普照十方菩薩所住蓮華藏、摩尼藏等一切世界，於中悉現無量諸佛，以淨法身坐菩提樹，震動一切十方國土，是爲六十五。如來右手復有大人相，名燈焰鬘普嚴淨雲，毘盧遮那寶以爲莊嚴，放大光明成變化網，於中普現諸菩薩衆，咸戴寶冠演諸行海，是爲六十六。

如來右手復有大人相，名普現一切摩尼雲，蓮華焰燈而爲莊嚴，放海藏光充遍法界，於中普現無量諸佛坐蓮華座，是爲六十七。如來右手復有大人相，名光明雲，摩尼焰海以爲莊嚴，放衆寶焰、香焰、華焰清淨光明，充滿一切諸世界網，於中普現諸佛道場，是爲六十八。如來左手有大人相，名毘瑠璃清淨燈雲，寶地妙色以爲莊嚴，放於如來金色光明，念念常現一切上妙莊嚴之具，是爲六十九。如來左手復有大人相，名一切刹智慧燈音聲雲，以因陀羅網、金剛華而爲莊嚴，放閻浮檀金清淨光明，普照十方一切世界，是爲七十。如來左手復有大人相，名安住寶蓮華光明雲，衆寶妙華以爲莊嚴，放大光明如須彌燈，普照十方一切世界，是爲七十一。如來左手復有大人相，名遍照法界雲，以妙寶鬘、寶輪、寶瓶、因陀羅網及衆妙相以爲莊嚴，放大光明普照十方一切國土，於中示現一切法界、一切世界海、一切如來坐蓮華座，是爲七十二。如來右手指有大人相，名現諸劫刹海旋雲，水月焰藏摩尼王一切寶華以爲莊嚴，放大光明充滿法界，其中恒出微妙音聲滿十方刹，是爲七十三。如來左手指有大人相，名安住一切寶雲，以帝青、金剛寶而爲莊嚴，放摩尼王衆寶光明充滿法界，其中普現一切諸佛及諸菩薩，是爲七十四。如來右手掌有大人相，名照耀雲，以摩尼王千輻寶輪而爲莊嚴，放寶光明，其光右旋充滿法界，於中普現一切諸佛，一一佛身光焰熾然，說法度人，淨諸世界，是爲七十五。如來左手掌有大人相，名焰輪普增長化現法界道場雲，以日光摩尼王千輻輪而爲莊嚴，放大光明充滿一切諸世界海，於中示現一切菩薩，演說普賢所有行海，普入一切諸佛國土，各各開悟無量衆生，是爲七十六。

如來陰藏有大人相，名普流出佛音聲雲，一切妙寶以爲莊嚴，放摩尼燈華焰光明，其光熾盛，具衆寶色，普照一切虛空法界，其中普現一切諸佛遊行往來處處周遍，是爲七十七。如來右臀有大人相，名寶燈鬘普照雲，諸摩尼寶以爲莊嚴，放不思議寶焰光明，彌布十方一切法界，與虛空法界同爲一相，而能出生一切諸相，一一相中悉現諸佛自在神變，是爲七十八。如來左臀有大人相，名示現一切法界海光明彌覆虛空雲，猶如蓮華，清淨妙寶以爲嚴飾，放光明網遍照十方一切法界，於中普現種種相雲，是爲七十九。如來右髀有大人相，名普現雲，以衆色摩尼而爲莊嚴，其髀與腨上下相稱，放摩尼焰妙法光明，於一念中能普示現一切寶王遊步相海，是爲八十。如來左髀有大人相，名現一切佛無量相海雲，一切寶海隨順安住以爲莊嚴，廣大遊行，放淨光明普照衆生，悉使希求無上佛法，是爲八十一。如來右邊伊尼延鹿王腨有大人相，名一切虛空法界雲，光明妙寶以爲莊嚴，其相圓直，善能遊步，放閻浮金色清淨光明，遍照一切諸佛世界，發大音聲普皆震動，復現一切諸佛國土，住於虛空寶焰莊嚴，無量菩薩從中化現，是爲八十二。如來左邊伊尼延鹿王腨有大人相，名莊嚴海雲，色如眞金，能遍遊行一切佛刹，放一切寶清淨光明，充滿法界施作佛事，是爲八十三。如來寶腨上毛有大人相，名普現法界影像雲，其毛右旋，一一毛端放寶光明，充滿十方一切法界，示現一切諸佛神力，其諸毛孔悉放光明，一切佛刹於中顯現，是爲八十四。

如來足下有大人相，名一切菩薩海安住雲，色如金剛、閻浮檀金，清淨蓮華放寶光明，普照十方諸世界海，寶香焰雲處處周遍，舉足將步，香氣周流，具衆寶色充滿法界，是爲八十五。如來右足上有大人相，名普照一切光明雲，一切衆寶以爲莊嚴，放大光明充滿法界，示現一切諸佛菩薩，是爲八十六。如來左足上有大人相，名普現一切諸佛雲，寶藏摩尼以爲莊嚴，放寶光明，於念念中現一切佛神通變化，及其法海所坐道場，盡未來際劫無有間斷，是爲八十七。如來右足指間有大人相，名光照一切法界海雲，須彌燈摩尼王千輻焰輪種種莊嚴，放大光明充滿十方一切法界諸世界海，於中普現一切諸佛所有種種寶莊嚴相，是爲八十八。如來左足指間有大人相，名現一切佛海雲，摩尼寶華、香焰、燈鬘、一切寶輪以爲莊嚴，恒放寶海清淨光明，充滿虛空，普及十方一切世界，於中示現一切諸佛及諸菩薩圓滿音聲、卐字等相，利益無量一切衆生，是爲八十九。如來右足跟有大人相，名自在照耀雲，帝青、寶末以爲莊嚴，常放如來妙寶光明，其光妙好充滿法界，皆同一相無有差別，於中示現一切諸佛坐於道場演說妙法，是爲九十。如來左足跟有大人相，名示現妙音演說諸法海雲，以變化海摩尼寶、香焰海須彌華摩尼寶及毘瑠璃而爲莊嚴，放大光明充滿法界，於中普現諸佛神力，是爲九十一。如來右足趺有大人相，名示現一切莊嚴光明雲，衆寶所成，極妙莊嚴，放閻浮檀金色清淨光明，普照十方一切法界，其光明相猶如大雲，普覆一切諸佛道場，是爲九十二。如來左足趺有大人相，名現衆色相雲，以一切月焰藏毘盧遮那寶、因陀羅尼羅寶而爲莊嚴，念念遊行諸法界海，放摩尼燈香焰光明，其光遍滿一切法界，是爲九十三。如來右足四周有大人相，名普藏雲，因陀羅尼羅金剛寶以爲莊嚴，放寶光明充滿虛空，於中示現一切諸佛坐於道場摩尼寶王師子之座，是爲九十四。如來左足四周有大人相，名光明遍照法界雲，摩尼寶華以爲莊嚴，放大光明充滿法界平等一相，於中示現一切諸佛及諸菩薩自在神力，以大妙音演說法界無盡法門，是爲九十五。如來右足指端有大人相，名示現莊嚴雲，甚可愛樂閻浮檀清淨眞金以爲莊嚴，放大光明充滿十方一切法界，於中示現一切諸佛及諸菩薩無盡法海種種功德、神通變化，是爲九十六。如來左足指端有大人相，名現一切佛神變雲，不思議佛光明、月焰普香、摩尼寶焰輪以爲莊嚴，放衆寶色清淨光明，充滿一切諸世界海，於中示現一切諸佛及諸菩薩演說一切諸佛法海，是爲九十七。

佛子，毘盧遮那如來有如是等十華藏世界海微塵數大人相；一一身分，衆寶妙相以爲莊嚴】。

大方廣佛花嚴經
如來隨好光明功德品第三十五

【爾時，世尊告寶手菩薩言：

佛子，如來應正等覺有隨好，名圓滿王。此隨好中出大光明，名爲熾盛，七百萬阿僧祇光明而爲眷屬。佛子，我爲菩薩時，於兜率天宮放大光明，名光幢王，照十佛刹微塵數世界。彼世界中地獄衆生，遇斯光者，衆苦休息，得十種清淨眼，耳鼻舌身意亦復如是，咸生歡喜，踊躍稱慶，從彼命終生兜率天。天中有鼓，名甚可愛樂。彼天生已，此鼓發音而告之言：諸天子，汝以心不放逸，於如來所種諸善根，往昔親近衆善知識。毘盧遮那大威神力，於彼命終來生此天。

佛子，菩薩足下千輻輪，名光明普照王。此有隨好，名圓滿王，常放四十種光明。中有一光，名清淨功德，能照億那由他佛刹微塵數世界，隨諸衆生種種業行、種種欲樂皆令成熟。阿鼻地獄極苦衆生，遇斯光者，皆悉命終生兜率天。既生天已，聞天鼓音而告之言：善哉善哉，諸天子，毘盧遮那菩薩入離垢三昧，汝當敬禮。

爾時，諸天子聞天鼓音如是勸誨，咸生是念：奇哉希有，何因發此微妙之音。是時，天鼓告諸天子言：我所發聲，諸善根力之所成就。諸天子，如我說我，而不著我，不著我所；一切諸佛亦復如是，自說是佛，不著於我，不著我所。諸天子，如我音聲不從東方來，不從南西北方、四維上下來；業報成佛亦復如是，非十方來。諸天子，譬如汝等昔在地獄，地獄及身非十方來，但由於汝顛倒惡業愚癡纏縛，生地獄身，此無根本、無有來處。諸天子，毘盧遮那菩薩威德力故放大光明，而此光明非十方來。諸天子，我天鼓音亦復如是，非十方來，但以三昧善根力故，般若波羅蜜威德力故，出生如是清淨音聲，示現如是種種自在。諸天子，譬如須彌山王有三十三天上妙宮殿種種樂具，而此樂具非十方來；我天鼓音亦復如是，非十方來。諸天子，譬如億那由他佛刹微塵數世界盡末爲塵，我爲如是塵數衆生，隨其所樂而演說法，令大歡喜，然我於彼不生疲厭、不生退怯、不生憍慢、不生放逸。諸天子，毘盧遮那菩薩住離垢三昧亦復如是，於右手掌一隨好中放一光明，出現無量自在神力，一切聲聞、辟支佛尚不能知，況諸衆生。諸天子，汝當往詣彼菩薩所親近供養，勿復貪著五欲樂具，著五欲樂障諸善根。諸天子，譬如劫火燒須彌山，悉令除盡，無餘可得；貪欲纏心亦復如是，終不能生念佛之意。諸天子，汝等應當知恩報恩。諸天子，其有衆生不知報恩，多遭橫死，生於地獄。諸天子，汝等昔在地獄之中，蒙光照身，捨彼生此；汝等今者宜疾迴向，增長善根。諸天子，如我天鼓，非男非女，而能出生無量無邊不思議事；汝天子、天女亦復如是，非男非女，而能受用種種上妙宮殿園林。如我天鼓不生不滅，色、受、想、行、識亦復如是不生不滅。汝等若能於此悟解，應知則入無依印三昧。

時，諸天子聞是音已，得未曾有，即皆化作一萬華雲、一萬香雲、一萬音樂雲、一萬幢雲、一萬蓋雲、一萬歌讚雲；作是化已，即共往詣毘盧遮那菩薩所住宮殿，合掌恭敬，於一面立，欲申瞻覲而不得見。時，有天子作如是言：毘盧遮那菩薩已從此沒，生於人間淨飯王家，乘栴檀樓閣，處摩耶夫人胎。時，諸天子以天眼觀見菩薩身，處在人間淨飯王家，梵天、欲天承事供養。諸天子衆咸作是念：我等若不往菩薩所問訊起居，乃至一念於此天宮而生愛著，則爲不可。時，一一天子與十那由他眷屬欲下閻浮提。時，天鼓中出聲告言：諸天子，菩薩摩訶薩非此命終而生彼間，但以神通，隨諸衆生心之所宜，令其得見。諸天子，如我今者，非眼所見，而能出聲；菩薩摩訶薩入離垢三昧亦復如是，非眼所見，而能處處示現受生，離分別，除憍慢，無染著。諸天子，汝等應發阿耨多羅三藐三菩提心，淨治其意，住善威儀，悔除一切業障、煩惱障、報障、見障；以盡法界衆生數等身，以盡法界衆生數等頭，以盡法界衆生數等舌，以盡法界衆生數等善身業、善語業、善意業，悔除所有諸障過惡。

時，諸天子聞是語已，得未曾有，心大歡喜而問之言：菩薩摩訶薩云何悔除一切過惡。爾時，天鼓以菩薩三昧善根力故，發聲告言：諸天子，菩薩知諸業不從東方來，不從南西北方、四維上下來，而共積集，止住於心；但從顛倒生，無有住處。菩薩如是決定明見，無有疑惑。諸天子，如我天鼓，說業、說報、說行、說戒、說喜、說安、說諸三昧；諸佛菩薩亦復如是，說我、說我所、說衆生、說貪恚癡種種諸業，而實無我、無有我所。諸所作業、六趣果報，十方推求悉不可得。諸天子，譬如我聲，不生不滅，造惡諸天不聞餘聲，唯聞以地獄覺悟之聲；一切諸業亦復如是，非生非滅，隨有修集則受其報。諸天子，如我天鼓所出音聲，於無量劫不可窮盡、無有間斷，若來若去皆不可得。諸天子，若有去來則有斷常，一切諸佛終不演說有斷常法，除爲方便成熟衆生。諸天子，譬如我聲，於無量世界，隨衆生心皆使得聞；一切諸佛亦復如是，隨衆生心悉令得見。諸天子，如有玻瓈鏡，名爲能照，清淨鑒徹，與十世界其量正等；無量無邊諸國土中，一切山川、一切衆生，乃至地獄、畜生、餓鬼，所有影像皆於中現。諸天子，於汝意云何，彼諸影像可得說言來入鏡中、從鏡去不。答言：不也。諸天子，一切諸業亦復如是，雖能出生諸業果報，無來去處。諸天子，譬如幻師幻惑人眼，當知諸業亦復如是。若如是知，是真實懺悔，一切罪惡悉得清淨。

說此法時，百千億那由他佛刹微塵數世界中兜率陀諸天子，得無生法忍；無量不思議阿僧祇六欲諸天子，發阿耨多羅三藐三菩提心；六欲天中一切天女，皆捨女身，發於無上菩提之意。爾時，諸天子聞說普賢廣大迴向，得十地故，獲諸力莊嚴三昧故，以衆生數等清淨三業悔除一切諸重障故，即見百千億那由他佛刹微塵數七寶蓮華；一一華上皆有菩薩結跏趺坐，放大光明；彼諸菩薩一一隨好，放衆生數等光明；彼光明中，有衆生數等諸佛結跏趺坐，隨衆生心而爲說法，而猶未現離垢三昧少分之力。

爾時，彼諸天子以上衆華，復於身上一一毛孔化作衆生數等衆妙華雲，供養毘盧遮那如來，持以散佛，一切皆於佛身上住。其諸香雲，普雨無量佛刹微塵數世界。若有衆生身蒙香者，其身安樂，譬如比丘入第四禪，一切業障皆得銷滅。若有聞者，彼諸衆生於色、聲、香、味、觸，其內具有五百煩惱，其外亦有五百煩惱，貪行多者二萬一千，瞋行多者二萬一千，癡行多者二萬一千，等分行者二萬一千，了知如是悉是虛妄。如是知已，成就香幢雲自在光明清淨善根。若有衆生見其蓋者，種一清淨金網轉輪王一恒河沙善根。

佛子，菩薩住此轉輪王位，於百千億那由他佛刹微塵數世界中教化衆生。佛子，譬如明鏡世界月智如來，常有無量諸世界中比丘、比丘尼、優婆塞、優婆夷等化現其身而來聽法，廣爲演說本生之事，未曾一念而有間斷。若有衆生聞其佛名，必得往生彼佛國土；菩薩安住清淨金網轉輪王位亦復如是，若有暫得遇其光明，必獲菩薩第十地位，以先修行善根力故。佛子，如得初禪，雖未命終，見梵天處所有宮殿而得受於梵世安樂；

得諸禪者悉亦如是。菩薩摩訶薩住清淨金網轉輪王位，放摩尼髻清淨光明；若有眾生遇斯光者，皆得菩薩第十地位，成就無量智慧光明，得十種清淨眼，乃至十種清淨意，具足無量甚深三昧，成就如是清淨肉眼。

佛子，假使有人以億那由他佛剎碎為微塵，一塵一剎復以爾許微塵數佛剎碎為微塵，如是微塵悉置左手持以東行，過爾諸微塵數世界乃下一塵，如是東行盡此微塵，南西北方、四維上下亦復如是；如是十方所有世界若著微塵及不著者，悉以集成一佛國土。寶手，於汝意云何，如是佛土廣大無量可思議不。

答曰：不也，如是佛土廣大無量，希有奇特，不可思議。若有眾生聞此譬諭能生信解，當知更為希有奇特。

佛言：寶手，如是如是，如汝所說，若有善男子、善女人聞此譬諭而生信者，我授彼記，決定當成阿耨多羅三藐三菩提，當獲如來無上智慧。寶手，設復有人以千億佛剎微塵數如上所說廣大佛土末為微塵，以此微塵依前譬諭一一下盡，乃至集成一佛國土，復末為塵，如是次第展轉乃至經八十返；如是一切廣大佛土所有微塵，菩薩業報清淨肉眼於一念中悉能明見，亦見百億廣大佛剎微塵數佛，如玻瓈鏡清淨光明，照十佛剎微塵數世界。寶手，如是皆是清淨金網轉輪王甚深三昧福德善根之所成就】。

【大方廣佛華嚴經卷第四十八】

大方廣佛〔花嚴經〕

〔普賢行品第三十六〕

〔卷四十九〕

【爾】時，普賢【菩薩摩訶薩復告諸菩薩大衆言】：

【佛子，如向所演，此但隨衆生根器所宜】，略說如來少分境界。何以故，【諸佛世尊，爲】諸衆生，無智作惡，計我、【我所，執著於身，顛倒疑惑，邪見分別】，與諸【結縛恒共相應，隨生死流遠如來道故，出興于世。佛子，我不見一法爲大過】失，如諸菩薩扵他菩薩起瞋心【者。何以故】，佛子，若諸菩薩扵餘菩薩起【瞋恚心，即成就百萬障門故。何等爲百萬障，所謂：不見菩提障；不聞正法障；生不淨世界障；生諸惡趣障；生】諸難處鄣；多諸疾病鄣；多被謗毀鄣；生【頑鈍諸】趣鄣；壞失正念鄣；闕少智【慧障；眼障；耳障；鼻障；舌障；身障；意障；惡知識障；惡伴黨障；樂習小乘障；樂近凡庸障；不信樂大威德人障；樂】與離正見人同住鄣；生外道家鄣；住魔【境界障；離佛正教障；不見善友鄣；善根留難鄣；【增不善法障；得下劣處】障；生邊地障；生惡人家障；生惡神中障；生惡龍、惡夜叉、惡乾闥婆、惡阿】修羅、惡迦樓羅、惡緊那羅、惡摩睺【羅伽、惡羅刹中障；不】樂佛法障；習童蒙法障；樂著小乘障；不樂大【乘障；性多驚怖障；心常憂惱障；愛著生死障；不專佛法障；不喜見聞佛自在神通障；不】得菩薩諸根鄣；不行菩薩淨行鄣；退怯【菩薩深心】障；不生菩薩大願障；不發一切智心障；扵菩【薩行懈怠障；不能淨治諸業障；不能攝取大福障；智力不能明利障；斷扵廣大】智慧鄣；不護持菩薩諸行鄣；樂誹謗一切智語障；【遠離諸】佛菩提鄣；樂住衆魔境界鄣；不專修佛境界鄣；不【決定發菩薩弘誓障；不樂與菩薩同住障；不求菩薩善根障；性多見疑】鄣；心常愚闇鄣；不能行菩薩平等施故，赶不捨鄣；不【能持如】来戒故，赶破戒障；不能入堪忍門故，赶愚癡、惱害、瞋恚【障；不能行菩薩大精進故，起懈怠垢障；不能得諸三昧故，起散亂】障；不修治般若波羅蜜故，起惡慧鄣；扵處、非處中無善【巧】障；扵度衆生中無方便障；扵菩薩智慧中不能觀察鄣；扵菩【薩出離法中不能了知障；不成就菩薩十種廣大眼故，眼如生】盲障；耳不聞無礙法故，口如啞羊障；不具相好故，鼻根破壞障；不能辯〈辨〉了衆生語言故，成就舌根鄣；輕賤衆生故，成就身【根障；心多狂亂故，成就意根障；不持三種律儀故，成就身業障；恒】赶四種過失故，成就語業鄣；多生貪、瞋、邪見故，成就意業障；賊心求法障；斷絕菩薩境界障；扵菩薩勇猛法中心生退怯【障；扵菩薩出離道中心生嬾惰障；扵菩薩智慧光明門中】心生止息障；扵菩薩念力中心生劣弱障；扵如來教法中不能住持障；扵菩薩利〈離〉生道不能親近障；扵菩薩無失壞道不能修【習障】；随順二乘【正位障；遠離三世諸佛菩薩】種性障。

大方廣佛花嚴經普賢行品第三十六

佛子，若菩薩於諸菩薩起一瞋心，則成就如是等百萬障門。何以故，佛子，我不見有一法為大過惡，如諸菩薩於餘菩薩起瞋心者。【是故】，諸菩薩摩訶薩【欲疾滿足諸菩薩行】，應勤修十種法。何等為十，所謂心不棄捨一切眾生，於諸菩薩生如來想，永不誹謗一切佛法，知諸國土無有窮盡，於菩薩行深生信樂，不捨平【等虛】空法界菩【提之】心，觀察菩提入如來力，精勤修習無礙辯才，教化眾生無有疲猒，住一切世界心無所著。是為十。

佛子，菩薩摩訶薩安住此十法已，則能具足十種清淨。何等為十，【所謂】通達甚深法【清】淨，親近善知識清淨，護持諸佛法清淨，了達虛空界清淨，深入法界清淨，觀察無邊心清淨，與一切菩薩同善根清淨，不著諸劫清淨，觀察三世清淨，修行一切諸佛【法清】淨。是為十。

佛子，菩薩摩訶薩住此十法已，則具足十種廣大智。何等為十，所謂知一切眾生心行智，知一切眾生業報智，知一切佛法智，知一切佛法深密理趣智，知一切陀羅尼【門智】，知一切【文字辯】才智，知一切眾生語言、音聲、詞〈辭〉①辯善巧智，於一切世界中普現其身智，於一切眾會中普現影像智，於一切眾〈受〉生處中具一切智智。是為十。

佛子，菩薩摩訶薩住此【十智已，則得入十】種普入。何等為十，所謂：一切世界入一毛道，一毛道入一切世界；一切眾生身入一身，一身入一切眾生身；不可說劫入一念，一念入不可說劫；一切佛法入一法，一法【入一切佛法；不】可說處入一處，一處入不可說處；不可說根入一根，一根入不可說根；一切根入非根，非根入一切根；一切想入一想，一想入一切想；一切言音入一言音，一言音入一【切言音；一切三】世入一世，一世入一切三世。是為十。

佛子，菩薩摩訶薩如是觀察已，則住十種勝妙【心。何等為】十，所謂住一切世界語言、非語言勝妙心，住一切眾生想念無所依止勝【妙心，住究竟虛空界】勝妙心，住無邊法界勝妙心，住一切深密佛法勝妙心，住甚深無差別法勝妙心，住除【滅】一切疑惑勝妙心，住一切世平等無差別勝妙心，住三世諸佛平等勝妙心，【住一切諸佛力無量勝妙心。是】為十。

佛子，菩薩摩訶薩住此十種勝妙心已，則得十種佛法善巧智。何等為【十，所】謂了達甚深佛法善巧智，出生廣大佛法善巧智，宣說種種佛法善巧【智，證入平等佛法善巧智，明了差別佛法】善巧智，悟解無差別佛法善巧智，深入莊嚴佛法善巧智，一方〔097-1〕【便】入佛法善巧智，無量方便入佛法善巧智，知無邊佛法無差別善巧智，以【自心自力於】一切佛法不退轉善巧智。是為十。

佛子，菩薩摩訶薩聞此法已，咸應發心，恭敬受持。何以故，菩薩摩訶薩持此法者，少作巧〈功〉力，疾得阿耨多羅三藐三菩提，皆得具足一切【佛法，悉】與三世諸佛法等。

尔時，佛神力故，法如是故，十方各有十不可說百千億那由他佛剎微塵數世界六種震動，雨出過諸天一切花雲、香雲、末香雲、衣蓋、幢幡、摩尼寶等及以一切莊嚴【具雲】，雨眾技〈妓〉樂雲，雨諸菩薩雲，雨不可說如來色相雲，雨不可說讚歎如來善哉雲，雨如來音聲充滿一切法界雲，雨不可說莊嚴世界雲，雨不可說增長菩提雲，雨不可說光明照【耀】雲，雨不可說神力說法雲。如此世界四天下菩提樹下菩提場菩薩宮殿中，見於如來成等正覺演說此法，十方一切諸世界中悉亦如是。

尔時，佛神力故，法如是故，十方各過十【不】可說佛剎微塵數世界外，有十佛剎微塵數菩薩摩訶薩來詣此土，充滿十方，作如是言：善哉善哉，佛子，乃能說此諸佛如來宏大【誓願授】

---

① 辭，㊂二五八頁註②：辭＝詞㊆㊈。

371

記深法。佛子，我等一切同名普賢，各從普【勝世】界普幢自在如来所来詣此土，悉以佛神力故，於一切處演説此法；如此衆會，如是所説，一切平等無有增減。我等皆承佛威神【力，来此道】場爲汝作證。如此道場，我等十佛刹【微塵】數菩薩而来作證，十方一切諸世界中悉亦如是。

尔時，普賢菩薩摩訶薩以佛神力、自善根力，觀察十【方洎】乎法界，欲開示菩薩【行，欲宣説】如来菩提界，欲説大顛界，欲説一切【世界劫】數，欲明諸佛隨時出現，欲説如来隨根熟衆生出現令其供養，欲明如来出世功不唐捐，欲明所種善〔097-2〕根必獲果報，欲明大威德菩薩爲【一切】衆生現形説法令其開悟，而説頌【言】：

【汝等應歡喜】，捨離於諸盖，
一心恭敬聴，菩薩諸顛行。
往昔諸菩薩，最勝人師子，
如彼所脩行，我當次弟説。
亦説諸劫數，世界并諸業，
及以無等尊，於彼而出興。
如見〈是〉① 過去佛，大顛出【于世，
云何】爲衆生，滅除諸苦惱。
一切論師子，所行相續滿，
得佛平等法，一切智境界。
見於過去世，一切人師子，
放大光明網，普照十方界。
思惟發是顛：我當作世燈，
具足佛功德，十力一切【智。
一切】諸衆生，貪恚癡熾然；
我當悉救脱，令滅惡道苦。
發如是誓顛，堅固不退轉，
具脩菩薩行，獲十無礙力。
如是誓顛【已】，修行無退怯，
所作皆不虚，説名論師子。
於一賢劫中，千佛出于世，

彼所有普【眼，我當】次弟説。
如一賢劫中，無量劫亦然，
彼未来佛行，我當分別説。
如一佛刹種，無量刹亦然，
未来十力尊，諸行我今説。
諸佛次興世，隨顛隨名号，
隨彼所得説〈記〉，隨其所壽命，
隨所修正法，專求無礙【道；
隨所】化衆生，正法住於世；
隨所淨佛刹，衆生及法輪，
演説時非時，次弟淨群生；
隨諸衆生業，所行及信解，
上中下不同，化彼令脩習。
入於如是智，修其寂勝行，
常作普賢業，廣度諸衆生。
身業無鄣【礙，語】業悉清淨，
意行亦如是，三世靡不然。
菩薩如是行，究竟普賢道，
出生淨智日，普照於法界。
未来世諸劫，國土不可説，
一念悉了知，於彼無分別。
行者能趣入，如是寂勝地，
此諸菩薩法，我當説少【分。
智】慧無邊際，通達佛境界，
一切皆善入，所行不退轉。
具足普賢慧，成滿普賢顛，
入於無等智，我當説彼行。
於一微塵中，悉見諸世界，
衆生若聞者，迷亂心發狂。
如於一微塵，一切塵亦然，
【世】界悉【入中，如】是不思議。
一一塵中有，十方三世法，
趣刹皆無量，悉能分別知。
一一塵中有，無量種佛刹，

---

① 是，㊃二五九頁註③：是＝見㊆。

大方廣佛花嚴經普賢行品第三十六

種種皆無量，於一塵不知。
法界中所有，種種諸異相，
趣類各差別，悉能分別知。
深入微細智，分別諸【世界，
一】切劫成壞，悉能明了說。
知諸劫脩短，三世即一念，
眾行同不同，悉能分別知。
深入諸世界，廣大非廣大，
一身無量刹，一刹無量身。
十方中所有，異類諸世界，
廣大無量相，一切悉【能知】。
一切三世中，無量諸國土，
具足甚深智，悉了彼成敗。
十方諸世界，有成或有壞，
如是不可說，賢德悉深了。
或有諸國土，種種地嚴飾；
諸趣亦復然，斯由業清淨。
或有諸世界，無量種雜染；
斯由【眾生感】，一切如其行。
無量無邊刹，了知即一刹，
如是入諸刹，其數不可知。
一切諸世界，悉入一刹中，
世界不爲一，亦復無雜亂。
世界有仰覆，或高或復下，
皆是眾生想，悉能分別知。
廣【博諸世】界，無量無有邊，
知種種是一，知一是種種。
普賢諸佛子，能以普賢智，
了知諸刹數，其數無邊際。
知諸世界化，刹化眾生化，
法化諸佛化，一切皆究竟。
一切諸世界，微細廣大別〈刹〉，
種種異莊嚴，皆【由業所】起。
無量諸佛子，善學入法界，
神通力自在，普遍於十方。
眾生數等劫，說彼世界名，

亦不能令盡，唯除佛開示。
世界及如來，種種諸名号，
經於無量劫，說之不可盡。
何況寂勝智，三世諸佛【法，
從於】法界生，充滿如來地。
清淨無礙念，無邊無礙慧，
分別說法界，得至於彼岸。
過去諸世界，廣大及微細，
修習所莊嚴，一念悉能知。
其中人師子，修佛種種行，
成於等正覺，示現諸自在。
如是未【來世，次第】無量劫，
所有人中尊，菩薩悉能知。
所有諸行願，所有諸境界，
如是勤修行，於中成正覺。
亦知彼眾會，壽命化眾生，
以此諸法門，爲眾轉法輪。
菩薩如是知，住普賢行地，
智慧悉明了，出生一【切佛。
現在】世所攝，一切諸佛土，
深入此諸刹，通達於法界。
彼諸世界中，現在一切佛，
於法得自在，言論無所礙。
亦知彼眾會，淨土應化力，
盡無量億劫，常思惟是事。
調御世間尊，所有威神力，
無盡【智慧藏，一切】悉能知。
出生無礙眼，無等耳鼻身，
無等廣長舌，能令眾歡喜。
最勝無礙心，廣大普清淨，
智慧遍充滿，悉知三世法。
善學一切化，刹化眾生化，
世化調伏化，究竟化彼岸。
世間種種別，皆【由於想住，
入佛】方便智，於此悉明了。
眾會不可說，一一爲現身，

373

悉使見如来，度脫无邊衆。
諸佛甚深智，如日出世間，
一切國土中，普現無休息。
了達諸世間，假名無有實，
衆生及世界，如夢如光影。
扵【諸世間法，不生】分別見，
善離分別者，亦不見分別。
无量无數劫，解之即一念，
知念亦無念，如是見世間。
無量諸國土，一念悉超越，
經扵无量劫，不動扵本處。
不可說諸劫，即是湏申頃，
莫見俻與短，究【竟刹那法。
心】住扵世間，世間住扵心，
扵此不妄起，二非二分別。
衆生世界劫，諸佛及佛法，
一切如幻化，法界悉平苧。
普扵十方剎，示現無量身，
知身從緣起，究竟無所著。
依扵無二智，出現人師子，
【不著無二法，知】無二非二。
了知諸世間，如镞如光影，
如響亦如夢，如幻如變化。
如是随順入，諸佛所行處，
成就普賢智，普照深法界。
衆生剎染著，一切皆捨離，
而興大悲心，普净諸世間。
菩薩常正念，【論師子妙法】，
清净如虛空，而興大方便。
見世常迷倒，發心咸救度，
所行皆清净，普遍諸法界。
諸佛及菩薩，佛法世間法，
若見其真實，一切無差別。
如来法身藏，普入世間中，
雖在扵世間，扵【世無所著。
譬】如清净水，影像無来去；

法身遍世間，當知亦如是。
如是離染著，身世皆清净，
湛【然】如虛空，一切無有生。
知身無有盡，无生亦无【滅】，
非常非無常，示現諸世間。
除滅諸邪見，開示扵正【見，
法性無来去】，不著我我所。
譬如工幻師，示現種種事，
其来無所從，去亦無所至。
幻性非有量，亦復非無量，
扵彼大衆中，示現【量無量】。
以此寂定心，修習諸善根，
出生一切佛，非量非無【量。
有量及無量】，皆悉是妄想，
了達一切趣，不著量無量。
諸佛甚深法，廣大深寂滅，
甚深无量智，知甚深諸趣。
菩薩離迷倒，心净【常相續】，
巧以神通力，度無量衆生。
未安者令安，安者示道【場，
如是遍法界】，其心無所著。
不住扵實際，不入扵涅槃，
如是遍世間，開悟諸羣生。
法數衆生數，了知而不著，
普雨扵法雨，充洽諸〔097-3〕【世間】。
普扵諸世界，【念念】成正覺，
而修菩薩行，未曾有【退轉。
世間種種身，一】切悉了知；
如是知身法，則得諸佛身。
普知諸衆生，諸劫及諸剎，
十方無【涯際，智海無】不入。
身〈衆〉生身无量，一一爲【現身】；
佛身無有邊，智者悉觀見。
一念之所知，出現諸【如来，
經於無量劫，稱揚】不可盡。
諸佛能現身，處處般涅槃，

一念中無量，舍利各差別。
如是未来世，【有求於佛果】，
無量菩提心，決定智悉知。
如是【三世中】，所有諸如来，
一切悉能知，名住普賢行。
如是分別【知，無量諸行地，
入於】智慧處，其輪不退轉。
微妙廣大智，深入如来境，
入已不退轉，說名普賢慧。
【一切最勝尊】，普入佛境界，
修行不退轉，得无上菩【提】。
无量无邊心，各各差別業，
皆由想積集，平等悉了知。
染【污非染污，學】心无學心，
不可說諸心，念念中悉知。
了知非一二，非染亦非净，
亦復无雜亂，皆【從自想】起。
如是悉明見，一切諸衆生，
心想各不同，【起】種種世間。
以如是方便，修諸寂勝行，
從佛法化生，得【名為普賢。
衆】生皆妄起，善惡諸趣想，
由是或生天，或復堕地獄。

菩薩觀世間，妄想業所起，
妄想无邊故，世間亦无量。
一切諸國土，想綱之所現，
幻綱方便故，一念悉能入。
眼耳鼻舌身，意根【亦如是，
世間】想別異，平等皆能入。
一一眼境界，無量眼皆入，
種種性差別，无量不可說。
所見无差別，亦復无雜亂，
各随扵自業，受用其果報。
普賢力无量，悉知彼一切，
一切眼境界，大智【悉能入。
如是諸世間】，悉能分別知，
而修一切行，亦復無退轉。
佛說衆生說，及以國土說，
三世如是說，種種悉了知。
過去中未来，未来中現在，
【三】世平相見，一一皆明了。
如是【無量種，開悟諸世間，
一切智方便】，邊際不可得。

大方廣佛花嚴經卷苐卅九
〔097-4〕

大方廣佛花嚴經
如來出現品第卅七之一
卷五十・又十之上

尒時，世尊從眉閒白毫相中放大光明，名如來出現，無量百千億【那】由他阿僧祇光明以爲眷屬。其光普照十方盡虛空法界一切世界，右繞十帀，顯現如來無量自在，覺悟無數諸菩薩衆，振〈震〉①動一切十方世界，除滅一切諸惡道㫁，暎蔽一切諸魔宮殿，顯示一切諸佛如來坐菩提座成苆正覺及以一切道塲衆會；作是事已，而來右繞菩薩衆會，入如來性起妙德菩薩頂。時，此道塲一切大衆身心踊躍，生大歡喜，作如是【念：甚奇】希有，今者如來放大光明，必當演說甚深大法。

尒時，如來性起妙德菩薩扵蓮花座上，偏袒右肩，右跪〈跽〉合掌，一心向佛而說頌言：

正覺㓛德大智出，普達境界到彼岸，
苆扵三世諸如來，是故我今恭敬礼。
已昇無相境界岸，而現妙相荘嚴身，
放扵離垢千光明，破魔軍衆咸令盡。
十方所有諸世界，悉能振動無有餘，
未曾恐怖一衆生，善逝威神力如是。
虛空法界性平苆，已能如是而安住，
一切含生無數量，咸令滅惡除衆垢。
㫿行勤勞無數刼，成就寂上菩提【道】，
扵諸境界智無礙，與一切佛同其性。
導師放此大光明，震動十方諸世界，
已現無量神通力，而復還來入我身。
決定法中能善【學】，無量菩薩皆來集，
令我發起問法心，是故我今請法王。
今此衆會皆清净，善能度脫諸世閒，
智慧無邊無染著，如是賢勝咸來【集。利益世】閒尊導師，智慧精進皆無量，
今以光明照大衆，令我問扵無上法。
誰扵大仙深境界，而能真實具開演，
誰是如來法長【子，世閒尊】導顉顯示。

尒時，如來即扵口中放大光明，名無礙無畏，百千億阿僧祇光明以爲眷屬。普照十方盡虛空苆法界一切世界，右【遶十匝，顯現如】來種種自在，開悟無量諸菩薩衆，震動一切十方世界，除滅一切諸惡道㫁，暎蔽一切諸魔宮殿，顯示一切諸佛如來坐菩提座成【等正覺及以一切】道塲衆會；作是事已，而來右繞菩薩衆會，入普賢菩薩摩訶薩口。其光入已，普賢菩薩身及【師】子座，過扵夲時及諸【菩薩身座百倍】，唯除如來師子之座。

尒時，如來性起妙德菩薩問普賢菩薩摩訶薩言：佛子，佛所示現廣大神【變】，令諸菩薩皆生歡【喜，不可思議，世莫能】知，是何瑞相。普賢菩薩摩訶薩言：佛子，我扵往昔見諸如來應正苆覺示現如是廣大神變，即說如來出現法【門。如我惟忖，今現此相】，當說其法。說是語時，一切大地悉皆震動，出生無量問法光明。

---

① 震，㊣二六二頁註④：震＝振🈑。

時，性起妙德菩薩問普賢菩薩言：佛子，菩薩摩【訶薩應云何知諸佛如來】應正等覺出現之法，願爲我說。佛子，此諸無量百千億那由他菩薩衆會，皆久修淨業，【念】慧成就，到【於】究竟【大莊嚴岸，具一切佛威儀之】行，正念諸佛未曾忘失，大悲觀察一切衆生，決【定了知諸】大菩薩神通境界，已得諸佛神力所加，能受一切如〔099-1〕【來妙法；具如是等無量功德】，皆已來集。佛子，汝已曾於無量百千億那由他佛所承【事】供【養】，成就菩【薩】最上妙行，於【三昧】門皆得自在，入一切佛祕密之【處，知諸佛法，斷衆疑惑】，爲諸如來神力所加，知衆生根，隨其所樂爲說真實解脫之法，隨順佛智演說佛法到於彼【岸】，有【如是等無量】功德。善哉佛【子，願說如來】應正等覺出現之法，身相、言音、心意境界，所行之行，成道轉法〔輪〕，乃至示現【入般涅】槃，見聞親近所生善根；如是等【事，願】皆爲說。

時，如【來性起妙德菩】薩欲重明此義，向普賢菩薩而說頌曰：

善哉無礙大智慧，善覺【無邊】平等境，
願說無量佛所行，佛子聞已皆欣【慶】。
菩薩【云何】隨順入，諸佛如來出興世，
云何身語心境界，及所行處願皆說。
云何諸【佛】成正覺，云何如來【轉】法輪，
云何善逝【般】涅槃，大衆聞已心歡【喜。
若有見】佛大法【王】，親近增長諸善根，
願說彼諸功德藏，衆生見已何所獲。
若有得聞如來名，若現在【世】若涅槃，
於彼福藏【生深】信，【有】何等利願宣說。
【此諸】菩薩皆合掌，瞻仰如來仁及我，
大功德海之境界，淨衆生者願爲說。
願以因緣及譬喻〈諭〉①，演說妙法相應義，
衆生聞已發大心，疑盡智淨如虛空。
如遍一切國土中，諸佛所現莊嚴身，
願以妙音及因喻，示佛菩提亦如彼。
十方千萬諸佛土，億那由他無量刹，
如今所集菩薩衆，於彼一切悉難見。
此諸菩薩咸恭敬，於微妙義生渴仰，
願以淨心具開演，如來出現廣大法。

介時，普賢菩薩摩訶薩告如來性起妙德等諸菩薩大衆言：

佛子，此處不可思議，所謂如來應正等覺以無量法而得出現。何以故，非以一緣，非以一事，如來出現而得成就；以十無量百千阿僧祇事而得成就。何等爲十，所謂過去無量攝受一切衆生菩提心所成故，過去無量清淨殊勝志樂所成故，過去無量救護一切衆生大慈大悲所成故，過去無量相續行願所成故，過去無量修諸福智【心】無猒足所成故，過去無〔量〕供養諸佛教化衆生所成故，過去無量智慧方便清淨道所成故，過去無量清淨功德藏所成故，過去無量莊嚴道智所成故，過去無量通達法義所成故。佛子，如是【無】量阿僧祇法門圓滿，成於如來。佛子，譬如三千大千世界，非以一緣，非以一事，而得成就，以無量緣、無量事，方乃得成。所謂興布大雲，降霆大雨，四種風輪相續爲依。其四者何，一名能持，〔能持〕大水故；二名能消，能消大水故；三名建立，【建立一切】諸處所故；四名莊嚴，莊嚴分布咸善巧故。如是皆由衆生共業及諸菩薩善根所起，令於其中一切衆生各隨所宜而得受〔099-2〕用。佛子，如是等無量【因】緣乃成三千大千世界，法性【如是，無有生者，無有作者，無】有知者，無有成者，然後〈彼〉世界而得成就。如來出現亦復如是，非以一緣，非以一事，而得成就；以無量因緣，無量事相，乃得成就。所謂【曾於過去佛所聽聞受持大】法雲雨，因此能起如來四種大智風輪。何等爲四，一者念持不忘陀羅【尼】大智風輪，能持一切如

---

① 諭，⑫二六三頁註①：諭＝喻㊂㊀，下同。

来大法雲雨故；二者出生止觀大【智風輪，能消竭一切】煩惱故；三者善巧廻向大智風輪，能成就一切善根故；四者出生離垢差別莊嚴大智風輪，令過去所化一切衆生善根清淨，成就如來無漏【善根力故。如來】如是成苇正覺，法性如是，無生無作而得成就。佛子，是爲如來應正苇覺出現第一相，菩薩摩訶薩應如是知。

復次，佛子，譬如三千大千世界將欲成時，大雲降雨，名曰洪霔，一切方處所不能受、所不能持，唯除大千界將欲成時。佛子，如來應正苇覺亦復如是，興大法雲，雨大法雨，名成就如來出現，一切二乘心志狹劣所不能受、所不能持，唯除諸大菩薩心相續力。佛子，是爲如來應正〔等〕覺出現第二相，菩薩摩訶薩應如是知。

復次，佛子，譬如衆生以業力故，大雲降雨，來無所從，去無所至。如來應正苇覺亦復如是，以諸菩薩善根力故，興大法雲，雨大法雨，亦無所從來，無所至去。佛子，是爲如來應正苇覺出現第三相，菩薩摩訶薩應如是知。

復次，佛子，譬如大雲降霔大雨，大千世界一切衆生，無能知數，若欲籌計，徒令發狂；唯大千世界主摩醯首羅，以過去所修善根力故，乃至一滴無不明了。佛子，如來應正苇覺亦復如是，興大法雲，雨大法雨，一切衆生、聲聞、獨覺所不能知，若欲思量，心必狂亂；唯除一切世間主菩薩摩訶薩，以過去所修覺慧力故，乃至一文一句，入衆生心，無不明了。佛子，是爲如來應正苇覺出現第四相，菩薩摩訶薩應如是知。

復次，佛子，譬如大雲降雨之時，有大雲雨，名爲能滅，能滅火災；有大雲雨，名爲能起，能起大水；有大雲雨，名爲能止，能止大水；有大雲雨，名爲能成，能成一切摩尼諸寶；有大雲雨，名爲分別，分別三千大千世界。佛子，如來出現亦復如是，興大法雲，雨大法雨，有大法雨，名爲能滅，能滅一切衆生煩惱；有大法雨，名爲能起，能起一切衆生善根；有大法雨，名爲能止，能止一切衆生見惑；有大法雨，名爲能成，能成一切智慧法寶；有大法雨，名爲分別，分別一切衆生心樂。佛子，是爲如來應正苇覺出現第五相，菩薩摩訶薩應如是知。

復次，佛子，譬如大雲雨一味水，隨其所雨，無量差別。如來出現亦復如是，雨於大悲一味法水，隨宜說法，無量差別。佛子，是爲如來應正苇覺出現第六相，菩薩摩訶薩應如是知。

復次，佛子，譬如三千大千世界初始成時，先成色界諸天宮殿，次成欲界諸天宮殿，次成於人及餘衆生諸所住處。佛子，如來出現亦復如是，先起菩薩諸行智慧，次起緣覺諸行智慧，次起聲聞善根諸行智慧，次起其餘衆生有爲善根諸行智慧。佛子，譬如大雲雨一味水，隨諸衆生善根異故，所起宮殿種種不同。如來大悲一味法雨，隨衆生器而有差別。佛子，是爲如來應正苇覺出現第七相，菩薩摩訶薩應如是知。

復次，佛子，譬【如世界】初欲成時，有大水生，遍滿三千大千世界；生大蓮花，名如來出現功德〔099-3〕【寶】莊嚴，遍覆水上，光照十方一切世界。時，摩醯首羅、净居天苇見是花已，即決定知於此【劫中有】尒所佛出興于世。佛子，尒時，其中有風輪【起】，名善净光明，能成色界諸天宮殿。有風輪起，名净光莊嚴，能成欲界諸天宮殿。有風輪起，名堅密無能壞，能成大小諸輪圍山【及】金剛山。有風輪起，名勝高，能成湏弥山王。有風輪起，名不動，能成十大山【王】。何苇爲十，所謂佉陁羅山、仙人山、伏魔山、大伏魔山、持雙山、尼民陁羅山、目真隣陁山、摩訶目真隣陁山、香山、雪山。有風輪起，名爲安住，能成大地。有風輪起，名爲莊嚴，能成地天宮殿、龍宮殿、乾闥婆宮殿。有風輪起，名無盡藏，能成三千大千世界一切大海。有風輪起，名普光明藏，能成三千大千世界諸摩尼寶。有風輪起，名堅固根，能成一切諸如意樹。佛子，大雲所雨一味之水，無有分別；

以衆生善根不同故,風輪不同;風輪差別故,世界差別。佛子,如來出現亦復如是,具足一切善根功德,放於無上大智光明,名不斷如來種不思議智,普照十方〔一切〕世界,與諸菩薩一切如來灌頂之記:當成正覺出興於世。佛子,如來出現復有無上大智光明,名清淨離垢,能成如來無漏無【盡】智。復有無上大智光明,名普照,能成如來普入法界不思議智。復有無上大智光明,名持佛種性,能成如來不傾動力。復有【無】上大智光明,名迥出無能壞,能成如來無畏無壞智。復有無上大智光明,(名智光明),名一切神通,能成如來諸不共【法、一切】智【智。復有】無上大智光明,名出生變化,能成如來令見聞親近所生善根不失【壞智。復有】無上大【智】光明,名普隨順,能成如來無盡福德智慧之身,爲一切衆生而作饒益。復有無上大智【光】明,名不可究竟,能成如來甚深妙智,隨所開悟,令三寶種永不斷絕。復有無上大智光明,名種種莊嚴,能成如來相好嚴身,令一切衆生皆生歡喜。復有無上大智光明,名不可壞,能成如來法界、虛空界等殊勝壽命無有窮盡。佛子,如來大悲一味之水無有分別,以諸衆生欲樂不同、根性各別,而起種種大智風輪,令諸菩薩成就如來出現之法。佛子,一切如來同一體性,大智輪中出生種種智慧光明。佛子,汝等應【知,如】來於一解脫味出生無量不可思議種種功德,衆生【念】言:此是如來神力所造。佛子,此非如來神力所造。佛子,乃至一菩【薩,不於佛】所曾種善根,能得如來〔099-4〕【少分智慧,無有是處。但以諸佛威德力故,令諸衆生具佛功德,而佛如來無有分別,無成無壞,無有作者,亦無作法。佛子,是爲如來應正等覺出現第八相,菩薩摩訶薩應如是知。

復次,佛子,如依虛空起四風輪,能持水輪。何等爲四,一名安住,二名常住,三名究竟,四名堅固。此四風輪能持水輪,水輪能持大地令不散壞。是故說:地輪依水輪,水輪依風輪,風輪依虛空,虛空無所依。雖無所依,能令三千大千世界而得安住。佛子,如來出現亦復如是,依無礙慧光明起佛四種大智風輪,能持一切衆生善根。何等爲四,所謂普攝衆生皆令歡喜大智風輪,建立正法令諸衆生皆生愛樂大智風輪,守護一切衆生善根大智風輪,具一切方便通達無漏界大智風輪。是爲四。佛子,諸佛世尊,大慈救護一切衆生,大悲度脫一切衆生,大慈大悲普遍饒益。然大慈大悲依大方便善巧,大方便善巧依如來出現,如來出現依無礙慧光明,無礙慧光明無有所依。佛子,是爲如來應正等覺出現第九相,菩薩摩訶薩應如是知。

復次,佛子,譬如三千大千世界既成就已,饒益無量種種衆生,所謂水族衆生得水饒益,陸地衆生得地饒益,宮殿衆生得宮殿饒益,虛空衆生得虛空饒益。如來出現亦復如是,種種饒益無量衆生,所謂:見佛生歡喜者,得歡喜益;住淨戒者,得淨戒益;住諸禪定及無量者,得聖出世大神通益;住法門光明者,得因果不壞益;住無所有光明者,得一切法不壞益。是故說言:如來出現,饒益一切無量衆生。佛子,是爲如來應正等覺出現第十相,菩薩摩訶薩應如是知。

佛子,菩薩摩訶薩知如來出現,則知無量;知成就無量行故,則知廣大;知周遍十方故,則知無來去;知離生住滅故,則知無行、無所行;知離心、意、識故,則知無身;知如虛空故,則知平等;知一切衆生皆無我故,則知無盡;知遍一切刹無有盡故,則知無退;知盡後際無斷絕故,則知無壞;知如來智無有對故,則知無二;知平等觀察爲、無爲故,則知一切衆生皆得饒益,本願迴向自在滿足故。

爾時,普賢菩薩摩訶薩欲重明此義而說頌言:
十力大雄最無上,譬如虛空無等等,
境界廣大不可量,功德第一超世間。
十力功德無邊量,心意思量所不及,
人中師子一法門,衆生億劫莫能知。

十方國土碎爲塵，或有算計知其數；
如來一毛功德量，千萬億劫無能說。
如人持尺量虛空，復有隨行計其數，
虛空邊際不可得，如來境界亦如是。
或有能於刹那頃，悉知三世衆生心，
設經衆生數等劫，不能知佛一念性。
譬如法界遍一切，不可見取爲一切；
十力境界亦復然，遍於一切非一切。
真如離妄恒寂靜，無生無減普周遍；
諸佛境界亦復然，體性平等不增減。
譬如實際而非際，普在三世亦非普；
導師境界亦如是，遍於三世皆無礙。
法性無作無變易，猶如虛空本清淨；
諸佛性淨亦如是，本性非性離有無。
法性不在於言論，無說離說恒寂滅；
十力境界性亦然，一切文辭莫能辯。
了知諸法性寂滅，如鳥飛空無有迹，
以本願力現色身，令見如來大神變。
若有欲知佛境界，當淨其意如虛空，
遠離妄想及諸取，令心所向皆無礙。
是故佛子應善聽，我以少譬明佛境，
十力功德不可量，爲悟衆生今略說。
導師所現於身業，語業心業諸境界，
轉妙法輪般涅槃，一切善根我今說。
譬如世界初安立，非一因緣而可成，
無量方便諸因緣，成此三千大千界。
如來出現亦如是，無量功德乃得成，
刹塵心念尚可知，十力生因莫能測。
譬如劫初雲澍雨，而起四種大風輪，
衆生善根菩薩力，成此三千各安住。
十力法雲亦如是，起智風輪清淨意，
昔所迴向諸衆生，普導令成無上果。
如有大雨名洪澍，無有處所能容受，
唯除世界將成時，清淨虛空大風力。
如來出現亦如是，普雨法雨充法界，
一切劣意無能持，唯除清淨廣大心。
譬如空中澍大雨，無所從來無所去，

作者受者悉亦無，自然如是普充洽。
十力法雨亦如是，無去無來無造作，
本行爲因菩薩力，一切大心咸聽受。
譬如空雲澍大雨，一切無能數其滴，
唯除三千自在王，具功德力悉明了。
善逝法雨亦如是，一切衆生莫能測，
唯除於世自在人，明見如觀掌中寶。
譬如空雲澍大雨，能滅能起亦能斷，
一切珍寶悉能成，三千所有皆分別。
十力法雨亦如是，滅惑起善斷諸見，
一切智寶皆使成，衆生心樂悉分別。
譬如空中雨一味，隨其所雨各不同，
豈彼雨性有分別，然隨物異法如是。
如來法雨非一異，平等寂靜離分別，
然隨所化種種殊，自然如是無邊相。
譬如世界初成時，先成色界天宮殿，
次及欲天次人處，乾闥婆宮最後成。
如來出現亦如是，先起無邊菩薩行，
次化樂寂諸緣覺，次聲聞衆後衆生。
諸天初見蓮華瑞，知佛當出生歡喜；
水緣風力起世間，宮殿山川悉成立。
如來宿善大光明，巧別菩薩與其記；
所有智輪體皆淨，各能開示諸佛法。
譬如樹林依地有，地依於水得不壞，
水輪依風風依空，而其虛空無所依。
一切佛法依慈悲，慈悲復依方便立，
方便依智智依慧，無礙慧身無所依。
譬如世界既成立，一切衆生獲其利，
地水所住及空居，二足四足皆蒙益。
法王出現亦如是，一切衆生獲其利，
若有見聞及親近，悉使滅除諸惑惱。
如來出現法無邊，世間迷惑莫能知，
爲欲開悟諸含識，無譬諭中說其譬。

佛子，諸菩薩摩訶薩應云何見如來應正等覺身。

佛子，諸菩薩摩訶薩應於無量處見如來身。何以故，諸菩薩摩訶薩不應於一法、一事、一身、一國土、一眾生見於如來，應遍一切處見於如來。佛子，譬如虛空遍至一切色、非色處，非至、非不至。何以故，虛空無身故。如來身亦如是，遍一切處，遍一切眾生，遍一切法，遍一切國土，非至、非不至。何以故，如來身無身故，爲眾生故示現其身。佛子，是爲如來身第一相，諸菩薩摩訶薩應如是見。

復次，佛子，譬如虛空寬廣非色，而能顯現一切諸色，而彼虛空無有分別亦無戲論。如來身亦復如是，以智光明普照明故，令一切眾生世、出世間諸善根業皆得成就，而如來身無有分別亦無戲論。何以故，從本已來，一切執著、一切戲論皆永斷故。佛子，是爲如來身第二相，諸菩薩摩訶薩應如是見。

復次，佛子，譬如日出於閻浮提，無量眾生皆得饒益。所謂破闇作明，變濕令燥，生長草木，成熟穀稼，廓徹虛空，開敷蓮華，行者見道，居者辦業。何以故，日輪普放無量光故。佛子，如來智日亦復如是，以無量事普益眾生。所謂滅惡生善，破愚爲智，大慈救護，大悲度脫；令其增長根、力、覺分；令生深信，捨離濁心；令得見聞，不壞因果；令得天眼，見歿生處；令心無礙，不壞善根；令智修明，開敷覺華；令其發心，成就本行。何以故，如來廣大智慧日身，放無量光普照耀故。佛子，是爲如來身第三相，諸菩薩摩訶薩應如是見。

復次，佛子，譬如日出於閻浮提，先照一切須彌山等諸大山王，次照黑山，次照高原，然後普照一切大地。日不作念：我先照此，後照於彼。但以山地有高下故，照有先後。如來應正等覺亦復如是，成就無邊法界智輪，常放無礙智慧光明，先照菩薩摩訶薩等諸大山王，次照緣覺，次照聲聞，次照決定善根眾生，隨其心器示廣大智，然後普照一切眾生，乃至邪定亦皆普及，爲作未來利益因緣令成熟故。而彼如來大智日光不作是念：我當先照菩薩大行，乃至後照邪定眾生。但放光明平等普照，無礙無障，無所分別。佛子，譬如日月隨時出現，大山、幽谷普照無私。如來智慧復亦如是，普照一切無有分別，隨諸眾生根欲不同，智慧光明種種有異。佛子，是爲如來身第四相，諸菩薩摩訶薩應如是見。

復次，佛子，譬如日出，生盲眾生無眼根故，未曾得見。雖未曾見，然爲日光之所饒益。何以故，因此得知晝夜時節，受用種種衣服飲食，令身調適離眾患故。如來智日亦復如是，無信、無解、毀戒、毀見、邪命自活生盲之類無信眼故，不見諸佛智慧日輪。雖不見佛智慧日輪，亦爲智日之所饒益。何以故，以佛威力，令彼眾生所有身苦及諸煩惱、未來苦因皆消滅故。佛子，如來有光明，名積集一切功德；有光明，名普照一切；有光明，名清淨自在照；有光明，名出大妙音；有光明，名普解一切語言法令他歡喜；有光明，名示現永斷一切疑自在境界；有光明，名無住智自在普照；有光明，名永斷一切戲論自在智；有光明，名隨所應出妙音聲；有光明，名出清淨自在音莊嚴國土成熟眾生。佛子，如來一一毛孔放如是等千種光明，五百光明普照下方，五百光明普照上方。種種刹中種種佛所諸菩薩眾，其菩薩等見此光明，一時皆得如來境界，十頭、十眼、十耳、十鼻、十舌、十身、十手、十足、十地、十智，皆悉清淨。彼諸菩薩先所成就諸處諸地，見彼光明轉更清淨，一切善根皆悉成熟，趣一切智；住二乘者，滅一切垢；其餘一分生盲眾生，身既快樂，心亦清淨，柔軟調伏，堪修念智；地獄、餓鬼、畜生諸趣所有眾生，皆得快樂，解脫眾苦，命終皆生天上、人間。佛子，彼諸眾生不覺不知，以何因緣、以何神力而來生此，彼生盲者作如是念：我是梵天，我是梵化。是時，如來住普自在三昧，出六十種妙音而告之言：汝等非是梵天，亦非梵化，亦非帝釋護世所作，皆是如來威神之力。彼諸眾生聞是語已，以佛神力皆知宿命，生大歡喜；心歡喜故，自然而出優曇華雲、香雲、音樂雲、衣雲、蓋雲、幢雲、幡雲、末香雲、寶雲、師子幢半月樓閣雲、歌詠讚歎雲、種種莊嚴雲，皆以尊重心供養如來。何以故，此諸眾生得淨眼故，如來與彼授阿耨多羅三藐三菩提記。佛子，如來智日如是利益生盲眾生，令得善根，具足成熟。佛子，是爲如來身第五相，諸菩薩摩訶薩應如是見。

復次，佛子，譬如月輪有四奇特未曾有法。何等爲四，一者，映蔽一切星宿光明；二者，隨逐於時示現虧盈；三者，於閻浮提澄淨水中影無不現；四者，一切見者皆對目前，而此月輪無有分別、無有戲論。佛子，如來身月亦復如是，有四奇特未曾有法。何等爲四，所謂：映蔽一切聲聞、獨覺、學、無學眾；隨其所宜，示現壽命修短不同，而如來身無有增減；一切世界淨心眾生菩提器中，影無不現；一切眾生有瞻對者皆謂如來唯現我前，隨其心樂而爲說法，隨其地位令得解脫，隨所應化令見佛身，而如來身無有分別、無有戲論，所作利益皆得究竟。佛子，是爲如來身第六相，諸菩薩摩訶薩應如是見。

復次，佛子，譬如三千大千世界大梵天王，以少方便於大千世界普現其身，一切眾生皆見梵王現在己前，而此梵王亦不分身、無種種身。佛子，諸佛如來亦復如是，無有分別，無有戲論，亦不分身，無種種身，而隨一切眾生心樂示現其身，亦不作念現若干身。佛子，是爲如來身第七相，諸菩薩摩訶薩應如是見。

復次，佛子，譬如醫王善知眾藥及諸呪論，閻浮提中諸所有藥用無不盡，復以宿世諸善根力、大明呪力，爲方便故，眾生見者病無不愈。彼大醫王知命將終，作是念言：我命終後，一切眾生無所依怙，我今宜應爲現方便。是時，醫王合藥塗身，明呪力持，令其終後身不分散、不萎不枯，威儀視聽與本無別，凡所療治悉得除差。佛子，如來應正等覺無上醫王亦復如是，於無量百千億那由他劫，鍊治法藥已得成就，修學一切方便善巧大明呪力皆到彼岸，善能除滅一切眾生諸煩惱病及住壽命；經無量劫，其身清淨無有思慮、無有動用，一切佛事未嘗休息，眾生見者諸煩惱病悉得消滅。佛子，是爲如來身第八相，諸菩薩摩訶薩應如是見。

復次，佛子，譬如大海有大摩尼寶，名集一切光明毘盧遮那藏；若有眾生觸其光者，悉同其色；若有見者，眼得清淨。隨彼光明所照之處，雨摩尼寶，名爲安樂，令諸眾生離苦調適。佛子，諸如來身亦復如是，爲大寶聚一切功德大智慧藏；若有眾生觸佛身寶智慧光者，同佛身色；若有見者，法眼清淨。隨彼光明所照之處，令諸眾生離貧窮苦，乃至具足佛菩提樂。佛子，如來法身無所分別亦無戲論，而能普爲一切眾生作大佛事。佛子，是爲如來身第九相，諸菩薩摩訶薩應如是見。

復次，佛子，譬如大海有大如意摩尼寶王，名一切世間莊嚴藏，具足成就百萬功德，隨所住處，令諸眾生災患消除、所願滿足；然此如意摩尼寶王非少福眾生所能得見。如來身如意寶王亦復如是，名爲能令一切眾生皆悉歡喜，若有見身、聞名、讚德，悉令永離生死苦患；假使一切世界一切眾生，一時專心欲見如來，悉令得見，所願皆滿。佛子，佛身非是少福眾生所能得見，唯除如來自在神力所應調伏；若有眾生因見佛身便種善根乃至成熟，爲成熟故，乃令得見如來身耳。佛子，是爲如來身第十相，諸菩薩摩訶薩應如是見。以其心無量遍十方故，所行無礙如虛空故，普入法界故，住真實際故，無生無滅故，等住三世故，永離一切分別故，住盡後際誓願故，嚴淨一切世界故，莊嚴一一佛身故。

爾時，普賢菩薩摩訶薩欲重明此義而說頌言：
譬如虛空遍十方，若色非色有非有，
三世眾生身國土，如是普在無邊際。
諸佛真身亦如是，一切法界無不遍，
不可得見不可取，爲化眾生而現形。
譬如虛空不可取，普使眾生造眾業，
不念我今何所作，云何我作爲誰作。
諸佛身業亦如是，普使群生修善法，
如來未曾有分別：我今於彼種種作。

譬如日出閻浮提，光明破闇悉無餘，
山樹池蓮地衆物，種種品類皆蒙益。
諸佛日出亦如是，生長人天衆善行，
永除癡闇得智明，恒受尊榮一切樂。
譬如日光出現時，先照山王次餘山，
從照高原及大地，而日未始有分別。
善逝光明亦如是，先照菩薩次緣覺，
後照聲聞及衆生，而佛本來無動念。
譬如生盲不見日，日光亦爲作饒益，
令知時節受飲食，永離衆患身安隱。
無信衆生不見佛，而佛亦爲興義利，
聞名及以觸光明，因此乃至得菩提。
譬如淨月在虛空，能蔽衆星示盈缺，
一切水中皆現影，諸有觀瞻悉對前。
如來淨月亦復然，能蔽餘乘示修短，
普現天人淨心水，一切皆謂對其前。
譬如梵王住自宮，普現三千諸梵處，
一切人天咸得見，實不分身向於彼。
諸佛現身亦如是，一切十方無不遍，
其身無數不可稱，亦不分身不分別。
如有醫王善方術，若有見者病皆愈，
命雖已盡藥塗身，令其作務悉如初。
最勝醫王亦如是，具足方便一切智，
以昔妙行現佛身，衆生見者煩惱滅。
譬如海中有寶王，普出無量諸光明，
衆生觸者同其色，若有見者眼清淨。
最勝寶王亦如是，觸其光者悉同色，
若有得見五眼開，破諸塵闇住佛地。
譬如如意摩尼寶，隨有所求皆滿足，
少福衆生不能見，非是寶王有分別。
善逝寶王亦如是，悉滿所求諸欲樂，
無信衆生不見佛，非是善逝心棄捨】。

【大方廣佛華嚴經卷第五十】

大方廣佛花嚴經
如來出現品第卅七之二
卷五十一・〔五十一之上〕

【佛子，菩薩摩訶薩應云何知如來應正等覺音聲】。

佛子，菩薩摩訶薩應知如來音聲遍至，普遍無量諸音聲故；應知如【來音聲隨其心樂皆令歡喜，說法明了故；應知如來音聲隨其信】解皆令歡喜，心得清涼故；應知如來音聲化不失時，所應聞者無不聞故；應知如【來音聲無生滅，如呼響故；應】知如來音聲無主，修習一切業所起故；【應】知如來音聲甚深，難可度量故；應知如來音聲無邪曲，法界所生故；應知如來音聲【無斷絕，普入法界故；應知如來音聲無變易，至於究竟故。佛子，菩薩摩訶薩】應知如來音聲，非量、非無量，非主、非無主，非示、非無示。何以故，佛子，譬如世界將欲【壞時，無主無作，法爾而出四種音聲。其四者何，一曰汝等當知初禪安樂，離諸欲惡，超】過欲界。眾【生】聞已，自然而得成就初禪，捨欲界身，生於梵天。二曰汝等當知【二禪安樂，無覺無觀，超於梵天。眾】生聞已，自然而得成就二禪，捨梵天身，生光音天。三曰汝等當知三禪安樂，無有過失，超光音天。眾生聞已，【自】然而得成就三禪，【捨光音身，生遍淨天。四曰汝等當知四禪寂靜，超遍淨天。眾生聞已，自然而得成就】四禪，捨遍淨身，生廣果天。是為四。佛子，此諸音聲無主無作，但從【眾生諸善業力之所出生。佛子，如來音聲亦復如是，無主無作，無有分別，非入非出，但從如來功】德法力，出於四種廣大音聲。其四者何，一【曰】汝等當知一切諸行皆悉是苦，所謂地【獄苦、畜生苦、餓鬼苦、無福德苦、著我我所苦、作諸惡行苦。欲生人、天當種善】根；生人天中，離諸難處。眾生聞已，捨離顛倒，修諸善行，離諸難處，生人天中。二曰【汝等當知一切諸行眾苦熾然，如熱鐵丸。諸行無常，是磨滅法；涅槃寂靜，無為安】樂，遠離熾然，消諸熱惱。眾生聞已，勤修善法，於聲聞乘得隨順音聲忍。三【曰汝等當知聲聞乘者，隨他語解，智慧狹劣；更有上乘，名獨覺乘，悟不由師，汝等】應學。樂勝道者聞此音已，捨聲聞道，修獨覺乘。四曰汝等當知過二乘位【更有勝道，名為大乘。菩薩所行，順六波羅蜜，不斷菩薩行，不捨菩提心】，處無量生死而不疲獸，過於二乘，名為大乘、第一乘、勝乘、最勝乘、上乘、無上乘、【利益一切眾生乘。若有眾生信解廣大，諸根猛利，宿種善根，為諸如來神力】所加，有勝樂欲，希求佛果；聞此音已，發菩提心。佛子，如來音聲不從【身】出、不【從心出，而能利益無量眾生。佛子，是為如來音聲第一相，諸菩薩摩訶薩應如】是知。

復次，佛子，譬【如】呼響，因於山谷及音聲起，無有形狀，不可覩見，亦無【分別，而能隨逐一切語言。如來音聲亦復如是，無有形狀，不可覩見，非有方所，非無方所；但隨眾】生欲

【解】緣出，其性究竟，無言無示，不可宣說。佛子，是爲如來音聲【第二相，諸菩薩摩訶薩應如是知】。

【復次，佛子，譬如諸天有大法鼓，名爲覺悟。若諸天子行放逸】時，於虛空中出聲告言：汝等當知一切欲樂皆悉無常，虛妄顛【倒，須臾變壞，但誑愚夫令其戀著。汝莫放逸，若放逸者，墮諸惡趣，後悔無及。放逸諸天聞此音已，生大】憂怖，捨自宮中所有欲樂，詣天王所求法行道。佛子，彼天鼓【音，無主無作，無起無滅，而能利益無量衆生。當知如來亦復如是，爲欲覺悟放逸衆生，出於無量妙法】音聲，所【謂】無著聲、不放逸聲、【無】常聲、苦聲、無我聲、不【淨聲、寂滅聲、涅槃聲、無有量自然智聲、不可壞菩薩行聲、至一切處如來無功用智地聲，以此音聲】遍法界中而開悟之。無【數衆】生聞是音已〔101①-1〕，【皆生歡喜，勤修善法，各於自乘而求出離，所謂或修聲聞乘，或修獨覺乘，或習菩薩無上大乘。而如來】音，不住方所，無有言說。佛子，是爲如來音聲【第三相，諸菩薩摩訶薩應如是知】。

【復次，佛子，譬如自在天王有天采女，名曰善口，於其口中出一音】聲，其聲則與百千種樂而共相應，一一樂中【復有百千差別音聲。佛子，彼善口女從口一聲，出於如是無量音聲。當知如來亦復如是，於一音中出無量聲】，隨諸衆生心樂差別，皆悉遍至，悉令得【解。佛子，是爲如來音聲第四相，諸菩薩摩訶薩應如是知】。

【復次，佛子，譬如大梵天王住於梵宮出梵音聲，一切梵衆】靡不皆聞，而彼音聲不出衆外。諸梵天【衆咸生是念：大梵天王獨與我語。如來妙音亦復如是，道場衆會靡不皆聞，而其音聲不出衆外。何以故，根未熟者不】應聞故。其聞音者皆作是念：如來世尊獨【爲我說。佛子，如來音聲無出無住，而能成就一切事業。是爲如來音聲第五相，諸菩薩摩訶薩應如是知】。

【復次，佛子，譬如衆水皆同一】味，隨器異故水有差別，水無念慮亦無分別。【如來言音亦復如是，唯是一味，謂解脫味，隨諸衆生心器異故無量差別，而無念慮亦無分別。佛子，是爲如來音聲第六相，諸菩薩摩訶】薩應如是知。

復次，佛子，譬如阿那婆達【多龍王興大密雲，遍閻浮提普霔甘雨，百穀苗稼皆得生長，江河泉池一切盈滿；此大雨水不從龍王身心中出，而能種種饒益衆生。佛】子，如來應正等覺亦【復】如是，興〔101①-2〕【大悲雲遍十方界，普雨無上甘露法雨，令一切衆生皆生歡喜，增長善法，滿足諸乘。佛子，如來音聲不從外來、不從內出，而能饒益一切衆生。是爲如來音聲第七相，諸菩薩摩訶薩應如是知。

復次，佛子，譬如摩那斯龍王將欲降雨，未便即降，先起大雲彌覆虛空凝停七日，待諸衆生作務究竟。何以故，彼大龍王有慈悲心，不欲惱亂諸衆生故。過七日已，降微細雨普潤大地。佛子，如來應正等覺亦復如是，將降法雨，未便即降，先興法雲成熟衆生，爲欲令其心無驚怖；待其熟已，然後普降甘露法雨，演說甚深微妙善法，漸次令其滿足如來一切智智無上法味。佛子，是爲如來音聲第八相，諸菩薩摩訶薩應如是知。

復次，佛子，譬如海中有大龍王，名大莊嚴，於大海中降雨之時，或降十種莊嚴雨，或百、或千、或百千種莊嚴雨。佛子，水無分別，但以龍王不思議力令其莊嚴，乃至百千無量差別。如來應正等覺亦復如是，爲諸衆生說法之時，或以十種差別音說，或百、或千、或以百千，或以八萬四千音聲說八萬四千行，乃至或以無量百千億那由他音聲各別說法，令其聞者皆生歡喜；如來音聲無所分別，但以諸佛於甚深法界圓滿清淨，能隨衆生根之所宜，出種種言音皆令歡喜。佛子，是爲如來音聲第九相，諸菩薩摩訶薩應如是知。

復次，佛子，譬如娑竭羅龍王，欲現龍王大自在力，饒益衆生咸令歡喜，從四天下乃至他化自在天處，興大雲網周匝彌覆。其雲色相無量差

385

別，或閻浮檀金光明色，或毘瑠璃光明色，或白銀光明色，或玻瓈光明色，或牟薩羅光明色，或碼碯光明色，或勝藏光明色，或赤真珠光明色，或無量香光明色，或無垢衣光明色，或清淨水光明色，或種種莊嚴具光明色，如是雲網周匝彌布。既彌布已，出種種色電光。所謂閻浮檀金色雲出瑠璃色電光，瑠璃色雲出金色電光，銀色雲出玻瓈色電光，玻瓈色雲出銀色電光，牟薩羅色雲出碼碯色電光，碼碯色雲出牟薩羅色電光，勝藏寶色雲出赤真珠色電光，赤真珠色雲出勝藏寶色電光，無量香色雲出無垢衣色電光，無垢衣色雲出無量香色電光，清淨水色雲出種種莊嚴具色電光，種種莊嚴具色雲出清淨水色電光；乃至種種色雲出一色電光，一色雲出種種色電光。復於彼雲中出種種雷聲，隨衆生心皆令歡喜，所謂或如天女歌詠音，或如諸天妓樂音，或如龍女歌詠音，或如乾闥婆女歌詠音，或如緊那羅女歌詠音，或如大地震動聲，或如海水波潮聲，或如獸王哮吼聲，或如好鳥鳴囀聲，及餘無量種種音聲。既震雷已，復起涼風，令諸衆生心生悅樂，然後乃降種種諸雨，利益安樂無量衆生。從他化天至於地上，於一切處所雨不同。所謂於大海中雨清冷水，名無斷絕；於他化自在天雨簫笛等種種樂音，名爲美妙；於化樂天雨大摩尼寶，名放大光明；於兜率天雨大莊嚴具，名爲垂髻；於夜摩天雨大妙華，名種種莊嚴具；於三十三天雨衆妙香，名爲悅意；於四天王天雨天寶衣，名爲覆蓋；於龍王宮雨赤真珠，名涌出光明；於阿脩羅宮雨諸兵仗，名降伏怨敵；於此欎單越雨種種華，名曰開敷；餘三天下悉亦如是，然各隨其處，所雨不同。雖彼龍王其心平等無有彼此，但以衆生善根異故，雨有差別。佛子，如來應正等覺無上法王亦復如是，欲以正法教化衆生，先布身雲彌覆法界，隨其樂欲爲現不同，所謂或爲衆生現生身雲，或爲衆生現化身雲，或爲衆生現力持身雲，或爲衆生現色身雲，或爲衆生現相好身雲，或爲衆生現福德身雲，或爲衆生現智慧身雲，或爲衆生現諸力不可

壞身雲，或爲衆生現無畏身雲，或爲衆生現法界身雲。佛子，如來以如是等無量身雲，普覆十方一切世界，隨諸衆生所樂，各別示現種種光明電光。所謂：或爲衆生現光明電光，名無所不至；或爲衆生現光明電光，名無邊光明；或爲衆生現光明電光，名入佛祕密法；或爲衆生現光明電光，名影現光明；或爲衆生現光明電光，名光明照耀；或爲衆生現光明電光，名入無盡陀羅尼門；或爲衆生現光明電光，名正念不亂；或爲衆生現光明電光，名究竟不壞；或爲衆生現光明電光，名順入諸趣；或爲衆生現光明電光，名滿一切願皆令歡喜。佛子，如來應正等覺現如是等無量光明電光已，復隨衆生心之所樂，出生無量三昧雷聲。所謂善覺智三昧雷聲、明盛離垢海三昧雷聲、一切法自在三昧雷聲、金剛輪三昧雷聲、須彌山幢三昧雷聲、海印三昧雷聲、日燈三昧雷聲、無盡藏三昧雷聲、不壞解脫力三昧雷聲。佛子，如來身雲中出如是等無量差別三昧雷聲已，將降法雨，先現瑞相開悟衆生。所謂從無障礙大慈悲心，現於如來大智風輪，名能令一切衆生生不思議歡喜適悅。此相現已，一切菩薩及諸衆生，身之與心皆得清涼。然後從如來大法身雲、大慈悲雲、大不思議雲，雨不思議廣大法雨，令一切衆生身心清淨。所謂：爲坐菩提場菩薩雨大法雨，名法界無差別；爲最後身菩薩雨大法雨，名菩薩遊戲如來祕密教；爲一生所繫】菩薩雨大法雨，名清淨普光明；爲灌頂菩薩雨大法雨，名【如來莊嚴具所莊嚴；爲得忍菩薩雨大法雨，名功德寶智慧華開敷不斷菩薩大悲行；爲住向行】菩薩雨大法雨，名入現前變化甚深門而行菩薩行無休息無疲【厭；爲初發心菩薩雨大法雨，名出生如來大慈悲行救護衆生；爲求獨覺乘衆生雨大法雨，名】深知緣起法遠離二邊得不壞解脫果；爲求聲聞乘衆生雨大法雨，【名以大智慧劍斷一切煩惱怨；爲積集善根決定、不決定衆生雨大法雨，名能令成就種種】法門生大歡喜。佛子，諸佛如来随衆生心，雨如是等廣大法雨，充滿一切無邊【世界。

佛子，如來應正等覺其心平等，於法無吝，但以衆生根欲不同，所雨法雨示有差別。是爲如來音聲】第十相，諸菩薩摩訶薩應如是知。

復次，佛子，應知如來音聲有十種【無量。何等爲十，所謂：如虛空界無量，至一切處故；如法界無量，無所不遍故；如衆生界無量，令一切心喜故；如】諸業無量，說其果報故；如煩惱無量，悉令除滅故；如衆生言音無量，隨【解令聞故；如衆生欲解無量，普觀救度故；如三世無量，無有邊際故；如智慧無量，分別一】切故；如佛境界無量，入佛法界故。佛子，如來應正等覺音聲成就如【是等阿僧祇無量，諸菩薩摩訶薩應如是知】。

【爾時，普賢菩薩摩訶薩欲重明此義而說頌言】：

三千世界將壞時，衆生福力聲告言，
四禪寂靜無諸咎，令其聞已悉離【欲。
十力世尊亦如是，出妙音聲遍法界，
爲說諸行苦無常，令其永度生死海。
譬如深山大谷中】，隨有音聲皆響應，
雖能隨逐他言語，而響畢竟無分別。
十力言音亦復【然，隨其根熟爲示現，
令其調伏生歡喜，不念我今能演說。
如天有鼓名能覺，常於空中震法音】，
誡彼放逸諸天子，令其聞已得離著。
十力法皷亦如是，出於種種妙音聲，
【覺悟一切諸群生，令其悉證菩提果。
自在天王有寶女，口中善奏諸音樂】，
一聲能【出】百千【音】，一一音中復百千。

善逝音聲亦如是，一聲而出一切音，

大方廣佛花嚴經卷第五十一・五十一之上①
〔101①-4〕

【隨其性欲有差別，各令聞已斷煩惱。
譬如梵王吐一音，能令梵衆皆歡喜，
音唯及梵不出外，一一皆言己獨聞。

十力梵王亦復然，演一言音充法界，
唯霑衆會不遠出，以無信故未能受。
譬如衆水同一性，八功德味無差別，
因地在器各不同，是故令其種種異。
一切智音亦如是，法性一味無分別，
隨諸衆生行不同，故使聽聞種種異。
譬如無熱大龍王，降雨普洽閻浮地，
能令草樹皆生長，而不從身及心出。
諸佛妙音亦如是，普雨法界悉充洽，
能令生善滅諸惡，不從內外而得有。
譬如摩那斯龍王，興雲七日未先雨，
待諸衆生作務竟，然後始降成利益。

① 編者註：此尾題居前行（四句二十八字）之左，前行四句經文下應殘損四句或五句（見右邊〔101①-4〕拓片左側）。

十力演義亦如是，先化衆生使成熟，
然後爲說甚深法，令其聞者不驚怖。
大莊嚴龍於海中，霆於十種莊嚴雨，
或百或千百千種，水雖一味莊嚴別。
究竟辯才亦如是，說十二十諸法門，
或百或千至無量，不生心念有殊別。
最勝龍王娑竭羅，興雲普覆四天下，
於一切處雨各別，而彼龍心無二念。
諸佛法王亦如是，大悲身雲遍十方，
爲諸修行雨各異，而於一切無分別。

佛子，諸菩薩摩訶薩應云何知如來應正等覺心。佛子，如來心、意、識俱不可得，但應以智無量故，知如來心。

譬如虛空爲一切物所依，而虛空無所依。如來智慧亦復如是，爲一切世間、出世間智所依，而如來智無所依。佛子，是爲如來心第一相，諸菩薩摩訶薩應如是知。

復次，佛子，譬如法界常出一切聲聞、獨覺、菩薩解脫，而法界無增減。如來智慧亦復如是，恒出一切世間、出世間種種智慧，而如來智無增減。佛子，是爲如來心第二相，諸菩薩摩訶薩應如是知。

復次，佛子，譬如大海，其水潛流四天下地及八十億諸小洲中，有穿鑿者無不得水，而彼大海不作分別：我出於水。佛智海水亦復如是，流入一切衆生心中，若諸衆生觀察境界、修習法門，則得智慧清淨明了，而如來智平等無二、無有分別，但隨衆生心行異故，所得智慧各各不同。佛子，是爲如來心第三相，諸菩薩摩訶薩應如是知。

復次，佛子，譬如大海有四寶珠，具無量德，能生海內一切珍寶；若大海中無此寶珠，乃至一寶亦不可得。何等爲四，一名積集寶，二名無盡藏，三名遠離熾然，四名具足莊嚴。佛子，此四寶珠，一切凡夫諸龍神等悉不得見。何以故，娑竭龍王以此寶珠端嚴方正置於宮中深密處故。佛子，如來應正等覺大智慧海亦復如是，於中有四大智寶珠，具足無量福智功德，由此能生一切衆生聲聞、獨覺、學、無學位，及諸菩薩智慧之寶。何等爲四，所謂無染著巧方便大智慧寶、善分別有爲無爲法大智慧寶、分別說無量法而不壞法性大智慧寶、知時非時未曾誤失大智慧寶。若諸如來大智海中無此四寶，有一衆生得入大乘，終無是處。此四智寶，薄福衆生所不能見。何以故，置於如來深密藏故。此四智寶，平均正直，端潔妙好，普能利益諸菩薩衆，令其悉得智慧光明。佛子，是爲如來心第四相，諸菩薩摩訶薩應如是知。

復次，佛子，譬如大海，有四熾然光明大寶布在其底，性極猛熱，常能飲縮百川所注無量大水，是故大海無有增減。何等爲四，一名日藏，二名離潤，三名火焰光，四名盡無餘。佛子，若大海中無此四寶，從四天下乃至有頂，其中所有悉被漂沒。佛子，此日藏大寶光明照觸，海水悉變爲乳；離潤大寶光明照觸，其乳悉變爲酪；火焰光大寶光明照觸，其酪悉變爲酥；盡無餘大寶光明照觸，其酥變成醍醐；如火熾然，悉盡無餘。佛子，如來應正等覺大智慧海亦復如是，有四種大智慧寶，具足無量威德光明；此智寶光觸諸菩薩，乃至令得如來大智。何等爲四，所謂滅一切散善波浪大智慧寶、除一切法愛大智慧寶、慧光普照大智慧寶、與如來平等無邊無功用大智慧寶。佛子，諸菩薩修習一切助道法時，起無量散善波浪，一切世間天、人、阿脩羅所不能壞；如來以滅一切散善波浪大智慧寶光明觸彼菩薩，令捨一切散善波浪，持心一境，住於三昧；又以除一切法愛大智慧寶光明觸彼菩薩，令捨離三昧味著，起廣大神通；又以慧光普照大智慧寶光明觸彼菩薩，令捨所起廣大神通，住大明功用行；又以與如來平等無邊無功用大智慧寶光明觸彼菩薩，令捨所起大明功用行，乃至得如來平等地，息一切功用，令無有餘。佛子，若無如來此四智寶大光照觸，乃至有一菩薩得如來地，無有是處。佛子，是爲如來心第五相，諸菩薩摩訶薩應如是知。

復次，佛子，如從水際，上至非想非非想天，其中所有大千國土，欲、色、無色眾生之處，莫不皆依虛空而起、虛空而住。何以故，虛空普遍故；雖彼虛空，普容三界而無分別。佛子，如來智慧亦復如是，若聲聞智，若獨覺智，若菩薩智，若有為行智，若無為行智，一切皆依如來智起、如來智住。何以故，如來智慧遍一切故；雖復普容無量智慧而無分別。佛子，是為如來心第六相，諸菩薩摩訶薩應如是知。

復次，佛子，如雪山頂有藥王樹，名無盡根。彼藥樹根從十六萬八千由旬下盡金剛地水輪際生。彼藥王樹若生根時，令閻浮提一切樹根生；若生莖時，令閻浮提一切樹莖生；枝葉華果悉皆如是。此藥王樹，根能生莖，莖能生根，根無有盡，名無盡根。佛子，彼藥王樹於一切處皆令生長，唯於二處不能為作生長利益，所謂地獄深坑及水輪中；然亦於彼初無厭捨。佛子，如來智慧大藥王樹亦復如是，以過去所發成就一切智慧善法、普覆一切諸眾生界、除滅一切諸惡道苦廣大悲願而為其根，於一切如來真實智慧種性中生堅固不動善巧方便以為其莖，遍法界智、諸波羅蜜以為其枝，禪定、解脫、諸大三昧以為其葉，總持、辯才、菩提分法以為其華，究竟無變諸佛解脫以為其果。佛子，如來智慧大藥王樹，何故得名為無盡根，以究竟無休息故，不斷菩薩行故；菩薩行即如來性，如來性即菩薩行，是故得名為無盡根。佛子，如來智慧大藥王樹，其根生時，令一切菩薩生不捨眾生大慈悲根；其莖生時，令一切菩薩增長堅固精進深心莖；其枝生時，令一切菩薩增長一切諸波羅蜜枝；其葉生時，令一切菩薩生長淨戒頭陀功德少欲知足葉；其華生時，令一切菩薩具諸善根相好莊嚴華；其果生時，令一切菩薩得無生忍乃至一切佛灌頂忍果。佛子，如來智慧大藥王樹唯於二處不能為作生長利益，所謂二乘墮於無為廣大深阬及壞善根非器眾生溺大邪見貪愛之水；然亦於彼曾無厭捨。佛子，如來智慧無有增減，以根善安住，生無休息故。佛子，是為如來心第七相，諸菩薩摩訶薩應如是知。

復次，佛子，譬如三千大千世界劫火起時，焚燒一切草木叢林，乃至鐵圍、大鐵圍山皆悉熾然無有遺餘。

佛子，假使有人手執乾草投彼火中，於意云何，得不燒不。

答言：不也。

佛子，彼所投草容可不燒；如來智慧分別三世一切眾生、一切國土、一切劫數、一切諸法，無不知者；若言不知，無有是處。何以故，智慧平等悉明達故。佛子，是為如來心第八相，諸菩薩摩訶薩應如是知。

復次，佛子，譬如風災壞世界時，有大風起，名曰散壞，能壞三千大千世界，鐵圍山等皆成碎末。復有大風，名為能障，周匝三千大千世界障散壞風，不令得至餘方世界。佛子，若令無此能障大風，十方世界無不壞盡。如來應正等覺亦復如是，有大智風，名為能滅，能滅一切諸大菩薩煩惱習氣；有大智風，名為巧持，巧持其根未熟菩薩不令能滅大智風輪斷其一切煩惱習氣。佛子，若無如來巧持智風，無量菩薩皆墮聲聞、辟支佛地；由此智故，令諸菩薩超二乘地，安住如來究竟之位。佛子，是為如來心第九相，諸菩薩摩訶薩應如是知。

復次，佛子，如來智慧無處不至。何以故，無一眾生而不具有如來智慧，但以妄想顛倒執著而不證得；若離妄想，一切智、自然智、無礙智則得現前。佛子，譬如有大經卷，量等三千大千世界，書寫三千大千世界中事，一切皆盡。所謂：書寫大鐵圍山中事，量等大鐵圍山；書寫大地中事，量等大地；書寫中千世界中事，量等中千世界；書寫小千世界中事，量等小千世界；如是，若四天下，若大海，若須彌山，若地天宮殿，若欲界空居天宮殿，若色界宮殿，若無色界宮殿，一一書寫，其量悉等。此大經卷雖復量等大千世界，而全住在一微塵中；如一微塵，一切微塵皆亦如是。時，有一人智慧明達，具足成就清淨天眼，見此經卷在微塵內，於諸眾生無少利益，即作是念：我當以精進力，破彼微塵，出此經卷，令得饒益一切眾生。作是念已，即起方便，破彼微塵，出此大經，令諸眾生普得饒益。如於一塵，一切微塵應知悉然。佛子，如來智慧亦復如是，無量無礙，普能利益一切眾生，具足在於眾生身中；但諸凡愚妄想執著，不知不覺，不得利益。爾時，如來以無障礙清淨智眼，普觀法界一切眾生而作是言：奇哉奇哉，此諸眾生云何具有如來智慧，愚癡迷惑，不知不見，我當教以聖道，令其永離妄想執著，自於身中得見如來廣大智慧與佛無異。即教彼眾生修習聖道，令離妄想；離妄想已，證得如來無量智慧，利益安樂一切眾生。佛子，是爲如來心第十相，諸菩薩摩訶薩應如是知。

　　佛子，菩薩摩訶薩應以如是等無量無礙不可思議廣大相，知如來應正等覺心。

　　爾時，普賢菩薩摩訶薩欲重明此義而說頌言：
欲知諸佛心，當觀佛智慧，
佛智無依處，如空無所依。
眾生種種樂，及諸方便智，
皆依佛智慧，佛智無依止。
聲聞與獨覺，及諸佛解脫，
皆依於法界，法界無增減。
佛智亦如是，出生一切智，
無增亦無減，無生亦無盡。
如水潛流地，求之無不得，
無念亦無盡，功力遍十方。
佛智亦如是，普在眾生心，
若有勤修行，疾得智光】明。
【如龍有四珠，出生一切寶，
置之深密處，凡人莫能見。
佛四智亦然，出生一切智，
餘人莫能見，唯除大菩薩。
如海】有【四】寶，能【飲一切水，
令海不流溢，亦復無增減。
如來智亦爾，息浪除法愛，
廣大無有邊，能生佛菩薩。
下方至有頂，欲色無色界，
一切依】虛空，虛【空不分別。
聲聞與獨覺，菩薩眾智慧，
皆依於佛智，佛智無分別。
雪山有藥王，名爲無盡根，
能生一切樹，根莖葉華實。
佛智亦如是，如來】種中〔102①-4〕【生，
既得菩提已，復生菩薩行。
如人把乾草，置之於劫燒，
金剛猶洞然，此無不燒理。
三世劫與刹，及其中眾生，
彼草容不燒，此佛無不知。
有風名散壞，能壞於大千；
若無別風止，壞及無量界。
大智風亦爾，滅諸菩薩惑；
別有善巧風，令住如來地。
如有大經卷，量等三千界，
在於一塵內，一切塵悉然。
有一聰慧人，淨眼悉明見，
破塵出經卷，普饒益眾生。
佛智亦如是，遍在眾生心，
妄想之所纏，不覺亦不知。
諸佛大慈悲，令其除妄想，
如是乃出現，饒益諸菩薩】。

【大方廣佛華嚴經卷第五十一】

大方廣佛花嚴經
如來出現品第卅七之三
卷五十二·五十〔二之上〕

佛子，菩【薩摩訶】薩應云【何知如來應正等覺境】界。佛子，菩薩摩訶薩以無障無礙智【慧】，知一切世間境界是如來【境界，知一切】三世境界、一切剎境界、一切法境界、一切衆生【境界、真如】無差別境界、法界無障礙境界、實際無邊際境界、虛空無分量境界、無境界境界是如來境界。佛子，如一切世【間境界】無量，如來境界亦無量；如一切三世境界無量，如來境界亦無【量】；乃至，如無境界境界無量，如來境界亦無量；如【無境】界境界一切處無有，如來境界亦如是一切處無有。佛子，菩薩【摩】訶薩應知心境界是如來境界。如心境界無量無邊、無【縛】無脫，如來境界亦無量無邊、無縛無脫。何以故，以如是如是思惟【分】別，【如】是如是無量【顯】現故。佛子，如大龍王隨心降雨，其雨不從內出、不從外出。如來境界亦復如是，隨於如是思惟分別，則【有】如是無量顯現，於十方中悉無來處。佛子，如大海水，皆從龍王心力所起。諸佛如來一切智海亦復如是，皆從如來往昔【大願之】所【生】起。

佛子，一切智海無量無邊，不可思議，不可言說；然我今者略說譬喻，【汝】應諦聽。佛子，此閻浮提【有二千五百河流入】大海，西拘耶尼有五千河流入大海，【東】弗婆提有七千五百河流入大【海】，北欝單越有一萬河【流入大海】。

佛子，此四天下，如是二萬五千河相續不絕【流入】大海。於意云何，此水多不。答言：甚多。

佛子，復有十光明龍王，雨大海中水倍過前；百光明龍王，雨大海中水復倍前；大【莊】嚴龍王、摩那斯龍王、雷震龍王、難陁跋難陁龍王、無量光明龍王、連澍〈霪〉①不斷龍王、大勝龍王、大奮迅龍王，如是等八十億諸大龍王，各雨大海，皆悉展轉倍過於前；娑竭羅龍王太子，名閻浮幢，雨大海中水復倍前。佛子，十光明龍王【宮】殿中水流入大海，復倍過前；百光明龍王宮殿中水流入大海，復倍過前；大莊嚴龍王、摩那斯龍王、雷震龍王、難陁跋難陁龍王、無量光明龍王、連澍〈霪〉*不斷龍王、大勝龍王、大奮迅龍王，如是等八十億諸大龍王，宮殿各別，其中有水流入大海，皆悉展轉倍過於前；娑竭羅龍王太子閻浮幢宮殿中水流入大海，復倍過前。佛子，娑竭羅龍王連雨大海，水復倍前；其娑竭羅龍王宮殿中水涌出入海，復倍於前；其所出水紺瑠璃色，涌出有時，是故大海潮不失時。佛子，如是大海，其水無量，衆寶無量，衆生無量，所依大地亦復無量。

佛子，於汝意云何，彼大海爲無量不。答言：實爲無量，不可【爲】喻〈諭〉②。

---

① 霪，砳二七四頁註①：霪＝澍〔二〕宮聖，下同。
② 諭，砳二七四頁註⑤：諭＝喻〔二〕宮，下同。

佛子，此大海無量於如來智海無量，百分不及一，千分不及一，乃至優波尼沙陀分不及其一；但隨眾生【心爲】作譬喻〈諭〉，而佛境界非譬所及。佛子，菩薩摩【訶】薩應知如來智海無量，從初發心修一切菩薩行不斷故〔103-1〕；【應知寶聚無量】，一切菩提分法、三寶種不斷故；應知所住眾生無【量】，一切學、無學、聲聞、獨覺所受用故；應知住地無量，從初歡喜地乃至究竟無障礙地諸菩薩所居故。佛子，菩薩摩訶薩爲入無量智慧利益一切眾生故，於如來應【正】等覺境界應如是知。

尒時，普賢菩薩摩訶薩欲重明此義而說頌言：

如心境界無有量，諸佛境界亦【復然】；
如心境界從意生，佛境如是應觀察。
如龍不離於本處，以心威力澍〈霆〉*大雨，
雨水雖無來去處，隨龍心故悉充洽。
十力牟尼亦如是，無所從來無所去，
若有淨心則現身，量等法界入毛孔。
如海珎竒無有量，眾生大地亦【復然】，
水性一味等無別，於中生者各蒙利。
如來智海亦如是，一切所有皆無量，
有學無學住地人，悉【在】其中得饒【益】。

佛子，菩薩摩訶薩應云何知如來應正等覺行。佛子，菩薩摩訶薩應知無礙行是如來行，應知真【如行】是如來行。佛子，如真如，前際不生，後際不動，現在不起；如來行亦如是，不生、不動、不起。佛子，如法界，非量、非無量，【無】形故；如來行亦【如是，非量、非無】量，【無】形故。佛子，譬如鳥飛虛空，經於百年，已經過處、未經【過】處皆不可量。【何以故，虛】空界【無邊際故。如來行亦如】是，假使有【人經百千】億那由他劫分別演說，已【說、未說皆不可量。何以故，如來行無邊際故。佛子，如來應正等覺住無礙行，無有住處】，而能普爲一切【眾生示現所行，令其見已，出過一切】

諸障礙道。佛子，譬如金翅鳥王，飛行虛空，迴翔不去，以】清〔103-2〕【淨眼觀察海內諸龍宮殿，奮勇猛力，以左右翅鼓揚海水悉令兩闢，知龍男女命將盡者而搏取之。如來應正等覺金翅鳥王亦復如是，住無礙行，以淨佛眼觀察法界諸宮殿中一切眾生，若曾種】善【根已成熟者，如來奮勇猛十力，以止觀兩翅鼓揚生死大愛水海，使其兩闢而撮取之，置佛】法中，令斷一切妄想戲論，安住如來無分別無礙行。佛【子】，譬如日月，獨無等【侶，周行虛空，利益眾生，不作是念】：我從何来，而至何所。諸佛如來亦復如是，性本寂滅，無有分別，示現逰行一切法界，爲欲饒【益諸眾生故，作諸佛事無】有休息，不生如是戲論分別：我從彼来，而向彼去。佛子，菩薩摩訶薩應以如是等無量方便、無量【性相，知見如來】應正等覺所行之行。

尒時，普賢菩薩欲重明此義而說頌言：
譬如真如不生滅，無有方所無能【見；
大饒益者行如是，出】過三世不可量。
法界非界非非界，非是有量非無量；
大功德者行亦然，非量無量無身故。
如【鳥飛行億千歲】，前後虛空等無別；
眾劫演說如來行，已說未說不可量。
金【翅】在空觀大海，闢水搏取龍男【女；
十力能拔善根人】，令出有海除眾惑。
譬如日月逰虛空，照臨一切不分別；
世尊周【行於】法【界，教化眾生無動念】。

佛子，諸菩薩摩訶薩應云何知如來應正等覺成正覺。佛子，菩薩摩訶薩應【知如來成正覺，於一切義無所】觀察，於法平等無所疑惑，無二無相，無行無上〈止〉，無量無際，遠離二邊，住於中道，出過一【切文字言說，知一切眾生心】念所行、根性欲樂、煩惱染習；舉要言之，於一念中悉知三世一切諸法。佛子，譬如大海普【能印現四天下中一切眾生】色身形像，是故共說以爲大海；諸佛菩提亦復如是，普現一切眾生

心念、根性樂欲而無所現,是【故說名諸佛菩提。佛子,諸佛】菩提,一切文字所不能宣,一切音聲所不能及,一切言語所不能說,但隨所應方便開示。佛子,如來應【正等覺成正覺時,得一】切眾生量等身,得一切法量等身,得一切刹量等身,得一切三世量等身,得一切佛量等身,得一【切語言量等身,得真如】量等身,得法界量等身,得虛空界量等身,得無礙界量等身,得一切願量等身,得一切行量等身,得【寂滅涅槃界量等】身。佛子,如所得身,言語及心亦復如是,得如是等無量無數清淨三輪。佛子,如來成正覺時,於其身中普見一切眾生【成正覺,乃】至普見一切眾生入涅槃,皆同一性,所謂無性。無何等性,所謂【無相】性、無盡性、【無】生【性】、無滅【性、無我性、無非我性、無眾生】性、無非眾【生】性、無菩提性、無法界性、【無】虛空【性,亦復無有成正覺性。知一切法皆無性故,得一切智,大悲相續,救度眾生】。佛子〔103-3〕,【譬如虛空,一切世界若成若壞,常無增減。何以故,虛空無生故。諸佛菩提亦復如是,若成正覺、不成正覺,亦無增減。何以故,菩提無相、無非相、無一、無種種故。佛子,假使有人能化作恒河沙等心,一一心復化作恒河沙等佛,皆無色、無形】、無【相,如是盡恒河沙等劫無有休息。佛子,於】汝意【云何,彼人化心,化作如】來,【凡有】幾何。如來性起妙德菩薩言:如我【解於仁所說義,化與】不化等無有別,云何問言【凡有幾何。普賢】菩薩言:善哉善哉,佛子,如汝所說,設一切眾【生】,於一念【中】悉成正覺,與不成正覺等無有異。何以故,菩提無【相故;若無】有相,則無增無減。佛子,菩薩摩訶薩應如是知成等正覺同於菩提一相無相。如來成正覺時,以一相方便【入善】覺智三昧;入已,於一成正覺廣大身,現一切眾【生】數等身住於身中。如一【成】正覺廣大身,一切成正覺廣大身【悉】亦如是。佛子,如來有如是等

無量成正覺門,是故應知如來所現身無有量;以無量故,說如來身為無量界、等眾生界。佛子,菩薩摩訶薩應知如來身一毛孔中,有【一切】眾生數等諸佛身。【何以】故,如來成正覺身究竟無生【滅】故。如一毛孔遍法界,一切毛孔悉亦如是,當知無有少許處空無佛身。何以故,如來成正覺,無處不至故;隨其所能,【隨】其勢力,於道場菩提樹下師子座上,以種種身成等正覺。佛子,菩薩摩訶薩應知自心念念常有佛成正覺。【何】以故,諸佛如來不離此心成正覺故。如自心,一切眾生心亦復如是,悉有如來成等正覺,廣大周遍,無處不有,不離不【斷】,無有休息,入不思議方便法門。佛子,菩薩摩訶薩應如是知如來成正覺。

爾時,普賢菩薩摩訶薩欲重明此【義】而說頌〔103-4〕【言】:

正覺了知一切法,無二離二悉平等,
自性清淨如虛空,我與非我不分別。
如海印現眾生身,以此說其為大海;
菩提普印諸心行,是故【說名為正覺】。
譬如世界有成敗,而於虛空不增減;
一切諸佛出世間,菩提一相恒無相。
如人化心化作佛,化與不化性無量〈異〉;
一切眾生成菩提,成【與不成無增減】。
佛有三昧名善覺,菩提樹下入此定,
放眾生等無量光,開悟群品如蓮敷。
如三世劫刹眾生,所有心念及根欲,
如是數等身皆現,是故正【覺名無量】。

佛子,菩薩摩訶薩應云何知如來應正等覺轉法輪。佛子,菩薩摩訶薩應如是知如來以心自在力無起無轉而轉法輪,知一切法恒無【起故;以三種】轉斷所應斷而轉法輪,知一切法離邊見故;離欲際、非際而轉法輪,入一切法虛空際故;無有言說而轉法輪,知一切法不可說故;究竟寂滅【而轉法輪,知】一切法涅槃【性】故;一切文字、一切言語而轉法輪,如來音聲無處不至故;

知聲如響而轉法輪，了於諸法真實性故；於一音中出一切音而轉法【輪，畢竟無】主故；無【遺】無盡而轉法輪，內外無著故。佛子，譬如一切文字語言，盡未來劫說不可盡；佛轉法輪亦復如是，一切文字安立顯示，無有休息，【無有】窮【盡】。佛子，如來法輪悉入一切語言文字而無所住。譬如書字，普入一切事、一切語、一切筭數、一切世閒出世閒處而無所住；如來音聲亦復如是，普入一切處、一切衆生、一切法、一切業、一切報中而無所住。一切衆生種種語言，皆悉不離如來法輪。何以故，言音實相即法輪故。佛子，菩薩摩訶薩於如來轉法輪應如是知。

復次，佛子，菩薩摩訶薩欲知如來所轉法輪，應知如來法輪所出生處。何等為如來法輪所出生處，佛子，如來隨一切衆生心行欲樂無量差別，出若干音聲而轉法輪。佛子，如來應正等覺有三昧，名究竟無礙無畏，入此三昧已，於成正覺一一身、一一口，各出一切衆生數等言音，一一音中衆音具足，各各差別而轉法輪，令一切衆生皆生歡喜。能如是知轉法輪者，當知此人則為隨順一切佛法；不如是知，則非隨順。佛子，諸菩薩摩訶薩應如是知佛轉法輪，普入無量衆生界故。

爾時，普賢菩薩摩訶薩欲重明此義而說頌言：
如來法輪無所轉，三世無起亦無得，
譬如文字無盡時，十力法輪亦如是。
如字普入而無至，正覺法輪亦復然，
入諸言音無所入，能令衆生悉歡喜。
佛有三昧名究竟，入此定已乃說法，
一切衆生無有邊，普出其音令悟解。
一一音中復更演，無量言音各差別，
於世自在無分別，隨其欲樂普使聞。
文字不從內外出，亦不失壞無積聚，
而為衆生轉法輪，如是自在甚奇特。

佛子，菩薩摩訶薩應云何知如來應正等覺般涅槃。佛子，菩薩摩訶薩欲知如來大涅槃者，當須了知根本自性。如真如涅槃，如來涅槃亦如是；如實際涅槃，如來涅槃亦如是；如法界涅槃，如來涅槃亦如是；如虛空涅槃，如來涅槃亦如是；如法性涅槃，如來涅槃亦如是；如離欲際涅槃，如來涅槃亦如是；如無相際涅槃，如來涅槃亦如是；如我性際涅槃，如來涅槃亦如是；如一切法性際涅槃，如來涅槃亦如是；如真如際涅槃，如來涅槃亦如是。何以故，涅槃無生無出故；若法無生無出，則無有滅。佛子，如來不為菩薩說諸如來究竟涅槃，亦不為彼示現其事。何以故，為欲令見一切如來常住其前，於一念中見過去未來一切諸佛色相圓滿皆如現在，亦不起二、不二想。何以故，菩薩摩訶薩永離一切諸想【著】故。佛子，諸佛如來為令衆生生欣樂故，出現於世；欲令衆生生戀慕故，示現涅槃；而實如來無有出〔世〕，亦無涅槃。何以故，如來常住清淨法界，隨衆生心示現涅槃。佛子，譬如日出，普照世間，於一切淨水器中影無不現，普遍衆處而無來往，或一器破便不現影。佛子，於汝意云何，彼影不現為日咎不。答言：不也。但由器壞，非日有咎。佛子，如來智日亦復如是，普現法界無前無後，一切衆生淨心器中佛無不現，心器常淨常見佛身，若心濁器破則不得見。佛子，若有衆生應以涅槃而得度者，如來則為示現涅槃，而實如來無生、無歿、無有滅度。佛子，譬如火大，於一切世閒能為火事，或時一處其火息滅。於意云何，豈一切世閒火皆滅耶。答言：不也。佛子，如來應正等覺亦復如是，於一切世界施作佛事，或於一世界能事已畢示入涅槃，豈一切世界諸佛如來悉皆滅度。佛子，菩薩摩訶薩應如是知如來應正等覺大般涅槃。

復次，佛子，譬如幻師善明幻術，以幻術力，於三千大千世界一切國土、城邑〔104-1〕、聚落示現幻身，以幻力持經劫而住；然於餘處，幻事已訖，隱身不現。佛子，於汝意云何，彼大幻師豈於一處隱身不現，便一切處皆隱滅耶。答

394

言：不也。佛子，如來應正等覺亦復如是，善知無量智慧方便種種幻術，於一切法界普現其身，持令常住盡未來際；或於一處，隨眾生心，所作事訖，示現涅槃。豈以一處示入涅槃，便謂一切悉皆滅度。佛子，菩薩摩訶薩應如是知如來應正等覺大般涅槃。

復次，佛子，如來應正等覺示涅槃時，入不動三昧；入此三昧已，於一一身各放無量百千億那由他大光明，一一光明各出阿僧祇蓮花，一一蓮花各有不可說妙寶花蘂，一一花蘂有師子座，一一座上皆有如來結加〈跏〉① 趺坐，其佛身數正與一切眾生數等，皆具上妙功德莊嚴，從本願力之所生起。若有眾生善根熟者，見佛身已，則皆受化。然彼佛身，盡未來際究竟安住，隨宜化度一切眾生未曾失時。佛子，如來身者，無有方處，非實非虛，但以諸佛本誓願力，眾生堪度則便出現。菩薩摩訶薩應如是知如來應正等覺大般涅槃。佛子，如【來】住於無量無礙究竟法界、虛空界，真如法性無生無滅及以實際，為諸眾生隨時示現；本願持故，無有休息，不捨一切眾生、一切剎、一切【法】。

爾時，普賢菩薩摩訶薩欲重明此義而說頌言：
如日舒光照法界，器壞水漏影隨滅；
寂勝智日亦如是，眾生無信見涅槃。
如火世閒作火事，於一城邑或時息；
人中寂勝遍法界，化事訖處示終盡。
幻師現身一切剎，能事畢處劇便謝；
如來化訖亦復然，於餘國土常見佛。
佛有三昧名不動，化眾生訖入此定，
一念身放無量光，光出蓮花花有佛。
佛身無數等法界，有福眾生所能見，
如是無數一一身，壽命莊嚴皆具足。
如無生性佛出興，如無滅性佛涅槃，
言辭譬喻〈諭〉*悉皆斷，一切義成無與等。

佛子，菩薩摩訶薩應云何知於如來應正等覺見聞親近所種善根。佛子，菩薩摩訶薩應知於如來所見聞親近所種善根皆悉不虛，出生無盡覺慧故，離於一切鄣難故，決定至（於）c究竟故，無有虛誑故，一切願滿故，不盡有為行故，隨順無為智故，生諸佛智故，盡未來際故，成一切種勝行故，到無功用智地故。佛子，譬如丈夫，食少金剛，終竟不銷〈消〉②，要穿其身，出在於外。何以故，金剛不與宍〈肉〉身雜穢而同止故。於如來所種少善根亦復如是，要穿一切有為諸行煩惱身過，到於無為究竟智處。何以故，此少善根不與有為諸行煩惱而共〔104-2〕住故。佛子，假使乾草積同須彌，投火於中如芥子許，必皆燒盡。何以故，火能燒故。於如來所種少善根亦復如是，必能燒盡一切煩惱，究竟得於蘿〈無〉餘涅槃。何以故，此少善根性究竟故。佛子，譬如雪山有藥王樹，名曰善見。若有見者，眼得清淨；若有聞者，耳得清淨；若有嗅者，鼻得清淨；若有嘗者，舌得清淨；若有觸者，身得清淨；若有眾生取彼地土，亦能為作除病利益。佛子，如來應正等覺無上藥王亦復如是，能作一切饒益眾生。若有得見如來色身，眼得清淨；若有得聞如來名號，耳得清淨；若有得嗅如來戒香，鼻得清淨；若有得嘗如來法味，舌得清淨，具廣長舌，解語言灋；若有得觸如來光者，身得清淨，究竟獲得無上法身；若於如來生憶念者，則得念佛三昧清淨；若有眾生供養如來所經土地及塔廟者，亦具善根，滅除一切諸煩惱患，得賢聖樂。佛子，我今告汝，設有眾生見聞於佛，業鄣纏覆不生信樂，亦種善根無空過者，乃至究竟入於涅槃。佛子，菩薩摩訶薩應如是知於如來所見聞親近所種善根，悉離一切諸不善灋，具足善法。

佛子，如來以一切譬喻〈諭〉*說種種事，無有譬喻〈諭〉*能說此法。何以故，心智路絕，

---

① 跏，㊈二七六頁註②：跏＝加㋈㋉㋌㋎。
② 消，㊈二七七頁註②：消＝銷㋌㋎，下同。

不思議故。諸佛菩薩但隨衆生心，令其歡喜，爲說譬喻〈諭〉*，非是究竟。佛子，此法門名爲如來祕密之處，名一切世間所不能知，名入如來印，名開大智門，名示現如來種性，名成就一切菩薩，名一切世間所不能壞，名一向隨順如來境界，名能淨一切諸衆生界，名演說如來根本實性不思議究竟法。佛子，此法門，如來不爲餘衆生說，唯爲趣向大乘菩薩說，唯爲乘不思議乘菩薩說；此法門不入一切餘衆生手，唯除諸菩薩摩訶薩。佛子，譬如轉輪聖王所有七寶，因此寶故顯示輪王，此寶不入餘衆生手，唯除第一夫人所生太子，具足成就聖王相者。若轉輪王無此太子具衆德者，王命終後，此諸寶等於七日中悉皆散滅。佛子，此經珍寶亦復如是，不入一切餘衆生手，唯除如來法王眞子，生如來家，種如來相諸善根者。佛子，若無此等佛之眞子，如是法門不久散滅。何以故，一切二乘不聞此經，何況受持、讀誦、書寫、分別解說，唯諸菩薩乃能如是。是故，菩薩摩訶薩聞此法門應大歡喜，以尊重心恭敬頂受。何以故，菩薩摩訶薩信樂此經，疾得阿褥〈耨〉多羅三藐三菩提故。佛子，設有菩薩於無量百千億那由他劫行六波羅蜜，修集〈習〉種種菩提分法。若未聞此如來不思議大威德法門，或時聞已不信、不解、不順、不入，不得名爲眞實菩薩，以不能生如來家故。若得聞此如來無量不可思議無障無礙智慧法門，聞已信解，隨順悟入，當知此人生如來家，隨順一切如來境界，具足一切諸菩薩法，安住一切種智境界，遠離一切諸世間法，出生一切如來所行，通達一切菩薩法性，於佛自在心無疑惑，住無師法，深入如來無礙境界。佛子，菩薩摩訶薩聞此法已，則能以平等智知無量法，則能以正直心離諸分別，則能以勝欲樂現見諸佛，則能以作意力入平等應〈虛〉空界，則能以自在念行無邊法界，則能以智慧力具一切功德，則能以自然智離一切世間垢，則能以菩提心入一切十方網，則能

以大觀察知三世諸佛同一體性，則能以善根迴向智普入如是法，不入而入；不扵一法而有攀緣，恒以一法觀一切法。佛子，菩薩摩訶薩成就如是功德，少作功力，得無師自然智。

爾時，普賢菩薩欲重明此義而說頌言：
見聞供養諸如來，所得功德不可量，
扵有爲中終無〈不〉盡，要滅煩惱離衆苦。
譬人吞服少金剛，終竟不銷〈消〉*要當出；
供養十方〈力〉諸功德，滅惑必至金剛智。
如乾草積等須彌，投芥子火悉燒盡；
供養諸佛少功德，必斷煩惱至涅槃。
雪山有藥名善見，見聞嗅觸銷〈消〉*衆疾；
若有見聞扵十力，得勝功德到佛智。

爾時，佛神力故，法如是故，十方各有十不可說百千億那由他世界六〔104-3〕種震動，所謂：東踊〈涌〉① 西沒，西踊〈涌〉東沒，南踊〈涌〉北沒，北踊〈涌〉南沒，邊踊〈涌〉中沒，中踊〈涌〉邊沒。十八相動，所謂：動、遍動、等遍動，起、遍起、等遍起，踊、遍踊、等遍踊，震、遍震、等遍震，吼、遍吼、等遍吼，擊、遍擊、等遍擊。雨出過諸天一切花雲、一切蓋雲、憧〈幢〉雲、幡雲、香雲、鬘雲、塗香雲、莊嚴具雲、大光明摩尼寶雲、諸菩薩讚歎雲、不可說菩薩各差別身雲，雨成正覺雲、嚴淨不思議世界雲，雨如來言語音聲雲，充滿無邊法界。如此四天下，如來神力如是示現，令諸菩薩皆大歡喜；周遍十方一切世界，悉亦如是。

是時，十方各過八十不可說百千億那由他佛刹微塵數世界外，各有八十不可說百千億那由他佛刹微塵數如來，同名普賢，皆現其前而作是言：

善哉佛子，乃能承佛威力，隨順法性，演說如來出現不思議法。佛子，我等十方八十不可說百千億那由他佛刹微塵數同名諸佛皆說此法；如

---

① 涌，㊄二七八頁註①：涌＝踊㊁，下同，㊂。

我所說，十方世界一切諸佛亦如是說。佛子，今此會中，十萬佛剎微塵數菩薩摩訶薩，得一切菩薩神通三昧；我等皆與授記，一生當得阿耨〈耨〉多羅三藐三菩提。佛剎微塵數眾生，發阿耨〈耨〉多羅三藐三菩提心；我等亦與授記，於當來世經不可說佛剎微塵數劫，皆得成佛，同号佛殊勝境界。我等爲令未來諸菩薩聞此法故，皆共護持。如此四天下所度眾生，十方百千億那由他無數無量，乃至不可說不可說法界虛空等一切世界中所度眾生，皆亦如是。

尒時，十方諸佛威神力故，毗盧遮那本願力故，法如是故，善根力故，如來起智不越念故，如來應緣不失時故，隨時覺悟諸菩薩故，往昔所作無失壞故，令得普賢廣大行故，顯現一切智自在故，十方各過十不可說百千億那由他佛剎微塵數世界外，各有十不可說百千億那由他佛剎微塵數菩薩來詣於此，充滿十方一切法界，示現菩薩廣大莊嚴，放大光明綱，振〈震〉動一切十方世界，壞散一切諸魔宮殿，銷〈消〉*滅一切諸惡道苦，顯現一切如來威德，歌詠讚歎如來無量差別功德法，普雨一切種種雨，示現無量差別身，領受無量諸佛法，以佛神力各作是言：

善哉佛子，乃能說此如來不可壞法。佛子，我等一切皆名普賢，各從普光明世界普幢自在如來所而來於此，彼一切處亦說是法，如是文句，如是義理，如是宣說，如是決定，皆同於此，不增不減。我等皆以佛神力故，得如來法故，來詣此處爲汝作證。如我來此，十方等虛空遍法界一切世界諸四天下亦復如是。

尒時，普賢菩薩承佛神力，觀察一切菩薩大眾，欲重明如來出現廣大威德，如來正法不可沮壞，無量善根皆悉不空，諸佛出世必具一切宂勝之法，善能觀察諸眾生心，隨應說法未曾失時，生諸菩薩無量法光，一切諸佛自在莊嚴，一切如來一身無異，從本大行之所生起，而說頌言：

一切如來諸所作，世閒譬喻〈諭〉① 無能及，
爲令眾生得悟解，非喻〈諭〉*爲喻〈諭〉而顯示。
如是微密甚深法，百千萬劫難可聞；
精進智慧調伏者，乃得聞此祕奧義。
若聞此法生欣慶，彼曾供養無量佛，
爲佛加持所攝受，人天讚歎常供【養】。
此爲起〈超〉世第一財，此能救度諸羣品，
此能出生清淨道，汝等當持莫放逸。

大方廣佛花嚴經卷第五十二・五十二之下
〔104-4〕

---

① 諭，䃅二七八頁註⑤：諭＝喻□當罣，下同。

〔大方〕廣佛花嚴經
離世閒品第卅八之一
卷五十三・五十三之上

尒時，世尊在摩【竭提】國阿【蘭若法菩提場中普】光明【殿】，坐蓮花藏師【子之】座，妙悟皆滿，二行永絕，達無相法；住扵佛住，得佛平寺，到無鄣處不可轉法；所行無礙，立不思議，普見【三世；身恒充】遍一切國土，【智恒明】達一切【諸法】；了一切【行，盡一切疑，無能測】身；一切菩【薩】等【所】求智，到佛無二究竟彼岸，具足如来平寺解脫，證無中邊佛【平等地，盡扵法界】寺虛空【界】。與不可【說】百【千】億那【由他】佛刹微【塵數】菩薩摩【訶薩俱，皆一生當】得【阿】耨〈耨〉多羅三狼三菩提，各從他方種種國土而共【来】集，【悉】具【菩薩方便智慧。所謂】善能觀【察】一切【衆生，以方】便力，【令其調伏，住菩薩法；善能觀察一切世界，以方】便力，普皆往詣；善能觀察涅槃境界，思惟【籌量永離一切戲論分別，而修妙行無有】間斷；善【能攝受一切】衆【生，善入無量諸方便法，知諸衆生空無所有而】不壞業果；善知衆生心使、諸根境界方便，【種種差別悉能受持；三世佛法，自得解了，復爲他說；扵世】、出【世】無量【諸法，皆善安住，知其真實；扵有爲、無爲一切】諸法，悉善觀察，知無有二；扵一念中，【悉能獲得三世諸佛所有智慧；扵念念中，悉能示】現成寺正覺，令一切衆【生發心成道；扵一衆生心之所緣，悉知一切衆生境】界；雖入如来一切智地，而不捨菩薩行【諸所作業，智慧方便而無所作；爲一一衆生住無量劫，而於阿僧祇劫難可值遇，轉正法輪調伏衆生皆不唐捐】，三世諸佛【清】淨行顚悉已具足；成就如是無量【功德，一切如來於無邊劫說不可盡。其名曰：普賢菩薩】、普眼菩薩、普【化菩薩、普慧菩薩、普見菩薩、普光菩薩、普觀菩薩】、普照菩薩、普幢菩薩、普覺菩薩。【如是】寺十不可【說】百千【億那由他佛刹微塵數，皆悉成就】普賢行顚，深心大【願皆】已圓滿；一切【諸佛出興世處，悉能往詣請轉法】輪；善能受持諸佛法眼，不斷一切諸佛種性；善知一切諸佛興世【授記次第、名號、國土、成等正覺】、轉扵法輪；無佛世界【現】身成佛，能令【一切雜染衆生皆悉清淨；能滅】一切菩薩業鄣，入扵無礙清淨法界。

【爾時，普賢】菩薩摩訶薩【入廣大三昧，名佛華莊嚴】；入此三昧時，十方所有一切【世界六種、十八相動，出大音聲靡不皆聞；然後】從其三昧而起。

尒時，普慧【菩薩知衆已集，問普賢菩薩言：佛子，願爲演說：何等爲菩薩摩訶薩依，何等爲】奇特想，何等爲行，何等爲善知識，何等爲勤精進，何寺爲心得安隱，何寺爲成【就衆生，何等爲戒，何等爲自知受記，何等爲入菩薩，何等爲入如來，何等爲入衆生心行，何等爲入世界，何等爲入劫，何等爲說三世，何等爲入三世】，何等為發無疲猒心，何等【為差別智，何等為陀羅尼，何等為演說佛，何等為發普賢心，何等為普賢行法，以何等故而起大悲，何等為發菩提心因緣，何等為】於善知識起【尊】重〔105-1〕【心，何等為清淨，何等為諸波羅蜜，何等為智隨覺，何等為證知，何等為力，何等為平等，何等為佛法實義句，何等為說法，何等為持，何等為辯才，何等為自在，何等為無著性，何等為平等心，何等為出生智慧，何等為變化，何等為力持，何等為得大欣慰，何等為深入佛法，何等為依止，何等為發無畏心，何等為發無疑惑心，何等為不思議，何等為巧密語，何等為巧分別智，何等為入三昧，何等為遍入，何等為解脫門，何等為神通，何等為明，何等為解脫，何等為園林，何等為宮殿，何等為所樂，何等為莊嚴，何等為發不動心，何等為不捨深大心，何等為觀察，何等為說法，何等為清淨，何等為印，何等為智光照，何等為無等住，何等為無下劣心，何等為如山增上心，何等為入無上菩提如海智，何等為如寶住，何等為發如金剛大乘誓願心，何等為大發起，何等為究竟大事，何等為不壞信，何等為授記，何等為善根迴向，何等為得智慧，何等為發無邊廣大心，何等為伏藏，何等為律儀，何等為自在，何等為無礙用，何等為眾生無礙用，何等為剎無礙用，何等為法無礙用，何等為身無礙用，何等為願無礙用，何等為境界無礙用，何等為智無礙用，何等為神通無礙用，何等為神力無礙用，何等為力無礙用，何等為遊戲，何等為境界，何等為力，何等為無畏，何等為不共法，何等為業，何等為身，何等為身業，何等為身，何等為語，何等為淨修語業，何等為得守護，何等為成辦大事，何等為心，何等為發心，何等為周遍心，何等為諸根，何等為深心，何等為增上深心，何等為勤修，何等為決定解，何等為決定解入世界，何等為決定解入眾生界，何等為習氣，何等為取，何等為修，何等為成就佛法，何等為退失佛法道，何等為離生道，何等為決定法，何等為出生佛法道，

何等為大丈夫名號，何等為道，何等為無量道，何等為助道，何等為修道，何等為莊嚴道，何等為足，何等為手，何等為腹，何等為藏，何等為心，何等為被甲，何等為器仗，何等為首，何等為眼，何等為耳，何等為鼻，何等為舌，何等為身，何等為意，何等為行，何等為住，何等為坐，何等為臥，何等為所住處，何等為所行處，何等為觀察，何等為普觀察，何等為奮迅，何等為師子吼，何等為清淨施，何等為清淨戒，何等為清淨忍，何等為清淨精進，何等為清淨定，何等為清淨慧，何等為清淨慈，何等為清淨悲，何等為清淨喜，何等為清淨捨，何等為義，何等為法，何等為福德助道具，何】等為智慧助道具，何等為明足，何等為求法，何等為明【了法，何等為修行法，何等為魔，何等為魔業，何等為捨離魔業，何等為見佛】，何等為佛業，何等為慢業，何等為智業，何等為魔所攝持，何【等為佛所攝持，何等為法所攝持，何等為住兜率天所作業，何故於兜】率天宮【歿，何】故現處胎，何等為現微細趣，何故現初生，何故現微笑，何故示行七步，【何故現童子地，何故現處內宮，何故現出家，何故示苦行，云何往】詣道場，云何【坐】道場，何等為坐道場時奇特相，何〔故〕示降魔，何等為成如來力，云何轉法輪，何【故因轉法輪得白淨法，何故如來應正等覺】示【般涅槃，善哉】佛子，如是等法，願為【演】說。

尒時，普賢菩薩告普慧等諸菩薩言：

佛子，菩薩摩訶薩有十種依。何等【為十，所謂：以菩提心為依，恒不忘失故】；以善知識為依，和合如一故；以善根為依，修【集】增長故；以波羅蜜為依，具足修行故；以一切法為依，究竟出離故；以大願為依，增長【菩提故；以諸行為依，普皆成就故】；以一切菩薩為依，同一智慧故；以供養諸佛為依，信心清淨故；以一切如來【為】依，如慈父教誨不斷故。是為十。若諸菩薩安住此【法，則得為如來無上大智

所依處】。

【佛子】，菩薩摩訶薩有十種奇特想。何等爲十，所謂於一切善根生自善根想，於一切善根生菩提種子想，於一切眾生生菩提【器想，於一切願生自願想，於一切法生出】離想，於一切行生自行想，於一切法生佛法想，於一切語言法生語言道想，於一切佛生慈父想，於一切如來生無二想。是爲十。若諸【菩薩安住此法，則得無上善】巧想。

佛子，菩薩摩訶薩有十種行。何等爲十，所謂：一切眾生行，普令成熟故；一切求法行，咸悉修學故；一切善根行，悉使增長故；一切【三昧行，一心不亂故；一切智慧】行，無不了知故；一切修習行，無不能修故；一切佛剎行，皆悉莊嚴故；一切善友行，恭敬供養故；一切如來行，尊重承事故。是爲十。若諸菩【薩安住此法，則得如來無】上大智慧行。

佛子，菩薩摩訶薩有十種善知識。何等爲十，所謂令住菩提心善知識，令生善根善知識，令行諸波羅蜜善知【識，令解說一切法善知識】，令成熟一切眾生善知識，令得決定辯才善知【識，令】不著一切世間善知識，令於一切劫修行無猒倦善知識，令安住普賢行善知識，令入一切佛智所入【善知識。是爲十】。

【佛子】，菩薩摩訶薩有十種勤精進。何等爲十，所謂【教化一切眾生勤精進】，深入一切法勤精進，嚴淨一切世界勤精進，修行一切菩薩所學勤精進，滅除一【切眾生惡勤精】進，止息一切三惡道苦勤精進，摧破一切眾魔【勤精進，願爲一切眾生作】清淨眼勤精進，供養一切諸佛勤精進，令一切如來皆悉歡喜勤精進。是爲十。若【諸菩薩安住此法】，則得具足如來無上精進波羅蜜。

佛子，菩薩【摩訶薩有十種心得安隱。何】等爲十，所謂：自住菩提心，亦當令他住菩提心，心得安隱；自究竟離忿諍，亦當令【他】離忿諍，心得安隱；自離凡愚法，亦令他離凡愚
〔105-3〕【法，心得安隱；自勤修善根，亦】令他勤修善【根，心得安】隱；自住波羅蜜道，亦令他住波羅蜜【道，心得安】隱；自生【在佛家】，亦當令他生於佛家，心得安隱；自深入無自性真【實法，亦令他入無自性真實法】，心得安隱；自不誹謗【一切】佛法，亦令他不誹謗一切佛法，心得安隱；自滿一切智菩提願，【亦令】他【滿】一切智菩提願，心得安隱；自深入一切如來【無】盡智藏，【亦令他入一切如來無盡智藏】，心得安隱。是爲十。若諸菩薩安住此法，則得如來無上大智安隱。

佛子，菩薩摩訶薩有十種成就眾生。何等爲十，所謂以布施成【就】眾【生，以色身成就眾生，以說】法成就眾生，以同行成就眾生，以無染著成就眾生，以開示菩薩行成就眾生，以熾然示現一切世界成就眾生，以示現佛法大威德成就眾生，以種種神【通變現成就眾生；以】種種微密善巧方便成就眾生。是爲十。菩薩以此成就眾生界。

佛子，菩薩摩訶薩有十種戒。何等爲十，所謂：不捨菩提心戒；遠離二乘地戒；觀察利益一切眾【生戒；令一切眾生】住佛法戒；修一切菩薩所學戒；於一切法無所得戒；以一切善根迴向菩提戒；不著一切如來身戒；思惟一切法離取著戒；諸【根】律儀戒。是爲十。若諸菩薩安住此【法，則得如來無】上廣大戒波羅蜜。

佛子，菩薩摩訶薩有十種受記法，菩薩以〔此〕自知受記。何等爲十，所謂：以殊勝意發菩提心，自知受記；永不猒捨諸菩薩行，自知受記；住一切劫行【菩薩行】，自知受記；修一切佛法，自知受記；於一切佛教一向深信，自知受記；修一切善根皆令成就，自知受記；置一切眾生於佛菩提，自知受記；於一切善知識和合無二，自知受記；於【一切善】知識起如來想，自知受記；恒勤守護菩提本願，自知受記。是

爲十。

佛子，菩薩摩訶薩有十種入，入諸菩薩。何等爲十，所謂入本願，入行，入聚，入諸波羅蜜，入成就，入差別願，【入種】種解，入莊嚴佛土，入神力自在，入示現受生。是爲十。菩薩以此普入三世一切菩薩。

佛子，菩薩摩訶薩【有十種入】，入諸如來。何等爲十，所謂入無邊成正覺，入無邊轉法輪，入無邊【方】便法，入無邊差別音聲，入無邊調伏衆生，入無邊神力自在，入無邊種種差別身，入無邊三昧，入無【邊力、無所畏，入】無邊示現涅槃。是爲十。菩薩以此普入三世一切如來。

佛子，菩薩摩訶薩有十種入衆生行。何等爲十，所謂入一切衆生過去行；入一切衆生未來行；入一切衆生【現在行；入一切衆生善行】；入一切衆生不善行；入一切衆生【心】行；入一切衆生根行；入【一】切衆生解行；入一切衆生煩惱習氣行；入一切衆生教化調伏時、非時行。是爲十。菩薩以【此普入一切諸衆生行】。

【佛子，菩薩摩訶薩】有十種入世界。何等爲十，所謂入深〈染〉世界〔105－4〕，【入淨世界，入小世界，入大世界，入微塵中世界，入微細世界，入覆世界，入仰世界，入有佛世界，入】無佛世界。是爲十。菩薩以此普入十方一切世界。

佛子，菩薩摩【訶薩有十種入劫。何等爲十，所謂入過去劫，入未來劫，入現在劫，入可數劫，入不可數劫，可數劫】即不可數劫，入不可數劫即可數劫，入一切劫即非劫，入非劫即【一切劫，入一切劫即一念。是爲十。菩薩以此普入一切劫】。

【佛子，菩薩摩訶薩有十種說三世。何等爲十】，所謂過去世說過去世，過去世說未來世，過去世說現在世，未來世【說過去世，未來世說現在世，未來世說無盡，現在世說過去世，現在世說未來世，現在世說平等】，現在世說三世即一念。是爲十。菩薩以此普說三世。

佛子，菩薩【摩訶薩有十種知三世。何等爲十，所謂知諸安立，知諸語言，知諸談議，知諸軌則，知諸稱謂，知諸制】令，知其假名，知其無盡，知其寂滅，知一切空。是爲十。菩薩以此普知一切【三世諸法】。

【佛子，菩薩摩訶薩發十種無疲厭心。何等爲十，所謂供養一切諸佛無疲厭心，親近】一切善知識無疲厭心，求一切法無疲厭心，【聽】聞正法無疲厭心，宣說【正法無疲厭心，教化調伏一切衆生無疲厭心，置一切衆生於佛菩提無疲厭心，於一一世界經不可說不】可說劫行菩薩行無疲厭心，遊行一切世界無疲厭心，觀察思【惟一切佛法無疲厭心。是爲十。若諸菩薩安住此法，則得如來無疲厭無上大智】。

【佛子，菩薩摩訶】薩有十種差別智。何等爲十，所謂知衆生差別智，知諸根差別【智，知業報差別智，知受生差別智，知世界差別智，知法界差別智，知諸佛差別智，知諸法差別】智，知三世差別智，知一切語言道差別知〈智〉。是爲十。若諸菩薩安住【此法，則得如來無上廣大差別智】。

【佛子，菩薩摩訶薩有十種陀羅尼。何等爲十，所謂：聞持陀】羅尼，持一切法不忘失故；修行陀羅尼，如實巧觀一切法故；思惟陀【羅尼，了知一切諸法性故；法光明陀羅尼，照不思議諸佛法故；三昧陀羅尼，普於現在一切佛所】聽聞正法【心】不亂故；圓音陀羅尼，【解】了不思議音聲語言故；【三世陀羅尼，演說三世不思議諸佛法故；種種辯才陀羅尼，演說無邊諸佛法故；出生無礙耳陀羅尼，不可說】佛所說之法悉【能】聞故；一切佛法陀羅尼，【安】住如來【力、無畏故。是爲十。若諸菩薩欲得此法，當勤修學】。

【佛子，菩薩摩訶薩說十種佛。何等爲十，所謂成正】覺佛、願佛、業報佛、住持佛、涅槃佛、法界佛、心佛、三昧佛、本性佛、【隨樂佛。是爲十】。

【佛子，菩薩摩訶薩發十種普賢心。何等爲十，所謂：發大慈心，救護一切衆生故】；發大悲心，代一切衆生受苦故；發一切施心，悉【捨】所有故；發【念一切智爲首心，樂求一切佛法故；發功德莊嚴心，學一切菩薩行故；發如金剛心，一切處受生不忘】失故；發如海心，一切白淨法悉流入故；發如大山王心，一切惡言皆【忍受故；發安隱心，施一切衆生無怖畏故；發般若波羅蜜究竟心，巧觀一切法無所有故。是爲十】。若諸菩薩安住此心，疾得成就普賢善巧智。

佛子，菩【薩摩訶薩有十種普賢行法。何等爲十，所謂願住未來一切劫普賢行法，願供養恭敬未來一切】佛普賢行法，願安置一切衆生於普賢菩〔106①-1〕【薩行普賢行法，願積集一切善根普賢行法，願入一切波羅蜜普賢行法，願滿足一切菩薩行普賢】行法，願莊嚴一切世界普賢行法，願生一切佛刹普賢【行法，願善觀察一切法普賢行法，願於一切佛國土成無上菩提普賢行法。是爲十。若諸菩薩勤修】此法，疾得滿足普賢行願。

佛子，菩薩摩訶薩以十種【觀衆生而起大悲。何等爲十，所謂觀察衆生無依無怙而起大悲，觀察衆生性不調順而起大】悲，觀察衆生貧無善根而起大悲，觀察衆生長夜睡【眠而起大悲，觀察衆生行不善法而起大悲，觀察衆生欲縛所縛而起大悲，觀察衆生沒生】死海而起大悲，觀察衆生長嬰疾【苦】而起大悲，觀察衆生【無善法欲而起大悲，觀察衆生失諸佛法而起大悲。是爲十。菩薩恒以此心觀察衆生】。

【佛子，菩】薩摩訶薩有十種發菩提心因緣。何等爲十，所謂：【爲教化調伏一切衆生故，發菩提心；爲除滅一切衆生苦聚故，發菩提心；爲與一切衆生具足安樂故】，發菩提心；爲斷一切衆生愚癡故，發菩提心；爲與一切【衆生佛智故，發菩提心；爲恭敬供養一切諸佛故，發菩提心；爲隨如來教，令佛歡喜故，發菩提心】；爲見一切佛色身相好故，發菩提心；爲入一切佛廣【大智慧故，發菩提心；爲顯現諸佛力、無所畏故，發菩提心。是爲十】。

【佛子，若菩薩發無上菩提心，爲悟】入一切智智故，親近供養善知識時，應起十種心。何【等爲十，所謂起給侍心、歡喜心、無違心、隨順心、無異求心、一向心、同善根心、同願心、如來心、同圓滿行心。是爲十】。

佛子，若菩薩摩訶薩起如是心，則得十種清淨。何【等爲十，所謂：深心清淨，到於究竟無失壞故；色身清淨，隨其所宜爲示現故；音聲清淨，了達一切諸語】言故；辯才清淨，善說無邊諸佛法故；智慧清淨，【捨離一切愚癡暗故；受生清淨，具足菩薩自在力故；眷屬清淨，成就過去同行衆生諸善根故；果報清】淨，除滅一切諸業鄣故；大願清淨，與諸菩薩性無【二故；諸行清淨，以普賢乘而出離故。是爲十】。

【佛子，菩薩摩訶薩有十種波羅蜜。何等爲十，所謂：施波羅蜜，悉捨一切】諸所有故；【戒波】羅【蜜，淨】佛戒故；忍波羅【蜜，住佛忍故；精進波羅蜜，一切所作不退轉故；禪波羅蜜，念一境故；般若波羅蜜，如實觀察一切法故；智波羅蜜，入佛力】故；願波羅蜜，滿【足】普〔106①-2〕【賢諸大願故；神通波羅蜜，示現一切自在用故；法波羅蜜，普入一切諸佛法故。是爲十。若諸菩薩安住此法，則得具足如來】無上大智【波】羅蜜。

佛子，菩薩摩訶薩【有十種智隨覺。何等爲十，所謂一切世界無量差別智隨覺，一切衆生界不可思議智隨覺，一切諸法一入種種種種入一】切〈智〉隨覺，一切法界廣大智隨覺，一切虛【空界究竟智隨覺，一切世界入過去世智隨覺，一切世界入未來世智隨覺，一切世界入現在世智隨覺，一切如來】無量行願皆於一智而得圓滿智隨覺,三【世諸佛皆同一行而得出離智隨覺。是為十。若諸菩薩安住此法,則得一切法自在光明,所願皆滿,於一念頃】悉能解了一切佛法成等正覺。

佛子,菩薩摩【訶薩有十種證知。何等為十,所謂知一切法一相,知一切法無量相,知一切法在一念,知一切眾生心行無礙,知一切】眾生諸根平等,知一切眾生煩惱習氣行,知一切眾【生心使行,知一切眾生善、不善行,知一切菩薩願行自在住持變化,知一切如來具足十力成等正覺。是為十。若諸】菩薩安住此法,則得一切法善巧方便。

佛子,菩薩【摩訶薩有十種力。何等為十,所謂入一切法自性力,入一切法如化力,入一切法如幻力,入一切法皆是佛法力,於一切法無】染著力,於一切法甚明解力,於一切善知【識恒不捨離尊重心力,令一切善根順至無上智王力,於一切佛法深信不謗力,令一切智心不退善巧力。是為十。若諸菩薩安】住此法,則具如來無上諸力。

佛子,菩【薩摩訶薩有十種平等。何等為十,所謂於一切眾生平等、一切法平等、一切剎平等、一切深心平等、一切善根平等、一切菩薩平】等、一切願平等、一切波羅蜜【平等、一切行平等、一切佛平等。是為十。若諸菩薩安住此法,則得一切諸佛無上平等法】。

【佛子,菩薩摩訶薩有十種佛法】實義【句。何等】為十,所〔106①-3〕【謂一切法但有名,一切法猶如幻,一切法猶如影,一切法但緣起,一切法業清淨,一切法但文字所作,一切法實際,一切法無相,一切法第一義,一切法法界。是為十。若諸菩薩安住此法,則善入一切智智無上真實義。

佛子,菩薩摩訶薩說十種法。何等為十,所謂說甚深法,說廣大法,說種種法,說一切智法,說隨順波羅蜜法,說出生如來力法,說三世相應法,說令菩薩不退法,說讚歎佛功德法,說一切菩薩學一切佛平等、一切如來境界相應法。是為十。若諸菩薩安住此法,則得如來無上巧說法。

佛子,菩薩摩訶薩有十種持。何等為十,所謂持所集一切福德善根,持一切如來所說法,持一切譬諭,持一切法理趣門,持一切出生陀羅尼門,持一切除疑惑法,持成就一切菩薩法,持一切如來所說平等三昧門,持一切法照明門,持一切諸佛神通遊戲力。是為十。若諸菩薩安住此法,則得如來無上大智住持力。

佛子,菩薩摩訶薩有十種辯才。何等為十,所謂於一切法無分別辯才,於一切法無所作辯才,於一切法無所著辯才,於一切法了達空辯才,於一切法無疑暗辯才,於一切法佛加被辯才,於一切法自覺悟辯才,於一切法文句差別善巧辯】才,於一切法【真】實說辯才,隨一切【眾生心令歡喜辯才。是為十。若諸菩薩安住此法,則得如來無上巧妙辯才】。

【佛子,菩薩摩訶薩有十種】自在。何等為十,所謂教化調伏一切眾生自在,普照一切法自在,修一【切善根行自在,廣大智自在,無所依戒自在,一切善根迴向菩提自在,精進不退轉自在,智慧】摧破一切眾魔自在,隨所樂欲令發菩提心自在,隨所應化現成正【覺自在。是為十。若諸菩薩安住此法,則得如來無上大智自在】。

【佛子,菩薩摩訶薩有十種無】著。何等為十,所謂於一切世界無著,於一切眾生無著,於一切法無著,於一【切所作無著,於一切善根無著,於一切受生處無著,於一切願無著,於一切行無著,於一切菩薩】無著,於一切佛無著。是為十。若諸菩薩安住此法,則能速轉一切【眾想,得無上清淨智慧】。

【佛子,菩薩摩訶薩有十種平等心。何等為十,所謂積集一切功德平等心,發】一切差別願平等心,於一切眾生身平等心,於一切眾生業報平等【心,於一切法平等心,於一切淨穢國土平等心,於一切衆生解平等心,於一切行無所分別平等心,於一切佛力無異平等】心,扵一切如来智慧平寺心。是爲十。若諸菩薩安住其中,則得如【来無上大平等心】。

【佛子,菩薩摩訶薩有十種出生智慧。何等爲十,所謂知一切衆生解出生智慧,知】一切佛剎種種差別出生智慧,知十方綱分齋〈齊〉出生智慧,知【覆仰等一切世界出生智慧,知一切法一性、種種性廣大住出生智慧,知一切種種身出生智慧;知一切】世間顛倒妄想悉無所著出生智慧,知一切法究竟皆以一道出離【出生智慧,知如來神力能入一切法界出生智慧,知三世一切衆生佛種不斷出生智慧。是爲十】。若諸菩薩安住此法,則扵佛〈諸〉法無不了達。

佛子,菩薩摩訶【薩有十種變化。何等爲十,所謂一切衆生變化,一切身變化,一切剎變化,一切供養變化,一】切音聲變化,一切行顚變化,一切教化【調伏】衆〔106①-4〕【生變化,一切成正覺變化,一切說法變化,一切加持變化。是爲十。若】諸菩薩安住此法,則得具足一切無【上變化法】。

【佛子,菩薩摩訶薩有十種力持。何等爲十,所謂佛力持、法力持、衆】生力持、業力持、行力持、願力持、境界力持、時【力持、善力持、智力持。是爲十。若諸菩薩安住此法,則於一切法得無上自在力持】。

大方廣佛花嚴經卷第五十三‧五十三之〔下〕
〔106①-5〕

大方廣佛花嚴經
離世閒品第三十八之二
卷五十四・五十四之上

佛子，菩薩摩訶薩有十種大欣慰。何等爲十，所謂：諸菩薩發如是心：盡未來世所有諸佛出興于世，我當皆得隨逐承事令生歡喜。如是思惟，心大欣慰。復作是念：彼諸如來出興於世，我當悉以無上供具恭敬供養。如是思惟，心大欣慰。復作是念：我於諸佛所興供養時，彼〔諸〕如來必示誨我法，我悉以深〈深〉心恭敬聽受、如說修行，於菩薩地必得已生、現生、當生。如是思惟，心大欣慰。復作是念：我當於不可說不可說劫行菩薩行，常與一切諸佛菩薩而得供具〈共俱〉。如是思惟，心大欣慰。復作是念：我於往昔未發無上大菩提心，有諸怖畏，所謂不活畏、惡名畏、死畏、墮惡道畏、大衆威德畏。自一發心，悉皆遠離，不驚不恐，不畏不懼，不怯不怖，一切衆魔及諸外道所不能壞。如是思惟，心大欣慰。復作是念：我當令一切衆生成無上菩提；成菩提已，我當於彼佛所修菩薩行盡其形壽，以大信心興所應供佛諸供養具而爲供養；及涅槃後，各起無量塔供養舍利，及受持守護所有遺法。如是思惟，心大欣慰。又作是念：十方所有一切世界，我當悉以無上莊嚴而莊嚴之，皆令具足種種奇妙平等清淨，復以種種大神通力住持振〈震〉①動，光明照曜普使周遍。如是思惟，心大欣慰。復作是念：我當斷一切衆生疑惑，淨一切衆生欲樂，啓一切衆生心意，滅一切衆生煩惱，閉一切衆生惡道門，開一切衆生善趣門，破一切衆生黑闇，與一切衆生光明，令一切衆生離衆魔業，使一切衆生至安隱處。如是思惟，心大欣慰。菩薩摩訶薩復作是念：諸佛如來如優曇花，難可值遇，於無量劫莫能一見。我當於未來世欲見如來則便得見，諸佛如來常不捨我，恒住我所，令我得見，爲我說法無有斷絕；既聞法已，心意清淨，遠離諂曲，質直無偽，於念念中常見諸佛。如是思惟，心大欣慰。復作是念：我於未來當得成佛，以佛神力，於一切世界，爲一切衆生各別示現成等正覺清淨無畏大師子吼，以本大願周遍法界，擊大法皷，雨大法雨，作大法施，於無量劫常演正法，大悲所持身語意業無有疲猒。如是思惟，心大欣慰。佛子，是爲菩薩摩訶薩十種大欣慰。若諸菩薩安住此法，則得無上成正覺智慧大欣慰。

佛子，菩薩摩訶薩有十種深入佛法。何等爲十，所謂：入過去世一切世界；入未來世一切世界；入現在世世界數、世界行、世界說、世界清淨；入一切世界種種性；入一切衆生種種業報；入一切菩薩種種行；知過去一切佛次第；知未來一切佛次第；知現在十方虛空法界等一切諸佛、國土衆會、說法調伏；知世閒法、聲聞法、獨覺法、菩薩法、如來法，雖知諸法【皆無】分別而說種種法，悉入法界無〔107-1〕所入故，

---

① 震，㊅二八四頁註②：震＝振㊆，下同。

如其法說無所取著。是爲十。若諸菩薩安住此法，則得入於阿耨多羅三藐三菩提大智慧甚深性。

佛子，菩薩摩訶薩有十種依止，菩薩依此行菩薩行。何等爲十，所謂：依止供養一切諸佛，行菩薩行；依止調伏一切衆生，行菩薩行；依止親近一切善友，行菩薩行；依止積集一切善根，行菩薩行；依止嚴淨一切佛土，行菩薩行；依止不捨一切衆生，行菩薩行；依止深入一切波羅蜜，行菩薩行；依止滿足一切菩薩願，行菩薩行；依止無量菩提心，行菩薩行；依止一切佛菩提，行菩薩行。是爲十。菩薩依此行菩薩行。

佛子，菩薩摩訶薩有十種發無畏心。何等爲十，所謂滅一切障礙業，發無畏心；於佛滅後護持正法，發無畏心；降伏一切魔，發無畏心；不惜身命，發無畏心；摧破一切外道邪論，發無畏心；令一切衆生歡喜，發無畏心；令一切衆會皆悉歡喜，發無畏心；調伏一切天、龍、夜叉、乾闥婆、阿脩羅、迦樓羅、緊那羅、摩睺羅伽，發無畏心；離二乘地，入甚深法，發無畏心；於不可說不可說劫行菩薩行，心無疲猒，發無畏心。是爲十。若諸菩薩安住此法，則得如來無上大智無所畏心。

佛子，菩薩摩訶薩發十種無疑心，於一切佛法心無疑惑。何等爲十，所謂：菩薩摩訶薩發如是心：我當以布施，攝一切衆生；以戒、忍、精進、禪定、智慧、慈、悲、喜、捨，攝一切衆生。發此心時，決定無疑；若生疑心，無有是處。是爲第一發無疑心。菩薩摩訶薩又作是念：未來諸佛出興于世，我當一切承事供養。發此心時，決定無疑；若生疑心，無有是處。是爲第二發無疑心。菩薩摩訶薩又作是念：我當以種種奇妙光明網，周遍莊嚴一切世界。發此心時，決定無疑；若生疑心，無有是處。是爲第三發無疑心。菩薩摩訶薩又作是念：我當盡未來劫修菩薩行。無數、無量、無邊、無等、不可數、不可稱、不可思、不可量、不可說、不可說不可說，過諸筭數，究竟法界、虛空界一切衆生，我當悉以無上教化調伏法而成熟之。發此心時，決定無疑；若生【疑心】，無有是處。是爲第四發無疑心。菩薩摩訶薩又作是念：我當修菩薩行，滿大誓願，具一【切智】，安住其中。發此心時，決定無疑；若生【疑心】，無有是處。是爲第五發無疑心。菩薩摩訶薩又作是念：我當普爲一切世間行菩薩行，爲一【切】法清淨光明，照明一切所有佛法。發此心時，決定無疑；若生疑心，無有是處。是爲第六發無疑心。菩薩摩訶薩又作是念：我當知一切法皆是佛法，隨衆生心，爲其演說，悉令開悟。發此心時，決定無疑；若生疑心，無有是處。是爲第七發無疑心。菩薩摩訶薩又作是念：我當於一切法得無障礙門，知一切障礙不可得故；其心如是，無有疑惑，住真實性，乃至成於阿耨多羅三藐三菩提。發此心時，決定無疑；若生疑心，無有是處。是爲第八發無疑心。菩薩摩訶薩又作是念：我當知一切法莫不皆是出世閒法，遠離一切妄想顛倒，以一莊嚴而自莊嚴而無所莊嚴；於此自了，不由他語〈悟〉。發此心時，決定無疑；若生疑心，無有是處。是爲第九發無疑心。菩薩摩訶薩又作是念：我當於一切法成最正覺，離一切妄想顛倒故，得一念相應智故，若一若異不可得故，離一切數故，究竟無爲故，離一切言說故，住不可說境界際故。發此心時，決定無疑；若生疑心，無有是處。是爲第十發無疑心。若諸菩薩安住此法，則於一切佛法心無所疑。

佛子，菩薩摩訶薩有十種不可思議。何等爲十，所謂：一切善根，不可思議。一切誓願，不可思議。知一切法如幻，不可思議。發菩提心修菩薩行，善根不失，無〔所〕分別，不可思議。雖深入一切法，亦不取滅度，以一切願未成滿故，不可思議。修菩薩道而示現降神、入胎、誕生、出家、苦行、往詣道場、降伏衆魔、成最正

大方廣佛花嚴經離世間品第三十八之二

覺、轉正法輪、入般涅槃，神變自在無有休息不捨悲願救護衆生，不可思議。雖能示現如來十力神變自在，而亦不捨等法界心教化衆生，不可思議。知一切法無相是相，相是無相，無分別是分別，分別是無分別，非有是有，有是非有，無作是作，作是無作，非說是說，說是非說，不可思議。知心與菩提等，知菩提與心等，心及菩提與衆生等，亦不生心顛倒、想顛倒、見顛倒，不可思議。於念念中入滅盡定，盡一切漏而不證實際，亦不盡有漏善根；雖知一切法無漏，而知漏盡，亦知漏滅；雖知佛法即世間法，世間法即佛法，而不於佛法中分別世間法，不於世間法中分別佛法；一切諸法悉入法界，無所入故；知一切法皆無二，無變易故；是爲第十不可思議。佛子，是爲菩薩摩訶薩十種不可思議。若諸菩薩安住其中，則得一切諸佛无上不可思議法。

佛子，菩薩摩訶薩有十種巧密語。何等爲十，所謂：於一切佛經中，巧密語；於一切受生處，巧密語；於一切菩薩神通變現、成等正覺，巧密語；於一切衆生業報，巧密語；於一切衆生所起染淨，巧密語；於一切法究竟無障礙門，巧密語；於一切虛空界，一一方處悉有世界或成或壞，間無空處，【巧】密語；於一切法界、一切十方，乃至微細處，悉有如來示現初生，乃至成佛、入般涅槃，充滿法界悉分別見，巧密語〔107-3〕；見一切衆生平等涅槃無變易故，而不捨大願，以一切智願未得圓滿令滿足故，巧密語；雖知一切法不由他悟，而不捨離諸善知識，於如來所轉加尊敬，與善知識和合無二，於諸善根修集種植，迴向安住，同一所作，同一體性，同一出離，同一成就，巧密語。是爲十。若諸菩薩安住其中，則得如來無上善巧微密語。

佛子，菩薩摩訶薩有十種巧分別智。何等爲十，所謂入一切剎巧分別智，入一切衆生處巧分別智，入一切衆生心行巧分別智，入一切衆生根巧分別智，入一切衆生業報巧分別智，入一切聲聞行巧分別智，入一切獨覺行巧分別智，入一切菩薩行巧分別智，入一切世間法巧分別智，入一切佛法巧分別智。是爲十。若諸菩薩安住其中，則得一切諸佛無上善巧分別諸法智。

佛子，菩薩摩訶薩有十種入三昧。何等爲十，所謂於一切世界入三昧，於一切衆生身入三昧，於一切法入三昧，見一切佛入三昧，住一切劫入三昧，從三昧起現不思議身入三昧，於一切佛身入三昧，覺悟一切衆生平等入三昧，一念中入一切菩薩三昧智入三昧，一念中以无礙智成就一切諸菩薩行願無有休息入三昧。是爲十。若諸菩薩安住其中，則得一切諸佛無上善巧三昧法。

佛子，菩薩摩訶薩有十種遍入。何等爲十，所謂（一切）衆生遍入，國土遍入，世間種種相遍入，火災遍入，水災遍入，佛遍入，莊嚴遍入，如來無邊功德身遍入，一切種種說法遍入，一切如來種種供養遍入。是爲十。若諸菩薩安住其中，則得如來無上大智遍入法。

佛子，菩薩摩訶〔薩〕有十種解脫門。何等爲十，所謂一身周遍一切世界解脫門，於一切世界示現無量種種色相解脫門，以一切世界入一佛剎解脫門，普加持一切衆生界解脫門，以一切佛莊嚴身充滿一切世界解脫門，於自身中見一切世界解脫門，一念中往一切世界解脫門，於一世界示現一切如來出世解脫門，一身充滿一切法界解脫門，一念中示現一切佛遊戲神通解脫門。是爲十。若諸菩薩安住其中，則得如來無上解脫門。

佛子，菩薩摩訶薩有十種神通。何等爲十，所謂：憶念宿命方便智通；天耳無礙方便智通；知【他衆生】不思議心行方便智通；天眼【觀】察无有障礙方便智通；隨衆生心現不思議大神通力方便智通；一身普現

五十四之上
〔107-4〕

【無量世界方便智通；一念遍入不可說不可說世界

方便智通；出生無量莊嚴具，莊嚴不思議世界方便智通；示現不可說變化身方便智通；隨不思議眾生心，於不可說世界現成阿耨多羅三藐三菩提方便智通。是爲十。若諸菩薩安住其中，則得如來無上大善巧神通，爲一切眾生種種示現，令其修學。

佛子，菩薩摩訶薩有十種明。何等爲十，所謂：知一切眾生業報，善巧智明。知一切眾生境界，寂滅清淨，無諸戲論，善巧智明。知一切眾生種種所緣唯是一相悉不可得，一切諸法皆如金剛，善巧智明。能以無量微妙音聲，普聞十方一切世界，善巧智明。普壞一切心所染著，善巧智明。能以方便示現受生或不受生，善巧智明。捨離一切想、受境界，善巧智明。知一切法非相、非無相，一性無性，無所分別，而能了知種種諸法，於無量劫分別演說，住於法界，成阿耨多羅三藐三菩提，善巧智明。菩薩摩訶薩知一切眾生生本無有生，了達受生不可得故，而知因、知緣、知事、知境界、知行、知生、知滅、知言說、知迷惑、知離迷惑、知顛倒、知離顛倒、知雜染、知清淨、知生死、知涅槃、知可得、知不可得、知執著、知無執著、知住、知動、知去、知還、知起、知不起、知失壞、知出離、知成熟、知諸根、知調伏，隨其所應種種教化，未曾忘失菩薩所行。何以故，菩薩但爲利益眾生故，發阿耨多羅三藐三菩提心，無餘所爲。是故，菩薩常化眾生，身無疲倦，不違一切世間所作。是名緣起善巧智明。菩薩摩訶薩於佛無著，不起著心；於法無著，不起著心；於刹無著，不起著心；於眾生無著，不起著心；不見有眾生而行教化調伏說法，然亦不捨菩薩諸行，大悲大願，見佛聞法，隨順修行，依於如來種諸善根，恭敬供養無有休息，能以神力震動十方無量世界，其心廣大等法界故，知種種說法，知眾生數，知眾生差別，知苦生，知苦滅，知一切行皆如影像，行菩薩行，永斷一切受生根本，但爲救護一切眾生，行菩薩行而無所行，隨順一切諸佛種性，發如大山王心，知一

切虛妄顛倒，入一切種智門，智慧廣大不可傾動，當成正覺，於生死海平等濟渡一切眾生，善巧智明。是爲十。若諸菩薩安住其中，則得如來無上大善巧智明。

佛子，菩薩摩訶薩有十種解脫。何等爲十，所謂：煩惱解脫；邪見解脫；諸取解脫；蘊、界、處解脫；超二乘解脫；無生法忍解脫；於一切世間、一切刹、一切眾生、一切法離著解脫；無邊住解脫；發起一切菩薩行入如來無分別地解脫；於一念中悉能了知一切三世解脫。是爲十。若諸菩薩安住此法，則能施作無上佛事，教化成熟一切眾生。

佛子，菩薩摩訶薩有十種園林。何等爲十，所謂：生死是菩薩園林，無厭捨故；教化眾生是菩薩園林，不疲倦故；住一切劫是菩薩園林，攝諸大行故；清淨世界是菩薩園林，自所止住故；一切魔宮殿是菩薩園林，降伏彼眾故；思惟所聞法是菩薩園林，如理觀察故；六波羅蜜、四攝事、三十七菩提分法是菩薩園林，紹繼慈父境界故；十力、四無所畏、十八不共乃至一切佛法是菩薩園林，不念餘法故；示現一切菩薩威力自在神通是菩薩園林，以大神力轉正法輪調伏眾生無休息故；一念於一切處爲一切眾生示成正覺是菩薩園林，法身周遍盡虛空一切世界故。是爲十。若諸菩薩安住此法，則得如來無上離憂惱、大安樂行。

佛子，菩薩摩訶薩有十種宮殿。何等爲十，所謂：菩提心是菩薩宮殿，恒不忘失故；十善業道福德智慧是菩薩宮殿，教化欲界眾生故；四梵住禪定是菩薩宮殿，教化色界眾生故；生淨居天是菩薩宮殿，一切煩惱不染故；生無色界是菩薩宮殿，令諸眾生離難處故；生雜染世界是菩薩宮殿，令一切眾生斷煩惱故；現處內宮妻子、眷屬是菩薩宮殿，成就往昔同行眾生故；現居輪王、護世、釋、梵是菩薩宮殿，爲調伏自在心眾生故；住一切菩薩行遊戲神通皆得自在是菩薩宮殿，善遊戲諸禪解脫三昧智慧故；一切佛所受無上自在、一切智王灌頂記是菩薩宮殿，住十力莊嚴作一切

法王自在事故。是爲十。若諸菩薩安住其中，則得法灌頂，於一切世間神力自在。

佛子，菩薩摩訶薩有十種所樂。何等爲十，所謂：樂正念，心不散亂故；樂智慧，分別諸法故；樂往詣一切佛所，聽法無厭故；樂諸佛，充滿十方無邊際故；樂菩薩，自在爲諸衆生以無量門而現身故；樂諸三昧門，於一三昧門入一切三昧門故；樂陀羅尼，持法不忘轉受衆生故；樂無礙辯才，於一文一句經不可說劫分別演說無窮盡故；樂成正覺，爲一切衆生以無量門示現於身成正覺故；樂轉法輪，摧滅一切異道法故。是爲十。若諸菩薩安住此法，則得一切諸佛如來無上法樂。

佛子，菩薩摩訶薩有十種莊嚴。何等爲十，所謂：力莊嚴，不可壞故；無畏莊嚴，無能伏故；義莊嚴，說不可說義無窮盡故；法莊嚴，八萬四千法聚觀察演說無忘失故；願莊嚴，一切菩薩所發弘誓無退轉故；行莊嚴，修普賢行而出離故；刹莊嚴，以一切刹作一刹故；普音莊嚴，周遍一切諸佛世界雨法雨故；力持莊嚴，於一切劫行無數行不斷絕故；變化莊嚴，於一衆生身示現一切衆生數等身，令一切衆生悉得知見，求一切智無退轉故。是爲十。若諸菩薩安住此法，則得如來一切無上法莊嚴。

佛子，菩薩摩訶薩發十種不動心。何等爲十，所謂：於一切所有悉皆能捨不動心；思惟觀察一切佛法不動心；憶念供養一切諸佛不動心；於一切衆生誓無惱害不動心；普攝衆生不揀怨親不動心；求一切佛法無有休息不動心；一切衆生數等不可說不可說劫，行菩薩行不生疲厭亦無退轉不動心；成就有根信、無濁信、清淨信、極清淨信、離垢信、明徹信、恭敬供養一切佛信、不退轉信、不可盡信、無能壞信、大歡喜踊躍信不動心；成就出生一切智方便道不動心；聞一切菩薩行法信受不謗不動心。是爲十。若諸菩薩安住此法，則得無上一切智不動心。

佛子，菩薩摩訶薩有十種不捨深大心。何等爲十，所謂：不捨成滿一切佛菩提深大心，不捨教化調伏一切衆生深大心，不捨不斷一切諸佛種性深大心，不捨親近一切善知識深大心，不捨供養一切諸佛深大心，不捨專求一切大乘功德法深大心，不捨於一切佛所修行梵行、護持淨戒深大心，不捨親近一切菩薩深大心，不捨求一切佛法方便護持深大心，不捨滿一切菩薩行願、集一切諸佛法深大心。是爲十。若諸菩薩安住其中，則能不捨一切佛法。

佛子，菩薩摩訶薩有十種智慧觀察。何等爲十，所謂善巧分別說一切法智慧觀察，了知三世一切善根智慧觀察，了知一切諸菩薩行自在變化智慧觀察，了知一切諸法義門智慧觀察，了知一切諸佛威力智慧觀察，了知一切陀羅尼門智慧觀察，於一切世界普說正法智慧觀察，入一切法界智慧觀察，知一切十方不可思議智慧觀察，知一切佛法智慧光明無有障礙智慧觀察。是爲十。若諸菩薩安住其中，則得如來無上大智慧觀察。

佛子，菩薩摩訶薩有十種說法。何等爲十，所謂：說一切法，皆從緣起；說一切法，皆悉如幻；說一切法，無有乖諍；說一切法，無有邊際；說一切法，無所依止；說一切法，猶如金剛；說一切法，皆悉如如；說一切法，皆悉寂靜；說一切法，皆悉出離；說一切法，皆住一義，本性成就。是爲十。若諸菩薩安住其中，則能善巧說一切法。

佛子，菩薩摩訶薩有十種清淨。何等爲十，所謂深心清淨，斷疑清淨，離見清淨，境界清淨，求一切智清淨，辯才清淨，無畏清淨，住一切菩薩智清淨，受一切菩薩律儀清淨，具足成就無上菩提、三十二種百福相、白淨法、一切善根清淨。是爲十。若諸菩薩安住其中，則得一切如來無上清淨法。

佛子，菩薩摩訶薩有十種印。何等爲十，所謂菩薩摩訶薩知苦苦、壞苦、行苦，專求佛法，不生懈怠，行菩薩行無有疲懈，不驚不畏，不恐不怖，不捨大願，求一切智堅固不退，究竟阿耨多羅三藐三菩提，是爲第一印。菩薩摩訶薩見有

409

衆生愚癡狂亂，或以麤弊惡語而相毀辱，或以刀杖瓦石而加損害，終不以此境界捨菩薩心，但忍辱柔和，專修佛法，住最勝道，入離生位，是爲第二印。菩薩摩訶薩聞說與一切智相應甚深佛法，能以自智，深信忍可，解了趣入，是爲第三印。菩薩摩訶薩又作是念：我發深心求一切智，我當成佛得阿耨多羅三藐三菩提。一切衆生流轉五趣受無量苦，亦當令其發菩提心，深信歡喜，勤修精進，堅固不退。是爲第四印。菩薩摩訶薩知如來智無有邊際，不以齊限測如來智；菩薩曾於無量佛所聞如來智無有邊際故，能不以齊限測度；一切世間文字所說皆有齊限，悉不能知如來智慧；是爲第五印。菩薩摩訶薩於阿耨多羅三藐三菩提得最勝欲、甚深欲、廣欲、大欲、種種欲、無能勝欲、無上欲、堅固欲、衆魔外道并其眷屬無能壞欲、求一切智不退轉欲，菩薩住如是等欲，於無上菩提畢竟不退，是爲第六印。菩薩摩訶薩行菩薩行，不顧身命，無能沮壞，發心趣向一切智故，一切智性常現前故，得一切佛智光明故，終不捨離佛菩提，終不捨離善知識，是爲第七印。菩薩摩訶薩若見善男子、善女人趣大乘者，令其增長求佛法心，令其安住一切善根，令其攝取一切智心，令其不退無上菩提，是爲第八印。菩薩摩訶薩令一切衆生得平等心，勸令勤修一切智道，以大悲心而爲說法，令於阿耨多羅三藐三菩提永不退轉，是爲第九印。菩薩摩訶薩與三世諸佛同一善根，不斷一切諸佛種性，究竟得至一切智智，是爲第十印。佛子，是爲菩薩摩訶薩十種印。菩薩以此速成阿耨多羅三藐三菩提，具足如來一切法無上智印。

佛子，菩薩摩訶薩有十種智光照。何等爲十，所謂知定當成阿耨多羅三藐三菩提智光照，見一切佛智光照，見一切衆生死此生彼智光照，解一切修多羅法門智光照，依善知識發菩提心集諸善根智光照，示現一切諸佛智光照，教化一切衆生悉令安住如來地智光照，演說不可思議廣大法門智光】照，善巧了知一切【諸佛神通威力智光照，滿足一切諸波羅蜜智光照。是爲十。若諸菩薩安住此法，則得一切諸佛無上智光照】。

【佛子，菩薩摩訶薩有十種無等住，一切衆生、聲聞、獨覺】悉無與等。何等【爲十，所謂：菩薩摩訶薩雖觀實際而不取證，以一切願未成滿故，是爲第一無等】住。菩薩摩訶〔108①-4〕【薩種等法界一切善根，而不於中有少執著，是爲第二無等住。菩薩摩訶薩修菩薩行，知其如化，以一切法悉寂滅故，而於佛法不生疑惑，是爲第三無等住。菩薩摩訶薩雖離世間所有妄想，然能作意，於不可說劫行菩薩行，滿足大願，終不中起疲厭之心，是爲第四無等住。菩薩摩訶薩於一切法無所取著，以一切法性寂滅故，而不證涅槃；何以故，一切智道未成滿故，是爲第五無等住。菩薩摩訶薩知一切劫皆即非劫，而真實說一切劫數，是爲第六無等住。菩薩摩訶薩知一切法悉無所作，而不捨作道，求諸佛法，是爲第七無等住。菩薩摩訶薩知三界唯心、三世唯心，而了知其心無量無邊，是爲第八無等住。菩薩摩訶薩爲一衆生，於不可說劫行菩薩行，欲令安住一切智地；如爲一衆生，爲一切衆生悉亦如是，而不生疲厭，是爲第九無等住。菩薩摩訶薩雖修行圓滿，而不證菩提；何以故，菩薩作如是念：我之所作本爲衆生，是故我應久處生死，方便利益，皆令安住無上佛道，是爲第十無等住。佛子，是爲菩薩摩訶薩十種無等住。若諸菩薩安住其中，則得無上大智、一切佛法無等住】。

【大方廣佛華嚴經卷第五十四】

大〔方〕廣佛花嚴〔經〕
〔離〕世閒品第卅八之三
〔卷五十五・五十五之上〕

【佛子，菩薩摩訶薩發十種無下劣心。何等爲十，佛子，菩薩摩訶薩作如是念：我當降伏一】切天魔及其【眷屬。是爲第一無下劣心】。又作是念：我【當】悉【破】一切【外道及】其邪【法】。是爲【第二無下劣心。又作是念：我當於一切衆生善言開諭皆令歡】喜。是【爲第三無下】劣心。又【作是】念：【我當】成滿【遍法界】一切波羅【蜜行。是】爲第四無下劣心。又作【是念：我當積集一切福德藏。是爲第五無下劣】心。又作是念：【無上菩提廣大】難成，我當修行悉令圓滿。是爲第六無下劣心。又作是念：【我】當【以】無上【教化】、無上調伏，教化調伏一切【衆生】。是爲【第七無下劣心】。又作是念：【一切世界】種種不同，我當以無量身成等正覺。【是爲第八】無【下】劣心。又作【是】念：【我修菩薩】行【時】，若有衆【生來從我乞手足、耳鼻、血肉、骨髓、妻子、象馬乃至王位，如是】一切【悉皆能捨】，不生一念【憂悔之】心，但爲利益一切衆【生，不求果報，以大悲爲首，大】慈究竟。是爲第【九無下劣心。又作是念】：三世【所有】一切【諸】佛，【一切佛】法、一切衆生、一切【國土、一切】世閒、一切三世、一切【虛空界】、一切【法界、一切語言施設界】、一切【寂】滅涅槃界，如是一切【種種諸法，我當以】一念相應慧，悉知悉覺，悉見悉證，悉修悉斷，然於其中無分別、【離】分別、【無種種差別、無功】德、無境界、非有非無、非一非【二。以不二智知一切二，以無相智知一切相，以】無分別智知一切分別，以無異智知一切異，以無差別智【知】一切差別，【以無世】間智知一切【世間，以無世智知一切世，以無衆生】智【知一切衆生】，以無執著智知一切執著，以無住處智知一切住處，以無雜染智知一【切雜染，以無盡】智【知一切盡，以究竟法界智於一切世界示現身，以離言】音智示不可說言音，以一自性智入於無自性，以一境界智現種種境界；【知一】切法不可【說，而現大自在言說，證一切智地；爲】教化調伏【一切】衆生故，於一切世閒示現大神通變化。是爲第十無下劣心。佛子，是爲菩薩摩訶薩發十種【無】下【劣心。若諸菩薩安住此心，則】得一切【最上無下劣】佛法。

佛子，菩薩摩訶薩於阿耨多羅三藐三菩【提】，有十種如山增上心。【何等爲】十，佛〔109-1〕【子，菩薩摩訶薩常作意勤修一切智法，是爲第一如山增上心。恒】觀一切法【本性空無所得，是爲第二如山】增上心。願於無量劫行菩【薩】行，修【一切】白淨【法，以住一切白淨法故，知見如來】無量智【慧】，是爲第三如【山增】上【心。爲求】一切佛法故，等心敬奉諸善知識，無異希求，無盜法心，唯【生】尊重，【未曾有意，一切所有】悉皆能【捨，是爲】

411

第四如山增上【心。若】有衆生罵辱毀謗、打棒屠剖，苦其形體，乃至斷命，如是等事悉皆【能受，終不因此生】動亂心、生瞋恚心，亦不退捨【大悲弘誓，更】令增長無有休息。何以故，菩薩於一切法如實出離，捨成就故；證【得一切】諸如來法，忍辱柔和以〈已〉自在故。是【爲第五如山增】上心。菩薩摩訶薩成就增上大功德，所謂天增上功德、人增上功德、色增上功德、力增上功德、眷屬增上功德、【欲增上功德】、王位增上功德、自在增上功德、福德增上功德、智慧增上功德。雖復成就如是功德，終【不於此而生染著】，所謂【不著味、不著】欲、不著財富、不著眷屬；但深樂法，随法去、随法住、随法趣向、随法究竟，以法爲依、以法爲救、以法【爲歸、以法爲】舍，守【護法、愛】樂法、希求法、思惟法。佛子，菩薩摩訶薩雖復具受種種法樂，而常遠離衆魔境界。何以故，菩薩【摩訶薩於過去】世發如是心：我當令一切衆生皆悉永離衆魔境界，住佛境〔界〕① 故。是爲第六如山增上心。菩薩摩訶薩爲求阿耨多羅三藐三菩提，已於無量阿僧祇劫行菩薩道精勤匪懈，猶謂我今始發阿耨多羅三藐三菩提心。行菩薩行，【亦不驚、亦不怖、亦不畏】。雖能一念即成阿耨多羅三藐三菩提，然爲衆生故，於無量劫行菩薩行無有休息，是爲第七如山增【上】心。菩薩【摩】訶薩知一切衆生性不和善，難調難度，不能知恩，不能報恩，是故爲其發大誓願，欲令皆【得】心意自在，所行無礙，捨離惡念，不於他所生諸煩惱，是爲第八如山增上心。菩薩摩訶薩復作是念：非他令我發菩提心，亦不待人助我修行。我自發心，集諸佛法，誓期自勉，盡未來劫行菩薩道，成阿耨多羅三藐三菩提。是故我今修菩薩行，當淨自心亦淨他心，當知自境界【亦】知他境界，我當悉與三世諸佛境界平等。是爲第【九】如山增上心。【菩】薩摩訶薩作如是觀：無有一法〔109-2〕修菩薩行，無有【一法滿】菩薩行，無

有一法教化調伏一切衆生，無有一法供養恭敬一切諸佛，無有一法於阿耨多羅三藐三菩提已成、今成、當成，無有一法已說、今說、當說，說者及法俱不可得，而亦不捨阿耨多羅三藐三菩提願。何以故，菩薩求一切法皆無所得，如是【出】生阿耨多羅三藐三菩提。是故，於法雖無所得，而勤修習增上善業，清净對治，智慧圓滿，念念增長，一切具足。其心於此【不驚】不怖，不作是念：若一切法皆悉寂滅，我有何義求於無上菩提之道。是爲第十如山增上心。佛子，是爲菩薩摩訶薩於阿耨多羅三藐三菩提十種如山增上心。若諸菩薩安住其中，則得如來無上大智山王增上心。

佛子，菩薩摩訶薩有十種入阿耨多羅三藐三菩提如海智。何等爲十，所謂：入一切無量衆生界，是爲第一如海智。入一切世界而不起分別，是爲第二如海智。知一切虛空界無量無礙，普入十方一切差別世界網，是爲第三如海智。菩薩摩訶薩善入法界，所謂無礙入、不斷入、不常入、無量入、不生入、不滅入、一切入，悉了知故，是爲第四如海智。菩薩摩訶薩於過去、未來、現在諸佛、菩薩、法師、聲聞、獨覺及一切凡夫所集善根已集、現集、當集，三世諸佛於阿耨多羅三藐三菩提已成、今成、當成所有善根，三世諸佛說法調伏一切衆生已說、今說、當說所有善根，於彼一切皆悉了知，深信隨喜，願樂修習，無有猒足，是爲第五如海智。菩薩摩訶薩於念念中入過去世不可說劫，於一劫中，或百億佛出世，或千億佛出世，或百千億佛出世，或無數、或無量、或無邊、或無等、或不可數、或不可稱、或不可思、或不可量、或不可說、或不可說不可說，超過算數諸佛世尊出興于世，及彼諸佛道場衆會聲聞、菩薩說法調伏，一切衆生壽命延促，法住久入〈近〉，如是一切悉皆明見；

---

① 界，㊃二八九頁註③：〔界〕－㊁㊆。

如一劫，一切諸劫皆亦如是〔109-3〕。其無佛劫所有衆生，〔有〕於阿耨多羅三藐三菩提種諸善根，亦悉【了知；若有衆生善根】熟已，於未來世當得見佛，亦悉了知。如是觀察過去世不可說不可說劫，心無【厭足，是爲第六】如海智。菩薩摩訶薩入未來世，觀察分別一切諸劫無量無邊，知何劫有佛，何劫【無佛，何劫有幾如來】出世，一一如來名號何等，住何世界，世界名何，度幾衆生，壽命幾時。如是觀察，盡未來際皆悉【了知，不可窮盡而無厭】足，是爲第七如海智。菩薩摩訶薩入現在世觀察思惟，於念念中普見十方無邊品類不可說世界，皆【有諸佛於無上菩提】已成、今成、當成，往詣道場菩提樹下，坐吉祥草，降伏【魔】軍，成阿耨多羅三藐三菩提；從此起已，入【於城邑，昇天宮殿，說微妙法】，轉大法輪，示現神通，調伏衆生，乃至付囑阿耨多羅三藐三菩提法，捨於壽命，入般涅槃；入涅槃已，結集法藏【令久住世，莊嚴佛塔種種供養】。亦見彼世界所有衆生，值佛聞法，受持諷誦，憶念思惟，增長慧解。如是觀察普遍十方，而於佛法無有錯謬。何以故，菩薩摩【訶薩了知諸佛皆悉如夢，而】能往詣一切佛所恭敬供養。菩薩尒時，不著自身、不著諸佛、不著世界、不著衆會、不著說法、不著劫數，然見佛聞法，【觀察世界，入諸劫數，無有厭足，是】爲第八如海智。菩薩摩訶薩於不可說不可說劫一一劫中，供養恭敬不可說不可說無量諸佛，示現【自身歿此生彼，以出過三界一切供具而爲】供養，并及供養菩【薩】、聲聞、一切大【衆；一一】如來般【涅槃後】，皆以無上供具供養舍利，及廣行【惠】施滿足【衆生。佛】子，菩【薩摩訶薩以不可思議心、不】求報心、究竟心、饒益心，於不【可說不可說劫，爲阿耨多】羅三藐三菩提故，供養諸佛，饒益衆生，護【持正法】，開示演【說，是爲第九如海智。菩】薩摩薩【於】一切佛所、【一切菩薩所、一切法師所，一向專求菩薩所說法、菩薩所】學【法、菩薩所教法、菩薩修行法、菩薩清淨法、菩薩】成熟法、【菩薩調伏法、菩薩平等法、菩薩出離法、菩薩總持法；得此法已，受持讀誦】，分別【解】說，無有【厭】足；令無【量衆生，於】佛【法中，發一切智相應心，入眞實相，於阿耨多羅三藐三菩提得不退轉。菩薩如是於不可說】不可說劫無有猒【足，是爲第十如海智。佛子，是爲菩薩摩訶薩十種入阿耨多羅三藐三菩提如海智。若諸菩薩安住此法，則得一切諸佛】無上大〔109-4〕【智慧海。

佛子，菩薩摩訶薩於阿耨多羅三藐三菩提，有十種如寶住。何等爲十，佛子，菩薩摩訶薩悉能往詣無數世界諸如來所，瞻覲頂禮，承事供養，是爲第一如寶住。於不思議諸如來所，聽聞正法，受持憶念，不令忘失，分別思惟，覺慧增長，如是所作充滿十方，是爲第二如寶住。於此剎歿，餘處現生，而於佛法無所迷惑，是爲第三如寶住。知從一法出一切法，而能各各分別演說，以一切法種種義究竟皆是一義故，是爲第四如寶住。知厭離煩惱，知止息煩惱，知防護煩惱，知除斷煩惱，修菩薩行不證實際，究竟到於實際彼岸，方便善巧，善學所學，令往昔願行皆得成滿，身不疲倦，是爲第五如寶住。知一切衆生心所分別皆無處所，而亦說有種種方處；雖無分別、無所造作，爲欲調伏一切衆生而有修行、而有所作，是爲第六如寶住。知一切法皆同一性，所謂無性，無種種性，無無量性，無可算數性，無可稱量性，無色無相，若一若多皆不可得，而決定了知此是諸佛法、此是菩薩法、此是獨覺法、此是聲聞法、此是凡夫法、此是善法、此是不善法、此是世間法、此是出世間法、此是過失法、此是無過失法、此是有漏法、此是無漏法，乃至此是有爲法、此是無爲法，是爲第七如寶住。菩薩摩訶薩求佛不可得、求菩薩不可得、求法不可得、求衆生不可得，而亦不捨調伏衆生令於諸法成正覺願。何以故，菩薩摩訶薩善巧觀察，知一切衆生分別，知一切衆生境界，方便化導令得涅槃；爲欲滿足化衆生願，熾然修行菩薩行故。是爲第八如寶住。菩薩摩訶薩知善巧說法、示現涅槃，爲度衆生所有方便，一切皆是心想建立，非是顛倒，亦非虛誑。何以故，菩薩了知一切諸法三世平等、如如不動、實際無住，不見有一衆生已受化、今受化、當受化，亦自了知無所修行，無有少法若生若滅而可得者，而依於一切法，令所願不空。是爲第九如寶住。菩薩摩訶薩於不思議無量諸佛一一佛所，聞不可說不可說授記法，名號各異，劫數不同；從於一劫乃至不可說不可說劫常如是聞，聞已修行，不驚不怖，不迷不惑，知如來智不思議故，如來授記言無二故，自身行願殊勝力故，隨應受化令成阿耨多羅三藐三菩提滿等法界一切願故，是爲第十如寶住。佛子，是爲菩薩摩訶薩於阿耨多羅三藐三菩提十種如寶住。若諸菩薩安住此法，則得諸佛無上大智慧寶。

佛子，菩薩摩訶薩發十種如金剛大乘誓願心。何等爲十，佛子，菩薩摩訶薩作如是念：一切諸法，無有邊際，不可窮盡。我當以盡三世智，普皆覺了，無有遺餘。是爲第一如金剛大乘誓願心。菩薩摩訶薩又作是念：於一毛端處有無量無邊衆生，何況一切法界，我當皆以無上涅槃而滅度之。是爲第二如金剛大乘誓願心。菩薩摩訶薩又作是念：十方世界，無量無邊，無有齊限，不可窮盡。我當以諸佛國土最上莊嚴，莊嚴如是一切世界】，所有【莊嚴皆】悉【真實。是爲第三如金剛大乘誓願心。菩薩摩訶薩又作是念：一切衆生，無量無邊，無有齊限，不可窮盡。我當以一切善根，迴向於彼無上智光，照曜於彼。是爲第四如金剛大乘誓願心。菩薩摩訶薩又作是念：一切諸佛，無量無邊，無有齊限，不可窮盡。我當以所種善根迴向供養，悉令周遍，無所闕少，然後我當成阿耨多羅三藐三菩提。是爲第五如金剛大乘誓願心。佛子，菩薩摩訶薩見一切佛，聞所說法生大歡喜，不著自身，不著佛身，解如來身非實非虛、非有非無、非性非無性、非色非無色、非相非無相、非生非滅，實無所有，亦不壞有。何以故，不可以一切性相而取著故。是爲第六如金剛

大乘誓願心。佛子，菩薩摩訶薩，或有衆生訶罵毀呰、搥打楚撻，或截手足，或割耳鼻，或挑其目，或級其頭；如是一切皆能忍受，終不因此生恚害心。於不可說不可說無央數劫修菩薩行，攝受衆生恒無廢捨。何以故，菩薩摩訶薩已善觀察一切諸法無有二相，心不動亂，能捨自身忍其苦故。是爲第七如金剛大乘誓願心。佛子，菩薩摩訶薩又作是念：未】來【世劫，無量無邊，無有齊限，不可窮盡。我當盡彼劫，於一世界，行菩薩道教化衆生；如一世界，盡法界、虛空界、一切世界悉亦如是，而心】不驚、【不怖、不畏。何以故，爲菩薩道法應如是，爲一切衆生而修行故。是爲第八如金剛大乘誓願心。佛子，菩薩摩訶薩又作是念：阿耨多羅三藐】三菩〔110-1〕【提以心爲本，心若清淨，則能圓滿一切善根，於佛菩提必得自在，欲成阿耨多羅三藐三菩提隨意即成。若欲除斷一切取緣，住一向道，我亦能得，而我不斷，爲欲究竟佛菩提故，亦不即證無上菩提。何以故，爲滿本願，盡一切世界行菩薩行化衆生故。是爲第九如金剛大乘誓願心。佛子，菩薩摩訶薩知佛不可得、菩提不可得、菩薩不可得、一切法不可得、衆生不可得、心不可得、行不可得、過去不可得、未來不可得、現在不可得、一切世間不可得、有爲無爲不可得。菩薩如是寂靜住、甚深住、寂滅住、無諍住、無言住、無二住、無等住、自性住、如理住、解脫住、涅槃住、實際住，而亦不捨一切大願，不捨薩婆若心，不捨菩薩行，不捨教化衆生，不捨諸波羅蜜，不捨調伏衆生，不捨承事諸佛，不捨演說諸法，不捨莊嚴世界。何以故，菩薩摩訶薩發大願故，雖復了達一切法相，大慈悲心轉更增長，無量功德皆具修行，於諸衆生心不捨離。何以故，一切諸法皆無所有，凡夫愚迷不知不覺，我當令彼悉得開悟，於諸法性分明照了。何以故，一切諸佛安住寂滅，而以大悲心，於諸世間說法教化曾無休息。我今云何而捨大悲，又我先發廣大誓願心，發決定利益一切衆生心，發積集一切善根心，發安住善巧迴向心，發出生甚深智慧心，發含受一切衆生，心發於一切衆生平等心；作真實

語、不虛誑語，願與一切衆生無上大法，願不斷一切諸佛種性。令一切衆生未得解脫、未成正覺、未具佛法，大願未滿，云何而欲捨離大悲。是爲第十【如金】剛大乘誓願心。佛子，是【爲菩薩摩訶薩發十種如金剛大乘誓願心。若諸菩薩安住此法，則得如來金剛性無上大神通智】。

【佛子，菩薩摩訶薩有十種】大發起。何等爲十，佛子，【菩薩摩訶薩作如是念：我當供養恭敬一切諸佛。是爲第一大發起。又作是念：我當長養一切菩薩所有善根。是爲】第二大【發起。又作是念：我當於一切如來般涅槃後，莊嚴佛塔，以一切華、一切鬘、一切香、一切塗香、一切末香、一切衣、一切蓋、一】切【幢、一切幡而供】養【之，受】持守護彼佛【正法。是爲第三大發起。又作是念：我當教化調伏一切衆生，令得阿耨多羅三藐】三菩【提。是爲第】四大【發】起。又【作是念：我當】以諸佛國土無上莊嚴，而以【莊】嚴一切世界。是爲【第五大發起。又作是念：我當發大悲心，爲一】衆生，於【一切世界，一一各盡未】來際劫行菩薩行；如爲一衆生，爲一切衆生悉亦如是，皆令得佛【無上菩】提，乃至【不生一念疲懈】。是爲第六【大發起。又作是念：彼】諸如來無量無邊，我當於一如來所，經不思議劫恭敬供養；如於一如來，於一切如來悉【亦如是。是爲第七大】發起。【菩薩摩訶薩又作是】念：彼諸如來滅度之後，我當爲一一如來所有舍利各起寶塔，其量高廣與不可【說諸】世界【等；造佛】形像【亦復如是，於不可思議】劫以一切寶幢、幡蓋、香花、衣服而爲供養，不生一念猒【倦】之心。爲成就佛法故，爲供養諸佛〔故〕，爲〔110-2〕【教化衆生故，爲護持正法開示演說】故。是爲第八大發起。菩薩摩訶薩又作是念：我當【以此善】根成無上菩提，得入一切諸如來地，與一切如來【體性平等。是爲第九大發】起。菩薩摩訶薩復作是念：我當成正覺已，於一切【世界】不可說劫，演說正法，示現不可思議自在神【通，身語及意不生疲倦，不離】正法。以佛力所持故，爲一切衆生勤行大願故，大【悲】爲首故，大悲究竟故，達無相法故，住真實語【故，證一切法皆寂滅故】；知一切衆生悉不可得而亦不違諸業所作故，【與三世佛】同一體故，周遍法界、虛空界故，通達諸【法無相故，成就不生】不滅故，具足一切佛法故，以大願力調伏衆生，【作大】佛事【無有】休息。是爲第十大發起。佛子，是爲【菩薩摩訶薩十種大】發起。若諸菩薩安住此法，則不斷菩薩行，具【足如來】無【上大智】。

佛子，菩薩摩訶薩有十種究竟大事。何等【爲十，所謂恭】敬供養一切如來究竟大事，隨所念衆生悉【能救】護究竟大事，專求一切佛法究竟大事，積集一切善根究竟大事，【思惟一】切佛法究竟大事，滿足一切誓願究竟大事，【成就】一切菩薩行究竟大事，奉事一切善知識究竟大事，往詣一切世界【諸】如來所究竟大事，聞持一切諸佛正法究竟【大事】。是爲十。若諸菩薩安住此法，則得阿耨多羅三藐三菩提大智慧【究】竟事。

佛子，菩薩摩訶薩有十種不壞信。何等【爲】十，所謂於一切佛不壞信，於一切佛法不壞信，於一切聖僧不壞信，於一切菩薩不壞信，於一切善知識不壞信，於一切衆【生】不壞信，於一切菩薩大願不壞信，於一切菩薩行不壞信，於恭敬供養一切諸佛不壞信，於菩薩巧密方便教化調伏一切衆【生】不壞信。是爲十。若諸菩薩安住此法，則得諸佛無上大智慧不壞信。

佛子，菩薩摩訶薩有十種得授記。何等爲十，所謂【內有】甚深解得授記，能隨順起菩薩諸善根得授記，修廣大行得授記，現前得授記，不現前得授記，因自心聖〈證〉菩提【得授】記，成就忍得授記，教化調伏衆生得授記，究竟一切劫數得授記，一切菩薩行自在得授記。是爲十。若諸菩薩安住此法，【則於】一切諸佛所而

415

得授記。

佛子，菩薩摩訶薩有十種善根迴向，菩薩由此能以一切善根悉皆迴向。何等爲十，所謂：以我善根同善知【識願】，如是成就，莫別成就；以我善根同善知識心，如是成就，莫別成就；以我善根同【善】知識行，如是成就，莫別成就；以我善根同善【知識善】根，如是成就，莫別成就；以我善根同善知識平等，如是成就，莫別成就；以【我善根】同善知識念，如是成就，莫別成就；以我善【根同善知】識清淨，如是成就，莫別成就；以我善根同善知識所住，如是成就，莫別成【就；以我善】根同善知識成滿，【如】是成就，莫別成就；以【我善根同善】知識不壞，【如】是成就，莫別成就。是爲十。若諸菩薩安住此法，則得無上善根迴向。

佛子，菩薩摩訶薩有十種得智慧。何等【爲十，所謂：於施】自在得智慧，深解一切佛法得智慧，入如來無邊智得智慧，於一切問答中能斷疑得【智】慧，入於智者義得智慧，【深解一切如來於一切】佛【法中】言音善巧得智慧，深解於諸佛所種少善根必能滿足一切白淨法獲如來無量智得智慧，成就菩薩【不思議住得】智慧，於一念中悉能往詣不可說佛刹得智慧，覺一切佛菩提、入一切法界聞持一切佛所說法、深入一切如來種種【莊嚴言音得智慧。是爲】十。若諸菩薩安住此法，則得一切諸佛無上現證智。〔110-3〕

佛子，菩薩摩訶薩有十種【發無量無】邊廣大【心。何】等爲十，所謂：於一切諸佛所，發無量無邊廣大心；觀一切衆生界，發無量無邊廣大【心；觀一切】刹、一切世、一切法界，發無量無邊廣大心；觀察一切法皆如虛空，發無量無邊廣大心；觀【察一切菩】薩廣大行，發無量無邊廣大心；正念三世一切諸佛，發無量無【邊廣大心；觀不思議諸業】果報，發無量無邊廣大心；嚴淨一切佛刹，發無量無邊【廣大心；遍入一切諸佛大會，發無量無】邊廣大心；觀察一切如來妙音，發無量無【邊】廣大心。是爲【十。若諸菩薩安住此心，則得】一切佛法無量無邊廣大智慧海。

佛子，菩薩摩訶薩有十種伏藏。何等爲十，所謂【知一切法是起功德行藏】，知一切法是正思惟藏，知一切法是陀羅尼照明藏，知一切法是辯才【開演藏，知一切法是不可說善覺眞實藏】，知【一切佛】自在神通是觀察示現藏，知一切法是善巧出生平等藏，知一切法【是常見一切諸佛藏，知一切不思議劫是善了】皆如幻住藏，知一切諸佛菩薩是發生歡喜淨信藏。是爲十。若諸【菩薩安住此法，則得一切諸佛無上智慧法藏，悉能】調伏一切衆生。

【佛子，菩薩摩訶薩有十】種律【儀。何等爲】十，所謂〔110-4〕【於一切佛法不生誹謗律儀，於一切佛所信樂心不可壞律儀，於一切菩薩所起尊重恭敬律儀，於一切】善知【識所終不捨愛樂心律儀，於一切聲聞、獨覺不生憶念心律儀，遠離一切退菩薩道律儀，不起一切損害衆生】心律【儀，修一切善根皆令究竟律儀，於一切魔悉能降伏律儀，於一切波羅蜜皆令滿足律儀。是爲十。若諸菩薩安住此法，則得無上大智】律【儀】。

佛子，【菩薩摩訶薩有十種自在。何等爲十，所謂：命自在，於不可說劫住壽命故；心自在，智慧】能入【阿僧祇諸三昧故；資具自在，能以無量莊嚴莊嚴一切世界故；業自在，隨時受報故；受生自在，於一切世界示現受生故；解自在，於一切世界見佛充滿故；願自在，隨欲隨時於諸刹中成正覺故；神力自在，示現一切大神變故；法自在，示現無邊諸法門故；智自在，於念念中示現如來十力、無畏、成正覺故。是爲十。若】諸菩薩安住【此法，則得圓滿一切諸佛諸波羅蜜智慧神力菩提自在】。

〔大方廣佛花嚴經卷第五十五〕·五十五之〔110-5〕〔下〕

大方廣佛花嚴經
離世間品第三十八之四
卷五十六・五十六之上

【佛子，菩薩摩訶薩有十種無礙用。何等爲十，所謂衆生無礙用，國土無礙用，法無礙用，身無礙用，願無礙用，境界無礙用，智無礙用，神通無礙用，神力無礙用，力無礙用。

佛子，云何爲菩薩摩訶薩衆生等無礙用。

佛子，菩薩摩訶薩有十種衆生無礙用。何者爲十，所謂：知一切衆生無衆生無礙用；知一切衆生但想所持無礙用；爲一切衆生說法未曾失時無礙用；普化現一切衆生界無礙用；置一切衆生於一毛孔中而不迫隘無礙用；爲一切衆生示現他方一切世界令其悉見無礙用；爲一切衆生示現釋、梵、護世諸天身無礙用；爲一切衆生示現聲聞、辟支佛寂靜威儀無礙用；爲一切衆生示現菩薩行無礙用；爲一切衆生示現諸佛色身相好、一切智力、成等正覺無礙用。是爲十。

佛子，菩薩摩訶薩有十種國土無礙用。何等爲十，所謂：一切刹作一刹無礙用；一切刹入一毛孔無礙用；知一切刹無有盡無礙用；一身結跏坐充滿一切刹無礙用；一身中現一切刹無礙用；震動一切刹不令衆生恐怖無礙用；以一切刹莊嚴具莊嚴一刹無礙用；一刹莊嚴具莊嚴一切刹無礙用；以一如來一衆會遍一切佛刹示現衆生無礙用；一切小刹、中刹、大刹、廣刹、深刹、仰刹、覆刹、側刹、正刹，遍諸方網，無量差別，以此普示一切衆生無礙用。是爲十。

佛子，菩薩摩訶薩有十種法無礙用。何等爲十，所謂：知一切法入一法、一法入一切法，而亦不違衆生心解無礙用；從般若波羅蜜出生一切法，爲他解說悉令開悟無礙用；知一切法離文字，而令衆生皆得悟入無礙用；知一切法入一相，而能演說無量法相無礙用；知一切法離言說，能爲他說無邊法門無礙用；於一切法善轉普門字輪無礙用；以一切法入一法門而不相違，於不可說劫說不窮盡無礙用；以一切法悉入佛法，令諸衆生皆得悟解無礙用；知一切法無有邊際無礙用；知一切法無障礙際，猶如幻網無量差別，於無量劫爲衆生說不可窮盡無礙用。是爲十。

佛子。菩薩摩訶薩有十種身無礙用。何等爲十，所謂以一切衆生身入己身無礙用；以己身入一切衆生身無礙用；一切佛身入一佛身無礙用；一佛身入一切佛身無礙用；一切刹入己身無礙用；以一身充遍一切三世法示現衆生無礙用；於一身現無邊身入三昧無礙用；於一身示現衆生數等身成正覺無礙用；於一切衆生身現一衆生身、於一衆生身現一切衆生身無礙用；於一切衆生身示現法身、於法身示現一切衆生身無礙用。是爲十。

佛子，菩薩摩訶薩有十種願無礙用。何等爲十，所謂：以一切菩薩願作自願無礙用；以一切佛成菩提願力示現自成正覺無礙用；隨所化衆生自成阿耨多羅三藐三菩提無礙用；於一切無邊際劫大願不斷無礙用；遠離識身，不著智身，以自在願現一切身無礙用；捨棄自身成滿他願無礙用；普教化一切衆生而不捨大願無礙用；於一切劫行菩薩行而大願不斷無礙用；於一毛孔現成正覺，以願力故，充遍一切諸佛國土，於不可說不可說世界，爲一一衆生如是示現無礙用；說一句法遍一切法界，興大正法雲，耀解脫電光，震實法雷音，雨甘露味雨，以大願力充洽一切諸衆生界無礙用。是爲十。

佛子，菩薩摩訶薩有十種境界無礙用。何等爲十，所謂：在法界境界而不捨衆生境界無礙用；在佛境界而不捨魔境界無礙用；在涅槃境界而不捨生死境界無礙用；入一切智境界而不斷菩薩種性境界無礙用；住寂靜境界而不捨散亂境界無礙用；住無去、無來、無戲論、無相狀、無體性、無言說、如虛空境界而不捨一切衆生戲論境界無礙用；住諸力解脫境界而不捨一切諸方所境界無礙用；入無衆生際境界而不捨教化一切衆生無礙用；住禪定解脫、神通明智、寂靜境界而於一切世界示現受生無礙用；住如來一切行莊嚴成正覺境界而現一切聲聞、辟支佛寂靜威儀無礙用。是爲十。

佛子，菩薩摩訶薩有十種智無礙用。何等爲十，所謂：無盡辯才無礙用；一切總持無有忘失無礙用；能決定知、決定說一切衆生諸根無礙用；於一念中以無礙智知一切衆生心之所行無礙用；知一切衆生欲樂、隨眠、習氣、煩惱病，隨應授藥無礙用；一念能入如來十力無礙用；以無礙智知三世一切劫及其中衆生無礙用；於念念中現成正覺示現衆生無有斷絕無礙用；於一衆生想知一切衆生業無礙用；於一衆生音解一切衆生語無礙用。是爲十。

佛子，菩薩摩訶薩有十種神通無礙用。何等爲十，所謂：於一身示現一切世界身無礙用；於一佛衆會聽受一切佛衆會中所說法無礙用；於一衆生心念中成就不可說無上菩提開悟一切衆生心無礙用；以一音現一切世界差別言音，令諸衆生各得解了無礙用；一念中現盡前際一切劫所有業果種種差別，令諸衆生悉得知見無礙用；令一切世界具足莊嚴無礙用；普入一切三世無礙用；放大法光明現一切諸佛菩提、衆生行願無礙用；善守護一切天、龍、夜叉、乾闥婆、阿脩羅、迦樓羅、緊那羅、摩睺羅伽、釋、梵、護世、聲聞、獨覺、菩薩、所有如來十力、菩薩善根無礙用。是爲十。若諸菩薩得此無礙用，則能普入一切佛法。

佛子，菩薩摩訶薩有十種神力無礙用。何等爲十，所謂：以不可說世界置一塵中無礙用；於一塵中現等法界一切佛刹無礙用；以一切大海水置一毛孔，周旋往返十方世界，而於衆生無所觸嬈無礙用；以不可說世界內自身中，示現一切神通所作無礙用；以一毛繫不可數金剛圍山，持以遊行一切世界，不令衆生生恐怖心無礙用；以不可說劫作一劫，一劫作不可說劫，於中示現成壞差別，不令衆生心有恐怖無礙用；於一切世界現水、火、風災種種變壞而不惱衆生無礙用；一切世界三災壞時，悉能護持一切衆生資生之具不令損缺無礙用；以一手持不思議世界，擲不可說世界之外，不令衆生有驚怖想無礙用；說一切刹同於虛空，令諸衆生悉得悟解無礙用。是爲十。

佛子，菩薩摩訶薩有十種力無礙用。何等爲十，所謂衆生力無礙用，教化調伏不捨離故；刹力無礙用，示現不可說莊嚴而莊嚴故；法力無礙用，令一切身入無身故；劫力無礙用，修行不斷故；佛力無礙用，覺悟睡眠故；行力無礙用，攝取一切菩薩行故；如來力無礙用，度脫一切衆生故；無師力無礙用，自覺一切諸法故；一切智力無礙用，以一切智成正覺故；大悲力無礙用，不捨一切衆生故。是爲十。

佛子，如是名爲菩薩摩訶薩十種無礙用。若有得此十無礙用者，於阿耨多羅三藐三菩提欲成、不成，隨意無違，雖成正覺而亦不斷行菩薩行。何以故，菩薩摩訶薩發大誓願，入無邊無礙用門，善巧示現故。

佛子，菩薩摩訶薩有十種遊戲，何等爲十，所謂：以衆生身作刹身，而亦不壞衆生身，是菩薩遊戲；以刹身作衆生身，而亦不壞於刹身，是菩薩遊戲；於佛身示現聲聞、獨覺身，而不損減如來身，是菩薩遊戲；於聲聞、獨覺身示現如來身，而不增長聲聞、獨覺身，是菩薩遊戲；於菩薩行身示現成正覺身，而亦不斷菩薩行身，是菩薩遊戲；於成正覺身示現修菩薩行身，而亦不減成菩提身，是菩薩遊戲；於涅槃界示現生死身，而不著生死，是菩薩遊戲；於生死界示現涅槃，亦不究竟入於涅槃，是菩薩遊戲；入於三昧而示現行住坐臥一切業，亦不捨三昧正受，是菩薩遊戲；在一佛所聞法受持，其身不動，而以三昧力，於不可說諸佛會中各各現身，亦不分身，亦不起定，而聞法受持相續不斷，如是念念於一一三昧身各出生不可說不可說三昧身，如是次第一切諸劫猶可窮盡，而菩薩三昧身不可窮盡，是菩薩遊戲。是為十。若諸菩薩安住此法，則得如來無上大智遊戲。

佛子，菩薩摩訶薩有十種境界。何等為十，所謂：示現無邊法界門，令眾生得入，是菩薩境界；示現一切世界無量妙莊嚴，令眾生得入，是菩薩境界；化往一切眾生界，悉方便開悟，是菩薩境界；於如來身出菩薩身，於菩薩身出如來身，是菩薩境界；於虛空界現世界，於世界現虛空界，是菩薩境界；於生死界現涅槃界，於涅槃界現生死界，是菩薩境界；於一眾生語言中，出生一切佛法語言，是菩薩境界；以無邊身現作一身，一身作一切差別身，是菩薩境界；以一身充滿一切法界，是菩薩境界；於一念中，令一切眾生發菩提心，各現無量身成等正覺，是菩薩境界。是為十。若諸菩薩安住此法，則得如來無上大智慧境界。

佛子，菩薩摩訶薩有十種力。何等為十，所謂：深心力，不雜一切世情故；增上深心力，不捨一切佛法故；方便力，諸有所作究竟故；智力，了知一切心行故；願力，一切所求令滿故；行力，盡未來際不斷故；乘力，能出生一切乘，而不捨大乘故；神變力，於一一毛孔中，各各示現一切清淨世界一切如來出興世故；菩提力，令一切眾生發心成佛無斷絕故；轉法輪力，說一句法悉稱一切眾生諸根性欲故。是為十。若諸菩薩安住此法，則得諸佛無上一切智十力。

佛子，菩薩摩訶薩有十種無畏。何等為十，佛子，菩薩摩訶薩悉能聞持一切言說，作如是念：設有眾生無量無邊從十方來，以百千大法而問於我。我於彼問不見微少難可答相；以不見故，心得無畏，究竟到彼大無畏岸，隨其所問悉能酬對，斷其疑惑無有怯弱。是為菩薩第一無畏。佛子，菩薩摩訶薩得如來灌頂無礙辯才，到於一切文字言音開示祕密究竟彼岸，作如是念：設有眾生無量無邊從十方來，以無量法而問於我。我於彼問不見微少難可答相；以不見故，心得無畏，究竟到彼大無畏岸，隨其所問悉能酬對，斷其疑惑無有恐懼。是為菩薩第二無畏。佛子，菩薩摩訶薩知一切法空，離我、離我所，無作、無作者，無知者，無命者，無養育者，無補伽羅，離蘊、界、處，永出諸見，心如虛空，作如是念：不見眾生有微少相能損惱我身語意業。何以故，菩薩遠離我、我所故，不見諸法有少性相。以不見故，心得無畏，究竟到彼大無畏岸，堅固勇猛，不可沮壞，是為菩薩第三無畏。佛子，菩薩摩訶薩佛力所護、佛力所持，住佛威儀，所行真實，無有變易，作如是念：我不見有少分威儀，令諸眾生生訶責相。以不見故，心得無畏，於大眾中安隱說法，是為菩薩第四無畏。佛子，菩薩摩訶薩身語意業皆悉清淨，鮮白柔和，遠離眾惡，作如是念：我不自見身語意業而有少分可訶責相。以不見故，心得無畏，能令眾生住於佛法，是為菩薩第五無畏。佛子，菩薩摩訶薩，金剛力士、天、龍、夜叉、乾闥婆、阿脩羅、帝釋、梵王、四天王等常隨侍衛，一切如來護念不捨。菩薩摩訶薩作如是念：我不見有眾魔外道有見眾生能來障我行菩薩道少分之相。以不見故，心得無畏，究竟到彼大無畏岸，發歡喜心行菩薩行，是為菩薩第六無畏。佛子，菩薩摩訶薩已得成就第一念根，心無忘失佛所悅可，作如是念：如來所說成菩提道文字句法，我不於中見有少分忘失之相。以不見故，心得無畏，受持一切如來正法行菩薩行，是為菩薩第七無畏。佛子，菩薩摩訶薩智慧方便悉已通達，菩薩諸力皆得究竟，常勤教化一切眾生，恒以願心繫佛菩提，而爲悲愍眾生故，成就眾生故，於煩惱濁世示現受生、種族尊貴、眷屬圓滿、所欲從心、歡娛快樂，而作是念：我雖與此眷屬聚會，不見少相而可貪著，廢我修行禪定、解脫，及諸三昧、總持、辯才、菩薩道法。何以故，菩薩摩訶薩於一切法已得自在到於彼岸，修菩薩行誓不斷絕，不見世間有一境界而能惑亂】菩薩道者。以不見故，心得無畏，究竟到彼大無畏岸，以大願力於一切世界示現受生，是爲菩薩第八無畏。佛子，菩薩摩訶薩恒不忘失薩婆若心，乘於大乘行菩薩行，以一切智大心勢力，示現一切聲聞、獨覺宴靜威儀，作是念言：我不自見當於二乘而取出離少分之相。以【不】見故，心得【無畏】，到彼無上大無畏岸，普能示現一切乘道，究竟滿足平等大乘，是爲菩薩第九無畏。佛子，菩薩摩訶薩成就一切諸白淨法，具足善根，圓滿神通，【究竟】住於諸佛菩提，滿足一切諸菩薩行，於諸佛所受一切智灌頂之記，而常化眾生行菩薩道，作如是念：我不自見有一眾生應可【成】熟而不能【現】諸佛自在而成熟相。以不見故，心得無畏，究竟到彼大無畏岸，不斷菩薩行，不捨菩【薩願】，隨所應化一切眾生現佛境界而化度之，是爲菩薩【第】十無畏。【佛】子，是爲菩薩摩訶薩十種無畏。若【諸菩】薩安住此法，【則得諸】佛無上大無畏，而亦不捨菩薩無畏。

佛子，菩薩摩訶薩〔有〕十種不共法。何等爲十，佛【子，菩】薩摩訶薩不由他教，自然修行六【波羅蜜：常樂大施，不生慳吝】；恒持淨【戒】，無所毀【犯】；具【足】忍辱，心不動搖；有大精進，未曾退轉；善【入諸】禪，【永無】散亂；巧修智慧，悉除惡見。是爲【第一不由他教隨順波羅蜜道修六】度【不共法】。佛子，菩薩【摩】訶薩普能攝受一切眾生。所謂以財及法而行【惠】施，【正】念【現】前，和顏愛語，其心歡喜，示【如實義，令得悟解諸佛菩提，無有憎嫌，平等利益】。是爲第二不由他教順四攝道勤攝眾生不共法。佛子，菩薩【摩】訶薩善巧迴向，所謂不求果【報迴向、順佛菩提迴向、不著】一切【世間禪定三昧迴向、爲利益一切眾】生迴向、爲不斷如來智慧迴向。是爲第三不由他教【爲諸眾生】發起善根求佛智慧【不共法。佛子，菩薩】摩訶【薩到善巧方便究竟彼岸，心恒願】復一切眾生，不猒世俗凡愚境界，不樂二乘【出】離之【道，不著己】樂，唯勤化度，善能入出禪【定解脫，於諸三昧悉得自在，往來生死如遊園觀，未曾暫起疲厭之心】；或住魔宮，或爲釋天、梵王、世主，一切生處【靡】不【於中而】現其身；或於外道眾中出【家，而恒遠離一】切邪見；一切世間文詞、呪術、字印、算數，乃至遊戲、歌舞之【法，悉皆示現，無不精巧】；或時【示作端】正【婦人】，智【慧才】能世中第一；於諸世間、出世間【法能問能說，問答斷疑皆得究竟；一切世間、出世間事亦悉通達】到於彼岸，一切眾生恒來瞻仰；雖現聲聞、辟支佛威儀，【而不】失大乘心；雖念念中示成正覺，【而不斷菩薩行。是爲第四不由他教方便善巧究竟彼岸】不共法。佛子，菩薩摩訶薩善知權實雙行道，智慧【自在，到】於究竟。所謂住於涅【槃而示現生死，知無眾生而勤行教化，究竟寂滅而現起煩惱，住一堅】密智慧法身而普現無量諸眾生身，常入深禪定而示受【欲樂】，常遠離三界而不捨眾【生，常樂法樂而現有采女歌詠嬉戲，雖以眾相好莊嚴其身而示受】醜陋貧【賤】之形，常積集眾善無諸過惡而現生地獄、畜生、餓鬼，【雖已】到於佛智彼岸而亦不【捨菩薩智身。菩薩摩訶薩成就如是無】量智【慧，聲聞】、獨覺尚【不能】知，何況一切童蒙眾生。是爲第五不由他教權實雙行不共法。佛【子】，菩薩摩訶薩【身口意】業，隨【智慧行皆】悉清【淨。所謂具足】大慈永離欻心，乃至具足【正解】無有邪見。是爲【第】六不由他敎【身】口意業隨智慧行不共法。佛【子】，菩薩摩訶薩具足大悲，不捨衆生，代一切衆生而受諸苦，所謂地獄苦、畜生苦、餓鬼苦。【爲】利益故，不【生】勞【倦，唯】專度脫一切【衆】生，未曾躭染五欲境界，常【爲】精勤滅除衆苦。是爲第七不由他敎常起大悲不共法。佛子，菩薩摩訶薩常爲衆生【之所樂】見，梵王、【帝】釋、【四】天王等一切衆生見無猒足。何以故，菩薩摩【訶薩】久遠世來，行業【清淨無有】過失，是故衆生見者無猒。是爲第八不由他敎一切衆生皆悉【樂】見不共【法。佛】子，菩薩摩訶薩於薩婆若大誓莊嚴志樂堅【固】，雖處凡夫、聲聞、獨【覺】險難【之處】，終【不】退失一切智心明淨妙寶。佛子，如有寶珠，名淨莊嚴，置泥潦〈潦〉① 中光色不改，能【令濁】水悉皆澄淨。菩薩摩訶薩亦復如【是，雖】在凡愚雜濁等處，【終不失】壞【求】一切智【清】淨寶心，而能令彼諸惡衆生遠離妄見、煩惱、【穢】濁，得求一切智清淨【心寶】。是爲【第】九不由他敎在衆難處不【失一切】智心寶不共法。佛子，【菩】薩摩訶薩成就自覺境界智，無師自悟，究竟自在到於【彼岸，離】垢法繒【以】冠其首，【而】於【善】友【不捨】親近，於諸如來常樂尊重，【是】爲第十不由他敎得寂上法不離善知識、不【捨】尊重佛不共法。佛子，是爲菩薩摩【訶薩十】種不共法。若諸菩薩【安住】其中，【則】得如來無上廣大【不共法】。

佛子，菩薩摩訶薩有十種業。何等爲十，所謂：一切世界業，悉能嚴淨故；一切【諸】佛業，悉能供養故；一切菩薩業，同種善根故；一切衆生業，悉能〔112-1〕【敎化故】；一切未來業，盡未來際攝取故；一切神力業，不【離】一（切）世界遍至一切世界故；一切光明業，放【無】邊色光明，一【一光中】有蓮花座，各有【菩】薩結加〈跏〉② 趺坐而顯現故；一切三

寶種不【斷業，諸佛滅後】，守護住持諸佛法故；一切變化業，於一切世界【說】法敎化諸衆生故；一切加持業，於一念中隨諸衆生心之所欲皆爲示【現，令一切願】悉成滿故。是爲十。若諸菩薩安住此法，則得如來無上廣大業。

佛子，菩薩摩訶薩有十種身。何等爲十，【所謂：不來身，於一切世間】不受生故；不去身，於一切世間【求不得】故；不實身，一切世間如實得故；不虛身，以如實【理示世】間故；不盡身，盡未【來際無斷絕故；堅】固身，一切衆魔不能壞故；不動身，【衆魔外道】不能動故；具相身，示現清淨百福相故；無【相身】，法相究竟悉無相故；【普至身】，與三世佛同一身故。是爲十。若諸菩薩安住【此法】，則【得如】來無上無盡之身。

佛子，菩薩摩訶薩有十種身業。何等爲十，所謂：一身充滿一切世界身業；於一切衆生前悉能示現身業；於一切趣悉能受生身業；遊行一切世界身業；往詣〔112-2〕一切諸佛衆會身業；能以一手普覆一切世界身業；能以一手磨一切世界金剛圍山碎如微塵身業；於自身中現一切佛刹成壞示於衆生身業；以一身容受一切衆生界身業；於自身中普現一切清淨佛刹，一切衆生於中成道身業。是爲十。若諸菩薩安住此法，則得如來無上佛業，悉能覺悟一切衆生。

佛子，菩薩摩訶薩復有十種身。何等爲十，所謂：諸波羅蜜身，悉正脩行故；四攝身，不捨一切衆生故；大悲身，代一切衆生受無量苦無疲猒故；大慈身，救護一切衆生故；福德身，饒益一切衆生故；智慧身，與一切佛身同一性故；法身，永離諸趣受生故；方便身，於一切處現前【故】；神力身，示現一切神變故；菩提身，隨樂、隨時成正覺故。是爲十。若諸菩薩安住此

---

① 潦，㊼二九七頁註②：潦＝潦㊂宮聖。

② 跏，㊼二九七頁註③：跏＝加宋元宮。

法，則得如來無上大智慧身。

佛子，菩薩摩訶薩有十種語。何等爲十，所謂：柔軟語，使一切衆生皆安隱故；甘露語，令一切衆生悉清涼故；不誑語，所有言說皆如實故；真實語，乃至夢中無妄語故；廣大語，一切釋、梵、四天王等皆尊敬故；甚深語，顯示法性故；堅固語，說法無盡故；正直語，發言易了故；種種語，隨時示現故；開悟一切衆生語，隨其【欲】樂令【解】了故。是爲十。若諸菩薩安住此法，則得如來無上微妙語。

佛子，菩薩摩訶薩有十種淨修語業。何等爲十，所謂樂聽聞如來音聲淨修語業，【樂聞】說菩薩功德淨修語業，不說一切衆生不樂聞語淨修語業，真實遠離語四過失淨修語業，歡喜踊躍讚歎如來淨修語業，如來塔所高聲讚佛如實功德淨修語業，以深淨心施衆生法淨修語業，音樂歌頌讚歎如來淨修語業，於諸佛所聽聞正法不惜身命淨修語業，捨身承事一切菩薩及諸法師而受妙法淨修語業。是爲十。

佛子，若（諸）菩薩摩訶薩以此十事淨修語業，則得十種守護。何等爲十，所謂：天王爲首，一切天衆而爲守護；龍王爲首，一切龍衆而爲守護；夜叉王爲首，乾闥婆王爲首，阿修羅王爲首，迦樓羅王爲首，緊那羅王爲首，摩睺羅伽王爲首，梵王爲首，一一皆與自己徒衆而爲守護；如來法王爲首，一切法師皆悉守護。是爲十。

佛子，菩薩摩訶薩得此守護已，則能成辦十種大事。何等爲十，所謂一切衆生皆令歡喜，一切世界悉能往詣，一切諸根皆能了知，一切勝解悉令清淨，一切煩惱皆令除斷，一切習氣皆令捨離，一切欲樂皆令明潔，一切深心悉使增長，一切法界悉令周遍，一切涅槃普令明見。是爲十。

佛子，菩薩摩訶薩有十種心。何等爲十，所謂：如大地心，能持、能長一切衆生諸善根故；如大海心，一切諸佛無〔112－3〕量無邊大智法水悉流入故；如須彌山王心，置一切衆生於出世間最上善根處故；如摩尼寶王心，樂欲清淨無雜染故；如金剛心，決定深入一切法故；如金剛圍山心，諸魔外道不能動故；如蓮花心，一切世法不能染故；如優曇鉢花心，一切劫中難值遇故；如淨日心，破闇瞙故；如虛空心，不可量故。是爲十。若諸菩薩安住其中，則得如來無上大清淨心。

佛子，菩薩摩訶薩有十種發心。何等爲十，所謂：發我當度脫一切衆生心；發我當令一切衆生除斷煩惱心；發我當令一切衆生消滅習氣心；發我當斷除一切疑惑心；發我當除滅一切衆生苦惱心；發我當除滅一切惡道諸難心；發我當敬順一切如來心；發我當善學一切菩薩所學心；發我當於一切世間一一毛端處現一切佛成正覺心；發我當於一切世界擊無上法鼓，令諸衆生隨其根欲悉得悟解心。是爲十。若諸菩薩安住其中，則得如來無上大發起能事心。

佛子，菩薩摩訶薩有十種周遍心。何等爲十，所謂：周遍一切虛空心，發意廣大故；周遍一切法界心，深入無邊故；周遍一切三世【心】，一念悉知故；周遍一切佛出現心，於入胎、誕生、出家、成道、轉法輪、般涅槃悉明了故；周遍一切衆生心，悉知根、欲、習氣故；周遍一切智慧心，隨順了知法界故；周遍一切無邊心，知諸幻網差別故；周遍一切無生心，不得諸法自性故；周遍一切無礙心，不住自心、他心故；周遍一切自在心，一念普現成佛故。是爲十。若諸菩薩安住其中，則得無量無上佛法周遍莊嚴。

佛子，菩薩摩訶薩有十種根。何等爲十，所謂：歡喜根，見一切佛信不壞故；希望根，所聞佛法皆悟解故；不退根，一切作事皆究竟故；安住根，不斷一切菩薩行故；微細根，入般若波羅蜜微妙理故；不休息根，究竟一切衆生事故；如金剛根，證知一切諸法性故；金剛光燄根，普照一切佛境界故；無差別根，一切如來同一身故；

無礙際根，深入如來十種力故。是爲十。若諸菩薩安住其中，則得如來無上大智圓滿根。

佛子，菩薩摩訶薩有十種深心。何等爲十，所謂不深〈染〉一切世間法深心，不雜一切二乘道深心，了達一切佛菩提深心，隨順一切智智道深心，不爲一切衆魔外道所動深心，淨修一切如來圓滿智深心，受持一切所聞法深心，不著一切受生處深心，具足一切微細智深心，修一切諸佛法深心。是爲十。若諸菩薩安住其中，則得一切智無上清淨深心。

佛子，菩薩摩訶薩有十種增上深心。何等爲十，所謂：不退轉增上深心，積集一切善根故；離疑惑增上深心，解一切如〔112-4〕【來密語】故；正持增上深心，大願大行所流故；最勝增上深心，深入一切佛法故；【爲】主增【上深心】，一切佛法自在故；廣大增上深心，普入種種法門故；上首增上深心，【一切所作】成辦故；自在增上【深】心，一切三昧神通變化莊嚴故；安住增上深心，攝受本願故；無【休息增上】深心，成熟一【切】衆生故。是爲十。若諸菩薩安住此法，則得【一切諸佛】無上清淨增上深心。

佛子，菩薩摩訶薩有十種勤修。何等爲十，所謂：布施勤修，【悉捨】一切，不求報故；持【戒】勤修，頭陀苦行，少欲知足，無所欺故；忍辱【勤】修，離自他想，忍一切惡，畢竟不生恚害心故；精進勤修，身語意業未曾散亂，一切所作皆【不退轉，至】究竟故；禪定勤修，解脫三昧，出現神通，離一切欲煩惱【鬪】諍諸眷屬故；智慧勤修，修習積聚一切功德無猒倦故；大慈勤修，知諸衆生【無自性】故；【大悲勤修，知諸法空，普代一切衆】生受苦無疲猒故；覺【悟如】來十力勤【修，了】達無礙示衆生故；不退法輪勤修，轉至一切衆生心故。是爲十。若諸菩【薩安住此】法，【則得如來無上大智慧勤修】。

佛子，菩薩摩訶薩有【十】種決定【解】。何【等】爲十，所謂：最上決定解，種植尊重善根故；莊嚴決定解，出生種種莊【嚴故】；廣大決定【解，其心未曾狹劣故；寂滅決定】解，能入甚深法性故；普遍決【定解】，發心無所不及故；堪任決定解，能受佛力加持故；堅固決定解，摧破一切【魔業故；明】斷【決定解，了知一切業報故；現前決定】解，隨意能現神通故；紹隆【決定解】，一切佛所得記故；自在決定解，隨意、隨時成佛故。是爲十。若諸菩薩【安住此法】，則得【如來無上決定解】。

【佛子】，菩薩【摩訶薩】有十種決定解知諸【世界。何】等爲十，所謂：知一切世界入一世界；知一世界入一切世界；知一切世界，一如來【身、一蓮】花【座皆悉周遍；知一切世界皆如虛空；知一切世】界具佛莊嚴；知一切【世界菩】薩充滿；知一切古界【入一】毛孔；知一切世界入一衆生身；知一切世界，一佛菩提【樹、一】佛【道】場皆【悉周遍；知一切世界一音普遍，令諸衆生各別了】知，心生歡喜。是爲十。【若諸】菩薩安住此法，則【得】如來無上佛刹廣大決定解。

佛子，菩薩摩訶薩【有】十種決定【解知衆生界。何等】爲【十，所謂：知一切衆生界】本性無實；知一切【衆生】界悉入一衆生身；知一切衆生界悉入菩薩身；知一切衆生界悉入如來藏；知一衆生身普【入一切衆生界】；知一切衆生【界】悉堪【爲】諸佛【法】器；知一切衆【生界，隨】其所欲，爲現釋、梵、護古身；知一切衆生界，隨其所欲，爲現聲聞、獨覺寂靜威儀；知一切衆【生界】，爲現菩薩功德莊嚴【身】；知一切衆生界，爲現【如來相】好寂淨〈靜〉威儀，開悟衆生。是爲十。若諸菩薩安住此法，則得如來無上大威力決定解。

大方廣佛花嚴經卷第五十〔六〕・五十〔六〕之下〔112-5〕

〔大〕方廣佛花嚴經
〔離世間品第三十八之五〕
〔卷五十七·五十七之上〕

【佛子，菩薩摩訶薩有十種習氣。何等為十，所謂菩提心習氣，善根習氣，教化眾生習氣，見佛習氣，於清淨世界受生習氣，行習氣，願習氣，波羅蜜習氣，思惟平等法習氣，種種境界差別習氣。是為十。若諸菩薩安住此法，則永離一切煩惱習氣，得如來大智習氣非習氣智。

佛子，菩薩摩訶薩有十種取，以此不斷諸菩薩行。何等為十，所謂：取一切眾生界，究竟教化故；取一切世界，究竟嚴淨故；取如來，修菩薩行為供養故；取善根，積集諸佛相好功德故；取大悲，滅一切眾生苦故；取大慈，與一切眾生一切智樂故；取波羅蜜，積集菩薩諸莊嚴故；取善巧方便，於一切處皆示現故；取菩提，得無礙智故；略說菩薩取一切法，於一切處悉以明智而現了故。是為十。若諸菩薩安住此取，則能不斷諸菩薩行，得一切如來無上無所取法。

佛子，菩薩摩訶薩有十種修。何等為十，所謂修諸】波羅蜜，修【學，修慧，修義，修法，修出離，修示現，修勤行匪懈，修成等正覺，修轉正法輪。是為十。若諸菩薩安住其中，則得無上修修一切法】。

【佛子，菩薩摩訶薩】有十【種成就佛法。何等為十，所謂不離善知識成就佛法，深信佛語成就佛法，不謗正法成就佛法，以無量無盡善根迴向成就佛法，信解如來境界無邊際成就佛法，知一切世界境界成就佛法，不捨法界境界成就佛法，遠離諸魔境界成就佛法，正念一切諸佛境界成就佛法，樂求如來十力境界成就佛法。是為十。若諸菩薩安住此法，則得成就如來無上大智慧】。

【佛子】，菩薩【摩訶薩有十種退失佛法，應當遠離。何等為十，所謂輕慢善知識退失佛法，畏生死苦退失佛法，厭修菩薩行退失佛法，不樂住】世間【退失佛法，耽著三昧退失佛法，執取善根退失佛法，誹謗正法退失佛法，斷菩薩行退失佛法，樂二乘道退失佛法，嫌恨諸菩薩退失佛法。是為】十。若諸【菩薩遠離此法，則入菩薩離生道】。

【佛子，菩薩摩訶薩有十種離生道。何等為十，所謂：出生般若波羅蜜而恒觀察一切眾生，是為一；遠離諸見而度脫一切見縛眾生，是為二；不念一切相而不捨一切著相眾生，是為三；超過三界而常在一切世界，是為四；永離煩惱而與一切眾生共居，是為五；得離欲法而常以大悲哀愍一切著欲眾】生，是為六；【常樂寂靜而恒示現一切眷屬，是為】七；離世間【生而死此生彼起】菩薩【行，是為八；不染一切世間法而不斷一切世間所作，是為九；諸佛菩提已現其前】而不捨菩【薩一切願行，是為】十。佛子，是為菩薩【摩訶薩十種離】生道，出離世間，不【與世共，而亦不離二乘之行。若諸】菩薩【安住此法，則得菩薩決定法】。

佛子，菩薩【摩訶薩有十種】決定【法】。何等為【十，所謂決定於如來種】族中生，決

【定於諸佛境界中住，決定了知菩薩所作事，決定安住諸波羅蜜，決定】得【預如來】衆會，決定能顯如來種【性，決定安住如來力，決定深入】佛菩【提，決定與一切】如來【同一身】，決定【與一切如來所住】無【有】二。是爲十。

佛【子，菩薩摩】訶薩有十種【出生佛法道。何等爲十，所謂：隨順善友是出生佛法道，同種善根故；深心信解是出】生佛法道，知【佛自】在故；發【大】誓顋是【出生】佛【法】道，其心寬【廣故；忍自善根是出生佛法道，知業不失故；一切劫修行無厭足是出生佛法】道，盡未來際故；【阿僧祇出界皆】示現是出生佛法道，成熟衆【生】故；【不斷】菩薩行是出生佛【法道】，增長【大悲故；無量】心【是出生佛法道，一念】遍一切【虛空】界故；殊【勝行是出】生佛法道，夲所修行無【失壞故】；如來種是出生【佛法道，令】一切衆生樂〔113①-1〕【發菩提心，以一切善法資持故。是爲十】。若諸菩薩安住此法，則得大【丈】夫名号。

佛子，菩薩摩訶薩有十種【大丈夫名號】。何等爲【十，所謂：名爲菩提薩埵，菩提智所生故；名爲摩訶薩埵】，安住大乘故；名爲第一薩埵，證第一法故；名爲勝薩埵，【覺悟】勝法故；名爲【最勝】薩埵，【智慧最勝故；名爲上薩埵，起上精進故；名爲無上薩埵，開示】無上法故；名爲力薩埵，【廣知十】力故；【名爲】無【等】薩【埵，世間】無比故；名】爲【不思議薩埵，一念成佛故。是爲十。若諸菩薩得此名號，則成】就菩薩道。

佛子，菩薩摩訶薩有十種道。何等【爲十】，所謂：一道【是菩薩道，不捨獨一菩提心故。二道是菩薩道，出生智慧及方便故。三道是菩】薩道，行【空、無】相、無願，不着三界故。四行是菩【薩道，懺除罪障，隨喜福德，恭敬尊重勸】請如來，善巧迴向無休息故。五根是菩薩道】，安住净信堅固不動，起【大精】進所作究竟，【一】向正念無異攀緣，巧知三昧入出方便，善能分別智慧境界故。六通是菩薩道。所謂：天眼，悉見】一切世界所【有】衆色，知諸衆生死此生【彼故；天耳，悉聞諸佛說法，受持憶念，廣爲衆生隨根演暢故】；他【心】智，【能知他心，自在無礙故；宿命】念，憶知過去一切劫數，增長善根【故；神足通，隨所應化一切】衆生，【種種爲現，令樂法故；漏盡智，現證】實際，起菩薩【行不斷絕故。七念是菩薩】道。所謂：念佛，於一毛【孔見】無量佛，【開悟一】切【衆生心故；念法，不離一如來衆會，於一切如來衆會中親承】妙法，隨諸衆生【根性欲樂而爲演說，令】悟入故；念【僧，恒】相續【見無有】休息，於一切世間【見菩薩故；念捨，了知一切菩薩捨行，增長廣大布施心故；念】戒，不捨菩提【心，以一切善根迴向衆生故；念天，常憶】念兜率陁天宮一生補處菩【薩故；念】衆生，智慧方便教化調伏，普及一切無間斷故。隨】順菩提八聖道〔113①-2+②-2〕【是菩薩道。所謂：行正見道，遠離】一切諸耶〈邪〉見故；【起正思惟，捨妄分別，心常隨順一切智故；常行】正語，離語四過，順聖言故；恒修正業，教化衆】生令調伏故；安住【正命，頭陀知足，威儀審正，隨順菩薩行四聖】種，一切過失皆永離故；起正精【進，勤修一切菩薩苦行】，入佛十力無罣礙故；心【常正念，悉能憶持一切言音，除減世間】散動心【故；心常正定，善入菩薩不思議解脫門】，於一三昧中出生一切諸三昧故。入九次弟定是菩薩【道。所謂離欲恚宫，【而以一切語業說法無礙；減除覺觀，而】以一切智【覺觀教化衆生；捨離喜愛，而見一切佛】，心大歡喜；離世閒樂，而隨順出世菩薩道樂；從此不動，入無色定，而亦不捨欲〔113①-3+②-3〕【色受生；雖住減一切想受定，而亦不息菩薩行故。學佛十力是菩薩道，所謂善知是處】非處智，善知一切衆生去來現在業報【因果】智，善知一切衆生上中下根不同隨宜說法【智，善知一切衆生種種無量性智,善知一切衆生軟中上】解差別令入法方便智,遍一切世閒、一切刹、一切三世、一切刧,普現如來形相威儀而亦不捨菩薩所行智,善知一切【諸禪解脫及諸三昧若垢】若淨、時與非時,方便出生諸菩薩解脫門智,知一切【衆】生於諸趣中【死此】生彼差別智,於一【念中】悉知三世一切刧【數智,善知一切衆生樂欲、諸】使、惑習滅盡智,而不捨離諸菩薩行。是爲十。若諸菩薩安住此法,則得一切【如】來無上巧方便道。

佛子,菩薩摩【訶薩有無量道、無量助道、無】量修道、無量莊嚴道。

佛子,菩薩摩訶薩有十種無量道。何等爲十,所謂:虛【空】無量【故,菩薩道亦】無量;法界無邊【故,菩薩道亦無量;衆生界無盡故】,菩薩道亦無量;世界無際故,菩薩道亦無量;刧數不可盡故,菩薩道亦無量;一切衆生語言【法無量故,菩薩道亦無量;如來身無量故,菩薩道亦無量】;佛音聲無量故,菩薩道亦無量;如來力無量故,菩薩道亦無量;一切智智無量故,菩薩道亦【無量。是爲】十。

佛子,菩薩摩訶薩【有十種無量助道。所謂:如虛空】界無量,菩薩集助道【亦無】量;如法界無邊,菩薩集助道亦無邊;如衆生界無盡,菩薩集助道【亦無】盡;【如世】界無【際,菩薩集】助道亦無【際;如刧數說不可盡,菩】薩集助道亦一切世閒說不能盡;如衆生語言法無量,菩薩集助道出生智慧知語言法亦【無量;如如來身】無量,菩薩集【助道】遍一切【衆生、一切刹、一切世、一切刧亦】無量;如佛音聲無量,菩薩出一【言音周】遍法界,一【切】衆生無不聞知故,所集助道亦無量;如佛【力無】量,菩薩承如來力積集助道亦無量;如一切【智智無量,菩】薩積集助道亦如是無有量。是爲十。若諸菩薩安住此法,則得如來無量智慧。

佛子,菩薩摩【訶薩】有十種無量修道。何等爲十,所謂:不【來不去修,身語意】業無動作故;不增不減修,如【本】性故;非有非無修,無自性故;如幻如夢、如影如響、如鏡中像、如【熱時焰、如水】中月修,離一切執着故;【空】、無相、無願、無【作修,明見】三界而集福德不休息故;不可說、無言說、離言說修,遠離施設安立法故;不壞法界修,智【慧】現知一切【法故】;不【壞】真如實際修,普入真如實際虛空際故;廣大智慧修,諸有【所作力無盡故;住】如來十力、四無所畏、一切智智平等修,現見一切法無疑【惑故】。是爲十。若諸菩薩安住此法,【則】得如來【一切智無上善巧修】。

佛子,菩薩摩訶薩有十種莊嚴道。【何等爲十,佛子】,菩薩摩訶薩不離欲界,入色界、無色界禪定解脫【及諸】三昧,亦【不因此而受彼生,是爲第一莊嚴道。智】慧現前,入聲聞道,不以此道而取【出離,是爲】弟【二莊嚴】道。智慧現前,入辟支佛道,而起大悲無有休息,是爲【第】三莊嚴道。雖有人、天眷属【圍遶,百千采女】歌舞侍從,未曾暫捨禪定解脫〔113①-4〕【及諸三昧】,是爲第四莊嚴道。與一切衆生受諸【欲樂共】相娛樂,【乃至未曾於一念閒捨離菩薩平等三昧,是爲第五莊嚴道。已到一切世閒彼岸,於諸世法悉無所著,而亦】不【捨度】衆生行,是爲第【六】莊嚴道。安住正道、正智、正見,而能示入【一切邪道,不取爲實,不執爲淨,令彼衆生遠離邪法,是爲第七莊嚴道。常善護持如來淨戒】,身語意【業無諸】過失,爲欲教化犯戒衆【生,示行一切凡愚之行,雖已具足清淨福德住菩薩趣,而】示生於一切地獄、畜生、餓鬼及諸險難、貧窮等處,令彼衆生皆得】解脫,而實【菩】薩【不生彼趣,是】爲第八莊嚴道。不由他教,得無礙【辯】,智慧光【明普能】照了一切佛【法,爲】一切如來神力【所持,與一切諸】佛同【一法身,成就一切堅固大人明淨密法】,安住一切平等諸乘,諸佛境界皆現其前,具足【一切】世智光明,照見一切諸衆生界，能爲衆生作知法師，而示求正法未曾休息，雖實與衆【生】作無上師，【而示行尊敬闍梨和尚。何以故】，菩薩摩訶薩善巧方便住菩薩道，隨其所應皆爲示現。是爲第九莊嚴道。善根具足，諸行究竟，一切如來所共灌頂，到一切【法自在彼岸，無礙】法繒【以冠其首；其身遍至一切世界，普現如來無礙】之身，於法自在最上究竟，轉於無礙清淨法輪；一切菩薩自在之法皆已成就，而爲衆生故，於一切國土示【現受】生；與三世諸佛同一境界，而不廢菩薩行，【不捨菩薩法，不懈菩薩業，不離】菩薩道，不施〈弛〉① 菩薩儀，不斷菩薩取，不息菩薩巧方便，不絕菩薩所作事，不【厭】菩薩生成用，不止菩薩住持力。何【以】故，菩【薩欲疾證阿耨多羅三藐】三菩提，【觀一切智門修菩薩行無休息故。是爲第十莊】嚴【道。若】諸菩薩安住【此法】，則得如來無上大莊嚴道，亦〔不〕捨菩薩道。

佛子，菩薩摩訶薩有十【種足。何等爲十，所謂：持戒【足，殊勝大願悉成滿故；精進足】，集一切菩提【分法】不退轉故；神通【足，隨衆生欲】令歡喜故；神力足，不離一佛剎往一切佛剎故；深心足，顯求一切殊【勝法】故；堅【誓足，一切所作咸究竟故；隨順足，不違一切尊者教故；樂法足】，聞持一切佛所說【法不疲懈故】；法雨〈雨〉足，爲衆演說無怯弱故；修行【足】，一切諸惡悉遠【離故。是爲十】。若諸菩薩【安住此法】，則得如來【無】上【最】勝足，若一舉步，【悉能遍至一切世界】。

【佛子，菩薩摩訶薩有十種手。何等爲十，所謂深信手，於佛】所說，一向忍可，究竟受持故；布施手，有【來】求者，隨其所欲皆【令充滿】故；【先意】問【訊手，舒展】右掌相【迎引故；供養諸佛手，集衆福德無疲厭故；多聞善巧手，悉斷一切衆生疑】故；令超三界手，授與衆生扳出欲泥故；置於彼【岸手，四暴流中救溺】衆生故；不【吝】正法手，【所有妙法】悉以開示【故；善用衆論手，以智慧樂滅身心病故；恒持智】寶手，開法光明破煩惱闇故。是爲十。【若諸菩薩安】住〔113①-5〕【此法，則得如來無上手，普覆十方一切世界】。

佛子，菩薩摩訶薩有十種【腹。何等爲十，所謂：離諂曲腹，心清淨故；離幻僞腹，性質直故；不虛假腹，無險詖故；無欺奪腹，於一切物無所貪故；斷煩惱腹，具智慧故；清淨】心腹，離諸惡故；觀察飲食腹，【念如實法故；觀察無作腹，覺悟緣起故；覺悟一切出離道腹，善成熟深心故；遠離一切邊見垢腹，令一切衆生得入佛腹故。是爲十。若諸菩】薩安住此法，則得如來無上廣大【腹，悉能容受一切衆生】。

【佛子，菩薩摩訶薩有十種藏。何等爲十，所謂：不斷佛種是菩薩藏，開示佛法無量威德故；增長法種是菩薩藏，出生智】慧廣大光明故；住持僧種是菩薩【藏，令其得入不退法輪故；覺悟正定衆生是菩薩藏，善隨其時不逾一念故；究竟成熟不定衆生是菩薩藏，令因相續無有間斷故；爲】邪定衆生發起大悲是菩薩【藏，令未來因悉得成就故；滿佛十力不可壞因是菩薩藏，具降伏魔軍無對善根故；最勝無畏大師子吼是菩薩藏，令一切衆生皆歡喜故】；得佛十八不共法是菩薩藏，【智慧普入一切處故；普了知一切衆生、一切刹、一切法、一切佛是菩薩藏，於一念中悉明見故。是爲十。若諸菩薩安住此法，則得如來無上善根不可壞】大智慧藏。

佛子，菩薩摩訶【薩有十種心。何等爲十，所謂：精勤心，一切所作】悉究竟故；【不懈心，積集相好福德行故；大勇健心，摧破一切諸魔軍故；如理行心，除滅一切諸煩惱故；不退轉】心，乃至菩提終不息故；性清【淨心，知心不動無所著故；知衆生心，隨其解】欲令出離故；令【入佛法大梵住心，知諸衆生種種解欲，不以別乘而

---

① 弛，㊃三〇一頁註④：弛＝絕㊏。

救護故；空、無相、無願、無作心，見三界相不取著】故；萬〈卐〉①字【相金剛堅固勝藏莊嚴心，一切衆生數等魔來乃至不】能動一毛故。是爲十。若諸【菩薩安住此法，則得如來無上大智光明藏心】。

【佛子，菩薩摩訶薩有十種被甲。何等爲十，所謂被大慈甲，救護一切衆生故；被大悲甲，堪忍一切諸苦故】；被大顚甲，一切所作究竟故；被迴向【甲，建立一切佛莊嚴故；被福德甲，饒益一切諸衆生故，被波羅蜜甲，度脫一切諸含識故；被智慧甲，滅一切衆生煩惱闇故；被善巧方便甲，生普】門善根故；被一切智心堅固不散亂甲，不樂【餘乘故；被一心決定甲，於一切法離疑惑故。是爲十。若諸菩薩安住此法，則被如來無上甲冑，悉能摧伏一切魔軍】。

【佛子，菩薩摩】訶薩有十種器仗。何等爲十，所謂：布施是菩【薩器仗，摧破一切慳吝故；持戒是菩薩器仗，棄捨一切毀犯故；平等是菩薩器仗，斷除一切分別故；智慧是菩薩器仗，消】滅一切煩惱故；正命是菩薩器仗，遠離一切邪命故；善【巧方便是菩薩器仗，於一切處示現故；略說貪瞋癡等一切煩惱是菩薩器仗，以煩惱門度衆生故；生死是菩薩】器仗，不斷菩薩行教化衆生故；說如實法是菩薩器仗，能破一【切執著故；一切智是菩薩器仗，不捨菩薩行門故。是爲十。若諸菩薩安住此法，則能除滅一切衆生長夜所集煩惱結】使。

佛子，菩薩摩訶薩有十種首。何等爲十，所謂：涅槃首，無能見頂故；【尊敬首，一切人、天所敬禮故；廣大勝解首，三千界中最爲勝故；第一善根首，三界衆生咸供養故；荷戴衆生】首，成就頂上宍〈肉〉髻相故；不輕賤他首，於一切處常尊勝故；般若波羅【蜜首，長養一切功德法故；方便智相應首，普現一切同類身故；教化一切衆生首，以一切衆生爲弟子故；守護】諸佛法眼首，能令三寶種不斷絕故。是爲十。若諸菩薩安【住此法，則得如來無上大智慧首】。

【佛子，菩薩摩訶薩有十種眼。所謂：肉眼，見一切色故；天眼，見一切衆生心故；慧眼，見】一切衆生諸根境界故；法眼，見一切法如實相故；佛眼，見如來【十力故；智眼，知見諸法故；光明眼，見佛光明故；出生死眼，見涅槃故；無礙眼，所見無障故；一切智眼，見普門法界故。是爲十。若諸菩薩安住此法】，則得如來無上【大智慧眼】。

佛子，菩薩摩訶【薩有十種耳。何等爲十，所謂：聞讚歎聲，斷除貪愛；聞毀呰聲，斷除瞋恚；聞說二乘，不著不求；聞菩薩道，歡喜踊躍；聞地獄等諸苦難處，起大悲】心，發弘誓願；聞說【人、天勝妙之事，知彼皆是無常之法；聞有讚歎諸佛功德，勤加精進，令速圓滿；聞說六度、四攝等法，發心修行，願到彼岸；聞十方世界一切音】聲，悉知如響，入不可說【甚深妙義；菩薩摩訶薩從初發心乃至道場，常聞正法未曾暫息，而恒不捨化衆生事。是爲十。若諸菩薩成就此法，則得如來無上大】智慧耳。

佛子，菩薩摩〔114①-1+②-1〕【訶薩有十種鼻。何等爲十，所謂：聞諸臭物不以爲臭；聞諸香氣不以爲香；香臭俱聞，其心平等；非香非臭，安住於捨；若聞衆生衣服臥具及其】支〈肢〉②體所有香【臭，則能知彼貪恚愚癡等分之行；若聞諸伏藏草木等香，皆如對目前，分明辨了；若聞下至阿鼻地獄、上至有頂衆生之香，皆知彼過去所行之行；若聞諸聲】聞布施、持戒、多聞慧【香，住一切智心，不令散動；若聞一切菩薩行香，以平等慧入如來地；聞一切佛智境界香，亦不廢捨諸菩薩行。是爲十。若諸菩薩成就此法，則得如來無量】無邊清淨鼻。

佛子，菩【薩摩訶薩有十種舌。何等爲十，

---

① 卐，砳三〇二頁註②：卐＝卍㈢宫。
② 肢，砳三〇三頁註①：肢＝支㈢宫㪍。

所謂開示演說無盡衆生行舌；開示演說無盡法門舌；讚歎諸佛無盡功德舌；演暢辭辯無盡舌；開闡大乘助】道舌；遍覆十方虛空舌；普【照一切佛刹舌；普使衆生悟解舌；悉令諸佛歡喜舌；降伏一切諸魔外道，除滅一切生死煩惱，令至涅槃舌。是爲十。若諸菩薩成就此法，則得如來】遍覆一切諸佛國土無上舌。

佛【子，菩薩摩訶薩有十種身。何等爲十，所謂：人身，爲教化一切諸人故；非人身，爲教化地獄、畜生、餓鬼故；天身，爲教化欲界、色界、無色界衆生故；學】身，示現學地故；無學身，示現【阿羅漢地故；獨覺身，教化令入辟支佛地故；菩薩身，令成就大乘故；如來身，智水灌頂故；意生身，善巧出生故；無漏法身，以無功用示現一切】衆生身〔故〕。是爲十。若諸菩薩成就【此法，則得如來無上之身】。

【佛子，菩薩摩訶薩有十種意。何等爲十，所謂：上首意，發起一切善根故；安住意，深信堅固不動故；深入】意，隨順佛法而解故；內了意，【知諸衆生心樂故；無亂意，一切煩惱不雜故；明淨意，客塵不能染著故；善觀衆生意，無有一念失時故；善擇所作意，未曾一】處生過故；密護諸根意，調【伏不令馳散故；善入三昧意，深入佛三昧無我、我所故。是爲十。若諸菩薩安住此法，則得一切佛無上意】。

【佛子，菩薩摩訶薩有十種】行。何等【有十，所謂：聞法】行，愛樂〔114②-2〕【於法故；說法行，利益衆生故；離貪恚癡怖畏行，調伏自心故；欲界行，教化欲界衆生故；色、無色界三昧行，令速轉還故；趣向】法義行，速得智慧故；一切生處【行，自在教化衆生故；一切佛刹行，禮拜供養諸佛故；涅槃行，不斷生死相續故；成滿一切佛法行，不捨菩薩法行故。是爲十】。若諸菩薩安住此法，則得如來無【來無去行】。

【佛子，菩薩摩訶薩有十種住。何等爲十，所謂：菩提心住，曾不忘失故；波羅蜜住，不厭助道故；說法住，增長智】慧故；阿蘭若住，證大禪定故；【隨順一切智頭陀知足四聖種住，少欲少事故；深信住，荷負正法故；親近如來住，學佛威儀故；出生神通住，圓滿大智】故；得忍住，滿足【授】記故；道場住，具足力、無畏、一切【佛法故。是爲十。若諸菩薩安住此法，則得一切智無上住】。

【佛子，菩薩摩訶薩有十種坐。何等爲十，所謂：轉】輪王坐，與〈興〉十善道故；四天王坐，於一切世間自在安【立佛法故；帝釋坐，與一切衆生爲勝主故；梵天坐，於自他心得自在故；師子坐，能說法故；正法坐，以總持】辯才力而開示故；堅固坐，誓願究竟故；大慈坐，【令惡衆生悉歡喜故；大悲坐，忍一切苦不疲厭故；金剛坐，降伏衆魔及外道故。是爲十。若諸菩薩安住此法，則得如】來無上正覺坐。

佛子，菩薩摩訶薩有十種臥。何【等爲十，所謂：寂靜臥，身心憺怕故；禪定臥，如理修行故；三昧臥，身心柔軟故；梵天臥，不惱自他故；善業臥，於後不悔故；正信】臥，不可傾動故；正道臥，善發開覺故；妙顯臥，善巧迴向故；【一切事畢臥，所作成辦故；捨諸功用臥，一切慣習故。是爲十。若諸菩薩安住此法，則得如來無上大法臥，悉能開悟一切衆生】。

佛子，菩薩摩訶薩有十種所住處。何等爲十，所謂：以大慈爲所【住處，於一切衆生心平等故；以大悲爲所住處，不輕未學故；以大喜爲所住處，離一切憂惱故；以大捨爲所住處，於有爲】、無爲平等故；以一切波羅蜜爲所住處，菩提心爲首故；以一【切空爲所住處，善巧觀察故；以無相爲所住處，不出正位故；以無願爲所住處，觀察受生故；以念慧爲所住處，忍】法成滿故；以一切法平等爲所住處，得授記別故。是【爲十。若諸菩薩安住此法，則得如來無上無礙所住處】。

【佛子，菩薩摩訶薩有十種所行處。何等爲

十，所謂：以正】念爲所行處，淸足念處故；以諸趣爲所行【處，正覺法趣故；以智慧爲所行處，得佛歡喜故；以波羅蜜爲所行處，滿足一切智智故；以四攝爲所行處，教化衆生】故；以生死爲所行處，積集善根故；以【與一切衆生雜談戲爲所行處，隨應敎化令永離故；以神通爲所行處，知一切衆生諸根境界故；以善巧方便爲所行處，般若波羅蜜】相應故；以道場爲所行處，【成一切智而不斷菩薩行故。是爲十。若諸菩薩安住此法，則得如來無上大智慧所行處】。

【佛子，菩薩摩訶薩有十種觀察。何等爲十，所謂：知諸】業觀察，微細悉見【故；知諸趣觀察，不取衆生故；知諸根觀察，了達無根故；知諸法觀察，不壞法界故；見佛法觀察，勤修佛眼故；得智慧觀察，如理說法故；無生忍觀】察，決了佛〔114②-3〕【法故；不退地觀察，滅一切煩惱，超出三界、二乘地故；灌頂地觀察，於一切佛法自在不動故；善覺智三昧觀察，於一切十方施作佛事故。是爲十。若諸菩薩安住此法，則得如來無上大觀察智】。

【佛子，菩薩摩訶薩有十種普觀察。何等爲十，所謂：普觀一切諸來求者，以無違心】滿其意故；普觀一切【犯戒衆生，安置如來淨戒中故；普觀一切害心衆生，安置如來忍力中故；普觀一切懈怠衆生，勸令精勤不捨荷負大乘擔故；普觀一切亂心衆】生，令住如來【一切智地無散動故；普觀一切惡慧衆生，令除疑惑破有見故；普觀一切平等善友，順其教命住佛法故；普觀一切所聞之法，疾得證見最上義故】；普觀一切無【邊衆生，常不捨離大悲力故；普觀一切諸佛之法，速得成就一切智故。是爲十。若諸】菩薩〔114①-3〕【安住此法，則得如來無上大智慧普觀察】。

【佛子，菩薩摩訶薩有十種奮迅。何等爲十，所謂：牛王奮迅，映蔽一切天、龍、夜叉、乾闥婆等諸大衆故；象王奮迅，心善調柔，荷負一切諸衆生故；龍王奮迅，興大法密雲，耀解脫電光，震如實義雷，降諸根、力、覺分、禪定、解脫、三昧甘露雨故；大金翅鳥王奮迅，竭貪愛水，破愚癡䴏，搏攝煩惱諸惡毒龍，令出生死大苦海故；大師子王奮迅，安住無畏平等大智以爲器仗，摧伏衆魔及外道故；勇健奮迅，能於生死大戰陣中摧滅一切】煩惱【怨故；大智奮迅，知蘊界處及諸緣起，自在開示一切法故；陀羅尼奮迅，以念慧力持法不忘，隨衆生根爲宣說故；辯才奮迅，無礙迅疾分別一切，咸令】受益心歡【喜故；如來奮迅，一切智智助道之法皆悉成滿，以一念相應慧，所應得者一切皆得，所應悟者一切皆悟，坐師子座降魔怨敵，成阿耨多羅三藐三菩提故】。是爲十。若諸菩薩【安住此法，則得諸佛於一切法無上自在奮迅】。

【佛子，菩薩摩訶薩有十種佛子吼。何等爲十，所謂唱言：我當必定成正等覺，是菩提心大師子吼。我】當令一切衆生，未度者度，【未脫者脫，未安者安，未涅槃者令得涅槃，是大悲大師子吼。我當令佛、法、僧種無有斷絕，是報如來恩大師子吼。我當嚴淨一切佛刹，是】究竟堅誓大師子吼。我當【除滅一切惡道及諸難處，是自持淨戒大師子吼。我當滿足一切諸佛身語及意相好莊嚴，是求福無厭大師子吼。我當成滿一切諸佛所】求〈有〉智慧，是求智無猒大【師子吼。我當除滅一切衆魔及諸魔業，是修正行斷諸煩惱大師子吼。我當了知一切諸法無我，無衆生、無壽命、無補伽羅，空、無相、無】願，淨如虛空，是無生法【忍大師子吼。最後生菩薩震動一切諸佛國土悉令嚴淨，是時，一切釋、梵、四王咸來讚請：唯願菩薩以無生法而現受生；菩薩】則以無礙慧眼普觀【世間：一切衆生無如我者；即於王宮示現誕生，自行七步大師子吼：我於世間最勝第一，我當永盡生死邊際，是如】說而作大師子吼。是〔114①-4〕【爲十。若諸菩薩安住此法，則得如來無上大師子吼】。

【大方廣佛華嚴經卷第五十七】

〔大〕方廣佛花嚴經
離世閒品第三十八之六
卷五十八·五十八之上

佛子，菩薩摩訶薩有十種清淨施。何等為十，所謂：平等施，不簡〈揀〉①衆生故；隨意施，滿其所願故；不亂施，令得利益故；隨宜施，知上中下故；不住施，不求果報故；【開】捨施，心不戀著故；一切施，究竟清淨故；迴向菩提【施】，遠離有為、【無為故；教化衆】生施，乃至道場不捨故；三輪【清淨施，於】施者、受者及以施物正【念】觀察如虛空故。是為十。若諸菩薩安住此法，則得如來【無上】清淨【廣大施】。

【佛子，菩】薩摩訶薩有十種清【淨戒。何等為十，所】謂身清淨戒，【護】身三惡故；語清淨戒，離語四過故；心清淨戒，永離貪、瞋、邪見【故；不破一切學處清淨戒，於一切】人、天中作尊【主】故；守護菩提心清淨戒，不樂小乘故；守護如來所制清淨戒，乃至微細罪生大怖畏故；隱密護持清【淨戒，善拔犯戒衆生故；不作一切惡】清淨戒，誓修一切善法故；遠離一切有見清淨戒，於戒無著故；守護一切衆生清淨戒，發起大悲故。是為十。若諸菩【薩安住此法，則得如來無上無過失】清淨戒。

【佛子】，菩薩摩訶薩有十種清淨忍。何等為十，【所】謂安受呰辱清淨忍，護諸衆生故；安受刀杖清淨忍，善護【自他故；不生忿害清淨忍，其心不】動故；不責卑【賤】清淨忍，為上能寬故；有歸咸救清淨忍，捨自身命故；遠離我慢清淨忍，不輕未學故；殘毀不瞋【清淨忍，觀察如幻故；有犯】無報【清淨忍】，不見自他故；不隨煩惱清淨忍，離諸境界故；隨順菩薩真實智知一切法無生清淨忍，不由他教，入一切智境界故。【是為十。若諸菩薩安住其中，則得】一切【諸】佛不由他悟無上法忍。

佛子，菩薩摩訶薩有十種清淨精進。何等為十，所謂：身清淨精進，承事供養諸佛【菩薩及諸師長，尊重福田不退】轉故；語【清淨】精進，隨所聞法廣為他說，讚佛功德無疲倦故；意清淨精進，善能入出慈、悲、喜、捨、禪定、解脫及諸三【昧無休息故；正直心清淨精進】，無誑無諂〈諛〉，無曲無偽，一切勤修無退轉故；增勝心清淨精進，志常趣求上上智慧，願具一切白淨法故；不唐捐清淨【精進，攝取布施、戒、忍、多聞】及不放逸乃至菩提無中息故；摧伏一切魔清淨精進，悉能除滅貪欲、瞋恚、愚癡、邪見、一切煩惱、諸纏蓋故；成滿智惠〈慧〉光清【淨精進，有所施為悉善觀】察，咸使究竟，不令後悔，得一切佛不共法故；無來無去清淨精進，得如實智，入法界門，身語及心皆悉平等，了相非相，無所著故；【成就法光清淨精進，超】過諸地，得佛灌頂，以無漏身而示殁生、出家、成道、說法、滅度，具足如是普賢事故。是為十。若諸菩薩安住此法，

---

① 揀，⑭三〇四頁註④：揀＝簡⑮。

則得如來無上大清淨【精進】。

【佛子，菩薩摩訶薩有】十種清淨禪。何等爲十，所謂：常樂出家清淨禪，捨一切所有故；得真善友清淨禪，示教正道故；住阿蘭若忍風雨等清淨禪，離【我、我所故；離憒鬧衆生】清淨禪，常樂寂靜故；心業調柔清淨禪，守護諸根故；心智寂滅清淨禪，一切音聲、諸禪定剌〈刺〉不能亂故；覺道方便清淨禪，【觀察一切皆現證故；離於】味著清淨禪，不捨欲界故；發起【通】明清淨禪，知一切衆生根性故；自在遊戲清淨禪，入佛三昧，知無我故。是爲十。若諸菩薩【安住其中，則得如】來無上大清淨禪。

佛子，菩薩【摩】訶薩有十種清淨恵〈慧〉。何等爲十，所謂：知一切因清淨恵〈慧〉，不壞果報故；知一切緣清淨恵〈慧〉，不違和合〔115-1〕故；知不斷不常【清淨】慧，了達緣起皆如實故；拔一切見清淨慧，於衆生相無取捨故；觀一切衆生心行清淨慧，了知如幻故；廣大辯才【清淨慧，分別】諸法、問【答】無礙故；一切諸魔、外道、聲聞、獨覺所不能知清淨慧，深入一切如來智故；見一切佛微妙法身、見一切衆生本性清淨、見一切法皆悉寂滅、見一切【刹】同於虛空【清】淨慧，知一切相皆無礙故；一切揔持、辯才、方便波羅蜜清淨慧，令得一切寂勝智故；一念相應金剛智了一切法平等清淨慧，得一切法㝡尊智故。【是】爲十。若諸菩薩安住其中，則得如來無障礙大智慧。

佛子，菩薩摩訶薩有十種清淨慈。何等爲十，所謂：等心清淨慈，普攝衆生無所簡〈揀〉①擇故；饒益清淨慈，隨有所作皆令歡喜故；攝物同己清淨慈，究竟皆令出生死故；不捨世間清淨慈，心常緣念集善根故；能至解脫清淨慈，普使衆生除滅一切諸煩惱故；出生菩提清淨慈，普使衆生發求一切智【心】故；世間無礙清淨慈，放大光明平等普照故；充滿虛空清淨慈，救護衆生無處不至故；法緣清淨慈，證於如如真實法故；無緣清淨【慈】，入於菩薩離生性故。是【爲】十。若諸菩薩安住此法，則得如來無上廣大清淨慈。

佛子，菩薩摩訶薩有十種清淨悲。何等爲十，所謂：無儔伴清淨悲，獨發其心故。無疲厭清淨悲，代一切衆生受苦，不以爲勞故。難處受生清淨悲，爲度衆生故。善趣受生清淨悲，示現無常故。爲邪定衆生清淨悲，歷劫不捨弘誓故。不著己樂清淨悲，普與衆生快樂故。不求恩報清淨悲，修潔其心故。能除顛倒清淨悲，說如實法故。菩薩摩訶薩知一切法本性清淨、無染著、無熱惱，以客塵煩惱故而受衆苦；如是知已，於諸衆生而起大悲，名本性清淨，爲說無垢清淨光明法故。菩薩摩訶薩知一切法如空中鳥跡，衆生癡翳不能照了；觀察於彼，起大悲心，名真實智，爲其開示涅槃法故。是爲十。若諸菩薩安住此法，則得如來無上廣大清淨悲。

佛子，菩薩摩訶薩有十種清淨喜。何等爲十，所【謂】發菩提心清淨喜；悉捨所有清淨喜；不嫌棄破戒衆生而教化成就清淨喜；能忍受造惡衆生，誓願救度清淨喜；捨身求法不生悔心清淨喜；自捨欲樂，常樂【法樂清】淨喜；令一切衆生捨資生樂，常樂法樂清淨喜；見一切佛恭敬供養無有猒足，法界平等清淨喜；令一切衆生愛樂禪定、解脫、三昧遊戲入出清淨喜；心樂【具行順】菩薩道一切苦行，證得牟尼寂靜不動無上定慧清淨喜。是爲十。若諸菩薩安住此法，則得如來無上廣大清淨喜。

佛子，菩薩摩訶薩有十種清淨捨。何等【爲十】，所謂：一切衆生恭敬供養，不生愛著清淨捨；一切衆生輕慢毀辱，不生瞋恚〈恚〉清淨捨；常行世間，不爲世間八法所染清淨捨；於法器衆生待時而化，於無法器亦不【生】嫌清淨捨；不求二乘學、無學法清淨捨；心常遠離一切

---

① 揀，㊅三〇五頁註⑥：揀＝簡宮㊎。

欲樂、順煩惱法清淨捨；不欺二乘，猒離生死清淨捨；遠離一切世間語、非涅槃語、非離欲語、不順理語、【惱亂】他語、聲聞獨覺語，略說乃至一切部菩薩道語皆悉遠離清淨捨；或有衆生，根已成熟發生念慧而未能知最上之法，待時方化清淨捨；或有衆生，【菩薩往昔】已曾教化至於佛地方可調伏，彼亦待時清淨捨；菩薩摩訶薩於彼二人，無高無下，無取無捨，遠【離一切】種種分別，恒住正定，入如實法，心得堪忍【清淨捨】。是爲十。若諸菩薩安住其中，則得如來無上廣大清淨捨。

佛子，菩薩摩訶薩有十種【義。何等爲十】，所謂：多聞義，堅固修行故〔115-2〕；【法義】，善巧思擇故；空義，第一義空故；寂靜義，離諸衆生誼憒故；不可【說】義，不著一切語言故；如實義，了達三世平等故；法界義，一切諸法一味故；真如義，一切如來順入故；實際義，了知究竟如實故；大般涅槃義，滅一切苦而修菩薩諸行故。是爲十。若諸菩薩安住此法，則得一切智無上義。

佛子，菩薩摩訶薩十有〈有十〉種法。何等爲十，所謂：真實法，如說修行故；離取法，能取、所取悉離故；無諍法，無有一切諍故；寂滅法，滅除一切熱惱故；離欲法，一切貪欲皆斷故；無分別法，攀緣分別永息故；無生法，猶如空虛〈虛空〉不動故；無爲法，離生、住、滅諸相故；本性法，自性無染清淨故；捨一切烏波提涅槃法，能生一切菩薩行，修習不斷故。是爲十。若諸菩薩安住其中，則得如來無上廣大法。

佛子，菩薩摩訶薩有十種福德助道具。何等爲十，所謂：勸衆生【起】菩提心，是菩薩福德助道具，不斷三寶種故。隨順十種迴向，是菩薩福德助道具，斷一切不善法，集一切善法故。智慧誘誨，是菩薩福德助道具；超過三界福德故。心無疲倦，是菩薩福德助道具，究竟度脫一切衆生故。悉捨內外一切所有，是菩薩福德助道具，於一切物無所著故。爲滿足相好精進不退，是菩薩福德助道具，開門大施無所限故。上中下三品善根，悉以迴向無上菩提，心無所輕，是菩薩福德助道具，善巧方便相應故。於邪定、下劣、不善衆生，皆生大悲，不懷輕賤，是菩薩福德助道具，常趂大人弘誓心故。恭敬供養一切如來，於一切菩薩起如來想，令一切衆生皆生歡喜，是菩薩福德助道具，守本志願極堅牢故。菩薩摩訶薩於阿僧祇劫積集善根，自欲取證無上菩提如在掌中，然悉捨與一切衆生，心無憂惱亦無悔恨，其心廣大等虛空界，此是菩薩福德助道具，起大智慧證大法故。是爲十。若諸菩薩安住其中，則具足如來無上廣大福德聚。

佛子，菩薩摩訶菩〈薩〉有十種智慧助道具。何等爲十，所謂：親近多聞真善知識，恭敬供養，尊重礼拜，種種隨順，不違其教，是爲一，一切正直無虛矯故。永離憍慢，常行謙敬，身語意業無有麁獷，柔和善順，不偽不曲，是爲二，其身堪作佛法器故。念慧隨覺未曾散亂，慙愧柔和，心安不動，常憶六念，常行六敬，常隨順住六堅固法，是爲三，與十種智爲方便故。樂法、樂義，以法爲樂，常樂聽聞無有猒足，捨離世論及世言說，專心聽受出世間語，遠離小乘，入大乘慧，是爲四，一心憶念無散動故。六波羅蜜心專荷負，四種梵住行已成熟，隨順明法悉善修行，聰敏智人皆勤請問，遠離惡趣，歸向善道，心常愛樂，正念觀察，調伏己情，守護他意，是爲五，堅固修行真實行故。常樂出離，不著三有，恒覺自心，曾無惡念，三覺已絕，三業皆善，決定了知心之自性，是爲六，能令自他心清淨故。觀察五蘊〈蘊〉皆如幻事，界如毒虵，處如空聚，一切諸法如幻、如燄、如水中月、如夢、如影、如響、如像、如空中畫、如旋火輪、如虹蜺〈霓〉① 色、如日月光，無相無

---

① 蜺，㊁三〇七頁註①：蜺＝蚭㊂。

形，非常非斷，不來不去，亦無所住，如是觀察，知一切法無生無滅，是爲七，知一切法性空寂故。菩薩摩訶薩聞一切法無我、無衆生、無壽者、無補伽羅、無心無境、無貪瞋癡、無身無物、無主無待、無著無行，如是一切皆無所有、悉歸寂滅，聞已深信，不疑不謗，是爲八，以能成就圓滿解故。菩〔115-3〕薩【摩訶薩善調】諸根，【如理修行，恒住止觀】，心意寂靜，一切動念皆悉不生，無我無人、無作無行、無計我相〈想〉、無計我業、無有瘡疣、【無有瘢痕】，亦無於此【所得之忍，身】語意業【無來】無【去，無】有精進亦無勇猛，觀一切衆生、一切諸法，心皆平等而無所住，非此岸非彼岸，此彼性離，無所從【來】，無所至去，常以智慧如是思惟，是爲【九，到】分別相彼岸處故。菩薩摩訶薩見緣起法故見法清淨，見法清淨故見國土清淨，見國土清淨故見虛空清淨，見虛空清淨故見法界清淨，見法界清淨故見智慧清淨，是爲十，修行積集一切智故。佛子，是爲菩薩摩訶薩十種智慧助道具。若諸菩薩安住此法，則得如來一切【法】無罣礙清淨微【妙】智慧聚。

佛子，菩薩摩訶薩有十種明足。何等爲十，所謂善分別諸法明足，不取著諸法明足，離顛倒見明足，智慧光照諸根明足，巧發起正精進明足，能深入真諦智明【足】，滅煩惱業成就盡智無生智明足，天^c〈大〉① 眼智普觀察明足，【宿】住念知前際清淨明足，漏盡神通智斷衆生諸漏明足。是爲十。若諸菩薩安住此法，則得如來於一切佛法無上大光明。

佛子，菩薩摩訶薩有十種求法。何等爲十，所謂：直心求法，無有諂〈諸〉誑故；精進求法，遠離懈惰故；一向求法，不惜身命故；爲斷一切衆生煩惱求法，不爲名利恭敬故；爲饒益自他一【切】衆生求法，不但自利故；爲入智求法，不樂文字故；爲出生死求法，不貪世樂故；爲度衆生求法，發菩提心故；爲斷一切衆生

疑求法，令無猶豫故；爲滿足【佛】法求法，不樂餘乘故。是爲十。若諸菩薩安住此法，則得不由【他】教一切佛法大智慧。

佛子，菩薩摩訶薩有十種明了法。何等爲十，所謂：隨順世俗【生】長善根，是童蒙凡夫明了法；得無礙不壞信，覺法自性，是隨信行人明了法；勤修習法，隨順法住，是隨法行人明了法；遠離八邪，向八正道，是第【八】人明了法；除滅衆結，斷生死漏，見真實諦，是須陀洹人明了法；觀味是患，知無往來，是斯陀含人明了法；不樂三界，求盡有漏，於受生法乃至一念【不】生愛著，是阿那含人明了法；獲六神通，得八解脫，九定、四辯悉皆成就，是阿羅【漢】人明了法；性樂觀察一味緣起，心常寂靜，知足少事，解因自得，【悟不由】他，成就種種神通智慧，是辟支佛人明了法；智慧廣大，諸根【明】利，常樂度脫一切衆生，勤修福智助道之法，如來所有十力、無畏、一切功德具足圓【滿，是】菩薩人明了法。是爲十。若諸菩薩安住此法，則得如來無上大智明了法。

佛子，菩薩摩訶薩有十種修行法。何等爲十，所謂恭敬尊重諸善【知】識修行法，常爲諸天之所覺悟修行法，於諸佛所常懷慚愧修行法，哀愍衆生不捨生死修行法，事必究竟心無變動修行法，專念隨逐發大乘心【諸】菩薩衆精勤修學修行法，遠離邪見勤求正道修行法，摧破衆魔及煩惱業修行法，知諸衆生根性勝劣而爲說法令住佛地修行法，安住無【邊】廣大法界除滅煩惱令身清淨修行法。是爲十。若諸菩薩安住其中，則得如來無上修行法。

佛子，菩薩摩訶薩有十種魔。何等爲十，所【謂】蘊魔，生諸取故；煩惱魔，恒雜染故；業魔，能罣礙故；心魔，起高慢故；死魔，捨生處故；天魔，自憍【縱】故；善根魔，恒執取故；

---

① 大，⑨三〇七頁註②：大＝天三宮。

三昧〔115-4〕【魔，久】耽味故；善知【識】魔，【起】著心故；菩提法智魔，不頊捨離故。是爲十。菩薩【摩訶薩】應作方便，速求遠離。

佛子，菩薩摩訶【薩有十種魔業】。何等爲十，所謂：忘失菩提心修諸善根，是爲魔業；惡心布施，瞋心持【戒，捨】惡性人，【遠懈怠者】，輕慢亂意，譏嫌惡慧，是爲魔業；於【甚深法心生慳吝】，有堪化者而不爲【說】，若得財利恭敬供養，雖非法器而強爲說，是爲【魔】業；不樂聽聞諸波羅蜜，假使聞說而不修行，雖亦修行多生懈怠，以懈【怠】故，志意狹劣，不求無上大菩提法，是爲魔業；遠善知識，近惡知識，樂【求二乘，不樂受生】，志尚涅槃離欲寂靜，是爲魔業；於菩薩所起瞋恚心，惡眼視之，【求】其罪釁〈釁〉，說其過惡，斷彼所有財利供養，是爲魔業；誹謗正法不樂聽聞，假使得聞便生毀呰，見人說法不生尊重，言自說是，餘說悉非，是【爲魔業】；樂學世論巧述〈術〉①文詞，開闡二乘，隱覆深法，或以妙義授非其人，遠離菩提住於邪道，是爲魔業；已得解脫、已安隱者常樂親近而供養之，未得解脫、未安隱者不肯【親近】亦不教化，是爲魔業；增長我慢，無有恭敬，於諸衆生多行惱害，不求正法真實智慧，其心弊惡難可開悟，是爲魔業。是爲十。菩薩摩訶薩應速遠【離，勤求佛業】。

佛子，菩薩摩訶薩有十種捨離魔業。何等爲十，所謂：近善知識恭敬供養，捨離魔業；不自尊舉，不自讚歎，捨離魔業；於佛【深法】信解不謗，捨離魔業；未曾忘失一切智心，捨離魔業；勤修妙行恒不放逸，捨離魔業；常求一切菩薩藏法，捨離魔業；恒演說法，心無疲倦，捨離魔業；歸依十方一切諸佛，起救護想，捨離魔業；信受憶念一切諸佛，神力加持，捨離魔業；與一切菩薩同種善根，平等無二，捨離魔業。是爲十。若諸菩薩安住此法，則能出離一切魔道。

佛子，菩薩摩訶薩有十種見佛。何等爲十，所謂：於安住世間成正覺佛無著見，頊佛出生見，業報佛深信見，住持佛隨順見，涅槃佛深入見，法界佛普至見，心佛安住見，三昧佛無量無依見，本性佛明了見，隨樂佛普受見。是爲十。若諸菩薩安住此法，則常得見無上如來。

佛子，菩薩摩訶薩有十種佛業。何等爲十，所謂：隨時開導，是佛業，令正修行故；夢中令見，是佛業，覺昔善根故；爲他演說所未聞經，是佛業，令生智斷疑故；爲悔纏所【纏】者說出離法，是佛業，令離疑心故；若有衆生起慳悋心，乃至惡慧心、二乘心、損害心、疑惑心、散動心、憍慢心，爲現如來衆相莊嚴身，是佛業，生長過去善根故；於正法難遇時，廣爲說法，令其開〈聞〉已，得陀羅尼智、神通智，普能利益無量衆生，是佛業，勝解清淨故；若有廣〈魔〉事起，能以方便現虛空界等聲，說不損惱他法以爲對治，令其開悟，衆魔聞已威光歇滅，是佛業，志樂殊勝，威德大故；其心無間，常自守護，不〔令〕證入二乘【正】位，若有衆生根性未熟，終不爲說解脫境界，是佛業，本願所作故；生死結漏一切皆離，修菩薩行相續不斷，以大悲心攝取衆生，令其起行究竟【解脫】，是佛業，不斷修行菩薩行故；菩薩摩訶薩了達自身及以衆生本來寂滅不驚不怖而勤修福智無有猒足，雖知一切法無有造作而【亦】不捨諸法自相，雖於諸境界永離貪欲而常樂瞻奉諸佛色身，雖知不由他悟入於法而種種方便求一切智，雖知諸國土皆如虛空【而常】樂莊嚴一切佛刹，雖恒觀察無人無我而教化衆生無有疲猒，雖於法界本來不動而以神通智力現衆變化，雖已成就一切智智而修菩薩行無有休【息，雖知】諸法不可【言】說而轉淨法輪令衆心喜，雖能示現諸佛神力而不猒捨菩薩之身，雖現入於大般涅槃而一切處示現受生，能作【如是權】實雙【行法，是

---

① 術，㴇三〇八頁註①：術＝述三宮聖。

佛】業。是爲十。若諸菩薩安住其中，則得不由他教無上無師廣大業。

佛子，菩薩摩訶薩有十種慢業。何等爲十，所謂：扵師、僧、【父】母、【沙門、婆羅門、住】扵正道【向】正道者，尊重福田所而不【恭敬，是】慢業；或有法師獲宼勝法，乘扵大乘，知出要道，得陁羅尼，演說契經廣大之〔116-1〕法無有休息，而扵其所起高慢【心，及】扵所說法不【生恭敬】，是慢業；【扵衆】會中聞說妙法，不肯歎美令人信受，是慢業；好起過慢，自高陵物，不見己失，不知自短，是慢業；好【起】過過慢，【見】有【德】人應讚不【讚，見他讚歎不生歡喜，是】慢業；見有法師爲人【說】法，知是法、是【律】、是真實、【是佛語】，爲嫌其人亦嫌其法，自【起】誹謗亦令他謗，是【慢業；自求高】座，自稱法師，【應受供給，不應執事，見有者】舊久修行【人不起逢迎】、不肯【承】事，【是慢】業；見有德人，嚬〈顰〉①蹙不喜，言辭麤獷，【伺】其【過】失，是【慢】業；見有聰慧知法之【人，不肯親近恭敬供養，不肯諮問】何等爲善【何等】不善、何等應作何等不應作、作【何】等業扵長夜中而得種種利益【安樂】，愚【癡頑很】，我慢所吞，終【不】能見出【要之道，是慢業；復有衆生】慢心所覆，諸佛出世不能親近恭敬供養，新善不起，舊善消滅，不應說而說，不應【諍而諍，未來必】墮險難深坑，【扵百千劫尚不值佛，何況】聞法，但以曾發菩提心故，終自醒悟，是【慢】業。是爲十。

若諸菩薩離此慢業，則得十種智業。何【等爲】十，所謂：【信】解業【報】，不【壞】因果，【是智業；不捨菩提心，常念】諸佛，是智業；近善知識恭敬供養，其心尊重終無猒息，是智業；樂法、樂義無有猒足，【遠】離【邪】念，【勤修】正念，【是智業；扵一切衆生離扵我慢】，扵諸菩薩起如來想，愛重正法如惜己身，

尊奉如來如護己命，扵修行者生諸佛想，是【智業；身語意業】無諸不善，讚【美賢聖，隨順菩提，是智】業；不壞緣起，離諸邪見，破【闇】得明，照一切法，是智業；十種迴向隨順修行，扵諸波羅【蜜】起慈母想，【扵】善巧方便起慈父想，以深淨心入菩提舍，【是智業】；施、戒、多聞、止觀、福慧，如是一切助道之法常勤積集無有猒倦，是智業；若有一業爲佛所讚，能破衆【魔煩】惱鬬諍，能離一切【障蓋纏縛，能教化調伏一切衆生】，能隨順智慧攝取正法，能嚴淨佛刹，能發起通明，皆勤修習無【有懈退】，是智業。是爲十。若諸菩薩安住其中，則得如來一切【善巧】方便無上大智業。

佛子，菩薩摩訶薩有十種魔所攝持。何等爲十，所謂：懈怠心，魔所【攝持；志樂】狹劣，魔所攝持；扵少行生足，魔所攝持；受一非餘，魔所【攝】持；不【發】大頭，魔所攝持；樂處宼滅，斷除煩惱，魔所攝持；永斷生死，魔所攝持；捨菩【薩行，魔】所攝持；不化衆生，魔所攝持；疑謗正法，魔所攝持。是爲十。

若諸菩薩能棄捨此魔所【攝】持，則得十種佛所攝持。何等爲十，所謂：初始〔116-2〕【能】發菩提之心，佛所攝持；扵【生】生中持菩提心不念〈令〉忘失，【佛所攝持；覺】諸魔事，悉能遠離，〔佛〕所攝持；聞諸波羅蜜，如說修行，佛所攝持；知生死苦而不厭惡，佛所攝持；觀甚深法，得無量果，佛所攝持；爲諸【衆生說二乘法，而不】證取彼乘解脫，佛所攝持；樂觀無爲法而不住其中，扵有爲、無爲不生二想，佛所攝持；至無生處而現受生，佛所攝持；雖證得一切智，而起菩薩行，不斷菩薩種，佛所攝持。是爲十。若諸菩薩安住其中，則得諸佛無上攝持力。

佛子，菩薩摩訶薩有十種法所攝持。何等爲

---

① 顰，砸三〇八頁註②：顰＝嚬宮㘚。

十，所謂：知一切行無常，法所攝持；知一切行苦，法所攝持；知一切行無我，法所攝持；知一切法寂滅涅槃，法所攝持；知諸法從緣起，無緣則不起，法所攝持；知不正思惟故起於無明，無明起故乃至老死起，不正思惟滅故無明滅，無明滅故乃至老死滅，法所攝持；知三解脫門出生聲聞乘，證無諍法出生獨覺乘，法所攝持；知六波羅蜜、四攝法出生大乘，法所攝持；知一切剎、一切法、一切眾生、一切世是佛智境界，法所攝持；知斷一切念，捨一切取，離前後際，隨順涅槃，法所攝持。是為十。若諸菩薩安住其中，則得一切諸佛無上法所攝持。

佛子，菩薩摩訶薩住兜率天，有十種所作業。何等為十，所謂：為欲界諸天子說厭離法言：一切自在皆是無常，一切快樂悉當衰謝。勸彼諸天發菩提心。是為第一所作業。為色界諸天說入出諸禪解脫三昧，若於其中而生愛者，因愛復起身見、邪見、無明等者，則為其說如實智慧；若於一切色、非色法起顛倒想，以為清淨，為說不淨皆是無常，勸其令發菩提之心。是為第二所作業。菩薩摩訶薩住兜率天，入三昧，名光明莊嚴，身放光明，遍照三千大千世界，隨眾生心，以種種音而為說法；眾生聞已，信心清淨，命終生於兜率天中，勸其令發菩提之心。是為第三所作業。菩薩摩訶薩在兜率天，以無罣礙眼普見十方兜率天中一切菩薩，彼諸菩薩皆亦見此；互相見已，論說妙法，謂降神母胎、初生、出家、往詣道場、具大莊嚴；而復示現往昔已來所行之行，以彼行故成此大智；所有功德不離本處，而能示現如是等事。是為第四所作業。菩薩摩訶薩住兜率天，十方一切兜率天宮諸菩薩眾，皆悉來集，恭敬圍繞；尒時，菩薩摩訶薩欲令彼諸菩〔116-3〕【薩】皆滿其願生歡喜故，隨彼菩薩所應住地、所行所斷、所修所證，演說法門；彼諸菩薩聞說法已，皆大歡喜，得未曾有，各還本土所住宮殿。是為第五所作業。菩薩摩訶薩住兜率天時，欲界主天魔波旬，為欲壞亂菩薩業故，眷屬圍繞詣菩薩所；尒時，菩薩為摧伏魔軍故，住金剛道所攝般若波【羅】蜜方便善巧智慧門，以柔軟、麤獷二種語而為說法，令魔波旬不得其便；魔見菩薩自在威力，皆發阿耨多羅三藐三菩提心。是為第六所作業。菩薩摩訶薩住兜率天，知欲界諸天子不樂聞法；尒時，菩薩出大音聲，遍告之言：今日菩薩當於宮中現希有事，若欲見者宜速往詣。時，諸天子聞是語已，無量百千億那由他皆來集會；尒時，菩薩見諸天眾皆來集已，為現宮中諸希有事；彼諸天子曾未見聞，既得見已，皆大歡喜，其心醉沒；又於樂中出聲告言：諸仁者，一切諸行皆悉無常，一切諸行皆悉是苦，一切諸法皆悉無我，涅槃寂滅。又復告言：汝等皆應修菩薩行，皆當圓滿一切智智。彼諸天子聞此法音，憂戚咨〔諮〕嗟而生厭離，靡不皆發菩提之心。是為第七所作業。菩薩摩訶薩住兜率宮，不捨本處，悉能往詣十方無量一切佛所，見諸如來親近禮拜恭敬聽法；尒時，諸佛欲令菩薩獲得最上灌頂法故，為說菩薩地，名一切神通，以一念相應慧，具足一切最勝功德，入一切智智位。是為第八所作業。菩薩摩訶薩住兜率宮，為欲供養諸如來故，以大神力興起種種諸供養具，名殊勝可樂，遍法界、虛空界、一切世界供養諸佛；彼世界中無量眾生見此供養，皆發阿耨多羅三藐三菩提心。是為第九所作業。菩薩摩訶薩住兜率天，出無量無邊如幻如影法門，周遍十方一切世界，示現種種色、種種相、種種形體、種種威儀、種種事業、種種方便、種種譬喻〔諭〕、種種言說，隨眾生心皆令歡喜。是為第十所作業。佛子，是為菩薩摩訶薩住兜率天十種所作業。若諸菩薩成就此法，則能於後下生人間。

佛子，菩薩摩訶薩於兜率天將下生時〔116-4〕，現十種事。何等為十，佛子，菩薩【摩】訶薩於兜率天下生之時，從於足下放大光明，名安樂莊嚴，普照三千大千世界一切惡趣諸難衆生；觸斯光者，莫不皆得離苦安樂；得安樂已，悉知將有奇特大人出興于世。是爲第一所示現事。佛子，菩薩摩訶薩於兜率天下生之時，從於眉間白毫相中放大光明，名曰覺悟，普照三千大千世界，照彼宿世一切同行諸菩薩身；彼諸菩薩毫光照已，咸知菩薩將欲下生，各各出興無量供具，詣菩薩所而爲供養。是爲第二所示現事。佛子，菩薩摩訶薩於兜率天將下生時，於右掌中放大光明，名清淨境界，悉能嚴淨一切三千大千世界，其中若有已得無漏諸辟支佛覺斯光者，即捨壽命；若不覺者，光明力故，徙置他方；餘世界中一切諸魔及諸外道、有見衆生，皆亦徙置他方世界，唯除諸佛神力所持應化衆生。是爲第三所示現事。佛子，菩薩摩訶薩於兜率天將下生時，從其兩膝放大光明，名清淨莊嚴，普照一切諸天宮殿，下從護世，上至淨居，靡不周遍；彼諸天寺，咸知菩薩於兜率天將欲下生，俱懷戀慕，悲歎憂惱，各持種種花鬘、衣服、塗香、末香、憧〈幡〉蓋、技〈妓〉①樂，詣菩薩所恭敬供養，隨逐下生乃至涅槃。是爲第四所示現事。佛子，菩薩摩訶薩在兜率天將下生時，於卐字金剛莊嚴心藏中放大光明，名無能勝幢〈幢〉，普照十方一切世界金剛力士；時，有百億金剛力士皆悉來集，隨逐侍衛，始於下生，乃至涅槃。是爲第五所示現事。佛子，菩薩摩訶薩於兜率天將下生時，從【其身】上一切毛孔放大光明，名分別衆生，普照一切大千世界，遍觸一切諸菩薩身，復觸一切諸天世人；諸菩薩等咸作是念：我應住此，供養如來，教化衆生。是【爲第六所】示現事。佛子，菩薩摩訶薩於兜率天將下生時，從大摩尼寶藏殿中放大光明，名善住觀察，照此菩薩當生之處所託王宮；其光照已，諸餘菩【薩皆共】隨逐下閻浮提，若於其家、若其聚落、若其城邑而現受生，爲欲教化諸衆生故。是爲第七所示現事。佛子，菩薩摩訶薩於兜率天臨下生時，【從天宮】殿及大樓閣諸莊嚴中放大光明，

名一切宮殿清【淨】莊嚴，照所生母腹；光明照已，令菩薩母安隱快樂，具足成就一切功德，其母腹中自然而有廣大【樓閣大】摩尼寶而爲莊嚴，爲欲安處菩薩身故。是爲第八所示現事。佛子，菩薩摩訶薩於兜率天臨下生時，從兩足下放大光明，名爲善住；若諸【天子及】諸梵天其命【將終，蒙】光照觸皆得住壽，供養菩薩【從初下生乃】至涅槃。是爲第九所示現事。佛子，菩薩摩訶薩於兜率天臨下生時，從隨好中放大光明，【名曰眼】莊嚴，示現菩薩種【種】諸【業】；時，諸人、天或見菩薩住兜率天，或見入胎，或見【初生，或見出家，或】見成道，或見降魔，或見轉法輪，或見入涅槃。是爲【第】十所示現【事。佛子，菩薩】摩訶薩於身、於座、於宮殿、於樓閣中，放如是等百萬阿僧祇光明，【悉現種】種諸菩薩【業；現是業已，具】足一切功德【法故，從兜率】天下生人〔116-5〕【間】。

【大方廣佛華嚴經卷第五十八】

————————

① 妓，⑩三一〇頁註④：妓＝伎⑲。

大方廣佛花嚴經
離世閒品第三十八之七
卷五十九・五十九之〔上〕

【佛】子，菩薩摩訶薩示現處【胎，有十】種【事。何】等爲十，佛子，菩薩【摩訶薩爲】欲成就小心劣解諸衆生故，不欲令彼起如是念：今此菩薩自然【化生，智】慧善根不從修得。是故菩薩示現處胎。是爲第一事。菩薩摩訶【薩】爲成熟父母及諸眷屬、宿世同行衆生善根，示現處胎。何以故，彼皆應以見於處胎成熟所有諸善根故。是爲第二事。菩薩摩訶薩入母胎時，正念正知，無有迷惑；住母胎已，心恒正念，亦無錯亂。是爲第三事。菩薩摩訶薩在母胎中常演說法，十方世界諸大菩薩、釋、梵、四王皆來【集】會，悉令獲得無量神力、無邊智慧，菩薩處胎成就如是辯才、勝用。是爲第四事。菩薩摩訶薩在母胎中集大衆會，以本願力教化一切諸【菩薩】衆。是爲第五事。菩薩摩訶薩於人中成佛，應具人聞〈閒〉寂勝受生，以此示現處於母胎。是爲第六事。菩薩摩訶薩在母胎中，三千大千世界衆生悉見菩【薩，如明】鏡中見其面像；爾時，大心天、龍、夜叉、乾闥婆、阿修羅、迦樓羅、緊那羅、摩睺羅伽、人、非人等，皆詣菩薩，恭敬供養。是爲第七事。菩薩摩訶薩在母胎【中，他方世】界一切最後生菩薩在母胎者，皆來共會，說大集法門，名廣大智慧藏。是爲第八事。菩薩摩訶薩在母胎時，入離垢藏三昧，以三昧力，於母胎中現【大宮】殿，種種嚴飾悉皆妙好，兜率天宮不可爲比，而令母身安隱無患。是爲第九

事。菩薩摩訶薩住母胎時，以大威力興供養具，名開大福德離垢【藏，普遍十】方一切世界，供養一切諸佛如來，彼諸如來咸爲演說無邊菩薩住處法界藏。是爲第十事。佛子，是爲菩薩摩訶薩示現處胎十種事。若諸【菩薩】了達此法，則能示現甚微細趣。

佛子，菩薩摩訶薩有十種甚微細趣。何等爲十，所謂：在母胎中，示現初發菩提心，乃至灌頂地；在母胎中，示現住兜率天；【在母】胎中，〔示現初生；在母胎中〕，示現童子地；在母胎中，示現處王宮；在母胎中，示現出家；在母胎中，示現苦行，往詣道場，成等正覺；在母胎中，示現轉法輪；在母胎中，是〈示〉現般涅槃；在母胎中，示現大微【細】，謂一切菩薩行一切如來自在神力無量差別門。佛子，是爲菩薩摩訶薩在母胎中十種微細趣。若諸菩薩安住此法，則得如來無上大智慧微細趣。

佛子，菩薩【摩】訶薩有十種生。何等爲十，所謂：遠離愚癡正念正知生；放大光明網普照三千大千世界生；住最後有更不受後身生；不生不起生；知二界如幻生；於十方【世】界普現身生；證一切智智身生；放一切佛光明普覺悟一切衆生身生；入大智觀察三昧身生；佛子，菩薩生時，振〈震〉動一切佛刹，解脫一切衆生，除滅一切惡道，暎蔽一切諸魔，無量菩薩皆來集會。佛子，是爲菩薩摩訶薩十種生，爲調伏

439

衆生故，如是示現。

佛子，菩薩摩訶薩以十事故，示現微笑心自誓。何等爲十，所謂：菩薩摩訶薩念言：一切世閒沒ᶜ〈歿〉在欲泥，除我一人無能免濟。如是知已，熙怡微笑心自誓。復念言：一切世閒煩惱所盲，唯我今者具【足智】慧。如是知【已，熙】怡微笑心自誓。又念言：我今因此假名身故，當得如來充滿三世無上法身。如是知已，熙怡微笑心自誓。菩薩尒時〔117-1〕，【以無障】礙【眼，遍觀十】方所有梵天，乃至一切大自在天，作是念言：此等衆生，皆自謂爲有大智力。如是知已，熙怡微笑心自誓。菩薩尒時【觀諸衆】生，久種善根，今皆退沒；如是知已，熙怡微笑心自誓。菩薩觀見世閒種子，所種雖少，獲果甚多；如是知已，熙怡微笑【心自】誓。菩薩觀見一切衆生，豪佛所教，必得利益；如是知已，熙怡微笑心自誓。菩薩觀見過去世中同行菩薩，深〈染〉著餘事，不得佛法廣大功德；如是知已，熙怡微笑心自誓。菩薩觀見過去世中共同〈同共〉①集會諸天人等，至今猶在凡夫之地，不能捨離，亦不疲猒；如是知已，熙怡微笑心自誓。菩薩尒時，爲一切如來光明所觸，倍加欣慰，熙怡微笑心自誓。是爲十。佛子，菩薩爲調伏衆生故，如是示現。

佛子，菩薩摩訶薩以十事故，示行七步。何等爲十，所謂：現菩薩力故，示行七步；現施七財故，示行七步；滿地神願【故】，示行七步；現超三界相故，示行七步；現菩薩最勝行超過爲王、牛王、師子王行故，示行七步；現金剛地相故，示行七步；現欲與衆生勇猛力故，示行七步；現修行七覺寶故，示行七步；現所得法不由他教故，示行七步；現於世閒最勝無比故，示行〔七〕步。是爲十。佛子，菩薩爲調伏衆生故，如是示現。

佛子，菩薩摩訶薩以十事故，現處童子地。

何等爲十，所謂：爲現通達一切古聞文字、筭計、圖書、印璽種種業故，處童子地；爲現通達一切世閒烏馬、車乘、弧矢、劒戟種種業故，處童子地；爲現通達一切世閒文筆、談論、博〈博〉弈、嬉戲種種事故，處童子地；爲現逺離身語意業諸過失故，處童子地；爲現入定住涅槃門，周遍十方無量世界故，處童子地；爲現其力超過一切天、龍、夜叉、乹闥婆、阿修羅、迦樓羅、緊那羅、摩睺羅伽、釋、梵、護世、人、非人等故，處童子地；爲現菩薩色相威光超過一切釋、梵、護世故，處童子地；爲令躭著欲樂衆生歡喜樂法故，處童子地；爲尊重正法，勤供養佛，周遍十方一切世界故，處童子地；爲現得佛加被豪法光明故，處童子地。是爲十。

佛子，菩薩摩訶薩現童子地已，以十事故現處王宮。何等爲十，所謂：爲令宿古同行衆生譱根成熟故，現處王宮；爲顯示菩薩善根力故，現處王宮；爲諸人、天躭著樂具，示現菩薩〔117-2〕大威【德樂具故】，現處王宮；順五濁世衆生心故，現處王宮；【爲現菩薩大威德力】能於深宮入三昧故，現【處王宮】；爲令宿世同〈同〉頴衆生滿其意故，現處王宮；欲令父母、親戚、眷属滿所頤故，現處【王宮；欲以妓樂出】妙法音供養一切諸如來故，現處王宮；欲於宮内住微妙三昧，始從成佛乃至涅槃皆示現故，現處王宮；爲隨順守護諸佛【法故，現處】王宮。是爲十。宷後身菩薩如是示現處王宮已，然後【出】家。

佛子，菩薩摩訶薩以十事故，示現出家。何等爲十，所謂：爲猒居家故，示現出家；爲著家衆生令捨離故，示現出家；爲隨順信樂聖人【道】故，示現出家；爲宣楊〈揚〉讚歎出家功德故，示現出家；爲顯永離二邊見故，示現出

---

① 同共，砸三一一頁註②：同共＝共同二宮。

大方廣佛花嚴經離世間品第三十八之七

家；爲令衆生離欲樂、我樂故，示現出家；爲先現出三界相【故，示】現出家；爲現自在不屬他故，示現出家；爲顯當得如來十力、無畏法故，示現出家；㝡後菩薩法應尒故，示現出家。是爲十。菩薩以此調伏衆生。

【佛子，菩】薩摩訶薩爲十種事故，示行苦行。何等爲十，所謂：爲成就劣解衆生故，示行苦行；爲㧞邪見衆生故，示行苦行；爲不信業報衆生令見業報故，示【行苦】行；爲随順雜染世界法應尒故，示行苦行；示能忍㓜勞勤修道故，示行苦行；爲令衆生樂求法故，示行苦行；爲着欲樂、我樂衆生故，示行苦行；【爲】顯菩薩起行殊勝，乃至㝡後生猶不捨勤精進故，示行苦行；爲諸天世人諸根未熟，待時成熟故，示行苦行。是爲十。菩薩以此方便調伏一切衆生。

佛【子】，菩薩摩訶薩往詣道場有十種事。何等爲十，所謂：詣道場時，照曜〈耀〉① 一切世界；詣道場時，振〈震〉動一切世界；詣道場時，扵一切世界普現其身；詣道場時，【覺悟】一切菩薩及一切宿世同行衆生；詣道場時，示現道場一切荘嚴；詣道場時，随諸衆生心之所欲，而爲現身種種威儀，及菩提樹一切荘嚴；詣道場時，現【見】十方一切如來；詣道場時，舉足、下足常入三昧，念念成佛無有超隔；詣道場時，一切天、龍、夜叉、乹闥婆、阿俻羅、迦樓羅、緊那羅、摩睺羅伽、釋、梵、護世一切【諸】王各不相知，而興種種上妙供養；詣道場時，以無礙智，普觀一切諸佛如來扵一切世界修菩薩行而成正覺。是爲十。菩薩以此敎化衆生。

佛子，菩薩【摩】訶薩坐道場有十種事。何等爲十，所謂：坐道場時，種種振〈震〉② 動一切世界；坐道場時，平等照曜一切世界；坐道場時，除滅一切諸惡趣苦；坐道場時，令一切世界金剛所成；坐道【場】時，普觀一切諸佛如來師子之座；坐道場時，心如虛空，無所分別；坐道場時，随其所應，現身威儀；坐道場【時】，随【順】安住金剛三昧；坐道場時，受一切如來神力所持清淨妙處；坐道場時，自善根力悉能加被一切衆生。是爲十。

佛子，菩薩摩訶薩坐道【場時，有十種奇特未】曾有事。何等爲十，佛子，菩薩摩訶薩坐道場時，十方世界一切如來皆現其前，咸舉右手而稱讚言：善㢤善㢤，無上【導師，是爲第一未曾】有事。菩薩摩訶薩【坐】道場時，一切如來皆悉護念，與其威力，是爲第二未曾有事。菩薩摩訶薩坐道場時，宿【世同行諸菩薩衆悉】来圍繞，以種種荘嚴【具】恭敬供養，是爲第三未曾有事。菩薩摩訶薩坐道場時，一切世界草木、叢【林諸無情物，皆曲身低影，歸向】道場，是爲〔117-3〕【第四未曾有事】。菩薩摩訶薩坐道場【時】，入三昧，名觀察法界，此三昧力能令菩薩一切諸行悉得圓滿，【是爲第五未曾有事】。菩薩摩訶薩坐道場【時，得】陁羅尼，名最上離垢妙光海藏，能受一切諸佛如來大雲法雨，是爲第六未曾有事。菩薩摩訶薩坐道場時，以威德力興上妙供具，遍一切世界供養諸佛，是爲第七未曾有事。菩薩摩訶薩坐道場時，住㝡勝智，悉現了知一切衆生諸根意行，是爲第八未曾有事。菩薩摩訶薩坐道場時，入三昧，名善覺，此三昧力能令其身充滿三世盡虛空界一切世界，是爲第九未曾有事。菩薩摩訶薩坐道場時，得離垢光明无㝵大智，令其身業普入三世，是爲弟十未曾有事。佛子，是爲菩薩摩訶薩坐道場時，十種奇特未曾有事。

佛子，菩薩摩訶薩坐道場時，觀十種義故，示現降魔。何等爲十，所謂：爲濁世衆生樂扵鬪戰，欲顯菩薩威德力故，示現降魔；爲諸天世人有懷疑者，斷彼疑故，示現降魔；爲敎化調伏諸

---

① 耀，㊦三一二頁註③：耀＝曜㊝，下同。
② 震，㊦三一二頁註⑥：震＝振㊝。

441

魔軍故，示現降魔；爲欲令諸天、世人樂軍陣者，咸来聚觀，心調伏故，示現降魔；爲顯示菩薩所有威力世無能敵故，示現降魔；爲欲發起一切衆生勇猛力故，示現降魔；爲哀愍未〈末〉世諸衆生故，示現降魔；爲欲顯示乃至道場猶有魔軍而来觸惱，此後乃得超魔境界故，示現降魔；爲顯煩惱業用羸劣，大慈善根勢力强盛故，示現降魔；爲欲隨順濁惡世界所行法故，示現降魔。是爲十。

佛子，菩薩摩訶薩有十種成如来力。何等爲十，所謂：超過一切衆魔煩惱業故，成如来力；具足一切菩薩行，遊戲一切菩薩三昧門故，成如来力；具足一切菩薩廣大禪定故，成如来力；圓滿一切白淨助道法故，成如来力；得一切法智慧光明，善思惟分別故，成如来力；其身周遍一切世界故，成如来力；所出言音悉與一切衆生心等故，成如来力；能以神力加持一切故，成如来力；與三世諸佛身語意業等無有異，於一念中了三世法故，成如来力；得善覺智三昧，具如来十力，所謂是處非處智力乃至漏盡智力故，成如来力。是爲十。若諸菩薩具此十力，則名如来應正等覺。

佛子，如来應正等覺轉〔大法輪〕有十（種）種事。【何】等爲十，一者，具足清淨四無畏智；二者，出生四辯隨順音聲；三者，善能開闡四真諦相；四者，隨順諸佛無尋解脫；五者，能令衆生心皆淨【信；六】者，所有言說皆不唐損〈捐〉，能拔衆生諸苦毒箭；七者，大悲顏力之所加持；八者，隨出音聲普遍十方一切世界；九者，於阿僧祇劫說法【不斷】；十者，隨所說法皆能生起根、力、覺道、禪定、解脫、三昧等法。佛子，諸佛如来轉於法輪，有如是等無量種事。

佛子，如来應正等覺轉【法輪】時，以十事故，於衆生心中種白淨法，無空過者。何等爲十，所謂過去願力故；大悲所持故；不捨衆生【故】；智慧自在，隨其所樂爲說〔117-4〕【法故；必應其時】，未曾失【故；隨其所宜，無妄說故；知三世智，善了知故；其身最勝，無與等故；言辭自在，無能測故；智慧自在，隨】所發【言悉開悟故。是爲】十。

佛【子，如来應正等覺作佛事已，觀十種義故，示般涅槃。何等爲十，所謂：示一切行實】無常故；示一切有爲【非安隱故；示大涅槃是安隱處】，無怖畏故；以諸【人天樂著色身，爲現色身是無常法，令】其顛【倒住淨法】身故；示無【常力不可轉故】；示【一切有爲不隨心住，不自在故；示一切三有皆如幻化，不堅牢故；示涅槃性究竟】堅牢，不【可壞】故；示一切法無生無起而有聚集、散壞相故。佛子，【諸佛世尊作佛事已，所願滿已，轉法輪已，應化度者皆化度已，有諸菩薩應受尊號成記別已，法應如是入於不變大般涅槃。佛】子，是【爲】如来應正等覺觀十【義故，示般涅槃】。

【佛子，此法門名：菩薩廣大】清淨行。【無】量諸佛所共宣說，【能】令【智者了無】量【義皆】生歡喜，【令】一切【菩】薩【大】願、大【行】皆得相【續。佛子，若有衆生得聞此法，聞已信解，解已修行，必得疾成】阿耨【多羅三藐三菩提。何以故，以如說修行故。佛子，若諸菩薩不如說行，當知是人於佛】菩提【則爲永離，是故菩薩應如說行。佛子，此一切菩薩功德行處決定義華，普入一切法，普生一切智，超諸世間，離二乘道，不與一切諸】衆生共，悉【能照了一切】法門，增長衆生出世【善根】，離世閒法【門品，應尊重，應聽受，應誦持，應思惟，應願樂，應修行；若能如】是，當【知】是人【疾】得阿耨多羅三藐三菩提。

【說此】品【時，佛神力故，及此法門法如是故，十方無量無邊阿僧祇世界皆大震動，大光】普照。尒時，十方諸佛皆【現普賢菩薩前，讃言：善哉善哉，佛子，乃能說此諸菩薩摩訶薩功德行處決定義華普入一切佛法】出世間【法】門品。佛子，汝已善學此法，【善說此法。汝以威力護持此法，我等諸佛悉皆隨喜；如我等諸佛隨喜於汝，一切諸佛】悉亦如是。佛子，我等諸佛悉共同【心護持此經，令】現在、【未來】諸【菩薩眾】未曾聞【者皆當得聞】。

【爾】時，【普賢菩薩摩訶薩承】佛神力，觀察【十方一切大眾】泪于法界【而說頌言】：

【於無量劫】修苦行，【從無量佛正法生，
令無量眾住菩提，彼無等行聽我說】。
供無量【佛】而捨著，廣度群【生不作想，
求佛功德心】無依，【彼勝妙行】我今說。
離三界【魔煩惱業，具聖功德最勝行，
滅諸癡惑心寂然，我今說彼所行】道。
【永離】世間諸【諂幻，種】種【變化示眾生，
心生住滅現眾事，說彼所能令眾喜】。
見諸眾生生【老死】，煩惱憂橫所纏迫，
【欲令解脫教發心，彼功德行應聽受。
施戒忍進禪智慧，方便慈悲喜捨等，
百千萬劫常】修行，彼人功【德仁應聽。
千萬】億劫求菩提，【所有身命皆無吝，
願益群生不為己，彼慈愍行我今說。
無量億劫演其德，如海一滴未為少】，
功德無比不可喻〈諭〉①，【以佛威】神今【略】說。

【其心無高下，求道無厭倦，
普使諸眾生，住善增淨法。
智慧普饒益，如樹如河泉，
亦如於大地，一切所依處。
菩薩如蓮華，慈根安隱莖，
智慧為眾藥，戒品為香潔。
佛放法光明，令彼得開敷，
不著有為水，見者皆欣樂。
菩薩妙法樹，生於直心地，
信種慈悲根，智慧以為身，
方便為枝幹，五度為繁密，
定葉神通華，一切智為果。
最上力為鳥，垂陰覆三界。
菩薩師子王，白淨法為身。
四諦為其足，正念以為頸，
慈眼智慧首，頂繫解脫繒，
勝義空谷中，吼法怖眾魔。
菩薩為商主，普見諸群生，
在生死曠野，煩惱險惡處，
魔賊之所攝，癡盲失正道，
示】其正直【路，令入無畏城。
菩薩見眾生，三毒煩惱病，
種】種諸苦惱，長夜所煎【迫】；
為發大悲【心，廣說】對【治門，
八】萬四千【種】，滅除【眾】苦患。
菩薩為【法】王，正【道化眾生，
令遠惡修善，專求佛功德；
一】切諸佛【所，灌】頂受〈授〉② 尊記，
廣施眾聖財，菩提【分】珍【寶】。
菩薩【轉法輪，如佛之所】轉，
戒【轂三昧輞，智】莊慧【為劍，
既破煩惱賊，亦殄眾魔怨，
一切諸外道，見之無不散。
菩薩智慧海，深廣】無涯際，
【正法味盈洽，覺分寶充滿，
大心無邊】岸，【一切智為潮，
眾生莫能測，說之不可盡。
菩薩須彌山，超出於世】間，
神通【三昧峯，大心安不動；
若】有親近者，同其智【慧色，
迥絕眾境界，一切無不觀。
菩薩如金剛，志求一切】智，

---

① 諭，砳三一四頁註②：諭＝喻三宮聖。
② 授，砳三一四頁註⑤：授＝受二宮。

信心及【苦行，堅固不可動；
其心】無所畏，饒益諸群生，
【衆魔與煩惱，一切悉】摧滅。
菩薩大慈悲，【譬如重密雲，
三明發】電光，【神足震雷音，
普以四辯才，雨八功德水】，
潤洽【於一切，令除煩惱熱。
菩薩正法城，般若以】爲【牆，
慚】愧爲【深塹】，智慧【爲】却【敵，
廣開解脫門，正念恒防守，
四諦坦王道，六通集兵仗，
復建大法幢，周迴遍其下；
三有諸魔衆，一切無能入。
菩薩迦樓羅，如意爲堅足，
方便勇猛翅，慈悲明淨眼，
住一切智樹，觀三有大海，
搏撮天人龍，安置涅槃岸。
菩薩正法日，出現於世間，
戒】品圓淵〔118①-1〕【輪，神足速疾行，
照以智慧光，長諸根力藥，
滅除煩惱闇，消竭愛欲海。
菩薩智光月，法界以爲輪，
遊於畢竟空，世間無不見；
三界識心內，隨時有增減；
二乘星宿中，一切無儔匹。
菩薩大法王，功德莊嚴身，
相好皆具足，人天悉瞻仰，
方便清淨目，智慧金剛杵，
於法得自在，以道化群生。
菩薩大梵王，自在超三有，
業惑悉皆斷，慈捨靡不具，
處處示現身，開悟以法音，
於彼三界中，拔諸邪見根。
菩薩自在天，超過生死地，
境界常清淨，智慧無退轉，
絕彼下乘道，受諸灌頂法，

功德智慧具，名稱靡不聞。
菩薩智慧心，清淨如虛空，
無性無依處，一切不可得，
有大自在力，能成世間事，
自具清淨行，令衆生亦然。
菩薩方便地，饒益諸衆生；
菩薩慈悲水，澣滌諸煩惱；
菩薩智慧火，燒諸惑習薪；
菩薩無住風，遊行三有空。
菩薩如珍寶，能濟貧窮厄；
菩薩如金剛，能摧顛倒見；
菩薩如瓔珞，莊嚴三有身；
菩薩如摩尼，增長一切行。
菩薩德如華】，常發菩提【分】；
菩薩【願如鬘，恒繫衆生首。
菩薩淨戒香，堅持無缺犯；
菩薩智塗香】，普熏於三界。
菩薩力如【帳，能遮煩惱塵；
菩薩智如幢】，能摧我慢敵。
【妙】行【爲繒綵，莊嚴於智慧，
慚愧作衣服，普】覆【諸】羣生。
菩薩無礙【乘，巾】之出三界；
菩薩大力烏，【其心善調伏；
菩薩神足馬】，騰步超諸有；
菩薩說法龍，普【雨衆生心；
菩薩優曇華，世間難】值遇；
菩薩大【勇】將，衆魔悉降伏；
菩薩轉法輪，如【佛之所轉；
菩薩燈破闇，衆生】見正道；
菩薩功德河，【恒】順正道流；
菩薩精進橋，【廣度諸群】品。
【大智與弘】誓，共【作堅牢船】，
引接諸衆生，安【置菩提岸。
菩薩遊戲園，真實】樂【衆生；
菩薩】解脫【華，莊嚴】智【宮】殿；
菩薩如妙藥，【滅除煩惱病】；

444

大方廣佛花嚴經離世間品第三十八之七

菩薩【如雪山，出生智慧藥。
菩】薩莩扵佛，覺悟【諸群生，
佛心豈有他，正覺覺世間。
如佛之所來】，菩【薩】如是来；
亦如一切智，以【智入普】門。
菩薩善開覲，一切【諸群生；
菩】薩自然覺，一切【智境界。
菩薩無量力，世間莫能壞；
菩薩無畏智，知衆生】及法。
一切諸世間，色相各【差】別，
【音】聲【及】名字，悉皆【分別知。
雖離】扵名色，而【現種種相；
一切諸衆生，莫能測其道。
如是等功德，菩薩悉成就，
了】性皆無性，有無無所著。
如是【一切】智，【無盡無所依】，
我今當演說，令衆【生歡喜。
雖知諸法相，如幻悉空寂，
而以悲願心，及佛威神力，
現神通變化，種種無量事；
如是諸功德，汝等應聽受。
一身】能示現，無量【差別身，
無心無境界，普應一切衆。
一音中具演，一切諸言音；
衆生語言法，隨類皆能作。
永離煩惱身，而現自在身，
知法不】可說，而〔118①-2〕【作種種說。
其心常寂滅，清淨如虛空，
而普莊嚴刹，示現一切衆。
扵身無所著，而能示現身；
一切世間中，隨應而受生。
雖生一切處，亦不住受生，
知身如虛空，種種隨心現。
菩薩身無邊，普現一切處，
常恭敬供養，最勝兩足尊。
香華衆妓樂，幢幡及寶蓋，

恒以深淨心，供養扵諸佛。
不離一佛會，普在諸佛所，
扵彼大衆中，問難聽受法。
聞法入三昧，一一無量門，
起定亦復然，示現無窮盡。
智慧巧方便，了世皆如幻，
而能現世間，無邊諸幻法。
示現種種色，亦現心及語，
入諸想網中，而恒無所著。
或現初發心，利益扵世間；
或現久修行，廣大無邊際】，
施戒忍【精進，禪定及智慧，
四梵四攝等，一切最勝】法。
或現【行成滿，得忍無分別；
或現一生繫，諸佛與灌頂。
或現聲聞相，或復現緣覺，
處處】般涅槃，不捨菩提行。
【或現爲帝釋，或現爲梵王，
或天女圍】繞，或時獨【宴默。
或現爲比丘，寂靜調其心；
或現自在王，統理世間法。
或現巧術女】，或現修苦行，
或現受五欲，【或現入諸禪。
或現初始生，或少或老死】。
若有思議者，【心疑發狂亂。
或現在天宮，或現始降神，
或入或住胎，或佛轉法輪】。
或生或涅【槃，或現】入學堂，
【或在采女中，或離俗修禪。
或坐菩提】樹，自然成正覺；
或現【轉法輪，或現始求道。
或現爲佛身，宴坐無量刹；
或修】不退道，積集菩提具。
【深】入無數劫，皆【悉】到彼岸；
無量劫【一念，一念無】量劫。
一切劫非劫，爲世示【現劫，

445

無來無積集，成就諸劫】事。
扵一微塵中，普見一切佛；
十方一切【處，無】處而不有。
國土衆生法，次苐悉【皆】見；
經無量劫觀，究竟不可盡。
菩薩知衆【生，廣大無有邊；
彼一衆生】身，無量因緣起。
如知一無量，一切悉亦然；
随其所通達，教諸未學者。
悉知衆生根，上中下不同；
亦知根轉移，應化不應【化；
一根一切根，展轉因緣】力，
微細各差別，次苐無錯乱。
又知其欲解，一切煩惱習；
亦知去来今，所有諸心行。
了達一切行，無来亦無去；
既知其行【已，爲】說無【上法。
雜染清淨行】，種種悉了知，
一念得菩提，成就一切智。
住佛不思議，究竟智慧心，
一念悉能知，一切衆生行。
菩薩【神】通智，功力已自【在】，
能扵一念【中，往詣無邊剎】。
如是速疾往，盡扵無數劫，
無處而不周，莫動毫端分。
譬如工幻師，示現種種色，
扵彼幻中求，無色無非色。
菩薩亦如是，以方便【智幻，
種種皆示現，充滿於】世間。
譬如淨日月，皎鏡在虛空，
影現扵衆水，不爲水所雜。
菩薩淨法輪，當知亦如是，
現世間心水，不爲世所雜。
如人睡夢【中，造作種種事，
雖經億千歲】，一夜未終盡。

菩薩住法性，示現一切事，
無量劫可極，一念智無盡。
譬如山谷中，及以宮殿間，
種種皆響應，而實無【分別。
菩薩住法性，能以自在智】，
廣出隨類音，亦復無分別。
如有見陽燄，想之以爲水，
馳逐不得飲，展轉更增渴。
衆生煩惱心，應知亦如是；
菩薩起慈【愍，救之令出離。
觀色如】聚沫，受如水上泡，
想如熱時燄，諸行如芭蕉。
【心】識猶如幻，示現種種事；
如是知諸蘊，智者無所著。
諸處悉【空寂，如機關動轉；
諸】界性永離，妄現扵世間。
菩薩住真實，寂滅苐一義，
種種廣宣暢，而心無所依。
無来亦無【去，亦復無有住】，
煩惱業苦【因，三種恒流轉】。
緣起非有無，非實亦非虛，
如是入中道，說之無所著。
能扵一念中，普現三世心，
欲色無【色界，一切種種】事。
隨【順三律儀，演說三解脫】，
建立三乘道，成就一切智。
了達處非處，諸業及諸根，
界解與禪定，一切至處道。
宿命念天眼，滅除【一切惑，
知佛十種力，而未能成就。
了達諸法空，而常】求妙法，
不與煩惱合，而亦不盡漏。
廣知出離道，而以度衆生，
扵此得無畏，不捨修諸行。
無諛【無違道，亦不失正念，

大方廣佛花嚴經離世間品第三十八之七

精進】欲【三昧，觀慧無損減。
三】聚皆清淨，三世悉明達，
大慈愍衆生，一切無罣礙。
由入此法門，得成如是行，
我說其少分，功德莊【嚴義。
窮於無數劫】，說彼行【無盡，
我今說少分，如】大地一塵。
依於佛智住，起於奇特想，
修行寂勝行，具足大慈悲。
精勤自安慰〈隱〉①，教化諸含識，
安住【淨戒中，具諸授記行】。
能入佛【功德，衆生行及刹，
劫】世悉亦知，無有疲猒想。
差別智摠持，通達真實義，
思惟說無比，寂靜尋正覺。
發於普賢心，及修【其行願，
慈悲因緣力，趣道意清淨。
修行波羅蜜，究】竟隨覺智，
證知力自在，成無上菩提。
成就平等智，演說寂勝法，
能持具妙辯，逮得法王處。
遠離於諸【著，演說心平等，
出生於智慧，變化得菩提。
住】持一切劫，智者大欣慰，
深入及依止，無畏無疑惑。
了達不思議，巧蜜善分別，
善入諸三昧，普見智境【界。
究竟諸解脫，遊戲諸通明，
纏縛悉永離，園】林恣遊處。
白法爲宮殿，諸行可欣樂，
現無量莊嚴，於世心無動。
深心善觀察，妙辯能開演，
清淨菩提【印，智光照一切。
所住無等比，其心不下劣，
立】志如大山，種德若深海。
如寶安住法，被甲誓願心，

發起【於】大【事】，究竟無能壞。
得授菩提【記，安住廣大心，
祕藏無窮盡，覺悟一切法。
世智皆自】在，妙用無罣礙，
衆生一切刹，及以種種法。
身顗與境界，智慧【神通】等，
示現於世間，【無】量百千【億。
遊戲及境界，自在無能制，
力無畏不共，一切】業莊嚴。
諸身及身業，語及淨修語，
以得守護故，成【辦十種事。
菩】薩心發心ᶜ〈初發〉②，及以心【周遍，
諸根無散動，獲得最勝根。
深心增勝心，遠離】於諂〈諸〉誑；
種種決定解，普入於世間。
捨彼煩惱習，取兹【最勝道，
巧修使圓滿，速成一切智。
離退入正位，決定證寂滅，
出生佛法道，成就功德號。
道及】無量道，乃至莊嚴道，
次第善安住，悉皆無所著。
手足【及腹藏，金剛以爲心，
被以慈哀甲，具足衆器仗。
智首明達眼，菩提行爲耳，
清淨戒爲】鼻，滅闇無罣礙。
辯才以爲舌，無處不至身；
寂【勝智爲心，行住修諸業。
道場師子坐，梵臥空爲住，
所行及觀察，普照如來境。
遍觀衆】生行，奮迅及哮吼，
離貪行淨施，捨憍持淨戒，
不瞋【常忍辱，不懈恒精進，
禪定得自在，智慧無所行，

---

① 隱，⑭三一七頁註③：隱＝慰宫聖。
② 初發，⑭三一七頁註⑤：初發＝發心宋元聖。

447

慈濟悲無倦，喜法捨煩惱；
於諸境界中，知義亦知法。
福】德悉成滿，智慧如利【劍，
普照樂多聞，明了趣向法。
知魔及魔道，誓願咸捨離；
見佛與佛業，發心皆攝取，
離慢修智慧，不爲魔力持】；
爲佛所攝〔118①-3〕【持，亦爲法所持。
現住兜率天，又現彼命終；
示現住母胎，亦現微細趣。
現生及微笑，亦現行七步；
示修衆技術，亦示處深宮。
出家修苦行，往詣於道場，
端坐放光明，覺悟諸群生，
降魔成正覺，轉無上法輪，
所現悉已終，入於大涅槃。
彼諸菩薩行，無量劫修習，
廣大無有邊，我今說少分。
雖令無量衆，安住佛功德；
衆生及法中，畢竟無所取。
具足如是行，遊戲諸神通：
毛端置衆刹，經於億千劫；
掌持無量刹，遍往身無倦，
還來置本處，衆生不知覺。
菩薩以一切，種種莊嚴刹，
置於一毛孔，真實悉令見。
復以一毛孔，普納一切海，
大海無增減，衆生不嬈害。
無量鐵圍山，手執碎爲塵，
一塵下一刹，盡此諸塵數。
以此諸塵刹，復更末爲塵；
如是塵可知，菩薩智難量。
於一毛孔中，放無量光明；
日月星宿光，摩尼珠火光，
及以諸天光，一切皆映蔽。
滅諸惡道苦，爲說無上法。

一切諸世間，種種差別音；
菩薩以一音，一切皆能演。
決定分別說，一切諸佛法，
普使諸群生，聞之大歡喜。
過去一切劫，安置未來今；
未來現在劫，迴置過去世。
示現無量刹，燒然及成住；
一切諸世間，悉在一毛孔。
未來及現在，一切十方佛，
靡不於身中，分明而顯現。
深知變化法，善應衆生心，
示現種種身，而皆無所著。
或現於六趣，一切衆生身，
梵釋護世身，諸天人衆身，
聲聞緣覺身，諸佛如來身；
或現菩薩身，修行一切智。
善入軟中上，衆生諸想綱，
示現成菩提，及以諸佛刹。
了知諸想綱，於想得自在，
示修菩薩行，一切方便事。
示現如是等，廣大諸神變；
如是諸境界，舉世莫能知。
雖現無所現，究竟轉增上，
隨順衆生心，令行真實道。
身語及與心，平等如虛空，
淨戒爲塗香，衆行爲衣服，
法繒嚴淨髻，一切智摩尼，
功德靡不周，灌頂昇王位。
波羅蜜爲輪，諸通以爲象，
神足以爲馬，智慧爲明珠。
妙行爲采女，四攝主藏臣，
方便爲主兵，菩薩轉輪王。
三昧爲城廓，空寂爲宮殿，
慈甲智慧劍，念弓明利箭。
高】張神【力】蓋，【迥建智慧幢，
忍力不動搖，直破魔王軍。

448

總持爲平地，衆行爲河水，
淨智爲涌泉，妙慧作樹林。
空爲澄淨池，覺分菡萏華，
神力自莊嚴，三昧常娛樂。
思惟爲采女，甘露爲美食，
解脫味爲漿，遊戲於三乘。
此諸菩薩行，微妙轉增上，
無量劫修行，其心不厭足。
供養一切佛，嚴淨一切刹，
普令一切衆】，安住【一切智。

一切刹微塵，悉可知其數；
一切虛空界，一沙可度量；
一切衆生心，念念可數知；
佛子諸功】德，說【之不可盡。
欲具此功德，及諸上妙法，
欲使諸衆生，離苦常安樂，
欲令身語意，悉與諸佛等】，
應發金〔118①-4〕【剛心，學此功德行】。

【大方廣佛華嚴經卷第五十九】

大方廣佛花嚴經
入法界品第三十九之一
卷六十・六十之上

【爾時，世尊在室羅筏國逝多林給孤獨園大莊嚴重閣，與菩薩摩訶】薩五百人俱，普賢菩薩、文殊師利【菩薩而為上首，其名曰：光焰幢菩薩、須彌幢菩薩、寶幢菩薩、無礙幢菩薩、華幢菩薩、離垢幢菩薩、日幢菩薩、妙幢】菩薩、【離塵幢菩】薩、普光幢菩薩、地威力菩薩、寶威【力菩薩、大威力菩薩、金剛智威力菩薩、離塵垢威力菩薩、正法日威力菩薩、功德山威力菩薩、智光影威力菩薩、普吉祥威】力菩薩、地藏菩薩、虛空藏菩薩、蓮花藏菩薩、寶藏【菩薩、日藏菩薩、淨德藏菩薩、法印藏菩薩、光明藏菩薩、臍藏菩薩、蓮華德藏菩薩、善眼菩薩、淨眼菩薩、離垢眼菩薩】、無礙眼菩薩、普見眼菩薩、善觀眼菩薩、青蓮花眼菩薩、【金剛眼菩薩、寶眼菩薩、虛空眼菩薩、喜眼菩薩、普眼菩薩、天冠菩薩、普照法界智慧冠菩薩、道場冠菩薩】、普照十方冠菩薩、一切佛藏冠菩薩、超出一切世間冠菩薩、普照冠菩【薩、不可壞冠菩薩、持一切如來師子座冠菩薩、普照法界虛空冠菩薩、梵王髻菩薩、龍王髻菩薩、一切化佛光明髻菩薩、一切道場】髻菩薩、一切願海音寶王髻菩薩、一切佛光明摩尼髻菩薩、示現一切虛【空平等相摩尼王莊嚴髻菩薩、示現一切如來神變摩尼王幢網垂覆髻菩薩、出一切佛轉法輪音髻菩薩、說三世一切名】字音髻菩薩、大光菩薩、離垢光菩薩、寶光菩薩、離塵光菩薩、燄光【菩薩、法光菩薩、寂靜光菩薩、日光菩薩、自在光菩薩、天光菩薩、福德幢菩薩、智慧幢菩薩、法幢菩薩、神通幢】菩薩、光幢菩薩、花幢菩薩、摩尼幢菩薩、菩提幢菩薩、梵幢菩薩、【普光幢菩薩、梵音菩薩、海音菩薩、大地音菩薩、世主音菩薩、山相擊音菩薩、遍一切法界音菩薩、震】一切法海雷音菩薩、降魔音菩薩、大悲c〈慈〉方便雲雷音菩薩、息一切世間苦【安慰音菩薩、法上菩薩、勝上菩薩、智上菩薩、福德須彌上菩薩、功德珊瑚上菩薩、名稱上菩薩、普光上】菩薩、大慈上菩薩、智海上菩薩、佛種上菩薩、光勝菩薩、德勝菩薩、上勝菩【薩、普明勝菩薩、法勝菩薩、月勝菩薩、虛空勝菩薩、寶勝菩薩、幢勝菩薩、智勝菩薩、娑羅自在王菩】薩、法自在王菩薩、為自在王菩薩、梵自在王菩薩、山自在王菩薩、【眾】自在【王菩薩、速疾自在王菩薩、寂靜自在王菩薩、不動自在王菩薩、勢力自在王菩薩、最勝自在王菩薩、寂】靜音菩薩、無礙音菩薩、地震音菩薩、〔海震音菩薩〕、【雲音】菩薩、法光音菩薩、虛空音菩薩、【說一切眾生善根音菩薩、示一切大願音菩薩、道場音菩薩、須彌光覺菩薩、虛空覺菩薩、離染覺】菩薩、無礙覺菩薩、善覺菩薩、普照三【世覺】菩薩、廣【大】覺菩薩、普明【覺菩薩、法界光明覺菩薩，如是等菩薩摩訶薩五百人俱。此諸菩薩皆悉成就普賢行願，境界無礙】，普徧〈遍〉一切諸佛剎故；現身無量，親近一切諸如來故；淨

大方廣佛花嚴經入法界品第三十九之一

眼無障，見一切佛【神變事故；至處無限，一切如來成正覺所恆普詣故；光明無際，以智慧光普照一切實法海故；說法無盡，清】淨辯才無邊際【劫無】窮盡故；等虛空界，智慧所行悉清淨故；無所依止，【隨眾生心現色身故；除滅癡翳，了眾生界無眾生故；等虛空智，以大光網照法界故。及與五百聲聞眾俱，悉覺】真諦，【皆證實際，深入】法性，永【出有海】；依佛功德，離結、使、縛，住無礙處；【其心寂靜猶如虛空，於諸佛所永】斷疑惑，於佛智海深信趣入。及與無量諸世主俱，悉曾供養無量諸佛，常能利益一切眾生，為不請友，恆勤守護】，誓願不捨；入於世間殊勝【智門，從佛教生，護佛正法，起於大願，不斷佛種，生如來家，求一切智】。

【時，諸菩薩大德、聲聞、世間諸王并其眷屬，咸作是念：如來境界、如來智行、如來加】持、如來力、如來無畏〔119①-1〕、【如來三昧、如來所住、如來自在、如來身、如來智，一切世間諸天及人無能通達、無能趣入、無能信解、無能了知、無能忍受】、無能觀察、無能蕑〈揀〉【擇、無能開示、無能宣明、無有能令眾生解了，唯除諸佛加被之力、佛神通力、佛威德力、佛本願力，及其宿世善根】之力、諸善知識攝受之力、深淨信【力、大明解力、趣向菩提清淨心力、求一切智廣大願力。唯願世尊隨順我等及諸眾】生種種欲、種種解、種種智、種種語、種種自在、種種住地、種種根清淨、種種意方便、種種【心境界、種種依止如來功德、種種聽受諸所說法，顯示如來往昔趣求一切】智心、往昔所起菩薩大願、往昔所淨諸波羅蜜、往昔所入菩薩諸地、往昔圓滿諸菩薩行、【往昔成就方便、往昔修行諸道、往昔所得出離法、往昔所作神通事】、往昔所有本事因緣，及成等正覺、轉妙法輪、淨佛國土、調伏眾生、開一切智法城、示一【切眾生道、入一切眾生所住、受一切眾生所施、為一切眾生說布施功德、為一切】眾生現諸佛影像；如是等法，願皆為說。

尒時，世尊知諸菩薩心之所念，大悲為身，【大悲為門，大悲為首，以大悲法而為方便，充遍虛空，入師子頻申三昧；入此三】昧已，一切世間普皆嚴淨。于時，此大莊嚴樓閣忽然廣博〈博〉無有邊際。金剛為地，寶王【覆上，無量寶華及諸摩尼普散其中處處盈滿。瑠璃為柱，眾寶合成，大】光摩尼之所莊嚴，閻浮檀金如意寶王周置其上以為嚴飾。危樓迴〈迥〉①帶，閣道【傍出，棟宇相承，窓闥交映，階墀軒檻種種備足，一切皆以妙寶莊嚴；其】寶悉作人天形像，堅固妙好，世中第一，摩尼寶網弥覆其上。於諸門側悉建幢【幡，咸放光明普周法界道場之外。階陞、欄楯，其數無量不可稱說，靡】不咸以摩尼所成。

尒時，復以佛神力故，其逝多林忽然廣博〈博〉，與不可說佛剎微塵數諸【佛國土其量正等。一切妙寶間錯莊嚴，不可說寶遍布其地，阿】僧祇寶以為垣牆，寶多羅樹莊嚴道側。其閒復有無量香河，香水盈滿，湍激【洄澓；一切寶華隨流右轉，自然演出佛法音聲；不思議寶芬陀利華】，菡萏芬敷，弥布水上；眾寶花樹列植其岸；種種臺樹不可思議，皆於岸上次第行【列，摩尼寶網之所彌覆。阿僧祇寶放大光明，阿僧祇寶莊嚴其地】。燒眾妙香，香氣氤〈氛〉②氳。復建無量種種寶幢，所謂寶香幢、寶衣ᶜ〈表〉幢、寶幡幢、寶繒幢、寶【華幢、寶瓔珞幢、寶鬘幢、寶鈴幢、摩尼寶蓋幢、大摩尼寶幢】、光明遍照摩尼寶幢、出一切如來名号音聲【摩尼王幢】、師子摩尼王幢、說一切如來本事〔119①-2〕海【摩】尼王幢、【現一切法界影像摩尼王幢，周遍十方，行列莊嚴】。

【時，逝多】林上虛空之中，有不思議天宮

---

① 迴，⑫三二〇頁註②：迴＝迥明。
② 氤，⑫三二〇頁註③：氤＝氳宮。

殿雲、無數香樹雲、不可說湏弥山雲、不可說技〈妓〉樂雲、出羙妙音歌讚如【來不可說寶蓮華雲、不可說寶座雲、敷以天衣菩】薩坐上歎佛功德不可說諸天王形像摩尼寶雲、不可說白真珠雲、不可說赤珠樓閣莊嚴具【雲、不可說雨金剛堅固珠雲、皆住虛空、周匝遍滿，以爲】嚴飾。何以故，如來善根不思議故，如來白法不思議故，如來威力不思議故，如來能以一身自在變化【遍一切世界不思議故，如來能以神力令一切佛及佛國莊嚴皆入】其身不思議故，如來能扵一微塵内普現一切法界影像不思議故，如來能扵一毛孔中示現過去一切【諸佛不思議故，如來隨放一一光明悉能遍照一切世界不思議故，如】來能扵一毛孔中出一切佛刹微塵數變化雲充滿一切諸佛國土不思議故，如來能扵一毛孔中【普現一切十方世界成、住、壞劫不思議故。如於此逝多林給孤獨園見】佛國上清淨莊嚴，十方一切盡法界、虛空界、一切世界亦如是見。所謂：見如來身住逝多林，菩薩衆【會皆悉遍滿；見普雨一切莊嚴雲，見普雨一切寶光明照曜雲】，見普雨一切摩尼寶雲，見普雨一切莊嚴盖弥覆佛刹雲，見普雨一切天身雲，見普雨一切花樹雲，見【普雨一切衣樹雲，見普雨一切寶鬘、瓔珞相續不絕周遍一切大】地雲，見普雨一切莊嚴具雲，見普雨一切如衆生形種種香雲，見普雨一切微妙寶花網相續不【斷雲，見普雨一切諸天女持寶幢幡於虛空中周旋來去】雲，見普雨一切衆寶蓮花扵花葉閒自然而出種種樂音雲，見普雨一切師子座寶網纓絡〈瓔珞〉【而爲莊嚴雲】。

【爾時，東方過不可說佛刹微塵數世界海外】有世界，名金燈雲幢，佛号毗盧遮那勝德王。彼佛衆中有菩薩，名毗盧遮那頿光明，與不可說佛【刹微塵數菩薩俱，來向佛所，悉以神力興種種雲，所謂天花雲、天】香雲、天末香雲、天鬘雲、天寶雲、天莊嚴具雲、天寶盖雲、天微妙衣雲、天寶幢幡雲、天一切妙寶諸莊【嚴雲，充滿】

虛空。至佛所已，頂禮佛足，即於東方化作寶莊嚴樓閣】及普照十方寶蓮花藏師子之座，如意寶網羅覆其身，與其眷属結加〈跏〉① 趺坐。

南方過不可說佛刹微塵數【世界海外有世界，名金剛藏，佛號普光明無勝藏王。彼佛衆中有菩】薩，名不可壞精進王，與不可說佛刹微塵數菩薩俱，來向佛所，持一切寶香綱，持一切寶纓絡〈瓔珞〉，持一切寶【華帶，持一切寶鬘帶，持一切金剛瓔珞，持一切摩尼寶網，持一切寶衣帶】，持一切寶纓珞帶，持一切最勝光明摩尼帶，持一切師子摩尼寶纓絡〈瓔珞〉，悉以神力充徧〈遍〉一切諸世界海。到【佛所已，頂禮佛足，即於南方化作遍照世間摩尼寶莊嚴樓閣及普照十方寶】蓮花藏師子之座，以一切寶花綱羅覆其身，與其眷属結加〈跏〉② 趺坐。

西方過不可說佛刹微塵數世界【海外有世界，名摩尼寶燈須彌山幢，佛號法界智燈。彼佛衆中有菩薩，名普】勝無上威德王，與世界海微塵數菩薩俱，来向佛所，悉以神力興不可說佛刹微塵數種【種塗香燒香須彌山雲、不可說佛刹微塵數種種色香水須彌山雲、不可說佛刹微塵】數一切大地微塵等光明摩尼寶王須弥山雲、不可說佛刹微塵數種種光燄輪莊嚴【幢須彌山雲、不可說佛刹微塵數種種色金剛藏摩尼王莊嚴須彌山雲、不可說佛刹】微塵數普照一切世界閻浮檀摩尼寶幢須弥〔119②-3+①-3〕【山雲、不可說佛刹微塵數現一切法界摩尼寶須彌】山雲、不可說佛刹微塵數現【一切諸佛相好摩尼寶王須彌山雲】、不可說佛刹微塵數【現一切】如來本事因緣說諸菩薩所行之行摩尼寶【王須彌山雲、不可說佛刹微塵數現一切佛坐菩提場摩尼寶王須彌山雲，充滿法】界。至佛所已，頂礼佛足，即於西方化作一切香王樓閣，真珠寶綱弥覆【其上，及化作帝釋影

---

① 跏，㘽三二〇頁註④：跏=加宫。
② 跏，㘽三二一頁註①：跏=加宋元宫，下同。

幢寶蓮華藏師子之座，以妙色摩尼網羅覆其身，心王】寶冠以嚴其首，與其眷屬結加〈跏〉*趺坐。

北方過不可說佛剎微塵數世【界海外有世界，名寶衣光明幢，佛號照虛空法界大光明。彼佛眾中有菩薩，名無礙勝】藏王，與世界海微塵數菩薩俱，來向佛所，悉以神力興一切寶【衣雲，所謂黃色寶光明衣雲、種種香所熏衣雲、日幢摩尼王衣雲、金色熾然摩尼衣雲、一切】寶光燄衣雲、一切星辰像上妙摩尼衣雲、白玉光摩尼衣雲、光【明遍照殊勝赫奕摩尼衣雲、光明遍照威勢熾盛摩尼衣雲、莊嚴海摩尼衣雲，充遍虛空。至佛】所已，頂礼佛足，即於北方化作摩尼寶海莊嚴樓閣【及毘瑠璃寶蓮華藏師子之座，以師子威德摩尼王網羅覆其身，清淨寶王爲髻明珠，與其眷屬結】加〈跏〉趺坐。

東北方過不可說佛剎微塵數世界海外【有世界，名一切歡喜清淨光明網，佛號無礙眼。彼佛眾中有菩薩，名化現法界願月王，與世界海微塵數】菩薩俱，來向佛所，悉以神力興寶樓閣雲、【香樓閣雲、燒香樓閣雲、華樓閣雲、栴檀樓閣雲、金剛樓閣雲、摩尼樓閣雲、金樓閣雲、衣樓閣雲、蓮華樓閣雲】，弥覆十方一切世界。至佛所已，頂礼佛足，即於【東北方化作一切法界門大摩尼樓閣及無等香王蓮華藏師子之座，摩尼華網羅覆其身，著妙寶藏摩尼王冠，與】其眷屬結加〈跏〉趺坐。

東南方過不可說佛剎微【塵數世界海外有世界，名香雲莊嚴幢，佛號龍自在王。彼佛眾中有菩薩，名法慧光焰王，與世界海微塵數菩】薩俱，來向佛所，悉以神力興金色圓滿光明【雲、無量寶色圓滿光明雲、如來毫相圓滿光明雲、種種寶色圓滿光明雲、蓮華藏圓滿光明雲、眾寶樹枝圓滿光明】雲、如來頂髻圓滿光明雲、閻浮檀金色圓【滿光明雲、日色圓滿光明雲、星月色圓滿光明雲，悉遍虛空。到佛所已，頂禮佛足，即於東

南方化作毘盧遮那最上寶光明】樓閣、金剛摩尼蓮花藏師子之座，眾寶光【焰摩尼王網羅覆其身，與其眷屬結跏趺坐】。

【西南方過不可說佛剎微塵數世界海外有世界，名日光摩尼藏，佛號】普照諸法【智月王】。彼佛眾中〔119②-4+①-4〕【有菩薩，名摧破一切魔軍智幢王，與世界海微塵數菩薩】俱，来【向佛所，於一切毛孔中出等虛空界華焰雲、香焰雲、寶焰雲、金剛焰雲、燒香焰雲、電光焰雲、毘盧遮那摩尼寶焰雲、一切金光焰雲、勝藏摩尼王光焰雲、等三】世如来海【光焰雲，一一皆從毛】孔中出，【遍虛空界。到】佛【所已，頂禮佛足，即於西南方化作普現十方法界光明網大摩尼寶樓閣及香燈焰寶蓮華藏師子之座，以離垢藏摩尼網羅覆其身，著出】一切【眾生發趣音摩尼王嚴飾】冠，與【其眷屬結】加〈跏〉趺坐。

【西北方】過不【可說佛剎微塵數世界海外，有世界，名毘盧遮那願摩尼王藏，佛號普光明最勝須彌王。彼佛眾中有菩薩，名願智光】明幢，與世界【海】微【塵數菩薩俱，來向佛所，於念念中】，一切相好、一【切毛】孔、一【切身分，皆出三世一切如來形像雲、一切菩薩形像雲、一切如來眾會形像雲、一切如來變化身形像雲、一切如來本生身形像雲、一切聲】聞辟【支佛形像雲、一切如來】菩提場【形像雲、一切如來神變形像】雲、【一切世間主形像雲、一切清淨國土形像雲，充滿虛空。至佛所已，頂理佛足，即於西北方化作普照十方摩尼寶莊嚴樓閣及普照世間寶蓮華藏師子之座，以】無能【勝光明真珠網羅覆其身，著普】光【明摩尼寶冠，與其眷屬結跏趺坐】。

【下方過不可說佛剎微塵數世界海外有世界，名一切如來圓滿光普照，佛號虛空無礙相智幢王。彼佛眾中有菩薩，名破一切障勇猛智王，與世界海微塵數菩薩俱，來向佛所，於一切毛孔中，出說一切眾生語言海音聲雲，出說一切三世菩薩修

行方便海音聲雲，出說一切菩薩所起願方便海音聲雲，出說一切菩薩成滿清淨波羅蜜方便海音聲雲，出說一切菩薩圓滿行遍一切剎音聲雲，出說一切菩薩成就自在用音聲雲，出說一切如來住詣道場】破魔【軍衆成】等正覺【自在用音聲雲，出說一切如來轉法輪契經門名號海音聲雲，出說一切隨應教化調伏衆生法方便海音聲雲，出說一切隨時、隨善根、隨願力普令衆生證得智慧方便】海音聲【雲。到佛所已】，頂【禮佛足，即於下方化作現一切如來宮殿形像衆寶莊嚴樓閣及一切寶蓮華藏師子之座，著普現道場影摩尼寶冠，與其眷屬結跏趺坐】。

【上方過不可說佛刹微塵數世界海外有世界，名說佛種性無有盡，佛號普智輪光明音。彼佛衆中有菩薩，名法界差別願，與世界海微塵數菩薩俱，發彼道場來向此娑婆世界釋迦牟尼佛所，於一切相好、一切毛孔】、一切【身分】、一切支〈肢〉①【節】、一【切莊嚴具、一切衣服中，現毘盧遮那等過去一切諸佛、未來一切諸佛、已得授記、未授記者，現在十方一切國土、一切諸佛并其衆會，亦現過去行檀那波羅蜜及其一切受】布施者諸本事【海】，亦現【過去行尸羅波羅蜜諸本事海，亦現過去行羼提波羅蜜割截肢體心無動亂諸本事海，亦現過去行精進波羅蜜勇猛不退諸本事海，亦現過去求一切如來禪】波羅蜜【海而】得【成】就諸【本事海，亦現過去求一切佛】所轉法輪所【成就】法【發勇猛心一切皆捨諸本事海，亦現過去樂見一切佛、樂行一切菩薩道、樂化一切衆生界諸本事海，亦現過去所發一】切菩薩大願【清淨莊嚴諸本事海，亦現過去菩】薩所成力波羅【蜜勇猛清淨諸本事海，亦現過去一切菩薩所修圓滿智波羅蜜諸本事海；如是一切本事海，悉皆遍滿廣大法界。至佛所已，頂禮佛足，即於上方化作一切金剛藏莊嚴樓閣及帝青金剛王蓮華藏師子之座，以一切寶光明摩尼王網羅覆其身，以演說三世如來名摩尼寶王爲髻明珠，與其眷屬結跏趺坐】。

【如是十方一切菩薩并其眷屬，皆從普】賢菩薩【行願中生，以淨智眼見三世佛，普聞一切諸佛如來所轉法輪、修多羅海，已得至於一切菩薩自在彼岸；於念念中現大神變，親近一切諸佛如來，一身充滿一切世界一切】如【來】衆會道場，於一【塵中普現一切世間境界，教化成熟一切衆生未曾失時，一毛孔中出一切如來說法音聲；知一切衆生悉皆如幻，知一切佛悉皆如影，知一切諸趣受生悉皆如】夢，【知】一切業〔報〕如鏡【中像，知一切諸有生起如熱時焰，知一切世界皆如變化；成就如來十力、無畏，勇猛自在，能師子吼，深入無盡辯才大海，得一切衆生言辭海諸法智；於虛空法界所行】無【礙】，知一切法無有罣礙；一【切菩薩神通境界悉已清淨，勇猛精進，摧伏魔軍；恒以智慧了達三世，知一切法猶如虛空，無有違諍，亦無取著；雖勤精進而知一切智終無所來，雖觀】境【界而知】一切有悉不可【得；以方便智入一切法界，以平等智入一切國土，以自在力令一切世界展轉相入於一切世界；處處受生，見一切世界種種形相；於微細境現廣大剎，於廣大境現微細剎】；於一佛所【一念之頃，得一切佛威神所加，普見十方無所迷惑，於剎那頃悉能往詣。如是等一切菩薩滿逝多林，皆是如來威神之力】。

【于時，上首諸大聲聞舍利弗、大目揵連、摩】訶迦葉、【離婆多、須菩提、阿㝹樓馱、難陀、劫賓那、迦旃延、富樓那等諸大聲聞，在逝多林皆悉不見如來神力、如來嚴好、如來境界、如來遊戲、如來神變、如來尊勝、如來妙行、如來威德、如來住持、如來淨剎，亦復不見不可思議菩薩境界、菩薩大會、菩薩普入、菩薩普至、菩薩普詣、菩薩神變、菩薩遊戲、菩薩眷屬、菩薩方所、菩薩莊嚴師子座、菩薩宮殿、菩薩住處、菩薩所入三昧自在、菩薩觀察、菩薩頻申、菩薩

---

① 肢，㊣三二二頁註①：肢＝支㊁㊂，下同。

勇猛、菩薩供養、菩薩受記、菩薩成熟、菩薩勇健、菩薩法身清淨、菩薩智身圓滿、菩薩願身示現、菩薩色身成就、菩薩諸相具足清淨、菩薩常光衆色莊嚴、菩薩放大光網、菩薩起變化雲、菩薩身遍十方、菩薩諸行圓滿。如是等事，一切聲聞諸大弟子皆悉不見。何以故，以善根不同故，本不修習見佛自在善根故，本不讚說十方世界一切佛刹清淨功德故，本不稱歎諸佛世尊種種神變故，本不於生死流轉之中發阿耨多羅三藐三菩提心故，本不令他住菩提心故，本不能令如來種性不斷絕故，本不攝受諸衆生故，本不勸他修習菩薩波羅蜜故，本在生死流轉之時不勸衆生求於最勝大智眼故，本不修習生一切智諸善根故，本不成就如來出世諸善根故，本不得嚴淨佛刹神通智故，本不得諸菩薩眼所知境故，本不求超出世間不共菩提諸善根故，本不發一切菩薩諸大願故，本不從如來加被之所生故，本不知諸法如幻、菩薩如夢故，本不得諸大菩薩廣大歡喜故。如是皆是普賢菩薩智眼境界，不與一切二乘所共。以是因緣，諸大聲聞不能見、不能知、不能聞、不能入、不能得、不能念、不能觀察、不能籌量、不能思惟、不能分別；是故，雖在逝多林中，不見如來諸大神變。

復次，諸大聲聞無如是善根故，無如是智眼故，無如是三昧故，無如是解脫故，無如是神通故，無如是威德故，無如是勢力故，無如是自在故，無如是住處故，無如是境界故，是故於此不能知、不能見、不能入、不能證、不能住、不能解、不能觀察、不能忍受、不能趣向、不能遊履；又亦不能廣爲他人，開闡解說，稱揚示現，引導勸進，令其趣向，令其修習，令其安住，令其證入。何以故，諸大弟子依聲聞乘而出離故，成就聲聞道，滿足聲聞行，安住聲聞果，於無有諦得決定智，常住實際究竟寂靜，遠離大悲，捨於衆生，住於自事；於彼智慧，不能積集，不能修行，不能安住，不能願求，不能成就，不能清淨，不能趣入，不能通達，不能知見，不能證得。是故，雖在逝多林中對於如來，不見如是廣大神變。

佛子，如恒河岸有百千億】無量餓〔120①-1〕【鬼，裸形飢渴，舉體焦然，烏鷲犲狼競來搏撮，爲渴所逼，欲求水飲，雖住河邊而不見河；設有見者，見其枯竭。何以故，深厚業障之所覆故。彼大聲聞亦復如是，雖復住在逝多林中，不見如來廣大神力，捨一切智，無明瞖瞙覆其眼故，不曾種植薩婆若地諸善根故。譬如有人，於大會中昏睡安寢，忽然夢見須彌山頂帝釋所住善見大城，宮殿、園林種種嚴好，天子、天女百千萬億，普散天華遍滿其地，種種衣樹出妙衣服，種種華樹開敷妙華，諸音樂樹奏天音樂，天諸采女歌詠美音，無量諸天於中戲樂；其人自見著天衣服，普於其處住止周旋。其大會中一切諸人雖同一處，不知不見。何以故，夢中所見，非彼大衆所能見故。一切菩薩、世間諸王亦復如是，以久積集善根力故，發一切智廣大願故，學習一切佛功德故，修行菩薩莊嚴道故，圓滿一切智智法故，滿足普賢諸行願故，趣入一切菩薩智地故，遊戲一切菩薩所住諸三昧故，已能觀察一切菩薩智慧境界無障礙故，是故悉見如來世尊不可思議自在神變。一切聲聞諸大弟子，皆不能見，皆不能知，以無菩薩清淨眼故。譬如雪山具衆藥草，良醫詣彼悉能分別；其諸捕獵、放牧之人恒住彼山，不具其藥。此亦如是，以諸菩薩入智境界，具自在力，能見如來廣大神變；諸大弟子唯求自利，不欲利他，唯求自安，不欲安他，雖在林中，不知不見。譬如地中有諸寶藏，種種珍異悉皆充滿，有一丈夫聰慧明達，善能分別一切伏藏，其人復有大福德力，能隨所欲自在而取，奉養父母，賑恤親屬，老病窮乏靡不均贍；其無智慧、無福德人，雖亦至於寶藏之處，不知不見，不得其益。此亦如是，諸大菩薩有淨智眼，能入如來不可思議甚深境界，能見佛神力，能入諸法門，能遊三昧海，能供養諸佛，能以正法開悟衆生，能以四攝攝受衆生；諸大聲聞不能得見如來神力，亦不能見諸菩薩衆。譬如盲人至大寶洲，若行若住，若坐若臥，不能得見一切衆寶；以不見故，不能採取，不得受用。此亦如是，諸大弟子雖在林中親近世尊，不見如來自在神力，亦不得見菩薩大會。何以故，無有菩薩無礙淨眼，不能次第悟入法界見於如來自在力故。譬如有人得清淨眼，名離垢光明，一切暗色不能爲障。爾時，彼人於夜暗中，處在無量百千萬億人衆之內，或行或住，或坐或臥，彼諸人衆形相威儀，此明眼人莫不具見；其明眼者威儀進退，彼諸人衆悉不能覩。佛亦如是，成就智眼，清淨無礙，悉】能明見一切世間；其【所示現神通變化，大菩薩衆所共圍遶，諸大弟子悉不能見。譬如比丘在大衆中入遍處定，所謂地遍處定、水遍處定、火遍處定、風遍處定、青遍】處定、黄遍處定、赤遍處定、【白遍處定、天遍處定、種種衆生身遍處定、一切語言音聲遍處定、一切所緣遍處定；入此定者見其所緣，其餘大衆悉不能見，唯除有住此三昧】者。如來所現不可思議諸佛境【界亦復如是，菩薩具見，聲聞莫覩。譬如有人以翳形藥自塗其眼，在於衆會去來坐立無能見者，而能悉覩衆會中事。應知如來亦復如是，超】過於世，普見世間，非諸聲聞所能【得見，唯除趣向一切智境諸大菩薩。如人生已，則有二天，恒相隨逐，一曰同生，二曰同名；天常見人，人不見天。應知如來亦復如是，在諸菩薩大集】會中現大神通，諸大聲聞悉不能【見。譬如比丘得心自在，入滅盡定，六根作業皆悉不行，一切語言不知不覺；定力持故，不般涅槃。一切聲聞亦復如是，雖復住在逝多林中，具足】六根，而不知〔不〕見不解不入如來自在、菩【薩衆會諸所作事。何以故，如來境界甚深廣大，難見難知，難測難量，超諸世間，不可思議，無能壞者，非是一切二乘境界；是故，如來】自在神力、菩薩衆會及逝多林普遍【一切清淨世界，如是等事，諸大聲聞悉不知見，非其器故】。

【爾時，毘盧遮那願光明菩薩，承佛神力，觀察十方而說頌言】：

汝等應觀察，佛道不思議，

於此逝多林，示【現神通力。
善逝威神力，所現無央數；
一切諸世間，迷惑不能了。
法王深妙法，無量難思議，
所現諸神通，舉世莫能測。
以了法無相，是故名爲佛】，
而具相莊嚴，【稱】揚不可盡。
今於此林內，示現大【神力，
甚深無有邊，言辭莫能辯。
汝觀大威德，無量菩薩衆，
十方諸國土，而來見世尊。
所願皆具足，所行無障礙；
一切諸世間，無能測量者】。
一切諸緣覺，及彼大聲聞，
皆悉不能知，菩薩行【境界。
菩薩大智慧，諸地悉究竟，
高建勇猛幢，難摧難可動。
諸大名稱士，無量三昧力，
所現諸神變，法界悉充滿】。

【爾時，不可壞精進王菩薩，承】佛神力，觀察十方而說頌曰〈言〉：

汝觀諸佛子，智慧【功德藏，
究竟菩提行，安隱諸世間。
其心本明達，善入諸三昧，
智慧無邊際，境界不可量。
今此逝多林，種種皆嚴飾，
菩薩衆雲集，親近如來住。
汝】觀無所著，無量大衆海，
十方來詣此，坐寶蓮花【座。
無來亦無住，無依無戲論，
離垢心無礙，究竟於法界。
建立智慧幢，堅固不動搖，
知無變化法，而現變化事。
十方無量刹，一切諸佛所，
同時】悉往詣，而亦不分身。
汝觀釋師子，自在神通力，
【能令菩薩衆，一切俱來集。

一切諸佛法，法界悉平等，
言說故不同，此眾咸通達。
諸佛常安住，法界平等際，
演說差別法，言辭無有盡】。

尒【時】，普勝無上威德王菩薩，承佛神力，觀【察十方而說頌言】：

【汝觀無上士，廣大智圓滿，
善達時非時，為眾演說法；
摧伏眾外道，一切諸異論，
普隨眾生心，為現神通力】。
正覺【非】有量，亦復非無量；
若量若無量，牟【尼】悉超越。
如日【在虛空，照臨一切處；
佛智亦如是，了達三世法。
譬如十五夜，月輪無減缺；
如來亦復然，白法悉圓滿。
譬如空中日，運行無暫已】；
如來亦【如是】，神變恒相續。
譬如十方剎，【於】空無所礙，
世燈現【變化，於世亦復然。
譬如世間地，群生之所依；
照世燈法輪，為依亦如是。
譬如猛疾風，所行無障礙；
佛法亦如是，速遍於世間】。
譬如大水輪，【世】界所依住；
智慧輪亦尒，三世佛所依。

尒時，【無礙勝藏王菩薩，承佛神力，觀察十方而說頌言】：

【譬如大寶山，饒益諸含識；
佛山亦如是，普益於世間。
譬如大海水】，澄淨無垢濁；
見【佛】亦如是，能除諸濁〈渴〉【愛】。
譬如須彌山，出於大海中；
世間燈亦爾，從於法海出。
如海具眾寶，求者皆滿足；
無師智亦然，見者悉開悟】。

如來甚深智，無【量】無有數；
是故神通力，【示現難思議。
譬如工幻師，示現種種事；
佛智亦如是，現諸自在力。
譬如如意寶，能滿一切欲；
最勝亦復然】，滿諸清淨願。
【譬】如明淨寶，普照一切物；
佛智亦如是，【普照群生心。
譬如八面寶，等鑒於諸方；
無礙燈亦然，普照於法界。
譬如水清珠，能清諸濁水；
見佛亦如是】，諸根悉清淨。

尒【時】，化現法界願月王菩薩，承佛神力，【觀察十方而說頌言】：

【譬如帝青寶，能青一切色；
見佛者亦然，悉發菩提行。
一一微塵內，佛現神通力，
令】無量無邊，菩薩皆【清】淨。
甚深微妙力，無邊不可知；
菩薩【之境界，世間莫能測。
如來所現身，清淨相莊嚴，
普入於法界，成就諸菩薩。
難思佛國土，於中成正覺；
一切】諸菩薩，世主皆【充】滿。
釋迦無上尊，於法悉自在，
示現【神通力，無邊不可量。
菩薩種種行，無量無有盡；
如來自在力，為之悉示現。
佛子善修學，甚深諸法界，
成就無】礙智，明了一切【法】。
善逝威神力，為眾轉法輪，
神變【普充滿，令世皆清淨。
如來智圓滿，境界亦清淨；
譬如大龍王，普濟諸群生】。

【爾時，法慧光焰王菩薩，承佛神力，觀】察十方而說頌【言】：

三世諸如來，聲聞【大弟子】，
悉不能【知佛，舉足下足事。
去來現在世，一切諸緣覺，
亦不知如來，舉足下足事。
況復諸凡夫，結使所纏縛，
無明覆心】識，而【能】知【導師。
正覺】無礙智，超過語言道，
其量不可【測，孰有能知見。
譬如明月光，無能測邊際；
佛神通亦爾，莫見其終盡。
一一諸方便，念念所變化，
盡於無量】劫，思惟不能了。
思【惟】一切智，不【可】思【議法】，
一一方便門，【邊際不可得。
若有於此法，而興廣大願；
彼於此境界，知見不爲難。
勇猛勤修習，難思大法海；
其心】無罣礙，入此方便門。
【心意已】調伏，志願亦寬【廣】，
當獲大菩提，【最勝之境界。
爾時，破一切魔軍智幢王菩薩，承佛神力，
觀察十方而說頌言：
智身】非是身，【無礙】難思議；
設有【思】議者，一切無能及。
從不思議業，起【此清淨身，
殊特妙莊嚴，不著於三界。
光明照一切，法界悉清淨，
開佛菩提門，出生衆智慧。
譬如】世間【日，普放】慧光明，
遠離【諸】塵垢，滅除一切闇，
普淨三有處，永【絕生死流，
成就菩薩道，出生無上覺。
示現無邊色，此色無依處；
所現雖無量，一切不思議。
菩提一】念頃，能覺【一切】法；
云何欲測量，如來智邊際。

一念【悉明達，一切三世法；
故說佛智慧，無盡無能壞。
智者應如是，專思佛菩提】；
此【思難思議，思之】不可得。
菩提不【可說，超過語】言路；
諸佛從此生，是法【難思議】。
【爾時，願智光明幢王菩薩，承佛神力，觀察
十方而說頌言】：
若能【善觀察，菩提】無盡海，
則得離【癡念】，決【定】受持法。
若得決定心，則能修〔120①-3〕【妙行，
禪寂自思慮，永斷諸疑惑。
其心不疲倦，亦復無懈怠，
展轉增進修，究】竟諸佛法。
信智已成就，念念令增長，
常樂常觀察，無得無依法。
無量億【千劫，所修功德行；
一切悉迴向，諸佛所求道。
雖在於生死，而心無染著，
安】住諸佛法，常樂如來行。
世間之【所】有，蘊界等諸法；
一切皆捨離，【專】求佛【功德。
凡夫嬰妄惑，於世常流轉；
菩薩心無礙，救之令解脫。
菩薩行難稱】，舉世莫能思，
遍除一切闇，【普】與羣【生】樂。
已獲菩提智，復愍諸羣生，
【光明照世間，度脫一切衆】。
【爾時，破一切障勇猛智王菩薩，承佛神力】，
觀【察】十方而說頌言：
無量億千劫，佛名難可聞；
況復得親近，永斷諸【疑惑。
如來世間燈，通達一切法，
普生三世福，令衆悉清淨。
如來妙色身】，一切所欽歎，
億劫常瞻仰，其心無猒【足】。

若有諸佛子，觀佛妙色身，
必捨【諸有著，迴向菩提道。
如來妙色身，恒演廣大音，
辯才無障礙，開佛菩提門】；
曉【悟】諸眾生，無量不思議，
令入智慧【門】，授以菩提記。
如來出世間，爲世【大】福【田】，
普導諸含識，令其集福行。
若有供養佛，永除惡道畏，
消滅一切苦】，成就智慧身。
若見兩足尊，能發廣大【心；
是】人恒值佛，【增】長智慧力。
若見【人中勝，決意向菩提；
是人能自知，必當成正覺】。
【爾時，法界差別願智神】通王菩薩，承佛神【力】，觀察十方而說頌言：
【釋】迦無上尊，【具一】切功德；
【見】者【心清淨，迴向大智慧。
如來大慈悲，出現於世間，
普爲諸群生，轉無上法輪】。
如來無數劫，勤苦爲眾生；
云何諸世間，【能報】大師恩。
寧【於無】量劫，【受】諸惡道苦；
【終不捨如來，而求於出離。
寧代諸眾生，備受一切苦；
終不捨於佛】，而求得安樂。
寧在諸惡趣，恒得聞佛名；
【不願生】善道，暫【時不聞】佛。
【寧生諸地獄，一一無數劫；
終不遠離佛，而求出惡趣。
何故願久住，一切諸惡道，
以得見】如來，增長智慧故。
【若】得見扵佛，【除滅一】切苦；
【能入諸如來，大智之境界。
若得見於佛，捨離一切障；
長養無盡福，成就菩提道。
如來能永斷】，一切眾生疑，
隨其心所樂，【普】皆令滿【足】。

〔大方廣佛〕花嚴経卷第六十
〔120①-4〕・〔六十之下〕

大方廣佛花嚴經
入法界品第三十九之二
卷六十一‧六十一之上

尒時，普賢菩薩摩訶薩普觀一切菩薩衆會，以等法界方便、等虛空界【方】便、等衆生界方便，等三世、等一切刼、等一切衆生業、等一切衆生欲、等一切衆生【解】、等一切衆生根、寻一切衆生【成】熟時、寻一切法光影方便，爲諸菩薩，以十種法句開發、顯示、照明、【演】說此師子頻申三昧。何寻爲十，所謂演說能示現寻法界一切佛刹微塵中，諸佛出興次苐、諸刹成壞次苐法句；演說能示現寻虛空界一切佛刹中，盡未來【劫】讚歎如來功德音聲法句；演說能示現寻虛空界一切佛刹中，如來【出】世無量無邊成正覺門法【句】；演說【能】示現寻虛空界一切佛刹中，佛坐道場菩薩衆會法句；演說於一切毛孔，念念出現寻三世一切佛變化身充滿法界法句；演說能令一身充滿十方一切刹海，平寻顯現法句；演說能令一切諸境界中，普現三世諸佛神【變】法句；演說能令一切佛刹微【塵】中，普現三世一切佛刹微塵數佛種種神變經無量刼法句；演說能令一切毛【孔】出生三世一切諸佛大顠海音，盡未來刼開發化導一切菩薩法句；演說能令佛師子座量同法界，菩薩衆【會】道場莊嚴寻無差別，盡未來刼轉【於】種種微妙法輪法句。佛子，此十爲首，有不可說佛刹微塵數法句，皆是如來智慧境界。

尒時，普賢菩薩欲【重】宣此義，承佛神力，觀察如來，觀察衆會，觀察諸佛難思境界，觀察諸佛無邊三昧，觀察不可思議諸世界海，觀察不可思議如幻法智，觀察不可思議三世諸佛悉皆平寻，觀察一切無量無邊諸言辭法，而說頌言：

一一毛孔中，微塵數刹海，
悉有如來坐，皆具菩薩衆。
一一毛孔中，無量【諸刹】海，
佛處菩提座，如是遍法界。
一一毛孔中，一切刹塵佛，
菩薩衆圍繞，爲說普賢行。
佛坐一國土，充滿十方界，
無量菩薩【雲】，咸來集其所。
億刹微塵數，菩薩功德海，
俱從會中起，遍滿十方界。
悉住普賢行，皆遊法界海，
普現一切刹，寻入諸佛【會】。
安坐一切刹，聽聞一切法；
一一國土中，億刼修諸行。
【菩】薩所修行，普明法海行，
入於大顠海，住佛境界地。
了【達】普賢行，出生諸佛法，
【具】佛功德海，廣現神通事。
身雲寻塵數，充遍一切刹，
普雨甘【露】法，令衆住佛道。

尒時，世尊欲令諸菩薩安住如來師子頻申廣大三昧故，〔從〕眉間白豪〈毫〉相放大光明，其光名普照三世法界門，以不可說佛刹微塵數光明而爲眷屬，普照十方一切世界海諸佛國土。時，逝多林菩薩大衆，悉見一切盡法界、虛空界一切佛刹一一微塵中，【各】有一切佛刹微塵數諸佛國土，種種名、種種色、種種清淨、種種住處、種種形相。如是一切諸國土中，皆有【大】菩薩坐扵道場師子座上成等正覺，菩薩大衆前後圍繞，諸世間主而爲供養；或見扵不可【說佛】刹量大衆會中，出妙音聲充滿法界，轉〔121－1〕【正】法輪；或見在天宮殿、龍宮殿、夜叉宮殿，乹闥婆、阿脩羅、迦樓羅、緊那羅、摩睺羅伽、人、非人等諸宮殿中，或在人間村邑聚落、王都大處，現種種性〈姓〉、種種名、種種身、種種相、種種光明，住種種威儀，入種種三昧，現種種神變，或時自以種種言音，或令種種諸菩薩等在扵種種大衆會中種種言辭說種種法。

如此會中，菩薩大衆見扵如是諸佛如來甚深三昧大神通力；如是盡法界、虛空界，東西南北、四維上下一切方海中，依扵衆生心想而住，始從前際至今見〈現〉在，一切國土身、一切衆生身、一切虛空道，其中一一毛端量處，一一各有微塵數刹種種業起次弟而住，悉有道場菩薩衆會，皆亦如是見佛神力，不壞三世，不壞世間，扵一切衆生心中現其影像，隨一切衆生心樂出妙言音，普入一切衆會中，普現一切衆生前，色相有別，智慧無異，隨其所應開示佛法，教化調伏一切衆生未曾休息。其有見此佛神力者，皆是毗盧遮那如來扵往昔時善根攝受，或昔曾以四攝所攝，或是見聞憶念親近之所成熟，或是往昔教其念〈令〉發阿耨多羅三藐三菩提心，或是往昔扵諸佛所同種善根，或是過去以一切智善巧方便教化成熟，是故皆得入扵如來不可思議甚深三昧；盡法界、虛空界大神通力，或入法身，或入色身，或入往昔所成就行，或入圓滿諸波羅蜜，或入荘嚴清淨行輪，或入菩薩諸地，或入成正覺力，或入佛所住三昧無差別大神變，或入如來力、無畏智，或入佛無礙辯才海。

彼諸菩薩以種種解、種種道、種種門、種種入、種種理趣、種種隨順、種種智慧、種種助道、種種方便、種種三昧，入如是等十不可說佛刹微塵數佛神變海方便門。云何種種三昧，所謂普荘嚴法界三昧、普照一切三世無礙境界三昧、法界無差別智光明三昧、入如來境界不動轉三昧、普照無邊虛空三昧、入如來力三昧、佛無畏勇猛奮迅荘嚴〔121－2〕三昧、一切法界旋轉藏三昧、如月普現一切法界以無礙音大開演三昧、普清淨法光明三昧、無礙繒法王幢三昧、一一境界中悉見一切諸佛海三昧、扵一切世間悉現身三昧、入如來無差別身境界三昧、隨一切世間轉大悲藏三昧、知一切法無有跡〈迹〉① 三昧、知一切法究竟寂滅三昧、雖無所得而能變化普現世間三昧、普入一切刹三昧、荘嚴一切佛刹成正覺三昧、觀一切世間主色相差別三昧、觀一切衆生境界無障礙三昧、能出生一切如來母三昧、能修行入一切佛海功德道三昧、一一境界中出現神變盡未來際三昧、入一切如來本事海三昧、盡未來際護持一切如來種性三昧、以決定解力令現在十方一切佛刹海皆清淨三昧、一念中普照一切佛所住三昧、入一切境界無礙際三昧、令一切世界爲一佛刹三昧、出一切佛變化〔121－3〕身三昧、以金剛王智知一切諸根海三昧、知一切如來同一身三昧、知一切法界所安立悉住心念際三昧、扵一切法界廣大國土中示現涅槃三昧、令住宾上處三昧、扵一切佛刹現種種衆生差別身三昧、普入一切佛智慧三昧、知一切法性相三昧、一念普知三世法三昧、念念中普現法界身三昧、以師子勇猛智知一切如來出興次弟三昧、扵一切法界境界慧眼圓滿三昧、勇猛趣向十力三昧、放一切功德圓滿光明普照世間三昧、不動藏三昧、說一法普入一切法三昧、扵一法以一切言音差別訓釋三昧、演說一切佛無二法三昧、知三世無礙際三

---

① 迹，㊄三二八頁註①：迹＝跡㊅。

昧、知一切劫無差別三昧、入十力微細方便三昧、於一切劫成就一切菩薩行不斷絕三昧、十方普現身三昧、於法界自在成正覺三昧、生一切安隱受三昧、出一切莊嚴具莊嚴虛空界三昧、念念中出等衆生數變化身雲三昧、如來淨空月光明三昧、常見一切如來住虛空三昧、開示一切佛莊嚴三昧、照明一切法義燈三昧、照十力境界三昧、三世一切佛幢相〈想〉①三昧、一切佛一盇蔵三昧、念念中所作皆究竟三昧、無盡福德藏三昧、見無邊佛境界三昧、堅住一切法三昧、現一切如來變化悉令知見三昧、念念中佛日常出現三昧、一日中悉知三世所有法三昧、普音演說一切法性寂滅三昧、見一切佛自在力三昧、法界開敷蓮花三昧、觀諸法如虛空無住處三昧、十方海普入一方三昧、入一切法界無源底三昧、一切法海三昧、以寂靜身放一切光明三昧、一念中現一切神通大願三昧、一切時一切處成正覺三昧、以一莊嚴入一切法界三昧、普現一切諸佛身三昧、知一切衆生廣大殊勝神通智三昧、一念中其身遍法界三昧、現一乘淨法界三昧、入普門法界示現大莊嚴三昧、住持一切佛法輪三昧、以一切法門莊嚴一法門三昧、以因陁羅網頂行攝一切衆生界三昧、分別一切世界門三昧、乘蓮花自在遊步三昧、知一切衆生種種差別神通智三昧、令其身恒現一切衆生前三昧、知一切衆生差別音聲言辭海三昧、知一切衆生差別智神通三昧、大悲平等藏三昧、一切佛入如來際三昧、觀〔121-4〕察一切如來解脫處師子頻申三昧。菩薩【以】如是等不可說佛剎微塵數三昧，入毗盧遮那如來念念充滿一切法界三昧神變海。

其諸菩薩皆悉具足大智神通，明利自在，住於諸地，以廣大智普觀一切；從諸智慧種性而生，一切智智常現在前，得離癡翳清淨智眼，爲諸衆生作調御師；住佛平等，於一切法無有分別；了達境界，知諸世間性皆寂滅無有依處；普詣一切諸佛國土而無所着，悉能觀察一切諸法而無所住，遍入一切妙法宮殿而無所來；教化調伏一切世間，普爲衆生現安隱處；智慧解脫，爲其所行；恒以智身住離貪際，超諸有海，示真實際；智光圓滿，普見諸法；住於三昧，堅固不動；於諸衆生恒起大悲，知諸法門悉皆如幻，一切衆生悉皆如夢，一切如來悉皆如影，一切言音悉皆如響，一切諸法悉皆如化；善能積集殊勝行願，智慧圓滿，清淨善巧，心極寂靜；善入一切摠持境界，具三昧力，勇猛無怯；獲明智眼，住〔121-5〕法界際，到一切法無所得處；修習無涯智慧大海，到智波羅蜜究竟彼【岸】，爲【般】若波羅蜜之所攝持；以神通波羅蜜普入世間，依三昧波羅蜜得心自在；以不顛倒智知一切【義，以】巧分別智開示法藏，以現了智訓釋文詞〈辭〉②，以大願力說法無盡，以無所畏大師子吼；常樂觀察無依處法，以淨法眼普觀一切，以淨智月照世成慧〈壞〉，以智慧光照真實諦；福德智慧如金剛山，一切譬喻〈諭〉③所不能及；善觀諸法，慧根增長；勇猛精進，【摧伏】衆魔；無量智慧，威光熾盛；其身超出一切世間，得一切法無礙智慧，善能悟解盡、無盡際；住於普際，入真實際，無相觀智常現在前；善巧成就諸菩薩行，以無二智知諸境界，普見一切【世間】諸趣，遍往一切諸佛國土；智燈圓滿，於一切法無諸暗鄣，放淨法光照十方界；爲諸世間真實福田，若見若聞所願皆滿，【福】德高大超諸世間，勇猛無畏摧諸外道；演微妙音遍一切剎，普見諸佛心無猒足；於佛法身已得自在，【隨所應化而爲】現身，一身充滿一切佛剎；已得自在清淨神通，乘大智舟，所往無礙，智慧圓滿周遍法界；譬如【日】出【普照世間，隨衆】生心現其色像；知諸衆生根性欲樂，入一切法無諍境界；

---

① 想，㊄三二八頁註②：想＝相㊁㊂。
② 辭，㊄三二八頁註④：辭＝詞㊂。
③ 諭，㊄三二九頁註①：諭＝喻㊂。

知諸法性無生無起，能令小大自在相入；決了佛【地甚深之趣】，以無盡句說甚深義，於一句中演說一切修多羅海；獲大智慧陁羅尼身，凡所受持永無忘失；一念【能憶無量劫事，一念悉】知三世一切諸眾生智；恒以一切陁羅尼門，演說無邊諸佛法海，常轉不【退】清淨法輪，令諸眾生皆生【智】慧；得佛境界智慧光明，入於善見甚深三昧；入一切法無郣礙際，於一切法勝智自在，一切境界清淨荘嚴；普入十方一切法界〔121-6〕，隨其方所靡不咸至；一一塵中現成正覺，於無色性現一切色，以一切方普入一方。其諸菩薩具如是等無邊福智功德之藏，常為諸佛之所稱歎，種種言辞說其功德不能令盡，靡不咸在逝多林中，深入如來功德大海，悉見於佛光明所照。

尒時，諸菩薩得不思議正法光明，心大歡喜，各於其身及以樓閣、諸荘嚴具，并其所坐師子之座，遍逝多林一切物中，化現種種大荘嚴雲，充滿一切十方法界。所謂於念念中放大光明雲，充滿十方，悉能開悟一切眾生；出一切摩尼寶鈴雲，充滿十方，出微妙音，稱楊讚歎三世諸佛一切功德；出一切音樂雲，充滿十方，音中演說一切眾生諸業果報；出一切菩薩種種頨行色相雲，充滿十方，說諸菩薩所有大頨；出一切如來自在變化雲，充滿十方，演出一切諸佛如來語言音聲；出一切菩薩相好荘嚴身雲，充滿十方，說諸如來於一切國土出興次茅；出三世如來道場雲，充滿十方，現一切如來成等正覺功德荘嚴；出一切龍王雲，充滿十方，雨一切諸香；出一切世主身雲，充滿十方，演說普賢菩薩之行；出一切寶荘嚴清淨佛刹雲，充滿十方，現一切如來轉正法輪。是諸菩薩以得不思議法光明故，法應如是，出興此等不可說佛刹微塵數大神變荘嚴雲。

尒時，文殊師利菩薩，承佛神力，欲重宣此逝多林中諸神變事，觀察十方而說頌言：

汝應觀此逝多林，以佛威神廣無際，
一切荘嚴皆示現，十方法界悉充滿。
十方一切諸國土，無邊品類大荘嚴，
於其座等境界中，色像分明皆顯現。
從諸佛子毛孔出，種種荘嚴寶餤雲，
及發如來微妙音，遍滿十方一切刹。
寶樹花中現妙身，其身色相等梵王，
從禪定起而遊步，進止威儀恒寂靜。
如來一一毛孔內，常現難思變化身，
皆如普賢大菩薩，種種諸相爲嚴好。
逝多林上虛空中，所有荘嚴發妙音，
普說三世諸菩薩，成就一切功德海。
逝多林中諸寶樹，亦出無量妙音聲，
演說一切諸羣生，種種業海各差別。
林中所有眾境界，悉現三世諸如來，
一一皆起大神通，十方刹海微塵數。
十方所有諸國土，一切刹海微塵數，
悉入如來毛孔中，次茅荘嚴皆現覩。
所有荘嚴皆現佛，數等眾生遍世間，
一一咸放大光明，種種隨宜化群品。
香餤眾花及寶蔵，一切荘嚴殊妙雲，
靡不廣大等虛空，遍滿十方諸國土。
十方三世一切佛，所有荘嚴妙道場，
於此園林境界中，一一色像皆明現。
一切普賢諸佛子，百千劫海荘嚴刹，
其數無量等眾生，莫不於此林中見。

尒時，彼諸菩薩，以佛三昧光明照故，即時得入如是三昧，一一皆得不可說佛刹微塵數大悲門，利益安樂一切眾生；於其身上一一毛孔，皆出不可說佛刹微塵數光明；一一光明，皆化現不可說佛刹微塵數菩薩。其身形相如世諸主，普現一切眾生之〔122-1〕前，周帀遍滿十方法界，種種方便教化調伏，或現不可說佛刹微塵數諸天宮殿無常門，或現不可說佛刹微塵數一切眾生受生門，或現不可說佛刹微塵數一切菩薩修行門，或現不可說佛刹微塵數夢境門，或現不可說佛刹微塵數菩薩大頨門，或現不可說佛刹微塵數震動世界門，或現不可說佛剎微塵數分別世界門，或現不可說佛剎微塵數現生世界門，或現不可說佛剎微塵數檀波羅蜜門，或現不可說佛剎微塵數一切如來修諸功德種種苦行尸波羅蜜門，或現不可說佛剎微塵數剖截支〈肢〉① 體羼提波羅蜜門，或現不可說佛剎微塵數勤修毗梨耶波羅蜜門，或現不可說佛剎微塵數一切菩薩修諸三昧禪定解脫門，或現不可說佛剎微塵數佛道圓滿智光明門，或現不可說佛剎微塵數勤求佛法爲一文一句故捨無數身命門，或現不可說佛剎微塵數親近一切佛諮問一切法心無疲猒門，或現不可說佛剎微塵數隨諸衆生時節欲樂往詣其所方便成熟令住一切智海光明門，或現不可說佛剎微塵數降伏衆魔制諸外道顯現菩薩福智力門，或現不可說佛剎微塵數知一切功〈工〉巧明智門，或現不可說佛剎微塵數知一切衆生差別明智門，或現不可說佛剎微塵數知一切法差別明智門，或現不可說佛剎微塵數知一切衆生心樂差別明智門，或現不可說佛剎微塵數知一切衆生根行、煩惱、習氣明智門，或現不可說佛剎微塵數知一切衆生種種業明智門，或現不可說佛剎微塵數開悟一切衆生門，以如是等不可說佛剎微塵數方便門，往詣一切衆生住處而成熟之。所謂或往天宮，或往龍宮，或往夜叉、乾闥婆、阿修羅、迦樓羅、緊那羅、摩睺羅伽宮，或往梵王宮，或往人王宮，或往閻羅王宮，或往畜生、餓鬼、地獄之所住處，以平等大悲、平等大願、平等智慧、平等方便攝諸衆生。或有見已而調伏者，或有聞已而調伏者，或有憶念而調伏者，或聞音聲而調伏者，或聞名號而調伏者，或見圓光而調伏者，或見光網而調伏者；隨諸衆生心之所樂，皆詣其所令其獲益。

佛子，此逝多林一切菩薩，爲欲成熟諸衆生故，或時現處【種種】嚴飾諸宮殿中，或時示現住自樓閣寶師子座，道場衆會所共圍繞，周遍十方皆令得見，然亦不離此逝多林如來之所。佛子，此諸菩薩，或時示現無量化身雲，或現其身獨一無侶。所謂或現沙門身，或現婆羅門身，或現苦行身，或現充盛身，或現醫王身，或現商主身，或現淨命身，或現枝〈妓〉② 樂身，或現奉事諸【天身】，或現工巧枝〈技〉③ 術身。往詣一切村營城邑、王都聚落、諸衆生所，隨其所應，以種種形相、種種威儀、種種音聲、種種言論、種種住處，於一切世閒猶如帝網行菩薩行。或說一切世閒工巧事業，或〔122-2〕【說一切智慧】照世明燈，或說一切衆生業力所莊嚴，或說十方國土建立諸乘位，或說智燈所照一切法境界，教化成就一切【衆】生，而亦不離此逝多林如來之所。

尔時，文殊師利童子從善住樓閣出，與無量同行菩薩，【及】常隨侍衞諸金剛神、普爲衆生供養諸佛諸身衆神、久發堅誓願常隨從諸足行神、樂聞妙法主地神、常修大悲主水神、智光照曜〈耀〉④ 主火神、摩尼爲冠主風神、明練十方一切儀式主方神、專勤除滅無明黑暗主夜神、一心匪懈闡明佛日主晝【神、莊嚴】法界一切虛空主空神、普度衆生超諸有海主海神、常勤積集趣一切智助道善根高大如山主山神、常勤守護一切衆生菩提心城主城神、常【勤】守護一切智智無上法城諸大龍王、常勤守護一切衆生諸夜叉王、常令衆生增長歡喜乾闥婆王、常勤除滅諸餓鬼趣鳩槃荼王、恒願扳濟一切衆生出諸有海迦樓羅王、願得成就諸如來身高出世閒阿修羅王、見佛歡喜曲躬恭敬摩睺羅伽王、常猒生死恒樂見佛諸大天王、尊重於佛讚歎供養諸大梵王。文殊師利與如是等功德莊嚴諸菩薩衆，出自住處，来詣佛所，右繞世尊，經無量帀，以諸供具種種供養；供養畢已，辝退南行，往於人閒。

---

① 肢，㊋三三〇頁註①：肢＝支㊂。

② 妓，㊋三三〇頁註②：妓＝伎㊀。

③ 技，㊋三三〇頁註③：技＝伎㊀。

④ 耀，㊋三三〇頁註④：耀＝曜㊀。

尒時，尊者舍利弗承佛神力，見文殊師利菩薩，與諸菩薩衆會荘嚴，出逝多林，往扵南方，遊行人間；作如是念：我今當與文殊師利俱往南方。時，尊【者】舍利弗與六千比丘，前後圍繞，出自住處，来詣佛所，頂礼佛足，具白世尊；世尊聽許，右繞三市，辝退而去，往文殊師利所。此六千比丘是舍利弗自所同住，出家未久，所謂海覺比丘、善生比丘、福光比丘、大童子比丘、電生比丘、淨行比丘、天德比丘、君慧比丘、梵勝比丘、寂慧比丘。如是等，其數六千，悉曽供養無量諸佛，深植善根，解力廣大，信眼明徹，其心寬博，觀佛境界，了法本性，饒益衆生，常樂勤求諸佛功德，皆是文殊師利說法教化之所成就。

尒時，尊者舍利弗在行道中觀諸比丘，告海覺言：海覺，汝可觀察文殊師利菩薩清淨之身相好荘嚴，一切天人莫能【思】議。汝可觀察文殊師利圓光暎徹，令無量衆生發歡喜心。汝可觀察文殊師利光綱荘嚴，除滅衆生無量苦惱。汝可觀察文殊師利衆【會具足】，皆是菩薩往昔善根之所攝受。汝可觀察文殊師利所行之路，左右八步，平坦荘嚴。汝可觀察文殊師利所住之處，周迴十方常有道場【隨】逐而轉。汝可觀察文殊師利所行之路，具足無量福德荘嚴，左右兩邊有大伏藏，種種珎寳自然而出。汝可觀察文殊師利曽供養佛，善根所流，一切樹開出荘嚴藏。汝可觀察文殊師利，諸世間主雨供具雲，頂礼恭敬以為供養。汝可觀察文殊師利，十方一切諸佛如来將說法時，悉放眉間白豪相光来照其身，從頂上入。

尒時，尊者舍利弗為諸比丘稱揚讚歎、開示演說文殊師利童子有如是等無量功德【具足】荘嚴。彼諸比丘聞是說已，心意清淨，信解堅固，喜不自持，舉身踊躍，形體柔輭，諸根悅豫，憂苦悉除，垢障咸盡，常見諸佛，深求正【法】，具菩薩根，得【菩】薩力，大悲大願皆自出生，入扵諸度甚深境界，十方佛【海常】現在前，扵一切智深生信樂；即白尊者舍利弗言：唯〔122-3〕【願】大師將引我等，往詣扵彼勝人之所。時，舍利弗即與俱行，至其所已，白言：人〈仁〉者，此諸比丘，頗得【奉覲】。

尒時，文殊師利童子，無量【自在】菩薩圍繞并其大衆，如烏王迴觀諸比丘。時，諸比丘頂礼其足，合掌恭敬，作如是言：我今奉見，恭【敬】礼拜，及餘所有一切善根。唯願人〈仁〉者文殊師利、和上〈尚〉舍利弗、世尊釋迦牟尼，皆悉證知，如人〈仁〉所有如是色身、如是音聲、如是相好、如是自在，願我一切悉當具得。

尒時，文殊師利菩薩告諸比丘言：

比丘，若善男子、善女人，成就十種趣大乘法，則能速入如来之地，況菩薩地。何者為十，所謂：積集一切善根，心無疲猒；見一切佛承事供養，心無疲猒；求一切佛法，心無疲猒；行一切波羅蜜，心無疲猒；成就一切菩薩三昧，心無疲猒；次苐入一切三世，心無疲猒；普嚴淨十方佛刹，心無疲猒；教化調伏一切衆生，心無疲猒；扵一切刹一切刼中成就菩薩行，心無疲猒；為成就〈熟〉① 一衆生故，修行一切佛刹微塵數波羅蜜，成就如来一力，如是次苐，為成熟一切衆生界，成就如来一切力，心無疲猒。

比丘，若善男子、善女人，成就深信，發此十種無疲猒心，則能長養一切善根，捨離一切諸生死趣，超過一切世間種性〈姓〉②，不堕聲聞、辟支佛地，生一切如来家，具一切菩薩願，學習一切如来功德，修行一切菩薩諸行，得如来力，摧伏衆魔及諸外道，亦能除滅一切煩惱，入菩薩地，近如来地。

時，諸比丘聞此法已，則得三昧，名無礙眼見一切佛境界。得此三昧故，悉見十方無量無邊

---

① 熟，㊗三三一頁註②：熟＝就〔二〕〔宫〕。

② 姓，㊗三三一頁註④：姓＝性〔二〕〔宫〕。

一切世界諸佛如來，及其所有道場衆會；亦悉見彼十方世界一切諸趣所有衆生；亦悉見彼一切世界種種差別；亦悉見彼一切世界所有微塵；亦悉見彼諸世界中，一切衆生所住宫殿，以種種寶而爲莊嚴；及亦聞彼諸佛如來種種言音演説諸法文詞〈辭〉訓釋，悉皆解了；亦能觀察彼世界中一切衆生諸根心欲；亦能憶念彼世界中一切衆生前後十生；亦能憶念彼世界中過去、未來各十劫事；亦能憶念彼諸如來十本生事、十成正覺、十轉法輪、十種神通、十種説法、十種教誡、十種辯才；又即成就十千菩提心、十千三昧、十千波羅蜜，悉皆清浄；得大智慧圓滿光明，得菩薩十神通，柔戾微妙，住菩薩心，堅固不動。

尒時，文殊師利菩薩勸諸比丘住普賢行；住普賢行已，入大顚海；入大顚海已，成就大顚海。以成就大顚海故，心清浄；心清浄故，身清浄；身清浄故，身輕利；身清浄、輕利故，得大神通無有退轉；得此神通故，不離文殊師利足下，普扵十方一切佛所悉現其身，具足成就一切佛法。

大方廣佛花嚴經卷第六十一・六十一之下〔122-4〕

大方廣佛花嚴〔經〕

〔入〕法界品苐卌九之三

卷六十二·六十二之上

尒時，文殊師利菩薩勸諸比丘發阿耨多羅三藐三菩提心已，漸次南行，經歷人間，至福城東，住荘嚴幢娑羅林中往昔諸佛曽所止住敎化衆生大塔廟處，亦是世尊扵往昝時修菩薩行能捨無量難捨之䖏；是故，此林名稱普聞無量佛剎，此䖏甞〈常〉爲天、龍、夜叉、乹闥婆、阿修羅、迦樓羅、緊那羅、摩睺羅伽、人與非人之所供養。

時，文殊師利與其眷属到此䖏已，即扵其䖏說普照法界修多羅，百萬億那由他修多羅以爲眷属。說此經時，扵大海中有無量百千億諸龍而来其所；聞此法已，深猒龍趣，正求佛道，咸捨龍身，生天人中。一萬諸龍，扵阿耨多羅三藐三菩提得不退轉；復有無量無數衆生，扵三乘中各得調伏。

時，福城人聞文殊師利童子在荘嚴幢娑羅林中大塔廟䖏，無量大衆從其城出，来詣其所。時，有優婆塞，名曰大智，與五百優婆塞眷属俱，所謂湏達多優婆塞、〔婆〕湏達多優婆塞、福徳光優婆塞、有名稱優婆塞、施名稱優婆塞、月徳優婆塞、善慧優婆塞、大慧優婆塞、賢護優婆塞、賢勝優婆塞，如是等五百優婆塞俱，来詣文殊師利童子所，頂礼其足，右繞三帀，退坐一面。復有五百優婆夷，所謂大慧優婆夷、善光優婆夷、妙身優婆夷、可樂身優婆夷、賢優婆夷、賢徳優婆夷、賢光優婆夷、幢光優婆夷、徳光優婆夷、善目優婆夷，如是苐五千〈百〉優婆夷，来詣文殊師利童子所，頂礼其足，右繞三帀，退坐一面。復有五百童子，所謂善財童子、善行童子、善戒童子、善威儀童子、善勇猛童子、善思童子、善慧童子、善覺童子、善眼童子、善辯童子、善光童子，如是苐五百童子，来詣文殊師利童子所，頂礼其足，右繞三帀，退坐一面。復有五百童女，所謂善賢童女、大智居士女童女、賢稱童女、美顔童女、堅慧童女、賢徳童女、有徳童女、梵授童女、徳光童女、善光童女，如是苐五百童女，来詣攵殊師利童子所，頂礼其足，右繞三帀，退坐一面。

尒時，文殊師利童子知福城人悉已来集，随其心樂現自在身，威光赫弈〈奕〉蔽諸大衆；以自在大慈令彼清涼，以自在大悲起說法心，以自在智慧知其心樂，以廣大辯才将爲說法。復扵是時，觀察善財以何因緣【而有】其名，知此童子初入胎時，扵其宅内自然而出七寶樓閣，其樓閣下有七伏藏，扵其藏上，地自開裂，生七寶牙〈芽〉①，所謂【金、銀、瑠】璃、頗梨〈玻瓈〉②、真珠、車渠〈硨磲〉、馬瑙〈碼碯〉。善財童子䖏胎十月然後誕生，形體支〈肢〉③ 分端

① 芽，[大正]三三二頁註①：芽＝牙[三][宮]。

② 玻瓈，[大正]三三二頁註②：玻瓈＝頗梨[宋][元][宮]，下同。

③ 肢，[大正]三三二頁註③：肢＝支[三][宮]。

正具足；其七大藏，縱廣高下各滿七肘，從地【涌出，光】明照曜〈耀〉①。復於宅中自然而有五百寶器，種種諸物自然盈滿，所謂：金剛器中盛一切香，於香器中盛種種衣，美玉器〔123-1〕中盛滿種種上味飲食，摩尼器中盛滿種種殊【異珍寶】，金罌盛銀，銀罌盛金，金銀罌中盛滿瑠瑀〈璃〉及摩尼寶，頗梨罌中盛滿車渠〈硨磲〉，車渠〈硨磲〉罌中盛滿頗梨，馬腦器中盛【滿真珠】，真珠器中盛滿馬腦，火摩尼器中盛滿水摩尼，水摩尼器中盛滿火摩尼，如是等五百寶器，自然出現。又雨衆寶及諸【財物】，一切庫藏悉令充滿。以此事故，父母親屬及善相師共呼此兒，名曰善財。又知此童子，已曾供養過去諸佛，深種善根，信解廣大，常樂親近諸善知識，身語意業皆無過失，淨菩薩道，求一切〔智〕，成佛法器，其心清淨猶如空虛〈虛空〉，迴向菩提無所障礙。

尒時，文殊師利菩薩如是觀察善財童子已，安慰開喻〈諭〉②，而爲演說一切佛法，所謂：說一切佛積集法，說一切佛相續法，說一切佛次苐法，說一切佛衆會清淨法，說一切佛法輪化導法，說一切佛色身相好法，說一切佛法身成就法，說一切佛言辭辯才法，說一切佛光明照曜法，說一切佛平等無二法。尒時，文殊師利童子爲善財童子及諸大衆說此法已，殷〈慇〉懃勸喻，增長勢力，令其歡喜，發阿耨多羅三藐三菩提心，又令憶念過去善根；作是事已，即於其處，復爲衆生随宜說〔123-2〕法，然後而去。

尒時，善財童子從文殊師利所聞佛如是種種功德，一心勤求阿耨多羅三藐三菩提，随文殊師利而說頌曰：

三有無〈爲〉城郭〈廓〉，憍慢爲垣墻，
諸趣爲門戶，愛水爲池塹〈塹〉。
愚癡闇所覆，貪恚火熾然，
魔王作君主，童蒙依止住。
貪愛爲微〈徽〉纆ᶜ〈纏〉，諂誑爲轡勒，

疑惑蔽諸〈其〉眼，趣入諸邪道。
慳嫉憍盈故，入於三惡處，
或墮諸趣中，生老病死苦。
妙智清淨日，大悲圓滿輪，
能竭煩惱海，願賜少觀察。
妙智清淨月，大悲〈慈〉無垢輪，
一切悉施安，願垂照察我。
一切法界王，法寶爲先導，
遊空無所礙，願垂教勅〈勑〉我。
福智大商主，勇猛求菩提，
普利諸羣生，願垂守護我。
身被忍辱甲，【手】提智慧劔，
自在降魔軍，願垂拔濟我。
住法湏彌頂，定女常恭侍，
滅或〈惑〉阿脩羅，帝釋願觀我。
三有凡愚宅，或〈惑〉業地趣因；
仁者悉調伏，如燈示我道。
【捨離】諸惡趣，清淨諸善道；
超諸世間者，示我解脫門。
世間顛倒執，常樂我淨想；
智眼悉能離，開我解脫門。
善知邪正道，分別心無怯；
一切決了人，【示我】菩提路。
住佛正見地，長佛功德樹，
雨佛妙法花，示我菩提道。
去來現在佛，處處悉周遍，
如日月〈出〉世間，爲我說其道。
善知一切業，深達諸乘行；
智慧決定人，示我摩訶衍。
願輸大悲轂，信軸堅忍轄〈鎋〉③，
功德寶荘挍〈校〉，令我載此乘。
揔持廣大箱，慈愍荘嚴盖，

---

① 耀，㊥三三二頁註⑤：耀＝曜㊀㊁，下同。
② 諭，㊥三三二頁註⑥：諭＝喻㊁㊁，下同。
③ 鎋，㊥三三三頁註①：鎋＝轄㊁㊁。

辯才鈴振〈震〉①響，使我載此乘。
梵行爲茵蓐〔123-3〕，三昧爲采女，
法鼓振妙音，願與我此乘。
四攝無盡藏，功德莊嚴寶，
慚愧爲鞿鞅，願與我此乘。
常轉布施輪，恒塗淨戒香，
忍辱牢莊嚴，令我載此乘。
禪定三昧箱，智慧方便軛，
調伏不退轉，令我載此乘。
大願清淨輪，揔持堅固力，
智慧所成就，令我載此乘。
普行爲周校，悲心作徐轉，
所向皆無怯，令我載此乘。
堅固如金剛，善巧如幻化，
一切無障礙，令我載此乘。
廣大極清淨，普與衆生樂，
虚空法界等，令我載此乘。
淨諸業或〈惑〉輪，斷諸流轉苦，
摧魔及外道，令我載此乘。
智慧滿十方，莊嚴遍法界，
普洽衆生顙〈類〉②，令我載此乘。
清淨如虚空，愛見悉除滅，
利益一切衆，令我載此乘。
願力速疾行，定心安隱住，
普運諸含識，令我載此乘。
如地不傾動，如水普饒益，
如是運衆生，令我載此乘。
四攝圓滿輪，揔持清淨光；
如是智慧日，願示我令見。
已入法王城，已著智王冠，
已繫妙法繒，願能慈顧我。

尒時，文殊師利菩薩如鵝王迴，觀善財童子，作如是言：善哉善哉，善男子，汝已發阿耨多羅三藐三菩提心，復欲親近諸善知識，問菩薩行，修菩薩道。善男子，親近供養諸善知識，是具一切智寂初因緣，是故於此勿生疲猒。

善財白言：唯願聖者，廣爲我說，菩薩應云何學菩薩行，應云何修菩薩行，應云何趣菩薩行，應云何行菩薩行，應云何淨菩薩行，應云何入菩薩行，應云何成就菩薩行，應云何隨順菩薩行，應云何憶念菩薩行，應云何增廣菩薩行，應云何令普賢行速得圓滿。

尒時，文殊師利菩薩爲善財童子而說頌言：
善哉功德藏，能来至我所，
發起大悲心，勤求無上覺。
已發廣大願，除滅衆生苦，
普爲諸世閒，修行菩薩行。
若有諸菩薩，不猒生死苦，
則具普賢道，一切無能壞。
福光福威力，福處福淨海；
汝爲諸衆生，願修普賢行。
汝見無邊際，十方一切佛，
皆悉聽聞法，受持不忘失。
汝於十方界，普見無量佛，
成就諸願海，具足菩薩行。
若入方便海，安住佛菩提，
能隨導師學，當成一切智。
汝遍一切刹，微塵等諸刼，
修行普賢行，成就菩提道。
汝於無量刹，無邊諸刼海，
修行普賢行，成滿諸大願。
此無量衆生，聞汝願歡喜，
皆發菩提意，願學普賢乘。

尒時，文殊師利菩薩說此頌已，告善財童子言：

【善哉善哉，善】男子，汝已發阿耨多羅三藐三菩提心，求菩薩行。善男子，若有衆生能發阿耨多羅三藐三菩提心，是事【爲難；能發心已】，求菩薩行，倍更爲難。

────────

① 震，⑪三三三頁註②：震＝振㊂，下同。
② 類，⑪三三三頁註④：類＝願㊁。

469

善男子，若【欲】成就一〔123-4〕切智〔智〕，應決定求真善知識。善男子，求善知識勿生疲懈，【見善】知識勿生猒足，於善知識所有教誨皆應隨順，於善知識善巧方便勿見過失。

善男子，於此南方有一國土，名爲勝樂；其國有山，名曰妙峯；於彼山中，有一比丘，名曰德雲。汝可往問：菩薩云何學菩薩行，菩薩云何修菩薩行，乃至菩薩云何於普賢行疾c〈疲〉得圓滿，德雲比丘當爲汝說。

尒時，善財童子聞是語已，歡喜踊躍，頭頂礼足，繞無數帀，慇勤瞻仰，悲泣流淚。

辭退南行，向勝樂國，登妙峯山，於其山上東西南北、四維上下觀察求覓，渴仰欲見德雲比丘。経于七日，見彼比丘在別山上徐步経行。見已往詣，頂礼其足，右繞三帀，於前而住，作如是言：聖者，我已先發阿褥多羅三藐三菩提心，而未知菩薩云何學菩薩行，云何修菩薩行，乃至應云何於普賢行疾得圓滿，我聞聖者善䏻誘誨，唯顙垂慈，爲我宣說：云何菩薩而得成就阿褥多羅三藐三菩提。

時，德雲比丘告善財言：

善㦲善㦲，善男子，汝已䏻發阿褥多羅三藐三菩提心，復䏻請問諸菩薩行。如是之事，難中之難，所謂：求菩薩行，求菩薩境界，求菩薩出離道，求菩薩清淨道，求菩薩清淨廣大心，求菩薩成就神通，求菩薩示現解脫門，求菩〔薩〕示現世間所作業，求菩薩隨順【衆】生心，求菩薩生死涅槃門，求菩薩觀察有爲、無爲心無所著。

善男子，我得自在決定解力，信眼清淨，智光照曜，普觀境界，離一切障，善【巧觀察，普】眼明徹，具清淨行，往詣十方一切國土，恭敬供養一切諸佛，常念一切諸佛如來，摠持一切諸佛正法，常見一切十方諸佛，

卷六十二之上

〔123-5〕

【所謂見於東方一佛、二佛、十佛、百佛、千佛、百千佛、億佛、百億佛、千億佛、百千億佛、那由他億佛、百那由他億佛、千那由他億佛、百千那由他億佛，乃至見無數無量、無邊無等、不可數、不可稱、不可思、不可量、不可說、不可說不可說佛，乃至見閻浮提微塵數佛、四天下微塵數佛、千世界微塵數佛、二千世界微塵數佛、三千世界微塵數佛、佛剎微塵數佛，乃至不可說不可說佛剎微塵數佛，如東方、南西北方，四維上下，亦復如是。一一方中所有諸佛，種種色相、種種形貌、種種神通、種種遊戲、種種衆會莊嚴道場、種種光明無邊照耀、種種國土、種種壽命，隨諸衆生種種心樂，示現種種成正覺門，於大衆中而師子吼。

善男子，我唯得此憶念一切諸佛境界智慧光明普見法門，豈能了知諸大菩薩無邊智慧清淨行門，所謂：智光普照念佛門，常見一切諸佛國土種種宮殿悉嚴淨故；令一切衆生念佛門，隨諸衆生心之所樂，皆令見佛得清淨故；令安住力念佛門，令入如來十力中故；令安住法念佛門，見無量佛，聽聞法故；照耀諸方念佛門，悉見一切諸世界中等無差別諸佛海故；入不可見處念佛門，悉見一切微細境中諸佛自在神通事故；住於諸劫念佛門，一切劫中常見如來諸所施爲無暫捨故；住一切時念佛門，於一切時常見如來，親近同住不捨離故；住一切剎念佛門，一切國土咸見佛身超過一切無與等故；住一切世念佛門，隨於自心之所欲樂普見三世諸如來故；住一切境念佛門，普於一切諸境界中見諸如來次第現故；住寂滅念佛門，於一念中見一切剎一切諸佛示涅槃故；住遠離念佛門，於一日中見一切佛從其所住而出去故；住廣大念佛門，心常觀察一一佛身充遍一切諸法界故；住微細念佛門，於一毛端有不可說如來出現，悉至其所而承事故；住莊嚴念佛門，於一念中見一切剎皆有諸佛成等正覺現神變故；住能事念佛門，見一切佛出現世間放智慧光轉法輪故；住自在心念佛門，知隨自心所有欲樂，一切諸佛現其像故；住自業念佛門，知隨衆生所積集業，現其影像令覺悟故；住神變念

佛門，見佛所坐廣大蓮華周遍法界而開敷故；住虛空念佛門，觀察如來所有身雲莊嚴法界、虛空界故。而我云何能知能說彼功德行。

善男子，南方有國，名曰海門；彼有比丘，名爲海雲。汝往彼問：菩薩云何學菩薩行、修菩薩道，海雲比丘能分別說發起廣大善根因緣。善男子，海雲比丘當令汝入廣大助道位，當令汝生廣大善根力，當爲汝說發菩提心因，當令汝生廣大乘光明，當令汝修廣大波羅蜜，當令汝入廣大諸行海，當令汝滿廣大誓願輪，當令汝淨廣大莊嚴門，當令汝生廣大慈悲力。

時，善財童子禮德雲比丘足，右遶觀察，辭退而去。

爾時，善財童子一心思惟善知識教，正念觀察智慧光明門，正念觀察菩薩解脫門，正念觀察菩薩三昧門，正念觀察菩薩大海門，正念觀察諸佛現前門，正念觀察諸佛方所門，正念觀察諸佛軌則門，正念觀察諸佛等虛空界門，正念觀察諸佛出現次第門，正念觀察諸佛所入方便門。

漸次南行，至海門國，向海雲比丘所頂禮其足，右遶畢已，於前合掌，作如是言：聖者，我已先發阿耨多羅三藐三菩提心，欲入一切無上智海，而未知菩薩云何能捨世俗家，生如來家；云何能度生死海，入佛智海；云何能離凡夫地，入如來地；云何能斷生死流，入菩薩行流；云何能破生死輪，成菩薩願輪；云何能滅魔境界，顯佛境界；云何能竭愛欲海，長大悲海；云何能閉衆難惡趣門，開諸天涅槃門；云何能出三界城，入一切智城；云何能棄捨一切玩好之物，悉以饒益一切衆生。

時，海雲比丘告善財言：善男子，汝已發阿耨多羅三藐三菩提心耶。

善財言：唯，我已先發阿耨多羅三藐三菩提心。

海雲言：

善男子，若諸衆生不種善根，則不能發阿耨多羅三藐三菩提心。要得普門善根光明，具真實道三昧智光，出生種種廣大福海，長白淨法無有懈息，事善知識不生疲厭，不顧身命無所藏積，等心如地

無有高下，性常慈愍一切衆生，於諸有趣專念不捨，恒樂觀察如來境界；如是，乃能發菩提心。

發菩提心者，所謂：發大悲心，普救一切衆生故；發大慈心，等祐一切世間故；發安樂心，令一切衆生滅諸苦故；發饒益心，令一切衆生離惡法故；發哀愍心，有怖畏者咸守護故；發無礙心，捨離一切諸障礙故；發廣大心，一切法界咸遍滿故；發無邊心，等虛空界無不往故；發寬博心，悉見一切諸如來故；發清淨心，於三世法智無違故；發智慧心，普入一切智慧海故。

善男子，我住此海門國十有二年，常以大海爲其境界。所謂思惟大海廣大無量，思惟大海甚深難測，思惟大海漸次深廣，思惟大海無量衆寶奇妙莊嚴，思惟大海積無量水，思惟大海水色不同不可思議，思惟大海無量衆生之所住處，思惟大海容受種種大身衆生，思惟大海能受大雲所雨之雨，思惟大海無增無減。

善男子，我思惟時，復作是念：世間之中，頗有廣博過此海不，頗有無量過此海不，頗有甚深過此海不，頗有殊特過此海不。

善男子，我作是念時，此海之下，有大蓮華忽然出現，以無能勝因陀羅尼羅寶爲莖，吠瑠璃寶爲藏，閻浮檀金爲葉，沈水爲臺，碼碯爲鬚，芬敷布濩，彌覆大海。百萬阿脩羅王執持其莖，百萬摩尼寶莊嚴網彌覆其上，百萬龍王雨以香水，百萬迦樓羅王銜諸瓔珞及寶繒帶周匝垂下，百萬羅刹王慈心觀察，百萬夜叉王恭敬禮拜，百萬乾闥婆王種種音樂讚歎供養，百萬天王雨諸天華，天鬘、天香、天燒香、天塗香、天末香、天妙衣服、天幢幡蓋，百萬梵王頭頂禮敬，百萬淨居天合掌作禮，百萬轉輪王各以七寶莊嚴供養，百萬海神俱時出現恭敬頂禮，百萬味光摩尼寶光明普照，百萬淨福摩尼寶以爲莊嚴，百萬普光摩尼寶爲清淨藏，百萬殊勝摩尼寶其光赫奕，百萬妙藏摩尼寶光照無邊，百萬閻浮幢摩尼寶次第行列，百萬金剛師子摩尼寶不可破壞清淨莊嚴，百萬日藏摩尼寶廣大清淨，百萬可樂摩尼寶具種種色，

百萬如意摩尼寶莊嚴無盡光明照耀。此大蓮華，如來出世善根所起，一切菩薩皆生信樂，十方世界無不現前，從如幻法生、如夢法生、清淨業生、無諍法門之所莊嚴，入無為印，住無礙門，充滿十方一切國土，隨順諸佛甚深境界，於無數百千劫歎其功德不可得盡。

我時見彼蓮華之上，有一如來結跏趺坐，其身從此上至有頂。寶蓮華座不可思議，道場眾會不可思議，諸相成就不可思議，隨好圓滿不可思議，神通變化不可思議，色相清淨不可思議，無見頂相不可思議，廣長舌相不可思議，善巧言說不可思議，圓滿音聲不可思議，無邊際力不可思議，清淨無畏不可思議，廣大辯才不可思議。又念彼佛往修諸行不可思議，自在成道不可思議，妙音演法不可思議，普門示現種種莊嚴不可思議，隨其左右見各差別不可思議，一切利益皆令圓滿不可思議。

時，此如來即伸右手而摩我頂，為我演說普眼法門，開示一切如來境界，顯發一切菩薩諸行，闡明一切諸佛妙法，一切法輪悉入其中，能淨一切諸佛國土，能摧一切異道邪論，能滅一切諸魔軍眾，能令眾生皆生歡喜，能照一切眾生心行，能了一切眾生諸根，隨眾生心悉令開悟。

我從於彼如來之所聞此法門，受持讀誦，憶念觀察。假使有人，以大海量墨，須彌聚筆，書寫於此普眼法門，一品中一門，一門中一法，一法中一義，一義中一句，不得少分，何況能盡。

善男子，我於彼佛所千二百歲，受持如是普眼法門，於日日中，以聞持陀羅尼光明，領受無數品；以寂靜門陀羅尼光明，趣入無數品；以無邊旋陀羅尼光明，普入無數品；以隨地觀察陀羅尼光明，分別無數品；以威力陀羅尼光明，普攝無數品；以蓮華莊嚴陀羅尼光明，引發無數品；以清淨言音陀羅尼光明，開演無數品；以虛空藏陀羅尼光明，顯示無數品；以光聚陀羅尼光明，增廣無數品；以海藏陀羅尼光明，辨析無數品。若有眾生從十方來，若天、若天王、若龍、若龍王，若夜叉、若夜叉王，若乾闥婆、若乾闥婆王，若阿修羅、若阿修羅王，若迦樓羅、若迦樓羅王，若緊那羅、若緊那羅王，若摩睺羅伽、若摩睺羅伽王，若人、若人王，若梵、若梵王，如是一切來至我所，我悉為其開示解釋、稱揚讚歎，咸令愛樂、趣入、安住此諸佛菩薩行光明普眼法門。

善男子，我唯知此普眼法門。如諸菩薩摩訶薩深入一切菩薩行海，隨其願力而修行故；入大願海，於無量劫住世間故；入一切眾生海，隨其心樂廣利益故；入一切眾生心海，出生十力無礙智光故；入一切眾生根海，應時教化悉令調伏故；入一切剎海，成滿本願嚴淨佛剎故；入一切佛海，願常供養諸如來故；入一切法海，能以智慧咸悟入故；入一切功德海，一一修行令具足故；入一切眾生言辭海，於一切剎轉正法輪故。而我云何能知能說彼功德行。

善男子，從此南行六十由旬，楞伽道邊有一聚落，名為海岸；彼有比丘，名曰善住。汝詣彼問：菩薩云何淨菩薩行。

時，善財童子禮海雲足，右遶瞻仰，辭退而去。

爾時，善財童子專念善知識教，專念普眼法門，專念佛神力，專持法句雲，專入法海門，專思法差別，深入法漩澓，普入法虛空，淨治法翳障，觀察法寶處。

漸次南行，至楞伽道海岸聚落，觀察十方，求覓善住。見此比丘於虛空中來往經行，無數諸天恭敬圍遶，散諸天華，作天妓樂，幡幢繒綺悉各無數，遍滿虛空以為供養；諸大龍王，於虛空中興不思議沈水香雲，震雷激電以為供養；緊那羅王奏眾樂音，如法讚美以為供養；摩睺羅伽王以不思議極微細衣，於虛空中周迴布設，心生歡喜，以為供養；阿修羅王興不思議摩尼寶雲，無量光明種種莊嚴，遍滿虛空以為供養；迦樓羅王作童子形，無量采女之所圍遶，究竟成就無殺害心，於虛空中合掌供養；不思議數諸羅剎王，無量羅剎之所圍遶，其形長大，甚可怖畏，見善住比丘慈心自在，曲躬合掌瞻仰供養；不思議數諸夜叉王，各各悉有自眾圍遶，四面周匝恭敬守護；不思議數諸梵天王，於虛空中曲躬合掌，以人間法稱揚讚歎；不思議數諸淨居天，於虛空中與宮殿俱，恭敬合掌發弘誓願。

時，善財童子見是事已，心生歡喜，合掌敬禮，作如是言：聖者，我已先發阿耨多羅三藐三菩提心，而未知菩薩云何修行佛法，云何積集佛法，云何備具佛法，云何熏習佛法，云何增長佛法，云何總攝佛法，云何究竟佛法，云何淨治佛法，云何深淨佛法，云何通達佛法，我聞聖者善能誘誨，唯願慈哀，為我宣說：菩薩云何不捨見佛，常於其所精勤修習；菩薩云何不捨菩薩，與諸菩薩同一善根；菩薩云何不捨佛法，悉以智慧而得明證；菩薩云何不捨大願，能普利益一切眾生；菩薩云何不捨眾行，住一切劫心無疲厭；菩薩云何不捨佛剎，普能嚴淨一切世界；菩薩云何不捨佛力，悉能知見如來自在；菩薩云何不捨有為亦復不住，普於一切諸有趣中猶如變化，示受生死，修菩薩行；菩薩云何不捨聞法，悉能領受諸佛正教；菩薩云何不捨智光，普入三世智所行處。

時，善住比丘告善財言：

善哉善哉，善男子，汝已能發阿耨多羅三藐三菩提心，今復發心求問佛法、一切智法、自然者法。

善男子，我已成就菩薩無礙解脫門，若來若去，若行若止，隨順思惟，修習觀察，即時獲得智慧光明，名究竟無礙。得此智慧光明故，知一切眾生心行無所障礙，知一切眾生沒生無所障礙，知一切眾生宿命無所障礙，知一切眾生未來劫事無所障礙，知一切眾生現在世事無所障礙，知一切眾生言語音聲種種差別無所障礙，決一切眾生所有疑問無所障礙，知一切眾生諸根無所障礙，隨一切眾生應受化時悉能往赴無所障礙，知一切剎那、羅婆、牟呼栗多、日夜時分無所障礙，知三世海流轉次第無所障礙，能以其身遍往十方一切佛剎無所障礙。何以故，得無住無作神通力故。

善男子，我以得此神通力故，於虛空中或行或住、或坐或臥、或隱或顯、或現一身，或現多身，穿度牆壁猶如虛空；於虛空中結跏趺坐，往來自在猶如飛鳥；入地如水，履水如地，遍身上下普出煙焰如大火聚。或時震動一切大地，或時以手摩觸日月，或現其身高至梵宮。或現燒香雲，或現寶焰雲，或現變化雲，或現光網雲，皆悉廣大彌覆十方。或一念中過於東方一世界、二世界、百世界、千世界、百千世界，乃至無量世界，乃至不可說不可說世界；或過閻浮提微塵數世界，或過不可說不可說佛剎微塵數世界。於彼一切諸佛國土佛世尊前聽聞說法，一一佛所現無量佛剎微塵數差別身，一一身雨無量佛剎微塵數供養雲，所謂一切華雲、一切香雲、一切鬘雲、一切末香雲、一切塗香雲、一切蓋雲、一切衣雲、一切幢雲、一切幡雲、一切帳雲，以一切身雲而為供養。一一如來所有宣說，我皆受持；一一國土所有莊嚴，我皆憶念。如東方、南西北方，四維上下，亦復如是。如是一切諸世界中所有眾生，若見我形，皆決定得阿耨多羅三藐三菩提。彼諸世界一切眾生，我皆明見，隨其大小、勝劣、苦樂，示同其形，教化成就。若有眾生親近我者，悉令安住如是法門。

善男子，我唯知此普速疾供養諸佛成就眾生無礙解脫門。如諸菩薩持大悲戒、波羅蜜戒、大乘戒、菩薩道相應戒、無障礙戒、不退墮戒、不捨菩提心戒、常以佛法為所緣戒、於一切智常作意戒、如虛空戒、一切世間無所依戒、無失戒、無損戒、無缺戒、無離戒、無濁戒、無悔戒、清淨戒、離塵戒、離垢戒；如是功德，而我云何能知能說。

善男子，從此南方有國，名達里鼻荼，城名自在；其中有人，名曰彌伽。汝詣彼問：菩薩云何學菩薩行、修菩薩道。

時，善財童子頂禮其足，右遶瞻仰，辭退而行】

【大方廣佛華嚴經卷第六十二】

大方廣佛花嚴經
入法界品第卅九之四
卷六十三・六十三之上

尒時，善財童子一心正念法光明法門，深信趣入，專念扵佛，不斷三寶，猒離欲性，念善知識普照三世，憶諸大願普救【眾生，不著有爲，究竟思惟諸法】自性，悉能嚴淨一切世界，扵一切佛眾會道場心無所著。

漸次南行，至自在城，求覓弥迦〈伽〉。乃見其人扵市肆中，坐扵說法師子【之座，十千人眾所共圍遶，說輪字莊】嚴法門。時，善財童子頂礼其足，繞無量帀，扵前合掌，而作是言：聖者，我已先發阿耨多羅三藐三菩提心，而我未知菩薩云何【學菩薩行，云何修菩薩道，云何流】轉扵諸有趣常不忘失菩提之心，云何得平等意堅固不動，云何獲清淨心無能泪壞，云何生大悲力恒不勞疲，云何入陁羅尼普得【清淨，云何發生智慧廣大光明，扵一切法】離諸暗障，云何具無礙解辯才之力，決了一切甚深義藏，云何得正念力，憶持一切差別法輪，云何得淨趣力，扵一切趣普演諸法，云【何得智慧力，扵一切法悉能決定分別其】義。

尒時，弥伽告善財言：善男子，汝已發阿耨多羅三藐三菩提心耶。善財言：唯，我已先發阿耨多羅三藐三菩提心。

弥伽遍【即下師子座，扵善財所五體投】地，散金銀花無價寶珠，及以上妙碎末旃〈栴〉檀、無量種衣以覆其上，復散無量種種香花、種種供具以爲供養，然後起立而稱歎【言】：

【善哉善哉，善男子，乃能發阿耨多羅】三藐三菩提心。善男子，若有能發阿耨多羅三藐三菩提心，則爲不斷一切佛種，則爲嚴淨一切佛刹，則爲成熟一切眾生，則爲【了達一切法性，則爲悟解一切業種，則】爲圓滿一切諸行，則爲不斷一切大願，則如實解離貪種性，則能明見三世差別，則令信解永得堅固，則爲一切如來所持，則爲一切諸佛【憶念，則與一切菩薩平等，則爲一切賢聖】讚喜，則爲一切梵王礼覲，則爲一切天主供養，則爲一切夜叉守護，則爲一切羅刹侍衛，則爲一切龍王迎接，則爲一切緊那羅王歌詠讚歎，【則爲一切諸世間主稱揚慶悅，則令一切諸】眾生界悉得安隱，所謂：令捨惡趣故，令出難處故，斷一切貧窮根本故，生一切天人快樂故，遇善知識親近故，聞廣大法受持故，生菩提【心故，淨菩提心故，照菩薩道故，入菩薩智】故，住菩薩地故。

善男子，應知菩薩所作甚難，難出難値，見菩薩者倍更難有。菩薩爲一切眾生恃怙，生長成就故；爲一切眾生【拯濟，拔諸苦難故；爲一切眾生依處，守護世】間故；爲一切眾生救護，令免怖畏故。菩薩如風輪，持諸世間不令墮落惡趣故；如大地，增長眾生善根故；如大海，福德充滿無盡故；如【淨日，智慧光明普照故；如須彌，善根高出】故；如明月，智光出現故；如猛將，摧伏魔軍故；如君主，佛法城中得自在故；如猛火，燒盡衆生我愛心故；如大雲，降霆無量妙法雨故；如時雨，【增長一切信根芽故；如船師，示導法海津濟】處故；如橋梁，令其得度生死海故。

弥伽如是讚歎善財，令諸菩薩皆歡喜已，從其面門出種種光，普照三千大千世界。其中衆生遇【斯光已，諸龍神等乃至梵天悉皆來至】弥伽之所。弥伽大士即以方便，爲開示、演說、分別、解釋論〈輪〉字品莊嚴法門。彼諸衆生聞此法已，皆於阿耨多羅三藐三菩提得不退轉。

【彌伽於是還昇本座，告善財言】：

【善男】子，我已獲得妙音陁羅尼，能分別知三千大千世界中諸天語言，諸龍、夜叉、乾闥婆、阿脩羅、迦樓羅、緊那羅、摩睺羅伽、人與非人及諸【梵天所有語言。如此三千大千世界，十方無】數乃至不可說不可說世界，悉亦如是。

善男子，我唯知此菩薩妙音陁羅尼光明法門。如諸菩薩摩訶薩，能普入一切衆生種種想海、【種種施設海、種種名號海、種種語言海】，能普入說一【切深】密法句海、【說】一切究竟法句海、說一所緣中有一切三世所緣法句海、說上法句海、【說上上】法句海、說差別法句海、說一【切差別法句海，能普入一切世間呪術海、一切音】聲莊【嚴輪、一切差】別字輪【際】；如是功德，【我今】云何能知能說。

善【男子】，從此南行，有一【聚落，名曰住】林；彼有長者，名曰解〔125-1〕【脫。汝詣彼問：菩薩云何修菩薩行，菩薩云】何成菩薩行，菩薩云何集菩薩行，菩薩云何思菩薩【行】。

【爾時】，善財童子以善【知識】故，於一切智法，深生尊重，深植【淨信，深自增益；禮彌伽足，涕泗悲泣，繞】無量帀，戀慕瞻仰，辭退而行。

尒時，善財童子思惟諸菩薩無礙解陁羅尼光【明莊】嚴門，深入諸菩薩語言海門，憶【念諸菩薩知一切衆生微細方便門，觀察】諸菩薩清淨心門，成就諸菩薩善根光明門，淨治諸菩薩教化衆生門，明利諸菩薩攝衆生智門，堅固諸菩薩廣大志樂【門，住持諸菩薩殊勝志樂門，淨治諸菩薩】種種信解門，思惟諸菩薩無量善心門；誓願堅固，心無疲猒；以諸甲胄c〈冑〉而自莊嚴，精進深心不可退轉，具不壞信；其心堅固，猶如【金剛及那羅延，無能壞者；守持一切善知】識教，於諸境界得不壞智；普門清淨，所行無礙；智光圓滿，普照一切；具足諸地摠持光明，了知法界種種差別，無依無住，平等無二；自性清【淨而普莊嚴，於諸所行皆得究竟，智慧清】淨離諸執著；知十方差別法，智無障礙；往十方差別處，身不疲懈；於十方差別業，皆得明了；於十方差別佛，無不現見；於十方差別【時，悉得深入；清淨妙法充滿其心，普智三昧明】照其心，心恒普入平等境界；如來智慧之所照觸，一切智流相續不斷，若身若心不離佛法；一切諸佛神力所加，一切如來光明所照；成就大【願，願身周遍一切刹網，一切法界普入其身】。

【漸】次遊行，十有二年，至住林城，周遍推求解脫長者。既得見已，五體投地，起立合掌，白言：

聖者，我今得與善知識會，是我【獲得廣大善利。何以故，善知識者，難可得】見，難可得聞，難可出現，難得奉事，難得親近，難得承接，難可逢〈逢〉值，難得共居，難令喜悅，難得隨逐。我今會遇，爲得善利。

【聖者，我已先發阿耨多羅三藐三菩提心，爲欲】事一切佛故，爲欲值一切佛故，爲欲見一切佛故，爲欲觀一切佛故，爲欲知一切佛故，爲欲證一切佛平等故，爲欲發一切佛大願故，爲欲滿【一切佛大願故，爲欲具一切佛智光故，爲欲成一切佛】衆行故，爲欲得一切佛神通故，爲欲具一切佛諸力故，爲欲獲一切佛無畏故，爲欲聞一切佛法故，爲欲受一切佛法故，爲欲持一切佛【法故，爲欲解一切佛法故，爲欲護一切佛法故，爲欲】與一切諸菩薩衆同一體故，爲欲與一切菩薩善根芋無異故，爲欲圓滿一切菩薩波羅蜜故，爲欲成就一切菩薩所修行故，爲欲出【世一切菩薩清淨願故，爲欲得一切諸佛菩薩威神】藏故，爲欲得一切菩薩法藏無盡智慧大光明故，爲欲得一切菩薩三昧廣大藏故，爲欲成就一切菩薩無量無數神通藏【故，爲欲以大悲藏教化調伏一切衆生皆令究竟】到【邊際故，爲】欲顯現神變藏故，爲於一切自在藏中悉以自心得自在故，爲欲入【於】清淨藏中【以一】切相而莊嚴故。

聖者〔125-2〕，【我今以如是心、如是意、如是樂、如是欲、如是希求】、如是思惟、如是尊重、如是方便、如是究竟、如【是】謙下，至聖者所。我【聞聖者善能誘誨諸】菩薩衆，能以方便闡明所得，【示其道路，與其津梁，授其法門】；令除迷倒障，拔猶豫箭，截疑惑網，照心稠林，浣〈澣〉① 心垢濁，【令心】潔白，使心【清涼，正心諸曲，絕】心生死，止心不善，解心執著；於執【著處令心解脫，於染愛處使心動轉】，令其速入一切智境，使其疾到無上法城；令住大悲，令住大慈，令入菩薩行，令修【三】昧門，令入證位，令觀法性，令增長力，令修【習行，普於一切，其心平等。唯願聖者爲我】宣說菩薩云何學菩薩行、修菩薩道，隨所修習，疾得清淨，疾得明了。

時，解脫【長者】以過去善根力、佛威神力、文殊師利【童子憶念力故，即入菩薩三昧門，名普攝一切】佛剎無邊旋陀羅尼。入此三昧已，得清淨身。於其身中，顯現十方各十佛剎微塵數【佛】，及佛國土、衆會、道塲、種種光明、諸【莊嚴事，亦現彼佛往昔所行神通變化、一】切大願、助道之法、諸出離行、清淨莊嚴，示〈亦〉見諸佛成芋正覺、轉妙法輪、教化衆生。如是一切，於其身中悉皆顯現，無所障礙；種種形相、種【種次第，如本而住，不相雜亂，所謂種種國土、種種】衆會、種種道塲、種種嚴飾。其中諸佛現種種神力、立種種乘道、示種種頓門，或於一世界處兜率宮而作佛事，或於一世界殁〈沒〉兜【率宮而作佛事；如是，或有住胎，或復誕生，或處】宮中，或復出家，【或】詣道塲，或破魔軍，或諸天、龍【恭敬】圍繞，或諸世主勸請說法，或轉法輪，【或般】涅槃，或分舍利，或起塔【廟。彼諸如來於種種衆會、種種世間、種】種趣生、種種家族、種種欲樂、種種業行、種種語言、種種根性、種種煩惱隨眠習氣【諸衆生】中，或處微細道塲，或處【廣大道塲，或處一由旬量道塲，或處十由】旬量道塲，或處不可說不可說佛剎微塵數由旬量道塲，以種種神通、種種言辭、種種音聲、種種法門、種種揔持門、種【種辯才門，以種種聖諦海、種種無畏大師子吼】，說諸衆生種種善根、種種憶念，授種種菩薩【記，說】種種諸佛法。

彼諸如來所有言說，善財童子悉能聽受，亦見諸佛及諸菩薩【不可思議三昧神變】。

【爾時，解脫長者從三昧起，告】善財童子言：

善男子，我已入出如來無礙莊嚴解脫門。

善男子，我入出此解脫門時，即見東方閻浮檀金【光】明世界，【龍自在王如來應正等覺，道塲衆會之所圍遶，毘盧】遮那藏菩薩而爲上首；又見南方速疾力世界，普香如來應正芋覺，道塲衆會之所【圍】遶，心王菩薩而爲上首；又見西方香光世界，【須彌燈王如來應正等覺，道塲衆會之所圍遶，無】礙心菩薩而爲上首；又見北方袈裟幢〈幢〉世界，不可壞金剛如來應正芋覺，道塲衆會之所圍繞，金【剛】步勇猛菩薩而爲上首；又【見東北方一切上妙寶世界，無所得境界眼如來】應正芋覺，道塲衆會之所圍繞，無所得善變化菩薩而爲上首；又見東南方香燄光音世界，香燈如來應正等覺，道塲衆【會之所圍遶，金剛焰

---

① 澣，㊁三三九頁註①：澣＝浣㊂㊅。

慧菩薩而爲上首；又】見西南方智慧日普光明世界，法界輪憧〈幢〉如来應正寺覺，【道】塲【衆】會之所圍繞，現一切變化憧〈幢〉菩薩而爲上首；又見西北方普清【淨世界，一切佛寶高勝幢如來應正等覺，道】塲衆會之所圍繞，法憧〈幢〉王菩薩而爲上首；【又見】上方佛次苐出現無盡世界，無邊智慧光圓【滿幢】如來應正寺覺，道【場衆會之所圍遶，法界門幢王菩薩而】爲上首；又見下方佛光明世界，無礙智幢如來應正寺覺，道【場】衆會【之所】圍繞，一切世閒剎【幢】王菩薩而爲上首。

善男子，我見如【是等十方各十佛剎微塵數如來。彼諸如來】不来至此，我不往彼。我若欲見安樂世界阿弥陁如来，【隨】意【即】見；我【若】欲見旃〈栴〉檀世界金剛光明如来、妙香世界寶光明【如來、蓮華世界寶蓮華光明如來、妙金】世界寂静光如來、妙喜世界不動如來、善住世界師子如【來】、鏡【光明世】界月覺如來、寶師子莊嚴世界毗廬遮那如來，【如是一切，悉皆即見。然彼如來不來至此】，我身亦不往詣扵彼。知一切佛及与我心，悉皆如【夢；知一切佛猶】如影像，自【心】如水；知一切佛所有色相及以自〔125-3〕【心，悉皆如幻；知一切佛及以己心，悉皆如響】。我如是知，如是憶念：所見諸佛，皆由自心。

善男子，當知菩薩修諸佛法，淨諸佛剎，積集妙行，調伏【衆生，發大誓願，入一切智自在遊戲】不可思議解脫之門，得佛菩提，現大神通，遍往一切十方法界，以微細智普入諸刼；如是一【切，悉由自心】。

【是故，善男子，應以】善法扶助自心，應以法水潤澤自心，應扵境界淨治自心，應以精進堅固自心，應以忍辱坦蕩自心，應【以智證潔白自心，應以智慧明】利自心，應以佛自在開發自心，應以佛平寺廣大自心，應以佛十力照察自心。

善男子，我唯扵此如来【無礙莊嚴解脫門而得入出】。如諸菩薩摩訶薩得无寻智住无寻行，得常見一切佛三昧，得不住涅槃際三昧，了達【三昧普門境界，於三世法】悉皆平寺，能善分身遍一切剎，住扵諸佛平寺境界，十方境界皆悉現前，智慧觀察無【不明了，於其身中悉現】一切世界成壞，而扵己身及諸世界不生二想；如是妙行，而我云何能知能說。

善男子，從此南【行，至閻浮提畔，有一國土】，名摩利伽羅；彼有比丘，名曰海憧〈幢〉。汝詣彼問：菩薩云何學菩薩行、修菩薩道。

時，善財童子【頂禮解脫長者足，右遶觀察】，稱揚讚歎，思惟戀仰，悲泣流淚，一心憶念：依善知識，事善知識，敬善知識，由善知識見一切【智；於善知識不生違】逆，扵善知識心無諂〈謟〉誑，扵善知識心常隨順；扵善知識起慈母想，捨離一切無益法故；扵善知識起【慈父想，出生一切諸善法故。辭退而】去。

大方廣佛花嚴經卷第六十三・六十三之上
佛弟子陳玄素　徐二娘
〔125-4〕

【爾時，善財童子一心正念彼長者教，觀察彼長者教，憶念彼不思議菩薩解脫門，思惟彼不思議菩薩智光明，深入彼不思議法界門，趣向彼不思議菩薩普入門，明見彼不思議如來神變，解了彼不思議普入佛剎，分別彼不思議佛力莊嚴，思惟彼不思議菩薩三昧解脫境界分位，了達彼不思議差別世界究竟無】礙，修行【彼不思議菩薩堅固深心，發起彼不思議菩薩大願淨業。

漸次南行，至閻浮提畔摩利聚落，周遍求覓海幢比丘。乃見其在經行地側結跏趺坐，入于三昧，離出入息，無別思覺，身安不動。

從其足下，出無數百千億長者、居士、婆羅門衆，皆以種】種諸莊嚴具莊嚴其身，【悉著寶】冠，頂繫明珠，【普往十方一切世界，雨一切寶、一切瓔珞、一切衣服、一切飲食如法上味、一切華、一切鬘、一切】香、一切塗香、一切欲樂資生之具，【於】一切處【救攝一切貧窮衆生，安慰一切苦惱衆生，皆令歡喜心意清淨，成就無上菩提之道】。

【從其兩】膝，出無數百千億刹帝利、婆羅門衆，皆悉【聰慧，種種色相、種種形貌、種種衣服上妙莊嚴，普遍十方一切世界，愛語、同事攝諸衆生。所】謂貧者令足，病者令愈，危者令安，【怖者】令【止】，有【憂苦者咸使快樂；復以方便而勸導之，皆令捨惡，安住善法】。

【從其腰間，出等衆生數】無量仙人，或服草衣或【樹】皮【衣，皆執】澡缾〈瓶〉，威儀【寂靜，周旋往返十方世界，於虛空中，以佛妙音，稱讚如來，演說諸法；或說清淨梵行之道】，令其修習，調伏諸根；【或】說【諸法皆無自性，】使】其觀【察，發生智慧；或說世間言論軌則，或復開示一切智智出要方便，令隨次第各修其】業。

從其兩脇，出不思議龍、【不思議】龍女，【示】現不思議【諸龍神變，所謂雨不思議香雲、不思議華雲、不思議鬘雲、不思議寶蓋雲、不思】議寶幢雲、不思議妙寶莊嚴具雲、不思議大摩尼寶雲、【不思議寶瓔珞雲、不思議寶座雲、不思議寶宮殿雲、不思議寶蓮華雲、不】思議寶冠雲、不思議天身【雲、不思議采女雲，悉遍虛空而爲莊嚴，充滿一切十方世界，諸佛道場而爲供養，令諸衆生皆生歡喜】。

【從】臍前【卍字中，出無】數百千億【阿脩羅王，皆悉示現不可思議自在幻力，令百世界皆大震動，一切海水自然涌沸，一切山王互相衝擊，諸天宮殿無不動搖，諸魔光明無不隱蔽，諸魔兵衆無【不】摧伏；【普令衆生，捨憍慢心，除怒害心，破煩惱山，息衆惡法，長無鬭諍，永共和】善；復以幻力，開悟衆生，令【滅】罪【惡，令怖生死，令出】諸趣，令離染【著，令住無上菩提之心，令修一切諸菩薩行，令住一切諸波羅蜜，令入一切諸菩】薩地，令觀一切微妙法門，令知一切【諸佛方便。如是】所作，周【遍法界】。

從【其背上】，爲應以二乘而得【度者，出無】數百千億聲聞、【獨覺；爲著我者，說】無有我；爲執常者，說一切行皆悉【無常】；爲貪行者，說不淨觀；爲瞋行者，說慈心觀；爲癡行者，說緣起觀；爲等分行者，說【與智慧相】應境界法；爲樂著境界者，說【無所】有【法；爲樂】著寂靜處者，說發大誓願普饒益一切衆生法。如是所作，周遍法界。

從其【兩肩，出無數百】千億諸夜叉、羅刹王，種種形【貌】、種【種色相，或長或短】，皆可怖畏，無量眷属而自圍繞，守護一切行善衆生，并諸賢聖、菩薩【衆會，若向正住及正】住者；或時現【作執金剛神，守護諸佛及佛住】處，或遍【守護一切世】間。有怖畏【者，令得安隱；有疾病】者，令得【除差；有苦惱者，令得免】離；有過惡者，令其【厭】悔；有災橫者，【令其息滅】。如是利益一切衆生，皆悉令其捨生死輪轉【正法輪】。

【從其腹，出無數百千億緊那羅王，各有】無數緊〔那〕羅女前【後圍】繞；又出無數【百千億乾闥婆】王，各有無數乾闥婆女【前後】圍繞。各奏無數百千天【樂，歌】詠【讚歎】諸法實【性，歌詠讚歎一切諸佛，歌】詠讚歎發菩提心，歌【詠讚】歎【修菩】薩行，歌詠讚歎一切【諸佛成正】覺門，歌詠讚歎一切諸【佛】轉【法輪門，歌】詠讚歎一切【諸佛現神變門，開示演】說一切諸佛【般涅槃門】，開【示演說】守護【一切】諸佛教門，開示演【說令一切衆】生【皆歡喜門，開示演說嚴淨一切諸佛利門，開示演說顯示一切微】妙法【門】，開示演說【捨離】一切諸鄣礙門，開示演說發生一切諸善根門。如【是周遍】十方【法界】。

從其面門，出無數百千〔126-1〕【億轉輪聖王,七寶具足,四兵】圍繞,放大捨光,雨無量寶;諸貧乏者悉使充【足,令其】永【斷不與取行;端正采女無數百千,悉以捨施心無所著,令其永斷邪婬之行;令生慈】心,不斷生命;令其究竟【常】真實語,【不】作虛誑【無益談說;令攝他語,不行離間;令柔軟語,無有麁惡;令常演說甚深決定明】了之義,【不作無義】綺飾言辭;為說少欲,令除【貪愛,心】無【瑕】垢;為【說大悲,令除忿怒,意得清淨;為說實義,令其觀察一切諸法,深入因緣,善明諦理,拔邪見】刺,破疑惑山,一切障礙悉【皆除滅。如是所作】,充滿法界。

【從其兩目,出無數百千億日輪,普照一切諸大地獄及諸惡趣,皆令】離苦;又照一切世界中間,令除黑暗;又照一切十方眾生,皆令捨離【愚癡瞖障;於垢濁國土放清淨光,白銀國土放黃金色光,黃金國土放白銀】色光,瑠璃國土【放玻瓈色】光,頗梨〈玻瓈〉國土放瑠璃色光,【硨磲國】土放【碼碯色光,碼碯國土放硨磲色光,帝青國土放日藏摩尼王色光,日藏摩尼王國土放帝青色】光,赤真珠國土放月光綱藏摩尼王色光,【月光綱藏摩尼王國土放赤真珠色光,一寶所成國土放種種寶色光,種種寶所成國土放一】寶色光,照諸眾生心之稠林,辦c〈辨〉① 諸眾生無量【事業,嚴飾一切世間境界,令諸眾生心得清涼生大歡喜。如是所作,充滿法界】。

從其眉間【白】毫相中,出無數百千億【帝】釋,皆於【境界而得自在,摩尼寶珠繫其頂上,光照一切諸天宮殿,震動一切須彌山】王,覺【悟】一切諸天大眾;【歎】福德力,說智慧力,生其樂力,【持】其至〈志〉力,【淨其念力,堅其所發菩提心力,讚樂見佛;令除世欲,讚樂聞法】;令猒世境,【讚】樂【觀】智;令絕世染,止修羅戰,斷煩【惱】諍,滅【怖死心,發降魔願,興立正法須彌山王,成辦眾生一切事業。如是所作】,周【遍法】界。

從其額上,出無數百千億梵天,【色相】端【嚴】,世間無比,【威】儀【寂靜,言音美妙,勸佛說法,歎佛功】德,【令】諸【菩薩悉】皆【歡喜】,能【辨】眾生【無量事】業,普遍一切十方世界。

從其頭上,出無量佛剎微塵數諸【菩薩】眾,悉【以】相好莊嚴其身,放無邊光,說種種行,所謂:讚歎布施,令捨慳貪,得眾妙寶莊嚴世界;稱揚讚歎持戒功德,令諸眾生永斷諸惡,住於菩薩大慈悲戒;說一切有為皆如夢,說諸欲樂無有滋味,令諸眾生離煩惱縛;說忍辱力,令於諸法心得自在;讚金色身,令諸眾生離瞋恚垢,起對治行,絕畜生道;歎精進行,令其遠離世間放逸,皆悉勤修無量妙法;又為讚歎禪波羅蜜,令其一切心得自在;又為演說般若波羅蜜,開示正見,令諸眾生樂自在智拔諸見毒;又為演說隨順世間種種所作,令諸眾生雖離生死,而於諸趣自在受生;又為示現神通變化,說壽命自在,令諸眾生發大誓願;又為演說成就摠持力、出生大願力、淨持〈治〉三昧力、自在受生力;又為演說種種諸智,所謂普知眾生諸根智、普知一切心行智、普知如來十力智、普知諸佛自在智。如是所作,周遍法界。

從其頂上,出無數百千億如來身,其身無等,諸相隨好,清淨莊嚴,威光赫奕如真金山,無量光明普照十方,出妙音聲充滿法界,示現無量大神通力,為一切世間普雨法雨。所謂:為坐菩提〔道〕塲諸菩薩,雨普知平等法雨;為灌頂位諸菩薩,雨入普門法雨;為法王子位諸菩薩,雨普莊嚴法雨;為童子位諸菩薩,雨堅固山法雨;為不退位諸菩薩,雨海藏法雨;為成就正心位諸菩薩,雨普境界法雨;為方便具足位諸菩薩,雨自性門法雨;為生貴位諸菩薩,雨隨順世間法雨;為修行位諸菩薩,雨普悲愍法雨;為新

---

① 辦,㊗三四一頁註④:辦＝辨㊂㊀,下同。

學諸菩薩，雨積集藏法雨；爲初發心諸菩薩，雨攝衆生法雨；爲信解諸菩薩，雨無盡境界普現前法雨；爲色界諸衆生，雨普門法雨；爲諸梵天，雨普藏法雨；爲諸自在天，雨生力法雨；爲諸魔衆，雨心憧〈幢〉法雨；爲諸化樂天，雨淨念法雨；爲諸兜率天，雨生意法雨；爲諸夜摩天，雨歡喜法雨；爲諸忉利天，雨疾莊嚴虛空界法雨；爲諸夜叉王，雨歡喜法雨；爲諸乾闥婆王，雨金剛輪法雨；爲諸阿修羅王，雨大境界法雨；爲諸迦樓羅王，雨無邊光明法雨；爲諸緊那羅王，雨一切世間殊勝智法雨；爲諸人王，雨無樂著法雨；爲諸龍王，雨歡喜憧〈幢〉法雨；爲諸摩睺羅伽王，雨大伏息法雨；爲諸地獄衆生，雨正念莊嚴法雨；爲諸畜生，雨智慧藏法雨；爲閻羅王界衆生，雨無畏法雨；爲諸厄難處衆生，雨普安慰法雨。悉令得入賢聖衆會。如是所作，充滿法界。

海幢比丘又於其身一切毛孔，一一皆出阿僧祇佛刹微塵數光明網，一一光明網具阿僧祇色相、阿僧祇莊嚴、阿僧祇境界、阿僧祇事業，充滿十方一切法界。

尒時，善財童子一心觀察海幢比丘，【深】生渴仰，憶念彼三昧解脫，思惟彼不思議菩薩三昧，思惟彼不思議利益衆生方便海，思惟彼不思議無作用普莊嚴門，思惟彼莊嚴法界清淨智，思惟彼受佛加持智，思惟彼出生菩薩自在力，思惟彼堅固菩薩大願力，思惟彼增廣菩薩諸行力。如是住立，思惟觀察，經一日一夜，乃至經於七日七夜、半月、半〈一〉月，乃至六月，後〈復〉經六日。

過此已後，海憧〈幢〉丛业①〈丘〉從三昧出。善財童子讚言：聖者，希有奇特，如此三昧最爲甚深，如此三昧最爲廣大，如此三昧境界無量，如此三昧神力難思，如此三昧光明無等，如此三昧莊嚴無數，如此三昧威力難制，如此三昧境界平等，如此三昧普照十方，如此三昧利益無限，以䏻除滅一切衆生無量苦故，所謂䏻令一切衆生離貧㗉故，出地獄故，免畜生故，閇諸難門故，開人天道故，令人天衆生喜樂故，令其愛樂禪境界故，䏻令增長有爲樂故，䏻爲顯示出有樂故，能爲引發菩提心故，䏻使增長福智行故，䏻令增長大悲心故，能令生起大願力故，能令明了菩薩道故，䏻使莊嚴究竟智故，能令趣入大乘境故，䏻令照了普賢行故，䏻令證得諸菩薩地智光明故，能令成就一切菩薩諸願行故，能令安住一切智智境界中故。聖者，此三昧者，名爲何苄。

橐幢丛业〈丘〉言：善男子，此三昧名普眼捨得，又名般若波羅蜜境界清淨尣刵，又名普莊嚴清淨門。【善男子】，我已〈以〉修冐般若波羅蜜故，得此普莊嚴清淨三昧苄〔126-3〕【百】萬阿僧祇三昧。

善財童子言：聖者，此三昧境界究竟唯如是耶。

【海幢】言：

善男子，入此【三昧】時，了知一切世界，無所鄣礙；往詣一切世界，无所鄣礙；超過一切世界，無所鄣礙；莊嚴一切世界，無所鄣礙；修治一切世界，無所鄣礙；【嚴】淨一切世界，無所鄣礙；見一切佛，無所鄣礙；觀一切佛廣大威德，無所鄣礙；知一切佛自在神力，無所鄣礙；證一切佛諸廣大力，無所鄣礙；入一切佛諸功德海，無所鄣礙；受一切佛無量妙法，無所鄣礙；入一切佛法中修習妙行，無所鄣礙；證一切佛轉法輪平苄智，【無所】鄣礙；入一切諸佛衆會道場海，無所鄣礙；觀十方佛法，無所鄣礙；大悲攝受十方衆生，無所鄣礙；常起大慈充滿十方，無所鄣礙；見十方佛心無猒足，無所鄣礙；入一切衆生海，無所障礙；知一切衆生根海，无所障

---

① 編者註：丘，篆文北，从北从一，晋祠石經作草書"业"形，下同。

导；知一切衆生諸根差別智，无所罣礙。

善男子，我唯知此一般若波羅蜜三昧光明。如諸菩薩入智慧海，〔淨〕法界境，達一切趣，遍無量刹，捴持自在，三昧清淨，神通廣大，辯才無盡，善說諸【地，爲】衆生依；而我何能知【其妙行，辨其】功德，了其所行，明其境界，究其顠力，入其要門，達其所證，說其道分，住其三昧，見其【心境，得其所有平等智慧】。

【善男子，從此南】行，有一住處，名曰海潮；彼有園林，名普莊嚴；扵其園中，有優婆夷，名曰休捨。汝往【彼問：菩薩云】何學【菩薩行、修菩薩道】。

【時，善財】童子扵海幢比业〈丘〉所，得堅固身，獲妙法財，入深境界，智慧【明】徹，三昧照曜，住【清淨解，見甚】深法，【其心安】住諸【清淨門，智慧光明】充滿十方，心生歡喜，踴躍無量；五體投地，頂礼其足，繞無量帀，恭敬瞻仰，【思惟觀察，諮嗟】戀慕，持【其名號，想其容止，念其音】聲，思其三昧及彼大顠所【行】境界，【受】其智慧清淨光明；辝退而行。

〔大方廣佛花嚴經卷第六十三〕・〔六十〕三之下
〔126-4〕

〔大方廣〕佛花嚴經
入法界品茅卅九之〔五〕
卷六十四·六十四之〔上〕

【爾時，善財童子蒙善知識力，依善】知識教，念【善知識語，於善知識深】心愛樂，作是念言：【因】善知識，令我見佛；日善知識，令我聞法。善知識【者是我師傅，示導於】我諸【佛法】故；【善知識者是我眼目，令】我見【佛如虛空故；善知識】者是我津濟，令我得入諸佛如來蓮花池故。

漸漸南行，至海潮處，見普莊【嚴園，眾寶垣牆】周帀圍繞，一【切寶樹行列莊嚴；一切寶華樹，雨眾妙華】，布散其地；一切寶香樹，香【氣氛】氳，普薰〈熏〉十方；一切寶鬘樹，雨大寶鬘，處處垂【下；一切摩尼寶王樹，雨大摩尼寶，遍布充滿；一切寶衣樹，雨種種色衣，隨】其所應，周帀敷布；一切【音】樂樹，風【動】成音，其音美妙，過於天樂；一切莊嚴具樹，【各雨珍玩奇妙之物，處處分布，以為嚴飾】。

【其地清淨無有高下，於中具有】百萬殿堂，大摩尼寶【之所合】成；百万樓閣，閻浮檀金【以】覆其上；百萬宮殿，【毘盧遮那摩尼寶間錯莊嚴；一萬浴池，眾寶合成；七寶欄楯，周匝圍】繞；七寶【階道，四面】分布；八功德水，湛然盈滿，其水香氣如天旃檀，金沙布底，水清【寶珠周遍間錯；鳧鴈、孔雀、俱枳羅鳥遊戲其中，出和雅音；寶多羅樹】周帀行列，【覆】以寶網，垂諸金鈴，微風徐搖，恒出美音；施大寶帳，寶樹圍【遶，建立無數摩尼寶幢，光明普照百千由旬。其中復有百萬陂池，黑栴檀泥凝】積其底，一切【妙】寶以為蓮花【敷】布水上，【大摩】尼花光色照曜園中。

復【有廣大宮殿，名莊】嚴幢，【海藏妙寶以】為其地，毘瑠璃寶以為其柱，閻浮檀金以覆其上，光】藏摩尼以為莊嚴，無數【寶王光焰熾然，重樓挾】閣種種莊飾；【阿盧那香王、覺悟香王，皆出妙香普薰】一切。【其宮殿中，復有無量寶蓮華座周迴布列，所謂照】曜十方摩尼寶蓮花座、【毘盧遮那摩尼寶蓮華座】、照曜世【間摩尼寶】蓮【華座、妙藏摩尼寶蓮華座、師子藏摩尼】蓮華【座】、離【垢藏摩尼寶蓮華座、普門摩尼】寶蓮華座、光嚴摩【尼寶蓮華座、安住大海藏清淨摩尼王寶蓮華座、金剛師子摩尼寶蓮華座】。

【園中復有百】萬種【帳，所謂衣帳、鬘帳、香帳、華帳、枝帳、摩】尼帳、真金【帳】、莊嚴【具帳、音樂帳、象王神變帳、馬王神變帳、帝釋所著摩尼寶帳，如是等，其數百萬。有百萬大寶網彌覆其上，所謂寶鈴網、寶蓋網、寶身網、海藏真珠網】、紺瑠【璃摩尼寶網、師子摩尼網、月】光摩尼【網、種種形】像【眾香網、寶冠網、寶瓔珞網，如是等，其數百萬。有百萬大光明之所照耀，所謂焰光摩尼寶光明】、日藏【摩尼寶光明、月幢摩尼寶光明、香焰摩尼寶光明、勝藏摩尼寶光明、蓮華藏摩尼寶光明、焰幢摩尼寶光明、大燈摩尼寶光明、普照十方摩尼寶光明、香光摩尼寶光明，如是等，其數百萬。常雨百萬莊嚴具，百萬黑栴檀香出妙音聲，百萬出過諸天曼陀羅華而以散之，百萬】出過【諸天】纓絡〈瓔珞〉以爲莊【嚴，百萬出過】諸天妙【寶】鐸【帶處處垂下，百萬出過諸天衆色妙衣，百萬雜色摩尼寶妙光普照，百萬天子欣樂瞻仰頭面作禮，百萬采】女於虛空【中投身而下，百萬菩薩恭敬】親近常樂〔127①-1+②-1〕【聞法】。

【時，休捨優婆夷坐真金座，戴海藏真珠網冠，挂出過諸天真金寶釧，垂紺青髮，大摩尼網莊嚴其首，師子口摩尼寶以爲耳璫，如意摩尼寶王以爲瓔珞，一切寶網垂覆其身，百千億那由他衆生曲躬恭敬。東方有無量衆生來詣其所，所謂梵天、梵衆天、大梵天、梵輔天、自在天，乃至一切人及非人；南西北方，四維上下，皆亦如是。其有見此優婆夷者，一切病苦悉得除滅，離煩惱垢，拔諸見刺，摧障礙山】，入於無礙清淨境界，增明一切所有善根，長【養諸】根；入一切智慧門，入一切揔持門；一切三昧門、一切大願門、一切【妙行門、一切功德門，皆得現前；其心廣大，具足神通，身無障礙，至一切處】。

【爾】時，善財童子入普莊嚴園，周遍觀察，見休捨優婆夷坐於妙座，往詣其所，頂禮其足，繞無數帀，白言：聖者，我【已先發阿耨多羅三藐三菩提心，而未知菩薩云何學菩薩行，云】何脩菩薩道，我聞聖者善能誘誨，願爲我說。

休捨告言：

善男子，我唯得菩薩一解脫門，若有見聞憶念【於我，與我同住，供給我者，悉不唐捐。善男子，若有衆生不種】善根，不爲善友之所攝受，不爲諸佛之所護念，是人終不得見於我。善男子，其有衆生得見我者，皆於阿【耨多羅三藐三菩提獲不退轉】。

【善男子，東方諸佛常】来至此，處於寶座爲我說法；南西北方，四維上下，一切諸佛悉来至此，處於寶座爲我說法。善男子，我常不離見佛聞【法，與諸菩薩而共同住】。

【善男子，我此大衆，有八萬四千億那由】他，皆在此園與我同行，悉於阿耨多羅三藐三菩提得不退轉；其餘衆生住此園者，亦皆普入不退轉位。

善財白【言：聖者，發阿耨多羅三藐三菩提心爲久近耶。

答言：

善】男子，我憶過去，於然燈佛所，修行梵行，恭敬供養，聞法受持；次前，於離垢佛所，出家學道，受持【正法；次前，於妙幢佛所；次前，於勝須彌佛所；次前，於蓮華德】藏佛所；次前，於毗盧遮那佛所；次前，於普眼佛所；次前，於梵壽佛所；次前，於金剛齊佛所；【次前，於婆樓那天佛所。善男子，我憶過去，於無量劫無量生中，如是次第三十】六恒河沙佛所，皆悉【承】事，恭敬供養，聞法受持，淨修梵行。於此已往，佛智所知，非我〔127①-2〕【能測】。

【善男子，菩薩初發心無有量，充滿一切法界故；菩薩大悲門無有量，普】入一切世間故；菩薩大願門無有量，究竟十方法界故；菩薩大慈門無有量，普覆一切衆【生故；菩薩所修行無有量，於一切剎一切劫中修習故；菩薩】三昧力無有量，令菩薩道不退故；菩薩揔持力無有量，能持一切世間故；菩薩智光力無有量，普【能證入三世故；菩薩神通力無有量，普現一切剎網】故；菩薩辯才力無有量，一音一切悉解故；菩薩清淨身無有量，悉遍一切佛剎故。

善財童子言：聖者，久如當【得阿耨多羅三藐三菩提。

答言：

善】男子，菩薩不】爲教化調伏一衆生故發菩提心，不爲教化調伏百衆生故發菩提心，乃至不爲教化調伏不可說不可說【轉衆生故發菩提心；不爲教化一世界衆生故】發菩提心，乃至不爲教化不可說不可說轉世界衆生故發菩提心；不爲教化閻浮提微塵數世【界衆生故發菩提心，不爲教化三千大千世界微塵】數世界衆生故發菩提心，乃至不爲教化不可說不可說轉三千大千世界微塵數世界衆生故發菩提心；不【爲供養一如來故發菩提心，乃至不爲供養】不可說不可說轉如來故發菩提心；不爲供養一世界中次苐興世諸如來故發菩提心，乃至不爲供養【不可說不可說轉世界中次第興世諸如】來故發菩提心；不爲供養一三千大千世界微塵數世界中次苐興世諸如來故發菩提心，乃至不爲供養不【可說不可說轉佛刹微塵數世界中次】苐興世諸如來故發菩提心；不爲嚴净一世界故發菩提心，乃至不爲嚴净不可說不可說轉世界故發菩提心；不【爲嚴净一三千大千世界微塵數世界】故發菩提心，乃至不爲嚴净不可說不可說轉三千大千世界微塵數世界故發菩提心；不爲住持一如來遺法故發菩提心，【乃至不爲住持不可說不可說轉如來遺】法故發菩提心；不爲住持一世界如來遺法故發菩提心，乃至不爲住持不可說不可說轉世界如來遺法故發菩提心；不爲住持一【閻浮提微塵數世界如來遺法故發】菩提心，乃至不爲住持不可說不可說轉佛刹微塵數世界如來遺法故發菩提心。如是略說，不爲滿一佛誓願故，不爲往一佛國土故，不【爲入一佛衆會故，不】爲持一佛【法眼故，不爲】轉一佛法輪故，不爲知一世界中諸刧次苐故，不爲知一衆生心海故，不爲知一衆生根海故，不爲知一衆生業海故，不爲知一衆生行海故，【不爲知一】衆生煩惱海故，不爲知一【衆生煩】惱習海故，乃至不爲知不可說不可說轉佛刹微塵數衆生煩惱習海故，發菩提心。

欲教化調伏一切衆生悉無餘故發菩提心，【欲承事供】養一切諸佛悉無餘故發菩提心，欲嚴净一切諸佛國土悉無餘故發菩提心，欲護持一切諸佛正教悉無餘故發菩提心，欲成滿一切如來誓願悉無【餘故】發菩提心，欲往一切諸佛國土悉無餘故發菩提心，欲入一切諸佛衆會悉無餘故發菩提心，欲知一切世界中諸刧次弟悉無餘故發菩提心，欲知一切衆【生心】海悉無餘故發菩提心，欲知一切衆生根海悉無餘故發菩提心，欲知一切衆生業海悉無餘故發菩提心，欲知一切衆生行海悉無餘故發菩提心，欲【滅一切】衆生諸煩惱海悉無餘故發菩提心，欲扳一切衆生煩惱習海悉無餘故發菩提心。善男子，取要言之，菩薩以如是等百萬阿僧祇方便行故發菩提【心】。

【善】男子，菩薩行普入一切法皆證得故，普入一切刹悉嚴净故。是故，善男子，嚴净一切世界盡，我願乃盡；扳一切衆生煩惱習氣盡，我願乃満。

善【財童子】言：聖者，此解脫名爲何苺。

荅言：

善男子，此解脫名離憂安隱幢。善男子，我唯知此一解脫門。如諸菩薩摩訶薩，其心如海，悉能容受一切佛【法；如須】弥山，志意堅固，不可動摇；如善見〔127①－3＋②－3〕藥，能除衆生煩惱重病；如明净日，能破衆生無明闇鄣；猶如大地，能作一切衆生依處；猶如好風，能作一切衆生義【利；猶如】明燈，能爲衆生生智慧光；猶如大雲，能爲衆生雨寂滅法；猶如净月，能爲衆生放福德光；猶如帝釋，悉能守護一切衆生。而我云何能知能說彼【功德行】。

【善】男子，於此南方海潮之處，有一國土，名那羅素；中有仙人，名毗目瞿沙。汝詣彼問：菩薩云何學菩薩行、修菩薩道。

時，善財童子頂礼其足，繞無數帀，【慇懃瞻仰】，悲泣流淚，作是思惟：得菩提難，近善知識難，遇善知識〔難〕，得菩薩諸根難，净菩薩諸根難，復〈值〉同行善知識難，如理觀察難，依教修行難，值遇出生【善心方便難，值】遇增長一切智法尣明難。作是念已，辝退而行。

尒時，善財童子隨順思惟菩薩正教，隨順思惟菩薩净行，生增長菩薩福力心，生明見一切諸佛【心，生出生一切諸佛】心，生增長一切大願

484

心，生普見十方諸法心，生明照諸法實性心，生普散一切障礙心，生觀察法界無闇心，生清淨意寶莊嚴心，生摧伏一切衆魔【心】。

【漸漸遊行，至那羅】素國，周遍推求毗目【瞿】沙。見一大林，阿僧祇樹以爲莊嚴，所謂種種葉樹扶踈〈疎〉布護〈濩〉，種種花樹開敷鮮榮，種種果樹相【續】成熟，種種【寶樹雨摩尼果，大栴檀】樹處處行列，諸沉【水】樹常出好香，悅意香樹妙香莊嚴，波吒羅樹四面圍繞，尼拘律樹其身聳擢，閻浮檀樹【常雨甘果，優鉢羅華、波頭摩華以嚴池沼】。

【時】，善財童子見彼仙人【在栴】檀樹下敷草而坐，【領】徒一萬，或著鹿皮，或著樹皮，或復編草以爲衣服，瑤環垂璫，【前後圍】繞。善財見已，【往詣其所，五體投地，作如】是言：我今得遇〔127①-4+②-4〕真善知識。善知識者，則是趣向一切智門，令我得入真實道故；善知識【者，則是趣向一切智乘，令我得至如來地故；善知識者，則是趣向一切智船，令】我得至智寶洲故；善知識者，則是趣向一切智炬，令我得生十力光故；善知識者，【則是趣向一切智道，令我得入涅槃城故；善知識者，則是趣向一切智燈，令我得見夷】險道【故】；善知識者，則是趣向一切智楫，令我得度險惡處故；善知識者，則是趣向一切智【蓋，令我得生大慈涼故；善知識者，則是趣向一切智眼，令我得見法性門故；善知識者】，則是趣向一切智潮，令我滿足大悲水故。

作是語已，從地而起，繞無量帀，合掌前住，白言：聖者，【我已先發阿耨多羅三藐三菩提心，而未知菩薩云何學菩薩行，云何修菩薩道，我聞】聖者善能誘誨，願爲我說。

時，毗目瞿沙顧其徒衆，而作是言：善男子，此童子已【發阿耨多羅三藐三菩提心。善男子，此童子普施一切衆生無畏，此童子普興一切】衆生利益，此童子常觀一切諸佛智海，此童子欲飲一切甘露法雨，此童子欲測一【切廣大法海，此童子欲令衆生住智海中，此童子欲普發起廣大悲雲，此童子欲普雨】於廣大法雨，此童子欲以智月普照世間，此童子欲滅世間煩惱毒熱，此童【子欲長含識一切善根】。

【時，諸仙衆聞是語已，各以種種上妙香華散善財上，投身】作礼，圍繞恭敬，作如是言：今此童子，必當救護一切衆生，必當除滅諸〔128①-1〕【地獄苦，必當永斷諸畜生道，必當轉去閻羅王界，必當關閉諸難處門，必當乾】竭諸愛欲海，必令衆生永滅苦薀，必當永破無明黑闇，必當永斷貪愛【繫縛，必以福德大輪圍山圍遶世間，必以智慧大寶須彌顯示世間，必當出現清淨智日，必當開示】善根法藏，必使世間明識險易。

時，毗目瞿沙告羣仙言：善男子，若有能發【阿耨多羅三藐三菩提心，必當成就一切智道。此善男子已發阿耨多羅三藐三菩提心，當】淨一切佛功德地。

時，毗目瞿沙告善財童子言：善男子，我得菩薩無勝幢解脫。

【善財白言：聖者，無勝幢解脫境界云何】。

【時，毘目仙人即申右手，摩善財頂，執善財手。即時】，善財自見其身往十方十佛剎微塵數世界中，到十佛剎微塵數諸佛所，見彼佛【刹及其衆會、諸佛相好、種種莊嚴；亦聞彼佛隨諸衆生心之所樂而演說法，一文一】句皆悉通達，各別受持无有雜亂；亦知彼佛以種種解淨治諸願；亦知彼佛【以清淨願成就諸力；亦見彼佛隨衆生心所現色相；亦見彼佛大光明網，種種諸色】清淨圓滿；亦知彼佛无礙智慧大光明力；又自見身於諸佛所，經一日夜或七日夜、半月、一月、【一年、十年、百年、千年，或經億年，或阿庾多億年，或那由他億年，或經半劫，或經】一劫、百劫、千劫，或百千億乃至不可說不可【說】佛剎微塵數劫。

尒時，善財童子爲菩薩无勝【幢解脫智光明照故，得毘盧遮那藏三昧光明；爲無盡智解脫三昧光明照故，得】普攝諸方陁羅尼光明；爲金剛輪陁羅尼門光明照故，得極清淨智慧心三昧光明；爲普門莊〔128①-2〕【嚴藏般若波羅蜜光明照故，得佛虛空藏輪三昧光明；爲一切佛法輪三昧光明照故】，得三世無盡智三昧光明。

時，彼仙人放善財手，善財童子即自見身還在夲處。

時，彼仙【人告善財言：善男子，汝憶念耶。

善財言：唯，此是聖者善知識力。

仙人言：

善男子，我唯】知此菩薩無勝幢解脫。如諸菩薩摩訶薩成就一切殊勝三昧，扵一切時而得自在，扵一念頃【出生諸佛無量智慧，以佛智燈而爲莊嚴普照世間，一念普入三世境界，分形遍往十方】國土，智身普入一切法界，随衆生心普現其前觀其根行而爲利益，放淨光明甚可愛【樂；而我云何能知能說彼功德行、彼殊勝願、彼莊嚴刹、彼智境界、彼三昧所行、彼神】通變化、彼解脫遊戲、彼身相差別、彼音聲清淨、彼智慧光明。

善男子，扵此南方，有一聚【落，名伊沙那；有婆羅門，名曰勝熱。汝詣彼問：菩薩云何學菩薩行、修菩薩道】。

【時，善財童】子歡喜踊躍，頂礼其足，繞無數帀，殷勤瞻仰，辤退南行。

尒時，善財童子爲菩薩無【勝幢解脫所照故，住諸佛不思議神力，證菩薩不思議解脫神通智，得菩薩不思議三昧】智光明，得一切時熏修三昧智光明，得了知一切境界皆依想所住三昧智光明，得一切世間殊勝【智光明；扵一切處悉現其身，以究竟智說無二無分別平等法，以明淨智普照境界；凡所】聞法皆能忍受，清淨信解，扵法自性決定明了；心恒不捨菩薩妙行，求一切智永無退轉，獲【得十力智慧光明，勤求妙法常無厭

足，以正修行入佛境界，出生菩薩無量】莊嚴，無邊大顗悉已清淨；以無窮盡智知無邊世界綱，以無怯弱心度無量衆生海；了無〔128①-3〕【邊菩薩諸行境界，見無邊世界種種差別，見無邊世界種種莊嚴，入】無邊世界微細境界，知無邊世界種種名号，知無邊世界種種言說，知無邊衆生種種解，見無邊衆【生種種行，見無邊衆生成熟行，見無邊衆生差別想；念善知識】。

【漸次】遊行，至伊沙那聚落，見彼勝熱脩諸苦行求一切智。四面火聚猶如大山，中有刀山髙峻無極，登彼山【上投身入火】。

【時，善財童子頂禮其足，合掌而立，作如是言：聖者，我已先發阿】耨多羅三㮯三菩提心，而未知菩薩云何學菩薩行，云何脩菩薩道，我聞聖者善能誘誨，頋爲【我說】。

【婆羅門言：善男子，汝今若能上此刀山，投身火聚，諸菩薩行悉得清】淨。

時，善財童子作如是念：得人身難，離諸難難，得無難難，得淨法難，得值佛難，具諸根難，【聞佛法難，遇善人難，逢真善知識難，受如理正教難，得正命難，隨法行】難。此將非魔、魔所使邪，將非是魔險惡徒黨，詐現菩薩善知識相，而欲爲我作善根難、作壽命【難，障我修行一切智道，牽我令入諸惡道中，欲障我法門、障我佛法】。

【作是】念時，十千梵天，在虛空中，作如是言：

善男子，莫作是念，莫作是念，今此聖者得金剛餤三昧光【明，發大精進，度諸衆生，心無退轉；欲竭一切貪愛海，欲截一切邪見綱，欲】燒一切煩惱薪，欲照一切惑稠林，欲斷一切老死怖，欲壞一切三世障，欲放一切法光明。

善男子，我諸梵天多著邪【見，皆悉自謂是自在者、是能作者，扵世間中我是最勝。見婆羅門五熱炙】身，扵自宫殿心不樂著，扵諸禪定不得滋味，皆共來詣婆羅門所。時，婆羅門以神通

力示大苦行爲我說【法，能令我等，滅一切見，除一切慢，住於大慈，行於大悲，起廣大心，發菩提意】，常見諸佛，恒聞妙法，於一切處心無所礙。

復有十千諸魔，在〔虛〕空中，以天摩尼寶散婆羅門上，告善財言〔128①-4〕：【善男子，此婆羅門五熱炙身時，其火光明映奪於我所有宮殿諸莊嚴】具皆如聚墨，令我於中不生樂著，我與眷屬来詣其所。此婆羅門爲我說法，令我及餘無量天子、諸天女【等，皆於阿耨多羅三藐三菩提得不退轉】。

【復有十千自在天王，於虛空中，各】散天花，作如是言：善男子，此婆羅門五熱炙身時，其火光明映奪我等所有宮殿諸莊嚴具皆如聚墨，【令我於中不生愛著，即與眷屬来詣其所。此婆羅門爲我說法，令我於】心而得自在，於煩惱中而得自在，於受生中而得自在，於諸業障而得自在，於諸三昧而得自在，於莊嚴具【而得自在，於壽命中而得自在，乃至能於一切佛法而得自在】。

【復有十千】化樂天王，於虛空中，作天音樂，恭敬供養，作如是言：善男子，此婆羅門五熱炙身時，其火光明照我宮【殿諸莊嚴具及諸采女，能令我等不受欲樂、不求欲樂、身心柔軟】，即與衆俱来詣其所。時，婆羅門爲我說法，能令我等心得清淨、心得明潔、心得純善、心得柔軟、心生歡喜，【乃至令得清淨十力清淨之身，生無量身，乃至令得佛身、佛語、佛聲、佛】心，具足成就一切智智。

復有十千兜率天王、天子、天女、無量眷屬，於虛空中，雨衆妙香，恭敬頂禮，作如【是言：善男子，此婆羅門五熱炙身時，令我等諸天及其眷屬，於自】宮殿無有樂著，共詣其所。聞其說法，能令我等不貪境界，少欲知足，心生歡喜，心得充滿，生諸善根，【發菩提心，乃至圓滿一切佛法】。

【復有十千三十三天并其眷屬、天子、天】女，前後圍繞，於虛空中，雨天曼陁羅花，恭敬供養，作如是言：善男子，此婆羅門五熱炙身時，令我等【諸天於天音樂不生樂著，共詣其所。時，婆羅門爲我等說一切諸法】無常敗壞，令我捨離一切欲樂，令我斷除憍慢放逸，令我愛樂無上菩提。又，善男子，我當見此婆羅門時〔128①-5〕，【須彌山頂六種震動，我等恐怖，皆發菩提心堅固不動】。

【復有十千龍王】，所謂伊（沙）那跋羅龍王、難陁優波難陁龍王等，於虛空中，雨黑栴檀；無量龍女奏天音樂，雨天妙花【及天香水，恭敬供養，作如是言：善男子，此婆羅門五熱炙身時，其火光明】普照一切諸龍宮殿，令諸龍衆離熱沙怖、金翅鳥怖，滅除瞋恚，身得清涼，心無垢濁，聞法信解，猒惡龍【趣，以至誠心悔除業障，乃至發阿耨多羅三藐三菩提意住一切智】。

【復有】十千夜叉王，於虛空中，以種種供具，恭敬供養此婆羅門及以善財，作如是言：善男子，此婆羅門五【熱炙身時，我及眷屬悉於衆生發慈愍心，一切羅刹、鳩槃茶等亦生】慈心；以慈心故，於諸衆生無所惱害而来見我。我及彼等，於自宮殿不生樂著，即與共俱，来詣其【所。時，婆羅門即爲我等如應說法，一切皆得身心安樂，又令無量夜叉】、羅刹、鳩槃茶ᶜ〈茶〉等發於無上菩提之心。

復有十千乾闥婆王，於虛空中，作如是言：善男子，此婆羅門【五熱炙身時，其火光明照我宮殿，悉令我等受不思議無量快樂，是】故我等来詣其所。此婆羅門爲我說法，能令我等於阿【耨多羅三藐三菩提得不退轉】。

【復有十千阿脩羅王，從大海出，住在虛空，舒右膝輪，合掌前禮，作如是言】：善男子，此婆羅門五熱炙身時，我阿脩羅所有宮殿、大【海、大地，悉皆震動，令我等捨憍慢放逸，是故我等来詣其所。從其聞法，捨離諸諂，安住忍地，堅固不動,圓】滿十力。

復有十千迦樓羅王,勇力持王而爲上首,化作外〔128①-6〕【道童子之形,於虛空中唱如是言:善男子,此婆羅門五熱炙身時,其火光明照我宮殿,一切震動皆】悉恐怖,是故我等来詣其所。時,婆羅門〔即〕爲我等(說)如應說法,【令修習大慈,稱讚大悲,度生死海,於欲泥中拔濟衆生,歎菩提心,起方便智,隨其所宜調伏衆生】。

【復有十千緊】那羅王,於虛空中,唱如是言:

善男子,此婆羅門五熱炙身時,我【等所住宮殿諸多羅樹、諸寶鈴網、諸寶繒帶、諸音樂樹、諸妙寶樹及諸樂器,自然而出佛聲、法聲及】不退轉菩薩僧聲、願求無上菩提之聲,云:某方、某國,有某菩【薩,發菩提心;某方、某國,有某菩薩,修行苦行,難捨能捨,乃至清淨一切智行;某方、某國,有某菩薩,往詣道場】;乃至某方、某國,有某如来,作佛事已,而般涅槃。

善男子,假【使有人,以閻浮提一切草木末爲微塵,此微塵數可知邊際,我宮殿中寶多羅樹乃至樂器所說菩薩名】、如来名、所發大願、所修行等,無有能得知其邊際。

善男子,我等【以聞佛聲、法聲、菩薩僧聲,生大歡喜,来詣其所。時,婆羅門即爲我等如應說法,令我及餘無量】衆生於阿耨多羅三藐三菩提得不退轉。

復有無量欲界諸【天,於虛空中,以妙供具,恭敬供養,唱如是言:善男子,此婆羅門五熱炙身時,其火光明照阿鼻等一】切地獄,諸所受苦悉令休息。我等見〔128①-7〕【此火光明故,心生淨信;以信心故,從彼命終,生於天中;爲知恩故,而来其所,恭敬瞻仰,無有厭足。時】,婆羅門爲我說法,令無量衆生發菩提心。

尒時,【善財童子聞如是法,心大歡喜,於婆羅門所,發起真實善知識心,頭頂禮敬,唱如是言:我於大聖善知】識所生不善心,唯願聖者容我悔過。

時,婆羅門即爲善財而說頌言:
【若有諸菩薩,順善知識教,
一切無疑懼,安住心不動。
當知如是人,必獲廣大利,
坐菩提樹下】,成於無上覺。

尒時,善財童子即登刀山,自投火聚;未至中間,即得菩薩善住三【昧;纔觸火焰,又得菩薩寂靜樂神通三昧。善財白言:甚奇,聖者,如是刀】山及大火聚,我身觸時安隱快樂。

時,婆羅門告善財言:

善男子,我唯得此菩薩無【盡輪解脫。如諸菩薩摩訶薩大功德焰,能燒一切衆生見惑令無有餘】,必不退轉無窮盡心、無懈怠心、無怯弱心,【發】如金剛藏那羅延心,疾脩諸行【無遲緩心,願如風輪普持一切精進大誓皆無退轉;而我云何能知能說】彼功德行。

善男子,於此南方,有城名師子奮迅;中【有童女,名曰慈行。汝詣彼問:菩薩云何學菩薩行、修菩薩】道。

時,善財童子頂礼其足,繞無數帀,辭退而去。〔128①-8〕

【大方廣佛華嚴經卷第六十四】

大方廣〔佛〕花嚴經
入法界品第卅九之六

卷六十五・六十五之上

尔時，善財童子扵善知識所，趈最極尊重心，生廣大清淨解，常念大乗，專求佛智，頋見諸佛，觀法境界，無障礙智常現在前，決定了知諸法實際、常住際、一切三世諸刹邪際、如虛空際、無二際、一切法無分別際、一切義無障礙際、一切刼無失壞際、一切如來無際之際；扵一切佛心無分別，破衆想綱，離諸執者，不取諸佛衆會道場，亦不取佛清淨國土；知諸衆生皆無有我，知一切聲㳄皆如響，知一切色㳄皆如影。

漸次南行，至師子奮迅城，周遍推求慈行童女。聞此童女是師子幢王女，五百童女以爲侍從，住毗盧遮邪藏殿，扵龍勝旃檀足金線網天衣座上而說妙法。善財聞已，詣王宮門，求見彼女。見無量衆來入宮中，善財問言：諸人今者何所往詣。咸報之言：我㝍欲詣慈行童女聽受妙法。善財童子即作是念：此王宮門既無限礙，我亦應入。

善財入已，見毗盧遮邪藏殿，頗梨〈玻瓈〉①爲地，琉〈瑠〉璃爲柱，金剛爲辟，閻浮檀金以爲垣墻，百千光明而爲窓牖，阿僧祇摩尼寶而莊挍〈校〉之，寶藏摩尼鏡周帀莊嚴，以世間最上摩尼寶而爲莊飾，無數寶綱羅覆其上，百千金鈴出妙音聲，有如是等不可思議衆寶嚴飾。其慈行童女，皮膚金色，眼紺紫色，髪紺青色，以梵音聲而演說法。

善財見已，頂礼其足，繞無數帀，合掌前住，作如是言：聖者，我已先發阿耨多羅三藐三菩提心，而未知菩薩云何學菩薩行，云何修菩薩道，我聞聖者善䏻誘誨，頋爲我說。

時，慈行童女告善財言：善男子，汝應觀我宮殿莊嚴。

善財頂礼，周遍觀察，見一一辟中、一一柱中、一一鏡中、一一相中、一一形中、一一摩尼寶中、一一莊嚴具中、一一金鈴中、一一寶樹中、一一寶形像中、一一寶纓絡〈瓔珞〉中，㳄見法界一切如來，從初發心，修菩薩行，成滿大頋，具足功德，成㝍正覺，轉妙法輪，乃至示現入扵涅槃；如是影像靡不皆現，如淨水中普見虛空日月星宿所有衆像，如此皆是慈行童女過去世中善根之力。

尔時，善財童子憶念所見諸佛之相，合掌瞻仰慈行童女。

尔時，童女告善財言：善男子，此是般若波羅蜜普莊嚴門，我扵三十六恒河沙佛所求得此法。彼諸如來各以異門，令我入此般若波羅蜜普莊嚴門；一佛所演，餘不重說。

善財白言：聖者，此般若波羅蜜普莊嚴門境界云何。

童女荅言：

善男子，我入此般若波羅蜜普莊嚴門，隨順

---

① 玻瓈，㘔三四八頁註②：玻瓈＝頗梨宋元。

趣向，思惟觀察，憶持分別時得普門陀羅尼，百萬阿僧祇陀羅尼門皆悉現前，所謂：佛剎陀羅尼門、佛陀羅尼門、法陀羅尼門、衆生陀羅尼門、過去陀羅尼門、未來陀羅尼門、現在陀羅尼門、常住際陀羅尼門、福德陀羅尼門、福德助道具陀羅尼門、智慧陀羅尼門、智慧助道具陀羅尼門、諸願陀羅尼門、分別諸願陀羅尼門、集諸行陀羅尼門、清淨行陀羅尼門、圓滿行陀羅尼門、業陀羅尼門、業不失壞陀羅尼門、業流注陀羅尼門、業所作陀羅尼門〔129-1〕、捨離惡業陀羅尼門、修習正業陀羅尼門、業自在陀羅尼門、善行陀羅尼門、持善行陀羅尼門、三昧陀羅尼門、隨順三昧陀羅尼門、觀察三昧陀羅尼門、三昧境界陀羅尼門、從三昧起陀羅尼門、神通陀羅尼門、心海陀羅尼門、種種心陀羅尼門、直心陀羅尼門、照心稠林陀羅尼門、調心清淨陀羅尼門、知衆生所從生陀羅尼門、知衆生煩惱行陀羅尼門、知煩惱習氣陀羅尼門、知煩惱方便陀羅尼門、知衆生解陀羅尼門、知衆生行陀羅尼門、知衆生行不同陀羅尼門、知衆生性陀羅尼門、知衆生欲陀羅尼門、知衆生想陀羅尼門、普見十方陀羅尼門、說法陀羅尼門、大悲陀羅尼門、大慈陀羅尼門、寂靜陀羅尼門、言語道陀羅尼門、方便非方便陀羅尼門、隨順陀羅尼門、差別陀羅尼門、普入陀羅尼門、無礙際陀羅尼門、普遍陀羅尼門、佛法陀羅尼門、菩薩法陀羅尼門、聲聞法陀羅尼門、獨覺法陀羅尼門、世間法陀羅尼門、世界成陀羅尼門、世界壞陀羅尼門、世界住陀羅尼門、淨世界陀羅尼門、垢世界陀羅尼門、於垢世界現〔淨〕陀羅尼門、於淨世界現垢陀羅尼門、純垢世界陀羅尼門、純淨世界陀羅尼門、平坦世界陀羅尼門、不平坦世界【陀羅尼門】、覆世界陀羅尼門、因陀羅網世界陀羅尼門、世界轉陀羅尼門、知依想住陀羅尼門、細入麁陀羅尼門〔129-2〕、麁入細陀羅尼門、見諸佛陀羅尼門、分別佛身陀羅尼門、佛光明莊嚴網陀羅尼門、佛圓滿音陀羅尼門、佛法輪陀羅尼門、成就佛法輪陀羅尼門、差別佛法輪陀羅尼門、無差別佛法輪陀羅尼門、解釋佛法輪陀羅尼門、轉佛法輪陀羅尼門、能作佛事陀羅尼門、分別佛衆會陀羅尼門、入佛衆會海陀羅尼門、普照佛力陀羅尼門、諸佛三昧陀羅尼門、諸佛三昧自在用陀羅尼門、諸佛所住陀羅尼門、諸佛所持陀羅尼門、諸佛變化陀羅尼門、佛知衆生心行陀羅尼門、諸佛神通變現陀羅尼門、住兜率天宮乃至示現入于涅槃陀羅尼門、利益無量衆生陀羅尼門、入甚深法陀羅尼門、入微妙法陀羅尼門、菩提心陀羅尼門、起菩提心陀羅尼門、助菩提心陀羅尼門、諸願陀羅尼門、諸行陀羅尼門、神通陀羅尼門、出【離】陀羅尼門、總持清淨陀羅尼門、智輪清淨陀羅尼門、智慧清淨陀羅尼門、菩提無量陀羅尼門、自心清淨陀羅尼門。

善男子，我唯知此般若波羅蜜普莊嚴門。如諸菩薩摩訶薩，其心廣大，等虛空界，入於法界，福德成滿，住出世法，遠世間行，智眼無翳〈瞖〉①，普觀法界，慧心廣大【猶】如虛空，一切境界【悉】皆明見，獲無礙地大光明藏，善能分別一切法義，行於世行不染世法，能益於世非世所壞，普作一切世間依止，普知一切衆生心行，隨其所應而爲說法，於一切時恒得自在；而我云何能知能說彼功德行。

善男子，於此南方，有一國土，名爲三目〈眼〉；彼有比丘，名曰善見。汝詣彼問：菩薩云何學菩薩行、修菩薩道。

時，善財童子頂禮其足，繞無數帀，戀〈戀〉慕瞻仰，辭退而行。

尒時，善財童子思惟菩薩所住行甚深，思惟菩薩所證法甚深，思惟菩薩所入處甚深，思惟衆

---

① 瞖，㊙三四九頁註①：瞖＝翳⑫。

生微細智甚深，思惟世間依想住甚深，思惟衆生所作行甚深，思惟衆生心流注甚深，思惟衆生如光影甚深，思惟衆生名号甚深，思惟衆生言說甚深，思惟莊嚴法界甚深，思惟種植業行甚深，思惟業莊飾世間甚深。

漸次遊行，至三眼國，於城邑聚落、村鄰市肆、川原山谷、一切諸處，周遍求覓善見比丘。

見在林中，經行往返，壯年美貌，端正可喜。其髮紺青右旋不亂，頂有肉髻，皮膚金色，頸文三道，額廣平正，眼目脩廣如青蓮花，脣口丹潔如頻婆果，胷摽卍字，七處平滿，其臂纖長，其指網縵，手足掌中有金剛輪。其身殊妙如净居天，上下端直如尼拘陁樹，諸相隨好，悉皆圓滿，如雪山王種種嚴飾，目視不瞬，圓光一尋。智慧廣博猶如大【海】，於諸境界心無所動，若沉若舉，若智非智，動轉戲論，一切皆息。得佛所行平等境界，大悲教化一切衆生，心無暫捨。爲欲利樂一切衆生，爲欲開示如來法眼，爲踐如來所行之道，不遲不速，審諦經行。

無量天、龍、夜叉、乾闥婆、阿脩羅、迦樓羅、緊那羅、摩睺羅伽、釋、梵、【護世、人】與非人前後圍繞，主方之神隨方迴轉引導【其前，足行】諸神持寶蓮花以承其足，無盡光神舒光破闇，閻浮幢林神雨衆雜花，不動【藏地神現】諸寶藏，普光明虛空神莊嚴〔129-3〕虛空，成就德海【神雨摩尼寶，無垢藏】湏彌山神頭頂礼敬曲躬合掌，無礙力風神雨妙香花，春和主夜神莊嚴其身舉體按地，常覺主晝神執普照諸方摩尼【幢住在虛空】放大光明。

時，善財童子詣比丘所，頂礼其足，曲躬合掌，白言：聖者，我已先發阿耨多羅三藐三菩提心，求菩薩行。我聞聖者善能開示諸菩薩道，顧爲我說：菩薩云何學菩薩行，云何修菩薩道。

善見荅言：善男子，我年既少，出家又近。我此生中，於三十八恒河沙佛所净修梵行，或有佛所一日一夜净修梵行，或有佛所七日七夜净修梵行，或有佛所半月、一月、一歲、百歲、萬歲、億歲、那由他歲，乃至不可說不可說歲，或一小劫、或半大劫、或一大劫、或百大劫，乃至不可說不可說大劫，聽聞妙法，受行其教，莊嚴諸顧，入所證處，净修諸行，滿足六種波羅蜜海。亦見彼佛成道說法，各各差別，無有雜亂，住持遺教，乃至滅盡。亦知彼佛本所興顧，以三昧顧力嚴净一切諸佛國土，以入一切行三昧力净修一切諸菩薩行，以普賢乘出離力清净一切佛波羅蜜。

又，善男子，〔我〕經行時，一念中，一切十【方】皆悉現前，智慧清净故；一念中，一切世界皆悉現前，經過不可說不可說世界故；一念中，不可說不可說佛刹皆悉嚴净，成就大顧力【故】；一念中，不可說不可說衆生差別行皆悉現前，滿足十力【智故】；一念中，不可說不可說〔129-4〕諸佛清净身皆悉現前，成【就】普賢行顧力故；一念中，恭敬供養【不可說】不可說佛刹微塵數如來，成就柔軟心供養如來顧力故；一念中，領受不可說不可【說如】來【法，得證阿】僧祇差別法住【持法輪陀羅尼】力故；一【念】中，不可說不可說菩薩行海皆悉現前，得能净一切行如因陁羅綱顧力故；一念中，不【可說不可說諸三昧海】皆悉現【前，得於一】三昧門【入一】切三【昧】門【皆】令清净顧力故；一念中，不可說不可說諸根海皆悉現前，得了知諸【根】際於一根中見一切根顧力故；一念中，不可說不可說佛刹微塵數時皆悉現前，得於一切時轉法輪衆生界盡法輪無盡顧力故；一念中，不可說不可說一切三世海皆悉現前，得了知一切世界中一切三世分位智光明顧力故。

善男子，我唯知此菩薩隨順燈解脫門。如諸菩薩摩訶薩如金剛燈，於如來家真正受生，具足成就不死命根，常然智燈無有盡滅，其身堅固不可沮壞，現於如幻色相之身，如緣起法無量差別，隨衆生心各各示現，形兒色相世無倫匹，毒刃火災所不能害，如金剛山無能壞者，降伏一切諸魔外道；其身妙好如真金山，扵天人中㝡爲殊特，名稱廣大靡不聞知，觀諸世間咸對目前，演深法藏如海無盡，放大光明普照十方。若有見者，必破一切鄣礙大山，必拔一切不善根夲，必令種植廣大善根。如是之人，難可得見，難可出世；而我云何能知能説彼功徳行。

善男子，扵此南方，有一國玊，名曰名聞；扵河渚中，有一童子，名自在主。汝詣彼問：菩薩云何學菩薩行、修菩薩道。

時，善財童子爲欲究竟菩薩勇猛清凈之行，欲得菩薩大力光明，欲修菩薩無勝無盡諸功徳行，欲滿菩薩堅固大顊，欲成菩薩廣大深心，欲持菩薩無量勝行，扵菩薩法心無猒足，顊入一切菩薩功徳，欲常攝御一切衆生，欲超生死稠林曠野，扵善知識常樂見聞，承事供養無有猒倦；頂礼其足，繞無量帀，慇勤瞻仰，辤退而去。

尒時，善財童子受善見比丘教已，憶念誦持，思惟修習，明了決定，扵彼法門而得悟入。天、龍、夜叉、乹闥婆衆前後圍繞，向名聞國，周遍求覔自在主童子。

時，有天、龍、乹闥婆等，扵虚空中告善財言：善男子，今此童子在河渚上。尒時，善財即詣其所，見此童子，十千童子所共圍繞，聚沙爲戯。善財見已，頂礼其足，繞無量帀，合掌恭敬，却住一面，白言：聖者，我已先發阿耨多羅三藐三菩提心，而未知菩薩云何學菩薩行，云【何】修菩薩道，顊爲解説。

自在主言：

善男子，我昔曽扵文殊師利童子所，修學書數筭印等法，即得悟入一切工巧神通智法門。善男子，我因此法門故，得知世間書數筭印界處等法，亦能療治風癎[C]〈癇〉、消瘦、鬼彨〈魅〉所着，如是所有一切諸病，亦能造立城邑聚落、園林臺觀、宮殿屋宅種種諸處，亦善調練〈鍊〉[1]種種仙藥，亦善營理田農商估一切諸業，取捨進退咸得其所；又善别知衆生身相，作善作惡，當生善趣，當生惡趣，此人應得聲聞乗道，此人應得縁覺乗道，此人應入一切智地，如是等事皆悉能知。亦令衆生學習此法，增長決定究竟清淨。

善男子，我亦能知菩薩筭法。所謂一百洛叉爲一俱胝，俱胝俱胝爲一阿庾多，阿庾多阿庾多爲一那由他，那由他那由他爲一頻婆羅，頻婆羅頻婆羅爲一矜羯羅；廣説乃至，優鉢羅優鉢羅爲一波頭摩，波頭摩波頭摩爲一僧祇，僧祇僧祇爲一趣，趣趣爲一喻〈諭〉[2]，喻喻爲一無數，無數無數爲一無數轉，無數轉無數轉爲一無量，無量無量爲一無量轉，無量轉無量轉爲一無邊，無邊無邊爲一無【邊】轉，無邊轉無邊轉爲一無等，無等無等爲一無等轉，無等轉無等轉爲一不可數，不可數不可數爲一不可數轉，不可數轉不可【數】轉爲一不可稱，【不可稱】不【可】稱【爲一不】可稱轉，不可稱轉不可稱轉爲一不可思，不可思不可思爲一不可思轉，不可思轉不可思轉爲一不可量，不可量不可量【爲】一【不可量轉】，不可量轉不可量轉爲一不可説，不可説不可説爲一不可説轉，不可説轉不可説轉爲一不可説不可説，此又不可説不可説爲一不可説不可説轉。

善男子，我以此菩薩筭法，筭無量由旬廣大沙聚，悉知其内顆粒多少；亦能筭知東方所【有】一切世界種種差别次第安住，南西北方、四維上下亦復如是；亦能【算】知十方所有一切世界廣狭大小及以名字，其中所有一切刼名、【一切】佛名、一切法名、一切衆生名、一切業名、一切菩薩名、一切諦名，皆悉了【知】。

【善】男子，我唯知此一切工巧大神通智光明法門。如諸菩薩【摩訶】薩，能知一切諸衆生數，能知一切諸法【品類】數，能知一切諸法差

---

① 鍊，[大正]三五〇頁註③：鍊＝練[宮]。

② 諭，[大正]三五〇頁註④：諭＝喻㊂[宮]，下同。

〔130①-1〕别數，能知一切三世數，能知一切衆生名數，能知一切諸法名數，能知一切諸如来數，能知一切諸佛名數，能知一切諸菩薩數，能知一切菩薩名數；而我何能説其功德，示其所行，顯其境界，讃其勝力，辯〈辨〉[①]其樂欲，宣其助道，彰其大願，歎其妙行，闡其諸度，演其清浄，發其殊勝智慧光明。

善男子，扵此南方，有一大城，名曰海住；有優婆夷，名爲具足。汝詣彼問：菩薩云何學菩薩行、修菩薩道。

時，善財童子聞是語已，舉身毛竪，歡喜踊躍，獲得希有信樂寳心，成就廣大利衆生心，悉能明見一切諸佛出興次苐，悉能通達甚深智慧清浄法輪，扵一切趣皆随現身，了知三世平等境界，出生無盡功德大海，放大智慧自在光明，開三有城所有關鑰；頂礼其足，繞無量帀，慇勤瞻仰，辝退而去。

尒時，善財童子觀察思惟善知識教，猶如巨海受大雲雨無有猒足，作是念言：善知識教，猶如春日，生長一切善法根苗；善知識教，猶如滿月，凡所照及皆使清凉；善知識教，如夏雪山，能除一切諸獸熱渇；善知識教，如芳池日，能開一切善心蓮花；善知識教，如大寳洲，種種法寳充滿其心；善知識教，如閻浮樹，積集一切福智花果；善知識教，如大龍王，扵虚空中遊戲自在；善知識教，如須弥山無量善法，三十三天扵中止住；善知識教，猶如帝釋，衆會圍繞，無能暎蔽，能伏異道、脩羅軍衆。如是思惟。

漸次遊行，至海住城，處處尋覔此優婆夷。時，彼衆人咸告之言：善男子，此優婆夷在此城中所住宅内。善財聞已，即詣其門，合掌而立。

其宅廣慱〈博〉，種種莊嚴，衆寳垣牆周帀圍繞，四面皆有寳莊嚴門。善財入已，見優婆夷處扵寳座，盛年好色，端正可憙〈喜〉，素服垂髮，身無瓔珞，其身色相威德光明，除佛菩薩餘無能及。扵其宅内，敷十億座，超出人天一切所有，皆是菩薩業力成就。宅中無有衣服、飲食及餘一切資生之物，但扵其前置一小噐。復有一万童女圍繞，威儀色相如天采女，妙寳嚴具莊飾其身，言音美妙，聞者喜悦，常在左〔130①-2〕右，親近瞻仰，思惟觀察，曲躬低〈低〉首，應其教命。彼諸童女，身出妙香，普熏一切；若有衆生遇[C]〈過〉斯香者，皆不退轉，無怒害心，無怨結心，無慳嫉心，無謟誑心，無險曲心，無憎愛心，無瞋恚心，無下劣心，無高慢心，生平等心，起大慈心，發利益心，住律儀心，離貪求心。聞其音者，歡喜踊躍；見其身者，悉離貪染。

尒時，善財既見具足優婆夷已，頂礼其足，恭敬圍繞，合掌而立，白言：聖者，我已先發阿耨多羅三藐三菩提心，而未知菩薩云何學菩薩行，云何修菩薩道，我聞聖者善能誘誨，願爲我説。

彼即告言：

善男子，我得菩薩無盡福德藏解脱門，能扵如是一小器中，随諸衆生種種欲樂，出生種種美味飲食，悉令充滿。假使百衆生、千衆生、百千衆生、億衆生、百億衆生、千億衆生、百千億那由他衆生，乃至不可説不可説衆生；假使閻浮提【微】塵數衆生、一四天下微塵數衆生，小千世界、中千世界、大千世界，乃至不可説不可説佛刹微塵數衆生；假使十方世界一切衆生，随其欲樂悉令充滿，而其飲食無有窮盡亦不減少。如飲食，如是種種上味、種種牀〈床〉座、種種衣服、種種卧具、種種車乘、種種花、種種鬘、種種香、種種塗香、種種焼香、種種末香、種種珎寳、種種纓絡〈瓔珞〉、種種幢、種種幡、種種盖、種種上妙資生之具，随意所樂悉令充足。

又，善男子，假使東方一世界中，聲聞、獨覺食我食已，皆證〔130①-3〕聲聞、辟支佛果，住冣後身；如一世界中，如是百世界、千世界、

---

① 辨，[烟]三五一頁註②：辨＝辯[三][宫]。

百千世界、億世界、百億世界、千億世界、百千億世界、百千億那由他世界、閻浮提微塵數世界、一四天下微塵數世界、小千國土微塵數世界、中千國土微塵數世界、三千大千國土微塵數世界，乃至不可說不可說佛刹微塵數世界中，所有一切聲聞、獨覺食我食已，皆證聲聞、辟支佛果，住宓後身。如於東方、南西北方、四維上下，亦復如是。

又，善男子，東方一世界，乃至不可說不可說佛刹微塵數世界中，所有一生所繫菩薩食我食已，皆菩提樹下坐於道場，降伏魔軍，成阿耨多羅三藐三菩提；如東方、南西北方，四維上下，亦復如是。

善男子，汝見我此十千童女眷属〔以不。

答言：已見。

優婆夷言：

善男子，此十千童女而爲上首，如是眷屬〕百萬阿僧祇，皆悉與我同行、同願、同善根、同出離道、同清淨解、同清净念、同清净趣、同無量覺、同得諸根、同廣大心、同所行境、同理、同義、同明了法、同淨色相、同無量力、同最精進、同正法音、同随類音、同清净第一音、同讚無量清淨功德、同清淨業、同清淨報、同大慈周普救護一切、同大悲周普成熟衆生、同清淨身業随緣集起令見者欣悦、同清净口業随世語言宣布法化、同性〈往〉詣一切諸佛衆會道場、同往詣一切佛刹供養諸佛、同能現見一切法門、同住菩薩清淨行地。

善男子，是十千童女，能於此器取上飲食，一刹那頃遍至十方，供養一切後身菩薩、聲聞、獨覺，乃至遍及諸餓鬼趣，皆令充足。善男子，此十千女以我此器，能於天中充足天食，乃至人中充足人食。善男子，且待須申，汝當自見。

說是語時，善財則見無量衆生從四門入，皆優婆夷本願所請。既來集已，敷座令坐，随其所須，給施飲食，悉使充足。告善財言：

善男子，我唯知此無盡福德藏解脫門。如諸菩薩摩訶薩一切功德，猶如大海甚深無盡，猶如虛空廣大無際，如如【意珠滿】衆生願，如大聚落所求皆得，如須彌山普集衆寶，猶如奧藏常貯法財，猶如明燈破諸黑闇，猶如高盖菩薩羣生；而我云何能知能說彼功德行。

善男【子，南方有】城，名曰大興；彼有居士，名曰明智。汝詣彼問：菩薩云何學菩薩行、修菩薩道。

時，善財童子頂礼其足，繞無量帀，瞻仰無猒，辭退【而去】。

【爾】時，善財童子得無盡莊嚴福德藏解脫光明已，思惟彼福德大海，觀察彼福德虛空，趣彼福〔德〕聚，登彼福德山，攝彼福德藏，入彼福【德淵，遊彼】福德池，净彼福德輪，見彼福德藏，入彼福德門，行彼福德道，修彼福德種。

漸次而行，至大興城，周遍推求明智長者。於善知識心【生渴仰，以】善知識熏習其心，於善知識志欲堅固，方便求見諸善知識心不退轉，願得承事諸善知識心無懈倦；知由依止善知識故，能滿衆善；知由【依止善知】識故，能生衆福；知由依止善知識故，能長衆行；知由依止善知識故，不由他教，自能承事一切善友。如是思惟時，長其善根，淨其深心，增【其根性】，益其德夲，加其大願，廣其大悲，近一切智，具普賢道，照明一切諸佛正法，增長如來十力光明。

尒時，善財見彼居士在其城內市四衢【道七寶】臺上，處無數寶莊嚴之座。其座妙好，清淨摩尼以爲其身，金剛帝青以爲其足，寶繩交絡，五百妙寶而爲校餙；敷天寶衣，建天幢【幡，張】大寶網，施大寶帳ᶜ〈張〉；閻浮檀金以爲其盖，毗琉璃寶以爲其竿，令人執持以覆其上；鵝王羽翮清淨嚴潔以爲其扇；熏衆妙香，雨衆天花；左【右常】奏区百樂音，其音美妙過於天樂，衆生聞者無不悅豫。十千眷属前後圍繞，色相端嚴，人所喜見，天莊嚴具以爲嚴飾，於天人中最勝【無】比，悉已成就菩薩志欲，皆與居士同昔善根，侍立瞻對，承其教命。

尔時，善財頂礼其足，繞無量帀，合掌而立，白言：聖者，我爲利益一切衆生【故】，爲令一切衆生出諸岩難故，爲令一切衆生究竟安樂故，爲令一切衆生出生死海故，爲令一切衆生住法寶洲故，爲【令一】切衆生枯竭愛河【故】，爲令一切衆生起大慈悲故，爲令一切衆生捨離【欲愛】故，爲令一切衆生渴仰佛智故，爲令一切衆生出生死曠野故，爲令一切衆生樂諸【佛功】德故，爲令一切衆生出三界城故，爲令一切【衆生入一】切智城故，發阿褥〈耨〉多羅三藐三菩提心，而未知菩薩云何學菩薩行，云何修【菩薩道，能】爲一切衆生作依止處。

長者告言：

善哉【善哉，善】男子，汝乃能發阿褥〈耨〉多羅三藐【三菩】提心。

善男子，發阿褥〈耨〉多羅三藐三菩〔130①-4+②-4〕提【心，是人難】得。若能發心，是人則能求菩薩行，值遇善知識恒無猒足，親近善知識恒無勞倦，供養善知識恒不疲懈，給侍善知識不【生憂】慼，求覓善知識終不退轉，愛念善知識終不放捨，承事善知識無暫休息，瞻仰善知識無時愆止，行善知識教【未曾】怠惰，稟善知識心無有誤失。

善男子，汝見我此衆會人不。

善財答言：唯然，已見。

居士言：

善男子，我已令其發阿褥多羅三藐三菩提心，生如來家，增長白法，安住無量諸波羅蜜，學佛十力，離世間種，住如來種，棄生死輪，轉正法輪，滅三惡趣，住正法趣，如諸菩薩悉能救護一切衆生。

善男子，我得随意出生福德藏解脫門，凡有所須悉滿其願。所謂衣服瓔絡〈瓔珞〉、象馬車乘、花香幢盖、飲食湯藥、房舍屋宅、牀座燈炬、奴婢牛羊及諸侍使，如是一切資生之物，諸有所須悉令充滿，乃至爲説真實妙法。善男子，且待須申，汝當自見。

説是語時，無量衆生從種種方所、種種世界、種種國土、種種城邑，形類各別，愛欲不同，皆以菩薩往昔願力，其數無邊俱来集會，各随所欲而有求請。

尔時，居士知衆普集，須申繫念，仰視虛空；如其所須，悉從空下，一切衆會普皆満足。然後復爲説種種法，所謂：爲得美食而充足者，與説種種集福德行、離貧窮行、知諸法行、成就法喜禪悅食行、修習具足諸相好行、增長成就難屈伏行、善能了達無上食行、成就無盡大威德力降魔怨行；爲得好飲而充足者，與其説法，令於生死，捨離愛者，入佛法味；爲得種種諸上味者，與其説法，皆令獲得諸佛如来上味之相；爲得車乘而充足者，與其宣説種種法門，皆令得載摩訶衍乘；爲得衣服而充足者，與其説法，令得清净慚媿〈愧〉之衣，乃至如来清净妙色。如是一切靡不周瞻，然後悉爲如應説法。既聞法已，還歸本處。

尔時，居士爲善財童子示現菩薩不可思議解脫境界已，告言：

善男子，我唯知此随意出生福德藏解脫門。如諸菩薩摩訶薩成就寶手，遍覆一切十方國土，以自在力普雨一切資生之具，所謂雨種種色寶、種種色瓔絡〈瓔珞〉、種種色寶冠、種種色衣服、種種色音樂、種種色花、種種色香、種種色末香、種種色燒香、種種色寶盖、種種色幢幡，遍滿一切衆生住處，及諸如来衆會道塲，或以成熟一切衆生，或以供養一切諸佛；而我云何能知能説彼諸功德自在神力。

善男子，於此南方，有一大城，名師子宮；彼有長者，名法寶髻。汝可往問：菩薩云何學菩

495

薩行、修菩薩道。

時，善財童子歡喜勇〈踊〉躍，恭敬尊重，如弟子禮，作如是念：由此居士護念於我，令我得見一切智道，不斷愛念善知識見，不壞尊重善知識心，常能隨順善知識教，決定深信善知識語，恒發深心事善知識。頂礼其足，繞無量帀，慇勤瞻仰，辞退而去。

大方廣佛花嚴經卷第六十丒·六十五之下

〔130②-5+①-5〕

大方廣佛花嚴經
入法界品第卅九之七
卷六十六·六十六之上

尒時，善財童子扵明智居士所，聞此解脫已，遊彼福德海，治彼福德田，仰彼福德山，趣彼福德津，開彼福德藏，觀彼福德法，净彼福德輪，味彼福德聚，生彼福德力，增彼福德勢。

漸次而行，向師子城，周遍推求寶髻長者。見此長者在扵市中，邊即往詣，頂礼其足，繞無數帀，合掌而立，白言：聖者，我已先發阿耨多羅三藐三菩提心，而未知菩薩云何學菩薩行，云何修菩薩道，善哉聖者，願爲我說諸菩薩道，我乘此道趣一切智。

尒時，長者執善財手，将詣所居，示其舍宅，作如是言：善男子，且觀我家。

尒時，善財見其舍宅，清净光明，真金所成，白銀爲墻，頗梨〈玻瓈〉①〔爲〕殿，紺瑠璃寶以爲樓閣，車𤦲〈硨磲〉妙寶而作其柱，百千種寶周遍荘嚴；赤珠摩尼爲師子座；摩尼爲帳，真珠爲網，弥覆其上；馬〈碼〉②瑙〈磘〉寶池香水盈滿，無量寶樹周遍行列；其宅廣博，十層八門。

善財入已，次苐觀察。見㝡下層，施諸飲食。見第二層，施諸寶衣。見第三層，布施一切寶荘嚴具。見第四層，施諸采女并及一切上妙珎寶。見第五層，乃至五地菩薩雲集，演說諸法利益世間，成就一切陁羅尼門、〔諸〕三昧印、諸三昧行智慧光明。見第六層，有諸菩薩皆已成就甚深智慧，扵諸法性明了通達，成就廣大抱持三昧

無障礙門，所行無礙，不住二法，在不可說妙莊嚴道塲中而共集會，分別顯示般若波羅蜜門，所謂寂静藏般若波羅蜜門、善分別諸衆生智般若波羅蜜門、不可動轉般若波羅蜜門、離欲光明般若波羅蜜門、不可降伏藏般若波羅蜜門、照衆生輪般若波羅蜜門、海藏般若波羅蜜門、普眼捨得般若波羅蜜門、入無盡藏般若波羅蜜門、一切方便海般若波羅蜜門、入一切世間海般若波羅蜜門、無礙辯才般若波羅蜜門、随順衆生般若波羅蜜門、無礙光明般若波羅蜜門、常觀宿緣而布法雲般若波羅蜜門，說如是等百萬阿僧祇般若波羅蜜門。見第七曾〈層〉，有諸菩薩得如響忍，以方便智分別觀察而得出離，悉能聞持諸佛正法。見第八層，無量菩薩共集其中，皆得神通無有退墮，能以一音遍十方剎，其身普現一切道塲，盡于法界靡不周遍，普入佛境，普見佛身，普扵一切佛衆會中而爲上首演說扵法。見第九層，一生所繫諸菩薩衆扵中集會。見第十層，一切如來充滿其中，從初發心，修菩薩行，超出生死，成滿大願及神通力，净佛國土道塲衆會，轉正法輪，調伏衆生。如是一切，悉使明見。

尒時，善財見是事已，白言：聖者，何緣致

---

① 玻瓈，㊜三五三頁註②：玻瓈＝頗梨㊑㊒㊓，下同。

② 碼，㊜三五三頁註③：碼＝馬㊑，下同。

此清净衆會，種何善根獲如是報。

長者告言：

善男子，我念過去，過佛刹微塵數劫，有世界，名圓滿莊嚴，佛号無邊光明法界普莊嚴王如來應正等覺，十号圓滿。彼佛入城，我奏樂【音】，并燒一丸香而以供養，以此功德迴向三處，謂永離一切貧窮困苦、常見諸佛及善知〔131-1〕識、恒聞正法，故獲斯報。

善男子，我唯知此菩薩無量福德寶藏解脱門。如諸菩薩摩訶薩，得不思議功德寶藏，入無分別如來身海，受無分別無上法雲，修無分別功德道具，起無分別普賢行綱，入無分別三昧境界，等無分別菩薩善根，住無分別如來所住，證無分別三世平等，住無分別普眼境界，住一切劫無有疲猒；而我云何能知能説彼功德行。

善男子，於此南方，有一國土，名曰藤根；其土有城，名曰普門；中有長者，名曰〈爲〉普眼。汝詣彼問：菩薩云何學菩薩行、修菩薩道。

時，善財童子頂礼其足，繞無數帀，殷勤瞻仰，辞退而去。

尔時，善財童子於寶髻長者所，聞此解脱已，深入諸佛無量知見，安住菩薩無量勝行，了達菩薩無量方便，希求菩薩無量法門，清净菩薩無量信解，明利菩薩無量諸根，成就菩薩無量欲【樂】，通達菩薩無量行門，增長菩薩無量願力，建立菩薩無能勝幢，起菩薩智照菩薩法。

漸次而行，至藤根國，推問求覓彼城所在。雖歷艱難，不憚勞苦，但【唯正念】善知識教，願常親近承事供養，遍策諸根【離】衆放逸。然後乃得見普門城，百千聚落周帀圍繞，雉堞崇峻ᶜ〈陵〉①，衢路寬平。見彼長者，往詣其所，於前【頂】礼，合掌而立，白言：聖者，我已先發阿耨多羅三藐三菩提心，而未知菩薩云何學菩薩行，云何修菩薩道。

長者告言：

善㦲善㦲，善男子，汝已能發【阿耨】多羅三藐三菩提心。

善男子，我知一切衆生【諸】病：風黄、淡〈痰〉②熱、鬼彪〈魅〉、蠱毒，乃至水火之所傷害。如是一切所生諸疾，我悉能〔以〕方便救療。

善男子，十方衆生諸有病者咸来我所，我皆療治，令其得〔131-2〕【差】；復以香【湯】沐浴其身，香花纓絡〈瓔珞〉、名衣上服、種種莊嚴，施諸飲食及以財寶，悉令充足，無所乏短。然後各爲如應説法：爲貪欲多者，教不净觀；瞋恚多者，教慈悲觀；愚癡多者，教其分別種種法相；等分行者，爲其顯示殊勝法門。爲欲令其發菩提心，稱揚一切諸佛功德；爲欲令其起大悲意，顯示生死無量苦惱；爲欲令其增長功德，讚嘆修集無量福智；爲欲令其發大誓願，稱讚調伏一切衆生；爲欲令其修普賢行，説諸菩薩於一切刹、一切劫住，修諸行綱；爲欲令其具佛相好，稱揚讚歎檀波羅蜜；爲欲令其得佛净身，悉能遍至一切處故，稱揚讚歎尸波羅蜜；爲欲令其得佛清净不思議身，稱揚讚歎忍波羅蜜；爲欲令其獲於如來無能勝身，稱揚讚歎精〔進〕波羅蜜；爲欲令其得於清净無與等身，稱揚讚歎禪波羅蜜；爲欲令其顯現如來清净法身，稱揚讚歎般若波羅蜜；爲欲令其現佛世尊清净色身，稱揚讚歎方便波羅蜜；爲欲令其爲諸衆生住一切劫，稱揚讚歎願波羅蜜；爲欲令其現清净身，悉過一切諸佛刹土，稱揚讚歎力波羅蜜；爲欲令其現清净身，随衆生心悉使歡喜，稱揚讚歎智波羅蜜；爲欲令其獲於究竟净妙之身，稱揚讚歎永離一切諸不善法。如是施已，各令還去。

善男子，我又善知和合一切諸香要法，所謂〔131-3〕無等香、辛頭波羅香、無勝香、覺悟香、阿盧那跋底香、堅黑旃檀香、烏洛迦旃檀香、沉

---

① 陵，⑭三五四頁註①：陵＝峻⑲。

② 痰，⑭三五四頁註②：痰＝淡⑧。

水香、不動諸根香，如是等香，悉知調理和合之法。

又，善【男子】，我時〈持〉此香以爲供養，普見諸佛，所願皆滿，所謂救護一切衆生願、嚴淨一切佛刹願、供養一切如来願。

又，善男子，然此香時，一一香中【出】無量香，遍至十方一切法界一切諸佛衆會道場，或爲香宮，或爲香殿，如是香欄楯、香垣牆、香却敵、香戶牖、香香〈重〉閣、香半月、香盖、【香】幢、香幡、香帳、香羅綱、香形像、香莊嚴具、香光明、香雲雨，處處充滿以爲莊嚴。

善男子，我唯知此令一切衆生普見諸佛歡喜法門。如【諸】菩薩摩訶薩如大藥王，若見、若聞、若憶念、若同住、若隨行往、若稱名号，皆獲利益，無空過者；若有衆生暫得値遇，必令銷滅一切【煩惱】，入於佛法，利〈離〉諸陰蘊，永息一切生死怖畏，到無所畏一切智處，摧壞一切老死大山，安住平等寂滅之樂。而我云何能知能說彼功德行。

善男子，於此南方，有一大城，名多羅幢；彼中有王，名無猒足。汝詣彼問：菩薩云何學菩薩行、修菩薩道。

時，善財童子礼普眼足，繞無量帀，殷勤瞻仰，辭退而去。

尒時，善財童子憶念思惟善知識教，念善知識：能攝受我，能守護我，【令】我於阿耨多羅三藐三菩〔131-4〕提無有退轉。如是思惟，生歡喜心、淨信心、廣大心、怡暢心、踊躍心、欣慶心、勝妙心、寂靜心、莊嚴心、無著心、無礙心、平等心、自在心、住法心、遍往佛刹心、見佛莊嚴心、不捨十力心。

漸次遊行，經歷國土、村邑、聚落，至多羅幢城，問無猒足王所在之處，諸人荅言：此王今者在於正殿，坐師子座，宣布法化，調御衆生，可治者治，可攝者攝，罰其罪惡，決其諍訟，撫其孤弱，皆令永斷殺盜邪婬，亦令禁止〈止〉妄言兩舌、惡口綺語，又使遠離貪瞋邪見。時，善財童子依衆人語，尋即往詣。

遥見彼王坐那羅延金剛之座，阿僧祇寶以爲其足，無量寶像以爲莊嚴，金繩爲綱弥覆其上；如意摩尼以爲寶冠莊嚴其首，閻浮檀金以爲半月莊嚴其額，帝青摩尼以爲耳璫相對垂下，無價摩尼以爲瓔珞莊嚴其頸，天妙摩尼以爲印釧莊嚴其臂；閻浮檀金以爲其盖，衆寶間錯以爲輪輻，大瑠璃寶以爲其竿，光昧摩尼以爲其齊〈齋〉，雜寶爲鈴恒出妙音，放大光明周遍十方，如是寶盖而覆其上。

阿那羅王有大力勢，能伏他【衆】，無能與敵；以離垢繒而繫其頂，十千大臣前後圍繞共理王事。其前復有十万猛卒，形貌醜惡，衣服褊陋，執持器仗，攘臂瞋目，衆生見者無不恐怖。無量衆生犯王教勅〈勅〉，或盜他物，或害他命，或侵他妻，或生邪見，或起瞋恨，或懷貪嫉，作如是等種種惡業，【身被】五縛，將詣王所，随其所犯而治罰之。或斷手足，或截耳鼻，或抜其目，或斬其首，或剥其皮，【或】解其體，或以湯煑，或以火焚，或駈〈驅〉上高山推令堕落，有如是等無量楚毒；發聲號叫，譬如衆合大地獄中。

善財見已，作如是念：我爲利益一切衆生，求菩薩行，修菩薩道。今者，此〔131-5〕王滅諸善法，作大罪業，逼惱衆生，乃至斷命，曾不顧懼未来惡道。云何於此而欲求法，發大悲心救護衆生。

作是念時，空中有天而告之言：善男子，汝當憶念普眼長者善知識教。

善財仰視而白之曰：我常憶念，初不敢忘。

天曰：善男子，汝莫猒離善知識語，善知識者能引導汝至無險難安隱之處。善男子，菩薩善巧方便智不可思議，攝受衆生智不可思議，護念衆生智不可思議，成熟衆生智不可思議，守護衆生智不可思議，度脫衆生智不可思議，調伏衆生智不可思議。

時，善財童子聞此語已，即詣王所，頂礼其

499

足，白言：聖者，我已先發阿耨多羅三藐三菩提心，而未知菩薩云何學菩薩行，云何修菩薩道，我聞聖者善能教誨，願爲我說。

時，阿那羅王理王事已，執善財手，將入宮中，命之同坐，告言：善男子，汝應觀我所住宮殿。

善財如語即遍觀察，見其宮殿廣大無比，皆以妙寶之所合成，七寶爲牆周币圍遶，百千衆寶以爲樓閣，種種莊嚴悉皆妙好，不思議摩尼寶網羅覆其上；十億侍女端正殊絶，威儀進止皆悉可觀，凢所施爲無非巧妙，先趉後卧灰意【承旨】。

時，阿那羅王〔131-6〕告善財言：

善男子，扵意云何，我若實作如是惡業，云何而得如是果報、如是色身、如是眷属、如是富贍、如是自在。

善男子，我得菩薩如幻解脱。善男子，我此國土所有衆生，多行殺盗乃至邪見，作餘方便不能令其捨離惡業。善男子，我爲調伏彼衆生故，化作惡人造諸罪業受種種咅，令其一切作惡衆生見是事已，心生惶怖，心生猒離，心生怯弱，断其所作一切惡業，发阿耨多羅三藐三菩提意。善男子，我以如是巧方便故，令諸衆生，捨十惡業，住十善道，究竟快樂，究竟安隠，究竟住扵一切智地。善男子，我身語意未曾悩害扵一衆生。善男子，如我心者，寧扵未來受無閒咅，終不发生一念之意與一蚊一蟻而作咅事，況復人邪，人是福田，能生一切諸善法故。

善男子，我唯得此如幻解脱。如諸菩薩摩訶薩得無生忍，知諸有趣悉皆如幻，菩薩諸行悉皆如化，一切世閒悉皆如影，一切諸法悉皆如夢，入真實相無礙法門，修行帝網一切諸行，【以】無礙智行扵境界，普入一切平荨三昧，扵陁羅尼已得自在；而我云何能知能説彼功德行。

善男子，扵此南方，有城名妙光，王名大光。汝詣彼問：菩薩云何學菩薩行、修菩薩道。

時，善財童子頂礼王足，繞無數帀，辝退而去。

六十六之上
〔131-7〕

尒時，善財童子一心正念彼王【所得幻智法】門，思惟彼王如幻解脱，觀察彼王如幻法性，发如幻願，浄如幻法，普扵一切幻三世起扵種種如幻變化，如是思惟。

漸次遊行，或至人閒城邑、聚落，或經【曠野、巖】谷、險難，無有疲懈，未曾休息。然後乃至妙光大城，而問【人】言：妙光大城在扵何所。人咸報言：妙光城者，今此城是，是大光王之所住處。

時，善財童子【歡喜】踊【躍，作如是念：我】善知識在此城中，我今必當親得奉見，聞諸菩薩所行之行，【聞諸】菩薩【出】要之門，聞諸【菩】薩所證之法，聞諸菩薩不思議功德，聞諸菩薩不思議自在，聞【諸菩】薩不思議平荨，〔聞諸菩薩〕不思議勇猛，聞諸菩薩不思議境界廣大清浄。作是念已，入妙光城。

見此大城，【以金】、銀、瑠璃、頗梨、真珠、珬𤦲〈硨磲〉、馬瑙七寶所成，七寶深塹，七重圍繞；【八功】德水盈滿其中，底布金沙，優鉢羅花、波頭摩花、拘物頭花、芬陁利花遍布【其上；寶多羅樹】七【重】行列，七種金剛以爲其垣各各圍繞，所謂師子光明金剛垣、無能超勝金剛垣、不可沮壞金剛垣、不可毀玼金剛垣、堅固無礙金剛垣、勝妙綱藏金【剛垣、離塵】清浄金剛垣，【悉以】無數摩尼妙寶閒錯莊嚴，種種衆寶而爲俾倪〈埤堄〉。其城縱廣【一十】由旬，周迴八方，面開八門，皆以七寶周遍嚴飾，毗【瑠】璃寶以爲其地，種種莊嚴甚可愛樂。

其【城之內，十億】衢道，【一一道閒，皆有無量】万億衆生扵中止住。有无數閻浮檀金樓閣，【毘瑠】璃摩尼綱羅覆其上；无數銀樓閣，赤真珠摩尼綱羅覆其上；【無數毘瑠璃樓閣】，妙【藏摩】尼綱【羅覆其上】；无數頗梨樓閣，无垢藏摩尼王綱羅覆其上；无數光照世閒摩尼寶樓

【閣】，日藏摩尼王網羅覆其上；無數帝青摩尼寶樓閣，妙光摩尼王網羅覆其上；無【數衆生海】摩尼【王樓閣，焰】光明摩【尼王網】覆羅〈羅覆〉其上；無數金剛寶樓閣，無能勝幢摩尼王【網】羅覆其上；無數黑栴檀樓閣，天曼陁羅花網羅覆其上；無數無等【香王樓閣，種】種花網【羅覆】其上。

其【城復有無數】摩尼網、無【數寶鈴網、無】數天香網、【無數】天花【網、無數】寶【形像】網，無數寶衣帳、無數寶盖帳、無數寶樓閣帳、無數寶花鬘帳【之所】弥覆，處處【建立】寶盖【幢幡】。

【當此城】中，有【一樓】閣，名正法藏，阿僧祇寶以爲莊嚴，【光朋赫】弈〈奕〉【最勝無比】，衆【生】見者心無猒足，彼大光王常處其中。

尒時，善財童子【於此一切珍寶】妙物，【乃至男女、六】塵【境界，皆】無愛著，【但正思】惟究竟之法，一心頋樂見善知識。

【漸】次【遊行，見大光王】去扵所住樓閣不遠四衢道中，坐如意摩尼寶蓮花藏廣大莊嚴師子之座，【紺瑠璃寶以爲其足，金繒】爲帳，衆寶爲網，上妙天衣以爲茵蓐。其王扵上結加〈跏〉①【趺坐，二十八種大人之相】、八十隨好而以嚴身；如真金山，光色熾盛；如淨空日，威光赫弈〈奕〉；如盛滿月，見者清涼；如【梵天王，處於梵衆；亦如】大海，功德【法寶無有邊際；亦】如雪山，相好樹林以爲【嚴飾；亦如大雲，能】震法雲〈雷〉，啓悟羣品；亦如虛空，顯現種種法門星象；如須弥山，四色【普】現衆生心海；【亦如寶洲，種種智寶充滿其】中。

扵【王座前，有金、銀、瑠璃】、摩尼、真珠、【珊瑚、琥珀、珂貝、璧玉諸珍寶聚，衣服】瓔絡〈瓔珞〉及諸飲食無量無邊種種充滿。復見無量百千万【億上妙寶車、百千萬億諸天妓樂、百千萬億天諸妙香、百千萬億病緣湯藥資生之具，如是一切悉皆珍好】。無量乳牛，蹄角金色；無量千億端正【女】人，上妙栴檀以塗【其體，天衣瓔珞種種莊嚴，六十四能靡不該練，世情禮則悉皆善解，隨衆生心而以給施】。

【城邑、聚落、四衢道】側，悉置一切資生之具。一一道傍皆有二十億菩薩，以此諸物給施衆生，爲【欲普攝衆生故，爲令衆】生【歡】喜故，【爲令】衆生踊躍故，爲令衆生心【淨故，爲令衆生清涼故，爲滅】衆生煩惱故，爲令衆生知一切義理故，爲令衆生入一切【智】道故，【爲令衆生捨怨敵心故，爲令衆】生離身語【惡故】，爲【令衆】生【拔諸邪見故，爲令衆生淨諸業道故】。

【時】，善財童子五體投地，頂礼其足，恭敬右繞，經無量迊，合掌而住，白【言：聖者，我已先發阿耨多羅三】藐三【菩】提【心，而未知菩薩云何學菩薩行，云何修菩薩道，我聞聖者善能誘誨】，頋爲我說。

時，王告言：

善男子，我淨修菩薩大慈幢行，我【滿足菩薩大慈幢行。善男子，我於無量百】千万億乃至【不可說】不可說佛所，【問】難此法，思惟【觀】察，【修習莊嚴】。

【善男子，我以此】法爲王，以此法【教勅，以此】法攝受，以此法随逐世間，以此法引導衆【生，以此法令衆生修行，以此法令衆】生趣入，以此法與【衆生方便，以此法令衆生熏習，以此法令衆生起行，以此法】令衆生安住思惟諸法自性，以此法令衆生安住慈心，以【慈】爲主，具足【慈力；如是，令住利益心、安樂心、哀】愍心、攝受心、【守護衆】生【不捨離心、拔衆生苦無休息心。我以此法令】一切【衆生】畢竟快樂，恒自悅豫，身無諸苦，【心】得清涼，斷生死愛，樂正法樂，滌煩【惱垢，破惡業障，

---

① 跏，㊅三五六頁註①：跏＝加三宫。

絕生死流，入真法海】，斷諸有【趣，求一切智】，淨諸心海，【生不壞信。善男子，我已住此大慈幢行，能以正法】教化世間。

善男子，我國土中一切【眾生，皆】於我所無〔132-1〕【有恐怖。善男子，若有眾生貧窮困乏，來至我所而有】求索。我開庫藏恣其所取，而語之言：莫造諸惡，莫害【眾生，莫起諸見，莫生執著。汝等貧】乏，若【有所須，當來我所及四衢道】，一切【諸物種種具足，隨意而取勿生疑難】。

【善男子】，此妙光城所住眾生，皆是菩薩發大乘意，隨心所【欲】，所見【不同，或】見此城其量狹小，或見此城其量廣大；【或見土沙】以為其【地，或見眾寶而以莊嚴；或見聚土】以為【垣牆，或見寶牆】周匝圍繞；或見其地多諸瓦石高下不平，或見無【量大摩尼寶】間錯莊嚴平坦如掌；或見屋宅土木【所成，或見殿堂及諸】樓閣、階墀、窗闥、軒檻、戶牖。如是】一切，無非妙寶。

【善男】子，若有眾生其心清淨，增〈曾〉種善根供養諸佛，發心趣向一切智道，【以一切】智為究竟處，及我昔時修菩薩行曾所【攝】受，則見此城眾【寶嚴淨；餘皆見穢】。

善男子，此國土中一切眾生，五濁世時樂作諸惡。我心哀愍而欲救護，入於菩薩大慈為首【隨順世間三】昧之門。入此三昧時，彼諸眾生所有怖畏心、惱害心、怨【敵】心、諍【論心，如是諸心，悉自消】滅。何以故，入於菩薩大慈為首順世三昧，法如是故。善男子，且待須臾，自當現見。

時，大光王【即入此定】。其城內外六種震動，諸寶地、寶牆、寶堂、【寶殿、臺觀、樓閣、階砌】、戶牖，如是一切咸出妙音，悉向於王曲躬敬禮。妙光城內所有居人，靡不同時歡喜踊躍，俱向王所【舉】身投地。村營、城邑一切人眾，咸來見王，歡喜敬禮。

近【王所住，鳥獸之屬】，牙相瞻視，起慈悲心，咸向王前恭敬禮拜。一切山原及諸草樹，莫不迴轉向王敬禮。陂池、泉井及以【河海】，悉皆騰溢，流注王前。十千龍王起大香雲，激電【震雷，注微細雨。有十千】天王，所謂忉利天王、夜摩天王、兜率陁天王、善變化天王、他化自在天王，如是等而為上首，於虛空【中作眾】技〈妓〉樂。無數天女歌詠讚歎，雨無數花雲、無數香雲、【無數寶鬘雲、無】數寶衣雲、無數寶蓋雲、無數寶幢雲、無數寶幡雲，於虛空中而為莊嚴，供養其王。伊羅婆拏【大象王】，以自在力，於虛空中敷布無數大寶蓮花，垂無數【寶瓔珞、無數寶繒帶】、無數寶鐸、無數寶【嚴】具、無數寶花、無數寶香，種種奇妙以為嚴飾，無數采女種種歌讚。

閻浮提【內復】有無量百千萬億諸羅剎王、諸夜叉王、鳩槃荼王、毗舍闍【王】，或住大海，或居陸地，飲血噉肉，殘害眾生；皆起慈心，願行利益，明識後世，不造諸惡；恭敬合掌，頂禮於王。如閻浮提，【餘三】天下，乃至三千大千世界，乃至十方百千萬億那由他世界中，所有一切毒惡眾生悉亦如是。

時，大光王從三昧起，告善財言：善男子，我唯知此菩薩大慈為首隨順世間三昧門。如諸菩薩摩訶薩為高蓋，慈心普蔭諸眾生故；為修行，下中上行悉【等】行故；為大地，能以慈心任持一切諸眾生故；為滿月，福德光明於世間中平等現故；為淨日，以【智】光明照曜一切所知境【故】；為明燈，能破一切眾生心中諸黑闇故；為水清珠，能淨〈清〉一切眾生心中諂〈謟〉誑濁故；為如意寶，悉能滿足一切眾生心所願故；為大風，速令眾生修習三昧入一切智大城中故。而【我云】何能知其行，能說其德，能稱量彼福德大山，能瞻仰彼功德眾星，能觀察彼大願風輪，能趣入彼甚深法門，能顯示彼莊嚴大海，【能】闡明彼普賢行門，能開示彼諸【三】昧窟，能讚歎彼大慈悲雲。

善男子，於此南方，有一王都，名曰安住；有優婆夷，名曰不動。汝詣彼問：菩薩云何學菩薩行、修菩薩道。

時，善財童子頂礼王足，繞無數帀，【慇】勤瞻仰，辭退而去。

尒時，善財童子出妙光城，遊行道路，正念思惟大光王教，憶念菩薩大慈幢行門，思惟菩薩随順世間三昧光明門，增長彼不思議【願福】德自在力，堅固彼不思議成熟衆生智，觀察彼不思議不共受用大威德，憶念彼不思議差別相，思惟彼不思議清净眷屬，思惟彼不思議所作業；【生歡】喜心，生净信心，生猛利心，生欣悅心，生踊躍心，生慶幸心，生無濁心，生清净心，生堅固心，生廣大心，生無盡心。如是思惟，悲泣流淚，念善知識實爲希有，出生一切諸功德【處】，出生一切諸菩薩行，出生一切菩薩净念，出生一切陁羅尼輪，出生一切三昧光明，出生一切諸佛知見，普雨一切諸佛法雨，顯示一切菩薩頍門，出生難思智慧光明，增長【一切菩】薩根牙〈芽〉①。又作是念：善知識者，能普救護一切惡道，能普演說諸平等法，〔能〕普顯示諸夷險道，能普開闡大乘奧義，能普勸發普賢諸行，能普引到一切智成〈城〉，【能普令】入法界大海，能普令見三世法海，能普授與衆聖道場，能普增長一切白法。

善財童子如是悲哀思念之時，彼常随逐覺悟菩薩、如来使天，於虛空【中而】告之言：善男子，其有修行善知識教，諸佛世尊悉皆歡喜；其有随順善知識語，則得近於一切智地；其【有能】於善知識語無疑惑者，則常值遇一切善友；【其有】發心頍常不離善知識者，則得具足一切義利。善男子，汝可往詣安住王都，即當得見不動優婆夷大善知識。

時，善財童子從彼三昧智光明起，漸【次遊行】，至安住城，周遍推求不動優婆夷今在何所，無量人衆咸告之言：善男子，不動優婆夷身是童女，在其家内，父母【守】護，與自親屬無量人衆演說妙法。善財童【子聞】是語已，其心歡喜，如見父母，即詣不動優婆夷舍。

入其宅内，見彼堂宇，金色光明普皆照曜〈耀〉②，遇斯光者身意清凉。善財童子光明觸身，即時獲得五百三昧【門】，所謂了一切希有相三昧門、入寂静三昧門、逺離一切世間三昧門、普眼捨得三昧門、如来蔵三昧門，得如是等五百三昧門。以此三昧門故，身心柔軟，如七日胎。又聞妙香，非【諸天】、龍、乾闥婆等人與非人之所能有。

善財童子前詣其所，恭敬合掌，一心觀察，見其形色端正殊妙，〔十〕方世界一切女人無有能及，况其過者，唯除如来及以一切灌頂菩薩。【口出】妙香，宮殿荘嚴，并其眷屬悉無與等，况復過者，十方世界一切衆生，無有於此優婆夷所起染着心；若得暫見，所有煩惱悉自消滅。譬如百万大梵天王，決【定不生欲】界煩惱；其有見此優婆夷者，所有煩惱應知亦然。十方衆生觀此女人皆無猒足，唯除具足大智慧者。

尒時，善財童子曲躬合掌，正念觀察，見此女人，其身自在【不可思議】，色相顔容世無與等，光明洞澈〈徹〉物無能障，普爲衆生而作利益，其身毛孔恒出妙香，眷屬無邊，宮殿第一，功德深廣莫知涯際；心生歡喜，以頌讚曰：

守【護清净】戒，俢行廣大忍，
精進不退轉，光明照世間。

尒時，善財童子說此頌已，白（佛）言：聖者，我已先發阿耨多羅三藐三菩提心，而未知菩薩云何學菩薩行，云何俢菩【薩道】，我聞聖【者】善能誘誨，願爲我說。

時，不動優婆夷以菩薩柔軟〔語悅〕意語

---

① 芽，⑬三五八頁註①：芽＝牙⑮。

② 耀，⑬三五八頁註②：耀＝曜⑮。

（悦），慰喻〈諭〉善財，而告之言：善哉善哉，善男子，汝已能發阿耨多羅三藐三菩提心。善男子，我得菩【薩難】摧伏智慧藏解脫門，我得菩薩堅固受持行門，我得菩薩一切法平等地總持門，我得菩薩照明一切法辯才門，【我】得菩薩求一切法無疲猒三昧門。

善財童子言：聖者，【菩】薩難摧伏智慧藏解脫門，乃至求一切法無疲猒三昧門，境界云何。

童女言：善男子，此處難知。

善財白言：唯願聖者，承佛神力，爲我宣說。我當因善知識，能信能受，能【知】能了，趣入觀察，修習隨順，離諸分別，究竟平等。

優婆夷言：

善男子，過去世中有劫，名離垢，佛号脩臂。時，有國王名曰電授，唯有一女，即我身是。我於夜分癈音樂時，【父】母兄弟悉已眠寢，五百童女亦皆昏寐。我於樓上仰觀星宿，於虛空中見彼如来如寶山王，無量無邊天龍八部、諸菩薩衆所共圍繞，佛身普放大光明網周遍十方【無所】障礙，佛身毛孔皆出妙香。我聞是香，身體柔耎，心生歡喜（心）；便從樓下至於地上，合十指爪，頂礼於佛。又觀彼佛不見頂相，觀身左右莫知邊際。思惟彼佛諸相隨好無【有厭足】，竊自念言：此佛世尊作何【等】業，獲於如是上妙之身，相好圓滿，光明具足，眷属成就，宫殿嚴好，福德智慧悉皆清淨，總持三昧不〔可〕思議，神通自在，辯才無礙。

善男子，尒時，【如来知】我心念，即告我言：汝應發不可壞心，滅諸煩惱；應發無能勝心，破諸取者；應發無退怯〈怯〉心，入深法門；應發能堪耐心，救惡衆生；應發無迷惑心，普於一切諸趣受生；應【發無厭】足心，求見諸佛無有休息；應發無知足心，悉受一切如来法雨；應發正思惟心，普生一切佛法光明；應發大住持心，普轉一切諸佛法輪；應發廣流通心，隨衆生欲【施其法寶】。

善男子，我於彼佛【所】聞如是法，【求】一切智，求佛十力，求佛辯才，求佛光明，求佛色身，求佛相好，求佛衆會〔132-3〕，【求佛】國土，求佛威儀，求佛壽命。發是心已，其心堅【固猶如金】剛，一切煩惱【及以二乘悉不能壞】。

【善男子，我發是心已来，經】閻浮提微塵數劫，尚不生於念【欲之心，況行其事；尒】所劫中，於自親属不起瞋心，況他衆生；尒所劫中，於其自【身不生我】見，況於衆【具而計我所；尒所劫中，死時、生時及住胎藏，未曾迷惑】起衆生想及無記心，況於餘時；尒所劫中，乃至夢中隨見一佛未曾忘失，何況菩薩十眼所見；尒所【劫中，受】持一切如来正法，未【曾忘失】一文一【句】，乃【至世俗所有言辭】尚不忘失，何況如来金口所說；【尒所劫】中，受持一切如来法海，一文一句無不思惟、無不觀察，乃至一切世俗之法【亦復如】是。尒所劫中，受持【如是一切法海，未曾於一法中不得三昧】，乃至世間技術之法，一一法中悉亦如是。尒所劫中，住持一切如来法輪，隨所住持，未曾癈捨一文一句，乃至不曾生於【世智，唯】除爲欲調衆生故。尒【所劫中，見諸佛海，未曾於一佛所不得成就清淨】大願，乃至於諸化佛之所悉亦如是。尒所劫中，見諸菩薩修行妙行，無有一行我不成就。尒所劫中，所見衆生，無一衆生【我不】勸發阿【耨】多【羅三藐三】菩提心，【未曾】勸一衆生【發】於【聲】聞、【辟支】佛意。尒所劫中，於一切佛法，乃至一文一句，不生疑惑，不生二想，不生分別想，不生種種想，不生執著想，不生勝劣想，不生愛憎【想】。

善男子，我從【是来，常見諸佛，常見菩薩，常見真實善知識，常聞諸佛願，常】聞菩薩行，常聞菩薩波羅蜜門，常聞菩薩地智光明門，常聞菩薩無盡藏門，常聞入無邊世界網門，【常】聞出生無邊【衆生界因門，常】以清淨智【慧光明除滅一切眾生煩惱，常以智慧生長】一切眾生善根，常隨一切眾生所樂示現其身，常以清淨上妙言音開悟法界一切眾生。

善【男子】，我得菩薩求一切法無【厭】足莊嚴門，我得【一切法平等地總持門，現不思議自在神變。汝欲】見不。

善財言：唯，我心願見。

尒時，不動優婆夷坐於龍藏師子之坐〈座〉，入求一切法【無厭足】莊嚴三昧【門、不】空輪莊嚴三昧門、【十力智輪】現【前】三昧門、【佛種無盡藏三昧門，入如是等】一萬三昧門。入此三昧門時，十方各有不可說佛剎微塵數世界六種震動，【皆】悉清淨瑠璃所【成】；一一世界【中，有】百億四天下，百億如來【或住兜率天乃至般涅槃；一一如來放光】明網，周遍法界道場眾會，清淨圍繞，轉妙法輪，開悟羣生。

時，不動優婆夷【從】三昧起，告善財言：善男【子，汝見】此不。

善財言：唯，我【皆已見。

優婆夷言：

善男子，我唯得此求】一切【法無】猒足三昧光明，為一切眾生說微妙法，皆令歡喜。如諸菩薩摩訶薩，如金翅【鳥】，遊行虛空無所障礙，

能入一切眾生大海，見有善根【已成熟者，便即執取置菩提岸；又如】商客，入大寶舟〈洲〉，【採】求如來十力智寶；又如漁師，持正法網，入生死海，於愛【水】中漉諸眾生；如阿修羅王，能遍托〈撓〉① 動三有大城諸煩惱海；【又如日輪，出現虛空，照愛水泥，令】其【乾竭】；又如滿月，出現虛空，令可化者心花開敷；又如大地，普皆平等，無【量眾】生於中止住，增長【一切】善法根牙 *；又如大風，所向無礙，【能拔一切諸見大樹；如轉輪】王，遊行【世間，以】四攝事【攝】諸眾生。而我云何能知能說彼功德行。

善男子，於此【南方，有】一大城，〔名〕無量都薩【羅；其中有一出】家外道，名曰遍行。【汝往彼問：菩薩云何學】菩薩行、脩菩薩道。

【時】，善財童子頂礼其足，繞無量帀，殷【勤瞻仰】，辭退而去。

大方廣佛花嚴經卷第六十六・六十六之下
〔132-4〕

---

① 撓，囮三五九頁註③：撓＝托㈡宮。

大方廣佛花嚴經
入法界品第三十九之八
卷六十七・六十七之上

【爾時，善財童子於不動優婆夷所得聞法已，專心憶念所有教誨，皆悉信受，思惟觀察。

漸漸遊行，經歷國邑，至都薩羅城，於日沒時入彼城中，廛店、隣里、四衢道側，處處尋覓遍行外道。

城東有山，名曰善德。善財童子於中夜時，見此山頂草樹巖巘，光明照耀如日初出；見此事已，生大歡喜，作是念言：我必於此見善知識。便從城出而登彼山，見此外道於其山上平坦之處徐步經行，色相圓滿，威光照耀，大梵天王所不能及，十千梵衆之所圍遶。往詣其所，頭頂禮足，遶無量匝，於前合掌而作是言：聖者，我已先發阿耨多羅三藐三菩提心，而我未知菩薩云何學菩薩行，云何修菩薩道，我聞聖者善能教誨，願爲我說。

遍行答言：善哉善哉，善男子，我已安住至一切處菩薩行，已成就普觀世間三昧門，已成就無依無作神通力，已成就普門般若波羅蜜。善男子，我普於世間種種方所、種種形貌、種種行解、種種沒生一切諸趣，所謂天趣、龍趣、夜叉趣、乾闥婆、阿脩羅、迦樓羅、緊那羅、摩睺羅伽、地獄、畜生、閻羅王界、人、非人等，一切諸趣，或住諸見，或信二乘，或復信樂大乘之道。如是一切諸衆生中，我以種種方便、種種智門而爲利益。所謂：或爲演說一切世間種種技藝，令得具足一切巧術陀羅尼智；或爲演說四攝方便，令得具足一切智道；或爲演說諸波羅蜜，令其迴向一切智位；或爲稱讚大菩提心，令其不失無上道意；或爲稱讚諸菩薩行，令其滿足淨佛國土度衆生願；或爲演說造諸惡行受地獄等種種苦報，令於惡業深生厭離；或爲演說供養諸佛種諸善根決定獲得一切智果，令其發起歡喜之心；或爲讚說一切如來應正等覺所有功德，令樂佛身求一切智；或爲讚說諸佛威德，令其願樂佛不壞身；或爲讚說佛自在身，令求如來無能映蔽大威德體。

又，善男子，此都薩羅城中，一切方所一切族類，若男若女諸人衆中，我皆以方便示同其形，隨其所應而爲說法。諸衆生等，悉不能知我是何人、從何而至，唯令聞者如實修行。善男子，如於此城利益衆生，於閻浮提城邑聚落，所有人衆住止之處，悉亦如是而爲利益。

善男子，閻浮提內九十六衆，各起異見而生執著，我悉於中方便調伏，令其捨離所有諸見；如閻浮提，餘四天下亦復如是；如四天下，三千大千世界亦復如是；如三千大千世界，如是十方無量世界諸衆生海，我悉於中，隨諸衆生心之所樂，以種種方便、種種法門，現種種色身，以種種言音而爲說法，令得利益。

善男子，我唯知此至一切處菩薩行。如諸菩薩摩訶薩，身與一切衆生數等，得與衆生無差別身，以變化身普入諸趣，於一切處皆現受生，普現一切衆生之前，清淨光明遍照世間，以無礙願住一切劫，得如帝網諸無等行，常勤利益一切衆生，恒與共居而無所著，普於三世悉皆平等，以無我智周遍照耀，以大悲藏一切觀察；而我云何能知能說彼功德行。

善男子，於此南方，有一國土，名爲廣大；有鬻香長者，名優鉢羅華。汝詣彼問：菩薩云何學菩薩行、修菩薩道。

時，善財童子頂禮其足，遶無量匝，慇懃瞻仰，辭退而去。

爾時，善財童子因善知識教，不顧身命，不著財寶，不樂人衆，不耽五欲，不戀眷屬，不重王位；唯願化度一切衆生，唯願嚴淨諸佛國土，唯願供養一切諸佛，唯願證知諸法實性，唯願修集一切菩薩大功德海，唯願修行一切功德終無退轉，唯願恒於一切劫中以大願力修菩薩行，唯願普入一切諸佛衆會道場，唯願入一三昧門普現一切三昧門自在神力，唯願於佛一毛孔中見一切佛心無厭足，唯願得一切法智慧光明能持一切諸佛法藏，專求此等一切諸佛菩薩功德。

漸次遊行，至廣大國，詣長者所，頂禮其足，遶無量匝，合掌而立，白言：聖者，我已先發阿耨多羅三藐三菩提心，欲求一切佛平等智慧，欲滿一切佛無量大願，欲淨一切佛最上色身，欲見一切佛清淨法身，欲知一切佛廣大智身，欲淨治一切菩薩諸行，欲照明一切菩薩三昧，欲安住一切菩薩總持，欲除滅一切所有障礙，欲遊行一切十方世界，而未知菩薩云何學菩薩行、云何修菩薩道，而能出生一切智智。

長者告言：

善哉善哉，善男子，汝乃能發阿耨多羅三藐三菩提心。

善男子，我善別知一切諸香，亦知調合一切香法，所謂一切香、一切燒香、一切塗香、一切末香。亦知如是一切香王所出之處，又善了知天香、龍香、夜叉香、乾闥婆、阿脩羅、迦樓羅、緊那羅、摩睺羅伽、人、非人等所有諸香。又善別知治諸病香、斷諸惡香、生歡喜香、增煩惱香、減煩惱香、令於有爲生樂著香、令於有爲生厭離香、捨諸憍逸香、發心念佛香、證解法門香、聖所受用香、一切菩薩差別香、一切菩薩地位香，如是等香形相生起、出現成就、清淨安隱、方便境界、威德業用及以根本，如是一切我皆了達。

善男子，人間有香，名曰象藏，因龍鬪生。若燒一丸，即起大香雲彌覆王都，於七日中雨細香雨。若著身者，身則金色；若著衣服、宮殿、樓閣，亦皆金色。若因風吹入宮殿中，衆生嗅者，七日七夜歡喜充滿，身心快樂，無有諸病，不相侵害，離諸憂苦，不驚不怖，不亂不恚，慈心相向，志意清淨。我知是已而爲說法，令其決定發阿耨多羅三藐三菩提心。

善男子，摩羅耶山出栴檀香，名曰牛頭；若以塗身，設入火坑，火不能燒。善男子，海中有香，名無能勝；若以塗鼓及諸螺貝，其聲發時，一切敵軍皆自退散。善男子，阿那婆達多池邊出沈水香，名蓮華藏，其香一丸如麻子大；若以燒之，香氣普熏閻浮提界，衆生聞者，離一切罪，戒品清淨。善男子，雪山有香，名阿盧那；若有衆生嗅此香者，其心決定離諸染著，我爲說法莫不皆得離垢三昧。善男子，羅刹界中有香，名海藏，其香但爲轉輪王用；若燒一丸而以熏之，王及四軍皆騰虛空。善男子，善法天中有香，名淨莊嚴；若燒一丸而以熏之，普使諸天心念於佛。善男子，須夜摩天有香，名淨藏；若燒一丸而以熏之，夜摩天衆莫不雲集彼天王所而共聽法。善男子，兜率天中有香，名先陀婆；於一生所繫菩薩座前燒其一丸，興大香雲遍覆法界，普雨一切諸供養具，供養一切諸佛菩薩。善男子，善變化天有香，名曰奪意；若燒一丸，於七日中，普雨一切諸莊嚴具。

善男子，我唯知此調和香法。如諸菩薩摩訶薩，遠離一切諸惡習氣，不染世欲，永斷煩惱衆魔羂索，超諸有趣，以智慧香而自莊嚴，於諸世間皆無染著，具足成就無所著戒，淨無著智，行無著境，於一切處悉無有著，其心平等，無著無依；而我何能知其妙行，說其功德，顯其所有清淨戒門，示其所作無過失業，辨其離染身語意行。

善男子，於此南方，有一大城，名曰樓閣；中有船師，名婆施羅。汝詣彼問：菩薩云何學菩薩行、修菩薩道。

時，善財童子頂禮其足，遶無量匝，慇懃瞻仰，辭退而去。

爾時，善財童子向樓閣城，觀察道路，所謂觀道高卑，觀道夷險，觀道淨穢，觀道曲直。

漸次遊行，作是思惟：我當親近彼善知識。善知識者，是成就修行諸菩薩道因，是成就修行波羅蜜道因，是成就修行攝衆生道因，是成就修行普入法界無障礙道因，是成就修行令一切衆生除惡慧道因，是成就修行令一切衆生離憍慢道因，是成就修行令一切衆生滅煩惱道因，是成就修行令一切衆生捨諸見道因，是成就修行令一切衆生拔一切惡刺道因，是成就修行令一切衆生至一切智城道因。何以故，於善知識處，得一切善法故；依善知識力，得一切智道故。善知識者，難見難遇。如是思惟。

漸次遊行，既至彼城，見其船師在城門外海岸上住，百千商人及餘無量大衆圍遶，說大海法，方便開示佛功德海。善財見已，往詣其所，頂禮其足，遶無量匝，於前合掌而作是言：聖者，我已先發阿耨多羅三藐三菩提心，而未知菩薩云何學菩薩行，云何修菩薩道，我聞聖者善能教誨，願爲我說。

船師告言：

善哉善哉，善男子，汝已能發阿耨多羅三藐三菩提心，今復能問生大智因、斷除一切生死苦因、往一切智大寶洲因、成就不壞摩訶衍因、遠離二乘怖畏生死住諸寂靜三昧旋因、乘大願車遍一切處行菩薩行無有障礙清淨道因、以菩薩行莊嚴一切無能壞智清淨道因、普觀一切十方諸法皆無障礙清淨道因、速能趣入一切智海清淨道因。

善男子，我在此城海岸路中，淨修菩薩大悲幢行。善男子，我觀閻浮提內貧窮衆生，爲饒益故，修諸苦行，隨其所願悉令滿足。先以世物，充滿其意；復施法財，令其歡喜，令修福行，令生智道，令增善根力，令起菩提心，令淨菩提願，令堅大悲力，令修能滅生死道，令生不厭生死行，令攝一切衆生海，令修一切功德海，令照一切諸法海，令見一切諸佛海，令入一切智智海。善男子，我住於此，如是思惟，如是作意，如是利益一切衆生。

善男子，我知海中一切寶洲、一切寶處、一切寶類、一切寶種。我知淨一切寶、鑽一切寶、出一切寶、作一切寶。我知一切寶器、一切寶用、一切寶境界、一切寶光明。我知一切龍宮處、一切夜叉宮處、一切部多宮處，皆善迴避，免其諸難。亦善別知，漩澓淺深，波濤遠近，水色好惡，種種不同。亦善別知，日月星宿運行度數，晝夜晨晡，晷漏延促。亦知其船鐵木堅脆、機關澁滑，水之大小，風之逆順；如是一切安危之相無不明了，可行則行，可止則止。善男子，我以成就如是智慧，常能利益一切衆生。

善男子，我以好船運諸商衆行安隱道，復爲說法令其歡喜，引至寶州與諸珍寶咸使充足，然後將領還閻浮提。善男子，我將大船如是往來，未始令其一有損壞。若有衆生得見我身、聞我法者，令其永不怖生死海，必得入於一切智海，必能消竭諸愛欲海，能以智光照三世海，能盡一切衆生苦海，能淨一切衆生心海，速能嚴淨一切刹海，普能往詣十方大海，普知一切衆生根海，普了一切衆生行海，普順一切衆生心海。

善男子，我唯得此大悲幢行；若有見我及以聞我、與我同住、憶念我者，皆悉不空。如諸菩薩摩訶薩，善能遊涉生死大海，不染一切諸煩惱海，能捨一切諸妄見海，能觀一切諸法性海，能以四攝攝衆生海，已善安住一切智海，能滅一切衆生著海，能平等住一切時海，能以神通度衆生海，能以其時調衆生海；而我云何能知能說彼功德行。

善男子，於此南方，有城名可樂；中有長者，名無上勝。汝詣彼問：菩薩云何學菩薩行、修菩薩道。

時，善財童子頂禮其足，遶無量匝，慇懃瞻仰，悲泣流淚，求善知識心無厭足，辭退而去。

爾時，善財童子起大慈周遍心、大悲潤澤心相續不斷，福德、智慧二種莊嚴，捨離一切煩惱塵垢，證法平等，心無高下，拔不善刺，滅一切障，堅固精進以爲牆塹，甚深三昧而作園苑，以慧日光破無明暗，以方便風開智慧華，以無礙願充滿法界，心常現入一切智城，如是而求菩薩之道。

漸次經歷，到彼城內。見無上勝在其城東大莊嚴幢無憂林中，無量商人、百千居士之所圍遶，理斷人間種種事務；因爲說法，令其永拔一切我慢，離我、我所，捨所積聚，滅慳嫉垢，心得清淨，無諸穢濁，獲淨信力，常樂見佛，受持佛法，生菩薩力，起菩薩行，入菩薩三昧，得菩薩智慧，住菩薩正念，增菩薩樂欲。

爾時，善財童子觀彼長者爲衆說法已，以身投地，頂禮其足，良久乃起，白言：

聖者，我是善財，我是善財，我專尋求菩薩之行，菩薩云何學菩薩行，菩薩云何修菩薩道，隨修學時，常能化度一切衆生，常能現見一切諸佛，常得聽聞一切佛法，常能住持一切佛法，常能趣入一切法門，入一切刹學菩薩行，住一切劫修菩薩道，能知一切如來神力，能受一切如來護念，能得一切如來智慧。

時，彼長者告善財言：

善哉善哉，善男子，汝已能發阿耨多羅三藐三菩提心。

善男子，我成就至一切處菩薩行門無依無作神通之力。善男子，云何爲至一切處菩薩行門，善男子，我於此三千大千世界，欲界一切諸衆生中，所謂一切三十三天、一切須夜摩天、一切兜率陀天、一切善變化天、一切他化自在天、一切魔天，及餘一切天、龍、夜叉、羅刹娑、鳩槃茶，乾闥婆、阿脩羅、迦樓羅、緊那羅、摩睺羅伽、人與非人，村營、城邑、一切住處諸衆生中而爲說法，令捨非法，令息諍論，令除鬪戰，令止忿競，令破怨結，令解繫縛，令出牢獄，令免怖畏，令斷殺生乃至邪見一切惡業，不可作事皆令禁止；令其順行一切善法，令其修學一切技藝，於諸世間而作利益；爲其分別種種諸論，令生歡喜，令漸成熟；隨順外道，爲說勝智，令斷諸見，令入佛法。乃至色界一切梵天，我亦爲其說超勝法。如於此三千大千世界，乃至十方十不可說百千億那由他佛刹微塵數世界中，我皆爲說佛法、菩薩法、聲聞法、獨覺法；說地獄，說地獄衆生，說向地獄道；說畜生，說畜生差別，說畜生受苦，說向畜生道；說閻羅王世間，說閻羅王世間苦，說向閻羅王世間道；說天世間，說天世間樂，說向天世間道；說人世間，說人世間苦樂，說向人世間道。爲欲開顯菩薩功德，爲令捨離生死過患，爲令知見一切智人諸妙功德，爲欲令知諸有趣中迷惑受苦，爲令知見無障礙法，爲欲顯示一切世間生起所因，爲欲顯示一切世間寂滅爲樂，爲令衆生捨諸想著，爲令證得佛無依法，爲令永滅諸煩惱輪，爲令能轉如來法輪，我爲衆生說如是法。

善男子，我唯知此至一切處修菩薩行清淨法門無依無作神通之力。如諸菩薩摩訶薩，具足一切自在神通，悉能遍往一切佛刹，得普眼地；悉聞一切音聲言說，普入諸法智慧自在，無有乖諍，勇健無比，以廣長舌出平等音；其身妙好，同諸菩薩，與諸如來究竟無二、無有差別；智身廣大，普入三世，境界無際，同於虛空。而我云何能知能說彼功德行。

善男子，於此南方，有一國土，名曰輸那；其國有城，名迦陵迦林；有比丘尼，名師子頻申。汝詣彼問：菩薩云何學菩薩行、修菩薩道。

時，善財童子頂禮其足，遶無量匝，慇懃瞻仰，辭退而去。

爾時，善財童子漸次遊行，至彼國城，周遍推求此比丘尼。有無量人咸告之言：

善男子，此比丘尼在勝光王之所捨施日光園中說法利益無量衆生。時，善財童子即詣彼園，周遍觀察。

見其園中有一大樹，名爲滿月，形如樓閣，放大光明照一由旬；見一葉樹，名爲普覆，其形如蓋，放毘瑠璃紺青光明；見一華樹，名曰華藏，其形高大，如雪山王，雨衆妙華無有窮盡，如忉利天中波利質多羅樹。復見有一甘露果樹，形如金山，常放光明，種種衆果悉皆具足；復見有一摩尼寶樹，名毘盧遮那藏，其形無比，心王摩尼寶最在其上，阿僧祇色相摩尼寶周遍莊嚴。復有衣樹，名爲清淨，種種色衣垂布嚴飾；復有音樂樹，名爲歡喜，其音美妙，過諸天樂；復有香樹，名普莊嚴，恒出妙香，普熏十方，無所障礙。

園中復有泉流陂池，一切皆以七寶莊嚴，黑栴檀泥凝積其中，上妙金沙彌布其底，八功德水具足盈滿，優鉢羅華、波頭摩華、拘物頭華、芬陀利華遍覆其上，無量寶樹周遍行列。諸寶樹下敷師子座，種種妙寶以爲莊嚴，布以天衣，熏諸妙香，垂諸寶繒，施諸寶帳，閻浮金網彌覆其上，寶鐸徐搖出妙音聲。或有樹下敷蓮華藏師子之座，或有樹下敷香王摩尼藏師子之座，或有樹下敷龍莊嚴摩尼王藏師子之座，或有樹下敷寶師子聚摩尼王藏師子之座，或有樹下敷毘盧遮那摩尼王藏師子之座，或有樹下敷十方毘盧遮那摩尼王藏師子之座；其一一座各有十萬寶師子座周匝圍遶，一一皆具無量莊嚴。

此大園中衆寶遍滿，猶如大海寶洲之上。迦隣陀衣以布其地，柔軟妙好，能生樂觸，蹈則沒足，舉則還復；無量諸鳥出和雅音，寶栴檀林上妙莊嚴，種種妙華常雨無盡，猶如帝釋雜華之園。無比香王普熏一切，猶如帝釋善法之堂。諸音樂樹、寶多羅樹、衆寶鈴網出妙音聲，如自在天善口天女所出歌音。諸如意樹，種種妙衣垂布莊嚴，猶如大海。有無量色百千樓閣，衆寶莊嚴，如忉利天宮善見大城。寶蓋遐張，如須彌峯。光明普照，如梵王宮。

爾時，善財童子見此大園無量功德、種種莊嚴，皆是菩薩業報成就，出世善根之所生起，供養諸佛功德所流，一切世間無與等者，如是皆從師子頻申比丘尼了法如幻集廣大清淨福德善業之所成就。三千大千世界天龍八部、無量衆生，皆入此園而不迫窄。何以故，此比丘尼不可思議威神力故。

爾時，善財見師子頻申比丘尼遍坐一切諸寶樹下大師子座，身相端嚴，威儀寂靜，諸根調順，如大象王；心無垢濁，如清淨池；普濟所求，如如意寶；不染世法，猶如蓮華；心無所畏，如師子王；護持淨戒不可傾動，如須彌山；能令見者心得清涼，如妙香王；能除衆生諸煩惱熱，如雪山中妙栴檀香；衆生見者，諸苦消滅，如善見藥王；見者不空，如婆樓那天；能長一切衆善根芽，如良沃田。

在一一座，衆會不同，所說法門亦各差別；或見處座，淨居天衆所共圍遶，大自在天子而爲上首；此比丘尼爲說法門，名無盡解脫。或見處座，諸梵天衆所共圍遶，愛樂梵王而爲上首；此比丘尼爲說法門，名普門差別清淨言音輪。或見處座，他化自在天天子、天女所共圍遶，自在天王而爲上首；此比丘尼爲說法門，名菩薩清淨心。或見處座，善變化天天子、天女所共圍遶，善化天王而爲上首；此比丘尼爲說法門，名一切法善莊嚴。或見處座，兜率陀天天子、天女所共圍遶，兜率天王而爲上首；此比丘尼爲說法門，名心藏旋。或見處座，須夜摩天天子、天女所共圍遶，夜摩天王而爲上首；此比丘尼爲說法門，名無邊莊嚴。或見處座，三十三天天子、天女所共圍遶，釋提桓因而爲上首；此比丘尼爲說法門，名厭離門。或見處座，百光明龍王、難陀龍王、優波難陀龍王、摩那斯龍王、伊羅跋難陀龍王、阿那婆達多龍王等龍子、龍女所共圍遶，娑伽羅龍王而爲上首；此比丘尼爲說法門，名佛神通境界光明莊嚴。或見處座，諸夜叉衆所共圍遶，毘沙門天王而爲上首；此比丘尼爲說法門，名救護衆生藏。或見處座，乾闥婆衆所共圍遶，持國乾闥婆王而爲上首；此比丘尼爲說法門，名無盡喜。或見處座，阿脩羅衆所共圍遶，羅睺阿脩羅王而爲上首；

此比丘尼爲說法門，名速疾莊嚴法界智門。或見處座，迦樓羅衆所共圍遶，捷持迦樓羅王而爲上首；此比丘尼爲說法門，名怖動諸有海。或見處座，緊那羅衆所共圍遶，大樹緊那羅王而爲上首；此比丘尼爲說法門，名佛行光明。或見處座，摩睺羅伽衆所共圍遶，菴羅林摩睺羅伽王而爲上首；此比丘尼爲說法門，名生佛歡喜心。或見處座，無量百千男子、女人所共圍遶；此比丘尼爲說法門，名殊勝行。或見處座，諸羅刹衆所共圍遶，常奪精氣大樹羅刹王而爲上首；此比丘尼爲說法門，名發生悲愍心。或見處座，信樂聲聞乘衆生所共圍遶；此比丘尼爲說法門，名勝智光明。或見處座，信樂緣覺乘衆生所共圍遶；此比丘尼爲說法門，名佛功德廣大光明。或見處座，信樂大乘衆生所共圍遶；此比丘尼爲說法門，名普門三昧智光明門。或見處座，初發心諸菩薩所共圍遶；此比丘尼爲說法門，名一切佛願聚。或見處座，第二地諸菩薩所共圍遶；此比丘尼爲說法門，名離垢輪。或見處座，第三地諸菩薩所共圍遶；此比丘尼爲說法門，名寂靜莊嚴。或見處座，第四地諸菩薩所共圍遶；此比丘尼爲說法門，名生一切智境界。或見處座，第五地諸菩薩所共圍遶；此比丘尼爲說法門，名妙華藏。或見處座，第六地諸菩薩所共圍遶；此比丘尼爲說法門，名毘盧遮那藏。或見處座，第七地諸菩薩所共圍遶；此比丘尼爲說法門，名普莊嚴地。或見處座，第八地諸菩薩所共圍遶；此比丘尼爲說法門，名遍法界境界身。或見處座，第九地諸菩薩所共圍遶；此比丘尼爲說法門，名無所得力莊嚴。或見處座，第十地諸菩薩所共圍遶；此比丘尼爲說法門，名無礙輪。或見處座，執金剛神所共圍遶；此比丘尼爲說法門，名金剛智那羅延莊嚴。

善財童子見如是等一切諸趣所有衆生已成熟者、已調伏者，堪爲法器，皆入此園，各於座下圍遶而坐。師子頻申比丘尼，隨其欲解勝劣差別而爲說法，令於阿耨多羅三藐三菩提得不退轉。何以故，此比丘尼入普眼捨得般若波羅蜜門、說一切佛法般若波羅蜜門、法界差別般若波羅蜜門、散壞一切障礙輪般若波羅蜜門、生一切衆生善心般若波羅蜜門、殊勝莊嚴般若波羅蜜門、無礙真實藏般若波羅蜜門、法界圓滿般若波羅蜜門、心藏般若波羅蜜門、普出生藏般若波羅蜜門，此十般若波羅蜜門爲首，入如是等無數百萬般若波羅蜜門。此日光園中所有菩薩及諸衆生，皆是師子頻申比丘尼初勸發心，受持正法，思惟修習，於阿耨多羅三藐三菩提得不退轉。

時，善財童子見師子頻申比丘尼如是園林、如是床座、如是經行、如是衆會、如是神力、如是辯才，復聞不可思議法門，廣大法雲潤澤其心，便生是念：我當右遶無量百千匝。

時，比丘尼放大光明，普照其園衆會莊嚴。善財童子即自見身，及園林中所有衆樹，皆悉右遶此比丘尼，經於無量百千萬匝。圍遶畢已，善財童子合掌而住，白言：

聖者，我已先發阿耨多羅三藐三菩提心，而未知菩薩云何學菩薩行，云何修菩薩道，我聞聖者善能誘誨，願爲我說。

比丘尼言：善男子，我得解脫，名成就一切智。

善財言：聖者，何故名爲成就一切智。

比丘尼言：善男子，此智光明，於一念中普照三世一切諸法。

善財白言：聖者，此智光明境界云何。

比丘尼言：

善男子，我入此智光明門，得出生一切法三昧王；以此三昧故，得意生身，往十方一切世界兜率天宮一生所繫菩薩所，一一菩薩前現不可說佛刹微塵數身，一一身作不可說佛刹微塵數供養。所謂現天王身乃至人王身，執持華雲，執持鬘雲，燒香塗香及以末香，衣服瓔珞、幢幡繒蓋、寶網寶帳、寶藏寶燈，如是一切諸莊嚴具，我皆執持而以供養。如於住兜率宮菩薩所，如是於住胎出胎、在家出家、往詣道場、成等正覺、轉正法輪、入於涅槃，如是中間，或住天宮，或住龍宮，乃至或復住於人宮，於彼一一諸如來所，我皆如是而爲供養。若有衆生，知我如是供養佛者，皆於阿耨多羅三藐三菩提得不退轉；若有衆生來至我所，我即爲說般若波羅蜜。

善男子，我見一切衆生，不分別衆生相，智眼明見故；聽一切語言，不分別語言相，心無所著故；見一切如來，不分別如來相，了達法身故；住持一切法輪，不分別法輪相，悟法自性故；一念遍知一切法，不分別諸法相，知法如幻故。

善男子，我唯知此成就一切智解脫。如諸菩薩摩訶薩，心無分別，普知諸法，一身端坐，充滿法界，於自身中現一切刹，一念悉詣一切佛所，於自身內普現一切諸佛神力，一毛遍舉不可言說諸佛世界，於其自身一毛孔中現不可說世界成壞，於一念中與不可說不可說衆生同住，於一念中入不可說不可說一切諸劫；而我云何能知能說彼功德行。

善男子，於此南方，有一國土，名曰險難；此國有城，名寶莊嚴；中有女人，名婆須蜜多。汝詣彼問：菩薩云何學菩薩行、修菩薩道。

時，善財童子頂禮其足，遶無數匝，慇懃瞻仰，辭退而去】。

【大方廣佛華嚴經卷第六十七】

大方廣佛花嚴經
入法界品第三十九之九
卷六十八·六十八之上

【爾時，善財童子，大】智光明照啓其心，思惟觀察見諸法性，得了知一切言音陀羅【尼門，得受持一切法輪陀羅尼門，得與一切衆生作所歸依大悲力，得觀察一切法義理】光明門，得充滿法界清淨願，得普照十方一切法智光明，得遍莊嚴一切世界自在力，得普發起【一切菩薩業圓滿願】。

【漸次遊行，至險難國寶莊嚴城，處處尋覓】婆須蜜多女。

城中有人不知此女功【德】智慧，作如是念：

今此童子，諸根寂靜，智慧明了，不迷不亂，諦視【一尋，無有疲懈，無所取著，目視不瞬，心無所動，甚】深寬廣，猶如大海；不應於此婆須蜜【女】，有貪愛心，有顛倒心，生於淨想，生於欲想；不應爲此女色不〈所〉攝。

此童子者，不行【魔行，不入魔境，不沒欲】泥，不被魔縛，不應】作處已能不作，有何等意而求此女。

其【中】有人先知此女有智慧者，告善財言：

善哉善哉，善男子，汝今乃能推求尋覓婆須蜜女，【汝已獲得廣大善利。善男子，汝】應決定求佛果位，決定欲爲一切【衆】生作所依怙，決定欲拔一切衆生貪愛毒箭，決定【欲破】一切衆生於女色中所有淨想。

善男【子，婆須蜜女於此城內市廛之北自宅】中住。

時，善財童子聞是語已，歡喜踊躍，往詣其門。見其住宅廣博嚴麗，寶牆、寶樹及以寶【塹】，一一皆有十重圍繞；其寶【塹中，香水盈滿，金沙布地，諸天寶華、優】鉢羅花、波頭摩花、拘物頭花、芬陀利花遍覆水上；宮殿、樓閣處處分布，門闥、窗牖相望間列，咸施網鐸，悉置幡【幢，無量珍奇以爲嚴飾；瑠璃爲地，衆寶間錯】，燒諸沉水，塗以栴檀，懸衆寶鈴，風動成音，散諸天花遍布其地；種種嚴麗不可稱說，諸珍寶藏其數百千，十大園林【以爲莊嚴】。

【爾時，善財見此女人，顏貌端嚴，色相】圓滿，皮膚金色，目髮紺青，不長不短，不麁不細，欲界人天無能與比；音聲美妙超諸梵世，一切衆生差別言音，悉皆具【足，無不解了；深達字義，善巧談說，得如】幻智，入方便門；衆寶纓絡〈瓔珞〉及諸嚴具莊嚴其身，如意摩尼以爲寶冠而冠其首；復有無量眷屬圍繞，皆共善根同一【行願，福德大藏】具足無盡。時，【婆須蜜多女】從其身出廣大光明，普照宅中一切宮殿；遇斯光者，身得清涼。

尒時，善財前詣其所，頂礼其足，合掌而住，白言：聖者，我已【先發阿耨】多羅三藐三菩提【心，而未知】菩薩云何學菩薩行，云何修菩薩道，我聞聖者善能教誨，願爲我說。

513

彼即告言：

善男子，我得菩薩解脫，名離貪欲際，【隨其欲】樂而爲現身。若天見我，【我爲天】女，形兒、光明殊勝無比；如是乃至人、非人等而見我者，我即爲現人、非人女，隨其樂欲皆令得見。

若有衆生欲意所纏來詣我所，【我爲說】法，彼聞法已，則離貪欲，【得菩薩】無著境界三昧；若有衆生暫見扵我，則離貪欲，得菩薩歡喜三昧；若有衆生暫與我語，則離貪欲，得菩薩無【礙音聲】三昧；若有衆生暫執我【手，則離】貪欲，得菩薩遍往一切佛刹三昧；若有衆生暫昇我座，則離貪欲，得菩薩解脫光明三昧；若有衆生暫觀扵我，則【離貪】欲，得菩薩寂靜莊嚴三【昧；若有】衆生見我頻申，則離貪欲，得菩薩摧伏外道三昧；若有衆生見我目瞬，則離貪欲，得菩薩佛境界光明三昧；若有衆【生抱】持扵我，則離貪欲，得菩薩【攝一切衆】生恒不捨離三昧；若有衆生接〈唼〉我脣吻，則離貪欲，得菩薩增長一切衆生福德藏三昧。凡有衆生親近扵我，一切皆得【住離】貪際，入菩薩一切智地現前無礙【解脫】。

【善財白】言：聖者，種何善根、修何福業，而得成就如是自在。

荅言：

善男子，我念過去，有佛出世，名爲高行；其王都城，名曰妙【門。善】男子，彼高行如來哀愍衆生，【入扵王城蹈彼】門閫，其城一切悉皆震動，忽然廣博，衆寶莊嚴，無量光明遞相映澈〈徹〉，種種寶花散布其地，諸天音樂同時俱【奏，一】切諸天充滿虛空。善男子，我扵【彼時，爲長者】妻，名曰善慧；見佛神力，心生覺悟，則與其夫往詣佛所，以一寶錢而爲供養。是時，文殊師利童子爲佛侍者，爲我【說法】，令發阿耨多羅三藐三菩【提心】。

【善男子，我】唯知此菩薩離貪際解脫。如諸菩薩摩訶薩，成就無邊巧方便智，其藏廣大，境界無比；而我云何能知能說【彼功】德行。

善男子，扵此南方有城，【名善度；中有】居士，名鞞瑟胝羅，彼常供養栴檀座佛塔。汝詣彼問：菩薩云何學菩薩行、修菩薩道。

時，善財童子頂礼其【足】，繞無量帀，殷勤瞻仰，辭退而【去】。

【爾時，善財】童子漸次遊行，至善度城，詣居士宅，頂礼其足，合掌而立，白言：

聖者，我已先發阿耨多羅三藐三菩【提心，而】未知菩薩云何學菩薩行，云何【修菩薩道，我】聞聖者善能誘誨，願爲我說。

居士告言：

善男子，我得菩薩解脫，不名〈名不〉般涅槃際。善男子，我不生心言：如【是如】來已般涅槃，如是如來現般涅【槃，如是如來當般】涅槃。我知十方一切世界諸佛如來，畢竟無有般涅槃者，唯除爲欲調伏衆生而示現耳。

善男子，我開【栴】檀座如來塔門時，得三昧，名佛種【無盡。善男子，我】念念中入此三昧，念念得知一切無量殊勝之事。

善財白言：此三昧者，境界云何。

居士荅言：

善男子，【我入】此三昧，隨其次苐，見此世界【一切諸佛，所謂迦葉】佛、拘那含牟尼佛、拘留孫佛、尸棄佛、毗婆尸佛、【提】舍佛、弗沙佛、無上勝佛、無上蓮花佛；【如是等】而爲上首，扵一念頃，得見【百佛，得見千佛，得】見百千佛，得見億佛、千億佛、百千億佛、阿庾〔135①-1+②-1+③-1〕【多】億佛、那由他億佛，乃至不可說不可說【世】界微塵數佛，如是一切，次苐【皆見。亦見彼佛，初】始發心，種諸善根，獲勝神通，成就大願，修行妙行，具波羅蜜，入菩薩地，得清淨忍，摧伏魔軍，成【正等覺，國土清淨】，衆會圍繞，放【大光明，轉妙法】輪，神通變現；種種差別，我悉能持，我悉

大方廣佛花嚴經入法界品第三十九之九

能憶，悉能觀察，分別顯示。未來彌勒佛等一切諸佛，現在毗ᶜ〈昆〉盧【遮那佛等一切諸】佛，悉亦如是。【如此世界】，十方世界所有三世一切諸佛、聲聞、獨覺、諸菩薩衆，悉亦如是。

善男子，我唯得此菩薩所得不般涅槃際解脫。【如諸菩薩摩訶】薩，以一念智【普知】三世，一念遍入一切三昧，如來智日恒照其【心，於】一切法無有分別，了一切佛悉皆平等、如來及我一切衆生等無有二，知【一切法自性】清淨，無【有思】慮，無有動轉，而能普入一切世間，離諸【分】別，住佛法印，悉能開悟法界衆生；而我云何能知能說彼功德行。

善男子，於【此南方有山，名補怛洛迦】；彼有菩薩，名觀自在。汝詣彼問：菩薩云何學菩薩行、修菩薩道。

即說頌言ᶜ〈曰〉：

海上有山多聖賢，衆寶所成極清淨，
花果【樹林皆遍滿，泉流池】沼悉具足。
勇猛丈夫觀自在，為利衆生住此山；
汝應往問諸功德，彼當示汝大方便。

時，善財童子頂禮其足，繞無量匝已，殷勤瞻仰，辭【退而去】。

【爾】時，善財童子一心思惟彼居士教，入彼菩薩解脫之藏，得彼菩薩能隨念力，憶彼諸佛出現次第，念彼諸佛相續次第，持彼諸佛【名號次第，觀彼諸】佛所說妙法，知彼諸佛具足莊嚴，見彼諸佛成正等覺，了彼諸佛不思議業。

漸【次】遊行，至於彼山，處處求覓此大菩薩。見其西面巖谷【之中，泉流縈映，樹林蓊】鬱，香草柔軟，右旋布地。觀自在菩薩於金剛寶石上結加〈跏〉①趺坐，無量【菩】薩皆坐寶石恭敬圍繞，而為宣說大慈悲法，令其攝【受一切衆生】。

【善財見已，歡喜】踊躍，合掌諦觀，目不暫瞬，作如是念：善知識者，則是如來；善知【識者】，一切法雲；善知識者，【諸功德】藏；善知識者，難可【值遇；善知識者，十力寶因；善】知識者，無盡智炬；善知識者，福德根牙₊；善知識者，一切智門〔135③-2+①-2〕；善知識者，智海導師；善知識者，至一切智助【道之具。便即往詣大菩薩所】。

【爾時，觀】自在菩薩遙見善財，告言：善來，汝發大乘意普攝衆生，起正真〈直〉心專求佛法，大悲深重救護一切，普賢妙行【相續現前，大願深心圓滿清淨，勤求】佛法悉能領受，積集善根恒無猒足，順善知識不違其教；從文殊師利功德智慧大海所生，其心成熟，得佛勢力；已護〈獲〉廣【大三昧光明，專意希求甚深妙法，常】見諸佛生大歡喜，智慧清淨猶如虛空，既自明了復為他說，安住【如】來智慧光明。

介時，善財童子頂禮觀自在菩薩【足，遶無數匝，合掌而住，白言：聖者】，我已先發阿耨多羅三藐三菩提心，而【未】知菩薩云何學菩薩行，云【何】修菩薩道，我聞聖者善能教誨，願為我說。

【菩薩告言】：

【善哉善哉，善男子】，汝已能發阿耨多羅三藐三菩提【心】。

善男子，我已成就菩薩大悲行解脫門。善男子，我以此菩薩大悲行門，【平等教化一切衆生相續不斷】。

善【男子】，我住此大悲行門，常在一切諸如來所，普現一切衆生之前。或以布施，攝取衆生；或以愛語，或以利行，或以同事，攝取【衆生；或現色身，攝取衆生；或現種種不】思議色淨光明綱，攝取衆生；或以音聲，或以威儀，或為說法，或現神變，令其心悟而得成熟；或為化【現同類之形，與其共居而成熟之】。

善【男】子，我【修行】此大悲行門，願常救護一切衆生；願一切衆生，離險道怖，離

---

① 跏，㊼三六六頁註②：跏＝加㊂宮。

515

【熱】惱【怖】，離迷惑怖，離繫縛怖，離殺害【怖，離貧窮怖，離不活怖，離惡名怖】，離於死怖，離【大眾怖】，離惡趣怖，離黑闇怖，離遷移怖，離愛別怖，離【怨】會怖，離【逼】迫身怖，離逼迫心怖，離憂悲怖。復作【是願：願諸眾生，若念於我，若稱我名】，若見我身，皆得勉〈免〉離一切怖畏。善男子，我以此【方便】，令諸眾生離怖畏已，復教【令發】阿耨多羅三藐三菩提心永不【退轉】。

【善男子，我唯得此菩薩大悲】行門。如諸菩薩摩訶薩，已淨普賢一切願，已住普賢【一切行】，常行一切諸善法，常入【一】切諸三昧，常住一切無邊劫，常【知一切三世法，常詣一切無邊刹，常】息一切眾生【惡，常】長一切眾生善，常絕眾生生死【流；而我云】何【能知能說】彼【功】德行。

尒時，東方有一菩薩，名曰正趣，從【空中來，至娑婆世界輪圍山頂，以足按】地；其娑婆世界六種震動，一切皆以眾寶莊【嚴。正趣菩薩放身光明，映蔽一切】日月星電，天龍八部、釋、梵、護世【所有光明皆如聚墨；其光普照一切地獄、畜生】、餓鬼、閻羅王處，令諸惡【趣，眾苦皆滅】，煩惱【不起，憂悲悉離。又於】一切諸佛國土，普雨一切花香、纓絡〈瓔珞〉、衣【服、幢蓋；如是所有諸莊嚴具，供養於佛。復隨眾】生心之所樂，【普】於一切【諸宮殿中而】現其身，令其見【者皆悉歡喜，然後來】詣觀自在所。

時，觀自在菩薩告【善財言：善男子，汝見正趣菩薩來此會不。白言：已見】。告言：善男【子，汝】可【往問：菩薩【云何】學菩薩行、修菩【薩道】。

【爾時，善財童子敬】承其教，遽即往詣彼【菩薩所，頂禮其足，合掌而立，白言：聖者，我已先發阿耨多羅三】藐三菩提心，而【未】知菩薩云何學菩薩行，云【何修菩薩道，我聞聖者善能】教誨，願為我【說】。

正趣菩薩言：善男子，我得菩薩解脫，名普門速疾行。

善財言：【聖】者，於何佛【所】得【此法】門，所從来刹，去此【幾】何，發来【久如】。

【告言：善男】子，此事難知，一切世間【天、人、阿脩羅、沙門、婆羅門等所不能了；唯勇猛精進無退無怯諸菩薩眾，已】為一切善友所攝、諸佛所念，善根具足，志樂清淨，【得菩薩根，有智慧眼】，能聞能【持，能解能說。

善財言：聖者，我承佛神力、善知識力，能信能受，願為我說。

正趣】菩薩言：

善男子，我從東方妙藏世界普勝生【佛所而来此土，於彼】佛所得此【法門，從彼發来已經不可說不可說佛刹微塵數劫，一一念中舉不可說不可說佛】刹微塵數步，一步過不可說不可說世界微【塵數佛刹】。一一佛刹，【我】皆【遍入，至其佛所，以妙供具而為供養；此諸供具，皆是無上心所成，無作法所印，諸如來】所忍，諸菩薩所歎。善男子，我又普見【彼】世界【中一切眾生，悉】知其【心】，悉知【其根，隨其欲解，現身說法，或放光明，或施財寶，種種方便，教化調伏，無有休息。如從】東方、南西北方，四維上下，亦復如是。

善男【子，我唯得此菩】薩普疾【行解脫，能疾周遍到一切處。如諸菩薩摩訶薩，普於十方無所不至，智慧境】界等無差別，善布其身悉遍【法】界，至一切道，【入一切刹，知】一切法，到一【切世，平等演說一切法門，同時照耀一切眾生，於諸佛所不生分別，於一切處】無有障礙；而我云何能知能說彼功德行。

善男子，於此南方有【城，名墮羅鉢底；其中有神，名曰大天。汝詣彼問：菩薩云何學菩薩行、修菩薩】道。

時，善財童子頂礼其足，繞無數帀，慇懃瞻

仰，辭退而去。

【爾時，善財童子入菩薩廣大行，求菩薩智慧境，見菩薩神通事，念菩薩勝功】德，生菩薩大歡喜，起菩薩堅精進，入菩薩不思議自在解脫，行【菩薩功德地，觀菩薩三昧地，住菩薩總持地，入菩薩大願地，得菩薩辯才地，成】菩薩諸力地。

漸次遊行，至於彼城，推問大天今在何所，人咸告言：【在此城內，現廣大身，爲衆說法】。

【爾時，善財至大天所，頂禮其足，於前合掌而作】是言：聖者，我已先發阿耨多羅三藐三菩提心，而未知菩薩云何【學菩薩行，云何修菩薩道，我聞聖者善能教誨，願爲我說】。

【爾時，大】天長舒四手，取四大海水自洗其面，持諸金花以散善【財】，而告之【言】：

【善男子，一切菩薩，難可得見，難可得聞，希出世間，於衆】生中寂爲第一，是諸人中芬陀利花，爲衆生歸，爲衆〔135③-3+①-3〕【生救，爲諸世間作安隱處，爲諸世間作大光明，示迷惑者安隱正道；爲大導師，引】諸衆生入佛法門；爲大法將，善能守護一切智城。菩薩【如是難可值遇，唯身語意無過失者，然後乃得見其形像、聞其辯才，於一切時常現在】前。

善男子，我已成就菩薩解脫，名爲雲網。

善財言：聖者，【雲網解脫境界云何】。

【爾時，大天於善財前，示現金聚、銀聚、瑠璃聚、玻瓈聚、硨磲聚、碼】瑙聚、大餤寶聚、離垢藏寶聚、大光明寶聚、普現十方寶聚、【寶冠聚、寶印聚、寶瓔珞聚、寶璫聚、寶釧聚、寶鎖聚、珠網聚、種種摩尼寶聚】、一切莊嚴具聚、如意摩足聚，皆如大山；又復示現一切花、一切鬘、一切香、【一切燒香、一切塗香、一切衣服、一切幢幡、一切音樂、一切五欲娛樂之具，皆如山積】；及現無數百千万億諸童女衆。而彼大天告善財言：

善男子，可取【此物，供養如來，修諸福德，幷施一切，攝取衆生，令其修學檀波羅蜜，能捨】難捨。善男子，如我爲汝，示現此物，教汝行施；爲一切衆生㤪亦如是，皆令以此【善根熏習，於三寶所、善知識所，恭敬供養，增長善法，發於無上菩提之意】。

善男子，若有衆生貪著五欲，自放逸者，爲其示現不淨境界；若有衆【生瞋恚、憍慢、多諍競者，爲其示現極可怖形，如羅刹等飲血噉肉；令其見已】，驚恐惶懼，心意調柔，捨離怨結。若有衆生惛沉、嬾〈懶〉惰，爲其示現王、【賊、水、火及諸重疾；令其見已，心生惶怖，知有憂苦而自勉策。以如是等種種方便】，令捨一切諸不善行，修行善法；令除一切波羅蜜郭，具波羅蜜；令超一切【障礙險道，到無障處】。

【善男子，我唯知此雲網解脫。如諸菩薩摩訶薩，猶如帝釋，已】能摧伏一切煩惱阿侑羅軍；猶如大水，普能消【滅】一切衆生諸【煩惱火；猶如猛火，普能乾竭一切衆生諸愛欲水；猶如大風，普能吹倒一切衆生諸見取幢；猶】如金剛，悉能摧破一切衆生諸我見山。而我云何能知能說彼功德【行】。

【善男子，此閻浮提摩竭提國菩提場中，有主地神，其名安住。汝詣彼問：菩薩云何學】菩薩行、修菩薩道。

時，善財童子礼大天足，繞無數市，辭退而去。〔135①-4〕

【爾時，善財童子漸次遊行，趣摩竭提國菩薩場內安住神所，百萬地神同在其中，更相謂言：此來童子即是佛藏，必當普爲一切衆生作所依處，必當普壞一切衆生無明㲉藏。此人已生法王種中，當以離垢無礙法繒而冠其首，當開智慧大珍寶藏，摧伏一切邪論異道。

時，安住等百萬地神，放大光明，遍照三千大千世界，普令大地同時震吼，種種寶物處處莊嚴，影潔光流遞相鑒徹；一切葉樹俱時生長，一切華樹咸共開敷，一切果樹靡不成熟，一切河流遞相灌注，一切池沼悉皆盈滿；雨細香雨遍灑其地,風來吹華普散其上,無數音樂一時俱奏,天莊嚴具咸出美音;牛王、象王、師子王等,皆生歡喜,踊躍、哮吼,猶如大山相擊出聲;百千伏藏自然踊現。

時,安住地神告善財言:善來童子,汝於此地曾種善根,我爲汝現,汝欲見不。

爾時,善財禮地神足,遶無數匝,合掌而立,白言:聖者,唯然,欲見。

時,安住地神以足按地,百千億阿僧祇寶藏自然踊出,告言:

善男子,今此寶藏隨逐於汝,是汝往昔善根果報,是汝福力之所攝受,汝應隨意自在受用。

善男子,我得菩薩解脫,名不可壞智慧藏,常以此法成就衆生。

善男子,我憶自從然燈佛來,常隨菩薩,恭敬守護,觀察菩薩所有心行、智慧境界、一切誓願、諸清淨行、一切三昧、廣大神通、大自在力、無能壞法,遍往一切諸佛國土,普授一切諸如來記,轉於一切諸佛法輪,廣說一切修多羅門,大法光明普皆照耀,教化調伏一切衆生,示現一切諸佛神變,我皆能領受、皆能憶持。

善男子,乃往古世,過須彌山微塵數劫,有劫名莊嚴,世界名月幢,佛號妙眼,於彼佛所得此法門。善男子,我於此法門,若入若出修習增長,常見諸佛未曾捨離,始從初得乃至賢劫,於其中間,值遇不可說不可說佛剎微塵數如來應正等覺,悉皆承事,恭敬供養;亦見彼佛詣菩提座,現大神力;亦見彼佛所有一切功德善根。

善男子,我唯知此不可壞智慧藏法門。如諸菩薩摩訶薩常隨諸佛,能持一切諸佛所說,入一切佛甚深智慧,念念充遍一切法界,等如來身,生諸佛心,具諸佛法,作諸佛事;而我云何能知能說彼功德行。

善男子,此閻浮提摩竭提國迦毘羅城,有主夜神,名婆珊婆演底。汝詣彼問:菩薩云何學菩薩行、修菩薩道。

時,善財童子禮地神足,遶無數匝,慇懃瞻仰,辭退而去。

爾時,善財童子一心思惟安住神教,憶持菩薩不可沮壞智藏解脫,修其三昧,學其軌則,觀其遊戲,入其微妙,得其智慧,達其平等,知其無邊,測其甚深。

漸次遊行,至於彼城,從東門入,佇立未久,便見日沒。心念隨順諸菩薩教,渴仰欲見彼主夜神,於善知識生如來想,復作是念:由善知識得周遍眼,普能明見十方境界;由善知識得廣大解,普能了達一切所緣;由善知識得三昧眼,普能觀察一切法門;由善知識得智慧眼,普能明照十方剎海。

作是念時,見彼夜神於虛空中,處寶樓閣香蓮華藏師子之座,身真金色,目髮紺青,形貌端嚴,見者歡喜,衆寶瓔珞以爲嚴飾,身服朱衣,首戴梵冠,一切星宿炳然在體。於其身上一一毛孔,皆現化度無量無數惡道衆生,令其免離險難之像;是諸衆生,或生人中,或生天上,或有趣向二乘菩提,或有修行一切智道。又彼一一諸毛孔中,示現種種教化方便,或爲現身,或爲說法,或爲示現聲聞乘道,或爲示現獨覺乘道,或爲示現諸菩薩行、菩薩勇猛、菩薩三昧、菩薩自在、菩薩住處、菩薩觀察、菩薩師子頻申、菩薩解脫遊戲,如是種種成熟衆生。

善財童子見聞此已,心大歡喜,以身投地,禮夜神足,遶無數匝,於前合掌而作是言:聖者,我已先發阿耨多羅三藐三菩提心,我心冀望依善知識獲諸如來功德法藏。唯願示我一切智道,我行於中,至十力地。

時,彼夜神告善財言:

善哉善哉,善男子,汝能深心敬善知識,樂聞其語,修行其教;以修行故,決定當得阿耨多羅三藐三菩提。

善男子,我得菩薩破一切衆生癡暗法光明解脫。善男子,我於惡慧衆生,起大慈心;於不善業衆生,起大悲心;於作善業衆生,起於喜心;於善惡二行衆生,起不二心;於雜染衆生,起令生清淨心；於邪道眾生，起令生正行心；於劣解眾生，起令興大解心；於樂生死眾生，起令捨輪轉心；於住二乘道眾生，起令住一切智心。善男子，我以得此解脫故，常與如是心共相應。

善男子，我於夜闇人靜，鬼、神、盜賊、諸惡眾生所遊行時，密雲重霧、惡風暴雨、日月星宿並皆昏蔽不見色時，見諸眾生，若入於海，若行於陸，山林、曠野、諸險難處，或遭盜賊，或乏資糧，或迷惑方隅，或忘失道路，悼惶憂怖不能自出；我時即以種種方便而救濟之。

為海難者，示作船師、魚王、馬王、龜王、象王、阿脩羅王及以海神；為彼眾生，止惡風雨，息大波浪，引其道路，示其洲岸，令免怖畏，悉得安隱。復作是念：以此善根，迴施眾生，願令捨離一切諸苦。

為在陸地一切眾生於夜暗中遭恐怖者，現作日月及諸星宿、晨霞、夕電種種光明，或作屋宅，或為人眾，令其得免恐怖之厄。復作是念：以此善根，迴施眾生，悉令除滅諸煩惱暗。一切眾生，有惜壽命，有愛名聞，有貪財寶，有重官位，有著男女，有戀妻妾，未稱所求，多生憂怖；我皆救濟，令其離苦。

為行山險而留難者，為作善神，現形親近；為作好鳥，發音慰悅；為作靈藥，舒光照耀；示其界樹，示其泉井，示正直道，示平坦地，令其免離一切憂厄。

為行曠野、稠林、險道、藤蘿所羂、雲霧所暗而恐怖者，示其正道，令得出離。作是念言：願一切眾生，伐見稠林，截愛羅網，出生死野，滅煩惱暗，入一切智平坦正道，到無畏處畢竟安樂。

善男子，若有眾生，樂著國土而憂苦者；我以方便，令生厭離。作是念言：願一切眾生不著諸蘊，住一切佛薩婆若境。

善男子，若有眾生，樂著聚落，貪愛宅舍，常處黑暗，受諸苦者；我為說法，令生厭離，令法滿足，令依法住。作是念言：願一切眾生，悉不貪樂六處聚落，速得出離生死境界，究竟安住一切智城。

善男子，若有眾生行暗夜中，迷惑十方，於平坦路生險難想，於險難道起平坦想，以高為下，以下為高，其心迷惑，生大苦惱。我以方便舒光照及，若欲出者，示其門戶；若欲行者，示其道路；欲度溝洫，示其橋梁；欲涉河海，與其船筏；樂觀方者，示其險易安危之處；欲休息者，示其城邑、水、樹之所。作是念言：如我於此照除夜暗，令諸世事悉得宣敘；願我普於一切眾生生死長夜、無明暗處，以智慧光普皆照了。是諸眾生無有智眼，想心見倒之所覆翳，無常常想，無樂樂想，無我我想，不淨淨想，堅固執著我人眾生、蘊界處法，迷惑因果，不識善惡，殺害眾生，乃至邪見，不孝父母，不敬沙門及婆羅門，不知惡人，不識善人，貪著惡事，安住邪法，毀謗如來，壞正法輪，於諸菩薩訾辱傷害，輕大乘道，斷菩提心，於有恩人反加殺害，於無恩處常懷怨結，毀謗賢聖，親近惡伴，盜塔寺物，作五逆罪，不久當墮三惡道處。願我速以大智光明，破彼眾生無明黑暗，令其疾發阿耨多羅三藐三菩提心。既發心已，示普賢乘，開十力道，亦示如來法王境界，亦示諸佛一切智城、諸佛所行、諸佛自在、諸佛成就、諸佛總持、一切諸佛共同一身、一切諸佛平等之處，令其安住。

善男子，一切眾生，或病所纏，或老所侵，或苦貧窮，或遭禍難，或犯王法，臨當受刑，無所依怙，生大怖畏；我皆救濟，使得安隱。復作是念：願我以法普攝眾生，令其解脫一切煩惱、生老病死、憂悲苦患，近善知識，常行法施，勤行善業，速得如來清淨法身，住於究竟無變易處。

善男子，一切眾生入見稠林，住於邪道，於諸境界起邪分別，常行不善身語意業，妄作種種諸邪苦行，於非正覺生正覺想，於正覺所非正覺想，為惡知識之所攝受，以起惡見，將墮惡道；我以種種諸方便門而為救護，令住正見，生人天中。復作是念：如我救此將墮惡道諸眾生等，願我普救一切衆生，悉令解脫一切諸苦，住波羅蜜出世聖道，於一切智得不退轉，具普賢願，近一切智，而不捨離諸菩薩行，常勤教化一切衆生。

爾時，婆珊婆演底主夜神，欲重宣此解脫義，承佛神力，觀察十方，爲善財童子而說頌曰：

我此解脫門，生淨法光明，
能破愚癡暗，待時而演說。
我昔無邊劫，勤行廣大慈，
普覆諸世間，佛子應修學。
寂靜大悲海，出生三世佛，
能滅衆生苦，汝應入此門。
能生世間樂，亦生出世樂，
令我心歡喜，汝應入此門。
既捨有爲患，亦遠聲聞果，
淨修諸佛力，汝應入此門。
我目甚清淨，普見十方刹，
亦見其中佛，菩提樹下坐，
相好莊嚴身，無量衆圍遶，
一一毛孔內，種種光明出；
見諸群生類，死此而生彼，
輪迴五趣中，常受無量苦。
我耳甚清淨，聽之無不及，
一切語言海，悉聞能憶持；
諸佛轉法輪，其聲妙無比，
所有諸文字，悉皆能憶持。
我鼻甚清淨，於法無所礙，
一切皆自在，汝應入此門。
我舌甚廣大，淨好能言說，
隨應演妙法，汝應入此門。
我身甚清淨，三世等如如，
隨諸衆生心，一切悉皆現。
我心淨無礙，如空含萬像，
普念諸如來，而亦不分別。
了知無量刹，一切諸心海，
諸根及欲樂，而亦不分別。
我以大神通，震動無量刹，
其身悉遍往，調彼難調衆。
我福甚廣大，如空無有盡，
供養諸如來，饒益一切衆。
我智廣清淨，了知諸法海，
除滅衆生惑，汝應入此門。
我知三世佛，及以一切法，
亦了彼方便，此門遍無等。
一一塵中見，三世一切刹，
亦見彼諸佛，此是普門力。
十方刹塵內，悉見盧舍那，
菩提樹下坐，成道演妙法。

爾時，善財童子白夜神言：汝發阿耨多羅三藐三菩提心爲幾時耶，得此解脫其已久如，乃能如是饒益衆生。

其神答言：

善男子，乃往古世，過如須彌山微塵數劫，有劫名寂靜光，世界名出生妙寶，有五億佛於中出現。彼世界中有四天下，名寶月燈光，有城名蓮華光，王名善法度，以法施化，成就七寶，王四天下。王有夫人，名法慧月，夜久眠寐。時，彼城東有一大林，名爲寂住，林中有一大菩提樹，名一切光摩尼王莊嚴身出生一切佛神力光明。

爾時，有佛名一切法雷音王，於此樹下成等正覺，放無量色廣大光明，遍照出生妙寶世界。蓮華光城內有主夜神，名爲淨月，詣王夫人法慧月所，動身瓔珞以覺夫人，而告之言：夫人當知，一切法雷音王如來，於寂住林成無上覺，及廣爲說諸佛功德自在神力、普賢菩薩所有行願。令王夫人發阿耨多羅三藐三菩提意，供養彼佛及諸菩薩、聲聞、僧衆。

善男子，時王夫人法慧月者，豈異人乎，我身是也。

我於彼佛所發菩提心種善根故，於須彌山微塵數劫，不生地獄、餓鬼、畜生諸惡趣中，亦不生於下賤之家，諸根具足，無有衆苦，於天人中福德殊勝，不生惡世，恒不離佛及諸菩薩、大善知識，常於其所種植善根，經八十須彌山微塵數劫常受安樂，而未滿足菩薩諸根。

過此劫已，復過萬劫，於賢劫前，有劫名無憂遍照，世界名離垢妙光。其世界中淨穢相雜，有五百佛於中出現。其第一佛，名須彌幢寂靜妙眼如來應正等覺；我爲名稱長者；女名妙慧光明，端正殊妙。彼淨月夜神，以願力故，於離垢世界一四天下妙幢王城中生，作主夜神，名清淨眼。我於一時，在父母邊，夜久眠息。彼清淨眼來詣我所，震動我宅，放大光明，出現其身，讚佛功德言：妙眼如來坐菩提座，始成正覺。勸諭於我及以父母并諸眷屬，令速見佛；自爲前導，引至佛所，廣興供養。

我纔見佛，即得三昧，名出生見佛調伏衆生三世智光明輪。獲此三昧故，能憶念須彌山微塵數劫，亦見其中諸佛出現，於彼佛所聽聞妙法；以聞法故，即得此破一切衆生暗法光明解脫。得此解脫已，即見其身遍往佛剎微塵數世界，亦見彼世界所有諸佛，又見自身在其佛所；亦見彼世界一切衆生，解其言音，識其根性，知其往昔曾爲善友之所攝受，隨其所樂而爲現身，令生歡喜。

我時於彼所得解脫，念念增長，此心無間；又見自身遍往百佛剎微塵數世界，此心無間；又見自身遍往千佛剎微塵數世界，此心無間；又見自身遍往百千佛剎微塵數世界。如是，念念乃至不可說不可說佛剎微塵數世界，亦見彼世界中一切如來；亦自見身在彼佛所，聽聞妙法，受持憶念，觀察決了；亦知彼佛諸本事海、諸大願海，彼諸如來嚴淨佛剎，我亦嚴淨；亦見彼世界一切衆生，隨其所應而爲現身教化調伏。此解脫門，念念增長，如是乃至充滿法界。

善男子，我唯知此菩薩破一切衆生暗法光明解脫。如諸菩薩摩訶薩，成就普賢無邊行願，普入一切諸法界海，得諸菩薩金剛智幢自在三昧，出生大願，住持佛種；於念念中，成滿一切大功德海，嚴淨一切廣大世界；以自在智，教化成熟一切衆生；以智慧日，滅除一切世間暗障；以勇猛智，覺悟一切衆生惛睡；以智慧月，決了一切衆生疑惑；以清淨音，斷除一切諸有執著；於一切法界一一塵中，示現一切自在神力，智眼明淨，等見三世。而我何能知其妙行、說其功德、入其境界、示其自在。

善男子，此閻浮提摩竭提國菩提場內，有主夜神，名普德淨光。我本從其發阿耨多羅三藐三菩提心，常以妙法開悟於我。汝詣彼問：菩薩云何學菩薩行、修菩薩道。

爾時，善財童子向婆珊婆演底神而說頌曰：
見汝清淨身，相好超世間，
如文殊師利，亦如寶山王。
汝法身清淨，三世悉平等，
世界悉入中，成壞無所礙。
我觀一切趣，悉見汝形像，
一一毛孔中，星月各分布。
汝心極廣大，如空遍十方，
諸佛悉入中，清淨無分別。
一一毛孔內，悉放無數光，
十方諸佛所，普雨莊嚴具。
一一毛孔內，各現無數身，
十方諸國土，方便度衆生。
一一毛孔內，示現無量剎，
隨諸衆生欲，種種令清淨。
若有諸衆生，聞名及見身，
悉獲功德利，成就菩提道。
多劫在惡趣，始得見聞汝，
亦應歡喜受，以滅煩惱故。
千剎微塵劫，歎汝一毛德，
劫數猶可窮，功德終無盡。
時，善財童子說此頌已，頂禮其足，遶無量匝，慇懃瞻仰，辭退而去】。

【大方廣佛華嚴經卷第六十八】

大方廣佛花嚴經
入法界品第卅九之十
〔卷六十九·六十九之上〕

【爾時，善財童子了知彼婆珊婆演底夜神初發菩提心所生菩薩】藏、所發菩薩願、所淨菩薩度、所入菩薩地、所修【菩薩行、所行出離道、一切智光海、普救衆生心、普遍大悲雲、於一切佛刹盡未來際常能出】生普賢行願。

漸次遊行，至普德淨光夜神所，頂禮【其足，遶無數匝，於前合掌而作是言：聖者，我已先發阿耨多羅三藐三菩提心，而我未知】菩薩云何修行菩薩地，云何出生菩薩地，云何成就【菩薩地。

夜神答言：

善哉善哉，善男子，汝已能發阿耨多羅三藐三菩提心，今復問】於菩薩地修行、出生及以成就。

善男子，菩薩成就十法，能圓滿【菩薩行。何者爲十，一者，得清淨三昧，常見一切佛；二者，得清淨眼，常觀一切佛】相好莊嚴；三者，知一切如來無量無邊功德大海；四者，知等法界【無量諸佛法光明海；五者，知一切如來，一一毛孔放等衆生數大光明海，利益無】量一切衆生；六者，見一切如來，一一毛孔出一切寶色光明燄海；七者，於【念念中出現一切佛變化海充滿法界，究竟一切諸佛境界調伏衆生；八者，得佛音】聲同一切衆生言音海，轉三世一切佛法輪；九者，知一切佛無邊名号海；十【者，知一切佛調伏衆生不思議自在力。善男子，菩薩成就此十種法】，則能圓滿菩薩諸行。

善男子，我得菩薩解脫，名寂靜禪定樂普遊步。普【見三世一切諸佛，亦見彼佛清淨國土、道場、衆會、神通、名號、說法、壽命】、言音、身相，種種不同，悉皆明覩而無取著。何以故，知諸如來非去，世趣永滅故；非來，體性無【生故；非生，法身平等故；非滅，無有生相故；非實，住如幻法故；非妄，利益】衆生故；非遷，超過生死故；非壞，性常不變故；一相，言語悉離故；無相，性相本空故。

善男子，我【如是了知一切如來時，於菩薩寂靜禪定樂普遊步解脫門，分明】了達，成就增長，思惟觀察，堅固莊嚴，不起一切妄想分別，大悲救護一切衆生，一心不動，修【習初禪；息一切意業，攝一切衆生，智力勇猛，喜心悅豫，修第二禪；思】惟一切衆生自性，猒離生死，修第三禪；悉能息滅一切衆生衆苦熱惱，修第四禪。增長圓【滿一切智願，出生一切諸三昧海，入諸菩薩解脫海門，遊戲一切神通，成】就一切變化，以清淨智普入法界。

善男子，我修此解脫時，以種種方便成就衆生。所謂於在【家放逸衆生，令生不淨想、可厭想、疲勞想、逼迫想、繫縛想、羅剎想、無】常想、苦想、無我想、空想、無主〈生〉想、不自在想、老病死想。自於五欲不生樂著，亦勸衆生不著【欲樂，唯住法樂，出離於家，入於非

522

家。若有眾生住於空閒，我爲】止息諸惡音聲，於靜夜時爲說深法，與順行緣，開出家門，示正道路，爲作光明，除其【闇障，滅其怖畏，讚出家業，歎佛、法、僧及善知識具諸功德，亦歎親】近善知識行。

復次，善男子，我修解脫時，令諸眾生，不生非法貪，不起邪分別，不作〔137①-1〕【諸罪業。若已作者，皆令止息；若未生善法，未修波羅蜜行，未求一切智】，未起大慈悲，未造人天業，皆令其生；若已生者，令其增長。我與【如是順道因緣，乃至令成一切智智】。

【善男子，我唯得此菩薩寂靜禪】定樂普遊步解脫門。如諸菩薩摩訶薩，具足普賢所有行願，了達【一切無邊法界，常能增長一切善根，照見一切如來十力，住於一切如來境】界，恒處生死，心無障礙，疾能滿足一切智願，普能往詣一切世界，悉能【觀見一切諸佛，遍能聽受一切佛法，能破一切眾生癡闇，能於生死】大夜之中出生一切智慧光明；而我云何能知能說彼功德行。

善男子，【去此不遠，於菩提場右邊，有一夜神，名喜目觀察眾生。汝詣彼】問：菩薩云〔何〕學菩薩行、修菩薩道。

尒時，普德淨光夜神，欲重宣此【解脫義，爲善財童子而說頌曰】：

【若有信解心，盡見三世佛；
彼人眼清淨，能入諸佛海。
汝觀諸佛身，清淨相莊嚴，
一念神通力，法界悉充遍〈滿〉。
【盧舍那如來，道場成正覺，
一切法界中，轉於淨法輪。
如來知法性，寂滅無有二】，
清淨相嚴身，遍示諸世間。
佛身不思議，法界悉充滿，
普現一切刹，【一切無不見。
佛身常光明，一切刹塵等，
種種清淨色，念念遍法界。
如來一毛孔】，放不思議光，
普照諸羣生，令其煩惱滅。
如來一毛孔，出生無盡化，
充遍於【法界，除滅眾生苦。
佛演一妙音，隨類皆令解，
普雨廣大法，使發菩提意】。
佛昔修諸行，已曾攝受我，
故得見如來，普現一切刹。
諸佛出世間，量等眾【生數，
種種解脫境，非我所能知。
一切諸菩薩，入佛一毛孔，
如是妙解脫】，非我所能知。
此近有夜神，名喜目觀察，
汝應往詣彼，問修菩薩行。

時，善財【童子頂禮其足，遶無數匝，慇懃瞻仰，辭退而去】。

【爾時，善財童子】敬善知識教，行善知識語，作如是念：善知識者，難見難遇；見善知識，令心【不散亂；見善知識，破障礙山；見善知識，入大悲海救護眾生；見善知識】，得智慧光普照法界；見善知識，悉能修行一切智道；見善知識，普能覲〔137①-2〕【見十方佛海；見善知識，得見諸佛轉於法輪憶持不忘。作是念已，發】意欲詣喜目觀察眾生夜神所。

時，喜目神加善財童子，令知親近善知識，能【生諸善根，增長成熟。所謂：令知親近善知識，能修助道具；令知親近善知識，能】起勇猛心；令知親近善知識，能作難壞業；令知親近善知識，能得難伏力；令知親近【善知識，能入無邊方；令知親近善知識，能久遠修行；令知親近善知識，能辦無】邊業；令知親近善知識，能行無量道；令知親近善知識，能得速疾力普詣【諸刹；令知親近善知識，能不離本處遍至十方】。

【時，善財童子遽發是念：由】親近善知識，能勇猛勤修一切智道；由親近善知識，能速疾出生諸大願【海；由親近善知識，能爲一切眾生，盡未來劫受無邊苦；由親近善知識，能】被大精進甲，於一微塵中說法聲遍法界；由親近善知識，能速往詣一切方海；【由親近善知識，於一毛道，盡未來劫修菩薩行；由親近善知識，於念念中行菩】薩行，究竟安住一切智地；由親近善知識，能入三世一切如來自在神力諸莊嚴【道；由親近善知識，能常遍入諸法界門；由親近善知識，常緣法界未曾動出，而】能遍往十方國土。

尒時，善財童子發是念已，即詣喜目觀察眾生夜神所。

【見彼夜神在於如來眾會道場，坐蓮華藏師子之座，入大勢力普喜幢解脫】，於其身上一一毛孔，出無量種變化身雲，隨其所應，以妙言音而爲說【法，普攝無量一切眾生，皆令歡喜而得利益。所謂】：

【出無量化身雲，充滿十方一切世界】，說諸菩薩行檀波羅蜜，於一切事皆無戀著，於一切眾生普皆施與；【其心平等，無有輕慢，內外悉施，難捨能捨】。

【又出等眾生數無量化身雲，充滿法】界，普現一切眾生之前，說持淨戒無有缺犯，修諸苦行悉皆〈皆悉〉具足，於【諸世間無有所依，於諸境界無所愛著，說在生死輪迴往返，說諸人天盛衰苦樂，說諸】境界皆是不淨，說一切法皆是無常，說一切行悉苦無味，令諸世間捨【離顛倒，住諸佛境持如來戒。如是演說種種戒行，戒香普熏，令諸眾生悉得成熟】。

【又出】尋眾生數種種身雲，說能忍受一切眾苦，所謂割截、搖楚、訶罵、【欺辱，其心泰然，不動不亂；於一切行不卑不高，於諸眾生不起我慢，於諸法性安住忍受；說菩】提心無有窮盡，心無【盡故智亦】無盡，普斷一切眾生煩惱；說諸〔137①-3〕【眾生卑賤醜陋不具足身，令生厭離；讚諸如來清淨妙色無上之身，令生欣樂。如是方便】，成熟眾生。

又出尋眾生界種種身雲，隨諸眾生心之所樂，【說勇猛精進，修一切智助道之法；勇猛精進，降伏魔怨；勇猛精進，發菩提心，不動不退；勇猛精】進，度一切眾生，出生死海；勇猛精進，除滅一切惡道諸難；【勇猛精進，壞無智山；勇猛精進，供養一切諸佛如來不生疲厭；勇猛精進，受持一切諸佛法輪；勇猛】精進，壞散一切諸障礙山；勇猛精進，教化成熟一切眾【生；勇猛精進，嚴淨一切諸佛國土。如是方便，成熟眾生】。

【又出種種無量身雲，以種種方便，令諸眾生，心生】歡喜，捨離惡意，猒一切欲；爲說慚愧，令諸眾【生藏護諸根；爲說無上清淨梵行；爲說欲界是魔境界，令生恐怖；爲現不樂世間欲樂，住於法樂，隨】其次弟，入諸禪定諸三昧樂，令思惟觀察，除滅【一切所有煩惱；又爲演說一切菩薩諸三昧海神力變現自在遊戲，令諸眾生歡喜適悅，離諸憂怖，其心清淨】，諸根猛利，愛重於法，修習增長。

又出尋眾生界【種種身雲，爲說往詣十方國土，供養諸佛及以師長、真善知識，受持一切諸佛法輪精勤不懈；又爲演說、稱】讚一切諸如來海，觀察一切諸法門海，顯示一切【諸法性相，開闡一切諸三昧門，開智慧境界，竭一切眾生疑海；示智慧金剛，壞一切眾生見山；昇智慧日輪，破一切】眾生癡暗〈闇〉。皆令歡喜，成一切智。

又出尋眾生界種種身【雲，普詣一切眾生之前，隨其所應，以種種言辭而爲說法；或說世間神通福力；或說三界皆是可怖，令其不作世間業行，離三】界處，出見稠林；或爲稱讚一切智道，令其超越二乘之地；【或爲演說不住生死、不住涅槃，令其不著有爲、無爲；或爲演說住於天宮乃至道場，令其欣樂發菩提意。如是方便，教化眾生】，皆令究竟得一切智。

又出一切世界微塵數身雲，普【詣一切眾生之前，念念中，示普賢菩薩一切行願；念念中，示清淨大願充滿法界；念念中，示嚴淨一切世界海；念念中，示供養一切如】來海；念念中，示入一切法門海；念念中，示入一切世界海、微【塵數世界海；念念中，示於一切刹盡未來劫清淨修行一切智道；念念中，示入如來力；念念中，示入一切三世方便海；念念中，示往一切刹現種】種神通變化；念念中，示諸菩薩一切行頔，令一切衆生【住一切智。如是所作，恒無休息】。

【又出等一切衆生心數身雲，普詣一切衆生之前，說諸菩薩集一切智助道之法無邊際力、求一切智不破壞力、無】窮盡力、修無上行不退轉力、無閒斷力、於生死法【無染著力、能破一切諸魔衆力、遠離一切煩惱垢力、能破一切業障山力、住一切劫修大悲行無疲倦力、震動一切諸佛國土令一切衆生生】歡喜力、能破一切諸外道力、普於世閒轉法〔137①-4〕【輪力。以如是等方便成熟，令諸衆生至一切智】。

【又出等一切衆生心數無量變化色身雲，普詣十方無量世界，隨衆生心，演說一切菩薩智行】。所謂說入一切衆生界海智，說入一切衆生心海智，說入一切衆生根海智，說入一切衆生行海智，說度一切衆生未曾失時智，說出一切法界音聲智，說念念遍一切法界海智，說念念知一切世界海壞智，說念念知一切世界海成住莊嚴差別智，說念念自在親近供養一切如來聽受法輪智。示現如是智波羅蜜，令諸衆生，皆大歡喜，調暢適悅，其心清淨，生決定解，求一切智無有退轉。如說菩薩諸波羅蜜成熟衆生，如是宣說一切菩薩種種【行】法而爲利益。

復於一一諸毛孔中，出無量種衆生身雲。所謂：出與色究竟天、善現天、善見天、無熱天、無煩天相似身雲，出少廣、廣果、福生、無雲【天相】似【身】雲，出遍【淨、無】量淨、少淨天相似身雲，出光音、無量炎、少炎天相似身雲，出大梵、梵輔、梵衆天相似身雲，出自在天、化樂天、兜率陁天、湏夜摩【天】、忉利【天及】其采【女】、諸天子衆相似身雲，出提頭賴吒乹闥婆王、乹闥婆子、乹闥婆女相似身雲，出毗樓勒叉、鳩槃荼ᶜ〈茶〉① 王、鳩槃荼ᶜ〈茶〉*子、鳩槃荼ᶜ〈茶〉*女相似身雲，出毗樓博叉龍王、龍子、龍女相似身雲，出毗沙門夜叉王、夜叉子、夜叉女相似身雲，出大樹緊那羅王、善慧摩睺羅伽王、大速疾力迦樓羅王、羅睺阿脩羅王、閻羅法王及其子、其女相似身雲，出諸人主及其子、其女相似身雲，出聲聞、獨覺及諸佛衆相似身雲，出地神、水神、火神、風神、河神、海神、山神、樹神乃至晝、夜、主方神等相似身雲。周遍十方，充滿法界。

於彼一切衆生之前，現種種聲，所謂風輪〔聲〕、水輪聲、火燄聲、海潮聲、地震聲、大山相擊聲、天城震動聲、摩尼相擊聲、天王聲、龍王聲、夜叉王聲、乹闥婆王聲、阿脩羅王聲、迦樓羅王聲、緊郍羅王聲、摩睺羅伽王聲、人王聲、梵王聲、天女歌詠聲、【諸天】音樂【聲】、摩尼寶土聲。

以如是等種種音聲，說喜目觀察衆生夜神從初發心所集功德。所謂：承事一切諸善知識，親近諸佛，修行善法；行檀波羅蜜，難【捨】能捨；行尸波羅蜜，棄捨王位、宮殿、眷屬，出家學道；行羼提波羅蜜，能忍世閒一【切】苦事，及以菩薩所修苦行、所持正法，皆悉堅固，其心不動，亦【能忍受】一切衆生於己身心惡作惡說，忍一切業皆不失壞，忍一切法生決定解，忍諸法性能諦思惟；行精進波羅蜜，起一切智行，成一切佛法；行禪波羅蜜，其【禪波】羅蜜所有資具、所有修習、所有成熟〈就〉、所有清淨、所有起三昧神通、所有入三昧海門，皆悉顯示；行般若波羅蜜，其般若波羅蜜所有資具，所有清淨、大智慧日、大智慧雲、大智慧藏、大智慧門，皆悉顯示；行方便波羅蜜，其方便波羅蜜所有資具、所有修行、所有體性、所有理趣、所

---

① 荼，㊁三七四頁註③：荼＝荼宮，下同。

〔有〕清净、所有相應事,皆悉顯示;行願波羅蜜,其願波羅蜜所有體性、所有成就、所有修習、所有相應事,皆悉顯示;行力波羅蜜,其力波羅蜜所有資具、【所】有因緣、所有理趣、所有演說、所有相應事,皆悉顯示;行智波羅蜜,其智波羅蜜所有資具、所有體性、所有成就、所有清净、所有處所、所有增長、所有深入、所有光明、所有顯示、所有理趣、所有相應事、所有簡〈揀〉①擇、所有行相、所有相應法,所有所攝法、所知法、所知業、所知刹、所知刧、所知世、所知佛出現、所知佛、所知菩薩,所知菩薩心、菩薩位、菩薩資具、菩薩發趣、菩薩迴向、菩薩大願、菩薩法輪、菩薩簡〈揀〉*擇法、菩薩法海、菩薩法門海、菩薩法旋流、菩薩法理趣,如是等智波羅蜜相應境界,皆悉顯示,成熟衆生。

又說此神從初發心所集功德相續次苐;所習善根相續次苐;所修無量諸波羅蜜〔138-1〕相續次苐;死此生彼及其名号相續次苐;親近善友,承事諸佛,受持正法,修菩薩行,入諸三昧,以三昧力,普見諸佛,普見諸刹,普知諸刧,深入法界,觀察衆生,入法界海,知諸衆生死此生彼,得净天耳聞一切聲,得净天眼見一切色,得他心智知衆生心,得宿住智知前際事,得無依無作神足智通自在遊行遍十方刹,如是所有相續次苐;得菩薩解脫,入菩薩解脫海,得菩薩自在,得菩薩勇猛,得菩薩遊步,住菩薩想,入菩薩道,如是一切所有功德相續次苐。皆悉演說,分別顯示,成熟衆生。

如是說時,扵念念中,十方各嚴净不可說不【可】說諸佛國土,度脫無量惡趣衆生,令無量衆生生天人中富貴自在,令無量衆生出生死海,令無量衆生安住聲聞、辟支佛地,令無量衆【生住】如來地。

尒時,善財童子見聞如上所現一切諸希有事,念念觀察,思惟解了,深入安住,承佛威力及解脫力,則得菩薩不思議大勢力普喜幢〈憧〉自在力解脫。何以故,與喜目夜神扵往昔時同修行故,如來神力所加持故,不思議善根所祐助故,得菩薩諸根故,生如來種中故,得善友力所攝受故,受諸如來所護念故,毗盧遮邺如來曾所化故,彼分善根已成熟故,堪修普賢菩薩行故。

尒時,善財童子得此解脫已,心生歡喜,合掌向喜目觀察衆生夜神,以偈讚曰:

無量無數刧,學佛甚深法,
随其所應化,顯現妙色身。
了知諸衆生,沉迷嬰妄想,
種種身皆現,随應悉調伏。
法身恒寂靜,清净無二相,
爲化衆生故,示現種種形。
扵諸蘊界處,未曾有所着,
示行及色身,調伏一切衆。
不著内外法,已度生死海,
而現種種身,住扵諸有界。
逺離諸分別,戲論所不動,
爲着妄相〈想〉者,弘宣十力法。
一心住三昧,無量刧不動,
毛孔出化雲,供養十方佛。
得佛方便力,念念無邊際,
示現種種身,普攝諸羣生。
了知諸有海,種種業荘嚴,
爲說無礙法,令其悉清净。
色身妙無比,清净如普賢,
随諸衆生心,示現世間相。

尒時,善財童子說此頌已,白言:天神,汝發阿耨多羅三藐三菩提心,爲幾時耶,得此解脫,其ᶜ〈身〉已久如。

尒時,喜目觀察衆生住〈主〉夜神以頌荅曰:

我念過去世,過扵刹塵刧,

---

① 揀,㊄三七五頁註②:揀＝簡明宮,下同。

刹号摩尼光，劫名寂静音。
百萬郵由他，俱胝四天下，
其王數亦尒，各各自臨馭。
中有一王都，号曰香幢寶，
莊嚴【最】殊妙，見者皆欣悅。
中有轉輪王，其身甚微妙，
三十二種相，随好以莊嚴；
蓮花中化生，金色光明身，
騰空照遠近，普及閻浮界。
其王有千子，勇猛身端正；
臣佐滿一億，智慧善方便；
嬪御有十億，顔容狀天女，
利益調柔意，慈心給侍王。
其王以法化，普及四天下，
輪圍大地中，一切皆豐盛。
我時爲寶女，具足梵音聲，
身出金色光，照及千由旬。
日光既已沒，音樂咸寂然，
大王及侍御，一切皆安寢。
彼時德海佛，出興於世間，
顯現神通力，充滿十方界；
放大光明海，一切刹微塵〈塵數〉，
種【種自】在身，遍滿於十方。
【地】震出妙音，普告佛興世；
天人龍神衆，一切皆歡喜。
一一毛孔中，出佛化身海，
十方皆遍滿，随應說妙法。〔138-2〕
【我時於夢中】，見佛諸神變，
亦聞深【妙】法，心生大歡喜。
一萬主夜神，共在空中住，
讚歎佛興世，同時覺悟我：
賢慧汝應起，佛已現汝國，
劫海難值遇，見【者得】清淨。
我時便寤寤，即覩清淨光。
觀此從何来，見佛樹王下，
諸相莊嚴體，猶如寶山王；

一切毛孔中，放大光明海。
見已心歡喜，便生此念言：
顀我得如佛，廣大神通力。
我時尋覺悟〈寤〉①，大王并眷属，
令見佛光【明，一】切皆欣慶。
我時與大王，騎從千萬億，
衆生亦無量，俱行詣佛所。
我於二萬歲，供養彼如来，
七寶四天下，一切皆奉施。
時彼如来說，功德普雲经，
普應羣生心，莊嚴諸顀海。
夜神覺悟我，令我得利益，
我顀作是身，覺諸放逸者。
我從此初發，最上菩提顀，
往来諸有中，其心無忘失。
從此後供養，十億郵由佛，
恒受生〈人〉天樂，饒益諸羣生。
初佛功德海；第二功德燈；
第三妙寶幢；第四虛空智；
第五蓮花藏；第六無礙慧；
第七法月王；第八智燈輪；
第九兩足尊，寶錄山燈王；
第十調御師，三世花光音。
如是等諸佛，我悉曾供養，
然未得慧眼，入於解脫海。
從此次第有，一切寶光刹，
其劫名天勝，五百佛興【世】。
最初月光輪；第二名日燈；
第三名光幢；第四寶【須】弥；
第五名花錄；第六号燈海；
第七熾然佛；第八天藏佛；
九光明王幢；十普智光王。
如是等諸佛，我悉曾供養，
尚【於】諸法中，無而計爲有。

---

① 寤，㊄三七六頁註①：寤＝悟㊂㊅。

從此復有刼，名曰梵光明；
世界蓮花燈，莊嚴極殊妙。
彼有無量佛，一一無量衆，
我悉曾供養，尊重聽聞法。
初寶湏弥佛；二功德海佛；
三法界音佛；四【法震】雷佛；
五名法幢佛；六名地光佛；
七名法力光；八名虛空覺；
第九湏弥光；第十功德雲。
如是等如来，我悉曾供養，
未能明了法，而入諸佛海。
次後復有刼，名爲功德月；
尒時有世界，其名功德幢。
彼中有諸佛，八十那由他，
我皆以妙供，深心而敬奉。
初乹闥婆王；二名大樹王；
三功德湏弥；第四寶眼佛；
第五廬舍那；第六光莊嚴；
第七法海佛；第八光勝佛；
九名賢勝佛；第十法王佛。
如是等諸佛，我悉曾供養，
然未得深智，入扵諸法海。
次〈此〉後復有刼，名爲寂靜慧，
刹号金剛寶，莊嚴悉殊妙。
扵中有千佛，次第而出興，
衆生少煩惱，衆貪〈會〉悉清净。
初金剛齊〈臍〉佛；二無礙力佛；
三名法界影；四号十方燈；
第五名悲尒；第六名戒海；
第七忍燈輪；第八法輪尒；
九名尒莊嚴；十名清净〈寂靜〉光。
如是等諸佛，我悉曾供養，
猶未能深悟，如空清净法。
遊行一切刹，扵彼修諸行。
次第復有刼，名爲善出現，
刹号香燈雲，淨穢所共成。

億佛扵中現，莊嚴刹及刼，
所說種種法，我皆能憶持。
初名廣稱佛；次名法海佛；
三名自在王；四名功德雲；
第五法勝佛；第六天冠佛；
第七智餕佛；第八虛空音；
第九兩足尊，名普生殊勝；
第十無上士，眉間勝光明。
如是一切佛，我悉曾供養，
然猶未能净，離諸障礙道。
次第復有刼，名集堅固王，
刹号寶幢王，一切善分布。
有五百諸佛，扵中而出現；
我恭敬供養〔138－3〕，求無礙解脫。
最初功德論〈輪〉；其次寂靜音；
次名功德海；次名日光王；
第五功德王；第六湏弥相；
次名法自在；次佛功德王；
第九福湏弥；第十光明王。
如是等諸佛，我悉曾供養，
所有清淨道，普入盡無餘，
然扵所入門，未能成就忍。
次佛〈第〉復有刼，名爲妙勝主，
刹号寂靜音，衆生煩惱薄。
扵中有佛現，八十郱由他；
我悉曾供養，修行最勝道。
初佛名花聚；次佛名海藏；
次名功德生；次号天王䯻；
第五摩尼藏；第六真金山；
第七寶聚尊；第八法幢佛；
第九名勝財；第十名智慧。
此十爲上首，供養無不盡。
次第復有刼，名曰千功德；
尒時有世界，号善化幢燈；
六十億郱由，諸佛興扵世。
最初寂靜幢；其次奢摩他；

第三百燈王；第四寂靜光；
第五雲密陰；第六日大明；
七号法燈光；八名殊勝䭾；
九名天勝藏；十名大吼音。
如是等諸佛，我悉常供養，
未得清净忍，深入諸法海。
次第復有劫，名無著莊嚴；
尒時有世界，名曰無邊光；
中有三十六，那由他佛現。
初功德須弥；第二虛空心；
第三具莊嚴；第四法雷音；
第五法界聲；第六妙音雲；
第七照十方；第八法海音；
第九功德海；第十功德幢。
如是等諸佛，我悉曾供養。
次有佛出現，名爲功德幢；
我爲月面天，供養人中主。
時佛爲我說，無依妙法門；
我聞專念持，出生諸願海。
我得清净眼，寂滅定揔持，
能於念中，悉見諸佛海。
我得大悲蔵，普明方便眼，
增長菩提心，成就如來力。
見衆生顛倒，執常樂我净，
愚癡暗所覆，妄想起煩惱。
行止見稠林，往來貪欲海，
集於諸惡趣，無量種種業。
一切諸趣中，随業而受身，
生老死衆患，無量苦逼迫。
爲彼衆生故，我發無上心，
願得如十方，一切十力尊。
縁佛及衆生，起於大願雲，
從是修功德，趣入方便道。
願雲悉弥覆，普入一切道，

具足波羅蜜，充滿於法界。
速入於諸地，三世方便海，
一念修諸佛，一切無礙行。
佛子我尒時，得入普賢道，
了知十法界，一切差別門。

善男子，於汝意云何，彼時轉輪聖王，名十方主，能紹隆佛種者，豈異人乎，文殊師利童子是也，尒時夜神覺悟我者，普賢菩薩之所化耳，我於尒時爲王寶女，蒙彼夜神覺悟於我，令我見佛，發阿褥〈耨〉多羅三藐三菩提心。自從是来，經佛剎微塵數劫，不墮惡趣，常生人天，於一切處常見諸佛，乃至於妙燈功德幢佛所，得此大勢力普喜幢菩薩解脫，以此解脫如是利益一切衆生。

善男子，我唯得此大勢力普喜幢解脫門。如諸菩薩摩訶薩，於念念中，普詣一切諸如来所，疾能趣入一切智海；於念念中，以發趣門，入於一切諸大願海；於念念中，以願海門，盡未來劫，念念出生一切諸行。一一行中出生一切剎微塵數身，一一身普入一切法界門；一一法界門，一切佛剎中，随衆生心說諸妙行。一切剎一一塵中，悉見無邊諸如來海；一一如來〔所〕，悉見遍法界諸佛神通；一一如來所，悉見往劫修菩薩行；一一如來所，受持守護所有法輪；一一如來所，悉見三世一切如來諸神變海。而我云何能知能說彼功德行。

善男子，此衆會中，有一夜神，名普救衆生妙德。汝詣彼問：菩薩云何入菩薩行、净菩薩道。

時，善財童子頂礼其足，繞無數帀，殷勤瞻【仰】，辭退而去。

大方廣佛花嚴經卷第六十九·六十九之下
〔138-4〕

大方廣佛花嚴經
入法界品第三十九之十一

卷七十・七十之上

【爾時，善財童子於喜目觀察眾生夜神所，聞普喜幢解脫門，信解趣入，了知隨順，思惟修習，念善知識所有教誨，心無暫捨，諸根不散，一心願得見善知識，普於十方勤求匪懈，願常親近生諸功德，與善知識同一善根，得善知識巧方便行，依善知識入精進海，於無量劫常不遠離。作是願已，往詣普救眾生妙德夜神所。

時，彼夜神為善財童子示現菩薩調伏眾生解脫神力，以諸相好莊嚴其身，於兩眉間放大光明，名智燈普照清淨幢，無量光明以為眷屬，其光普照一切世間。照世間已，入善財頂，充滿其身。善財爾時即得究竟清淨輪三昧。

得此三昧已，悉見二神兩處中間，所有一切地塵、水塵及以火塵，金剛摩尼眾寶微塵，華香、瓔珞、諸莊嚴具，如是一切所有微塵，一一塵中各見佛剎微塵數世界成壞。及見一切地、水、火、風諸大積聚。亦見一切世界接連，皆以地輪任持而住。種種山海、種種河池、種種樹林、種種宮殿，所謂天宮殿、龍宮殿、夜叉宮殿，乃至摩睺羅伽、人、非人等宮殿屋宅，地獄、畜生、閻羅王界一切住處，諸趣輪轉，生死往來，隨業受報，各各差別，靡不悉見。

又見一切世界差別，所謂或有世界雜穢，或有世界清淨，或有世界趣雜穢，或有世界趣清淨，或有世界雜穢清淨，或有世界清淨雜穢，或有世界一向清淨，或有世界其形平正，或有覆住，或有側住。如是等一切世界一切趣中，悉見此普救眾生夜神，於一切時一切處，隨諸眾生形貌、言辭、行解差別，以方便力普現其前，隨宜化度，令地獄眾生免諸苦毒，令畜生眾生不相食噉，令餓鬼眾生無有飢渴，令諸龍等離一切怖，令欲界眾生離欲界苦，令人趣眾生離暗夜怖、毀訾怖、惡名怖、大眾怖、不活怖、死怖、惡道怖、斷善根怖、退菩提心怖、遇惡知識怖、離善知識怖、墮二乘地怖、種種生死怖、異類眾生同住怖、惡時受生怖、惡種族中受生怖、造惡業怖、業煩惱障怖、執著諸想繫縛怖，如是等怖悉令捨離。

又見一切眾生，卵生胎生、濕生化生，有色無色，有想無想，非有想非無想，普現其前，常勤救護，為成就菩薩大願力故，深入菩薩三昧力故，堅固菩薩神通力故，出生普賢行願力故，增廣菩薩大悲海故，得普覆眾生無礙大慈故，得與眾生無量喜樂故，得普攝一切眾生智慧方便故，得菩薩廣大解脫自在神通故，嚴淨一切佛剎故，覺了一切諸法故，供養一切諸佛故，受持一切佛教故，積集一切善根修一切妙行故，入一切眾生心海而無障礙故，知一切眾生諸根教化成熟故，淨一切眾生信解除其惡障故，破一切眾生無知黑闇故，令得一切智清淨光明故。

時，善財童子見此夜神如是神力不可思議甚深境界，普現調伏一切眾生菩薩解脫已，歡喜無量，頭面作禮，一心瞻仰。時，彼夜神即捨菩薩莊嚴之相，還復本形，而不捨其自在神力。

爾時，善財童子恭敬合掌，却住一面，以偈

讚曰：

我善財得見，如是大神力，
其心生歡喜，說偈而讚歎。
我見尊妙身，眾相以莊嚴；
譬如空中星，一切悉嚴淨。
所放殊勝光，無量剎塵數；
種種微妙色，普照於十方。
一一毛孔放，眾生心數光；
一一光明端，皆出寶蓮華；
華中出化身，能滅眾生苦；
光中出妙香，普熏於眾生；
復雨種種華，供養一切佛。
兩眉放妙光，量與須彌等，
普觸諸含識，令滅愚癡闇。
口放清淨光，譬如無量日，
普照於廣大，毘盧舍那境。
眼放清淨光，譬如無量月，
普照十方剎，悉滅世癡翳。
現化種種身，相狀等眾生，
充滿十方界，度脫三有海。
妙身遍十方，普現眾生前，
滅除水火賊，王等一切怖。
我承喜目教，今得詣尊所，
見尊眉間相，放大清淨光，
普照十方海，悉滅一切闇，
顯現神通力，而來入我身。
我遇圓滿光，心生大歡喜，
得總持三昧，普見十方佛。
我於所經處，悉見諸微塵，
一一微塵中，各見塵數剎。
或有無量剎，一切咸濁穢，
眾生受諸苦，常悲歎號泣。
或有染淨剎，少樂多憂苦；
示現三乘像，往彼而救度。
或有淨染剎，眾生所樂見，
菩薩常充滿，住持諸佛法。
一一微塵中，無量淨剎海；
毘盧遮那佛，往劫所嚴淨。
佛於一切剎，悉坐菩提樹，
成道轉法輪，度脫諸群生。
我見普救天，於彼無量剎，
一切諸佛所，普皆往供養。

爾時，善財童子說此頌已，白普救眾生妙德夜神言：天神，今此解脫甚深希有，其名何等，得此解脫其已久如，修何等行而得清淨。

夜神言：

善男子，是處難知，諸天及人、一切二乘所不能測。何以故，此是住普賢菩薩行者境界故，住大悲藏者境界故，救護一切眾生者境界故，能淨一切三惡八難者境界故，能於一切佛剎中紹隆佛種不斷者境界故，能住持一切佛法者境界故，能於一切劫修菩薩行成滿大願海者境界故，能於一切法界海以清淨智光滅無明闇障者境界故，能以一念智慧光明普照一切三世方便海者境界故。我承佛力，今為汝說。

善男子，乃往古世，過佛剎微塵數劫，爾時有劫，名圓滿清淨，世界名毘盧遮那大威德，有須彌山微塵數如來於中出現。其佛世界，以一切香王摩尼寶為體，眾寶莊嚴，住無垢光明摩尼王海上。其形正圓，淨穢合成，一切嚴具帳雲而覆其上，一切莊嚴摩尼輪山千匝圍遶。有十萬億那由他四天下皆妙莊嚴，或有四天下惡業眾生於中止住，或有四天下雜業眾生於中止住，或有四天下善根眾生於中止住，或有四天下一向清淨諸大菩薩之所止住。

此界東際輪圍山側，有四天下，名寶燈華幢。國界清淨，飲食豐足，不藉耕耘而生稻粱；宮殿樓閣悉皆奇妙；諸如意樹處處行列，種種香樹恒出香雲，種種鬘樹恒出鬘雲，種種華樹常雨妙華；種種寶樹出諸奇寶，無量色光周匝照耀；諸音樂樹出諸音樂，隨風吹動演妙音聲；日月光明摩尼寶王普照一切，晝夜受樂無時間斷。

此四天下有百萬億那由他諸王國土，一一國土有千大河周匝圍遶，一一皆以妙華覆上，隨流漂動，出天樂音，一切寶樹列植其岸，種種珍奇以爲嚴飾，舟船來往稱情戲樂。一一河間有百萬億城，一一城有百萬億那由他聚落；如是一切城邑、聚落，各有無量百千億那由他宮殿園林周匝圍遶。

此四天下閻浮提內，有一國土，名寶華燈，安隱豐樂，人民熾盛；其中眾生，具行十善。有轉輪王於中出現，名毘盧遮那妙寶蓮華髻，於蓮華中忽然化生，三十二相以爲嚴好，七寶具足，王四天下，恒以正法教導群生。王有千子，端正勇健，能伏怨敵；百萬億那由他宮人、采女，皆悉與王同種善根、同修諸行、同時誕生，端正姝妙猶如天女，身真金色常放光明，諸毛孔中恒出妙香；良臣猛將，具足十億。王有正妃，名圓滿面，是王女寶，端正殊特，皮膚金色，目髮紺青，言同梵音，身有天香，常放光明照千由旬。其有一女，名普智焰妙德眼，形體端嚴，色相殊美，眾生見者情無厭足。爾時，眾生壽命無量，或有不定而中夭者；種種形色、種種音聲、種種名字、種種族姓，愚智、勇怯、貧富、苦樂，無量品類皆悉不同。時，或有人語餘人言：我身端正，汝形鄙陋。作是語已，遞相毀辱，集不善業；以是業故，壽命、色力、一切樂事悉皆損減。

時，彼城北有菩提樹，名普光法雲音幢，以念念出現一切如來道場莊嚴堅固摩尼王而爲其根，一切摩尼以爲其幹，眾雜妙寶以爲其葉，次第分布，並相稱可，四方上下，圓滿莊嚴；放寶光明，出妙音聲，說一切如來甚深境界。於彼樹前，有一香池，名寶華光明，演法雷音；妙寶爲岸，百萬億那由他寶樹圍遶，一一樹形如菩提樹，眾寶瓔珞周匝垂下，無量樓閣皆寶所成，周遍道場以爲嚴飾。彼香池內出大蓮華，名普現三世一切如來莊嚴境界雲，須彌山微塵數佛於中出現。其第一佛，名普智寶焰妙德幢，於此華上，最初得阿耨多羅三藐三菩提，無量千歲演說正法成熟眾生。

其彼如來未成佛時，十千年前，此大蓮華放淨光明，名現諸神通成熟眾生；若有眾生遇斯光者，心自開悟，無所不了，知十千年後佛當出現。九千年前，放淨光明，名一切眾生離垢燈；若有眾生遇斯光者，得清淨眼，見一切色，知九千年後佛當出現。八千年前，放大光明，名一切眾生業果音；若有眾生遇斯光者，悉得自知諸業果報，知八千年後佛當出現。七千年前，放大光明，名生一切善根音；若有眾生遇斯光者，一切諸根悉得圓滿，知七千年後佛當出現。六千年前，放大光明，名佛不思議境界音；若有眾生遇斯光者，其心廣大，普得自在，知六千年後佛當出現。五千年前，放大光明，名嚴淨一切佛剎音；若有眾生遇斯光者，悉見一切清淨佛土，知五千年後佛當出現。四千年前，放大光明，名一切如來境界無差別燈；若有眾生遇斯光者，悉能往觀一切諸佛，知四千年後佛當出現。三千年前，放大光明，名三世明燈；若有眾生遇斯光者，悉能現見一切如來諸本事海，知三千年後佛當出現。二千年前，放大光明，名如來離翳智慧燈；若有眾生遇斯光者，則得普眼見一切如來神變、一切諸佛國土、一切世界眾生，知二千年後佛當出現。一千年前，放大光明，名令一切眾生見佛集諸善根；若有眾生遇斯光者，則得成就見佛三昧，知一千年後佛當出現。次七日前，放大光明，名一切眾生歡喜音；若有眾生遇斯光者，得普見諸佛生大歡喜，知七日後佛當出現。滿七日已，一切世界悉皆震動，純淨無染，念念普現十方一切清淨佛剎，亦現彼剎種種莊嚴；若有眾生根性淳熟，應見佛者，咸詣道場。

爾時，彼世界中一切輪圍、一切須彌、一切諸山、一切大海、一切地、一切城、一切垣牆、一切宮殿、一切音樂、一切語言，皆出音聲，讚說一切諸佛如來神力境界；又出一切香雲、一切燒香雲、一切末香雲、一切香摩尼形像雲、一切寶焰雲、一切焰藏雲、一切摩尼衣雲、一切瓔珞雲、一切妙華雲、一切如來光明雲、一切如來圓光雲、一切音樂雲、一切如來願聲雲、一切如來言音海雲、一切如來相好雲，顯示如來出現世間不思議相。

善男子，此普照三世一切如來莊嚴境界大寶蓮華王，有十佛剎微塵數蓮華周匝圍遶，諸蓮華內悉有摩尼寶藏師子之座，一一座上皆有菩薩結跏趺坐。

善男子，彼普智寶焰妙德幢王如來，於此成阿耨多羅三藐三菩提時，即於十方一切世界中成阿耨多羅三藐三菩提；隨衆生心，悉現其前爲轉法輪。於一一世界，令無量衆生離惡道苦，令無量衆生得生天中，令無量衆生住於聲聞、辟支佛地，令無量衆生成就出離菩提之行，令無量衆生成就勇猛幢菩提之行，令無量衆生成就法光明菩提之行，令無量衆生成就清淨根菩提之行，令無量衆生成就平等力菩提之行，令無量衆生成就入法城菩提之行，令無量衆生成就遍至一切處不可壞神通力菩提之行，令無量衆生入普門方便道菩提之行，令無量衆生安住三昧門菩提之行，令無量衆生成就緣一切清淨境界菩提之行，令無量衆生發菩提心，令無量衆生住菩薩道，令無量衆生安住清淨波羅蜜道，令無量衆生住菩薩初地，令無量衆生住菩薩二地乃至十地，令無量衆生入於菩薩殊勝行願，令無量衆生安住普賢清淨行願。

善男子，彼普智寶焰妙德幢如來，現如是不思議自在神力轉法輪時，於彼一一諸世界中，隨其所應，念念調伏無量衆生。

時，普賢菩薩知寶華燈王城中衆生，自恃色貌及諸境界，而生憍慢陵蔑他人；化現妙身，端正殊特，往詣彼城，放大光明，普照一切，令彼聖王及諸妙寶、日月星宿、衆生身等一切光明悉皆不現，譬如日出衆景奪曜，亦如聚墨對閻浮金。時，諸衆生咸作是言：此爲是誰，爲天，爲梵，今放此光，令我等身所有光色皆不顯現。種種思惟，無能解了。

爾時，普賢菩薩在彼輪王寶宮殿上虛空中住，而告之言：大王當知，今汝國中，有佛興世，在普光明法雲音幢菩提樹下。時，聖王女蓮華妙眼，見普賢菩薩所現色身光明自在，及聞身上諸莊嚴具所出妙音，心生歡喜，作如是念：願我所有一切善根，得如是身、如是莊嚴、如是相好、如是威儀、如是自在。今此大聖，能於衆生生死長夜黑闇之中放大光明，開示如來出興於世；願令於我亦得如是，爲諸衆生作智光明，破彼所有無知黑闇。願我所在受生之處，常得不離此善知識。

善男子，時，轉輪王與其寶女、千子、眷屬、大臣、輔佐、四種兵衆，及其城內無量人民，前後圍遶；以王神力，俱昇虛空，高一由旬，放大光明照四天下，普使一切咸得瞻仰，欲令衆生俱往見佛，以偈讚曰：

如來出世間，普救諸群生，
汝等應速起，往詣導師所。
無量無數劫，乃有佛興世，
演說深妙法，饒益一切衆。
佛觀諸世間，顛倒常癡惑，
輪迴生死苦，而起大悲心。
無數億千劫，修習菩提行，
爲欲度衆生，斯由大悲力。
頭目手足等，一切悉能捨，
爲求菩提故，如是無量劫。
無量億千劫，導師難可遇；
見聞若承事，一切無空過。
今當共汝等，往觀調御尊，
坐於如來座，降魔成正覺。
瞻仰如來身，放演無量光，
種種微妙色，除滅一切暗。
一一毛孔中，放光不思議，
普照諸群生，咸令大歡喜。
汝等咸應發，廣大精進心，
詣彼如來所，恭敬而供養】。

爾時，轉輪聖王說偈讚佛，開悟一切衆生已，從輪王善根，出十千種大供養雲，往詣道塲，向如來所。所謂一切寶蓋雲、一切花帳雲、一切寶衣雲、一切寶鈴綱雲、一切香海雲、一切寶座雲、一切寶幢雲、一切宮殿雲、一切妙花雲、一切諸莊嚴具雲，於虛空中周遍嚴飾。到已，頂礼普智寶餤妙德幢王如來足，繞無量百千币，即於佛前坐普照十方寶蓮花座。

時，轉輪王女普智餤妙德眼，即解身上諸莊嚴具，持以散佛。時，莊嚴具於虛空中變成寶盖，寶絅垂下，龍王執持，一切宮殿於中間列；十種寶盖周币圍繞，形如樓閣，内外清净，諸纓絡〈瓔珞〉雲及諸寶樹、香海摩尼以爲莊嚴。於此盖中，有菩提樹，枝葉榮茂，普覆法界，【念】念示現無量莊嚴。毗盧遮那如來坐此樹下，有不可說佛刹微塵數菩薩前後圍繞，皆從普賢行頴出生，住諸菩薩無差别住，亦見有一切諸世間主，亦見如來自在神力，又見一切諸刼次弟世界成壞，又亦見彼一切世界一切諸佛出興次弟，又亦見彼一切世界一一皆有普賢菩薩供養於佛、調伏衆生，又亦見彼一切菩薩莫不皆在普賢身中，亦見自身在其身内，亦見其身在一切如來前、一切普賢前、一切菩薩前、一切衆生前，又亦見彼一切世界一一各有佛刹微塵數世界種種際畔、種種住〈任〉持、種種形狀、種種體性、種種安布、種種莊嚴、種種清净、種種莊嚴雲而覆其上、種種刼名、種種佛興、種種三世、種種方處、種種住法界、種種入法界、種種住虛空、種種如來菩提場、種種如來神通力、種種如來師子座、種種如來大衆海、種種如來衆差别、種種如來巧方便、種種如來轉法輪、種種如來妙音聲、種種如來言說海、種種如來契經雲；既見是已，其心清净，生大歡喜。普智寶餤妙德幢王如來，爲說脩多羅，名一切如來轉法輪，十佛刹微塵數脩多羅而【爲】眷属。

時，彼女人聞此經已，則得成就十千三昧門，其心柔輭，無有麤强〈彊〉，如初受胎，如始誕生，如娑羅樹初始生牙。彼三昧心亦復如是，【所】謂現見一切佛三昧、普照一切刹三昧、入一切三世門三昧、說一切佛法輪三昧、知一切佛頴海三昧、開悟一切衆生令出生死苔三昧、常

頴破一切衆生闇三昧、常頴滅一切衆生苔三昧、常頴生一切衆生樂三昧、教化一切衆生不生疲猒三昧、一切菩薩無障礙幢三昧、普詣一切清净佛刹三昧。得如是等十千三昧已，復得妙定心、不動心、歡喜心、安慰心、廣大心、順善知識心、緣甚深一切智心、住廣大方便海心、捨離一切執著心、不住一切世間境界心、入如來境界心、普照一切色海心、無慍吝心、無高倨心、無疲倦心、無退轉心、無懈怠心、思惟諸法自性心、安住一切法門海心、觀察一切法門海心、了知一切衆生海心、救護一切衆生海心、普照一切世界海心、普生一切佛頴海心、悉破一切障山心、積集福德助道心、現見諸佛十力心、普照菩薩境界心、增長菩薩助道心、遍緣一切方海心。一心思惟普賢大頴，發【一切如】來十佛刹微塵數頴海：頴嚴净一切佛國，頴調伏一切衆生，頴遍知一切法界，頴普入一切法界海，頴於一切佛【刹】盡未來際刼修菩薩行〔140-1〕，【願盡】未來際刼不捨一切菩薩行，頴得親近一切如來，頴得承事一切善友，頴得供養一切諸佛，頴於念【念】中修菩薩行增一切智【無有間】斷。發如是等十佛刹微塵數頴海，成就普賢所有大頴。

時，彼如來復爲其女開示演說發心已來所集善根、所修妙行、【所得大果】，令其開悟成就如來所有頴海，一心趣向一切智位。

善男子，復於此前，過十大刼，有世界，名曰輪光摩尼，佛号因陁羅幢【妙相】。此妙眼女，於彼如來遺法之中，普賢菩薩勸其修補蓮花座上故壞佛像；既修補已而復彩畫，既彩畫已復寶莊嚴，發阿耨多羅三藐三菩提心。

善男子，我念過去，由普賢菩薩善知識故，種此善根。從是已來，不堕惡趣，常於一切天王、人王種族中生，端【正】可意〈喜〉，衆相圓満，令人樂見，常見於佛，常得親近普賢菩薩；乃至於今，示導開悟，成熟於我，令生歡喜。

善男子，於意云何，尒時毗盧遮邨藏妙寶蓮

花鬘轉輪聖王者，豈異人乎，今弥勒菩薩是。時王妃圓滿面者，寂静音海夜神是，今所住處去此不遠。時妙【德】眼童女者，即我身是。我於彼時，身爲童女，普賢菩薩勸我修補蓮花座像，以爲無上菩提因緣，令我發於阿耨多羅三藐三菩提心。我於彼時，初始發心；次復引導，令我得見妙德幢佛，解身瓔絡〈瓔珞〉，散佛供養，見佛神力，聞佛說法，即得菩薩普現一切世間調伏衆生解脫門。於念念中，見須弥山微塵數佛，亦見彼佛道場、衆會、清净國土；我皆尊重，恭敬供養，聽聞說法，依教修行。

善男子，過〔彼〕毗盧遮那大威德世界圓滿清净劫已，次有世界，名寶輪妙莊嚴，劫名大光，有五百佛於中出現，我皆承事恭敬供養。其最初佛，名大悲幢；初出家時，我爲夜神，恭敬供養。次有佛出，名金剛那羅延幢；我爲轉輪王，恭敬供養；其佛爲我說修多羅，名一切佛出現，十佛刹微塵數修多羅以爲眷屬。次有佛出，名金剛無礙德；我於彼時爲轉輪王，恭敬供養；其佛爲我說修多羅，名普照一切衆生根，須弥山微塵數修多羅而爲眷屬；我皆受持。次有佛出，名火焰山妙莊嚴；我於彼時爲長者女；其佛爲我說修多羅，名普照三世藏，閻浮提微塵數修多羅而爲眷屬；我皆聽聞，如法受持。次有佛出，名一切法海髙勝王；我爲阿修羅王，恭敬供養；其【佛】爲我說修多羅，名分別一切法界，五百修多羅而爲眷屬；我皆聽聞，如法受持。次有〔140-2〕【佛出】，名海嶽法光明；我爲龍王女，雨如意摩尼寶雲而爲供養；其佛爲我說修多羅，名增長歡喜海，百萬億修多羅而【爲】眷屬；我皆聽聞，如法受持。次有佛出，名寶燄山燈；我爲海神，雨寶蓮花雲恭敬供養；其佛爲我說修多羅，名法界方便海光明，佛刹微塵數修多羅而爲眷屬；我皆聽聞，如法受持。次有佛出，名功德海光明輪；我於彼時爲五通仙，現大神通，六萬諸仙前後圍繞，雨香花雲而爲供養；其佛爲我說修多羅，名無著法燈，六萬修多羅而爲眷屬；我皆聽聞，【如】法受持。次有佛出，名毗盧遮那功德藏；我於彼時，爲主地神，名出生平等義，與無量地神俱，雨一切寶樹、一切摩尼藏、一切寶瓔絡〈瓔珞〉雲而爲供養；其佛爲我說修多羅，名出生一切如來智藏，無量修多羅而爲眷屬；我皆聽聞，受持不忘。善男【子】，如是次第，其最後佛，名充滿虛空法界妙德燈；我爲技〈伎〉①女，名曰美顏，見佛入城，歌舞供養；承佛神力，踊在空中，以千偈頌【讚】歎於佛；佛爲於我，放眉間光，名莊嚴法界大光明，遍觸我身；我蒙光已，即得解脫門，名法界方便不退藏。

善男子，此世界中，有如是等佛刹微塵數劫，一切如來於中出現；我皆承事，恭敬供養；彼諸如來所說正法，我皆憶念，乃至不忘一文一句。於彼一一諸如來所，稱揚讚歎一切佛法，爲無量衆生廣作利益；於彼一一諸如來所，得一切智光明，現三世法界海，入一切普賢行。

善男子，我依一切智光明故，於念念中見無量佛；既見佛已，先所未得、先所未見普賢諸行，悉得成滿。何以故，以得一切智光明故。

尒時，普救衆生夜神，欲重明此解脫義，承佛神力，爲善財童子而說頌言：

善財聽我說，甚深難見法，
普照於三世，一切差別門。
如我初發心，專求佛功德，
所入諸解脫，汝今應諦聽。
我念過去世，過刹微塵劫，
次前有一劫，名圓滿清淨。
是時有世界，名爲遍照燈，
須弥塵數佛，於中出興世：
初佛名智焰，次佛名法幢，

---

① 妓，㊣三八二頁註①：妓＝伎㊐。

第三法湏弥，第四德師子，
第五寂静王，第六滅諸見，
第七髙名稱，弟八大功德，
第九名勝日，弟十名月面。
扵此十佛所，最初悟法門。
從此後次弟，復有十佛出：
初名虛空處，弟二名普光，
三名住諸方，四名正念海，
𠄡名高勝光，六名湏弥雲，
七名法㷿佛，八名山勝佛，
九名大悲花，十名法界花。
此十出現時，弟二悟法門。
從此後次弟，復有十佛出：
弟一光幢佛，弟二智慧佛，
弟三心義佛，弟四德主佛，
弟五天慧佛，弟六慧王佛，
弟七勝智佛，弟八光王佛，
弟九勇猛佛，弟十蓮花佛。
扵此十佛所，第三悟法門。
從此後次第，復有十佛出：
弟一寶焰山，弟二功德海，
弟三法光明，弟四蓮花藏，〔140-3〕
第𠄡衆生眼，第六香光寶，
七湏弥功德，八乹闥婆王，
第九摩尼藏，第十寂静色。
從此後次第，復有十佛出：
初佛廣大智，次佛寶光明，
第三虛空雲，第四殊勝相，
第五圓滿戒，第六那羅延，
第七湏弥德，第八功德輪，
第九無勝幢，第十大樹山。
從此後次第，復有十佛出：
第一娑羅藏，第二世主身，
第三高顯光，第四金剛照，
第𠄡地威力，第六甚深法，
第七法慧音，第八湏弥幢，〔140-4〕

第九勝光明，弟十妙寶光。
從此後次弟，復有十佛出：
第一梵光明，第二虛空音，
弟三法界身，第四光明輪，
弟五智慧幢，弟六虛空燈，
弟七微妙德，第八遍照光，
第九勝福光，第十大悲雲。
從此後次弟，復有十佛出：
第一力光慧，第二普現前，
第三高顯光，第四光明身，
第五法起佛，弟六寶相佛，
第七速疾風，第八勇猛幢，
弟九妙寶盖，第十照三世。
從此後次弟，復有十佛出：
第一顛海光，弟二金剛身，
第三湏弥德，第四念幢王，
弟五功德慧，弟六智慧燈，
弟七光明幢，第八廣大智，
第九法界智，弟十法海智。
從此後次弟，復有十佛出：
初名布施法，次名功德輪，
三名勝妙雲，四名忍智燈，
五名寂静音，六名寂静幢，
七名世間燈，八名深大顛，
九名無勝幢，十名智㷿海。
從此後次第，復有十佛出：
初佛法自在，二佛無疑〈礙〉慧，
三名音〈意〉海慧，四名衆妙音，
五名自在施，六名普現前，
七名随樂身，八名住勝德，
弟九夲性佛，第十賢德佛。
湏弥塵數刧，此中所有佛，
普作世間燈，我悉曾供養。
佛刹微塵刧，所有佛出現，
我皆曾供養，入此解脫門。
我扵無量刧，修行得此道；

汝若能修行，不久亦當得。

善男子，我唯知此菩薩普現一切世間調伏衆生解脫。如諸菩薩摩訶薩，集無邊行，生種種解，現種種身，具種種根，淨種種類，入種種三昧，起種種神變，能種種觀察法，入種種智慧門，得種種法光明；而我云何能知能說彼功德行。

善男子，去此不遠，有主夜神，名寂靜音海，【坐摩】足光幢莊嚴蓮花座，百萬阿僧祇主夜神前後圍繞。汝詣彼問：菩薩云何學菩薩行、修菩薩道。

時，善財童子頂禮其足，繞無數匝，【慇懃瞻仰】，辭退而去。

大方廣佛花嚴經卷第七十·七十之下

〔140-5〕

大方廣佛花嚴經
入法界品第三十九之十二
卷七十一·七十一之上

【爾時，善財童子於普救衆生妙德夜神所，聞菩薩普現一切世間調伏衆生解脫門，了知信解，自在安住；而往寂靜音海夜神所，頂禮其足，遶無數匝，於前合掌而作是言：聖者，我已先發阿耨多羅三藐三菩提心，我欲依善知識，學菩薩行，入菩薩行，修菩薩行，住菩薩行。唯願慈哀，爲我宣說：菩薩云何學菩薩行，云何修菩薩道。時，彼夜神告善財言：

善哉善哉，善男子，汝能依善知識求菩薩行。

善男子，我得菩薩念念出生廣大喜莊嚴解脫門。

善財言：大聖，此解脫門爲何事業，行何境界，起何方便，作何觀察。

夜神言：

善男子，我發起清淨平等樂欲心，我發起離一切世間塵垢清淨堅固莊嚴不可壞樂欲心，我發起攀緣不退轉位永不退轉心，我發起莊嚴功德寶山不動心，我發起無住處心，我發起普現一切衆生前救護心，我發起見一切佛海無厭足心，我發起求一切菩薩清淨願力心，我發起住大智光明海心，我發起令一切衆生超過憂惱曠野心，我發起令一切衆生捨離愁憂苦惱心，我發起令一切衆生捨離不可意色、聲、香、味、觸、法心，我發起令一切衆生捨離愛別離苦、怨憎會苦心，我發起令一切衆生捨離惡緣、愚癡等苦心，我發起與一切險難衆生作依怙心，我發起令一切衆生出生死苦處心，我發起令一切衆生捨離生老病死等苦心，我發起令一切衆生成就如來無上法樂心，我發起令一切衆生皆受喜樂心。

發是心已，復爲說法，令其漸至一切智地。

所謂：若見衆生樂著所住宮殿、屋宅，我爲說法，令其了達諸法自性，離諸執著；若見衆生戀著父母、兄弟、姊妹，我爲說法，令其得預諸佛菩薩清淨衆會；若見衆生戀著妻子，我爲說法，令其捨離生死愛染，起大悲心，於一切衆生平等無二；若見衆生住於王宮，采女侍奉，我爲說法，令其得與衆聖集會，入如來教；若見衆生染著境界，我爲說法，令其得入如來境界；若見衆生多瞋恚者，我爲說法，令住如來忍波羅蜜；若見衆生其心懈怠，我爲說法，令得清淨精進波羅蜜；若見衆生其心散亂，我爲說法，令得如來禪波羅蜜；若見衆生入見稠林無明暗障，我爲說法，令得出離稠林黑暗；若見衆生無智慧者，我爲說法，令得般若波羅蜜；若見衆生染著三界，我爲說法，令出生死；若見衆生志意下劣，我爲說法，令其圓滿佛菩提願；若見衆生住自利行，我爲說法，令其發起利益一切諸衆生願；若見衆生志力微弱，我爲說法，令得菩薩力波羅蜜；若見衆生愚癡闇心，我爲說法，令得菩薩智波羅蜜；若見衆生色相不具，我爲說法，令得如來清淨色身；若見衆生形容醜陋，我爲說法，令得無上清淨法身；若見衆生色相麁惡，我爲說法，令得如來微妙色身；若見衆生情多憂惱，我爲說法，令得如來畢竟安樂；若見衆生貧窮所苦，我爲說法，令得菩薩功德寶藏；若見眾生住止園林，我為說法，令彼勤求佛法因緣；若見眾生行於道路，我為說法，令其趣向一切智道；若見眾生在聚落中，我為說法，令出三界；若見眾生住止人間，我為說法，令其超越二乘之道，住如來地；若見眾生居住城廓，我為說法，令其得住法王城中；若見眾生住於四隅，我為說法，令得三世平等智慧；若見眾生住於諸方，我為說法，令得智慧見一切法；若見眾生貪行多者，我為彼說不淨觀門，令其捨離生死愛染；若見眾生瞋行多者，我為彼說大慈觀門，令其得入勤加修習；若見眾生癡行多者，我為說法，令得明智觀諸法海；若見眾生等分行者，我為說法，令其得入諸乘願海；若見眾生樂生死樂，我為說法，令其厭離；若見眾生厭生死苦，應為如來所化度者，我為說法，令能方便示現受生；若見眾生愛著五蘊，我為說法，令其得住無依境界；若見眾生其心下劣，我為顯示勝莊嚴道；若見眾生心生憍慢，我為其說平等法忍；若見眾生其心諂曲，我為其說菩薩直心。善男子，我以此等無量法施攝諸眾生，種種方便教化調伏，令離惡道，受人天樂，脫三界縛，住一切智；我時便得廣大歡喜法光明海，其心怡暢，安隱適悅。

復次，善男子，我常觀察一切菩薩道場眾會，修種種願行，現種種淨身，有種種常光，放種種光明；以種種方便，入一切智門，入種種三昧，現種種神變，出種種音聲海，具種種莊嚴身，入種種如來門，詣種種國土海，見種種諸佛海，得種種辯才海，照種種解脫境，得種種智光海，入種種三昧海，遊戲種種諸解脫門，以種種門趣一切智，種種莊嚴虛空法界，以種種莊嚴雲遍覆虛空，觀察種種道場眾會，集種種世界，入種種佛剎，詣種種方海，受種種如來命，從種種如來所，與種種菩薩俱，雨種種莊嚴雲，入如來種種方便，觀如來種種法海，入種種智慧海，坐種種莊嚴座。善男子，我觀察此道場眾會，知佛神力無量無邊，生大歡喜。

善男子，我觀毘盧遮那如來，念念出現不可思議清淨色身；既見是已，生大歡喜。又觀如來於念念中，放大光明充滿法界；既見是已，生大歡喜。又見如來一一毛孔，念念出現無量佛剎微塵數光明海，一一光明以無量佛剎微塵數光明而為眷屬，一一周遍一切法界，消滅一切諸眾生苦；既見是已，生大歡喜。又，善男子，我觀如來頂及兩肩，念念出現一切佛剎微塵數寶焰山雲，充滿十方一切法界；既見是已，生大歡喜。又，善男子，我觀如來一一毛孔，於念念中，出一切佛剎微塵數香光明雲，充滿十方一切佛剎；既見是已，生大歡喜。又，善男子，我觀如來一一相，念念出一切佛剎微塵數諸相莊嚴如來身雲，遍往十方一切世界；既見是已，生大歡喜。又，善男子，我觀如來一一毛孔，於念念中，出不可說佛剎微塵數佛變化雲，示現如來從初發心、修波羅蜜、具莊嚴道、入菩薩地；既見是已，生大歡喜。又，善男子，我觀如來一一毛孔，念念出現不可說不可說佛剎微塵數天王身雲，及以天王自在神變，充遍一切十方法界，應以天王身而得度者，即現其前而為說法；既見是已，生大歡喜。如天王身雲，其龍王、夜叉王、乾闥婆王、阿脩羅王、迦樓羅王、緊那羅王、摩睺羅伽王、人王、梵王身雲，莫不皆於一一毛孔，如是出現，如是說法；我見是已，於念念中，生大歡喜，生大信樂，量與法界薩婆若等。昔所未得而今始得，昔所未證而今始證，昔所未入而今始入，昔所未滿而今始滿，昔所未見而今始見，昔所未聞而今始聞。何以故，以能了知法界相故，知一切法唯一相故，能平等入三世道故，能說一切無邊法故。

善男子，我入此菩薩念念出生廣大喜莊嚴解脫光明海。又，善男子，此解脫無邊，普入一切法界門故；此解脫無盡，等發一切智性心故；此解脫無際，入無際畔一切眾生心想中故；此解脫甚深，寂靜智慧所知境故；此解脫廣大，周遍一切如來境故；此解脫無壞，菩薩智眼之所知故；此解脫無底，盡於法界之源底故。此解脫者即是普門，於一事中普見一切諸神變故；此解脫者終不可取，一切法身等無二故；此解脫者終無有生，以能了知如幻法故；此解脫者猶如影像，一切智願光所生故；此解脫者猶如變化，化生菩薩諸勝行故；此解脫者猶如大地，爲一切衆生所依處故；此解脫者猶如大水，能以大悲潤一切故；此解脫者猶如大火，乾竭衆生貪愛水故；此解脫者猶如大風，令諸衆生速疾趣於一切智故；此解脫者猶如大海，種種功德莊嚴一切諸衆生故；此解脫者如須彌山，出一切智法寶海故；此解脫者如大城廓，一切妙法所莊嚴故；此解脫者猶如虛空，普容三世佛神力故；此解脫者猶如大雲，普爲衆生雨法雨故；此解脫者猶如淨日，能破衆生無知暗故；此解脫者猶如滿月，滿足廣大福德海故；此解脫者猶如真如，悉能周遍一切處故；此解脫者猶如自影，從自善業所化出故；此解脫者猶如呼響，隨其所應爲說法故；此解脫者猶如影像，隨衆生心而照現故；此解脫者如大樹王，開敷一切神通華故；此解脫者猶如金剛，從本已來不可壞故；此解脫者如如意珠，出生無量自在力故；此解脫者如離垢藏，摩尼寶王示現一切三世如來諸神力故；此解脫者如喜幢摩尼寶，能平等出一切諸佛法輪聲故。善男子，我今爲汝說此譬諭，汝應思惟，隨順悟入。

爾時，善財童子白寂靜音海夜神言：大聖，云何修行，得此解脫。

夜神言：善男子，菩薩修行十大法藏，得此解脫。何等爲十，一修布施廣大法藏，隨衆生心悉令滿足；二修淨戒廣大法藏，普入一切佛功德海；三修堪忍廣大法藏，能遍思惟一切法性；四修精進廣大法藏，趣一切智恒不退轉；五修禪定廣大法藏，能滅一切衆生熱惱；六修般若廣大法藏，能遍了知一切法海；七修方便廣大法藏，能遍成熟諸衆生海；八修諸願廣大法藏，遍一切佛刹、一切諸衆生海，盡未來劫修菩薩行；九修諸力廣大法藏，念念現於一切法界海、一切佛國土，成等正覺常不休息；十修淨智廣大法藏，得如來智，遍知三世一切諸法無有障礙。善男子，若諸菩薩安住如是十大法藏，則能獲得如是解脫，清淨增長，積集堅固，安住圓滿。

善財童子言：聖者，汝發阿耨多羅三藐三菩提心，其已久如。

夜神言：

善男子，此華藏莊嚴世界海東，過十世界海，有世界海，名一切淨光寶；此世界海中，有世界種，名一切如來願光明音；中有世界，名清淨光金莊嚴，一切香金剛摩尼王爲體，形如樓閣，衆妙寶雲以爲其際，住於一切寶瓔珞海，妙宮殿雲而覆其上，淨穢相雜。

此世界中，乃往古世，有劫名普光幢，國名普滿妙藏，道場名一切寶藏妙月光明，有佛名不退轉法界音，於此成阿耨多羅三藐三菩提；我於爾時，作菩提樹神，名具足福德燈光明幢，守護道場；我見彼佛成等正覺、示現神力、發阿耨多羅三藐三菩提心，即於此時，獲得三昧，名普照如來功德海。此道場中，次有如來出興於世，名法樹威德山；我時命終，還生此中，爲道場主夜神，名殊妙福智光，見彼如來轉正法輪、現大神通，即得三昧，名普照一切離貪境界。次有如來出興於世，名一切法海音聲王；我於彼時，身爲夜神，因得見佛承事供養，即獲三昧，名生長一切善法地。次有如來出興於世，名寶光明燈幢王；我於彼時，身爲夜神，因得見佛承事供養，即獲三昧，名普現神通光明雲。次有如來，出興於世，名功德須彌光；我於彼時，身爲夜神，因得見佛承事供養，即獲三昧，名普照諸佛海。次有如來出興於世，名法雲音聲王；我於彼時，身爲夜神，因得見佛承事供養，即獲三昧，名一切法海燈。次有如來出興於世，名智燈照耀王；我於彼時，身爲夜神，因得見佛承事供養，即獲三昧，名滅一切衆生苦清淨光明燈。次有如來出興於世，名法勇妙德幢；我於彼時，身爲夜神，因得見佛承事供養，即獲三昧，名三世如來光明藏。次有如來出興於世，名師子勇猛法智燈；我於彼時，身爲夜神，因得見佛承事供養，即獲三昧，名一切世間無障礙智慧輪。次有如來出興於世，名智力山王；我於彼時，身為夜神，因得見佛承事供養，即獲三昧，名普照三世眾生諸根行。

善男子，清淨光金莊嚴世界普光明幢劫中，有如是等佛剎微塵數如來出興於世。我於彼時，或為天王，或為龍王，或為夜叉王，或為乾闥婆王，或為阿脩羅王，或為迦樓羅王，或為緊那羅王，或為摩睺羅伽王，或為人王，或為梵王，或為天身，或為人身，或為男子身，或為女人身，或為童男身，或為童女身，悉以種種諸供養具，供養於彼一切如來，亦聞其佛所說諸法。從此命終，還即於此世界中生，經佛剎微塵數劫修菩薩行；然後命終，生此華藏莊嚴世界海娑婆世界，值迦羅鳩孫馱如來，承事供養，得三昧，名離一切塵垢光明。次值拘那含牟尼如來，承事供養，得三昧，名普現一切諸剎海。次值迦葉如來，承事供養，得三昧，名演一切眾生言音海。次值毘盧遮那如來，於此道場成正等覺，念念示現大神通力；我時得見，即獲此念念出生廣大喜莊嚴解脫。

得此解脫已，能入十不可說不可說佛剎微塵數法界安立海，見彼一切法界安立海一切佛剎所有微塵，一一塵中有十不可說不可說佛剎微塵數佛國土。一一佛土皆有毘盧遮那如來坐於道場，於念念中，成正等覺，現諸神變；所現神變，一一皆遍一切法界海。亦見自身在彼一切諸如來所，又亦聞其所說妙法；又亦見彼一切諸佛一一毛孔，出變化海，現神通力，於一切法界海、一切世界海、一切世界種、一切世界中，隨眾生心，轉正法輪。我得速疾陀羅尼力，受持思惟一切文義；以明了智，普入一切清淨法藏；以自在智，普遊一切甚深法海；以周遍智，普知三世諸廣大義；以平等智，普達諸佛無差別法。如是悟解一切法門；一一法門中，悟解一切修多羅雲；一一修多羅雲中，悟解一切法海；一一法海中，悟解一切法品；一一法品中，悟解一切法雲；一一法雲中，悟解一切法流；一一法流中，出生一切大喜海；一一大喜海，出生一切地；一一地，出生一切三昧海；一一三昧海，得一切見佛海；一一見佛海，得一切智光海；一一智光海，普照三世，遍入十方。

知無量如來往昔諸行海；知無量如來所有本事海；知無量如來難捨能施海；知無量如來清淨戒輪海；知無量如來清淨堪忍海；知無量如來廣大精進海；知無量如來甚深禪定海；知無量如來般若波羅蜜海；知無量如來方便波羅蜜海；知無量如來願波羅蜜海；知無量如來力波羅蜜海；知無量如來智波羅蜜海；知無量如來往昔超菩薩地；知無量如來往昔住菩薩地無量劫海，現神通力；知無量如來往昔入菩薩地；知無量如來往昔修菩薩地；知無量如來往昔治菩薩地；知無量如來往昔觀菩薩地；知無量如來昔為菩薩時，常見諸佛；知無量如來昔為菩薩時，盡見佛海、劫海同住；知無量如來昔為菩薩時，以無量身遍生剎海；知無量如來昔為菩薩時，周遍法界修廣大行；知無量如來昔為菩薩時，示現種種諸方便門，調伏成熟一切眾生；知無量如來放大光明，普照十方一切剎海；知無量如來現大神力，普現一切諸眾生前；知無量如來廣大智地；知無量如來轉正法輪；知無量如來示現相海；知無量如來示現身海；知無量如來廣大力海。彼諸如來，從初發心，乃至法滅；我於念念，悉得知見。

善男子，汝問我言：汝發心來，其已久如。善男子，我於往昔，過二佛剎微塵數劫，如上所說，於清淨光金莊嚴世界中，為菩提樹神，聞不退轉法界音如來說法，發阿耨多羅三藐三菩提心；於二佛剎微塵數劫中修菩薩行，然後乃生此娑婆世界賢劫之中。從迦羅鳩孫馱佛至釋迦牟尼佛，及此劫中未來所有一切諸佛，我皆如是親近供養。如於此世界賢劫之中，供養未來一切諸佛；一切世界一切劫中，所有未來一切諸佛，悉亦如是親近供養。善男子，彼清淨光金莊嚴世界，今猶現在，諸佛出現相續不斷。汝當一心修此菩薩大勇猛門。

爾時，寂靜音海主夜神，欲重宣此解脫義，為善財童子而說頌言：

善財聽我說，清淨解脫門，
聞已生歡喜，勤修令究竟。

我昔於劫海，生大信樂心，
清淨如虛空，常觀一切智。
我於三世佛，皆生信樂心；
并及其衆會，悉願常親近。
我昔曾見佛，爲衆生供養，
得聞清淨法，其心大歡喜。
常尊重父母，恭敬而供養；
如是無休懈，入此解脫門。
老病貧窮人，諸根不具足；
一切皆愍濟，令其得安隱。
水火及王賊，海中諸恐怖；
我昔修諸行，爲救彼衆生。
煩惱恒熾然，業障所纏覆，
墮於諸險道，我救彼衆生。
一切諸惡趣，無量楚毒苦，
生老病死等，我當悉除滅。
願盡未來劫，普爲諸群生，
滅除生死苦，得佛究竟樂。

善男子，我唯知此念念生廣大喜莊嚴解脫。如諸菩薩摩訶薩，深入一切法界海，悉知一切諸劫數，普見一切刹成壞；而我云何能知能說彼功德行。

善男子，此菩提場如來會中，有主夜神，名守護一切城增長威力。汝詣彼問：菩薩云何學菩薩行、修菩薩道。

爾時，善財童子一心觀察寂靜音海主夜神身，而說頌言：

我因善友教，來詣天神所，
見神處寶座，身量無有邊。
非是著色相，計有於諸法，
劣智淺識人，能知尊境界。
世間天及人，無量劫觀察，
亦不能測度，色相無邊故。
遠離於五蘊，亦不住於處，
永斷世間疑，顯現自在力。
不取內外法，無動無所礙，
清淨智慧眼，見佛神通力。
一身爲正法藏，心是無礙智，
既得智光照，復照諸群生。
心集無邊業，莊嚴諸世間，
了世皆是心，現身等衆生。
知世悉如夢，一切佛如影，
諸法皆如響，令衆無所著。
爲三世衆生，念念示現身，
而心無所住，十方遍說法。
無邊諸刹海，佛海衆生海，
悉在一塵中，此尊解脫力。

時，善財童子說此偈已，頂禮其足，遶無量匝，慇懃瞻仰，辭退而去。

爾時，善財童子隨順寂靜音海夜神教，思惟觀察所說法門，一一文句皆無忘失，於無量深心、無量法性、一切方便神通智慧，憶念思擇，相續不斷；其心廣大，證入安住。

行詣守護一切城夜神所，見彼夜神坐一切寶光明摩尼王師子之座，無數夜神所共圍遶，現一切衆生色相身，現普對一切衆生身，現不染一切世間身，現一切衆生身數身，現超過一切世間身，現成熟一切衆生身，現速往一切十方身，現遍攝一切十方身，現究竟如來體性身，現究竟調伏衆生身。

善財見已，歡喜踊躍，頂禮其足，遶無量匝，於前合掌而作是言：聖者，我已先發阿耨多羅三藐三菩提心，而未知菩薩修菩薩行時，云何饒益衆生，云何以無上攝而攝衆生，云何順諸佛教，云何近法王位，唯願慈哀，爲我宣說。

時，彼夜神告善財言：

善男子，汝爲救護一切衆生故，汝爲嚴淨一切佛刹故，汝爲供養一切如來故，汝欲住一切劫救衆生故，汝欲守護一切佛種性故，汝欲普入十方修諸行故，汝欲普入一切法門海故，汝欲以平等心遍一切故，汝欲普受一切佛法輪故，汝欲普隨一切衆生心之所樂雨法雨故，問諸菩薩所修行門。

善男子，我得菩薩甚深自在妙音解脫，爲大法師，無所罣礙，善能開示諸佛法藏故；具大誓願、大慈悲力，令一切衆生住菩提心故；能作一切利衆生事，積集善根無有休息故；爲一切衆生調御之師，令一切眾生住薩婆若道故；爲一切世間清淨法日，普照世間，令生善根故；於一切世間其心平等，普令眾生增長善法故；於諸境界其心清淨，除滅一切諸不善業故；誓願利益一切眾生，身恒普現一切國土故；示現一切本事因緣，令諸眾生安住善行故；恒事一切諸善知識，爲令眾生安住佛教故。

佛子，我以此等法施眾生，令生白法，求一切智，其心堅固猶如金剛那羅延藏，善能觀察佛力、魔力，常得親近諸善知識，摧破一切業惑障山，集一切智助道之法，心恒不捨一切智地。

善男子，我以如是淨法光明饒益一切眾生，集善根助道法時，作十種觀察法界。何者爲十，所謂：我知法界無量，獲得廣大智光明故；我知法界無邊，見一切佛所知見故；我知法界無限，普入一切諸佛國土，恭敬供養諸如來故；我知法界無畔，普於一切法界海中，示現修行菩薩行故；我知法界無斷，入於如來不斷智故；我知法界一性，如來一音，一切眾生無不了故；我知法界性淨，了如來願普度一切諸眾生故；我知法界遍眾生，普賢妙行悉周遍故；我知法界一莊嚴，普賢妙行善莊嚴故；我知法界不可壞，一切智善根充滿法界不可壞故。善男子，我作此十種觀察法界，集諸善根辦助道法，了知諸佛廣大威德，深入如來難思境界。

又，善男子，我如是正念思惟，得如來十種大威德陀羅尼輪。何者爲十，所謂普入一切法陀羅尼輪、普持一切法陀羅尼輪、普說一切法陀羅尼輪、普念十方一切佛陀羅尼輪、普說一切佛名號陀羅尼輪、普入三世諸佛願海陀羅尼輪、普入一切諸乘海陀羅尼輪、普入一切眾生業海陀羅尼輪、疾轉一切業陀羅尼輪、疾生一切智陀羅尼輪。善男子，此十陀羅尼輪，以十千陀羅尼輪而爲眷屬，恒爲眾生演說妙法。

善男子，我或爲眾生說聞慧法，或爲眾生說思慧法，或爲眾生說修慧法，或爲眾生說一有法，或爲眾生說一切有法，或爲說一如來名海法，或爲說一切如來名海法，或爲說一世界海法，或爲說一切世界海法，或爲說一佛授記海法，或爲說一切佛授記海法，或爲說一如來眾會道場海法，或爲說一切如來眾會道場海法，或爲說一如來法輪海法，或爲說一切如來法輪海法，或爲說一如來修多羅法，或爲說一切如來修多羅法，或爲說一如來集會法，或爲說一切如來集會法，或爲說一薩婆若心海法，或爲說一切薩婆若心海法，或爲說一乘出離法，或爲說一切乘出離法。善男子，我以如是等不可說法門，爲眾生說。

善男子，我入如來無差別法界門海，說無上法，普攝眾生，盡未來劫，住普賢行。善男子，我成就此甚深自在妙音解脫，於念念中增長一切諸解脫門，念念充滿一切法界。

時，善財童子白夜神言：奇哉天神，此解脫門如是希有，聖者證得，其已久如。

夜神言：

善男子，乃往古世，過世界轉微塵數劫，有劫名離垢光明，有世界名法界功德雲，以現一切眾生業摩尼王海爲體，形如蓮華，住四天下微塵數香摩尼須彌山網中，以出一切如來本願音蓮華而爲莊嚴，須彌山微塵數蓮華而爲眷屬，須彌山微塵數香摩尼以爲間錯，有須彌山微塵數四天下，一一四天下有百千億那由他不可說不可說城。

善男子，彼世界中，有四天下，名爲妙幢；中有王都，名普寶華光；去此不遠，有菩提場，名普顯現法王宮殿。須彌山微塵數如來於中出現，其最初佛，名法海雷音光明王。彼佛出時，有轉輪王，名清淨日光明面，於其佛所，受持一切法海旋修多羅。佛涅槃後，其王出家，護持正法。法欲滅時，有千部異千種說法。近於末劫，業惑障重；諸惡比丘多有鬪諍，樂著境界，不求功德，樂說王論、賊論、女論、國論、海論，及以一切世間之論。

時，王比丘而語之言：奇哉，苦哉，佛於無量諸大劫海集此法炬，云何汝等而共毀滅。作是說已，上昇虛空，高七多羅樹，身出無量諸色焰雲，放種種色大光明網，令無量眾生除煩惱熱，令無量眾生發菩提心。以是因緣，彼如來教，復於六萬五千歲中而得興盛。

時，有比丘尼，名法輪化光，是此王女，百千比丘尼而爲眷屬，聞父王語及見神力，發菩提心永不退轉，得三昧，名一切佛教燈，又得此甚深自在妙音解脫；得已，身心柔軟，即得現見法海雷音光明王如來一切神力。

善男子，於汝意云何，彼時轉輪聖王隨於如來轉正法輪，佛涅槃後興隆末法者，豈異人乎，今普賢菩薩是。其法輪化光比丘尼，即我身是。我於彼時，守護佛法，令十萬比丘尼於阿耨多羅三藐三菩提得不退轉，又令得現見一切佛三昧，又令得一切佛法輪金剛光明陀羅尼，又令得普入一切法門海般若波羅蜜。

次有佛興，名離垢法光明；次有佛興，名法輪光明髻；次有佛興，名法日功德雲；次有佛興，名法海妙音王；次有佛興，名法日智慧燈；次有佛興，名法華幢雲；次有佛興，名法焰山幢王；次有佛興，名甚深法功德月；次有佛興，名法智普光藏；次有佛興，名開示普智藏；次有佛興，名功德藏山王；次有佛興，名普門須彌賢；次有佛興，名一切法精進幢；次有佛興，名法寶華功德雲；次有佛興，名寂靜光明髻；次有佛興，名法光明慈悲月；次有佛興，名功德焰海；次有佛興，名智日普光明；次有佛興，名普賢圓滿智；次有佛興，名神通智光王；次有佛興，名福德華光燈；次有佛興，名智師子幢王；次有佛興，名日光普照王；次有佛興，名須彌寶莊嚴相；次有佛興，名日光普照；次有佛興，名法王功德月；次有佛興，名開敷蓮華妙音雲；次有佛興，名日光明相；次有佛興，名普光明妙法音；次有佛興，名師子金剛那羅延無畏；次有佛興，名普智勇猛幢；次有佛興，名普開法蓮華身；次有佛興，名功德妙華海；次有佛興，名道場功德月；次有佛興，名法炬熾然月；次有佛興，名普光明髻；次有佛興，名法幢燈；次有佛興，名金剛海幢雲；次有佛興，名名稱山功德雲；次有佛興，名栴檀妙月；次有佛興，名普妙光明華；次有佛興，名照一切眾生光明王；次有佛興，名功德蓮華藏；次有佛興，名香焰光明王；次有佛興，名波頭摩華因；次有佛興，名眾相山普光明；次有佛興，名普名稱幢；次有佛興，名須彌普門光；次有佛興，名功德法城光；次有佛興，名大樹山光明；次有佛興，名普德光明幢；次有佛興，名功德吉祥相；次有佛興，名勇猛法力幢；次有佛興，名法輪光明音；次有佛興，名功德山智慧光；次有佛興，名無上妙法月；次有佛興，名法蓮華淨光幢；次有佛興，名寶蓮華光明藏；次有佛興，名光焰雲山燈；次有佛興，名普覺華；次有佛興，名種種功德焰須彌藏；次有佛興，名圓滿光山王；次有佛興，名福德雲莊嚴；次有佛興，名法山雲幢；次有佛興，名功德山光明；次有佛興，名法日雲燈王；次有佛興，名法雲名稱王；次有佛興，名法輪雲；次有佛興，名開悟菩提智光幢；次有佛興，名普照法輪月；次有佛興，名寶山威德賢；次有佛興，名賢德廣大光；次有佛興，名普智雲；次有佛興，名法力功德山；次有佛興，名功德香焰王；次有佛興，名金色摩尼山妙音聲；次有佛興，名頂髻出一切法光明雲；次有佛興，名法輪熾盛光；次有佛興，名無上功德山；次有佛興，名精進炬光明雲；次有佛興，名三昧印廣大光明冠；次有佛興，名寶光明功德王；次有佛興，名法炬寶蓋音；次有佛興，名普照虛空界無畏法光明；次有佛興，名月相莊嚴幢；次有佛興，名光明焰山雲；次有佛興，名照無障礙法虛空；次有佛興，名開顯智光身；次有佛興，名世主德光明音；次有佛興，名一切法三昧光明音；次有佛興，名法音功德藏；次有佛興，名熾然焰法海雲；次有佛興，名普照三世相大光明；次有佛興，名普照法輪山；次有佛興，名法界師子光；次有佛興，名須彌華光明；次有佛興，名一切三昧海師子焰；次有佛興，名普智光明燈。

善男子，如是等須彌山微塵數如來，其最後

佛,名法界城智慧燈,並於離垢光明劫中,出興于世。我皆尊重,親近供養,聽聞受持所說妙法;亦於彼一切諸如來所,出家學道,護持法教,入此菩薩甚深自在妙音解脫,種種方便教化成熟無量眾生。從是已來,於佛刹微塵數劫,所有諸佛出興於世;我皆供養,修行其法。

善男子,我從是來,於生死夜無明昏寐諸眾生中而獨覺悟;令諸眾生,守護心城,捨三界城,住一切智無上法城。

善男子,我唯知此甚深自在妙音解脫,令諸世間,離戲論語,不作二語,常真實語,恆清淨語。如諸菩薩摩訶薩,能知一切語言自性,於念念中自在開悟一切眾生,入一切眾生言音海,於一切言辭悉皆辨了,明見一切諸法門海,於普攝一切法陀羅尼已得自在,隨諸眾生心之所疑而為說法,究竟調伏一切眾生,能普攝受一切眾生,巧修菩薩諸無上業,深入菩薩諸微細智,能善觀察諸菩薩藏,能自在說諸菩薩法。何以故,已得成就一切法輪陀羅尼故。而我云何能知能說彼功德行。

善男子,此佛會中,有主夜神,名開敷一切樹華。汝詣彼問:菩薩云何學一切智,云何安立一切眾生住一切智。

爾時,守護一切城主夜神,欲重宣此解脫義,為善財童子而說頌言:

菩薩解脫深難見,虛空如如平等相,
普見無邊法界內,一切三世諸如來。
出生無量勝功德,證入難思真法性,
增長一切自在智,開通三世解脫道。
過於刹轉微塵劫,爾時有劫名淨光,
世界名為法焰雲,其城號曰寶華光。
其中諸佛興於世,量與須彌塵數等;
有佛名為法海音,於此劫中先出現;
乃至其中最後佛,名為法界焰燈王;
如是一切諸如來,我皆供養聽受法。
我見法海雷音佛,其身普作真金色,
諸相莊嚴如寶山,發心願得成如來。
我暫見彼如來身,即發菩提廣大心,

誓願勤求一切智,性與法界虛空等。
由斯普見三世佛,及以一切菩薩眾;
亦見國王眾生海,而普攀緣起大悲。
隨諸眾生心所樂,示現種種無量身,
普遍十方諸國土,動地舒光悟含識。
見第二佛而親近,亦見十方刹海佛,
乃至最後佛出興,如是須彌塵數等。
於諸刹轉微塵劫,所有如來照世燈;
我皆親近而瞻奉,令此解脫得清淨。

爾時,善財童子得入此菩薩甚深自在妙音解脫故,入無邊三昧海,入廣大總持海,得菩薩大神通,獲菩薩大辯才;心大歡喜,觀察守護一切城主夜神,以偈讚曰:

已行廣大妙慧海,已度無邊諸有海,
長壽無患智藏身,威德光明住此眾。
了達法性如虛空,普入三世皆無礙;
念念攀緣一切境,心心永斷諸分別。
了達眾生無有性,而於眾生起大悲;
深入如來解脫門,廣度群迷無量眾。
觀察思惟一切法,了知證入諸法性;
如是修行佛智慧,普化眾生令解脫。
天是眾生調御師,開示如來智慧道,
普為法界諸含識,說離世間眾怖行。
已住如來諸願道,已受菩提廣大教,
已修一切遍行力,已見十方佛自在。
天神心淨如虛空,普離一切諸煩惱,
了知三世無量刹,諸佛菩薩及眾生。
天神一念悉了知,晝夜日月年劫海;
亦知一切眾生類,種種名相各差別。
十方眾生生死處,有色無色想無想,
隨順世俗悉了知,引導使入菩提路。
已生如來誓願家,已入諸佛功德海,
法身清淨心無礙,隨眾生樂現眾色。

時,善財童子說此頌已,禮夜神足,遶無量匝,慇懃瞻仰,辭退而去】。

【大方廣佛華嚴經卷第七十一】

大方廣佛花嚴經
入法界品第卅九之十三
卷七十二・七十二之上

尒時，善財童子入菩薩甚深自在妙音解脫門，【修】行增進。

往詣開敷一切樹花夜神所，見其身【在衆】寶香樹【樓】閣之内妙寶所成師子座上，百萬夜神所共圍繞。時，善財童子頂礼其足，於前合掌而作【是言】：聖者，【我已先】發阿耨多羅【三】貌【三】菩提心，而未知菩薩云何學菩薩行，云何得一切智，唯顚垂慈，爲我宣說。

夜神言：

善男子，我於此娑婆世界，日【光已】没，【蓮華】覆合，諸人衆尋罷遊觀時，【見】其一切若山、若水、若城、若野，如是等處種種衆生，咸悉發心欲還所住；【我皆密】護，令【得】正道，達其處【所】，宿夜安樂。

善男子，若有衆生，盛年好色，憍慠放逸，五欲自恣。我爲示現老病死相，令生恐【怖】，捨離諸惡。復【爲】稱歎種種善根，使其修習：爲【慳吝者，讚】歎布施；爲破【戒者】，稱揚淨戒；有瞋恚者，教住大慈；懷惱害者，令行忍辱；若懈怠者，令起精進；若散亂者，令修禪定；住惡慧者，令學【般若；樂小乘者，令】住大乘；樂著三界諸趣中者，令住菩薩願波羅蜜；若有衆生，福智微劣，爲諸結業之所逼迫多留礙者，令住菩薩力【波羅蜜；若有衆生，其心闇昧】，無有智慧，令【住】菩薩智波羅蜜。

善男子，我已成就菩薩〔出〕① 生廣大喜光明解脫門。

善【財】言：大聖，此解脫門境界云何。

【夜神言】：

【善男子】，入此解【脫，能】知如來普攝衆生巧方便智。云何普攝，善男子，一切衆生所受諸樂，【皆是】如來威德力故，順如來教故，【行】如來【語故，學如來行】故，得如【來所護力故】，修如來印所〈所印〉道故，種【如】來所行善故，依如來所說法故，如來智慧日光之所【照】故，如來性淨業力之所攝故。云何知【然，善男子，我入此出生】廣大喜【光明】解脫，憶念毗盧遮那如來應正等覺往昔所修菩薩行海，悉皆明見。

善男子，世尊往昔爲菩薩時，見一切衆生，著我、【我所】，住無明闇【室】，入諸見稠林，爲貪愛所縛、忿怒所壞、愚癡所亂、慳嫉所纏，生死輪迴，貧窮困苦，不得值遇諸佛菩薩。見如是已，起大悲心利益衆生。【所謂起願得一切妙寶資】具攝衆生心、願一切衆生皆悉具足資生之物無所乏心、於一切衆事離執着心、於一切境界無貪染【心】、於一切所【有】無【慳吝】心、於一切果報無希【望】心、於一切榮好無羨慕心、於一切因緣無迷惑心、起觀【察真實】法性心、起【救】護一切衆生心、起深入一切法漩澓

---

① 出，㊢三九一頁註⑨：〔出〕-㊗。

546

大方廣佛花嚴經入法界品第三十九之十三

心，起【於一切】衆生住平等大慈心，起於一切衆生行方便大悲心，起爲大法蓋普覆衆生心，起【以大】智金剛杵破一切衆生煩惱障山心，起令一切衆生增長喜樂心，起願一切衆生究竟安樂心，起隨衆生所欲雨一切財寶心，起以平等方便成熟一切衆【生】心，【起】令一切衆生滿足聖財心，起願一切衆生【究竟】皆得十力智果心。

起如是心已，得菩薩力，現大神變；遍法界、虛空界，於一切衆生前，普雨一切【資】生之【物】，隨其所欲悉滿其【意】皆令歡喜，不悔不悋，無間無斷。以是方便，普攝衆生，教化成熟，皆令得出生死嶮難，不求【其】報；【淨治一切】衆【生心寶，令】其生【起】一切【諸】佛同一善根，增一切智福德大海。

菩薩如是念念成【熟】一切衆生，念念嚴淨一切佛剎，念念普入一切法【界，念】念【悉皆遍虛空界，念念普入一切三世，念】念成就調伏一切諸衆【生智】，念念恒【轉一切法輪】，念念恒以一切智道利益衆生，念念普〔143–1〕【於一切】世界種種差別諸衆【生前盡未來】劫現一切佛成等正覺，念【念】普於一切世界、一切諸劫修菩薩行不生二想。所謂普入一切廣大世界海一切世界種【中，種】種際畔諸世界，種種莊嚴諸【世界，種種】體【性】諸世界，種種【形】狀諸【世界】，種種分布諸世界，或有世界【穢而】兼【淨】，或有世界淨而兼穢，或有世界一向雜【穢，或】有世〔界〕一向清淨，或小或大，或麁【或細，或】正或側，或覆或仰；如是一切諸世界中，念念修行諸【菩薩行】，入菩薩住〈位〉①，現菩薩力，亦現三世一切佛身，隨衆生心普【使】知見。

善男子，毗盧遮那如來，於過去世，如是修行菩薩行時，見諸衆生，不修功德，無有智【慧，著】我、我【所，無】明翳障，不正思惟，入諸邪見，不識因果，順煩惱業，墮於生死險難深坑，具受種種無量諸苦。起大悲心，具修一切波羅蜜行，爲諸衆生稱揚讚歎堅【固善根，令】其安住遠離生死、貧窮之苦，勤修福智助道之法；爲說種種諸因果【門】，爲說業報不相違反，爲說於法證入之處，爲說一切衆生欲界〈解〉，及說一切受生國土，令其不斷一切佛【種】，令其【守】護一切佛教，令其捨離一切諸惡；又爲稱讚趣一切智助道之法，令諸衆生心生歡喜，令行法施普攝一切，令其發起一切智行，令其修學諸大菩薩波羅蜜道，令其增長成一切智諸善根海，【令】其滿足一切聖財，令其得入佛自在門，令其攝取無量【方】便，令【其觀】見如來威德，令其安住菩【薩智】慧。

善財童子言：聖者發阿耨【多羅】三藐三菩提心，其已久如。

夜神言：

善男子，此處難信、難知、難解、難入、難說，一切世間及以二乘皆不【能】知。唯【除】諸佛神力所護，善【友所攝，集】勝功德，欲樂清淨，無下劣心，無雜染心，無諂〈諂〉曲心，得普照曜智光明心，發普饒益諸衆生心、一切【煩惱及以衆魔無能壞心，起必成】就一切智【心，不樂】一切生死樂心，能求一切諸佛【妙樂，能滅】一切衆生苦惱，能俯一切佛功德海，能觀一切諸法實性，能具一切清淨信解，【能超】一切生死暴【流，能入】一切如來【智】海，能決定到無上【法城，能勇猛入】如來【境界】，能速疾趣諸佛地位，能即成就一切智力，能於十力已得究竟；【如是之人，於此】能持、能【入】、能了。何以故，此是如來智慧境【界】，一切菩【薩尚不能知，況】餘衆生。【然】我今者，以佛〔威〕力，欲令調順可花〈化〉衆生意速清淨，欲令修習善根衆生心得自在，隨汝所問，爲汝【宣說】。

尔時，開敷【一切樹華夜神】，欲重明其義，

① 位，㊂三九一頁註⑱：位＝住㊅。

觀察三世如來境界而説頌言：

佛子汝所問，甚深佛境界，
難思刹塵劫，説之不可盡。
非是貪恚癡，憍慢惑所覆，
如來〈是〉眾生【等，能知】佛妙法。
非【是】住慳嫉，諂〈諸〉誑諸濁意，
煩惱業所〔143-2〕【覆】，能知佛境界。
非著蘊界處，及計於有身，
見倒想倒人，能知佛所覺。
佛境界寂靜，性淨離分別，
非著諸有【者，能知此】法性。
生於諸佛家，爲佛所守護，
【持】佛法藏者，智【眼】之境界。
親近善知識，愛樂白淨法，
勤求諸佛力，聞此法歡喜。
心淨無分別，猶如大虛空，
慧燈破諸闇，是【彼】之【境】界。
以大慈悲意，普覆諸世間，
一切皆平等，是彼之境界。
歡喜心無著，一切皆能捨，
平等施眾生，是彼之境界。
心淨離諸惡，究竟無所悔，
順行諸佛教，是彼之境界。
了知法自性，及【以】諸業種，
其心無動亂，是彼之境界。
勇猛勤精進，安住心不退，
勤修一切智，是彼之境界。
其心寂靜住三昧，究竟清涼無熱惱，
已修一切智海曰，此證悟者之解脱。
善知一切真實相，深入無邊法界門，
普度羣生靡有餘，此慧燈者之解脱。
了達眾生真實【性】，不著一切諸有海，
如影普現心水中，此正道者之解脱。
從於一切三世佛，方便願種而出生，
盡諸劫刹勤修行，此普賢者之解【脱】。
普入一切法界門，悉見十方諸刹海，

亦見其中劫成壞，而心畢竟無分別。
法界所有微塵中，悉見如來坐道樹，
成就菩提化羣品，此無礙眼之解脱。
汝於無量大劫海，親近供養善知識，
爲利羣生求正法，聞已憶念無遺忘。
毗盧遮那廣大境，無量無邊不可思，
我承佛【力】爲汝説，令汝【深】心轉清淨。

善男子，乃往古昔，過世界海微塵數劫，有世界海，名普炎明真金摩尼山；其世界海中，有佛出現，名普照法界智慧【山】寂靜威德王。善男子，其佛往修菩薩行【時，淨彼世】界海。其世界海中，有世界微塵數世界種；一一世界種，有世界微塵數世界；一一世界，皆有如來【出興於】世；一一如來，説世界海微塵數修多羅；一【一】修多羅，授佛刹微塵數諸菩薩記，現種種神力，説種種法門，度無量眾生。

善男子，彼普【光明真】金摩尼山世界海中，有世界種，名【普莊】嚴幢。此世界種中，有世界，名一切寶色普光明，以現一切化佛影摩尼王爲體，形如天城；【以】現【一切】如【來】道【場】影像摩尼王爲其下際，住一切寶【華】海【上】，淨穢【相雜】。此世界中，有須彌山微塵數四天下，有一四天下最處其中，名一切【寶】山幢。【其四天下】，一一縱廣十萬由旬，一一各有一萬大【城】。其閻浮提中，【有一】王都，名堅固妙寶莊嚴雲燈，一萬大城周匝圍繞。閻浮提人壽萬【歲時，其中】有王，名一切法音圓滿蓋，有五百大臣、六萬采女、七百王子；其諸王子皆端正勇健，有大威力。尒時，彼王【威德普被閻浮提內】，無有【怨敵】。

【時】，彼世界劫欲盡時，有五濁起。一切【人眾】，壽命短促，資財乏少，形色鄙陋，多苦少樂，不修十善，專作惡業，更相忿諍，互相毀辱，【離】他眷【屬】，妬他榮好，任情起見，非法貪求。以是曰緣，風雨不時，苗稼不登，園林、草樹一切枯槁，人民遺乏，多諸疫病，馳走四方，靡所依怙，咸來共繞王都大城，【無量無】邊百千萬億，四面周迊高聲大呼；或舉其手，或合其掌，或【以】頭扣地，〔或〕以手搥胷，或屈膝長號，或踊身大叫；頭髮蓬【亂】，衣裳弊悪，皮膚【皴裂】，面目〔143－3〕無光，而向王言：大王，大王，我等今者，【貧窮】孤露，【飢】渴寒凍，疾病衰羸，衆苦所逼，命将不久，無依無救，無所控告。我等今者来歸大王，我觀大王仁慈智慧，【於大王所生】得安樂想、得所愛想、得活命想、得攝受想、得寶蔵想、遇津梁想、逄〈逢〉道路想、值舩筏想、見寶洲想、獲財利想、昇【天宮想】。

【爾時，大王聞此語】已，得百萬阿僧祇大悲門，一心思惟，發十種大悲語。其十者何，所謂：哀㦲衆生，隨扵無底生死大坑，我〔143－4〕【當云何而】速勉濟，令其【得住一切智地；哀哉】衆生，爲【諸煩】惱之所逼迫，我當云何而作【救護】，令其安住一切善業；哀㦲衆生，生老病死之所怖畏〈恐怖〉，我當云何爲作歸依，【令其永得身心安隱；哀哉】衆生，常爲世間衆怖所逼，我當云何而爲祐助，令其得住一切智道；哀㦲衆生，無有智眼，常爲身見疑惑所覆，我當云何【爲作】方【便，令其】得决疑見翳膜；哀㦲衆生，常爲癡闇之所迷惑，我當云何爲作明炬，令其照見一切智城；哀㦲衆生，常爲慳嫉諂誑所濁，我當云何而爲開曉，令其證得清淨法身；哀㦲衆生，長時漂【沒】生死大海，我當云何而普運度，令其得上菩提彼岸；哀㦲衆生，諸根剛强〈彊〉①，難可調伏，我當【云何】而爲【調】御，【令其具足】諸佛神力；哀㦲衆生，猶如盲瞽，不見道路，我當云何而爲引導，令其得入一切智門。

作是語已，【撃鼓宣令：我今普施一切衆生，隨有所須悉令充足。即時頒下閻浮提內】大小諸城及諸聚落，悉開庫藏，出種種物，置四衢道，所謂：金、銀、琉璃、摩尼等寶；衣服、飲食、花【香、瓔珞、宮殿、屋宅、床榻、敷具；建】大光明摩尼寶幢，其光觸身，悉使安隱；亦施一切病縁湯藥；種種寶器盛衆雜寶，金剛器中盛種種香，【寶香器中盛種種衣；輦輿車乘、幢幡繒蓋】。如是一切資生之物，悉開庫蔵而【以】給施。亦施一切村營城邑、山【澤】林【藪】、妻子眷属及以王【位】，頭目耳鼻、脣【舌牙齒、手足皮肉、心腎肝肺，內外所有，悉皆能捨】。

【其堅】固妙【寶】莊嚴雲燈城，東【面】有門，名摩尼山光明。【於其】門【外】，有施會處。其地廣【博，清】淨平坦，無諸坑坎、荊【棘】、沙【礫】，一切皆以妙寶【所】成，散【衆寶華，熏諸】妙【香】，然諸寶燈，一切香雲充【滿】虛空，無量寶樹次第【行列】，無量花網〔143－5〕、無量香網弥覆其上，無量百千億那由他諸音樂器恒出妙音。如是一切，皆以妙寶而爲莊嚴，悉是菩薩淨業果報。

扵彼會中，置師【子座，十寶爲地，十寶】欄楯，【十】種寶樹周迊圍繞，金剛寶輪以承其下，以一切寶爲龍神像而共捧持，種穜琉物以爲嚴飾，幢幡間列，衆網覆上，無量寶香常出香雲，種穜【寶】衣處處分布，百千穜樂恒奏美音。復扵其上張施寶盖，常放無量寶燄光明，如閻浮金熾然清淨；覆以寶網，垂諸纓絡〈瓔珞〉*，摩尼寶帶周迴間列，種種寶鈴恒出妙音，勸諸衆生修行善業。時，彼大王處師子座，形容端正，人相具足，光明妙寶以爲其冠，那羅延身不可沮壞，一一支〈肢〉② 分悉皆圓滿，性普賢善，王種中生，扵財及法悉得自在，辯【才】無礙，智慧明達，以政治國，無違命者。

尒時，閻浮提無量無數百千萬億那由他衆生，種種國土、種種族類、種種形貌、種種衣

---

① 彊，[大正]三九三頁註⑤：彊＝强[宮]。

② 肢，[大正]三九三頁註⑧：肢＝支[宮][聖][聖乙]。

服、種種言辞、種種欲樂，俱来此會，觀察彼王，咸言：此王是大智人、是福湏弥、是功德月，住菩薩顛，行廣大施。時，王見彼諸来乞者，生悲愍心，生歡喜心，生尊重心，生善友心，生廣大心，生相續心，生精進心，生不退心，生捨施心，生周遍心。

善男子，尒時，彼王見諸乞者，心大歡喜經湏申頃；假使忉利天王、夜摩天王、兜率〔陀〕天王，盡百千億郍由他刧所受快樂，亦不能及。善化天王於無數刧所受快樂，自在天王於無量刧所受快樂，大梵天王於無邊刧所受梵樂，光音天王於難思刧所受天樂，遍浄天王於無盡刧所受天樂，浄居天王不可說刧住寂【靜】樂，恋不能及。

善男子，譬如有人仁慈孝友，遭逢世難，父母、妻息、兄弟、姊妹並皆散失，忽於曠野道路之閒而相值遇，瞻奉撫對，情無猒足。時，彼大王見来求者，【心】生歡喜，亦復如是。

善男子，其王尒時，因善知識，於佛菩提，解欲增長，諸根成就，信心清淨，歡喜圓滿。何以故，此菩薩勤修諸行，求一切智，顯得利益一切衆生，顯獲菩提無量妙樂，捨離一切諸不善心，常樂積集一切善根，常顯救護一切衆生，常樂觀察薩婆若道，常樂修行一切智法，滿足一切衆生所顯，入一切佛功德大海，破一切魔業惑障山，随順一切如来教行，行一切智無障礙道，已能深入一切智流，一切法流常現在前，大顯無盡，爲大丈夫，住大人法，積集一切普門善蔵，離一切著，不染一切世閒境界，知諸法性猶如虚空。

於来乞者，生一子想，生父母想，生福田想，生難得想，生恩益想，生堅固想、師想、佛想。不簡〈揀〉① 方處，不擇族類，不選形貌，随有来至，如其所欲，以大慈心，平等無礙，一切普施，皆令滿足：求飲食者，施與飲食；求衣服者，施與衣服；求香花者，施與香花；求驕蓋者，施與驕蓋；幢幡縷絡〈瓔珞〉②、宮殿園苑、烏馬車乘、牀座被褥、金銀摩尼諸珍寶物，一切庫藏，及諸眷属、城邑、聚落，皆悉如是普施衆生。

時，此會中有長者女，名寶光明，與六十童女俱，端正姝妙，人所喜見，皮膚金色，目髪紺青，身出妙香；口演梵音，上妙寶衣以爲莊嚴，常懷慚媿〈愧〉，正念不亂，具足威儀，恭敬師長，常念順行、甚深妙行，所聞之法憶持不忘，宿世善根流潤其心，清淨廣大猶如虚空，等安衆生，常見諸佛，求一切智。

時，寶光明女去王不遠，合掌頂礼，作如是念：我獲善利，我獲善利，我今得見大善知識。於彼王所，生大師想、善知識想、具慈悲想、能攝受想。其心正直，生大歡喜，脫身縷絡〈瓔珞〉，持奉彼王，作是顯言：今此大王爲無量無邊無明衆生作所依處，顯我未来亦復如是。如彼大王所知之法、所載之乘、所修之道、所具色相、所有財産、所攝衆會，無邊無盡，難勝難壞，顯我未来悉得如是。随所生處，皆随往生。

尒時，大王知此童女發如是心，而告之言：童女，随汝所欲，我皆與汝。我今所有，一切皆捨；令諸衆生，普得滿足。

時，寶光明女，信心清淨，生大歡喜，即以偈頌而讚王言：
　往昔此城邑，大王未出時，
　一切不可樂，猶如餓鬼處。
　衆生相敖害，竊盜縱婬佚，
　兩舌不實語，無義毳惡言，
　貪愛他財物，瞋恚懷毒心，〔144-1〕
　邪見不善行，命終墮惡道。
　以是等衆生，愚癡所覆蔽，

---

① 揀，㊷三九四頁註②：揀＝簡㊁㊝㊑。

② 瓔珞，㊷三九四頁註③：瓔珞＝縷絡㊗㊃㊑，下同。

住於顛倒見，天旱不降澤。
以無時【雨】故，百穀悉不生，
草木ᶜ〈本〉① 皆枯槁，泉流亦乾竭。
大王未興吉，【津】池悉枯涸，
囿苑多骸骨，望之如曠野。
大王昇珤位，廣濟諸羣生，
油雲被八方，普雨皆充洽。
大王臨庶品，普斷諸暴虐，
刑獄皆止措，惸獨悉安隱。
往昔諸衆生，各各相殘害，
飲血而噉肉，今悉起慈心。
往昔諸衆生，貧窮少衣服，
以草自遮蔽，飢羸如餓鬼。
大王既興吉，粳〈秔〉② 米自然生，
樹中出妙衣，男女皆嚴飾。
昔日競微利，非法相淩〈陵〉③ 奪；
今時並豐足，如遊帝釋園。
昔時人作惡，非分生貪染，
他妻及童子〈女〉，種種相侵逼。
今見他婦人，端正妙嚴飾，
而心無染者，猶如知足天。
昔日諸衆生，妄言不真實，
非法無利益，謟〈諂〉曲取人意。
今日羣生類，悉離諸惡言，
其心既柔㚲，發語亦調順。
昔日諸衆生，種種行邪法，
合掌恭敬礼，牛羊犬豚類。
今聞王正法，悟解除邪見，
了知苦樂報，悉從因緣起。
大王演妙音，聞者皆欣樂；
梵釋音聲等，一切無能及。
大王衆珤蓋，迴處虛空中，
擎以瑠璃幹，覆以摩尼網。
金鈴自然出，如來和雅音，
宣揚微妙法，除滅衆生惑。
次復廣宣〈演〉說，十方諸佛刹，

一切諸刼中，如來并眷屬。
又復次弟說，過去十方刹，
及彼國土中，一切諸如來。
又出微妙音，普遍閻浮界，
廣說人天等，種種業差別。
衆生聽聞已，自知諸業藏，
離惡勤修行，迴向佛菩提。
王父淨光明，王母蓮花光，
五濁【出現】時，處位【治天下】。
時有廣大園，園有五百池，
一一千樹遶，各各花弥覆。
於其池岸上〔144-2〕，建立千柱堂，
欄楯【等莊嚴，一切】無不備。
【末世惡法起，積】年不降雨，
【池】流悉乾竭，【草樹皆枯槁】。
王生七日前，先現靈瑞相；
見者咸心念：救世今【當出】。
尒時於中夜，大地六【種動；
有一】寶花池，光明【猶日現】。
五百諸池內，㓛德水充滿，
枯樹悉生枝，花葉皆榮茂。
池水既盈滿，流演一切處，
普及閻【浮地】，靡不皆霑洽。
藥草及諸樹，【百】穀苗稼等，
技葉花果實，一切皆繁盛。
溝沈〈坑〉及塠〈堆〉阜，種種高下處，
如是一切地，莫不皆平坦。
荊棘沙礫等，所有諸雜【穢】，
皆於一念中，變成衆珤玉。
衆生見是已，歡喜而讚歎，
咸言得善利，如渴飲美水。
時彼光明王，眷屬無量衆，

---

① 本，㊟三九四頁註⑥：本＝木㊣。
② 秔，㊟三九四頁註⑦：秔＝粳㊣。
③ 陵，㊟三九四頁註⑧：陵＝凌㊣。

僉然僃法駕，遊觀諸園苑。
㐅百諸池内，有池名慶喜，
池上有法堂，父王扵此住。
先王語夫人：我念七夜前，
中宵地震動，此中有光現。
時彼花池内，千葉蓮花出，
光如千日照，上徹須弥頂。
金剛以爲莖，閻浮金爲臺，
衆寶爲花葉，妙香作鬚蘂。
王生彼花上，端身結加〈跏〉① 坐，
相好以荘嚴，天神所恭敬。
先王大歡喜，入池自撫鞠〈掬〉②，
持以授夫人：汝子應欣慶。
寶藏皆踊〈涌〉③ 出，寶樹生妙衣，
天樂奏美聲，充滿虚空中。
一切諸衆生，皆生大歡喜，
合掌稱希有：善犾救護古。
王時放身光，普照扵一切，
能令四天下，暗〈闇〉盡病除滅。
夜叉毗舎闍，毒蟲諸悪獸，
所欲害人者，一切自藏匿。
悪名失善利，横事病所持，
如是衆呰滅，一切皆歡喜。
凡是衆生類，相視如父母，
離悪起慈心，専求一切智。
關閉諸悪趣，開示人天路，
宣揚薩婆若，度脱諸羣生。
我等見大王，普獲扵善利，
無帰無導者，一切悉安樂。

尒時，寶光明童女，以偈讃歎一切法音圓滿盖王已，繞無量帀，合掌頂礼，曲躬恭敬，却住一面。時，彼大王告童女言：善戋童女，汝能信知他人功徳，是爲希有。童女，一切衆生，不能信知他人功德。童女，一切衆生，不知報恩，無有智慧，其心濁亂，性不明了，夲無志力，又退修行；如是之人，不信不知菩薩如来所有功徳神通智慧。童女，汝今決定求趣菩提，能知菩薩如是功徳。汝今生此閻浮提中，發勇猛心，普攝衆生，功不唐捎，亦當成就如是功徳。王讃女已，以無價寶衣，手自授與寶光童女并其眷属，一一告言：汝著此衣。時，諸童女雙膝着地，兩手承捧，置扵頂上，然後而着；既着衣已，右繞扵王，諸寶衣中普出一切星宿光明。衆人見之，咸作是言：此諸女芓，皆悉端正，如淨夜天星宿荘嚴。

善男子，尒時一切法音圓滿盖王者，豈異人乎，今毗盧遮那如来、應、正芓覺是也。光明王者，淨飯王是。蓮花光夫人者，摩耶夫人是。寶光童女者，即我身是。其王尒時以四攝法所攝衆生，即此會中一切菩薩是，皆扵阿褥多羅三藐三菩提得不退轉，或住初地乃至十地，具種種大顚，集種種助道，修種種妙行，僃種種荘嚴，得種種神通，住種種解脱，扵此會中處〔144－3〕扵種種妙法宮殿。

尒時，開敷一切樹花主夜神，爲善財童子，欲重宣此解【脱】義而說頌言：

我有廣大眼，普見扵十方，
一切刹海中，五趣輪迴者。
亦見彼諸佛，菩提樹下坐，
神通遍十方，說法度衆生。
我有清淨耳，普聞一切聲，
亦聞佛說法，歡喜而信受。
我有他心智，無二無所礙，
能扵一念中，悉了諸心海。
我得宿命智，能知一切刧，
自身及他人，分别悉明了。
我扵一念知，刹海微塵刧，
諸佛及菩薩，五道衆生類。
憶知彼諸佛，始發菩提顚，

① 跏，[大正]三九五頁註⑤：跏＝加[三][宮][聖]。
② 掬，[大正]三九五頁註⑥：掬＝鞠[三][宮][聖]。
③ 涌，[大正]三九五頁註⑦：涌＝踊[聖]。

乃至修諸行，一一悉圓滿。
亦知彼諸佛，成就菩提道，
以種種方便，爲衆轉法輪。
亦知彼諸佛，所有諸乘海，
正法住久近，衆生度多少。
我於無量劫，修習此法門；
我今爲汝説，佛子汝應覺〈學〉。

善男子，我唯知此菩薩出生廣大喜光明解脱門。【如】諸菩薩摩訶薩，親近供養一切諸佛，入一切智大願海，滿一切佛諸願海；得勇猛智，於一菩薩地，普入一切菩薩地海；得清淨願，於一菩薩行，普入一切菩薩行海；得自在力，於一菩薩解脱門，普入一切菩薩解脱門海。而我云何能知能説彼功德行。

善男子，此道場中，有一夜神，名大願精進力救護一切衆生。汝詣彼問：菩薩云何教化衆生，令趣阿耨多羅三藐三菩提，【云何嚴淨一切佛刹】，云何承事一切如來，云何修行一切佛法。

時，善財童子頂礼其足，繞無數帀，慇懃瞻仰，辭退而去。

大方廣佛花嚴經卷第七十〔144-4〕〔二・七十二之下〕

大方廣佛花嚴經

入法界品第卅九之十四

卷七十三・七十〔三之上〕

【爾時，善財童子往大願精進力救護】一切衆生夜神所，見彼夜神【在】大衆中，坐普現一切宮殿摩尼王藏師子之座，普現【法界國土摩尼寶網彌覆其上，現日、月、星宿影】像身，現隨衆生心普令得見身，現等一切衆生形相身，現無邊廣大色相海身，現【普現一切威儀身，現普於十方示現身，現普調一切衆】生身，現廣運速疾神通身，現利益衆生不絕身，現常遊虛空利益身，現一切佛所【頂禮身，現修習一切善根身，現受持佛法不忘身，現】成滿菩薩大願身，現光明充滿十方身，現法燈普滅世暗身，現了法如幻淨智【身，現遠離塵暗法性身，現普智照法明了身，現究竟】無患無熱身，現不可沮壞堅固身，現無所住佛力身，現無分別離〈離〉染身，現本清淨【法性身】。

【時，善財童子見如是等佛刹微塵數差別】身，【一心】頂礼，舉體摠地，良久乃起，合掌瞻仰，於善知識生十種心。何等爲十，所謂：【於善知識生同己心，令我精勤辦一切智助道法故】；於善知識生清淨自業果心，親近供養生善根故；於善知識生莊嚴菩薩行【心，令我速能莊嚴一切菩薩行故；於善知識生成就一切佛】法心，誘誨於我令修道故；於善知識生能生心，能生於我無上法故；於善知【識生出離心，令我修行普賢菩薩所有行願而出離故；於善】知識生具一切福智海心，令我積集諸白法故；於善知識生增長心，【令我增長一切智故；於善知識生具一切善根心，令我志願得圓滿故；於】善知識生能成辦大利益心，【令我自】在安住一切菩薩法故，成【一切智道故，得一切佛法故。是爲十】。

【發是心已，得彼夜神與諸菩薩佛刹】微塵數同行。所謂同念，心【常憶念十】方三世一切佛故；【同慧，分別決了一切法海差別門故；同趣，能轉一切諸佛如來妙法輪故；同覺，以等】空智普入一切三世門〈間〉① 故；同【根，成就菩薩清】淨【光明智慧根故；同心，善能修習無礙功德，莊嚴一切菩薩道故；同境，普照諸佛所行境故；同證】，得一切智照實相海淨【光明故；同義，能以智慧了一切法真實性故；同勇猛，能壞一切障礙山故；同色身，隨衆生心示現身故；同力，求一切智不退轉】故；同無畏，其心清【淨如虛空故；同精進，於無量劫行菩薩行無懈倦故；同辯才，得法無礙智光明故；同無等，身相清淨超世間故；同愛語，令】一切衆生皆歡【喜故；同妙音，普演一切法門海故；同滿音，一切衆生隨類解故；同淨德，修習如來淨功德故；同智地，一切佛所受法輪故；同梵行，安住一切佛】境〔145①-1＋②-1〕【界故；同大慈，念念普覆一切國土衆生海故；同大悲，普雨法雨潤澤一切諸衆生故；同身業，以方便行教化一切諸衆生故；同

---

① 間，㊐三九六頁註⑬：間＝門㊅。

語業，以隨類音演說一切諸法門故；同意業，普攝眾生置一切智境界中故；同莊嚴，嚴淨一切諸佛剎故；同親近，有佛出世皆親近故；同勸請，請一切佛轉法輪故；同供養，常樂供養一切佛故；同教化，調伏一切諸眾生故；同光明，照了一切諸法門故；同三昧，普知一切眾生心故；同充遍，以自在力充滿一切諸佛剎海修諸行故；同住處，住諸菩薩大神通故；同眷屬，一切菩薩共止住故；同入處，普入世界微細處故；同心慮，普知一切諸佛剎故；同往詣，普入一切佛剎海故；同方便，悉現一切諸佛剎故；同超勝，於諸佛剎皆無比故；同不退，普入十方無障礙故；同破闇，得一切佛成菩提智大光明故；同無生忍，入一切佛眾會海故；同遍一切諸佛剎網，恭敬供養不可說剎諸如來故；同智證，了知彼彼法門海故；同修行，順行一切諸法門故；同希求，於清淨法深樂欲故；同清淨，集佛功德而以莊嚴身口意故；同妙意，於一切法智明了故；同精進，普集一切諸善根故；同淨行，成滿一切菩薩行故；同無礙，了一切法皆無相故；同善巧，於諸法中智自在故；同隨樂，隨眾生心現境界故；同方便，善習一切所應習故；同護念，得一切佛所護念故；同入地，得入一切菩薩地故；同所住，安住一切菩薩位故；同記別，一切諸佛授其記故；同三昧，一剎那中普入一切三昧門故；同建立，示現種種諸佛事故；同正念，正念一切境界門故；同修行，盡未來劫修行一切菩薩行故；同淨信，於諸如來無】量智【慧極欣樂故；同捨離，滅除一切諸障礙故；同不退智，與諸如來智慧等故；同受生，應現成熟諸眾生故；同所住，住一切智方便門故；同】境界，於【法界境得自在故；同無依，永斷一切所依心故；同說法，已入諸法平等智故；同勤修，常蒙諸佛所護念故；同神通，開悟眾生令】修一切【菩薩行故；同神力，能入十方世界海故；同陀羅尼，普照一切總持海故；同祕密法，了知一切修多羅中妙法門故；同甚深】法，解一切法〔145②-2〕【如虛空故；同光明，普照一切諸世界故；同欣樂，隨眾生心而為開示令歡喜故；同震動，為諸眾生現神通力普動】十方一切剎【故；同不虛，見聞憶念皆悉令其心調伏故；同出離，滿足一切諸大願海，成就如來十力智故】。

【時，善財童子觀察大願】精進力救護【一切眾生夜神，起十種清淨心，獲如是等佛剎微塵數同菩薩行；既獲此已，心轉清淨，偏袒右肩，頂禮其足，一心合掌，以】偈讚曰：

【我發堅固意，志求無上覺；
今於善知識，而起自己心。
以見善知識，集無盡白法，
滅除眾罪垢，成就菩提果。
我見善知識，功德莊嚴心】，
盡未來剎劫，【勤修所行道。
我念善知識，攝受饒益我，
為我悉示現，正教真實法，
關閉諸惡趣，顯示人天路，
亦示諸如來，成一切智道。
我念善知】識，是佛功德藏，
【念念能出生，虛空功德海。
與我波羅蜜，增我難思福，
長我淨功德，令我冠佛繒。
我念善知識，能滿佛智道；
誓願常依止，圓滿白】淨法。
我以此芽故，【功德悉具足，
普為諸眾生，說一切智道。
聖者為我師，與我無上法，
無量無數劫，不能報其恩】。

【爾時，善財說此偈已，白】言：大聖，願為我說，【此解脫門名為何等，發心已來為幾時耶，久如當得阿耨多羅三藐三菩提。

夜神告言：

善男子，此解脫門，名教化眾】生令生善根。我以成就此解【脫故，悟】一切法【自】性平芽，【入於諸法真實之性，證無依法，捨離世間，悉知諸法色相差別，亦能了達青黃赤白】，性皆不實，無有差別，而恒示現無量色身。所謂：種種色身、【非一色身、無邊色身、清淨色身、一切莊嚴色身、普見色身、等一切衆生色身、普現一切衆生前色身、光明普照色身、見無猒足色身、相好清】淨色身、離衆惡光明色身、示現大勇猛色身、甚難得色身、一切世間無能暎蔽】色身、一切世間共稱歎無盡色身、念念常觀察色身、示現種種雲【色身、種種形顯色身、現無量自在力色身、妙光明色身、一切淨妙莊嚴色身】、隨順成熟一切衆生色身、隨其心樂現前調伏色身、無障礙普光明【色身、清淨無濁穢色身、具足莊嚴不可壞色身、不思議法方便光明色身】、無帳帳一切色身、無諸闇破一切闇色身、集一切白淨法色【身、大勢力功德海色身、從過去恭敬因所生色身、如虛空清淨心所生】色身、最勝廣大色身、無斷無盡色身、光明海色身、扵一切世間無所依【平等色身、遍十方無所礙色身、念念現種種色相海色身、增長一切】衆生歡喜心色身、攝取一切衆生海色身、一一毛孔中說一切佛功德海色【身、淨一切衆生欲解海色身、決了一切法義色身、無障礙普照耀色身、等虛空】淨光明色身、放廣大淨光明色身、照現無垢法色身、無比色身、差別莊嚴色身、【普照十方色身、隨時示現應衆生色身、寂靜色身、滅一切煩惱色身、一切】衆生福田色身、一切衆生見不虛色身、大智慧勇猛力色身、無障礙普周遍色身、【妙身雲普現世間皆蒙益色身、具足大慈海色身、大福德寶山王色身】、放光明普照世間一切趣色身、大智慧清淨色身、生衆生正念心色身、一切寶光明【色身、普光藏色身、現世間種種清淨相色身、求一切智處色身、現微笑】令衆生生淨信色身、一切寶莊嚴光明色身、不取不捨一切衆生色身、無決定無究【竟色身、現自在加持力色身、現一切神通變化色身、生如來家色身】、遠離衆惡遍法界海色身、普現一切如來道場衆會色身、具種種衆色【海色】身、【從善行所流色身、隨所應化示現色身、一切世間見無厭足色身、種種】淨光明色身、現一切三世海色身〔145②-3+①-3〕、放一切光明海色【身、現無量差別】光明海色【身、超諸世間一切香光明色身、現不可說日輪雲色身、現廣大月輪雲】色身、放無量湏弥山妙花雲色身、出種種驢雲色身、現一切寶蓮花雲色身、興【一切燒香雲遍法界色身、散一切末香藏雲色身、現一切如來大願】身色身、現一切語言音聲演法海色身、現普賢菩薩像色身。

念念中，現如是等色相【身充滿十方，令諸衆生或見、或念、或聞說法、或因親近、或得開悟、或】見神通、或覩變化，悉隨心樂，應時調伏，捨不善業，住扵善行。善男子，當知由此〈此由〉大願力故，【一切智力故，菩薩解脫力故，大悲力故，大慈力故，作如是事】。

【善男子】，我入此解脫，了知法性無有差別，而能示現無量色身，一一身現無量色相海，一一相放無【量光明雲，一一光現無量佛國土，一一土現無量佛興世，一一佛現無量】神通力，開發衆生宿世善根，未種者令種，已種者令增長，已增長者令成熟；念念中，【令無量衆生，於阿耨多羅三藐三菩提得不退轉】。

【善男子，如汝】所問：從幾時來，發菩提心，修菩薩行。如是之義，承佛神力，當爲汝說。

善男子，菩薩【智輪遠離一切分別境界，不可以生死中長短、染淨、廣狹、多】少，如是諸劫分別顯示。何以故，菩薩智輪夲性清淨，離一切分別網，超一切障礙山，隨所應【化而普照故】。

【善男子，譬如日輪，無有晝夜；但出時名晝，沒時】名夜。菩薩智輪亦復如是，無有分別，亦無三世；伹隨心現，教化衆生，言其止住前劫、後劫。

善男子，【譬如日輪，住閻浮空，其影悉現一切寶物及以河】海諸淨水中，一切衆【生莫】不目見〔145①-4+②-4〕，【而彼淨日不來至此。菩薩智輪亦復如是，出諸有海，住佛實法，寂靜空中無有所依，爲】欲化度諸衆生故，而扵諸趣隨類受生；實不生死，無所染著，無長【短劫諸想分別。何以故，菩薩究竟離心想，見一切顛倒，得真實見，見法實性，知一切世間如夢】如幻；無有衆生，但以大悲大願力故，現衆生前敎化調伏。

佛子，譬如舡【師，常以大船，於河流中不依此岸、不著彼岸、不住中流，而度衆生無有休息。菩薩】摩訶薩亦復如是，以波羅蜜船，於生死流中不依此岸、不著彼岸、【不住中流，而度衆生無有休息；雖無量劫修菩薩行，未曾分別劫數長短】。

【佛子，如大】虛空，一切世界於中成壞而無分別，本性清淨，無染無亂，無礙無斷，非【長非短，盡未來劫持一切刹。菩薩摩訶薩亦復如是，以等虛空界廣大深心，起大願】風輪，攝諸衆生，令離惡道，生諸善趣，悉令安住一切智地，滅諸煩惱生【死苦縛，而無憂喜、疲厭之心】。

【善男子，如幻化人，肢體雖具，而無入息及以】出息、寒熱、飢渴、憂喜、生死十種之事。菩薩摩訶薩亦復如是，以如幻智平等法身【現衆色相，於諸有趣住無量劫敎化衆生，於生死中一切境界，無欣無】獸，無愛無恚，無苦無樂，無取無捨，無安無怖。

佛子，菩薩智慧雖復如是甚深難測，【我當承佛威神之力爲汝解說，令未來世諸菩薩等滿足大願、成】就諸力。

佛子，乃往古世，過世界海微塵數劫，有劫名善光，世界名寶光。於其劫【中，有一萬佛出興于世。其最初佛，號法輪音虛空燈王如來應正等覺】，十号圓滿。彼閻浮提，有一王都，名寶莊嚴；其東不遠，有一大林，名曰妙光；中有道塲，【名爲寶華。彼道塲中，有普光明摩尼蓮華藏師子之座。時，彼如來】於此座上，成阿耨〈耨〉多羅三藐三菩提，滿一百年坐於道塲，爲諸菩薩、諸天、世人及閻浮【提宿植善根已成熟者演說正法】。

【是時，國王名曰勝光。時世人】民壽一萬歲，其中多有殺盜、淫〈婬〉佚、妄語、綺語、兩舌、惡口、貪瞋、邪見、不孝父母、不敬沙【門婆羅門等。時，王爲欲調伏彼故，造立囹圄，枷鎖禁閉，無量衆生】於中受苦。

王有太子，名爲善伏，端正殊特，人所喜見，具二十八大人之相。在宮殿中，遙聞獄【囚楚毒音聲，心懷傷愍。從宮殿出，入牢獄中，見諸罪人杻械、枷鎖遞】相連繫，置幽闇處，或以火炙，或以烟熏，或被榜笞，或遭臠割，倮〈裸〉形亂髮，飢渴羸瘦，筋【斷骨現，號叫苦劇。太子見已，心生悲愍，以無畏聲安慰之言：汝莫】憂惱，汝勿愁怖，我當令汝悉得解脫。便詣王所而白王言：獄中罪人苦毒難處，願垂寬【宥，施以無畏】。

【時，王即集五百大臣而問之言：是事云何。諸臣答言：彼罪】人者，私竊官物，謀奪王位，盜入宮闈，罪應刑戮。有哀救者，罪亦至死。

時，彼太子悲心轉【切，語大臣言：如汝所說，但放此人；隨其所應，可以治我。我爲彼故】，一切苦事悉皆能受，粉身殞〈沒〉命，無所顧惜，要令罪人皆得免苦。何以故，我若不救此衆生【者，云何能救三界牢獄諸苦衆生，一切衆生在三界中，貪愛所縛，愚】癡所蔽，貧無功德，墮諸惡趣，身形鄙陋，諸根放逸，其心迷惑，不求出道，失智慧光，樂著【三有，斷諸福德，滅諸智慧，種種煩惱濁亂其心，住苦牢獄，入魔罥網】，生老病死憂悲惱害，如是諸苦常所逼迫。我當云何令彼解脫，應捨身命而拯濟之。

時，【諸大臣共詣王所，悉舉其手高聲唱言：大王當知，如太子意，毀壞】王法，禍及萬人。若王愛念不責治者，王之寶祚亦不久立。王聞此言，赫然大怒，令誅太子【及諸罪人】。

【王后聞之，愁憂號哭，毀形降服，與千采女馳詣王所，舉身】投【地】頂礼王足，俱作是言：唯願大王，赦太子命。王即迴顧，語太子言：莫救罪人；若救罪人，【必當殺汝。爾時，太子爲欲專求一切智故，爲欲利益諸衆生故，爲以大】悲普救攝故，其心堅固無有返悔，復白王言：願恕彼罪，身當受戮。王言：随意。尒時，王后【白言：大王，願聽太子，半月行施，恣意修福，然後治罪。王即聽】許。

時，都城北有一大園，名曰日光，是昔施塲。太子往彼，設大施會；飲食、衣服、花鬘、【瓔珞、塗香、末香、幢幡、寶蓋，諸莊嚴具，隨有所求，靡不周給。經半月已】，扵最後日，國王、大臣、長者、居士、城邑人民及諸外道，悉来集會。

時，法輪音虛空燈王【如來，知諸衆生調伏時至，與大衆俱，天王圍遶，龍王供養，夜叉王守護，乾】闥【婆王讚】歎，阿脩羅王曲躬頂禮，迦樓羅王以清淨心散諸寶花，緊那羅王歡喜勸請〔146①-1〕，【摩睺羅伽王一心瞻仰，來入彼會】。

【爾時，太子及諸大衆，遙見佛來，端嚴殊特，諸根寂定】如調順象，心無垢濁如清淨池，現大神通，示大自在，顯【大威】德，種種相好莊嚴其身，【放大光明普照世界，一切毛孔出香焰雲，震動十方無量佛剎，隨所至處普雨一切】諸莊嚴具；以佛威儀，以佛功德，衆生見者，心淨歡喜，煩惱銷滅。

尒時，太子及諸大衆五體【投地，頂禮其足，安施床座，合掌白言：善來世尊，善來善逝，唯願哀愍，攝受】扵我，處于此座。以佛神力，淨居諸天即變此座爲香摩尼蓮花之座。佛坐其上，諸【菩薩衆亦皆就座周匝圍遶。時，彼會中一切衆生，因見如來，苦滅障除】，堪受聖法。

尒時，如來知其可化，以圓滿音，說脩多羅，名普照因輪，令諸衆生隨類各解。【時，彼會中有八十那由他衆生，遠塵離垢，得法眼淨；無量那由他】衆生，得無學地；十千衆生，住大乘道，入普賢行，成滿大願。當尒之時，十方各百佛剎微塵數【衆生，於大乘中，心得調伏；無量世界一切衆生，免離惡趣，生於天上】。善伏太子即扵此時，得菩薩教化衆生令生善根解脫門。

善男子，尒時太子豈異人乎，我【身是也。我因往昔起大悲心，捨身命財救苦衆生，開門大施】供養扵佛，得此解脫。佛子當知，我扵尒時，但爲利益一切衆生，不著三界，不求果報，不貪名【稱】，不欲【自讚輕毀扵他，扵諸境界無所貪染、無所怖畏，但莊嚴】大乘出要之道，常樂觀察一切智門，修行苦行，得此解脫。

佛子，扵汝意云何，彼時五百大臣，欲害我者，豈異人【乎，今提婆達多等五百徒黨是也。是諸人等】，蒙佛教化，皆當得阿耨多羅三藐三菩提，扵未來世，過須彌山微塵數劫，尒時有劫，名善光，世界名寶光，扵中成佛。【其五百佛次第興世，最初如來，名曰大悲】；第二，名利〈饒〉益世間；第三，名大悲師子；第四，名救護衆生；乃至最後，名曰醫王。雖彼諸佛大悲【平等，然】其國土、種族、父母、受【生、誕生、出家、學道、往詣道場、轉正法】輪、說脩多羅、語言、音聲、光明、衆會、壽命、法住及【其名號】，各各差別。

佛子，彼諸〔146①-2+②-2〕【罪人，我所救者，即拘留】孫寺賢劫千佛，【及百萬阿僧祇諸大菩薩，扵無量精進力名稱】功德慧如來所，發阿耨多羅三藐三菩【提心，今扵十方國土，行】菩薩【道，修習】增長此菩薩，教【化衆生，令生善】根解脫者【是。時勝光王，今薩遮尼乾子大論師是。時王宮】人及諸眷属，即彼尼乾六萬【弟子】與【師】俱【來，建大論幢，共佛論議，悉降伏之，授阿耨多羅三藐三菩提記者】是。此諸人等，皆當【作佛，國土莊嚴、劫數、名號，各各有異】。

【佛子】，我扵尒時救罪人已，父母【聽】我捨離國土、妻子、【財寶，扵法輪音虛空燈王佛所出家學道。五百歲中，淨修梵行】，即得成就百萬陁羅【尼、百萬神通、百萬法藏、百萬求一切智勇猛】精進，淨治百萬堪忍【門】，增長百萬思惟心，成就百萬菩薩力，【入百萬菩薩智門，得百萬般若波羅蜜門，見十】方百萬諸佛，生百【萬菩薩大願；念念中，十方各照百萬佛刹】；念念中，憶念十方世界前【後際劫百】萬諸【佛；念念中，知】十方世界百【萬諸佛】變【化海；念念中，見十方百萬世】界所有衆生種種【諸趣，隨業所受生時死時、善趣惡趣、好色惡色】，其諸衆生種種心【行、種】種欲樂、種種根性、【種種業習、種】種成【就，皆悉】明了。

佛子，我【於爾時命終之後，還復】於彼王家受生，作【轉輪王，彼法輪音虛空燈王如來滅後，次即於此】值法空王如來，【承事】供養；次爲【帝釋，即此道場值】天王藏如【來，親近供養；次爲夜摩天王，即於此世界】值大地威力山如來，【親近供養；次爲兜率天王，即於此世界】值法輪光音聲王如來，親近供養；次爲化樂天王，即於此世界值虛空智】王如來，親近供養；次爲【他化自在天王，即於】此世界值無䐱壞【幢如來，親近供養；次爲阿脩羅王，即於此世界】值一【切法】雷音王如來，親【近】供【養；次】爲梵王，【即於此世界值普現化演法音如】來，親近【供養】。

【佛子，此寶光世界善光】劫中，有一萬【佛出興于世，我皆親近承事供養。次復有劫，名曰日】光，有六【十億佛出興於】世，最初如【來，名妙相山，我】時爲王，【名曰大慧，於彼】佛所承事供養；次有佛出，名圓滿肩，我爲居士，親近供養；次有佛出，名離垢童子，我爲大臣，親】近供養；【次有佛出】，名勇猛【持，我】爲【阿脩羅王】，親近供【養；次有】佛【出，名須彌相，我爲樹神，親近供養；次有佛出，名離垢臂，我爲商主，親近供養；次有佛出，名師子遊步，我爲城神，親近供養；次有佛出，名寶髻，我爲毘沙門天王，親近供養；次有佛出，名最上

法稱，我爲乾闥婆王，親近供養；次有佛出，名光明冠，我爲鳩槃茶王，親近供養】。

【於彼劫中，如是次第有六十億如來出興於世】。我常【於此】受種種【身，一一佛所親近供養，教化成就無量衆生；於一一佛所，得種種三昧門、種種陀羅尼門、種種神通門、種種辯才門、種種一切智門、種種法明門、種】種智慧門，照【種種十方海，入種種佛刹海，見種種諸佛海，清淨成就，增長廣大。如於此劫中親近供養爾所諸佛，於一切處、一切世界海微塵數劫，所有諸佛出興于世，親近供養，聽聞說法，信受護持，亦復如是。如是，一切諸如來所，皆悉修習此解脫門，復得無量解脫方便。

爾時，救護一切衆生主夜神，欲重宣此解脫義，即爲善財而說頌言：

汝以歡喜信樂心，問此難思解脫法；
我承如來護念力，爲汝宣說應聽受。
過去無邊廣大劫，過於刹海微塵數，
時有世界名寶光，其中有劫號善】光。
於此善光【大劫中，一萬如來出興世，
我皆親近而供養，從其修學此解脫。
時有王都名喜嚴，縱廣寬平極殊麗，
雜業衆生所居住，或心清淨或作惡。
爾時有王名勝光】，恆以【正法】御羣生；
其王太子【名善伏，形體】端正【備衆】相。
【時有無量諸罪人，繫身牢獄當受戮；
太子見已生悲愍，上啓於王請寬宥。
爾時諸臣共白王：今此太子危王國，
如是罪人應受戮，如】何愍救令除免。
時勝光王【語太子：汝救】彼罪【自當】受。
【太子哀念情轉深，誓救衆生無退怯。】
時王夫人采女等，俱來王所白王言：
願放太子半月中，布施衆生作功德。
時王聞已即聽許，設大】施會濟貧乏，
一切衆生【靡不臻，隨】有所【求咸給】與。
【如是半月日云滿，太子就戮時將至，
大衆百千萬億人，同時瞻仰俱號泣。

彼佛知眾根將熟，而來此會化群生，
顯現神】變【大莊嚴，靡不】親近而恭【敬。
佛以一音方便說】，法燈普【照修多羅，
無量眾生意柔軟，悉蒙與授菩提記。
善伏太子生歡喜，發興無上正覺心，
誓願承事於如來，普爲眾生作依處。
便即出家依佛住，
　　　修行一切】種智〔146②-3+①-3〕【道，
爾時便得此解脫，大悲廣濟諸群生。
於中止住經劫海，諦觀諸法真實性，
常於苦海救眾生，如是修習菩提道。
劫中所有諸佛現，悉皆承事無有餘，
咸以清淨信解心，聽聞持護所說法。
次於佛剎微塵數，無量無邊諸劫海，
所有諸佛現世間，一一供養皆如是。
我念往昔爲太子，見諸眾生在牢獄，
誓願捨身而救護，因其證此解脫門。
經於佛剎微塵數，廣大劫海常修習，
念念令其得增長，復獲無邊巧方便。
彼中所有諸如來，我悉得見蒙開悟，
令我增明此解脫，及以種種方便力。
我於無量千億劫，學此難思解脫門；
諸佛法海無有邊，我悉一時能普飲。
十方所有一切剎，其身普入無所礙；
三世種種國土名，念念了知皆悉盡。
三世所有諸佛海，一一明見盡無餘；
亦能示現其身相，普詣於彼如來所。
又於十方一切剎，一切諸佛導師前，
普雨一切莊嚴雲，供養一切無上覺。
又以無邊大問海，啟請一切諸世尊；
彼佛所雨妙法雲，皆悉受持無忘失。

又於十方無量刹，一切如來】眾會前，
坐於眾妙莊嚴座，示現種種神【通】力。
【又於十方無量刹，示現種種諸神變，
一身示現無量身，無量身中現一身。
又於一一毛孔中，悉放】無數大光明，
各以種種巧方便，除滅眾生煩惱火。
又於【一一毛孔中，出現無量化身雲，
充滿十方諸世界，普雨法雨濟群品。
十方一切諸佛】子，入此難思解脫門，
悉盡未來無量劫，安住修行菩薩行。
隨其【心樂爲說法，令彼皆除邪見網，
示以天道及二乘，乃至如來一切智。
一切眾生受生】處，示現無邊種種身，
悉同其類現眾像，普應其心而說法。
若有得【此解脫門，則住無邊功德海，
譬如刹海微塵數，不可思議無有量】。

【善】男子，我唯知此教化眾生令生善根解脫門。如諸菩薩摩訶薩，超諸【世間，現諸趣身，不住攀緣，無有障礙，了達一切諸法自性，善能觀察一切諸法，得】無我智，證無我法，教化調伏一切眾生恒無休息，心常安住無二法門，普入一【切諸言辭海；我今云何能知能說彼功德海、彼勇猛智、彼心行處、彼三】昧境、彼解脫力。

善男子，此閻浮提，有一園林，名嵐毗尼；彼園有神，名妙【德圓滿。汝詣彼問：菩薩云何修菩薩行、生如來家、爲世光明，盡未來】劫而無猒倦。

時，善財童子頂礼其足，繞無量帀，合掌瞻仰〔146①-4〕，【辭退而去】。

【大方廣佛華嚴經卷第七十三】

大方廣佛花嚴經
入法界品第〔三十九之十五〕
〔卷七十四・七十四之上〕

【爾時，善財童子於大願精進力救護】一切衆生夜神所，得菩薩解脫【已，憶念修習，了達增長】。

【漸次遊行，至嵐毘尼林，周遍尋覓彼妙德神】，見在一切寶樹莊嚴樓【閣中，坐寶蓮華師子之座，二十億那由他諸天恭敬圍遶，爲說菩薩受】生海經，令其皆得〔147①-1〕【生如來家，增長菩薩大功德海。善財見已，頂禮其足，合掌前立，白言：大聖，我已先發阿耨多羅三藐三菩提心，而未能知菩薩云何修菩薩行、生如來家、爲世大明。

彼神答言：

善男子，菩薩有十種受生藏，若菩薩成就此法，則生如來家，念念增長菩薩善根，不疲不懈，不厭不退，無斷無失，離諸迷惑，不生怯劣、惱悔之心，趣一切智，入法界門，發廣大心，增長諸度，成就諸佛無上菩提，捨世間趣，入如來地，獲勝神通，諸佛之法常現在前，順一切智真實義境。

何等爲十，一者，願常供養一切諸佛受生藏；二者，發菩提心受生藏；三者，觀諸法門勤修行受生藏；四者，以深淨心普照三世受生藏；五者，平等光明受生藏；六者，生如來家受生藏；七者，佛力光明受生藏；八者，觀普智門受生藏；九者，普現莊嚴受生藏；十者，入如來地受生藏。

善男子，云何名願常供養一切佛受生藏，善男子，菩薩初發心時，作如是願：我當尊重、恭敬、供養一切諸佛，見佛無厭，於諸佛所，常生愛樂，常起深信，修諸功德，恒無休息。是爲菩薩爲一切智始集善根受生藏。

云何名發菩提心受生藏，善男子，此菩薩發阿耨多羅三藐三菩提心，所謂：起大悲心，救護一切衆生故；起供養佛心，究竟承事故；起普求正法心，一切無吝故；起廣大趣向心，求一切智故；起慈無量心，普攝衆生故；起不捨一切衆生心，被求一切智堅誓甲故；起無諂誑心，得如實智故；起如說行心，修菩薩道故；起不誑諸佛心，守護一切佛大誓願故；起一切智願心，盡未來化衆生不休息故。菩薩以如是等佛刹微塵數菩提心功德故，得生如來家。是爲菩薩第二受生藏。

云何名觀諸法門勤修行受生藏，善男子，此菩薩摩訶薩，起觀一切法門海心，起迴向一切智圓滿道心，起正念無過失業心，起一切菩薩三昧海清淨心，起修成一切菩薩功德心，起莊嚴一切菩薩道心，起求一切智大精進行、修諸功德如劫火熾然無休息心，起修普賢行教化一切衆生心，起善學一切威儀、修菩薩功德、捨離一切所有、住無所有真實心。是爲菩薩第三受生藏。

云何名以深淨心普照三世受生藏，善男子，此菩薩具清淨增上心，得如來菩提光，入菩薩方便海，其心堅固猶若金剛，背捨一切諸有趣生，成就一切佛自在力，修殊勝行，具菩薩根，其心明潔，願力不動，常爲諸佛之所護念，破壞一切諸障礙山，普

561

爲衆生作所依處。是爲菩薩第四受生藏。

云何名平等光明受生藏，善男子，此菩薩具足衆行，普化衆生；一切所有，悉皆能捨；住佛究竟淨戒境界；具足忍法，成就諸佛法忍光明；以大精進，趣一切智，到於彼岸；修習諸禪，得普門定；淨智圓滿，以智慧日，明照諸法；得】無礙眼，見【諸佛海，悟入一切真實法性；一切世間，見者歡喜，善能修習如實法門。是爲菩薩第五】受生藏。

云何【名生如來家受生藏，善男子，此菩薩生如來家，隨諸佛住，成就一切甚深法門，具三世】佛清淨大願，【得一切佛同一善根，與諸如來共一體性，具出世行白淨善法，安住廣大功德法門；入諸】三昧，見佛神力；隨所【應化，淨諸衆生；如問而對，辯才無盡。是爲菩薩第六受生藏】。

【云何名佛力光】明受【生】藏，善男子，此菩【薩深入佛力，遊諸佛刹心無退轉，供養承事菩薩衆會無有疲厭，了一】切法皆如幻起，知諸世間如【夢所見，一切色相猶如光影，神通所作皆如變化，一切受生悉皆如影】，諸佛【說】法【皆如】谷響，開【示法界咸令究竟。是爲菩薩第七受生藏】。

【云何名觀普智門受生藏，善】男子，此菩薩住童真位，【觀一切智一一智門，盡無量劫開演一切菩薩所行，於諸菩薩甚深三昧】心得【自】在，【念念生於】十方世界諸【如來所，於有差別境入無差別定，於無差別法現有差別智，於無量】境知【無】境【界，於少境界】入無量境，【通達法性廣大無際，知諸世間悉假施設，一切皆是識心所起。是爲】菩薩【第八受生藏】。

【云何】名普現【莊嚴受生藏，善男子，此菩薩能種種莊嚴無量佛刹，普能化現】一切【衆生及諸】佛【身，得】無【所畏，演清淨法，周流法界，無所障礙；隨其心樂，普使知見，示現種種成菩提行，令生】无【礙】一切智道；如是所作不失【其時，而常在三昧毘盧遮那智慧之藏。是爲菩】薩第九受生藏。

云何名入【如來地受生藏，善男子，此菩薩悉於三世諸如來所受灌頂法，普知】一切境界次第，所謂知一切【衆生前際後際沒生次第、一切菩薩修行次第、一切衆生心念次第】、三世【如來】成佛次第、善巧【方便說法次第，亦知一切初、中、後際所有諸劫若成若壞名號次第。隨諸衆生所應化】度，爲現成道功〔147①-3〕【德莊嚴，神通說法，方便調伏。是爲菩薩第十受生藏】。

【佛子，若菩薩】摩訶薩，於此十法修集〈習〉增長【圓滿成就，則能於一莊嚴中，現種種莊嚴；如是莊嚴一切國土，開導示】悟一切衆生，盡未來刼無有休息；【演說一切諸佛法海種種境界、種種成熟，展轉傳來無量諸法；現不思議】佛自在力，充滿一切虛空法界；於諸衆【生心行海中而轉法輪，於一切世界示現成佛，恒無間斷；以不可說清淨】言音說一切法，住無量處通達無礙；以一切法【莊嚴道場，隨諸衆生欲解差別而現成佛，開示無量甚深法】藏，教化成就一切古聞。

尒【時】，嵐毗尼林神，欲重【明其義，以佛神力，普觀十方而說頌言】：

【最上】離垢清净心，見一切佛無猒足，
顙盡未來【常供養，此明慧者受生藏。
一切三世國土中，所有衆生及諸佛，
悉願度脫恒瞻奉，此】難思者受生藏。
聞法無猒樂觀察，普於三世無【所礙，
身心清淨如虛空，此名稱者受生藏。
其心恒住大悲海，堅如金剛及寶山】，
了達一切種智門，此最勝者受生藏。
大慈普覆【於一切，妙行常增諸度海，
以法光明照群品，此雄猛者受生藏。
了達法性心無礙】，生於三世諸佛家，
普入十方法界【海，此】明智者【受生藏。

法身清淨心無礙，普詣十方諸國土，
一切佛力靡不成，此不思議受生藏。
入】深智慧已自在，於諸三昧亦究竟，
【觀一切智如實門，此真身者受生藏。
淨治一切諸佛土，勤修普化衆生法，
顯現如來自在力，此】大名者受生藏。

聞〈久〉已修【行薩】婆若，【疾能趣入如來位，

了知法界皆無礙，此諸佛子受生藏】。

【善男子，菩薩具此十法，生如來】家，【爲】一切世間【清】淨光明〔147①-4〕。【善男子，我從無量劫來，得是自在受生解脫門】。

善財白言：聖者，此解脫門境界云何。

答言：

善男子，我先發願：願【一切】菩薩示受生時皆得親近；願入毗盧遮那如來無量受生海。以昔願力，生此世界閻浮提中嵐毗尼園，專念菩薩何時下生；經於百年，世尊果從兜率陁天而來生此。

時，此林中現十種相。何等爲十，一者，此園中地忽自平坦，坑坎、塠〈堆〉阜悉皆不現。二者，金剛爲地，衆寶莊嚴，無有凡礫、荊棘、株杌。三者，寶多羅樹周市行列，其根深植至於水際。四者，衆生〈生衆〉香牙〈芽〉①，現衆香藏，寶香爲樹，扶疎蔭暎，其諸香氣皆踰〈逾〉天香。五者，諸妙花鬘寶莊嚴具，行列分布，處處充滿。六者，園中所有一切諸樹，皆自然開摩尼寶花。七者，諸池沼中，皆自生花，從地踊〈涌〉②出，周布水上。八者，時此林中，娑婆世界欲色所住天、龍、夜叉、乾闥婆、阿修羅、迦樓羅、緊那羅、摩睺羅伽，一切諸王，莫不來集，合掌而住。九者，此世界中所有天女，乃至摩睺羅伽女皆生歡喜，各各捧持諸供養具，向畢洛叉樹前，恭敬而立。十者，十方一切諸佛齊〈齋〉③中，皆放光明，名菩薩受生自在燈，普照此林；一一光中，悉現諸佛受生，誕生所有神變，及一切菩薩受生功德，又出諸佛種種言音。是爲林中十種瑞相。此相現時，諸天王等即知當有菩薩下生；我見此瑞，歡喜無量。

善男子，摩耶夫人出迦毗羅城，入此林時，復現十種光明瑞相，令諸衆生得法光明。何等爲十，所謂一切寶花藏光、寶香藏光、寶蓮花開演出真實妙音聲光、十方菩薩初發心光、一切菩薩得入諸地現神變光、一切菩薩修波羅蜜圓滿智光、一切菩薩大願智光、一切菩薩教化衆生方便智光、一切菩薩證於法界真實智光、一切菩薩得佛自在受生出家成正覺光。此十光明，普照無量諸衆生心。

善男子，摩耶夫人於畢洛叉樹下坐時，復現菩薩將欲誕生十種神變。何等爲十：

善男子，菩薩將欲誕生之時，欲界諸天天子、天女，及以色界一切諸天、諸龍、夜叉、乾闥婆、阿修羅、迦樓羅、緊那羅、摩睺羅伽并其眷屬，爲供養故，悉皆雲集。摩耶夫人威德殊勝，身諸毛孔咸放光明，普照三千大千世界無所郚礙，一切光明悉皆不現，除滅一切衆生煩惱及惡道苦。是爲菩薩將欲誕生第一神變。

又，善男子，當尒之時，摩耶夫人腹中悉現三千世界一切形像，其百億閻浮提内，各有都邑，各有園林，名号不同，皆有摩耶夫人於中止住、天衆圍繞，悉爲顯現菩薩將生不可思議神變之相。是爲菩薩將欲誕生第二神變。

又，善男子，摩耶夫人一切毛孔〔148-1〕，皆現如來往昔修行菩薩道時，恭敬供養一切諸佛，及聞諸佛說法音聲。譬如明鏡及以水中，能現虛空日月、星宿、雲雪〈雷〉等像；摩耶夫人身諸毛孔亦復如是，能現如來往昔因緣。是爲菩薩將欲誕生第三神變。

---

① 芽，㊚四〇三頁註②：芽＝牙宮聖。
② 涌，㊚四〇三頁註③：涌＝踊宮。
③ 齊，㊚四〇三頁註④：齊＝齋宮聖。

又，善男子，摩耶夫人身諸毛孔，一一皆現如来往修菩薩行時，所住世界，城邑聚落，山林河海，衆生劫數，值佛出世，【入】淨國土，随所受生，壽命長短，依善知識修行善法，扵一切剎在在生處，摩耶夫人常爲其母；如是一切，扵毛孔中靡不皆現。是爲菩薩将欲誕生弟四神變。

又，善男子，摩耶夫人一一毛孔，顯現如来往昔修行菩薩行時，随所生處，色相形皃，衣服飲食，岱樂等事，一一【普】現，【分】明辯了。是爲菩薩将欲誕生弟五神變。

又，善男子，摩耶夫人身諸毛孔，一一皆現世尊往昔修施行時，捨所難捨：頭目耳鼻，【唇】舌牙齒，身體手足，血肉莇骨，男女妻妾，城邑宮殿，衣服瓔珞，金銀寶貨。如是一切內外諸物，亦見受者形皃、音聲及其處所。是爲菩薩将欲誕生弟六神變。

又，善男子，摩耶夫人入此園時，其林普現過去所有一切諸佛入母胎時國土園林、衣服花鬘、塗香林〈末〉香、幡繒幢盖一切衆寶莊嚴之事，扷〈妓〉①樂歌詠上妙音聲，令諸衆生普得見聞。是爲菩薩将誕生時弟七神變。

又，善男子，摩耶夫人入此園時，從其身出菩薩所住摩尼寶王宮殿、樓閣，超過一切天、龍、夜叉、乹闥婆、阿修羅、迦楼羅、緊那羅、摩睺羅伽及諸人王之所住者，【寶網】覆上，妙香普熏，衆寶莊嚴，內外清淨，各各差別，不相雜亂，周帀遍滿嵐毗尼園。是爲菩薩将（欲）誕生時弟八神變。

【又，善】男子，摩耶夫人入此園時，從其身出十不可說百千億那由他佛剎微塵數菩薩，其諸菩薩身形容皃、【相好光明、進】止威儀、【神通】眷属，皆與毗盧遮那菩薩等無有異，悉共同時讚歎如来。是爲菩薩〔148-2〕将誕生時弟九神變。

又，善男子，摩耶夫人将欲誕生菩薩之時，忽扵其前，從金剛際出大蓮花，名爲一切寶莊嚴藏。金剛爲莖，衆寶【爲】鬚，如意寶王以爲其臺，有十佛剎微塵數葉，一切皆以摩尼所成寶網、寶盖以覆其上。一切天王所共執持；一切龍王降注香雨；一切夜叉王恭敬圍繞，散諸天花；一切乹闥婆王出微妙音，歌讚菩薩往昔供養諸佛功德；一切阿修羅王捨憍慢心，稽首敬礼；一切迦楼羅王垂寶繒幡，遍滿虛空；一切緊那羅王歡喜瞻仰，歌詠讚歎菩薩功德；一切摩睺羅伽王皆生歡喜，歌詠讚歎，普雨一切寶莊嚴雲。是爲菩薩将誕生時第十神變。

善男子，嵐毗尼園示現如是十種相已，然後菩薩其身誕生。如虛空中現淨日輪，如高山頂出扵慶雲，如叆雲中而曜〈耀〉②電光，如夜暗〈闇〉中而然大炬；尒時，菩薩從母脇生，身相炎明亦復如是。善男子，菩薩尒時，雖現初生，悉已了達一切諸法，如夢如幻，如影如像，無来無去，不生不滅。

善男子，當我見佛扵此四天下閻浮提內嵐毗尼園示現初生種種神變時，亦見如来扵三千大千世界百億四天下閻浮提內嵐毗尼園中示現初生種種神變；亦見三千大千世界一一塵中無量佛剎，亦見百佛世界、千佛世界乃至十方一切世界一一塵中無量佛剎，如是一切諸佛剎中，皆有如来示現受生種種神變。如是念念，常無閒斷。

時，善財童子白彼神言：大天得此解脫，其已久如。

答言：

善男子，乃往古世，過億佛剎微塵數劫，復過是數。時，有世界名爲普寶，劫名悅樂，八十那由他佛扵中出現；其第一佛，名自在功德幢，十号具足。彼世界中，有四天下，名妙光莊嚴；其四天下閻浮提中，有一王都，名湏彌

---

① 妓，㊇四〇四頁註④：妓＝伎㊈㊊。

② 耀，㊇四〇四頁註⑦：耀＝曜㊈。

莊嚴幢；其中有王，名寶餤眼；其王夫人，名曰喜光。善男子，如此世界摩耶夫人，爲毗盧遮那如來之母；彼世界中喜光夫人，爲初佛母，亦復如是。

善男子，其喜光夫人將欲誕生菩薩之時，與二十億那由他采女詣金花園；園中有樓，名妙寶峰；其邊有樹，名一切施。喜光夫人攀彼樹枝而生菩薩，諸天王衆各持香水共以洗沐。時，有乳母名爲淨光，持〈侍〉立其側。既洗沐已，諸天王衆授與乳母。乳母敬受，生大歡喜，即得菩薩普眼三昧；得此三昧已，普見十方無量諸佛，復得菩薩於一切處示現受生自在解脫。如初受胎識，速疾無礙；得此解脫故，見一切佛乘本願力受生自在，亦復如是。善男子，於汝意云何，彼乳母者，豈異人乎，我身是也。我從是來，念念常見毗盧遮那佛示現菩薩受生海調伏衆生自在神力。如見毗【盧】遮那佛乘本願力，念念於此三千大千，乃至十方一切世界微塵之內，皆現菩薩受生神變；見一切佛衆亦如是，我皆恭敬承事供養，聽〔148-3〕所說法，如說修行。

時，藍〈嵐〉毗尼林神，欲重宣此解脫義，承佛神力，普觀十方而說頌言〔148-4〕：

佛子汝所問，諸佛甚深境；
汝今應聽受，我說其因緣。
過億剎塵劫，有劫名悅樂；
八十那由他，如來出興世。
最初如來号，自在功德幢；
我在金花園，見彼初生日。
我時爲乳母，智慧極聰利；
諸天授與我，菩薩金色身。
我時疾捧持，諦觀不見頂，
身相皆圓滿，一一無邊際。
離垢清淨身，相好以莊嚴，
譬如妙寶像，見已自欣慶。
思惟彼功德，疾增衆福海；

見此神通事，發大菩提心。
專求佛功德，增廣諸大願，
嚴淨一切剎，滅除三惡道。
普於十方土，供養無數佛，
修行本誓願，救脫衆生苦。
我於彼佛所，聞法得解脫，
億剎微塵數，無量劫修行。
劫中所有佛，我悉曾供養，
護持其正法，淨此解脫海。
億剎微塵數，過去十力尊，
盡持其法輪，增明此解脫。
我於一念傾〈頃〉，見此剎塵中，
一一有如來，所淨諸剎海。
剎內悉有佛，園中示誕生，
各現不思議，廣大神通力。
或見不思議，億剎諸菩薩，
住於天宮上，將證佛菩提。
無量剎海中，諸佛現受生，
說法衆圍繞，於此我皆見。
一念見億剎，微塵數菩薩，
出家趣道場，示現佛境界。
我見剎塵內，無量佛成道，
各現諸方便，度脫苦衆生。
一一微塵中，諸佛轉法輪，
悉以無盡音，普雨甘露法。
億剎微塵數，一一剎塵內，
悉見於如來，示現般涅槃。
如是無量剎，如來示誕生；
而我悉分身，現前興供養。
不思議剎海，無量趣差別；
我悉現其前，雨於大法雨。
佛子我知此，難思解脫門，
無量億劫中，稱揚不可盡。

善男子，我唯知此菩薩於無量劫遍一切處示現受生自在解脫。如諸菩薩摩訶薩，能以一念爲諸劫藏，觀一切法，以善方便而現受生；周遍供養一切諸佛，究竟通達一切佛法；於一切趣皆現受生，一切佛前坐蓮花座；知諸衆生應可度時，爲現受生方便調伏；於一切刹現諸神變，猶如影像悉詣〈現〉其前。我當云何能知能說彼功德行。

善男子，此迦毗羅城，有釋種女，名曰瞿波。汝詣彼問：菩薩云何於生死中教化衆生。

時，善財童子頂禮其足，繞無數匝，殷勤瞻仰，辭退而去。

大方廣佛花嚴〔經〕卷第七十四・七十四之下

〔148－5〕

大方廣佛花嚴經
入法界品第三十九之十六
卷七十五・七十五之上

尒時,善【財童子向迦毘羅】城,思惟修習受生解脫,增長廣大,憶念不捨。

漸次遊行,至菩薩集會普現法界光明講堂,其中有神,号無憂德,與一萬主【宮殿神俱】,來迎善財,作如是言:

善来丈夫,有大智慧,有大勇猛,能修菩薩不可思議自在解脫,心恒不捨廣大誓【願】,善【能觀】察諸法境界;安住法城,入於無量諸方便門,成就如來功德大海;得妙辯才,善調衆生,獲聖智身,恒順修行,知諸衆生心行差別,令其歡喜趣向佛道。

我觀仁者修諸妙行心無暫懈,威儀所行恣皆清淨,汝當不久得諸如来清净莊嚴無上三業,以諸相好莊嚴其身,以十【力智】瑩飾其心,遊諸世間。我觀仁者勇猛精進而無有比,不久當得普見三世一切諸佛聽受其法,不久當得一切菩薩禪定解脫諸三昧樂,不久當入諸佛如來甚深解脫。何以故,見善知識親近供養,聽受其教,憶念修行,不懈不退,無憂無悔,無有障礙,魔及魔民不能爲難,不久當成無上果故。

善財童子言:

聖者,如向所說,顧我皆得。聖者,我顧一切衆生,息諸熱惱,離諸惡業,生諸安樂,修諸淨行。聖者,一切衆生,起諸煩惱,造諸惡業,墮諸惡趣,若身若心恒受楚毒,菩薩見已心生憂惱。聖者,譬如有人,唯有一子,愛念情至,忽見被人割截支〈肢〉① 體,其心痛切不能自安。菩薩摩訶薩亦復如是,見諸衆生以煩惱業墮三惡趣受種種苦,心大憂惱。若見衆生起身語意三種善業,生天人趣受身心樂,菩薩尒時生大歡喜。何以故,菩薩不【自】爲故求一切智,不貪生死諸欲快樂,不隨想倒、見倒、心倒、諸結、隨眠、愛見力轉,不起衆生種種樂想,亦不味著諸禪定樂,非有障礙、疲猒、退轉住於生死。但見衆生於諸有中,【具】受无量種種諸苦,起大悲心,以大願力而普攝取。悲願力故,修菩薩行,爲斷一切衆生煩惱,爲求如来一切智智,爲供養一切諸佛如來,爲嚴【淨】一切廣大國土,爲淨【治一切衆生】樂欲及其所有身心諸行,於生死中無有疲猒。

聖者,菩薩摩訶薩於諸衆生,爲莊嚴,令生人天富貴樂故;爲父母,爲其安立菩提心故;爲養育,令其【成就】菩薩道故;爲衛護,令其遠離三惡道故;爲船師,令其得度生死海故;爲歸依,令捨諸魔煩惱怖故;爲究竟,令其永得清涼樂故;爲津濟,令入一切諸佛海故;爲導師,令【至一切】法寶洲故;爲妙花,開敷諸佛功德心故;爲嚴具,常放福德智慧光故;爲可樂,凡有所作恣端嚴故;爲可尊,遠離一切諸惡業故;爲普賢,具足一切【端】嚴身故;爲大明,常放

---

① 肢,㊣四〇六頁註①:肢=支㊁當聖。

智慧净光明故；爲大雲，常雨一切甘露法故。聖者，菩薩如是修諸行時，令一切衆生皆生愛樂、具足法樂。

尒時，善財童子将昇法堂，其無憂德及【諸】神衆，以出過諸天上妙花鬘、塗香、末香，及以種種寶莊嚴具，散善財上，而說頌言：

汝今出世間，爲世大明燈，
普爲諸衆生，勤求无上覺。
無量億千劫，難可【得】見【汝】；
功德日今出，滅除諸世闇。
汝見諸衆生，顛倒惑所覆，
而興大悲意，求證無師道。
汝以清净心，尋求佛菩提，
承事善知識，不自惜身命。
汝於諸世間，無依無所【著】，
其心普無礙，清净如虛空。
汝修菩提行，功德悉圓滿，
放大智慧光，普照一切世。
汝不離世間，亦不著於世，
行世無障礙，如風遊虛空。
譬如火災起，一切無【能】滅；
汝修菩提行，精進火亦然。
勇猛大精進，堅固不可動，
金剛慧師子，遊行無所畏。
一切法界中，所有諸刹海，
汝悉能往詣，親近善知識。

尒時，無憂德神說此頌已，爲愛樂法故，隨逐善財，恒不捨離。

尒時，善財童子入普現法界光明講堂，周遍推求彼釋氏女，見在堂内，坐寶蓮花師子之座，八万四千采女所共圍繞。是諸采女，靡不皆從王種中生，悉於過去修菩薩行同種善根，布施、受〈愛〉語普攝衆生；已能明見一切智境，已共修集佛菩提行；恒住正定，常遊大悲，普攝衆生猶如一子；慈心具足，眷属清净；已於過去成就菩薩不可思議善巧方便，皆於阿耨多羅三藐三菩提得不退轉，具足菩薩諸波羅〔149-1〕【蜜；離諸取著】，不樂生死；雖行諸有，心常清净，恒勤觀察一切智道；離障盖綱，超諸著處，從於法身而示化形；生普賢行，長菩薩力，智日慧【燈悉已】圓滿。

尒時，善財童子詣彼釋女瞿波之所，頂礼其足，合掌而住，作如是言：聖者，我已先發阿耨多羅三藐三菩提心，而未知菩薩云何於生死中而不爲生死過患所深〈染〉，了法自性而不住聲聞、辟支佛地，具足佛法而修菩薩行，住菩薩地而入佛境界，超過世間而於世受生，成就法身而示現無邊種種色身，證无相法而爲衆生示現諸相，知法無說而廣爲衆生演說諸法，知衆生空而恒不捨化衆生事，雖知諸佛不生不滅而勤供養无有退轉，雖知諸法無業無報而修諸善行恒不止息。

時，瞿波女告善財言：

善哉善哉，【善】男子，汝今能問菩薩摩訶薩如是行法，修習普賢諸行頤者能如是問。諦聽諦聽，善思念之，我當承佛神力，爲汝宣說。

善男子，若諸菩薩成就十法，則能圓滿因陁羅綱普智光明菩薩之行。何等爲十，所謂依善知識故，得廣大勝解故，得清净欲樂故，集一切福智故，於諸佛所聽聞法故，心恒不捨三世佛故，同於一切菩薩行故，一切如來所護念故，大悲妙頤皆清净故，能以智力普斷一切諸生死故。是爲十。若諸菩薩成就此法，則能圓滿因陁羅綱普智光明菩薩之行。

佛子，若菩薩親近善知識，則能精進不退修習出生無盡佛法。佛子，菩薩若〈以〉十種法，承事善知識。何等爲十，所謂於自身命無所顧惜，於世樂具心不貪求，知一切法性皆平等，永不退捨一切智頤，觀察一切法界實相，心恒捨離一切有海，知法如空心無所依，成就一切菩薩大頤，常能示現一切刹海，净修菩薩無礙智輪。佛子，應以此法承事一切諸善知識，無所違迸。

尒時，釋迦瞿波女，欲重明此義，承佛神

力,觀察十方,而說頌言:

　　菩薩爲利諸羣生,正念親承善知識,
　　敬之如佛心無怠,此行扵世帝網行。
　　勝解廣大如虛空,一切三世悉入中,
　　國土衆生佛皆尒,此是普智光明行。
　　志樂如空無有際,永斷煩惱離諸垢,
　　一切佛所修功德,此行扵世身雲行。
　　菩薩修集〈習〉一切智,不可思議功德海,
　　淨諸福德智慧身,此行扵世不染行。
　　一切諸佛如來所,聽受其法無猒足,
　　㤗生實相智慧燈,此行扵世普照行。
　　十方諸佛無有量,一念一切悉㤗入,
　　心恒不捨諸如來,此向菩提大願行。
　　㤗入諸佛大衆會,一切菩薩三昧海,
　　願海及以方便海,此行扵世帝網行。
　　一切諸佛所加持,盡未來際無邊劫,
　　處處修行普賢道,此是菩薩分身行。
　　見諸衆生受大苦,起大慈悲現世間,
　　演法光明除暗〈闇〉冥,此是菩薩智日行。
　　見諸衆生在諸趣,爲集無邊妙法輪,
　　令其永斷生死流,此是修行普賢行。
　　菩薩修行此方便,隨衆生心而現身,
　　普扵一切諸趣中,化度无量諸含識。
　　以大慈悲方便力,普遍世間而現身,
　　隨其解欲爲說法,皆令趣向菩提道。〔149-2〕

時,【釋】迦瞿波說此頌已,告善財童子言:善男子,我已成就觀察一切菩薩三昧海解脫門。

善財言:大聖,此解脫門境界云何。

荅言:善男子,我入此解脫,知此娑婆世界佛刹微塵數劫,所有衆生扵諸趣中,死此生彼,作善作惡,受諸【果】報,有求出離、不【求出】離,正定、邪定及以不定,有煩惱善根,無煩惱善根,具足善根,不具足善根,不善根所攝善根,善根所攝不善根;如是所集善、不善法,我皆知見。又彼刼中所有諸佛名号、次第,我悉了知。彼佛世尊從初發心,及以方【便】求一切智,出生一切諸大願海,供養諸佛,修菩薩行,成寺正覺,轉妙法輪,現大神通,化度衆生,我悉【了】知。亦知彼佛衆會差別,其衆會中有諸衆生依聲聞乗而得出離,其聲【聞】衆過去修習一切善根,及其所得種種智慧,我悉了知。有諸衆生依獨覺乗而得出離,其【諸獨】覺所有【善根】、所得菩提、寂滅解脫、神通變化、成熟衆生、入扵涅槃,我悉了知。亦知彼佛諸菩薩衆,其諸菩薩從初發心,修習善根,出生無量諸大願行,【成就滿足諸波羅蜜種種】莊嚴菩薩之道,以自在力,入菩薩地,住菩薩地,觀菩薩地,淨菩薩地,菩薩地相、菩薩地智、菩薩攝智、菩薩教化衆生智、菩薩建立智、菩薩廣大行境界、菩薩神通【行、菩】薩三昧海、菩薩方便,菩薩扵念念中所入【三】昧海、所得一切智光明、所獲一切智電光雲、所得實相忍、所通達一切智、所住刹海、所入法海、所知衆生海、所住方便、所發【誓願、所】現神通,我悉了知。

善男子,此娑婆世界,盡未來祭〈際〉,所有刼海,展轉不斷,我皆了知。如知娑婆世界,亦知娑婆世界內微塵數世界,亦知娑婆世界內一切世界,亦知娑婆世界微塵內所有世界,亦知娑婆世界外十方無間所住世界,亦知娑婆世界世界種所攝世界,亦知毗盧遮那世尊此花藏世界海中十方無量諸世界種【所攝世界,所謂】世界廣愽〈博〉、世界安立、世界輪、世界場、世界差別、世界轉、世界蓮花、世界湏弥、世界名号。盡此世界海一切世界,由毗盧遮那世尊夲願力【故】,我悉【能知,亦能憶念】。

【亦念如來往昔】所有諸因緣海。所謂:修集一切諸乗方便,無量劫中,住菩薩行,淨佛國土,教化衆生,承事諸佛,造立住處,聽受說法,獲諸【三昧,得】諸自在;修【檀波羅蜜入佛功德海,持】戒苦行,【具足】諸忍,勇猛精進,成就諸禪,圓滿淨慧;扵一切處示現受生,普賢行願悉皆清淨,普入諸刹,普淨佛土,普入一切如來智海，普攝一切【諸佛菩提，得於如】來大智光明，證於諸佛一切智性，成等正覺，轉妙法輪；及其所有道場衆會，其衆會中一切衆生，往世已來所種善根，從初發心，成【熟】衆【生，修行】方【便，念念增】長，獲諸三昧神通解脫。如是一切，我悉了知。何以故，我此解脫，〔能〕知一切衆生心行、一切衆生修行善根、一切衆生雜染清淨、一切衆生種種差別、一【切聲聞諸三昧門、一切】緣覺寂靜三昧神通解脫、一切菩薩一切如來解脫光明，皆了知故。

尒時，善財童子白瞿波言：聖者得此解脫，其已久如。

荅言：善男子，我【於】往【世，過】佛【剎微塵】數劫，有劫名勝行，世界名無畏。彼世界中，有四天下，名爲安隱。其四天下閻浮提中，有一王城，名高勝樹，於八十王城中最爲上【首】。彼時，有王名曰財主，其王具【有】六万采女、五百大臣、五百王子；其諸王子皆悉勇健，能伏怨敵。其王太子，名威德主，端正殊特，人所樂見，足下平滿，輪相備具，【足趺】隆起，手足指間皆有網縵，足跟齊正，手足柔輭，伊尼耶鹿王䏶，七處圓滿，陰藏隱密，其身上分如師子王，兩肩【平滿】，雙臂傭ᶜ〈膊〉長，身相端直，頸文三道，頰如師子，具四十齒悉皆齊密，四牙鮮白，其舌長廣出梵音聲，眼目紺青，睫如牛王，眉間豪相，頂上肉髻，皮膚細輭【如】真金〔149-3〕【色】，身毛上靡，髭帝青色，其身洪滿如尼拘陁樹。

尒時，太子受父王教，與十千采女詣香牙〈芽〉①園遊觀戲樂。太子是時，乘【妙】寶車，其車具有種種嚴飾，置大摩尼師子之座而坐其上；五百采女各執寶繩牽馭而行，進止有度，不遲不速；百千萬人持諸寶蓋，百千万人持諸寶幢，百千万人持諸寶幡，百千万人作諸【妓】樂，百千万人燒諸名香，百千万人散諸妙花，前後圍繞而爲翊從。道路平正，無有高下，衆寶雜花散布其上；寶樹行列，寶網彌覆，種種樓閣延袤其閒。其樓閣中，或有積聚種種珍寶，或有陳列諸莊嚴具，或有供設種種飲食，或有懸布種種衣服，或有備擬諸資生物，或復安置端正女人，及以無量僮僕侍從；隨有所須，悉皆施與。

時，有母人名爲善現，將一童女名具足妙德，顏容端正，色相嚴潔，洪纖得所，修短合度，目眼紺青，聲如梵音，善達功〈工〉巧，精通辯論，恭勤匪懈，慈愍不宮，具足慙愧，柔和質直，離癡【寡】欲，無諸諂〈諂〉詐，乘妙寶車，【采】女圍繞，及與其母從王城出，先太子行。見其太子言辝諷詠，心生愛染，而白母言：我心願得敬事此人，若不遂情，當自殞滅。母告女言：莫生此念。何以故，此甚難得〔149-4〕。此人具足輪王諸相，後當嗣位作轉輪王，有寶女出，騰空自【在。我】等甲賤，非其匹偶。此處難得，勿生是念。

彼香牙〈芽〉*園側，有一道場，名法雲光明。時，有如來名勝日身，十号具足，於中出現已經七日。時，彼【童女】暫【時假寐】，夢見其佛；從夢覺已，空中有天而告之言：勝日身如來，於法雲光明【道】場成等正覺已經七日，諸菩薩衆前後圍繞。天、龍、夜叉、乾【闥婆】、阿脩羅、迦樓羅、緊那羅、摩睺羅伽、梵〔天〕乃至色究竟天，諸地神、風神、火神、【水神】、河神、海神、山神、樹神、園神、藥神、主城神等，爲見佛故，皆來集會。

時，【妙】德童女夢覩如來故，聞佛功德故，其心安隱，無有怖畏，於太子前而說頌言：

我身最端正，名聞遍十方，
智慧無等倫，善達諸【工】功〈巧〉。
無量百千衆，見我皆貪染；
我心不於彼，而生少愛欲。
無瞋亦無恨，無嫌亦無喜，

---

① 芽，⑤四〇八頁註③：芽＝牙㈡㊅，下同。

大方廣佛花嚴經入法界品第三十九之十六

但發廣大心，利益諸衆生。
我今見太子，具諸功德相，
其心大欣慶，諸根咸悅樂。
色如光明寶，髮羙而右旋，
額廣眉纖曲，我心願事汝。
我觀太子身，譬若真金像，
亦如大寶山，相好有光明。
目廣紺青色，月面師子頰，
喜顔羙妙音，顀垂哀納我。
舌相廣長妙，猶如赤銅色；
梵音緊那聲，聞者皆歡喜。
口方不蹇〈褰〉縮，齒白悉齊密，
發【言現笑】時，見者心歡喜。
離垢清淨身，具相三十二，
必當於此界，而作轉輪位。
尒時，太子告彼女言：汝是誰女，爲誰守護，若先屬人，我則不應起愛染心。
尒時，太子以頌問言：
汝身極清【淨，功】德相具足；
我今問於汝，汝於誰所住。
誰爲汝父母，汝今繋屬誰，
若已屬於人，彼人攝受汝。
汝不盜他物，汝不有宮心，
汝不作邪婬，汝依何語住。
不說他人惡，不壞他所親，
不侵他境界，不於他恚怒。
不生邪險見，不作相違業，
不以諸曲力，方便誑世間。
尊重父母不，敬善知識不，
見諸貧窮人，能生攝心不。
若有善知識，誨示於汝法，
能生堅固心，究竟尊重不。
愛樂於佛不，了知菩薩不，
衆僧功德海，汝能恭敬不。
汝能知法不，能淨衆生不，
爲住於法中，爲住於非法。

見諸孤獨者，能起慈心不，
見惡道衆生，能生大悲不，
見他得榮【樂】，能生【歡】喜不，
他来逼迫汝，汝無瞋惱不，
汝發菩提心〈意〉，開悟衆生不，
無邊刼修行，能無ᶜ〈無能〉疲惓〈倦〉不。

七十五之上
〔149 - 5〕

【爾時，女母爲其太子而說頌言：
太子汝應聽，我今說此女，
初生及成長，一切諸因緣。
太子始生日，即從蓮華生，
其目淨修廣，肢節悉具足。
我曾於春月，遊觀娑羅園，
普見諸藥草，種種皆榮茂。
奇樹發妙華，望之如慶雲；
好鳥相和鳴，林間共歡樂。
同遊八百女，端正奪人心，
被服皆嚴麗，歌詠悉殊美。
彼園有浴池，名曰蓮華幢；
我於池岸坐，采女衆圍遶。
於彼蓮池內，忽生千】葉花，
寶葉琉璃【莖】，閻浮金爲【臺。
爾時夜分盡，日光初出現，
其蓮正開剖，放大清淨光。
其光極熾盛，譬如日初出】，
普照閻浮提，衆歎未曾有。
時見此玉女，從彼蓮花生，
其身甚清淨，支〈肢〉*【分皆圓滿。
此是人間寶，從於淨業生，
宿因無失壞，今受此果報。
紺髮青】蓮眼，梵聲金色光，
花鬘衆寶鐺，清淨無諸垢。
支〈肢〉*節悉具足，其身無缺減，
譬如【真金像，安處寶華中。
毛孔栴檀香，普熏於一切；

571

口出青蓮香，常演】梵音聲。
此女所住處，常有天音樂；
不應下劣人，而當如是偶。
世間無有人，堪與此【爲夫，
唯汝相嚴身，願垂見納受。
非長亦非短，非麁亦非細，
種種悉】端嚴，願垂見納受。
文字籌數法，工巧諸技藝，
一切皆通達，願垂見納受。
善了諸兵法，【巧斷衆諍訟，
能調難可調，願垂見納受。
其身甚清淨，見者】无猒足，
功德自莊嚴，汝應垂納受。
衆生所有患，善達彼緣起，
應病而與藥，一切皆銷〈消〉滅。
閻浮【語言法，差別無量種，
乃至妓樂音，靡不皆通達。
婦人之所】能，此女一切知，
而無女人過，願垂速納受。
不妒〈嫉〉亦不慳，無貪亦無恚，
質直性柔耎，離諸麁獷惡。
恭敬於尊【者，奉事無違逆，
樂修諸善行，此能隨順汝。
若見】於老病，貧窮在苦難，
無救無所依，常生大慈愍。
常觀第一義，不求自利樂，
但願益衆生，以此莊嚴心。
行住與坐臥，【一切無放逸；
言說及默然，見者咸欣樂。
雖於】一切處，皆無染著心；
見有功德人，樂觀無猒足。
尊重善知識，樂見離惡人；
其心不躁動，先思後作業。
福智所莊嚴，【一切無怨恨，
女人中最上，宜應事太子】。
尒時，太子入香牙〈芽〉*園已，告其妙德

及善現言：善女，我趣求阿耨多羅三藐三菩提，當於盡未來際無量劫，集【一切智助道之法，修無邊菩薩行，淨一切波】羅蜜，供養一切諸如來，護持一切諸佛教，嚴淨一切佛國土，當令一切如來種性不斷，當隨一切衆生種性而普成【熟，當滅一切衆生生死苦置於究竟安樂】處，當淨治一切衆生智慧眼，當修習一切菩薩所修行，當安住一切菩薩平等心，當成就一切菩薩所行地，當令【一切衆生普歡喜；當捨一切物，盡未來際行】檀波羅蜜，令一切衆生普得滿足衣服飲食、妻妾男女、頭目手足，如是一切內外所有，悉當捨施，无所悋惜。當【於爾時，汝或於我而作障難：施財物時，汝心吝】惜；施男女時，汝心痛惱；割支體時，汝心憂悶；捨汝出家，汝心悔恨。

尒時，太子即爲妙德而說頌言：
【哀愍衆生故，我發菩提心，
當於無量劫，習行一切】智。
無量大劫中，淨修諸願海，
入地及治障，悉經無量劫。
三世諸佛所，學六波羅蜜，
具足方便行，成就菩提道。
【十方垢穢刹，我當悉嚴淨；
一切惡道難，我當令永出】。
我當以方便，廣度諸羣生，
令滅愚癡暗，住於佛智道。
當供一切佛，當淨一切地，
起大慈悲心，悉捨內外物。
【汝見來乞者，或生慳吝心；
我心常樂施，汝勿違於我。
若見】我施頭，慎勿生憂惱；
我今先語汝，令汝心堅固。
乃至截手足，汝勿嫌乞者；
汝今聞我語，應可諦思惟。
【男女所愛物，一切我皆捨；
汝能順我心，我當成汝意】。

【爾時】，童女白太子言：敬奉来教。即說頌言：

無量劫海中，地獄火熒〈焚〉身；
若能眷納我，甘心受此苦。
【無量受生處，碎身如微塵；
若能眷納我，甘心受此苦。
無量劫頂戴】，廣大金剛山；
若能眷納我，甘心受此苦。
無量生死海，以我身內〈肉〉施；
汝得法王處，顚令我亦然。
【若能眷納我，與我爲主者，
生生行施處，願常以我施。
爲愍衆生苦，而發】菩提心；
既已攝衆生，亦當攝受我。
我不求豪富，不貪五欲樂，
但爲共行法，顚以仁爲主。
【紺青修廣眼，慈愍觀世間，
不起染著心，必成菩薩道。
太子所行處，地出衆】寶花，
必作轉輪王，顚能眷納我。
我曾夢見此，妙法菩提場，
如來樹下坐，无量衆圍繞。
【我夢彼如來，身如真金山，
以手摩我頂，窹已心歡喜。
往昔眷屬天，名曰喜】光明；
彼天爲我說，道塲佛興世。
我曾生是念：顚見太子身。
彼天報我言：汝今當得見。
【我昔所志願，於今悉成滿；
唯願俱往詣，供養彼如來】。

【爾時，太子聞勝日身】如來名，生大歡喜，顚見彼佛，以五百摩尼寶散其女上，冠以妙藏光明寶【冠，被以火焰摩尼寶衣。其女爾時，心不動搖，亦無喜相；但合掌恭敬，瞻】仰太子，目不暫捨。

其母善現，於太子前而說頌言：

此女極端正，【功德莊嚴身；
昔願奉太子，今意已滿足。
持戒有智慧，具足諸功德；
普於一切世，最勝】無倫匹。
此女蓮花生，種性〈姓〉無譏醜，
太子同行業，遠離一切過。
此女身柔㮕，【猶如天繒纊；
其手所觸摩，衆患悉除滅。
毛孔出妙香，芬馨最無比；
衆生】若聞者，【悉】住扵净戒。
身色如真金，端坐花臺上；
衆生若見者，離〔150①-1〕【害具慈心。
言音極柔軟，聽之無不喜；
衆生若得聞，悉離諸惡業。
心淨無瑕垢，遠】離諸諂曲，
稱心而發言，聞者皆歡喜。
調柔具慚愧，恭敬【扵尊宿，
無貪亦無諍，憐愍諸衆生。
此女心不恃，色相及眷屬；
但以清淨心，恭敬】一切佛。

尒時，太子與妙德女及十千采女并其眷【屬，出香芽園，詣法雲光明道場。至已下車，步進詣如來所。見佛身相端嚴寂】靜，諸根調順，內外清淨，如大龍池無諸垢濁；皆生【淨信，踊躍歡喜，頂禮佛足，遶無數匝。于時，太子及妙德女，各】持五百妙寶蓮華供散彼佛。太子爲佛造五百精舍，一一皆以香木所【成，衆寶莊嚴，五百摩尼以爲間錯。時，佛爲說普眼】燈門修多羅；聞是經已，扵一切法中得三昧海，所謂得普照一切佛頂海三昧、【普照三世藏三昧、現見一切佛道場三昧、普照一切衆生】三昧、普照一切世間智燈三昧、普照一切衆生根智燈三昧、救護一切衆生光明【雲三昧、普照一切衆生大明燈三昧、演一切佛法輪三昧、具足】普賢清淨行三昧。時，妙德女得三昧，名難勝海藏，扵阿耨多羅三藐【三菩提永不退轉】。

【時，彼太子與妙德女并其眷屬，頂禮佛足，遶無數】帀，辭退還宮；詣父王所，拜跪畢已，奉白王言：大王當知，勝日【身如來出興於世，於此國內法雲光明菩提場中成等正覺，于今未久】。尒時，大王語太子言：是誰爲汝說如是事，天耶，人耶。【太子白言：是此具足妙德女說。時，王聞已，歡喜無量，譬如貧人得大伏藏，作如是念：佛】無上寶難可值遇，若得見佛，永斷一【切惡道怖畏。佛如醫王，能治一切諸煩惱病，能救一切生死大苦；佛如導師，能令衆生至於究】竟安隱住處。作是念已，集諸〔150①-2〕【小王、群臣、眷屬，及以刹利、婆羅門等一切大衆，便捨王位，授與太子；灌頂訖已，與萬人俱，往詣佛】所；到已礼足，繞無數帀，【并其眷屬悉皆退坐】。

【爾時，如來觀察彼王及諸大衆，白毫相中放大光明，名：一切世間心燈，普照十方無量世】界，住扵一切世主之前，示現如來【不可思議大神通力，普令一切應受化者心得清淨。爾時，如來以不思議自在神力，現身超出一切】世間，以圓滿音普爲大衆說陁羅【尼，名一切法義離闇燈，佛刹微塵數陀羅尼而爲眷屬。彼王聞已，即時獲得大智光明；其衆會】中，有閻【浮提微】塵數菩薩，【俱時證得此陀羅尼；六十萬那由他人，盡諸有漏，心得解脫；十千衆生，遠塵離垢，得法眼淨；無量衆生，發】菩提心。【時，佛又以不】思議力廣【現神變，普於十方無量世界演三乘法化度衆生】。

【時，彼父王作如是念：我若在家，不能證得如是妙法；若於佛所出家學道，即當】成就。作是念【已，前白佛言：願得從佛出家修學。佛言：隨意，宜自知時。時，財主王與十千人，皆於佛所同時出家。未久之間，悉得成就一切法】義離闇燈陁【羅尼，亦得如上諸三昧門，又得菩薩十神通門，又得菩薩無邊辯才，又得菩薩無礙淨身，往詣十方諸】如【來所聽受其】法，爲大法師演【說妙法；復以神力遍十方刹，隨衆生心而爲現身，讚佛出現，說佛本行，示佛本緣，稱揚如來自在神】力，護【持於佛所】說教法。

尒時，太子【於十五日在正殿上，采女圍遶，七寶自至：一者輪寶，名無礙行；二者象寶，名金剛身；三者馬寶，名迅疾】風；四者珠寶，【名】日光藏；五者女【寶，名具妙德；六藏臣寶，名爲大財；七主兵寶，名離垢眼。七寶具足，爲轉輪王，王閻浮提，正法治世，人民快樂。王有】千子，端【正】勇健，能伏怨【敵。其閻浮提中有八十王城，一一城中有五百僧坊，一一僧坊立佛支提，皆悉高廣，以衆妙寶而爲校飾；一一王城】皆【請如來，以】不【思】議【衆】妙供具【而爲供養。佛入城時，現大神力，令無量衆生種諸善根，無量衆生心得清淨，見佛歡喜，發菩提意，起大悲心，利益衆生】，勤修【佛】法，【入真實義，住於法性，了法平等，獲三世智，等觀三世，知一切佛出興次第，說種種法攝取衆生，發菩薩願，入菩薩道，知如來】法，成就【法】海，【能普現身遍一切刹，知衆生根及其性欲，令其發起一切智願】。

【佛子，於汝意云何，彼時太子得輪王位供養佛者，豈異人乎，今】釋迦牟尼佛【是也。財主王者，寶華佛是。其寶華佛，現在東方過世界海微塵數佛刹有世界海，名現法界虛空】影〔150①-3〕【像雲，中有世界種，名普現三世影摩尼王，彼世界種中有世界，名圓滿光，中有道場，名現一切世主身，寶華如來於此成阿耨多羅三藐三菩提，不可說佛刹微塵數諸菩薩衆前後圍遶而爲說法。寶華如來往昔修行菩薩道時，淨此世界海；其世界海中去來今佛出興世者，皆是寶華如來爲菩薩時教化令發阿耨多羅三藐三菩提心。彼時女母善現者，今我母善目是。其王眷屬，今如來所衆會是也，皆具修行普賢諸行成滿大願，雖恒在此衆會道場而能普現一切世間，住諸菩薩平等三昧，常得現見一切諸佛，一切如來以等虛空妙音聲雲演正法輪悉能聽受，於一切法悉得自在，名稱普聞諸佛國土，普詣一切道場之所，普現一切眾生之前，隨其所應教化調伏，盡未來劫修菩薩道恒無間斷，成滿普賢廣大誓願。

佛子，其妙德女與威德主轉輪聖王以四事供養勝日身如來者，我身是也。彼佛滅後，其世界中，六十億百千那由他佛出興於世，我皆與王承事供養。其第一佛名清淨身，次名一切智月光明身，次名閻浮檀金光明王，次名諸相莊嚴身，次名妙月光，次名智觀幢，次名大智光，次名金剛那羅延精進，次名智力無能勝，次名普安詳智，次名離垢勝智雲，次名師子智光明，次名光明髻，次名功德光明幢，次名智日幢，次名寶蓮華開敷身，次名福德嚴淨光，次名智焰雲，次名普照月，次名莊嚴蓋妙音聲，次名師子勇猛智光明，次名法界月，次名現虛空影像開悟眾生心，次名恒嗅寂滅香，次名普震寂靜音，次名甘露山，次名法海音，次名堅固網，次名佛影髻，次名月光毫，次名辯才口，次名覺華智，次名寶焰山，次名功德星，次名寶月幢，次名三昧身，次名寶光王，次名普智行，次名焰海燈，次名離垢法音王，次名無比德名稱幢，次名修臂，次名本願清淨月，次名照義燈，次名深遠音，次名毘盧遮那勝藏王，次名諸乘幢，次名法海妙蓮華。佛子，彼劫中，有如是等六十億百千那由他佛出興于世，我皆親近承事供養。

其最後佛，名廣大解，於彼佛所，得淨智眼。爾時，彼佛入城教化。我為王妃，與王禮覲，以眾妙物而為供養，於其佛所聞說出生一切如來燈法門，即時獲得觀察一切菩薩三昧海境界解脫。佛子，我得此解脫已，與菩薩於佛剎微塵數劫勤加修習，於佛剎微塵數劫中承事供養無量諸佛；或於一劫承事一佛，或二、或三、或不可說，或值佛剎微塵數佛，悉皆親近承事供養，而未能知菩薩之身形量色貌及其身業心行智慧三昧境界。

佛子，若有眾生，得見菩薩修菩提行，若疑若信；菩薩皆以世、出世間種種方便而攝取之，以為眷屬，令於阿耨多羅三藐三菩提得不退轉。

佛子，我見彼佛得此解脫已，與菩薩於百佛剎微塵數劫而共修習；於其劫中，所有諸佛出興于世，我皆親近承事供養，聽所說法讀誦受持。於彼一切諸如來所，得此解脫種種法門，知種種三世，入種種剎海，見種種成正覺，入種種佛眾會，發菩薩種種大願，修菩薩種種妙行，得菩薩種種解脫，然未能知菩薩所得普賢解脫門。何以故，菩薩普賢解脫門，如太虛空，如眾生名，如三世海，如十方海，如法界海，無量無邊。佛子，菩薩普賢解脫門，與如來境界等。

佛子，我於佛剎微塵數劫，觀菩薩身無有厭足。如多欲人男女集會，遞相愛染，起於無量妄想思覺。我亦如是，觀菩薩身一一毛孔，念念見無量無邊廣大世界種種安住、種種莊嚴、種種形狀，有種種山、種種地、種種雲、種種名、種種佛興、種種道場、種種眾會，演種種修多羅，說種種灌頂、種種諸乘、種種方便、種種清淨。又於菩薩一一毛孔，念念常見無邊佛海，坐種種道場，現種種神變，轉種種法輪，說種種修多羅，恒不斷絕。又於菩薩一一毛孔，見無邊眾生海種種住處、種種形貌、種種作業、種種諸根。又於菩薩一一毛孔，見三世諸菩薩無邊行門，所謂無邊廣大願、無邊差別地、無邊波羅蜜、無邊往昔事、無邊大慈門、無邊大悲雲、無邊大喜心、無邊攝取眾生方便。

佛子，我於佛剎微塵數劫，念念如是觀於菩薩一一毛孔，已所至處而不重至，已所見處而不重見，求其邊際竟不可得，乃至見彼悉達太子住於宮中、采女圍遶。我以解脫力，觀於菩薩一一毛孔，悉見三世法界中事。

佛子，我唯得此觀察菩薩三昧海解脫。如諸菩薩摩訶薩，究竟無量諸方便海，為一切眾生現隨類身，為一切眾生說隨樂行，於一一毛孔現無邊色相海；知諸法性無性為性，知眾生性同虛相無有分別，知佛神力同於如如，遍一切處示現無邊解脫境界；於一念中，能自在入廣大法界，遊戲一切諸地法門。而我云何能知能說彼功德行。

善男子，此世界中，有佛母摩耶。汝詣彼問：菩薩云何修菩薩行，於諸世間無所染著，供養諸佛恒無休息，作菩薩業永不退轉，離一切障礙、入菩薩解脫不由於他，住一切菩薩道，詣一切如來所，攝一切衆生界，盡未來劫修菩薩行、發大乘願，增長一切衆生善根常無休息。

爾時，釋迦瞿波女，欲重明此解脫義，承佛神力即說頌言：

若有見菩薩，修行種種行，
起善不善心，菩薩皆攝取。
乃往久遠世，過百刹塵劫，
有劫名清淨，世界名光明。
此劫佛興世，六十千萬億；
最後天人主，號曰法幢燈。
彼佛涅槃後，有王名智山，
統領閻浮提，一切無怨敵。
王有五百子，端正能勇健，
其身悉清淨，見者皆歡喜。
彼王及王子，信心供養佛，
護持其法藏，亦樂勤修法。
太子名善光，離垢多方便，
諸相皆圓滿，見者無厭足。
五百億人俱，出家行學道，
勇猛堅精進，護持其佛法。
王都名智樹，千億城圍遶；
有林名靜德，衆寶所莊嚴。
善光住彼林，廣宣佛正法，
辯才智慧力，令衆悉清淨。
有時因乞食，入彼王都城，
行止極安詳，正知心不亂。
城中有居士，號曰善名稱；
我時爲彼女，名爲淨日光。
時我於城中，遇見善光明，
諸相極端嚴，其心生染著。
次乞至我門，我心增愛染，
即解身瓔珞，幷珠置鉢中。
雖以愛染心，供養彼佛子；
二百五十劫，不墮三惡趣。
或生天王家，或作人王女，
恒見善光明，妙相莊嚴身。
此後所經劫，二百有五十，
生於善現家，名爲具妙德。
時我見太子，而生尊重心，
願得備瞻侍，幸蒙哀納受。
我時與太子，覲佛勝日身，
恭敬供養畢，即發菩提意。
於彼一劫中，六十億如來，
最後佛世尊，名爲廣大解。
於彼得淨眼，了知諸法相，
普見受生處，永除顛倒心。
我得觀菩薩，三昧境解脫，
一念入十方，不思議刹海。
我見諸世界，淨穢種種別，
於淨不貪樂，於穢不憎惡。
普見諸世界，如來坐道場，
皆於一念中，悉放無量光。
一念能普入，不可說衆會；
亦知彼一切，所得三昧門。
一念能悉知，彼諸廣大行，
無量地方便，及以諸願海。
我觀菩薩身，無邊劫修行，
一一毛孔量，求之不可得。
一一毛孔刹，無數不可說，
地水火風輪，靡不在其中。
種種諸建立，種種諸形狀，
種種體名號，無邊種莊嚴。
我見諸刹海，不可說世界；
及見其中佛，說法化衆生。
不了菩薩身，及彼身諸業；
亦不知心智，諸劫所行道。

爾時，善財童子頂禮其足，遶無數匝，辭退而去】。

【大方廣佛華嚴經卷第七十五】

〔大方廣佛花〕嚴經
入法界品第卅九之十七
卷七十六‧七十六之上

尒時，善財童子一心【欲】詣摩耶夫人所，即【時】獲得【觀】佛境界【智】，作如是念：是善知識，遠【離世間，住無所住，超】過六處，離一切著，知無礙道，具淨法身，以如幻業而現化身，以如幻智而觀世間，以如幻願而持佛身、【隨意】生身、無生滅身、【無來去身、非虛實身、不變壞身、無起盡身、所有】諸相皆一相身、離二邊身、無依處身、無窮盡身、離諸分別如影現身、知如夢身、了如像身、如淨日身、普於十方而化現身、住於三世無變【異身、非身心身，猶如虛空，所行無礙，超諸世眼，唯是普賢淨目】所見。【如】是之人，我今云何而得親近承事供養、與其同住、觀其狀貌、聽其音聲、思其語言、受其教誨。

作【是念已，有主城神，名曰寶眼，眷屬圍遶，於虛空中而現其身，種種妙物以爲】嚴飾，【手持】無量衆【色寶】花以散善財，作【如】是【言】：

善男子，應守護心城，謂不貪一切【生死境】界；【應】莊嚴【心城，謂專意趣求如來十力；應淨治心城，謂畢究斷除慳嫉諂】誑；應清【涼心城，謂思惟一切諸法實性；應增長】心城，謂成辦一切助道之法；【應嚴飾】心城，謂造立諸禪【解脫宮殿；應照】曜〈耀〉① 心【城，謂普入一切】諸佛【道場聽受般若波羅蜜法；應增益心城，謂普攝一切佛方便道；應堅固心】城，謂恒【勤】修習【普賢】行願；應防護心城，謂常專【禦】扞惡【友、魔軍】；應廓徹心城，謂【開引一切佛智光明；應善補心】城，謂聽【受一切佛所說法；應扶助心城，謂深信一切佛功德海；應廣大心城】，謂大慈普及一切世【間】；應善覆心城，謂集衆善法以覆其上；應寬廣心城，謂大悲哀愍一切衆生；應開心城【門，謂悉捨所有隨應】給施；應密【護】心【城，謂防諸惡欲不令得入；應嚴肅心城，謂逐諸惡法不】令其住；應決定心城，謂集一切智助道之法恒無退轉；【應安立心】城，謂正念三世一切如來所有境界；應瑩【徹心城，謂】明【達】一切佛正【法輪修多羅中所有法門種種緣起；應部分心城，謂普曉示一切衆生】皆令得見薩婆若道；應住持心城，謂發一切三世如來【諸大】願海；應富實心【城】，謂集一切周遍【法界大福德】聚；應令心城明【了，謂普知衆生根欲等法；應令心城自在，謂普攝一切十方法界；應令心城清淨】，謂正念一切諸佛如來；應知心城【自性，謂】知一切【法皆無有】性；應【知心城如】幻，謂以一切智【了諸法性】。

佛子，菩薩摩訶薩若能【如是淨修心城，則能積集一切善法。何以故，蠲除一切諸障難故，所謂見佛障】、聞法障、供養如來障、攝諸衆

---

① 耀，㊉四一四頁註①：耀＝曜㊀。

【生障、淨佛國土障】。善男子,【菩薩摩訶薩以離】如〔是〕諸【障難】故,若發【希】求【善】知識【心,不用功力則便得見,乃至究竟必當成佛】。

【爾時,有身衆神,名蓮華法德及妙華光明,無】量諸神前後圍繞,從【道場出,住虛空中,於善財】前,以【妙音聲,種種稱歎摩】耶【夫人】,從其耳璫放無量色相【光明網,普照無邊諸佛世界,令善財見十方國土一切諸佛。其光明網,右遶世間,經一匝已,然後】還來,入善財頂,乃【至遍入身諸毛孔。善財即】得淨光明【眼】,永【離】一切【愚癡闇故;得離翳】眼,能了一切衆生【性故;得】離垢眼,【能觀一切法性門故;得淨慧眼,能觀一切佛國性故;得毘盧遮那眼,見佛法】身故;得普光明眼,見佛平【等不思議身故;得無礙】光眼,觀察一切刹海【成壞】故;得普照眼,見十方佛起大方便轉正【法輪故;得普境界眼,見無量佛以自在力調伏衆生故;得普見眼,觀】一切【刹諸佛出興】故。

時,有守護菩薩法堂【羅刹鬼王,名曰善】眼,與其眷属萬【羅】刹俱,於虛空【中,以衆妙】花,散善財上,作如是言:

【善男子,菩薩成就十法,則得親近諸善知識。何等爲十,所謂:其心清】淨離諸諂誑;大悲平等普攝衆生,知諸衆【生】無【有真實;趣】一切智,心不【退轉;以信】解力普入一切諸佛道場;得淨慧眼了諸法性;大【慈平等普覆衆生;以智光明廓諸妄境;以甘露雨滌生死熱;以】廣大眼徹鑒諸法;心常随順諸善知識。是【爲十】。

【復次,佛子,菩薩成就】十種三昧門,則常現見諸善知識。何等爲十,所謂法空清淨【輪三昧、觀察】十方【海三昧、於】一切【境界】不捨離不斷【減三昧、普】見一切佛出興三昧、集一切功德藏三昧、心恒不捨善知識三昧、常見一切善知識生諸佛功德三昧、常不離一切善知識三昧、常供養一切【善知識三昧、常於】一切善【知識所無過失三昧。佛】子,菩薩【成就此十三昧門】,常得親近諸善知識,又得善知識轉一切佛法輪三昧;得此三昧已,悉知諸佛體性平等,處處值遇諸【善知識】。

【說是】語【時,善財】童子〔151-1〕【仰視空中而答之言:善哉善哉,汝爲哀愍攝受我故,方便教】我見善知識。願爲我說:云何往詣善知【識所,於何】方處城邑聚落求善知識。

羅刹荅言:善男子,汝應普礼十方,求善知【識;正念思惟一切】境界,【求善知識;勇猛自在遍遊十方,求善知識;觀身觀】心如夢如【影】,求善知識。

尓時,善財受行【其教】,即時覩見大寶蓮花從地踊〈涌〉① 出,金剛爲莖,妙寶爲藏,摩尼爲葉,光明【寶王以爲其臺】,衆【寶】色香【以爲其鬚】,無數寶網彌覆其上。於其臺上,有一樓觀,【名】普納十方法界藏,奇妙嚴飾,金【剛爲】地,千柱行列,一切皆以摩尼寶成,閻浮檀金以爲其壁,衆寶纓絡〈瓔珞〉② 四面垂下,階陛、【欄楯周匝莊嚴。其樓觀】中,有如【意寶蓮華之座,種種衆】寶以爲嚴飾,妙寶欄楯,寶衣閒列,寶帳ᶜ〈張〉、寶【網】以覆其上,衆寶繒幡周迊垂下,微【風徐】動,光流響發;寶花幢中雨衆妙花,【寶鈴鐸】中【出美音】聲,寶【戶牖】閒垂【諸瓔珞,摩尼身中流出香】水,珠烏口中出蓮花網,寶師子口吐妙香雲,梵形珠輪出随樂音,金剛珠鈴出諸菩薩大【願】之音,寶月幢中出佛化形,淨藏珠王現三世佛受生【次第,日藏】摩尼放大光明遍照十【方一切佛刹,摩】尼寶王放一切佛圓満光明,毗盧遮那摩尼珠王興供養雲供養一切諸佛如來,如意珠王【念】念示現普賢神變充満法界,【須】弥寶王【出天宮殿,天諸采女】種種【妙音歌】讚如來

① 涌,㊂四一四頁註⑦:涌＝踊宋聖。
② 瓔珞,㊂四一四頁註⑪:瓔珞＝纓絡聖,下同。

不【可思議微】妙功德。

尒時，善財見如是座，復有無量衆座圍繞，摩耶夫人在彼座上，於一切衆生前，現淨色身，所謂：超三界色身，已出一切諸有趣故；随心樂色身，於一切世間無所着故；普周遍【色身，等】於一切衆生數故；無等比色身，令一切衆生滅倒見故；無量種色身，随衆生心種種現故；無邊相色身，普現種種諸形相故；普【對現】色身，以大【自在而示現】故；化一切色【身，隨】其【所應而現】前故；恒示現色身，盡衆生界而無盡故；無去色身，於一切趣無所滅故；無来色身，於【諸】世間無所出故；不生色身，無生起故；不滅色身，【離語】言故；非實色身，得如實故；【非】虛色身，随吉現故；無動色身，【生滅永】離故；不壞色身，法性不壞故；無相色身，言【語】道断【故；一相色身】，無相爲相故；如像色身，随心應【現】故；如幻色身，【幻智所生故；如焰色身，但想所持故；如影色身，隨願現生】故；如夢色身，随心而現故；法界色身，性淨如空故；大悲色身，常護衆生故；無礙色身，念念周遍法界故；無邊色身，普淨一切【衆生故】；無量色身，超出一切語言故；無住色身，顱度一切世間故；無處色身，恒化衆生不断故；無生色身，幻顱所成故；無勝色身，超諸世間故；如實色身，定心所現故；不生色身，随衆生業而出現故；如意珠色身，普滿一切衆生顱故；無分別色身，但随衆生分別起故；離分別色身，一切衆生不能知故；無盡〔色身，盡〕諸衆生生死際故；清淨色身，同於如来無分別故。如是身者，非色，所有色相如影像故；非受〔151-2〕，【世間】皆受究竟滅故；非想，但随衆生想所現故；非行，依如幻業而成就故；離識，菩薩顱智空無性故，一切衆生語言断故，已得成就窮滅身故。

【爾時，善】財童子又見摩耶夫人，随諸衆生【心之】所樂，現超過一切世間色身，所謂或現超過他化自在天女身乃至超過四大天王天女身，或現超過龍女身乃至超過人女身，現如是等無【量】色身，饒益衆生。【集】一切智助道之法，行於平等櫃【波】羅蜜，大悲普覆一切世間。出生如来無量功德，修習增長一切智心，觀察思惟諸法實性；獲深忍海，具衆定門，住於平等三昧境界，得如来定圓滿光明，銷竭衆生煩惱巨海；心常正定，未嘗動亂，恒轉清净不退法輪，善能了知一切佛法，恒以智慧觀法實相；見諸如来心無猒足，知三世佛出興次弟，見佛三昧常現在前，了達如來出現於世無量無數諸清淨道，行於諸佛虛空境界；普攝衆生，各随其心，教化成就；入佛無量清淨法身，成就大顱，淨諸佛剎，究竟調伏一切衆生，心恒遍入諸佛境界；出生菩薩自在神力，已得法身清淨【無染，而】恒示現無量色身；摧一切魔力，成大善根力，出生正法力，具足諸佛力，得諸菩薩自在之力，速疾增長一切智力；得佛智光，普照一切，悉知無量衆生心海，根、性、欲、解種種差別；其身【普遍十方】剎海，悉知諸剎成壞之相，以廣大眼見十方海，以用〈周〉遍智知三世海，身普承事一切佛海，心恒納受一切法海；修習一切如来功德，出生一切菩薩智慧，常樂觀察【一切菩薩從初】發【心乃至成就所行之】道，常勤守護一切衆生，常樂稱揚諸佛功德，顱爲一切菩薩之母。

尒時，善財童子見摩耶夫人現如是等閻浮提微塵數諸方便門。既見是已，如摩耶夫人所現身數，善財亦現作尒【許身，於一切處】摩耶之前恭敬礼拜，即時證得無量無數諸三昧門，分別觀察，修行證入。從三昧起，右繞摩耶并其眷属，合掌而立，白言：

大聖，文殊師利菩薩教我發阿耨多羅三藐三菩提心，求善知識，【親近】供養。我於一一善知識所，皆往承事，無空過者；漸来至此，顱爲我說：菩薩云何學菩薩行而得成就。

答言：

佛子，我已成就菩薩大願智幻解脫門，是故常為諸菩薩母。佛子，如我於此閻浮提中【迦毘羅城】淨飯王家，右脇而生悉達太子，現不思議自在神變；如是，乃至盡此世界海，所有一切毗盧遮那如來，皆入我身，示現誕生自在神變。

又，善男子，我於淨飯王宮，菩薩將欲下生之時，見菩薩身【一一毛】孔咸放光明，名一切如來受生功德輪，一一毛孔皆現不可說不可說佛剎微塵數菩薩受生莊嚴。彼諸光明，皆悉普照一切世界；照世界已，來入我頂乃至一切諸毛孔中。又，彼光中普現一切菩薩名号、受【生神變】、宮殿眷屬、五欲自娛；又見出家、往詣道場、成等正覺、坐師子座、菩薩圍繞、諸王供養、為諸大衆轉正法輪；又見如來往昔修行菩薩道時，於諸佛所恭敬供養，發菩提心，淨佛國土，念念示現无量化身，【充】遍十方一切世界，乃至㝡後入般涅槃。如是等事，靡不皆見。

又，善男子，彼妙光明入我身時，我身形量雖不踰〈逾〉本，然其實已超諸世間。所以者何，我身尒時量同虛空，悉能容受十方菩薩受生莊嚴諸宮殿故。尒時，菩薩從兜率天將降神時，有十佛剎微塵數諸菩薩，皆與菩薩同願、同行、同善根、同莊嚴、同解脫、同智慧，諸地、諸力、法身、色身，乃至普賢神通行願，悉皆同等，如是菩薩前後圍繞；又有八萬諸龍王等、一切世主，乘其宮殿，俱來供養。菩薩尒時，以神通力，與諸菩薩普現一切兜率天宮；一一宮中，悉現十方一切世界閻浮提內受生影像，方便教化無量衆生，令諸菩薩離諸懈怠無所執著。又以神力，放大光明，普照世間，破諸黑闇，滅諸苦惱；令諸衆生，皆識宿世所有業行，永出惡道。又為救護一切衆生，普現其前，作諸神變。現如是等諸奇特事，與眷屬俱，來入我身。彼諸菩薩於我腹中，遊行自在，或以三千大千世界而為

一步，或以不可說不可說佛剎微塵數世界而為一步。又，念念中，十方〔不可說〕不可說一切世界諸如來所、菩薩衆會，及四天王天、三十三天，乃至色界諸梵天王，欲見菩薩處胎神變，恭敬供養，聽受正法，皆入我身。雖我腹中悉能容受如是衆會，而身不廣大亦不迫窄；其諸菩薩各見自處衆會道場，【清淨嚴飾】。

【善男】子，如此四天下閻浮提中，菩薩受生，我為其母；三千大千世界百億四天下閻浮提中，悉亦如是。然我此【身本來】無二，非一處住，非多處住。何以故，以【修】菩薩大願智幻莊嚴解脫【門故。善男子】，如今世尊，我為其母；往昔所有无量諸佛，悉〔151-3〕【亦如】是而為其母。

善男子，我昔曾作蓮【華池神，時有菩薩】於蓮花藏忽然化生，我即捧持瞻侍養育，一切世間皆共号【我為】：菩薩【母。又】，我昔為菩提場神，時有菩薩於我懷中忽然化生，【世亦】号我為菩薩母。善男子，有無量㝡【後身菩薩】，於此世界種種方便示現受生，我皆為母。

善男子，如此世界賢【劫】之中，過【去世】時，【拘留孫佛、拘那含牟】尼佛、【迦】葉佛及今世尊釋迦牟尼佛【現受】生時，我為其母。未來世中，弥勒菩薩從【兜率天將】降神時，放大光明普照法界，示現一切諸菩薩衆受生神變，乃於【人間生大族家，調伏衆生；我於】彼時，亦為其母。如是次苐，有師子佛、法幢佛、善眼佛、淨花佛、花德佛、【提舍佛、弗沙佛】、善意佛、金剛佛、離垢佛、月光佛、持炬佛、名稱佛、金剛楯佛、清淨【義佛、紺身佛、到彼岸佛、寶焰山佛】、持炬佛、蓮花德佛、名【稱佛、無量】功德佛、㝡勝燈佛、莊嚴身佛、善威儀佛、慈德佛、無住佛、【大】威光佛、無邊音佛、勝怨敵佛、離疑惑佛、清淨佛、大光【佛、淨】心佛、【雲德佛、莊】嚴【頂髻】佛、樹王佛、琉璃佛、海慧佛、妙琉

佛、【華】冠佛、滿頂佛、大自在佛、妙德王佛、最尊勝佛、旃檀雲佛、紺眼佛、【勝】慧佛、觀察慧佛、熾盛王佛、堅固慧佛、自在名佛、【師子王佛、自在】佛、【最勝頂佛、金】剛智【山】佛、妙意藏佛、【寶網嚴身】佛、善慧佛、自在天佛、大天王佛、無依慧佛、善施佛、餓慧佛、水天佛、得上味佛、出生無上功德佛、仙人侍衛佛、隨世語言佛、功意自在幢佛、光幢佛、觀身佛、妙身佛、香餓佛、金剛【寶嚴佛、喜】眼佛、離欲佛、高大身佛、財天佛、无上天佛、順寂滅佛、智覺佛、滅貪佛、大餓王佛、寂諸有佛、毗舍佉天佛、金剛山佛、智餓德佛、安隱佛、師子出現佛、圓滿清【淨】佛、清淨賢佛、【第一義佛、百光】明佛、寂增上佛、深自在佛、大地王佛、莊嚴王佛、解脫佛、妙音佛、殊勝佛、自在佛、無上醫王佛、功德月佛、無礙光佛、功意聚佛、月【現】佛、日天佛、出諸有佛、勇猛名【稱】佛、光明【門佛、娑羅】王佛、寂勝佛、藥王佛、珂勝佛、金剛慧佛、无能勝佛、无能映蔽佛、衆會王佛、大名稱佛、敏持佛、无量光佛、大顯光佛、法自在不【虛佛】、不退地佛、淨天佛、【善】天佛、堅【固苦】行佛、一切【善友】佛、解脫音佛、遊戲王佛、滅邪曲佛、瞻〈蒼〉①葡淨炎佛、具衆意佛、寂勝月佛、執明炬〔佛〕、殊妙身佛、不可說佛、寂【清】淨佛、【友安衆生佛、無量光】佛、无畏【音佛、水天德佛、不動慧光佛、華勝佛】、月餓佛、不退慧佛、離愛佛、無著慧佛、集功德蘊佛、滅惡趣佛、普散花佛、師子吼佛、第一義佛、无尋見佛、破【他】軍【佛】、不著相【佛、離分別海佛、端嚴海佛、須彌山佛、無著智佛、無邊座佛】、清淨住佛、隨師行佛、寂上施佛、常月佛、饒益王佛、不動聚佛、普攝受佛、饒益慧佛、【持】壽佛、無滅佛、具足名稱佛、大威力佛、【種】種色相佛、無相慧佛、不動天【佛、妙德難思】

佛〔151-4〕、【滿月佛、解】脫月佛、無上王佛、希有身【佛、梵供養】佛、不瞬佛、順先古佛、寂上業佛、順法智佛、無勝天佛、不思議功德光佛、隨法行佛、無量賢佛、普【隨順自在佛、最】尊天佛，如是乃至樓至如來，【在賢劫中】，於此三千大千世界，當成佛者，悉爲其母。如於此三千大千世界，如是於此世界海十方無量諸世界一切劫中，諸有修行普賢行願，爲化一切諸【衆生者】，我自見身悉爲其母。

介時，善財童子白摩耶夫人言：大聖得此解脫，經今幾時。答言：

善男子，乃往古世，過不可思議非寂後身菩薩神通道眼所知劫【數，爾時有劫名】淨光，世界名須彌德，雖有諸山惡趣雜居，然其國土衆寶所成，清淨莊嚴無諸穢惡。有千億四天下，有一四天下，名師子憧〈幢〉，於中有八十億王城。有一王城，名【自在幢；有轉】輪王，名大威德。彼王城北，有一道場，名滿月光明；其道場神，名曰慈德。時，有菩薩，名離垢幢，坐於道場，將成正覺。有一惡魔，名金色光，與其眷屬無量【衆俱，至菩薩】所。彼大威德轉輪聖王已得菩薩神通自在，化作兵衆，其數倍多，圍繞道場；諸魔惶怖，悉自奔散；【故】彼菩薩【得成】阿耨多羅三藐三菩提。時，道【場神見是事】已，歡喜無量，便於彼王而生子想，頂禮佛足，作是願言：此轉輪王，在在生處，乃至成佛，願我常得與其爲母。作是願已，於此道場，復曾供養【十那由他佛】。

【善男】子，於汝意云何，彼道場神豈異人乎，我身是也。轉輪王者，今世尊毗盧遮那是。我從於彼發願已來，此佛世尊，於十方刹一切諸趣，處處受生，【種諸善根，修菩薩】行，教化成就一切衆生，乃至示現住寂後身，念念普於一切古界，示現菩薩受生神變，常爲我子，我常爲

---

① 蒼，㊁四一六頁註④：蒼＝瞻㊔。

母。善男子，過去、現在十方古【界無量諸佛將成】佛時，皆於齊〈齋〉①中放大光明，來照我身及〔我〕所住宫殿屋宅；彼寔後生，我悉爲母。

善男子，我唯知此【菩薩大願智幻】解脱門。如諸菩薩摩【訶薩，具大悲藏，教化】衆生常無猒足，以自在力，一一毛孔示現无量諸佛神變；我今云何能知能説彼功德行。

善男子，於此世界【三十三天，有】王名正念，其王有【女名天主光。汝詣彼問】：菩薩云何學菩薩行、修菩薩道。

時，善財童子敬受其教，頭面作礼，繞無（量）數币，戀慕瞻仰，却行而【退】。

【遂往天宫，見彼天女，禮足圍遶，合掌前住】，白言：聖者，我已先發阿耨多羅〔三藐〕三菩提心，而未知菩薩云何學菩薩行，云何修菩薩道，我聞聖者善能誘【誨，願爲我説。

天女答言：

善男子，我得菩】薩解脱，名無礙念清淨莊嚴。善男〔子〕，我以此解脱力，憶念過去，有寔勝劫，名青蓮花。我於彼劫中，供養恒河【沙數諸佛如來。彼諸如來，從初出家，我皆】瞻奉，守護供養，造僧伽藍，營辧〈辨〉②什物。又，彼諸佛從爲菩薩住母胎時，誕生之時，行七步時，大師子吼時，住【童子位在宫中時，向菩提樹成正覺時，轉】正法輪現佛神變教化調伏衆生之時；如是一切諸所作事，從初發心乃至法盡，我皆明憶，無有遺餘，常現在前，【念持不忘。

又，憶過去劫，名善地，我於彼供】養十恒河沙數諸佛如來；又，過去劫名爲妙德，我於彼供養一佛古界微塵數諸佛如來；又，劫名無所得，我於彼【供養八十四億百千那由他諸佛如來；又，劫】名善光，我於彼供養閻浮提微塵數諸佛如來；又，劫名無量光，我於彼供養二十恒河沙數諸佛如來；又，劫名【最勝德，我於彼供養一恒河沙數諸佛如】來；又，劫名善悲，我於彼供養八十

恒河沙數諸佛如來；又，劫名勝遊，我於彼供養六十恒河沙數諸佛如來；又，劫名【妙月，我於彼供養七十恒河沙數諸佛如】來。

善男子，如是憶念恒河沙劫，我常不捨諸佛如來應正等覺，從彼一切諸如來所，聞此無导念清淨莊嚴【菩薩解脱，受持修行恒不忘失。如是，先劫所】有如來，從初菩薩，乃至法盡，一切所作，我以淨嚴解脱之力，皆随憶念，明了現前，持而順行，曾无懈癈。

【善男子，我唯知此無礙念清淨解脱。如諸】菩薩摩訶薩，出生死夜朗然明徹，永離癡冥未甞惽寐，心无諸盖、身行輕安，於諸法性清淨〔152①-1+②-1〕【覺了，成就十力開悟群生；而我云何】能知能説彼功德行。

善男子，迦毗羅城有童子師，名曰遍友。汝詣彼問：菩薩云何學菩薩行、修【菩薩道】。

【時，善財童子以聞法故，歡喜踊】躍，不思議善根自然增廣；頂礼其足，繞无數币，辭退而去。

從天宫下，漸向彼城。至遍友所，礼足圍繞，【合掌恭敬，於一面立，白言：聖者，我已先發】阿耨多羅三藐三菩提心，而未知菩薩云何學菩薩行，云何修菩薩道，我聞聖者善能誘誨，願爲我【說】。

【遍友答言：善男子，此有童子，名善知衆】藝，學菩薩字智。汝可問之，當爲汝説。

尒時，善財即至其所，頭頂礼敬，於一面立，曰〈白〉言：聖者，我已先發阿耨多羅三【藐三菩提心，而未知菩薩云何學菩薩】行，云何修菩薩道，我聞聖者善能誘誨，願爲我説。

時，彼童子告善財言：

善男子，我得菩薩解脱，名善知【衆藝。我恒唱持此之字母：唱阿字時，入般若】波羅蜜門，

---

① 齋，囮四一七頁註③：齋＝臍宫，齋㊂。
② 辨，囮四一七頁註⑤：辨＝辦㊁宫。

名以菩薩威力入无差別境界；唱多字時，入般若波羅蜜門，名无邊差別門；唱波字時，入般若【波羅蜜門，名普照法界；唱者字時，入般】若波羅蜜門，名普輪斷差別；唱那字時，入般若波羅蜜門，名得無依無上；唱邏字時，入般若波羅蜜門，名離依【止無垢；唱柁輕呼。字時，入般若波羅蜜門，名】不退轉方便；唱婆（音）蒲①我反〈切〉②。字時，入般若波羅蜜門，名金剛場；唱茶（音）【徒③ 解反〈切〉。字時，入般若波羅蜜門，名曰普輪；唱沙史我切。字時，入般若波羅蜜門，名爲】海藏；唱縛（音）房④可反〈切〉。字時，入般若波羅蜜門，名普生安住；唱哆（音）都⑤我反〈切〉。字時，入般若波羅蜜門，名圓滿光；【唱也以可切。字時，入般若波羅蜜門，名差別】積聚；唱瑟吒字時，入般若波羅蜜門，名普光明息煩惱；唱迦字時，入般若波羅蜜門，名无差別雲；唱娑〈娑〉（音）蘓〈蘇〉⑥我反〈切〉。【字時，入般若波羅蜜門，名降霔】大雨；唱麼字時，入般若波羅蜜門，名大流湍激衆峯齊峙；唱伽（音）上聲⑦，輕呼。字時，入般若波羅蜜門，【名普安立；唱他他可切。字時，入般若波】羅蜜門，名真如平等藏；唱社字時，入般若波羅蜜門〔152②－2〕，【名入世間海清淨；唱鎖字時，入般若波羅蜜門，名念一切佛莊嚴；唱柁字時，入般若波】羅蜜門，名觀察簡〈揀〉⑧擇一切法聚；唱奢（音）尸苛⑨反〈切〉。字時，入般若波羅蜜〔門〕，名【隨】順一切佛教輪光明；唱法〈佉〉字時，入般若波羅【蜜門，名修因地智慧藏；唱叉楚我切。字時，入般若】波羅蜜門，名息諸業海藏；唱娑蘇紇反〈切〉。多（音）上聲⑩〔呼〕⑪。字時，入般若波羅蜜門，名蠲諸或〈惑〉障開淨光明；唱壤字時，入般若【波羅蜜門，名作世間智慧門；唱曷攞多上聲。字時】，入般若波羅蜜門，名生死境界智慧輪；唱婆蒲我ᶜ〈餓〉反〈切〉⑫。字時，入般若波羅蜜門，名一切〔智〕宮殿圓滿莊嚴；唱車上聲〔呼〕。字時，入般【若波羅蜜門，名修行方便藏各別圓滿】；唱

娑（音）蘇紇反〈切〉。麼字時，入般若波羅蜜門，名随十方現見諸佛；唱訶婆（訶婆）〔二〕字並〈皆〉上聲呼〈之〉⑬。字時，入般若波羅蜜門，名觀察一切無緣【衆生方便攝受令出生無礙力；唱縒七可切。字】時，入般若波羅蜜門，名修行趣入一切功德海；唱伽上聲〔呼〕。字時，入般若波羅蜜門，名持一切法雲堅固海藏；唱吒字時，入般【若波羅蜜門，名隨願普見十方諸佛；唱拏】（音）妳〈嬭〉可反〈切〉。字時，入般若波羅蜜門，名觀察字輪有無盡諸億字；唱娑（音）蘇紇反〈切〉。頗字時，入般若波羅蜜門，名化衆生究竟處；【唱娑同前音。迦字時，入般若波羅蜜門，名廣大藏無】礙辯光明輪遍照；唱也（音）夷舸反〈切〉。娑（音）蘇舸反〈切〉。字時，入般若波羅蜜門，名宣說一切佛法境界；唱室者字時，入般若波羅蜜門，【名於一切衆生界法雷遍吼；唱佗恥加切。字時】，入般若波羅蜜門，名以無我法門〈開〉曉衆生；唱陁字時，入般若波羅蜜門，名一切法輪差別藏。善男子，我唱如是【字母時，此四十二】般若波羅【蜜門】爲首，入無【量無數般】若波羅蜜門。

善男子，我唯知此善知衆藝菩薩解脫。如諸菩薩摩訶薩，能於一切世、出世間善巧之法，以

---

① 蒲，㊙四一八頁註④：（音）＋蒲⑧⑨⑩⑪。
② 切，㊙四一八頁註⑤：切＝反⑨⑪，下同。
③ 徒，㊙四一八頁註⑥：（音）＋徒⑧⑨⑪。
④ 房，㊙四一八頁註⑧：（音）＋房⑧⑨⑪。
⑤ 都，㊙四一八頁註⑨：（音）＋都⑧⑨⑪。
⑥ 蘇，㊙四一八頁註⑪：（音）＋蘇⑧⑨⑪。
⑦ 上聲，㊙四一八頁註⑬：（音）＋上聲⑧⑨⑩⑪。
⑧ 揀，㊙四一八頁註⑯：揀＝簡㊁⑨。
⑨ 尸苛，㊙四一八頁註⑰：（音）＋尸苛⑧⑨⑩⑪。
⑩ 上聲，㊙四一八頁註⑲：（音）＋上聲⑨。
⑪ 呼，㊙四一八頁註⑳：〔呼〕－⑨⑪，下同。
⑫ 切，㊙四一八頁註㉒：切＝反⑨⑪，下同。
⑬ 二字皆上聲呼，㊙四一八頁註㉓：（訶婆）＋二字㊁，皆＝並⑨，二字皆上聲呼＝訶婆字並上聲呼之⑪。

智通達到於彼岸；殊方異藝，咸綜無遺；文字、筹數，【藴其】深解；醫方、呪術，善療衆病；有諸衆生，鬼魅所持，怨憎呪詛，惡星變性，死屍奔逐，癲〈癲〉癇ᶜ〈癇〉、羸瘦，種種諸疾，咸能救之，使得痊愈；又善別知金玉、珠貝、珊瑚、琉【璃、摩尼】、車𤦲〈硨磲〉、雞薩羅等一切寶藏，出生之處，品類不同，價直多少；村營鄉邑、大小都城、宮殿苑園、巖泉藪澤，凡是一切人衆所居，菩薩咸能隨方攝護；又善觀【察天文】地理、人相吉凶、鳥獸音聲、雲霞氣候、年穀豐儉、國土安危，如是世間所有技藝，莫不諳練，盡其源本；又能分別出世之法，正名辯〈辨〉① 義，觀察體相，隨【順修行】，智入其中，無疑、無礙、無愚暗、無頑鈍、無憂惱、無沉没、無不現證。而我云何能知能說彼功德行。

善男子，此摩竭提國，有一聚落，彼中有城，名婆呾ᶜ〈咀〉邨；有優婆【夷，號曰】賢勝。汝詣彼問：菩薩云何學菩薩行、修菩薩道。

時，善財童子頭面敬禮知藝之足，繞無數市，戀仰辭去。

向聚落城，至賢勝所，禮足圍繞，合掌恭敬，於一面立，【白言：聖者】，我已先發阿耨多羅三藐三菩提心，而未知菩薩云何學菩薩行，云何修菩薩道，我聞聖者善能誘誨，願爲我說。

賢勝荅言：

善男子，我得菩薩解脫，名無【依處道場】；既自開解，復爲人說。又得無盡三昧，非彼三昧法有盡、無盡，以能出生一切智性眼無盡故，又能出生一切智性耳無盡故，又能出生一切智性鼻無盡故，又能出【生一切智性】舌無盡故，又能出生一切智性身無盡故，又能出生一切智性意無盡故，又能出生一切智性功德波濤無盡故，又能出生一切智性智慧光明無盡故，又能出生一切智【性速疾神】通無盡故。

善男子，我唯知此無依處道場解脫。如諸菩薩摩訶薩一切無著功德行，而我云何盡能知說。

善男子，南方有城，名爲沃田；彼有長者，名堅固解脫。【汝可往問：菩】薩云何學菩薩行、修菩薩道。

尔時，善財禮賢勝足，繞無數市，戀慕瞻仰，辭退南行。

到於彼城，詣長者所，禮足圍繞，合掌恭敬，於一面立，白言：聖者，我已先發【阿耨多羅三藐三】菩提心，而未知菩薩云何學菩薩行，云何修菩薩道，我聞聖者善能誘誨，願爲我說。

長者荅言：

善男子，我得菩薩解脫，名無著念清淨莊嚴。〔我〕自得是解脫【已來，於十方佛所】勤求正法無有休息。

善男子，我唯知此無著念淨莊嚴解脫。如諸菩薩摩訶薩，獲無所畏大師子吼，安住廣大福智之聚；而我云何能知能說【彼功德行】。

【善男子，即】此城中，有一長者，名爲妙月；其長者宅，常有光明。汝詣彼問：菩薩云何學菩薩行、修菩薩道。〔152②-3+①-3〕

【時，善財童子】禮堅固足，繞無數市，辭退而行。

向妙【月所，禮足圍遶，合掌恭敬】，於一面立，白言：聖者，我已先發阿耨多羅三藐三菩提心，而未知菩薩云何學菩薩行，云何修【菩薩】道，我聞聖【者善能】誘誨，願爲我說。

妙月荅言：

善男子，我得【菩薩解脫，名淨】智光明。

善男子，我唯知此智光解脫。如諸菩薩摩訶薩證得無量解脫法門，而我云何能知能說彼功德行。

【善男子，於此】南方，有城【名出】生；彼有長者，名無【勝軍。汝詣彼】問：菩薩云何學菩薩行、修菩薩道。

是時，善財禮妙月足，繞無數市，戀仰辭去。

---

① 辨，㊃四一八頁註㉙：辨 = 辯㊅。

漸向彼城，至長者所，礼足【圍遶，合掌恭敬】，扵【一面立，白言：聖】者，我已先發【阿耨多羅】三藐三菩提心，而未知菩薩云何學菩薩行，云何修菩薩道，我聞聖者善能誘誨，願爲我說。

長者荅言：

善【男子，我得菩薩解脫，名無】盡相。我以證此【菩薩】解脫，見無量佛，得無盡藏。

善男子，我唯知此無盡相解脫。如諸菩薩摩訶薩得無限智無礙辯才，而我云【何能知能說彼功德行】。

【善男】子，扵此城【南，有】一聚落，名之爲法；彼聚落中，有婆羅門，名最寂靜。汝詣彼問：菩薩云何學菩薩行、修菩薩【道】。

【時，善財童子礼無勝軍足】，繞無數【匝，戀】仰辭去。

漸次南行，詣彼聚落，見最寂靜，礼足圍繞，合掌恭敬，扵一面立，白言：聖者，我已先發阿【耨多羅三藐三菩】提【心，而】未知【菩薩云】何學菩薩行，云何修菩薩道，我聞聖者善能誘誨，願爲我說。

婆羅門荅言：

善男子，我得菩薩解脫，【名誠願語；過去、現在、未來菩薩，以是語故】，乃至扵阿耨多羅三藐三菩提，無有退轉，無已退、無現退、無當退。

善男子，我以住扵誠願語【故，隨意所作，莫不成滿。善男子，我唯】知此誠語解脫。如諸菩薩摩訶薩，與誠願語，行止無違，言必以誠，未曾虛妄，無量功德因之出生；【而我云何能知能說】。

【善男子，於此南】方，有城名妙意花門；彼有童子，名曰德生；復有童女，名爲有德。汝詣彼問：菩薩云何學菩薩行、修【菩薩道】。

【時】，善財童子扵【法尊重，礼】婆羅門足，繞無數帀，戀仰而去。

大方廣佛花嚴經卷第七十六・七十六之下

〔152①-4＋②-4〕

585

大方廣佛花嚴經
入法界品第卅九之十八
卷七十七・七十七之上

尒時，善財童子漸次南行，至妙意花門城，見德生童子、有德童女，頂礼其足，右繞畢已，於前合掌而作是言：聖者，我已先發阿耨多羅三藐三菩提心，而未知菩薩云何學菩薩行，云何修菩薩道，唯願慈哀，為我宣說。

時，童子、童女告善財言：

善男子，我等證得菩薩解脫，名為幻住。得此解脫故，見一切世界皆幻住，因緣所【生】故；一切衆生皆幻住，業煩惱所起故；一切世【間皆幻】住，無明、有愛等展轉緣生故；一切法皆幻住，我見等種種幻緣所生故；一切三世皆幻住，我見等顛倒智所生故；一切衆生【生】滅、生老〔病〕死、憂悲苦惱皆幻住，虛妄分別所生故；一切國土皆幻住，想倒、【心】倒、見倒無明所現故；一切聲聞、辟支佛皆幻住，智斷分別所成故；一切菩薩皆幻住，能自調伏教化衆生諸行願【法】之所成故；一切菩薩衆會、變化、調伏、諸所施為皆幻住，願智幻所成故。善男子，幻【境自】性不可思議。

善男子，我等二【人】但能知此幻【住解脫】。如諸菩薩摩訶薩善入無邊諸事幻網，彼功德行，我等云何能【知】能說。

【時，童】子、童女說自解脫已，以不思議諸善【根力，令】善財身柔輭光澤，而告之言：

善男子，於此南方，有國名海岸，有園【名大莊】嚴，其中有一廣大樓閣，名毗盧遮那莊嚴藏，從【菩】薩善根果報生，從菩薩念力、願力、自在力、神通力生，從菩薩善巧【方便】生，從菩薩福德智慧生。

善男子，住不思議解脫菩薩，【以】大悲心，為諸衆生，現如是境界，集如是莊嚴。弥勒菩薩摩訶薩安處【其】中，為欲攝受夲所生處父母、眷屬及諸人民，令成熟故；又欲令彼同受生、同修行衆生，於大乘中得堅固故；又欲令彼一切衆生，隨住地、隨善根皆成就故；又欲為汝顯示菩薩解脫門故，顯示菩薩【遍一】切處受生自在故，顯示菩薩以種種身普現一切衆生之前常教化故，顯示菩薩以大悲力普攝一切世間資財而不猒故，顯示菩薩【具】修諸行知一切行離諸相故，顯示菩薩處處受生了一切生皆無相故。汝詣彼問：菩薩云何行菩薩行，云何修菩薩道，云何學菩薩戒，云何淨菩薩心，云何發菩薩願，云何集菩薩助道具，云何入菩薩所住地，云何滿菩薩波羅蜜，云何獲菩薩無生忍，云何具菩薩功德法，云何事菩薩善知識。

何以故，善男子，彼菩薩摩訶薩通達一切菩薩行，了知一切衆生心，常【現】其前教化調伏。彼菩薩已滿一切波羅蜜，已住一切菩薩地，【已】證一切菩薩忍，已入一切菩薩位，已蒙授與具足記，已遊一切菩薩境，已得【一切】佛神力，已蒙一切如來以一切智甘露法水而灌其頂。

善男子，彼善知識能潤澤汝諸善根，能增長汝菩提心，能堅汝志，能益汝善，能長汝菩薩根，能示汝無礙法，能【令汝】入普賢地，能爲汝說菩薩願，能爲汝說普賢行，能爲汝說一切菩薩行願所成功【德】。

善男子，汝不應修【一】善、照一法、行一行、發一願、得一【記】、住一【忍】，生究竟想；不應以限量心，行於六度，住於十地，淨佛國土，事善知識。何以故，善男子，菩薩摩訶薩應種無量諸善根，應集無量菩提具，應【修無】量【菩】提因，應學無量巧迴向，應化無量衆生界，應知無量衆生心，應知無量衆生根，應識無量衆生解，應觀無量衆生行，應調伏無量衆生，應斷【無】量煩惱，應淨無量業習，應滅無量邪見，應除無量雜染心，應發無量清淨心，應拔無量苦毒箭，應涸無量愛欲海，應破無量無明暗，應摧【無】量我慢山，應斷無量生死縛，應度無量諸有流，應竭無量受生海，應令無量衆生出五欲淤泥，應使無量衆生離三界牢獄，應置無量衆生於聖道中，應銷〈消〉①滅無量貪欲行，應淨治無量瞋恚行，應摧破無量愚癡行，應超無量魔網，應離無量魔業，應淨治菩薩無量欲樂，應增長菩薩無量方便，應出生菩薩無量增上根，應明潔菩薩無量決定解，應趣入菩薩無量平等，應清淨菩薩無量功德，應修治菩薩無量諸行，應示現菩薩無量隨順世間行，應生無量淨信力，應住無量精進力，應淨無量正念力，應滿無量三昧力，應起無量淨慧力，應堅無量勝解力，應集無量福德力，應長無量智慧力，應發起無量菩薩力，應圓滿無量如來力，應【分別】無量法門，應了【知】無量法門，應清淨無量法門，應生無量法光明，應作無量法照曜，應照無量品類相〈根〉，應知無量煩惱病，應集無量【妙法藥】，應療無量衆生疾〔153-1〕，【應】嚴【辨】無量甘露供，應往詣無量佛國土，應供養無量諸如來，應入無量菩薩會，應受無量諸佛教，應忍無量衆生罪，應滅無量惡道難，應令無量衆生生

善道，應以四攝攝無量衆生，應修無量摠持門，應生無量大願門，應修無量大慈、大願力，應勤求無量法常無休息，應起無量思惟力，應起無量神通事，應淨無量智光明，應往無量衆生趣，應受無量諸有生，應現無量差別身，應知無量言辭法，應入無量差別心，應知菩薩大境界，應住菩薩大宮殿，應觀菩薩甚深妙法，應知菩薩難知境界，應行菩薩難行諸行，應具菩薩尊重威德，應踐菩薩難入正位，應知菩薩種種諸行，應現菩薩普遍神力，應受菩薩平等法雲，應廣菩薩無邊行綱，應滿菩薩無邊諸度，應受菩薩無量記別，應入菩薩無量忍門，應治菩薩無量諸地，應淨菩薩無量法門，應同諸菩薩，安住無邊劫，供養無量佛，嚴淨不可說佛國土，出生不可說菩薩願。善男子，舉要言之，應普修一切菩薩行，應普化一切衆生界，應普入一切劫，應普生一切處，應普知一切世，應普行一切法，應普淨一切刹，應普滿一切願，應普供一切佛，應普同一切菩薩願，應普事一切善知識。

善男子，汝求善知識，不應疲倦；見善知識，勿生猒足；請問善知識，勿憚勞苦；親近善知識，勿懷退轉；供養善知識，不應休息；受善知識教，不應倒錯；學善知識行，【不】應疑惑；聞善知識演說出離門，不應猶豫；見善知識隨順煩惱行，勿生嫌性；於善知識所生深信尊敬心，不應變改。何以故，善男子，菩薩因善知識，聽聞一切菩薩諸行，成就一切菩薩功德，出生一切菩薩大願，引發一切菩薩善根，積集一切菩薩助道，開發一切菩薩法光明，顯示一切菩薩出離門，修學一切菩薩清淨戒，安住一切菩薩功德法，清淨一切菩薩廣大志，增長一切菩薩堅固心，具足一切菩薩陀羅尼辯才門，得一切菩薩清淨藏，生一切菩薩定光明，得一切菩薩殊勝願，與一【切菩】薩同一願，聞一切〔菩薩〕殊勝

---

① 消，㊁四二〇頁註⑤：消＝銷㊂㊆。

法，得一切菩薩祕密處，至一切菩薩法寶洲，增一切菩薩善根牙〈芽〉①，長一切菩薩智慧身，護一切菩薩【深】密藏，持一切菩薩福德聚，淨一切菩薩受生道，受一切【菩薩】正法雲，入一切菩薩大顛路〔153-2〕，趣一切如來菩提果，攝取一切菩薩妙行，開示一切菩薩功德，往一切方聽受妙法，讚一切菩薩廣大威德，生一切菩薩大慈悲力，攝一切菩薩勝自在力，生一切菩薩菩提分，作一切菩薩利益事。

善男子，菩薩由善知識任持，不墮惡趣；由善知識攝受，不還大乘；由善知識護念，不毀犯菩薩戒；由善知識守護，不隨逐惡知識；由善知識養育，不缺減菩薩法；由善知識攝取，超越凡夫地；由善知識教誨，超越二乘地；由善知識示導，得出離世間；由善知識長養，能不染世法；由承事善知識，修一切菩薩行；由供養善知識，具一切助道法；由親近善知識，不爲業或〈惑〉之所摧伏；由恃怙善知識，勢力堅固，不怖諸魔；由依止善知識，增長一切菩提分法。何以故，善男子，善知識者，能淨諸郭，能滅諸罪，能除諸難，能止諸惡，能破無明長夜黑闇〈暗〉，能壞諸見堅固牢獄，能出生死城，能捨世俗家，能截諸魔納〈網〉，能扳衆苦箭，能離無智險難處，能出邪見大曠野，能度諸有流，能離〔諸〕邪道，能示菩提路，能教菩薩法，能令安住菩薩行，能令趣向一切智，能淨智慧眼，能長菩提心，能生大悲，能演妙行，能說波羅蜜，能擯惡知識，能〔令〕住諸地，能令獲諸忍，能令修習一切善根，能令成辨〈辦〉② 一切道具，能施與一切大功德，能令到一切種智位，能令歡喜集功德，能令踊躍修諸行，能令趣入甚深義，能令開示出離門，能令杜絕諸惡道，能令以法光照曜〈耀〉③，能令以法雨潤澤，能令銷〈消〉④滅一切惑，能令捨離一切見，能令增長一切佛智慧，能令安住一切佛法門。

善男子，善知識者，如慈母，出生佛種故；如慈母〈父〉，廣大利益故；如乳母，守護不令作惡故；如教師，示其菩薩所學故；如善導，能示波羅蜜道故；如良醫，能治煩惱諸病故；如雪山，增長一切智藥故；如勇將，殄除一切怖畏故；如濟客，令出生死暴流故；如船師，令到智慧寶洲故。善男子，常當如是正念思惟諸善知識。

復次，善男子，汝承事一切善知識，應發如大地心，荷負重任無疲倦故；應發如金剛心，志願堅固不可壞故；應發如鐵圍山心，一切諸苦無能動故；應發如給侍心，所有教令皆隨順故；應發如弟子心，所有訓誨無違逆故；應發如僮僕心，不猒一切諸作務故；應發如養母心，受諸勤苦不告勞故；應發如傭作心，隨所受教無違逆故；應發如除糞人心，離憍慢故；應發如已熟稼心，能伍下故；應發如良馬心，離惡性故；應發如大車心，能運重故；應發如調順象心，恒伏從故；應發如須彌山心，不傾動故；應發如良犬心，不害主故；應發如旃荼羅心，離憍慢故；應發如犗牛心，無威怒故；應發如舟船心，往來不倦故；應發如橋梁心，濟渡忘疲故；應發如孝子心，承順顏色故；應發如王子心，遵行教命故。

復次，善男子，汝應於自身生病苦想，於善知識生醫王想，於所說法生良藥想，於所修行生除病想；又應於自身生遠行想，於善知識生導師想，於所說法生正道想，於所修行生遠達想；又應於自身生求度想，於善知識生船師想，於所說法生舟艦〈檝〉⑤想，於所修行生到岸想；又應於自身生苗稼想，於善知識生龍王想，於所說法生時雨想，於所修行生成熟想；又〔應〕於自

---

① 芽，⑫四二一頁註②：芽＝牙聖。
② 辨，⑫四二一頁註⑦：辨＝辯聖。
③ 耀，⑫四二一頁註⑧：耀＝曜宮。
④ 消，⑫四二一頁註⑨：消＝銷宮。
⑤ 檝，⑫四二一頁註⑬：檝＝艤宮聖。

身生貧窮想，於善知識生毗沙門王想，於所說法生財寶想，於所修行生富饒想；又應於自身生弟子想，於善知識生良工想，於所說法生技藝想，於所修行生了知想；又應於自身生恐怖想，於善知識生勇健想，於所說法生器仗想，於所修行生破怨想；又應於自身生商人想，於善知識生導師想，於所說法生珍寶想，於所修行〔生〕捃拾想；又應於自身生兒子想，於善知識生父母想，於所說法生家業想，於所修行生紹繼想；又應於自身生王子想，於善知識生大臣想，於所說法生王教想，於所修行生冠王冠想、服王服想、繫王繒想、坐王殿想。

善男子，汝應發如是心，作如是意近善知識。何以故，以如是心近善知識，令其志願永得清淨。

復次，善男子，善知識者長諸善根，譬如雪山長諸藥草；善知識者是佛法器，譬如大海吞納眾流；善知識者是功德處，譬如大海出生眾寶；善知識者〔淨菩提心〕，譬如猛火能練〈鍊〉①真金；善知識者出過世法，如須彌山出於大海；善知識者不染世法，譬如蓮華不著於水；善知識者不受諸惡，譬如大海不宿死屍；善知識者增長白法，譬如白月光色圓滿；善知識者照明法界，譬如盛日照四天下；善知識者長菩薩身，譬如父母養育兒子。

善男子，以要言之，菩薩摩訶薩若能隨順善知識教，得十不可說百千億那由他功德，淨十不可說百千億那由他深【心】，長十不可說百千億那由他菩薩根，淨十不可說百千億那由他菩薩力，斷十不可說百千億阿僧祇障，超十不可說百千億阿僧祇魔境，入十不可說百千億阿僧祇法門，滿十不可說百千億阿僧祇助道，修十不可說百千億阿〔153-3〕僧祇妙行，發十不可說百千億阿僧祇大願。

善男子，我復略說一切菩薩行、一切菩薩波羅蜜、一切菩薩地、一切菩薩忍、一切菩薩總持門、一切菩薩三昧門、一切菩薩神通智、一切菩薩迴向、一切菩薩願。一切菩薩成就佛法，皆由善知識力，以善知識而為根本，依善知識生，依善知識出，依善知識長，依善知識住，善知識為因緣，善知識能發起。

時，善財童子聞善知識如是功德，能開示無量菩薩妙行，能成就無量廣大佛法，踊躍歡喜，頂礼德生及有德足，繞無量匝，殷勤瞻仰，辭退而去。

尒時，善財童子善知識教，潤澤其心，正念思惟諸菩薩行，向海岸國。自憶往世不修礼敬，即時發意勤力而行；復憶往世身心不淨，即時發意專自治潔；復憶往世作諸惡業，即時發意專自防斷；復憶往世起諸妄想，即時發意恒正思惟；復憶往世所修諸行但為自身，即時發意令心廣大普及含識；復憶往世追求欲境常自【損】耗無有滋味，即時發意修行佛法長養諸根以自安隱；復憶往世起邪【思】念顛倒相應，即時發意生正見心起菩薩願；復憶往世日夜劬勞作【諸惡】事，即時發意起大精進成就佛法；復憶往世受五趣生於自他身皆無利益，即時發意願以其身饒益眾生成無〈就〉佛法承事一切諸善知識。如是思惟，生大歡喜。復觀此身是生老病死【眾】苦之宅，願盡【未】来【劫】，修菩薩道教化眾生，見諸如來成就佛法，遊行一切佛剎，承事一切法師，住持一切佛教，尋求一切法侶，見一切善知識，集一切諸佛法，與一切菩薩願智身而作因緣。〔153-4〕

作是念時，長不思議無量善根，即於一切菩薩深信尊重，生希有想，生大師想；諸根清淨，善法增益，起一切菩薩恭敬供養，作一切菩薩曲躬合掌，生一切菩薩普見世間眼，起一切菩薩普念眾生想，現一切菩薩無量願化身，出一切菩薩清淨讚詠音；想見過、現一切諸佛及諸菩薩，於

---

① 鍊，㊠四二二頁註③：鍊＝練㊄。

一切處示現成道神通變化，乃至無有一毛端處而不周遍；又得清淨智炎明眼，見一【切】菩薩所行境界；其心普入十方刹網，其顙普遍虛空法界，三世平等，無有休息。如是一切，皆以信受善知識教之所致耳。

善財童子以如是尊重、如是供養、如是稱讚、如是觀察、如是願力、如是想念、如是無量智慧境界，於毗盧遮那莊嚴藏大樓閣前，五體投地，暫時斂念，思惟觀察。以深信解、大願力故，入遍一切處智慧身平等門，普現其身在於一切如來前、一切菩薩前、一切善知識前、一切如來塔廟前、一切如來形像前、一切諸佛諸菩薩住處前、一切法寶前、一切聲聞辟支佛及其塔廟前、一切聖衆福田前、一切父母尊者前、一切十方衆生前，皆如上說，尊重礼讚，盡未來際無有休息。等虛空，無邊量故；等法界，無障礙故；等實際，遍一切故；等如來，無分別故。猶如影，随智現故；猶如夢，從思起故；猶如像，示一切故；猶如響，緣所發故；無有生，遍興謝故；無有性，随緣轉故。

又決定知一切諸報皆從業起，一切諸果皆從因起，一切諸業皆從習起，一切佛興皆從信起，一切化現諸供養事皆悉從於決定解起，一切化佛從敬心起，一切佛法從善根起，一切化身從方便起，一切佛事從大願起，一切菩薩所修諸行從迴向起，一切【法】界廣大莊嚴從一切智境界而起。離於斷見，知迴向故；離於常見，知無生故；離無因見，知正因〔故〕；離顛倒見，知如實理故；離自在見，知不由他故；離自他見，知從緣起故；離邊執見，知法界無邊故；離往來〔見〕，知如影像故；離有無見，知不生滅故；離一切法見，知空無生故，知不自在故，知願力出生故；離一切相，見入無相際故。知一切法如種生牙〈芽〉① 故，如印生文故。知質如像故，知聲如響故，知境如夢故，知業如幻故。了世心現故，了果因起故，了報業集故，了知一切諸功德法皆從菩薩善巧方便所流出故。

善財童子入如是智，端心潔念；於樓觀前，舉體投地，殷勤頂礼；不思議善根流注身心，清涼悅澤。從地而起，一心瞻仰，目不暫捨，合掌圍繞，經無量市，作是念言：

此大樓閣，是解空、無相、無願者之所住處；是於一切法無分別者之所住處；是了法界【無】差別者之所住處；是知一切衆生不可得者之所住處；是知一切法無生者之所住處；是不着一切世間者之所住處；是不着〔一切〕窟宅者之所住處；是不樂一切聚落者之所住處；是不依一切【境】界者之所住處；是離一切想者之所住處；是知一切法無自性者之所住處；是斷一切分別業者之所住處；是離一切想心、意、識者之所住處；是不入不出一切道者之所住處；〔是〕入一切甚深般若波羅蜜者之所住處；是能以方便住普門法界者〔之〕所住處；是息滅一切煩惱火者之所住處；是以增上慧除斷一切見、愛、慢者之所住處；是出生一切諸禪解脫三昧通明而遊戲者之所住處；是觀察一切菩薩三昧境界者之所住處；是安住一切如來所者之所住處；是以一刼入一切刼，以一切刼入一刼，而不壞其相者之所住處；是以一剎入一切剎，以一切剎入一剎，而不壞其相者之所住處；是以一法入一切法，以一切法入一法，而不壞其相者之所住處；是以一衆生入一切衆生，以一切衆生入一（切）衆〔生〕，而不壞其相者之所住處；是以一佛入一切佛，以一切佛入一佛，【而】不壞其相【者】之所住處；是於一念中而知一切三世者之所住處；是於一念中往詣一切國土者之所住處；是於一切衆生前悉現其身者之所住處；是心常利益一切世間者之所住處；是能遍至一切【處】者之所住處；是雖已出一切世間，為化衆生故而恒於中現身者之所住處；是不着一切剎，為供養諸佛故而遊一切剎者

---

① 芽，㊄四二三頁註①：芽 = 牙㊋。

之所住處；是不動本處，能普詣一切佛剎而莊嚴者之所住處；是親近【一切佛】而不起佛想者之所住處；是依止一切善知【識而】不起善知識想者之所住處；是住一切魔宮而不躭著欲境界者之所住處；是永離一切心想者之所住處；是雖於一切眾生中而現其身，然於自他不生二想者之所住處；是能普入一切世界而於法界無差別想者之所住處；是願住未來〔154-1〕【一切】劫而於諸劫無長短想者之所住處；是不離一毛端處而普現身一切世界者之所住處；是能【演】說難遭遇法者之所住處；是能住難知【法】、甚深法、無二法、無想〈相〉法、【無對治法】、無所得法、無戲論法者之所住處；是住大慈大悲者之所住處；是已度一切二乘智、已超一切魔境界、已於世法無所染、已到菩薩所到【岸、已住】如來所住處者之所住處；是雖離一切諸相而亦不入聲聞正位，雖了一切法無生而亦不【住】無生法性者之所住處；是雖觀不淨而不證離貪法〔亦〕不與貪欲俱，雖修於慈【而】不證離瞋法亦不與瞋垢俱，雖觀緣起而不證離癡法亦不與癡惑俱者之所住處；是雖住四禪而不隨禪生，雖行四無量為化眾生故而不生色界，雖修四無色【定以】大悲故而不住無色界者之所住處；是雖勤修止觀為化眾生故而不證明脫，雖行於捨而不捨化眾生事者之所住處；是雖觀於空而不【起】空見，雖行無相而常化著相眾生，雖行無願而不捨菩提行願者之所住處；是雖於一切業煩惱中而得自在為化眾生故而現隨順諸業煩惱，雖無生死為化眾生故示受生死，雖【已離】一切趣為化眾生故亦〈示〉入諸趣者之所住處；是雖行於慈而於諸眾生無所愛戀，雖行於悲而於諸眾生無所取著，雖行於喜而觀苦眾生心常哀愍，雖行於捨而不【廢】捨【利益】他【事】者之所住處；是雖行九次第定而不猒離欲界受生，雖知一切法無生無滅而不〔於〕實際作證，雖入三解脫門而不取聲聞解脫，雖觀四聖諦而不住小乘聖果，雖觀甚深

緣起而不住究竟寂滅，雖修八聖道而不求永出世間，雖超凡夫地而不墮聲聞、辟支佛地，雖觀五取蘊而不永滅諸蘊，雖超出四魔而不分【別】諸魔，雖不著六處而不永滅六處，雖安住真如而不墮實際，雖說一切乘而不捨大乘。此大樓閣，是住如是等一切諸功德者之所住處。

爾時，善財童子而說偈〈頌〉言：
此是大悲清淨智，利益世間慈氏尊，
【灌頂】地中佛長子，入如來境之住處。
一切名聞諸佛子，已入大乘解脫門，
〔遊行法界心無著，此無等者之住處〕。
施戒忍進禪智慧，方便願力及神通，
如是大乘諸度法，悉具足者之住處。
智慧廣大如虛空，普知三世一切法，
無礙無依無所取，了諸有者之住處。
善能解了一切法，無性無生無所依，
如鳥飛空得自在，此大智者之住處。
了知三毒真實【性】，分別因緣虛妄起，
亦不【厭】彼而求出，此寂靜人之住處。
三解脫門八聖道，諸蘊處界及緣起，
悉能觀察不趣寂，此善巧人之住處。
【十】方國土及眾生，以無礙智咸觀察，
了性皆空不分別，此寂滅人之住處。
普行法界悉無礙，而求行性不可得，
如風行空無所行，此無依者之住處。
普見惡道【群】生類，受諸楚毒無所【歸】，
放大慈光悉除滅，此哀愍者之住處。
【見】諸眾生失正道，譬如生盲踐畏途，
引其令入解脫城，此大導師之住處。
見諸眾生入魔網，生老病死常逼迫，
令其解脫得慰安，此勇健人之住處。
見諸眾生嬰惑病，而興廣大悲愍心，
以智慧藥悉除滅，此大醫〈醫〉王之住處。
見諸郡〈群〉生沒有海，沉淪憂迫受眾苦，
悉以法舩而救之，此善度者之住處。
見諸眾生在惑海，能發菩提妙寶心，

悉入其中而濟拔，此善漁人之住處。
恒以大顛慈悲眼，普觀一切諸衆生，
從諸有海而拔出，此金翅王之住處。
譬如日月在虛空，一切世聞〈間〉靡不燭，
智慧光明亦如是，此照世者之住處。
菩薩爲化【一衆】生，普盡未来無量刦，
如爲一人一切尒，此救世者之住處。
於一國土化衆生，盡未来刦無休息，
【一】一國土咸如是，此堅固意之住處。
十方諸佛所說法，一座普受咸令盡，
盡未来刦恒悉然，此智海人之住處。
遍遊一切世界海，普入一切道場海，
供養一切如来海，此修行者之住處。
修行一切妙行海，發起無邊大顛海，
如是經於衆刦海，此功德者之住處。
【一毛】端處無量【刹，佛】衆生刦不可記〈說〉，
如是明見靡不固〈周〉，此無礙眼之住處。
一念普攝無邊刦，國土諸佛及衆生，
智慧無礙悉正知，此具德人之住處。
十方國土碎爲塵，一切大海以毛滴，
菩薩發願數如是，此無礙者之住處。
成就揔持三昧門，大顛諸禪及解脫，
一一皆住無邊刦，此真佛子之住處。
無量無邊諸佛子〔154-2〕，種種說法度衆生，
亦說世閒衆伎〈技〉術，此修行者之住處。
成就神通方便智，修行如幻妙法門，
十方五趣悉現生，此無礙者之住處。
菩薩始從初發心，具足修行一切行，
化身無量遍法界，此神力者之住處。
一念成就菩提道，普作無邊智恵〈慧〉業，
世情思慮悉發狂，此難量者之住處。
成就神通無斈礙，遊行法界靡不周，
其心未曾〈甞〉有所【得】，此净慧者之住處。
菩薩修行無礙慧，入諸國土無所着，
以無二智普照明，此無我者之住處。
了知諸法無依止，李性寂滅同虛空，
常行如是境界中，此離垢人之住處。
普見羣生受諸苦，發大仁慈智【慧心】，
願常利益諸世間，此悲愍者之住處。
佛子住於此，普現衆生前，
猶如日月輪，遍除生死暗。
佛子住於此，普順衆生心，
變現無量身，充滿十方刹。
佛子住於此，遍遊諸世界，
一切如来所，無量無數刦。
佛子住於此，思量諸佛法，
無量無數刦，其心無猒倦。
佛子住於此，念念入三昧，
一一三昧門，闡明諸佛境。
佛子住於此，悉知一切刹，
無量無數刦，衆生佛名号。
佛子住於此，一念攝諸刦，
但隨衆生心，而無分別想。
佛子住於此，修習諸三昧，
一一心念中，了知三世法。
佛子住於此，結跏身不動，
普現一切刹，一切諸趣中。
佛子住於此，飲諸佛法海，
深入智慧海，具足功德海。
佛子住於此，悉知諸刹數，
世數衆生數，佛名數亦然。
佛子住於此，一念悉能了，
一切三世中，囯土之成壞。
佛子住於此，普知佛行顛，
菩薩所脩行，衆生根性欲。
佛子住於此，見一微塵中，
無量刹道場，衆生及諸刦。
如一微塵內，一切塵亦然，
種種咸亦然〈具足〉，處處皆無礙。
佛子住於此，普觀一切法，

衆生刹及世，無起無所有。
觀察衆生等，法等如来等，
刹等諸顛等，三世悉平等。
佛子住於此，教化諸羣生，
供養諸如来，思惟諸法性。
無量千万劫，所修顛智行，
廣大不可量，稱楊莫能盡。
彼諸大勇猛，所行無障礙，
安住於此中，我合掌敬礼。
諸佛之長子，聖德慈氏尊；
我今恭敬礼，顛垂顧念我。

尒時，善財童子以如是等一切菩薩無量稱揚讚歎法，而讚毗盧遮那莊嚴藏大樓閣中諸菩薩已，曲躬合掌，恭敬頂礼，一心顛見弥勒菩薩親近供養；乃見弥勒菩薩摩訶薩從別處来，無量天、龍、夜叉、乹闥婆、訶〈阿〉脩羅、迦樓羅、緊那羅、摩睺羅伽王，釋、梵、護世，及夲生處無量眷属、婆羅門衆，及餘無數百千衆生，前後圍繞而共来向莊嚴藏大樓觀所。善〔財〕見已，歡喜踊躍，五體投地。

時，弥勒菩薩觀察善財，指示大衆，歎其功德，而說頌曰：
汝等觀善財，智慧心清净，
爲求菩提行，而来至我所。
善来圓滿慈，善来清净悲，
善来寂滅眼，修行無懈倦。
善来清净意，善来廣大心，
善来不退根，修行無懈倦。
善来不動行，常求善知識，
了達一切法，調伏諸羣生。
善来行妙道，善来住功德，
善来趣佛果，未曾有疲倦。
善来德爲體，善来法所滋，
善来無邊行，世間難可見。
善来離迷惑，世法不能染，
利【衰】毀譽等，一切無分別。

善来施安樂，調柔堪受化；
諂誑瞋憍心，一切患〈悉〉除滅。
善来真佛子，普詣於十方，
增長諸功德，調柔無懈倦。
善来三世智，遍知一切法，
善〈普〉生功德藏，修行不疲猒。
文殊德雲等，一切諸佛子，
令【汝】至我所，示汝無礙處。
具修菩薩行，普攝諸羣生；
如是廣大人，今来至我所。
爲求諸如来，清净之境界，
問諸廣大顛，而来至我所。
去来現在佛，所成諸行業，
汝欲皆修學，而来至我所。
汝於善知識，欲求微妙法，
欲受菩薩行，而来至我所。
汝念善知識，諸佛所稱歎，
令汝成菩提，而来至我所。
汝念善知識，生我如父母，
養我如乳母，增我菩提分，
如醫療衆疾，如【天】灑甘露，
如日示正道，如月轉净輪，
如山不動搖，如海不〈無〉增減，
如船師濟度〈渡〉，而来至我所。
汝觀善知識，猶如大猛将，
亦如大商王〈主〉，又如大導師，
能建正法幢，能示佛功德，
能滅諸惡道，【能】開善趣門，
能顯諸佛身，能守諸佛藏，
能持諸佛法，是故顛瞻奉。
欲滿清净智，欲具端正身，
欲生尊貴家，而来至我所。
汝等觀此人，親近善知識，〔154-3〕
随其所修學，一切應順行。
以昔福因緣，文殊令發心，
随順無違逆，修行不懈倦。

大方廣佛花嚴經入法界品第三十九之十八

593

父母與親屬，宮殿及財産，
一切皆捨離，謙下求知識。
淨治如是意，永離世間身，
當生佛國土，受諸勝果報。
善財見衆生，生老病死苦，
爲發大悲意，勤修無上道。
善財見衆生，五趣常流轉，
爲求金剛智，破彼諸苦輪。
善財見衆生，心田甚荒穢，
爲除三毒刺〈刺〉，專求利智犁。
衆生處癡暗，盲冥失正道；
善財爲導師，示其安隱處。
忍鎧解脫乘，智慧爲利劍，
求〈能〉於三有内，破諸【煩惱】賊。
善財法船師，普濟諸含識，
令過尒餘海，疾至净寶洲。
善財正覺日，智光大頗輪，
周行法界空，普照羣迷宅。
善財正覺月，白法悉圓滿，
慈定清涼光，尋照衆生心。
善財勝智海，依於真〈直〉心住，
菩提行漸深，出生衆法寶。
善財大心龍，昇於法界空，
興雲霍甘澤，生成一切果。
善財然法燈，信炷慈悲油，
念器功德光，滅除三毒暗。
覺心迦羅邏，悲胞慈爲肉，
菩提分支〈肢〉① 節，長於如来藏。
增長福德藏，清净智慧藏，
開顯方便藏，出生大頗藏。
如是大莊嚴，救護諸羣生；
一切天人中，難開〈聞〉難可見。
如是智慧樹，根深不可動，
衆行漸增長，菩薩諸羣生。
欲生一切德，欲問一切法，
欲斷一切疑，專求善知識。

欲破諸惑魔，欲除諸見垢，
欲解衆生縛，專求善知識。
當滅諸惡道，當示人天路，
令修功德行，疾入涅槃城。
當度諸見難，當截諸見綱，
當枯受〈愛〉欲水，當示三有道。
當爲世依怙，當作世光明，
當成三界師，示其解脫處。
亦當令世間，普離諸想着，
普覺煩惱睡，普出愛欲泥。
當了種種法，當净種種利〈刹〉；
一切咸究竟，其心大歡喜。
汝行極調柔，汝心甚清净，
所欲修功德，一切當圓滿。
不久見諸佛，了逹一切法，
嚴净衆刹海，成就大菩提。
當滿諸行海，當知諸法海，
當度衆生海，如是修諸行。
當到功德【岸】，當生諸善品，
當與佛子等，如是心決定。
當斷一切惑，當净一切業，
當伏一切魔，滿足如是願。
當生妙智道，當開正法道，
不久當捨離，惑業諸苦道。
一切衆生輪，沉迷諸有輪；
汝當轉法【輪】，令其斷苦輪。
汝當持佛種，汝當净法種，
汝能集僧種，三世悉周遍。
當斷諸〈衆〉愛綱，當裂衆見綱，
當救衆苦綱，當成此願綱。
當度衆生界，當净國土界，
當【集】智慧界，當成此心界。
當令衆生喜，當令菩薩喜，
當令諸佛喜，當成此歡喜。

———

① 肢，㊣四二六頁註⑤：肢＝支㊎㊟。

當見一切趣，當見一切剎，
當見一切法，當成此佛見。
當放破闇〈暗〉光，當放息熱光，
當放滅惡光，滌除三有苦。
當開天趣門，當開佛道門，
當示解脫門，普使眾生入。
當示於正道，當絕於邪道；
如是勤修行，成就菩提道。
當修功德海，當度三有海；
普使羣生海，出於眾苦海。
當於眾生海，消竭煩惱海，
令修諸行海，疾入大智海。
汝當增智海，汝當修行海；
諸佛大願海，汝當成〈咸〉滿足。
汝當入剎海，汝當觀眾海；
汝當以智力，普飲諸法海。
當覲諸佛雲，當起供養雲，
當聽妙法雲，當興此願雲。
普遊三有室，普壞眾惑室，
普入如來室，當行如是道。
普入三昧門，普遊解脫門，
普住神通門，周行於法界。
普現眾生前，普對諸佛前，
譬如日月光，當成如是力。
所行无動亂，所行無染著，
如鳥行虛雲〈空〉，當成此妙用。
譬如因陁網，剎網如是住；
汝當悉往詣，如風无所礙。
汝當入法界，遍往諸法〈世〉界，
普見三世佛，心生大歡喜。
汝於諸法門，已得及當得，
應生大喜躍，无貪亦无猒。
汝是功德器〔154-4〕，能隨諸佛教，
能修菩薩行，得見此奇特。
如是諸佛子，億劫難可遇；
況見其功德，所修諸妙道。

汝生於人中，大獲諸善利，
得見文殊等，無量諸功德。
已離諸惡道，已出諸難處，
已超眾苦患，善哉勿懈怠。
已離凡夫地，已住菩薩地，
當滿智慧地，速入如來地。
菩薩行如樹，佛智同虛空，
汝願亦復然，應生大欣慶。
諸根不懈倦，志願恒決定，
親近善知識，不久悉成滿。
菩薩種種行，皆為調眾生，
普行諸法門，慎勿生疑惑。
汝具難思福，及以真實信；
是故於今日，得見諸佛子。
汝見諸佛子，悉獲廣大利，
一一諸大願，一切咸信受。
汝於三有中，能修菩薩行；
是故諸佛子，示汝解脫門。
非是法器人，與佛子同住，
設經无量劫，莫知其境界。
汝見諸菩薩，得聞如是法，
世間甚難有，應生大喜慶。
諸佛護念汝，菩薩攝受汝，
能順其教行，善哉住壽命。
已生菩薩家，已具菩薩德，
已長如來種，當昇灌頂位。
不久汝當得，與諸佛子等，
【見】苦惱眾生，悉置安隱處。
如下如是種，必獲如是果，
我今慶慰汝，汝應大欣悅。
無量諸菩薩，無量劫行道，
未能成此行，今汝皆獲得。
信樂堅進力，善財成此行；
若有敬慕心，亦當如是學。
一切功德行，皆從願欲生；
善財已了知，常樂勤修習。

如龍布宻雲，必當霔大雨；
菩薩起願智，决定修諸行。
若有善知識，示汝普賢行；
汝當好承事，慎勿生疑惑。
汝於無量刼，爲欲妄捨身；
今爲求菩提，此捨方爲善。
汝於無量刼，具受生死苦，
不曾事諸佛，未聞如是行。
汝今得人身，值佛善知識，
聽受菩薩〈提〉行，云何不歡喜。
雖遇佛興世，亦值善知識；
其心不清净，不聞如是法。
若於善知識，信樂心尊重，
離疑不疲猒，乃聞如是法。
若有聞此法，而興誓願心；
當知如是人，已獲廣大【利】。
如是心清净，當〈常〉得近諸佛，
亦近諸菩薩，决定成菩提。
若入此法門，則具諸功德，
永離衆惡趣，不受一切苦。
不久捨此身，往生佛國土，
常見十方佛，及以諸菩薩。
往因今净解，及事善友力，
增長諸功德，如水生蓮花。
樂事善知識，勤供一切佛，
專心聽聞法，常行勿懈惓。

汝是真法器，當具一切法，
當修一切道，當滿一切願。
汝以信解心，而来礼敬我，
不久當普入，一切諸佛會。
善哉諸〈真〉佛子，供〈恭〉敬一切佛，
不久具諸行，到佛功德岸。
汝當往大智，文殊師利所；
彼當令汝得，普賢深妙行。

尒時，弥勒菩薩摩訶薩在衆會前，稱讃善財大功德藏。善財聞已，歡喜踴躍，身毛皆堅，悲泣哽咽〈噎〉；起立合掌，恭敬瞻仰，繞無量帀。以文殊師利心念力故，衆花、纓絡〈瓔珞〉、種種妙寶不覺忽然自盈其手；善財歡喜，即以奉散弥勒菩薩摩訶薩上。

時，弥勒菩薩摩善財頂，爲說頌言：
善哉善哉真佛子，普築諸根無懈惓，
不久當具諸功德，猶如文殊及與我。
時，善財童子以頌荅曰：
我念善知識，億劫難值遇；
今得咸親近，而来詣尊所。
我以文殊故，見諸難見者；
彼大功德尊，願速還瞻覩。

大方廣佛花嚴經卷第七十七・七十七之下
〔154-5〕

大方廣佛花嚴經
入法界品第卅九之十九
卷第七十八・七十八之上

尒時，善財童子合掌恭敬，重白弥勒菩薩摩訶薩言：

大聖，我已先發阿耨多羅三藐三菩提心，而我未知菩薩云何學菩薩行，云何修菩薩道。

大聖，一切如來授尊者記，一生當得阿耨多羅三藐三菩提；若一生當得無上菩提，則已超越一切菩薩所住處，則已出過一切菩薩離生位，則已圓滿一切波羅蜜，則已深入一切諸忍門，則已具足一切菩薩地，則已遊戲一切解脫門，則已成就一切三昧法，則已通達一切菩薩行，則已證得一切陁羅尼辯才，則已扵一切菩薩自在中而得【自】在，則已積集一切菩薩助道法，則已遊戲智慧方便，則已出生大神通智，則已成就一切學處，則已圓滿一切妙行，則已滿足一切大願，則已領受一切佛所記，則已了知一切諸乘門，則已堪受一切如來所護念，則已能攝一切佛菩提，則已能持一切佛法藏，則已能持一切諸佛菩薩秘密藏，則已能扵一切菩薩衆中為上首，則已能為破煩惱魔軍大勇將，則已能作出生死曠野大導師，則已能作治諸惑重病大醫王，則已能扵一切衆生中為冣勝，則已能扵一切世主中得自在，則已能扵一切聖人中冣第一，則已能扵一切聲聞、獨覺中冣增上，則已能扵生死海中為舩師，則已能布調伏一切衆生網，則已能觀一切衆生根，則已能攝一切衆生界，則已能守護一切菩薩衆，則已能談議一切菩薩事，則已能往詣一切如來所，則已能住止一切如來會，則已能現身一切衆生前，則已能扵一切世法無所染，則已能超越一切魔境界，則已能安住一切佛境界，則已能到一切菩薩無礙境，則已能精勤供養一切佛，則已與一切諸佛法同體性，已繫【妙】法繒，已受佛灌頂，已住一切智，已能普生一切佛法，已能速踐一切智位。

大聖，菩薩云何學菩薩行，云何修菩薩道，随所修學，疾得具足一切佛法，悉能度脫所念衆生，普能成滿所發大願，普能究竟所起諸行，普能安慰一切天人，不負自身，不斷三寶，不虛一切佛菩薩種，能持一切諸佛法眼。如是【等】事，願【皆為說】。

尒時，弥勒菩薩摩訶薩觀察一切道場衆會，指示善財而作是言：

諸仁者，汝【等】見此長者子，今【於】我所問菩薩【行】諸功德不。諸仁者，此長者子，勇猛精進，志願無雜，深心堅固，恒不退轉；具勝希望，如救頭然，無【有】猒足；樂善知識，親近供養，處處尋求，承事請法。諸仁者，此長者子，曩扵福成〈城〉受文殊教，展轉南行求善知識，經由一百一十善知識已，然後而來至扵我所，未曾暫起一念疲懈。

諸仁者，此長者子甚為難有，趣向大乘，乘扵大慧，發大勇猛，擐大悲甲，以大慈心救護衆生，起大精進波羅蜜行，作大商主護諸衆生，為大法舡度諸有海，住扵大道，集大法寶，修〔諸〕廣大助道之法；如是之人，難可得聞，難可得見，難得親近、同居、共行。何以故，此長者子發心救護一切衆生，令一切衆生，解脱諸苦，超諸惡趣，離諸險難，破無明暗〈闇〉，出生死野，息諸趣輪，度魔境界，不着世法，出欲淤泥，断貪鞅，解見縛，壊想宅，絶迷道，摧憍幢，抜或〈惑〉箭，撤睡盖，裂愛網，滅無明，度有流，離謟〈諂〉幻，浄心垢，断癡或〈惑〉，出生死。

諸人〈仁〉者，此長者子，爲被四流漂汨〈泊〉者，造大法舡；爲破〈被〉見泥沒溺者，立大法橋；爲被癡暗昏迷者，然大智燈；爲行生死曠野者，開示聖道；爲嬰煩惱重病者，調和法藥；爲遭生老死苦者，飲以甘露，令其安隱；爲入貪恚癡火者，漑以定水，使得清源〈涼〉；多憂惱者，慰喻〈諭〉① 使安；繋有獄者，曉誨令出；入見網者，開以智劒；住界城者，示諸脱門；在險難者，道〈導〉安隱處；懼結賊者，與無畏法；堕惡趣者，受〈授〉慈悲手；拘害藴者，示涅槃城；界虵所纒，解以聖道；着扵六處空聚落者，以智慧光引之令出；住邪濟者，令入正濟；近惡友者，示其善友；樂凡〔155－2〕【法】者，誨以聖法；着生死者，令其趣入一切智城。

諸仁者，此長者子，恒以此行救護衆生，發菩提心未甞休息，求大乗道曽無懈倦，飲諸法水不生猒足，恒勤積集助道之行，常樂清浄一切法門，修菩薩行不捨精進，成滿諸願善行方便，見善知識情無猒足，事善知識身不疲懈，聞善知識所有教誨常樂順行未曽違逆。

諸仁者，若有衆生能發阿耨多羅三藐三菩提心，是爲希有；若發心已，又能如是精進方便集諸佛法，倍爲希有；又能如是求菩薩道，又能如是浄菩薩行，又能如是事善知識，又能如是如救頭然，又能如是順知識教，又能如是堅固修行，又能如是集菩提分，又能如是不求一切名聞利養，又能如是不捨菩薩純一之心，又能如是不樂家宅、不着欲樂、不戀父母親戚知識，但樂追求菩薩伴侶，又能如是不顧身命，唯願勤修一切智道，應知展轉倍更難得。

諸人〈仁〉者，餘諸菩薩經扵無量百千萬億那由他刼，乃能滿足菩薩願行，乃能親近諸佛菩提；此長者子，扵一生内，則能浄佛刹，則能化衆生，則能以智慧深入法界，則能成就諸波羅蜜，則能增廣一切諸行，則能圓滿一切大願，則能超出一切魔業，則能承事一切善友，則能清浄諸菩薩道，則能具足普賢諸行。

尓時，弥勒菩薩摩訶薩如是稱歎善財童子種種功德，令無量百千衆生發菩提心已，告善財言：

善𢦏善𢦏，善男子，汝爲饒益一切世間，汝爲救護一切衆生，汝爲勤求一切佛法故，發阿耨多羅三藐三菩提心。

善男子，汝獲善利，汝善得人身，汝善住壽命，汝善值如来出現，汝善見文殊師利大善知識〔155－3〕。汝身是善器，爲諸善根之所潤澤。汝爲白法之所資持，所有解欲悉已清浄，已爲諸佛六〈共〉所護念，已爲善友共所攝受。何以故。

善男子，菩提心者，猶如種子，能生一切諸佛法故；菩提心者，猶如良田，能長衆生白浄法故；菩提心者，猶如大地，能持一切諸世間故；菩提心者，猶如浄水，能洗一切煩惱垢故；菩提心者，猶如火〈大〉風，普扵世間無所礙故；菩提心者，猶如盛火，能燒一切諸見薪故；菩提心者，猶如浄日，普照一切諸世間故；菩提心者，猶如盛月，諸白浄法悉圓滿故；菩提心者，猶如明燈，能放種種法光明故；菩提心者，猶如浄目，普見一切安危處【故】；菩提心者，猶如大道，普令得入大智城故；菩提心者，猶如正

① 諭，[大正]四二九頁註②：諭＝喻㊂[宮]。

濟，令其得離諸邪法故；菩提心者，猶如大車，普能運載諸菩薩故；菩提心者，猶如門户，開示一切菩薩行故；菩提心者，猶如宫殿，安住修習三昧法故；菩提心者，猶如園菀〈苑〉，抡中遊戲受法樂故；菩提心者，猶如舍宅，安隐一切諸衆生故；菩提心者，則爲所歸，利益〔155－4〕一切諸世間故；菩提心者，則爲所依，諸菩薩行所依處故；菩提心者，猶如慈父，訓導一切諸菩薩故；菩提心者，猶如慈母，生長一切諸菩薩故；菩提心者，猶如乳母，養育一切諸菩薩故；菩提心者，猶如善友，成益一切諸菩薩故；菩提心者，【猶】如居〈君〉主，勝出一切二乘人故；菩提心者，猶如帝王，一切願中得自在故；菩提心者，猶如大海，一切功德悉入中故；菩提心者，【如】須弥山，抡〔諸〕衆生心平等故；菩提心者，如鐵圍山，攝持一切諸世間故；菩提心者，猶如雪山，長養一切智慧藥故；菩提心者，猶如香山，出生一切功德香故；菩提心者，猶如虚空，諸妙功德廣無邊故；菩提心者，猶如蓮花，不染一切世閒【法】故；菩提心者，（猶）如調慧鳥，其心善順不獷俟〈戾〉[①]故；菩提心者，如良善馬，遠離一切諸惡性故；菩【提】心者，如調御師，守護大乘一切法故；菩提心者，猶如良藥，能治一切煩惱病故；菩提心【者】，猶如坑穽，陷沒一切諸惡法故；菩提心者，猶如金剛，悉能穿徹一切法故；菩提心者，猶如香篋，能貯一切功德香【故】；菩提心者，猶如妙花，一切世閒所樂見故；菩提心者，如白栴檀，除衆欲熱使清涼故；菩提心者，如黒沉香，能熏法界悉周遍〔155－5〕【故；菩提心者，如善見藥王，能破一切煩惱病故；菩提心者，如毘笈摩藥，能拔一切諸惑箭故；菩提心者，猶如帝釋，一切主中最爲尊故；菩提心者，如毘沙門，能斷一切貧窮苦故；菩提心者，如功德天，一切功德所莊嚴故；菩提心者，如莊嚴具，莊嚴一切諸菩薩故；菩提心者，如劫燒火，能燒一切諸有爲故；菩提心者，如無生根藥，長養一切諸佛法故；菩提心者，猶如龍珠，能消一切煩惱毒故；菩提心者，如水清珠，能清一切煩惱濁故；菩提心者，如如意珠，周給一切諸貧乏故；菩提心者，如功德瓶，滿足一切衆生心故；菩提心者，如如意樹，能雨一切莊嚴具故；菩提心者，如鵝羽衣，不受一切生死垢故；菩提心者，如白氎線，從本已來性清淨故；菩提心者，如快利犁，能治一切衆生田故；菩提心者，如那羅延，能摧一切我見敵故；菩提心者，猶如快箭，能破一切諸苦的故；菩提心者，猶如利矛，能穿一切煩惱甲故；菩提心者，猶如堅甲，能護一切如理心故；菩提心者，猶如利刀，能斬一切煩惱首故；菩提心者，猶如利劍，能斷一切憍慢鎧故；菩提心者，如勇將幢，能伏一切諸魔軍故；菩提心者，猶如利鋸，能截一切無明樹故；菩提心者，猶如利斧，能伐一切諸苦樹故；菩提心者，猶如兵仗，能防一切諸苦難故；菩提心者，猶如善手，防護一切諸度身故；菩提心者，猶如好足，安立一切諸功德故；菩提心者，猶如眼藥，滅除一切無明翳故；菩提心者，猶如鉗鑷，能拔一切身見刺故；菩提心者，猶如臥具，息除生死諸勞苦故；菩提心者，如善知識，能解一切生死縛故；菩提心者，如好珍財，能除一切貧窮事故；菩提心者，如大導師，善知菩薩出要道故；菩提心者，猶如伏藏，出功德財無匱乏故；菩提心者，猶如涌泉，生智慧水無窮盡故；菩提心者，猶如明鏡，普現一切法門像故；菩提心者，猶如蓮華，不染一切諸罪垢故；菩提心者，猶如大河，流引一切度攝法故；菩提心者，如大龍王，能雨一切妙法雨故；菩提心者，猶如命根，任持菩薩大悲身故；菩提心者，猶如甘露，能令安住不死界故；菩提心者，猶如大網，普攝一切諸衆生故；菩提心者，猶如羂索，攝取一切所應化故；菩提心者，猶如鉤餌，出有淵中所居者故；菩提心者，如阿伽陀藥，能令無病永安隱故；菩

---

① 戾，[知]四二九頁註⑨：戾＝俟[三][宫]。

提心者，如除毒藥，悉能消歇貪愛毒故；菩提心者，如善持呪，能除一切顛倒毒故；菩提心者，猶如疾風，能卷一切諸障霧故；菩提心者，如大寶洲，出生一切覺分寶故；菩提心者，如好種性，出生一切白淨法故；菩提心者，猶如住宅，諸功德法所依處故；菩提心者，猶如市肆，菩薩商人貿易處故；菩提心者，如鍊金藥，能治一切煩惱垢故；菩提心者，猶如好蜜，圓滿一切功德味故；菩提心者，猶如正道，令諸菩薩入智城故；菩提心者，猶如好器，能持一切白淨法故；菩提心者，猶如時雨，能滅一切煩惱塵故；菩提心者，則爲住處，一切菩薩所住處故；菩提心者，則爲壽行，不取聲聞解脫果故；菩提心者，如淨瑠璃，自性明潔無諸垢故；菩提心者，如帝青寶，出過世間二乘智故；菩提心者，如更漏鼓，覺諸衆生煩惱睡故；菩提心者，如清淨水，性本澄潔無垢濁故；菩提心者，如閻浮金，映奪一切有爲善故；菩提心者，如大山王，超出一切諸世間故；菩提心者，則爲所歸，不拒一切諸來者故；菩提心者，則爲義利，能除一切衰惱事故；菩提心者，則爲妙寶，能令一切心歡喜故；菩提心者，如大施會，充滿一切衆生心故；菩提心者，則爲尊勝，諸衆生心無與等故；菩提心者，猶如伏藏，能攝一切諸佛法故；菩提心者，如因陀羅網，能伏煩惱阿脩羅故；菩提心者，如婆樓那風，能動一切所應化故；菩提心者，如因陀羅火，能燒一切諸惑習故；菩提心者，如佛支提，一切世間應供養故。

　　善男子，菩提心者，成就如是無量功德；舉要言之，應知悉與一切佛法諸功德等。何以故，因菩提心出生一切諸菩薩行，三世如來從菩提心而出生故。是故，善男子，若有發阿耨多羅三藐三菩提心者，則已出生無量功德，普能攝取一切智道。

　　善男子，譬如有人，得無畏藥，離五恐怖。何等爲五，所謂火不能燒，毒不能中，刀不能傷，水不能漂，煙不能熏。菩薩摩訶薩亦復如是，得一切智菩提心藥，貪火不燒，瞋毒不中，惑刀不傷，有流不漂，諸覺觀煙不能熏害。

　　善男子，譬如有人，得解脫藥，終無橫難。菩薩摩訶薩亦復如是，得菩提心解脫智藥，永離一切生死橫難。

　　善男子，譬如有人，持摩訶應伽藥，毒蛇聞氣，即皆遠去。菩薩摩訶薩亦復如是，持菩提心大應伽藥，一切煩惱諸惡毒蛇，聞其氣者，悉皆散滅。

　　善男子，譬如有人，持無勝藥，一切怨敵無能勝者。菩薩摩訶薩亦復如是，持菩提心無能勝藥，悉能降伏一切魔軍。

　　善男子，譬如有人，持毘笈摩藥，能令毒箭自然墮落。菩薩摩訶薩亦復如是，持菩提心毘笈摩藥，令貪恚癡諸邪見箭自然墮落。

　　善男子，譬如有人，持善見藥，能除一切所有諸病。菩薩摩訶薩亦復如是，持菩提心善見藥王，悉除一切諸煩惱病。

　　善男子，如有藥樹，名珊陀那，有取其皮以塗瘡者，瘡即除愈；然其樹皮，隨取隨生，終不可盡。菩薩摩訶薩從菩提心生一切智樹亦復如是，若有得見而生信者，煩惱業瘡悉得消滅，一切智樹初無所損。

　　善男子，如有藥樹，名無生根，以其力故，增長一切閻浮提樹。菩薩摩訶薩菩提心樹亦復如是，以其力故，增長一切學與無學及諸菩薩所有善法。

　　善男子，譬如有藥，名阿藍婆，若用塗身，身之與心咸有堪能。菩薩摩訶薩得菩提心阿藍婆藥亦復如是，令其身心增長善法。

　　善男子，譬如有人，得念力藥，凡所聞事憶持不忘。菩薩摩訶薩得菩提心念力妙藥，悉能聞持一切佛法皆無忘失。

　　善男子，譬如有藥，名大蓮華，其有服者住壽一劫。菩薩摩訶薩服菩提心大蓮華藥亦復如是，於無數劫，壽命自在。

　　善男子，譬如有人，執翳形藥，人與非人悉不能見。菩薩摩訶薩執菩提心翳形妙藥，一切諸魔不能得見。

善男子，如海有珠，名普集眾寶，此珠若在，假使劫火焚燒世間，能令此海減於一滴，無有是處。菩薩摩訶薩菩提心珠亦復如是，住於菩薩大願海中，若常憶持不令退失，能壞菩薩一善根者，終無是處；若退其心，一切善法即皆散滅。

善男子，如有摩尼，名大光明，有以此珠瓔珞身者，映蔽一切寶莊嚴具，所有光明悉皆不現。菩薩摩訶薩菩提心寶亦復如是，瓔珞其身，映蔽一切二乘心寶，諸莊嚴具悉無光彩。

善男子，如水清珠，能清濁水。菩薩摩訶薩菩提心珠亦復如是，能清一切煩惱垢濁。

善男子，譬如有人，得住水寶，繫其身上，入大海中，不為水害。菩薩摩訶薩亦復如是，得菩提心住水妙寶，入於一切生死海中，終不沈沒。

善男子，譬如有人，得龍寶珠，持入龍宮，一切龍蛇不能為害。菩薩摩訶薩亦復如是，得菩提心大龍寶珠，入欲界中，煩惱龍蛇不能為害。

善男子，譬如帝釋，著摩尼冠，映蔽一切諸餘天眾。菩薩摩訶薩亦復如是，著菩提心大願寶冠，超過一切三界眾生。

善男子，譬如有人，得如意珠，除滅一切貧窮之苦。菩薩摩訶薩亦復如是，得菩提心如意寶珠，遠離一切邪命怖畏。

善男子，譬如有人，得日精珠，持向日光而生於火。菩薩摩訶薩亦復如是，得菩提心智日寶珠，持向智光而生智火。

善男子，譬如有人，得月精珠，持向月光而生於水。菩薩摩訶薩亦復如是，得菩提心月精寶珠，持此心珠，鑒迴向光，而生一切善根願水。

善男子，譬如龍王，首戴如意摩尼寶冠，遠離一切怨敵怖畏。菩薩摩訶薩亦復如是，著菩提心大悲寶冠，遠離一切惡道諸難。

善男子，如有寶珠，名一切世間莊嚴藏，若有得者，令其所欲悉得充滿，而此寶珠無所損減。菩提心寶亦復如是，若有得者，令其所願悉得滿足，而菩提心無有損減。

善男子，如轉輪王，有摩尼寶，置於宮中，放大光明，破一切暗。菩薩摩訶薩亦復如是，以菩提心大摩尼寶，住於欲界，放大智光，悉破諸趣無明黑暗。

善男子，譬如帝青大摩尼寶，若有為此光明所觸，即同其色。菩薩摩訶薩菩提心寶亦復如是，觀察諸法迴向善根，靡不即同菩提心色。

善男子，如瑠璃寶，於百千歲處不淨中，不為臭穢之所染著，性本淨故。菩薩摩訶薩菩提心寶亦復如是，於百千劫住欲界中，不為欲界過患所染，猶如法界性清淨故。

善男子，譬如有寶，名淨光明，悉能映蔽一切寶色。菩薩摩訶薩菩提心寶亦復如是，悉能映蔽一切凡夫二乘功德。

善男子，譬如有寶，名為火焰，悉能除滅一切暗冥。菩薩摩訶薩菩提心寶亦復如是，能滅一切無知暗冥。

善男子，譬如海中有無價寶，商人採得，船載入城；諸餘摩尼百千萬種，光色、價直無與等者。菩提心寶亦復如是，住於生死大海之中，菩薩摩訶薩乘大願船，深心相續，載之來入解脫城中，二乘功德無能及者。

善男子，如有寶珠，名自在王，處閻浮洲，去日月輪四萬由旬，日月宮中所有莊嚴，其珠影現悉皆具足。菩薩摩訶薩發菩提心淨功德寶亦復如是，住生死中，照法界空，佛智日月一切功德悉於中現。

善男子，如有寶珠，名自在王，日月光明所照之處，一切財寶、衣服等物，所有價直悉不能及。菩薩摩訶薩發菩提心自在王寶亦復如是，一切智光所照之處，三世所有天人、二乘漏無漏善一切功德皆不能及。

善男子，海中有寶，名曰海藏，普現海中諸莊嚴事。菩薩摩訶薩菩提心寶亦復如是，普能顯現一切智海諸莊嚴事。

善男子，譬如天上閻浮檀金，唯除心王大摩尼寶，餘無及者。菩薩摩訶薩發菩提心閻浮檀金亦復如是，除一切智心王大寶，餘無及者。

善男子，譬如有人，善調龍法，於諸龍中而得自在。菩薩摩訶薩亦復如是，得菩提心善調龍法，於諸一切煩惱龍中而得自在。

善男子，譬如勇士，被執鎧仗，一切怨敵無能降伏。菩薩摩訶薩亦復如是，被執菩提大心鎧仗，一切業惑諸惡怨敵無能屈伏。

善男子，譬如天上黑栴檀香，若燒一銖，其香普熏小千世界，三千世界滿中珍寶所有價直皆不能及。菩薩摩訶薩菩提心香亦復如是，一念功德普熏法界，聲聞、緣覺一切功德皆所不及。

善男子，如白栴檀，若以塗身，悉能除滅一切熱惱，令其身心普得清涼；菩薩摩訶薩菩提心香亦復如是，能除一切虛妄、分別、貪、恚、癡等諸惑熱惱，令其具足智慧清涼。

善男子，如須彌山，若有近者，即同其色。菩薩摩訶薩菩提心山亦復如是，若有近者，悉得同其一切智色。

善男子，譬如波利質多羅樹，其皮香氣，閻浮提中若婆師迦、若薝蔔迦、若蘇摩那，如是等華所有香氣皆不能及。菩薩摩訶薩菩提心樹亦復如是，所發大願功德之香，一切二乘無漏戒定、智慧解脫、解脫知見諸功德香悉不能及。

善男子，譬如波利質多羅樹，雖未開華，應知即是無量諸華出生之處。菩薩摩訶薩菩提心樹亦復如是，雖未開發一切智華，應知即是無數天人眾菩提華所生之處。

善男子，譬如波利質多羅華，一日熏衣，薝蔔迦華、婆利師華、蘇摩那華雖千歲熏亦不能及。菩薩摩訶薩菩提心華亦復如是，一生所熏諸功德香，普徹十方一切佛所，一切二乘無漏功德百千劫熏所不能及。

善男子，如海島中生椰子樹，根、莖、枝、葉及以華果，一切眾生恆取受用無時暫歇。菩薩摩訶薩菩提心樹亦復如是，始從發起悲願之心，乃至成佛，正法住世，常時利益一切世間無有間歇。

善男子，如有藥汁，名訶宅迦，人或得之，以其一兩變千兩銅，悉成真金，非千兩銅能變此藥。菩薩摩訶薩亦復如是，以菩提心迴向智藥，普變一切業惑等法，悉使成於一切智相，非業惑等能變其心。

善男子，譬如小火，隨所焚燒，其焰轉熾。菩薩摩訶薩菩提心火亦復如是，隨所攀緣，智焰增長。

善男子，譬如一燈，然百千燈，其本一燈無減無盡。菩薩摩訶薩菩提心燈亦復如是，普然三世諸佛智燈，而其心燈無減無盡。

善男子，譬如一燈，入於闇室，百千年闇悉能破盡。菩薩摩訶薩菩提心燈亦復如是，入於眾生心室之內，百千萬億不可說劫諸業煩惱、種種闇障悉能除盡。

善男子，譬如燈炷，隨其大小而發光明；若益膏油，明終不絕。菩薩摩訶薩菩提心燈亦復如是，大願為炷，光照法界；益大悲油，教化眾生，莊嚴國土，施作佛事，無有休息。

善男子，譬如他化自在天王，冠閻浮檀真金天冠，欲界天子諸莊嚴具皆不能及。菩薩摩訶薩亦復如是，冠菩提心大願天冠，一切凡夫、二乘功德皆不能及。

善男子，如師子王哮吼之時，師子兒聞皆增勇健，餘獸聞之即皆竄伏。佛師子王菩提心吼應知亦爾，諸菩薩聞增長功德，有所得者聞皆退散。

善男子，譬如有人，以師子筋而為樂絃；其音既奏，餘絃悉絕。菩薩摩訶薩亦復如是，以如來師子波羅蜜身菩提心筋為法樂絃；其音既奏，一切五欲及以二乘諸功德絃悉皆斷滅。

善男子，譬如有人，以牛羊等種種諸乳，假使積集盈於大海，以師子乳一滴投中，悉令變壞，直過無礙。菩薩摩訶薩亦復如是，以如來師子菩提心乳，著無量劫業煩惱乳大海之中，悉令壞滅，直過無礙，終不住於二乘解脫。

善男子，譬如迦陵頻伽鳥，在卵殼中有大勢力，一切諸鳥所不能及。菩薩摩訶薩亦復如是，於生死轂發菩提心，所有大悲功德勢力，聲聞、緣覺無能及者。

善男子，如金翅鳥王子，初始生時，目則明利，飛則勁捷，一切諸鳥雖久成長無能及者。菩薩摩訶薩亦復如是，發菩提心，為佛王子，智慧清淨，大悲勇猛，一切二乘雖百千劫久修道行所不能及。

善男子，如有壯夫，手執利矛，刺堅密甲，直過無礙。菩薩摩訶薩亦復如是，執菩提心銛利快矛，刺諸邪見隨眠密甲，悉能穿徹無有障礙。

善男子，譬如摩訶那伽大力勇士，若奮威怒，於其額上必生瘡皰；瘡若未合，閻浮提中一切人民無能制伏。菩薩摩訶薩亦復如是，若起大悲，必定發於菩提之心；心未捨來，一切世間魔及魔民不能為害。

善男子，譬如射師有諸弟子，雖未慣習其師技藝，然其智慧、方便、善巧，餘一切人所不能及。菩薩摩訶薩初始發心亦復如是，雖未慣習一切智行，然其所有願、智、解、欲，一切世間凡夫、二乘悉不能及。

善男子，如人學射，先安其足，後習其法。菩薩摩訶薩亦復如是，欲學如來一切智道，先當安住菩提之心，然後修行一切佛法。

善男子，譬如幻師，將作幻事，先當起意憶持幻法，然後所作悉得成就。菩薩摩訶薩亦復如是，將起一切諸佛菩薩神通幻事，先當起意發菩提心，然後一切悉得成就。

善男子，譬如幻術，無色現色。菩薩摩訶薩菩提心相亦復如是，雖無有色，不可覩見，然能普於十方法界示現種種功德莊嚴。

善男子，譬如猫狸，纔見於鼠，鼠即入穴不敢復出。菩薩摩訶薩發菩提心亦復如是，暫以慧眼觀諸惑業，皆即竄匿不復出生。

善男子，譬如有人，著閻浮金莊嚴之具，映蔽一切皆如聚墨。菩薩摩訶薩亦復如是，著菩提心莊嚴之具，映蔽一切凡夫二乘功德莊嚴悉無光色。

善男子，如好磁石，少分之力，即能吸壞諸鐵鉤鎖。菩薩摩訶薩發菩提心亦復如是，若起一念，悉能壞滅一切見欲無明鉤鎖。

善男子，如有磁石，鐵若見之，即皆散去，無留住者。菩薩摩訶薩發菩提心亦復如是，諸業煩惱、二乘解脫，若暫見之，即皆散滅，亦無住者。

善男子，譬如有人，善入大海，一切水族無能為害；假使入於摩竭魚口，亦不為彼之所吞噬。菩薩摩訶薩亦復如是，發菩提心入生死海，諸業煩惱不能為害；假使入於聲聞、緣覺實際法中，亦不為其之所留難。

善男子，譬如有人，飲甘露漿，一切諸物不能為害。菩薩摩訶薩亦復如是，飲菩提心甘露法漿，不墮聲聞、辟支佛地，以具廣大悲願力故。

善男子，譬如有人，得安繕那藥以塗其目，雖行人間，人所不見。菩薩摩訶薩亦復如是，得菩提心安繕那藥，能以方便入魔境界，一切眾魔所不能見。

善男子，譬如有人，依附於王，不畏餘人。菩薩摩訶薩亦復如是，依菩提心大勢力王，不畏障、蓋、惡道之難。

善男子，譬如有人，住於水中，不畏火焚。菩薩摩訶薩亦復如是，住菩提心善根水中，不畏二乘解脫智火。

善男子，譬如有人，依倚猛將，即不怖畏一切怨敵。菩薩摩訶薩亦復如是，依菩提心勇猛大將，不畏一切惡行怨敵。

善男子，如釋天王，執金剛杵，摧伏一切阿修羅眾。菩薩摩訶薩亦復如是，持菩提心金剛之杵，摧伏一切諸魔外道。

善男子，譬如有人，服延齡藥，長得充健，不老不瘦。菩薩摩訶薩亦復如是，服菩提心延齡之藥，於無數劫修菩薩行，心無疲厭亦無染著。

善男子，譬如有人，調和藥汁，必當先取好清淨水。菩薩摩訶薩亦復如是，欲修菩薩一切行願，先當發起菩提之心。

善男子，如人護身，先護命根。菩薩摩訶薩亦復如是，護持佛法，亦當先護菩提之心。

善男子，譬如有人，命根若斷，不能利益父母宗親。菩薩摩訶薩亦復如是，捨菩提心，不能利益一切衆生，不能成就諸佛功德。

善男子，譬如大海，無能壞者。菩提心海亦復如是，諸業煩惱、二乘之心所不能壞。

善男子，譬如日光，星宿光明不能映蔽。菩提心日亦復如是，一切二乘無漏智光所不能蔽。

善男子，如王子初生，即爲大臣之所尊重，以種性自在故。菩薩摩訶薩亦復如是，於佛法中發菩提心，即爲耆宿久修梵行聲聞、緣覺所共尊重，以大悲自在故。

善男子，譬如王子，年雖幼稚，一切大臣皆悉敬禮。菩薩摩訶薩亦復如是，雖初發心修菩薩行，二乘耆舊皆應敬禮。

善男子，譬如王子，雖於一切臣佐之中未得自在，已具王相，不與一切諸臣佐等，以生處尊勝故。菩薩摩訶薩亦復如是，雖於一切業煩惱中未得自在，然已具足菩提之相，不與一切二乘齊等，以種性第一故。

善男子，譬如清淨摩尼妙寶，眼有瞖故見爲不淨。菩薩摩訶薩菩提心寶亦復如是，無智不信謂爲不淨。

善男子，譬如有藥，爲呪所持，若有衆生見、聞、同住，一切諸病皆得消滅。菩薩摩訶薩菩提心藥亦復如是，一切善根、智慧、方便、菩薩願智共所攝持，若有衆生見、聞、同住、憶念之者，諸煩惱病悉得除滅。

善男子，譬如有人，常持甘露，其身畢竟不變不壞。菩薩摩訶薩亦復如是，若常憶持菩提心露，令願智身畢竟不壞。

善男子，如機關木人，若無有楔，身即離散，不能運動。菩薩摩訶薩亦復如是，無菩提心，行即分散，不能成就一切佛法。

善男子，如轉輪王，有沈香寶，名曰象藏；若燒此香，王四種兵悉騰虛空。菩薩摩訶薩菩提心香亦復如是，若發此意，即令菩薩一切善根永出三界，行如來智無爲空中。

善男子，譬如金剛，唯從金剛處及金處生，非餘寶處生。菩薩摩訶薩菩提心金剛亦復如是，唯從大悲救護衆生金剛處、一切智智殊勝境界金處而生，非餘衆生善根處生。

善男子，譬如有樹，名曰無根，不從根生，而枝葉華果悉皆繁茂。菩薩摩訶薩菩提心樹亦復如是，無根可得，而能長養一切智智神通大願；枝葉華果，扶疎蔭映，普覆世間。

善男子，譬如金剛，非劣惡器及以破器所能容持，唯除全具上妙之器。菩提心金剛亦復如是，非下劣衆生慳、嫉、破戒、懈怠、妄念、無智器中所能容持，亦非退失殊勝志願、散亂、惡覺衆生器中所能容持，唯除菩薩深心寶器。

善男子，譬如金剛，能穿衆寶。菩提心金剛亦復如是，悉能穿徹一切法寶。

善男子，譬如金剛，能壞衆山。菩提心金剛亦復如是，悉能摧壞諸邪見山。

善男子，譬如金剛，雖破不全，一切衆寶猶不能及。菩提心金剛亦復如是，雖復志劣，少有虧損，猶勝一切二乘功德。

善男子，譬如金剛，雖有損缺，猶能除滅一切貧窮。菩提心金剛亦復如是，雖有損缺，不進諸行，猶能捨離一切生死。

善男子，如小金剛，悉能破壞一切諸物。菩提心金剛亦復如是，入少境界，即破一切無知諸惑。

善男子，譬如金剛，非凡人所得。菩提心金剛亦復如是，非劣意衆生之所能得。

善男子，譬如金剛，不識寶人不知其能、不得其用。菩提心金剛亦復如是，不知法人不了其能、不得其用。

善男子，譬如金剛，無能銷滅。菩提心金剛亦復如是，一切諸法無能銷滅。

善男子，如金剛杵，諸大力人皆不能持，唯除有大那羅延力。菩提之心亦復如是，一切二乘皆不能持,唯除菩薩廣大因緣堅固善力。

善男子,譬如金剛,一切諸物無能壞者,而能普壞一切諸物,然其體性無所損減。菩提之心亦復如是,普於三世無數劫中,教化眾生,修行苦行,聲聞、緣覺所不能者咸能作之,然其畢竟無有疲厭亦無損壞。

善男子,譬如金剛,餘不能持,唯金剛地之所能持。菩提之心亦復如是,聲聞、緣覺皆不能持,唯除趣向薩婆若者。

善男子,如金剛器,無有瑕缺用盛於水,永不滲漏而入於地。菩提心金剛器亦復如是,盛善根水,永不滲漏,令入諸趣。

善男子,如金剛際,能持大地,不令墜沒。菩提之心亦復如是,能持菩薩一切行願,不令墜沒入於三界。

善男子,譬如金剛,久處水中,不爛不濕。菩提之心亦復如是,於一切劫處,在生死業惑水中,無壞無變。

善男子,譬如金剛,一切諸火不能燒然、不能令熱。菩提之心亦復如是,一切生死諸煩惱火不能燒然、不能令熱。

善男子,譬如三千世界之中金剛座上,能持諸佛坐於道場、降伏諸魔、成等正覺,非是餘座之所能持。菩提心座亦復如是,能持菩薩一切願行、諸波羅蜜、諸忍、諸地、迴向、受記、修集菩提助道之法、供養諸佛、聞法受行,一切餘心所不能持。

善男子,菩提心者,成就如是無量無邊乃至不可說不可說殊勝功德。若有眾生發阿耨多羅三藐三菩提心,則獲如是勝功德法。是故,善男子,汝獲善利,汝發阿耨多羅三藐三菩提心,求菩薩行,已得如是大功德故。

善男子,如汝所問:菩薩云何學菩薩行、修菩薩道,善男子,汝可入此毘盧遮那莊嚴藏大樓閣中周遍觀察,則能了知學菩薩行,學已成就無量功德】。

【大方廣佛華嚴經卷第七十八】

〔大〕方廣佛花嚴經
入法界品第三十九之二十

卷七十九・七十九之上

【爾時，善財童子恭敬右遶彌勒菩】薩摩訶薩已，而白之言：唯願大聖開樓閣門，令我得入。

時，彌勒菩薩前【詣】樓閣，【彈指出聲，其門即開】，命善財入。善財心喜，入已還閉。

見其樓閣廣博〈博〉無量同於虛空，阿僧祇寶以爲其地；阿僧祇宮殿、阿僧祇門【闥】、阿僧祇窗牖、阿僧祇階陛、阿僧祇欄楯、阿僧祇道路，皆七寶成；阿僧祇幡、阿僧祇幢、阿僧祇蓋，周迴間列；阿僧祇衆寶纓絡〈瓔珞〉①、阿僧祇真珠纓絡〈瓔珞〉、阿僧祇赤真珠纓絡〈瓔珞〉、阿僧祇師子珠纓絡〈瓔珞〉，處處垂下；阿僧祇半月、阿僧祇繒帶、阿僧祇寶網，以爲嚴飾；阿僧祇寶鐸風動成音，散阿僧祇天諸雜花，懸阿僧祇天寶鬘帶，嚴阿僧祇衆寶香爐，雨阿僧祇細末金屑，懸阿僧祇寶鏡，然阿僧祇寶燈，布阿僧祇寶衣，列阿僧祇寶帳，設阿僧祇寶座ᶜ〈坐〉，阿僧祇寶繒以敷座上；阿僧祇閻浮檀金童女像、阿僧祇雜寶諸形像、阿僧祇妙寶菩薩像，處處充遍；阿僧祇衆鳥出和雅音；阿僧祇寶優鉢羅花、阿僧祇寶波頭摩花、阿僧祇寶拘物頭花、阿僧祇寶芬陁利花，以爲莊嚴；阿僧祇寶樹次第行列，阿僧祇摩尼寶放大光明。如是等無量阿僧祇諸莊嚴具，以爲莊嚴。

又見其中，有無量百千諸妙樓閣，一一嚴飾悉如上說；廣博〈博〉嚴麗皆同虛空，不相障礙亦無雜亂。善財童子於一處中見一切處，一切諸處悉如是見。

尒時，善財童子見毗盧遮那莊嚴藏樓閣如是種種不可思議自在境界，生大歡喜，勇〈踊〉躍無量，身心柔耎，離一切想，除一切障，滅一切惑，所見不忘，所聞能憶，所思不亂，入於無礙解脫之門。普運其心，普見一切，普身〈申〉敬礼，纔始稽首，以彌勒菩薩威神之力，自見其身遍在一切諸樓閣中，具見種種不可思議自在境界。

所謂或見彌勒菩薩初發無上菩提心時如是名字、如是種族，如是善友之所開悟，令其種植如是善根、住如是受〈壽〉、在如是劫、值如是佛、處於如是莊嚴刹土、修如是行、發如是【願；彼】諸如來如是衆會、如是受〈壽〉命，經尒許時親近供養。悉皆明見。

或見彌勒最初證得慈心三昧，從是已來，号爲慈【氏；或見】彌勒修諸妙行，成滿一切諸波羅蜜；或見得忍，或見住地，或見成就清淨國土，或見護持如來正教，爲大法師，【得無生忍】，某時、某處、某如來【所】受於無上菩提之記。

或見彌勒爲轉輪王，勸諸衆生住十善道；或爲護世，饒益【衆生；或爲釋天，呵】責五欲；【或爲焰摩天】王，讚不放逸；或爲兜率天王，稱【歎一生】菩薩功德；或爲化樂〔157-1〕天

---

① 瓔珞，㊻四三五頁註②：瓔珞＝纓絡㊾，下同。

606

王,【爲諸】天衆現諸菩薩變化莊嚴;或爲他化自在天王,爲諸天衆演說一切諸佛之法;或作魔王,說一切法皆悉無常;或爲梵王,說諸禪定無量喜樂;或爲阿脩羅王,入大智海,了法如幻,爲其衆會常演說法,斷除一切憍慢醉懈。

或復見其處閻羅界,放大光明,救地獄苦;或見在於餓鬼之處,施諸餅〈飲〉食,濟彼飢渴;或見在於畜生之道,種種方便,調伏衆生。

或復見爲護世天王衆會說法,或復見爲忉利天王衆會說法,或復見爲燄摩天王衆會說法,或復見爲兜率天王衆會說法,或復見爲化樂天王衆會說法,或復見爲他化自在天王衆會說法,或復見【爲大】梵王衆會說法,或復見爲龍王衆會說法,或復見爲夜叉、羅刹王衆會〔157-2〕【說法,或復見爲】乾闥婆、緊那羅王衆會說法,或復見爲阿脩羅、陁那婆王衆會說法,或【復見爲】迦樓羅、摩睺羅伽王衆會說法,或復見爲其餘一切人、非人等衆會說法,或復見爲【聲聞】衆會說法,或復見爲緣覺衆會說法,或復見爲初發心乃至一生所繫已灌頂者諸菩薩衆【而】演說法。

或見讚說初地乃至十地所有功德,或見讚說滿足一切諸波羅蜜,【或】見讚說入諸忍【門】,或見讚說諸大三昧門,或見讚說甚深解脫門,或見讚說諸禪三昧神通境界,或見讚說諸菩薩【行,或見】讚【說】諸大誓願,或見與諸同行菩薩讚說世間資生工巧種種方便利衆生事,或見與諸一生菩薩【讚】說一切佛灌頂門。

或見弥勒於百千年,經行、讀誦、書寫經卷,勤求觀察,爲衆說法,或見〈入〉諸禪四無量心,或入遍處及諸解脫,或入三昧以方便力現諸神變。

或見諸菩薩入變化三昧,各於其身一一毛孔,出於一切變化身雲;【或見】出天衆身雲,或見出龍衆身雲,或見〔出〕夜叉、乾闥婆、緊那羅、阿脩羅、迦樓羅、摩睺羅伽、釋、梵、護世、轉輪聖【王、小】王、王子、大臣、官屬、長者、居士身雲,或見出聲聞、緣覺及諸菩薩、如來身雲,或見出一切衆生身雲。

或見出妙音,【讚諸】菩薩種種法門,所謂:讚說菩提心功德門;讚說但〈檀〉波羅蜜乃至智波羅蜜功德門;讚說諸攝、諸禪、諸无【量心,及】諸三昧、三摩鉢底、諸通、諸明、摠持、辯才、諸諦、諸智、止觀、解脫、諸緣、諸依、諸說法門;讚說念、處、正勤、神足、【根、力、七】菩提分、八聖道分、諸聲聞乘、諸獨覺乘、諸菩薩乘、諸地、諸忍、諸行、諸願,如是等一切諸功德門。

【或復於中,見】諸如來,大衆圍繞;亦見其佛生處、種性〈姓〉、身形、受〈壽〉命、刹劫、名号、說法利益、教住久近,乃至所有道場【衆會種種不】同,悉皆明見。

又復於彼莊嚴藏內諸樓閣中,見一樓閣,高廣嚴飾,最上無比;於中悉見三千世界【百億四天下、百億兜率陀天,一一】皆有弥勒菩薩降神誕【生】、釋梵天王捧持頂戴、遊行七步、觀察十方、大師子【吼、現爲童子、居處宮殿、遊戲園苑】、爲一切智出家苦行、示受【乳】糜、往詣道場、降【伏】諸魔、成【等】正覺、觀菩提〔157-3〕【樹】、梵王勸請轉【正】法輪、【昇天】宮殿而演說法、劫數壽量、衆【會】莊嚴、所净國土、所【修】行願、教化成熟衆生方便、分布舍利、住持教法,皆悉不同。

尒時,善財自見其身,在彼一切諸如來所;亦見於彼一切衆會、一切佛事,憶持不忘,通達無礙。復聞一切諸樓閣內,寶網鈴鐸及諸樂器,皆悉演暢不可思議微妙法音,說種種法。所【謂】或說菩薩發菩提心,或說修行波羅蜜行,或說諸願,或說諸地,或說恭敬供養如來,或說莊嚴諸佛國【土】,或說諸佛說法差別。如上所說一切佛法,悉聞其音,敷暢辯了。

又聞某處,有某菩薩,聞某法門,某善知識【之所】勸導發菩提心,於某劫、某刹、某如來所、某大衆中，聞於某佛如是㓛德，發如是心，起如是願，種於如【是廣大】善根；經若干刧修菩薩行，於尒許時當成正覺，如是名号，如是壽量，如是國土，具足莊嚴，滿如是【願，化如】是衆，如是聲聞、菩提〈薩〉衆會；般涅槃後，正法住世，經尒許刧，利益如是無量衆生。

或聞某處，有【某菩薩，布】施、持戒、忍辱、精進、禪定、智慧，修習如是諸波羅蜜。或聞某處有某菩薩，爲求法故，弃捨王位及【諸珍寶、妻】子眷属、手足頭目，一切身分皆无所吝。或聞某處，有某菩薩，守護如来所說正法，爲大法師，廣行法【施，建法幢】，吹法蚤〈螺〉①，擊法皷，雨法雨，造佛塔廟，作佛形像，施諸衆生一切樂具。或聞某處，有【某如来】，於某刧中，【成等正覺】，如是國土，如是衆會，如是受〈壽〉命，【說】如是法，滿如是【願，教化】如是无量衆生。

七十九之上

〔157－4〕

善財童子聞如是【等不可思議微妙法音，身】心歡喜，柔爽悅澤，即得无量諸摠持門、諸辯才門、諸禅、諸忍、諸願、諸度、諸通、諸明，及諸解脫、諸三昧門。

【又見一切】諸寶鏡中種種【形像。所謂或見諸佛】衆會道場，或見菩薩衆會道場，或見聲聞衆會道場，或見緣覺衆會道場，或見淨世界，或見【不淨世界】，或見淨不淨世界，【或見不淨淨世界】，或見有佛世界，或見無佛世界，或見小世界，或見中世界，或見大世界，或見因陁羅網世界，或見覆世界，或見【仰世界，或】見平坦世界，或見地獄、畜生、餓鬼所住世界，或見天人充滿世界。於如是等諸世界中，見有無數大菩薩衆，或行或坐作諸事業，或起大悲憐【愍衆】生，或造諸論利益世間，或受或持，或書或誦，或問或荅，三時懺悔，迴向發願。

又見一切諸寶柱中，放摩尼王大光明網，或青或黄，或赤或白，【或玻瓈色，或】水精色，或帝青色，或虹蜺色，或閻浮檀金色，或作一切諸光明色。

又見彼閻浮檀金童女及衆寶像，或以其手而執花雲，或執衣雲，或執幢幡，或執鬘盖，或持種種塗香、末香，或持上妙摩尼寶網，或垂金鎖，或掛纓絡〈瓔珞〉②，或舉其臂捧莊嚴具，或低其首垂摩尼冠，曲躬瞻仰，目不暫捨。

又見彼真珠纓絡〈瓔珞〉，常出香水，具八㓛德；瑠璃、纓絡〈瓔珞〉，百千光明，同時照曜〈耀〉③；幢幡網盖，如是等物，一切皆以衆寶莊嚴。

又復見彼優鉢羅花、波頭摩花、拘物頭花、芬陁利花，各各生於無量諸花，或大一手，或長一肘，或復【縱】廣猶如車輪，一一花中皆悉示現種種色像以爲嚴飾，所謂男色像、女色像、童男色像、童女色像、釋、梵、護世、天、龍、夜叉、乾闥婆、阿脩羅、迦楼羅、緊那羅、摩睺羅伽、聲聞、緣覺及諸菩薩。如是一切衆生色像，皆悉合掌，曲躬礼敬。

亦見如来結加〈跏〉④趺坐，三十二相莊嚴其身。

又復見彼淨瑠璃地，一一步間，現不思議種種色像，所謂世界色像、菩薩色像、如来色像及諸楼閣莊嚴色像。

又於寶樹枝葉花果一一事中，悉見種種半身色像，所謂佛半身色像、菩薩半身色像，天、龍、夜叉，乃至護世、轉輪聖王、小王、王子、大臣、官長，及以四衆半身色像。其諸色像，或執花鬘，或執纓絡〈瓔珞〉，或持一切諸莊嚴具；或有曲躬合掌礼敬，一心瞻仰，目不暫捨；或有

① 螺，[大正]四三六頁註④：螺＝蚉[三][聖]。
② 瓔珞，[大正]四三六頁註⑨：瓔珞＝纓絡[宋]。
③ 耀，[大正]四三六頁註⑩：耀＝曜[宮]。
④ 跏，[大正]四三六頁註⑪：跏＝加[三][宮][聖]。

讚歎，或入三昧。其身悉以相好莊嚴，普放種種諸色光明，所謂金色光明、銀色光明、珊瑚色光明、兜沙羅色光明、帝青色【光】明、毗盧遮那寶色光明、一切衆寶色光明、瞻波迦花色光明。

又見諸樓閣半月像中，出阿僧祇日月星宿種種光明普照十方。

又見諸樓閣周〔158-1〕【迴】四壁，一一步內，一切衆寶以爲莊嚴。一一寶中，皆現彌勒曩劫修行菩薩道時，或施頭目，或施手足、脣舌、牙齒、耳鼻、血肉、皮膚、骨髓乃至爪髮，如是一切，悉皆能捨；妻妾、男女、城邑、聚落、國土、王位，隨其所須，盡皆施與。處牢獄者，令得出離；被繫縛者，使其解脫；有疾病者，爲其救療；入邪徑者，示其正道。或爲船師，令度大海；或爲馬王，救諸〈護〉① 惡難；或爲大仙，善說諸論；或爲輪王，勸修十善；或爲醫王，善療衆病；或孝順父母，或親近善友，或作聲聞，或作緣覺，或作菩薩，或作如來，教化調伏一切衆生；或爲法師，奉行佛教，受持讀誦，如理思惟，立佛支提，作佛形像，若自供養，若勸於他，塗香【散】花，恭敬禮拜。如是等事，相續不絕。或見坐於師子之座，廣演說法，勸諸衆生安住十善，一心歸向佛法僧寶，受持五戒及八齋戒，出家聽法，受持讀誦，如理修行。

乃至見於彌勒菩薩，百千億那由他阿僧祇劫，修行諸度一切色像；又見彌勒曾所【承】事諸善知識，悉以一切功德莊嚴；亦見彌勒在彼一一善知識所，親近供養，受行其教，乃至住於灌頂之地。

時，諸知識告善財言：善來童子，汝觀此菩薩不思議事，莫生疲厭。

爾時，善財童子得不忘失憶念力故，得見十方清淨眼故，得善觀察無礙智故，得諸菩薩自在智故，得諸菩薩已入智地廣大解故，於一切樓閣一一物中，悉見如是及餘無量不可思議自在境界諸莊嚴事。

譬如有人，於睡夢中見種種物，所謂城邑、聚落、宮殿、園苑、山林、河池、衣服、飲食乃至一切資生之具；或見自身父母兄弟、內外親屬；或見大海須彌山王，乃至一切諸天宮殿、閻浮提等四天下事；或見其身形量廣大百千由旬，房舍、衣服悉皆相稱，謂於晝日經无量時不眠不寢受諸安樂。從睡覺已，乃知是夢，而能明記所見之事。善財童子亦復如是，以彌勒菩薩力所持故，知三界法皆如夢故，滅諸衆生狹劣想故，得无障礙廣大解故，住諸菩薩勝境界故，入不思議方便智故，能見如是自在境界。

譬如有人，將欲命終，見隨其業【所受報相：行】惡業者，見於地獄、畜生、餓鬼所有一切衆苦境界，或見獄卒手持兵仗或瞋或罵囚執將去，亦聞彌叫、悲歎之聲，或見灰河，或見鑊湯，或見刀山，或見劍樹，種種逼【迫，受諸苦惱；作善業】者，即見一切諸天宮殿無量天衆、天諸采女，種種衣服具足莊嚴，宮殿園林盡皆妙好。身雖未死，而由業力見如是事。善財童子亦復如是，以菩薩業不思議力，【得見一切莊嚴境界】。

【譬如】有人，爲鬼所持，見種種事，隨其所問，悉皆能答。善財童子亦復如是，菩薩智慧之所持故，見彼一切諸莊嚴事，若有問者，靡不能答。

譬如有人，爲龍所持，自謂【是龍，入於龍宮，於少時間，自】謂已經日月年載。善財童子亦復如是，以住菩薩智慧想故，彌勒菩薩所加持故，於少時間謂無量劫。

譬如梵宮，名莊嚴藏，於中悉見三千世界一切諸【物不相雜亂。善財童子亦】復如是，於樓觀中，普見一切莊嚴境界種種差別不相雜亂。

譬如比丘，入遍處定，若行、若住、若坐、若臥，隨所入定，境界現前。善財童子亦復如是，入於樓觀，【一切境界悉皆明了】。

---

① 護，囷四三七頁註①：護＝諸宮璽。

【譬如有人，於】虛空中見乾闥婆城具足莊嚴，悉分別知，無有障礙；譬如夜叉宮殿與人宮殿，同在一處而不相雜，各隨其業，所見不同；譬如大海，於中悉見三千世界一切色像；【譬如幻師，以幻力故，現諸幻事種】種作業。善財童子亦復如是，以彌勒菩薩威神力故，及不思議幻智力故，能以幻智知諸法故，得諸菩薩自在力故，見樓閣中一切莊嚴自在境界。〔158－2〕

【爾時，彌勒菩薩】摩訶薩即攝神力入樓閣中，彈指作聲，告善財言：善男子，起，法性如是，此是菩薩知諸法智因緣聚集所現之相。如是自性，如幻如夢、如【影如像，悉不成】就。尒時，善財聞彈指聲，從三昧起。

彌勒告言：善男子，汝住菩薩不可思議自在解脫，受諸菩薩三昧喜樂，能見菩薩神力所持、助道所流、願智所現【種】種上妙莊嚴宮殿；見菩薩行，聞菩薩法，知菩薩德，了如來願。

善財白言：唯然，聖者，是善知識加被憶念威神之力。聖者，此解脫門，其名何等。

彌勒告言：善男子，此解脫門，名入三世一切境界不忘念智莊嚴藏。善男子，此解脫門中，有不可說不可說解脫門，一生菩薩之所能得。

善財問言：此莊嚴事，何處去耶。

彌勒答言：於來處去。

曰：從何處来。

曰：從菩薩智慧神力中来，依菩薩智慧神力而住，无有去處，亦无住處，非集非常，遠離一切。善男子，如龍王降雨，不從身出，不從心出，無有積集，而非不見；但以龍王心念力故，霈然洪霔，周遍天下，如是境界不可思議。善男子，彼莊嚴事亦復如是，不住於內，亦不住外，而非不見；但由菩薩威神之力、汝善根力，見如是事。善男子，譬如幻師作諸幻事，無所從來，無所至去；雖無來去，以幻力故，分明可見。彼莊嚴事亦復如是，無所從【來】，亦無所去；雖無來去，然以慣習不可思議幻智力故，及由往

昔大願力故，如是顯現。

善財童子言：大聖從何處来。

彌勒言：

善男子，諸菩薩無来無去，如是而来；無行無住，如是而来；無處〔無〕著，不沒不生，不【住】不遷，不動不起，無戀無著，無業無報，無起無滅，不斷不常，如是而来。善男子，菩薩從大悲處来，為欲調伏諸眾生故；〔從〕大慈處来，為欲救護諸眾生故；從淨戒處来，隨其所樂而受生故；從大願處来，往昔願力之所持故；從神通處来，於一切處隨樂現故；從無動搖處来，恒不捨離一切佛故；從無取捨處来，不侵身心使往來故；從智慧方便處来，隨順一切諸眾生故；從示現變化處来，猶如影像而化現故。

然，善男子，汝問於我從何處来者。善男子，我從生處摩羅提國而来於此。善男子，彼有聚落，名為房舍；有長者子，名瞿波羅。為化其人，令入佛法，而住於彼；又為生處一切人民隨所應化而為說法，亦為父母及諸眷屬、婆羅門等演說大乘，令其趣入故住扵彼。而從彼來。

善財童子言：聖者，何者是菩薩生處。

荅言：

善男子，菩薩有十種生處。何者為十，善男子，菩提心是菩薩生處，生菩薩家故；深心是菩薩生處，生善知識家故；諸地是菩薩生處，生波羅蜜家故；大願是菩薩生處，生妙行家故；大悲是菩薩生處，生四攝家故；如理觀察是菩薩生處，生般若波羅〔蜜〕① 家故；大乘是菩薩生處，生方便善巧家故；教化眾生是菩薩生處，生佛家故；智慧方便是菩薩生處，生無生法忍家故；修行一切法是菩薩生處，生過現未來一切如來家故。

善男子，菩薩摩訶薩以般若波羅蜜為母，方便善巧為父，檀波羅蜜為乳母，尸波羅蜜為養母，忍

---

① 蜜，㈣四三八頁註③：蜜＝密㊣，下同。

波羅蜜爲莊嚴具，勤波羅蜜爲養育者，禪波羅蜜爲浣〈澣〉①濯人，善知識爲教受〈授〉師，一切菩提分爲伴侣，一切善法爲眷属，一切菩薩爲兄弟，菩提心爲家，如理修行爲家法，諸地爲家處，諸忍爲家族，大願爲家教，滿〔158－3〕足諸行爲順家法，勸發大乗爲紹家業，法【水】灌頂一生所繫菩薩爲王太子，成就菩提爲【能淨家族】。

善男子，菩薩如是超凡夫地，入菩薩位，生如来家，住佛種性，能修諸行，不斷三寶，善能守護菩薩種族，浄菩薩種，生處尊勝，無諸過惡，一切世間天、人、魔、梵、沙門、婆羅門供〈恭〉敬讃歎。

善男子，菩薩摩訶薩生於如是尊勝家已，知一切法如影像故，於諸世間無所惡賤；知一切法如變化故，於諸有趣無所染着；知一切法無有我故，教化衆生心無疲猒；以大慈悲爲體性故，攝受衆生不覺勞苦；了達生死猶如夢故，經一切刧而無怖畏；了知諸藴皆如幻故，示現受生而無憂猒；知諸界、處同法界故，於諸境界無所壊滅；知一切想如陽燄故，入於諸趣不生倒惑；達一切法皆如幻故，入魔境界不起染着；知法身故，一切煩惱不能欺誑；得自在故，扵一切趣通達無礙。

善男子，我身普生一切法界，等一切衆生差别色相，等一切衆生殊異言音，等一切衆生種種名号，等一切衆生所樂威儀，随順世間教化調伏；等一切清浄衆生示現受生，等一切凡夫衆生所作事業，等一切衆生想，等一切菩薩願，而現其身充滿法界。

善男子，我爲化度與我往昔【同】修諸行、今時退失菩提心者，亦爲教化父母親属，亦爲教化諸婆羅門，令其離扵種族憍慢，得生如来種性之中，而生扵此閻浮提界、摩羅提國、拘吒聚落、婆羅門家。善男【子】，我住扵此大樓閣中，随諸衆生心之所樂，種種方便教化調伏。善男子，我爲随順衆生心故，我爲成熟兜率天中同行天故，我爲示現菩薩福智變化莊嚴；超過一切諸欲界【故，令】其捨離諸欲樂故，令知有爲皆無常故，令知諸天盛必衰故，爲欲示現将降生時大智法門；與一生菩薩共談論故，爲欲攝化諸同行故，爲欲教化釋迦如来所遣来者【令如蓮】花悉開悟故，扵此命終，生兜率天。善男子，我願滿足，成一切智，得菩提時，汝及文殊俱得見我。

善男子，汝當往詣文殊師利善知識所而問之言：菩薩云何學菩薩行，云何【而入普賢】行門，云何成就，云何廣大，云何随順，云何清浄，云何圓滿。善男子，彼當爲汝分别演說。何以故，文殊師利所有大願，非餘無量百千億那由他菩薩之所能有。

善男子，【文殊師】利童子，其行廣大，其願無邊，出生一切菩薩功德無有休息。善男子，文殊師利常爲無量百千億那由他諸佛母，常爲無量百千億那由他菩薩師，教化成【熟一切衆生】，名稱普聞十方世界；常扵一切諸佛衆中爲說法師，一切如来之所讃歎；住甚深智，能如實見一切諸法，通達一切解脱境界，究竟普賢所行諸行。

善男子，文殊師利童子是【汝】善知識，令汝得生如来家，長養一切諸善根，發起一切助道法，值遇真實善知識；令汝修一切功徳，入一切願網，住一切大願；爲汝說一切菩薩秘蜜〈密〉法，【現】一切【菩薩難思行；與汝】往昔同生同行。

是故，善男子，汝應往詣文殊之所莫生疲猒，文殊師利當爲汝說一切功德。何以故，汝先所見諸善知識聞菩薩行、入解脱門、滿足大願，【皆是文殊威神之力，文】殊師利〔於〕一切處咸得究竟。

時，善財童子頂礼其足，繞無量帀，殷勤瞻仰，辭退而去。

大方廣佛花嚴經卷第七十九・七十九之下

〔158－4〕

---

① 澣，[大正]四三八頁註④：澣＝浣[三][宮][聖]。

〔大〕方廣佛花嚴經
入法〔界品第三十九之二十一〕
卷八十·八十之上

【爾時，善財童子依彌勒菩薩摩訶薩教，漸次而行，經由一百一十餘城已，到普】門國〔蘇摩那城，住其門所，思惟文殊師利，隨順觀察，周旋求覓，希欲奉覲。

是時，文殊師利遙伸右手，過一百一十由旬，按善財頂，作如是言：

善哉善哉，善男子，若離信根，心劣憂悔，功行不具，退失精勤，於一善根心生住著，於少功德便以為足，不能善巧發起行願，不為善知識之所攝護，不為如來之所憶念，不能了知如是法性、如是理趣、如是法門、如是所行、如是境界；若周遍知、若種種知、若盡源底、若解了、若趣入、若解說、若分別、若證知、若獲得，皆悉不能。

是時，文殊師利宣說此法，示教利喜，令善財童子成就阿僧祇法門，具足無量大智光明，令得菩薩無邊際陀羅尼、無邊際願、無邊際三昧、無邊際神通、無邊際智，令入普賢行道場，及置善財自所住處；文殊師利還攝不現。

於是，善財]①思惟觀察②，【一心願見文殊】師利，〔及〕見三千大千世界微【塵數諸善知識，悉皆親近，恭敬承事，受行其教，無有違逆；增長趣求一切智慧，廣大悲】海，益大慈【雲，普觀】眾生，生大歡喜，安住菩薩寂靜【法門；普緣一切廣大境界，學一切佛廣大功德，入一切佛決定知見，增一切智助道之法，善修一切】菩【薩深心，知三】世佛出興次第；入一切法海，轉一切【法輪，生一切世間，入於一切菩薩願海，住一切劫修菩薩行，照明一切如來境界，長養一切菩薩諸根；獲一切智清淨】光明，普照十方，除諸暗障，智周法界；【於一切佛剎、一切諸有，普現其身，靡不周遍；摧一切障，入無礙法，住於法界平等之地；觀察普賢解脫】境【界，即】聞普【賢】菩薩摩訶薩名【字、行願、助道、正道、諸地地、方便地、入地、勝進地、住地、修習地、境界地、威力地，同住渴仰】。

【欲見普賢菩薩，即於此金剛藏】菩提場，毗盧遮那如來師子座前，一【切寶蓮華藏座上，起等虛空界廣大心、捨一切刹離一切著無礙心、普行一切無礙法無礙心、遍入一切十方海無礙心、

---

① 蘇摩……善財，㊅四三九頁註⑪：〔蘇摩…財〕二百六十二字－㊃。

② 編者註：晉祠石經"門國思惟觀察"六字相連，無"蘇摩……善財"二百六十二字，特用仿體字予以區別。

華嚴四祖澄觀法師在《大方廣佛華嚴經疏》中指出："第三本"（"八十華嚴"原始譯本）"脫日照三藏所補文殊'按善財頂'之文"（當即此二百六十二字），"賢首法師"（即參與"八十華嚴"翻譯的法藏法師）"將日照補文安喜學（即'八十華嚴'主譯實叉難陀法師）脫處"成"第四本"。

612

大方廣佛花嚴經入法界品第三十九之二十一

普入】一切智境界清淨心、觀道場莊【嚴明了心、入一切佛法海廣大心、化一切眾生界周遍心、淨一切國土無量心、住一切劫無盡心、趣如來十力究竟心】。

【善財童子起】如是心時，由自善根力、一切如來所加【被力、普賢菩薩同善根力故，見十種瑞相。何等爲十，所謂：見一切佛剎清淨，一切如來成正等覺；見一切佛剎清淨，無諸】惡道；見【一切佛】剎清淨，眾妙蓮花【以爲嚴飾；見一切佛剎清淨，一切眾生身心清淨；見一切佛剎清淨，種種眾寶之所莊嚴；見一切佛剎清淨，一切眾生諸相】嚴【身；見一切佛】剎清淨，諸莊嚴雲【以覆其上；見一切佛剎清淨，一切眾生互起慈心，遞相利益，不爲惱害；見一切佛剎清淨，道場莊嚴；見一切佛剎清淨，一切眾生心常念佛。是】爲十。

又見十種光明【相。何等爲十，所謂見一切世界所有微塵：一一塵中，出一切世界微塵數佛光明網雲，周遍照耀；一一塵中，出一切世界微塵數佛光明輪雲，種種色相周遍法界；一一塵中，出一切世界微塵數佛色像寶雲，周遍法界；一一塵中，出一切世界微塵數佛光焰輪雲，周遍法界；一一塵中，出一切世界微塵數眾妙香雲，周遍十方，稱讚普賢一切行願大功德海；一一塵中，出一切世界微塵數日月星宿雲，皆放普賢菩薩光明，遍照】法界；一一塵【中，出一切世界微塵數】一切眾【生身色像雲，放佛光明，遍照法界；一一塵中，出一切世界微塵數一切佛色像摩尼雲，周遍法界；一一塵中，出一切】世界微【塵數菩】薩身色像【雲，充滿】法界，【令一切眾生皆得出離、所願滿足；一一塵中，出一切世界微塵數如來身色像雲，說一切佛廣大誓願，周遍法界。是爲十。

時，善財童子見此十種光明相已，即作是念：我今必見普賢菩薩，增益善根，見一切佛；於諸菩薩廣大境界，生決定解，得一切智。

於時，善財普攝】諸根，一〔159①-1〕【心求】見普賢菩薩，起大精進，心無退轉。即以普眼觀察十方一切諸佛、諸菩薩眾所見境界，皆作得見普賢之想；以智慧眼觀普賢道，其心廣大猶如虛空，大悲堅固猶如金剛，願盡未來常得隨逐普賢菩薩，念念隨順，修普賢行，成就智慧，入如來境，住普賢地】。

【時，善財童子即見普賢菩薩】，在如來前眾會之中，坐寶蓮【華師子之座，諸菩薩眾所共圍遶，最爲殊特，世無與等；智慧境界無量無邊，難測難思，等三世佛，一切菩薩無能】觀察。見普賢身一一毛孔，出一切世界微【塵數光明雲，遍法界、虛空界、一切世界，除滅一切眾生苦患，令諸菩薩生大歡喜；見一一毛孔，出一切佛剎微塵數】種種色香燄雲，遍法界、虛空界一切諸佛【眾會道場，而以普熏；見一一毛孔，出一切佛剎微塵數雜華雲，遍法界、虛空界一切諸佛眾會道場，雨眾妙華】；見一一毛孔，出一切佛剎微塵數香樹雲，遍法界、虛【空界一切諸佛眾會道場，雨眾妙香；見一一毛孔，出一切佛剎微塵數妙衣雲，遍法界、虛空界】一切諸佛眾會道場，雨眾妙衣；見一一毛孔，出一切佛剎微塵數寶樹雲，【遍法界、虛空界一切諸佛眾會道場，雨摩尼寶；見一一毛孔，出一切佛剎微塵數色界】天身雲，充滿法界，歡菩提心；見一一毛孔，出一切佛剎微塵數梵天身雲，【勸諸如來轉妙法輪；見一一毛孔，出一切佛剎微塵數欲界天主身雲，護持一切如來法】輪；見一一毛孔，念念中出一切佛剎微塵數三世佛剎雲，遍法界、虛空界，【爲諸眾生，無歸趣者爲作歸趣，無覆護者爲作覆護，無依止者爲作依止；見一一毛】孔，念念中出一切佛剎微塵數清淨佛剎雲，遍法界、虛空界，一切諸佛於【中出世，菩薩眾會悉皆充滿；見一一毛孔，念念中出一切佛剎微塵數淨不淨佛剎雲】，遍法界、虛空界，令雜染眾生皆得清淨；見一一毛孔，念念中出一切佛剎微【塵數不淨淨佛剎雲，遍法界、虛空界，令雜染眾生皆得清淨；見一一

613

毛孔，念念中出】一切佛剎微塵數不淨佛剎雲，遍法界、虛空界，令純染眾生皆得清淨；【見一一毛孔，念念中出一切佛剎微塵數眾生身雲，遍法界、虛空界，隨其所應，教化眾生，皆令】發阿耨多羅三藐三菩提心；見一一毛孔，念念中出一切佛剎微塵〔159①-2〕【數菩薩身雲，遍法界、虛空界，稱揚種種諸佛名號，令諸眾生增長善根。見一一毛孔，念念中出】一切佛剎微【塵數】菩薩身雲，遍法界、虛空界一切佛剎，【宣揚一切諸佛菩薩從初發意所生善根；見一一毛孔，念念中出一切佛剎微塵數菩薩身雲】，遍法界、虛空界，於一切佛剎一一剎中，宣揚一切菩薩願海【及普賢菩薩清淨妙行；見一一毛孔，念念中出普賢菩薩行雲，令一切眾生心得滿足】，具足修集一切智道；見一一毛孔，出一切佛剎微塵數正覺身雲，於一【切佛剎，現成正覺，令諸菩薩增長大法、成一切智】。

【爾時，善財童子見普賢菩薩如是】自在神通境界，身心遍喜，踊躍無量，重觀普賢一一身分、一一【毛孔，悉有三千大千世界。風輪、水輪、地輪、火輪、大海江河及諸寶山、須彌、鐵圍、村營】城邑、宮殿園苑〈苑〉，一切地獄、餓鬼、畜生、閻羅王界，天龍八部、人與非人，欲【界、色界、無色界處，日月星宿、風雲雷電、晝夜月時及以年劫、諸佛出世、菩薩眾會、道】場莊嚴；如是等事，悉皆明見。如見此世界，十方所有一切世界悉如是見；如見【現在十方世界，前際、後際一切世界亦如是見，各各差別，不相雜亂。如於此毘盧遮那】如來所，示現如是神通之力；於東方蓮花德世界賢首佛所，現神通力【亦復如是。如賢首佛所；如是東方一切世界。如東方、南西北方，四維上下，一切世界】諸如來所，現神通力當知悉爾。如十方一切世界；如是十方一切佛剎，一一塵中皆有法【界諸佛眾會，一一佛所普賢菩薩坐寶蓮華師子座上現神通力悉亦如】是。彼一一普賢身中，皆現三世

一切境界、一切佛剎、一切眾生、一切佛出現、一切菩薩眾，及【聞一切眾生言音、一切佛言音、一切如來所轉法輪、一切菩薩所成諸行、一切如來遊】戲神通。

善財童子見普賢菩薩如是無量不可思議大神通力，即得十種智波羅【蜜。何等為十，所謂於念念中，悉能周遍一切佛剎智波羅蜜；於念念中，悉能往】詣一切佛所智波羅蜜；於念念中，悉能供養一切如來智波羅蜜；於念念中，普於一切【諸如來所聞法受持智波羅蜜；於念念中，思惟一切如來法輪智波羅蜜；於念念】中，知一切佛不【可】思議大ᶜ〈太〉① 神通事智波羅蜜；於念念中，說一句法盡未來際【辯才無盡智波羅蜜；於念念中，以深般若觀一切法智波羅蜜；於念念中，入】一切法界實相海智波羅蜜；於念念中，知一切眾生心智波羅蜜；於念念【中，普賢慧行皆現在前智波羅蜜】。

【善財童子既得是已，普賢菩薩即伸右】手摩觸其頂。【既摩】頂已，善財即得一切佛剎微塵數三昧門，各以一切佛【剎微塵數三昧而為眷屬；一一三昧，悉見昔所未見一切佛剎微塵數佛大海，集一切佛】剎微塵數一切智【助道具，生一】切佛剎微塵數一切智上妙法，發一切佛【剎微塵數一切智大誓願，入一切佛剎微塵數大願海，住一切佛剎微塵數一切智出要】道，修一切佛剎微塵數諸【菩薩所】修行，起一切佛剎微塵數一切智【大精進，得一切佛剎微塵數一切智淨光明。如此娑婆世界毘盧遮那佛所，普賢菩薩摩善】財頂；如是十方所有世界，【及彼世界一】一塵中一切世界一切佛所，普賢【菩薩悉亦如是摩善財頂，所得法門亦皆同等】。

【爾時，普賢菩薩摩訶薩告善財言：善男子】，汝見我此神通力不。

唯然，已【見。大聖，此不思】議大神通

---

① 太，㊣四四一頁註③：太＝大明宮。

事，唯是【如來之所能知。

普賢告言：

善男子，我於過去不可說不可說佛刹微塵數劫，行菩薩行，求一】切智；一一劫中，爲欲清淨菩提心故，承事【不可說不可說】佛刹微塵【數佛；一一劫中，爲集一切智福德具故，設不可說不可說佛刹微塵數廣大施會，一切世間咸使】聞知，凡有所求悉令滿足；一一劫中，爲【求一切智法故，以不可說不可說佛刹微塵數財物布施；一一劫中，爲求佛智故，以不可說不可說佛刹微塵數城邑聚落】、國土王位、妻子眷屬、眼耳鼻舌、身肉【手】足乃至【身命而爲布施；一一劫中，爲求一切智首故，以不可說不可說佛刹微塵數頭而爲布施；一一劫中，爲求一切智】故，於不可說不可說佛刹微塵數諸【如來】所，恭敬〔159①-3〕【尊重，承事供養，衣服臥具，飲食湯藥，一切所須悉皆奉施，於其法中出家學道，修行佛法，護持正】教。

善男子，我於尒所劫海中，自【憶未曾】於一念閒不順佛【教，於一念間生瞋害心、我我所心、自他差別心、遠離菩提心、於生死中起疲厭心、懶惰心、障礙心、迷】惑心，唯住無上不可沮壞集一切智【助】道之法大菩提心。

善男【子，我莊嚴佛土，以大悲心，救護衆生，教化成就，供養諸佛，事善知識；爲求正法，弘宣護持】，一切内外悉皆能捨，乃至身命亦無所悋。一切劫海說其因緣，【劫海可盡，此無有盡】。

【善男子，我法海中，無有一文，無有一句，非是捨施轉輪王位而求得者】，非是捨施一切所有而求得者。善男子，我所求法，皆爲救護一切衆【生，一心思惟：願諸衆生得聞是法，願以智光普照世間，願爲開示出世間智】，願令衆生悉得安樂，願普稱讚一切諸佛所有功德。我如是等往昔因緣，【於不可說不可說佛刹微塵數劫海，說不可盡】。

【是故，善男子，我以如是助道法】力、諸善根力、大志樂力、修功德力、如實思惟一切法力、智慧眼力、佛威神力、【大慈悲力、淨神通力、善知識力故，得此究竟三世平等清淨法身，復得清淨無】上色身，超諸世間，隨諸衆生心之所樂而爲現形，入一切刹，遍一切處，於諸世界【廣現神通，令其見者靡不欣樂。善男子，汝且觀我如是色身；我此色身，無邊】劫海之所成就，無量千億那由他劫【難】見難聞。

善男子，若有衆生未種善【根，及種少善根聲聞、菩薩，猶尚不得聞我名字，況見我身。善男子，若有】衆生得聞我名，於阿耨多羅三藐【三】菩提不復退轉；若見若觸，若【迎若送，若暫隨逐，乃至夢中見聞我者，皆亦如是。或有衆生，一日一夜憶念於我即】得成熟；或七日七夜、半月一月、半年一年、百年千年、一劫百劫，乃至不可說【不可說佛刹微塵數劫，憶念於我而成熟者；或一生、或百生，乃至不可說不可說佛】刹微塵數生，憶念於我而成熟者；或見ᶜ〈是〉我放大光明，或見我振〈震〉① 動佛刹，【或生怖畏，或生歡喜，皆得成熟。善男子，我以如是等佛刹微塵數方便門，令】諸衆生於阿耨多羅【三藐三菩提】得不【退】轉。

善男子，若有衆生見【聞於我清淨刹者，必得生此清淨刹中；若有衆生見聞於我清淨身者，必得】生我清淨身中。善男【子，汝應觀我此清淨】身。

尒時，善財童子觀普賢〔159①-4〕【菩薩身，相好肢節，一一毛孔中，皆有不可說不可說佛刹海；一一刹海，皆有諸佛出興于】世，大菩薩衆所共圍遶。又復見彼一切刹海，種種建立、種種形狀、種種莊嚴、種種大山周帀圍遶、種種色雲彌覆虛空，種種佛興演【種種法；如】是等事，各各不同。又見普賢於一一世界海中，出一切

---

① 震，㊃四四二頁註①：震＝振㊆。

佛刹微塵數佛化身雲，周遍十方一切世界，教化衆生，令向阿耨多羅三藐三菩【提。時，善】財童子又見自身在普賢身内，十方一切諸世界中教化衆生。

又，善財童子親近佛刹微塵數諸善知識所得善根、智慧光明，比見普【賢菩】薩所得善根，百分不及一，千分不及一，百千分不及一，百千億分乃至筭數譬喻〈諭〉①亦不能及是。善財童子從初發心，乃至得見普賢菩薩，於【其中】間所入一切諸佛刹海，今於普賢一毛孔中一念所入諸佛刹海，過前不可說不可說佛刹微塵數倍；如一毛孔，一切毛孔悉亦如是。

善財童子【於普】賢菩薩毛孔刹中，行一步，過不可說不可說佛刹微塵數世界；如是而行，盡未來劫，猶不能知一毛孔中刹海次苐、刹海藏、刹海差別、刹海【普入】、刹海成、刹海壞、刹海莊嚴所有邊際；亦不能知佛海次苐、佛海藏、佛海差別、佛海普入、佛海生、佛海滅所有邊際；亦不能知菩薩衆海次苐、【菩】薩衆海藏、菩薩衆海差別、菩薩衆海普入、菩薩衆海集、菩薩衆海散所有邊際；亦不能知入衆生界、知衆生根、教化調伏諸衆生智、菩薩所住甚深自在、菩薩所入諸地諸道，如是寺海所有邊際。

善財童子於普賢菩薩毛孔刹中，或於一刹經於一劫如是而行，乃至或有經不可說不可說佛刹微塵數劫如是而行，亦不於此刹没、於彼刹現，念念周遍無邊刹海，教化衆生，令向阿耨多羅三藐三菩提。

當是之時，善財童子則次苐得普賢菩薩諸行願海，與普賢寺，與諸佛寺，一身充滿一切世界，刹寺、行寺、正覺寺、神通寺、法輪寺、辯才寺、言辭寺、音聲寺、力無畏寺、佛所住寺、大慈悲寺、不可思議解脫自在悉皆同寺。

尒時，普賢菩薩摩訶薩即說頌言：

汝寺應除諸惑垢，一心不亂而諦聽；
我說如來具諸度，一切解脫眞實道。
出世調柔勝丈夫，其心清淨如虛空，
恒放智日大光明，普使羣生滅癡暗。
如來難可得見聞，無量億劫今乃值，
如優【曇】花時一現，是故應聽佛功德。
隨順世間諸所作，譬如幻士現衆業，
但爲悅可衆生心，未曾分別起想念。

尒時，諸菩薩聞此說已，一心渴仰，唯願得聞如來世尊真實功德，咸作是念：普賢菩薩具修諸行，體性清淨，所有言說皆悉不虛，一切如來共所稱歎。作是念已，深生渴仰。

尒時，普賢菩薩功德智慧具足莊嚴，猶如蓮花不著三界一切塵垢，告諸菩薩言：汝寺諦聽，我今欲說佛功德海一滴之相。即說頌言：

佛智廣大同虛空，普遍一切衆生心，
悉了世間諸妄想，不起種種異分別。
一念悉知三世法，亦了一切衆生根，
譬如善巧大幻師，念念示現無邊事。
隨衆生心種種行，往昔諸業誓願力，
令其所見各不同，而佛本来無動念。
或有處處見佛坐，充滿十方諸世界，
或有其心不清淨，無量劫中不見佛。
或有信解離憍慢，發意即得見如來；
或有諂〈諂〉誑不淨心，億劫尋求莫值遇。
或一切處聞佛音，其音美妙令心悅；
或有百千萬億劫，心不淨故不聞者。
或見清淨【大】菩薩，充滿三千大千界，
皆已具足普賢行，如來於中儼然坐。
或見此界妙無比，佛無量劫所嚴淨；
毗盧遮那㝡勝尊，於中覺悟成菩提。
或見蓮花勝妙刹，賢首如來住在中，
無量菩薩衆圍繞，悉皆〈皆悉〉勤修普賢行。
或有見佛無量壽，觀自在寺所圍繞，
悉已住於灌頂地，充滿十方諸世界。

---

① 諭，㊣四四二頁註④：諭＝喻㊣。

或有見此三千界，種種莊嚴如妙曇，
阿閦如来住在中，及如香焰諸菩薩。
或見月覺大名稱，與金剛幢菩薩等，
住如圓鏡妙莊嚴〔160-1〕，普遍十方清淨剎。

或見日藏世所尊，住善光明清淨土，
及與灌頂諸菩薩，充遍十方而說法。
或見金剛大燄佛，而與智幢菩薩俱，
周行一切廣大剎，說法除滅衆生翳。
一一毛端不可說，諸佛具相三十二，
菩薩眷属共圍繞，種種說法度衆生。
或有觀見一毛孔，具足莊嚴廣大剎，
無量如来悉在中，清淨佛子皆充滿。
或有見一微塵内，具有恒沙佛國土，
無量菩薩悉充滿，不可說劫修諸行。
或有見一毛端處，無量塵沙諸剎海，
種種業起各差別，毗盧遮那轉法輪。
或有〈見〉世界不清淨，或見清淨寶所成，
如来住壽無量時，乃至涅槃諸所現。
普遍十方諸世界，種種示現不思議，
随諸衆生心智業，靡不化度令清淨。
如是無上大導師，充滿十方諸國土，
示現種種神通力，我說少分汝當聽。
或見釋迦成佛道，已經不可思議劫；
或見今始爲菩薩，十方利益諸衆生。
或有見此釋師子，供養諸佛修行道；
或見人中寂勝尊，現種種力神通事。
或見布施或持戒，或忍或進或諸禪，
般若方便願力智，随衆生心皆示現。
或見究竟波羅蜜，或見安住於諸地，
揔持三昧神通智，如是悉現無不盡。
或現修行無量劫，位〈住〉於菩薩堪忍位；
或現住於不退地，或現法水灌其頂。
或現梵釋護世身，或現刹利婆羅門，
種種色相所莊嚴，猶如幻師現衆像。
或現兜率始降神，或見宮中受嬪御，

【或】見棄捨諸榮樂，出家離俗行學道。
或見始生或見滅，或見出家學異行，
或見坐於菩提樹，降伏魔軍成正覺。
或有見佛始涅槃，或見起塔遍世間，
或見塔中立佛像，以知時故如是現。
或見如來無量壽，與諸菩薩授尊記，
而成無上大導師，次補住於安樂剎。
【或見】無量億千劫，作佛事已入涅槃；
或見今始成菩提，或見正修諸妙行。
或見如来清淨月，在於梵世及魔宮，
自在天宮化樂宮，【示現種種諸】神變。
或見在於兜率宮，無量諸天共圍繞，
爲彼說法令歡喜，悉共發心供養佛。
或見住在夜摩天，忉利護世龍神處，
【如是一切】諸宮殿，莫不於中現其像。
於彼然燈世尊所，散花布髮爲供養，
從是了知深妙法，恒以此道化羣生。
或有見佛久涅槃，【或見初】始成菩提；
或見〈有〉① 住於無量劫，或見須申即滅度。
身相光明與壽命，智慧菩提及涅槃，
衆會所化威儀聲，如是一一皆無數。
【或】現其身極廣大，譬如須弥大寶山；
或見跏趺不動摇，充滿無邊諸世界。
或見圓光一尋量，或見千萬億由旬，
或見照於無量土，【或】見充滿一切剎。
或見佛壽八十年，或壽百千萬億歲，
或住不可思議劫，如是展轉倍過此。
佛智通達淨無礙，一念普知三世法，
皆從心識因縁起，生滅無常無自性。
於一剎中成正覺，一切剎處悉亦成，
一切入一一亦尔，随衆生心皆示現。
如来住於無上道，成就十力四無畏；
具足智慧無所礙，轉於十二行法輪。
了知苦集及滅道，分別十二因縁法；

---

① 有，㊢四四三頁註①：有＝見㊁㊂。

法義樂說詞〈辭〉① 無礙，以是四辯廣開演。〔160-2〕
　　諸法無我無有相，業性不起亦無失，
　　一切遠離如虛空，佛以方便而分別。
　　如來如是轉法輪，普震十方諸國土，
　　宮殿山河悉搖動，不使衆生有驚怖。
　　如來普演廣大音，隨其根欲皆令解，
　　悉使發心除惑垢，而佛未始生心念。
　　或聞施戒忍精進，禪定般若方便智，
　　或聞慈悲及喜捨，種種音辭各差別。
　　或聞四念四正勤，神足根力及覺道，
　　諸念神通止觀等，無量方便諸法門。
　　龍神八部人非人，梵釋護世諸天衆，
　　佛以一音爲說法，隨其品類皆令解。
　　若有貪欲瞋恚癡，忿覆慳嫉及憍諂〈謟〉，
　　八萬四千煩惱異，皆令聞說彼治法。
　　若未具修白淨法，令其聞說十戒行；
　　已能布施調伏人，令聞寂滅涅槃音。
　　若人志劣無慈愍，猒惡生死自求離；
　　令其聞說三脫門，使得出苦涅槃樂。
　　若有自性少諸欲，猒背三有求寂靜；
　　令其聞說諸緣起，依獨覺乘而出離。
　　若有清淨廣大心，具足施戒諸功德，
　　親近如來具慈愍，令其聞說大乘音。
　　或有國土聞一乘，或二或三或四五，
　　如是乃至無有量，悉是如來方便力。
　　涅槃寂靜未曾異，智行勝劣有差別；
　　譬如虛空體性一，鳥飛遠近各不同。
　　佛體音聲亦如是，普遍一切虛空界，
　　隨諸衆生心智殊，所聞所見各差別。
　　佛以過去修諸行，能隨所樂演妙音，
　　無心計念此與彼，我爲誰說誰不說。
　　如來面門放大光，具足八萬四千數；
　　所說法門亦如是，普照世界除煩惱。
　　具足清淨功德智，而常隨順三世閒，
　　譬如虛空無染著，爲衆生故而出現。

　　示有生老病死苦，亦示住受〈壽〉處扵世；
　　雖順世閒如是現，體性清淨同虛空。
　　一切國土無有邊，衆生根欲亦無量；
　　如來智眼皆明見，隨所應化示佛道。
　　究竟虛空十方界，所有人天大衆中，
　　隨其形相各不同，佛現其身亦如是。
　　若在沙門大衆會，剃除鬚髮服袈裟，
　　執持衣鉢護諸根，令其歡喜息煩惱。〔160-3〕
　　若時親近婆羅門，即爲示現羸瘦身，
　　執杖持瓶恒潔淨，具足智慧巧談說。
　　吐故納新自充飽，吸風飲露無異食，
　　若坐若立不動搖，現斯苦行摧異道。
　　或持彼戒爲世師，善達醫方等諸論，
　　書數天文地衆相，及身休咎無不了。
　　深入諸禪及解脫，三昧神通智慧行，
　　言談諷詠共嬉戲，方便皆令住佛道。
　　或現上服以嚴身，首戴花冠蔭高蓋，
　　四兵前後共圍繞，誓衆宣威伏小王。
　　或爲聽訟斷獄官，善解世閒諸法務，
　　所有與奪皆明審，令其一切悉欣伏。
　　或作大臣專ᶜ〈事〉② 弼輔，善用諸王治政法，
　　十方利益皆周遍，一切衆生莫了知。
　　或爲粟散諸小王，或作飛行轉輪帝，
　　令諸王子采女衆，悉皆受ᶜ〈授〉③ 化無能測。
　　或作護世四天王，統領諸龍夜叉等，
　　爲其衆會而說法，一切皆令大欣慶。
　　或爲忉利大天王，住善法堂歡喜園，
　　首戴花冠說妙法，諸天覲仰莫能測。
　　或住夜摩兜率天，化樂自在魔王所，
　　居處摩尼寶宮殿，說真實行令調伏。

_____

① 辭，㊙四四三頁註③：辭＝詞宮聖。
② 事，㊙四四四頁註④：事＝專宮。
③ 授，㊙四四四頁註⑤：授＝受二宮。

或至梵天衆會中，說四無量諸禪道，
普令歡喜便捨去，而莫知其往来相。
或至阿迦尼吒天，爲說覺分諸寶花，
及餘無量聖功德，然後捨去無知者。
如来無礙智所見，其中一切諸衆生，
悉以無邊方便門，種種教化令成就〈熟〉[1]。
辟如幻師善幻術，現作種種諸幻事；
佛化衆生亦如是，爲其示現種種身。
辟如浄月在虛空，令世衆生見增減，
一切河池現影像〔160－4〕，所有星宿奪光色。
如来智月出世閒，亦以方便示增減，
菩薩心水現其影，聲聞星宿無光色。
辟如大海寶充滿，清浄無濁無有量；
四洲所有諸衆生，一切扵中現其像。
佛身功德海亦尒，無垢無濁無邊際；
乃至法界諸衆生，靡不扵中現其影。
辟如浄日放千光，不動夲處照十方；
佛日光明亦如是，無去無來除世暗。
辟如龍王降大雨，不從身出及心出，
而能霑洽悉周遍，滌除炎熱使清涼。
如来法雨亦復然，不從扵佛身心出，
而能開悟一切衆，普使滅除三毒火。
如来清浄妙法身，一切三界無倫泜；
以出世閒言語道，其性非有非無故。
雖無所依無不往〈住〉，雖無不至而不去；
如空中晝〈畫〉夢所見，當扵佛體如是觀。
三界有無一切法，不能與佛爲辟喻〈諭〉[2]；
辟如山林鳥獸等，無有依空而住者。
大海摩尼無量色，佛身差別亦復然；
如来非色非非色，随應而現無所住。
虛空真如及實際，涅槃法性寂滅等；
唯有如是真實法，可以顯示扵如来。
刹塵心念可數知，大海中水可飲盡，
虛空可量風可繫，無能盡說佛功德。
若有聞斯功德海，而生歡喜信解心，
如所稱揚悉當獲，慎勿扵此懷疑念。

大方廣佛花嚴經卷第八十・八十之下

〔160－5〕

---

① 熟，[大正]四四四頁註⑥：熟＝就㊂[宮]。

② 諭，[大正]四四四頁註⑦：諭＝喻[宮]。

附錄一

晉祠華嚴石經序號對照表

賈洪寶　賀銘　編製

爲敘述方便，本書統稱經柱（不再使用原稱"石碑"）和殘石爲"經石"，專指時分別指稱。所謂經柱，是指主體基本完整的石柱，也存在殘缺、裂隙、剝蝕等導致文字少量殘缺的情形；所謂殘石，是指經柱斷裂形成的殘餘塊片，體量一般不大，大部分文字殘缺。經石序號包括經柱序號、殘石序號，以及給每條經柱、每塊殘石各側面（或含頂面）按經文順序編製的序號（簡稱"面序"）。

一、編製依據與目的

本書錄文及校改工作主要依據晉祠博物館2016年製作的拓片和十多張拓片照片複印件。經石各面文字結束處標識晉祠博物館編定的經柱序號，整理者爲便於覆核，在經柱序號之後增加了面序。

後期識讀校註工作開始前，本書學術顧問羅炤先生要求隨文標註經石各面尺寸，趙桂溟、賀銘等同志測量了晉祠博物館現存《華嚴經》經石的各面尺寸並簡要備註殘損異形情況（未刻文字的頂面不測）。

責任編輯將錄文中的經石序號與1995年晉祠博物館《晉祠藏風峪華嚴石經》整理組編製的《晉祠藏風峪華嚴石經目錄》（以下簡稱"1995年目錄"）和此次測量記錄進行核對時，發現經石序號、面序等存在許多錯亂之處，遂決定與姚遠、賀銘兩同志重新編製《晉祠華嚴石經總目錄（2021年）》（以下簡稱"新編總目錄"）。責編與賀銘負責對照錄文中的經石序號與拓片照片，理順對應關係，將矛盾、錯亂、遺漏等線索傳達給姚遠，由其負責現場覆核糾正、釐清疑惑，並重新登記續建碑廊中的經石位序，補測太原市文物考古研究所收藏、太原市博物館借展的經石。考慮到1995年目錄的經石序號已被政府文件、學術文獻，尤其是晉祠博物館檔案等廣泛使用，新編總目錄沿用了1995年目錄的經石序號。

爲方便讀者快速、準確檢索對照經文的刻載信息，根據編輯出版要求，責編與賀銘在1995年目錄的基礎上，參與編製新編總目錄的同時，同步編製了《晉祠華嚴石經序號對照表》（以下簡稱"對照表"），經石"全""殘"及位置、卷次、尺寸等信息及備註說明也載入其中，以助讀者能夠更加深入地瞭解現存經石狀況。

二、經石形製與總數

晉祠石經多數是四面長方石柱，少部分是五至八面石柱（見第四輯第5頁及後勒口圖版）。多數石柱是在柱體各面豎刻文字，現存僅001號、002號兩條經柱頂面有前後水平鐫刻的文字（見第四輯第5頁圖版）。

《晉祠華嚴石經》經文分爲80卷。長期以來，因經文之前有"兩條成卷"一句題記，經柱總數被推斷爲160條，如1995年目錄的"遺佚目錄"，就據此推測曾存在"141（卷七十一之上）、142（卷七十一之下）"兩條經石。

此次整理發現，卷四十九全卷經文僅刻於一條經柱（097號），1995年目錄以爲097號經柱所刻爲"卷四十九之上"經文，將未曾存在的098號經柱列於遺佚目錄，並對應"卷四十九之下"。

1995年目錄中，073號、074號兩條經柱分別對應卷三十七之上、卷三十七之下。識讀時發現，並經現場核實確認，卷三十七是《晉祠華嚴石經》現存唯一用3條經柱刻載的經卷。①073號經柱與其他完整經柱的高度基本相同，應無殘缺。②現存074號經柱是晉祠博物館2012年安放時將兩條經柱作爲殘石用水泥上下粘連而成，粘連痕跡明確。③074號上下兩條經柱所刻經文各自起訖，與其他經柱文字自頂至踵整行貫通的形製或慣例不一致（見第四輯第9頁〔074上-3〕拓片圖版）。④074號上下兩條經柱粘連時，將上石的第1面與下石的第2面連在一個平面上，上石的1—4面是連續經文，下石的第1面接續上石的第4面在一個平面上，其1—4面也是連續經文。這就是說，要閱讀上下經柱全部經文，需要繞行兩圈。可以肯定，卷三十七之下原本就刻載於兩條經柱之上。

可見，"兩條成卷"指的是多數情況或開工之初的規劃，石料有大小，經文有長短，"兩條成卷"不能作爲數學公式。假設卷七十一遺佚經柱確有兩條（141號、142號），綜合卷四十九（097號）、卷三十七（073號、074號上下）等情況，《晉祠華嚴石經》總數確實應爲160條，但已非1995年目録中的"160塊"了。

1995年目録記載"後世續有復刻、補刻"。整理發現，復刻石確有兩條，但未見補刻石。除021號復刻石外，原載"050號補刻石"與050號原刻經柱所載經文均爲卷二十五之下，確認爲復刻石並改標識。

根據新編總目録和對照表統計，晉祠石經原刻經柱加上2條復刻經柱，總數應有162條。晉祠博物館收藏基本完整的經柱共93條（含太原市博物館借展2條）；現存殘石總數爲67塊（來自42條經柱），晉祠博物館收藏64塊（含太原市博物館借展3塊），太原市文物考古研究所收藏3塊。

遺佚石經應有25條，未編入對照表。

三、經石序號

經石序號

第一，1995年目録以001—160的形式給每條經柱進行了編號，"奇數號碑（經柱）爲卷之上經文，偶數號碑（經柱）爲卷之下經文"，對照表沿用不變。

第二，074一號兩石以附加"上、下"表示，以區别于殘石編號，且保持075號以下經柱序號不變。

第三，經柱序號之後附加"原""復"的，指該號原刻經柱和復刻經柱；如"021原"、"021復"。

殘石序號

第一，僅存單塊殘石的經石序號，以經柱序號之後附加①的方式表示；同屬一條經柱的多塊殘石，在經柱序號之後按經文順序附加①、②等表示，如"071②"指071號經柱的第二塊殘石。

第二，1995年目録未載"殘石四十"，也未見其實物、拓片或圖片，按無效編號處理。晉祠博物館提供編號爲"161殘石四十一"的6張拓片照片複印件，經核校經文，按照殘石文字所在卷次、經文順序分爲兩部分：一是屬於076號經柱的5張拓片，現場覆核確認來自兩塊殘石：076①，076②；二是屬於147號經柱的3張拓片，現場核實確認來自一塊殘石：147①。新編總目録及對照表均廢止"161殘石四十一"編號。

第三，在整理過程中鑒別出來的殘石，若已有同屬一條經柱的殘石編號，以在原編號之後按經文順序追加"之一"、"之二"的方法續編，以保持經石序號的歷史延續性。如測量時發現"114殘石二十七"實爲兩塊殘石，即分别編爲"114①殘石二十七之一"、"114②殘石二十七之二"。

第四，此次新編總目録及對照表，在沿用已有殘石序號（一至三十九）的基礎上，給此次整理出來的無序號殘石按照經石序號及經文順序續編序號（四十至四十七）。

第五，位於"續南甲五"的038號經柱一直被當作基本完整的經柱予以編號登記。後期識讀時發現，該經柱實爲兩塊殘石（上下兩截），安放時被粘連成一體。而且，粘連時不但上下次序被顛倒，面序也旋轉錯位（180度），對照表按殘石處理。

面序

録文校改時是依據、對照拓片或拓片照片、按照《大正藏》本經文順序進行，在經柱序號或殘石序號之後附加"-1"至"-8"表示面序，如"002-1"、"003②-1"；個别經柱有刻字頂面，用"-0"表示，如"001①-0"，指001號經柱第一塊殘石的頂面。

晉祠博物館安放經石時未統一第一面朝向，測量時又未辨識經柱經文從哪面開始，習慣將經石的朝外一面當作第一面，導致多個經石面序記録錯亂，與録文中的序號不能對接。進入出版程序後，經多方努力覆核，終於釐清無誤。

三、對照表中的説明文字

爲避免《晉祠華嚴石經》相關機構和人員誤解和引用混亂，新編總目録、對照表在稱謂和編號方面基本沿用1995年目録，盡可能保證歷史連續性。

第一，經柱序號、殘石序號、面序等的含義界定同前。

第二，位置：主要是指經石在晉祠博物館中的收藏位置。南前、南後，北前、北後，分别指南北華嚴碑廊的前後排序；續南甲、續北丁等，分别指續建的南北華嚴碑廊及經石排序；再其後爲經石、殘石在整排中的順序號。其中，1995年目録將排列在"北前十三、北前十四"位置的經柱按經文順序編爲041號（卷二十一之上）、040號（卷二十之下），本書按正序排列，對應關係不變。收藏在其他單位的經石，按同樣格式註明，太原市文物考古研究所簡稱"太原市考古所"。

第三，殘石序號：殘石均有漢字序號，並在經柱序號之後附加順序碼；基本完整的經柱序號之後沒有順序碼。

第四，經文卷次：指該號經柱刻載經文在《華嚴經》中的卷序，記録格式依照經文首題後卷序標註方式。

第五，無鐫刻文字的側面或雖有刻字但全部不能辨識的側面，其序號不會出現在《大正藏》本綴文中，對照表保留其編號，並記録其尺寸。

附錄一：晉祠華嚴石經序號對照表

經石序號	位置及殘石序號	經文卷次	各面尺寸及備註 面序：縱×橫，取最大值；單位：cm
001①	北前一 殘石一	卷第一之上	0：27.5×52.7； 1：斷面。 2：47×52.4； 3：41×27； 4：47.7×52.6； 0面為柱頂平面。
001②	續南丁一 殘石二	卷第一之上	1：31.5×21； 2：斷面。 3：斷面。 4：29×20
002	北前二	卷第一之下	1：105×42.5； 2：105.8×24.7 3：105×42.3； 0：23.7×41.8 4：105×24.6； 0面為柱頂平面。
003①	續南丙一 殘石三	卷第二之上	殘石粘連顛倒，上②下①，錄文未分殘石序號及面序。尺寸按粘接後形狀測量： 1：78.1×37.5； 2：73.2×25.5 3：78×37.8； 4：78.4×26
003②	續南丙一 殘石四	卷第二之上	1：78.1×37.5； 2：73.2×25.5 3：78×37.8； 4：78.4×26
004	北前三	卷第二之下	1：106.7×32.6； 2：106.7×27.5 3：106.5×31.4； 4：106.5×26.6
005	續南乙一	卷第三之上	1：121.2×30； 2：121.2×20.5 3：122×29.5； 4：120.8×21
006	續南乙二	卷第三之下	1：121.5×35.3； 2：121.8×22.8 3：121.6×35； 4：121.5×22.5
007	北前四	卷第四之上	1：106.4×31.9； 2：106.5×29.6 3：107.5×31.4； 4：107×29.6
008	續南乙三	卷第四之下	1：92.5×34.8； 2：91.5×23 3：92.5×34.5； 4：92.5×23.6
009①	續南乙四 殘石四十之一	卷第五之上	整理發現，009號現存應是三塊殘石。上中截兒兩塊殘石粘連而成1995年目錄所載009號"庫全四"，且面序錯亂。根據拓片文字，①+②作為整體測量尺寸如下： ①－1+②－3：76×23 ①－2+②－4：75×21 ①－3+②－1：76.5×23.2 ①－4+②－2：77×21 ②－3斷面，無字。
009②	續南乙四 殘石四十之二	卷第五之上	
009③	太原市考古所 殘石四十之三	卷第五之上	屬於009號經石最下截兒的第三塊殘石。 1：36.9×23； 2：36.5×14.8 3：文字不能辨識。 4：37.7×13
010	續南乙五	卷第五之下	1：82.3×25； 2：82.5×22.5 3：82×25.5； 4：81.5×21.6
011①	續南丁二 殘石五	卷第六之上	1：23×29.6； 2：文字不能辨識。 3：24×30； 4：21×19.2
012	續南乙六	卷第六之下	1：115.4×26.7； 2：115.6×22.3 3：116×26.5； 4：116×22
013①	續南丙二 殘石六	卷第七之上	1：66.7×31.2； 2：66×27.8 3：66.5×31.5； 4：66.5×27
014	續南乙七	卷第七之下	1：99×25； 2：99.5×23.5 3：99.5×24.5； 4：97.8×23
015	北前五	卷第八之上	1：103.7×34； 2：103×20.8 3：104.5×34.2； 4：104.4×20.6
016	續南丙三 殘石七	卷第八之下	1：61.5×31.5； 2：56.7×23 3：61.5×31.5； 4：61×22.5
017	北前六	卷第九之上	1：106.8×34.3； 2：106.8×26.2 3：105.5×32.5； 4：105.5×27
018	續南丁三 殘石八	卷第九之下	1：55.5×29.8； 2：54.5×22.5 3：55.5×30； 4：54.6×22.6
019	續南乙八	卷第十之上	1：105.5×27； 2：105.2×20 3：105.5×27； 4：97.2×20 4左上角殘損。
021原	續南乙九	卷十一之上	1：101.5×44； 2：92.8×21.5 3：101×44.5； 4：101×20.5
021復	續南甲一	卷十一之上	1：111×30.5； 2：112×27.7 3：110.5×30； 4：110.5×26.7
022①	續南丁四 殘石九	卷十一之下	1：38.2×32.3； 2：36.5×18.5 3：22.5×32.5； 4：34×22
023①	續南丁五 殘石十	卷十二之上	1：39.2×35.5； 2：36.5×27 3：27×34.5； 4：18.5×25
024	北前七	卷十二之下	1：112×35.8； 2：114.4×21.4 3：103.5×36.5； 4：112.3×21.3 3上部有無字斜切面11×36.5。
025	北前八	卷十三之上	1：113×35.8； 2：113×27 3：113.2×35.5； 4：112.5×27.8
027①	續南丙四 殘石十一	卷十四之上	1：72.8×27.5； 2：73×26 3：73×27； 4：72.5×26.5
028	續南甲二	卷十四之下	1：116.8×31.3； 2：115.6×25.3 3：107.8×31.6； 4：117×26.1
029①	續南乙五 殘石十二之一	卷十五之上	1：74.3×39； 2：73×24 3：76.3×38.5； 4：74×23.3
029②	太原市考古所 殘石十二之二	卷十五之上	1：37×24.2； 2：40.4×24.2 4：39.5×24.2
030①	續南丙六 殘石十三	卷十五之下	1：101×40； 2：101.5×22 3：92.5×39； 4：88.6×22
031	北前九	卷十六之上	1：129.5×37.2； 2：129.5×33 3：129.3×38.6； 4：128.7×33
032	北前十	卷十六之下	1：123.5×33； 2：123.8×32.4 3：123.9×33 4：123.5上部縱69.2cm有字×32.5
033	續南甲三	卷十七之上	1：119.5×35.5； 2：120×25.5 3：119.5×35.5； 4：119×25.5
034	北前十一	卷十七之下	1：116×39.8； 2：117.7×25.3 3：116.5×39.7； 4：116.2×25.6

623

經石序號	位置及殘石序號	經文卷次	各面尺寸及備註 面序：縱×橫，取最大值；單位：cm
035	續南甲四	卷十八之上	1：114.8×32.2； 2：115×26 3：114.3×32.3； 4：114.3×25.2
036	續南丙七 殘石十四	卷十八之下	1：63.5×30； 2：61×29.5 3：62×30； 4：63×29
037	北前十二	卷十九之上	1：99.5×45.9； 2：97×23.3 3：100×45.4； 4：97×23.7 1、3 上部弧形。
038①	續南甲五 殘石四十一之一	卷十九之下	1：54.5×43.8； 2：45×22 3：45.5×42.5； 4：53×22.3
038②	續南甲五 殘石四十一之二	卷十九之下	1：35.5×42.5； 2：55.3×23.5 3：46.2×41； 4：43×22.5
039①	續南丁六 殘石十五	卷二十之上	1：54.5×40； 2：41.5×20.3 3：58.5×40.5； 4：59×19.5
040	北前十四	卷二十之下	1：107×37.2； 2：108.4×27.3 3：108×38； 4：107×27 各側面寬度均含3cm左右的棱角切面。
041	北前十三	卷二十一之上	1：118.5×43.7； 2：118×28.6 3：118.5×44； 4：119.2×29.5
042①	續南丁七 殘石十六	卷二十一之下	1：50.3×33； 2：50.2×24.5 3：50.2×32.5；4：49.8×25
043①	續南丙八 殘石十七	卷二十二之上	1：59.5×39； 2：60.5×30 3：60.5×38.2；4：50×29.5
044	北前十五	卷二十二之下	1：121.8×33； 2：121.5×28 3：121.6×33.4； 4：121.6×28.4 寬度均含1.5—2cm的棱角切面。
045	續南甲六	卷二十三之上	1：116.5×27.8； 2：116.8×25 3：116.5×27.2 4：116.3×25.6 3 上部損毀無字，下部縱70cm有字。
046	續南甲七	卷二十三之下	1：106×34； 2：107×24 3：117.2×32.8； 4：106×23.7
048	續南丁八 殘石十八	卷二十四之下	1：44.8×44.5 上部弧形。 2：36.3×24.7； 3：44.8×44.5 4：33.7×23
050原①	續南丙十 殘石十九	卷二十五之上	1：69×34； 2：40.5×20 3：57.6×34.4； 4：23.8×19.5
050復	續南甲八	卷二十五之下	1：109.5×30.8； 2：98.5×21 3：109.5×30.5； 4：108.8×22.8
052	續南甲九	卷二十六之下	1：107×41.5； 2：106.5×19.3 3：107.3×41.8； 4：107×19.8
053①	續南丙九 殘石二十之一	卷二十七之上	1：95.8×32； 2：95.8×23 3：96×32； 4：95×22.5
053②	續南丙九 殘石二十之二	卷二十七之上	1：24×24.5； 4：25×16

經石序號	位置及殘石序號	經文卷次	各面尺寸及備註 面序：縱×橫，取最大值；單位：cm
055	太原市博物館	卷二十八之上	1：116×39； 2：115×23 3：116×40； 4：113×23
057①	文物庫 殘石四十二之一	卷二十九之上	1：16×11
057②	文物庫 殘石四十二之二	卷二十九之上	1：10.5×9.5
057③	文物庫 殘石四十二之三	卷二十九之上	3：25×17
057④	文物庫 殘石四十二之四	卷二十九之上	3：23.2×7.5； 4：29.5×11
058	北前十六	卷二十九之下	1：116.4×43.6； 2：116.2×32 3：116.2×43.4； 4：116.2×31.5
059	續北乙七	卷三十之上	1：91.5×43； 2：86×17.5 3：89×8； 4：92×43 5：90×21； 6：90×7.5 無字。
060	北後二	卷三十之下	1：118.2×41.5； 2：117×22.2 3：116.3×19； 4：117.7×23.7 5：118.6×31.5
061	北後一	卷三十一之上	1：112×34.6； 2：111.6×26.7 3：111.3×34.5；4：110.7×26.6
063	北後三	卷三十二之上	1：114.5×42.7； 2：114.5×24.7 3：115.4×42.2； 4：114.5×24.5
064	續北乙六	卷三十二之下	1：101×31.7； 2：102×21 3：101.2×32； 4：101×21
065①	文物庫 殘石二十一之一	卷三十三之上	1：7.5×8； 4：10.5×3.5
065②	續南丁九 殘石二十一之二	卷三十三之上	1：38×23.2； 2：38.5×21.5 3：34.3×23.7
066	北後四	卷三十三之下	1：106.3×51； 2：106×25.2 3：106.5×51.5；4：107×25 2、4 上部向內傾斜，取縱面曲線最大長度。
067	北後五	卷三十四之上	1：112.3×50.7； 2：112.6×25.2 3：113×50.8； 4：113×30 3 上部含縱6cm的斜切面。
069	北後六	卷三十五之上	1：106.5×38.7； 2：105×32.4 3：106×38.6； 4：106×32.8
071①	續北丁一 殘石二十二	卷三十六之上	1：29×36.5； 2：26×19 3：30.5×36.5；4：30×19

附錄一：晉祠華嚴石經序號對照表

經石序號	位置及殘石序號	經文卷次	各面尺寸及備註 面序：縱×橫，取最大值；單位：cm
071②	續北丁一殘石二十三	卷三十六之上	1：43×36.8； 2：28×17 3：41×36.8； 4：46×19.5
072	北後七	卷三十六之下	1：115.7×45.3； 2：116×21.7 3：115.3×45.5； 4：115×20
073	北後八	卷三十七之上	卷三十七是晉祠石經現存唯一用3條經石刻載的經卷，"之上"1條： 1：110.3×31； 2：110.3×31.8 3：111.6×31； 4：111.2×31.5 1、2寬度含2cm左右的棱角切面。
074上	續北乙五	卷三十七之下	"之下"2條，經文各自起訖。 1：54.4×35.2； 2：54.6×36.7 3：55.8×34.5； 4：54×36.3
074下			1：69.2×35； 2：66×35 3：65.3×37； 4：67.5×35
074			2012年安放時將上下經柱作為殘石粘連成一體，尺寸如下： 上-1+下-2：122×35 上-2+下-3：123×36.7 上-3+下-4：122.5×34.5 上-4+下-1：123×36.3 為保持075號以下經柱編號不變，074一號兩柱用"上、下"標識。
076①	續北丁十一殘石四十三之一	卷三十八之下	1：30.5×20.5； 2：28.3×41.8 3：36.6×16.6
076②	續北丁十二殘石四十三之二	卷三十八之下	2：29.2×17.5 3：14.5×14.3
077	續北乙四	卷三十九之上	1：108×35.5； 2：108×28.7 3：109×34.2； 4：108.3×29.2
078	北後九	卷三十九之下	1：111.5×40.5； 2：110.7×28 3：110×40； 4：111.2×28
079	北後十	卷四十之上	1：112×37.5； 2：111.8×35 3：112×38； 4：111.1×34.2
080	續北乙三	卷四十之下	1：114.5×47.5； 2：106.2×22 3：116×46.3； 4：107×22 1、3上部為縱8cm的弧形。
081	北後十一	卷四十一之上	1：104×39； 2：103×33.5 3：103×37； 4：104×35
082	續北乙二	卷四十一之下	1：107.5×39.4； 2：107.5×27 3：58斜面+51.5×38 4：107.5×25.5
084	北後十二	卷四十二之下	1：118.5×37.8； 2：117.5×19 3：117.5×12.7； 4：118.5×29.2 5：117.5×28.5 2含上部縱向斜切面，橫向取曲線最大值。
085	續北乙一	卷四十三之上	1：116.2×35； 2：117.3×34.8 3：117.5×34.5； 4：117.5×34.5
086	北後十三	卷四十三之下	1：111.2×46.7； 2：111.5×33.5 3：112.5×47.9； 4：112.1×32.5
087	北後十四	卷四十四之上	1：97.3×42.8； 2：97.6緩弧×28 3：97.9×43.2； 4：98×28.1
089	北後十五	卷四十五之上	1：89.8×37.5； 2：89.3×31.4 3：89.8×33.4； 4：88.6×30.5
090	北後十六	卷四十五之下	1：120.8×42.7； 2：120.4×30.3 3：120.4×33.2； 4：120.5×7.8 5：120.6×20.9
091	太原市博物館	卷四十六之上	1：108×33； 2：108×26 3：110×33； 4：108×26 2文字不能辨識；3上部含縱6cm的斜切面。
093	續北甲七	卷四十七之上	1：106×43.5； 2：107×29.3 3：107×44.3； 4：106.3×28.8 2上部含有縱13cm的無字斜切面。
094	南前一	卷四十七之下	1：117.9×31.6； 2：118.2×3.5 3：118.5×27.3； 4：116.7×6.4 5：116.9×27.9； 6：116.6×7.7 7：117.3×25.6； 8：117.3×3.2 8無字。
095	南前二	卷四十八之上	1：96.5×35； 2：97×5 3：96.5×23.3； 4：96×5.6 5：95.5×31.5； 6：95×8.7 7：96.5×21； 8：96.5×4.7
097	續北甲六	卷四十九	1：148×53； 2：149×19.5 3：148.5×52； 4：147×19
099	南前三	卷五十之上	1：92.5×36； 2：92.5×29 3：93×36； 4：92×30
101①	續南丁十殘石二十四	卷五十一之上	1：55.7×40.6； 2：52.7×19.5 3：文字不能辨識； 4：49.5×21.8
102①	續北丙一殘石二十五	卷五十一之下	1：116×39； 2：116.5×39 3：116×39； 4：116.5×35.6 全石剝損嚴重，3存"一切"2字，4存9字。
103	續北甲三	卷五十二之上	1：105×48.5； 2：107.5×32 3：108×39； 4：106.2×35 3上部微弧斜切面有字26，下部垂直82。

625

經石序號	位置及殘石序號	經文卷次	各面尺寸及備註 面序：縱×橫，取最大值；單位：cm	經石序號	位置及殘石序號	經文卷次	各面尺寸及備註 面序：縱×橫，取最大值；單位：cm
104	南前四	卷五十二之下	1：100.5×56.3； 2：98.5×36.3 3：98×57.6； 4：99×35	118①	續北丙三殘石二十八	卷五十九之下	1：97.2×77.6； 2：98×34 3：97.5×58.5； 4：79.5×16.5
105	南前五	卷五十三之上	1：110.5×33.2； 2：111×26 3：110×32.7； 4：110.4×25.4 2文字不能辨識。	119①	續北丁四殘石二十九之一	卷六十之上	晋祠博物館提供"前、右、後、附後、左、附左"等6張拓片圖片，經覆核，確認來自兩塊殘石。 1：52×42.6； 2：58×32 3：58×43.8； 4：34×31.7
106①	續北丁二殘石二十六	卷五十三之下	1：51×24； 2：47×10.5 3：46.5×29.5；4：55×32.5 5：55.2×28	119②	續北丁四殘石二十九之二	卷六十之上	3：24.5×39.4； 4：26.7×20
107	南前六	卷五十四之上	1：103×37.2； 2：101×28.1 3：101×37.5； 4：102×28.2	120①	續北丙四殘石三十	卷六十之下	1：68.5×68.9； 2：65.8×23.6 3：69.8×68.8； 4：69.6×31.2 2文字不能辨識。
108①	文物庫殘石四十四	卷五十四之下	4：13.5×6	121	南前十二	卷六十一之上	1：89.5×50； 2：88.5×27 3：88×13； 4：89×30.5 5：90×14； 6：82×25 6上部另有縱13cm的無字斜面。
109	南前七	卷五十五之上	1：91×31.9； 2：92.5×38.1 3：稍有弧度36下58下×31.5 4：93.5×23上39.2中39下
110	續北甲四	卷五十五之下	1：105×70； 2：100×24.5 3：100×48.5；4：99×24 5：98×18.5	122	南前十三	卷六十一之下	1：103×35； 2：103×32 3：103×40.6；4：103×33.2
112	南前八	卷五十六之下	1：98×53.7； 2：96.5×16 3：95.5×31.5； 4：96.8×27 5：98×32	123	南前十四	卷六十二之上	1：93×43； 2：93.5×18 3：93×14.6； 4：94×34 5：94×24
113①	續北甲三殘石四十五之一	卷五十七之上	1：119×47.5； 2：118上下均有損毀×28 3：118上下均有損毀×11 4：118.5×39； 5：118×35.5	125	續北甲六	卷六十三之上	1：86×43； 2：83.5×30.5 3：85×43； 4：84.4×30.5 1、3頂部略有弧度。
113②	文物庫殘石四十五之二	卷五十七之上	2：19×13； 3：16×9.5	126	南前十五	卷六十三之下	1：106.5×55.8； 2：98×25.6 3：102×57； 4：106×27
114①	續北丁三殘石二十七之一	卷五十七之下	1995年目錄所載114-殘石二十七備註"附殘片一塊"，測量時發現有殘石，故分為114①殘石二十七之一、114②殘石二十七之二。 1：22.5×19.5； 2：文字不能辨識。 3：22.8×25； 4：14×11.4	127①	續北丙五殘石三十一之一	卷六十四之上	1：86.2×41.5； 2：85.2×19.8 3：86.3×41.4； 4：86.5×19.2
				127②	太原市博物館殘石三十一之二	卷六十四之上	1：15×19； 3：26×20 4：26×19
114②	續北丁三殘石二十七之二	卷五十七之下	1：48.5×35.5； 2：20.5×23.2 3：49.5×35.8	128①	續北丁五殘石三十二	卷六十四之下	此石為八角經幢形柱體，8面尺寸基本相同：60.5×14，面序編為1—8。
115	南前九	卷五十八之上	1：100×39； 2：99.5×36.5 3：89×39上部有15×39.5的無字切面。 4：98×37	129	南前十六	卷六十五之上	1：108×38.5； 2：104×20.2 3：106.5×37.5； 4：101×21.9 1、3上部弧形，縱5cm。
116	南前十	卷五十八之下	1：99×44.6； 2：98.5×27.3 3：90×23.6； 4：95×24.5 5：98×32.5	130①	南後一殘石四十六之一	卷六十五之下	1：112.5×58.5； 2：110×25.8 3：112×17.5； 4：112.5×48 5：113×35
117	南前十一	卷五十九之上	1：92.5×36； 2：81.5×31.2 3：91×37.2； 4：83×32.4 1、3上部弧形，縱10.5cm。	130②	文物庫殘石四十六之二	卷六十五之下	4：17×30； 5：16×9.5

附錄一：晉祠華嚴石經序號對照表

經石序號	位置及殘石序號	經文卷次	各面尺寸及備註 面序：縱×橫，取最大值；單位：cm
131	南後二	卷六十六之上	1：101.5×32； 2：100.5×16.5 3：100×15； 4：97×14 5：102×17.5； 6：102×15 7：102.5×21
132	續北甲一	卷六十六之下	1：114×52； 2：115×36 3：113×48.5； 4：112×36 2 略有弧度。
135①	太原市博物館殘石三十三之一	卷六十八之上	1：69×62； 2：70×25 3：56×62； 4：51×27
135②	文物庫殘石三十三之二	卷六十八之上	1：37.5×8.5
135③	太原市博物館殘石三十三之三	卷六十八之上	1：40×44； 2：35×25 3：45×37
137①	續北丁六殘石三十四	卷六十九之上	1：25.5×33.5； 2：10.5×10 3：25.5×43； 4：27×19
138	南後三	卷六十九之下	1：108×41； 2：106.5×38 3：108×35.5； 4：108.2×36.6
140	南後四	卷七十之下	1：97.5×43； 2：93.5×34 3：96×42； 4：94×7.5 5：95×25
143	南後五	卷七十二之上	1：101×43； 2：101.5×28.4 3：100×36.5；4：100.5×7 5：101×21
144	南後六	卷七十二之下	1：104×41.5； 2：104×21.5 3：104.2×40.5；4：105.2×23
145①	太原市考古所殘石三十五之一	卷七十三之上	1：42.4×25.5； 3：33.2×23.9 4：36.2×27.4
145②	續北丁七殘石三十五之二	卷七十三之上	1：64.5×36.3； 2：64.5×27 3：64.5×28.6； 4：63.5×27.5
146①	續北丙二殘石三十六之一	卷七十三之下	1：67.4×49.1； 2：74.5×24.5 3：74.5×49.1； 4：63.7×22.3
146②	續北丙二殘石三十六之二	卷七十三之下	2：16×20； 3：16×8.8

經石序號	位置及殘石序號	經文卷次	各面尺寸及備註 面序：縱×橫，取最大值；單位：cm
147①	續北丁十殘石四十七	卷七十四之上	晉祠博物館提供"161殘石四十一③前、③右、③後"等來自一塊殘石的3張拓片，殘石面序及尺寸覆核如下： 1：32.5×16.5； 3：32.2×40.8 4：36.9×30.5
148	南後七	卷七十四之下	1：104.5×39； 2：103×30.2 3：103.5×35.2；4：103.5×4 5：104×30.4
149	南後八	卷七十五之上	1：105×46.3； 2：107×34.3 3：108×37.7； 4：95×13.5 5：104.5×28
150①	續北丙六殘石三十七	卷七十五之下	1：70.4×54.9； 2：59.2×27.5 3：26×32 有字部分 4：文字殘損，無法辨識。
151	南後九	卷七十六之上	1：124.5×39.4； 2：127.5×25.5 3：123.2×39； 4：123.2×25
152①	續北丁八殘石三十八之一	卷七十六之下	1：38.5×24.5； 2：39×25 文字無法辨識。 3：38.5×26.2； 4：38.5×25.5
152②	南後十殘石三十八之二	卷七十六之下	1：83×44； 2：81.5×25.2 3：83×44.5；4：84.5×24.5 4 左上角有殘損。
153	南後十一	卷七十七之上	1：99×57.2； 2：100.5×27.2 3：101×55； 4：98.5×27
154	南後十二	卷七十七之下	1：122.5×45； 2：118×36.6 3：122×37； 4：107×26.5 5：121.5×30.3 4 上有一斜切面，左刻有5行字，右上部無刻字下部對應8行字。
155	南後十三	卷七十八之上	1：83.3×37.7； 2：82.5×30 3：83×25.5； 4：81.5×16.2 5：81.7×19.5
157	南後十四	卷七十九之上	1：83×42； 2：82.5×25.5 3：84×39.8； 4：83.5×26.2
158	南後十五	卷七十九之下	1：104×34.5； 2：109×36.5 3：109×38.5； 4：110.5×37
159①	續北丁九殘石三十九	卷八十之上	1：57×39.5； 2：57×20.5 3：57×38.8； 4：56×25
160	南後十六	卷八十之下	1：94.5×45.5； 2：95×40.8 3：96×27.5； 4：94×22 5：94.2×29.4

627

附錄二

錄文字形處理原則
與《晉祠華嚴石經異體字對照表》

王宇 賀銘 編製　　孫孟傑 書寫

一、《晉祠華嚴石經》中的異體字

本表收錄的異體字多數是與正體字相對應、讀音完全相同、意義也完全相同而字形不同的一組字，極個別的爲讀音相同而意義部分相同。現存晉祠石經字形顯示，書丹勒石並未追求規範統一，字形變化繁複多端，明顯是由多人在相對集中的時間里手工刻寫而成，刻寫時間短、文字數量多、代表性突出，能夠相當充分地反映刻經時期通行漢字使用的實際面貌，尤其是當時社會大衆使用文字的實際情況，因而對佛經石刻、文字演變、訓詁釋義、書體書法等研究具有標本性價值。

現代文字學對文字的分析更加深入精細，引入了"字樣""異形"等概念。"字樣是指字的書寫樣式。一種書寫樣式不論在文本當中出現多少次，只要它們的記詞功能相同，就只能合成一個字樣"，基本等同於傳統"正字"；根據字樣的記詞功能，"所有職能完全相同的字樣類聚在一起，稱爲同職能字，又稱異形字。異形字內部實際上包含兩個層面，一個是異寫層面，一個是異構層面。處在異寫層面上的字樣之間只存在寫法上的差別，其構形理據基本相同，這樣的字樣稱爲異寫字。而在異構層面上，字樣之間不僅形體不同，構形理據也不一樣，這樣的字樣我們稱爲異構字。"異寫字進一步劃分，還能"分爲筆畫異寫字和部件異寫字兩大類"：前者是指"記詞職能相同，只有筆畫的多少、長短、曲直、偃仰等形態差別，并且不引起部件混同、粘合的一組字樣"；後者是指"記詞職能相同，由於各種原因造成部件在形體數量、布局等方面發生改變，但沒有引起全字理據變化的一組字樣。"[①]晉祠石經的文字面貌很充分地印證了現代文字學理論。

二、錄文字形處理原則

晉祠石經錄文字形的處理，主要參考臺灣"教育部"在綫異體字字典，故採用"異體字"概念以示依據所在。

爲了在錄文中盡量多保留一些字形原貌，依照"照錄從寬，合併從嚴"的原則審慎處理各種字形變化：

1. 殘損字形綜合殘餘筆畫和本條/塊經石寫法確定。
2. 省筆、添筆而未構成新部首的字形，以及刻寫存在輕微差異的字形（如點撇的方向、橫豎的長短變化等），但未構成異體字，且不致誤讀誤解的，按規範字形錄入。
3. 字形相近、刻工混同且易致誤解的文字，如"己、巳、已"，按規範字形錄入。
4. 篆隸行草的楷書化字形或部首，尤其是一些連筆書寫的常用字，如"此、定、分、號、界、是、所、爲、亦、正、止、走、足"等，按規範字形錄入。
5. 除"天、初"外，武周改字按楷書字形錄入。
6. 一字存在多種異形變化，則根據構形理據有所合併，選擇相近的代表字形錄入。
7. 原刻一字而現爲兩字及避諱缺筆且易致誤讀誤解的，隨文標出規範字形，如：业〈丘〉、幢〈幢〉、幡〈幡〉、弈〈奕〉、逢〈逢〉、冶〈治〉等，必要時出校說明。

三、《大正藏》本綴文文字處理原則

綴文中保留一般舊字形，但下列常用字或其作爲部首時使用如下字形：真、直、俞、令、曾、青、絕、爲、并、者、草、污、即、回、虎、免、拔、呂、刃、冉、己、涅、訊、黃、象、舉、纏、潛、衛、熱、敘、劫、稟、寶、兔。

四、對照表收錄原則及活頁

除經文已經保留原貌的舊字形、簡體字、古今字、通假字未予收錄外，對照表以代表性異體字爲主要收錄對象。爲方便讀者對照識讀，專門印製獨立活頁備用。

---

① 王立軍. 宋代雕版楷書構形系統研究[M]. 上海：上海教育出版社，2003.7：1—6.

晋祠華嚴石經異體字對照表

晋祠華嚴石經使用的武周新字															
臣	惡	初	廛	廛	地	埊	國	圀	年	𠡦	𠡦	人	𤯔	日	𡆠	②
聖	𥅫	授	稫	天	而	星	〇	◯	月	囸	正	㐃	證	𥃍	𥃍	𥃍

按漢語拼音字母順序排列													
A	哀	袞	礙	礙	礙	㝵	暗	闇	傲	慠				
B	拔	拨	拔	扶	扶	扷	跋	跋	跋	辦	辯	謗	謗	寶	寶	寶
珤	暴	暴	暴	報	報	報	報	卑	甲	備	備	俻	偹	備
本	本	逼	逼	鼻	鼻	比	𠤎	俾	俾	畢	畢	鄙	鄙	鄙	閉	閇
閇	婢	婢	臂	臂	壁	壁	壁	薜	薜	蔽	蔽	邊	邊	邊	邊
邊	邊	邊	邊	邊	邊	邊	邊	邊	邊	辯	辯	辯	辯	辯
辨	辨	辨	辨	辨	遍	徧	遍	別	別	別	繽	繽	鬢	鬢	臏	臏
擯	擯	稟	稟	并	竝	病	病	鉢	鉢	鉢	般	般	般	般	般
般	博	博	博	博	薄	薄	薄	搏	搏	步	步	步			
C	財	財	財	才	丈	丰	纔	纔	參	叅	慚	慙	測	測	曾	曾
曾	層	層	差	差	差	差	差	叉	义	察	察	刹	刹	刹	刹
刹	刹	刹	刹	刹	刹	禪	禪	禪	纏	纏	纏	闡	闡	闡	闡
懺	懺	諂	諂	場	場	場	場	嘗	甞	暢	暢	超	超	超	超	超
徹	徹	徹	澈	澈	撤	撤	臣	惡	辰	辰	塵	塵	沉	沉	稱	稱
稱	稱	承	承	承	承	乘	乘	癡	癡	癡	癡	遲	遲	遲	齒	齒

敕	勅	蟲	蟲	蟲	籌	籌	雛	雛	儔	儔	醜	醜	臭	臭	
初	初	初	初	芻	芻	處	處	處	處	處	船	船	舩	舛	舛
窗	窻	床	牀	狀	牀	幢	憧	垂	垂	搥	搥	搥	唇	唇	唇
純	純	慈	慈	慈	辭	辞	辝	辤	辭	辞	刺	刺	聰	聰	聰
聰	聰	聰	聪	聪	叢	藂	從	從	麤	麁	麁	麁	錯	錯	
D	答	荅	荅	達	達	戴	戴	帶	帶	帶	單	單	耽	躭	躭
擔	擔	誕	誕	誔	但	但	啖	噉	當	当	黨	黨	蕩	蕩	導	導
導	道	道	稻	稻	德	德	德	悳	德	德	得	得	燈	燈	
等	芋	等	低	伍	敵	敵	敵	敵	敵	滌	滌	滌	底	底	底
遞	逓	第	弟	地	埊	顛	顛	顛	顛	顛	點	點	殿	殿	殿	殿
殿	殿	殿	殿	殿	殿	殿	殿	殿	殿	堞	垜	定	定	定	兜	兜
兜	兜	兜	鬥	鬪	都	都	睹	覩	度	度	度	渡	渡	妒	妬
段	段	斷	斷	斷	断	斷	堆	塠	對	對	對	鈍	鈍	奪	奪
鐸	鐸	鐸	鐸	墶	墥	墮	墮	惰	惰						
E	額	頟	惡	惡	憲	恩	恩	愚	尔	尒					
F	發	發	發	叕	乏	乏	罰	罰	灋	灋	髮	髮	髮	髮	翻	翻
幡	幡	旛	旛	凡	凡	飯	飰	房	房	放	放	肺	肺	廢	廢
廢	廢	廢	糞	糞	奮	奮	氛	氲	豐	豐	蜂	蜂	峰	峰	峯	逢
逢	夫	夫	敷	敷	敷	敷	敷	膚	膚	服	服	服	福	福	
福	復	復	復	覆	覆	覆	富	富	冨	阜	阜	負	負	縛	縛
G	該	該	幹	榦	乾	幹	榦	剛	剛	剄	剄	高	高	槁	槁
割	割	割	隔	隔	更	更	功	功	冓	溝	溝	垢	垢	孤	孤
鼓	鼓	鼓	鼓	穀	穀	穀	骨	骨	骨	故	故	固	回	怪	怪
觀	觀	觀	觀	觀	觀	觀	關	關	灌	灌	灌	灌	灌	光	光

附錄二：錄文字形處理原則與《晉祠華嚴石經異體字對照表》

炗	廣	廣	獷	壙	歸	歸	歸	埽	歸	龜	龜	軌	軓	鬼	鬼
國	國	囯	裏	裏	果	菓	過	過	過	過					
H	海	海	槑	害	害	害	駭	駭	含	含	捍	扞	號	號	毫	毫
翖	翻	黑	黑	弘	弘	侯	侯	睺	睺	候	候	厚	厚	弧	弧
互	乎	戶	户	護	護	護	護	畫	畫	畫	懷	懷	懷	壞	壞
壞	壞	歡	歡	歡	歡	歡	歡	還	還	還	環	環	浣	浣	
擐	擐	煥	煥	灰	灰	迴	迴	廻	毀	毀	毀	毀	毀	會	會
會	會	穢	穢	穢	惠	惠	慧	慧	意	昏	昏	昏	惛	惛	惛
或	或	惑	惑	惑	禍	禍	禍	獲	獲	獲	獲	獲			
J	擊	擊	擊	擊	擊	羈	羈	機	機	譏	譏	積	積	吉	吉
棘	棘	極	極	極	幾	幾	罳	幾	戟	戟	技	技	伎	伎	
髻	髻	髻	髻	寂	寂	寂	寂	寂	寂	寂	繫	繫	繫	繫	
繼	繼	寄	寄	冀	冀	偈	偈	際	際	際	既	既	頰	頰	假	假
假	假	兼	兼	間	間	簡	簡	檢	撿	建	建	建	健	健	健
劍	劍	鑒	鑒	澗	澗	將	將	講	講	匠	近	憍	憍	憍	憍
校	挍	矯	矯	皎	皎	教	教	皆	皆	階	階	結	結	嗟	嗟	嗟
睫	睫	捷	捷	竭	竭	羯	羯	潔	潔	潔	潔	劫	刧	節	節
解	解	解	解	解	戒	戒	戒	誡	誡	犗	犗	金	金	全	金
筋	勸	觀	觀	覲	矜	矜	經	經	經	荊	荊	頸	頸	景	景
競	競	竟	竟	徑	徑	淫	莖	莖	靜	靜	鏡	鏡	迥	迥	究	究
咎	咎	臼	舊	舊	就	就	拘	拘	鞠	鞠	舉	舉	沮	沮	巨	巨
炬	炬	懼	懼	聚	聚	聚	劇	劇	寶	寶	遽	遽	邊	捐	捐	
鐫	鐫	倦	倦	絕	絕	覺	覺								
K	楷	揩	鎧	鎧	檻	檻	欬	欬	渴	渴	坑	坑	坑	恐	恐	恐

631

苦	峇	苦	峇	寬	寬	寛	寛	虧	虧	匱	遺	愧	媿	
L	來	来	欄	欄	蘭	蘭	藍	藍	懶	嬾	嬾	牢	窂	勒	勒	勒
勒	贏	贏	贏	淚	淚	類	類	離	離	麗	麗	麗	歷	歷	塵
戾	俍	盇	盇	斂	斂	瀲	瀲	練	練	涼	涼	凉	梁	梁	樑
良	良	兩	兩	量	量	臨	臨	鄰	隣	吝	恡	恡	陵	陵
崚	崚	流	流	琉	琉	留	畱	瑠	瑠	龍	龍	龍	籠	籠	籠
聾	聾	聾	樓	樓	楼	樓	樓	漏	漏	漏	盧	盧	蘆	蘆
爐	爐	戮	戮	漉	漉	鹿	鹿	縷	縷	履	履	慮	慮	亂	亂	亂
輪	輪	淪	淪	倫	倫	論	論	螺	蠡	蠡	裸	倮		
M	鬘	鬘	鬘	鬘	滿	滿	滿	滿	滿	滿	滿	滿	滿
滿	滿	滿	慢	慢	慢	曼	曼	慢	幔	幔	縵	縵	盲	旨
袤	袤	貌	兒	眉	眉	美	美	羙	魅	魃	魃	寐	寐	寐	蒙	蒙
蒙	蒙	蒙	猛	猛	猛	彌	弥	迷	謎	謎	密	密	密	密	密
蜜	蜜	蜜	秘	祕	覓	覓	眠	眠	眠	免	兔	面	面	藐	藐
藐	廟	廟	滅	滅	滅	滅	民	民	民	愍	愍	愍	愍	愍
明	朙	朙	朙	明	冥	冥	冥	冥	冥	謬	謬	謬	魔	魔
膜	膜	莫	莫	墨	墨	默	默	繆	繆	沒	没	没	没	歿	歿
歿	歿	牟	牟	某	某								
N	那	那	邾	邾	難	難	難	男	男	囊	囊	撓	撓	惱	惚	惚
惚	惱	惱	熖	瑙	瑙	腦	腦	能	能	尼	尼	尼	泥	泥	泥
擬	擬	逆	逆	逆	年	秊	秊	念	念	涅	涅	農	農	
耨	耨	耨	耨	耨	耨								
P	攀	攀	潘	潘	槃	槃	槃	槃	槃	躰	躰	躰	槃	槃
孌	孌	霈	霈	蓬	蓬	脾	脾	鞭	鞭	鞭	疋	迖	走	辟	辟

附錄二：錄文字形處理原則與《晉祠華嚴石經異體字對照表》

闢	闢	譬	譬	譬	嬪	嬪	頻	頻	瓶	缾	僕	僕	僕	瀑	瀑
Q	漆	漆	騎	騎	其	其	其	其	臍	齊	奇	奇	祇	祇	祇
綺	綺	稽	稽	稽	起	起	起	起	啟	啓	契	契	憩	憩	
器	器	器	牽	牽	謙	謙	遷	遷	遷	虔	虔	乾	乾	乾	乾
前	前	鏘	鏘	墻	墻	牆	牆	喬	喬	橋	橋	橋	翹	翹	
篋	篋	竊	竊	且	且	欽	欽	侵	侵	勤	勤	勤	懃	秦	秦
寢	寢	輕	輕	清	清	清	慶	慶	窮	窮	窮	瓊	瓊	丘	丠	丠
驅	駈	駈	碟	碟	取	取	趣	趣	趣	趣	權	權	權	痊	痊	
勸	勸	勸	缺	缺	缺	缺	缺	闕	闕						
R	然	然	然	染	染	饒	饒	饒	嬈	嬈	繞	繞	繞	繞	遶
熱	熱	人	𠆢	忍	忍	刃	刃	日	日	②	肉	宍	辱	辱	辱
蓐	蓐	褥	褥	軟	輭	蕊	蘂	叡	叡	若	若	若	弱	弱	
S	灑	灑	薩	薩	卅	丗	傘	傘	散	散	散	散	散	散	散
散	喪	喪	色	色	澁	涩	僧	僧	僧	殺	殺	殺	殺	殺	殺
煞	煞	珊	珊	珊	墠	墠	贍	贍	善	善	善	善	善	善	善
菩	菩	菩	傷	傷	傷	燒	燒	燒	紹	紹	蛇	虵	蚞	舍	舍
捨	捨	捨	掄	攝	攝	攝	社	社	涉	涉	懾	懾	赦	赦	設	設
設	設	設	身	耳	深	深	深	深	審	審	甚	甚	聲	聲	聲
聲	聲	聲	聲	聲	昇	昇	繩	繩	勝	勝	勝	勝	聖	聖	
師	師	失	失	駛	駛	釋	釋	釋	釋	適	適	世	世	丗	
氏	氏	誓	誓	勢	勢	噬	噬	飾	飾	飾	飾	飾	首	首	
授	授	壽	壽	壽	獸	獸	瘦	瘦	殊	殊	疏	疏	舒	舒	屬	属
属	属	属	樹	樹	術	術	庶	庶	豎	豎	豎	數	數	數	數
數	數	數	數	數	數	數	數	數	數	數	數	數	數	數	數

瞚	瞬	柷	稅	睡	睡	癸	爽	雙	雙	率	率	率	衰	霊	澍
宿	宿	寁	寁	蘇	蘇	藪	藪	聳	聳	肆	肆	嗣	嗣	說	說	說
	歲	歲	歲	歲	髓	髓	隨	隨	隨	雖	雖	筭	筭	算
						鑠	鎖	損	損	碎	碎	邃	邃
檀	檀	檀	檀	壇	壇	彈	彈	貪	貪	臺	臺	闥	闥	T
濤	濤	謟	謟	湯	湯	嘆	嘆	歎	歎	歎	坦	坦	袒	袒
聽	聽	鐵	鐵	鐵	蓧	條	挑	挑	殄	而	天	藤	藤
土	土			淦	淦	塗	圖	圖	投	投	投		聽	聽	聽	聽
		陀	陀	駄	駄	脫	脫	脫	逷	逷	退	退	吐	吐
忘	忘	徃	往	輞	輞	綱	綱	網	冈	冈	卍	万	凡	瓦	W
謂	謂	違	違	唯	唯	圍	圍	圍	徽	徽	微	望	望	望	妄
五	五	蕪	無	無	烏	烏	洓	洓	幄	幄	蚊	蚊	夊	文	篤	僞
												霈	寤	寤
胅	胅	膝	膝	膝	希	希	希	希	忎	忎	志	悉	悉	X
喜	喜	喜	喜	習	習	筈	昔	西	西	熙	熙	醯	醯	醯
戲	戲	戲	戲	璽	璽	徙	徙	憙	憙	喜	喜	喜	喜	喜
顯	顯	險	險	醎	醎	嫌	嫌	鮮	鮮	轄	轄	返	返	卅	卅	卅
	歇	歇	笑	笑	笑	曉	曉	烏	象	喬	香	香	獻	獻	陷
	星	○星	響	響	辛	辛	懈	懈	械	械	寫	寫	寫	脅	脅
修	修	体	体	休	休	雄	雄	胃	胃	胸	胸	姓	姓	性	性	興	興
噓	噓	虛	虛	虛	宿	宿	齅	齅	嗅	脩	脩	脩	脩	修	修
								循	循	薰	薰	熏	熏	學	學	鬚	鬚	須	須
闓	闓	闇	闇	巖	巖	嚴	嚴	嚴	嚴	嚴	嚴	平	平	牙	牙	Y
燄	燄	燄	燄	儼	儼	濱	演	演	行	行	延	延	延	延	闓

厭	猒	鞅	鞅	鞅	陽	陽	揚	揚	楊	楊	養	養	夭	夭
摇	揺	遥	遥	鑰	鑰	闟	耀	曜	耀	耶	耶	謁	謁	葉	葉	葉
醫	醫	醫	醫	豎	豎	豎	壑	宜	冝	疑	疑	疑	夷	夷	儀	儀
儀	嶷	嶷	倚	倚	猗	猗	蟻	蟻	役	役	異	異	逸	逸	藝	藝
義	義	義	議	議	詣	詣	詮	詮	譯	譯	意	意	翳	翳	翳	翳
翳	陰	陰	蔭	蔭	音	音	因	因	囙	囙	殷	殷	殷	慇	淫	婬
婬	隱	隱	隱	垔	垔	纓	纓	纓	纓	瓔	瓔	營	營	瑩	瑩
影	影	映	暎	勇	勇	勇	踴	踴	憂	憂	猶	猶	猶	猶
遊	遊	友	友	牖	牖	淤	淤	於	於	於	叟	申	吏	庚	庚
語	語	與	與	鬱	鬱	鬱	鬱	豫	豫	御	御	御	御	御
喻	喻	域	域	淵	淵	淵	淵	緣	緣	緣	圓	圓	園	園	源	源
源	遠	遠	遠	願	顴	怨	怨	苑	薳	薳	越	越	躍	躍	躍
悅	悅	月	匜	雲	雲	殞	殞	蘊	蘊	蘊
乙	匝	迊	帀	雜	雜	雜	哉	烖	烖	宰	宰	暫	暫	暫	讚	讚
讚	藏	藏	藏	遭	遭	擇	擇	澤	澤	澤	澤	則	則	繒	繒
增	增	增	憎	憎	瞻	瞻	瞻	瞻	栴	栴	旃	旃	旃
戰	戰	障	鞚	招	招	召	名	照	照	照	遮	遮	遮	哲	哲
真	真	真	真	珍	珎	珎	震	震	震	振	振	振	諍	諍	正	亙
證	證	鏧	鏧	鏧	支	支	枝	枝	胝	胝	知	知	職	職	執	執
執	執	執	直	直	宜	宜	宜	值	值	值	值	植	植	植	植
指	指	旨	言	智	智	滯	滯	致	致	緻	緻	置	置	置	置	至
至	終	終	種	種	皺	皺	畫	畫	胄	胄	咒	呪	囑	囑	矚	矚
助	助	竺	竺	專	專	轉	轉	莊	莊	莊	莊	莊	莊	莊	著	著
濯	濯	擢	擢	滋	滋	姊	姊	姊	縱	縱	縱	總	總	總	奏	奏

635

足	足	足	族	族	族	族	袜	卒	卒	鑚	鑚	最	冣	冣	冣	冣
冣	冣	冣	最	最	冣	冣	醉	醉	醉	尊	尊	尊	尊	尊	尊	尊
尊	遵	遵	左	左	坐	坐	坐	坐	坐	坐	坐	座	座	座	座	座
作	作	作	祚	祉	祉											

附录三

《石经研究》投稿要求及撰稿体例

《石经研究》采用以书代刊的形式出版，每年一辑。投稿注意事项及撰稿体例要求如下：

1. 来稿务必论点明确，文字精炼，征引文献、引用数据准确可靠。

2. 投稿要素（按顺序）：题目、作者姓名、作者单位、电话、地址及邮政编码、中文摘要、关键词（3—8个）、正文、注释。

3. 适合国际交流推广的文章另需英文信息（题目、作者姓名、摘要和关键词），并建议全文使用标准繁体字。

4. 中英文摘要须用第三人称撰写，英文摘要应和中文摘要对应，并符合英语语言规范。

5. 正文版式请使用A4篇幅，格式建议宋体、小四号字、1.5倍行距；不加书眉；古文献引文请使用繁体字，石经、石刻、铭文的文字保存原样（繁体字、异体字、草书简体字等）。

6. 标题应简短明确，级别限制三级之内，采用"（一）、1、（1）"的形式；段内分层采用"1)"的形式。

7. 帝王年号须加公元纪年，公元前纪年使用"（公元前xx年）"，公元后纪年使用"（xx年）"。例如：甘露二年（公元前52年）、上元二年（675年）。

8. 第一次提及外国人名、地名、书刊名等，须附加原名。

9. 使用图片须有版权所有人正式授权文件，并标明详细出处，或注明自拍。插图除插入正文合适位置外，须将原始图片单独打包发送，图片命名须与正文图注文字一致。

10. 引用其他文献的照片和图片，应首选高分辨率扫描纸本，为保证显示效果和内容准确严谨，要求分辨率不能低于300像素/英寸，且以绘制、扫描、拍摄时设定的分辨率为准，请勿采用不提高图片清晰度而单纯提高分辨率设置、增大文件的办法。慎用来源不明的电子版文献。图片上添加文字、线条等标识，要求同时提供不加标识的原始照片。

11. 使用地图须有绘制人、出版社等版权所有相关人的正式授权文件；单位所有权人使用授权书须加盖红章，并注明使用费已由作者支付。

12. 文章注释采用脚注形式，直接使用阿拉伯数字上标形式（^{1}）。脚注格式如下：

　　1）现代图书：傅熹年. 中国科学技术史·建筑卷〔M〕. 北京：科学出版社，2008：316.

　　2）原本古籍：〔清〕孙承泽. 春明梦余录. 清代光绪七年刻本，卷64.

　　3）期刊文章：刘畅. 故宫藏样式雷图概述. 故宫博物院院刊〔J〕，2006（6）：120—125.

　　4）学位论文：武求实. 法籍天津近代建筑师保罗·慕乐研究〔D〕. 天津大学硕士学位论文，2011：42.

　　5）图书文章：李鸿斌. 李渔与北京园林〔C〕//北京市园林局史志办公室编. 京华园林丛考〔M〕. 北京：北京科学技术出版社，1996：94—99.

13. 稿件中凡涉及版权部分，引用前请预先征得原作者或出版者正式同意，引用他人论点或材料，需做明确的注释或说明。来稿文责自负，本刊不负版权责任。

14. 来稿一经采用，出版后三个月内支付稿酬，并寄赠样书2册，多个作者的每人1册。

15. 电子稿件请发至：13439951061@163.com；

纸质文件请用顺丰快递至：北京市房山区大石窝镇水头村南云居寺文物管理处房山石经与云居寺文化研究中心（邮编：102407；电话：010-61367880）。